1989

Maria Luise Caputo-Mayr und Julius M. Herz
Franz Kafkas Werke: Eine kommentierte
Bibliographie 1955–1980,
mit einem Nachtrag 1985

Im selben Verlag ist erschienen:

Maria Luise Caputo-Mayr und Julius M. Herz
Franz Kafkas Werke
Eine Bibliographie der Primärliteratur (1908 – 1980)

Maria Luise Caputo-Mayr und Julius M. Herz

Franz Kafka

Eine kommentierte Bibliographie der Sekundärliteratur

(1955 – 1980, mit einem Nachtrag 1985)

Francke Verlag Bern und Stuttgart

Dank für Druckkostenzuschüsse ergeht an die folgenden Institutionen:

Austrian Consulate General, New York
Austrian Institute, New York
Leo Baeck Institute, New York
Bundesministerium für auswärtige Angelegenheiten, Wien
Bundesministerium für Wissenschaft und Forschung, Wien
Creditanstalt Bankverein, Wien
Generalkonsulat der Bundesrepublik Deutschland, New York
das Land Kärnten
Magistrat der Stadt Klagenfurt
Magistrat der Stadt Villach
Magistrat der Stadt Wien
Schocken Books, New York
Temple University, Philadelphia
Villacher Sparkasse, VISPA

CIP-Kurztitelaufnahme der Deutschen Bibliothek

Caputo-Mayr, Maria Luise:
Franz Kafka : e. kommentierte Bibliogr. d. Sekundärliteratur
(1955 – 1980, mit e. Nachtr. 1985) / Maria Luise Caputo-Mayr
u. Julius M. Herz. –
Bern ; Stuttgart ; Francke, 1987.
ISBN 3-317-01569-1

NE: Herz, Julius M.; HST

©

A. Francke AG Verlag Bern, 1987
Satz: Heidi Garbereder, Aachen
Druck: WB-Druck GmbH & Co., Rieden b. Füssen

INHALTSVERZEICHNIS

EINLEITUNG

Die vorliegende Bibliographie ist eine Fortsetzung der 1982 im Francke-Verlag erschienenen Bibliographie "Franz Kafkas Werke: Eine Bibliographie der Primärliteratur 1908–1980" der gleichen Autoren und als zweiter Band dieses Werkes zu betrachten. Sie ist aus einem kleineren Konzept, einer Bibliographie mit Kurzkommentaren, hervorgegangen und in den USA entstanden. Eine ausführlichere Kafkabibliographie erschien den Autoren nach einigen Jahren Arbeitszeit aus verschiedenen Gründen berechtigt. Es gab keine kommentierte Kafkabibliographie, während bedeutende neue Forschungsrichtungen entstanden und die stets anwachsende Artikelflut und Bücherfülle auch dem Fachmann einen Überblick fast unmöglich machten. Die vorhandenen Kafkabibliographien in Buchform von Harry Järv und Rudolf Hemmerle endeten 1960, bzw. 1958 und auch das Buch von Peter U. Beicken, "Franz Kafka: Eine kritische Einführung in die Forschung", reicht nur bis zu den frühen Siebzigerjahren und ist in erster Linie Forschungsbericht. 1976 erschien die Teilbibliographie von Angel Flores. Das zweibändige Kafka-Handbuch von Hartmut Binder (1979) bringt sehr reichhaltige, chronologisch angeführte Bibliographie, die die ausgezeichneten Forschungsberichte begleitet, die Bibliographie ist aber vor allem nach Sachgebieten und geographischen Rezeptionsgebieten geordnet.

Die vorliegende Bibliographie hatte als Ziel, rasch Überblick und Einblick zu ermöglichen und macht die Sekundärliteratur der Jahre 1955–1980 dreifach alphabetisch zugänglich: nach den Namen der Autoren, sowie durch das Werk- und Sachregister. Im Werk werden die einzelnen Autoren alphabetisch und ihre Beiträge chronologisch angeführt. Die Einteilung der Bibliographie in fünf Hauptteile, Bibliographien, Sammelbände, Dissertationen, Artikel und ähnliche Beiträge, sowie Bücher, schien die geeignetste für diesen Zweck zu sein. Ein Addendateil mit Nachträgen vor allem aus dem Zeitabschnitt 1980–1985 beschließt den Hauptteil des Werkes, das einem weiten Kreis von Kafkaforschern und -freunden dienen soll. Es umfaßt zum Teil die Angaben der obengenannten bibliographischen Werke, ergänzt sie jedoch weitgehend und geht darüber weit hinaus.

Es ist die einzige Kafkabibliographie mit ausführlichen Kommentaren. Sie ist für die drei behandelten Jahrzehnte umfangreicher als jede bisherige Bibliographie, auch in geographischer Hinsicht. Das aufgenommene Material stammt aus etwa dreißig europäischen und außereuropäischen Sprachgebieten. Die Bibliographie gibt besonders für die Jahre 1955 bis 1980 einen ziemlich genauen Überblick über die internationale Kafka-Sekundärliteratur. Auch Werke aus dem Zeitraum vor 1955 wurden aufgenommen, wenn sie nach diesem Zeitpunkt neu herausgegeben wurden. Vollständigkeit schwebt jedem Bibliographen als Ziel vor, er muß aber auch Kompromisse schließen können und sich Grenzen setzen. So konnten Zeitungsartikel im allgemeinen nicht berücksichtigt werden. Auch die Rezensionen wurden nur zum Teil erfaßt. Hingegen wurden Zusammenfassungen – auch von Dissertationen – angeführt, die dem Benützer, vor allem bei Zeitmangel, von Nutzen sein können. Fast neunzig Prozent des enthaltenen Materials wurde persönlich eingesehen. Ein Sternchen vor dem Namen des Autors bezeichnet das nicht gesehene Material. Die Autoren haben einiges Material aus bestimmten nicht zugänglichen Sprachen durch dritte zusammenfassen lassen. Die meisten Titel wurden in der Originalsprache angeführt, oft aber wurden Titel in nichteuropäischen Sprachen auch zusätzlich übersetzt, zeitweise ist nur die deutsche Übersetzung angegeben (z. B. bei hebräischen und japanischen Titeln). Dies beruht auf der verschiedenen Arbeitsweise der einzelnen Mitarbeiter. Manche Mitarbeiter für nichteuropäische Sprachen haben freundlicherweise auch die Originaltitel transkribiert, wobei Variationen bei der Transkribierung unvermeidlich waren; bei russischen, ukrainischen und serbokroatischen Wörtern halten wir uns an das in der "MLA International Bibliography" früher verwendete System, das dem im Kartenband der Brockhaus Enzyklopädie angeführten System ähnlich ist (c = ts, č = tsch, v = wie in "Violine", x = ch, z = stimmhaftes "s" wie in "sehr", ž = französisches "j" wie in "Journalist"). Die meisten hebräischen und jiddischen Wörter folgen dem Transkriptionssystem der Library of Congress in Washington, D.C. Diakritische Zeichen, wie Striche, Punkte, Häkchen und Ähnliches werden bei der Alphabetisierung nicht berücksichtigt, d. h. auch die Umlaute ä, ö und ü werden wie a, o, u angeführt; ein č wird wie ein c alphabetisiert, u.s.w. Bei englischen Titeln wurden auch Datum und Herausgeber auf englisch angeführt.

Es wurde versucht, das Sprachniveau der Kommentare auf einer mittleren Ebene zu halten, um auch Studierenden und nicht deutschsprechenden Forschern Zugang zur Bibliographie zu geben, andererseits wurde aber deshalb nicht auf die geläufige Terminologie der Kafkaforschung verzichtet und besonders treffende Ausdrücke wurden gelegentlich aus den Texten übernommen. Die Kommentare sind zum Teil Zusammenfassungen des Inhalts, zum Teil Erfassung von Themen, Ideen und Forschungsrichtungen. Der Buchteil wurde im letzten Jahr nochmals überarbeitet, um Längen der Kommentare auszugleichen und einige wichtigere Werke ausführlicher zu kommentieren.

Das Werkregister führt Kafkas Werke in deutscher Sprache an. Die englischen Titel sind in alphabetischer Reihenfolge mit entsprechenden Querverweisen im Werkregister enthalten. Im Sachregister wurden die alphabetisch in der Bibliographie selbst angeführten Autoren nicht erfaßt, wohl aber die wichtigsten in den Texten enthaltenen Namen und jene Sachbegriffe, die Schlüsselwörter der Kafkaforschung darstellen.

Wenn man die Fülle von Kafkainterpretationen vor sich sieht, wird es klar, daß Kafka zu den "überinterpretierten" Autoren zählt, der aber dennoch nicht nur den Spitzfindigen immer noch ein reiches Betätigungsfeld bietet. Die Fünfziger- und Sechzigerjahre brachten die ersten Gesamtbewertungen wissenschaftlicher Art auf größerer Ebene: Wilhelm Emrich (1958), Marthe Robert (1960), Heinz Politzer (1962), Walter H. Sokel (1964), Hartmut Binder (1966). Die biographische Forschung hat in den letzten Jahrzehnten mit Werken, u. a. von Klaus Wagenbach, Hartmut Binder und Rotraut Hackermüller, große Fortschritte gemacht. In den Sechzigerjahren sind bedeutende marxistische Studien, wie von K. Hermsdorf, H. Richter, P. Reiman, B. Sučkov, D. Zatonskij und Hans Mayer entstanden, und damit im Zusammenhang seien Versuche erwähnt, den marxistischen Realismusbegriff in Verbindung mit Kafka neu zu formulieren, was auch gewisse politische Nachwirkungen hatte. In den letzten zwei Jahrzehnten verlagerte sich das Interesse der Forscher mehr auf textkritische, auf strukturalistische und poststrukturalistische Untersuchungen. Es überrascht, daß selbst in jüngster Zeit wesentliche Beiträge zum besseren Verständnis von Kafkas Leben und Werk entstanden sind.

Eine alphabetisch angelegte Bibliographie läßt die Tragweite der Forschungsbeiträge und die Spezialisierung der einzelnen Kafkaforscher deutlicher erkennen, andererseits zeigen die Titel der einzelnen Forschungsbeiträge, die kritischen Texte und das Sachregister, wie sehr sich eine ganze Reihe von hervorragenden Schriftstellern, Denkern und Künstlern aus aller Welt mit dem Phänomen Kafka auseinandergesetzt hat oder mit ihm in Verbindung gebracht wurde: Abe Kōbō, Theodor W. Adorno, Samuel Josef Agnon, Jean-Louis Barrault, Samuel Beckett, Walter Benjamin, Jorge Louis Borges, Bertolt Brecht, Martin Buber, Dino Buzzati, Albert Camus, Elias Canetti, Tibor Déry, Charles Dickens, Alfred Döblin, Feodor Dostojewski, Friedrich Dürrenmatt, Albert Einstein, Gustave Flaubert, Sigmund Freud, André Gide, Peter Handke, Jaroslav Hašek, Hermann Hesse, E. T. A. Hoffmann, Søren Kierkegaard, Heinrich von Kleist, Georg Lukács, Thomas Mann, Henri Michaux, Robert Musil, Friedrich Nietzsche, Harold Pinter, Philip Roth, Leopold Sacher-Masoch, der Marquis de Sade, Jean-Paul Sartre, Bruno Schulz, August Strindberg, Leo Tolstoi, Martin Walser, Robert Walser, Rex Warner, und viele andere mehr. Kafka hat auch die Kunst, vor allem die bildende Kunst inspiriert und Künstler wie Otto Coester, Yosl Bergner, Friedrich Feigl, Alfred Kubin, José Luis Cuevas, Hans Fronius und Carl Fredrik Reuterswärd legen davon Zeugnis ab. Selbst Komponisten, Dramatiker und Regisseure haben einige Werke Kafkas neuzugestalten versucht, wie etwa Gottfried von Einem, Hans Werner Henze, Ernst Krenek, Roman Haubenstock-Ramati, Orson Welles, Maximilian Schell, u. a.

Die Arbeiten an dieser Bibliographie haben auch Ansporn zu zwei Kafkasymposien gegeben: 1974 an der Temple University, Philadelphia, und 1983 bei der MLA Convention in New York City, veranstaltet durch die "Kafka Society of America". Sie haben weiterhin im Jahre 1975 zur Gründung der ersten Kafkagesellschaft überhaupt geführt, der "Kafka Society of America" mit dem Sitz im

German Department der Temple University, Philadelphia, sowie im Jahre 1977 der ersten Kafkazeitschrift, "Newsletter of the Kafka Society of America" (seit 1983 "Journal of the Kafka Society"). Diese Zeitschrift gibt Zeugnis von dem regen wissenschaftlichen Interesse der Gelehrten und des weiten Publikums an Dingen Kafkas.

Keine größere Bibliographie kann ohne Hilfe anderer zusammengestellt werden. Es ist uns daher eine angenehme Pflicht, all denen zu danken, die an diesem Buch auf manche Weise, auch als Übersetzer, mitgeholfen haben. Besonderer Dank gebührt für Übersetzungshilfe, besonders auch aus nichteuropäischen Sprachen, Jaakko A. Ahokas, Adriana Galanes, Hanoch Guy, Donato Grosser, Dagmar Migliuolo, Anna Pirscenok Herz, John B. Means, Elizabeth Rajec, Gerti Reichenbach, für Hilfe und Unterstützung verschiedener Art Jeffrey B. Berlin, Gregory Bradford jun., Gertrude Cravens, Kuang Yu Chen, Rebecca Dembovsky, James DiSebastian, Rita Y. Dungee, Margaret Giles, Marlyn Grieb, G. Kobayashi, Hiroshi Kondo, Yolanda Kovac, Nadia Kravchenko, Elizabeth J. Levy, Anthony Litwinowicz, Lucille A. Mauro, E. Dorothy Mewha, Adrienne Milics, Maria L. Reed, Bonnie Rosenstein, Esra Shereshevsky, Thomas G. Spalter, Anne M. Stout, Cornelia Tucker, Anje van der Naald, Inge Winkler, Eva Wolf, Irene M. Zuk.

Ganz besonderen Dank möchten wir folgenden Institutionen und Persönlichkeiten aussprechen: Fred Grubel vom Leo Baeck Institut in New York, Hofrat Fritz Cocron vom Austrian Institute in New York, Walter H. Sokel, University of Virginia, für langjährige, herzliche Ermunterung zur Ausdauer, Dean George W. Johnson, ehemaligem Dekan des College of Arts and Sciences, Temple University, für mannigfache Förderung, verschiedene kleinere Forschungsstipendien und ein Semester Studienurlaub, sowie den Bibliothekaren und Bibliothekarinnen der Paley Library derselben Universität. Schließlich möchten wir noch die Kollegen unserer eigenen Abteilung, des Department of Germanic and Slavic Languages und Literatures an der Temple University anführen, Christian Schuster, William W. Langebartel, Betty Richards, Maria Swiecicka-Ziemianek, und vor allem Edmund Sander, die uns mit Übersetzungen und auf viele andere Art geholfen haben.

Für zukünftige Bibliographien im Zeitalter der Computer sollte man an ein Team von Mitarbeitern denken oder ein Autorenkollektiv, denn die Kafkabibliographie müßte wohl weitergeführt werden. Schließlich danken die Autoren noch Dr. C. L. Lang, Francke Verlag, Bern, für sein Verständnis, seinen Beistand und seine Geduld bei den manchmal unvermeidlichen Verzögerungen bei der Entstehung dieses Werkes, Verzögerungen, die auch die schwierige Situation der amerikanischen Germanistik zu Ende der Siebziger- und Anfang der Achtzigerjahre wiederspiegeln, die eine Unterbrechung dieser Arbeit auf gut zwei Jahre zur Folge hatten.

Die Benutzer der Bibliographie werden gebeten, Berichtigungen und Ergänzungen freundlicherweise den Autoren bekanntzugeben.

Die Autoren widmen das Werk wiederum ihren Familien, die mit Geduld und Ausdauer viele Jahre lang hinter ihnen standen und ihnen das wertvollste aller Geschenke, Zeit und Verständnis gaben, und besonders Leopoldine und Emil Mayr, Lucio und George Caputo, Anna P. Herz und Maria Herz.

Maria Luise Caputo-Mayr und Julius M. Herz, im Mai 1987.
New York City, N.Y. und Riegelsville, PA.

Redaktionsschluß Juli 1985
Nur wenige spätere Titel konnten aufgenommen werden

ABKÜRZUNGEN

Abb.	Abbildung(en)	*Kafka-Handbuch*	*Kafka-Handbuch* in zwei
Abt.	Abteilung		Bänden. Hrsg. v. Hartmut
allg.	allgemein(e)		Binder. Stuttgart: Alfred
amerik.	amerikanisch		Kröner, 1979
anon.	anonym	Kap.	Kapitel
Apr.	April	*MAL*	*Modern Austrian Literature*
Assoc.	Association	Microf., Mikrof.	Microfilm, Mikrofilm
Aufl.	Auflage(n)	*MLN*	*Modern Language Notes*
Aug.	August	*MLQ*	*Modern Language Quarterly*
AUMLA	*Journal of Australasian*	*MLR*	*The Modern Language Review*
	Universities Language and	*Monatshefte*	*Monatshefte für den deut-*
	Literature Association		*schen Unterricht, deutsche*
Bd., Bde.	Band, Bände(n)		*Sprache und Literatur*
bearb., Bearb.	bearbeitet(e), Bearbeiter(in)	Ms., Mss.	Manuskript(e), Manuscript(s)
bes.	besonder(e)s	Nov.	November
Bibliogr.; bibliogr.	Bibliographie(n); bibliogra-	Nr.	Nummer
	phisch	Oct., Okt.	October, Oktober
Conn.	Connecticut	o. J.	ohne Jahr
DA; DAI	*Dissertation Abstracts;*	*PMLA*	*Publications of the Modern*
	Dissertation Abstracts Inter-		*Language Association of*
	national		*America*
dass.	dasselbe	poln.	polnisch
Dec., Dez.	December, Dezember	port.	portugiesisch
Diss.	Dissertation(en)	Pr.	Press
dt.	deutsch(en), deutsche(r)	Rez.	Rezension(en)
DU	*Der Deutschunterricht*	rumän.	rumänisch
DVjs	*Deutsche Vierteljahrsschrift*	S.	Seite(n)
	für Literaturwissenschaft	s.	siehe
	und Geistesgeschichte	Sammelbd., -bde.	Sammelband, -bände
Ed., ed.	editors, ediert von, edited by	schwed.	schwedisch
EG	*Études germaniques*	Sep(t).	September
engl.	englisch	serbokroat.	serbokroatisch
Erz.	Erzählung(en), Erzähl-	slowak.	slowakisch
f., ff.	folgende	span.	spanisch
Facs., Faks.	Facsimile, Faksimile	*TCL*	*Twentieth Century Literature*
Feb(r).	Februar(y)	*TCLB*	*Articles on Twentieth Cen-*
finn.	finnisch		*tury Literature. An Annotated*
frz.	französisch		*Bibliography* 1954–1970. Ed.
gleichnam.	gleichnamigen		David E. Pownall. Vol. 4. New
GLL	*German Life and Letters*		York: Kraus-Thompson, 1974
GQ	*German Quarterly*	*TLS*	*Times Literary Supplement*
GR	*The Germanic Review*	tschech.	tschechisch
griech.	griechisch	u.	und
GRM	*Germanisch-Romanische*	u. a.	und andere(s), unter anderem
	Monatsschrift	u. d. T.	unter dem Titel
hebr.	hebräisch	Übers.; übers.	Übersetzung(en); übersetzt(e)
Hrsg.	Herausgeber(in)	Übers. v.	Übersetzung von
hrsg. v.	herausgegeben von (vom)	ung.	ungarisch
Illustr.; illustr.	Illustration(en), illustriert	Univ.	Universität(en), Université,
ital.	italienisch		University
Jan.	Januar(y)	usw.	und so weiter
jap.	japanisch	Verl.	Verlag(s)
Jb.	Jahrbuch, Jahrbücher	vgl.	vergleiche
JDSG	*Jahrbuch der deutschen*	vol.	volume
	Schillergesellschaft	*WB*	*Weimarer Beiträge*
JEGP	*The Journal of English and*	z. B.	zum Beispiel
	Germanic Philology	*ZfdPh*	*Zeitschrift für deutsche Philo-*
Jg.	Jahrgang, Jahrgänge		*logie*
Jh.	Jahrhundert(e)	z. T.	zum Teil
JML	*Journal of Modern Literature*	Zusammenf.	Zusammenfassung

BIBLIOGRAPHIEN UND ÄHNLICHES[1]

Albrecht, Günter, u. **Günther Dahlke**: s. *Internationale Bibliographie ...*

The American Humanities Index. Troy, New York: Whitston, 1976–80.
[Artikel u. Rez. in amerik. Zeitschriften.]

*Anon.: *Franz Kafka. Ein Verzeichnis der in den Dortmunder Volksbüchereien
vorhandenen Werke über den Dichter.* Zusammengestellt zum Vortrag von
Max Brod über 'Tragik und Erlösung im Werke Franz Kafkas' in der Gesellschaft für christlich-jüdische Zusammenarbeit, Dortmund, 11. Okt. 1955.
Dortmund: Städtische Volksbüchereien, 1955. 2 S.

Babler, O. F.: "Frühe tschechische Kafka Publikationen." (s. Artikel.)

Bangen, Georg: "Verzeichnis der germanistischen Dissertationsvorhaben. Liste 11."
In: *Jahrbuch für Internationale Germanistik* 2 (1972) Nr. 2.

Baxandall, Lee: *Marxism and aesthetics: a selective annotated bibliography; books
and articles in English language.* New York: Humanities Pr., 1968 (American
Institute for Marxist Studies. Bibliographical Series Nr. 4).
[S. 28: Kafka, F.: Bibliogr. Hinweise.]

Beebe, Maurice, and **Naomi Christensen**: "Criticism of Franz Kafka: A Selected
Checklist." In: *Modern Fiction Studies* 8 (1962). Franz Kafka Number. S. 80–
100.
[Auf Järvs Bibliogr. basiert, mit amerik. Bibliogr. verglichen, befaßt sich mit in engl. Sprache erschienenen Studien.]

Beicken, Peter U.: *Franz Kafka. Eine kritische Einführung in die Forschung*
(s. Bücher).
[Bibliogr. S. 352–439: Drucke u. Ausgaben der Dichtungen Kafkas (1908–1924); Berufliche Schriften (1909–1911); Postume Ausgaben; Gesamtausgaben; Einzelausgaben;
Sammelausgaben; engl. u. frz. Übers.; Bibliogr.; darstellende Bibliogr.; Material zu Edi-
tionsproblemen; Sammelbde., Sonderhefte; Gesamtdarstellungen, Untersuchungen u. Ein-
zelstudien. Angekündigte Bücher u. Nachträge.]

— "Ästhetik: Erzählweise." In: *Kafka-Handbuch* 2, S. 36–48.
[Bibliogr. S. 47–48.]

[1] Die einzelnen Beiträge im *Kafka-Handbuch* enthalten meistens Forschungsberichte u. können auch im Artikel-Teil dieser Bibliographie unter den Namen der Autoren nachgeschlagen
werden.

– "Die Aufnahme in den einzelnen Ländern. Vereinigte Staaten von Amerika."
In: *Kafka-Handbuch* 2, S. 776–86.

[S. 784–85: Amerik. Kafkaübers. S. 786: Amerik. Auswahl von Sekundärliteratur.]

– "Typologie der Kafka-Forschung." In: *Kafka-Handbuch* 2, S. 787–824.

[S. 818–24: Sekundärliteratur.]

Beiträge zur Literaturkunde. Bibliographie ausgewählter Zeitungs- und Zeitschriftenbeiträge. Leipzig: VEB Verl. für Buch- u. Bibliothekswesen, 1956–1975.

Benson, Ann: "Franz Kafka: An American Bibliography." In: *Bulletin of Bibliography* 22 (1958) S. 112–14.

[Primär- u. Sekundärliteratur 1952–57.]
Zusammenf. in: *Abstracts of English Studies* 1 (1958) S. 226.

Benson, Ann Thornton: (s. Diss.)

Bibliografia b'ivrit. [Philosophische Fakultät der Univ. Haifa.] Agudat ha Studentim, 1975. 36 S.

[Hebr.; umfaßt Werke Kafkas, die ins Hebr. übers. wurden u. in hebr. Sprache verfaßte (oder ins Hebr. übers.) Sekundärliteratur.]

Bibliographie der deutschen Literaturwissenschaft. Hrsg. v. Hanns W. Eppelheimer, Clemens Köttelwesch, u. a. Frankfurt/M: Klostermann, 1957–80.

[Primär- u. Sekundärliteratur nach Sachgebieten geordnet. Bd. 1 (1945–53) S. 433–39; 2 (1954–56) S. 303–07; 3 (1957–58) S. 200–04; 4 (1959–60) S. 252–55; 5 (1961–62) S. 290–93; 6 (1963–64) S. 312–16; 7 (1965–66) S. 287–92; 8 (1967–68) S. 314–18; 9 (1969) S. 252–55; 10 (1970) S. 271–74; 11 (1971) S. 305–08; 12 (1972) S. 318–21; 13 (1973) S. 332–36; 14 (1974) S. 308–10; 15 (1975) S. 270–72; 16 (1976) S. 354–58; 17 (1977) S. 396–400; 18 (1978) S. 408–15; 19 (1979) S. 453–57; 20 (1980) S. 331–35.]

Bibliographisches Handbuch der deutschen Literaturwissenschaft. 1945--1972. Bd. 2. Hrsg. v. Clemens Köttelwesch u. a. Frankfurt/M.: Vittorio Klostermann, 1975.

Bibliographisches Handbuch der deutschen Literaturwissenschaft. 1830 bis zur Gegenwart. Bd. 2. Hrsg. v. Clemens Köttelwesch. Frankfurt/M.: Vittorio Klostermann, 1976.

Binder, Hartmut (Hrsg.): *Kafka-Handbuch in zwei Bänden.* Unter Mitarbeit zahlreicher Fachwissenschaftler (s. Sammelbde.)

[Bibliogr. zu Bd. 1 über Kafkas Biographie ist den einzelnen Unterkap. angefügt, bes. S. 94 –95, 108, 127, 169–70, 257–58, 330–32, 416–18, 508–10, 584. Verfaßt v. H.B. – Bibliogr. im 2. Bd. (ein von vielen Autoren verfaßter Sammelbd. über die Werke u. ihre Rezeption) werden unter den einzelnen Verfassern angeführt.]

Binder, Hartmut: "Ästhetik: Bauformen." In: *Kafka-Handbuch* 2, S. 48–93.
[Bibliogr. S. 90–93.]

— "Frühphasen der Kritik." In: *Kafka-Handbuch* 2, S. 583–624.
[Bibliogr. S. 620–24.]

— "Nichtepische Arbeiten und Lebenszeugnisse: Briefe." In: *Kafka-Handbuch* 2,
S. 505–18.
[Bibliogr. S. 518.]

— "Nichtepische Arbeiten und Lebenszeugnisse: Gustav Janouchs 'Gespräche
mit Kafka'." In: *Kafka-Handbuch* 2, S. 554–62.
[Kurzbibliogr. S. 562.]

— "Nichtepische Arbeiten und Lebenszeugnisse: Lyrik." In: *Kafka-Handbuch* 2,
S. 500–03.
[Kurzbibliogr. S. 503.]

— "Nichtepische Arbeiten und Lebenszeugnisse: Tagebücher." In: *Kafka-Handbuch* 2, S. 539–54.
[Bibliogr. S. 554.]

*Boegeman, Margaret Byrd: (s. Diss.)

Born, Jürgen: *Franz Kafka. Kritik und Rezeption* (s. Sammelbde.)

British Humanities Index. London: Library Assoc., 1963–80.

Burns, Landon C.: "A Cross-Reference Index of Short Story Anthologies and
Author-Title Listing." In: *Studies in Short Fiction* 7 (1970).
[S. 168–69: Erz. in engl. Übers.]

— "The Second Supplement (1976) of a Cross-Referenced Index of Short Fiction
Anthologies and Author-Title Listing." In: *Studies in Short Fiction* 13 (1976).
[S. 237–38: Erz. in engl. Übers. in Anthologien.]

Caputo-Mayr, Maria Luise: "Recent Kafka Research: A Survey." (s. Artikel).

Caputo-Mayr, Maria Luise, and **Julius M. Herz:** "Recent Kafka Research: A Selection." In: *Newsletter of the Kafka Society of America* 2 (1978) Nr. 1. S. 16–
22.

— "Franz Kafka: A Preliminary Bibliography 1976–1978." In: *MAL* 11 (1978)
Nr. 3–4. S. 1–29. Special Franz Kafka Issue.

– "Franz Kafka Bibliography. Editions and Translations. [Primärliteratur.]" In: *Newsletter of the Kafka Society of America* 2 (1978) Nr. 2. S. 18–33; 3 (1979) Nr. 1. S. 30–40; 3 (1979) Nr. 2. S. 17–58; 4 (1980) Nr. 1. S. 40–53.

[1978: Gesamtausgaben, Einzelausgaben (Romane); 1979, Nr. 1: Gesammelte u. ausgewählte Kurzprosa; 1979, Nr. 2: Einzelveröffentlichungen u. andere Prosa; 1980: Addenda.]

– "Franz Kafka Bibliography: A Selection of Secondary Titles. 1975–1980." In: *Newsletter of the Kafka Society of America* 4 (1980) Nr. 1. S. 18–39.

– *Franz Kafkas Werke. Eine Bibliographie der Primärliteratur (1908–1980).* Bern u. München: Francke, 1982. 94 S.

[Teile 1–3: Gesamtausgaben, Gesammelte Romane u. Einzelausgaben der Romane: Titel alphabetisch nach Sprachen geordnet, innerhalb der Sprachen chronologisch angeführt. Teil 4: Vermischte Sammlungen u. ausgewählte Kurzprosa: alphabetisch nach einzelnen Sprachen geordnet, darunter Einzeltitel chronologisch angeführt. Teil 5: Einzelveröffentlichungen u. andere Prosa: nach einzelnen dt. Titeln unterteilt, darunter die Übers. alphabetisch nach Sprachen. Bibliogr. geht nach Ausgabeformen vor, von Gesamtausgabe zu Einzelwerk. Erschließung durch 3 Register: Inhaltsverzeichnis (nach Sprachen) u. nach dt. u. engl. Werkregistern. An die 30 Sprachen erfaßt. In USA verfaßt.]

Caeiro, Oscar: "Die Aufnahme in den einzelnen Ländern: Hispania." In: *Kafka-Handbuch* 2, S. 704–21.

[S. 716–17: Span. Übers.: S. 717–21: Span. Sekundärliteratur.]

Church, Margaret, with **Ronald Cummings** and **Charles Whitaker:** "Five Modern German Novelists: A Bibliography (1960–1970)." *Modern Fiction Studies* 17 (1971). Special Number. The Modern German Novel. S. 139–56.

[S. 143–49: Franz Kafka. – Auswahl, bes. amerik. u. engl. Studien.]

Corngold, Stanley: *The Commentators' Despair* (s. Sammelbde.)

[S. 39–256: Kritische Bibliogr. zu "Verwandlung".]

Comprehensive Dissertation Index 1861–1972. Vol. 29. Language and Literature, A–L. Ann Arbor, Michigan: Xerox Univ. Microf., 1975.

[S. 752: Bibliogr. von 33 Kafka-Diss. in USA.]

David, Claude: "Kafka aujourd'hui." (s. Artikel).

Dietz, Ludwig: *Franz Kafka.* (s. Bücher).

– "Drucke Kafkas bis 1924. Eine Bibliographie mit Anmerkungen." In: Born, *Kafka-Symposion* (s. Sammelbde.) S. 85–125.

[Poetische, kritische u. juristische Schriften Kafkas, die zu seinen Lebzeiten gedruckt wurden. 44 Titel in chronologischer Reihenfolge. Alphabetisches Register.]

— "Der Text." In: *Kafka-Handbuch* 2, S. 3–14.
[Kurzbibliogr. zu "Nachlaß" S. 7 u. zu "Ausgaben" S. 13–14.]

— Franz Kafka. Die Veröffentlichungen Kafkas zu seinen Lebzeiten (1908–1924). Eine textkritische und kommentierte Bibliographie. Heidelberg: L. Stiehm. (Repertoria Heidelbergensia, Bd. 4.) 1982. 152 S.

*--[Kafka-Bibliographie II. Die Veröffentlichungen von Kafkas Schriften nach seinem Tode (1924–1974). Eine Bibliographie mit Erläuterungen zur Textgestaltung, Druck- und Wirkungsgeschichte. Heidelberg: L. Stiehm. (Repertoria Heidelbergensia, Bd. 5.) In Vorbereitung.]

Domandi, Agnes Körner: *Modern German Literature* (s. Sammelbde.).

Dünnhaupt, Gerhard: "The Secondary Literature to Franz Kafka's 'Hungerkünstler'." In: *MAL* 11 (1978) Nr. 3–4. S. 31–36. Special Franz Kafka Issue.

Elm, Theo: "Die Romane: 'Der Prozeß'." In: *Kafka-Handbuch* 2, S. 420–41.
[Bibliogr. S. 440–41.]

Eppelsheimer, Hanns W.: *Handbuch der Weltliteratur von den Anfängen bis zur Gegenwart.* 3. neu bearb. Aufl. Frankfurt/M.: Vittorio Klostermann, 1960.

Essay and General Literature Index. New York: H. W. Wilson, 1960–80.

Fetzer, John: "Bibliographie der Buchrezensionen für deutsche Literatur (1969)." In: *Acta Germanica* 5 (1970) S. 245–300.
[S. 281: Franz Kafka.]

Fiction Catalog. New York: H. W. Wilson. 1961.

Fingerhut, Karlheinz: "Ästhetik: Bildlichkeit." In: *Kafka-Handbuch* 2, S. 138–77.
[Bibliogr. S. 175–77.]

— "Die Erzählungen: Die Phase des Durchbruches (1912–1915) ('Das Urteil', 'Die Verwandlung', 'In der Strafkolonie' und die Nachlaßfragmente)." In: *Kafka-Handbuch* 2, S. 262–313.
[Bibliogr. S. 309–13.]

Flores, Angel: "Bibliographical Index of the Works Available in English." In: Flores, *Franz Kafka Today* (s. Sammelbde.) S. 251–57.
[Werke Kafkas, die in engl. Übers. erschienen.]
*U.d.T.: "Bibliographical Index of the Complete Work of Franz Kafka." London: 1956. Auch u.d.T.: "Kafka's Works in English. A Complete List." In: Flores, *The Kafka Problem* (s. Sammelbde.) S. 447–54.

– "Biography and Criticism. A Bibliography." In: Flores, *Franz Kafka Today* (s. Sammelbde.) S. 259–85.

[Auswahlbibliogr. zumeist über Zeit vor 1955.]

– Franz Kafka: "Biography and Criticism – A new, up-to-date Bibliography." In: Flores, *The Kafka Problem* (s. Sammelbde.) S. 455–77.

[Umfaßt bedeutendere Werke 1953–63.]

-- *Franz Kafka A Chronology and Bibliography.* Philadelphia: Walton Pr. Reprinted by special arrangement with Bern Porter Books. Belfast, Maine: 1965. 18 S.

-- *A Kafka Bibliography. 1908--1976.* New York: Gordian Pr., 1976. 193 S.

[Auswahlbibliogr. in 4 Kap. –
Kap. I: Kafkas Werke, unterteilt in zu Lebzeiten erschienenen u. nach dem Tode hrsg. Arbeiten (Stadien der Werkausgaben), sowie engl. Übers.
Kap. II: Hauptteil, Sekundärliteratur über die letzten 50 Jahre in Auswahl.
Kap. III: Auswahl von Literatur über Kafkas Biographie u. "background", alphabetisch, als Schlüssel zu II.
Kap. IV: Anführung der Werke alphabetisch, mit Auswahl von Interpretationen, Schlüssel zu II.]
Rez.: in: *Choice* 14 (June 1977) S. 512;
Maria Luise Caputo-Mayr in: *GQ* 51 (1978) S. 119–20;
A. Claesges in: *American Reference Books Annual* 9 (1978) S. 607;
Ludwig Dietz in: *Germanistik* 19 (1978) S. 905.

– "Bibliographical Supplement." In: Flores, *The Kafka Debate* (s. Sammelbde.) S. 427–36.

Frauwallner, E., H. Giebisch, u. **E. Heinzel:** *Die Weltliteratur. Biographisches, literarhistorisches und bibliographisches Lexikon in Übersichten und Stichwörtern.* Hrsg. v. E. Heinzel. Ergänzungsbd. G-O. Wien: Brüder Hollinek, 1970.

[S. 269–97: Bibliogr. 1953–68.]

Germanistik. Internationales Referatenorgan mit bibliographischen Hinweisen. Tübingen: Max Niemeyer, 1960–80.

[In jedem Bd. Bibliogr. u. Rez.]

Goff, Penrith: *Wilhelminisches Zeitalter. Handbuch der deutschen Literaturgeschichte.* 2. Abteilung: Bibliographien. Hrsg. v. Paul Stapf. Bd. 10. Bern u. München: Francke, 1970.

[S. 97–106: Franz Kafka (1883–1924): Kafka-Literatur formell u. thematisch unterteilt in: Sammelbde., Bibliogr., Forschungsberichte, Handschriften, Ausgaben, etc.]

Goth, Maja: *Franz Kafka et les lettres françaises* (1928–1955).

[(s. Bücher).]

Hansel, Johannes: *Personalbibliographie zur deutschen Literaturgeschichte. Studienausgabe.* Berlin: Erich Schmidt, 1967. – Neubearbeitung u. Fortführung von 1966 bis auf den jüngsten Stand von Carl Paschek. 2., neubearb. u. ergänzte Aufl.: 1974.

[S. 145–46: Kafka: Bibliogr. u. einige Forschungsberichte, mit Anmerkungen. – (2. Aufl.: S. 203–05).]

Heidinger, Maurice Marvin: Intrinsic Kafka Criticism in America (1949–63) (s. Diss.).

Hemmerle, Rudolf: *Franz Kafka. Eine Bibliographie.* München: Robert Lerche, 1958. 140 S.

[S. 7–11: Herman Uyttersprot: Franz Kafka (s. Artikel).
S. 13–18: H. S. Reiss: Der Gang der Kafka-Forschung (s. Artikel).
S. 19–47: Das Werk Kafkas. S. 47–107: Veröffentlichungen über Kafka.
S. 107–14: Besprechungen der Werke Kafkas.
S. 114–19: Dramatisierung u. musikalische Bearbeitungen. Register. – Insgesamt ca. 1280 Titel mit einigen Anmerkungen.]
Rez.: Richard Thieberger: "Kafka trente-cinq ans après." In: *Critique* 15 (1959) S. 387 bis 99;
Edmund Edel in: *Wirkendes Wort* 9 (1959) S. 122–23;
Hans Fromm: "Bibliographie und deutsche Philologie." In: *DVjs* 33 (1959) S. 490;
Ronald Gray in: *MLR* 54 (1959) S. 145;
Meno Spann in: *JEGP* 59 (1960) S. 123–27;
Claude David in: *EG* 15 (1960) S. 104;
Kai Laitinen in: *Neuphilologische Mitteilungen* 61 (1960) S. 197–98;
Will-Erich Peuckert in: *ZfdPh* 79 (1960) S. 218;
Ivan Dubský: "O kafkovské literatuře." In: Světová Literatura 6 (1961) S. 234–37.

Henel, Ingeborg: "Periodisierung und Entwicklung." In: *Kafka-Handbuch* 2, S. 220–41.

[Kurzbibliogr. S. 241.]

Hillmann, Heinz: "Ästhetik: Schaffensprozeß." In: *Kafka-Handbuch* 2, S. 15–35.
[Kurzbibliogr. S. 35.]

Hoefert, Siegfried: "Kafka in der DDR. Ein Bericht." (s. Artikel).

Hoffmann, Werner: "Nichtepische Arbeiten und Lebenszeugnisse: a) Rezensionen. b) Aphorismen." In: *Kafka-Handbuch* 2, S. 470–74 u. S. 474–97.
[Bibliogr. S. 474 u. 496–97.]

Hösle, Johannes: "Die Aufnahme in den einzelnen Ländern: Italien." In: *Kafka-Handbuch* 2, S. 722–32.
[S. 729–31: Ital. Ausgaben u. Übers.; S. 731–32: Ital. Sekundärliteratur.]

Houska, Leoš: "Franz Kafka bibliographisch." In: *Philologica Pragensia*
7 (1964) S. 413–18.

[Ergänzung der tschech. Kafkaliteratur zu Järvs Angaben bis Mitte 1964, Zeitabschnitt
der eigentlichen Rückkehr Kafkas in seine Heimat.]

Humanities Index. New York: H. W. Wilson, 1975–80.

[Artikel in amerik. Zeitschriften.]

*Indice General de Publicaciones Periódicas Latinoamericanas. Humanidades y
Ciencias Sociales.* Boston, Massachusetts: G. K. Hall, 1963; Metuchen, New
Jersey: Scarecrow Pr., 1965–71.

International Index to Periodicals -- Social Sciences & Humanities Index. New
York: H. W. Wilson, 1955–74.

Internationale Bibliographie der Zeitschriftenliteratur. Abteilung A: *Bibliographie
der deutschen Zeitschriftenliteratur mit Einschluß von Sammelwerken.* Abteilung B: *Bibliographie der fremdsprachigen Zeitschriftenliteratur.* Neue Folge.
Osnabrück: Felix Dietrich, 1956–64.

*Internationale Bibliographie der Zeitschriftenliteratur aus allen Gebieten des Wis-
sens: IBZ* (kombinierte Folge). Osnabrück: Felix Dietrich, 1965–80.

*Internationale Bibliographie zur Geschichte der deutschen Literatur von den An-
fängen bis zur Gegenwart.* Erarbeitet von deutschen, sowjetischen, bulgari-
schen, jugoslawischen, polnischen, rumänischen, tschechoslowakischen u.
ungarischen Wissenschaftlern unter Leitung u. Gesamtredaktion von Günter
Albrecht u. Günther Dahlke. Teil 2, 2. Von 1789 bis zur Gegenwart (Personal-
Bibliogr. 20. Jh.). Nachträge zur Gesamtbibliogr. München–Pullach u. Berlin:
Verl. Dokumentation VD, 1972.

[S. 731–43: Franz Kafka (1883–1924): Auswahlbibliogr. Wertvolle Angaben über Literatur aus Ostblockstaaten.]

Jahn, Wolfgang: "Die Romane: 'Der Verschollene' ('Amerika')." In: *Kafka-Handbuch* 2, S. 407–20.

[Kurzbibliogr. S. 420.]

Jahresbericht für deutsche Sprache und Literatur: Deutsche Akademie der Wissenschaften zu Berlin. Institut für deutsche Sprache und Literatur. Bd. 1. Bibliogr.
1940–1945. Bd. 2. Bibliogr. 1946–1950. Berlin: Akademie-Verl., 1960 u.
1966.

[Bd. 1: S. 653–55; Bd. 2: S. 790–99.]

Jakob, Dieter: (s. Sammelbde.)

[S. 536–709 (Buch 3): Kafkas Werke u. Kafka-Kritik in England, 1928–1966.]

– "Die Aufnahme in den einzelnen Ländern: England." In: *Kafka-Handbuch* 2, S. 667–78.

[S. 676–77: Engl. Übers. u. Editionen. S. 677–78: Auswahl engl. Sekundärliteratur.]

Jarka, Horst: "Austrian Literature in Editions for American Undergraduate Students. A Checklist." In: *MAL* 8 (1975) Nr. 3–4. S. 151–67.

[S. 157–58, 161–66: 30 Werke Kafkas in 28 amerik. Lehrbüchern für College-Studenten. "Vor dem Gesetz" am häufigsten, zehnmal.]

Järv, Harry: *Die Kafka-Literatur. Eine Bibliographie.* Malmö u. Lund: Bo Cavefors, 1961. 381 S.

[Vorwort (s. Artikel); Literatur über Kafka: S. 7–340; Vorträge über Kafka: S. 341–47; Kafkas Werke im schwedischen Sprachgebiet: S. 349–54. Register. – Ungefähr 5000 Eintragungen, alphabetisch nach Autoren geordnet.]
Rez.: "Desperate Opinions." In: *TLS* 60 (1961) S. 888;
Wolfgang Jahn in: *Germanistik* 3 (1962) S. 624;
Benno von Wiese in: *ZfdPh* 81 (1962) S. 501;
J. M. S. Pasley in: *GLL* 15 (1962) S. 163–64;
Klaus W. Jonas in: *Papers of the Bibliographical Society of America* 56 (1962) S. 506–07;
Meno Spann in: *JEGP* 62 (1963) S. 190–93;
J. A. Asher in: *MLR* (1963) S. 300–01.

– "Die Aufnahme in den einzelnen Ländern. Ostblock." In: *Kafka-Handbuch* 2, S. 762–76.

[Kurzbibliogr. über Sekundärliteratur in Ostdeutschland (S. 773), in der Tschechoslowakei (S. 772–73), Polen (S. 773), Ungarn (S. 775), Jugoslawien (S. 775–76), Sowjetunion (S. 774–75), Rumänien (S. 776), Bulgarien (S. 776).]

JML 6 (1977) Franz Kafka Special Number.

Jonas, Klaus W.: *Franz Kafka: An American Bibliography.* Folcroft Library Editions, 1972. [10 S.]

[Zuerst erschienen in: *Bulletin of Bibliography and Dramatic Index* 20 (1952) S. 212–16 u. 20 (1953) S. 231–33. – Bibliogr. der amerik. Primär- u. Sekundärliteratur 1928–52: 332 Titel.]

– "Die Hochschulschriften über Franz Kafka und sein Werk." In: *Philobiblon* 12 (1968) S. 194–203.

[89 Doktordiss., M. A. u. Bachelor of Arts Honors Theses zwischen 1941 u. 1967.]

"Die Kafka-Bibliographie in Japan 1932–1974" s. **Motono, K.**

"Franz Kafka Bibliography: 1960–1970": Compiled by J. Ellis [u. a.] In: *Research Studies* 40 (1972) S. 140–62, 222–38.

[Als Ergänzung von H. Järvs "Die Kafka-Literatur" gedacht. 933 Titel, einige Anmerkungen. I: Dt. Kafka-Ausgaben. II: Kafka-Ausgaben in engl. Übers. III: Kafka-Bibliogr. IV: Sammelbde. V: Bücher. VI: Diss. VII: Artikel in Zeitschriften u. Kap. in Büchern.]

Kayser, Werner, u. Horst Gronemeyer: *Max Brod.* Eingeleitet von Willy Haas u. Jörg Mager. Hamburg: Hans Christians, 1972 (Hamburger Bibliographien, Bd. 12).

[Bibliogr. – S. 108–25: Über Franz Kafka. Zur Biographie und geistigen Stellung Kafkas: – Veröffentlichungen Brods über Kafka (1907–68). – S. 133–34: Briefwechsel Brod-Kafka. – S. 138–43: Schriften über Brod u. Kafka.]

Kolman, Maria Antoinette: The Literary Fortune of Franz Kafka (s. Diss.).

Körner, Josef: *Bibliographisches Handbuch des deutschen Schrifttums.* 3. Aufl. Bern: A. Francke, 1949. – Neudruck 1966.

Köttelwesch, Clemens (Hrsg.): s. *Bibliographie der deutschen Sprach- und Literaturwissenschaft.*

Kowal, Michael: Problems in Interpretation (s. Diss.).

[S. 13–133: Überblick über Kafkakritik.]

Krusche, Dietrich: "Die Aufnahme in den einzelnen Ländern: Deutschland." In: *Kafka-Handbuch* 2, S. 646–66.

[S. 665–66: Bibliogr. zu Unterkap. "Einfluß auf die Literatur" (Reaktion der Gleichzeitigen, Wirkung nach dem Zweiten Weltkrieg, Beispiele produktiver Aneignung).]

– "Kafka als Schulklassiker." In: *Kafka-Handbuch* 2, S. 860–71.

[Bibliogr. S. 869–71]

Kuroiwa, Junichi: "Die Aufnahme in den einzelnen Ländern: Japan." In: *Kafka-Handbuch* 2, S. 732–43.

[S. 740–41: Jap. Übers.; S. 741–43: Jap. Sekundärliteratur.]

Kurz, Gerhard: "Ästhetik: Figuren." In: *Kafka-Handbuch* 2, S. 108–30.

[Verschiedene Kurzbibliogr.]

Kurz, Paul Konrad, S.J.: "Standorte der Kafka-Deutung." (s. Artikel).

Magill's Bibliography of Literary Criticism. Vol. 2. Englewood Cliffs (New Jersey): Salem Pr., 1979.

[S. 1101–10: Franz Kafka. – Artikel u. Bücher in engl. Sprache nach Werken geordnet.]

Mayer, Hans: "Kafka und kein Ende?" (s. Artikel.).

[Bibliogr. aus Ost u. West bis 1961.]

[1970–75] *MLA Abstracts of Articles in Scholarly Journals:* Vol. 2. New York: Modern Language Assoc. of America, 1972–77.

[Zusammenf. von Artikeln durch die Verfasser.]

[MLA] *American Bibliography* [for 1954–55] – [neuer Titel:] *Annual Bibliography* [for 1956–62]: In: *PMLA* 70–78 (1955–63) Nr. 2.
[Jährliche Kafka-Bibliogr. in jeweiliger Apr.-Nr.]

MLA International Bibliography of Books and Articles on the Modern Languages and Literatures: 1963–1980. New York: New York Univ. Pr., 1964–68; London: Univ. of London Pr., 1966–68; New York: Modern Language Assoc. of America, 1969–81.
[Von 1963–1968 auch in *PMLA* erschienen. – Jährliche Kafka-Bibliogr. in Bd. 2.]

Morgan, Bayard Quincy: *A Critical Bibliography of German Literature in English Translation.* Supplement Embracing the Years 1928–1955. New York and London: Scarecrow Pr., 1965.
[S. 238–42: Franz Kafka, 1883–1924: Werke in engl. Sprache.]

Motono, K., H. Takagi u. **T. Mihara**: [Die Kafka-Bibliographie in Japan 1932–1974.] In: *Doitsu-Bungaku* 53 (Herbst 1974) S. 146–59.

Müller, Ulrich: "Vertonungen." In: *Kafka-Handbuch* 2, S. 851–59.
[Bibliogr. S. 858–59. Forschungsbericht (s. Artikel).]

Nagel, Bert: "Die Aufnahme in den einzelnen Ländern: Deutschland." In: *Kafka-Handbuch* 2, S. 624–46.
[S. 640–44: Drucke seit 1924; S. 644–46: Auswahl von Sekundärliteratur.]

Neff, Kurt: "Kafkas Schatten. Eine Dokumentation zur Breitenwirkung." In: *Kafka-Handbuch* 2, S. 872–909.
[S. 904–09: Bibliogr. – Forschungsbericht (s. Artikel).]

Neumann, Gerhard: "Die Erzählungen: Die Arbeit im Alchimistengäßchen (1916–1917)." In: *Kafka-Handbuch* 2, S. 313–50.
[Bibliogr. S. 348–50.]

Newsletter of the Kafka Society of America (s. Sammelbde.).

Northey, Anthony: "Nichtepische Arbeiten und Lebenszeugnisse: Berufliche Schriften." In: *Kafka-Handbuch* 2, S. 569–80.
[Bibliogr. S. 579–80. Forschungsbericht (s. Artikel).]

Politzer, Heinz: "Bibliographie." In: H. P.: *Franz Kafka, der Künstler* (s. Bücher) S. 512–25.
[Von Järvs Bibliogr. bis 1964.]

Prévost, Claude: "A la recherche de Kafka ..." (s. Artikel).
[Interpretationsrichtungen.]

Raabe, Paul (Hrsg.): *Index Expressionismus. Bibliographie der Beiträge in den Zeitschriften und Jahrbüchern des literarischen Expressionismus 1910--1925.* Nendeln, Liechtenstein: Kraus-Thomson Organization, 1972.

Raboin, Claudine (Hrsg.): (s. Sammelbde.).

Rajec, Elizabeth Molnar: *Literarische Onomastik. Eine Bibliographie.* Heidelberg: Carl Winter, 1977.
[Bringt unter Nr. 5, 16, 49, 55, 79, 95, 106, 141f., 147, 178, 192, 198f. u. 274 Werke über Kafka, die sich mit den Namen in seiner Dichtung u. deren Funktion befassen.]
In erweiterter Form u. d. T.: *The Study of Names in Literature. A Bibliography.* New York: K. G. Saur, 1978.

Ramm, Klaus: "Ästhetik: Handlungsführung und Gedankenführung." In: *Kafka-Handbuch* 2, S. 93−107.
[Kurzbibliogr. S. 107.]

Rangel Guerra, Alfonso: "Para una bibliografia de Franz Kafka." In: *Armas y Letras. Revista de la Universidad de Nuevo León* (México) 1 (1958) S. 73−79.

Reader's Guide to Periodical Literature. New York: H. W. Wilson, 1957−80.

Reiss, H. S.: "Recent Kafka Criticism. A Survey." (s. Artikel.) Erweitert in: Gray, *Kafka. A Collection of Critical Essays* (s. Sammelbde.).

Repertorio bibliografico della letteratura tedesca in Italia. 1900−1965. Bd. 1. Roma: 1966; Bd. 2. Roma: 1968.

Richter, Helmut: "Zu einigen neueren Publikationen über Franz Kafka." (s. Artikel).

− "Neue Kafkaliteratur." (s. Artikel).

Robert, Marthe: "Kafka en France." (s. Artikel).

− "Die Aufnahme in den einzelnen Ländern: Frankreich." In: *Kafka-Handbuch* 2, S. 678−93.
[S. 689−91: Frz. Übers.; S. 691−93: Auswahl frz. Sekundärliteratur.]

Rolleston, James: "Bibliography. 'The Trial' in English." In: Rolleston, *Twentieth Century Interpretations of 'The Trial'* (s. Sammelbde.) S. 108−12.

− "Die Erzählungen: Das Frühwerk (1904−1912)." In: *Kafka-Handbuch* 2, S. 242−62.
[Bibliogr. S. 261−62.]

— "Die Romane: Ansätze der Frühzeit." In: *Kafka-Handbuch* 2 (s. Sammelbde.) S. 402–07.
[Kurzbibliogr. S. 407.]

Rothe, Wolfgang: "Illustrationen und Portraits." In: *Kafka-Handbuch* 2, S. 841–51.
[S. 848–49: Illustrationen (zu Kafkas Texten), Bibliogr.]

— "Nichtepische Arbeiten und Lebenszeugnisse: Zeichnungen." In: *Kafka-Handbuch* 2, S. 562–68.
[Kurzbibliogr. S. 568.]

Sandberg, Beatrice: "Die Aufnahme in den einzelnen Ländern: Nordeuropa." In: *Kafka-Handbuch* 2, S. 743–62.
[Die Unterkap. Norwegen, Schweden, Dänemark u. Finnland führen jeweils Übers. u. Sekundärliteratur an: S. 748–49; 751–53; 755–56; 758; 760.]

Schillemeit, Jost: "Nichtepische Arbeiten und Lebenszeugnisse: 'Der Gruftwächter'." In: *Kafka-Handbuch* 2, S. 497–500.
[Kurzbibliogr. S. 499–500. Forschungsbericht (s. Artikel).]

— "Die Erzählungen. Die Spätzeit (1922–1924)." In: *Kafka-Handbuch* 2, S. 378 – 402.
[Bibliogr. S. 401–02. Forschungsbericht (s. Artikel).]

Schlocker, Georges: "Die Aufnahme in den einzelnen Ländern: Frankreich." In: *Kafka-Handbuch* 2, S. 693–704.
["Einfluß auf die Literatur"; Kurzbibliogr. S. 703–04. Forschungsbericht (s. Artikel).]

Sheppard, Richard: "Die Romane: 'Das Schloß'." In: *Kafka-Handbuch* 2, S. 441–70.
[Bibliogr. S. 467–70.]

*Smith, Murray F.: *A Selected Bibliography of German Literature in English Translation 1965–1970*. Metuchen, New Jersey: Scarecrow Pr., 1972.

Stölzl, Christoph: "Nichtepische Arbeiten und Lebenszeugnisse: 'Brief an den Vater'." In: *Kafka-Handbuch* 2, S. 519–39.
[Bibliogr. S. 539.]

Struc, Roman S.: "Critical Reception of Franz Kafka in the Soviet Union." (s. Artikel).

— "Franz Kafka in the Soviet Union." (s. Artikel).

Tall, Emily: "Who's Afraid of Franz Kafka? Kafka in the Soviet Union." (s. Artikel).

TCLB

Thieberger, Richard: "Kafka trente-cinq ans après." (s. Artikel).

— "Ästhetik. Sprache." In: *Kafka-Handbuch* 2, S. 177—203.
[Verschiedene Kurzbibliogr.]

— "Die Erzählungen. Das Schaffen in den ersten Jahren der Krankheit (1917—1920)." In: *Kafka-Handbuch* 2, S. 350—77.
[Kurzbibliogr. nach einzelnen Abschnitten.]

Thompson, B.: (s. Diss.)

Thürmer, Wilfried: "Ästhetik. Beschreibung." In: *Kafka-Handbuch* 2, S. 130—38.
[Kurzbibliogr. S. 138.]

Thurston, Jarvis, O.B. Emerson, Carl Hartman, Elizabeth V. Wright: *Short Fiction Criticism. A Checklist of Interpretation since 1925 of Stories and Novelettes (American, British, Continental) 1800--1958.* Denver: Alan Swallow, 1960.
[S. 120—27, 248: Engl. Interpretation der Erz.]

Twentieth-Century Short Story Explication. Interpretation 1900--1975, of Short Fiction Since 1800. Compiled by Warren S. Walker. Third Edition. Hamden, Connecticut: Shoe String Pr., 1977. — (Supplement 1 to Third Edition, 1980).
[S. 406—21: Kafka. — Bibliogr. zu den einzelnen Werken. — Supplement 1: S. 108—11.]

Veselý, Jiři: "Bibliographie der in der Tschechoslowakei seit 1945 erschienenen Beiträge zur Prager deutschen Literatur." In: *Weltfreunde. Konferenz über die Prager deutsche Literatur.* Hrsg. v. Eduard Goldstücker. Berlin: Luchterhand, 1967.

Binder, Hartmut (Hrsg.): *Kafka-Handbuch in zwei Bänden.* Unter Mitarbeit zahlreicher Fachwissenschaftler. Bd. 1: *Der Mensch und seine Zeit.* XXII + 611 S.
– Bd. 2: *Das Werk und seine Wirkung.* XVIII + 951 S. – Stuttgart: Alfred Kröner, 1979.

[Im 1. Buch, "Der Mensch und seine Zeit" wird im 1. Teil, "Die Zeit", eine Darstellung
der politischen, sozialen u. kulturellen Situation von Kafkas Geburtsland u. -stadt versucht: Peter Hilsch untersucht "Böhmen in der Österreichisch-Ungarischen Monarchie
und den Anfängen der tschechoslowakischen Republik", S. 3–39.
S. 40–100 stellt Christoph Stölzl die Umstände Prags dar, u. zwar die Geschichte u. Verhältnisse um 1900 (Bevölkerung, öffentliches Leben im dt. Prag u. Topographie).
Im 2. Teil des Buches erstellt H. B. eine neue Biographie Kafkas, die die einzelnen Lebens-
abschnitte (frühe Kindheit, Schulzeit 1889–1901, das Studium, die ersten Berufsjahre,
den Kampf um Felice Bauer, Krankheit u. Tod) auf genaueste Dokumentation stützt (alle
Ereignisse, Umstände, Zusammenhänge, Bezugspersonen, Strömungen). Diese Daten u.
Momente gruppiert B. auf einzelnen großen Probefeldern (Familie, Ehe, Freundschaft,
Brotberuf, Literatur, Judentum), die als immer feste Faktoren in jedem Lebensabschnitt
Kafkas von Bedeutung waren. Biographische "Längsschnitte". Viele Kap. haben ange-
schlossene Teilbibliogr. –
Bd. 2: Das Werk und seine Wirkung. – Teil 3 (Das Werk) u. Teil 4 (Die Wirkung) haben
ebenfalls Teilbibliogr. zu den einzelnen Kap. am Ende angefügt, bes. in Teil 4, A: Geschichte der Kafka-Rezeption. Hier wird auch Primärliteratur aus verschiedenen Ländern
in Übers. auszugsweise angeführt. (s. Bibliogr.)]

Born, Jürgen (Hrsg.), unter Mitwirkung von **Herbert Mühlfeit** u. **Friedemann
Spicker**: *Franz Kafka. Kritik und Rezeption zu seinen Lebzeiten. 1912--1924.*
Frankfurt/M.: Fischer, 1979. 214 S.

[Sammlung in 3 Teilen angeordnet; erste größere Arbeit aus Institut zur Erforschung der
dt. sprachigen Literatur Prags an der Gesamthochschule Wuppertal, wo kritische Kafka-
edition vorbereitet wird. – I. Rezensionen und Erwähnungen in Tageszeitungen und Zeitschriften. – Echo auf Drucke und Lesungen. II. Einzeldarstellungen in Aufsatzform.
III. Erwähnungen in Gesamtdarstellungen zeitgenössischer Literatur, in Literaturgeschich-
ten und in literarischen Nachschlagewerken. IV. Nachwort von Jürgen Born, "Zur frühen
Aufnahme der Dichtungen Kafkas", das auf früherem Artikel für Berliner Kafka Symposium (Wagenbach) 1965 fußt (s. Artikel) u. um Neugefundenes erweitert ist. – Rez. werden nach Erscheinungsdaten der einzelnen Werke chronologisch angeordnet ("Betrachtung", "Heizer", "Die Verwandlung", "Das Urteil", "In der Strafkolonie", u. "Ein Landarzt"). Anhang stellt Rezeption nochmals kurz chronologisch dar. Bd. gibt, auch durch
Borns Nachwort, endlich ein faktisches Bild über die frühe Kafka-Rezeption u. das Verständnis, das man seinen Dichtungen entgegenbrachte. Es zeigt sich sowohl Unbefangen-
heit, als auch schon Staunen über das Neue in Kafkas Werken, bes. seine Behandlung der
Wirklichkeit (richtige Erfassung: Walzel, Tucholsky). Die Rolle des Kurt-Wolff Verl. wird
offenbar, der Kafka unter die Expressionisten reihte. 2. Bd. angekündigt.]
Rez.: Maria Luise Caputo-Mayr in: *GQ* 53 (1980) S. 245–46;
Helmut A. Fiechtner in: *Literatur und Kritik* (Febr. 1980);
Kenneth Hughes: "Kafka Research 1974–79. A Report." In: *New German Critique* (Win-
ter 1981) Nr. 22. S. 174–75.

Born, Jürgen, Ludwig Dietz, Malcolm Pasley, Paul Raabe, Klaus Wagenbach
(Hrsg.): *Kafka-Symposion.* Mit 8 Abb. im Text u. 5 Tafeln. Berlin: Klaus Wagenbach, 1965. 189 S. — Auch 1966. — München: Dt. Taschenbuch Verl., 1969. 142 S.

[Vorträge des Berliner Kafka-Symposiums 1965: 8 Artikel; Materialien; Datierung von Kafkas Werken, Drucke Kafkas zu seinen Lebzeiten, etc.]
Rez.: Klaus Peter Philippi in: *Germanistik* 8 (1967) S. 412–13;
Francis Golffing in: *Books Abroad* 41 (1967) S. 184–85;
in: *TLS* (5. 3. 1970) S. 246 (zu Taschenbuch).

Caputo-Mayr, Maria Luise (Hrsg.): *Franz Kafka. Eine Aufsatzsammlung nach einem Symposium in Philadelphia.* Editorielle Assistenz William W. Langebartel u. Agora. Berlin, Darmstadt: Agora, 1978. XVI + 245 S.

[Vorwort u. 19 Artikel, die eine Auswahl aus den während des Kafka-Symposiums an der Temple Univ. in Philadelphia vom 29.–31. Okt. 1974 gehaltenen 34 Vorträgen darstellen. Unterabteilungen: Leben und Werk (G Urzidil, A. D. Northey, K. Wagenbach u. P. F. Neumeyer): Wege zu Kafka (D. P. Lotze, St. Corngold, D. Bronsen); Psychologie, Philosophie, Religion (W. H. Sokel, W. Emrich, J. M. Morse, E. R. Steinberg); Kafka und der Marxismus (Th. Langenbruch, R. Garaudy); Einflüsse und Vergleiche (R. Urbach, R. R. Nicolai); Kafkas Stil und Erzählperspektive (E. Frey, P. U. Beicken, E. E. Sattler). Überblick über Forschungsstand.]
Rez.: Hans Bänziger in: *Schweizer Monatshefte* 59 (1979) S. 573–75;
Anon.: *Neue Zürcher Zeitung* (10.–11. Febr. 1979) Nr. 34. S. 39;
Ursula R. Mahlendorf in: *MAL* 14 (1981) Nr. 1/2. S. 151–53;
Kenneth Hughes: "Kafka Research 1974–1979: A Report." In: *New German Critique* (Winter 1981) Nr. 22. S. 165–67.

— s. *JML.*

CCRB 5 (Okt. 1957). Nr. 20. Franz Kafka du Procès au Château; (Febr. 1965) Nr. 50. Kafka. L'Amérique — Le Château — Le Procès.

Corngold, Stanley (ed.): *Franz Kafka: The Metamorphosis.* New York: Bantam Books, 1972.

[Enthält verschiedene Teilabdrucke der Kritik zu "Verwandlung", die von S. C. neu übers. wurde.]

Corngold, Stanley: *The Commentators' Despair. The Interpretation of Kafka's 'Metamorphosis'.* Port Wahington, N. Y., London: Kennikat Pr., 1973. 267 S. (National Univ. Publications. Series on Literary Criticism).

[S. V–VI: Preface. –
S. 1–31: The Structure of Kafka's "Metamorphosis". Metamorphosis of the Metaphor (s. Artikel).
S. 31–38: Symbolic and Allegorical Interpretation: (Geht auf Vortrag am 15. 12. 1971 in New York zurück). Kafka endlich als Dichter gewürdigt, Errungenschaft der neuesten Kafkakritik. Vorläufig befriedigende Unterteilung der Interpretationen in symbolisch-psychoanalytische (Gregor bleibt "an intact moral personality") u. allegorische (Gregor wird zum Ungeziefer: Kafkas Existenz u. Hingabe an seine Kunst, sein "Schriftstellersein".)
S. 39–256: A Critical Bibliography of "The Metamorphosis". – S. 39–41: Bibliogr. dt.

Texte u. engl. Übers. von "Die Verwandlung".
S. 41–255: Critical Works: 128 alphabetisch nach Autoren geordnete Interpretationen zu "Die Verwandlung", zumeist mit Zusammenf. u. Kommentaren in engl. Sprache.
S. 255–56: Addendum in Critical Works.]
Rez.: Joe D. Thomas: "Kafka Agonistes." In: *C. E. A. Critic* 36 (1973) Nr. 1. S. 46;
Maria-Luise Caputo-Mayr in: *Books Abroad* 48 (Aug. 1974) S. 571–72 u.
in *JML* 4 (1974) S. 373–74;
Chua Cheng Lok in: *Studies in Short Fiction* 12 (1975) S. 38–41;
E. Speidel in: *Notes and Queries* 221 (1976) S. 117–19.

David, Claude (Hrsg.): *Franz Kafka. Themen und Probleme.* Göttingen: Vandenhoeck & Ruprecht, 1979. 255 S. (Kleine Vandenhoeck-Reihe 1451).

[Vorwort des Hrsg. u. 14 Artikel, die Beiträgen auf dem Kafka-Kolloquium im Centre Universitaire du Grand-Palais (Université de Paris-Sorbonne) 1978 entstammen.]
Rez.: Th. T.: in: *Aufbau* [New York] (19 Sep. 1980) S. 11–12.
H. Jürgen Meyer-Wendt in: *GQ* 54 (1981) S. 436–41.

Domandi, Agnes Körner (ed.:) *Modern German Literature: A Library of Literary Criticism.* Vol. 2. New York: Frederick Ungar, 1972.

[S. 1–17: Teilabdrucke aus Artikeln u. Büchern der internationalen Kafkakritik.]

Eureka 3–4 (1971) Kafka Sonderheft.

[Jap.]

Europe 49 (1971) Nr. 511–12. Kafka.

Rez.: In: *Bulletin critique du livre français* 27 (1972) S. 195.

European Judaism 9 (1974) Nr. 2. Franz Kafka.

Flores, Angel (ed.): *The Kafka Problem.* With a new, up-to-date bibliography and a complete list of Kafka's works in English. New York: Octagon Books, 1963. XII + 477 S. – (C 1946 New Directions). Auch: New York: Gordian Pr., 1975. XIV + 503 S.

[Einleitung; 40 Artikel, Liste engl. Übers. von Kafkas Werken; Auswahlbibliogr.; Abb. u. Faks.]

– and **Homer Swander** (ed.):˙*Franz Kafka Today.* Madison: Univ. of Wisconsin Pr., 1964. VIII + 290 S. (C 1958. Paperback editions: 1962, 1964.)

[Einleitung; 18 Artikel, Liste engl. Übers. von Kafkas Werken: Auswahlbibliogr.]
Rez.: In: *Notes and Queries* 203 (1958) S. 499–500;
Jorge Elliott in: *Comparative Literature* 10 (1958) S. 365–68;
Daniel Weiss in: *MLQ* 19 (1958) S. 185–87;
Ronald Gray in: *GLL* 12 (1959) S. 146–48;
Wayne Burns in: *JEGP* 58 (1959) S. 151–53;
Margaret McHaffie in: *MLR* 54 (1959) S. 624–26;
Joseph Mileck in: *GQ* 33 (1960) S. 390–91;
Robert Kauf in: *Books Abroad* 34 (1960) S. 301;
Ulrich Weisstein in: *Monatshefte* 52 (1960) S. 42–44;
Claude David: "Kafka aujourd'hui." In: *EG* 16 (1961) S. 35;

Erich Speidel in: *Notes and Queries* 208, New Series 10 (1963) S. 399;
Eugene E. Reed in: *Monatshefte* 52 (1960) S. 42–44;
Meno Spann in: *MLN* 75 (1960) S. 380–84.

Flores, Angel (ed.): *The Kafka Debate. New Perspectives For Our Time.* New
York: Gordian Pr., 1977. 453 S.

[33 Artikel, lose in folgende Unterabteilungen eingereiht: Frames of Reference, Images
of the Self, Style and Structure, u. Fields of Vision (z. T. Abdrucke).
Querschnitt durch gegenwärtige Kafka-Forschung.]
Rez.: Robert M. Adams in: *TLS* (Apr. 7, 1978), S. 371;
in: *Choice* 15 (June 1978) S. 551;
Roman S. Struc in *Germanistik* 19)1978) S. 906–07.

— *The Problem of "The Judgment".* Eleven Approaches to Kafka's Story with a
new translation of "The Judgment" by Malcolm Pasley. New York: Gordian
Pr., 1977. 265 S.

[Enthält neben "Foreword" (Angel Flores, Hinweise auf Entstehung u. Bedeutung von
"Urteil") u. "Translator's Note on the Title" (Malcolm Pasley, Gedanken zur Wortwahl
in engl. Übers. – "The Judgment"), eine Neuübers. M. Pasleys vom "Urteil", die dem 2.
Bd. von "Kafka's Shorter Works", der in England erscheint, entnommen ist, u. 11 Arti-
kel, z. T. Abdrucke.]
Rez.: In: *Choice* 14 (Oct. 1977) Nr. 8. S. 1059;
Martin Swales: "Interpreting Kafka." *University of Toronto Quarterly* 47 (1978) Nr. 3.
S. 273–74;
Ludwig Fischer in: *Modern Language Journal* 62 (1978) S. 305;
Eric W. Herd in: *Germanistik* 19 (1978) S. 908.

— In: *Quarterly Review of Literature* 20 (1976) Nr. 1–2. S. 1–89. Special Issues
Retrospective: In Retrospect: Franz Kafka (1945).

[Nachdruck einer Kafka-Nr. aus 1946.]

Gold, Hugo (Hrsg.): *Max Brod. Ein Gedenkbuch.* 1884–1968. Tel Aviv: Olamenu,
1969. Illustr.

[6 Artikel über Kafka.]

Goldstücker, Eduard, František Kautman, Pavel Reiman, Leoš Houska (Hrsg.):
Liblická konference 1963: Franz Kafka. Praha: Nakladatelství Československé akademie věd, 1963. 289 S. – 26 Illustr.

[33 Beiträge der Kafkakonferenz in Liblice bei Prag 1963, aus Anlaß des 80. Geburtstages
des Dichters. Versuch, sein Werk ideologisch zu klären u. den Realismusbegriff des Ostens
zu erweitern.]
Rez.: Leoš Houska in: *Germanistik* 5 (1964) S. 510–11.
In dt. Übers. u. d. T.: *Franz Kafka aus Prager Sicht 1963.* Prag: Verl. der tschechoslowakischen Akademie der Wissenschaften, 1965. 305 S. – Berlin: Voltaire, 1966. 305 S.
[29 Beiträge, neben Eröffnungsansprache u. Begrüßung; Vorwort. Hier fehlen 2 der ursprünglichen Artikel, u. zwar: Karel Kreijčí, "K problému umělce u Franze Kafky", u.
E. Goldstücker, "Poznámka k diskusi".]
Rez.: Ludwig Dietz in: *Germanistik* 7 (1966) S. 650–51;
Sigfrid Hoefert: "Kafka in der DDR: Ein Bericht." In: *Seminar* 2 (1966) S. 46–47;

"Socialists Beware Kafka". In: *TLS* (6. 10. 1966);
Heinz Politzer: *Parable and Paradox* (s. Bücher) S. 358–76;
E. Bahr: "Kafka and the Prague Spring". In: *Mosaic* 3 (1970) Nr. 4. New Views on Franz Kafka. S. 15–29.
In ital. Übers. v. S. Vertolone u. d. T.: *Franz Kafka da Praga 1963.* Una serie di rapporti della cultura marxista sulla vita e sull'opera di Kafka. Bari: De Donato, 1966. 271 S.

Gray, Ronald (ed.): *Kafka. A Collection of Critical Essays.* Englewood Cliffs, N.J.: Prentice-Hall, 1962. [VIII +] 182 S. (Twentieth Century Views. A Spectrum Book). (2nd Printing 1963.)
[Einleitung, 1 Gedicht u. 14 Einzelbeiträge.]
Rez.: Lore B. Foltin in: *Modern Language Journal* 47 (1963) S. 219–20.

Hamalian, Leo (ed.): *Kafka. A Collection of Criticism.* New York: McGraw-Hill, [1974]. 151 S. (McGraw-Hill Paperbacks).
[Sammelbd. mit 14 Artikeln (zumeist Abdrucke) u. einer Einleitung v. Leo Hamalian (s. Artikel.)]

Heintz, Günter (Hrsg.): *Interpretationen zu Franz Kafka.* Stuttgart: Klett – Cotta, 1979. 244 S. (Literaturwissenschaft – Gesellschaftswissenschaft Bd. 42).
[2 Originalartikel (Heintz, Gotthart Oblau, s. Artikel) u. 19 Teilabdrucke von Beispielen theologischer, existentialistischer, psychologischer, soziologischer, biographistischer, phänomenal orientierter u. metasprachlicher Deutungen.]
Rez.: Gerhard Kurz in: *Germanistik* 20 (1979) Nr. 2/3. S. 555.

Hughes, Kenneth (ed.): *Franz Kafka. An Anthology of Marxist Criticism.* Hanover and London: New England Univ. Pr., 1982.
[Einleitung u. ca. 15 Artikel marxistischer Kafka-Kritik, ausgewählt u. übers. v. K. H. Diese Artikel waren bisher in engl. Sprache nicht zugänglich.]

Jakob, Dieter: *Das Kafka-Bild in England. Eine Studie zur Aufnahme des Werkes in der journalistischen Kritik (1928--1966).* Darstellung – Dokumente – Bibliographie. 2 Bde. Oxford u. Erlangen, 1971. 709 S.
[Aus Diss. entstanden.
S. 8–62 (Buch 1), Das Kafka-Bild in England. Zur Aufnahme des Werkes in der journalistischen Kritik 1928–1966. (Abdruck des gleichnam. Artikels aus "Oxford German Studies" 5 (1970) S. 90–143.
S. 63–535 (Buch 2), Dokumente. Umfaßt 132 engl. Texte, die verschiedene Aspekte der engl. Kafka-Rezeption nachweisen. Teile:
  I. "On First Looking Into Kafka";
 II. "Kafka and the Contemporary Sensibility";
III. "Kafka and the Human Predicament";
IV. "Franz Kafka – A Modern Classic".
S. 536–709 (Buch 3), Kafkas Werke u. Kafka-Kritik in England, 1928–1966. Bibliogr.:
1. Die Werke Kafkas in England. 2. Schriften zu u. über engl. Kafka Ausgaben. 3. Allg. Charakteristiken u. Beurteilungen, Würdigungen des Gesamtwerkes u. einzelner Werke. Franz Kafka im Verhältnis zur Gegenwart. 4. Franz Kafka: Mensch u. Umwelt. 5. Sonderteil: Ungedrucktes. 6. Varia. – Register.]
Rez.: In: *TLS* (10. 12. 1971) S. 1548;

1. Die Werke Kafkas in England. 2. Schriften zu u. über engl. Kafka Ausgaben. 3. Allg. Charakteristiken u. Beurteilungen., Würdigugnen des Gesamtwerkes u. einzelner Werke. Franz Kafka im Verhältnis zur Gegenwart. 4. Franz Kafka: Mensch u. Umwelt. 5. Sonderteil: Ungedrucktes. 6. Varia. – Register.]
Rez.: In: *TLS* (10. 12. 1971) S. 1548.
Stanley Corngold in: *Monatshefte* 65 (1973) S. 436–37;
Hans Reiss in: *GLL* 28 (1975) S. 180–81;
Friedemann Spicker in: *Germanistik* 17 (1976) S. 860–61.

JML 6 (1977) Nr. 3. Franz Kafka Special Number.

Franz Kafka aus Prager Sicht. (s. **Goldstücker**).

Kafka-Handbuch s. Binder.

Kafka-Ronshu [Kafka-Abhandlungen.] Tôkyô: 1975.[1]

[Jap. – W. H. Auden: "K's Quest" in: Flores, "The Kafka Problem", (s. Artikel); F. Beissner: "Kafka der Dichter", (s. Bücher); F. Blei: "Franz Kafka", ("Zeitgenössische Bildnisse", Amsterdam, 1940); J. L. Borges: "Kafka y sus precursores", ("La Nación" 19. 8. 1951); E. Fischer: "Franz Kafka", ("Sinn und Form", s. Artikel); B. Groethuysen: "A propos de Kafka", "Nouvelle Revue Française" 21 (1933) S. 588–606); K. Hermsdorf: "Künstler und Kunst bei Kafka", (s. Artikel); H. Hillmann: "Das Sorgenkind Odradek", (s. Artikel); R. Karst: "Ein Versuch der Rettung des Menschen", (s. Artikel); W. Muschg: "Der Ruhm Franz Kafkas", ("Die Zerstörung der deutschen Literatur", (s. Artikel); Ausschnitte aus J. Urzidil: "Da geht Kafka", (s. Bücher).]

Kafuka. [Sammelbd.] Tôkyô: 1974 (Shinbi Bunko Bd. 19).

[Jap. – P. Demetz: "Kafka, Freud und Husserl. Probleme einer Generation". (s. Artikel); M. Gravier: "Strindberg und Kafka", *EG* 8 (1953) Nr. 2/3; W. Jahn "Kafka und die Anfänge des Kinos", (s. Artikel); H. Politzer: "Prague and the Origins of Rainer Maria Rilke, Franz Kafka and Franz Werfel", (s. Artikel); O. Seidlin: "The Shroud of Silence." *GR* 28 (1953) Nr. 4; R. Tyler: "Kafka and Surrealists", "Accent" 6 (1954) S. 23–27.]

Kuna, Franz (ed.): *On Kafka: Semi-Centenary Perspectives.* London: Elek; New York: Barnes & Noble, 1976. XII + 195 S.

[9 Beiträge vom Kafka Symposium an der Univ. of East Anglia, Norwich, 7. – 10. Juli 1974, sowie Einleitung von F. Kuna.]
Rez.: In: *JML* 4 (1975) Nr. 5. S. 1067;
in: *Choice* 13 (1976) Nr. 10. S. 1302;
G. A. Masterton in: *Library Journal* 101 (1976) Nr. 20. S. 2374–75;
Dagmar C. G. Lorenz in: *GQ* 50 (1977) S. 366–68;
Hartmut Binder in: *Germanistik* 19 (1978) S. 907–08;
Kenneth Huges: Kafka Research 1977–79; A Report." In: *New German Critique* (Winter 1981) Nr. 22. S. 167-68.

Liblická Konference 1963: Franz Kafka (s. **Goldstücker**).

Literatur und Kritik (Febr. 1980) Nr. 141.

---

1) Jap. Sammelbde. werden, wo vorhanden, mit Inhaltsangaben versehen, da nicht allg. zugänglich (s. auch Tsuji).

MAL 11 (1978) Nr. 3/4. Special Franz Kafka Issue.

Modern Fiction Studies 8 (1962) Nr. 1 Franz Kafka Number.

Monatshefte 55 (1963) Nr. 1.

Mosaic 3 (1969/70) Nr. 4. New Views on Franz Kafka.

Neumeyer, Peter F.: *Twentieth Century Interpretations of "The Castle". A Collection of Critical Essays.* Englewood Cliffs, N.J.: Prentice-Hall, 1969. IV + 122 S. (A Spectrum Book).
[Einleitung; 1. Teil: "Interpretations" – 10 Einzelbeiträge. 2. Teil: "View Points" – 20 Teilabdrucke aus Artikeln u. Büchern.]

Newsletter of the Kafka Society of Amerika 1 (1977)–6 (1982)ff.[1]

Obliques (Paris) (1973) Nr. 3.

Pocar, Ervino: *Introduzione a Kafka. Antologia di saggi critici.* Milano: Il Saggiatore, 1974. XXXIV + 275 S.
[38 Beiträge, meist Auszüge, aus der internationalen Kafkakritik. 3 Teile: 1. Biographie u. Entdeckung des Werkes, bis zu Siebzigerjahren;
2. Wege zu einem Verständnis Kafkas; Werturteile u. Lesehinweise;
3. Forschungsrichtungen; Auswahl von Interpretationen.
S. XI–XXVI: Premessa: Kriterien zur Auswahl aus der Fülle kritischer Meinungen, Besprechung des Inhalts.]

Politzer, Heinz (Hrsg.): *Franz Kafka.* Darmstadt: Wissenschaftliche Buchgesellschaft, 1973. 560 S. (Wege der Forschung Bd. 322).
[Sammelbd. von 26 Kafka-Artikeln (meist Abdrucke). Einleitung (kurzer Forschungsbericht) von Heinz Politzer (s. Artikel), die beispielhafte Werke für den Gang der Kafkakritik für den Zeitraum von 1916 bis 1970 umfaßt. Auswahl der Essays erfolgte in Hinblick auf die "dreifachen Ursprünge Kafkas" (jüdisch-slawisch-dt.) u. auf wesentliche Leistungen der internationalen Kafkaforschung.]
Rez.: Jürgen Born in: *Germanistik* 16 (1975) S. 543;
Claude David: "Sur Kafka: quelques livres parmi beaucoup." In: *EG* 30 (1975) S. 55–57;
Maria Luise Caputo-Mayr in: *Books Abroad* 48 (1974) Nr. 4. S. 767.

Raboin, Claudine (ed.): *Les critiques de notre temps et Kafka.* Paris: Garnier, 1973. 192 S. (Les critiques de notre temps 14).
[43 Abdr. u. Teilabdr. aus Büchern u. Artikeln meistens frz., dt. u. amerik. Kafka-Kritiker; nicht-frz. Beiträge in frz. Übers.; Einführung u. einleitende Bemerkungen zu einzelnen Beiträgen von C. R. – Chronologie von Kafkas Leben (S. 168–73); Bibliogr. (S. 174–89).]
Rez.: In: *Bulletin critique du livre français* 28 (1973) S. 1304.

1) Einzige Kafka gewidmete Forschungszeitschrift, erscheint zweimal jährlich, publiziert Bibliogr., Vorträge des Jahrestreffens der Gesellschaft (MLA-Convention), andere wichtige Beiträge, Nachrichten, Rez. u. s. w. German Dept., Temple Univ., Philadelphia. Hrsg. v. Maria Luise Caputo-Mayr.

Rolleston, James (ed.): *Twentieth Century Interpretations of "The Trial". A Collection of Critical Essays.* Englewood Cliffs, N.J., Prentice-Hall, 1976. 112 S.

[10 Abdrucke u. Übers., mit einer Einleitung von J. R., einer Liste von Kafkas Werken u. Lesematerialien, u. Bibliogr. engl. "Prozeß"-Deutungen.]

*Stern, J.P. (ed.): *The World of Franz Kafka.* New York: Holt, Rinehart & Winston, 1980. 263 S. Illustr.

[Einleitung u. 24 Artikel, z. T. Abdrucke; Übers. v. Harry Zohn, J. P. Stern, Allan Blunden, A. Steer, A. K. Thorlby. In 3 Teilen angeordnet, mit 41 Photographien. S. 175–87: "Challenges and Protests". Sammelübers. v. Ausschnitten aus Werken von W. Benjamin, Bertolt Brecht, G. Lukács, Günther Anders u. Karel Kosik, mit einem Kommentar von J. P. Stern.]
Rez.: *New York Times Book Review* (Jan. 18, 1981).

Theodor, Erwin – Ruy Coelho – Anatol Rosenfeld – Horst Domdey – (Hrsg.): *Introducao à obra de Franz Kafka.* Universidade de Sao Paulo, Faculdade de Filosofia, Ciências e Letras. Cadeira de Língua e Literatura Alema. 1966. 70 S. (Seccao Gráfica). (Série Textos Modernos IV).

[4 Artikel.]

*Tsuji, Hikaru (Hrsg.): *Kafuku no Sekai.* [Tôkyô:] Arechi [Verl.], 1971. 315 S.

[Jap. (Kafka und seine Welt.) – 2 Teile, 15 Beiträge. Im 1. Teil wird Struktur von Kafkas Welt u. seine gegenwärtige Bedeutung erklärt. Inhalt:
Hikaru Tsuji: Die Welt von Franz Kafka; Masami Yoshida: Versuch einer Biographie – über Brods Biographie "Franz Kafka"; Hajime Yamashita: Juden in Prag; Koji Nakano: Drei Lieben. Felice, Julie und Milena; Shigeru Taniguchi: Kafka und die Gegenwart; Nobuo Kojima: Über Kafkas Abstraktion – Logik der Elimination; Sentaro Yoshida: Durch das Gespräch mit Janouch. – Im 2. Teil werden die Werke, die Tagebücher, die Briefe einzeln untersucht: Hikaru Tsuji: "Das Schloß"; Kazumi Maeda: "Der Prozeß"; Hyozo Kashiwabara: "Amerika"; Taro Kitamura: "Die Verwandlung"; Toyoichiro Miyoshi: "In der Strafkolonie"; Tomohika Yamada: "Das Urteil"; Bin Tsukakoshi: "Beschreibung eines Kampfes"; Yoshihiko Shiroyama: "Betrachtung".]

Weber, Albrecht, Carsten Schlingmann, u. **Gert Kleinschmidt:** *Interpretationen zu Franz Kafka. Das Urteil. Die Verwandlung. Ein Landarzt. Kleine Prosastücke.* München: Oldenbourg, 1968. 140 S. (Interpretationen zum Deutschunterricht). 2. Aufl. 1970; 3. Aufl. 1972; 4. Aufl. 1973.

[Vorwort; 4 Beiträge.]
Rez.: Claude David: "Sur Kafka quelques livres parmi beaucoup." In: *EG* 30 (1975) S. 63–64.

Wort in der Zeit 10 (1964).

Zyla, Wolodymyr, Wendell M. Aycock, and **Pat Ingle Gillis** (ed.): *Proceedings of the Comparative Literature Symposium. Franz Kafka: His Place in World Literature.* January 28 and 29, 1971. Lubbock, Texas: Texas Technological Univ. Pr., 1971. [VI] + 174 S.

[Einleitung, 10 Vorträge, 1 Frontispiz, Illustr.]
Rez.: Breon Mitchell in: *Yearbook of Comparative and General Literature* 21 (1972)
S. 93–94.
Frank Jones in: *Slavic Review* 32 (1973) S. 670;
B. R. Bradbrook in: *Slavonic and East European Review* 51 (1973) S. 157–58;
Frithjof Stock in: *Arcadia* 8 (1973) S. 230–31.

DISSERTATIONEN

Altenhöhner, Friedrich: Der Traum und die Traumstruktur im Werk Franz Kafkas. Diss. Münster, 1964. 144 S. Photodruck Kramer.

[Strukturuntersuchung. Beziehung zwischen Traum u. Dichtung; Träume erzählerisch überformt; Bilderreihen in Handlung umgewandelt. Nüchterne Sprache, gleichnishafter Charakter nicht rational aufzuschließen. Für Kafka war Erfassung der Existenz im Bild wichtiger als Lösung eines Problems. Interpretation von "Hochzeitsvorbereitungen", "Landarzt" u. "Verwandlung". Traumstruktur auch in Romanen. Nähe zum Mythos.]

Aschka, Friedrich: Die Zeit und die Erscheinung des Menschen im dichterischen Weltentwurf (Analysen zum modernen Roman.) Diss. Erlangen, 1959. 143 S.

[S. 118–26: Vergleich mit Kafkas "Prozeß". – Romanwelt außerhalb des Helden nicht mehr gesichert. Josef K. wird vom Erzähler zum erlebenden Mittelpunkt. Isolierte u. widersprüchliche Erscheinungen nur für ihn da – im Gegensatz dazu das unsichtbare Gesetz.]

Asher, Evelyn Westermann: Urteil ohne Richter: Die psychische Integration oder die Entfaltung des Charakters im Werke Franz Kafkas. Diss. Univ. of California, Berkeley, 1980. 202 S.

Beck, Evelyn Torton: Kafka and the Yiddish Theater: A Study of the Impact of the Yiddish Theater on the Work of Franz Kafka. Diss. Univ. of Wisconsin, 1969. VII + 277 S. Microf.

[Mit Ausnahme des Vorwortes u. der Einführung identisch mit Buch von E. T. Beck: "Kafka and the Yiddish Theater ..." (s. Bücher).]

Beicken, Peter U.: Perspektive und Sehweise bei Kafka. Diss. Stanford Univ., 1971. X + 515 S.

[Auseinandersetzung mit Theorien über Erzählerfunktion u. Anwendung auf Kafka. Kafka benötigt geeignetes Erzählverfahren, um seinen Problemen u. dem darzustellenden Inhalt geeignete Form zu geben. Seine neue Form ist eine Sonderentwicklung der Ich-Erz., die "Er-Erz."; Begriffe wie "Einsinnigkeit" u. "Erzählerschwund" (Beissner, Walser, Kobs u. a.) werden weitergeführt u. erweitert. Kafka benützt den personalen Roman, in dem die Roman-Welt auf ein personales Medium (Perspektivfigur) bezogen wird. Dennoch bleibt der Bereich der wertenden u. deutenden Erzählstimme erhalten, erkennbar aus Sprache, Sprechweise, Tonfall u. im organisatorischen Prinzip. Doppelfunktion der Perspektivfigur: Romanheld u. Erzählerauge, ersterer hat jedoch den Vorrang. Gewisse Funktionen des Erzählers werden von der Perspektivgestalt übernommen: Organisation, Rückblick, Wertung, Überblick.
Besprechung der Anfangssituation von "Der Heizer": Karls Widersprüche im Stil der ersten 2 Sätze gespiegelt, Schuld u. Ausflucht, Aufbegehren u. Unterwerfung. Schlagartiges Erkennen der Schuld – Statue u. Schwert. Innere Problematik Karls durch Fehlleistungen gezeigt; seine verfehlte Sehweise wird durch Erzählerkommentar u. Handlung selbst korrigiert. Es gibt aber kein übersichtliches Bild, noch deskriptive Psychologie u. analysierende Beobachtung. Ich-Erz., wie "Beschreibung eines Kampfes", – Vorstadium für Kafkas neue Erzählform. "Ich" wird facettenhaft aufgespalten, Erlebens- u. Erfahrungs-

bereich einer Person konfrontiert in 2 Figuren. Kafkas eigene unlösbare Existenzproblematik als Geschehen ausgedrückt. Auch bei Raban Spaltung in erlebendes u. erzählendes "Ich". Synthetischer Charakter der Figuren. "Persona" der Er-Erz. mit erlebender u. reflektierender Komponente zeigt aber auch die Gespaltenheit u. Ambivalenz des Helden. Erzähler beteuert nicht mehr, hat aber Überblick. Erlebte Rede gestattet mehr Erzählkontrolle als "stream of consciousness"-Technik, gelegentlich "inner monologue" verwendet, würde zu viel enthüllen. Psychische Zustände in Bildern u. Gesten oder erfundenen Geschichten dargestellt, z. B. wie in "Das Urteil" (Vatergestalt: innere Macht des Helden u. Instanz, die Wende bringt in späteren Werken. Vater sei gleichzusetzen mit Freund u. Jugend-Ich, Georgs Selbstbestrafungswunsch. Ausführliche Deutung). Späte Werke: Perspektivpersonen mit mehreren Bewußtseinslagen. Größte Erzählerdistanz in "Strafkolonie" u. "Prozeß.". Synthese von Kafkas verschiedenen Erzählprinzipien in "Hungerkünstler", der mit Selbstkritik u. Geständnis endet, die als die Kafka eigene Form der Selbstkritik aufzufassen ist. In späten Erz. kommentierender Erzähler aus Retrospektive. — "Persona" als synthetische Figur erfordert verschiedene Subjekte an der Oberfläche, in einem Menschen vereinigt.]

Benson, Ann Thornton: The American Criticism of Franz Kafka, 1930–1948. Diss. Univ. of Tennessee, 1958. XIV + 246 S.

[Sichtung der Kafka-Studien zeigt eine Tendenz zu einer Gesamtsicht des Werkes. Theologische, psychoanalytische u. soziologisch-politische Interpretationsrichtungen. Kritische Arbeiten im Zusammenhang mit der Publikation der Werke in engl. Sprache. 1930–36: "Das Schloß" u. die theologische Deutung. Erscheinen des "Prozeß", Aufkommen weltlicher Auslegung, Josef K. als Beispiel des einsamen, modernen Menschen (1937–40). "Amerika"-Ausgabe u. die Erschütterung der bisherigen Theorien (1940); Kafkas religiöser Humor; soziologisch-politische Erklärung. Kontroversen u. Einzelversuche einer Gesamtsicht bis 1945. Essaysammlung "The Kafka Problem" (hrsg. v. Angel Flores) 1946 — Bild einer verwickelten Lage; erhöhte Auseinandersetzung über kritische Meinungen, ohne Rücksicht auf Kafkas Werke, bis 1947. Möglichkeit einer gemeinsamen Basis durch Annahme, daß Kafkas Werke die bedrängte Lage des modernen Jedermann darstellen.]

*Beutner, Bärbel: Das Bild in den Romanen Franz Kafkas. Diss. Univ. Münster, 1971. 327 S.

[(s. Bücher).]

*Bezzel, Christoph: Natur bei Kafka. Studien zur Ästhetik des poetischen Zeichens. Diss. Univ. Erlangen-Nürnberg, 1964

[(s. Bücher).]

*Bilen, Max: Dialectique créatrice et structure de l'œuvre littéraire d'après André Gide, Marcel Proust, Franz Kafka et Albert Camus. Diss. Paris-Nanterre, 1967.

Billeter, Fritz: *Das Dichterische bei Kafka und Kierkegaard. Ein typologischer Vergleich.* Diss. Univ. Basel, 1960. Winterthur: P.G. Keller, 1965. VIII + 206 S.

[Unter Anleitung von Adolf Muschg entstanden (s. Bücher).]

*Binder, Hartmut: Zu Kafkas Denken. Judentum, Psychologie, Traditionsbezug. Motiv und Gestaltung bei Franz Kafka. Diss. Univ. Tübingen, 1965.

[(s. Bücher).]

Birch, Joan Ethyl Mac Lelland: Dimensions of Narrative Prose Sentence Style in Kafka's "Das Schloß" and Mann's "Doktor Faustus". Diss. Univ. of Texas at Austin, 1969. 264 S. (C 1970). Microf.

[Faktorenanalyse für eine quantitative Stilanalyse. – Ziel der Arbeit: 1. Ausführliche Beschreibung des linguistischen Prosastils von 2 modernen Romanen, um den intuitiv erfaßten Unterschied zu erklären u. zu beweisen; dafür wird "überprüfbare" Methode mit Statistiken zusammengestellt. – 2. Grundlage für Studien, die genaue Kenntnis des Phänomens des linguistischen Stils ermöglichen sollen.

I.   Einführung (Stilstudien, ihre Probleme, Definitionen).

II.   Statistische Stilistik u. Faktorenanalyse; u.a. Festlegung der Kriterien für Textauswahl (Kafka u. Mann): 2 Werke des gleichen Genres, der gleichen Zeit, mit ähnlichem Idiom, nicht radikal verschiedenen Strömungen angehörend. Intuitiv stand Verschiedenheit des Stils bei den 2 Autoren bereits fest. Textproben werden der Hintergrundsbeschreibung, nicht den Dialogen der Romane entnommen: 200 Sätze nach Methode des "spread sampling" ausgewählt (ca. alle 1 1/2 Seiten 1 Satz).

III.   Definition der Variablen (Kriterien u. Definitionen für 40 Variable u. a. Worte, Kommas, Substantiva, mit Beispielen.) –

IV.   Faktorenanalyse der Satzdaten für "Schloß" u. "Doktor Faustus". – Enthält die eigentliche Analyse mit Tabellen.

4. 4:   Vergleich der "Variable Orientation" im Satzstil von "Schloß" u. "Doktor Faustus".

4. 5:   Vergleich von Kafkas u. Manns Faktorenstrukturen in "Terms of the Nature of Their Respective Vectors".

4. 6:   Vergleich der "Functional Orientation" bestimmter Variablengruppen.

V.   "Factor Relate and the Combined Data Factor Analysis" – (Auswertung).

VI.   "The Discriminant Analysis" – (Auswertung).

VII.   Schlußbemerkungen: Von den 5 verglichenen Faktoren war die "noun phrase complexity" (Faktor II) der strukturell wie quantitativ ergiebigste "composite discriminator" u. nur dieses eine Element erwies sich als unterschiedliches Stilelement. Ergebnisse: u. a. kein hypotaktisch-parataktischer Unterschied (weist darauf hin, daß Untersuchungsmethode noch verfeinert werden muß); Kafkas Satzbild enthält mehr Hauptsätze als das Manns. – Methode kann in jetzigem Zustand noch nicht den Unterschied zwischen Kafkas "einfacher Prosa" u. Manns "weitschweifiger Syntax" erschöpfend darstellen. Kafkas Stil ist jedoch komplexer als der Manns.]

*Bodeker, Karl Bernhard: Kafka in the Cross Fire of Criticism. M. A. Thesis National Univ. of Ireland, 1966.

*Boegeman, Margaret Byrd: Paradox Gained: Kafka's Reception in English from 1930 to 1949 and His Influence on the Early Fiction of Borges, Beckett, and Nabokov. Diss. Univ. of California, Los Angeles, 1977.

*Bonner-Hummel, Marie Luise: [Das Künstlerproblem in Franz Kafkas Erzählungen. Eine vergleichende Studie zur Entwicklung des Problemkreises in der deutschsprachigen Literatur.] Diss. Univ. of California, Berkeley, 1979. 267 S.

*Born, Jürgen: Franz Kafkas Briefe an Felice Bauer (Herausgabe mit Kommentar). Diss. Northwestern Univ., 1963. 60 S. Microf. Xerox.

[(s. Artikel).]

Bröckerhoff, Bernhard: Seinserfahrung und Weltverständnis des Dichters Franz Kafka. Diss. Univ. Bonn, 1957.

Brodzki, Bella P.: Deceptive Revelation: The Parable in Agnon, Kafka, Borges. Diss. Brown Univ. 1980. 206 S.

Brown, Bernard J., S.J.: Guilt and Death: A Thematic Study of Original Sin in Selected Existentialist Literature. Diss. Indiana Univ., 1973. (C 1973).

[S. 64–130: Kap. 3: Kafka. "Der Prozeß". – Von K.s hündischem Sterben aus kann auf seine universale unbestimmte u. mit dem Tod verbundene Schuld geschlossen werden, die Schuld aller Menschen. Zeitablauf im "Prozeß" schon Todeszeit. Ungenannte Schuld hängt mit Zeitparalyse zusammen: Überrumpelung K.s beim Erwachen, Arrest schon lange unbewußt in ihm. Verzerrte Sicht der Wirklichkeit umfaßt: fehlende Integration der Vergangenheit, die gesellschaftliche Stellung, die Arbeit; K.s innere Schuld. Seine Verwirrung: lehnt Verhaftung nicht ganz ab. "Prozeß": Beispiel für totale Ambiguität u. unerkennbare Schuld, trübe Schattenwelt. Zeit- u. Raumgefühl verwirrt. Gericht lebt in K. Viele existentialistische Antihelden vergessen die Vergangenheit. Domszene weist auf K.s innere Schuld, er ist wie der Mann vom Lande. Geburtstag wird zum Todestag, Zeitstillstand, ähnlich wie Heideggers Sein-zum-Tode. Schuld- u. Todessyndrom bei Kafka nur durch Vergleiche u. Strukturstudien erfaßbar.]

*Cantarutti, Giulia: Due figure femminili – Felice e Milena – nella vita di Kafka. Diss. Università di Bologna, 1969. Ca. 200 S.

*Cipolla, Lauretta: Linguaggio dell'angoscia in Kafka, Beckett e Pinter. Diss. Università L. Bocconi, Milano, 1971.

Collins, Hildegard Platzer: A Study of the Relationships between Technique and Theme in the Shorter Works of Kafka. Diss. Univ. of Southern California, 1962. II + 303 S.

[Kafkas Ansichten über Kunst u. Literatur; sein Prosastil. Interpretation von "Beschreibung eines Kampfes" u. anderen Erz. Doppelfiguren mit gleicher Persönlichkeit im "Schloß" u. "Prozeß". Tiere als Symbole in den Erz. "Forschungen eines Hundes". Innere Beziehung zwischen "Der Bau" u. "Ein Hungerkünstler". Die Bedeutung Odradeks. Die Frau als Falle. Persönliche Schuld; Leiden u. Tod.]

Collins, Robert George: Four Critical Interpretations in the Modern Novel. Diss. Univ. of Denver, 1961. Microf.

[S. 237–85: Kafka's "Special Methods of Thinking": Genaues Textstudium unter Einbeziehung von Tagebuchmaterial. Kafkas Stil u. Sprache: einfach u. präzise, dennoch mehrdeutig; er erweiterte die Funktion der Sprache; Wörter als Katalysatoren, Leser in die Bedeutung des Werkes miteinbezogen; Technik u. Sinn werden eins. Paradoxes, Widersprüche, Irrelevantes enthüllen das Leben; eine "intrinsic logic"; tiefe, aber nicht abwechslungsreiche Prosa. Frauen: Doppelfiguren.]

Currie, William Joseph: Metaphors of Alienation: The Fiction of Abe, Beckett and Kafka. Diss. Univ. of Michigan, 1973. II + 259 S. Microf. (C 1974).

[Studie von Romanen von Kafka ("Amerika", "Prozeß" u. "Schloß"), Beckett ("Murphy", "Watt" u. die Trilogie "Molloy"...) u. Abe Kôbô (moderner jap. Romancier), um These über die Ähnlichkeiten u. Differenzen in den Themen über die menschliche Entfremdung zu finden, sowie die Erz.-Methode zu vergleichen. Kafka schuf den entfremdeten Helden u. beeinflußte Beckett u. Abe Kôbô. Alle 3 gebrauchen eine dominierende Metapher in einem Werk, aber mit unterschiedlicher Wirkung. Auch Erz. behandelt. 3 Hauptteile der Untersuchung: (Kap. II) Suche des Individuums nach den Wurzeln seiner Existenz als Identitätsgrund: Auch Hinweise auf Kafkas "Landarzt", "Verwandlung" u. "Urteil", sowie "Amerika". – Untersuchung der Kommunikationsschwierigkeiten zwischen den Menschen (Kap. III): "Prozeß" u. "Schloß" – Einsamkeit des modernen Menschen. – Der Unterschied zwischen innen u. außen (Kap. IV): "Prozeß" u. "Schloß", Bild der Welt als Labyrinth, Entwicklung des Helden u. der Handlung davon beeinflußt. Alle Dichter zeigen Bilder der allg. Disharmonie zwischen Mensch u. Welt im 20. Jh., die Erz.-Form scheint nur an der Oberfläche traditionell zu sein. – Der Mythos des "Outsiders" wird von vielen Schriftstellern in verschiedenen Ländern nach dem Ersten Weltkrieg aufgegriffen, gemeinsames Gefühl des Ausgeschlossenseins aus der Gesellschaft, wie es am Beispiel der 3 erwähnten Dichter sichtbar wird. Gleiche Grundhaltung der Menschen gegenüber technisierter u. mechanisierter Welt machen Verständnis möglich.

Gemeinsame Elemente in Romanbau: zentrale Metapher als Basis; Traumsprache, um Bild zu intensivieren, Traumstruktur, um eine Synthese der verschiedenen Bildelemente zu erreichen. Details wichtig; Projektion der inneren Ängste in dramatische Situation. Gewöhnliche Helden u. gewöhnliche Handlung werden komplex. Helden haben gute Absichten, aber Vorurteile, gelangen in irrationale Situation, Umstände zerstören sie; unmenschliche Welt, Komödie u. Pathos vermischt (Kafka u. Beckett).

Unterschiede: Kultureller Hintergrund, Bedeutung der Entfremdung. Kafka wollte in seine ethnische u. religiöse Gemeinschaft zurückfinden, letzte Antworten über Gott u. die menschliche Freiheit erlangen. Ambivalente Vatergefühle. Ambivalenz sehr stark bei ihm. Er versucht, die Entfremdung zu überwinden, Beckett nicht (Gott ist tot für ihn), während Kôbô das moderne technisierte Japan u. dessen Entfremdung wiedergibt (vorsichtiger Optimismus). Inneres Leben der Helden verschieden dargestellt, Unterschiede im Gebrauch des Realismus, der Entfremdung, des Humors, des Abstandes vom Leser, in der Darstellung des Sexualtriebes. Auch thematische Differenzierung: bei Kafka Konflikt zwischen innen u. außen u. Kälte der Gesellschaft am größten. – Vision der Wirklichkeit – Alptraum, der durch Details u. Realismus wirkt.]
*In jap. Übers.: Tôkyô: 1975.

*Cybaynes, Yvette: Le monde de Kafka. M. A. Thesis Montréal, 1959.

Dahl, John Albert: Das Problem der Verständigung im Werk von Franz Kafka. Diss. Univ. of Utah, 1972. V + 155 S. Microf.

[Kafka hat seine Werke verrätselt; man sollte sie nicht nur vom künstlerischen, sondern auch vom didaktischen Standpunkt betrachten; Kafka ein großer Lehrer, seine Stoffe aus dem Bereich des täglichen Lebens mit sozialen u. persönlichen Elementen, oft in traumhafter Verkleidung. – In seinem Werk erscheinen schlimme Ahnungen über Europas Zukunft. Seine Helden zeigen Unbewußtes der Zeit u. Unerfülltes der Zukunft, sind mit Kafkas Ich verwandt. Junggesellen aus bürgerlichem Stand, ihr Verständigungsproblem, einige alltägliche, ausgewählte Sprachhindernisse in Kafkas Werken (Karl, Josef K., Gracchus), praktische Hindernisse. Auch Gegensätzlichkeit kann zu Verständnisschwierigkeiten führen (Folge des Mißtrauens, innere Dualität, ideelle Gegensätze). Problem der Unterdrükkung der Wahrheit; oft nicht feststellbar, ob einzelne Personen im Werk die Wahrheit sprechen. Kafkas eigene Schwebehaltung in vielen Angelegenheiten unterdrückt Wahrheit, vergrößert Verständigungsproblem in Leben u. Werk. Auch Verwirrungen tragen zu Kommunikationsschwierigkeiten bei, in Verbindung mit eigener Verwirrung (Konflikt zwischen Beruf u. Berufung; auch psychopathische Ursachen). Unkenntnis ist ein weiterer Faktor (Josef K.s Unkenntnis, K.s Bewußtseinstäuschung). Wiederherstellung normaler Beziehungen in Kafkas Werken selten (Karl); meist Einsamkeit, Entfremdung u. Isolierung als Folge der Kommunikationsprobleme (Frieda u. K., "Brief an den Vater", Josef K. u. Gericht) oder sogar Tod ("Strafkolonie", Josef K., "Urteil", "Verwandlung".) Resultat: Dahl sucht die typischesten Verständigungsprobleme aus; Stoff aus dem Alltag verdichtet; eigene Probleme Kafkas; sein Volk, seine Heimat, Religion; auch Vorschau prophetischer Art.]

*De Board, Dale Jean: Three Studies in English: "King Lear"; Kafka's "The Castle"; Beckett's "Watt"; Edition of Burke's "Second Exercise". M.A. Thesis Pennsylvania State Univ., 1972. 57 S.

*Dehne, Doris: [The Formative Years of Kafka Criticism: Max Brod's Influence on Our Concept of Franz Kafka.] Diss. Vanderbilt Univ., 1977—78.
[Dt. Text.]

* Dentan, Michel: *Humour et création littéraire dans l'œuvre de Kafka.* Thèse Université de Lausanne, 1961. Genève: E. Droz, 1961. 202 S.
[Unter Anleitung von W. Stauffacher u. J. Starobinski entstanden (s. Bücher).]

*Derrick, Paul Scott: Kafka and Becket:: Language as a Synthesis. M.A. Thesis. Univ. of South Carolina, 1974.

*Diehl, Günter: Die Welt des Schizophrenen im Vergleich mit der Welt im Werke Kafkas. Eine Studie zur Phänomenologie der "schizophrenen" Welt und vergleichbar Phänomenalem im Werke Kafkas. Diss. Univ. Bonn, 1969. 73 S.
[Diss. der medizinischen Fakultät.]

Dittkrist, Jörg: Vergleichende Untersuchungen zu Heinrich von Kleist und Franz Kafka. Diss. Univ. Köln, 1971. VI + 224 S. Fotodruck.
[Geistes- u. formgeschichtliche Zusammenhänge zwischen der Dichtung Kafkas u. Kleists. Kafkas Hinweise auf Kleist spärlich, aber wichtig; beide wurden oft miteinander (schon 1920 u. 1927) verglichen. Ideologische Schwierigkeiten der marxistischen Literaturkritik gegenüber Kleist (Mangel an Realismus u. Nähe zur Dekadenz) u. bes. Kafka; beide Dichter versäumten Anschluß an progressive Kräfte der Gesellschaft. Kafka entdeckte in Kleists Verhältnis zur Gesellschaft Teil seiner eigenen Problematik; beide waren Außenseiter, entdeckten früh Widerspruch zwischen ihrem "Ich" u. dem Zwang der Gesellschaft, lebten in Isolation, träumten von Ehe u. landwirtschaftlicher Tätigkeit, übten Gesellschaftskritik; beide rangen um ihr Künstlertum, gaben fast alles darum auf, waren sich der Grenzen ihrer Fähigkeit bewußt (Sprachnot), hatten ambivalentes Verhalten zu Sprache u. Dichtung. Ambivalenz kennzeichnend auch für Struktur ihrer Dichtungen. Frauen als Kampfobjekt; Gesellschaft verurteilt kompromittierte Frauen. Kleist liebte Gegensätze. These u. Antithese (z.B. "Auf der Galerie") als Prinzip eines Teils der Syntax Kafkas. Bei Kafka u. Kleist ist Gegensatz von Wahrheit u. Scheinwirklichkeit Mittel zur Gesellschaftskritik. Zeit als bloße Anschauungsform. Kafkas u. Kleists Helden sollen durch Überwindung von Schein u. Lüge zum Bewußtsein ihrer selbst gelangen. Gott als absolute Erkenntnisfähigkeit. Das Recht eines der Hauptthemen Kafkas u. Kleists; ihre Helden müssen Rechtsprobleme lösen u. befinden sich oft in Verhörsituationen; juristisches Vo-

kabular. Todesmotiv. Bei Kafka muß der Verurteilte im Strafvollzug mithandeln. Technik des "understatement" wird als Mittel der Provokation gehandhabt. Erzähler mischt Wichtiges u. Nebensächliches. Keine Einsinnigkeit der Erzählhaltung in Kafkas kurzen Prosastücken (Erzähler tritt oft deutlich hervor); Perspektive in Romanen u. Novellen meist einsinnig. Gebärde vertritt Sprache u. konkurriert mit ihr. Gestus befördert ein Stück des Wahren. Kafka verwendet Syntax als Subordinationsmechanismus. Kohlhaas, Karl Rossman, Josef K. u. K. sammeln vergleichbare Erfahrungen.]

Di Virgilio, Paul Samuel: Study of Voice in the Modern Novel. Diss. Univ. of Toronto, 1980.

[Untersucht nach Theorien von Benveniste u. Saussure die Bedeutung der "Stimme" u. bes. der "mittleren Stimme" im modernen Roman. Kafkas "Schloß" als Beispiel für wesentliche Änderungen in der Struktur der "Stimme".]

Donovan, Josephine Campbell: Gnosticism in Modern Literature. A Study of Selected Works of Camus, Sartre, Hesse and Kafka. Diss. Univ. of Wisconsin, 1971. XIX + 302 S. Microf.

[Versuch, eine demythologisierte Gnostik mit dem Wesen gewisser existentieller Kunstwerke zu vergleichen. In der Gnostik geht es um kosmologische Ereignisse (Seele erhebt sich zum Himmel), in der Moderne um innermenschliche Geschehnisse (Seele verwirklicht ihr Selbst). Ergebnis ähnlich: erhöhtes Bewußtsein des Selbst. Gnostische Elemente in der modernen Literatur: Gnostischer Erlösungsgang kann z. B. in Romanen von Camus ("La Mort heureuse", "L'Etranger"), Sartre ("La Nausée"), Hesse ("Demian" u. "Steppenwolf") u. Kafka ("Prozeß" u. "Schloß") nachgewiesen werden. Viele dieser Werke zeigen gesellschaftliche u. metaphysische Entfremdung u. Tod vor Erlösung; die objektive Welt den Helden unverständlich, Prozeßstruktur, Rückzug Gottes (in "Prozeß" u. "Schloß" ist die höchste Autorität verborgen, "Türhüterparabel" – Kafkas eigenes psychisches Erlebnis? K. in "Schloß" wurde gerufen, Josef K.s Verhaftung, Samsas Verwandlung). Parallelen zwischen jüdischen gnostischen Hierarchien u. Hierarchien in Kafkas Werken. Ruf ergeht an die Helden, werden aus Alltag gerissen, keine religiösen Belehrungen folgen, aber Reichtum des Selbst wird offenbar. Kafkas Helden erreichen nur die pessimistische Phase: Fallen u. Entfremdung (keine "redemptive gnosis"). Zeit u. Ewigkeit: durch Verwandlung gelangt Mensch zu neuem Sehen (richtiger Augenblick Kafkas). Flucht aus der chronologischen Zeit hinaus in die Ewigkeit, eher dem griechischen Zeitbegriff nahe, als dem jüdisch-christlichen (endloser Zyklus). Der ferne Gott in Kafkas "Ein altes Blatt", "Eine kaiserliche Botschaft", "Prozeß" u. "Schloß" ist in obersten Rängen der Hierarchie; paradoxer, abwesender Gott auch bei Sartre u. Camus.]

Edwards, Brian Finbar Myriam: The Extent and Development of Autobiographical Material in the Works of Franz Kafka. Diss. Univ. of Edinburgh, 1964. III + 348 S. Microf.

[Vermutung liegt nahe, daß es Kafka nicht gelang, seine persönlichen Erfahrungen in allgemeingültiges Kunstwerk zu verwandeln. Ausmaß u. Entwicklung des biographischen Materials wird untersucht; Resultat zeigt, daß Kafkas Werke nicht direkt autobiographisch sind, sondern Experimente, die eine unter vielen möglichen Handlungen verfolgen. Helden gehen zumeist über Kafkas persönliches Dilemma hinaus (z. B. Georg Bendemann beschließt zu heiraten, Gregor Samsa bleibt kleiner Angestellter, Josef K. heiratet nicht: sie treffen Entscheidungen, die Kafka nicht treffen kann), werden aber vernichtet. Thematisch ist ein Fortschritt von persönlichen Fragen (Vater, Ehe, Kunst) zu philosophi-

scher u. religiöser Problematik zu erkennen. Keine Interpretationsrichtung ist ausschließlich anzuwenden. Bis 1917 war Kafka kein religiöser Dichter, daher die biographische, psychologische u. auch metaphysische Deutung eher anwendbar. Vaterbrief Kafkas als Basis, um Ausmaß des Biographischen zu bewerten (Vaterproblem verzerrt u. übertrieben). "Urteil" u. "Verwandlung": betreffen persönliche Angelegenheiten, wie Vater, Familie, Ehe, Beruf, Kunst. Autor ist noch sehr subjektiv. "Amerika": traditionelles Thema des Künstlers in der Gesellschaft. Aber rein Persönlich-Neurotisches überwiegt, hybrides Werk, Realismus nach Dickens verdeckt Neurotisches.
"Prozeß": Ehe, Schuldgefühle Kafkas als Junggeselle, zeigt die für Kafka typische Spekulation u. Situationsanalyse. Obskures u. langweiliges Werk. Gericht als K.s Gewissen, daher Anziehung zwischen Gericht u. Josef K. (Freud!). In Werken zwischen 1912 u. 1917 ist Schuldgefühl als Ausgangspunkt zu sehen, Gewissen, das Selbsterkenntnis verlangt; Helden werden zu Märtyrern des Gewissens; literarische Selbstbestrafung Kafkas. Mittelstellung zwischen frühem Atheismus u. religiösem Extremismus in "Strafkolonie". Beruhigung in Geschichten im Bd. "Beim Bau der Chinesischen Mauer". (Pascal; Kaiser − deus absconditus). "Schloß": endgültige religiöse Position, Kafka verteidigt Ethisches eher als Religiöses. Suche nach Glauben u. Aufnahme in die Gemeinschaft. Alle Themen u. Motive Kafkas hier vereinigt.]

*Edwards, John Peter: Women in Kafka. M.A. Thesis Univ. of South Carolina, 1974.

Essner-Schaknys, Günther: Die epische Wirklichkeit und die Raumstruktur des modernen Romans (dargestellt an Thomas Mann, Franz Kafka und Hermann Hesse). Diss. Marburg, 1957. 197 S. Mikrof.

[Gattungstheoretische Betrachtungen über Epos u. Roman leiten die Arbeit ein u. konzentrieren sich auf "gattungsbedingte Strukturelemente in Epos und Roman (Zeit und Raum)", z.B. Wirklichkeit u. mythische Wirklichkeit in der Epik, Dialektik der Romanwirklichkeit, Welt u. Wirklichkeit für Roman u. Epos in den verschiedenen Theorien zur Epik einerseits, u. andererseits auf "Stil und Technik epischer Wirklichkeitsdarstellung" (u.a. Erzählhaltung, Fiktion u. Beglaubigung, sprachliche Fügung, epische Breite, episches Kompositionsprinzip). Dann wird im 2. Teil die "Raumstruktur des modernen Romans" an Beispielen von Th. Mann, Kafka u. Hesse behandelt. S. 142−56: über Franz Kafka "Das Schloß". Kein psychologisch oder ethisch fundierter Held; Menschen des Romans nur nach innerer Wirklichkeit des Werkes zu messen u. zu sehen, mit äußerer Wirklichkeit verglichen sind sie unlogisch u. ambivalent; innen in Zusammenhang mit ihrem Existenzraum zu deuten. Innere Wirklichkeit des Romans bildet eine Totalität: 2 Räume mit unterschiedlicher Bedeutung, schließen sich scheinbar aus, sind aber eng aufeinander bezogen (Schloß-Dorf). Die Vertreter der beiden Räume ändern ihre Bedeutung, je nachdem man sie auf den einen oder den anderen bezieht (z.B. Jeremias). Auch K. ist Vertreter seiner eigenen Welt ("Heimat"), dadurch fremd im Dorf. Er gerät in die "Entscheidung" des Schlosses, ein echt passiver, epischer Mensch. Man erlaubt ihm das "Sein" im Dorf, nicht das "Tun", nachdem er sich dem Schloß unterworfen hat. Thema: Einwurzelung in Beruf, Heim u. Gemeinschaft bei Kafka episch als "Ausmessen eines gegebenen Wirklichkeitsraumes"; Raumstruktur läßt Deutung trotz fragmentarischen Charakters des Werkes zu.]

Fingerhut, Karlheinz: Die Figur des Tieres im Werke von Rainer Maria Rilke und Franz Kafka. Diss. Univ. Bonn, 1968.

[Am Kafka-Teil der Diss., die als separates Buch erschien, wurde inhaltlich nichts verändert (s. Bücher).]

*Flach, Brigitte: Die Erzählungen der Kafkaschen Erzählsammlungen. Analyse der Erzählstruktur und Interpretation. Diss. Julius Maximilian Univ. Würzburg, 1966.

[(s. Bücher).]

Fort, Keith: Beyond Despair. A Comparative Study of Four Novels. Diss. Univ. of Minnesota, 1964. 404 S. Microf.

[Überprüfung von 4 Romanen ("Der Prozeß", Sartre: "Nausée", Camus: "L'Etranger" u. Salinger: "The Catcher in the Rye") vom existentialistischen Gesichtspunkt. Alle Romane zeigen die Suche nach dem Lebenssinn (absoluten Wert), der die Angst beseitigt. Kafka nahm vieles aus der existentialistischen Bewegung vorweg, sah die Welt mit neuen Augen. Die Romane zeigen 4 Weltsichten. Kafka nimmt als einziger eine religiöse Haltung ein (Josef K.s Suche nach dem Prinzip, dem Lebenssinn). Überblick über die Stellung der Kritik zu den 4 Werken. –
Untersuchung der Form (Stil, Wortwahl) in den Romanen, welche die Bedeutung der Werke bestimmt; am deutlichsten an "Der Prozeß" zu zeigen, daß Welt auf eine bestimmte Weise gesehen wird (Bank u. Gerichtswelt); Kafkas Stil schafft die Welt des Chaos; 2 Ebenen. Stil verdeutlicht Subjekt-Objekt-Dichotomie, Josef K.s Entfremdung. – Alle 4 Romane ohne Handlung mit Fortsetzungscharakter, beginnen mit einem unerhörten Ereignis, das entfremdet. Folge: Bewußtseinsspaltung – Schritt zur Selbstbeobachtung (bei Josef K. das Gericht), Angst vor Schuld. Suche nach dem Lebenssinn in Beziehungen Mensch – Sein, Mensch – Gesellschaft, Mensch – Gott. "Gesetz" soll Josef K. das Chaos der Welt erklären; "Türhüterparabel" wiederholt seine Suche u. bestätigt Existenz des Gesetzes. Hinwendung zum Nächsten ("Kommunikation", "erotische Liebe") u. zur Kunst, um Lebenssinn zu finden. Huld als Vertreter der Kirche. Josef K. hin- u. hergerissen zwischen Verlangen nach Einordnung in Gesellschaft u. Rebellion. Er sieht teilweise ein, daß man das Selbst u. die Welt der Illusionen hinnehmen muß (bei Holden u. Meursault kommt es zu einem neuen Bewußtsein). In Kafkas Roman besteht aber Möglichkeit der Entdeckung von absoluter menschlicher Liebe u. Religion (Gott).]

*Foulkes, Albert Peter: "Investigations of a Dog". An Approach to the Artistic Purpose of Franz Kafka. M.A. Thesis McMaster Univ., 1960.

– Pessimism in the Writings of Franz Kafka. Diss. Tulane Univ., 1963.

[(s. Bücher).]

Frey, Eberhard: Stilanalyse von Franz Kafkas Erzählung "Ein Hungerkünstler". Versuch einer Anwendung von Michael Riffaterres Kriterien. Diss. Cornell Univ., 1969. IX + 372 S.

[(s. Bücher).]

*Frey, Gesine: Der Raum und die Figuren in Franz Kafkas Roman "Der Prozeß". Diss. Univ. Marburg, 1964. XI + 215 S.

[(s. Bücher).]

*Fyhr, Lars: Att rätt och missförsta ... En studie i den svenska introduktionen av Kafka (1918–1945). Diss. Göteborg Univ. 1979. 261 S.

*Ganafrini, Anna: [Franz Kafka. Briefe an die Frauen.] Diss. Università L. Bocconi, Milano, 1969.

[In ital. Sprache.]

Gardner, Leo Kellie: Organizational Theory as Drawn from Selected Novels of Orwell, Huxley, Camus and Kafka. Diss. Michigan State Univ., 1972. [IX +] 224 S. Microf.

[Versuch, die Eigenschaften von Organisationen u. damit verbundenen Verhaltensgrundsätzen von Daten abzuleiten, die entweder direkt oder indirekt in den Romanen "1984" von Orwell, "Brave New World" von Huxley u. "Der Prozeß" von Kafka enthalten sind. Gegenwärtig gebräuchliche Organisationstheorien sind vor allem "management centered", während auch andere gültige Organisationsstandpunkte vorhanden sind. Die Studie bringt neue Definitionen u. benützt einen "non replicable screen"; neuer Gesichtspunkt des gesichteten Materials u. neue Sprache.
S. 134–75: The Method of Kafka. – Im "Prozeß" läßt sich ein Organisationsmodell nach Weberschen Kriterien auffinden. Elemente: "Suprasystem" besteht aus Wirklichkeitssystem (u. a. Bank – erfordert Tüchtigkeit) u. dem Gerichtssystem, die den Weberschen Theorien entsprechen. Interaktion: Menschliche Energie fließt dem Gericht zu. Disfunktionen durch persönliche Probleme (K. vernachlässigt die Pflichten der Bank gegenüber). – Geschlossenes Kommunikationsnetz auf jeder Ebene, Befehlsrichtung nach unten, Informationsfluß nach oben. Kafka erkennt, daß der Mensch eine Struktur braucht u. jede Absurdität akzeptiert, um in ihr zu verharren. Er muß gezwungen oder bestraft werden, um seine Leistung aufrechtzuerhalten. Trifft Entscheidungen oft nicht auf rationaler Basis (Einfluß des Sexualtriebes), um Isolierung zu vermeiden u. Anerkennung zu finden.]

*Gerbitz, Armgard Herta: The Adaptation of Kafka's Novel "Der Prozeß" by Jean-Louis Barrault and André Gide. M. A. Thesis Univ. of Alberta, 1968.

Gerhardt, Marlies: Die Sprache Kafkas. Eine semiotische Untersuchung. Diss. Stuttgart, 1969. 185 S.

[Unter Max Bense entstanden, von seiner "Feststellungsästhetik" ausgehend, wird an Textproben aus Kafkas Prosa mit Hilfe der Zeichentheorie (Semiotik) von Charles Sanders Peirce eine materiale Textbeschreibung u. eine semantische Charakterisierung durchgeführt. Nach Bense kann die physikalische Realität eines Kunstwerkes durch numerisch feststellbare Merkmale (nach Peirce "Zeichen") bestimmt werden (keine literaturwissenschaftliche Interpretation). Merkmale: Statistische Ergebnisse u. teilweise Interpretation. Text selbst: kompliziertes Zeichen, das in Bezug auf sich selbst (Mittelbezug), in Bezug auf ein Objekt (Objektbezug) u. in Bezug auf einen Interpretanten (interpretierendes Bewußtsein) analysiert wird. Resultat:
1. Im Mittelbezug: Kafkas Frühstil arm an Verben, reich an Substantiven; später Gleichgewicht, u. Zunahme der Adverbien. Möglichkeitsform überwiegt. Logische Verknüpfungen u. modale Formen wichtiger als Wortschatz u. traditionelle Formen (Vergleich, Bilder, Metaphern); "eigenweltliche Sprachpartikel". Der "Manierismus" von Kafkas Sprache: Wiederholung logisch syntaktischer Verknüpfungszeichen u. modaler Partikel; einfache, unverknüpfte Sätze sind selten. Sätze häufig durch modale Prädikate metasprachlich bewertet.
2. Im Objektbezug: frühe Prosa bezeichnet Welt durch Figuren der Übertragung ("iconisch"). – "Prozeß" u. "Schloß": Semantische Verschiebung der Symbole. Symbolische Zeichen nehmen im Kontext autonome Bedeutungen an. "Iconische" Merkmale – reduziert (z. B. Adjektiva wie "dunkel" sind nicht mehr deskriptiv aufzufassen). Empirische

Raum- u. Zeitangaben schwinden. Kein die Textwelt transzendierender Objektbezug wird mehr eingeführt; nur mehr "existenzielle" Zeit (wie etwa bei Heidegger). Sprache verliert mimetische Funktion. Sätze einer höheren Abstraktionsstufe, der phänomenologischen Sprache ähnlich.

3. Interpretantenbezug: Kafkas Sprache ist durch "dicentischen" (grammatikalische Regeln) Zusammenhang gekennzeichnet. Dicents in Kafkas Sprache sind Symbole, unterscheiden sich von indexikalischen Dicents der realistischen Prosa, u. von den thematischen Zusammenhängen der Literatur des 20. Jh. (wie Joyce, Benn, etc.). Reduktion der Handlung, Zunahme reflexiver Geltungsstrukturen. Kafkas Werk: Übergang von empirischer Sprache des traditionellen Romans zu metaphysischer Sprache; Grenzen zwischen Literatur u. Metaphysik verwischen sich (symptomatisch für 20. Jh.).

4. Vergleich von Textproben Kafkas mit Texten juristischer Natur österreichischer Herkunft ergibt Entsprechungen zwischen beiden im Mittel- u. Objektbezug (formelhafte Elemente, Annäherung der Kafka-Sprache an das Vokabular u. an die logisch syntaktischen Merkmale der juristischen Sprache). – Anhang: Untersuchung von Textproben Kafkas nach den Fucks'schen Stilcharakteristiken u. ein partielles Kafka-Wörterbuch.]

* Ghanadan, G.R.: Kafka: The De-Alienated Artist. Diss. Univ. of Lancaster, 1976.

Gilli, Yves: La présence du discours au sein de la proposition. (Etudes de textes de J. Burckhardt, F. Schiller, Grimm, W. Busch, K. Marx, G. Forster et F. Kafka). Diss. [Univ. de] Besançon, 1969. 226 S. Microf.

[1. Teil: An Burckhardts "Die Kultur der Renaissance in Italien" ein "Referentenschema" ("référents") erarbeitet, um Erzählverlauf, seine Einheit u. sein Fortschreiten zu untersuchen. Resultat: Die einzelnen "référents" (z.B. Personalpronomen wie bei Burckhardt) stellen Beziehung zwischen Textteilen her. Bei Burckhardt: viele "référents", geringe Verschiedenheit; Suche nach Klarheit u. Nähe zur Volkssprache.

2. Teil: Typen u. Verwendung der "référents" an einzelnen Autoren u. verschiedenen Genres überprüft.

3. Teil: Praktische Verwendung dieser Referenzsysteme im Unterricht (Textanalyse); die im Text enthaltenen, verbundenen "Gruppen" erklären sich gegenseitig. – Detailliertes Beispiel an 5 Seiten aus Kafkas "Amerika" ("Der Fall Robinson") gezeigt. Schlüsse auf den Gesamtbau u. -plan können gezogen werden. Roman besteht aus 3 Kompositionsteilen (von Heizerepisode bis Landhaus, von "Weg nach Ramses" bis "Der Fall Robinson" u. Bruneldateil), deren jeder wieder aus 3 Episoden besteht, die unterschiedliche Erfahrungsphasen des Helden wiedergeben. Ähnlichkeiten untereinander, z.B. Absage des Onkels u. der Oberköchin von Karl, schließen jeweils einen Erlebnisbereich ab. Es besteht bei Kafka kein Bezug auf vorhergehende Information (wie in Burckhardts wissenschaftlicher Prosa), sondern es folgen ähnliche Situationen, gleich aufgebaute Teile; gewisse weibliche u. männliche Charakterzüge wiederholen sich; Hierarchie ist in den 3 Teilen ähnlich aufgebaut; Karl wird in jedem Teil von 2 Gestalten begleitet, die sich ähneln (einer schwach, der andere stark u. sadistisch), befindet sich so zwischen 2 Polen. Es werden viele "référents" verwendet. Plan Kafkas könnte sein, die menschliche Unfähigkeit, zu verstehen, darzustellen. Negatives Menschenbild, Prozesse u. Episoden der Besserung u. Verschlechterung der Lage Karls wechseln sich ab, so daß äußerlich gesehen, auf lange Sicht hin, das Negative für ihn überwiegt. Die "référents" (Personalpronomen, Adverbien, etc.) werden an den einzelnen Personen auf unterschiedliche Weise verwendet. Erfahrung verschiedener Helden wiederholt sich.]

Goldstein, Bluma: Key Motifs in Franz Kafka's "Der Prozeß" and "Das Schloß". Diss. Radcliffe College, Cambridge, Mass., 1962. IV + 189 S.

[Künstlerische Elemente untersucht. Kafkas poetische Welt nicht "diskursiv", durch Erklärung, sondern symbolisch, durch "Ausdruck" vermittelt.
S. 1–69: [Teil] I: 1. Kap. des "Prozeß" führt schon Themen, Bilder, Symbole u. Situationen ein; Sinn des Werkes angedeutet, z. B. visuelle Aufmerksamkeit, Beobachten, Sehen u. Einsicht (Josef K. kann nicht genau u. richtig beobachten, verbunden mit Mangel an Einsicht). K.s Welt im Gegensatz zur Welt des Gerichtes: z. B. Fenstermotiv (Fenster mit Aussicht – K.s oberflächliche Welt; Luken, geschlossene Fenster – Welt des Gerichtes, luftlos, unabhängig, schmutzig, weist dennoch auf höhere Werte hin, "geistorientiert"). Andere Motive in ähnlicher Funktion: Stille-Schrei, Dunkelheit-Licht; Zahlenmotive (Zweier- u. Dreiergruppen – Hinweis auf K.s Einsamkeit). Schlußkap.: Rekapitulation aller Motive. Gesetz u. seine Welt ist unzerstörbar.
S. 70–178: [Teil] II: "Schloß": wieder zu Beginn Festlegung von Held u. Umgebung: abstrakter Eindruck durch Namen des Helden, K., durch theatralische Elemente, das Unsichtbare, Unbekannte, Nebel, Schnee, Nacht.
1. Absatz – "preview" des Romans. Vorfälle, Symbole, Motive, Themen haben keine konkreten Bezüge mehr (im "Prozeß" noch auf sinnlich wahrnehmbare Bilder bezogen; z. B. Fenster). Auftreten u. Wirkung der Eigennamen; Zeitmotiv (Altershinweise verwischt; Altern u. Zeitablauf nicht immer nach den Naturgesetzen) – zeigt komplexe, fremde Welt, in die K. geriet. Diese ist realistisch dargestellt, aber Dargestelltes bleibt vieldeutig. Größenmotiv: "groß" u. "klein" beschreiben nicht, bestimmen eine sonst unzugängliche Welt. Andere Motive: Krankheit u. Schwäche, Kraft u. Macht. K. sieht u. erlebt eine unsichere Welt, in der Wissen unmöglich ist. Müdigkeit, wenn man dies nicht akzeptiert. Müdigkeit überall, – sie hindert aber nur K., der erst nach Bürgelszene versteht, daß Müdigkeit bei glücklicher Arbeit normal ist. In tiefem Schlaf vergißt K. seinen Egoismus u. seine Vorurteile. – Freiheitsthema verbunden mit Themen von Wissen u. Hoffen. Wissen nimmt die Hoffnung, Akzeptieren der Wirklichkeit bringt Heiterkeit. Mensch u. sein Lebensweg – ein Problem für Kafka. Feine Balance zwischen Dunklem u. Hellem im Roman, z. B. auch durch Themen von Ironie u. Gelächter: Leser vor zu großem Ernst gewarnt, auf Ambiguität von Helden u. Welt hingewiesen.]

*Goodden, C. O. A.: The Existential Quest: A Comparative Interpretation of Franz Kafka and Robert Musil. Diss. Cambridge Univ., 1977.

Goth, Maja: Kafka et les lettres françaises. Diss. Basel, 1956.
[(s. Bücher).]

Grandin, John Martin: Existential Situations in the Narrative Prose of Franz Kafka and Heinrich von Kleist. Diss. Univ. of Michigan, 1970. IV + 186 S. Microf.
[Unter Ingo Seidler entstanden. Thematischer Vergleich der Prosa Kafkas u. Kleists vom Standpunkt der Existenzphilosophie. Kafka sehr von Kleists Werken u. Leben beeindruckt (Ähnlichkeiten in Familiensituation). Bemerkungen zu früheren Kafka-Kleist Untersuchungen, bes. von Brod, F. G. Peters, Emrich. Starker Einfluß von Kleists Stil u. Stilmitteln, z. B. sensationelle Enthüllungen im ersten Satz. Kleist u. Kafka beschreiben gern Krisensituationen; feindliche Außenwelt als Katalyst für innere Entwicklung des Menschen; Entscheidungen des Helden als befreiende Tat; er muß sich mit "Grenzsituationen" im Leben auseinandersetzen (z. B. "Prozeß"). Parallelsituationen in "Michael Kohlhaas" u. "Prozeß": Helden werden durch Eingreifen des Gesetzes erschüttert. Josef K. findet sich in chaotischer Krise u. existentieller Einsamkeit; weibliche Alternative lenkt ihn vom Prozeß ab. "Prozeß" ist metaphorischer u. mythischer als "Kohlhaas"; in beiden Werken hört Welt der Vernunft u. Ordnung auf zu bestehen; Recht der Person stößt mit Recht der Gruppe zusammen; Nachgeben würde Stolz untergraben, aber Frauen wollen,

daß Held dem Gericht nachgibt; bewußte Verwendung des Fenstersymbols; Kleists u. Kafkas Helden sind – im Sinne Kierkegaards – der Angst verfallen, erkennen Unsicherheit der Existenz, streben nach "reinem Ich"; seelische Krise, durch physiologisches Ereignis hervorgerufen, zwingt zur Erkennung des wahren Ich. K. im "Schloß" will freies Selbst behaupten u. Gemeinschaft finden, was unmöglich ist; Amalia u. Frieda sind Gegensätze. Manche Gestalten Kafkas u. Kleists erlangen durch existentielle Entscheidung fast mystischen Zustand der Abgeschiedenheit (Sehnsucht nach "goldenem Zeitalter" der Harmonie zwischen Menschen u. Welt). Gregor Samsa u. Georg Bendemann erreichen inneren Frieden nur durch Todesentschluß, auch Hungerkünstler, der aber Übergang ist zu Figuren wie Offizier in "Strafkolonie" (Selbstvernichtung). Krise der Unentschlossenheit (z. B. Josef K., Gracchus, Landarzt) weniger häufig bei Kleist. Bei Kafka u. Kleist: existentielle Freiheit (durch persönliche Entscheidung in Krise erlangt, z. B. Kohlhaas u. Amalia) u. natürliche Freiheit (Fähigkeit, Lebenssituationen instinkthaft, naiv u. selbstverständlich zu begegnen, z. B. Affe in "Ein Bericht ... ", Panther, Frieda, Leni). Josef K. erwägt existentiellen Sprung in die Freiheit, wagt ihn aber nicht; seine Freiheit zu beschränkt u. intellektuell. Enge Räumlichkeiten deuten Freiheitsberaubung (z. B. durch das Gesetz) an. Schuldgefühl als Hindernis zur Freiheit. Weisheitsdurst beeinträchtigt normales Leben, stärkt aber Freiheitsbewußtsein ("Forschungen ... "). Kleist u. Kafka kümmerten sich wenig um die große Masse, sondern befaßten sich mit Vorliebe mit extrem unschuldigen u. extrem existentiellen Gestalten. Auch bei Kleist sieht Erzähler Szene mit Augen der Personen. Schlüssel zur Erlösung innerhalb des Individuums. "Kohlhaas" – wichtige Quelle für "Prozeß". Beide Autoren sind sich geistig u. intellektuell verwandt u. beschreiben verfremdete Gestalten, die einer unpersönlichen Macht gegenüberstehen.]

*Graser, Albert: Das literarische Tagebuch. Studien über Elemente des Tagebuches als Kunstform. Diss. Univ. Saarbrücken, 1955. 142 S.

[S. 63–77 über Kafka.]

*Griffin, Mary Ann: The Human Situation in Kafka's Parables. M. A. Thesis Pennsylvania State Univ., 1970. 94 S.

* Han, Suk Zong: Die Erzähler Franz Kafka und Rhi Sang. Ein Vergleich. Diss. Univ. Salzburg, 1977. 260 S.

*Hanlin, Todd Campbell: Franz Kafka: Probleme der Kafka-Kunst. Diss. Bryn Mawr College, 1975. 143 S.

[(s. Bücher).]

Harder, Marie-Louise: Märchenmotive in der Dichtung Franz Kafkas. Diss. Univ. Freiburg i. Br., 1962. 175 S. Microf.

[Auseinandersetzung mit Heselhaus u. Hasselblatt. Forminhaltliche Motive aus Märchen in Kafkas Werk untersucht. Nach Erarbeitung der Strukturmerkmale des Märchens – Erweiterung des Märchenbegriffes vorgenommen. Einheitliche Welt, eigenes Weltbild (Träger: Held als funktionale Figur) abstrahierend. Die Motivation ist allen Märchen gemein: vergegenwärtigt eine verlassene Geborgenheit, modifiziert durch Entstehungszeit. Autor (auch Kafka) fühlt geistigen Umbruch der Zeit. Zusammenhang mit Franz Brentanos Philosophie, die die Welt in psychische Zustände relativiert. Geborgenheit ist für Kafka die einheitliche Welt des Positivismus. Theorie an verschiedenen Erz. ("Landarzt", "Verwandlung" etc.) nachgewiesen, nicht auf ganzes Werk anwendbar.]

***Harman, Mark**: Literary Echoes of Franz Kafka and Heinrich von Kleist. Diss. Yale Univ., 1980.

***Harvey, William Journeaux**: Franz Kafka and Friedrich Dürrenmatt: A Comparison of Narrative Techniques and Thematic Approaches. Diss. Univ. of Texas at Austin, 1972.

Hasselblatt, Dieter: Zauber und Logik. Zur Struktur des Dichterischen bei Kafka. Diss. Univ. Freiburg i.Br., 1959. [V +] 154 S. Microf.

[Die Diss. umfaßt ungefähr das gleiche Material wie "Zauber und Logik. Eine Kafka-Studie" (s. Bücher).]
Rez.: Dieter Hasselblatt (Selbstreferat) in: *Germanistik* 1 (1960) S. 571–72.

***Hasselblatt, Ursula**: Das Wesen des Volksmärchens und das moderne Kunstmärchen. Diss. Univ. Freiburg i.Br., 1956.

[S. 191–98 über Kafka.]

Heidinger, Maurice Marvin: "Intrinsic" Kafka Criticism in America (1949–63). Diss. Indiana Univ., 1965.

[Geht von Studien von Samuel C. Florman u. Ann Thornton Benson, sowie von den Begriffen "intrinsic" u. "extrinsic criticism" aus. Nach 1950 vor allem "intrinsic criticism", der sich aber auch der Erkenntnisse des "extrinsic criticism" bedient. Hauptproblem: Vieldeutigkeit von Kafkas Werken. Anstieg der kritischen Arbeiten seit 1949, weitere Verbreitung der Werke in USA. Zusammenf. der Forschungsresultate auf Gebieten von "Sprache und Stil" (Themen und Bilder), "Kafkas dichterischer Welt" (zweidimensional, wie auch Helden, gewisse Handlung ist vorhanden); "Kafkas Stellung in der Literaturgeschichte". Einflüsse: sicher nur der von Dickens, andere umstritten. Zwischenstellung zwischen Naturalismus, Existentialismus u. Surrealismus. Synthetische Prosa.]

Hermsdorf, Klaus: Franz Kafkas Romanfragment "Der Verschollene" ("Amerika"). Diss. Humboldt Univ. Berlin, 1959. 498 S. Microf.

[Die Diss. enthält im allg. das gleiche Material wie "Kafkas Weltbild und Roman" (s. Bücher), unterscheidet sich aber etwas in der Länge, Einteilung u. den Überschriften der Kap. – Text der Buchausgaben etwas gekürzt. Unterschied zwischen 1. Aufl. (1961) u. 2. bearb. Aufl. u.a.: "Die Zuordnung Kafkas zur 'Dekadenz' wurde fallengelassen" (s. Bücher).]

Heuer, Helmut: Die Amerikavision bei William Blake und Franz Kafka. Diss. Univ. München, 1959. XXI + 137 S.

[Blakes "America – a Prophesy" u. Kafkas "Amerika" beide Frühwerke, weisen auffallende Ähnlichkeiten im Amerikabild auf (Hoffnungssymbol, Erlösungssehnsucht, unschuldige Jugendlichkeit); weder Blake noch Kafka waren in Amerika; ihre Amerikavisionen sind Extreme der Amerika-Interpretation. –
Teil B, S. 90–137 über Kafka: Beziehung zwischen Kafkas Entfremdungsproblematik u. seiner Vorstellung von Amerika (Emigrantenschicksal, Wurzellosigkeit). Brods These vom Happy End verglichen mit Uyttersprots Schema des negativen Schlusses u. dem Erlösungsmythos der Gnostik. Kafkas "wunderbares, modernes" Amerika faszinierte ihn (Fluchtgedanke), es ist eine subjektive Welt, stets fragmentarisch ("einsinnige Perspek-

tive", Neger u. Indianer fehlen). Karl, ein Wunsch- u. Traumbild Kafkas, ist passiv u. leicht ablenkbar. Den Menschen fehlt das objektive Ziel, sie sind heimatlos u. doch voneinander abhängig; Existenznot pervertiert erotische Beziehungen; Entfremdung u. Kontaktlosigkeit am Dialog erkennbar, Menschen reden aneinander vorbei; verwirrende Mannigfaltigkeit macht Menschen unfrei. Gnostische Gestimmtheit bei Kafka (Verheißung, der gnostische "Ruf"). Musik – Erlösungssymbolik; Lichtsymbolik im ganzen Werk Kafkas. Trotz Verzweiflung Hoffnung; Heilsmöglichkeit im "Naturtheater". Technische Utopie (Telephone, Autoverkehr, Hast u. seelenloser Dienst). Vergleich mit A. Kubin u. C. Zuckmayer. Wie in Sagen u. Mythen wird in der Einbildungskraft des Dichters Amerika verwandelt; Amerikavision (Reiz der Ferne) – eine romantisch-traumhafte Projektion.]

Hillmann, Heinz: Franz Kafka. Kunst und Künstler in Reflexion und Werk. Diss. Friedrich Wilhelms-Univ. Bonn, 1961.

[Im Gegensatz zur Buchausgabe besitzt die Diss. "ein einleitendes Kap. über die Geschichte der dichterischen Selbstreflexion vom ausgehenden 18. Jh. bis zur Gegenwart, sowie ein Schlußkap. über die prinzipielle Ähnlichkeit der Künstlergestalten mit denen der Nicht-Künstler im Werke Franz Kafkas." Der 3. Teil der Buchausgabe 1964 wurde neu verfaßt u. scheint in der Diss. nicht auf (s. Bücher).]

Hoffer, Klaus: Das Bild des Kindes im Werk Franz Kafkas. Diss. Univ. Graz, 1970. [XXV +] 182 S.

[Kafkas Kinderfiguren haben "Urvertrauen" auf die Welt, haben Fähigkeit, Fragen zu stellen über Herkunft, Sinn u. Ziel der Existenz; dadurch greifen sie entscheidend ein. Kind kennt noch nicht Angst. Das Kind als Opfer väterlicher Projektionen (z. B. in "Blumfeld"). In "Unglücklichsein" erwartet der erzählende Held Hilfe von außen, es entsteht enge Beziehung zwischen ihm u. Kind. Im "Schloß" erscheint Verhalten Hans Brunswicks als Ergebnis der ödipalen Situation, er sucht bei K. Hilfe gegen seinen Vater; ungetrübte menschliche Beziehung zwischen K. u. Hans ist die am meisten versprechende im Roman. Schloß für K. Symbol für mütterlichen Schoß. Wunde des Jungen im "Landarzt" ist Symbol des Leidens. – Kind fungiert als Repräsentant u. Organ der Gesellschaft u. einer übergeordneten, überpersönlichen Instanz (Gewissen des Helden); Kinder (z. B. in "Amerika") ergreifen gegen Außenseiter Partei. Erziehungsprozeß der Eingliederung des Kindes in die Gesellschaft ist an Entfremdung von der Wahrheit gebunden. Der nach Wahrheit forschende Verstand des Kindes stellt für Gesellschaft potentiellen Aggressor dar; ambivalentes Verhalten des Kindes im Kollektiv. Freiheit innerhalb der Gemeinschaft der Jungen in "Kinder auf der Landstraße" ist nur Schein-Freiheit; Handlungsweise u. Denkart des jugendlichen Helden entspricht der Vorgehensweise der Gleichaltrigen. Ähnlichkeit zwischen Kindern u. Narren. Das Kind ist potentieller Erlöser.]

*Hoffman, Anne Golomb: Narration as Quest in "Das Schloß", by Franz Kafka, "Oreach Nata Lalun", by S. Y. Agnon, and "Watt" by Samuel Beckett. Diss. Columbia Univ., 1977.

Howey, Nicholas P.: Who's Afraid of Franz Kafka? An Introduction to Theatre Activity in Czechoslovakia. Diss. Wayne State Univ., 1969.

[Nichts über Kafka selbst, außer Hinweis auf bestimmte Atmosphäre.]

*Hubert, Henry Allen: The Function of Symbol and Metaphor: A Study of Kafka's "The Trial" and Melville's "Pierre; or, the Ambiguities". M. A. Thesis Simon Fraser Univ., 1970.

*Ischia, Silvana: [Franz Kafka. Briefe und Tagebücher.] Diss. Università L. Bocconi, Milano, 1960.
[In ital. Sprache.]

*Jahn, Wolfgang: Stil und Weltbild in Franz Kafkas Roman "Der Verschollene" (Amerika). Diss. Univ. Tübingen, 1961.
[(s. Bücher).]

*Jakob, Dieter: Das Kafka-Bild in England. Eine Studie zur Aufnahme des Werkes in der journalistischen Kritik (1928–1966). Bd. 1 u. 2. Diss. Univ. Erlangen-Nürnberg, 1970. 709 S.
[(s. Bücher).]

*Jelinek, Gertrude Stwertka: Kafka's Labyrinth: A Guide to His Fiction. Diss. Columbia Univ., 1975. 368 S.

*Kalter, Marjorie Hope: Metaphorical Quest: Modern European Quest. Novels and Their Tradition. Diss. Indiana Univ., 1976.

Kassel, Norbert: Das Groteske in den Erzählungen und Prosastücken Franz Kafkas. Diss. Univ. Gießen, 1964. 267 S.
[Außer kleinen Titelveränderungen (in Teil 2 u. 3) scheint Text der Diss. für Buch leicht überarbeitet (s. Bücher).]

*Keller, Karin: Gesellschaft in mythischem Bann: Studien zum Roman "Das Schloß" und anderen Werken Franz Kafkas. Diss. Freie Univ. Berlin, 1976. 273 S.

Kellerman, Seymour: The Kafkaesque. An Iconography. Diss. SUNY Buffalo, 1973. 93 + 2 S. Microf.
[Versuch, Methoden der neuesten linguistischen Forschung auf Kafkas Werke anzuwenden. Terminologie von R. Jacobsen u. u.a. auch von Jacques Lacan (verbindet linguistisches Modell mit Freuds Traumtheorien). –
I.   Metaphor: – Kafkas Gebrauch u. Entwicklung der Metapher ("Prozeß" u. "Verwandlung"); seine hieroglyphische u. theatralische Sprache, "Gekritzel" (Schreiben u. Zeichnungen), Sprachspiele.
II. A Question of Metaphor: – "Verwandlung" – eine Metapher, die jedes Wort belebt; die hieroglyphische Metapher; peinvolles Gebilde, Leser erstarrt.
III. Metonymy: – In Verbindung mit Kafkas Lungenleiden gesehen, Atemnot u. Klaustrophobie in vielen Werken, assoziiert mit Schuldgefühlen.
IV. The Question of Metonymy: – Essenz von Kafkas Kunst: Synthese von Algebraischem u. Dramatischem. Wörter wie in Gleichung verwendet (wie es auch in Gesetzen u. Parabeln geschieht). – "Strafkolonie", "Schloß": Kafkas kombinatorische Sprache – typisch für Rechtswissenschaft. Freuds Traumtheorie: Kondensation u. Verdrängung. Metonymische Qualität von Kafkas Prosa – ähnelt dem Rechtsjargon; betrifft: Schuld – Unschuld, Dorf – Schloß, Wirklichkeit – Irrealität, Wachen – Schlafen. – Negatives Element der Beurteilung vorherrschend, Wortspiele, Abbild von Kafkas Selbst.

46

V. Interpretation von "Der Bau". –
Zusammenfassendes Urteil: Untersuchung von 2 Redefiguren bei Kafka, Metapher u.
Metonymie, um Organisationsprinzip seiner Sprache zu erkennen. "Code of gestures" soll
Paradoxes bei Kafka identifizieren (Sprache innerhalb der Sprache). Sein Stil führt von
bilderreicher, dramatischer Sprache des Anfanges zu den Experimenten seines späten Wer-
kes ("Bau", "Josefine ... "), wo die Tendenz zum Gebrauch der Metonymie stärker wird.
Fast wie rechtliche Beweisführung, Typ des "double talk" (Titorelli: Geschwätz u. gleich-
zeitig blitzartige Erleuchtungen). Bilder als Vorwand für Wortfolgen.
Muster des Kafkaesken: Scheint wie logischer Traum mit vielen Details u. Überflüssigem
(Verdrängung u. Zensur des Traumes), z. B. "Schlag ans Hoftor": Schlag ans Tor des Bewußten u. Unbewußten, Schuldgefühl erregt. Kafkas metonymisch analytische Sprache
weist auf bestimmte Geistesqualitäten: Verfeinerung, Einsamkeit, Fähigkeit, für jeden
Gedanken auch das Gegenteil zu finden. – Nach Lacan kann zu häufiger Gebrauch der
Metapher auch einem Geisteszustand entsprechen, dessen Extrem auf ein sexuelles Trauma,
auf Hysterie u. Rausch weist. "Verwandlung": Gregor als Metapher für komplexes Schuldgefühl (Schulden). Trauma (Verwandlung u. Regression). – Kafkas Prosa zeigt immer stärker werdenden metonymischen Charakter auf, der parallel zu seiner Persönlichkeitsentwicklung zu sehen ist; erhöhtes Gerechtigkeitsgefühl, "Idolatrie" des Purismus, Einsamkeit. Entwicklung aber führte nicht zum Fetischismus, sondern zur ehrlichen Prüfung des Selbst.]

Kilian, Ernst Rudolf: Die verfremdete Wirklichkeit in den Erzählungen Hugo von
Hofmannsthals und Franz Kafkas. Diss. Univ. Wien, 1970. 345 S.

[1. Teil: Kap. 2. Das Scheitern des Alltagslebens und die verfremdete Wirklichkeit bei Kafka. – Behandelt Alltagsexistenz, Arbeitswelt, Einbruch des Magisch-Archaischen als Gegenwelt des Alltags, Anpassung des Helden an archaische Welt. –
Zwischenvergleich arbeitet Unterschiede u. Ähnlichkeiten der Helden bei Kafka u. Hofmannsthal heraus; verfehlte "Existenz in Märchen u. Alltagswelt" u. "verfremdete Wirklichkeit als Projektion des Bewußtseins".
2. Teil: Die psychischen Grundlagen der Verfremdung: Krise des Denkens und Herrschaft
des Unterbewußten. Hier wird Kafka in Kap. 1 b) u. 2c) behandelt.
1b): Das rationale Denken und sein Scheitern an den Objekten. Denkkrise als Sprachkrise auch bei Kafka. –
2c): Der Traumcharakter der Märchenwelt bei Kafka. – Ein Schlußvergleich befaßt sich
mit den 2 Ebenen des Verfremdungsproblems, dem Aufbau u. den Wirklichkeitsstruktu-
ren, der sprachlichen Gestaltung, der Stellung des Menschen in der Welt, der geistesge-
schichtlichen u. literarhistorischen Einordnung. –
(Diese Zusammenf. wurde auf Grund des Inhaltsverzeichnisses getroffen, da der Mikro-
film-Text unlesbar war.)]

*Klatt, Reinhard: Bild und Struktur in der Dichtung Franz Kafkas. Diss. Univ.
Freiburg i. Br., 1963.

*Klingmann, U.: Forms of the Picaresque Novel in the 20th Century: Thomas
Manns Bekenntnisse des Hochstaplers Felix Krull", Franz Kafkas "Der Ver-
schollene" ("Amerika") and Günter Grass' "Die Blechtrommel". M.A. Thesis
Univ. of Cape Town, 1966.

Kolman, Maria Antoinette: The Literary Fortune of Franz Kafka: A Critical Survey of the German, English, and Slavic Secondary Literature. Diss. Univ. of
Colorado, 1973. VI + 208 S. Microf.

[Bemerkungen zu den Problemen der Kafkadeutung: Brods Rolle in der Kafkarezeption, Fülle u. Verwirrung der Richtungen; Textfrage: fragmentarischer Charakter der Werke, Fehlen von Titeln, innere Ordnung, Chronologie u. Texte selbst. Die Übersetzungsprobleme. –

Kap. 1: Schools of Kafka Criticism: Religiöse, psychologische, soziologische u. literarische Kafkadeutung. Religiös-philosophische Interpretation kann erleuchtende Parallelen zwischen religiösen Begriffen u. Kafkas Symbolik bringen, da der Dichter sich mit Problemen der Gerechtigkeit u. Gottesbeziehung befaßte. Psychologische Deutung nicht so ergiebig, durch eine Überdosis von "Freud" angeregt, oft unbegründete Ergebnisse, zurückhaltender in den letzten 2 Jahrzehnten. Soziologische Deutung nach Zweitem Weltkrieg. Spezialrichtung: marxistisch-sozialistische Kritik. Literarische Deutung beginnt in den 50 er Jahren; Kafka als Dichter, Edmund Wilson (USA), Politzer, Beissner. Kurzbesprechung der bedeutendsten Buchstudien.

Kap. 2: Historical Survey of Kafka Criticism in Germany and Austria: Chronologische Einteilung: Abschnitt 1913–1925: Kafka wenig beachtet, "minor Prague expressionist". Abschnitt 1925–1940: Brods Tätigkeit u. die Kriegsjahre; zuerst religiöse, dann später psychologische Interpretation; Th. Mann, Werfel, u. a. werden auf Kafka aufmerksam. Nazizeit: Kafkas Werke gehen bis 1947 ins Exil.

Ab 1950 erscheint Kafka als "Klassiker", Fischerausgabe seiner Werke, Beginn der literarischen Untersuchung, Bücher, Diss.

Kap. 3: A Historical Survey of Kafka Critisism in England and America: Literarischer Einfluß Kafkas auf England (30er- u. 40 er Jahre) u. der Kampf gegen Faschismus. Die Sammlung in "Focus One". – In den USA soziologische, psychologische Interpretationen, keine "Schule", Anthologien, Umschwung durch Edmund Wilson u. the New Critics; Kafkamode der Nachkriegszeit, u. literarische Deutung.

Kap. 4: Kafka Behind the Iron Curtain: Übersicht über Satellitenstaaten (scheinen aufgeschlossener) u. die Lage in der UdSSR (erlaubte Übers. am spätesten u. mit warnenden Artikeln; Gründe für Mißtrauen: Kafka als Jude, nicht realistisch, dekadent). Auswahlbibliogr.: auch biographisches Material, dt., engl., russ. Material, etc. –

Kap. 5: Graphische Darstellung der Kafkaliteratur, deren Auswertung u. chronologische Tafel der Werkausgaben u. deren engl. Übers.]

Kowal, Michael: Franz Kafka: Problems in Interpretation. Diss. Yale Univ., 1962. II + 304 S. (C 1967).

[Ausführlicher Forschungsbericht über Kafka-Literatur in Frankreich, England, USA u. Deutschland. Die Aufnahme Kafkas in den 4 Ländern abhängig von politischen, gesellschaftlichen u. philosophischen Einflüssen. Freud u. Psychologie als Werkzeug literarischer Untersuchung. Phantasie bei Kafka als Mittel der Darstellung. Untersuchung der Bewußtseinsstruktur, der Zeit- u. Raumdimensionen. Ausführliche thematische Analysen von "Beschreibung eines Kampfes" (Frühwerk, daher leichter verständlich), "Das Urteil" u. "Brief an den Vater"; enge Verbindung zwischen den 2 letzteren Werken.]

*Krusche, Dietrich: Kafka. Die problematisierte Interaktion. Diss. Univ. Heidelberg, 1973.

[(s. Bücher).]

Kuhn, Ira Astride: Kafka and the Theatre of the Absurd: Transformation of an Image. Diss. Univ. of Kansas, 1970. VII + 278 S.

[Forschungsbericht über Kafka in Frankreich vor Zweitem Weltkrieg. Das Absurde u. Irrationale im Vordergrund; Kafka als Vorläufer der Surrealisten angesehen. Religion u. Philosophie. Camus' Analyse des Absurden trägt zur einseitigen Beurteilung Kafkas bei. "Der

Prozeß" u. Gide-Barraults "Le Procès"; "Vor dem Gesetz" nicht im Theaterstück, Josef K. – unschuldiges Opfer einer grausamen Justiz. "Le Procès" (nicht Kafka) Vorläufer des frz. Theaters des Absurden. Wesentliche Unterschiede zwischen Kafka, Adamov, Ionesco u. Beckett.]

*Lakin, Michael Jon: A Study of the Animals in the Works of Franz Kafka. M.A. Thesis Pennsylvania State Univ., 1966. 107 S.

Langguth, Carl Wellington: Narrative Perspective and Consciousness in Franz Kafka's "Trial". Diss. Stanford Univ., 1968. V + 292 S. (C 1969).

[Forschungsbericht über "Der Prozeß". Erzählperspektive u. Bewußtsein als Kernproblem für das Verständnis. Erzählzeit u. erzählte Zeit. Zeitstruktur wird durch K.s subjektive Einstellung bestimmt; auch Erzählperspektive geht von ihm aus. Doppelte Natur des Absoluten im Sinne Kafkas: "Jehovah" (für Familie u. Leben) u. "Plato" (für Alleinsein u. geistige Einsicht.) Gericht greift in die Lebenssphäre K.s ein. "Vor dem Gesetz" handelt nicht von Täuschung, sondern Selbsttäuschung.]

*Levi, Silvia: Kafka scrittore. Analisi linguistica dei romanzi "Der Prozeß" e "Das Schloß". Diss. Università di Firenze, 1963. 211 S.

Mahler, Karl-Werner: Eigentliche und uneigentliche Darstellung in der modernen Epik. Der parabolische Stil Franz Kafkas. Diss. Marburg, 1958. 138 S. Mikrof.

["Neuer Roman" nähert sich der Parabel, dem Gleichnis (geistiges Modell, Lehre), neues Verhältnis zur Wirklichkeit, unterscheidet sich von realistisch-naturalistischem Roman. Versuch, ästhetische Grundlagen des modernen Romans niederzulegen u. Eigenart dieser Form am Beispiel zu zeigen. Werke mit "Abbildnatur" müssen aktuell sein, solche mit Modellstruktur (Gleichnisse) haben Zeichencharakter; durch ihre Gestalt kommt man zu einem "übergeordneten" Sinn, sie zeichnen sich durch "uneigentliche" Darstellungsweise aus, bilden subjektive Welt (ohne Motivierungen, Psychologie). Fortführung der realisitischen Formen führt zur Montage; Sichtbares ohne Metaphysisches. – "Uneigentliche" Darstellung wirft hingegen Frage nach Sinn der irrealen Bilderwelt ihrer eigenen "ästhetischen Realitätssphäre" auf, in der Details der Wirklichkeit neue Welt aufbauen. Werk ist Gleichnis, entweder allegorischer oder parabolischer Art. – Abgrenzung zwischen Allegorie u. Parabel nach Jülicher. Allegorie erhält Realitätscharakter durch direkte Hinweise, bedeutungserschließende Namen u. Handlungen, Identität mit bestehender Lehre. An "Heliopolis" (Jünger) erläutert u. Übergang zur Parabel an "Der Steg von Massireh" dargestellt. Parabel: modellhafte Erz., die viele analoge Situationen meinen kann; Detail nicht identifizierbar, Sinn aus geistiger Wirklichkeit bezogen. Kafka ist ihr bedeutendster Vertreter in der Moderne (teilweise von Beissner, Heselhaus, Emrich u.a. erkannt). Kriterien: Fehlen von Hinweisen auf Bedeutung des Einzelmotivs, nicht inhaltlich interpretierbar. Gestalt u. deren Sinn weisen auf Bedeutung. – Interpretation von Kafkas "Die Brükke"; Merkmale u.a. keine Einstimmung auf Parabelwelt für Leser; "Ich" – ein Parabel-Ich, nicht Erzähler; kein kausaler Geschehensablauf, vielfältiger Parabelsinn darf nicht auf nur 1 Hypothese festgelegt werden, Details haben innere Logik u. Funktionalität. Brücke als "ein Tragendes", Mann (Last) quält sie, Brücke dreht sich um (gegen ihre Natur), um Sinn des Quälens zu erfahren? Konstruierte Welt, Raum u. Zeit funktional. Parabel kann erzählerisch durch Details ausgeweitet werden (Detail des subjektiven Erlebens), z.B. in "Der Bau", parabolische Gestaltung der zunehmenden Bedrohung, Detail ("Aufschwellung") entschlüsselt nicht. Auch Erzähler-"Ich" u. "Er" nicht identifizierbar. Biographische Hinweise werden in Vieldeutigkeit einbezogen. ("Bau" – Dora Diamant). –

49

Gesetzesparabel: bezieht sich auf ganz allg. Gesetz; Theologisches wäre Einengung; vieldeutig, keine feste Interpretation möglich; Josef K. soll sie zur Selbsterkenntnis u. Freiheit führen. Kafkas Stellung in der Literatur seiner Zeit (nach Dagobert Frey): Seine Gestaltungsprinzipien im Expressionismus (in der konstruktiven Richtung, "Sturm") zu finden; Studium dieser Parallelen hätte die allegorischen Interpretationen vermieden.]

Marson, Eric L.: An Analytic Interpretation of Franz Kafka's "Der Prozeß'. Diss. Univ. of Queensland, 1964. VI + 645 S. Microf.

[Vom Text u. von Kafkas Einstellung zu seiner Thematik ausgehend wird Sinn des Romanes untersucht. Werk läßt andere "Bedeutung" zu, als die sich Leser u. Kritiker allg. gebildet haben. Technische Meisterschaft in "einsinniger Erzählperspektive", dennoch distanziert sich Autor von seinem Helden. Fragmentarische Natur des Romans u. sein Druck, der ihn als fortlaufendes Ganzes erscheinen läßt, sind Hauptgrund für Mißverständnisse. Neben allg. Bedeutung des Romanes wird nach dem von Kafka beabsichtigten Sinn des Werkes gesucht. Kafkas Einstellung zu Fragen der Schuld, Gerechtigkeit, des Gesetzes, der Strafe aus seinen autobiographischen Schriften u. Aphorismen ersichtlich. – 1. Teil: Schuldfrage ist Hauptthema des Romanes u. Kafka hält Josef K. für schuldig, was sich auf Grund des Textes beweisen läßt. Im Gegensatz dazu u. zur Meinung des Gerichtes stehen Josef K.s Überzeugung u. die Auffassung des Lesers von seiner "Unschuld". Ist K.s Schuld ein nicht offenbarer Charakterfehler (Selbstsucht u. Egoismus)? Gericht ist eine Konstruktion Kafkas, die auf seinen persönlichen ethischen Grundsätzen aufgebaut, Wahrheit u. absolutes Gesetz vertritt (utopisches Element). Dichter gibt im Werk Information (Aussagen der Gerichtsbeamten; Kafkas private Symbole) u. durchbricht so die einsinnige Perspektive. Kafka u. sein eigenes inneres Leben als Bezugspunkt. – 2. Teil: "Prozeß"-Text wird genau nach "Bedeutung" untersucht, auch die Fragmente, um Beweise für die unter 1) gefundene Hypothese zu finden. Roman ist mehr als künstlerische Darstellung von ethischen Ideen. 2. Kap. des Romans: K.s Selbstverteidigung. 3. Kap.: Zusammenbruch von K.s Verstandeskräften, ist aber dem Gericht hier ganz nahe, wie später nur mehr im Dom. Neuordnung von Kap. 4 u. 5 nötig.
Schwierigkeiten, die Kafka eventuell am Vollenden des Werkes gehindert haben könnten: Unfähigkeit, Josef K.s persönliches Leben darzustellen ("structural failing"); F. B.-Episode nur angedeutet (1. u. letztes Kap.), Verurteilung K.s im Dom erfolgt aus anderen Gründen (thematische Diskrepanz). 2 Kap. anscheinend nicht zufriedenstellend zu beenden gewußt: K.s Unwissenheit in der Huldepisode fortzuführen u. zu verhindern, daß er . lebenswichtige Information von Huld, Onkel u. Titorelli erhält.
Die Wichtigkeit von K.s Unwissenheit für den Roman überrascht, auch Schuldfrage davon beeinflußt. Liegt Schuld bei denen (Umwelt), die seinen Zustand herbeiführten? Brutale Wirklichkeit aus "Amerika" fehlt hier, muß aber bei Charakterentwicklung K.s eine Rolle gespielt haben. – Auch Tugenden entwickelt (Mut, Selbstvertrauen; Kohlhaasvergleich in Appendix B). Dennoch wollte Kafka K. sicher dafür verantwortlich sehen, daß das Gericht seine Schuld nicht löschen konnte. Wollte er durch das Versagen des Gerichtes die Größe von K.s Schuld zeigen? (Parallele dazu in "Strafkolonie", Appendix A). – Kafka verlangt genaues, geduldiges Lesen, dann ist Roman weder absurd noch paradox, sondern Versuch, die ethischen Werte im Leben eines Durchschnittsmenschen zu zeigen (s. Bücher).]

McDaniel, Thomas Robb: Two Faces of Bureaucracy: A Study of the Bureaucratic Phenomenon in the Thought of Max Weber and Franz Kafka. Diss. Johns Hopkins Univ., 1971. VII + 249 S. (C 1971). Microf.

[Untersuchung des Wesens der Bürokratie u. Webers u. Kafkas Methodologie, um bürokratisches Phänomen zu verstehen. Kafkas Interesse für organisatorische Funktionsstörungen in der Bürokratie u. für Rolle des Menschen in der Gesellschaft. Kalter u. präziser Stil ist Merkmal unseres bürokratischen Zeitalters (häufige Verwendung von "wenn" u. des Konjunktivs). Er untersucht Wesen u. Unvermögen des Verstehens u. drückt Hilflosigkeit der menschlichen Existenz in absurder Welt aus; keine Gerechtigkeit, unbekanntes Ziel. Leben als Labyrinth u. Gefängnis; Außenseiter K. kämpft um Zugehörigkeit. Wahrheit durch das Irrationale gesucht, Zeit u. Raum – illusorisch. Verzerrung: Darstellungsmittel einer anderen Wirklichkeit. Kafkas Romane – keine Allegorien; seine Gestalten (Abstraktionen u. Symbole, die ihre menschliche Identität verloren haben) sind Typen. Konflikt zwischen Gesetzen des Staates u. der jüdischen Religion. "Schloß": metaphysischer Roman. K. stellt Dilemma eines Menschen dar, der alles auf dem Amtsweg erledigen will u. auch Gott sucht. Paradox des Labyrinthes als Mysterium. Keine Beziehung zwischen Logik, Gerechtigkeit u. Erlösung. Schlüssel zum Eintritt ins Schloß: menschliche Beziehung muß Bittsteller-Beamtenbeziehung ersetzen. Traumwelt u. Welt der Beamtenhierarchie, Symbol der unerreichbaren Wirklichkeiten. Kafka stellt den Höhepunkt des bürokratischen Romanes dar. Gesellschaft – für Max Weber sinnvoll, für Kafka illusorisch. K. – heutiger Mensch in unlogischer u. schlecht funktionierender bürokratischer Welt, in Konflikt mit Natur u. Gesellschaft. Für Weber u. Kafka: gesellschaftliche Wirklichkeit eine Einheit subjektiver u. objektiver, rationaler u. irrationaler, konkreter u. abstrakter Elemente. Kafkas Stil verdeutlicht Enttäuschungen, Verfremdung u. Machtlosigkeit seiner Gestalten. Beamtenmilieu – entmenschlicht. Bedeutung eines Menschen nur durch Arbeitsstellung in Gesellschaft.]

*Merani, Tarsilla, M.: [Kafkas Erzählungen.] Diss. Università L. Bocconi, Milano, 1966.

[In ital. Sprache.]

*Michel, Kurt: Adalbert Stifter und die transzendente Welt. Ein Beitrag zur Erhellung der Existenz des Dichters. Diss. Univ. München, 1956.

[S. 170–85: Stifters Stellung zur transzendenten Welt im Vergleich mit der moderner Dichter: – Ausführlicher Vergleich Stifters mit Kafka (s. Bücher).]

Middelhauve, Friedrich: Ich und Welt im Frühwerk Franz Kafkas. Diss. Freiburg i. Br., 1957. 369 S. Mikrof.

[Untersuchung der Beziehungen zwischen Seele u. Welt bei Kafka. Zustände des Ich sind gleichzeitig Reflexe der äußeren Welt. Der topographische Raum (Prag). Jüdisches bewußt eliminiert, aber jüdische Denkgepflogenheiten scheinen durch. Kafkas Sehweise, Hell-Dunkel-Schattierung, wenig Farbe. Beobachtungen wollen nicht äußere Wirklichkeit wiedergeben, sie deuten nur auf den Helden u. die Beziehungslosigkeit seines Innern zur Umwelt. Übermacht der inneren Welt. Verbindung der Seele mit allem Äußeren in Raum u. Zeit ist gebrochen, ein tatsächliches Geschehen kann es nicht mehr geben. Sehnsucht nach Gemeinschaft; dauerhafte Freundschaft nicht möglich. Interpretationen der frühen Erz.]

Morrison, Jean Antoine: Kafka as Hungerkünstler. Diss. Tulane Univ., 1963. II + 184 S. (C 1964).

[Forschungsbericht über "Ein Hungerkünstler". Vergleichende Strukturanalyse von "Der Bau", "Forschungen eines Hundes", "Ein Bericht für eine Akademie" u. den 4 Erz. im Bd. "Ein Hungerkünstler". 16 Einheiten im "Bau", dessen Schema Bezug auf Lebensphasen hat. Frage des "Seins" u. des "Selbst". Hungerkunst als Selbstkritik.]

*Muir, Lynda Ann: Zeit und Raum in Kafkas Roman "Das Schloß". M.A. Thesis Univ. of New Brunswick, 1969.

*Nauta, Lolle Wibe: "De mens als vreemdeling. Een wijsgering onderzoek naar de antropologische en religieuze betekenis van het probleem der absurditeit en de figuur van de vreemdeling in der moderne literatuur." Diss. Univ. Groningen, 1960.

*Neesen, Peter: Vom Louvrezirkel zum "Prozeß". Franz Kafka und die Psychologie Franz Brentanos. Diss. Univ. Münster, 1972. 235 S.
[(s. Bücher).]

*Neufeld, Victoria Emilie: A Statistical Analysis of the Language of Franz Kafka. M.A. Thesis Univ. of Saskatchewan, 1965.

*Neumeyer, Peter F.: The Modern German Novel in England, with Special Emphasis on the Work of Franz Kafka and Thomas Mann. Diss. Univ. of California, Berkeley, 1963. 459 S. Microf.
[(s. Artikel).]

*Noonan, Margaret: The Women Characters in Kafka's Novels. B.A. Thesis Univ. of Queensland, Australia, 1966.

*Northey, Anthony Droste: Dialogue in the Works of Franz Kafka. Diss. McGill Univ. (Canada), 1974. 243 S.

*Nowak, Ernst: Figurenpaar und Trias in den Werken Franz Kafkas. Diss. Univ. Wien, 1973. III + 227 S.

Obschernitcki, Doris: Irrealität und gesellschaftliche Wirklichkeit: Ein Beitrag zum Streit um Kafkas Realismus und zum Realitätsgehalt des "Schloß"-Romans-(s. Artikel).

*Oppenheimer, A.: Franz Kafka's Relation to Judaism. Diss. Oxford Univ., 1977.

*Orlov, Isabella: The Theme of Suffering in Kafka. B.A. Thesis Univ. of Queensland, Australia, 1967.

*Pasche, Wolfgang E.: Der religiöse Mittler im Werke Franz Kafkas. M.A. Thesis Univ. of Cape Town, South Africa, 1964.

Pawelka, Claus: Formen der Entwirklichung bei Franz Kafka. Diss. Univ. Konstanz 1980. 105 S.

*Pedrotti, Chiara: [Die Frauen in Kafka.] Diss. Università L. Bocconi, Milano.
1968.
[In ital. Sprache.]

*Perini, Luisa: [Kafka in Tagebüchern und Briefen: Der Mensch, der Künstler.]
Diss. Università L. Bocconi, Milano, 1965.
[In ital. Sprache.]

*Peters, F.G.: The Transformation of the Father Image in the Works of Franz
Kafka. M.A. Thesis Columbia Univ., 1963.

— Heinrich von Kleist and Franz Kafka: A Study of a Literary Relationship. B.
Litt. Thesis Oxford Univ., 1966.

Peters, Heinrike: Die Wahrheit im Werk Franz Kafkas. Diss. Univ. Tübingen,
1967. 112 S. Photodruck Präzis.

[Dichterische Wahrheit ist an Kunstwerk gebunden, erhellt Dasein, ergibt keine Theorien
wie in der Philosophie. Kafka strebte ernsthaft danach, seine Dichtung aber gibt uns keine
unmittelbare Antwort auf Frage nach Wahrheit. Wahrheit bedeutete für Kafka: Gegenteil
von Lüge, höhere Stufe der Wirklichkeit u. als letzten Begriff etwas Umfassendes, das man
als Mensch nur erahnen kann. Seine Gedanken darüber in Aphorismen, den Oktavheften
u. im Bd. "Hochzeitsvorbereitungen ..." der Untersuchung zugrundegelegt. Wahrheit der
Tätigen (Erkenntnis) — Wahrheit der Ruhenden (verkörpert Leben) soll Ziel des Menschen sein; Wahrheit unteilbar u. in sich geschlossen. Ursprung von Kafkas Wahrheitsauf-
fassung: aus religiös-ethischen (Judentum) u. philosophisch erkenntniskritischen Richtungen (griechisch-abendländische Tradition); Menschenleben als Wahrheitssuche. — Grenzen u. Möglichkeiten der Wahrheit im Sprachkunstwerk: Auf die Kunst falle ein Abglanz
der Wahrheit, gleichzeitig aber ist "Reden" u. "Theorien Aufstellen" ein Hindernis auf
dem Weg zur Wahrheit. Dichtung müsse sich von Realität entfernen u. innere Welt darstellen. — Kafkas Dichtung ist extrem subjektiv, auf das Ich u. dessen Welt beschränkt, das
Geständnis, das sich Öffnen des Inneren (nicht Beschreiben) kann Allgemeingültiges formulieren. Kafkas Einstellung durch einsinnige Erzählperspektive ausgedrückt. Aufforderung an Leser, das Rätselhafte zu interpretieren. Kafka bietet keine Deutung an, ist nicht
"allwissend". Daraus entsteht Problem der Vieldeutigkeit der Texte, die Deutung verlangen u. verbieten. Vieldeutigkeit auch durch Sprache bedingt, nicht aus Ratlosigkeit oder
um Absurdes darzustellen. Sprache Kafkas: Vorliebe für adversative, restriktive, konzessive Konjunktionen — Wille des Dichters, sich nicht festzulegen. Ungewisses vermittelt
uns eher "Ahnung der Wahrheit". Bemühungen der Interpretengruppen a) Schlüssel zum
Werk zu finden, b) Sinn eines Werkes in dem Werk u. dessen Geschichte zu sehen. — Besprechung der Allegorie, des Symbols u. der Parabel in diesem Zusammenhang, ebenso
wie der werkimmanenten Deutung. Interpretation als "Einsetzen von Formeln" im ma-
thematischen Sinn. Verhältnis zwischen Wirklichkeit u. Wahrheit in Kafkas Werk, z.B. in
"Auf der Galerie": 1. Teil — Glanz der Reiterin (naiver Zuschauer, photographische Wirklichkeit). 2. Teil — erschöpfte Reiterin (unrealistische Realität). Unerreichbare Wahrheit
tritt in Reaktion des Zuschauers zutage. Scharfes Beobachten nötig, um das Alltägliche in
ungewöhnlicher Weise zu sehen. — "Der Schlag ans Hoftor": realistischer Beginn, dann
Einbruch des Unbekannten; Held zuerst ruhig, erkennt erst langsam. Begegnung des inneren Menschen mit der Welt läßt Wahrheit ahnen. Leser muß dargestellte Bilder (Formeln
für Situation des Menschen) richtig zuordnen, Reaktion auf Gelesenes macht ihm seine
eigene Lage bewußt. — Innere Welt des Helden u. Gegenwelt für gewöhnlich unvereinbar.

Durch Sündenfall erhielt der Mensch Erkenntnis; Streben nach Wahrheit bedeutet Aufhebung der Erkenntnis, Bewußtsein u. Berechnung als Schwäche bezeichnet; Zustand der Müdigkeit, der die Helden Kafkas überkommt, bringt sie einer tieferen Wahrheit näher. Auch Tod in diesem Zusammenhang zu sehen.]

*Philippi, Klaus-Peter: Das Phänomen der Reflexion und seine Bedeutung für das Selbst- und Weltverständnis des Menschen in Kafkas Roman "Das Schloß". Diss. Univ. Tübingen, 1966. VII + 248 S.

[(s. Bücher).]

*Pickens, Michele: Bergsonian Elements in Franz Kafka's "The Trial". M.A. Thesis Stephen F. Austin State Univ., 1974. 63 S.

*Podestà, Giuditta: [Bildung und Werden bei Franz Kafka.] Diss. Università L. Bocconi, Milano, 1955.

[In ital. Sprache (s. Bücher).]

Pott, Hans-Günter: Die aphoristischen Texte Franz Kafkas. Stil und Gedankenwelt. Diss. Univ. Freiburg i. Br., 1958. [III +] 228 S. Mikrof.

[Interpretation der aphoristischen Texte ("Betrachtungen über Sünde, Leid ..."). Grundthema: Das Ich des Autors, Äußerung u. Behauptung der eigenen Existenz; das Unausgesprochene. Kennzeichen: Einfachheit, antithetische, paradoxe Aussageweise, metaphorische Struktur. Verabsolutierung der Metapher erschwert Verständnis. Selbstentlarvung im Medium der sprachlichen Selbstverfremdung. Bildmotive: Aufgabe, Kampf, Weg. Bejahung des Absoluten (positiver Skeptizismus), aber Aussichtslosigkeit in Beziehung des Menschen zu Gott. Verfremdende u. verzerrende Selbstdarstellung verweist auf widersinnige Wirklichkeit. Das unzerstörbare Sein nicht zu erkennen. Erfahrung des Nichts nicht mitteilbar.]

Rajec, Elizabeth Molnár: Namen und ihre Bedeutungen im Werke Franz Kafkas. Diss. City Univ. of New York, 1975. 348 S.

[Der erste Versuch, Technik der Namensgebung in Kafkas Werken systematisch zu erfassen. Neben Erfassung der Namensgebung bei Zeitgenossen Kafkas, wird dann im Hauptteil Kafkas Werk (Erz., Romanfragmente) untersucht. Etymologische, biolinguistische Elemente werden u. a. zur Erhellung der Namen der kafkaischen Protagonisten herangezogen. Häufig weist das Ergebnis über den dt. Sprachzusammenhang hinaus. Kafka schuf beschreibende Namen, aber vermittelte durch sie auch Funktion u. Sinn eines Werkes. Sein eigener Name tritt häufig in kryptographischer Form auf. Alle Personen- u. Ortsnamen seiner Werke sind systematisch erfaßt. Namensgebung war für Kafka bewußte literarische Technik. Onomastik also trägt zu besserem Verständnis von Kafkas Werken bei (s. Bücher).]

*Regn, Constance: The Reception of German Literature and German History in the Times Literary Supplement 1961–1966. Diss. New York Univ., 1975. 280 S.

[Besprechung der Kafka-Rezeption u. -Kritik.]

Rehfeld, Werner: Das Motiv des Gerichtes im Werke Franz Kafkas. Zur Deutung des "Urteils", der "Strafkolonie", des "Prozesses". Diss. Univ. Frankfurt / M., 1960. 212 S.

[Vater als Richter, Freund als mahnendes, beunruhigendes Gewissen. Vater als das Absolute. Vom Menschen wird verlangt, heilig zu sein wie Gott. – Der alte Kommandant u. der
Offizier als Richter. – Das Schuldproblem im "Prozeß". K. ist zu stolz, wehrt sich gegen Erkenntnis seiner Schuld, ist nicht demütig. Mensch soll seine Schuld erkennen u. erhellen.]

*Reif, Wolfgang: [Zivilisationsflucht und literarische Wunschträume.] Diss. Univ.
des Saarlandes, 1973.

Rhein, Phillip H[enry]: A Comparative Study of Franz Kafka's "Der Prozeß"
and Albert Camus' "L'étranger". Diss. Univ. of Michigan, 1961. II + 142 S.
Microf.

[Buchfassung u.d.T.: "The Urge to Live" (s. Bücher). Einleitung u. 1. Kap. ("The Problem") umfangreicher als im Buch, Hauptteil der Diss. u. des Buches fast identisch.]

Richter, Helmut: Werk und Entwurf des Dichters Franz Kafka. Eine literaturkri-
tische Untersuchung. Diss. Karl-Marx-Univ. Leipzig, 1959. [V +] 425 S.

[Unter Hans Mayer entstanden; der Diss. fehlt Kap. "Bemerkungen zum Stand der Kafka
Forschung"; Diss. Text scheint für Buch leicht überarbeitet u. manchmal erweitert worden zu sein; sonst gleicher Inhalt u. gleiche Einteilung; (s. Bücher).]

*Rickels, Laurence Arthur: The Iconic Imagination: Pictorial Signs in Lessing,
Keller, and Kafka. Diss. Princeton Univ., 1981. 303 S.

*Rickert, Richard Frederick: Aesthetic Interpreting and Describing: Their Func-
tions in Regard to the "Trans-Interpretative Art" of Kafka and of Zen. Diss.
Univ. of North Carolina (Chapel Hill), 1972.

*Ries, Wiebrecht: Transzendenz als Terror: Eine religionsphilosophische Studie
über Franz Kafka. Habilitationsschrift Technische Univ. Hannover, 1974.
155 S.

[(s. Bücher).]

*Rohl, Freda Kingsford: A Study of Kafka's Irony. M.A. Thesis Univ. of Man-
chester.

Ronell, Avital: The Figure of Poetry: Self-Reflection in Goethe, Hölderlin and
Kafka. Diss. Princeton Univ., 1979.

["Torquato Tasso", "Der Tod des Empedokles" u. "Das Schloß" spiegeln sich selbst in
ihrer Sprachstruktur u. betrachten sich in theoretischer Hinsicht als literarische Form.
Handeln von der Natur der literarischen Tätigkeit, vom Lesen, Schreiben, Interpretieren
und definieren den Menschen. 3. Kap. über Kafka, dessen Auffassung von der Literatur,
Sprache u. Form das thematische Material seines Werkes bilden. Unterschiedliche Stadien des dichterischen Bewußtseins u. seiner Tätigkeit. Auch typische Haltung jedes Textes untersucht.]

*Sattin, Jerry P.: Allegory in Modern Fiction: A Study of "Moby Dick", "The
Brothers Karamazov", and "Die Verwandlung". Diss. Univ. of Illinois, 1978.

Schaffer, Detlef: Untersuchungen zum Fiktions- und Tempusproblem der deutschen Gegenwartssprache. Diss. Univ. Wien, 1969. Wien: Notring, 1972 (Dissertationen der Univ. Wien, 65).

[Kap. 5., S. 317–38: Die Tempora der Erzählsubstanz; Kafkas "Amerika". – Zusammenwirken der am Aufbau der Erzählsubstanz beteiligten Tempora (Präteritum, Plusquamperfekt u. Präsens) aufgezeigt. Vielschichtiges Präteritum (Leittempus); Erzählperspektive u. Leseerlebnis.]

*Schild, Kurt Wilhelm: Formen des Verschlüsselns in Franz Kafkas Erzählkunst. Diss. Univ. Köln, 1970.

Schmidt, Verne Victor: Strindberg's Impact on Kafka. Diss. Univ. of Texas, 1966. [IV +] 149 S. (C 1967). Microf.

[Kafka las Strindberg. "Der Prozeß" u. "Das Schloß" verglichen mit Strindbergs Dramen; ihre Anknüpfungspunkte. Vermengung von Wirklichkeit u. Unwirklichkeit (wache Träume). Ähnlichkeiten im Lebenslauf u. Verhältnis zu den Eltern. Themenwahl. Frauen als Vermittler. Stilistische Einwirkung (Strindbergs Traumstil).]

Schneeberger, Irmgard: Das Kunstmärchen in der ersten Hälfte des 20. Jahrhunderts. Diss. Univ. München, 1960.

[S. 17–46: Kafka. – Analyse verschiedener Erz. Kafkas ergibt, daß sie zur Gattung des modernen Kunstmärchens zu rechnen sind ("Hochzeitsvorbereitungen", "Kübelreiter", "Verwandlung", "Landarzt"). Empirisches nicht mehr als Bildhaftes dargestellt; Gleichnisse des Universellen, das seinem Wesen nach nicht mehr dargestellt werden kann. Das "Außerordentliche" ereignet sich wie im Märchen. Sinnvolle Sinnlosigkeit.]

*Scrogin, Mary Riedel: The Kafka Protagonist as Knight Errant and Scapegoat.. M. A. Thesis North Texas State Univ., 1975.

[Kafkas Helden als mythische Urtypen; ihr Suchen symbolisiert Sehnsucht des Menschen, die sterile menschliche Existenz zu überwinden.]

Sedlacek, Peter: August Strindberg und Franz Kafka. Versuch einer vergleichenden Betrachtung von Persönlichkeit und Werk. Diss. Univ. Wien, 1966. VII + 442 S. Mikrof.

[Mystische Dichter, geheimnisvolles Jenseits mit realen Mitteln dargestellt. Autobiographischer Charakter der Werke. Persönlichkeits- u. Werksanalyse, sowie Besprechung der Verbindungslinien. Persönlichkeitsproblematik am Grund der Werke. Ähnlichkeit z.B. in bezug auf Schuldproblem (Elternhaus), sowie auf religiöse u. weltanschauliche Problematik. Ähnlichkeiten zwischen Briefen u. Tagebüchern einerseits u. Werken andererseits. Kafka beherrscht sein Material weniger sicher als Strindberg. – 3 große Teile: über Persönlichkeit der Dichter u. deren Entwicklung, über ihr Verhältnis zum Werk u. über das Werk selbst. Herausarbeitung von inneren u. äußeren Parallelen u. Gegensätzen. Enge Verwandtschaft in mancher Hinsicht.]

Singer, Carl Stephen: Discovery of America by Accident: A Study of the Form and Value of the Novel in Kafka's Art. Diss. Columbia Univ., 1970. (C 1971.) 349 S.

Slotnick, Linda: The Minotaur Within. Varieties of Narrative Distortion and Reader Implication in the Works of Franz Kafka, John Hawkes, Vladimir Nabokov, and Alain Robbe-Grillet. Diss. Stanford Univ., 1970. IX + 271 S. (C 1971).

[Untersuchung von Kafkas Romanen (vor allem "Schloß") u. vergleichende Studie der 4 Romanschriftsteller. Die Welt, weder bedeutungsvoll noch absurd, existiert einfach. Sprache – verzerrter Schatten. Selbst Kafkas Romane können als Parabeln angesehen werden. Urmythos von Suche (nach dem Absoluten) u. Streben im "Schloß". Erzähler mit K. fast identisch u. genauso dem Irrtum unterworfen. Frustration des Lesers läuft parallel der K.s; Gefühl der Desorientierung. K. bewahrt Menschenwürde durch Weigerung, den Kampf aufzugeben.]

Smith, David Edward: The Use of Gesture as a Stylistic Device in Heinrich von Kleist's "Michael Kohlhaas" and Franz Kafka's "Der Prozeß". Diss. Stanford Univ., 1971. VI + 532 S. (C 1971).

[Systematische Studie der Geste in den beiden Werken ergibt in Hinblick auf Stil, Struktur u. Thematik: Kafka hat nicht von Kleist gelernt; er schätzte ihn als wahren Dichter hoch. Einfacher Stil, szenische Darstellung u. Geste als Ausdrucksmittel im Kampf des Helden mit feindlicher Umwelt rufen ähnliche Wirkung beim Leser hervor, ebenso wie gewisse Ähnlichkeiten in ästhetischer Beziehung. Sonst aber gilt: Geste als Ausdruck innerer Zustände u. Absichten häufiger bei Kafkas dualistischen, unharmonischen Helden, bis zum Extrem bei der Darstellung des unbewußten Willens in Josef K. Verwendung der Geste bei Kafka auf Entwicklungslinie zur Moderne hin, Tendenz schon bei Kleist erkennbar. – Unterschied in Satzstruktur, in der die Geste erscheint; bei Kleist in untergeordneten Sätzen, bei Kafka in unabhängigen oder nebengeordneten. Kleist: größere Übersicht u. Ordnung, Zusammenhang mit Erzählperspektive (objektiv bei Kleist) u. Erzählerposition. Bei Kafka ist Geste häufig Informationsstufe, nicht Informationsquelle. Geste als Bild; Geste in raum-zeitlicher Beziehung.]

*Spilka, Mark: Dickens and Kafka: A Mutual Interpretation. Diss. Indiana Univ., 1956.

[(s. Bücher).]

*Springer, Mary Doyle: Forms of the Modern Novella. Diss. Univ. of California, Berkeley, 1973.

*Steckhan, Gerhard Georg Ernst: A Stylo-Statistical Analysis of Six German Novels from Kafka to Musil. M.A. Thesis Univ. of Saskatchewan, 1968.

*Steinbach, Gideon: Permeable Man: The Relationship of the Aesthetic to the Existential. Diss. City Univ. of New York, 1975. 294 S.

[Besprechung einiger Erz. u. der Romane Kafkas.]

Stokes III, John Lemacks: Franz Kafka: A Study in Imagery. Diss. Drew Univ., 1969. XXII + 186 S. (C 1969).

[Die Metapher der ewigen Todesqualen; Traumvisionen. Tiefenpsychologische Theorien von Ira Progoff. Kafkas gespaltenes Ich. Der Gott des Erstickens (schlechte Luft); Symbol des Fremden (auch K. ist ein Fremder). Kafkas Benützung des Wortes "Kreis"; der innere Kreis der menschlichen Freiheit als Selbstbeherrschung. Monotone Musik u. Töne ("Forschungen eines Hundes", "Josefine, ... ").]

Struc, Roman Sviatoslav: Food, Air and Ground: A Study of Basic Symbols in Franz Kafka's Short Stories. Diss. Univ. of Washington, 1962. [V +] 235 S.

[Interpretation der Erz. Kafkas von Grundsymbolen ausgehend. Bedeutungswandel der Symbole u. der Funktion im Werk bestimmt. "Luft", "Boden" u. "Nahrung" immer wiederkehrende Sinnbilder schon in "Beschreibung eines Kampfes" wichtig, wenn auch mit negativen Vorzeichen. Interpretationen: "Hochzeitsvorbereitungen", "Urteil", "Verwandlung" u. "Landarzt"; sie zeigen den Menschen im Kampf um das wahre Ich (existentielle Krise). Ausdrücke wie "Schweben" oder "Schwanken" drücken geistige Instabilität der Hauptperson aus. Dramatisches im "Urteil". Landschaft gehört zum psychischen Bereich des Helden; wachsende Erkenntnis der Dualität in Georgs Persönlichkeit. "Verwandlung": 3 Interpretationsrichtungen (psychoanalytisch, religiöse Parabel, vom Text ausgehend). Symbole "Speise", "Hunger" u. "Atmen" ins Gewebe der Erz. eingebaut. Musik: ersehnte Nahrung, Kontrast zur Arbeitswelt (Vater). Verwandlung – Rebellion eines Menschen. in dem eine ganze Existenzschicht sich nicht entfalten konnte. Nach Gregors Tod – Triumph des Lebens. "Landarzt" – Seelendrama; die im Widerstreit befindlichen Kräfte als Aspekte der Seele des Arztes aufzufassen. Im "Bau" Begegnung mit dem unbekannten Ich gesehen als tödliches Duell mit dem Feind. Mauer in "Beim Bau ..." stellt notwendiges Fundament menschlicher Existenz dar. Gefahren der Freiheit u. Alkohol als Symbole der "aufgeklärten Menschheit" in "Bericht ...". "Forschungen ..." – Symbol für Hunger des modernen Menschen nach absoluter Wahrheit. "Eine kleine Frau" – Projektion der kritisch-analytischen Haltung des Ichs gegen sich selbst. "Ein Hungerkünstler" – grausame Parodie auf Märtyrertum; ein Opfer der neuen Zeit, Tragödie des Geistes in entgeistigter Welt. In "Josefine ..." Macht der Musik u. Stellung des Künstlers im Volk; in Kafkas Anthropologie – Dualismus: Seele ein Schlachtfeld zwischen immerfort suchendem Geist u. Wunsch nach Hinnahme des Lebens. Hunger, Atembeschwerden u. unsicherer Boden sind Manifestationen der Erkenntnis von Unzulänglichkeiten gewisser existentieller Beschaffenheiten.]

*Sussman, Henry S.: Franz Kafka: Geometrician of Metaphor. Diss. Johns Hopkins Univ., 1975. 283 S.

[(s. Bücher).]

Szanto, George Herbert: Steps towards the Phenomenological Novel: Narrative Consciousness in the Works of Franz Kafka, Samuel Beckett and Alain Robbe-Grillet. Diss. Harvard Univ., 1967. 348 S.

[Struktur von Kafkas Romanen liegt zwischen äußerer Beschreibung u. innerem Monolog (erfolgt durch Erzählbewußtsein); Beckett u. Robbe-Grillet führen diese Richtung weiter. Kafka strukturierte als erster die Trennung Mensch-Umwelt in seine Prosa hinein. Parallelen zwischen dieser Erzählrichtung u. der phänomenologischen Philosophie. Romangestalten dadurch definiert, wie sie die Welt sehen. Leser wird zum Erzähler u. Helden, erfährt mit diesen deren Welt. – S. 15–119: Franz Kafka: – Es fehlten Kriterien, um das neue Erzählphänomen zu beschreiben. Emrich, Sokel u. bes. Politzer bewegen sich in ihren Kafkastudien in Richtung der "phänomenologischen" Interpretation. Stil u. Struktur sind bedeutend, da im "phänomenologischen Roman keine Leitgedanken noch Erklärungen vorhanden". Es gibt aber ein "Ritual" (eine sich wiederholende Struktur), das Kafka-Helden durchleben müssen: 1. Plötzliches Aufwachen zu einer neuen Weltsicht (Gregor Samsa, Josef K.); 2. Erkenntnis des Kontaktverlustes mit Umwelt, Nachdenken; 3. Totalität der Welt bricht ins Leben des Helden ein; 4. Behauptungsversuch ist den meisten Kafkahelden nicht möglich; 5. Erkenntnis, daß es zu spät ist, Verzweiflung; 6. Schweigen u. Tod (Erlösung: Gregor). − Leser muß "neu" sehen, "pattern" u. "unity of view" wiederholt. Analyse von "Das Urteil" − Diskussion der frz. Kafka-Rezeption u. ihrer Mißverständnisse. − Beziehung zu phänomenologischen Philosophen, zu Beckett u. Robbe-Grillet: Gesichtspunkt, von dem aus die Welt beschrieben wird.]

Thalmann, Jörg: Wege zu Kafka: Eine Interpretation des Amerikaromans. Diss. Univ. Zürich, 1962.

[(s. Bücher).]

*Thompson, B.: Swedish Views on Kafka. 1918−1973. A Critical Assessment of the Interpretations. M.A. Thesis Aberystwith, Univ. College of Wales, 1977.

Tinturier, André: Form und Inhalt bei Broch, Freud und Kafka. Diss. Univ. Zürich [1970]. 89 [+ 4] S.

[Unter Emil Staiger entstanden. Geht von Annahme aus, daß Form u. Inhalt im sprachlichen Werk untrennbare Einheit bilden müssen. Stilanalysen von Texten Freuds u. Kafkas zeigen erstaunliche Wechselwirkungen zwischen sprachlich-grammatischer Form u. Inhalt. Bei Freud dualistischer Grundzug, bei Kafka triadischer. Gleichförmiges Bauprinzip bei Kafka nachweisbar durch Zergliederung seiner Satzperioden in Haupt- u. Nebensätze. − Untersuchung von "Der Bau": Verkappte Bilanz von Kafkas Leben (Schreiben gleicht Wühlarbeit), Abrechnung eines Ichs mit sich selbst. Tier hat menschliche u. tierische Attribute; gegen Ende verschmelzen "Tier" u. "Feind" in ein einziges Wesen. Schematische Aufgliederung der 10 längsten Sätze; gemeinsames Merkmal des Satzbauplans ist Dreigliedrigkeit des Überbaus; diese Gesetzmäßigkeit zeigt sich auch im Motiv.]

*Torza, Marianne: The Non-Realistic Concept of Reality in the Works of Gustav Meyrink, Alfred Kubin, and Ludwig Meidner; Its Relation to Kafka. Diss. Univ. of Toronto, 1975.

*Treder, Uta: Analisi stilistica dei racconti di Franz Kafka. Diss. Università di Firenze, 1967. 200 S.

Van Alphen, Albert William: A Study of the Effects of Inferiority Feelings on the Life and Works of Franz Kafka. Diss. Louisiana State Univ., 1969. IX + 271 S. (C 1970). Microf.

[Versuch, tieferes Verständnis von Kafkas Schaffen durch Studie der Ursachen u. Folgen seines Inferioritätskomplexes zu erlangen; Werke vor allem aus persönlichen Lebenserfahrungen u. seinem Minderwertigkeitsgefühl gespeist, das abnormal zu sein schien u. auch als dominierender Charakterzug seiner Helden erscheint. Frühe Werke noch eher unter Einfluß von Mann, Kleist u. Rilke. Dominierendes u. häufigstes Thema der Werke kommt weder aus literarischen, noch politischen oder gesellschaftlichen Quellen. Seine Erfahrungen als Kind u. Jugendlicher führten nach Adlers Theorien zu der obengenannten Charakterentwicklung, die seine Persönlichkeit u. den Ausblick auf das Leben formten. Negative Zeichen dieser Entwicklung: Schüchternheit, Rückzug aus der Welt, Überempfindlichkeit, Angstgefühle als nicht aggressive Eigenschaften, die bis zum Pessimismus, zur Selbstanklage, ja zum Sadismus, Masochismus u. zu Selbstmordgedanken führten, u. auch zur bösartigen Kritik an anderen u. an sich selbst; auch Ausweichen in eine Traumwelt, in der Kafka sich als rettender, reicher Held sieht. Im Gegensatz zu diesen negativen bringt Van

Alphen auch positive Beispiele von Kompensationsbestrebungen, wie Kafkas Betonung seiner athletischen u. intellektuellen Fähigkeiten; durch Pessimismus u. Selbstkritik versuchte er, das Mitleid der Umgebung zu wecken. Vor allem aber war es seine schöpferische Phantasie, die ihm zu einer Balance verhalf. – Eine genaue psychologische Analyse von "Der Prozeß" zeigt Josef K. als Menschen mit Kafka ähnlichen Charakterzügen u. Problemen u. schwerem Minderwertigkeitskomplex, so daß der Roman fast wie eine Beichte des Dichters wirkt. Ähnliche Feststellungen werden über Georg, Gregor, den Offizier aus der "Strafkolonie", den Landarzt, u.a. gemacht. – Weitere kompensatorische Bemühungen Kafkas: sein tiefes Verantwortungsgefühl gegenüber Machtpersonen (seine Anpassung an erkannte Ungerechtigkeit der gesellschaftlichen Normen) u. vor allem sein "erlösendes" Schreiben. Alle Werke Kafkas zeigen mindestens eines der erwähnten Themen; mitunter wird die Selbstzerstörungstendenz eines Helden betont, in anderen Fällen der Rückzug aus der Gesellschaft. Die obengenannten Werke weisen Opposition zu den Konventionen, bes. im Verhältnis Künstler – Gesellschaft auf. Der schöpferische Mensch sollte nach Kafka Freiheit nur außerhalb dieser Normen finden.]

*Wagenbach, Klaus: Franz Kafka. Eine Biographie seiner Jugend. 1883–1912. Diss. Univ. Frankfurt/M., 1957. 345 S. Illustr.

[(s. Bücher).]

*Wallner, Emeran: Configurations in Kafka. Diss. Univ. Freiburg i.Br., 1977. 96 S.

*Watanabe, Nancy Ann: Creative Destruction: The Irony of Self-Betrayal in the Psychosymbolic Monologue – Browning, Poe, Eliot, Kafka and Camus. Diss. Indiana Univ., 1975. 255 S.

Weinberg, Helen Arnstein: The Kafkan Hero and the Contemporary American Activist Novel. Diss. Western Reserve Univ., 1966. III + 288 + 4 S. (C 1967).

[Außer den 4 S. am Ende der Diss., die eine Zusammenf. der Arbeit enthalten, stimmt der Inhalt mit dem des 1970 veröffentlichten Buches (s. Bücher) überein.]

Williams, Werner Theodor: Elements in the Works of Franz Kafka as Analogue of His Inner Life. Diss. Univ. of Kentucky, 1971. 258 S.

[Beziehung zwischen Kafkas innerer Welt u. seinen Werken erforscht, um seinen Schaffensprozeß kennenzulernen. Gefühle u. Welt seiner Helden Kafkas eigener Welt ähnlich. Werk spricht zu Gefühlen des Lesers. Briefe u. Tagebücher: Selbstbeobachtung, Entfremdung, Schuldgefühl, Pessimismus führen Kafka oft zur Verzweiflung; gefährdete Kindheit, langsame Isolierung von allem. – Leser kann durch diese menschlichen Qualitäten u. sein Leid Zugang zum Werk finden, das sein inneres Leben darstellt. Tief gefährdeter Künstler, der durch Schreiben Erleichterung fand. Tiefere Bedeutung der Werke war ihm selbst während des Schreibens fremd. Er benützt Form, Stil, u. Themen u. die Analogie als Kommunikationsmittel. Er wendet sich an Gefühl u. Intuition des Lesers (stellt Leser in eine Situation u. in Ereignisse, die seinen persönlichen Erfahrungen gleichen). Kafkas Wirklichkeitsangst; traumhaft-bizarre, alptraumartige Welt; Helden als Fremde. Detaillierte Untersuchung von "Der Prozeß" nach persönlichen Elementen, die analog zur Erhebung des Dichters stehen. Josef K. stellt Kafkas inneres Leben dar. Strafmethoden des Vaters (Gericht) – Welt des bestraften Sohnes. K. physisch frei, seelisch in Sklavenwelt. "Prozeß" – bestes Beispiel für Kafkas Gebrauch der Analogie. Konfrontierung zwischen Vater u. Sohn. Im "Schloß" werden alle Elemente intensiver; Kafkas Krankheit, unglückliche Liebe; Vaterbeziehung. K. passiver als Josef K.; keine Verständigung mit Dorfbewohnern möglich. Kleinere Werke zeigen einzelne Facetten von Kafkas innerer Welt; frühe Werke rebellischer, spätere ohne Illusion u. resigniert. Kafka wußte, daß er ein Außenseiter war, versucht, Unausdrückbares seiner inneren Welt darzustellen u. den Leser emotionell anzusprechen. Aus Kafkas Sicht: verzerrte, subjektive Wirklichkeit zeigt dem Leser den inneren Kampf.]

*Winks, E. M.: The Relationship between the Individual and Society in the Works of Franz Kafka. M.A. Thesis Univ. of Nottingham, 1968.

Witt, Mary Ann Frese: Prison Imagery in the Works of Franz Kafka and Albert Camus. Diss. Harvard Univ., 1968. 152 [+ 14] + 165 [+ 29] S.

[Strukturelle u. metaphorische Rolle der Gefängnisbilder wird untersucht; geschlossene Räume – Fallen, Gefängniszellen, das Gefängnisuniversum: Stadt, Insel, Schloß. 1. Teil: Franz Kafka. – Gefängnis als Bedrohung, bietet aber auch Sicherheit. Persönliche Schriften, Romanplan, Skizzen zeigen früh Grundkonstellation: Macht beim Henker oder Aufseher, Recht beim Angeklagten (Gefangenen). Persönliche Bedeutung. – Raum: Junggesellenzimmer, Stätte der Konfrontierung u. Falle, ("Verwandlung", "Urteil", "Landarzt"). – Schiff, Käfig u. Bau ("setting" u. physische Elemente drücken Geistiges u. Psychologisches aus): schwieriger Übergang von gewöhnlicher in außergewöhnliche Welt. – Gefängnisuniversum: Insel ("Strafkolonie"), Gericht u. Schloß – von gewöhnlicher Welt durch absolutes Machtsystem getrennt, Gefangene zwischen 2 Welten. – 2. Teil: Albert Camus: – Kafkabild, Diskussion der Gefängnisbilder u. Vergleiche mit Kafka.]

*Wöllner, Günther: Franz Kafka und E.T.A. Hoffmann. Von der "fortgeführten Metapher" zum "sinnlichen Paradox". Diss. Univ. Bern, 1967.

[(s. Bücher).]

Yalom, Marilyn Koenick: The Motif of the Trial in the Works of Franz Kafka and Albert Camus. Diss. Johns Hopkins Univ. 1963. [IV +] 301 S.

[Kafkas u. Camus' Werke: Grundlage für moderne Prozeß-Mythologie, symbolisiert unsere gegenwärtige menschliche Lage. 1) Der Roman besitzt rechtliche, psychologische u. metaphysische Bedeutungsebenen. 2) Kafkas "Der Prozeß" ist dem Ablauf eines europäischen Prozesses nachgebildet. 3) Rechtlicher Prozeßablauf von phantastischen Geschehnissen unterbrochen, die auf Erkenntnisse jenseits der juristischen Sphäre deuten. In psychologischer Hinsicht ist Prozeß eine innere Krise, die den Helden zur Zerstörung seines Berufes und Lebens führt. Metaphysische Ebene: Prozeß – übernatürliche, eber negative Macht, dem Menschen weder begreiflich noch von ihm erreichbar; Kafka selbst von ihr besiegt. Dies ist der Ausgangspunkt für Camus' Behandlung des Prozeßmotivs. Kafkas Ansichten in "L'Etranger" noch nicht vorhanden; aber viele stilistische u. thematische Ähnlichkeiten mit "Der Prozeß". Camus verurteilt heuchlerische Gesellschaft, die den Helden richtet. 15 Jahre später, in "La Chute", keine Anklänge mehr an Kafkas Stil, jedoch Kafkas Weltansicht angenommen, (existentialistischen Schuldbegriff u. neurotische Schuldgefühle): Bedeutung von Selbstgericht u. Selbstverdammnis.]

*Zepp, Evelyne H.: Aesthetic of the Absurd Novel: Camus and Kafka. Diss. Cornell Univ., 1974.

61

*Zibaldi, Laura: [Kafka im Spiegel der italienischen Kritik.] Diss. Università
L. Bocconi, Milano, 1972.
[In ital. Sprache.]

ARTIKEL UND KLEINERE BEITRÄGE

*Aarnes, A.: "Kafka og 'Prosessen'." In: *Morgenbladet* (29. 5. 1962).

Abood, Edward F.: "Franz Kafka: The Castle." In: E.F.A.: *Underground Man.*
San Francisco: Chandler & Sharp, 1973. S. 33–52.

[Kafkas Welt so absurd wie die Dostojewskis; das Edle wird vom Gemeinen verdeckt.
Schreiben für Kafka therapeutisch. Westwest u. Klamm: Gottfiguren. K. glaubt, daß sich
Dorf u. Schloß gegen ihn verschworen haben. Erzählperspektive ist beschränkt. K. wird
am Ende milder. – S. 1–10: Introduction: Gottglaube Kafkas.

*Abraham, Werner: "Zur literarischen Analysediskussion. Kritisches und Kon-
struktives anhand dreier Kafka-Erzählungen." In: *Amsterdamer Beiträge zur
neueren Germanistik* 8 (1979) S. 131–71.

*– "Methodische Übungen zu Kafka-Interpretationen." In: *Integrale Linguistik.
Festschrift für Helmut Gipper.* Hrsg. v. Edeltraud Bülow u. Peter Schmitter.
Westfälische Wilhelms-Univ. Münster. Amsterdam: John Benjamins, 1979.

*Achleitner, Alois: "Kubin als Anreger Kafkas?" In: *Welt und Wort* 10 (1955)
S. 253.

Adamovič, Georgij: "Vstuplenie." In: Franc Kafka: *Process.* Torino: [o.J.]
S. 3–16.

[Russ. – Kafkas Interesse für russ. Literatur. Camus; Kierkegaard u. Einsamkeit. Domszene – Josef K.s letztes Gespräch.]

Adams, Robert M.: "Swift and Kafka. Satiric Incongruity and the Inner Defeat
of the Mind." In: R.M. A.: *Strains of Discord: Studies in Literary Openness.*
Ithaca, N. Y.: Cornell Univ. Pr., 1958. S. 168–79.

[Swift u. Kafka benützen Tierbilder, um Menschenverachtung auszudrücken. "Urteil",
"Strafkolonie" u. "Verwandlung".]
Engl. Zusammenf. in: Corngold, *The Commentators' Despair* (s. Sammelbde.) S. 41–43
(Kommentar von Corngold).

Adeane, Louis: "The Hero Myth in Kafka's Writing." In: Jakob, *Das Kafka-Bild
in England* 1 (s. Sammelbde.) S. 323–31.

[Abdruck des gleichnam. Artikels in "Focus One" (London 1945) S. 48–56; Ähnlichkeiten u. Unterschiede zwischen Warner u. Kafka. "Schloß" (Heldenmythos): psychoanalytische, politische u. religiöse Interpretationen. Schloß als Mutterbild; Warner: vor allem
soziale Deutung.]

*Adler, Hans Günther: "Kafka zwischen den Zeiten." In: *Emuna. Horizonte. Zur
Diskussion über Israel und das Judentum* 9 (1974) S. 260–74.

Adolf, Helen: "From 'Everyman' and 'Elckerlijc' to Hofmannsthal and Kafka."
In: *Comparative Literature* 9 (1957) S. 204–14.

[S. 212–14 über Kafka: "Prozeß" ist Kafkas "Jedermann"; Ähnlichkeit mit mittelalterlichen Allegorien u. später jüdischer Kabbala.]
Engl. Zusammenf. in: *TCLB* S. 2098.

Adorno, Theodor W.: "Standort des Erzählers im zeitgenössischen Roman." In:
Noten zur Literatur. Bd. 1. 7.–9. Tausend. Frankfurt/M.: Suhrkamp. 1961. –
(C 1958). (Bibliothek Suhrkamp 47). S. 61–72.

[S. 69–70: Bei Kafka keine Distanz zum Leser, keine kontemplative Geborgenheit.]

– "Aufzeichnungen zu Kafka." in: T. W. A.: *Prismen -- Kulturkritik und Gesellschaft.* Frankfurt/M.: Suhrkamp, 1963. S. 248–81. – (C 1955). – Auch:
München: DTV, 1963; Frankfurt/M.: Suhrkamp, 1969 [S. 302–42] u. 1976.

[Zuerst in "Die Neue Rundschau" 1953 erschienen. Kafkas Werk ist bestimmt, aggressiv, enthält nichts Symbolisches; alles, auch Träume, sei wörtlich zu nehmen; das Vorsprachliche; Gemeinsamkeiten mit Freud. Ichfremdheit, traurige Bilder. Monotonie – Mangel. Spätkapitalistische Zeit dargestellt, Drittes Reich vorausgesehen. Expressionistische Prosa.]
Teilabdruck u. d. T.: "Aufzeichnungen zu Kafka." In: Heintz, *Interpretationen zu Kafka* (s. Sammelbde.) S. 107–09 u. 189–95.
In engl. Übers. v. Samuel u. Shierry Weber u. d. T.: "Notes on Kafka." In: T. W. A.: *Prisms.* London: Spearman, 1967. S. 243–71.
Engl. Zusammenf. in: Corngold, *The Commentators' Despair* (s. Sammelbde.) S. 43–53.
(Kommentar von Corngold.)
*In jap. Übers. u. d. T.: *Purizumu.* 1970. S. 185–229.
*In span. Übers. u. d. T.: "Apuntes sobre Kafka." In: T. W. A.: *Prismas. La crítica de la cultura y la sociedad.* Barcelona: 1962. S. 260–92.

– "Erpreßte Versöhnung." In: *Noten zur Literatur.* Bd. 2. Frankfurt/M.: Suhrkamp, 1965. S. 152–87. – (C 1961.)

[Kritik an Lukács' Kafkabewertung in "Wider den mißverstandenen Realismus" (1958). Scheinbare Abkehr vom Dogmatismus, dennoch Festhalten am sozialistischen Realismus. Dekadenz u. Avantgardismus gleichgesetzt u. verurteilt.]

– "Titel, Paraphrasen zu Lessing." In: *Noten zur Literatur.* Bd. 3. Frankfurt/M.:
Suhrkamp. 1965. S. 7–18.

[S. 12–13: über die nicht von Kafka stammenden Titel seiner Romane.]

Agasi, Yosef: "Ha'im lamad Agnon mi-Kafka?" In: *Keshet* 15 (1973) Nr. 3.
S. 86–94.

[Hebr. (Hat Agnon von Kafka gelernt?) Agnon bestreitet Einfluß Kafkas; H. Barzel in "Bein Agnon le-Kafka" kommt zum selben Schluß; trotzdem kritisiert Agasi dieses Buch. Ähnlichkeiten; aber Symbolismus verschieden.]

Agel, Henri: "Kafka vu par Orson Welles." In: *Etudes* 96 (1963) Nr. 316.
S. 368–375.

[Lobt Kafkafilm von O. Welles: Vision der heutigen Welt, Alptraum Kafkas ins Räumliche übersetzt. Welles dringt wie Kafka ins Inferno ein.]

Aguirre, M. Hernández: "El misterio de las puertas en la literatura de Franz Kafka." In: *Atenea* 34 (1957) Nr. 375. S. 83–86.

[Die Häufigkeit der Türen in Franz Kafkas Werken; sie entscheiden meist ein Geschick. Seelentüren?]

Albach, Horst: "Zum Bild des Kaufmanns bei Kafka." In: *DU* 20 (1968) Nr. 5. S. 52–60.

[Unternehmer ist dem Rationalen verhaftet u. zum Untergang bestimmt.]
Engl. Zusammenf. in: *TCLB* S. 2061.

Albérès, R.-M.: "Kafka et la négativité." In: R.-M. A: *L'aventure intellectuelle du XXe siècle. Panorama des littératures européennes. 1900–63.* Troisième édition, revue et augmentée. Paris: Albin Michel, 1959. S. 231–32. Quatrième édition, 1969.

["Schloß" u. "Prozeß" sind Zitadellen des Absurden. Kein höchstes Wesen lenkt Welt.]

— "La 'fortune' de Kafka." In: *Revue de Paris* 67 (1960) S. 107–13.

[Zum 75. Geburtstag Kafkas; seine Romane – Allegorien eines Rätsels, Existenzbilder; problematischer Lebenssinn: Definition durch Methode der negativen Theologie.]

— "Kafka face au mariage (1912–1921)." In: *La Table Ronde* (Juni 1960) Nr. 150. S. 65–73.

[Heiratsproblem als solches u. Leben mit Felice, Parallelen zu Kierkegaard; Kafka zögert 5 Jahre; Milenaverbindung. – Kap. 3 des Buches von Albérès – Boisdeffre, 1960 (s. Bücher).]

— *Histoire du roman moderne.* Paris: Albin Michel, 1962.

[S. 225–29: Au-delà du roman: La métamorphose. Kafkas Romane in der Nähe des Lebens, dennoch unerklärlich. Enthalten Lebensgeheimnis jenseits des Biographischen, Soziologischen, etc. S. 235–43: L'art du roman et le roman comme art: Der "offene" Roman des Nachsymbolismus, ohne Abschluß u. Antwort. Realismus aus der Kunst verschwunden.]
*In dt. Übers. u. d. T.: *Geschichte des modernen Romans.* Düsseldorf: 1964.

*– "El universo mutilado. De Kafka a Becket." In: R.-M. A.: *Metamorfosis de la novela.* Salamanca: 1971. S. 153–64.

Albrecht, Erich A.: "Kafka's 'Metamorphosis – Realiter." In: *Homage to Charles Blaise Qualia.* Ed. John Clarkson Dowling. Lubbock: Texas Tech. Pr., 1962. S. 55–64.

[Manches in der "Verwandlung" aus Kafkas Alltagsleben 1911–12. Viele Schlüsselwörter in Tagebüchern zu finden.]

Albrecht, Günter, u. a. (Hrsg.) *Lexikon deutschsprachiger Schriftsteller von den Anfängen bis zur Gegenwart.* A–K. Leipzig: VEB Bibliographisches Institut, 1967. – 2. Aufl. 1972.

[S. 687–90: Einführung zu Leben u. Werk Kafkas. (2. Aufl: S. 434–36).]

-- *Deutsche Literaturgeschichte in Bildern. Eine Darstellung von den Anfängen bis zur Gegenwart.* Leipzig: VEB Bibliographisches Institut, 1971.

[S. 258–61 über Kafka.]

*Alcalay, J.: "Nuevos enfoques sobre Kafka." In: J.A.: *De Swift a Borges.* Buenos Aires: 1967. S. 75–81.

Aldiss, Brian W.: *Billion Year Spree. The True History of Science Fiction.* Garden City, N. Y.: Doubleday, 1973.

[S. 182–83, 185–89: Mobilar von Kafkas Romanen ist eine uns vertraute Welt mit komischem Schrecken. "Verwandlung", "Strafkolonie", "Riesenmaulwurf" sind eine Art "science fiction".]

Alkas, Kiman (Kun): "Iyun be 'ha-Mishpat' le-Kafka." In: *Keshet* 9 (1967) Nr. 2. S. 56–76.

[Hebr. (Studie über Kafkas "Der Prozeß".) Verborgene u. reale Bedeutung. Psychoanalytisches. Verschiedene Personen: Aspekte von Josef K.s Psyche; Beziehung zu Frl. Bürstner unbefriedigend. Onkel – aktiver Teil Josef K.s. Huld – Psychoanalytiker. Josef K. unterbricht Behandlung.]

Allemann, Beda: "Kafka. Der Prozeß." In: *Der deutsche Roman vom Barock bis zur Gegenwart. Struktur und Geschichte.* Bd. 2. Hrsg. v. Benno von Wiese. Düsseldorf: Bagel, 1963.

[S. 234–90: Unfaßbares Gericht ist identisch mit Rechtfertigungsgrund K.s; Erzählperspektive K.s, alles Primäre über Helden u. Gericht ausgefiltert. Zwischenreich; Struktur der abgebrochenen Radien. K.s Spiegelung im Gericht (Leerlauf) u. Wiederholungszwang.] In: jap. Übers.: Tôkyô: 1975 (Shinbi Bunko, Bd. 24).

– "Kafka. Von den Gleichnissen." In: *ZfdPh* 83 (1964). Sonderheft zur Tagung der deutschen Hochschulgermanisten vom 27.–31. Okt. 1963 in Bonn. S. 97–106.

[Reines Paradigma der Kafkaschen Dichtung. Unerreichbares Ziel. Antithese: Wirklichkeit – Gleichnis. Aussprache über: Vorträge Allemann u. Arntzen S. 112–13.]
Engl. Zusammenf. in: *TCL* 11 (1965) S. 163, u.
TCLB S. 2114.

– "Metaphor and Antimetaphor." In: *Interpretation: The Poetry of Meaning.* Ed. Stanley Romaine Hopper and David L. Miller. New York: Harcourt, Brace & World, 1967. S. 103–23.

[Third Consultation on Hermeneutics: "Metaphor, Symbol, Image and Meaning", Apr. 20–23, 1966, Drew Univ. – Unanschauliche Metaphern in Manierismus u. in der Moderne. S. 110–14: Kafkas Abscheu vor Metaphern, reduziert u. relativiert sie (Versionen der Prometheussage – nur unerklärlicher Kern bleibt). Kafkas Text wird zur Metapher seiner selbst.]

– "Kafka et l'histoire. A propos du fragment en prose 'La muraille de Chine'." In: *L'endurance de la pensée.* Pour saluer Jean Beaufret. Hrsg. v. René Char, Martin Heidegger, Beda Allemann, u.a. Paris: Plon, 1968. S. 75–89.

[Übers. v. Julien Hervier. – Für Kafka ist die Geschichte ohne Evolution, bietet sich dem Menschen wie ein kaleidoskopartiges Bild. Die Menschen der Erz. unterscheiden nicht zwischen Vergangenheit u. Zukunft. Zentralmacht ungewiß, Plan für Mauerbau unbekannt. Bote legt Weg der Tradition zurück. Das als richtig Erkannte kann nicht durchgeführt werden.]

— "Kafkas 'Kleine Fabel'." In: *Teilnahme und Spiegelung.* Festschrift für Horst Rüdiger. In Zusammenarbeit mit Dieter Arntzen hrsg. v. Beda Allemann u. Erwin Koppen. Berlin, New York: Walter de Gruyter, 1975. S. 465–84.

[Die "Kleine Fabel" ironisiert das Fabelschema, jedoch nicht thematischer Vorgang, sondern Übergang von der Thematik zur Struktur. Kafka zeigt, daß Fabel durch Transposition auch noch heute völlig ernst genommen werden kann.]

— "Kafka und die Mythologie." In: *Zeitschrift für Ästhetik und allgemeine Kunstwissenschaft* 20 (1975) S. 129–44.

[Aufzeichnung über mühelos leichten, traumhaften Tempelbau im Oktavheft H ist beispielhaft für Situationen, in denen alles Empirische schwindet. Umkehrung des Zustandes durch zerstörendes Gekritzel an Tempelmauer (Unerklärliches literarisch dargestellt). Kafkas Gebrauch der Mythologie auf diesem Hintergrund seiner Erzählprinzipien verständlicher. Umwandlung u. Umdeutung an Zirkuspantomime, "Das Schweigen der Sirenen" u. "Poseidon" dargestellt.]
Engl. Zusammenf. in: *TCL* 23 (1977) S. 276–77.

— "Kleist und Kafka. Ein Strukturvergleich." In: David, *Franz Kafka. Themen und Probleme* (s. Sammelbde.) S. 152–72.

[Eigentümliche Verwandtschaft seit O. Walzel festgestellt; Gestik, marginale Wahrnehmungen: sind zufällige Ähnlichkeiten. Verwandtschaft eher in unorthodoxer Zeitauffassung.]

Allen, Walter: *Tradition and Dream. The English and American Novel from the Twenties to Our Time.* London: Phoenix House, 1964.

[S. 239–40, 268, 319, 322: Anklänge an Kafka bei engl. u. amerik. Autoren, z. B. Upward u. R. Ellison.]
Teilabdruck u. d. T.: "In Genuine Kafka Country." In: Jakob, *Das Kafka-Bild in England* 1 (s. Sammelbde.) S. 234.

— "Fancy and Imagination." In: Jakob, *Das Kafka-Bild in England* 1 (s. Sammelbde.) S. 253–56.

[Abdruck aus "A Note on Franz Kafka" in "Focus One" (London 1945) S. 30–33. Nüchterne Darstellung eines persönlichen Mythos; religiöse Erfahrung Kafkas. Die engl. Nachahmer (Upward, Warner u. Sansom).]

Almási, Miklós: "Diskussion in Kafkas Schloß." Übers. v. Gáspár Soltesz. In: *Littérature et Réalité.* Hrsg. v. Béla Köpeczi u. Péter Juhász. Budapest: Akadémiai Kiadó, 1966. S. 204–15.

[Satire des Beamtensystems. Der Mensch wird seine "Rolle". Metapher u. Deutung; Scheinwelt. Torso-Denkart.]

Almeida, Márcio: "Labor de angustia." In: *Jornal de Letras* 271 (1972) Nr. 1. S. 2.

[Port. – Ablehnung von Oliveira de Meneses' Theorie über Kafkas Homosexualität. – Essayistisch.]

*Alter, J.: "Perspectives romanesques et tension sociale: 'Le Château' et 'Le Labyrinthe.'" In: *Actes du VIe Congrès de l'Association Internationale Comparée (Proceedings of the 6th Congress of the International Comparative Literature Association.)* Hrsg. v. Michel Cadot, Milan V. Dimic, David Malone u. Miklos Szabolcsi. Stuttgart: Bieber, 1975. S. 167–71.

Alter, Maria Pospischil: "The Overcertified Castle: 'Or Look Who Is Talking'." In: *Perspectives on Contemporary Literature* 11 (1977) Nr. 3. S. 5–11.

[K. betrachtet Schloß nur zweimal genauer im Roman, scheint herabgekommenes Dorf. Information nur zweiter Hand. Existenz des Schlosses?]

Alter, Robert: "On Walter Benjamin." In: *Commentary* 48 (1969) Nr. 3. S. 86–93.

[S. 89–91 über Kafka: Vergleich der Kafkaauffassung von L. Trilling u. W. Benjamin; Benjamin versteht ihn besser.]

*– "Jewish Dreams and Nightmares." In: *Commentary* 45 (1968) Nr. 1. S. 48–54.

[Kafka war sich der jüdischen Geisteswelt u. der Leiden des jüdischen Volkes stets bewußt.]

Auch in: R.A.: *After the Tradition. Essays on Modern Jewish Writing.* New York: E. P. Dutton, 1969. S. 17–34.
Auch in: *Contemporary American-Jewish Literature. Critical Essays.* Ed. Irving Malin. Bloomington-London: Indiana Univ. Pr., 1973. S. 58–77.

Althaus, Horst: "Franz Kafka: Ghetto und Schloß." In: H.A.: *Zwischen Monarchie und Republik. Schnitzler, Hofmannsthal, Kafka, Musil.* München: Fink, 1976. S. 134–58.

[Krankheit u. Ghettoherkunft für Kafkas Existenz u. Schaffen ausschlaggebend. Gegenpol: Adel u. Herrscher (Burg), Klassenproblematik im Habsburgerreich. "Paria"-Thematik; Bürokratie u. Ghetto. Religionszerfall ("Schloß"), Auflösungsprozeß des Judentums.]

Amer, Henry: "Franz Kafka. 'Préparatifs de noce à la campagne'. Traduit par Marthe Robert (Gallimard)." In: *La nouvelle revue française* 5 (1957) S. 921–23.

[Beschreibung von Inhalt u. Gedanken, bes. "Brief an den Vater"; die in der Literatur erhoffte Freiheit wird zunichte.]

*Amerongen, Martin Van: "Kafka en de Praagse Lente." In: *Jeugd en Cultuur* 19 (1973/74).

Auch in: *Vrij Nederland* (1974).

Auch u.d.T.: "Een Trojaans paard in het kamp der socialisten. Franz Kafka en de Praagse Lente." In: *Tien Krullen op een kale kop.* Portretten van Simon Carmiggelt, Otto Klemperer, Pierre de Coubertin, Franz Kafka, József Mindszenty. W.F. Hermans, Hanns Eisler, Bertolt Brecht, Robert van Genechten, De Stem des Volks, Fedde Schurer. Baarn: Wereldvenster, 1975.

*Amīn, Badīqah: "Kāfka wa-al-Kuttāb al-qArab." In: *Āfāq-Arabiyah* **5 (1979)** Nr. 4. S. 13—17.

[Arabisch.]

Amoretti, G. V.: "Kafka da rifare?" In: *L'Italia che scrive* 40 (1957).

[Interpretation (Brod, philosophische, mystische u. problematische Auslegungen) u. Werksausgabe müssen Änderung erfahren.]

*Amoros, A.: *Introducción a la novela contemporánea.* Salamanca: 1966.

Amstutz, Jakob: "Zur Dichtung unserer Zeit: über das Böse und Kranke. Unzuträgliche Bücher." In: *Der Neue Bund* 26 (1960) Nr. 3. S. 83—93.

[Darstellung des Bösen u. Kranken bei Sartre u. Kafka sind unzuträglich, wollen aber Warnung sein u. befreien.]

Anders, Günther: "Reflections on My Book 'Kafka — Pro und Contra'." In: *Mosaic* 3 (1970) Nr. 4. New Views on Franz Kafka. S. 59—72.

[Buch, das auf Kafkavortrag in Paris 1933 zurückgeht, brach Monopol von Brods Interpretation. S. 61—72: Abdruck des Kap. "Medusa" aus engl. Ausgabe 1960.]
Engl. Zusammenf. in: *Literature and Psychology* 23 (1973) S. 169, u.
in: *TCLB* S. 2061.

Anderson, David: "The Self and the System." In: D.A.: *The Tragic Protest. A Christian Study of Some Modern Literature.* Richmond, Virginia: John Knox Pr.; London: SCM Pr., 1969. S. 104—23.

[Extreme Logik in Kafkas Angsttraumwelt. K.-Gestalten wollen ihre Existenz rechtfertigen. Politische Prophetie, Parodie der Bürokratie.]

Anderson Imbert, Enrique: "Kafka en el cine." In: E. A. I.: *Los grandes libros de Occidente.* México: 1957. S. 272—74.

[Ursprünglich erschienen in "Sur" 1953: Über Verfilmung der "Verwandlung" 1951 (Bill Hampton, Univ. of Michigan.]
Auch in: *Sur* 34 (1974) Nr. 335. S. 105.

Andersson, Björn: " 'Le cri d'espoir' in Kafkas Werk." In: *Studia neophilologica* 52 (1980) Nr. 1. S. 123—37.

*Andreev, Jurij: In: *Literaturnaja gazeta* (26. Febr. 1975) S. 4.

[Negative Hinweise auf Kafka u. diejenigen, die ihn propagieren.]

*Andreev, Leonid G., u. Roman M. Samarin (Hrsg.): *Istorija zarubežnoj literatury posle oktjabr'skoj revoljucii. Část'1: 1917—45.* Moskva: 1969. S. 5—6, 8 u. 14.

[Kaum eine Seite Kafka gewidmet, während ganze Kap. von Th. Mann u. J. Becher handeln.]

Angel, Pierre: "L'obsession bureaucratique chez Kafka." In: *EG* 17(1962) S.1—13.

[Universum in Metapher einer riesenhaften, allgegenwärtigen u. bedrückenden Bürokratie gezeigt. Fehlende Anpassungsfähigkeit u. Einsamkeit so dargestellt.]

Angioletti, G. B.: "Il poeta Franz Kafka." In: Pocar, *Introduzione a Kafka* (s. Sammelbde.) S. 44—45.

[Teilabdruck aus "Il poeta Franz Kafka" in "La Stampa" (Turin, 6. 8. 60): Kafka — literarische Avantgarde. Seine Fragmente eher Poesie als Prosa.]

Angress, R. K.: "Kafka and Sacher-Masoch: A Note on 'The Metamorphosis'." In: *MLN* 85 (1970) S. 745—46.

[Dame mit Pelzmantel u. Muff auf Bild ist Verbindung zu Sacher-Masochs "Venus im Pelz", ebenso Name Gregor.]
Engl. Zusammenf. in: *TCLB* S. 2109—10.

Angus, Douglas: "The Existentialist and the Diabolical Machine.' In: *Criticism* 6 (1964) S. 134—43.

[Naturwissenschaft u. Literatur: "In der Strafkolonie" u. die Höllenmaschine. Bürokratie u. Welt ohne sinnvolle Ordnung.]
Engl. Zusammmef. in: *TCL* 10 (1964) S. 144, u.
TCLB S. 2061.

*Anisimov, Ivan I., u. Iakov E. Elsberg (Hrsg.): *Problemy realizma.* Moskva: 1959. S. 18 u. 586.

[Konferenz über den Realismus in Moskau, 1957. A. behauptet, man könne noch so schreiben, als ob Kafka nie gelebt hätte. Elsberg: Kafka sei eine bürgerliche "Mode".]

*— "Aktual'nost' gumanizma." In: *Inostrannaja literatura* (1963) Nr. 4. S. 192 —99.

[Antwort auf Sartres Artikel im gleichen Heft der Zeitschrift; eine "wahre" Interpretation Kafkas in Rußland nötig, würde aber zu seiner Ablehnung führen.]

*—[Kritik an Kafka.] In: *Sovremennye problemy realizma i modernizm.* Hrsg. v. I.I. A. u. a. Moskva: 1965. S. 17 u. 605—06.

[Moskauer Modernismuskonferenz 1964. Kritisiert einige Teilnehmer der Kafka-Konferenz in Liblice. Kafka unfähig zu jeder Handlung, unterwürfig u. unfähig zum Protest; für Sozialismus unannehmbar. Widerlegt Garaudys Ansicht, daß Kafka gegen Entfremdung kämpfte. Sorge, daß die Weltsicht Kafkas dem sozialistischen Realismus ein Ende setzen könnte.]

*[anon.]"Alexandre Vialatte nous offre un nouveau Kafka." In: *Le Figaro Lit-téraire* (9.6.1956).

– "Unhurried March". In: *TLS* (16.11.1956) S.681.
[Kafkas "Fall" wurde durch die Geschichte Mitteleuropas bestätigt.]
Teilabdr. u.d.T. "Central European Violence". In: Jakob, *Das Kafka-Bild in England* 2 (s. Sammelbde.) S.479.

– "Leben und Werk Kafkas." In: *Schauspielhaus Zürich* 37 (1956/57) S.9–10.
[Auszug aus "Tagebücher", Teilabdruck einer Rez. über "Amerika"- Dramatisierung.]

– "Kafka. Haufen ungeordneter Papiere." In:*Spiegel* 11 (1957) Nr.26. S.42–45.
[Uyttersprot-Brod-Kontroverse über Herausgabe der Werke (bes. Kap.-Folge im "Pro-zeß"): Positive Stellungnahme mehrerer Germanisten zu Uyttersprots Hypothesen.]

*– "Franz Kafka. 'Lettres à Milena'." In: *Parler (Febr. 1957).*

*– "Kafka. 'Préparatifs de noce à la campagne'." In: *Aurore* (12.3.1957).

*– "Kafka et Temps." In: *CCRB* 5 (Okt. 1957) Nr.20. Franz Kafka du Procès au Château. S.38–40.
[Leben u. Werke Kafkas (Chronologie aus Marthe Roberts Buch) den Daten der frz. Lite-ratur jener Zeit gegenübergestellt.]

*– "Franz Kafka 'Die Verwandlung'." In: *Schulfunk, Bayerischer Rundfunk* 110 (1957) S.130–31.

– "Commentary." In: *The Book Collector* 10 (1961) S.264 u.267.
[Bericht über Übergabe der wichtigsten Kafka-Mss. an die Bodleian Library (Oxford); vor-her waren sie in Jerusalem (bei Schocken) u. Zürich.]

– "The Kafka Manuscripts." In: *TLS* (Apr. 28, 1961) S.VII.
[Kurze Geschichte der Kafka-Mss., die von Marianna Steiner 1961 der Bodleian Library (Oxford) übergeben wurden. Brods Editionen für Schocken (Fischer).]

– "K." In: *TLS* (June 7, 1963) S.397–98. Unter: Steiner, George (s. Artikel.)

– "Roman, čelovek, obščestvo. Na vstrece pisatelej Evropy v Leningrade." In: *Inostrannaja literatura* (1963) Nr.11. S.204–46.
[Russ. (Der Roman, Mensch und Gesellschaft. Ein Treffen europäischer Schriftsteller in Leningrad): S.215, 223, 235–38, 242, 244, 246: Diskussion über modernen Roman rückt auch Proust, Joyce u. Kafka in den Vordergrund. R. Matuszewsky, P. Wiens, K. Lai-tinen, H. Koch, I. Anisimov, N. Sarraute, H.W. Richter, J.-P. Sartre nehmen kurz zu Kaf-ka Stellung.]

– "New Kafka-Opera: America." In: *Infor Austria* (1964) Nr.2. S.12.
[Über Roman Haubenstock-Ramatis Oper "Amerika"; Teile der Oper austauschbar, sur-realistische Technik.]

– "Lucrările plenarei lărgite a Comitetului de conducere al Uniunii Scriitorlar din R.P.R." In: *Gazeta literară* 11 (1964) Nr. 14. S. 4f. u. 7; Nr. 15. S. 4f.; Nr. 16. S. 4f.

[Rumän. Die Diskussion über moderne westliche Literatur im Wortlaut (26.–28. 3. 1964).]

– "Rumanian Writers Look West." In: *East Europe* 13 (1964) Nr. 9. S. 19–20.

[Kommentar zu den Besprechungen des Exekutivkomitees des rumän. Schriftstellerverbandes vom 26.– 28. 3. 1964. Pläne u. Vorschläge über kulturelle Annäherung an den Westen. Kafka, Proust, Joyce, bes. die Rede von Georgeta Horodinca.]

– "We Are Not Afraid of Kafka, But ..." In: *East Europe* 13 (1964) Nr. 2. S. 38.

[Übers. einer Rez. der Aufführung von Albees "Who's Afraid of Virginia Woolf?" In Prag u. d. T. "Who's Afraid of Franz Kafka? ..." aufgeführt.]

– "Kafka's Work in the Estimation of Soviet Critics." (A Survey). In: *Soviet Literature* (1965) Nr. 5. S. 141–48.

[Übers. v. Peter Tempest. Ansichten sowjetischer Kafka-Kritiker. Kafkas Werk kein Vorbild für die fortschrittliche Literatur.]
In dt. Übers. u. d. T.: "Kafkas Werk im Spiegel der sowjetischen Kritik." In: *Sowjet-Literatur* (1965) Nr. 5. S. 148–56.

– "Socialists Beware Kafka." In: *TLS* (6. 10. 1966) S. 921.

[Bericht über Liblice-Konferenz 1963. Ostdt. Standpunkt: Kafka zu fortgeschritten als Künstler, zu rückständig als Denker. Liberaler Standpunkt: Durch eine künstlerische Methode zeigt uns Kafka Entstellungen u. Unmenschlichkeit der modernen Gesellschaft.]
Auch in: *TLS Essays and Reviews from The Times Literary Supplement. 1967.* [Bd.] 6. London: Oxford Univ. Pr. 1968. S. 226–37.

– "Infelice. Franz Kafka's Courtship." In: *TLS* (July 4, 1968) S. 693–94.

[Kafkas Felicebriefe enthüllen seine Natur, Anlagen, Ängste, Zweifel. Parallelen zu Keats u. Kierkegaard.]

– "Atmosphere of Fearful Uncertainty." In: Jakob, *Das Kafka-Bild in England* 2 (s. Sammelbde.) S. 473.

[Abdruck des "Cover text" zu Franz Kafka "The Castle", (Harmondsworth: Penguin, 1957): Kampf des Menschen gegen anonyme Macht.]

– "The Burden of Living." In: Jakob, *Das Kafka-Bild in England* 2 (s. Sammelbde.) S. 472.

[Abdruck des "Cover text" zu Franz Kafka "The Trial" (Harmondsworth: Penguin, 1953): Weg der bedrückten Seele zum Unbewußten.]

– "The Confidence-Man at Work." In: Jakob, *Das Kafka-Bild in England* 1 (s. Sammelbde.) S. 349–52.

[Abdruck des Artikels in *TLS* (13. 11. 1948) S. 638: Kafkas Tagebuch zeigt ihn als Kenner der Angst.]

– "The Disillusioned Believer." In: Jakob, *Das Kafka-Bild in England* 1 (s. Sammelbde.) S. 339–42.

[Abdruck des Artikels in *TLS* (24. 5. 1947) S. 252: Besprechung von Brods Kafkabiographie, Kafkas Werken Bd. 1–5 (Schocken), Tauber u. Flores ("The Kafka-Problem").]

– "Father and Son: Kafka's Conflict." In: Jakob, *Das Kafka-Bild in England* 1 (s. Sammelbde.) S. 295–96.

[Abdruck aus *TLS* (19. 4. 1938) S. 249: Brods Kafkabiographie weis auf Vaterkonflikt Kafkas in "Prozeß" u. "Schloß".]

– "The Inward Eye." In: Jakob, *Das Kafka-Bild in England* 2 (s. Sammelbde.) S. 364.

[Abdruck aus gleichnam.Artikel in *TLS* (29. 7. 1949) S. 490: Kafka als Wahrheit- u. Freiheitsuchender.]

– "Franz Kafka." In: Jakob, *Das Kafka-Bild in England* 1 (s. Sammelbde.) S. 347–48.

[Abdruck des Artikels in "Manchester Guardian" (1. 11. 1948) S. 3: Taubers Kafkabuch u. 1. Bd. von Tagebüchern. Kafkamode durch Interesse an seinem Leben u. Versuch, philosophisch zu interpretieren.]

– "Kafka's World of Portentous Nothings." In: Jakob, *Das Kafka-Bild in England* 1 (s. Sammelbde.) S. 238.

[Teilabdruck aus Rez. zu "The Aerodrome" in *TLS* (12. 4. 1941) S. 181: Negative Kritik dieser "Kafkanachahmung".]

– "Looking for Mystery". In: Jakob, *Das Kafka-Bild in England* 1 (s. Sammelbde.) S. 204–05)

[Abdruck des Artikels aus *TLS* (6. 6. 1045) S. 283: Atmosphäre von Kafkas "Prozeß" paßte in die Dreißigerjahre, aber Einfluß vor allem durch künstlerische Qualität u. Vision zu erklären (Rex Warner, Clive Sansom).]

– [Rez. zu engl. Übers. v. "Amerika" (1938).] In: Jakob, *Das Kafka-Bild in England* 1 (s. Sammelbde.) S. 134–35.

[Abdruck aus "Amerika" in *TLS* (8. 10. 1938) S. 648: Realistische Oberfläche über moralischen Symbolen.]

– [Rez. zu engl. Übers. v. "Beim Bau der Chinesischen Mauer" (1933).] In: Jakob, *Das Kafka-Bild in England* 1 (s. Sammelbde.) S. 157–58.

[Abdruck von "The Great Wall" in *TLS* (11. 5. 1933) S. 329: Metaphysische Probleme in phantastisch-abstrakter Form.]

– [Rez. zu engl. Übers. v. "Beim Bau der Chinesischen Mauer" (1933).] In: Jakob, *Das Kafka-Bild in England* 1 (s. Sammelbde.) S. 163.

[Abdruck aus "The Great Wall of China" in "The Listener" (5. 7. 1933) S. 40: märchenhaft, mit humoristischen u. kapriziösen Zügen, dann wieder kalt u. intellektuell.]

- [Rez. zu engl. Übers. v. "Der Prozeß" (1937).] In: Jakob, *Das Kafka-Bild in England* 1 (s. Sammelbde.) S. 169.

  [Abdruck aus "Soul Accused" in *TLS* (3. 7. 1937) S. 495: Suche nach Selbsterkenntnis; schwierig, Kategorie für Roman zu finden.]

- [Rez. zu engl. Übers. v. "Der Prozeß" (1937).] In: Jakob, *Das Kafka-Bild in England* 1 (s. Sammelbde.) S. 179.

  [Abdruck aus "The Trial" in "Listener" (20. 10. 1937) S. 869: Vergleich mit Proust. Kafkas private Welt; Einsamkeit, Pessimismus.]

- [Rez. zu engl. Übers. v. "Das Schloß" (1930).] In: Jakob, *Das Kafka-Bild in England* 1 (s. Sammelbde.) S. 152.

  [Abdruck von "The Castle" in "English Review" (June 1930) S. 788: Allegorie der Suche nach höherem Gesetz.]

- [Rez. zu engl. Übers. v. "Das Schloß" (1930).] In: Jakob, *Das Kafka-Bild in England* 1 (s. Sammelbde.) S. 153—54.

  [Abdruck von S. 510 aus "Some German Novels" in *TLS* (19. 6. 1930): Inhalt: religiöse Allegorie.]

- [Rez. zu engl. Übers. v. "Das Schloß" (1930).] In: Jakob, *Das Kafka-Bild in England* 1 (s. Sammelbde.) S. 155.

  [Teilabdruck von "The Castle" in "Life and Letters" 5 (1930) Nr. 31. S. 460—62: Eindruck von Lektüre: traumhaft, einlullend. Geheimnisvolles; keine Allegorie, keine allg. Figuren; Scherz des Autors?]

- "The Terror That Was To Come." In: Jakob, *Das Kafka-Bild in England* 2 (s. Sammelbde.) S. 494—96.

  [Abdruck von "Kafka" aus "Concise Encyclopaedia of Modern World Literature" (London: Hutchinson, 1963): Die verschiedenen Interpretationsrichtungen.]

- "On Trial — Kafka and Orwell." In: Jakob, *Das Kafka-Bild in England* 2 (s. Sammelbde.) S. 480—82.

  [Abdruck des gleichnam. Artikels aus "Glasgow Herald" (Dec. 20, 1956) S. 3: Vergleich der Helden u. der Welt von "Der Prozeß" u. "Nineteen Eighty-Four".]

- "An Unusual Talent." In: Jakob, *Das Kafka-Bild in England* 1 (s. Sammelbde.) S. 73—75.

  [Abdruck aus "Some German Novels" in *TLS* (28. 11. 1928) S. 935: Besprechung von "Schloß" u. "Amerika."]

- "Kafka Recalled." In: *The New Yorker* 45 (1969) Nr. 45. S. 22.

  [Beschreibung der Kafka-Ausstellung im Leo Baeck Institut, New York (1969—70).]

- "Traducteur de Kafka. Alexandre Vialatte est mort." In: *Le Monde* (5. 5. 1971) S. 23.

– "Franz Kafka." In: *Austrian Information* 27 (1974) Nr. 5. S. 6–7.

[Erste Welle des Kafka-Kults ist vorüber. Irrationaler Einfluß auf dt. Literatur 1900–20. Unsicherheitsgefühl des alten Europa.]

– "Deutsches Schrifttum. Neuere Prosa (und neue Ausgaben)." In: Born, *Franz Kafka. Kritik und Rezeption* (s. Sammelbde.) S. 98.

[Negative Kritik zu "Strafkolonie" u. Kommentar.]

– "Deutsches Schrifttum: Neuere Romane und Novellen." In: Born, *Franz Kafka. Kritik und Rezeption* (s. Sammelbde.) S. 88–89.

[Rez. zu "Urteil".]

– "Zeitgenössisches Schrifttum." In: Born, *Franz Kafka. Kritik und Rezeption* (s. Sammelbde.) S. 75–76.

[Rez. zu "Verwandlung" u. a.

*Aoyama Takao: [Über 'Schakale und Araber'.] In: [*Professor*] *Shibata-Kinen-Ronbunshu* (1972).

[Jap.]

*– "Kafka no 'Syoso' ni okeru kyohi ni tsuite." In: *Doitsu Bungaku Kenkyu* 17 (1974?) S. 33–54.

[Jap.]

– "Jikoninshiki no katei – E. T. A. Hoffmann no saru to F. Kafka no saru." In: *Doitsu Bungaku* 52 (Frühling 1974) S. 75–85.

[Jap. – Vergleich zwischen "Bericht für eine Akademie" u. Hoffmanns "Nachricht von einem gebildeten jungen Mann"; ähnlicher Prozeß der Selbsterkenntnis; Affen als Helden; Rotpeter keine Karikatur, seine Existenz ist Parabel für Kafkas Leben. – S. 83–85: Dt. Zusammenf. u. d. T.: "Selbsterkenntnis. Vergleichende Bemerkungen zur Gestalt des Affen bei E. T. A. Hoffmann und Franz Kafka."]

*Apostolides, Rhenos H.: *Kleidia. Kromvel, Kosmas o Aitolos, Kafka, Bernar So, Oppenheimer, Pasternak.* Athenai: Ta Nea Ellinika, 1968. 144 S.

[(Schlüssel. Cromwell, Kosmas der Atolier, Kafka, Bernard Shaw, Oppenheimer, Pasternak.)]

Arb, Siv: "Experiment i Kafkas fotspar. Kai Henmark: Resandes ensak. Raben & Sjögren 1960." In: *Bonniers Litterära Magasin* 29 (1960) S. 509–10.

[Kommentar zu Henmarks Buch über Kafkas Einfluß auf die Literatur der 60er Jahre, sowie auf das eigene Werk.]

Arcoleo, Sandro: "Presenza di Franz Kafka." In: *Idea* 22 (1966) S. 211–13.

[Kafka – ein Philosoph der Wahrheit. "Prozeß" u. "Amerika" zeigen sein Schwanken, "Schloß" zeigt Hoffnung. Glaubenssuche mit Dora Dymant.]

Arendt, Hannah: *Between Past and Future. Eight Exercises in Political Thought.* New York: Viking, 1968. — (Frühere Ausgabe u.d.T.: *Between Past and Future. Six Exercises in Political Thought.* New York: Viking, 1961).

[S. 3–15: Preface: The Gap Between Past and Future: Kafkas Parabel "Er hat zwei Gegner ...": Zukunft u. Vergangenheit, der Mensch in der Mitte im Parallelogramm der Kräfte.] Teilabdruck in: Hughes, *Franz Kafka. An Anthology of Marxist Criticism* (s. Sammelbde.) S. 3–13.

— "Walter Benjamin." In: *The New Yorker* 44 (1968) Nr. 35. S. 65–156.

[Benjamin fühlte sich Proust u. Kafka am nächsten. Benjamin als jüdischer Intellektueller u. Schriftsteller stand ähnlichen Konfliktsituationen gegenüber wie Kafka: Vater, Deutschtum, dt. Sprache, Antisemitismus u. Zionismus. Benjamin wollte Kafka-Erstausgaben sammeln. Übers. v. Harry Zohn.]
Auch in: Walter Benjamin: *Illuminations* (s. Artikel) S. 1–55.
Auch in: H.A.: *Men in Dark Times.* New York: Harcourt, Brace & World, 1968. S. 158–206.

— [Abdruck von S. 415–16 aus "Franz Kafka: A Revaluation" aus: "Partisan Review" 11 (1941).] *In: Neumeyer, *Twentieth Century Interpretations of "The Castle"* (s. Sammelbde.) S. 111–12.

— "The Jew as Pariah: A Hidden Tradition." In: *Arguments and Doctrines. A Reader of Jewish Thinking in the Aftermath of the Holocaust.* Selected with introductory essays by Arthur A. Cohen. New York, Evanston and London: Harper & Row, 1970. S. 27–49.

[S. 40–49: Franz Kafka: — Pariafiguren in Kafkas Werken: jüdische Züge. "Schloß": Jüdisches Problem der Assimilation auf allg. menschlicher Ebene.]
Auch in H.A.: *The Jew as Pariah: Jewish Identity and Politics in the Modern Age.* Ed. Ron H. Feldman. New York: Grove Pr., 1978. S. 67–90. (S. 81–90: Franz Kafka: The Man of Goodwill.)
*Dt. u.d.T.: "Franz Kafka." In: H.A.: *Die verborgene Tradition. Acht Essays.* Frankfurt/M.: Suhrkamp, 1976. S. 88–107.

*Arimura, Takahiro: ["Über 'Das Schloß'. K.s Erkenntnisgrenze und transzendenter Schloßbegriff."] In: *Yamaguchi [Univ.] Bungaku Kaishi* 15 (1964) Nr. 2.
[Jap.]

*— ["Der Schuldbegriff im 'Prozeß'."] In: *Kairosu* 3 (1964).
[Jap.]

— ["Helden Franz Kafkas."] In: *Doitsu Bungaku* 35 (1965) S. 24–36.

[S. 36: Dt. Zusammenf. u.d.T.: Helden Franz Kafkas — aus einer Trilogie der Einsamkeit: — Held führt erfolglosen Kampf mit übermächtigem Gegner (Industriewelt in "Amerika", Gericht im "Prozeß"). Helden können Begriff der Absurdität nicht verstehen.]

*— ["Über die Amaliageschichte im 'Schloß'."] In: *Yamaguchi [Univ.] Bungaku Kaishi* 16 (1965) Nr. 1.
[Jap.]

76

*–["Über die Bürgelepisode im 'Schloß'. Die Begegnung von K. und Bürgel."]
In: *Yamaguchi* [Univ.] *Bungaku u. Kaishu* 18 (1967) Nr. 11.
[Jap.]

*–["Über Kafkas frühes Werk 'Beschreibung eines Kampfes'."] In: *Yamaguchi*
[*Univ.*] *Bungaku Kaishi* 19 (1968) Nr. 1.
[Jap.]

*–["Eine Interpretation von Kafkas 'Hochzeitsvorbereitungen auf dem Lande'."]
In: *Yamaguchi* [*Univ.*] *Bungaku Kaishi* 19 (1968) Nr. 2.
[Jap.]

*–["Über 'Die Verwandlung' von Kafka."] In: *Kyushu*-[*Univ.*-] *Dokufutsu-*
Bungaku-Kenkyu 20 (1970).
[Jap.]

*–["Kafka und seine Dichtung (1). 'Erstes Leid' und 'Ein Hungerkünstler'."] In:
Kyushu-[*Univ.*-] *Dokufutsu-Bungaku-Kenkyu* 23 (1973) S. 85–101.
[Jap.]

*–"Kafka no koki no sakuhin – Sakuhin-bunseki to Motivforschung." In: *Doitsu*
Bungaku 52 (Frühling 1974) S. 86–95.
[Immer dasselbe Thema: Sehnsucht nach dem "Sein" u. Kampf ums "Sein". "Forschungen ...": symbolhaft für Entwicklung von Kafkas Weltanschauung. S. 94–95: Dt. Zusammenf. u. d. T.: "Kafkas Spätwerk 'Forschungen eines Hundes'. Werkanalyse und Motivforschung".]

*–"Kafkas zwei Aspekte. Die Fassungen A und B der 'Beschreibung eines Kamp-
fes'." In: *Dokufutsu-Bungaku-Kenkyu* 26 (1976) S. 89–116.
[Dt.]

Arneson, Richard J.: "Power and Authority in 'The Castle'." *Mosaic* 12 (1979)
Nr. 4. S. 99–113.

*Arnold, Armin: *Die Literatur des Expressionismus. Sprachliche und thematische*
Quellen. Stuttgart-Berlin-Köln-Mainz: W. Kohlhammer, 1966 (Sprache und
Literatur 35).

Arntzen, Helmut: "Franz Kafka. Von den Gleichnissen." In: *ZfdPh* 83 (1964).
Sonderheft zur Tagung der deutschen Hochschulgermanisten vom 27.–31.
Okt. 1963 in Bonn. S. 106–12.
[Zwischen Weisen u. täglichem Leben keine Verbindung, Subjekt-Objekt-Spaltung aufge-
hoben.]
Auch in H. A.: *Literatur im Zeitalter der Information. Aufsätze-Essays-Glossen.* Frank-
furt/M.: Athenäum, 1971 (Athenäum Paperbacks – Germanistik). S. 86–92.
Engl. Zusammenf. in: *TCLB* S. 2114.

– "Deutsche Satire im 20. Jahrhundert." In: *Deutsche Literatur im 20. Jahrhundert. Strukturen und Gestalten.* Hrsg. v. Hermann Friedmann. Heidelberg: Wolfgang Rothe, 1961.

[S. 241–42: Kafkas Werk – Weltsatire. Überall Struktur von Fabel u. Gleichnis.]
In erweiterter Fassung in: H. A.: *Literatur im Zeitalter der Information. Aufsätze-Essays-Glossen.* Frankfurt/M.: Athenäum, 1971 (Athenäum Paperbacks – Germanistik). S. 187 –92.

– "Franz Kafka. 'Der Prozeß'." In: H. A.: *Der moderne deutsche Roman. Voraussetzungen, Strukturen, Gehalte.* Heidelberg: Wolfgang Rothe, 1962. S. 76 –100.

[Versuch, an Hand der Texte gesicherte Beobachtungen zu machen. Verhaftung K.s eine reale Situation, Auszeichnung u. Belastung. K. als Verantwortlicher, seine Reaktion auf Verhaftung. Der Roman als Kritik u. Entwurf jeder Geschichte. Interpretation von Prüglerszene u. Gesetzesparabel. Verschiedene Hinweise auf Kafka.]
Engl. Zusammenf. in: *TCL* 11 (1965) S. 163 u.
in: *TCLB* S. 2114.

Arpe, Verner: *Knaurs Schauspielführer. Eine Geschichte des Dramas.* München-Zürich: Droemersche Verlagsanstalt Th. Knaurs Nachf., 1957.

[S. 358–59: Dramatisierungen Brods ("Amerika", "Das Schloß") u. Gide-Barraults ("Der Prozeß").]

Arvon, Henri: "La critique littéraire: Pour quoi faire?" In: *Allemagne d'aujourd'hui* (März - Apr. 1971) S. 45–52.

[Literaturkritische Richtungen, ostdt. marxistische Kritik in Zusammenhang mit Kafka-Debatte ("Kritik in der Zeit"), bes. S. 47–51.

Asher, J. A.: "The Abuse of Franz Kafka." In: *AUMLA* 4 (1956) S. 10–14.

[Auseinandersetzung mit der durch Brod entstandenen mystischen Interpretationsrichtung u. seinen Eingriffen in Kafkas Texte.]
Engl. Zusammenf. in: *TCLB* S. 2061.

– "Turning Points in Kafka's Stories." In: *MLR* 57 (1962) S. 47–52.

[Strukturuntersuchung von Kafkas Geschichten würde Fehldeutungen vermeiden helfen. Beginn, Wendepunkt u. traumhaftes Ende. ("Strafkolonie", "Urteil").]
Engl. Zusammenf. in: *TCL* 8 (1962) S. 54,
in: Corngold. *The Commentators' Despair* (s. Sammelbde.) S. 60–61 u.
in: *TCLB* S. 2062.

*Aspellin, K. (Hrsg.): *Klartext. Marxistisk litteraturkritik.* Uddevalla, 1972.

Assor-Elmalem, Elie: "Structure de 'La Métamorphose'." In: *Les Nouveaux Cahiers* (Paris) 22 (1970) S. 41–48.

[Erz. wörtlich u. metaphorisch zu interpretieren. Gregors Verwandlung (Strafe oder Phantasie): Regression in drei Stufen, die zum "Nichtsein" führt (Umkehr der darwinschen Entwicklung). Inneres Leben ins Geistige erhöht.]

*Asti Vera, A.: "Kafka y la cábala." In: *Davar* (Juli/Sept. 1964) Nr. 102. S. 82–97.

Atkins, John: "On Rex Warner." In: Jakob, *Das Kafka-Bild in England* 1 (s. Sammelbde.) S. 257–61.

[Abdruck des gleichnam. Artikels in "Focus One" (London) S. 33–37: Auseinandersetzung mit dem Begriff der "neuen Allegorie" u. Rajans Warneranalyse (s. Artikel). Kafka ist ein Entdecker.]

Auden, W. H.: "The I Without a Self." In: W. H. A. *The Dyer's Hand and Other Essays.* New York: Random House; London: Faber and Faber, 1962. S. 159–67. – Auch: New York: Vintage Books. (V-418.)

Teilabdruck von S. 161–67 in: Hamalian, *Franz Kafka* (s. Sammelbde.) S. 39–44.
Auch in: Jakob, *Das Kafka-Bild in England* 2 (s. Sammelbde.) S. 522–31.
*In dt. Übers. in W. H. A.: *Des Färbers Hand und andere Essays.*

– "K.'s Quest." In: Flores, *The Kafka Problem* (s. Sammelbde.) S. 47–52.

[Vergleicht Josef K.s Suche mit den Zielen u. Helden der "quest-stories", z. B. Märchen, Detektivgeschichte, etc.]

– "The Wandering Jew." In: Jakob, *Das Kafka-Bild in England* 2 (s. Sammelbde.) S. 409–12.

[Abdruck des gleichnam. Artikels in "New Republic", New York (10. 2. 1941) S. 185–86: Besprechung von Kafkas Werken; Motiv der Suche; die Helden u. der moderne Mensch.]

Auster, Paul: "Pages for Kafka." In: *European Judaism* 8 (1974) Nr. 2. Franz Kafka. S. 36–37.

[Poetische Gedanken über Kafka, den Wanderer zum Verheißenen Land.]

Avery, George C.: "Die Darstellung des Künstlers bei Franz Kafka." In: *Weltfreunde. Konferenz über die Prager deutsche Literatur.* Hrsg. v. Eduard Goldstücker u. a. Neuwied: Luchterhand, 1967. (C Academia Prag, 1967). S. 229–39.

[Kafkas ambivalente Haltung zum Künstler; verherrlicht ihn nicht. Künstlergestalten in frühem, mittlerem u. spätem Werk untersucht, u. a. "Amerika", "Prozeß", "Auf der Galerie", "Hungerkünstler", "Josefine" u. "Bau".]

Avinor, Gitta: ["Einige Gedanken über das Wesen des 'Schlosses'."] In: *Karmelit* 14/15 (1969) S. 368–76.

[Biographisches mit Kafkas Werk verbunden; Analyse des "Schloß"-Romans u. seiner Personen. Kafka u. andere Prager jüdische Dichter.]

Avneri, Sheraga: ["Einige Aspekte von Franz Kafka 'Das Schloß'."] In: *Karmelit* 17/18 (1973) S. 138–50.

[Hebr. – Satirische, philosophische u. religiöse Aspekte; der "K.-Held"; Vergleich mit "Landarzt"; autobiographische Elemente im Roman. Kafkadeutungen.]

*– "Ha-tira – Siyut u-metsiut." In: *Karmelit* 19/20 (1975) S. 125–44.
[Hebr. ("Das Schloß" – Alptraum oder Wirklichkeit?)]

*Awatsu, Norio: ["Fragmentarische Betrachtung über Kafka."] In: *Kikan-Shibi* (Dez. 1969).
[Jap.]

Azancot, Leopoldo: "Borges y Kafka." In: *Indice de Artes y Letres* 16 (1963) Nr. 170. S. 6.
[Ähnlichkeiten, u.a. Koexistenz auf autonomer, phantastischer u intellektueller Ebene.]

*Baba, Noriomi: ["Darstellungsweise in Kafkas 'Schloß'."] In: *Chogoku-Shikoku-Shibu-Doitsu-Bungaku-Ronshu* 1 (1967).
[Jap.]

*Baba, T.: "Über die Erzählform in 'Der Verschollene'." In: *Tokushima Daigaku Kiyo* 11 (1976) S. 125–38.

Babić, Žarko M.: "Poredbeno tumačenje romana 'Proces' F. Kafke i 'Prokleta Avlija' I. Andriča." In: *Delo* (Beograd) 20 (1974) S. 643–51.
[(Vergleichsstudie von Kafkas "Prozeß" u. I. Andrićs "P. A."): Studie der Entmenschlichung; der extrovertierte Josef K. u. der introvertierte Camil zerbrechen an tyrannischen Mächten (Bürokratie Habsburgs u. ottomanisches Feudalsystem).]

Babler, O.F.: "Frühe tschechische Kafka-Publikationen." In: *Der Bibliophile (Beilage zu "Antiquariat")* 7 (1956) S. 181–82.
[Die Bedeutung von Milena Jesenská, Josef Florian u. Josef Portman.]
Gleichnam. Artikel auch in: Goldstücker, *Franz Kafka aus Prager Sicht 1963* (s. Sammelbde.) S. 149–55.
Tschech. u.d.T.: "Rane česká překlady z Franze Kafky." In: Goldstücker, *Liblická Konference 1963* (s. Sammelbde.) S. 143–50.

Bachelard, Gaston: *Lautréamont.* Nouvelle édition augmentée. 5e Reimpression. Paris: José Corti, 1956. – Auch: 1968.
[S. 17–21: Vergleich zwischen "Lautréamont" u. "Verwandlung".]

*–*La Terre et les rêveries du repos.* Paris: José Corti, 1958.
Teilabdruck u.d.T.: "Le Terrier." In: Raboin, *Les critiques de notre temps et Kafka* (s. Sammelbde.) S. 105–06.
[Widersprüche des Eingeschlossenseins im "Bau": Schutz u. Gefangenschaft. Wände des Labyrinths sind dünn.]

Bachler, Karl: "Kafka-Bildnis 1959." In: *Schweizer Rundschau* 59 (1960) S. 369–73
[Kafka aktiviert zur Teilnahme u. fordert zu individueller Reaktion heraus.]

Bachman, Maria: "Dickens i Kafka. Dwie powieści o dorastaniu." In: *Acta philologica (Warszawa) (1972) Nr. 4. S. 47–57.*

[(Dickens u. Kafka. Zwei Jugendromane): **"David** Copperfield" u. "Amerika" sind Bildungsromane; psychologische u. ideologische Gemeinsamkeiten, gestörte Familienbeziehung, Unterdrücker u. Unterdrückte. S. 56–57: Engl. Zusammenf. u. d. T.: "Dickens and Kafka: Two Novels of Adolescence."]

Bachmann, Ingeborg: "Aus den Frankfurter Vorlesungen 2." In: I. B.: *Gedichte, Erzählungen, Hörspiel, Essays.* München: R. Piper, 1964. S. 313–29.

[S. 316–22 über Namensgebrauch u. Namensverwirrung im "Schloß".]

Backenköhler, Gerd: "Neues zum Sorgenkind 'Odradek'." In: *ZfdPh* 89 (1970) S. 269–73.

[Philologische Erklärung des tschech. Namens Odradek. – Ein Kinderspielzeug?]

Baermann Steiner, Franz: "Kafka in England." In: Jakob, *Das Kafka-Bild in England* 1 (s. Sammelbde.) S. 61; 2 (s. Sammelbde.) S. 470.

[Gedicht aus F. B. S. "Unruhe ohne Uhr" (Heidelberg, 1954), S. 51.]

Bahr, Ehrhard: "Kafka and the Prague Spring." In: *Mosaic* 3 (1970) Nr. 4. New Views on Franz Kafka. S. 15–29.

[Politische Folgen der Kafkakonferenz in Liblice. Kafka und der sozialistische Realismus.] Engl. Zusammenf. in: *TCLB* S. 2062.
In dt. Übers. v. Frank Schnur, bearb. vom Verfasser, u. d. T.: "Kafka und der Prager Frühling" in: Politzer, *Franz Kafka* (s. Sammelbde.) S. 516–38.[Nachtrag 1973: – Enthält Nachrichten u. weitere Bibliogr. zur Entwicklung in den Ostblockstaaten.]

– "Brecht und Kafka." In: E. B.: *Georg Lukács*. Berlin: Colloquium, 1970 (Köpfe des 20. Jahrhunderts, Bd. 61). S. 73–78.

[Früher sah Lukács Kafka "als Vertreter der Dekadenz", gestand ihm Realismus zu, aber auch Nihilismus, Wirklichkeit als Allegorie eines transzendenten Nichts. Später sah ihn Lukács positiver.]
In engl. Übers. v. Ruth Goldschmidt Kunzer erweitert u. d. T.: "Modernism: Brecht and Kafka." In: E. B.: *Georg Lukács.* New York: Frederick Ungar, 1972. S. 103–16.

Bailey, George: "Kafka's Nightmare Comes True." In: *Reporter* 30 (May 7, 1964) S. 15–20.

[S. 15–16: über die Rolle von Kafkas Werken in der ČSSR 1962–63.]

Baioni, Giuliano: "Introduzione." In: Franz Kafka: *Skizzen, Parabeln, Aphorismen.* Milano: Mursia, 1961 (Biblioteca di classici stranieri 3. Sezione tedesca). S. 5–34.

[Einführung u. Kurzbesprechung.]

– "Franz Kafka. 'Il castello'." In: G. B.: *Il Romanzo tedesco del Novecento.* Torino. 1973. S. 149–70.

-- "Franz Kafka." In: *Dizionario critico della letteratura tedesca.* Hrsg. v. S. Lupi. Torino: 1976. S. 575–77.

Baker, James R.: "'The Castle': A Problem in Structure." In: *TCL* 3 (1957) S. 74–77.

["Das Schloß" – Allegorie des Suchens. K.s Erkenntnis am Ende – Pessimismus; Suchen scheint endlos.]
Engl. Zusammenf. in: *TCLB* S. 2105.

Bakker, S.N.: "Achterbergs 'Ballade van de gasfitter' en "Het Proces' van Kafka." In: *Nieuwe Taalgids* 68 (1975) S. 48–57.

[Bezüge zwischen Achterbergs "Ballade" u. Kafkas "Prozeß".]

Balascheff, Pierre: "Franz Kafka." In: Jakob, *Das Kafka-Bild in England* 1 (s. Sammelbde.) S. 300–03.

[Abdruck des gleichnam. Artikels aus "Colosseum" 5 (Apr.–June 1939) Nr. 21. S. 139–42. Autobiographisches in Kafkas Werken. Alles durch die Augen des Helden gesehen. Verbindung zu russ. Dichtern.]

Balchin, Nigel: "Kafka Explained." In: Jakob, *Das Kafka-Bild in England* 1 (s. Sammelbde.) S. 343–44.

[Abdruck des gleichnam. Artikels in "Spectator" (17. 9. 1948) S. 375–76. Taubers Kafkastudie u. der 1. Bd. von Kafkas Tagebüchern erhellen Werk: Kunst eines Neurotikers.]

Balea, Ilie: "Muzică şi literatura în opera contemporană." In: *Lucrari de muzicologie* 2 (1966) S. 167–81.

[(Musik und Literatur in der zeitgenössischen Oper:) Verbindung zwischen neuen literarischen Methoden (Kafka) u. neuer Musik (G. v. Einems "Der Prozeß" u. Hans Werner Henzes "Der Landarzt"). S. 181: frz., russ. u. dt. Zusammenf.]

*Balogh, Edgár: "Ady és Kafka párhuzamához." In: *Korunk* 31 (1972) S. 1196–1200.

[Ung. (Zum Vergleich von Ady und Kafka).]

Band, Arnold J.: *Nostalgia and Nightmare: A Study in the Fiction of S. Y. Agnon.* Berkeley and Los Angeles: Univ. of California Pr.; London: Cambridge Univ. Pr., 1968.

[Vergleich zwischen Agnon u. Kafka (bes. S. 199, 448–49). Agnon schrieb vor Kafka schon kafkaesk.]

– "Franz Kafka u. Mishpat Beiliss." In: *Hasifrut* 22 (1976) S. 38–45.

[(Franz Kafka u. die Beiliss Affäre.) Anklage u. Verurteilung von Mendel Beiliss in Kiew 1911–1913 als Hintergrund für Schaffen Kafkas in jener Zeit, bes. für "Das Urteil".]
Engl. Zusammenf. in: *Hasifrut* 22 (1976) S. IV.

Bangerter, Lowell A.: "'Der Bau': Franz Kafka's Final Punishment Tragedy." In: *Research Studies* 42 (1974) S. 11–19.

[Variation weniger ständiger Motive. Hier ändern sich Gesichtswinkel, Erzähldistanz u. -perspektive. Erzählzeit: Präsens; früher meist Imperfekt. Vergleich mit "Urteil". Letzte Aussage Kafkas über Individuum, das sich ändern soll u. Gelegenheit verpaßt. Parallele zu Josef. K.]

Engl. Zusammenf. in: *1975 MLA Abstracts,* Vol. 2 (1977) S. 94.

Bansberg, Dietger: "Durch Lüge zur Wahrheit. Eine Interpretation von Kafkas Geschichte 'Die Sorge des Hausvaters'." In: *ZfdPh* 93 (1974) S. 257–69.

[Die 5 Abschnitte der Erz. durch Reaktion des Erzählers (Hausvater) auf Odradek analysiert. Seine Bedeutung u. Natur (Ding oder Lebewesen) unerfaßbar. Todeswarnung?]

Bänziger, Hans: "Der Bau." In: *Merkur* 11 (1957) S. 38–49.

[Erz. im Sinn der biologischen Verhaltensforschung gesehen: Tier – Ortsbezüge; Urangst; auch beim Kafkaschen Helden Demutsstellung des unterlegenen Tieres.] Erweitert u. d. T.: "Das namenlose Tier und sein Territorium:: Zu Kafkas Dichtung 'Der Bau'." In: *DVjs.* 53 (1979) S. 300–25.
[Neue Fassung in 3 Teilen: 'Streifzüge im Schloß und im Labyrinth'; 'Lebewesen im Territorium' u. 'Die Dichtung' – monologische Kunst. Vergleich mit "Königliche Hoheit" (Th. Mann).]

*Barabash, Yuri: *Aesthetics and Poetics.* Moskva: Progress, 1977.

Abdruck von S. 63–67 in engl. Übers. v. K. Hughes u. d. T. "Decadence and Alienation" in: Hughes, *Franz Kafka. An Anthology of Marxist Criticism* (s. Sammelbde.) S. 278–82.

*Barbarulo Pecoraro, Anna Maria: "Il linguaggio di Kafka e l'arcano di 'Der Prozeß'," In: *Logos* (1972) S. 461–84.
[Ital.]

Bar-David, Yoram: "Kafka et l'idolatrie subtile. La vie amoureuse de K." In: *Annales de l'Université d'Abidjan, série D (Lettres)* 6 (1973) S. 111–68.

[S. 111–32: "Le célibataire Tsaddik (juste)". S. 132–68: "K et les femmes": K-Gestalten von Kafkas Romanen sind Junggesellen, ohne Vorgeschichte. Wenden sich an Frauen von niederem gesellschaftlichen Rang. "Prozeß": Kafkas schwierige Elternbeziehung. Fehlen der väterlichen u. übermäßige mütterliche Liebe. K. im "Prozeß" kennt nur eigene Interessen; lebt nicht in der Gegenwart. Frauen müssen ihn erobern, sind Geiseln oder Mittel zum Zweck. Frauen der K.-Figuren haben positive Seiten, stehen höher, als sie eingeschätzt werden, sehen die Helden als unwürdig.]

– "Kafka le célibataire Tsaddik (juste)." In: *Revue d'Allemagne* 5 (1973) S. 767–84.

[Kafka macht sich in den Junggesellengestalten (z. B. Raban u. Blumfeld) auch über sich selbst lustig, verachtet sie aber nie. Ehe u. Frau als Komplikation seines Lebens, das "Schreiben" bedeutete. Von Milena Abstieg in den Abgrund verlangt. Dora versagte nicht.]
Auch als 1. Teil des Artikels "Kafka et l'idolatrie subtile. La vie amoureuse de Kafka." In: *Annales de l'Université d'Abidjan série D (Lettres)* 6 (1973) S. 111–32.
Engl. Zusammenf. in: *TCL* 20 (1974) S. 153.

Bárdos, Pál: "A Kastély olvasása közben." In: *Új Írás* (1965) Nr. 8. S. 98–100.

[Bei der "Schloß"-Lektüre:) K. u. Dorfbewohner betrachten gegenseitig ihre Ansichten als absurd. Kleinbürger mystifiziert Macht.]

*Barfoed, N.: "Omgang med spøgelser." In: *Politiken* (21. 6. 1969).

Barnes, Hazel E.: "Myth and Human Experience." In: *Classical Journal* 51 (1955) S. 121–27.

[Klassischer Mythos in "Verwandlung" neu interpretiert.]
Engl. Zusammenf. in: *TCLB* S. 2110.

[Barrault, Jean Louis]: "Répétition de travail pour 'Le Château'. Répétition en-registrée sur magnétophone." In: *CCRB* 5 (Okt. 1957) Nr. 20. Franz Kafka du Procès au Château. S. 113–27.

[Text u. Regieanweisungen für "Schloß" bis zu K.s. Zimmersuche u. Ankunft der Assistenten vom Tonband transkribiert.]
Auch u. d. T.: "Une répétition du 'Château' enregistrée sur magnétophone." In: *CCRB* (1965) Nr. 50. Kafka. L'Amérique – Le Château – Le Procès. S. 107–20.

Barrault, Jean-Louis: "Cas de conscience devant Kafka." In: *CCRB* 5 (Okt. 1957) Nr. 20. Franz Kafka du Procès au Château. S. 47–58.

[Barrault verteidigt Theateradaptierung; sei besser als Interpretation, die Fremdes hinzufügt. Drama der Freiheit des Menschen in Einsamkeit.]
Auch in: *CCRB* (Febr. 1965) Nr. 50. Kafka. L'Amérique – Le Château – Le Procès. S. 71 –82.

– "Kafka jako več svědomí." In: *Divadlo* 9 (1958) Nr. 1. S. 62–65.

[Einsamkeit, Freiheit, Schuldgefühle. Barraults Gedanken über "Prozeß" u. "Schloß".]

– "Le Roman adapté au théâtre." In: *CCRB* 91 (1976) S. 27–58.

[Bühnenbearbeitung von Kritikern häufig mit Mißtrauen, vom Publikum mit Interesse aufgenommen. Barraults Zusammenarbeit mit Paul Claudel für Bühnenfassung von "Prozeß" (S. 37–40).]

Barrett, William: "The Atonal World." In: W.B.: *Time of Need: Forms of Imagination in the Twentieth Century.* New York: Harper & Row, 1972. S. 214–40.

[Brod verstand Kafka nicht ganz. Kafkas Verfremdung (als Jude u. Außenseiter) noch verstärkt, weil er ohne Erben starb, Gedanken der Helden durch Dialog ausgedrückt. Stil hat verflachende Wirkung, seine Welt ist gefühlsleer, monoton; Dissonanz in Kafkas Werk vergleichbar mit Zwölftonmusik. Machtlosigkeit der Menschen u. Götter.]

*Bartena, Orzion: ["Existentialistische Sicht von Kafkas 'Hungerkünstler'."] In: *Molad* 32 (1974) S. 224–32.

[Hebr.]

Barthel, Ludwig Friedrich: "Brief an den Dichter Franz Kafka." In: *Welt und Wort* 15 (1960) S. 331–35.

[Gedanken über Lektüre der Tagebücher. Selbstkritik, Religion, Freud, Chagalls Malerei.]

– "Nachtverschworener Kafka." In: *Welt und Wort* 15 (1960) S. 368.

[Hermann Pongs' "Franz Kafka. Dichter des Labyrinths" setzt sich "mit dem Fehlen des Lichts" in Kafkas Welt auseinander u. verurteilt das Ambivalente.]

– "Wurde Kafka katholisch?" In: *Welt und Wort* 16 (1961) S. 71–72.

[Borchardts Kafkabuch (1960) ist nicht stichfest, außer Hypothese: Oklahoma als katholische Kirche zu verstehen.]

Barthes, Roland: "La réponse de Kafka." In: R.B.: *Essais critiques.* Paris: Editions du Seuil, 1964. S. 138–42.

[Zuerst erschienen in "France-Observateur" 1960. Rez.-Artikel über Marthe Roberts "Kafka". Kafkas Sinn liegt in seiner Technik, in seinem System der Anspielung.]
In engl. Übers. v. Richard Howard u. d. T.: "Kafkas' Answer." In: R.B.: *Critical Essays.* Evanston, Illinois: Northwestern Univ. Pr., 1972. S. 133–37. – (Auch 1966.)
Auch in: Hamalian, *Franz Kafka* (s. Sammelbde.) S. 140–43.
In span. Übers. u. d. T.: "La respuesta de Kafka." In: R. B.: *Ensayos críticos.* Barcelona: 1967. S. 168–72.

Barzel, Aleksander: "Ha-moded ba-kfar. Iyunim ba-motiv ha-Yehudi ba-'Tirah' shel F. Kafka." In: *Moznayim* 30 (1970) S. 313–24 u. 447–58.

[(Der Landvermesser im Dorf. Studien zum Motiv einer jüdischen Existenz in F. Kafkas "Das Schloß"): Jüdischer u. christlicher Standpunkt. "Schloß"-Arbeit führt Kafka zu seiner jüdischen Existenz. Verbindung mit Gott nur durch Vermittler. Manches erinnert an Neues Testament (Barnabas – Paulus). Jüdische Alternative: Jude K. als Vermesser einer besseren Welt.]
*Auch in A. B.: [Das große Gespräch.] Tel Aviv: Merchavia, 1971. [Hebr.]

Barzel, Hillel: "Bein Agnon le Kafka. (Al 'Ha-adonit ve-harohel' be-hakbala le 'Ha-tira')." In: *Karmelit* 10–11 (1965) S. 174–83.

[Zwischen Agnon und Kafka. (Über "Die Dame und der Hausierer" verglichen mit "Das Schloß"): Ähnliche Symbolik; Name des Hausierers; Josef K. u. Josef wollen mit Hilfe von Frauen weiterkommen; Juden unter Nichtjuden; keine Beziehungen zu Zeit oder Ort.]

*–["Kafkas Stil im Drama 'Ein Flug um die Lampe herum'."] In: *Bama* 6 (1967) Nr. 34 (87) S. 18–28.
[Hebr.; aus "Bibliografia b'Ivrit".]

*–["Der Mythos von der Türschwelle. Beckett, Kafka, Ionesco – vergleichende Studie: 'Warten auf Godot'. 'Vor dem Gesetz'. 'Die Stühle'."] In: *Gazit* 26 (1970) Nr. 9–12. S. 26–34.
[Hebr.; aus "Bibliografia b'Ivrit".]

*–["Zwischen Beckett und Kafka. Die Verleihung des Nobelpreises an Samuel Beckett."] In: *Hapoel Hatsa'ir* 63 (1970) Nr. 8 S. 21–22.
[Hebr.; aus "Bibliografia b'Ivrit".]

*–["Gedanken zu Kafkas Drama 'Der Gruftwächter'."] In: *Bama* (1972) Nr. 52
(105) S. 64–79.

[Hebr.; aus "Bibliografia b'Ivrit".]

*–["Über Kafkas Judentum".] In: *Leket Divre' Bikoret Al Sefarim Ḥadashim*
(Jerusalem) (1973) Nr. 6 S. 18.

[Hebr.; aus "Bibliografia b'Ivrit." Photographien aus dem Tagesblatt "Yediot Aḥaronot"
vom 22. 3. 1973. Antwort auf Penina Misles' Artikel über Barzels Buch "Zwischen
Agnon und Kafka."]

*–[" 'Ebbe und Flut' von A. B. Yehoshua. Ein Vergleich mit der 'Strafkolonie'
von Kafka."] In: *Moznayim* 33 (1973) Nr. 5/6, S. 359–65.

[Hebr.; aus "Bibliografia b'Ivrit".]

Basch, Loránt: "Franz Kafka – Adyról és Karinthyról." In: *Nagyvilág* 6 (1961)
S. 1579–80.

[(Franz Kafka – Über Ady und Karinthy): In 2 Briefen an Robert Klopstock schreibt
Kafka über die ung. Schriftsteller Ady u. Karinthy (22. Nov. 1922 u. Okt. 1923).]

Bataille, Georges: "Kafka." In: G. B.: *La littérature et le mal. Emily Brontë-
Baudelaire-Michelet-Blake-Sade-Proust-Kafka-Genet.* Paris: Gallimard, 1957.
S. 159–82.

[Überlegungen zur Frage "Faut-il brûler Kafka?" der frz. Kommunisten. Kafkas Sehnsucht nach Selbstzerstörung, Unterwerfung unter Autorität; Anklage jeder Bürokratie u.
der Pseudogerechtigkeit.]

In engl. Übers. v. Alastair Hamilton in G. B.: *Literature and Evil.* London: Calder &
Boyars, 1973. S. 125–43.
In span. Übers. in: G. B.: *La literatura y el mal.* Madrid: 1959. S. 109–23.

Batt, Kurt: "Neue Literatur zum Werk Franz Kafkas." In: *Neue deutsche Literatur* 10 (1962) Nr. 12. S. 29–35.

[In Abstiegsphasen Gleichgewicht zwischen Realismus u. Symbolischem in der Dichtung
gestört.]

***Baudy, N.**: "La grandeur de l'homme passif. Correspondance de Kafka." In:
Les Nouveaux Cahiers (Dez. 1965).

Bauer, Gerhard: "Nochmals: historisch-materialistische Literaturwissenschaft,
mit Kafka als Zeugen für den Klassenkampf." In: *Alternative* 15 (1972) Nr.
84/85. S. 102–11.

[Antwort auf marxistisch-literaturtheoretische Debatte in "Alternative" 82. Versuch,
"Kafkas verführerische Wirkung und Nachwirkung materialistisch" zu erläutern. Wichtig
die Geschichte, die uns durch Kafkas Werk mit seiner Epoche verbindet. Texte als Spiegel des Klassenkampfes. Kafka nicht von den Kapitalisten inspiriert. Kafka u. die realistischen Dichter im Schulunterricht.]
Auch u. d. T.: "Literatur als Teil des Klassenkampfs, am Beispiel Kafkas." In: *Historizität
in Sprach- und Literaturwissenschaft. Vorträge und Berichte der Stuttgarter Germani-*

stentagung 1972. Hrsg. v. Walter Müller-Seidel, Hans Fromm u. Karl Richter. München: Wilhelm Fink, 1974. S. 209–18.

Bauer, Roger: "Le réalisme fourvoyé." In: *EG* 15 (1960) S. 57–59.

[Lukács' Buch "Wider den mißverstandenen Realismus"; Gedanken über Änderung des Buchtitels u. Anschauungen des Kritikers.]

∗— "Clave para la interpretación de Kafka: el hombre se situa entre dos mundos que trata de conciliar." In: *La Razón* (Buenos Aires) (27. Apr. 1963).

∗— "Kafka à la lumière de la religiosité juive." In Raboin, *Les critiques de notre temps et Kafka* (s. Sammelbde.) S. 125–30.

[Auszug aus Artikel in "Dieu Vivant" (Nr. 9, 1947). Gesetz bei Kafka hat totalitäre Eigenschaft wie in jüdischer Tradition. Hauptthemen in Erz. "Der neue Advokat": Sehnsucht nach alter Sicherheit, Chassidismus.]

— "K. und das Ungeheuer: Franz Kafka über Franz Werfel." In: David, *Franz Kafka. Themen und Probleme* (s. Sammelbde.) S. 189–209.

[Verhältnis zwischen den beiden Dichtern; Kafkas Bewunderung, Ablehnung, Gelegenheit zur "Selbstfindung u. Selbstbestätigung"; Werfels "falsche" Parabel.]

Baum, Alwin L.: "Parable as Paradox in Kafka's Erzählungen." In: *MLN* 91 (1976) S. 1327–47.

[Strukturalistisch. – Labyrinthisches Bauwerk (Bau u. Heiligtum) häufig in Kafkas Prosa von Wesen bewohnt, das Erz. zum Paradox werden läßt u. der Bildsprache ikonographische Bedeutung gibt, z. B. "Das Tier in der Synagoge." Held wird meist Opfer der Hermeneutik. Im Zentrum der Bauten – Schrift als Schlüssel zu Geheimnis, Ernst der Suche verhüllt oft Ironie der Situation. Hypothetischer Stil, keine Erfahrung eindeutig, Annäherung an Wahrheit durch Ironie oder Parodie. Deutungsversuch der Helden: Vermeidung der Selbsterkenntnis. Texte als Bilderrätsel u. Symbole für erzählerische Möglichkeiten. Held: Subjekt u. Objekt der eigenen Suche; Kafkas Kampf um die Sprache größer als Vaterproblem ("Von den Gleichnissen"). Paradoxe Natur der Parabel (Verlust des wörtlichen Sinnes), daher in hermetischer Tradition, in mythischen u. biblischen Texten u. bei Kafka. Metaphorisches Prinzip als ontologische Struktur. "Chinesische Mauer" – Parabel des Erzählprozesses in Kafkas Werk, ("Strafkolonie", "Urteil"). Kafkas Parabel u. hermetischer Text geben unbegrenzte Deutungs- u. Bedeutungsmöglichkeiten.]
Engl. Zusammenf. in: *TCL* 23 (1977) S. 277.

Baum, Oskar: "Recollections." In: Flores, *The Kafka Problem* (s. Sammelbde.) S. 25–31.

[Übers. v. H. Lenz u. Annelore Stern. Kafkas soziales Interesse für die niederen Klassen.]

Baumgaertel, Gerhard: "Franz Kafka: Transformation for Clarity." In: *Revue des Langues Vivantes* 26 (1960) S. 266–83.

[An Hand von "Die Prüfung" u. "Fürsprecher" gezeigt, daß kleinster Teil eines Werkes schon Gesamtheit repräsentiert. Längere Werke: Intensivierung.]
Engl. Zusammenf. in: *TCLB* S. 2062.

Baumgart, Reinhard: "Unmenschlichkeit beschreiben. Weltkrieg und Faschismus in der Literatur." In: *Merkur* 9 (1965) S. 37–50.

[S. 37: Kafkas "Strafkolonie" nimmt Unmenschlichkeit der Zeit vorweg.]

Baumgartner, W[alter]: "Kafkas Strindberglektüre." In: *Scandinavica* 6 (1967) Nr. 2. S. 98–107.

[Kafka wählte biographische Werke u. solche, die eigene Problematik enthielten. Kein direkter Einfluß.]

– "Drömtekniken i Strindbergs och Kafkas verk." In: *Svensk Litteraturtidskrift* 31 (1968) Nr. 3. S. 18–28.

[Widerlegt die auf Kafkas Tagebucheintragung basierte Annahme der Ähnlichkeit. Kafkas Traumtechnik zeigt menschliche Machtlosigkeit; Intensität u. Statik.]

*– "Martin Nag og Franz Kafka." In: *Samtiden* 78 (1969) S. 444–48. – Antwort Nags: S. 449f., Schlußreplik Baumgartners: S. 450f.

– "Kafka und Strindberg." In: *Nerthus*. Bd. 2. Hrsg. v. Steffen Steffensen. Kopenhagen: Eugen Diederichs, 1969. S. 9–51.

[Beide Dichter grundverschieden: in Stoff, Stil, Atmosphäre, etc. Wesensverwandtschaft bestand. Ähnlich schwere Jugenderlebnisse führen bei Strindberg zu Kompensation, bei Kafka zu Resignation. Strindbergs Werk: Pathos, Rebellion, auf Publikum ausgerichtet. Kafkas Werk: privater Natur. Kafkas Strindbergrezeption: keine literarische Nachahmung. Traumstil verschieden.]

Baus, Anita: *Standortbestimmung als Prozeß. Eine Untersuchung zur Prosa von Marie Luise Kaschnitz*. Bonn: Bouvier-Herbert Grundmann, 1974 (Abhandlungen zur Kunst-, Musik- und Literaturwissenschaft, Bd. 129).

[S. 87–88, 124–28: Umsetzung von Kafkas Traumphantasie in literarisches Schaffen. Starke Wirkung von Kafkas "Briefe an Felice" auf M. L. Kaschnitz.]

Baxandall, Lee: "Is Kafka Necessary?" In: *Chalk Circle* 1 (Apr.-May 1966) Nr. 1. S. 67–71.

[Kafkas Interesse für revolutionäre Theorien: Skepsis gegenüber Revolution. S. 71–72: Kafkas "The Propertyless Working Man's Association".]

– "Kafka and Radical Perspective." In: *Mosaic* 3 (1970) Nr. 4. New Views on Kafka. S. 73–79.

[Kafkas Kritik am Kapitalismus. Kafkas Theorien über die besitzlose Gemeinschaft übers. S. 78–79: "The Propertyless Working Man's Association."]
Engl. Zusammenf. in: *TCLB* S. 2062.

– "Kafka as Radical." In: Flores, *The Kafka Debate* (s. Sammelbde.) S. 120–25.

[Lektüre der russ. vormarxistischen Theoretiker, sozialistische Interessen, Vision einer gemeinnützigen Gesellschaft; Mängel der Zeit u. des Kapitalismus gesehen.]

*Becherucci, Bruna: "Existe afinidade entre Kafka e Leopardi?" In: *O Estado de São Paulo. Supplemento Literário* (28. Jan. 1967) Nr. 2.

Beck, Evelyn Torton: "Kafka and the Yiddish Theater: A Study of the Impact of the Yiddish Theater on the Work of Franz Kafka." In: *DAI* 30 (1970) S. 5439 A.

[Zusammenf.: Kafkas Stil ändert sich nach 1912 auf Grund des Einflusses der jiddischen Bühne; Einwirkung von Aufbau, Themen, Charakterisierung jiddischer Schauspiele auf Kafkas Werke von "Urteil" bis "Josefine, ...".]

— "Kafkas 'Durchbruch'. Der Einfluß des jiddischen Theaters auf sein Schaffen." In: *Basis. Jahrbuch für deutsche Gegenwartsliteratur* 1 (1970) S. 204–23.

[Übers. v. Jost Hermand. – Dramatischer Stil, Themen, Symbole, oft Szenen mit neuerer Interpretation oder verfremdet übernommen. Kultursymbole des jiddischen Theaters um 1900; Freundschaft mit Löwy; "Das Urteil": Themen (Gerechtigkeit, Autorität, Gesetz, Verhältnis des einzelnen zum Absoluten u. zur Gemeinschaft) sind auch Parodien jüdischer Probleme des jiddischen Theaters (Gordin, Latayner, Faynman, Goldfaden).]
Engl. Zusammenf. in: Corngold, *The Commentators' Despair* (s. Sammelbde.) S. 67–70.

— "Franz Kafka and Else Lasker-Schüler: Alienation and Exile: A Psychocultural Comparison." In: *Perspectives on Contemporary Literature* 1 (1975) Nr. 2. S. 31–47.

[Trotz Verschiedenheiten bietet gemeinsame dt.-jüdische Tradition besseres Verständnis bestimmter Themen.]

Bednář, Jiří: "Filosofický význam tzv. 'svatovítské kapitoly kafkova 'Procesu'." In: *Filosofický časopis* 13 (1965) S. 301–05.

[(Die philosophische Bedeutung des sogenannten Sankt-Veits-Kapitels von Kafkas "Prozeß"): Roman ist philosophische Darstellung des Absurden. Kathedralenszene: Ursprung der Religion. Mann vom Lande: moderner Mensch; Türhüter: absurde monotheistische Religion.]

*— "Zmanipulovaný člověk v moderních společnostech." In: *Orientace* (1966) Nr. 4. S. 60–63.

*— "Třikrát Kafka." In: *Listy* 1 (1968) Nr. 3. S. 10–11.

Bedwell, Carol B.: "The Forces of Destruction in Kafka's 'Ein altes Blatt'." In: *Monatshefte* 58 (1966) S. 43–48.

[Nomaden als Vatersymbol.]
Engl. Zusammenf. in: *TCL* 12 (1966) S. 162 u. in:
TCLB S. 2085.

*Beers, Paul: "Kafka herdacht?" In: *De Revisor* 1 (1974).

Beharriell, Frederick J.: "Freud and Literature." In: *Queen's Quarterly* 65 (1958) S. 118–25.

[Der Traum grundlegend in Kafkas Werken; Freuds Einfluß.]
Engl. Zusammenf. in: *Abstracts of English Studies* 1 (1958) S. 252.

– "Kafka, Freud, and 'Das Urteil'." In: *Texte und Kontexte. Studien zur deutschen und vergleichenden Literaturwissenschaft.* Festschrift für Norbert Fuerst zum 65. Geburtstag. Hrsg. v. Manfred Durzak. Eberhard Reichmann u. Ulrich Weisstein. Bern u. München: Francke, 1973. S. 27–47.

[Information über Leben u. Werk vorhanden, um beabsichtigter Sinngebung nahezukommen: Vater-Sohnkonflikt ("Die städtische Welt", 1911, vorgebildet) mit neuer Technik (freie Assoziation, Traum, Rollentausch) behandelt. Angstneurose; emotionelle Selbstverurteilung.]

Beicken, Ulrich Peter: "Perspektive und Sehweise bei Kafka." In: *DAI* 32 (1972) S. 5773 A.

[Zusammenf.: Erzähltechnik wesentlich für Kafkas Weltsicht. Erzählsituation stellt sein Innenleben dar. Unterschied zwischen Erzählperspektive (Beziehung zwischen dargestellter Welt u. Perzeptionszentrum) u. Sehweise (Bewertung der Welt durch den Autor). "Einsinnigkeit" von Ich-Erz. abgeleitet. Erzählendes Ich wird zu erlebendem Ich, mit doppelter Funktion (Orientierungszentrum u. Sprachrohr für Meinung des Autors). Hauptperson wird so zum "synthetic narrative medium," durch das Kafka sein Innenleben als Selbstanalyse darstellt. Konflikt ohne Lösung, Wahrheit bleibt verborgen. (s. Diss.)]

– "Berechnung und Kunstaufwand in Kafkas Erzählrhetorik." In: Caputo-Mayr, *Franz Kafka Symposium* (s. Sammelbde.) S. 216–34.

[Vortrag/Philadelphia 1974. – Kafkas "rhetorische" Absichten in Verwendung der "Einsinnigkeit", seine vergebliche Suche nach Vollständigkeit der Darstellung u. totaler Wahrheit. Einbezug des Lesers.]
Engl. u. d. T.: "Kafka's Narrative Rhetoric." In: *JML* 6 (1977) S. 398–409.
[Engl. Vorabdruck.]
Auch in: Flores,*The Kafka Debate* (s. Sammelbde.) S. 178–87.
Teilabdruck in: *Twentieth-Century Literary Criticism.* Vol. 2. Ed. Dedria Bryfowski & Sharon Hall. Detroit: Gale Research, 1979. S. 309–10.

– "Tendenzen der neueren Kafka-Forschung." In: *Newsletter of The Kafka Society of America* 2 (1978) Nr. 1. S. 2–7.

[5 Richtungen: Textphilologie, neopositivistische Forschung, kontextual bezogene Kafka-Kritik, Fortbestehen der Polyrezeptibilität u. rezeptionsgeschichtliche Aufarbeitung.]

– "'The Judgement' in the Critics' Judgement." In: Flores, *The Problem of the Judgment* (s. Sammelbde.) S. 238–51.

[Paradoxe Darstellungsweise, kein psychologischer Realismus. Wirklichkeit von unkontrollierbaren Gesetzen geleitet (Vater-Sohnkonflikte): keine Alternative außer Ausbruch in individuelle Einsamkeit (Georgs Tod).]

– "Ästhetik. Erzählweise." In: *Kafka-Handbuch* 2 (s. Sammelbde.) S. 36–48.

[Bibliogr. S. 47–48. Gedanken zu Perspektive, Einsinnigkeit, Leserrolle u. Funktion des Humors.]

– "Die Aufnahme in den einzelnen Ländern. Vereinigte Staaten von Amerika." In: *Kafka-Handbuch* 2 (s. Sammelbde.) S. 776–86.

[S. 784–85: Amerik. Kafkaübers. S. 786: Sekundärliteratur. Popularität, wird moderner Klassiker, Wirkung auf Wissenschaft u. Kunst. Einfluß auf Literatur.]

– "Typologie der Kafka-Forschung." In: *Kafka-Handbuch* 2 (s. Sammelbde.) S. 787–824.

[S. 818–24: Sekundärliteratur: Ursachen der Deutungsflut; Emrich, Politzer, Sokel, Weinberg. Einzelne Interpretationsrichtungen, u.a. religiöse, psychologische, soziologische, marxistische.]

B[eilhack], H[ans]: ["Fünfter Abend für Neue Literatur."] In: Born, *Franz Kafka. Kritik und Rezeption* (s. Sammelbde.) S. 121.

[Zuerst in "Münchener Zeitung" (12. 11. 1916). – "Strafkolonie" – von Kafka vorgetragen. "Lüstling des Entsetzens".]

Bejblik, Alois: "Politzerův Kafka." In: *Divadlo* (1964) Nr. 9. S. 79–80.

[(Politzers Kafka): Positiver Kommentar zu Politzers Kafkabuch.]

*Bekić, T.: "Kafka kod Jugoslovena." In: *Godišnjak Filozofskog fakulteta u Novom Sadu* (1971) Nr. 2. S. 519–54.

Belgion, Montgomery: "The Measure of Kafka." In: Jakob, *Das Kafka-Bild in England* 1 (s. Sammelbde.) S. 122–37.

[Abdruck des gleichnam. Artikels aus "Criterion" 18 (1938) Nr. 70. S. 13–28. Besprechung von "Prozeß" (Schuldthema) u. "Schloß" (enigmatische Macht). Behandlung der Themen aus "Türhüterlegende" ersichtlich: Wahl immer falsch. Brods Biographie: keine Lösung dieser Probleme (Vaterbeziehung). Vergleich mit "Measure for Measure"; Mensch entgeht den Folgen seiner Handlung.]

Belitt, Ben: "The Enigmatic Predicament: Some Parables of Borges and Kafka." In: *TriQuarterly* 25 (Fall 1972) S. 268–93.

[Untersuchung von Kafkas u. Borges' Parabeln. Wahrheit u. Legende sind fiktiv u. rätselhaft. Kafka spricht von geistiger Elite. Rätsel des Gesetzes besser als Anarchie; alles Wissen Mysterium, kleiner Oberschicht vorbehalten. Borges von Kafka beeinflußt, aber bei Kafka Atmosphäre der Stille, Verzweiflung u. Kälte.]

Bemporad, Jules: "Franz Kafka: A Literary Prototype of the Depressive Character." In: Silvano Arieti and Jules Bemporad: *Severe and Mild Depression. The Psychotherapeutic Approach.* New York: Basic Books, 1978. S. 394–415.

[Kafka war deprimierter Neurotiker, der die Innenwelt der Depression beschrieb; pathologische Bindung an Vater. Hauptthema: Brutalität der Behörden, Notwendigkeit, sich der Macht zu beugen. "Urteil": Freund ist der selbständige Kafka, aber ohne Erfolg; Georg der selbstzufriedene, aber schwache, vom Vater abhängige Kafka. "Urteil" prophezeit Unfähigkeit, Felice zu heiraten. "Landarzt": Kafka, der "Doktor", versucht vergeblich, Kind zu heilen. "Verwandlung": Gregor sehr naiv. "Strafkolonie": Offizier ist ein Aspekt Kafkas, der an autokratischen Vater erinnert.]

Beneš, Josef: "Zu Max Brods Namendeutungen." In: *Beiträge zur Namenforschung.* Neue Folge 4 (1969) S. 215–16.

[Zweifel an der Deutung des Namens "Kafka" (= "Dohle"); von "Jakob"?]

— "Miscellanea kafkiana." In: *Časopis pro moderní filologii* 51 (1969) S. 236––38.

[Ursprung des Namens "Kafka". Kafkas tschech. Sprachkenntnisse.]

*Beniuc, M.: "Cuvîntul de încheiere rostit." In: *Gazeta literară* 11 (1964) Nr. 16. S. 5.

[Rumän.]

Benjamin, Walter: *Schriften.* Bd. 2. Hrsg. v. Theodor W. Adorno, Gretel Adorno u. Friedrich Podszus. Frankfurt/M.: Suhrkamp, 1955.

[S. 196–228: Franz Kafka. Zur zehnten Wiederkehr seines Todestages: (("Potemkin", "Ein Kinderbild", "Das bucklichte Männlein", "Sancho Pansa"). Ursprünglich erschienen 1934 in "Jüdische Rundschau". In Kafkas Werk sind vorweltliche Gewalten tätig, die er auch in seiner Zeit fühlte. B. ist gegen psychoanalytische oder theologische Interpretation. – "Potemkin" u. "Das bucklichte Männlein": Zusammenhang von Familie u. Beamtenwelt; Hoffnung besteht nur für die Unfertigen (z. B. die Gehilfen im "Schloß"). Odradek könnte die vergessenen Dinge darstellen. – "Kinderbild": Kafkas Werke sind in Gesten auflösbar, drücken das eigentliche Drama aus, sind aber vieldeutig. Schicksal durch Wirken großer Hierarchien gezeigt. Sinn von "Oklahoma": letzte Zuflucht? – "Sancho Pansa": Entstellungen in Kafkas Welt u. in den Mythen.]
Auch in: W. B.: *Das Kunstwerk im Zeitalter seiner technischen Reproduzierbarkeit.* Frankfurt/M.: 1963.
Auch in W. B.: Über Literatur (s. Artikel) S. 154–85.
Auch in W. B.: *Lesezeichen. Schriften zur deutschsprachigen Literatur.* Hrsg. v. Gerhard Seidel. Leipzig: Reclam, 1970. S. 178–211 (Reclams Universal-Bibliothek Bd. 476).
Auch in: *Benjamin über Kafka. Texte, Briefzeugnisse, Aufzeichnungen.* Hrsg. v. Hermann Schweppenhäuser. Frankfurt/M.: Suhrkamp, 1981 (suhrkamp taschenbuch wissenschaft 341) S. 9–38.
"Potemkin" u. "Das bucklichte Männlein" auch in: W. B.: *Angelus novus. Ausgewählte Schriften* 2. Frankfurt/M.: Suhrkamp, 1966. S. 248–63.
Auch in: Politzer, *Franz Kafka* (s. Sammelbde.) S. 143–58.
In engl. Übers. v. Harry Zohn u. d. T.: "Franz Kafka. On the Tenth Anniversary of His Death." In: W. B.: *Illuminations* (s. Artikel) S. 111–40.
Engl. Zusammenf. in: Corngold, *The Commentators' Despair* (s. Sammelbde.) S. 44–47. (Mit Kommentar von Corngold.)
"Ein Kinderbild" in frz. Übers. v. Maurice Candillac u. d. T.: "Le théâtre en plein-air d'Oklahoma." In: *CCRB* (Feb. 1965) Nr. 50. Kafka. L'Amérique – Le Château – Le Procès. S. 31–41.
In ital. Übers. v. Renato Solmi u. d. T.: "Franz Kafka. Per il decimo anniversario della sua morte." In: W. B.: *Angelus novus. Saggi e frammenti.* Torino: Giulio Einaudi, 1962. S. 261–89.
In ital. Übers. v. E. Pocar in: Pocar, *Introduzione a Kafka* (s. Sammelbde.) S. 178–206.
In jap. Übers.: Tôkyô: 1965. S. 191–239.
In span. Übers. u. d. T.: "Franz Kafka en el décimo aniversario de su muerte." In: W. B.: *Ensayos escogidos.* Buenos Aires: 1967. S. 53–76.

– *Briefe.* Hrsg. u. mit Anmerkungen versehen v. Gershom Scholem u. Theodor W. Adorno. 2 Bde. Frankfurt/M.: Suhrkamp, 1966.

[Hinweise auf Kafka in 36 Briefen (1925–40) zeugen von intensiver Beschäftigung Benjamins mit dem Werke Kafkas. S. 756–64 Brief an G. Scholem (12. Juni 1938) mit negativer Rez. von Brods Kafka-Biographie.]
Teilabdruck (Brief an Scholem vom 12. Juni 1938) u. d. T.: "Max Brod. Franz Kafka. Eine Biographie ..." auch in: W. B.: *Gesammelte Schriften III.* Hrsg. v. Hella Tiedemann-Bartels. Frankfurt/M.: Suhrkamp, 1972. S. 526–29, 686–90.
Auch in: *Benjamin über Kafka. Texte, Briefzeugnisse, Aufzeichnungen.* Hrsg. v. Hermann Schweppenhäuser. Frankfurt/M.: Suhrkamp, 1981 (suhrkamp taschenbuch wissenschaft 341) S. 49–52.
In engl. Übers. v. Harry Zohn u. d. T.: "Max Brod's Book on Kafka. And Some of My Own Reflections." In: W. B.: *Illuminations* (s. Artikel) S. 141–48.

– "Gespräche mit Brecht. Svendborger Notizen." In: W. B.: *Versuche über Brecht.* Hrsg. u. mit einem Nachwort versehen v. Rolf Tiedemann. Frankfurt/M.: Suhrkamp 1966. S. 117–35.

[Lange Gespräche zwischen Brecht u. Benjamin über Kafka (1934); Brechts Meinung: Geheimniskrämerei sei Unfug; "Der Prozeß" – ein prophetisches Buch. "Das nächste Dorf" – Gegenstück zu Achill u. Schildkröte. S. 151: Kommentar R. Tiedemanns über die Kafka-Kontroverse zwischen Brecht u. Benjamin.]
Auch in: *Benjamin über Kafka. Texte, Briefzeugnisse, Aufzeichnungen.* Hrsg. v. Hermann Schweppenhäuser. Frankfurt/M.: Suhrkamp, 1981 (suhrkamp taschenbuch wissenschaft 341) S. 149–54.
In engl. Übers. v. Edmund Jephcott u. d. T.: "Conversations with Brecht: Svendborg Notes." In: *Partisan Review* 45 (1978) S. 173–84 (S. 174–77 über Kafka).
Auch in: W. B.: *Reflections. Essays, Aphorisms, Autobiographical Writings.* Ed. Peter Demetz. New York and London: Harcourt Brace Jovanovich, 1978. S. 203–19. (205–10 über Kafka.)
In ital. Übers. v. G. Piccardo in: W. B.: *Brecht e Courage.* Genova: 1970. S. 27–40.

– *Illuminations.* Ed. and with an introduction by Hannah Arendt. Translated by Harry Zohn. New York: Harcourt, Brace & World, 1968 (A Helen and Kurt Wolff Book). – Auch: London: Collins/Fontana Books, 1973.

[S. 1–55: Hannah Arendt: Introduction. Walter Benjamin: 1892–1940 (s. Artikel).
S. 111–40: Franz Kafka. On the Tenth Anniversary of His Death.
S. 141–48: Max Brod's Book on Kafka. And Some of My Own Reflections.]
*In span. Übers. u. d. T.: *Iluminaciones* I. Madrid: 1971. (S. 197–217: Dos iluminaciones sobre Kafka. Una carta sobre Kafka. Construyendo la Muralla China.)

– *Über Literatur.* 5.–8. Tausend. Frankfurt/M.: Suhrkamp, 1970. – (C 1969). (Bibliothek Suhrkamp Bd. 232).

[S. 154–202: Über Franz Kafka: –
S. 154–85: Franz Kafka. Zur zehnten Wiederkehr seines Todestages (s. Artikel):
S. 154–61: Potemkin.
S. 162–71: Ein Kinderbild.
S. 171–79: Das bucklichte Männlein.
S. 179–85: Sancho Pansa.
S. 186–93: Franz Kafka: Beim Bau der Chinesischen Mauer: Bisher ungedruckte Schrift Benjamins. Kein Vorgang denkbar, der sich unter Kafkas Beschreibung nicht entstellt.

Kafkas Romane sind Erz.; Verkommenheit dieser Welt, Angst.
S. 194–202: Brief an Gershom Scholem (s. Artikel).]

— "Satiren, Polemiken, Glossen." In: W. B.: *Gesammelte Schriften IV/1.* Hrsg. v. Tillman Rexroth. Frankfurt/M.: Suhrkamp, 1972.

[S. 466–68: Kavaliersmoral: Erschienen in der "Literarischen Welt" (Nov. 1929). Benjamin verteidigt Brod gegen E. Welks Vorwurf der verletzten Freundespflicht (Kafkas Nachlaß).]

— *Benjamin über Kafka.* Hrsg. v. Hermann Schweppenhäuser (s. Bücher).

Benmussa, Simone: "Travail de scène pour 'Le Procès'." Relevé au cours des répétitions par Simone Benmussa. In: *CCRB* (Febr. 1965) Nr. 50. Kafka. L'Amérique – Le Château – Le Procès. S. 86–106.

[2 Beispiele aus der Probenarbeit mit Barrault. 1. K. u. Frau Grubach nach Verhaftung, Frl. Bürstners u. Frau Grubachs Zimmer (Filmtechnik); Bewegungen u. Text. 2. "Scène d'ensemble": K.s Welt, Schmach des Wartenmüssens. Bewegungen u. Text.]

Bennett, Arnold: ["Rez. zu engl. Übers. v. 'Das Schloß' (1930)."] In: Jakob, *Das Kafka-Bild in England* (s. Sammelbde.) S. 149.

[Abdruck von S. 5 aus "Dying Author's Wish Ignored" in "Evening Standard" (3. 4. 1930): Ein philosophisch-allegorischer Roman.]

Bennett, Edwin K.: *A History of the German Novelle.* Revised and continued by H. W. Waidson. Cambridge at the Univ. Pr.: 1961.

[S. 265–71: Kafkas Bewunderung für Walser. Kleist. Kurzbesprechung seiner bedeutendsten Erz.]
Engl. Zusammenf. von S. 267–68 in: Corngold, *The Commentators' Despair* (s. Sammelbde.) S. 77–78. (Mit Kommentar von Corngold.)

Bense, Max: "Metaphysische Positionen." In: *Deutsche Literatur im 20. Jahrhundert. Strukturen und Gestalten.* 5. Aufl. Hrsg. v. Otto Mann u. Wolfgang Rothe. Bd. 1. *Strukturen.* Bern u. München: Francke, 1967. S. 361–76.

[S. 365–66: Kafkas "Schloß", K.s "Seinkönnen im Felde einer Möglichkeit."]

— "Metaphysische Beobachtungen an Bartleby und K." In: M. B.: *Aesthetika. Einführung in die neue Aesthetik.* Baden-Baden: Agis, 1965. S. 80–95.

["Prozeß" u. "Schloß" sind Rätsel in Prosa. Bartleby u. K. hegen geheime Gedanken u. sind deren Gefangene. Faszination der Kafkasprache beruht auf juristisch-normativer Diktion. Metaphysische Bedeutung von Kafkas Epik offenbart semantische Einheit seiner Sprache.]

— "Kafka's Conception (Thematik) of Being." In: Corngold, *The Metamorphosis* (s. Sammelbde.) S. 143–46.

[Teilabdruck aus M. B. "Die Theorie Kafkas" (1952), S. 51–54; Übers. v. Stanley Corngold. – Surrealismus in Kafka u. die nichtklassische Thematik.]

Benson, Ann Thornton: "The American Criticism of Franz Kafka, 1930–1948." In: *DA* 19 (1958) S. 1376.

[Zusammenf.: Übersicht über Kafkakritik in USA 1930–48 (Bücher, Zeitschriften u. Zeitungsartikel). Verschiedene "Schulen" der Kafka-Interpretation 1948 schon voll entwickelt. Schwierigkeiten der Interpretation. (s. Diss.)]

Berendsohn, Walter A.: "August Strindberg und Franz Kafka." In: *DVjs* 35 (1961) S. 630–33.

[Ergänzungen zum Beitrag von F. Tramer. Alptraumartige Darstellung der Wirklichkeit. Seelische Anlagen grundverschieden.]

— "Franz Kafka: 'Briefe an Felice und andere Korrespondenz aus der Verlobungszeit'." In: *Moderna språk* 62 (1968) S. 314f.

Berg, Temma: "Text as Meaning in 'The Trial'." In: *PMLA* 93 (1978) S. 292–93.

[Kommentar zu Sussmans "The Court as Text ..." in: "PMLA" (s. Artikel). Kafkas Angst vor der Publikation.]

Berg, Walter Bruno: "Kafka: Das Urteil." In: W. B. B.: *Der literarische Sonntag. Ein Beitrag zur Kritik der bürgerlichen Ideologie.* Heidelberg: Carl Winter, 1976 (Studia Romanica 25). S. 167–78.

[Wandel aus traditioneller Sonntagsatmosphäre – absurde Ereignisse in Vaters Zimmer. Freund als Katalysator. "Sonntagsneurose"? Biographische Elemente u. Freudsche Interpretation.]

Bergel, Lienhard: "Blumfeld, an Elderly Bachelor." In: Flores, *The Kafka Problem* (s. Sammelbde.) S. 172–78.

[Blumfelds pedantische Routine durch Bälle unterbrochen. Mythisches im Alltäglichen.]
Auch in frz. Übers. u. d. T.: "Le Vieux Garçon." In: *Obliques* (Paris) (2e trimestre 1973) Nr. 3.

— "The Burrow." In: Flores. *The Kafka Problem* (s. Sammelbde.) S. 199–206.

[Versuch, rationale Innenwelt zu schaffen, im Gegensatz zu irrationaler Außenwelt. Ambivalente Haltung zur Wirklichkeit.]
Auch in frz. Übers. u. d. T.: "Le Terrier." In: *Obliques* (Paris) (2e trimestre 1973) Nr. 3.

— "Max Brod and Herbert Tauber." In: Flores *The Kafka Problem* (s. Sammelbde.) S. 391–97.

[Brod schafft Bild von gesundem, jüdisch-national denkendem Kafka. Tauber von ihm abhängig, seine Studie zu intellektuell.]

— "'Amerika': Its Meaning." In: Flores, *Franz Kafka Today* (s. Sammelbde.) S. 117–25.

[Erziehungs- u. Abenteuerroman; Muster auf spätere Romane übertragen.]
Teilabdruck von S. 118 u. 124 in: Körner Domandi, *Modern German Literature* (s. Sammelbde.) S. 10.

Berger, Hans: "Franz Kafka und die Lebensqual." In: H. B.: *Untergang und Aufgang. Vier Vorträge zur Lebenslage des modernen Menschen in der Dichtung.* Der Karlsruher Bote; Innsbruck: Der Turmbund, Gesellschaft für Literatur und Kunst, 1968. S. 65–107.

[Kafkas Werke: geringe Erlebnisbreite. "Die Verwandlung" – Ausgeliefertsein an das zerstörende Ungeheuer der Welt; Spaltung des Bewußtseins. Kafka u. seine Gestalten: Intellektuelle voll Ichbefangenheit u. Ichspaltung; Welt ohne Liebe. Das Geschlechtliche – Bereich des Unheils. Wille zur Macht negativ. "Aphorismen": Ansätze zu positiverer Sinndeutung. Kafka war ungläubig. Interpretation, Verb- u. Satzbauanalyse von "Vor dem Gesetz": alttestamentarische Vorstellung, Mann vom Lande ohne Beziehung zur Umwelt. Erz., wie Gesamtwerk ohne Anspruch auf allg. Gültigkeit.]

*Bergh, H.: "Den forunderlige Kafka. (Erzählungen.)" In: *Hamar Arbeiderblad* (21. 4. 1972).

Bergman, Shmuel Hugo: "Toldot ḥayav shel Kafka ha-tsa'ir." In: *Moznayim* 9 (1959) S. 28–30.

[Rez.-Artikel über Wagenbachs Buch. Kritik an Angaben über Franz Brentano u. vieles andere.]

*–[Franz Kafka und die Bank Hapoalim]: In: *Hayesod* 3 (1965) Nr. 57. S. 6.

[Hebr.; aus "Bibliografia b'Ivrit".]

*–[Mit Franz Kafka in der Schule.] In: *Yerushalayim* 2 (1967) S. 343–46.

[Hebr.; aus "Bibliografia b'Ivrit".]

Bergman, Hugo S.: "Erinnerungen an Franz Kafka – Recollections of Franz Kafka – Kitay zikaron." In: *Exhibition Franz Kafka 1883--1924. Catalogue. -- Taruchat Franz Kafka 1883--1924. Katalog.* Jerusalem: Jewish National and Univ. Library, 1969. S. 5–20 u. 5–10 [in hebr. Ziffern].

[(Dt., engl. u. hebr.) Gemeinsam verbrachte Schul- u. Universitätsjahre; Haus Fanta. Kafkas Interesse für Zionismus; er fühlte sich aber nicht wert, nach Palästina zu gehen.]
Dass. u. d. T.: "B'inyan Franz Kafka – Concerning Franz Kafka." In: *Orot – Journal of Hebrew Literature* 7 (1969) S. 70–81. 4 Illustr.
In span. Übers. u. d. T.: "Referente a Franz Kafka – Reminiscencias."
(Auch auf hebr.) In: *Orot – Revista Literaria Hebrea* 7 (1969) S. 77–88.)

*Bergman, Shmuel Hugo: [Von Prag zum himmlischen Jerusalem.] In: *Yerushalayim* 3/4 (1970) S. 272–78.

[Hebr.; aus "Bibliografia b'Ivrit".]

– "Erinnerungen an Franz Kafka." In: *Universitas* 27 (1972) S. 739–50.

[Kindheits- u. Jugenderinnerungen an über 12 gemeinsame Schuljahre mit Kafka. Religiöse Konflikte u. Kafkas spätere Haltung zu Judentum u. Zionismus. Sehnsucht Kafkas nach der Überlieferung durch "Die Forschungen eines Hundes" gut symbolisiert.]
Engl. Zusammenf. in: *TCL* 19 (1973) S. 138.

*— [Die religiöse Welt Franz Kafkas in "Forschungen eines Hundes".] In: *Shdemot* 47 (1972) S. 104–08.

[Hebr.; aus "Bibliografia b'Ivrit".]

Bergom-Larsson, Maria: "Familjen som ideologifabrik." In: *Ord och Bild* 81 (1972) S. 177–95.

[Bes. ab S. 188 über Kafka: Wilhelm Reichs marxistische Theorien über die patriarchalische, autoritäre Familie auf Hjalmar Berman u. Kafka angewendet. Ihre Jugend: Zeit tiefer gesellschaftlicher Umwälzungen, Haßliebe zum Bürgertum. Kafka – Minoritätenproblem in Prag; Vatergewalt: "Verwandlung".]

Bermann Fischer, Gottfried: *Bedroht -- Bewahrt. Weg eines Verlegers.* Frankfurt/M.: S. Fischer, 1967.

[S. 328–30, 338–39, 400: Bemühungen um Verlagsrechte für Kafkas Werke.]

Bernheimer, Charles: "Symbolic Bond and Textual Play: Structure of 'The Castle'." In: Flores, *The Kafka Debate* (s. Sammelbde.) S. 367–84.

[Strukturalistisch, nach Jacques Derrida. Das Schloß zu erreichen bedeutet, in einen unverständlichen, sich autonom bewegenden Sprachstrom eingeschlossen zu werden u. nicht, ein Zentrum zu erreichen. K.s Versuch, in der rein textuellen Welt des Schloßromans mit dem ständig wechselnden Bedeutungsspiel eine stabile, symbolische Struktur u. Verbindung zwischen Dorf u. Schloß, sowie das Zentrum des Schlosses zu finden. Er kann Metaphysisches nur direkt in Besitzgrößen messen. K. in seinen Bemühungen den Kafka-Interpreten vergleichbar, will symbolische Struktur richtig "lesen". Mißerfolg zeigt, daß symbolische Interpretation den Abgrund zwischen Leben u. Literatur nicht überbrücken kann. Verbindungen Dorf-Schloß (Telephon, Botschaften, Briefe etc.). Schloß – Spiegel, besitzt selbst keine Bilder, spiegelt K.s Welt oder die der Interpreten.]

— "Letters to an Absent Friend: A Structural Reading." In: Flores, *The Problem of "The Judgement"* (s. Sammelbde.) S. 46–67.

[Strukturalistisch. Kafka selbst gab in Tagebuch-Eintragung vom 11. 2. 1913 die erste strukturalistische Interpretation der Erz., die er dann auf den Freund erweiterte (rein abstrakter Verbindungsbegriff zwischen Vater u. Sohn, von Forschung bisher wenig beachtet). Kafka als "Mutter" des Textes u. als "hermeneutic midwife". Freund gewöhnlich als autobiographische Gestalt gesehen (Askese, Junggeselle u. Schriftsteller), wird aber vom Text nicht bestätigt, er ist kleiner Geschäftsmann. Rußland – Auslöschung aller Dinge, nicht wie bisher: Einsamkeit. Schreibprozeß wichtig: Briefe Georgs u. des Vaters richten sich an das ihnen Gemeinsame – den Freund. Erz. behandelt vor allem Beziehung zwischen "Schreiben" u. ödipaler Struktur (psychoanalytische Begriffe von Jacques Lacan) Schreiben eher Prozeß des Sterbens, als des Lebens.]

— "Flaubert and Kafka: Realism as a Problem of Language." In: *Newsletter of the Kafka Society of America* 3 (1979) Nr. 2. S. 1–8.

[Radikal "nominalistische" Sprachauffassung. Realismus als Kritik des "Gleichsetzen(s) des Nichtgleichen", Wirkliches kann nicht durch Konzepte wiedergegeben werden. Kafkas Texte thematisieren Abstand vom Ding, also von Wahrheit.]

— "Crossing Over: Kafka's Metatextual Parable." In: *MLN 95* (1980) S. 1254–68.

*Bernstein-Cohen, Myriam: [Der Jude Kafka. In: M. B.-C.: Die Welt der Illusionen.] Tel Aviv: 1972. S. 80–89.

[Hebr.; aus Bibliografia b'Ivrit. Abdruck aus "Orlogin" 6 (1952) S. 299–304.]

Bertacchini, Renato: "Il favoloso Buzzati." In: *Letterature moderne* 10 (1960) S. 321–33.

[Ähnlichkeit Buzzatis mit Kafka ist nur zufälliger, oberflächlicher Natur. Surrealismus Buzzatis hat seine Wurzeln im Märchenhaften, aus der Landschaft um Belluno. Kein Schuldgefühl; Gnadenzustand möglich (Kindheit), Zeitablauf zentrales Thema.]

Best, Otto: "Zweimal Schule der Körperbeherrschung und drei Schriftsteller." In: *MLN* 85 (1970) S. 727–41.

[Zusammenhänge zwischen Wedekinds "Mine-Haha ...", Walsers "Jakob von Gunten", u. Kafkas Interesse für körperliche Erziehung; Schulung des Charakters, Funktion des Dienens.]

*Besten, Ad den: "Franz Kafka: een steen des aanstoots in de socialistische maatschappij." In: *In de Waagschaal* 3 (1974).

[(Franz Kafka: ein Stein des Anstoßes in der sozialistischen Gesellschaft).]

Beug, Joachim: "The Cunning of a Writer." In: Stern, *The World of Franz Kafka* (s. Sammelbde.) S. 122–33.

[Kafka sucht eigene Rettung durch Schreiben, listenreich wie sein Odysseus; jedoch Unterschied: List nicht auf Ziel hin gerichtet, sondern begleitet sein Lebensexperiment u. seine Todesgedanken.]

*Bialik, Włodzimierz: "Die Welt ohne Transzendenz. Zu Frank Kafkas Roman 'Das Schloß'." In: *Studia Germanica Posnanensia* 6 (1977) S. 49–59.

Biegel, Daniel: "Faut-il brûler Kafka?" In: Raboin, *Les critiques de notre temps et Kafka* (s. Sammelbde.) S. 27–30.

[Auszug aus Artikel in "Action" (Nr. 9, 1946). Kafka weiß, daß er leben müßte, hat aber alle Brücken abgebrochen. Kafka muß verbrannt werden.]

Biemel, Walter: *Philosophische Analysen zur Kunst der Gegenwart.* Den Haag: Nijhoff, 1968 (Phaenomenologica 28).

[S. 1–140 zu Kafka: Von Sokel u. Emrich ausgehende textnahe Deutung von "In der Strafkolonie", "Ein Hungerkünstler", "Josephine ..." u. "Der Bau", sowie philosophische Betrachtung des Bauprinzips. Gerechtigkeit ("Strafkolonie"), Freiheit u. Kunst ("Hungerkünstler" u. "Josephine ...") verkehrt oder negiert. Auch Tier im "Bau" kehrt alle Vorkehrungen zur Sicherheit um. Existentielle Lage durch Verlust der Subjekt-Objekt-Beziehung. Heideggers Philosophie.]

Bieńkowski, Zbigniew: "Nad dziennikami Kafki." In: Franz Kafka: *Dzienniki 1910–1923.* Kraków: Wydawnictwo Literackie, 1969. S. V–XXVI.

[(Zu den Tagebüchern Kafkas): Kafka gehört zu den umstrittensten Autoren des 20. Jh.; Konflikte des Menschen, Dualismus Schuld – Sühne; seine Gestalten besitzen ein Innenleben, das wir nicht kennen. Hauptzweck des Lebens: Verteidigung gegen Außenwelt. Schreiben für Kafka: Lebensform. Verfremdung begann am Tage seiner Geburt.]

Biesel, Herbert: "Franz Kafka. Von Sündenfall und Krankheit der Erlösenden." In: H. B.: *Dichtung und Prophetie.* Düsseldorf: Patmos, 1972. S. 109–35.

[In Kafkas Schreiben die Not der Zeit erkennbar; absurde Geschichten zu schreiben, Tat der Selbstbefreiung. Beim Schreiben verlor er moralische Unschuld. Unversöhnlichkeit zwischen Geist u. Leben – seine Todeskrankheit.]

Bihalji-Merin, O.: "Kafka. Bog i čovek u lavirintu." In: O.B.-M.: *Graditelji moderne misli u literaturi i umetnosti.* Beograd: Prosveta, 1965. S. 281–98.

[Serbokroat. (Kafka. Gott und Mensch im Labyrinth): Kafka gibt keine Antworten, aber stellt Fragen, die heutigen Menschen berühren; beschreibt pedantisch unsere chaotische Welt. In Kafka spiegelt sich Moral unserer Zeit, inneres Dilemma, Absurdes, Verzweiflung; folgt Dostojewskis u. Freuds Spuren; neurotische Symptome, Komplexe, Träume. Kafkas Gestalten aus seinem Bekanntenkreis, oder autobiographisch, ins Zeitlose entrückt. Vertrauen zu Mitmenschen u. Gott fehlt.]

Bilen, Max: *Dialectique créatrice et structure de l'œuvre littéraire.* Paris: Librairie Philosophique J. Vrin, 1971 (Essais d'art et de philosophie).

[Einleitung: Der "mythische" Held bei Kafka u. Proust; Geschichte des Menschen ohne Realistisches, auf gemeinsames Tragisches ausgerichtet; Suche ohne Ziel.
1. Teil: Structure de l'œuvre littéraire.
S. 133–62: Le monde fabuleux de Franz Kafka: Die Initiationsprüfungen K.s im Dorf ("Schloß"), unsichere Lage, Frauenbeziehung; K. als unliebsamer Zeuge für die anderen. K. u. sein Scheitern stellt Kafkas Problem des Künstlers in der Gesellschaft dar. Dilemma zwischen Leben u. Schreiben; Künstlereitelkeit?
S. 163–85: De l'œuvre fragmentaire à l'œuvre totale: Künstler braucht Anerkennung der Gesellschaft zur Identitätsbestätigung für sich; Sprache, Schreiben, erhält ontologische Bedeutung. Die "mythischen" Helden Kafkas u. Prousts symbolisieren die Trennung zwischen Sein u. Sprache. Ihre Werke sind zyklisch, geben den "Totalaspekt"; "l'œuvre totale" schafft neues Universum durch Stil; tragische Stellung des Menschen. (Diss. 1967).]

Biletsky, Y.H.: [Über Literatur.] In: *Katif* 8 (1971) S. 121–23.

[Kafkas Einfluß auf die moderne hebr. Literatur steht im Widerspruch zur gesunden, nicht entfremdeten Wirklichkeit des hebr. Volkes.]

*Billeskov, Jansen, F.J.: "Die Wahlverwandtschaften: Streiflichter über Goethe, Kierkegaard und Kafka." In: *Text & Kontext* 6 (1978) S. 128–40.

*Billy, A.: "Le 'Journal' intégral de Kafka." In: *Le Figaro* (5. 1. 1955).

Binder, Hartmut: "Kafkas literarische Urteile. Ein Beitrag zu seiner Typologie und Ästhetik." In: *ZfdPh* 86 (1967) S. 211–49.

[Untersuchung der Bemerkungen Kafkas über verschiedene Autoren. Besonderheiten der Wahrnehmungsform Kafkas. Unterschiedliche Sehweise Goethes u. Kafkas. Kafkas Ansichten über Goethe, Brod, Sternheim, Blei u.a.]
Engl. Zusammenf. in: *TCL* 14 (1968) S. 53, u.
TCLB S. 2063.

– "Kafkas Hebräischstudien. Ein biographisch-interpretatorischer Versuch." In: *JDSG* 11 (1967) S. 527–56.

[Hebr. Nachlaß nur Teil des verschollenen Materials. 1917 – Lehrbuch von Moses Rath, Unterricht bei Richard Thieberger u. Georg Langer, 1922 Unterbrechung. – Einfluß der Studien u. ostjüdischen Gesänge u. Tradition auf "Forschungen eines Hundes". – 1923 gesprochenes Hebr.: die junge Puah Bentarin aus Palästina (4 Oktavhefte), wahrscheinlich in "Josephine, ..." dargestellt. Kafka: Erzähler; biographische Elemente u. Probleme des Judentums.]
Auch in: Heintz, *Zu Franz Kafka* (s. Sammelbde.) S. 133–58.

– "Franz Kafka und die Wochenzeitschrift 'Selbstwehr'." In: *DVjs* 41 (1967) S. 283–304.

[Aus Referat auf Kafka-Colloquium in Berlin 1966; Kafkas Lektüre dieser zionistischen Wochenschrift wahrscheinlich ab 1911; Verhältnis zum Judentum; jüdisches Volksgefühl in Kafka verstärkt, auch durch Löwys Schauspielgruppe. In Kafkas Abwesenheit von Prag – Verbindung zu Freunden u. Ereignissen. 4 Prosastücke Kafkas in Neujahrsnr. 1919 veröffentlicht.]
In engl. Übers. u. d. T.: "Franz Kafka and the Weekly Paper 'Selbstwehr'." In: *Leo Baeck Yearbook* 12 (1967) S. 135–48.
Engl. Zusammenf. in: *TCL* 13 (1968) S. 244, u.
TCLB S. 2062.

– "Kafka und 'Die neue Rundschau'. Mit einem bisher unpublizierten Brief des Dichters zur Druckgeschichte der 'Verwandlung'." In: *JDSG* 12 (1968) S. 94 –111.

[Seit 1903 gekannt, wichtige Information über zeitgenössische Dichtung, Reiseliteratur, biographische Schriften; anschauliche Essays. Versuch, "Verwandlung" dort zu publizieren. Zeitschrift zu konservativ. Kafkas Kontakte diesbezüglich mit "Die Weißen Blätter" u. Kurt Wolff.]
Engl. Zusammenf. in Corngold, *The Commentators' Despair* (s. Sammelbde.) S. 82–83.

– "Kafka und seine Schwester Ottla. Zur Biographie der Familiensituation des Dichters unter besonderer Berücksichtigung der Erzählungen 'Die Verwandlung' und 'Der Bau'." in: *JDSG* 12 (1968) S. 403–56.

[Im Gegensatz zu immanenter Textbetrachtung – Leben u. Werk Kafkas verbunden. "Verwandlung" u. "Bau": jeweilige Lebenssituation des Dichters. Annäherung an Ottla um 1911, die seine Vermittlerin zur Welt wird u. deren Ausbildung u. Kultur er beeinflußt ("Die Verwandlung"). Gemeinsame Unternehmungen, Fürsorge Ottlas für den Bruder, Ottlas Charakter, Naturgefühl, Zürauer Aufenthalt ("Der Bau").]
Engl. Zusammenf. von S. 404 in Corngold. *The Commentators' Despair* (s. Sammelbde.) S. 83.

– "Kafkas Briefscherze: Sein Verhältnis zu Josef David." In: *JDSG* 13 (1969) S. 536–59.

[Nach Ottlas Heirat mit Dr. Josef David versucht Kafka Verständnisbasis mit dem andersgesinnten Schwager. Neckereien u. Wortspiele zeigen wenig beachtete Seite Kafkas (unveröffentlichte Briefe Kafka-David), auch für Prosawerke erhellend. Bes. Matliary- u. Berliner Briefe bestätigen dies.]

- "'Der Jäger Gracchus'. Zu Kafkas Schaffensweise und poetischer Topographie." In: *JDSG* 15 (1971) S. 375–440.

[8 Photographien von Riva del Garda. – Entstehung, Datierung, Schauplatz, Darstellungsart, Interpretationen. – Kafkas Besuche in Riva. – Die Piazza Benacense u. Prag; Stille nicht typisch für Süden. Trotz Detailtreue vorgebildete Elemente von Kafkas Weltauffassung. – Palazzo del Comune: Ernst Hardts Erz. Die Geschichte des Jägers: Kafkas eigenes Schicksal (Schwebezustand), Schaffensweise Kafkas – passiver Zustand. Biographische Situation beeinflußt Handlungsführung Kafkas; Fehlen der Tradition.]

- "Kafka und die Skulpturen." In: *JDSG* 16 (1972) S. 623–47.

[Kafkas Milieuabhängigkeit: Topographie Prags, dessen Sprache, bes. aber die menschlichen Skulpturen. Persönliche Eindrücke erscheinen in Werken. – Doppelstatue von Cyrill u. Method, sowie 5 Statuen im Veitsdom auf dem Grab des Johannes von Nepomuk. Auch auf Reisen Interesse für Statuen; Kafkas Widerstand gegen jede Veränderung. Skulptur beruhigt, wird auch bildhafter "Vorstellungsbegriff" u. dann "Erzählelement". 5 Statuen erwähnt, die Kafka bes. beeindruckten.]

Binder, Hartmut, u. **Klaus Wagenbach**: "Vorbemerkung der Herausgeber." In: Franz Kafka: *Briefe an Ottla und die Familie*. Frankfurt/M.: S. Fischer, 1974. S. 5–7.

[Sind als Fragmente der Korrespondenz zwischen Kafka u. den Schwestern, sowie der Familie zu sehen; Antworten auf die Briefe fehlen. Wichtig für Einblicke in Beziehung Kafkas zu Ottla; 2 Jahrzehnte währende Korrespondenz.]

Binder, Hartmut: "Kafka und Napoleon." In: *Festschrift für Friedrich Beißner*. Hrsg. v. Ulrich Gaier u. Werner Volke. Bebenhausen: Lothar Rotsch, 1974. S. 38–66.

[Kafka bewunderte Napoleon, las viel über ihn, genaues Studium des Rußlandfeldzugs 1812. Napoleons Gefühlskälte, Fähigkeit, Emotionen in Menschen wachzurufen; Entschlußkraft; Sorge, kinderlos zu sterben, Kafka sah im Militär väterliche Autorität u. Gesetzlichkeit; Schlachtenbeschreibungen beeindruckten ihn. Kafka u. Napoleon litten wahrscheinlich an Hypogonadismus.]

- "Ein ungedrucktes Schreiben Franz Kafkas an Felix Weltsch." In: *JDSG* 20 (1976) S. 103–31.

[Kafkas 97 Korrekturvorschläge (Winter 1919/1920) zu Felix Weltschs Buch "Gnade und Freiheit", an dessen Entstehung er u. auch M. Brod Anteil nahmen. Begleitschreiben, Abdruck der Korrekturpunkte; beleuchtet Ästhetik des Dichters. Wenig Sachkritik; äußere Dinge (Stil, Satzzeichen, Rechtschreibung etc.) korrigiert; Weltsch nahm die meisten Vorschläge an.]

- "Kafkas Schaffenprozeß, mit besonderer Berücksichtigung des 'Urteils'. Eine Analyse seiner Aussagen über das Schreiben mit Hilfe der Handschriften und auf Grund psychologischer Theoreme." In: *Euphorion* 70 (1976) S. 129–74.

[Werkgenese durch Strukturformen von Erz. u. Romanen nicht zu erschließen. Versuch, Selbstaussagen auf Erstniederschriften zu beziehen u. daran eine psychologische Betrachtung der erschlossenen Schaffensart zu knüpfen. 1. "Willkürlicher Schaffensdrang", aber persönliche Gegebenheiten beeinflussen Werkgestalt. Gesamtkomposition vor Nieder-

schrift meist fertig. "Primat des Einfalles". – 2. Psychologie zur Erhellung des Schaffenspro-
zesses. Jung, Freud u. Ehrenzweig. – "Urteil": Ergebnis unbewußter Prozesse (Verlobungs-
motiv, Kindheitserfahrungen, Traumgesetze, Schreiben statt Gemeinschaft). – Schreiben als
Regression: Freie Assoziation u. Kombination zu neuem Zusammenhang, große Flexibilität.]
Engl. Zusammenf. in: *TCL* 22 (1976) S. 482.

– "Kafkas Varianten." In: *DVjs* 50 (1976) S. 683–719.

[Genetische Lesarten: Varianten beziehen sich auf Stil; Textgenese vor Niederschrift erfolgt. – Unveröffentlichte Textpassagen verwendet: Kafka vermeidet Wortwiederholun-
gen; Randstriche in B-Fassung des Ms. "Beschreibung eines Kampfes" (Dietz) neu gedeutet. Kafka korrigiert Flüssigkeit u. Prägnanz, zeigt innere Vorgänge als Phänomene, ändert Syntax häufig, kann sich oft nicht zwischen zwei ästhetischen Grundsätzen entscheiden, Kontext wichtig.]

– "Leben und Persönlichkeit Franz Kafkas." In: *Kafka-Handbuch* 1 (s. Sammelbde.) S. 103–584.

– "Ästhetik: Bauformen." In: *Kafka-Handbuch* 2 (s. Sammelbde.) S. 48–93.

[Bibliogr. S. 90–93. Versuch, Werke zu klassifizieren: Traum, Märchen, Parabel, Perspektive; Struktur (Kreis, Fragment, Raum, Figuren, Entwicklung u. Wiederholung, Detail. u.
Funktion).]

*– "Ernst Polak – Literat ohne Werk. Zu den Kaffeehauszirkeln in Prag und
Wien." In: *JDSG* 23 (1979) S. 366–415.

– "Frühphasen der Kritik." In: *Kafka-Handbuch* 2 (s. Sammelbde.) S. 583–624.

[Umfaßt: Rezensionen; Sonstige Würdigungen; Drucke u. Übersetzungen; Rezitationen
(Ludwig Hardt); Parodistisches; Nachrufe; Ruhm u. Nachruhm. Bibliogr. S. 620–24.]

– "Nichtepische Arbeiten und Lebenszeugnisse: Lyrik. 'Rede über die jiddische
Sprache'. Briefe. Gustav Janouchs 'Gespräche mit Kafka'." In: *Kafka-Handbuch* 2 (s. Sammelbde.) S. 500–18, 554–62.

[S. 500–03: Lyrik: Kurzbibliogr. (S. 503). Vorlieben; selbst eigenrhythmische, metrisch
freie, reimlose Versgebilde geschaffen. S. 503–05: 'Rede über die jiddische Sprache': An-
laß, Quellen, Dokument für Kafkas Judentum. J. Löwy. S. 505–18: Briefe. Überlieferung,
Quellenwert, Form, Funktion in eigenem Kap. behandelt. S. 554–62: Gustav Janouchs
'Gespräche mit Kafka'; Kurzbibliogr. (S. 562.) – Geschichte des Bdes., 1951, erweiterte
Ausgabe 1968; Fragen der Authentizität; Wert des Werkes.]

Binder, Wolfgang: "Das stumme Sein und das redende Nichts. Ein Aspekt des
Kafkaschen Schloß-Romans." In: *Aufschlüsse. Studien zur deutschen Litera-
tur.* Zum 60. Geburtstag von Wolfgang Binder am 14. Mai 1976. Hrsg. v. Rolf
Tarot. Zürich, München: Artemis, 1976. S. 369–84.

[Augenmerk auf "objektive Nachrichten" über das Schloß u. auch auf sich wiederholende Ereignisse zwischen Schloß u. Dorf u. K. gerichtet, die die Macht des Schlosses u.
seine Grenzen anzeigen. Labyrinthstruktur innen u. außen, Schloß selbst – leblos u. verwirrend zugleich. Arbeit: Registrieren der Lebensereignisse im Dorf. Vorkommnisse, z. B.
im Zusammenhang mit K. u. Amalia, die Schloß hindern. K. als Katalysator.]

Binion, Rudolph: "What the 'Metamorphosis' Means." In: *Symposion* 15 (1961) S. 214–20.

[Gregors Neurose ist sein einziger Ausweg aus einer ihn zerstörenden gesellschaftlichen u. häuslichen Lage.]
Engl. Zusammenf. in: Corngold, *The Commentators' Despair* (s. Sammelbde.) S. 83–85.

Birch, Joan Ethyl Maclelland: "Dimensions of Narrative Prose Sentence Style in Kafka's 'Das Schloß' and Mann's 'Doktor Faustus'." In: *DA* 30 (1970) S. 5428 A.

[Zusammenf.; Linguistische Computer-Analysen von je 200 Sätzen aus beiden Romanen mit 40 stilistischen Variablen. "Factor analysis." Wesentliche Unterschiede zwischen dem Stil Kafkas u. Manns. Satzstil im "Schloß" vielfach komplizierter als in "Doktor Faustus."]

Birch, Joan: "What Happens to the Doctor in Kafka's 'Ein Landarzt'?" In: *MAL* 9 (1976) Nr. 1. S. 13–25.

[Der Landarzt war als Arzt nicht imstande, die Wunde zu sehen, aber er macht allmählich eine unaufhaltsame Verwandlung mit u. erwirbt menschliches Empfinden.
S. IV: Engl. Zusammenf.]

Birrell, T. A.: "Some Notes on the Development of Kafka." In: Jakob, *Das Kafka-Bild in England* 2 (s. Sammelbde.) S. 426–31.

[Abdruck des gleichnam. Artikels in "Blackfriars" 30 (Febr. 1949) Nr. 347. S. 63–68: Kafkas Symbolismus versucht, Unbekanntes zu bezeichnen (anders als Bunyan). Von "Amerika" zu "Schloß" Entwicklung: von Wirklichkeit u. menschlicher Erfahrung zu persönlicher Klärung.]

Bithell, Jethro: *Modern German Literature: 1880–1950.* Third edition. London: Methuen, 1959.

[S. 450–60: Kafka dem Existenzialismus u. Surrealismus nahe.]

Bjorklund, Beth: "Cognitive Strategies in a Text." In: *Journal of Literary Semantics* 8 (1979) S. 84–99.

[Strukturalismus kann zum besseren Verständnis eines Kafkatextes beitragen. "Brief an den Vater": Schreiber legt Vorgefallenes fest, der "Vorfall" ist das Schreiben. Multiple Wirklichkeitsebenen, qualifizierende Adverbia. "Brief ..." zeigt begriffliche Schemata, die typisch für 20. Jh. werden. Strukturalismus (horizontale Bezüge) u. ontologisch phäno-menologische Forschung (vertikale Bezüge) können einen Text klären.]

*Bjorneboe, S. K.: Jøden som apokalyptiker. Til Franz Kafka." In: *Horisont* 1 (1965) S. 149–52.

[(Der Jude als Apokalyptiker.)]

Blacher, Boris, u. **Heinz von Kramer**: *Der Prozeß,* nach dem Roman von Franz Kafka. Neun Bilder in zwei Teilen. Musik von Gottfried von Einem, Opus 14. Berlin, Wiesbaden: Bote u. Bock, 1968. 47 S.
[Opernlibretto.]

Blanchet, André, S. J.: "Franz Kafka ou l'obsession du divin." In: A. B.: *La Littérature et le Spirituel.* Vol. 2. *La Nuit de feu.* Paris: Aubier, 1960. S. 103–26.

[Kafkas Existenz auf dieser Welt gleicht der eines Exilierten in einer unmenschlichen Welt. Sein intimes Drama in "Verwandlung" dargestellt. Geistesverwandtschaft mit Kierkegaard. Werke in Zusammenhang mit Tagebüchern zu sehen. Gottes Abwesenheit.]
In span. Übers. in: *La literatura y lo espiritual.* Madrid: Ed. Razóny Fe, 1963.

*Blanchot, M[aurice]: "Sur le Journal intime." In: *La Nouvelle Revue Française* 28 (1955) S. 683–91.

– "Kafka et l'exigence de l'œuvre." In: M. B.: *L'espace littéraire.* Paris: 1955. S. 55–81.

[Schwanken zwischen Welt der Literatur u. Leben in der Welt. Romane zeigen Kafkas Entwicklung, er wird harmonischer. Abdruck aus "Critique" 58 (1952) S. 195–221.]
In engl. Übers. v. Lyall H. Powers u. d. T.: "The Diaries: The Exigency of the Work of Art." In: Flores, *Franz Kafka Today* (s. Sammelbde.) S. 195–220.
Dasselbe in: *Issues in Contemporary Literary Criticism.* Ed. Gregory T. Polletta. Boston: Little, Brown, 1973. S. 352–71.
Engl. Zusammenf. von S. 195–220 in: Corngold, *The Commentators' Despair* (s. Sammelbde.) S. 85.
In jap. Übers. (gekürzt): Tôkyô: 1968.
In span. Übers. u. d. T.: "Kafka y la exigencia de la obra." In: M. B.: *El espacio literario.* Buenos Aires: 1969. S. 51–76.

– "Le dernier mot de Kafka." In: *La Nouvelle Revue Française* 7 (Febr. 1959) (S. 294–300 u. März 1959) S. 481–88.

[Teil I: Über Publikation von Kafkas Briefen, die Wichtiges über seine 4 Hauptprobleme (Vater, Literatur, Frauen, geistige Krise) enthüllen.
Teil II: Schreiben ist notwendig u. schädlich, Einsamkeit als Ziel u. Verführung. Angst vor Lebensveränderung u. Tod. Veränderung im Todesjahr.]

– *Le livre à venir.* Paris: Gallimard, 1959. S. 189–90.

[Kafkas Helden diskutieren u. widerlegen; Schwierigkeit der Beziehungen – neue Basis für Kommunikation.]

–: "Le pont de bois." In: *La Nouvelle Revue Française* 12 (Jan. 1964) S. 90 –103.

[Problematik aller Literaturkommentare. Kafkas "Schloß": K. vermißt literarische Felder, geht von einer Exegese zur andern. Roman: Archiv der westlichen Kultur. Totale Neutralität im Zentrum. Auseinandersetzung mit Marthe Roberts "Das Alte im Neuen."]
Auch in M. B.: *L'Entretien infini.* Paris: Gallimard, 1969. S. 573–82.
Engl. Zusammenf. in: *TCL* 10 (1964) S. 90, u.
TCLB S. 2105.

– "La voix narrative." In: *La Nouvelle Revue Française* 12 (Okt. 1964) S. 675 –85.

[Beziehung Flaubert-Kafka, Erzähldistanz u. -perspektive.]
Auch in M. B.: *L'Entretien infini.* Paris: Gallimard, 1969 (bes. S. 562–63).
Engl. Zusammenf. in: *TCL* 10 (1965) S. 186.

– "L'Echec de Milena." In: Franz Kafka: *Lettres à Milena.* Paris: Cercle du
Livre Précieux, 1965. S. 243–56.

[Gekürzte Fassung des Artikels in "Nouvelle Revue Française" 23 (1954). Freundschaft
mit Milena machte Kafka glücklich, aber auch verzweifelt; wegen ihr verließ er seine Verlobte 1920.]

– *L'Amitié.* Paris: Gallimard, 1971.

[S. 272–84: Kafka et Brod: Abdruck aus "Nouvelle Revue Française" 22 (1954) S. 695
–707. Heftige Kritik an Brods "Schloß"-Dramatisierung, seine Arbeit an Kafkas Nach-
laß; Brods optimistisches Bild des Freundes stimmt nicht mit negativem Ton der Drama-
tisierung überein.
S. 285–99: Le dernier mot: Sind Kafkas Briefe (1958) wirklich sein letztes Wort? Wahre
Biographie Kafkas fehlt noch, Brod zu einseitig; Briefe – wenig Neues, lassen aber größe-
res Verständnis von Kafkas Anliegen zu.
S. 300–25: Le tout dernier mot: 10 Jahre später (1967) hat sich das Kafkabild geändert:
Felicebriefe, Wagenbachs Biographie, Symposium in Berlin. – Blanchots Kommentar zu
Felicebriefen (u. denen Grete Blochs): Kafkas Zauber zu Beginn der Bekanntschaft, von
Felice angezogen u. abgestoßen, überläßt eigentlich ihr die Entscheidung.]

– "La lecture de Kafka." In: Raboin, *Les critiques de notre temps et Kafka*
(s. Sammelbde.) S. 50–54.

[Teilabdruck aus M. B. "La Part du feu" (1949) S. 9–19. Kafkas Werk schien dazu ver-
urteilt, universelles Mißverstehen zu vergrößern. Möglichkeit, daß Negatives positiv wird,
erfüllt sich nie ganz.]
In engl. Übers. v. Glenn W. Most u.d.T.: "Reading Kafka." In: Rolleston, *Twentieth
Century Interpretations of "The Trial"* (s. Sammelbde.) S. 11–20.
In ital. Übers. v. Leonella Prato Caruso u.d.T.: "La lettura di Kafka." In: Pocar, *Intro-
duzione a Kafka* (s. Sammelbde.) S. 76–86.
In jap. Übers.: Tôkyô: 1958.

– "Kafka et la littérature." In: Raboin, *Les critiques de notre temps et Kafka.*
(s. Sammelbde.) S. 164–67.

[Teilabdruck aus M. B. "La Part du feu" (1949). Künstler hat gesellschaftliche Pflichten,
auch wenn Kunst darunter leidet.]

*Blatt, Abraham: *Binetiv Sofrim.* Tel Aviv: 1967.

[Hebr.; (Auf dem Wege der Schriftsteller); aus "Bibliografia b'Ivrit". S. 240–48: Kap.
über die Grundlagen des "Prozeß" von Kafka u. über "Die Verwandlung".]

*– *Tihumim Vehotam.* Tel Aviv: 1974.

[Hebr.; (Grenzen und Signatur:) aus "Bibliografia b'Ivrit". – S. 215–25: über Kafka.]

Blauhut, Robert: "Franz Kafka (1883–1924)". In: R. B.: *Österreichische Novel-
listik des 20. Jahrhunderts.* Wien, Stuttgart: Braumüller, 1966 (Untersuchungen zur österreichischen Literatur des 20. Jahrhunderts, Bd. 2). S. 192–211.

[Interpretation von "Gracchus", "Hungerkünstler", "Urteil" u.a. Kafkas Unbehaustheit
im "Gracchus"; Expressionismus.]

*Bleich, David: "The Identity of Pedagogy and Research in the Study of Response to Literature." In: *College English* 42 (1980) S. 350–66.
[Beispiel aus Kafkas Werk.]

*Blekastad, M.: "Franz Kafka og Praha." In: *Syn og Segn* 71 (1965) S. 559–68.

Blöcker, Günther: "Franz Kafka." In: G. B.: *Die neuen Wirklichkeiten. Linien und Profile der modernen Literatur.* Berlin: Argon, 1957. S. 297–306.
[Kafkas Werk *ist,* es bedeutet nicht, steht nicht für anderes; bes. bei Erz.: Sinn der Dichtung ist ihre Gestalt. Das radikal Unbekannte für Kafka u. seine Helden.]
In span. Übers. u. d. T.: "Franz Kafka." In: *Lineas y perfiles de la literatura moderna.* Madrid: 1969. S. 287–96 u. in: *Eco* 2 (Jan. 1961) Nr. 3. S. 287–98.

– *Kritisches Lesebuch. Literatur unserer Zeit in Probe und Bericht.* Hamburg: Leibniz, 1962.
[S. 90–91: Bruno Schulz übersetzte "Prozeß" ins Poln. Ähnlichkeiten u. Unterschiede zwischen Schulz u. Kafka. S. 164: Robbe-Grillet u. Kafka.
S. 206: Ernst Augustin ("Der Kopf") u. Kafka.]

Blunden, Allan: "A Chronology of Kafka's Life." In: Stern, *The World of Franz Kafka* (s. Sammelbde.) S. 11–29.
[Lebensabriß zur Einführung.]

Boa, Elizabeth, and **J. H. Reid**. *Critical Strategies. German Fiction in the Twentieth Century.* London: Edward Arnold, 1972. Montreal: McGill-Queens Univ. Pr., 1972.
[Zahlreiche Hinweise auf Kafka, bes. S. 15–16, 35–37, 59–64 (Dialog im "Prozeß"), 86–90 (Tonqualität in "Bericht für eine Akademie"), 93–94, 105–07, 139–40, 159–61 ("Das Schloß" – Antiallegorie, 164–68 (Licht u. Dunkel im "Schloß").]

*Bochefeld, F. O.: "El estilo de Kafka." In: *Papel literario El Nacional* (Carácas) (31. 3. 1955).

*Bock, Eve C.: "The Relationship of the Prague German Writers to the Czechoslovak Republic, 1918–1939." In: *Germano-Slavica* 2 (1977) Nr. 4. S. 273–283.

Boegeman, Margaret Byrd: "Paradox Gained: Kafka's Reception in English from 1930 to 1949 and His Influence on the Early Fiction of Borges, Beckett, and Nabokov." In: *DAI* 38 (July-Aug. 1977). S. 780 A–81 A.
[Zusammenf.: In den späten Dreißiger- u. in den Vierzigerjahren wurde Kafka in Zusammenhang mit politischer Lage u. sozialen Themen aufgenommen. Er wurde durch die Übers. zuerst den Intellektuellen bekannt, dann, von 1937–45 allg. bes. durch die Kriegsgeschehnisse. Der 2. Teil der Diss. untersucht den Einfluß auf Borges (die unbegrenzten Alternativen), Beckett (Themen der Unsicherheit u. Unentschiedenheit) u. Nabokov, der Kafkas Einfluß zwar abweist, dessen hilflose Helden u. ausweglosen Handlungen auf den Schriftsteller hinweisen. Durch diese Schriftsteller wurde Kafkas Einfluß noch weiter verbreitet (s. Diss.).]

*Boer, M. G. L. den: "Kafka in Nederland." In: *In de Waagschaal* 3 (1974).

*Boehm, Rudolf: "Kafka over leven en dood. "In: *Nieuw Vlaams Tijdschrift* 21 (1968) S. 393–412.

Boerner, Peter: *Tagebuch.* Stuttgart: J. B. Metzler, 1969 (Realienbücher für Germanisten. Abteilung Poetik. Sammlung Metzler M 85).

[Hinweise (auch bibliogr.) auf Kafkas Tagebücher, bes. S. 63–64, 71.]

Boesch, Bruno: *Deutsche Literaturgeschichte in Grundzügen. Die Epochen deutscher Dichtung.* 3. Aufl. Bern u. München: Francke, 1967. (C 1946).

[S. 449–50: Einführend über Kafka.]
In engl. Übers. u. d. T.: *German Literature. A Critical Survey.* London & Southampton: Methuen, 1970. [S. 321–22.]

Boeschenstein, Bernhard: "Elf Söhne." In: David, *Franz Kafka: Themen und Probleme* (s. Sammelbde.) S. 136–51.

[Elf Söhne – elf Erz. Kafkas (Stand der bisherigen Forschung): hier Versuch, Analogien u. Gegensätze zwischen Söhnen u. Vaterrolle festzulegen (Vater: Besitzer, Zwang auf Söhne; Zwang der Sprache auf Autor.]

Boeschenstein, Hermann: "Emil Utitz, der Philosoph aus dem Prager Kreis (1883 –1960)." In: *Rice University Studies* 57 (1971) Nr. 4. S. 19–32.

[Utitz, Mitschüler Kafkas, erkannte dessen dichterische Begabung früh.]

Böhme, Hartmut: "'Mutter Milena': Zum Narzißmus-Problem bei Kafka." In: *GRM* 28 (1978) S. 50–69.

["Texte in einer begrenzten pragmatischen Situation der Beziehung zu Milena" gedeutet.
4 Teile:
I. Handlungstheoretische Auslegung eines Gleichnisses in Briefen an Milena: Kafkas Identitätsstörung.
II. Psychoanalytische Auslegung der Milena-Beziehung: Zum Narzißmus-Problem.
III. Psychoanalytische und handlungstheoretische Überprüfung der Thesen am Kontextmaterial des Gleichnisses.
IV. Konsequenzen für die Kafka-Deutung aus Beispiel "Auf der Galerie". Böse Mutterimago, im Werk auf gesellschaftliche Institutionen übertragen, dadurch Faszination u. heutige Verbreitung erklärbar.]
Auch in engl. Übers. u. d. T.: "Mother Milena: On Kafka's Narcissism." In: Flores, *The Kafka Debate* (s. Sammelbde.) S. 80–99.

Boisdeffre, Pierre de: "Kierkegaard et Kafka." In: *Revue de Paris* 62 (Juli 1955) S. 138–42.

["Geistige Zwillingsbrüder", aber auch Parallelen im Leben. Schuldgefühle, gegen Ehe, Passivität, Selbstvernichtungstrieb, bei Kafka noch komplizierter, hat keine Hoffnung auf "verheißenes" Land.]
Erweitert auch u. d. T.: "Solitude et communion chez Kierkegaard et chez Kafka." In: *Mélanges Georges Jamati. Création et vie intérieure. Recherches sur les sciences et les arts.* Paris: Éditions du Centre National de la Recherche Scientifique, 1956. S. 37–51.

[Lebensetappen der beiden verglichen, ähnliche Problematik in Vaterbeziehung, der Liebe zur Frau; Hinwendung zur Einsamkeit nach langem Zögern u. totale Hingabe an Werk. Kierkegaard nahm Grundgedanken des 20. Jh. vorweg; Kafkas Tragik noch tiefer, da er auch "heimatlos" war; Rettung nur durch Werk.]
Engl. Zusammenf. in: *TCLB* S. 2065.

*— "La tragédie de la solitude chez Kierkegaard et chez Kafka." In: *Civitas* (1955/56) Nr. 7. S. 341—46.

— "Le destin de Kafka ou mystère et limites du génie." In: *La Revue des Deux Mondes* (1959) S. 400—10.

[Biographisch-künstlerische Einführung. Kafkas Beziehung zu Vater, Ehe, Werk. Absurdes Leben in realistischem Spiegel.]

— "Kafka face au mariage (1912—1921)." In: *La Table Ronde* (1960) Nr. 150. S. 65—73.

— "Kafka ou l'anéantissement du moi." In: P. B.: *Où va le roman? Essai.* Paris: Del Duca, 1962. S. 47—59.

[Leben u. Werk gehen ineinander über. Versuch, Leben zu rechtfertigen. Realistische Mittel um Absurdes darzustellen (H. Bosch), Kunst als Erkenntnissuche.]

*— "Franz Kafka. 'Lettres à Felice.' E. Canetti: 'L'autre Procès'." In: *Revue des Deux Mondes* (Juli 1972).

*— "Chronique du Mois." In: *Revue des Deux Mondes* (1972) S. 165—80.
Engl. Zusammenf. in: *TCL* 19 (1973) S. 138.

— "Kafka, ou le suicide infiniment souspendu." In: P. B. *Les écrivains de la nuit ou la littérature change de signe Baudelaire — Kierkegaard — Kafka — Gide — T. H. Lawrence — Luc Dietrich — Drieu La Rochelle — Montherlant — Beckett.* [Paris:] Plon, 1973. S. 101—51.

[Kafkas Abstammung; Aversion zwischen ihm u. Vater nimmt dramatische Formen an, Schuldkomplex wächst; er wendet sich auch gegen das Leben. Felice u. 5 Jahre der Qual, Befreiung durch Krankheit; Julie- u. Milenabegegnungen; ganze Hinwendung zum Schreiben; Ratgeber junger Menschen. Dora Diamant u. Versuch des "normalen" Lebens in Berlin; Ende in Kierling. Kierkegaardvergleich, Kafkas Einstellung zur Zeit, ein "Genie der Nacht" im Gegensatz zu Goethe u. Hugo.]

*Bomans, Godfried: "De Weense ambtenaar." In: *De Volkskrant* (1966).
*Auch in: G. B.: *Van mens tot mens. Uit nagelaten werk.* Bd. 1. 1973.

Bonadella, Peter E.: "Franz Kafka and Italo Svevo." In: Zyla, *Franz Kafka: His Place in World Literature* (s. Sammelbde.) S. 17—34.

[Ähnlichkeiten zwischen Kafka u. Svevo; Einfluß Kafkas auf Svevos Tierfabeln u. die Verwendung des Paradoxen im späten Werk des Triestiners.]

108

*Bondy, François: "Kafka vu par Orson Welles." In: *Preuves* (1963) Nr. 144. S. 64–66.

– "Literatur und Kommunismus. Ein Gespräch zwischen François Bondy und Hans Mayer." In: *Der Monat* 16 (1964) Nr. 185. S. 49–56.
[Mayers Meinung über Kafka-Interesse in östlichen Ländern: Polen, Ungarn, Südslawien. Orson Welles' Film. Osten kann Kafka nicht ignorieren.]
In engl. Übers. u. d. T.: "The Struggle for Kafka and Joyce. A Conversation between Hans Mayer und François Bondy." In: *Encounter* 22 (May 1964) Nr. 5. S. 83–89.

Bonner-Hummel, Marie Luise: "The Problem of the Artist in Franz Kafka's Short Stories." In: *DAI* 41 (1980) S. 267A.
[Künstlerproblem als psychologischer Kampf des begabten Künstlers. Vergleiche mit Goethe, Grillparzer, Keller, T. Mann. Analyse von vier Künstlererz. ("Auf der Galerie", "Erstes Leid", "Ein Hungerkünstler" u. "Josefine") auch vom psychologischen Standpunkt. Kafkas Künstler sind Prototypen u. zweidimensional, ohne eigene Lebensgeschichte.]

*Bonnier, H.: "La magie de cercle Franz Kafka." In: *Les Nouvelles Littéraires* (24. 10. 1968).

Bonnot, Gérard: "'Le Procès', ou 'la métamorphose'." In: *Les Temps Modernes* 18 (Febr. 1963) Nr. 201. S. 15–23.
[Welles' Film gibt alle Episoden wieder, ist insofern dem Text "treu". Dem Amerikaner Welles aber blieb europäische Kultur fremd: er mißdeutet den Roman.]

Booth, Wayne C.: *The Rhetoric of Fiction*. Chicago & London: Univ. of Chicago Pr., 1963. – (C 1961); auch 1970.
[S. 281–82, 287, 293–94: Bemerkungen über "Die Verwandlung" u. "Das Schloß".]
Teilabdruck von S. 287 auch in: Neumeyer, *Twentieth Century Interpretations of "The Castle"* (s. Sammelbde.) S. 104.
Engl. Zusammenf. von S. 281–82 in: Corngold, *The Commentators' Despair* (s. Sammelbde.) S. 86.

*Borel, P. L.: "L'enfer de Kafka vue à travers sa correspondance." In: *Feuille d'avis de Neuchâtel* (11. 1. 1966).

*Borev, J. B.: "Pevez na aosa." In: *Plamăk* (1965) Nr. 10. S. 123–27.
[Bulgarisch.]

*Borgen, J.: "Foran premieren pa 'Prosessen'." In: *Dagbladet* (4. 9. 1965) S. 3f.

*– "Kafka! Kafka!" In: *Dagbladet* (5. 3. 1965) S. 3f.

*– "Kafkas 'Amerika'." In: *Dagbladet* (6. 5. 1966).

Borges, Jorge Luis: "Kafka y sus precursores". In: J.L.B.: *Otras inquisiciones. Obras completas* [Bd. 8]. Buenos Aires: Emecé, 1960 S. 745–48. (C 1952.)

[Geschrieben 1951; führt Dichter u. Philosophen an, die Kafkas Themen behandelten. Weitere Hinweise auf Kafka: S. 53, 56, 83–84 (Vergleich Hawthorne – Kafka), 121–22 ("Vor dem Gesetz").]
In dt. Übers. u.d.T.: "Kafka und seine Vorläufer." In: J.L.B.: *Das Eine und die Vielen. Essays zur Literatur:* München: Hanser, 1966. S. 215–18.
In engl. Übers. von J[ames] E. I[rby] u.d.T.: "Kafka and His Precursors." In: *Labyrinths. Selected Stories and Other Writings.* Ed. Donald A. Yates and James E. Irby. New York: New Directions, 1964. S. 199–201. – (1. Aufl. 1962. S. 193–95.);
auch v. Ruth L. C. Simms in J. L. B.: *Other Inquisitions, 1937–1952.* Austin: Univ. of Texas Pr., 1964 (Texas Pan-American Series). S. 106–08.
Auch in: Hamalian, *Franz Kafka* (s. Sammelbde.) S. 18–20.
Teilabdruck von S. 106 in: Neumeyer, *Twentieth Century Interpretations of "The Castle"* (s. Sammelbde.) S. 101–02.
In ital. Übers. in: J. L. B.: *Altre inquisizioni.* Milano: Feltrinelli, 1963.

— "Prólogo." In: J.L.B.: *Prólogos. Con un prólogo de prólogos.* Buenos Aires: Torres Agüero, 1975. S. 103–05.

[2 Hauptthemen: Unterwerfung u. Unendliches.]
Auch in: Franz Kafka: *La Metamorfosis.* Novena edición. Buenos Aires: Losada, 1976. – (C 1943.) – S. 9–12.
In frz. Übers. von Françoise Marie Rosset u.d.T.: "Préface à 'La Métamorphose'." In: *Obliques* (Paris) (2e trimestre 1973) Nr. 3. S. 15–16.

Borgese, G.A.: "In Amerika con Kafka." In: G. A. B.: *Da Dante a Thomas Mann.* Milano: Mondadori, 1958 (I quaderni dello "Specchio"). S. 253–59.

[Gedanken über Kafkas Darstellung des Landes u. Karl Rossmann, Kafka kannte Amerika persönlich nicht; unzutreffende realistische Details, manchmal doch amerik. Atmosphäre. Humor Kafkas (z.B. Bruneldaepisode) geht bis zum Absurden.]

Born, Jürgen: "Max Brod's Kafka." In: *Books Abroad* 33 (1959) S. 389–96.

[Negative Kritik am zu optimistischen Kafka-Bild in Brods Schriften 1921–59, vor allem seiner religiösen u. philosophischen Ideen, die vom Kunstwerk kaum trennbar sind. Das Dunkel der Welt Kafkas wird durch fernes Irrlicht noch hervorgehoben.]
Engl. Zusammenf. in: *TCLB* S. 2063.

— "Franz Kafka und seine Kritiker (1912–1924). Ein Überblick." In: Born, *Kafka-Symposion* (s. Sammelbde.) S. 127–59.

[Echo von Kafkas Werken zu seinen Lebzeiten gering, dennoch seine Besonderheit erkannt. Kafkas Interesse für Kritiken seiner Prosa. S. 129–57: 11 Kritiken abgedruckt u. mit Kommentaren versehen, zu: "Betrachtung", "Der Heizer", "Die Verwandlung", "Das Urteil", "In der Strafkolonie".]
In erweiterter Fassung u.d.T.: "Zur frühen Aufnahme der Dichtungen Kafkas." In: Born, *Franz Kafka. Kritik und Rezeption* (s. Sammelbde.) S. 177–87.
Teilabdrucke von S. 129–31 ("Das Ereignis eines Buches") in frz. Übers. u.d.T. "Max Brod. Un événement littéraire"; von S. 135–36 (Franz Kafka: "Betrachtung") in frz. Übers. u.d.T.: "Albert Ehrenstein: 'Méditation'"; u. von S. 151–52 ("In der Strafkolonie") in frz. Übers. u.d.T.: "V. H.: 'Une triste soirée'." In: Raboin, *Les critiques de notre temps et Kafka* (s. Sammelbde.) S. 55–58, 58–59 u. 87–88.

– "Franz Kafkas Briefe an Felice Bauer (Herausgabe mit Kommentar)." In: *DA* 26 (1965) S. 365.

[Zusammenf.: Vorbereitung der Publikation für Schocken Books. Briefe erstrecken sich auf Zeit von 1912–17, bes. Sept. 1912 bis Aug. 1913. Hinweise vor allem auf "Amerika" u. "Die Verwandlung" (s. Diss.).]

– "Vom 'Urteil' zum 'Prozeß'. Zu Kafkas Leben und Schaffen in den Jahren 1912–1914." In: *ZfdPh* 86 (1967) S. 186–96.

[Kafkas Erwähnungen über Schreibtätigkeit in Briefen an Felice u. Tagebüchern.]
Engl. Zusammenf. in *TCL* 14 (1968) S. 53, u.
TCLB S. 2063.
Engl. Zusammenf. von S. 186ff. in: Corngold, *The Commentators' Despair* (s. Sammelbde.) S. 87.

– "Franz Kafka und Felice Bauer. Ihre Beziehung im Spiegel des Briefwechsels 1912–1917." In: *ZfdPh* 86 (1967) S. 176–86.

[Kafkas Ringen mit sich selbst; seine Furcht vor der Heirat.]
Engl. Zusammenf. in: *TCL* 14 (1968) S. 53 u.
TCLB S. 2063.

– "'Daß zwei in mir kämpfen ...' Zu einem Briefe Kafkas an Felice Bauer." In: *Literatur und Kritik* 3 (1968) S. 105–09.

[Kafkas Brief an Felice aus Anlaß seiner Krankheit zeigt Endstadium der zwei Kämpfer in sich. Konfliktsituationen typisch für Kafka. Zweikampf in Variationen.]

– "Das Feuer zusammenhängender Stunden. Zu Kafkas Metaphorik des dichterischen Schaffens." In: *Das Nachleben der Romantik in der modernen deutschen Literatur. Die Vorträge des Zweiten Kolloquiums in Amherst/Massachusetts.* Hrsg. v. Wolfgang Paulsen. Heidelberg: Lothar Stiehm, 1969 (Poesie und Wissenschaft 14). S. 177–91.

["Tiefe" bei Kafka. Feuer-Metaphorik im Zusammenhang mit Schaffensprozeß. Berührungspunkte mit Dichtern der Romantik; das Unbewußte, Traumhafte, Unheimliche, Phantastische.]

– "Kafka's Parable 'Before the Law': Reflections towards a Positive Interpretation." In: *Mosaic* 3 (1970) Nr. 4. New Views on Franz Kafka. S. 153–62.

[Warten ohne persönliche Initiative ist Schuld des Mannes vom Lande, Türhüter auch ein Vaterbild (verwehrt Sohn Eintritt ins Leben).]
Engl. Zusammenf. in: *Literature and Psychology* 23 (1973) S. 169 u.
in *TCLB* S. 2114.

– "Kafkas unermüdliche Rechner." In: *Euphorion* 64 (1970) S. 404–13.

[Poseidon berechnet unermüdlich bei Kafka. "Rechnerisch" veranlagt sind auch Josef K., sowie Tier in "Bau". Kafkas "Rechnen" bei persönlichen Entscheidungen (Felice): Wesenszug des Autors u. seiner Zeit.]

- "Franz Kafka." In: *Literaturlexikon 20. Jahrhundert.* Hrsg. v. Helmut Olles. Reinbek bei Hamburg: Rowohlt, 1971. S. 420–25.

[Lebensskizze Kafkas u. beschreibende Interpretation seiner Werke unter Berücksichtigung der Kafka-Forschung.]

- "Thomas Mann's Homage to Franz Kafka." In: *Oxford German Studies* 7 (1973) S. 109–18.

[Manns Vorwort für Knopfs amerik. "Schloß"-Ausgabe (1940) enthüllt sein Kafkaverständnis. Kafka u. Mann waren einander diametral entgegengesetzte Persönlichkeiten; Mann war ihm wohlgewogen, tieferes Verständnis aber fehlt; folgte Brods Deutung. Betont außerdem Humoristisches, Paradoxes u. Traumhaftes.]
Engl. Zusammenf. in: *TCL* 20 (1974) S. 61.

- "Progress Report 1976 on the work of the Kafka editing team at the Gesamthochschule Wuppertal." In: *Newsletter of the Kafka Society of America* 1 (June 1977) Nr. 1. S. 6–7.

[Vergrößerung der Bibliothek über Prager Kreis, Anschaffung von Mss. von Werken u. Briefen Kafkas. Zusammenstellung eines chronologischen Registers, Suche nach unbekannten Mss.]

[**Born, Jürgen,** u.a. (Hrsg.)]: "Abende für Literatur." In: Born, *Franz Kafka. Kritik und Rezeption* (s. Sammelbde.) S. 117–20.

[Im Kunstsalon Hans Goltz im Herbst u. Winter 1916, als literarisches Pendant zu Ausstellungen zeitgenössischer Maler u. Bildhauer in der Galerie Neue Kunst. Hintergrund zu Kafkas Lesung von "Strafkolonie" dort am 10.11.1916.]

- "Ludwig Hardts Vortragsabende." In: Born, *Franz Kafka. Kritik und Rezeption* (s. Sammelbde.) S. 129–30.

[Der bekannte Rezitator nahm Kafkas Werke 1921 in sein Vortragsprogramm auf u. zeigte damit literarische Sensibilität.]

- "Erwähnungen in Gesamtdarstellungen zeitgenössischer Literatur ..." In: Born, *Franz Kafka. Kritik und Rezeption* (s. Sammelbde.) S. 163–74.

[Zusammenf. u. Kommentar: Pinthus, A. Bartels (Expressionist); Walzel (Kleist); K. Storck, K. Edschmid, u.a.]

Born, Jürgen: "Vorahnungen bei Kafka?" In: *Literatur und Kritik* (Febr. 1980) Nr. 141. S. 22–28.

[Kafkas Nähe zu Traum u. Unbewußtem, seine "Trance" beim Schreiben ("Urteil") – als Aufschluß über eigene Persönlichkeit gesehen. Erfahrung im Werk verwendet.]
*Auch in: *Kunst und Prophetie. Franz Kafka-Symposion Juni 1979 in Klosterneuburg.* Klosterneuburg: Franz Kafka-Gesellschaft, 1980.

- "Kritische Edition der Schriften, Tagebücher, Briefe Franz Kafkas." In: *Zirkular* 3 (Apr. 1981) Nr. 4. S. 2–3.

[Die Wuppertaler Forschungsstelle bereitet die erste kritische u. vollständige Kafka-Ausgabe vor; hrsg. v. J. Born, G. Neumann, M. Pasley u. J. Schillemeit.]

Bornmann, Bianca Maria: "Le 'Lettere a Felice' di Kafka. Note per una interpretazione." In: *Rivista di letterature moderne e comparate* 21 (1968) S. 245–90.

[Untersucht Briefe nach Kafkas Bemerkungen über sein Werk, nach Hinweisen auf eine Interpretation seiner Erz. u. Romane, sowie nach seinen Gedanken über die Unmöglichkeit, zu leben, die unerreichbaren Figuren, Unordnung u. Schmutz; Rezensionen; Träume u. Visionen, Kleider etc.]

– "Un esempio di ironia in Kafka." In: *Studi Germanici* (nuova serie) 7 (1969) S. 93–96.

[4 Absätze von "Der Nachhauseweg" (aus "Betrachtung"): kreisförmige Struktur; zwei leicht ironische Passagen umschließen stark ironischen Kern.]

– "Momenti classici nell'opera di Kafka." In: *Annali. Istituto Universitario Orientale, Napoli. Sezione Germanica* 16 (1973) S. 7–24.

[Erst in Kafkas Spätwerk einige klassische Motive nur als Bilder von zeitloser menschlicher Angst. – Engl. Zusammenf.: S. 229.]

*– "Aspetti del bestiaro Kafkiano." In: *Filologia e Critica* 1 (1976) S. 483–94.

– "Kafka e il 'Tonio Kröger'." In: *Studi Germanici* 13 (1975) S. 205–19.

[Nach anfänglichem Glauben an Einheit und Kunst-Leben werden thematische Ähnlichkeiten seines Werkes mit z.B. "Tonio Kröger" immer auffälliger: Dichotomie Kunst-Leben. Künstler sei dem Durchschnittsmenschen gegenüber als nicht privilegiert anzusehen.]

– "Per una interpretazione di 'Der Heizer' di Kafka." In: *Annali. Istituto Universitario Orientale, Napoli. Sezione Germanica* 18 (1975) Nr. 3. S. 43–53.

[Gemeinsames Thema des geplanten "Söhne"-Bdes nicht Vater-Sohnbeziehung, sondern Kafkas Beziehung zum eigenen Werk (wie etwa Pasleys Interpretation von "Elf Söhne"). "Heizer": Allegorie für literarische Tätigkeit. – Engl. u. dt. Zusammenf.: S. 179–80.]

– "Trace di una lettura flaubertiana in Kafka." In: *Annali. Istituto Universitario Orientale, Napoli. Sezione Germanica* 20 (1977) Nr. 2. S. 105–15.

*– "Ancora su Kafka e Kubin." In: *Annali. Istituto Universitario Orientale, Napoli. Sezione Germanica* 21 (1978) Nr. 3. S. 61–80.

*– "Sul motivo dell'assunzione e del rifiuto nell'opera di Kafka." In: *Annali. Istituto Universitario Orientale, Napoli. Sezione Germanica* 22 (1979) Nr. 3. S. 27–53.

Börsch-Supan, Eva: "Das Motiv des Gartenraumes in Dichtungen des neunzehnten und frühen zwanzigsten Jahrhunderts." In: *DVjs* 39 (1965) S. 87–124.

[S. 119–20: Absterben des Gartenmotivs typisch für heutige Situation. Green ("Amerika") schließt Tür zum Garten.]

Bosak, Meir: "Rabbi Naḥman me-Bratslav ve-Frants Kafka. Kavim le-analogiyah shel goral u-t'ḥushoth." In: *Moznayim* 13 (1961) S. 433–39.

[(Rabbi Nachmann von Bratslav und Kafka. Zu der Analogie von Schicksal und Gefühlen): Ähnlichkeiten in ihren Werken u. Leben (Tuberkulose, Unterdrückung der Wünsche.) Gefühlswelt u. Motive in Kafkas Erz. osteuropäisch.]

Böschenstein, Bernhard: "Elf Söhne." In: David, *Franz Kafka. Themen und Probleme* (s. Sammelbde.) S. 136–51.

[Wechselseitige Beziehungen (Analogien u. Gegensätze) u. Status (von Erzählvater abhängig). Mitchells Auslegung akzeptiert (s. Artikel). 11. Erz. hebt Urteil des Vaters auf.]

Boulby, Mark: "The Matter of Consciousness: A Romantic Legacy?" In: *Humanities Association Review* 25 (1974) S. 122–40.

[S. 131–36 über Kafka: Bedeutung des Bewußtseins in "Verwandlung" u. "Prozeß". Paralytische Hilflosigkeit im "Bau".]
Engl. Zusammenf. in: *1974 MLA Abstracts* Vol. 2 (1976) S. 72.

Boyers, Robert: "The Family Novel." In: *Salmagundi* (Spring 1974) Nr. 26. S. 3 –25.

[S. 13–18: über Kafkas "Verwandlung" u. andere Prosa, welche die gegenwärtig anhaltende Abneigung gegen die Familie u. andere "primary institutions" beleuchtet.]

Bowen, Elizabeth: [Rez. zu engl. Übers. von "Amerika" (1938).] In: Jakob, *Das Kafka-Bild in England* 1 (s. Sammelbde.) S. 193.

[Abdruck aus "New Novels" in "Purpose" 11 (1939) S. 51–52: Kafkas Amerikavision aus dem Blickwinkel eines unterdrückten Kindes.]

Bradley, Brigitte L.: "Analysis of a Fragment by Kafka: Reflections on the Theme of the Barrier." In: *GR* 44 (1969) S. 259–72.

[Kafka stellt häufig unlösbare Konflikte dar. Helden errichten Barriere um sich, die sie am Erkennen der Wahrheit über sich u. andere hindert.]
Engl. Zusammenf. in: *TCL* 16 (1970) S. 143 u.
TCLB S. 2063.

Bramann, Jorn K.: "Religious Language in Wittgenstein and Kafka." In: *Diogenes* (Summer 1975) Nr. 90. S. 26–35.

[Ähnliche Gedanken über religiöse Sprache u. Gebrauch der Gleichnisse.]

Brand, Harry: "Kafka's Creative Crisis." In: *Journal of the American Academy of Psychoanalysis* 4 (1976) S. 249–60.

[Hochneurotischer Künstler, Leben – endlose Krise. Vaterbeziehung, Temperament der Mutter; Begegnung mit Felice ("Brief an den Vater"; "Urteil").]

Brandt, Hans: "Kafka efter döden. (Två Dikter.)" In: *Bonniers Litterära Magasin* (Stockholm) 3 (1961) S. 190.

114

[(Kafka nach seinem Tode): Gedicht über Kafkas Macht u. die Einsamkeit des Dichters Brandt.]

*Brandtstetter, Alois: "Zum Gleichnisreden der Dichter. Hermeneutik einer Kafkaschen Parabel." In: *Blätter. Zeitschrift für Studierende* (Wien) 21 (1966) Nr. 1/2. S. 8–12.

Brancato, John J.: "Kafka's 'A Country Doctor': A Tale for Our Time." In: *Studies in Short Fiction* 15 (1978) S. 173–76.

[Surrealistische Erz. über Machtlosigkeit der Wissenschaft vor dem Tod.]

Bratu, Horia: "Kafka şi critica marxistă." In: *Viaţa Romîneasca* 17 (1964) Nr. 6. S. 104–32.

[Rumän. (Kafka und die marxistische Kritik): Kafkas negativer Einfluß auf Literatur des Westens: Verfremdung, Entwurzelung. Kafkas Helden bekämpfen nicht System, sie werden seine Opfer. Welt der Künstler u. des Zirkus – Beziehung zu Freiheit. "Amerika" – Bildungsroman der Erfolglosigkeit, von "Candide" inspiriert. Kafkas Büro – Vorbild für "Prozeß" u. "Schloß". Werk Kafkas von der Stadt geprägt, aber nicht von Arbeiterklasse; etwas soziale Wirklichkeit. Versöhnung mit Macht des Bösen, Satire auf Bürokratie; Vorwegnahme des Nihilismus; manche Diskussionen um Kafka ohne Resultat (Fischer, Kurella, etc.). Objektive Wirklichkeit paradox. Unerwartete Wärme in Tiergeschichten.]

– "Methoda lui Kafka." In: *Secolul 20* (1964) Nr. 5. S. 143–54.

[Rumän. (Kafkas Methode): Kafkas typischer Stil; von ihm beschriebene Welt äußerst irrational, ungerecht, unmenschlich; sein "Realismus": einfacher Vorgang, um Groteskes u. Absurdes auszudrücken. Jede Erz. hat ein "Ja", gefolgt von "aber". "Prozeß": Kriminalroman, in dem Verbrechen gesucht wird. Josef K. will Bedeutung des Gerichts wissen, Opfer monströser bürokratischer Maschine. "Schloß": Wirklichkeit als Illusion. Kafkascher Held: Unsicherheit des Kleinbürgers. Bedeutung von Kafkas Werk unbestreitbar; dauernde Suche nach stabilem Fundament.]

Braun, Felix: "Deutsche Prosa." In: Born, *Franz Kafka. Kritik und Rezeption* (s. Sammelbde.) S. 50–51.

[Zuerst in "Österreichische Rundschau" (Wien 1. 4. 1914), Sammelbesprechung; "Heizer": Geschichte "im Herzen ersonnen worden".]

Braun, Günther: "Franz Kafkas Aphorismen: Humoristische Meditation der Existenz." In: *DU* 18 (Juni 1966) Nr. 3. S. 107–18.

[Kafkas komische Lebenssicht; Hoffnung wichtig, Streben u. Erlösung.]

Bräutigam, Kurt: *Romanbetrachtung. Zu ihrer Didaktik und Methodik.* Heidelberg: Quelle & Meyer, 1971.

[S. 113–15: Franz Kafka: "Der Prozeß" in einer Unterprima. Eine Unterrichtseinheit: Interpretation; Leitfragen; Aufteilung des Romans in Komplexe. – S. 116–29: Franz Kafka: "Der Prozeß". Unterrichtsmodell in einer Unterprima mit Schülerprotokollen, durchgeführt von Helmut Konrad: – Besprechung einzelner Problemkreise (z. B. Gerichtswelt, Frauengestalten, Sexualität). "Vor dem Gesetz": Mann vom Lande veräußert seine Macht. Problem der Transzendenz bei Kafka.]

115

*Braybrooke, Neville: "Celestial Castles. An Approach to Saint Teresa and Kafka." In: *Dublin Review* 229 (1955) S. 427–45.

Engl. Zusammenf. in: *TCLB* S. 2105.

— The Geography of the Soul: St. Teresa and Kafka. In: *The Dalhousie Review* 38 (1958) S. 324–30.

[Vergleich zwischen Kafkas "Schloß" u. der "Seelenburg" der Teresa de Jesús. Problem der Gnade. Der Hradschin. Mysterium des Lebens.]
Engl. Zusammenf. in: *TCL* 5 (1959) S. 62 u.
TCLB S. 2105.
Frz. u. d. T.: "Géographie de l'âme: Etude sur Sainte Thérèse d'Avila et Franz Kafka." In: *Preuves* 93 (1958) S. 59–63.

— "Within the Soul: Teresa of Avila and Franz Kafka." In: *Renascence* 13 (1960) S. 26–32.

[Seelengeographie erforscht. Wege der Gnade. Leben als Mysterium. Teresas allegorische Reise. K.s wirkliche Reise.]
Engl. Zusammenf. in: *TCL* 6 (1961) S. 209 u.
TCLB S. 2105.

— "Castles. A Study of St. Theresa's 'The Interior Castle' and Franz Kafka's 'The Castle'." In: *Contemporary Review* 213 (1968) S. 157–60.

[Seelengeographie. Allegorie (Teresa) u. Roman (Kafka), Gnadenidee im "Schloß". K. lernt über Mysterium des Lebens.]
In span. Übers. v. Francisco de A. Caballero u. d. T.: "Castillos. Un estudio sobre el 'Castillo Interior' de Santa Teresa y 'El Castillo' de Franz Kafka." In: *Arbor* 69 (Jan.-Apr. 1968) Nr. 265. S. 45–53.

— "The Two Castles: St. Theresa and Franz Kafka." In: *Month* 42 (1969) S. 266 –272.

[Beide mit Gnade beschäftigt; Teresa: christliches Leben, um sie zu gewinnen. Auch K. widerfährt etwas auf seiner Reise.]

Brecht, Bertolt: "Geziemendes über Franz Kafka." In: B. B.: *Schriften zur Literatur und Kunst* 1. Bd. [Frankfurt/M.:] Suhrkamp, 1967. S. 77–78.

[Geschrieben zwischen 1920–1932: Die Zeit ist nicht reif für ernste Erscheinungen wie Kafka.]

— "Aufsätze zur Literatur. 1934 bis 1946." In: B. B.: *Schriften zur Literatur und Kunst* 3. Bd. [Frankfurt/M.;] Suhrkamp, 1967. S. 89–90.

[(Über die moderne tschechoslowakische Literatur): Bei Kafka viel Vorgeahntes (KZ, Rechtsunsicherheit). Er sollte nicht auf den Index gesetzt werden, trotz seiner Mängel.]

Breisach, Ernst: *Introduction to Modern Existentialism.* New York: Grove Pr., 1962.

[S. 62–65: Schon der Stil macht Kafka zum Existentialisten. Der Mensch in einem Netz von Abhängigkeiten. Handeln: ein Wagnis.]

Brenner, Gerd: *Der poetische Text als System. Ein Beitrag kritischer Systemtheorie zur Begründung des Poetischen. Anmerkungen zu Kafka.* Frankfurt/M.: Haag + Herchen, 1978.

[Versuch, die "Systemtheorie literaturwissenschaftlich zu verarbeiten". Zumeist soziologisch orientierter Systembegriff mußte "als genuin poetologischer" konstituiert werden, "Beschreibungsmodelle anderer Disziplinen" wurden nicht unvermittelt übernommen. Ansätze einer systemtheoretischen Poetologie werden entwickelt in Auseinandersetzung mit philosophischen, linguistischen u. soziologischen Theoremen u. Methodologien. Auf Kafkas Werk angewandt. Versucht "eine exakte theoretische Rekonstruktion jener Disposition poetischer Texte zur 'Offenheit'", die von Literaturwissenschaftlern nicht ausreichend erklärt werden konnte. Offenheit wird "systemtheoretisch neu formuliert". Die Teile 10, 12 u. 15 handeln dann spezifisch über Kafka: 10: Die poetische Strukturierung von Haltungen: Stabilität u. Instabilität von Haltungen in Texten Franz Kafkas (Nebenfiguren – stabil, Hauptfiguren – instabil; stabile Handlungsmuster der Nebenfiguren durch Funktionalisierung; Funktionslosigkeit der Hauptfiguren; stabile Erfahrungsmuster durch vorgegebene fiktive Sinngebungen; Entautomatisierung der Nebenfiguren von Erfahrungsmustern durch Sinnsuche der Hauptfiguren; Sozialisierung der Nebenfiguren durch stabile Erfahrungsmuster; Handlungsunfähigkeit u. Verlust der Sozialität durch permanente Sinnsuche bei den Hauptfiguren; die Binarität Kafkascher Texte). 12: Kafkas "Strafkolonie" untersucht u. 15: Eine systemtheoretische Begründung des poetologischen Autonomiebegriffs: Das Beispiel Kafka.]

Breton, André: "Franz Kafka. 1883–1924." In: A. B.: *Anthologie de l'humour noir.* Jean-Jacques Pauvert, 1966. S. 439–60.

[Zuerst erschienen 1937. Einführung zu Kafka, dessen pessimistische Weltanschauung der von Alphonse Rabbe ähnlich ist. Frz. Teilabdruck der "Verwandlung". Abdruck von "Eine Kreuzung" u. "Die Brücke."]
Teilabdruck von S. 439–41 u. d. T.: "Dans la marmite de Kafka." In: Raboin *Les critiques de notre temps et Kafka* (s. Sammelbde.) S. 18–20.

Brettschneider, Werner: *Die moderne deutsche Parabel. Entwicklung und Bedeutung.* Berlin: Erich Schmidt, 1971.

[S. 52–67 über Kafkas Parabeln (religiöser Natur, Zusammenhang mit hebr. "Maschal").]

– "Franz Kafka. 'Die Heimkehr' (1920)." In: W. B.: *Die Parabel vom verlorenen Sohn. Das biblische Gleichnis in der Entwicklung der europäischen Literatur.* Berlin: Erich Schmidt, 1978. S. 53–61.

[Unterschiede zu Evangelium von Lukas; Ich-Form; nur Sekunde des Ankommens gezeigt. Warten u. Hoffen bleibt?]

Brewer, Mary Louise: "The Chaotic Worlds of Apuleius and Kafka." In: Zyla, *Franz Kafka: His Place in World Literature* (s. Sammelbde.) S. 35–49.

[Proteisches in Kafkas Werken; Analogien zu Apuleius vorhanden: Verwandlungen, Aufhebung der logischen Folge, Groteskes u. a. Ähnlichkeiten der Zeiten, in denen die Dichter lebten (religiöses Dilemma, Einsamkeit).]

Bridgwater, P., and A. K. Thorlby: "Franz Kafka." In: *The Penguin Companion to European Literature.* Ed. Anthony Thorlby. New York: McGraw-Hill. – (C 1969 Penguin Books). S. 413–14.

[Einführende Bemerkungen.]

*Brion, M.: "La Correspondance de Kafka." In: *Le Monde* (23. 10. 1965).

Broch, Hermann: *Briefe von 1929 bis 1951.* Zürich: Rhein Verl., 1957.

[Kafka wird in Briefen an Waldo Frank, Günther Anders, Werner Kraft u. Karl August Horst erwähnt.]

*Brod, Leo: "Fürnbergs unveröffentlichtes Kafka-Gedicht." In: *Aufbau und Frieden* (1963) Nr. 81. S. 7.

*– "Erinnerungen an Franz Kafka." In: *Deutsche Studien* 18 (1980) S. 83–88.

Brod, Lev: "Max Brod a Praha." In: *Dějiny a současnost* 6 (1964) Nr. 4. S. 46–47.

[Brod, im Gegensatz zu Kafka, benützt authentische Ortsnamen in seinem Werk.]

Brod, Max: "Notes on Kafka." In: *Seven Arts* 3 (1956) S. 1–13.

[Brods Bemühungen um Kafkas literarische Anerkennung u. die Deutung seines Weltbildes. Kafka schuf Welt des Schreckens u. der Furcht, aber es gibt etwas Hoffnung. "Prozeß": Antithese von "Amerika"; "Schloß" ist Synthese.]
Teilabdruck von S. 11–13 geändert in M. B.: *Verzweiflung und Erlösung im Werk Franz Kafkas* u. in: *Über Franz Kafka* (s. Bücher) S. 338–40.

– "Nachwort zur ersten Ausgabe." In: Franz Kafka: *Amerika.* Roman. Frankfurt/M.: Fischer Taschenbuch Verl., 1956. (346.–360. Tausend 1978.) (Fischer Taschenbuch Bd. 132). S. 233–35.

[Kafkas Romane bilden "Trilogie der Einsamkeit"; Grundthema: Isoliertheit, Fremdheit unter Menschen, aber "Amerika" ist hoffnungsfreudiger u. "lichter".]

– "'The Castle': Its Genesis." In: Flores, *Franz Kafka Today* (s. Sammelbde.) S. 161–64.

[Übers. v. Gerhard H. Weiss. Prosafragment Kafkas aus 1914 Ausgangspunkt; auch Einfluß von Božena Němcová.]

– "Franz Kafka." In: *Dizionario letterario Bompiani degli autori di tutti i tempi e di tutte le letterature.* Bd. 2. Milano: Valentino Bompiani, 1957. S. 356–60.

[Einführend zu Leben u. Werk Kafkas; 13 Abb.]
Frz. u. d. T.: "Franz Kafka." In: Laffont-Bompiani: *Dictionnaire biographique des auteurs de tous les temps et de tous les pays.* Bd. 2. Paris: S. E. D. E., 1958. – (C 1956.) S. 5–6.
In span. Übers. u. d. T.: "Franz Kafka." In: Gonzáles Porto-Bompiani: *Diccionario de autores de todos los tiempos y de todos los países.* Bd. 2. Barcelona: Montaner y Simón, 1963. S. 463–67. Illustr.

– "Uyttersprot korrigiert Kafka. Eine Entgegnung." In: *Forum* 4 (Juli/Aug. 1957) S. 264–65.

["Prozeß"-Kap. von Kafka aus Heft herausgerissen, wo Endzeilen stehenbleiben, dies ist Kap.-Ordnung. Kafka näherte sich seinem Thema in Spiralen – keine strukturellen Entwürfe für Komposition; Uyttersprot verkennt Kafkas Methode. Kafka hoffte, Intuition werde Skizzen zum Leben bringen. Kap. 7 enthält Hinweis auf Herbsttag (nach Uyttersprot: Winter). Verteidigt sich gegen Anschuldigung, zu viel verbessert zu haben (gegen Beißner).]

*– "Zum Problem des dramatisierten Romans." In: *Schauspielhaus Zürich 1956/57*. Zürich: 1957. S. 3–5.

[Programmheft zu Kafkas "Amerika"-Dramatisierung.]

– *Amerika. Komödie in 2 Akten (16 Bildern) nach dem gleichnamigen Roman von Franz Kafka*. Frankfurt/M.: S. Fischer, 1957. 168 S.

Teilabdruck in: *Forum* 4 (1957) S. 103–05.
In ital. Übers. v. E. Müller u. d. T.: *America. Commedia tratta dal romanzo di Franz Kafka*. Firenze: Sansoni, 1960. 134 S. (Il piccolo teatro Sansoni 4).

– "Kafka, the Jew." In: *Jewish Quarterly* 6 (1958) Nr. 1. S. 12–14.

[Übers. aus dem Dt. v. Joseph Witriol. Interesse für Kafka in Israel. Kommentar zu Briefen an Minze E.; Kafkas Lebenswille.]
Auch in: *Caravan. A Jewish Quarterly Omnibus*. Ed. Jacob Sonntag. New York, London: Thomas Yoseloff, 1962. S. 221–26.

– "Polemiker wider Willen. Ein Selbstporträt." In: *Welt und Wort* (Okt. 1959) S. 311–12.

[Über kulturellen u. sprachlichen Hintergrund Prags, der auch für Kafka gilt.]

– "Briefe Max Brods an Kafka." In: M. B.: *Die verbotene Frau*. Eingeleitet u. ausgewählt von Jörg Mager. Graz u. Wien: Stiasny, 1960 (Stiasny-Bücherei Bd. 74). S. 107–18.

[Erstveröffentlichung von 5 Briefen Brods an Kafka von 1917–22. Brod sorgt sich um Kafkas Gesundheitszustand, bespricht verschiedene Themen, wie Frauen, Angst, Zukunftspläne.]

– "Zwei Briefe aus dem Jahre 1912." In: *Imprimatur* 3 (1961/62) S. 205–06.

[Briefe Brods an Felice Bauer; er bittet sie, für Kafkas schwierige Lage Verständnis zu haben. Kritik an Kafkas Eltern.]
Auch in: M. B.: *Über Franz Kafka* (s. Bücher) S. 123–26.

– "Zusammenarbeit mit Franz Kafka." In: *Herder-Blätter* 44 (1962) S. VII–IX. – Auch Faks. Ausgabe. Hamburg: Freie Akademie der Künste, 1962.

[Gemeinsam während Urlaubsreise geplanter Roman: "Samuel und Richard"; Tagebücher.]
Auch in: *Tribüne* 2 (1963) S. 527–29.
Auch in: *Transparente Welt. Festschrift zum sechzigsten Geburtstag von Jean Gebser*. Hrsg. v. Günter Schulz. Bern u. Stuttgart: Hans Huber, 1965. S. 321–23.

— "The Homeless Stranger." In: Flores, *The Kafka Problem* (s. Sammelbde.)
S. 179–80.

["Schloß": K.s Weg durchs Leben. Rätsel seiner Fremdheit (jüdische Situation?).]

— "Neben dem Schriftstellerberuf – Ein Zyklus Selbstbiographien. Franz Kafka
und Max Brod in ihren Doppelberufen." In: *Zeitgemäßes aus der 'Literarischen Welt' von 1925–1932*. Hrsg. v. Willy Haas. Stuttgart: J. G. Cotta, 1963.
S. 184–88. 2 Abb.

[Zuerst erschienen in Nr. 18 (1928). Teile davon im 3. Kap. von Brods "Franz Kafka.
Eine Biographie." – Kafka war pflichtbewußter Beamter, allg. beliebt. – S. 186–88: Auszüge aus Kafkas Tagebüchern (Besuch bei Rudolf Steiner u. a.).]

— "Ke genezi Kafkova Zámku." In: *Plamen* 5 (1963) Nr. 10. S. 132–33.

[(Zur Genesis von Kafkas "Schloß") Übers. v. Anna Grušová. – Möglicher Zusammenhang zwischen "Schloß" u. Božena Němcovás "Die Großmutter".]

— "Kafka stand niemals beiseite. Rede zur Eröffnung der Prager Kafka-Ausstellung." In: *Forum* 11 (1964) S. 495–96.

[In tschech. Sprache am 23. 6. 1964 gehalten, von der tschech. Presse gedruckt; metaphysische u. religiöse Hinweise; Kafka als Sohn Prags; die jüdische Kultur; Synthese des Rea-
lismus u. des Wunderbaren. Kafka als aktiver u. "positiver" Mensch.]
Dass. u. d. T.: "Zur Eröffnung der Prager Kafka-Ausstellung." In: *Hinweise und Huldigun-
gen*. Jahrbuch. Freie Akademie der Künste in Hamburg, 1964. S. 49–51.
In gekürzter Fassung u. d. T.: "Über Franz Kafka." In: Franz Baumer: *Franz Kafka: Sie-
ben Prosastücke*. Ausgewählt u. interpretiert. München: Kösel, 1965. S. 7–8.
Auch in: M. B.: *Der Prager Kreis*. Stuttgart-Berlin-Köln-Mainz: W. Kohlhammer, 1966.
S. 96–98.
Dass. u. d. T. "Zur Eröffnung der Prager Kafka-Ausstellung." In: *Profile. Jahrbuch. Freie
Akademie der Künste in Hamburg*, 1967. S. 245–47.
In engl. Übers. u. d. T.: "Franz Kafka." In: *Ariel* (1965) Nr. 11. S. 12–14.
In hebr. Übers. in: *Moznayim* 20 (1965) S. 168–70.

— "Humanistischer Zionismus im Werk Kafkas." In: *Auf gespaltenem Pfad. Zum
90. Geburtstag von Margarete Susman*. Hrsg. v. Manfred Schlösser. 3. Druck.
Darmstadt: Erato-Pr. 1964. S. 278–81.

[K. wollte seine Heimat (sein "Schloß") finden; Kafkas Interesse für Palästina.]

— "Aus Kafkas Freundeskreis." In: *Wort in der Zeit* 10 (1964) Nr. 6. S. 4–6.
[Felix Weltsch u. seine Kafka-Studien.]

— *Das Schloß. Nach Franz Kafkas gleichnamigem Roman*. Frankfurt/M.: S. Fischer, 1964. (Theater).

[Dramatisierung in 2 Akten (9 Szenen), gedruckt 1935; Uraufführung Berlin 1953. Verschiedene Unterschiede gegenüber Roman, z. B. Einschiebung der Türhüterlegende in der
9. Szene. Hinzufügung des Schlusses auf Grund von andeutenden Gesprächen mit Kafka.
Im Nachwort (S. 77–79) vergleicht Brod die Hauptgestalten der Romane ("Amerika" –

These, "Prozeß" – Antithese, "Schloß" – Synthese); Nebenhandlungen im Roman nicht zu Ende geführt, sie führen den Leser irre.]

In hebr. Übers. v. Shapira u. d. T.: *Ha-tira*. Momḥaz alyad Max Brod. Yerushalaim: Schokken, 1956.

In ital. Übers. v. C. Ricono u. d. T.: *Il Castello. Dramma tratto dal romanzo di Franz Kafka*. Firenze: Sansoni, 1960 (Il piccolo teatro Sansoni 14).

In jap. Übers. v. K. Shirai u. d. T.: *Shiro*. Tôkyô: 1973.

— "Das Ereignis eines Buches." In: Born, *Kafka Symposion* (s. Sammelbde.) S. 129–31.

[Rez. von Kafkas "Betrachtung", erschienen in Münchener Zeitschrift "März" (15. Febr. 1913). Kafka hat mit keinem Schriftsteller viel gemeinsam. Einzigartiges Buch gelebter Erfahrung; mystische Versenkung im Ideal.]
Auch in: Born, *Franz Kafka. Kritik und Rezeption* (s. Sammelbde.) S. 24–[28.]
In frz. Übers. u. d. T.: "Un événement littéraire." In: Raboin, *Les critiques de notre temps et Kafka* (s. Sammelbde.) S. 55–58.

— "Father and Son." In: *The Literary Imagination. Psychoanalysis and the Genius of the Writer.* Ed. with an introduction by Hendrik M. Ruitenbeek. Chicago: Quadrangle Books, 1965. S. 81–96.

[In "Partisan Review" (1938). Auszüge aus "Brief an den Vater" mit Kommentar. Beziehung zur Familie ähnlich bei Proust u. Kleist. Bei Kafka Verantwortung der Familie gegenüber – ein Hauptthema.]

— *Gesang einer Giftschlange. Wirrnis und Auflichtung.* München: Starczewski, 1966.

[Gedichte. S. 102: Mit dem Bilde Kafkas. S. 103: Auf den Tod des Dichters Franz Kafka (nach Georg M. Langer. Aus dem Hebr.). S. 104–105: Einem toten Meister (F. K.).]

— *Der Prager Kreis.* Stuttgart-Berlin-Köln-Mainz: W. Kohlhammer, 1966. Illustr.

[Zum engeren Prager Kreis zählt Brod: Kafka, F. Weltsch, O. Baum u. sich selbst; später kam L. Winder hinzu; sie waren nicht isoliert (wie P. Eisner fälschlich behauptete), u. hatten auch Beziehung zur Natur.
S. 84–145: Der engere Kreis: "Kafkaesk ist das, was Kafka nicht war." Er liebte das Natürliche, Unverdorbene, Aufbauende, u. nicht das Ausweglose u. Seltsame; Mut war ein wichtigerer Antrieb in seiner Seele als Angst. Korrekturen einiger Behauptungen u. Hypothesen Wagenbachs. Zweifel Brods, daß das 1966 aufgefundene Theaterstück von Kafka stammt. Kafka vertrat religiösen Sozialismus u. jüdischen Humanismus. K. im "Schloß" hat Schicksal des heimatlosen, ewigen Juden. Abdruck unveröffentlichter Briefe von Dora Dymant, Ernst Weiss, Grete Bloch u. Gerty Kaufmann. Prager Kreis hatte keinen Lehrer u. kein Programm. Einfluß von F. Weltschs Philosophie.
Weitere Hinweise, bes. S. 148–51, 164–70, 193–94, mit ergänzenden biographischen Details von Kafka u. einigen seiner Freunde u. Bekannten. Anerkennendes Urteil über Janouchs "Gespräche mit Kafka".]

— "Ein ungedruckter Brief Franz Kafkas." In: *Almanach. Das achtzigste Jahr.* Redaktion: J. Hellmut Freund u. Gerda Niedieck. Frankfurt/M.: S. Fischer, 1966. S. 61–63.

[Nicht abgeschickter Brief an Grethe Bloch (Dez. 1913); Krise in Beziehung zu Felice.]

*– "Franz Kafkas Krankheit." In: *Therapeutische Berichte* 39 (1967) S. 264–72.

– "Nachwort." In: Franz Kafka: *Tagebücher 1910–1923*. S. Fischer, 1967. S. 523–27.

[Vollständige Ausgabe (nur wenige Kürzungen) der 13 Hefte; stilistische Einheit erhalten.]

"Sickness and disease in my life and work." In: *CIBA Symposium* 16 (1968) S. 125–32.

[S. 125–26: Einführung u. Würdigung Brods als Künstler u. Freund Kafkas durch Paul Raabe. S. 132: Brods eigene Erfahrungen mit Krankheit helfen seinem Verständnis für Kafkas Leiden.]
*Dt. u. d. T.: "Krankheit als Lebenserscheinung." In: *CIBA Symposium* (Basel) Bd. 16 (1968) Nr. 3.

– *Das Unzerstörbare.* Stuttgart-Berlin-Köln-Mainz: W. Kohlhammer, 1968.

[Brod knüpft in diesem philosophischen Buch an Kafkas Gedankenwelt an, bes. an seinen Glauben an "das Unzerstörbare", welches Brod "diruptio structurae causarum" (Zersprengung des Kausalgefüges) nennt; in der Naturordnung Triumph des Stärkeren; wir aber sollen das nicht mitmachen ("Hinausspringen aus der Totschlägerreihe"). Zahlreiche Hinweise auf Kafka.
S. 144–54: Kierkegaard, Heidegger, Kafka: Kafka als Schüler Kierkegaards, völlig selbständiger Denker, nur scheinbar nihilistisch. Auch Sortini: Symbol des Absoluten.]

– "Nachwort zur ersten, zweiten, dritten Ausgabe." In: Franz Kafka: *Das Schloß.* Roman. Frankfurt/M.: Fischer Taschenbuch Verl., 1968 – (Fischer Taschenbuch Bd. 900). S. 347–58.

[Abdruck aus: Franz Kafka: "Gesammelte Schriften." Hrsg. v. M. B., Bd. 4: "Das Schloß." New York: Schocken, 1946. – Brod kommentiert über Bruchstücke, die Ende von "Schloß" bilden, u. über Kafkas Äußerung zu ihm, daß K. auf dem Sterbebett die Aufenthaltsbewilligung im Dorf erhalten würde. Religiöse Deutung von "Prozeß" (Gericht) u. "Schloß" (Gnade). Frauenbeziehung der K.-Gestalten; Hinweis auf Kierkegaard. Das Himmlische u. göttliche Lenkung. – Aufzählung der von Brod ausgelassenen Stellen.]
Auch in: Politzer, *Franz Kafka* (s. Sammelbde.) S. 39–47.
Teilabdruck in frz. Übers. v. Alexandre Vialatte u. d. T.: "Postface à la première édition du 'Château'." In: Raboin, *Les critiques de notre temps et Kafka* (s. Sammelbde.) S. 95–98.
Teilabdruck in ital. Übers. u. d. T.: "La Giustizia e la Grazia." In: Pocar, *Introduzione a Kafka* (s. Sammelbde.) S. 128–31.

– "Nachwort." In: Franz Kafka: *Beschreibung eines Kampfes.* Die zwei Fassungen. Parallelausgabe nach den Handschriften. Frankfurt/M.: S. Fischer, 1969. S. 148–59.

[Brods Zusammenarbeit mit J. Schoeps u. H. Politzer; Wiederentdeckung der Mss. von "Beschreibung eines Kampfes" u. "Hochzeitsvorbereitungen" (Aug. 1935). Beschreibung u. Datierung der Mss. für diesen Bd.]
In engl. Übers. u. d. T.: "Postscript to the German Edition." In: Franz Kafka: *Description of a Struggle and The Great Wall of China.* Translated by Willa and Edwin Muir and Tania and James Stern. London: Secker & Warburg, 1960. S. 334–45.

- [Abdruck der S. XVII—XVIII aus "Introduction" von Max Brod zu "Conversations with Kafka" von Gustav Janouch, übers. v. Goronwy Rees. New York: New Directions, 1969.] In: Neumeyer, *Twentieth Century Interpretations of "The Castle"* (s. Sammelbde.) S. 102—03.

  [Frieda — Parallelen zu Milena.]

- "Nachwort zur ersten, zweiten, dritten Ausgabe." In: Franz Kafka: *Der Prozeß*. Roman. 377.—406. Tausend. Frankfurt/M. u. Hamburg: Fischer Bücherei, 1970 (Fischer Bücherei Bd. 676). S. 193—98, 198—99, 199—200.

  [Die Gründe, warum Kafkas letzter Wille, seinen Nachlaß zu verbrennen, von M. B. nicht befolgt wurde. Ordnung der Kap. z.T. nach Erinnerung, da Kafka viel vom "Prozeß" vorgelesen hatte.]

- "Epilogue." In: Franz Kafka: *The Penal Colony. Stories and Short Pieces*. Translated by Willa and Edwin Muir. Twentieth Printing. New York: Schocken Books, 1974. — (C 1948; Third Printing 1959). S. 316—17.

  [Im dt. Original: Nachwort. In: F. K.: "Erzählungen". — Bemerkungen zu den Drucklegungen dieser Erz. zu Kafkas Lebzeiten.]

- "Franz Kafka und der Zionismus." In: *Emuna* 10 (1975) Nr. 1/2. S. 33 —36

  [Verteidigung von Brods Ansicht; niedergeschrieben 1950/51. — Reaktion auf Kritiken der frz. Ausgabe seiner Kafka-Biographie. Kafkas Interesse für das natürliche Leben, die Gemeinschaft; seine hebr. Studien, die ostjüdische Tradition; half bei Gründung der hebr. Schule in Prag; verneinte diesseitiges Leben nicht.]

- "Kafka liest Walser." In: *Über Robert Walser*. Hrsg. v. Katharina Kerr. 1. Bd. Frankfurt/M.: Suhrkamp, 1978 (st 483). S. 85—86.

- "Kleine Prosa." In: Born, *Franz Kafka. Kritik und Rezeption* (s. Sammelbde.) S. 30—32.

  [Zuerst in "Die Neue Rundschau" (Berlin, Juli 1913) u. Abdruck in "Das Bunte Buch" (Leipzig, K. Wolff, 1914). Sammelbesprechung. "Betrachtung": B. würdigt Prosastil, ohne Psychologie, dialektische Bewegung. Walser?]

- "Literarischer Abend des Klubs jüdischer Frauen und Mädchen." In: Born, *Franz Kafka. Kritik und Rezeption* (s. Sammelbde.) S. 127—28.

  [Zuerst in "Selbstwehr" (Prag, 4. 1. 1918): Elsa Brod las "Bericht für eine Akademie" (am 19. 12. 1917), "genialste Satire auf die Assimilation."]

- "Der Rezitator Ludwig Hardt. (Vortragsabend im Mozarteum)." In: Born, *Franz Kafka. Kritik und Rezeption* (s. Sammelbde.) S. 133.

  [Zuerst in "Prager Abendblatt" (4. 10. 1921). Welche Stücke von Kafka Hardt noch rezitieren sollte. — S. 133—34: Kommentar der Hrsg. angeschlossen, über Bekanntwerden Kafkas mit Hardt u. a.]

— "Unsere Literaten und die Gemeinschaft." In: Born, *Franz Kafka. Kritik und Rezeption.* (s. Sammelbde.) S. 148–50.

[Zuerst in "Der Jude" (Berlin u. Wien, Okt. 1916). – Stellungnahme zu Entwicklung der jüdischen Literatur u. ihr Anteil an neuen Strömungen. Kafka hebt sich von diesen ab.]

— "Der Dichter Franz Kafka." In: Born, *Franz Kafka. Kritik und Rezeption.* (s. Sammelbde.) S. 153–60.

[Zuerst in "Die Neue Rundschau" (Berlin, Nov. 1921): Erste größere Würdigung Kafkas in diesem Heft. Enthusiastischer Artikel: Sprache, Humor, Reinheit, Themen (Stärke, Schwäche, Aufstieg, Erliegen), Hoffnung; verschiedene Werke genannt.]

— "Franz Kafkas Glauben und Lehre." In: M. B.: *Über Franz Kafka* (s. Bücher).

*Broge, I.: "Aegteskab med angsten." In: *Aarhuus Stiftstidende* (16. 7. 1969).

*Brøgger, W.: "Etterord."In: Franz Kafka: *Fortellinger.* Oslo: 1965. S. 372–75.

[(Nachwort.)]

Bronsen, David: "'Eine alltägliche Verwirrung': Ein kafkaeskes Paradigma." In: Caputo-Mayr, *Franz Kafka Symposium* (s. Sammelbde.) S. 71–78.

[Vortrag / Philadelphia 1974. Modell für archetypische Situation des Strebens nach unerreichbarem Ziel in Kafkas Werken. Feindselige Welt, in der die Kategorien von Zeit, Raum u. Kausalität aufgehoben sind.]

Brookes, H. F., and **C. E. Gawne-Cain**: "Introduction." In: Franz Kafka: *Der Prozeß.* London: Heinemann Educational Books.1969. S. VII–XXVIII.

[S. VII–X: Biographical Sketch of Franz Kafka.
S. X–XVI: Kafka's Works. – Einführende Bemerkungen.
S. XVI–XXVIII: "Der Prozeß": Sozialkritik, Bürokratie, Amoralität der Frauen: Interpretationsrichtungen.]

Brooks, Cleanth Jr., and **Robert Penn Warren**: *Understanding Fiction.* Second Edition. New York: Appleton-Century-Crofts, 1959.

[S. 368–89: Franz Kafka: "In the Penal Colony": Abdruck in engl. Übers. v. Eugene Jolas.
S. 389–93: Interpretation: "In der Strafkolonie" eine Phantasie; Austin Warrens Interpretation: Allegorie der Religion in heutiger Welt, Konflikt zwischen Wissenschaft u. Glauben.]

Brotbeck, Kurt: "Franz Kafkas Dichtung. Ein Weg in geistige Wirklichkeiten." In: *Die Kommenden* 18 (1964) Nr. 2. S. 12, 17 u. 18.

["Das Urteil" nicht durch Vaterkomplex allein entstanden, Schreiben etwas Existentielles; auch die "Vaterkräfte des Judentums".]

*Brostrøm, T.: "Den moderne Lyrik og Prosa. 1920–1965." In: T. B. u. J. Kistrup: *Dansk Litteratur Historie.* Bd. 4. København: 1967. S. 302.

Brown, Edward J.: "Solženicyn's Cast of Characters." In: *Slavic and East European Journal* 15 (1971) S. 153–66.

[S. 155–57: Solženitzyns Werke u. Kafkas "Strafkolonie" u. "Prozeß". Schuldbewußtsein bei Kafka: Solženitzyns Gefangene wissen, sie sind unschuldig.]
Auch u. d. T.: "Solzhenitsyn's Cast of Characters." In: *Major Soviet Writers. Essays in Criticism.* Ed. Edward J. Brown. London-Oxford-New York: Oxford Univ. Pr., 1973. S. 351–66.

Brown, Russell E.: "Kafka's 'Schloß': Movement between Village and Castle." In: *Perspectives and Personalities. Studies in Modern German Literature,* Honoring Claude Hill. Hrsg. v. Ralph Ley u. a. Heidelberg: Winter, 1978. S. 55–69.

[Roman aus der Perspektive der Bewegungen zwischen Dorf u. Schloß zu erschließen versucht. 3 Personen erreichen es, haben positive Eigenschaften. K.: negative Qualitäten; Schloß oft negativ beschrieben. K. wirkt als "abschreckendes Beispiel".]

Bruder, Lou: "Les environs du Château." In: *Obliques* (Paris) (2e trimestre 1973) Nr. 3. S. 17–23.

[K.s Todesstrafe: die aufreibende Suche in der Umgebung des Schlosses, Lebenskampf. Varianten zum "Schloß"-Text aufschlußreich.]

Brück, Max von: "Versuch über Kafka." In: M. v. B.: *Die Sphinx ist nicht tot. Figuren.* Köln, Berlin: Kiepenheuer u. Witsch, 1956. S. 117–35.

[Transzendentaler Realismus. Perspektive u. Horizont als literarische Grundstrukturen. Thematisierung des Daseins. Josef K., K., u. das Gefangensein.]
Teilabdruck von S. 121 in: *Als der Krieg zu Ende war.* Hrsg. v. Bernhard Zeller (s. Artikel) S. 309.
Engl. Zusammenf. von S. 117–35 in: Corngold, *The Commentators' Despair* (s. Sammelbde. S. 88–89. (Kommentar von Corngold.)

Bryant, Jerry H.: "The Delusion of Hope: Franz Kafka's 'The Trial'." In: *Symposium* 23 (1969) S. 116–28.

[Josef K. – ein Vertreter unseres Zeitalters. Die Frage nach dem Sinn der Welt u. des Gerichts. Josef K. – kein absurder Held.]
Engl. Zusammenf. in: *TCL* 16 (1970) S. 143 u.
in: *TCLB* S. 2098.

bt: "Probírka novou překladovou literaturou." In: *Lidova Demokracie* (13. 3. 1965) S. 4.

[(Versuch, moderne Literatur zu übersetzen: J. Švabs Montage von poln. Teilübers. aus "Schloß", "Prozeß", "Strafkolonie" u. "Amerika". Kurze Diskussion von Kafkas Prosa. Helden streben nach komplizierter Wahrheit.]

Buber, Martin: "Schuld und Schuldgefühle." In: *Merkur* 11 (1957) S. 722–29.

[Vortrag 1957: Stawrogin ("Die Dämonen") u. Josef K. ("Der Prozeß"); falsches Verhältnis zur Schuld. Geständnis wäre für K. Selbsterhellung.]
Auch in: M. B.: *Schuld und Schuldgefühle.* Heidelberg: Lambert Schneider, 1958. S. 50–65.

Auch in: M.B.: *Werke*. 1. Bd. *Schriften zur Philosophie*. München: Kösel; Heidelberg: Lambert Schneider, 1962. S. 475–502.
In engl. Übers. v. Maurice S. Friedman: "Guilt and Guilt Feelings". In: *Psychiatry* 20 (1957) S. 114–29.
[S. 124–29 Teil VI u. VII: Vorabdruck eines Kap. aus dem 1957 bei Harper Brothers zu erscheinenden Buch von Buber.]
Auch in: M. B.: *The Knowledge of Man. A Philosophy of the Interhuman*. Ed. with an introductory essay by Maurice Friedman. New York: Harper & Row, 1965. S. 121–48.

— "Kafka and Judaism." In: Gray, *Kafka. A Collection of Critical Essays* (s. Sammelbde.) S. 157–62.

[Abdruck aus "Two Types of Faith" von Martin Buber. London: Macmillan and Routledge and Kegan Paul, 1951. "Das Schloß" u. Emil Brunners "The Mediator" in Zusammenhang mit Paulinismus.]

— *Briefwechsel aus sieben Jahrzehnten*. Hrsg. u. eingeleitet v. Grete Schaeder. Heidelberg: Lambert Schneider, 1972–1973.

[Briefe Kafkas an Buber: Bd. 1: S. 409, 491–92, 494. Bemerkungen über Kafka in Briefen von u. an Buber: Bd. 2: S. 272–74, 277–78, 399–400, 564–65. Buber erkannte früh Kafkas Bedeutung.]

*Buber-Neumann, Margarete: "Milena Jesenska, Franz Kafkas veninde." In: *Det Danske Magasin* (1956) S. 340–46.

— "Milena." In: M. B.- N.: *Als Gefangene bei Stalin und Hitler. Eine Welt im Dunkel*. Stuttgart: Deutsche Verlags-Anstalt, 1958. S. 260–71.
[Milena sprach im KZ mehr von Kafka, dem Dichter, als von Kafka, dem Geliebten.]
In gekürzter Form in M. B.-N.: *Als Gefangene bei Stalin und Hitler. Mit einem Kapitel "Von Potsdam nach Moskau."* Stuttgart: Seewalt, 1968. S. 208–14.

— "Milena in Ravensbrück. Erinnerungen an die Freundin Franz Kafkas." In: *Forum* 6 (1959) S. 28–30.
[Milenas menschliche u. geistige Qualitäten, Ehrfurcht vor Kafkas Genie.]
In schwed. Übers. u. d. T.: "Milena i Ravensbrück." In: *Kulturkontakt* (1959) S. 45–48.

— "Franz Kafka und Milena." In: M. B.- N.: *Kafkas Freundin Milena*. München: Gotthold Müller, 1963. 6 Illustr. S. 94–117.

[Aufzeichnungen von Milena Jesenskás Gesprächen in Ravensbrück 1940–44. Kafkas Briefe an sie. Milenas Leben; ihre literarische u. politische Tätigkeit.]
In engl. Übers. in M. B.- N.: *Mistress to Kafka. The Life and Death of Milena*. Introduction by Arthur Koestler. London: Secker & Warburg, 1966.
In span. Übers. v. M. Carmen Pascual in M. B.- N.: *Milena, la amiga de Kafka*. Barcelona: G. P., 1967.
*In türkischer Übers. v. Adalet Cimcoz in M. B.- N.: *Kafka nin sevgilisi Milena*. İstanbul: Ataç Kitabevi, 1967.

Buch, Hans Christoph: "Entfremdung und Verfremdung in Kafkas 'Amerika'-Roman." In: H. Ch. B.: *"Ut Pictura Poesis." Die Beschreibungsliteratur und* *ihre Kritiker von Lessing bis Lukács.* München: Carl Hanser, 1972 (Literatur als Kunst). S. 222–69.

[Untersuchung von utopischen u. realistischen Elementen, Natur, Technik, Momentaufnahmen, Bewegung u. Vorgängen. Beschreibungsliteratur mit Kafkas Prosa an äußerste Grenze gelangt, nur mehr isolierte Details präzise beschrieben, Wirklichkeit ist undurchdringlich. Vergleich Rilke u. Walser: subjektive, begrenzte Aussagen. Döblin: statt Beschreibung – Montage, Zitat von Realitätspartikeln.]

Büchler, Franz: "Schizoider Zeitgeist (von Kassner über Kafka zu Beckett)." In: F. B.: *Wasserscheide zweier Zeitalter. Essais.* Heidelberg: Lothar Stiehm, 1970 (Poesie u. Wissenschaft 12). S. 102–22.

[Gedanken über Kultur, Philosophie, Literatur u. Religion der Moderne in dramatischer Form (Ego u. Alter-Ego), die an Kassner, Kafka u. Beckett, etc., inspiriert sind.]

Buck, Theo: "Reaktionen auf Kafka bei den Schriftstellerkollegen." In: David, *Franz Kafka. Themen und Probleme* (s. Sammelbde.) S. 210–28.

[Thema Kafkas: "die Erfahrung der Unausweichlichkeit des Paradoxen"; wichtig: erzähltechnische Einlösung des epischen Programms, keine objektiven Erzählvorgänge noch Aufklärung des Lesers. Frühe richtige Einsichten von Musil, Walzel, Tucholsky, Döblin u. Brecht.]

***Budtz-Jørgensen, J.:** "Vorwort." In: Franz Kafka: *Den sandhedssøgende hund.* København: 1956. S. 5–7.

***Buhr, Gerhard:** "Franz Kafka, 'Von den Gleichnissen': Versuch einer Deutung." In: *Euphorion* 74 (1980) S. 169–85.

Bullaty, Sonja, and **Angelo Lomeo:** "Kafka's Prague." In: *Horizon* (1967) Nr. 1. S. 88–99. 10 Illustr.

[Kafkas Beziehung zu Prag. Sein Schloß wahrscheinlich Mischung von Wossek u. Hradschin.]

Burckhardt, Sigurd: "The Stories of Heinrich von Kleist." In: *Hudson Review* 14 (1961) S. 295–98.

[Vergleich zwischen Kleist u. Kafka.]

***Burgert, Helmuth:** "Wer war Franz Kafka?" In: *Die Zeichen der Zeit* (1958) S. 391–93.

Burgum, Edwin Berry: "The Bankruptcy of Faith." In: Flores, *The Kafka Problem* (s. Sammelbde.) S. 298–318.

[Historisch-politische Deutung. Psychopath Kafka kündigt Degeneration Deutschlands an. Optimismus in "Amerika", Pessimismus in "Prozeß" u. "Schloß". Ausweg: Halluzination u. Phantasie ("Der Bau").]

– "Freud and Fantasy in Contemporary Fiction." In: *Science and Society* 29 (1965) S. 224–31.

[S. 225–26 über Kafkas Gebrauch der Phantasie.]

*Burke, Kenneth: "Kafka: A kastély című regényének elemzése." In: *Helikon* (Budapest) 24 (1978) S. 3–32.

[Ung. Teilübers. v. Zsófia Dobrás aus K. B.: "A Rhetoric of Motives."]

Burnham, James: In: Neumeyer, *Twentieth Century Interpretations of "The Castle"* (s. Sammelbde.) S. 103.

[Teilabdruck von S. 190 "Observation on Kafka" in: "Partisan Review" 14 (1947).]

Burns, Wayne: "'In the Penal Colony': Variations on a Theme by Octave Mirbeau." In: *Accent* 17 (1957) S. 45–51.

[Kafkas "In der Strafkolonie" von Mirbeaus "Le jardin des supplices" (1899) inhaltlich, im Aufbau u. im Detail beeinflußt. Vergleich der beiden Werke.]
Engl. Zusammenf. in: *TCL* 3 (1957) S. 47,
in: *TCLB* S. 2092, u.
in: *Abstracts of English Studies 1 (1958) S. 1.*

Burssov, B.: "Dostojewski und der Modernismus." In: *Kunst und Literatur* 14 (1966) S. 155–74 (1. Teil); 2. Teil: Nr. 3 (1966).

[S. 170–73 über Kafka. Dostojewski billigt Resultate des revolutionären Kampfes, Kafka glaubt überhaupt nicht daran.]

*Burwell, Michael L.: "Kafka's 'Amerika' as a Novel of Social Criticism." In: *German Studies Review* 2 (1979) S. 192–209.

Busacca, Basil: "A Country Doctor." In: Flores, *Franz Kafka Today* (s. Sammelbde.) S. 45–54.

[Bei Kafka unvorhersehbare, tragische Welt; Grundverhaltensmodell (Resignation über enttäuschendes Ziel) variiert in Erz.]
Abdruck von S. 45–54 u. d. T.: "From 'A Country Doctor'." In: *Literary Symbolism. An Introduction to the Interpretation of Literature.* Ed. Maurice Beebe. 6th Printing. Belmont, California: Wadsworth, 1968. S. 135–38.
Engl. Zusammenf. von S. 49 in: Corngold, *The Commentators' Despair* (s. Sammelbde.) S. 89.

Busch, Günther: "Kafka und seine Versionen. Unangenehme Folgen einer philologischen Untersuchung." In: *Panorama* (München) (Okt. 1957) S. 15.

[Positive Stellungnahme zu Uyttersprots Strukturthese zum "Prozeß".]

*Buschman, Gerard: "Het evangelie volgens Gustav Janouch." In: *Jeugd en Cultuur* 19 (1973/74).

[(Das Evangelium nach Gustav Janouch).]

*Busk, Meir: [Rabbi Nachman und Franz Kafka. Eine mögliche Analogie zwischen Schicksal und "teḥushot".] In: *Moznayim* (1961/62) Nr. 13. S. 433–39.

[Hebr., aus "Bibliografia b'Ivrit".]

Butler, E. M.: "The Element of Time in Goethe's 'Werther' and Kafka's 'Prozeß'." In: *GLL* 12 (1959) S. 248–58.

["Erzählte Zeit" u. "Erzählzeit". Vergleich zwischen Werther u. K. in ihrer Verzweiflung.] Engl. Zusammenf. in: *TCLB* S. 2098.

– "Translator's Note." In: Franz Kafka: *The Trial.* Definitive edition. Translated by Willa and Edwin Muir. Revised, and with additional materials translated by E. M. B. New York: Modern Library. – (C 1937, 1956). S. 339–41.

[Butler vergleicht Uyttersprots Kap.-Folge im "Prozeß" mit der Brods u. gibt Uyttersprot den Vorzug.]

Bystřina, Ivan: "Poznámky k noetické a společensko-etické problematice kafkova díla." In: *Filosofický časopis* 15 (1967) S. 453–69.

[(Bemerkungen zu den noetischen und soziologisch-ethischen Problemen bei Kafka): Hegel beeinflußte Kafkas Menschenbild. Marx u. Kafka kritisieren die gleichen Fehler der Gesellschaft. Gespaltene Persönlichkeit u. Entfremdung; Kafka zweifelt am Bestehen der Gesetze; Wahrheitssuche: "Gracchus", "Forschungen eines Hundes". Wahrheit ist im Menschen selbst.]

*Caeiro, Oscar: "Kafka y el Génesis." In: *Criterio* 41 (25. Apr. 1968) S. 258–61.

– "Kafka en la brevedad." In: *Revista de Humanidades* 8 (Córdoba, Argentina) (1971) Nr. 13/14. S. 45–70.

[Kafkas kurze Prosa enthält die typischen Stilcharakteristika u. Motive seiner längeren Werke ("Auf der Galerie", "Brudermord", "Kleine Fabel", "Die Brücke", usw.]

– "Kafka y Martínez Estrada." In: *Boletín Informativo del centro de literatura comparada* (Mendoza) 1 (Aug. 1976).

– "Prólogo." In: Franz Kafka: *Un informe para una academia.* Buenos Aires: 1976. S. 7–17.

– "Borges, por la huella de Kafka." In: *Criterio* 50 (11. Aug. 1977) S. 416–21.

– "Die Aufnahme in den einzelnen Ländern: Hispania." In: *Kafka-Handbuch* 2 (s. Sammelbde.) S. 704–21.

[S. 716–17: Span. Übers.; S. 717–21: Sekundärliteratur. Bespricht Übers., Wirkung auf Kritik, Wissenschaft, Literatur, die Situation in Südamerika (Borges, Martínez Estrada u. a.) u. in Spanien.]

*Cahn, A.: "Deutsches Schrifttum im argentinischen Geistesleben." In: *Zeitschrift für Kulturaustausch* 12 (1962) S. 304–08.

– "Ubicación de Franz Kafka." In: A. C.: *A partir de Heliand. Contribución a la historia de las letras.* Córdoba: Universidad Nacional de Córdoba, 1964. S. 68–81.

[Sprachmeister. Nur "Ich" vorhanden; Visuelles; Mißtrauen gegenüber der Sprache. Abgrund zwischen Wahrem u. Wirklichem; Fakten u. Ideen auf einer Ebene, ohne Logik.]

Calder-Marshall, Arthur: [Rez. engl. Übers. v. "Beim Bau der Chinesischen Mauer" (1933).] In: Jakob, *Das Kafka-Bild in England* 1 (s. Sammelbde.) S. 164–65.

[Abdruck von S. 362 u. 364 aus "An Autobiographer of the Unconscious" in "New Statesman and Nation" (23. 9. 1933): Kafkas Versuch, die ersehnte Beichte im Werk zu verschleiern.]

— "The Basis of Kafka's Stories." In: Jakob, *Das Kafka-Bild in England* 1 (s. Sammelbde.) S. 292–94.

[Abdruck von S. 143–46 aus "Fiction Today" in "The Arts Today". Hrsg. v. Geoffrey Grigson (London, 1935): Kafkas schwer verständliche Werke enthüllen Verfolgungsangst. Krank, aber genial.]

Calin, E. V.: "From Ellipsis into Silence in Contemporary Literature." In: *Expression, Communication and Experience in Literature and Language.* Proceedings of the XII Congress of the International Federation for Modern Languages and Literatures, held at Cambridge Univ., 20 to 26 August 1972. Ed. Ronald G. Popperwell. Published by the Modern Humanities Research Assoc. Leeds: Manley & Son, 1973. S. 259–62.

[Kafka (neben Camus u. Beckett, etc.) als Beispiel für Unterdrückung der Motive; elliptische Ausdrucksweise; ein "a priori"-Schweigen.]

C[alta], L[ouis]: "Two Experiments." In: *New York Times Theater Reviews 1920–1970.* Vol. 6. New York: New York Times & Arno Pr., 1971. – (20. 2. 1957. S. 38.)

[Negative Theaterkritik von "Metamorphosis" in Douglas Watsons Dramatisierung (Theatre de Lys, New York).]

*Cambon, G.: "Franz Kafka oder über 'Die Verwandlung'." In: G. C.: *Der Kampf mit Protheus.* 1970.

Cameron, J. N.: "Man's Trial." In: Jakob, *Das Kafka-Bild in England* 2 (s. Sammelbde.) S. 413–14.

[Abdruck aus "Theological Fragments" in "Downside Review" 67 (1949) Nr. 208. S. 144–46: Werk eher Satire auf orthodoxe Religion.]

Camus, Albert: "L'espoir et l'absurde dans l'œuvre de Franz Kafka." In: *CCRB* 5 (Okt. 1957) Nr. 20. Franz Kafka du Procès au Château. S. 66–70.

[Tragik durch Alltägliches, Absurdes durch Logisches ausgedrückt. "Schloß": "théologie en acte"; Hoffnung in absurde Welt gebracht. "Prozeß" – Diagnose, "Schloß" – Behandlung.]
Auch in: A. C.: *Le mythe de Sisyphe.* Paris: Gallimard, 1964. – (C 1942.) (Les Essais 12). S. 167–85.
Auch in: A. C.: *Œuvres Complètes 3. Essais philosophiques.* Paris: Imprimerie Nationale, 1962, S. 113–23.

Auch in: A. C.: *Essais.* Gallimard et Calmann-Lévy, 1965 (Bibliothèque de la Pléiade 183). S. 199–211.

Teilabdruck u. d. T.: "L'espoir et l'absurde dans l'œuvre de Kafka." In: Raboin, *Les critiques de notre temps et Kafka* (s. Sammelbde.) S. 21–24.

In dt. Übers. v. Hans Georg Brenner u. Wolfdietrich Rasch u. d. T.: "Die Hoffnung und das Absurde im Werk von Franz Kafka." In: A. C.: *Der Mythos von Sisyphos. Ein Versuch über das Absurde.* Düsseldorf: Rauch, 1958. S. 161–76.

*Auch in: A. C.: *Der Mythos von Sisyphos.* Hamburg: Rowohlt, 1959. Auch: 1971 (Rowohlts deutsche Enzyklopädie 90). S. 102–12.

Auch u. d. T.: "Die Hoffnung und das Absurde im Werk von Franz Kafka." In: Politzer, *Franz Kafka* (s. Sammelbde.) S. 163–74.

In engl. Übers. u. d. T.: "Hope and the Absurd in the Work of Franz Kafka." In: Gray, *Kafka. A Collection of Critical Essays* (s. Sammelbde.) S. 147–55.

[Abdruck des gleichnam. Essays aus "The Myth of Sisyphus". A. Knopf and H. Hamilton, 1955.]

Auch u. d. T.: "Hope and Absurdity." In: Flores, *The Kafka Problem* (s. Sammelbde.) S. 251–61.

In engl. Übers. v. Justin O'Brien u. d. T.: "Hope and the Absurd in the Work of Franz Kafka." In: A. C.: *The Myth of Sisyphus and Other Essays.* Eighth Printing. New York: Alfred A. Knopf, 1972. – (C 1955.) S. 124–38.

Auch in: Gullason, (s. Artikel) S. 545–46.

Teilabdruck in: Domandi, *Modern German Literature* (s. Sammelbde.) S. 14.

Engl. Zusammenf. von Teilen über "Die Verwandlung" in: Corngold, *The Commentators' Despair* (s. Sammelbde.) S. 90.

In ital. Übers. v. Attilio Borelli in: Pocar, *Introduzione a Kafka* (s. Sammelbde.) S. 152–62.

In span. Übers. in: A. C.: *El mito de Sísifo.* Buenos Aires: Losada, 1953. S. 135–49. (Biblioteca clásica contemporánea 392). – 9. Aufl. 1979.

In span. Übers. u. d. T.: "La esperanza y el absurdo en la obra de Franz Kafka." In: A. C.: *Obras completas.* [Bd. 2 :] *Ensayos.* México City: 1959. S. 254–67.

Canetti, Elias: "Der andere Prozeß. Kafkas Briefe an Felice." In: *Neue Rundschau* 79 (1968) S. 185–220 (Teil 1); S. 586–623 (Teil 2).

[Kommentar zu "Briefe an Felice" u. der Geschichte der Verlobung, die die Entstehung des "Prozeß" beeinflußt haben soll. In Buchform 1969 (s. Bücher).]

Engl. Zusammenf. in: *TCLB* S. 2098.

[Canetti Elias:] "Elias Canetti talks to Idris Parry about the work of Kafka." In: *Listener* 86 (1971) S. 366–69.

[Gespräch über Canettis "Der andere Prozeß" u. Kafkas Felice-Briefe. Kafka als Kenner der Macht u. Geduld. Nähe zur chinesischen Philosophie.]

Canetti, Elias: *Die Provinz des Menschen. Aufzeichnungen 1942–1972.* München: Carl Hanser, 1973.

[S. 306–07 (1968): Bei Kafka Fragwürdigkeit der Welt u. Ehrfurcht für das Leben.]

Cantoni, Remo: "Il poeta dell'impossibile." In: Franz Kafka: *Lettere a Milena.* A cura di Willy Haas. Traduzione di Ervino Pocar. [Milano:] Mondadori, 1960. – (C 1954.) – S. 9–26.

[Qualitäten von Kafkas Helden: passiv, gedemütigt, isoliert. Briefe zeigen, daß Kafka selbst ähnliche Schwierigkeiten hatte; Milenas Vitalität u. seine Angst. Mauer zwischen Kafka u. Gott.]

– "Uomini contro il destino." In: Franz Kafka: *Il Castello*. Edizione integrata con varianti e frammenti. Traduzione di Anita Rho. IV edizione Medusa. [Milano:] Mondadori, 1961. S. 9–29.

[Moderner, unsicherer u. ausgesetzter Mensch; metaphysische Erfahrung im "Schloß"; Krise des Bürgers in entmenschter Welt, mehr als nur Judentum u. Vaterkomplex. Von "Amerika" bis "Schloß": Suche nach Gnade.]

(– "Introduzione. L'uomo Kafka nei 'Diari'." In: Franz Kafka: *Diari 1910–1923*. *A cura di Ervino Pocar*. [Milano:] Mondadori, 1977 (Ia edizione Oscar Mondadori). S. IX–XXIV.

[Zuerst in "Pensiero Critico" (1952) u. als "Introduzione" zu "Diari 1910–1923" (Mondadori, 1952). In geänderter Fassung: Negatives in Kafka, Beziehung zu Nietzsche u. Kierkegaard; Zeugnisse der Verzweiflung; Brod sieht Kafka positiv. Wirklichkeit löst sich auf, verschiedene biographische Ereignisse herausgegriffen; nur Literatur kann ihn heilen. Helden suchen Wärme u. Liebe; Eheproblem, Frauen.]

Cantrell, Carol Helmstetter: " 'The Metamorphosis': Kafka's Study of a Family." In: *Modern Fiction Studies* 23 (1977–78) S. 578–86.

[Verhalten der Familie untersucht, nicht Verwandlung Gregors, die Gesundung u. Rebellion gegen die ihm von der Familie aufgezwungene Rolle des guten Sohnes bedeuten kann (Theorien von R. Laing).]

Caputo-Mayr, Maria Luise: "Ein Kafka-Symposium in den USA. (Gedanken über die Kafka-Forschung im 50. Todesjahr des Dichters)." In: *Literatur und Kritik* (1975) Nr. 95. S. 285–89.

[Besprechung des Kafka-Symposiums an der Temple Univ. in Philadelphia, Okt. 1974; Stand u. Ziele der Kafka-Forschung.]

– "Internationales Symposium zur fünfzigsten Wiederkehr von Franz Kafkas Todesjahr an der Temple University, Philadelphia, vom 29.–31. 10. 1974." In: *GQ* 48 (1975) Nr. 1. S. 76–79.

[Programm des Symposiums u. vertretene Forschungsrichtungen.]

– "The Case of Franz Kafka." In: *Translation and Literary Criticism*. Papers Prepared for the Comparative Literature Forum June 7, 1975, State University of New York at Binghamton, sponsored by The Department of Comparative Literature and The Translation Center. [1975.] – S. 53–64.

[Die Problematik der gegenwärtigen Kafka-Übers. u. die in der Zukunft zu verfolgenden Ziele; Neuausgabe der Werke Kafkas.]

– "Gründung einer Kafka-Gesellschaft. 'Kafka Society of America'." In: *MAL* 9 (1976) Nr. 1. S. 113.

[Bericht über Gründung im Dez. 1975, während der MLA-Convention in San Francisco.]

– ["Invitation to form Kafka Society of America."] In: *Newsletter of the Kafka Society of America* 1 (June 1977) Nr. 1. S. 2.

[Im Anschluß an die bibliogr. Arbeiten, die an der Temple Univ. im Gange sind, sowie an das im Jahre 1974 daselbst abgehaltene Symposium erfolgte der Vorschlag, eine Gesellschaft mit dem Sitz an dieser Univ. zu gründen.]

– "The Kafka Society of America." In: *MAL* 10 (1977) Nr. 2. S. 180.

[Bericht über Arbeit der Gesellschaft 1976.]

– "1976 Activities Report of the Kafka Society of America [and bibliographical notes]." In: *Newsletter of the Kafka Society of America* 1 (June 1977) Nr. 1. S. 4–5.

[Werbung, Arbeit, Wahl des Ehrenpräsidenten, 10 Kommentare zu jüngsten Kafka-Publikationen.]

– "Present Kafka Research: An Outlook." In: *JML* 6 (1977) S. 331–36. Franz Kafka Special Number.

[Forschungsbericht auch in bezug auf amerik. Lage, wo Nachholbedarf für grundlegende europäische Studien herrscht, z.B. Beickens Forschungsbericht, Wagenbachs Rowohlt Biographie.]

– "Recent Kafka Research. A Survey." In: *Newsletter of the Kafka Society of America* 2 (1978) Nr. 2. S. 1–17.

[Forschungsbericht über die wichtigsten Erscheinungen der Siebzigerjahre, u. zwar Editionsarbeit in Wuppertal, Bibliogr., formale u. strukturale Untersuchungen, neopositivistische Richtung, soziologisch-historische Forschung, Sammelbde., u.a.]

– "Kafkas zwei Grabsteine." In: *MAL* 11 (1978) Nr. 3/4. S. 289–91.

[Wurde Kafkas ursprünglicher Grabstein im Krieg zerstört u. ersetzt? Material von Elow.]

– "Vorwort als einführende Bemerkungen zu dieser Aufsatzsammlung." In: Caputo-Mayr, *Franz Kafka Symposium* (s. Sammelbde.) S. XI–XVI.

[Überblick über Forschungslage u. Bericht über Symposiumsbeiträge (Philadelphia, 1974).]

Carlsson, Anni: *Die deutsche Buchkritik von der Reformation bis zur Gegenwart.* Bern u. München: Francke, 1969.

[S. 240, 254–55: Kafkas Besonderheit, ungreifbar neu. S. 330: Kafka als Kritiker der Lebenskrise.]

*– Teufel, Tod und Tiermensch. Phantastischer Realismus als Geschichtsverschreibung der Epoche. Kronberg/Ts.: Athenäum, 1978.

[Tiermenschen u. Monstren bei Kafka u.a. Archetypisches in Literatur des 20. Jh.]

Carmely, Klara: "Noch einmal: War Kafka Zionist?" In: *GQ* 52 (1979) S. 351–63.

[Kafka bejaht zionistische Heimatsidee (Palästina) u. teilt typisch zionistische Ansichten (Assimilation, Land, Sprache).]

133

Carpenter, Frank: "Kafka." In: Jakob, *Das Kafka-Bild in England* 2 (s. Sammelbde.) S. 361.

[Abdruck des gleichnam. Artikels in "New Statesman and Nation" (25. 12. 1948) S. 571; Antwort auf A. S. Neill (in: "New Statesman and Nation" 18. 12. 1948). Auch Krankengeschichte kann genial sein.]

*Carpentier, A.: "Cuevas y Kafka." In: *México en la cultura* (24. Apr. 1960). Auch in: A. C.: *Tientos y diferencias. México City:* 1964. S. 108–11.

Carrouges, Michel: "Dans le rire et les larmes de la vie." In: *CCRB* 5 (Okt. 1957) Nr. 20. Franz Kafka du Procès au Château. S. 17–22.

[Friedas List, Freiheit u. Frohsinn innerhalb des strengen Gesetzes. Ihr Humor u. der der Gehilfen – auch der Kafkas.]

– "Kafka en procès." In: *Les Nouvelles Littéraires* 41 (1963) Nr. 1847. S. 6–7.

[Verfilmung von "Prozeß" durch Welles. Absurdität des Werkes Kafkas durch sein Leben erklärbar u. umgekehrt. Realistisch, symbolisch; Humor.]

– "Kafka l'accusateur." In: *Obliques* (Paris) (2e trimestre 1973) Nr. 3. S. 30–34.

[Absurdes u. Groteskes sind im "Prozeß" als Zeichen für die Verfremdung der Gesellschaft enthalten.]

Carter, F. W.: "Kafka's Prague." In: Stern, *The World of Franz Kafka* (s. Sammelbde.) S. 30–43.

[Notizen zu Kafkas Geburtsstadt u. zu seiner kulturellen u. sozialen Umgebung, seine Anteilnahme an literarischen u. politischen Klubs. Das jüdische Prag.]

*Carvalhal, Tania Franco: "Le procès de la littérature." In: Franz Kafka: *Œuvres complètes.* Vol. 8. Paris: Cercle du Livre Précieux, 1963–1965. S. 219–56.

*Cases, Cesare: "Alcune vicende e problemi della cultura nella R. D. T." In: *Nuovi Argomenti* (Sept./Okt. 1958) S. 1–49.
*In dt. Übers. in: C. C.: *Stichworte zur deutschen Literatur.* Wien, Frankfurt, Zürich: 1969. S. 111–59.

Cassill, R. V.: *The Norton Anthology of Short Fiction. Instructor's Handbook.* New York: W. W. Norton, 1977.

[S. 115–19: Franz Kafka: The Metamorphosis. Einführende Bemerkungen.]

*Castagnino, R. H.: "Kafka. Literatura coclear y psicoanálisis." In: *La Prensa* (14. Mai 1961).

Castelli, Ferdinando, S. J.: "Le tre vertigini di Franz Kafka." In: *La Civiltà Cattolica* 113 (1962) Nr. 13. S. 27–40.

[Kafkas Demut u. Wunsch, den Abgrund zu erforschen; flüchtige Hoffnung; Vater u. Gottesbild. Kunst u. Ehe; Absurdes u. Nichts, aber auch jüdischer Hintergrund. Chronologie u. einige ital. Übers. v. Kafkas Texten ("Gracchus").]

Auch in: F. C.: *Letteratura dell'inquietudine*. Milano: Massimo, 1964. – (Prima edizione 1963.) S. 141–61.

*Castex, Elisabeth: "Anarchie und totale Organisation: Zur Historizität utopischer Strukturen in den Werken Franz Kafkas und Robert Musils." In: *Österreichische Literatur seit den zwanziger Jahren. Beiträge zu ihrer historisch-politischen Lokalisierung.* Hrsg. v. Friedbert Aspetsberger. Wien: Österreichischer Bundesverl., 1979 (Schriften des Instituts für Völkerkunde, 35). S. 45 – 54.

Cathelin, Jean: "Kafka en chair et en os." In: *Correspondances* 3 (1956) S. 260–262.

[Erscheinen der Milena-Briefe bei Gallimard. Milena trotzte der Tradition u. liebte einen Juden. Briefe beleuchten Kafkas Werk.]

Cavallo, Luigi: "Franz Kafka: L'amore negativo." In: *Fenarete* 16 (1964) Nr. 2. S. 13–16.

[Auf Montales Anregung hin geschrieben. Kafkas Werk u. seine Beziehung zur expressionistischen Malerei u. Musik, u. zu Kierkegaard.]

Cenêt: "Letter from Paris." In: *New Yorker* 41 (Apr. 3, 1965) S. 146–48.

[Negative Rez. des dramatisierten "Amerika"-Romanes.]

*Čermák, Josef: "Franz Kafka, básník proměny." In: Franz Kafka: *Proměna.* Praha: SNKLU, 1963. S. 123–32.

[Nachwort zur tschech. Ausgabe von "Verwandlung".]

– "Zpráva o neznámých kafkovských dokumentech." In: Goldstücker, *Liblická Konference* (s. Sammelbde.) S. 249–52.

[Etwa 250 Stück Korrespondenz u. Mitteilungen Kafkas, seiner Familie u. Freunde beschrieben (in Vera Saudkovás Besitz).]
In dt. Übers. v. Kurt Lauscher u. d. T.: "Ein Bericht über unbekannte Kafka-Dokumente." In: Goldstücker, *Franz Kafka aus Prager Sicht 1963* (s. Sammelbde.) S. 261–65.
Auch in: *Alternative* 8 (1965) Dokument 2. S. 46–47.
In ital. Übers. u. d. T.: "Rassegna di inediti kafkiani." In: Goldstücker, *Franz Kafka da Praga* (s. Sammelbde.) S. 239–43.

– "Franz Kafkas Ironie." In: *Philologica Pragensia* 8 (1965) S. 391–400.

[Veränderte Fassung eines Vortrages vom 11. 8. 64 in Tübingen: Kafkas Briefe literarisch seinem Werk gleichzusetzen. Schreiben als ausgleichende Kraft. Heiterkeit in Ottla-Briefen. Absurdes der Welt ironisch gesehen.]
Engl. Zusammenf. in: Corngold, *The Commentators' Despair* (s. Sammelbde.) S. 91.

– "Životopisec a přítel." In: Max Brod: *Franz Kafka. Životopis.* Praha: Odeon, 1966. S. 285–88.

[(Biograph und Freund): Beziehungen zwischen Kafka u. Brod.]

- "Česká kultura a Franz Kafka. (Recepce Kafkova díla v Čechách v letech 1920–1948.)" In: *Česká literatura* 16 (1968) S. 463–73.

[Die Aufnahme der Werke Kafkas im tschech. Volk ist fragmentarisch geblieben. Übersicht über die tschech. Übers. 1920–48 (bes. Milena Jesenská, Josef Florian, Pavel Eisner). Surrealistische Auslegung Kafkas: Gruppe Skupina. Größeres Interesse 1945–48: Demetz, Siebenschein, Preisner.]

In dt. Übers. v. Anna Urbanová u. d. T.: "Franz Kafka und die tschechische Kultur." In: *Universum der tschechoslowakischen Literatur und Kunst* 6 (1969) S. 1–9.

Dass. u. d. T. "Die tschechische Kultur und Franz Kafka: Die Kafka-Rezeption in Böhmen 1920–1948." In: *Monatshefte* 61 (1969) S. 361–79 (mit engl. Zusammenf.).

In engl. Übers. u. d. T.: "Czech Culture and Franz Kafka." In: *Universum. A Review of Czechoslovak Literature and Art* 6 (1969) S. 1–9.

Engl. Zusammenf. in: *TCL* 16 (1970) S. 306, u.

in: *TCLB* S. 2064.

In ital. Übers. u. d. T.: "La cultura ceca e Franz Kafka." In: Pocar, *Introduzione a Kafka* (s. Sammelbde.) S. 27–31.

In span. Übers. u. d. T.: "Franz Kafka. La acogida de Kafka en Bohemia entre 1920 y 1948." In: *Revista de Occidente* 24 (1969) S. 160–81.

- "L'incartamento 'Kafka' presso la polizia di Praga." In: *Paragone* 20 (1969) Nr. 238. S. 62–86.

[Neuentdeckter Polizeiakt über Kafka: verschiedene biographische Details richtiggestellt (Kafkas Reisen). Kafka sollte 1918 einen österreichischen Orden bekommen. – Übers. des Textes v. Elisa Barbara Verdiani. Übers. der Fußnoten v. Maria Caciagli Fancelli.]

Černý, Václav: "Hrst' poznámok o kafkovskom románe a o Kafkovom svete." In: *Slovenské pohl'ady* 79 (1963) Nr. 10. S. 80–95.

[(Einige Bemerkungen über einen kafkaesken Roman und die Welt Kafkas): Die wichtigsten Stile, Themen u. Ideen der Literatur von Don Quixote bis zu "L'Etranger" sind in Kafkas Werk enthalten. Vaterbrief: Schlüssel zu Gesamtwerk.]

*– "Nad Kafkovým hrobem." In: *Lidová demokracie* 4 (1964) Nr. 10.

[(Am Grabe Kafkas.)]

- "Nad Proměnou Franze Kafky." In: *Host do domu* (1964) Nr. 3. S. 9–12.

[(Zur "Verwandlung" von Franz Kafka): Kafka als Philosoph (Existenzerhellung) u. Ethiker. Samsa wird tatsächlich ein Käfer als Strafe für seine Entfremdung. Nur Putzfrau u. 3 Mieter benehmen sich normal.]

Cersowsky, Peter: "'Die Geschichte vom schamhaften Langen und vom Unredlichen in seinem Herzen.' Zu Fremdeinflüssen, Originalität und Erzählhaltung beim jungen Kafka." In: *Sprachkunst. Beiträge zur Literaturwissenschaft* 8 (1976) Nr. 1. S. 17–35.

[Erz. brieflich an Pollak mitgeteilt (20. 12. 1902). Künstlerische Abhängigkeit vom "Kunstwart": nicht kritiklos übernommen; Vokabular; Stadt-Landproblematik. Fremdes u. Eigenes: neue Einheit. Zusammentreffen Langer-Unredlicher antizipiert spätere Werkanfänge ("Prozeß", "Schloß"), noch auktoriale Erzählhaltung.]

Červinka, František: "O kulturní dědictví Franze Kafky." In: *Dějiny a současnost* 5 (1963) Nr. 4. S. 12—17.

[(Über Kafkas kulturelles Erbe): Psychoanalyse, Existentialismus u. Surrealismus beanspruchen Kafka für sich. Die marxistische Meinung fehlt noch.]

*Chagai, Chaya: ["Franz Kafkas Briefe an Milena."] In: *Niv Hakevutza* 12 (1963) Nr. 1. S. 140—43.

[Hebr.; aus "Bibliografia b'Ivrit".]

Chamalik, Frantisek: "Démocratie socialiste et centralisme bureaucratique." In: Roger Garaudy: *La Liberté en sursis. Prague 1968.* Paris: Fayard, 1968. S. 101—36.

[S. 108—10: "Du monde impénétrable de Kafka à l'homme total." — Politischer Humanismus gibt jedem Mitbestimmungsrecht, im Gegensatz zur entmenschlichten Welt in Kafkas "Schlössern".]

Chanda, A. K.: "Post-Conversion Tolstoy and Kafka." In: *Jadavpur Journal of Comparative Literature* 11 (1973) S. 21—44.

[Tolstois "Der Tod Iwan Iljitschs", "Herr und Diener" u. Kafkas "Verwandlung" u. "Prozeß": Ähnlichkeiten in Struktur, Thema, Motivwahl u. Symbolik. Iljitsch, Brechunow, Gregor u. Josef K. wollen Karriere machen, werden von materieller Welt entmenschlicht. Existentielle Krise. Iljitsch u. Gregor werden menschlicher vor ihrem Tod. Symbolische Hinweise auf Nahrung in "Iwan Iljitsch" u. "Verwandlung". Zimmer: Symbol menschlicher Hölle. Josef K. auf freiem Fuß, sein Geist wird aber eingezwängt.]

Chauffetteau, J. G.: "Kafka et le théâtre." In: *CCRB* 5 (Okt. 1957) Nr. 20. Franz Kafka du Procès au Château. S. 23—29.

[Kafka ein "amateur de spectacle", der Romane schrieb; neue Kunstform angestrebt. Keine Theaterstücke, weil das Theater seine Kunst zu sehr verweltlicht.]

Chávez, Fernando: *Obscuridad y extrañeza. A Propósito de Franz Kafka. Seguido de la 'Carta al Padre'.* Quito: Casa de la Cultura Ecuatoriana, 1956.

[S. 7—45: Allg. Einführung zu Kafkas Helden u. Themen. Helden: suchen Freiheit, um handeln zu können, wagen aber nicht, zu rebellieren. Schutzsuche. — Themen: Ewigkeit, Mißerfolg, Liebe, Einsamkeit, Ungerechtigkeit des Menschen u. das Göttliche. — S. 47—109: Span. Übers. v. Chávez vom "Brief an den Vater", nach der frz. Version von M. Robert.]

*Chernush, Akosh: "The Madness File." In: *The Columbia Forum* (1974) Nr. 3. S. 40—42.

*Chiarini, Paolo: *La letteratura tedesca del Novecento. Studi e ricerche.* Roma: Ateno, 1961 (Nuovi Saggi 30).

[S. 105—08: Destino romantico del maestro di Kafka.]

Chiusano, Italo A.: "Kafka umorista e altre noterelle private." In: *Miscellanea di Studi in onore B. Tecchi. Comitato promotore: Paolo Chiarini, Giovanni Mac-*

chia, Mario Praz, et al. A cura dell'Istituto Italiano di Studi Germanici a Roma. Volume secondo. Roma: Ateneo, 1969. S. 557–73.

[S. 557–62: Kafka: Humorist im Sinne von Shakespeare, Gogol u. Dostojewski. Schwarzer Humor.]

*Chof, Avraham: ["Über 'Beschreibung eines Kampfes' von Franz Kafka."]In: *Leket Divré Bikoret al Sefarim Chadashim* (Jerusalem) (1971) Nr. 16. S. 2.

[Hebr.; aus "Bibliografia b'Ivrit"; Besprechung von "Beschreibung eines Kampfes" in hebr. Übers., Jerusalem, Schocken, 1971. Photographiert aus "Davar" (15. 10. 1971).]

Chohol: "Ratujmy Kafkę, przed egzegezą." In: *Współczesność* (1.–16. 3. 1959) S. 2.

[(Laßt uns Kafka vor der Exegese retten): Kafka ist am ehesten existentialistisch zu erklären. Verantwortungsgefühl; kein Kommunist.]

*Chomsky, David: ["Franz Kafkas 'Der Prozeß' nach Orson Welles' Dramatisierung."] In: *Prosdor* (1963) Nr. 6–7. S. 115–16.

[Hebr.; aus "Bibliografia b'Ivrit"; über Film von Welles.]

Church, Margaret: "Time and Reality in Kafka's 'The Trial' and 'The Castle'." In: *TCL* 2(1956) S. 62–69.

[Raum u. Zeit illusorisch, Traumwelt u. Wirklichkeit verbunden; Wirklichkeit ist vom Beobachter abhängig.]
Auch in: M. C.: *Aspects of Time*. Ed. C. A. Patrides. Manchester: Manchester Univ. Pr.; Toronto: Toronto Univ. Pr., 1976. S. 179–86.
Engl. Zusammenf. in: *TCLB* S. 2064.

– "Kafka and Proust: A Contrast in Time." In: *Bucknell Review* 7(1957) S. 107–12.

[Andauernde Zeit als persönliche Erfahrung, Vergangenheit durch Erinnerung wiedergeschaffen (Proust); Kafkas platonische Zeitauffassung, Technik der Parabel u. des Mythos hebt Zeit auf.]
Auch in: M. C.: *Makers of the Twentieth Century Novel*. Hrsg. v. Harry R. Garvin. Lewisburg: Bucknell Univ. Pr.; London: Associated Univ. Pr., 1977. S. 149–53.
Engl. Zusammenf. in: *TCLB* S. 2064.

– "Kafka's 'A Country Doctor'." In: *The Explicator* 16 (1958) Nr. 8. [Explication] 45.

[Interpretation von "Ein Landarzt". Alle Bemühungen umsonst.]
Auch in: *Literary Symbolism. An Introduction to the Interpretation of Literature*. Ed. Maurice Beebe. 6th printing. Belmont, California: Wadsworth, 1968. – (C 1960.) S. 138 –139.
Auch u. d. T.: "Kafka. A Country Doctor." In: *The Explicator Cyclopedia*. Vol. 3. Prose. Ed. Charles Child Walcutt and J. Edwin Whitesell. Chicago: Quadrangle Books, 1968. S. 118–19.
Engl. Zusammenf. in: *TCL* 6 (1960) S. 141, u.
in: *TCLB* S. 2095.

– "Time and Reality in the Work of Franz Kafka." In: M. C.: *Time and Reality: Studies in Contemporary Fiction*. Chapel Hill: Univ. of North Carolina Pr., 1963. S. 171–201.

[Raum u. Zeit illusorisch, Traumwelt u. Wirklichkeit verbunden; Wirklichkeit vom Beobachter unabhängig. Zeit als innere Wirklichkeit. Innere Suche nach außen projiziert. Unbewußtes dargestellt.]

– "Dostoevsky's 'Crime and Punishment' and Kafka's 'The Trial'." In: *Literature and Psychology* 19 (1969) S. 47–55.

[Kafka las russ. Roman, als er am "Prozeß" arbeitete (Ödipuskomplex).]

– "The Isolated Community: Kafka's Village and Thomas Mann's Davos." In: *The University of Dayton Review* 13 (1979) Nr. 3. S. 105–12.

["Zauberberg" – naturalistisch, "Schloß" – "transnaturalistisch". Isolierung als Mittel der gesellschaftlichen Analyse gezeigt, Substanz der Werke verschieden.]

Chvatík, Květoslav: "Estetika tvořivá a estetika v rozpacích." In: *Literární noviny* (1964) Nr. 7. S. 1–3.

[(Schöpferische Ästhetik u. Ästhetik in Verlegenheit:) Zu den Polemiken nach der Kafka-Konferenz in Liblice; wichtiger Wendepunkt in der Kafkakritik.]

*Clark, Richard C.: "Review Article: Sokel, Kafka, and Kant." In: *Review of National Literatures* (1978) S. 151–70.

Claudel, Paul: "'Le Procès' de Kafka ou le drame de la justice." In: *CCRB* 5 (Okt. 1957) Nr. 20. Franz Kafka du Procès au Château. S. 62–65.

[Abdruck aus "Le Figaro Littéraire" (18. 10. 1947): Verdammnis u. Urteil drohen ständig (auch in politischer Hinsicht), Unschuld ist Sünde. Kafka durch Barrault verwandelt.]
Auch in: *CCRB* (1965) Nr. 50. Kafka. L'Amérique – Le Château – Le Procès. S. 13–16.
Auch in: Raboin, *Les critiques de notre temps et Kafka* (s. Sammelbde.) S. 30–32.

*– ["Das Drama der Gerechtigkeit."] In: *Theatron* (Haifa) (Febr./März 1963) Nr. 6. S. 34.

[Hebr.; aus "Bibliografia b'Ivrit."]

Clements, Robert J.: "The European Literary Scene." In: *Saturday Review* 48 (Oct. 23, 1965) S. 57.

[Bericht über russ.-marxistische Versuche der Kafkainterpretation seit Liblicekonferenz 1963.]

Clive, Geoffrey: "The Breakdown of Romantic Enlightenment; Kafka and Dehumanization." In: G. C.: *The Romantic Enlightenment*. New York: Meridian Books, 1960. S. 170–84.

["Verwandlung", "Strafkolonie", "Hungerkünstler" u. "Bau" nach Kierkegaards Kategorien analysiert. Kafkaheld nimmt Dehumanisierung als selbstverständlich hin.]

Engl. Zusammenf. von S. 170–84 u. von Teilen über "Die Verwandlung" in: Corngold, *The Commentators' Despair* (s. Sammelbde.) S. 92.

*Cober, Alan: "A Contemporary Look at Kafka." In: *Horizon* 20 (1977) Nr. 4. S. 74–77.

Coelho, Ruy: "Aspectos sociológicos na obra de Kafka." In: Theodor, *Introducão á obra de Franz Kafka* (s. Sammelbde.) S. 21–31.

[Kafkas Werke u. ihre Beziehung zur Gesellschaft des späten 19. Jh.; Jüdisches u. Persönliches.]

*Cohen, Cynthia B.: "The Trials of Sokrates and Joseph K." In: *Philosophy and Literature* 4 (1980) S. 212–28.

Cohen, Sandy: "Kafka's K. and Joseph K.: A Confusion Eliminated." In: *Germanic Notes* 2 (1971) S. 45.

[Möglichkeit, daß Josef K. eigentlich Josef Karl heißen sollte.]

Cohen, Yehuda: "Max Brod, der Musiker." In: Gold, *Max Brod. Ein Gedenkbuch* (s. Sammelbde.) S. 277–87.

[Brod schrieb (Opus 35) "Tod und Paradies", 2 Lieder nach Versen von Franz Kafka, Klavierfassung 1951, Orchesterfassung Okt. 1952. Opus 37: 5 Lieder, darunter: "Schöpferisch schreite." (Kafka) 1956.]

Cohn, Dorrit: "The Narrated Monologue: Definition of a Fictional Style." In: *Comparative Literature* 18 (1966) S. 97–112.

["Erlebte Rede" (narrated monologue) spät in engl.-amerik. Kritik beachtet. Untersuchung ihrer Form, Entwicklung u. der Erz.-Situation u. a. auch am Beispiel der "Verwandlung".]

– "K. Enters 'The Castle'. On the Change of Person in Kafka's Manuscript." In: *Euphorion* 62 (1968) S. 28–45.

[Ich-Erz. in ersten 42 S. des Ms. besaß schon sehr neutrale Stimmung, keine Reflexion, nur erlebendes Ich. Grund für Änderung: Geheimnis des Helden, des Schlosses u. des Dorfes soll gewahrt werden. Appendix mit Liste der Änderungen durch Er-Form.]
Engl. Zusammenf. in: *TCLB* S. 2106.

– "Kafka's Eternal Present: Narrative Tense in 'Ein Landarzt' and Other First-Person Stories." In: *PMLA* 83 (1968) S. 144–50.

[Wechsel vom Imperfekt zum Präsens gibt Unmittelbarkeit, aber Grenzen zwischen äußerem Geschehen u. innerem Erleben werden undeutlich; daher 3. Person in längeren Prosastücken.]
Engl. Zusammenf. in: *TCL* 14 (1968) S. 112, u.
in: *TCLB* S. 2095.

– "Erlebte Rede im Ich-Roman." In: *GRM* 19 (1969) S. 305–13.

[Verwendet, wenn Ich-Erzähler dem Vergangenen noch miterlebend, nicht urteilend, gegenübersteht; u. a. auch an 2 Parallelstellen aus "Schloß"-Ms. u. veröffentlichtem Text dargelegt.]

— "Castles and Anti-Castles, or Kafka and Robbe-Grillet." In: *Novel. A Forum on Fiction* 5 (1971) S. 19–31.

[Berührungspunkte u.a. Verwendung von "fictional space", "fictional time" u. "fictional perspective"; Ellipse zentraler Geschehnisse; Absichten der Dichter jedoch grundverschieden.]

— "Trends in Literary Criticism: Some Structuralistic Approaches to Kafka." In: *GQ* 51 (1978) S. 182–88.

[Überblick über ein beginnendes strukturalistisches Kafka-Bild in den Arbeiten von Deleuze-Guattari, Rudolf Kreis, Stanley Corngold, Henry Sussman, nach Ideen von Derrida, Barthes, Lacan u. Todorov. Frühere Kafkastudien (Walser, Hillmann, Ramm u. Hasselblatt) hatten schon unabhängig davon in diese Richtung gewiesen.]
Engl. Zusammenf. in: *Newsletter of the Kafka Society of America* 2 (1978) Nr. 1. S. 7, u. in: *TCL* 25 (Spring 1979) S. 111.

*— *Transparent Minds. Narrative Modes for Presenting Consciousness in Fiction.* Princeton: Princeton Univ. Pr., 1978.

*Cohn, Lionel: "La Signification d'autrui chez Camus et chez Kafka: Tentative de lecture de Camus et de Kafka d'après la philosophie d'Emmanuel Levinas." In: *La Revue des Lettres Modernes* 565–569 (1979 S. 101 –30.

Cohn, Ruby Haykin: " 'Watt' in the Light of 'The Castle'." In: *Comparative Literature* 13 (1961) S. 154–66.

[Obwohl Beckett die Unterschiede zwischen seinem u. Kafkas Werk betont, behandeln beide das absurde Universum; andere Ähnlichkeiten: erfolglose Suche, Liebesgeschichten, vieldeutige Natur der Erfahrung.]
Engl. Zusammenf. in: *Abstracts of English Studies* 5 (1962) S. 8, u. in: *TCLB* S. 2106.

Collado Millán, Jesús Antonio: "Franz Kafka." In: *Gran Enciclopedia Rialp.* Tomo 13. Madrid: Rialp, 1973. S. 715–16.

[Vorläufer des Expressionismus u. Surrealismus; "Prozeß" u. "Schloß": Parabeln der menschlichen Existenz.]

Collignon, Jean: "Kafka's Humor." In: *Yale French Studies* (Winter 1955/56) Nr. 16. S. 53–62.

[Kein "schwarzer Humor". Trotz ungerechter Behandlung u. drohender Katastrophen bewahren Kafkas Helden den Humor. Religiöse Bedeutung.]
Engl. Zusammenf. in: *TCL* 2 (1956) S. 43, u. in: *TCLB* S. 2064.

Collins, Hildegard Platzer: "A Study of the Relationship Between Technique and Theme in the Shorter Works of Kafka." In: *DA* 23 (1962) S. 1016.

[Zusammenf.: Kafkas "Privatsymbole" als Schlüssel zur Sinndeutung. Beschreibung u. Beurteilung von Kafkas Prosastil. Analyse von "Beschreibung eines Kampfes" u. Vergleich mit anderen Erz. Das Tier als Protagonist. Frauen, Sexualität u. Ehe in Kafkas Weltbild (s. Diss.).]

– "Kafka's Views of Institutions and Traditions." In: *GQ* 35 (1962) S. 492–503.

[Traditionelle Systeme u. Werte sind hinfällig ("Josefine"); Fehler beim Mauerbau gewollt u. durch menschliche Schwächen nötig ("Beim Bau der Chinesischen Mauer").]
Engl. Zusammenf. in: *TCLB* S. 2065.

– "Kafka's 'Double-Figure' as a Literary Device." In: *Monatshefte* 55 (1963) S. 7–12.

[Doppelfiguren in "Blumfeld", "Schloß" u. "Prozeß": Unsicherheit u. Schuldkomplex des Helden. Funktion des Chores.]
Engl. Zusammenf. in: *TCL* 9 (1963) S. 115, u.
in: *TCLB* S. 2065.

– "Sex, Marriage and Guilt: The Dilemma of Mating in Kafka." In: *Mosaic* 3 (1970) Nr. 4. New Views on Franz Kafka. S. 119–30.

[Liebe u. Schmutz, Erlösung u. Schuld gemischt, maßgebend für Leben u. Werk Kafkas.]
Zusammenf. in: *Literature and Psychology* 23 (1973) S. 169.

Collins, Robert George: "Four Critical Interpretations in the Modern Novel." In: *DA* 22 (1962) S. 3642.

[Zusammenf.: Kafkas besondere Denkweise, seine schriftstellerische Meisterschaft u. der Sinn seiner Werke. Ähnliches Hauptthema: Dilemma des Menschen u. Suche nach Sinn im Leben. Gleichzeitige Darstellung der Möglichkeiten u. widersprechenden Elemente. (s. Diss.)]

– "Kafka's Special Methods of Thinking." In: *Mosaic* 3 (1970) Nr. 4. New Views on Franz Kafka. S. 43–57.

[Wahrheit im Gewand der Ambiguität dargestellt, Technik u. Sinn verschmolzen, Betrachtung einer Idee von allen Seiten, glaubt nicht an Welt mit endgültigen Prinzipien, innere Wahrheit gezeigt.]
Engl. Zusammenf. in: *Literature and Psychology* 23 (1973) S. 169, u.
in: *TCLB* S. 2065.

*Comisso, Giovanni: "Svevo mi consigliò di leggere Kafka." In: *Settimo giorno* (15. 4. 1958).

Cook, Albert: "Romance as Allegory: Melville and Kafka." in: A. C.: *The Meaning of Fiction.* Detroit: Wayne State Univ. Pr., 1960. S. 247–58.

[Kafkas Romane beziehen sich nur auf sich selbst, keine Allegorie. K.s Suche nach seiner Rolle geht über Kierkegaard hinaus.]

– *Prisms. Studies in Modern Literature.* Bloomington & London: Indiana Univ. Pr., 1967.

[S. 110–20: Kafkas Gebrauch der Allegorie; Gegensatzfiguren, ohne Vermittlungsmöglichkeit (Richter u. Angeklagter, Schloß u. Dorf, Arzt u. Patient).]

142

Cooperman, Stanley: "Kafka's 'A Country Doctor'; Microcosm of Symbolism."
In: *University of Kansas City Review* 24 (Autumn 1957) S. 75–80.

[Als Traumerz. aufzufassen; Psychoanalyse u. Assoziationen für Deutung.]
Auch in: *Hidden Patterns. Studies in Psychoanalytic Literary Criticism.* Ed. and with introduction by Leonard and Eleanor Manheim. New York: Macmillan; London: Collier-Macmillan, 1966. S. 220–29.
Engl. Zusammenf. in: *TCL* 3 (1958) S. 207,
in: *Literary Symbolism. An Introduction to the Interpretation of Literature.* Ed. Maurice Beebe. 6th printing. Belmont, California: Wadsworth, 1968. – (C 1960). S. 140–42,
in: *TCLB* S. 2095,
in: *Classic Short Fiction. Twenty-five Short Stories, Five Novellas. Readings and Criticism.* Ed. James K. Bowen and Richard Van Der Beets. Indianapolis: Bobbs-Merril, 1980. (C 1971) S. 8–9.

Corngold, Stanley: "Kafka's 'Die Verwandlung': Metamorphosis of the Metaphor." In: *Mosaic* 3 (1970) Nr. 4. New Views on Kafka. S. 91–106.

[Metaphern hindern Kafka am Schreiben, dennoch unerläßlich zur Wiedergabe innerer Zustände; Käferbild in "Die Verwandlung" in Zusammenhang mit Dichterdasein, Ungenügen der Sprache.]
Auch u. d. T.: "The Structure of Kafka's 'Metamorphosis'. The Metamorphosis of the Metaphor." In: Corngold, *The Commentators' Despair* (s. Sammelbde.) S. 1–31.

– "Introduction." In: Corngold, *The Metamorphosis* (s. Sammelbde.) S. XI–XXII.

[Einleitung zu kritischer Übers. v. "Verwandlung" u. Übersicht über Forschungslage.]
Zusammenf. von S. XI–XXII auf S. 93 u.
in: *TCLB* S. 2110.

– "'You', I said ... (Kafka Early and Late)." In: *European Judaism* 9 (1974) Nr. 2. Franz Kafka. S. 16–21.

[Die Bedeutung der Junggesellenfigur an einem Tagebuch-Fragment (19. 7. 1910) zu erläutern versucht. Tagebücher sollen ihn befreien, daß er schreiben kann. Der "Junggeselle" als Hindernis, schreiben zu können.]

– "Perspective, Interaction, Imagery and Autobiography: Recent Approaches to Kafka's Fiction." In: *Mosaic* 8 (1975) Nr. 2. S. 149–66.

[Besprechung der Kafkastudien von Jürgen Kobs, Krusche, Barbara Beutner u. Jürgen Demmer.]

– "The Question of the Law, the Question of Writing." In: Rolleston, *Twentieth Century Interpretations of "The Trial"* (s. Sammelbde.) S. 100–04.

["Schreiben" enthielt tiefe moralische Anforderungen für Kafka, konstituierte buchstäblich seine Identität. Kann Literatur seine Rechtfertigung des Lebens werden? Beziehung zum "Gesetz".]

– "Angst und Schreiben in einer frühen Aufzeichnung Kafkas." In: Caputo-Mayr, *Franz Kafka Symposium* (s. Sammelbde.) S. 59–70.

[Vortrag/Philadelphia 1974. Literarische Tätigkeit von Kafka als radikale Abkehr vom Leben gesehen, mit Todesbildern beschrieben, von Angst begleitet, die dem Schreiben widersteht, im Junggesellen verkörpert; dieser ist nicht Kafkas soziale Persönlichkeit des Außenseiters, sondern "eine Mißgeburt aus der Ehe des Schreibens und des Nicht-Schreiben-Könnens", nicht empirisch, "sondern als Darstellung einer Struktur" zu verstehen. Ontologische Begriffe in Kafkas Werk. Text aus Tagebuch 1910: "'Du', sagte ich ...", Dialog zwischen "Ich" u. "Er" (Junggeselle) über Möglichkeit an einer Gesellschaft im "Haus" teilzunehmen.]

— "The Hermeneutic of 'The Judgement'." In: Flores, *The Problem of "The Judgement"* (s. Sammelbde.) S. 39–62.

[Strukturalistisch. Keine Motivationen für Georgs Verurteilung, noch "Kontinuität" u. psychologische Glaubwürdigkeit. Externe u. interne Methoden verfehlt. Werk nicht endorientiert u. linear, jenseits der Psychologie u. der grundsätzlichen Kategorien. Personenzahl u. ihre Beziehungen bleiben konstant. Erz. fordert Deutung u. Ergänzung, allegorisiert Verschweigen des Sinnes im Bild der Lüge (unverstandene Korrespondenz mit Freund), beschreibt eigene hermeneutische Macht (Schreib-, Rechtfertigungs- u. Urteilsakte). Georg: Schriftsteller u. Verlobter; Brief: Entschluß (Text u. Textkommentar); Besuch beim Vater: Test des Entschlusses mit Übergang zum primären Prozeß der gesprochenen Sprache.]

— "Kafka's Narrative Perspective." In: *Newsletter of The Kafka Society of America* 2 (1978) Nr. 1. S. 10.

[Bericht über Weiterführung u. Ergänzung von Beissners Theorie der Einsinnigkeit.]

— "Recent Kafka Criticism." In: Flores, *The Kafka Debate* (s. Sammelbde.) S. 60–73.

[Forschungsbericht über Sekundärliteratur der 70er Jahre.]

Cournot, Michel: "Toi qui as de si grandes dents ... " In: *Nouvel Observateur* (14. 4. 1972) S. 59, 60 u. 61.

[Zu Felicebriefen in frz. Übers.; Charakter Kafkas, Treffen mit Felice, Faszination u. Abscheu (Zähne); die "Briefoffensive", Stimulans, um Schreiben zu können.]

Cox, Harvey: "Kafka East, Kafka West. He represents that point at which a conversation between Marxists and Christians seems possible." In: *Commonweal* 80 (1964) S. 596–600.

[Christliche Friedenskonferenz in Prag 1964; Kafka-Konferenz von 1963 (Liblice) hatte den Dichter bei den Kommunisten rehabilitiert. Kafkakontroverse als Spiegel der Spannungen, aber auch ein Treffpunkt zwischen Ost u. West.]

Cox, R. G.: "Left-Wing Allegories." In: Jakob, *Das Kafka-Bild in England* 1 (s. Sammelbde.) S. 230–53.

[Abdruck aus "Scrutiny" 7 (Juni 1938) Nr. 1. S. 89–92. Upwards "Journey to the Border", Kritik an engl. Mittelklasse. Warner wollte marxistischen "Pilgrim's Progress" schreiben ("The Wild Goose Chase").]

Crick, Joyce: "Kafka and the Muirs." In: Stern, *The World of Franz Kafka* (s. Sammelbde.) S. 159–74.

[Affinitäten zwischen Muir u. Kafka, Geschichte der Beziehung zu Kafkas Werken, die Technik der Übersetzungen (Ziel: richtig u. natürlich) u. die Interpretation.]

*Crome, J.: "Das Kalkül beherrscht die Szene. Buchkonsum, Bestsellerlisten und Literaturkritik in Japan." In: *Stuttgarter Zeitung* (31. 3. 1978) Nr. 74. S. 35.

Crowther, Bosley: In: *The New York Times Film Reviews 1913–1968.* Vol. 5. New York: New York Times & Arno Pr., 1970. S. 3375. – (21. 2. 1963. S. 5.)
[Kritik an Orson Welles' Film "The Trial".]

Csorba, Gyözö: "Franz Kafka: Briefe an Milena." In: *Literatur und Kritik* (1976) Nr. 104. S. 79.
[Gedicht. Übers. aus dem Ung. v. Eva u. Roman Czjžek.]

Cuevas por Cuevas. Notas autobiográficas. Prólogo de Juan García Ponce. Aniceto Ortega Mexico: Ediciones Era, 1965.
[S. 35–48: Los mundos de Kafka y Cuevas: Entwürfe für Lithographien zum Buch "The Worlds of Kafka and Cuevas", 1957: Sammlung Kunstmuseum Philadelphia.]

*Čulić, Hrvoje: "Kafka ili Veličina jednog poraza: Bog onaj kojega nema." In: *Delo* 25 (1979) Nr. 5. S. 1–10.
[K. u. die Größe einer Niederlage.]

Cunz, Rolf Conrad: ["Rezension der Bände 31–35 der Reihe 'Der Jüngste Tag'."] In: Born, *Franz Kafka. Kritik und Rezeption* (s. Sammelbde.) S. 87.
[Zuerst in "Der Orkan" (Leipzig, Okt. 1917). Betont schlichten Rhythmus.]

Currie, Robert: "Kafka and the Defeat of Genius." In: R. C.: *Genius. An Ideology in Literature.* London: Chatto & Windus; New York: Schocken, 1974. S. 143–71.
[Darsteller u. Kritiker der städtischen Welt, Kafka als Bürger erkennt Entfremdung u. Versklavung durch Bürokratie u. Kapitalismus, aber auch Emanzipation der Massen. Gemeinsamkeiten mit Freud, Einstellung zur Frau u. sexuelle Entfremdung. Modernismus u. Kafka, Transzendenz als Abstieg. Kafka ist esoterisch.]

Currie, William Joseph: "Metaphors of Alienation: The Fiction of Abe, Beckett and Kafka." In: *DAI* 35 (1974) S. 1049 A.
[Zusammenf.: Ähnlichkeiten im Werk von Abe, Beckett u. Kafka: Benützung einer einzigen, vorherrschenden Metapher; Einheit des Bildes, nicht so sehr der Handlung. "Prozeß" – Metapher leerer Beziehungen. Konflikt zwischen K.s Vorstellung vom Schloß u. der Wirklichkeit.]

Curtius, Mechthild: "Manifestationen der Einsamkeit bei Kafka. Zur Isolierung des Künstlers in sozialpsychologischer Sicht." In: *LiLi. Zeitschrift für Literaturwissenschaft und Linguistik* 6 (1976) Nr. 21. S. 26–44.
[Engl. Zusammenf. S. 43–44. Erkenntnisse von Marx u. Freud methodologisch auf Kafkas Werke (Erz.) angewendet, gestützt auf biographische Aussagen des Autors. Analysen

von "Verwandlung" u. "Bau" werden als dichterische Transkription zweier verschiedener Haltungen u. Erfahrungen Kafkas, in bestimmtem geschichtlichem Zusammenhang gesehen. Gefühl des Außenseiters für sein Werk (Beispiele: Gregor u. Bautier).]

Cusatelli, Giorgio: "Interpretazioni di Kafka: 'Il cavaliere del secchio'." In: *Critica e storia letteraria: Studi offerti a Mario Fubini*. Bd. 1. Padova: Liviana, 1970 (La Garangola). S. 317–29.

[Bericht über neuere Interpretationen des "Kübelreiters".]

Cysarz, Herbert: "Vom Prager Geistesleben der jüngsten Jahrzehnte. Literarisches Schaffen seit dem Naturalismus." In: *Sudetenland* 2 (1960) S. 262–69.

[Lokale Züge in Kafkas Realistik; seine Metaphysik. Vergleich mit Stifter.]

— "Die Problematik des Menschenbilds in unserer heutigen Literatur." In: *Das Menschenbild der Gegenwart. Abhandlungen der Humboldt-Gesellschaft für Wissenschaft, Kunst und Bildung* 1 (Mai 1964) S. 140–58.

[S. 155: Bei Kafka Überwirklichkeit alles Wirklichen u. Ratlosigkeit im Rätsel.]

*D., R.: "Le Château ou Kafka revisité." In: *Ethiopiques* 7 (1976) S. 106.

Daemmrich, Horst S.: "The Infernal Fairy Tale: Inversion of Archetypal Motifs in Modern European Literature." In: *Mosaic* 5 (1971/72) Nr. 3. S. 85–95.

[S. 92–94: Umkehrung des Erlösungsmotivs in "Verwandlung"; Liebe, Vertrauen u. Hilfe der anderen fehlen.]

Dahl, John Albert: "The Problem of 'Verständigung' in the Writings of Franz Kafka." In: *DAI* 33 (1972) S. 1164 A.

[Originaltitel: "Das Problem der Verständigung im Werk von Franz Kafka." Zusammenf.: Kafkarezeption in kurzen Zügen, Kafka u. seine Zeit, bes. die Verständigung unter den Menschen in der modernen Industriewelt. Letzteres scheint auch ein Problem Kafkas u. seiner Helden zu sein. Sie leiden unter gewöhnlichen, alltäglichen Verständigungsschwierigkeiten, durch die Sprache selbst sowie durch unterschiedliche Interessengebiete, durch Unterdrückung der Wahrheit, Mangel an Vertrauen, durch Verwirrung, Täuschung oder Unwissenheit. Nur selten werden Schwierigkeiten überwunden, häufiger nur Problem erkannt, manchmal auch das nicht. Keine Vorschläge zur Verbesserung der Lage, nur Möglichkeiten; "Helfer" meist unfähig, da nicht eingeweiht.]

Daisne, Johan: " 'The Trial': Proces van 'Der Prozeß'? " In: *Nieuw Vlaams Tijdschrift* 16 (1963) S. 1423–25.

[O. Welles' Kafka-Film sei zu metaphysisch, hätte das Magisch-Realistische betonen sollen.]

*Dallas, Yannis: *Hyperbatikè syntechnía.* Athēnai: 1958.

[Essay Nr. 8: Kafka, der Mystiker des alltäglichen Seelenkampfes. Vom Gewissen zur Verzweiflung.]

*Damian, S.: "Probleme ale literaturii contemporane din tările occidentale." In: *Gazeta literară* 11 (1964) Nr. 15. S. 5.
[Rumän.]

— ["Eine imaginäre Verbindung. (Zwischen Dostojewski und Kafka)."] In: *Shorashim Vesaar* [Eine Anthologie jüdischer Schriftsteller in rumän. Sprache.] Tel Aviv: 1972. S. 444—49.
[Hebr.; aus "Bibliografia b'Ivrit"; Übers. v. Israel Zamora.]

Daniel-Rops: "Première rencontre avec Franz Kafka. Janvier 1935." In: D.-R.: *Où passent des anges.* Paris: 1957. S. 156—85. — (1. Aufl. 1947.)
[Theologie der Abwesenheit: Kafkasche Furcht ist die einer seelenlosen Welt.]
Teilabdruck u. d. T.: "Une théologie de l'absence." In: Raboin, *Les critiques de notre temps et Kafka* (s. Sammelbde.) S. 32—34.

Daniel-Rops, Henri: "The Castle of Despair." In: Flores, *The Kafka Problem* (s. Sammelbde.) S. 184—91.
[Suchender nimmt unwürdige Bedingungen hin. Gnade dennoch möglich.]
Auch in: Neumeyer, *Twentieth Century Interpretations of "The Castle"* (s. Sammelbde.) S. 18—24.

Darzins, John: "Transparence in Camus and Kafka." In: *Yale French Studies* 25 (1960) S. 98—103.
[Buße in Camus' u. Kafkas Werk; Verfremdung der Helden Kafkas — Unterschied zwischen Tat u. Wort.]
Engl. Zusammenf. in: *TCLB* S. 2065.

Dauvin, René: "'The Trial': Its Meaning." In: Flores, *Franz Kafka Today* (s. Sammelbde.) S. 145—60.
[Aus: *EG* (1948) S. 49—63. Übers. v. Martin Nozick; Kafkas Lebensproblem; K.s Verhaftung: Ruf aus vitaler Lebensregion. Unfähigkeit, eigenes Leben zu finden.]

David, Claude: "Franz Kafka." In: C.D.: *Von Richard Wagner zu Bertolt Brecht. Eine Geschichte der neueren deutschen Literatur.* Aus dem Frz. übers. v. Hermann Stiehl *(Histoire de la Littérature Allemande).* Frankfurt/M. u. Hamburg: Fischer Bücherei, 1964 (Bd. 600.) S. 240—46.
[Ständige Situation der Krise. Absichten, Methoden u. Bilder: Expressionismus. Stoff aus Kafkas Leben.]

— "Kafka aujourd'hui." In: *EG* 16 (1961) S. 33—45.
[Besprechung bedeutender Neuerscheinungen auf dem Gebiet der Kafkaforschung (1957 —1959), sowie von Kafkas "Briefe an Freunde" (Hrsg. v. Brod), 1958.]

*— "Kafka: 'Les lettres à Felice.' La névrose impudique à la confiance dans les mots." In: *Le Monde* (27. 4. 1968).

147

— "Zu Franz Kafkas Erzählung 'Elf Söhne'." In: *The Discontinuous Tradition. Studies in German Literature in Honour of Ernest Ludwig Stahl.* Ed. P. F. Ganz. Oxford: Clarendon, 1971. S. 247–59.

[Neu-Interpretation der "Elf Söhne". 11. Sohn: Kafka; Vergleich mit Kanzleidiener in "Besuch im Bergwerk".]

— "L'Amérique de Franz Kafka." In: *Dialog. Literatur und Literaturwissenschaft im Zeichen deutsch-französischer Begegnung.* Festgabe für Josef Kunz. Hrsg. v. Rainer Schönhaar. Berlin: Erich Schmidt, 1973. S. 194–204.

[Scheinbar einfachster Roman Kafkas ist weder echter Bildungsroman, noch pikaresker Roman, auch realistische u. soziale Elemente täuschen. Linear verlaufende Handlung enthüllt nicht die Hauptthemen Freiheit, Gerechtigkeit u. Identität, die Karl immer wieder entgehen. Amerika: Land der Wahrheit über die menschliche Lage.]
Gekürzt in: Raboin, *Les critiques de notre temps et Kafka* (s. Sammelbde.) S. 71–77.

— "Sur Kafka: quelques livres parmi beaucoup." In: *EG* 30 (1975) S. 55–65.

[Forschungsbericht über Politzers Sammelbd., die Arbeiten von Bridgewater, H. Kraft, B. Beutner, Demmer, Weber-Klingmann-Kleinschmidt, Krusche, etc.]

— "Zwischen Dorf und Schloß: Kafkas Schloß-Roman als theologische Fabel." In: *Wissen aus Erfahrungen. Werkbegriff und Interpretation heute.* Festschrift für Herman Meyer zum 65. Geburtstag. Hrsg. v. Alexander von Bormann, Karl Robert Mandelkow u. Anthonius H. Touber. Tübingen: Niemeyer, 1976. S. 694–711.

[K. erkennt "Abwesenheit des Schlosses"; es ist unerreichbar, enthält aber alle Macht. K.s Kampf macht Wesen des Schlosses deutlich. Unauffälliges Leben im Dorf läßt ihn Schloß nur mittelbar erfahren; er hingegen will direkte Verbindung. Waffe des Schlosses: "Schweigen".]

— "Das Bildnis des Malers." In: *Literatur und Kritik* 14 (1979) S. 597–606.

[Metaphern u. Bilder, bes. in Fragmenten, um Dichter u. Maler beim Schaffensprozeß zu zeigen; Sinn u. Ziel des Werkes?]

— "Kafka und die Geschichte." In: David, *Franz Kafka. Themen und Probleme* (s. Sammelbde.) S. 66–80.

[Anscheinend kein Interesse dafür, aber Leiden seiner Gestalten eng daran gebunden ("Landarzt"). Unsere Zeit als Zeitwende, neue Zeit wenig menschlich, sachlich ("Strafkolonie", "Gruftwächter", "Josefine.")]

Davidson, Arnold E.: "Kafka, Rilke, and Philip Roth's 'The Breast'." In: *Notes on Contemporary Literature* 5 (1975) Nr. 1. S. 9–11.

[Kafka läßt Verwandlung unerklärt; Roth erklärt sie, schafft eine absurdere Welt als die Kafkas.]

De Angelis, Enrico: "Franz Kafka." In: E. D. A.: *Arte e ideologia grande borghese. Mann, Musil, Kafka, Brecht.* Torino: Giulio Einaudi, 1971. S. 134–69.

[Vier künstlerische Entwicklungsphasen: 1. Krise des Wirklichkeitsdenkens, der menschlichen Beziehungen u. der Beziehung zu Objekten, der Erinnerung. "Betrachtung". – 2. Grund für diese Krise: Autoritätskonzept (Vaterbegriff) – nachteilige Wirklichkeit für Sohn geschaffen; einsinnige Erzähltechnik ("Urteil" usw.) 3. Autoritätsbegriff zum Gesetz erhoben; dieses aber ist leer u. tot, verweigert sich dem Subjekt – "Prozeß". 4. Subjekt schließt Kompromiß, nimmt wissentlich am Betrug durch das tote Gesetz teil (Künstlernovellen). – Besprechungen von "Beschreibung eines Kampfes", "Urteil", "Landarzt"-Bd., "Prozeß" u. a.]

Debrise, Sylvie: "A propos de 'Kafka et Prague'." In: *CCRB* (1965) Nr. 50.
Kafka. L'Amérique – Le Château – Le Procès. S. 121–23.
[Gedanken über Buch von Frynta u. Kafka-Themen.]

Deduck, Patricia A.: "Kafka's Influence on Camara Laye's 'Le regard du roi'."
In: *Studies in 20th Century Literature* 4 (1979/80) S. 239–55.

Defrenza, Giuseppe: "La squallida insignificanza del tutto in F. Kafka." In: G. D.:
Pensiero filosofico nelle lettere contemporanee. Alba: Edizioni Paoline, 1964
(Collana di classici del pensiero cristiano moderno 49). S. 132–41.
[Innere u. äußere Biographie Kafkas hilft uns, seine enigmatische Botschaft zu enträtseln: Seelisch u. körperlich krank. Frage nach Sinn des Lebens u. der Welt, Schuld, Tod u. Einsamkeit.]

Dehn, Fritz: "Anmerkungen zur Frage einer existentiellen Literaturbetrachtung.
Umweg über Kafka." In: *Orbis Litterarum.* *"Théorie et Problèmes."* Contribution à la méthodologie littéraire. Supplementum 2 (1958) S. 48–58.
[Kafka u. "Zeitproblem"; Kafka u. Proust erfahren es, Wandel im Zeitgefühl. Kafkas Existenzproblematik.]

Deinert, Herbert: "Franz Kafka. Ein Hungerkünstler." In: *Wirkendes Wort* 13
(1963) S. 78–87.
[Mißverständnis zwischen Individuum u. Menge, nicht der Kontrast zwischen Askese u. Vitalität. Stil zeigt Gewirr von Meinungen. Askese u. Vitalität verzerrt dargestellt.]
Engl. Zusammenf. in: *TCLB* S. 2114.

– "Kafka's Parable 'Before the Law'." In: *GR* 39 (1964) S. 192–200.
[Man soll K.s Schuld in Betracht ziehen u. die Erklärungen des Priesters nicht für die Wahrheit halten.]
Engl. Zusammenf. in: *TCL* 10 (1975) S. 189.

Delesalle, Jacques: "Kafka." In: J. D.: *Cet étrange secret.* Desclée De Brouwer,
1957 (Les Etudes Carmélitaines). S. 60–97.
[Theistische u. atheistische Interpretation möglich. Gott als absolutes Gesetz; Gerechtigkeit u. Gnade in "Prozeß" u. "Schloß".]

Deleuze, Gilles, u. **Félix Guattari:** "Le Nouvel arpenteur. Intensités et blocs
d'enfance dans 'Le Château'." In: *Critique* 29 (1973) Nr. 318. S. 1046–54.

[Das Schloß – eine "machine schizo", ein Apparat, der sich in Kafkas Werken langsam entwickelt; Sprache vermittelt eine Welt, keinen "Inhalt". 1. Kap.: Verzögerungen intensivieren sich, ebenso wie K.s Kindheitserinnerungen; Frauenbeziehung u. Schulerfahrung.]

Dell'Agli, Anna Maria: "Problemi kafkiani nella critica dell'ultimo decennio." In: *Annali. Istituto Universitario Orientale Napoli. Sezione Germanica* 1 (1958) S. 77–105.

[Forschungsbericht über Zeit von 1940–57; nach Ländern vorgegangen. Brod als Urheber des Kafkamythos, positive theologische Auslegung. Kafkamode in Frankreich (Existentialismus) u. USA (Psychoanalyse). Ab 1945–55: Normalisierung, Texte objektiv untersucht. Ab 1950 dt. Interpretationen: religiös-philosophische u. textanalytische. Kein gemeinsamer Nenner.]

– "Kafka a Berlino. Resoconto di un congresso." In: *Studi germanici* 5 (1967) S. 73–84.

[Kafkakonferenz 1966 in Berlin u. Ausstellung. Neue Schule der Kafkakritik um Wagenbach: Grundlage zu kritischer Edition der Werke; als nötig erkannte Änderungen. Zusammenarbeit mit der marxistischen Kafkakritik. Kurze Geschichte der östlichen Kafkarenaissance seit 1956 – Liblice 1963. Zusammenhang von Kafkas Werk mit seiner Zeit. Chronologie der Werke. Berliner Konferenz versuchte, durch Informationsmangel entstandene Irrtümer zu beseitigen.]

– "Breve volo intorno a Kafka." In: *Studi germanici* 6 (1968) S. 135–48.

[Vorgeschichte zur Erscheinung von "Ein Flug um die Lampe herum" u. Bericht über Auseinandersetzung hinsichtlich Authentizität. Inhaltsangabe u. mögliche Parallelen in Kafkas Werk u. Leben. – Expressionismus, jiddisches Theater; Kafka wahrscheinlich nicht Autor des Textes.]

*Del Río, M.: "Kafka y Dürrenmatt." In: *Excelsior* (12. Juli 1964).

*Demaitre, Edmund: "The New Treason of the Clerks." In: *Problems of Communism* 13 (1964) Nr. 5. S. 27.

[Kommentar zu Liblice-Konferenz: ob Neusicht des Entfremdungskonzeptes zur Infiltrierung des Kommunismus mit idealistischen Ideen führen würde (Existentialismus).]

De Maria, Giorgio: "Ipotesi di lavoro su Kafka, dopo una rilettura di Walter Benjamin." In: *Paragone* (1974) Nr. 282. S. 95–103.

[Benjamins Kafkaverständnis beruht auf Einfühlung u. Analogie. Keine Synthese, sondern Globalbetrachtung, zum Transzendenten hin offen, geht bis ins Prähistorische (Vater-Sohnbeziehung, Schuld).]

Demetz, Peter: "Kafka, Freud, Husserl. Probleme einer Generation." In: *Zeitschrift für Religions- und Geisteswissenschaft* 7 (1955) S. 59–69.

[Gegen die vielbehauptete "Traditionslosigkeit" dieser Persönlichkeiten, bes. Kafka. Jüdische Gemeinden ab 10./11. Jh. in Böhmen u. Mähren, Öffnung der Ghettos u. Emanzipation im 18. Jh., im Osten später als im Westen. Kompert u. Rakaus beschreiben dies schon Anfang des 19. Jh. Bruch mit Tradition u. Auseinandersetzung damit auch bei

Kafka zu erkennen.]
*In jap. Übers. in: *Kafuka*. Tôkyô: 1974. (Shinbi Bunko, Bd. 19.)

— "Korrigierte Kafkakritik." In: *Merkur* 20 (1966) S. 900—02.
[Untersuchung des "sachlich Wißbaren" in Berliner Kafka-Colloquium, Vorbereitung einer kritischen Werkausgabe.]

Denisova, L[idija] F[edorovna]: "Realizm v iskusstve i problema otčuždenija."
In: *Voprosy filosofii* 20 (1966) Nr. 11. S. 81—92.

[(Realismus in der Kunst und das Problem der Verfremdung): Marxisten uneinig in ihrer ästhetischen Beurteilung Kafkas. Kafkas Welt funktioniert auf Grund einer vorgeschriebenen Ordnung; keine Ursachen, nur Folgen. Kafka hat nicht die Grenzen des Realismus erweitert, sondern sie drastisch eingeengt; es gibt bei ihm keinen Klassenkampf.]
In engl. Übers. u. d. T.: "Realism in Art and the Problem of Alienation." In: *Soviet Studies in Philosophy* 6 (1967) Nr. 1. S. 40—51.

*De Ory, C. E.: "El 'nuevo testamento' de la risa. Kafka obras completas." In:
Indice 18 (März 1965) Nr. 194. S. 20—21.

Dettmering, Peter: "Ambivalenz und Ambitendenz in der Dichtung Kafkas: Unter besonderer Berücksichtigung der Romane 'Das Schloß' und 'Amerika'." In:
Literatur und Kritik 14 (1979) S. 619—27.

[Kafkadeutung in zwei Richtungen möglich: in die des "sprachlichen Ausdruckes" oder zurück in die Zeit der vorsprachlichen, unartikulierten Phase ("Bericht an eine Akademie"). Ambitendenz in allen Dichtungen vorhanden. Charakterzeichnung ähnelt "Borderline"-Persönlichkeiten (Psychoanalyse).]
Auch in: P. D.: *Psychoanalyse als Instrument der Literaturwissenschaft*. Frankfurt/M.: Fachbuchhandlung für Psychologie, 1981. S. 59—67.

Dev, Amiya: "Joseph K. and Jean-Baptiste Clamence. A Note on the Ambiguity of Guilt." In: *Jadavpur Journal of Comparative Literature* 11 (1973)
S. 124—32.

[Kafka u. Camus zeigen uns die moralische Situation im 20. Jh.; Richter u. Büßer in gleicher Person bei Camus (Jean-Baptiste), getrennt bei Kafka ("Prozeß"). Gericht ist schuldig u. genau so wirklich wie Josef K.]

Devitis, A. A.: "Rex Warner and the Cult of Power." In:*TCL* 6 (1960) S. 107
—116.

[S. 107—11: Beziehung zu Kafka: Einfluß oberflächlich (nur Methode); Warner: religiöses Thema.]

*D'Haen, Theo: "The Liberation of the Samsas." In: *Neophilologus* 62 (1978)
S. 262—78.

Dictionnaire des Œuvres de tous les temps et de tous les pays. Deuxième Edition. Paris: S.E.D.E., 1955.

[Kommentar zu einzelnen Werken in Bd. 1, 3 u. 4.]
Span. u. d. T.: *Diccionario literario de obras y personajes de todos los tiempos y de todos los países.* Barcelona: Montaner y Simón, 1959–60.

Diersch, Manfred: *Empiriokritizismus und Impressionismus. Über Beziehungen zwischen Philosophie, Ästhetik und Literatur um 1900 in Wien.* Berlin: Rütten & Loening, 1973 (Neue Beiträge zur Literaturwissenschaft, Bd. 63).
[S. 224–25 über Kafka.]

Dietrich, Margret: *Das moderne Drama. Strömungen, Gestalten, Motive.* Stuttgart: Kröner, 1961 (Kröners Taschenausgabe, Bd. 220).
[S. 537–41: Kafkas Werk, das Dämonische im Inneren des Menschen u. dessen Projektionen. Einfluß auf modernes Drama.]

Dietz, Ludwig: "Franz Kafka und die Zweimonatsschrift 'Hyperion'. Ein Beitrag zur Biographie, Bibliographie und Datierung seiner frühen Prosa." In: *DVjs* 37 (1963) S. 463–73.
[Kafkas erste Veröffentlichung Jan. 1908. Datierung von "Betrachtung" u. "Beschreibung eines Kampfes".]

– "Drucke Franz Kafkas bis 1924. Eine Bibliographie mit Anmerkungen." In: Born, *Kafka Symposion* (s. Sammelbde.) S. 85–125.
[Poetische, kritische u. juristische Schriften, die zu Kafkas Lebzeiten gedruckt wurden; chronologisch. 44 Titel.]
Engl. Zusammenf. von Hinweisen auf Drucke der "Verwandlung" in: Corngold, *The Commentators' Despair* (s. Sammelbde.) S. 100.

– "Franz Kafka. Drucke zu seinen Lebzeiten. Eine textkritisch-bibliographische Studie." In: *JDSG* 7 (1963) S. 416–57.
[Bisher unbekannte spätere Aufl. von Erz. Kafkas (Bibliogr. der Bücherei "Der jüngste Tag") zeigen Veränderungen gegenüber 1. Aufl. u. stellen Kafkas Wirkung zu Lebzeiten in neues Licht. Dietz erstellt: I. "Abriß einer Geschichte der Drucke Kafkas zu seinen Lebzeiten", in 4 Zeitperioden (1908–12; 1912–15; 1915–19 u. 1919–24), in denen sich auch Kafkas Einstellung zum Publizieren ändert. II. "Datierung der Drucke und ihr Verhältnis zueinander" ("Heizer", "Verwandlung", "Urteil", "Landarzt"), mit wichtigen Hinweisen für eine kritische Ausgabe. III. "Die Varianten. Übersicht und Auswertung." – Kafkas Überarbeitungen durch Korrekturlesen für neue Drucke angeregt. – "Interpunktion", "Zusammen- und Getrenntschreibung", "Wort und Satz", "Max Brods Eingriffe", u. "Ein Beispiel: Lesarten der Erzählung 'Ein Brudermord'."]
Engl. Zusammenf. in: Corngold, *The Commentators' Despair* (s. Sammelbde.) S. 97–100 (Kommentar von Corngold).

– "Die autorisierten Dichtungen Kafkas. Textkritische Anmerkungen." In: *ZfdPh* 86 (1967) S. 301–17.
[Für eine zukünftige, kritische Kafkaausgabe auch Feststellung der echten Lesarten wichtig, wenn Kafka selbst Druck korrigierte.]
Engl. Zusammenf. in: *TCL* 14 (1968) S. 54, u.
in: *TCLB* S. 2066;

Teile, die sich auf "Die Verwandlung" beziehen, in: Corngold, *The Commentators' Despair* (s. Sammelbde.) S. 100.

– "Franz Kafka. Letters to Felice and Other Correspondence from the Period of his Engagement." In: *Literature, Music, Fine Arts* 1 (1968) S. 27–28.
[Wert der "Felicebriefe" als persönliches u. literarisches Dokument.]

– "Zwei frühe Handschriften Kafkas. Über die Manuskripte zur Novelle 'Beschreibung eines Kampfes'." In: *Philobiblon* 13 (1969) S. 209–18.
[Kommentar zur Herausgabe der 2 Parallelfassungen (1969). Älteres Ms.: 3 Kap., viele Korrekturen (im Gegensatz zu Brods früheren Behauptungen) in einzelnen Schichten, bis zur Anlegung eines zweiten Ms. u. Hinzufügung von "Kinder auf der Landstraße"; Herauslösung einzelner Teile ("Die Bäume", "Kleider"). Jüngeres Ms.: nur ein großes Fragment, viele Korrekturen. – 2 Stufen der Entstehung (A u. B) u. 7 Bearbeitungsstufen. Arbeitsweise bestätigt Kafkas Ringen um Selbstinterpretation u. künstlerischen Ausdruck.]

– "Betrachtung." In: *Kindlers Literatur Lexikon.* Einmalige zwölfbändige Sonderausgabe. Bd. 2. Zürich: Kindler, 1971. S. 1479.
[Einführende Bemerkungen.]

– "Kafkas Randstriche im Manuskript B der 'Beschreibung eines Kampfes' und ihre Deutung." Eine Ergänzung zur Edition der zweiten Fassung. Dem Andenken meiner Frau und Mitarbeiterin Helmi Dietz (1933–1970). In: *JDSG* 16 (1972) S. 648–58.
[Brod unterließ Vermerkung der 15 Randstriche; Stellen sind besser formuliert, dramatischer, Gebärden weisen auf Erzählkern. Kafkas Selbstkritik, aber auch andere Bedeutung.]

– "Das Jahrbuch für Dichtkunst 'Arkadia'." In: *Philobiblon* 17 (1973) Nr. 3. S. 178–88.
[Im Sommer 1913 (1 Jg.) hrsg. v. Brod; beleuchtet Situation der dt.-österreichischen u. jungen Prager dt. Schriftsteller, die Publikum in Deutschland suchten; darunter Kafka, "Das Urteil". Übergang vom Impressionismus zum Expressionismus. 18 Beitragende, durch Freundschaft verbundene Gruppe. Kafkas Einwirkungen auf Gestaltung des Jb., das hohe Qualität besaß.]

– "Max Brods Hand in Kafkas Manuskripten der 'Beschreibung eines Kampfes' und seine Kontamination dieser Novelle. Ein Beitrag zur Textgeschichte und Textkritik." In: *GRM* 23 (1973) S. 187–97.
[Alle späteren Drucke sind Abdruck der Ausgabe 1936. Brod editierte allein; Veränderungen der Feinstruktur u. der Makrostruktur; Brod hinterließ Notizen über seine Abänderungen in Mss. Vermischungen der beiden Mss., wollte "bessere" Fassung, es wurde aber eine Bearbeitung.]

– "Die Datierung von Kafkas 'Beschreibung eines Kampfes' und ihrer vollständigen Handschrift A." In: *JDSG* 17 (1973) S. 490–503.
[Edition der 2 Mss. zur Novelle (1969, Dietz) ergab Fakten, die den Datierungen von Brod u. Wagenbach/Pasley widersprechen. Darstellung der bisherigen Datierungsversuche.]

Ms. A muß zwischen 1906 u. Okt. 1907 entstanden sein (ab Jan. 1908 benützt Kafka Lateinschrift; Mss. – Prüfungen; vielleicht auch kryptographische Altersangabe im Text). Datierung von B bleibt offen.]

– "Editionsprobleme bei Kafka. Über einen kritischen Text der 'Beschreibung eines Kampfes'." In: *JDSG* 18 (1974) S. 549–58.

[Kritik an Paul Raabes Herausgabe der "Sämtlichen Erzählungen", bisher letzte textkritische Arbeit zu Kafka, bes. in Einzelfällen wie "Der Dorfschullehrer" u. "Beschreibung eines Kampfes"; neuer textkritischer Anspruch. Letztere Erz. in 2 Mss. überliefert, sollte aber nach Dietz, wenn Ms. A befolgt wird, u. a. eine Kontamination mit B vermeiden. Durch Brodsche "Bearbeitung" entstanden Mischtexte.]

– "Kafkas letzte Publikation. Probleme des Sammelbandes 'Ein Hungerkünstler' Zum fünfzigsten Todestag des Dichters am 3. Juni 1974." In: *Philobiblon* 18 (1974) S. 119–28.

[Berlin u. Freiheit wurden im Sept. 1923 durch Dora Diamant Wirklichkeit ("wilde Tat"). Auch neuer Publikationsmut, neuer Verl. (Die Schmiede, Rudolf Leonhard) u. neuer Wille zur "authentischen Gestalt" des Hungerkünstlerbandes. – Fügt noch 4. Geschichte im Apr. 1924 hinzu. Anscheinend beendigte Kafka noch alle Fahnenkorrekturen selbst, Umbruchkorrekturen nicht mehr.]

– "Der Text." In: *Kafka-Handbuch* 2 (s. Sammelbde.) S. 3–14.

[Kurzbibliogr. zu "Nachlaß" S. 7 u. zu "Ausgaben" S. 13–14. – Bericht über Situation nach 1924, die Besitzverhältnisse, Brods Rolle; Drucke zu Lebzeiten, Textkritisches, Nachlaßausgaben, die kritische Ausgabe.]

Diller, Edward: "'Heteronomy' Versus 'Autonomy': A Retrial of 'The Trial' by Franz Kafka." In: *Journal of the College Language Association* 12 (1969) S. 214–22.

[Interpretation von "Prozeß" nach Paul Tillichs Theorien (Josef K.: "autonomy", Gericht: "heteronomy"); K.s Unglück: begegnet gottloser Welt mit Vernunft, nicht Liebe.] Engl. Zusammenf. in: *TCLB* S. 2114.

– "'Theonomous' Homiletics: 'Vor dem Gesetz': Franz Kafka and Paul Tillich." In: *Revue des langues vivantes* 36 (1970) S. 289–94.

[Beide drücken Grundmentalität einer Zeit aus. Triadische Struktur des "Prozeß" u. Tillichs Auffassung von Theonomie, Heteronomie u. Autonomie. Die zwei letzteren bekämpfen sich im "Prozeß". Gnade ist Rettung für den Menschen, der nicht über die Grenzen des Faßbaren hinauskommt.] Engl. Zusammenf. in: *TCLB* S. 2099.

– "The Twentieth-Century Novel." In: *The Challenge of German Literature.* Ed. Horst S. Daemmrich and Diether H. Haenicke. Detroit: Wayne State Univ. Pr., 1971. S. 322–49.

[Kafkas Romane – eine Trilogie, des Menschen Suche nach seinem Platz im Kosmos.]

– "Franz Kafka's 'Poseidon' Adventure." In: *Seminar* 16 (1980) S. 235–41.

154

Dimić, Milan B.: "Franz Kafka. Putnik na bespuću." In: Franz Kafka: *Zamak*. 4. Aufl. Beograd: Prosveta, 1966. S. 333–50.

[Serbokroat. – (Franz Kafka. Wanderer in die Weglosigkeit:) Kafka trug viel zum Expressionismus bei, besitzt festen Platz in der Weltliteratur; macht Verwandte u. Bekannte zu symbolischen Gestalten seiner Werke.]

Dinnage, Rosemary: "The illness of insolubility." In: *TLS* (25. 8. 1978) S. 949.

[Rez.-Artikel über Kafkas "Letters to Friends, Family and Editors", Übers. Richard u. Clara Winston.]

– "Under the Harrow." In: Stern, *The World of Franz Kafka* (s. Sammelbde.) S. 69–78.

[Kafkas Charakter durch Beispiele aus seinen Tagebüchern, Briefen u. menschlichen Beziehungen.]

Di Virgilio, Paul Samuel: "Study of Voice in the Modern Novel." In: *DAI* 41 (1980) S. 2592A.

[Zusammenf.: Theorien von Benveniste u. Saussure; die Bedeutung der "Stimme" im modernen Roman. Benveniste: Subjekt, Prädikat, Objekt als Basis für "Stimme", führen zum Konzept von Autor u. Erzähler u. zu Folgerungen über sprachliche Zeichen. Die aktive Stimme u. die "mittlere" Stimme. Saussures Theorien in Kontrast zu linguistischen Zeichen: Hypogramm, Anagramm u. Paragramm als Feld der mittleren Stimme. Kafkas "Das Schloß", Faulkners "As I Lay Dying" u. Butors "La Modification" zeigen größere Veränderungen in der Struktur der "Stimme" im modernen Roman. Jeder Roman trägt zur Untersuchung der "mittleren Stimme" im literarischen Kontext u. auch im weiteren, semiotischen Zusammenhang bei. – Varianten des ersten "Schloß"-Kap. zeigen diegetische Krise im Entstehen; ein Versuch, Konzept, Subjekt u. mimetische Beziehung zwischen Roman u. äußerer Wirklichkeit zu überschreiten. Kabbalistische Formel "K" (Hypogramm) als Brücke zum "unausdrückbaren Ausdruck", der in der "mittleren Stimme" wiedergegeben wird. Dialog als Grundstruktur verhüllt die Botschaft. Die dadurch entstehende Ambiguität ist der typische Stil Kafkas, der zum ersten Mal in der modernen Romankunst der "mittleren Stimme" Ausdruck gibt. Leserreaktion.]

*Dneprov, Vladimir: "Mir i čelovek u Kafki." In: V. D.: *Čerty romana XX veka*. Moskva-Leningrad: Sovetskij Pisatel', 1965. S. 117–71 u. 199–207.

Abdruck von S. 199–207 in engl. Übers. v. K. Hughes u. d. T. "The World and Man in Kafka" in: Hughes, *Franz Kafka. An Anthology of Marxist Criticism* (s. Sammelbde.). S. 250–56. *In frz. Übers. v. Hélène Sinany u. d. T.: *Particularités du roman du 20ᵉ siècle*. Leningrad: 1965. Teilabdruck u. d. T.: "Kafka, créateur de mythes modernes?" In: Raboin, *Les critiques de notre temps et Kafka* (s. Sammelbde.) S. 39–42. [Kafkas Werk extrem subjektiv, hat Kontakt mit den Massen verloren. Kafka führt uns ins Laboratorium der Imagination, nicht in die Mythologie.]

– "Nužno razobrat'sja." In: *Voprosy literatury* (1975) Nr. 11. S. 107–35. [Verhältnis der klassischen Kunst zur Kunst des Modernismus. S. 125–30 über Kafka: Inhalt der "Verwandlung" dem Realismus nahe ("kleiner Mann" als Held). Metapher bezieht sich, wie im "Prozeß" u. "Schloß", aufs Ganze. Verschiebung im Realitätsgefühl (wunderliche Welt). Kafka von bürgerlichen Kritikern als Modernist zurechtfrisiert.] In dt. Übers. v. Leon Nebenzahl u. d. T.: "Man muß sich zurechtfinden." In: *Kunst und Literatur* 24 (1976) S. 598–616 (S. 609–13 über Kafka.)

Döblin, Alfred: "Die Romane von Franz Kafka." In: A. D.: *Die Zeitlupe. Kleine Prosa.* Aus dem Nachlaß zusammengestellt von Walter Muschg. Olten u. Freiburg i. Br.: Walter, 1962. S. 145—48.

[Erschien in "Die literarische Welt", 4. März 1927: "Prozeß" u. "Schloß" keine Romane, aber Berichte von völliger Wahrheit. Kafka — tief, hellsichtig.]
Auch in: A. D.: *Aufsätze zur Literatur.* Ausgewählte Werke in Einzelbänden. Hrsg. v. Walter Muschg. Olten u. Freiburg i. Br.: Walter, 1963. S. 283—86.
Auch in: A. D.: *Die Vertreibung der Gespenster. Autobiographische Schriften, Betrachtungen zur Zeit, Aufsätze zu Kunst und Literatur.* Hrsg. v. Manfred Beyer. Berlin: Rütten & Loening, 1968. S. 379—83.
In frz. Übers. u. d. T.: "De simples faits." In: *CCRB* (Febr. 1965) Nr. 50. Kafka. L'Amérique — Le Château — Le Procès. S. 66—70.

*Dodd, William J.: "Kafka and Freud: A Note on 'In der Strafkolonie'." In: *Monatshefte* 70 (1978) S. 129—37.

Doderer, Heimito von: *Tangenten. Tagebuch eines Schriftstellers 1940—1950.* 2. Aufl. München: Biederstein, 1964.

[S. 23—24: Erinnerung an ein "herbstliches Zusammentreffen" mit Kafka, den Doderer damals für "veraltet" u. "adaptierungsbedürftig" hielt.]

*Dohi, Yoshio: ["Über Kafkas Hoffnung. Über Interpretationen von 'Amerika'."] In: *Doshisha* [*Univ.*] *Jinmongaku* 31 (1957).

[Jap.]

— ["Kafka-Memorandum".] In: *Kakyo* 3 (1957).

[Jap.]

— ["Kafka-Kongreß in der Tschechoslowakei, Sartre und Aragon".] In: *Sekai-Bungaku* 33 (1969).

[Jap.]

Dolan, Paul J.: "Kafka: The Political Machine." In: P. J. D.: *Of Wars and War's Alarms: Fiction and Politics in the Modern World.* New York: Free Pr.-Macmillan; London: Collier Macmillan, 1976. S. 125—44.

[Künstlerische Darstellung von Kafkas Phantasien der Selbstquälerei u. Selbstzerstörung, aber auch Vision des totalitären Systems u. der Nazizeit. Sein Opfer — Tyrannenverhältnis zum Vater schärft seine politische Einsicht: Analogien zu Strafe u. Strafmaschinen im gesamten Werk.]

Domdey, Horst: "Kafka na interpretação alemã." In: Theodor, *Introdução à obra de Franz Kafka* (s. Sammelbde.) S. 55—70.

[Analyse von Leben u. Werk. Bericht über dt. Studien.]

Domingo, José: "Por el camino de Kafka." In: *Insula* 27 (1972) S. 7.

[Span. Romanciers J. Leyva, Antonio F. Molina, Javier Tomeo u. Kafka.]

Donovan, Josephine Campbell: "Gnosticism in Modern Literature: A Study of Selected Works of Camus, Sartre, Hesse and Kafka." In: *DAI* 32 (1972) S. 5784A.

[Zusammenf.: Parallelen zwischen Schriften der alten Gnostiker u. den existenzialistischen Romanen. Gnostik u. Heidegger. Gnostische Weltsicht u. a. in Camus' u. Sartres Werken, bei Hesse ("Demian", "Steppenwolf") u. Kafka ("Schloß", Erz.) erkennbar. Beziehung zur phänomenologischen Schule der Theologie (Bultmann, Tillich, Jonas). Gnostische Motive: der fremde Bote, der abwesende Gott, die immanente Erlösung. In Camus', Kafkas u. Sartres Werk: Gottes Abwesenheit behandelt.]

*Dönt, Eugen: "Ödipus und Josef K.: Zur aristotelischen Tragödientheorie." In: *Arcadia* 14 (1979) S. 148–59.

Doppler, Alfred: "Entfremdung und Familienstruktur. Zu Franz Kafkas Erzählungen 'Das Urteil' und 'Die Verwandlung'." In: *Zeit- und Gesellschaftskritik in der österreichischen Literatur des 19. und 20. Jahrhunderts.* Hrsg. v. Institut für Österreichkunde. Wien: Ferdinand Hirt, 1973. S. 75–91.

[Bei Betrachtung von Kunstcharakter u. Bauform sind zeit- u. gesellschaftskritische Elemente zu erkennen, auch an Bewußtseinsform der Helden zu sehen: Beispiele der Verfremdung. Kampf um Selbstbehauptung, Handlung u. Reflexion vermischt, nichts besprochen, sondern in "paradoxen Konstellationen" dargeboten.]
Auch u. d. T.: "Franz Kafkas Erzählungen 'Das Urteil' und 'Die Verwandlung'." In: A. D.: *Wirklichkeit im Spiegel der Sprache. Aufsätze zur Literatur des 20. Jahrhunderts in Österreich.* Wien: Europaverl., 1975.

*Dorman, Menahem: ["Begleitende Bemerkungen."] In:*Mibifnim* 18 (1956) Nr. 1.

[Hebr.; aus "Bibliografia b'Ivrit". Über Kafkas Milenabriefe.]

Doss, Kurt: "Ist Kafka eine geeignete Lektüre im Deutschunterricht der Oberstufe?" In: *Pädagogische Provinz* 11 (1957) S. 358–64.

[Ein "notwendiger" Dichter. Zeitpunkt der Behandlung u. Auswahl der Werke wichtig; Vergleich mit "vorpsychologischer"- u. Parabeldichtung.]

— "Die Gestalt des Toren in Grimmelshausens Simplicissimus und in Kafkas 'Amerika'." In: *Pädagogische Provinz* 13 (1959) S. 319–30.

[Simplicissimus u. Karl Roßmann sind nie Handelnde, sondern "Gehandelte", unfertig, irrend, werden weder älter, noch weiser. Karls Welt ist doppelbödig, ohne Psychologie u. Gesellschaftskritik, archaisch u. in die Zukunft deutend. Kein Gnadengott mehr da.]

*Dresden, Samuel, u. S[imon] Vestdijk: "Sprookjeswerkelijkheid." "De adelaar en de slak." In: *Marionettenspel met de dood. Over het wezen van de detective-story.* Den Haag: Daamen, 1957.

Dresler, Jaroslav: "Die Verwirrung der Zungen. Franz Kafka im Spiegel kommunistischer Kritik." In: *Osteuropa* 10 (1960) S. 473–81.

[Kommunistische Kafkakritik in den Jahren vor der Liblice-Konferenz 1963, bes. in der ČSSR. Kafka wurde nicht von marxistischer Literatur beeinflußt.]

In engl. Übers. u. d. T.: "Kafka and the Communists." In: *Survey* (1961) Nr. 36. S. 27–32. Engl. Zusammenf. in: *TCLB* S. 2066.

– "Der 'Spätheimkehrer' Franz Kafka." In: *Osteuropa* 13 (1963) S. 646–47.

[Bericht über "Rehabilitierung" Kafkas bei der 80. Geburtstagsfeier; Liblice-Konferenz.]

– "Kafkuji, kafkuješ, kafkujeme." In: *Svědectví* 6 (1964) S. 289–95.

[(Ich kafkae, du kafkast, wir kafkaen): Bespricht Urzidils Eindrücke von der Kafka-Welle in USA u. Studien verschiedenster ideologischer u. wissenschaftlicher Richtungen.]

*Drud, Davide: "Adorno, Kafka e la critica. Rilievi sulla nozione di critica artistica e letteraria in Th. A. Adorno." In: *Verri* 8 (1977) S. 73–93.

Drvota, S.: "Franz Kafka z hlediska psychiatra." In: *Československá Psychiatrie* 60 (1964) S. 183–92.

[(Franz Kafka vom Gesichtspunkt des Psychiaters): Welt der Erz. von ungewöhnlichem Winkel gesehen. Kafka hatte abnormale u. exzentrische Persönlichkeit mit psychopathischen u. schizoiden Merkmalen. – S. 192: Russ. u. engl. Zusammenf.]

Dubský, Ivan, u. Mojmír Hrbek: "O Franzi Kafkovi." In: *Nový život* (1957) Nr. 4. S. 415–35.

[(Über Franz Kafka): Kafka, Rilke u. a. sind revolutionäre Dichter des 20. Jh., die eine neue Art Literatur schufen (in Zusammenhang mit Dostojewski, Kierkegaard u. den Dekadenzdichtern). Kafkas Versuch, das Unerreichbare zu erreichen. Tiefer Schuldkomplex, Einfluß des jüdischen Fatalismus, Symbolismus seiner Werke, schafft künstliche Welt; gehörte 3 unterschiedlichen Kulturbereichen an u. versuchte vergeblich, sie zu durchbrechen. Tragische Ironie. Tschechen sollten stolz auf ihn sein.]

*– "Kafkuv 'Proces'." In: *Květen* 3 (1958) Nr. 11. S. 620–23.

Dubský, Ivan: "O kafkovské literatuře." In: *Světová Literatura* 6 (1961) S. 234–245.

[Detaillierte, zumeist positive Besprechung von westlichen Kafka-Studien, u. a. von Maja Goth (1956), Klaus Wagenbachs Biographie (1958), Hemmerles Bibliogr. (1958) u. Janouchs "Gespräche mit Kafka".]

– "Kafkova 'Amerika'." In: *Kultura* 6 (1962) Nr. 12. S. 4.

[Urteil über kapitalistische Industriegesellschaft. Roßmann unschuldig, voll guten Willens, geht zugrunde in dieser Welt, auch Josef K.]

– "Návrat Franze Kafky. K 80. výročínarozenin Franze Kafky (*3. 7. 1883*– 3. 6. 1924)." In: *Kulturní tvorba* 26 (1963) Nr. 1. S. 8.

[(Die Rückkehr Franz Kafkas. Zum 80. Jahrestag der Geburt Franz Kafkas): Kafka wird oft als Produkt des westlichen Snobismus u. als existentieller Dekadenter angesehen.]

– "Kafka i iskusstvo." In: *Divadlo* 9 (1964) Nr. 9. S. 81.

[Russ. Zusammenf. eines tschech. Artikels; Kafkas Charakter wurde durch soziale, nationale u. familiäre Situation geprägt u. durch Verpflichtung, die er zur Kunst fühlte.]

Dupee, F.W.: "Monstrous Dust." In: *The Partisan Review Anthology*. Ed. William Phillips and Philip Rahv. New York: Holt, Rinehart & Winston, 1962. S. 444–46.

[Erschienen 1954 in "Partisan Review". Über Kafkas Beziehungen zu Milena u. die engl. Ausgabe seiner Briefe zu ihr. Kafka schont Milena nicht. Trotz Humor leidet Kafka.] Auch in: F.W.D.: *The King of the Cats and Other Remarks on Writers and Writing*. New York: Farrar, Straus and Giroux, 1965. S. 49–54.

Durant, Will, and Ariel Durant: "Franz Kafka." In: W.D. and A.D.: *Interpretations of Life: A Survey of Contemporary Literature.* The Lives and Opinions of Some Major Authors of Our Time: Faulkner, Hemingway, Steinbeck, Sinclair, O'Neill, Jeffers, Pound, Joyce, Eliot, Maugham, Proust, Gide, Wittgenstein, Kierkegaard, Husserl, Heidegger, Sartre, de Beauvoir, Camus, Mann, Kafka, Kazantzakis, Sholokhov, Pasternak, Solzhenitsyn, and Yevtushenko. New York: Simon and Schuster, 1970. S. 257–68.

[Leiden wird in meisten Werken betont; bestraft Kafka sich selbst? Biographisches. Interpretationen: Versuch, sein Geheimnis zu entschlüsseln.]

*Duroche, Leonard L. Sr.: "The Perception of Space in Rilke's 'Malte Laurids Brigge' and in Kafka." In: *Perspectives on Contemporary Literature* 5 (1979) S. 97–106.

*Durrani, Osman: "Partners in Isolation: An Inquiry into Some Correspondences between Kafka's 'Der Verschollene' and Pinter's 'The Caretaker'." In: *Forum for Modern Language Studies* (Scotland) (1980) S. 308–18.

Dürrenmatt, Friedrich: "Nachrichten vom Schloß." In: F.D.: *Dramaturgisches und Kritisches. Theater-Schriften und Reden II.* Zürich: Die Arche, 1972. S. 262–66.

["Schloß": unübersichtliche Administration. Kafka kann heute politisch verstanden werden. Mensch darf sich absurdem Gott, aber nicht absurder Regierung unterwerfen.]

Dutourd, Jean: "Un auteur tragi-comique." In: *Nouvelle Revue Française* 6 (1955) S. 1081–90.

[Kafkas Helden zwischen Komik u. Tragik, anonyme Opfer.]

Duwe, Wilhelm: *Deutsche Dichtung des 20. Jahrhunderts. Vom Naturalismus zum Surrealismus.* Bd. 2. Zürich: Orell Füssli, 1962.

[S. 11–15: Kafkas literarische Stellung; Illustr.]

*Dymšic, A.: "Kak 'ukoracivajut' čeloveka." In: *Zvezda* (1968) Nr. 8. S. 196–97.

[Kommentar zu Kafkas "Brief an den Vater".]

Dyson, A.E.: "Kafka and Lewis Caroll. Trial by Enigma." In: *The Twentieth Century* 160 (July 1956) Nr. 953. S. 49–64.

[Josef K. u. Alice in irrealer Situation. Logik hilft nicht mehr. "Prozeß" religiös, erfolglose Suche, dennoch höhere Macht möglich.]
Engl. Zusammenf. in: *TCL* 2 (1957) S. 204, u.
in: *TCLB* S. 2099.
Auch erweitert als Kap. 7 u. d. T.: "Trial by Enigma: Kafka's 'The Trial'" in: A. E. D.:
Between Two Worlds. Aspects of Literary Form. London and Basingstoke: Macmillan,
St. Martin's Pr., 1972. S. 114–34.

*Eben, Michael C.: "'Vor dem Gesetz': Kafka's Choice of Verbs." In: *Germanic Notes* 11 (1980) S. 23–25.

Ebner, Jeannie: "'Ich bitte Sie, dem Franz manches zu Gute zu halten.' Franz Kafkas Briefe an Felice Bauer. Hrsg. v. Erich Heller u. Jürgen Born, S. Fischer Verl." In: *Literatur und Kritik* (Juli/Aug. 1969) Nr. 36/37. S. 429–36.

[Liebesbriefe sind Spiegel des Kampfes in Kafka selbst, der nicht so sehr um Felice, als um seine Kunst kämpfte; seine Einwände gegen Ehe nur für ihn verbindlich. Felices Geduld u. Verständnis.]

— "Mysterium und Realität. Rede zum fünfzigsten Todestag Franz Kafkas." In: *Literatur und Kritik* (Juli/Aug. 1974) Nr. 86/87. S. 392–402.

[Kafkas Leben u. Liebe, seine Briefe; Helden sind immer er selbst. Romane: Unschuldiger, der für schuldig gehalten wird. Gnade u. Gericht in neuer Form.]
Engl. Zusammenf. in: *TCL* 21 (1975) S. 129.

Eckert, Willehad Paul: "Kunst zu Kafka." In: *Emuna* 9 (1974) S. 274–78.

[Besprechung der gleichnamigen Kafka-Ausstellung zu Kafkas 50. Todestag über Zeichnungen u. Malereien, die durch sein Werk angeregt wurden; organisiert in Bonn von Anne Klug-Hirschstein. Werke u. a. von Hans Fronius, Hans Körnig, Paul Weber, Claire van Vliet, Ina-Maria Mihályhegy-Witthaut, Giorgio de Chirico.]

Eco, Umberto: "L'œuvre ouverte et la poétique de l'indétermination." In: *La Nouvelle Revue Française* 8 (1960) S. 117–24 u. S. 313–20.

[Übers. ins Frz. v. André Boucourechliev. –
1. Teil: S. 117–24: Offene Form der modernen Musik, Architektur, Malerei u. Dichtung (Kafka) lädt den Menschen zur Mitarbeit am Kunstwerk (Interpretation) ein. Vielheit der Deutungen. –
2. Teil: S. 313–20: Vor allem über Joyce.]

Edel, Edmund: "Franz Kafka: 'Die Verwandlung'. Eine Auslegung." In: *Wirkendes Wort* 8 (1957/58) S. 217–26.

[Ungeheures Geschehen, ohne Zeit u. Raum, zu Beginn in Erz.; Verwandlung in Tier, Erkenntnis des Ichs u. seiner bisherigen Existenz. "Tagebücher": Verwandlung auch Rettung. Familie erkennt ihre geistige Möglichkeit nicht.]
*Auch in: *Wirkendes Wort.* Sammelbd. 3: *Neuere deutsche Literatur.* Düsseldorf: 1963. S. 440–49.
Engl. Zusammenf. in: Corngold, *The Commentators' Despair* (s. Sammelbde.) S. 101–06.
(Mit Kommentar von Corngold.)

— "Franz Kafka: 'Das Urteil'." In *Wirkendes Wort* 9 (1959) S. 216–25.

[Zeitliche Nähe zu "Verwandlung", innerlich antithetisch. Umkehrung des Vater-Sohn Verhältnisses. Georg ist seinem Ich verfallen. Freund – geistige Existenz. Urteil des Vaters: mythischer Vorgang, Georg stirbt im Nichtwissen.]
*Auch in: *Wirkendes Wort.* Sammelbd. 4: *Sprache und Schrifttum im Unterricht.* Düsseldorf: 1962. S. 324–32.
Zusammenf. von Teilen über "Das Urteil" in: Corngold, *The Commentators' Despair* (s. Sammelbde.) S. 101.

— "Zum Problem des Künstlers bei Kafka." In: *DU* (Aug. 1963) Nr. 3. S. 9–31.

[Verfremdete, fanatisch der Kunst hingegebene Künstlergestalten in Sammlung "Ein Hungerkünstler".]

Edel, Leon: "Psychoanalysis and the 'Creative' Arts." In: *Modern Psychoanalysis. New Directions and Perspectives.* Ed. Judd Marmor. New York/London: Basic Books, 1968.

[S. 634, 636–38: Kafkas Verständnis von Traum u. Alptraum: Eindruck der Wirklichkeit. Vereint Literatur u. Psychoanalyse.]

— *The Modern Psychological Novel.* Gloucester, Mass.: Peter Smith, 1973. – (1. Aufl. 1955, 2. Aufl. 1961.)

[S. 177–80: Innerliche Erfahrungen werden veräußerlicht; Beziehungen zwischen Kafkas Welt u. dem frz. "nouveau roman."]

*Edfelt, J.: "Inledning." In: Franz Kafka: *Dikter och dokument.* I urval och översättning av J. Edfelt. Stockholm: 1964. S. 5–23.

[Einleitung.]

— "Kafka utan maskering." In: *Dagens Nyheter (17. 6. 1968).*

Edschmid, Kasimir: *Lebendiger Expressionismus. Auseinandersetzungen, Gestalten, Erinnerungen.* Wien-München-Basel: Kurt Desch, 1961.

[Hinweise auf Kafka S. 134–35, 236, 311–12, 397–98: Edschmid u. Musil unterschätzten Kafka anfangs; Expressionismus.]

— (Hrsg.): *Briefe der Expressionisten.* Frankfurt/M., Berlin: Ullstein, 1964. (Ullstein Buch Nr. 471.)

[S. 59–65: 2 Briefe Kafkas an Brod (Zürau, Ende Sept. 1917; Matliary, Poststempel 31. 12. 1920), 2 Briefe von Brod an Kafka (24. Sept. [1917] u. 27. Dez. [1920]); 1 Brief Kafkas an Urzidil (Spindelmühle, 17. 2. 1922.) Abdruck aus Fischers "Gesammelte Werke".]

— "Deutsche Erzählungsliteratur." In: Born, *Franz Kafka. Kritik und Rezeption* (s. Sammelbde.) S. 61–64.

[Zuerst in "Frankfurter Zeitung" (19. 12. 1915); "Verwandlung" u. Meyrinks "Golem" verglichen. Kafka habe das Wunder sachlich trocken geschildert. – Auch in "Masken" (Nov. 1916) u. "Der Falke" (Darmstadt (Jan./Febr. 1917) abgedruckt.]

– "Deutsche Erzählungsliteratur." In: Born, *Franz Kafka. Kritik und Rezeption* (s. Sammelbde.) S. 84–85.

[Zuerst in "Frankfurter Zeitung" (21. 12. 1916); "Urteil" – Wunderbares im Alltäglichen.]

Edwards, Brian F. M.: "Kafka and Kierkegaard: A Reassessment." In: *GLL* 20 (1967) S. 218–25.

[Kierkegaards Entschluß, nicht zu heiraten, übte auf Kafka größte Wirkung aus. Beruf u. Berufung. Schuldgefühle.]
Teilabdruck von S. 224–25 in: Domandi, *Modern German Literature* (s. Sammelbde.) S. 16.
Engl. Zusammenf. in: *TCLB* S. 2066.

Eggenschwiler, David: "'Die Verwandlung', Freud, and the Chains of Odysseus". In: *MLQ* 39 (1978) S. 363–85.

[Interpretation der Freudanhänger u. der Formalisten sollte sich hier die Waage halten. Für Kafka war Psychologie eine Art des Anthropomorphismus. Psychologisch: Verwandlung – Rebellion des Unbewußten u. Bestrafung der Beanspruchung der Vaterrolle. Leser: zur symbolistischen Deutung herausgefordert; durch Fakten verwirrt (wirkliches Insekt), Perspektivenwechsel. Übernahme des Freudschen Musters durch die Familie, Gegenspiel von Psychologie u. Tatsachen unterbrochen; Gregor – wirkliche Last, wie früher Familie für ihn. Erste 2 Teile: Parabel, 3. Teil: Deutung.]

Egri, Péter: "Álom- és látomásszerű ábrázolás Franz Kafka műveiben." In: *Filológiai Közlöny* 9 (1963) S. 344–62.

[Ung. – (Traum- und visionsartige Darstellung in den Werken Kafkas): Besprechung von "Elf Söhne", "Landarzt" u. "Prozeß" mit Betonung der Traumhaftigkeit. Positive Beurteilung Kafkas. Vergleich mit Hašek.]

– "Kafka-vita a Magyar Irodalomtörténeti Társaság Modern Filológiai Szakosztálya 1963. december 16. -án tartott ülésén." In: *Filológiai Közlöny* 11 (1965) S. 221–27.

[(Kafka-Diskussion während der am 16. Dez. 1963 abgehaltenen Sitzung der Sektion für moderne Philologie der Ungarischen literarhistorischen Gesellschaft.) Hauptmerkmale des Werkes Kafkas: Visionshaftigkeit; demnach in der Weltliteratur Stellung zwischen Dostojewski u. Joyce u. kann auch in einer Reihe mit T. Mann, M. Gorki, Brecht, A. József u. T. Déry einbezogen werden. Egri stimmt im allg. mit Garaudys Realitätsbegriff überein.]

– "Franz Kafka és Déry Tibor." In: *Alföld* 17 (1966) S. 46–57.

[Déry ist kein ung. Kafka oder Kafkaepigone. Bes. in "Szemtől szembe" u. in "Herr G. A. in X." entwickelt Déry Kafka-Motive selbständig weiter; ähnliche Stimmung, aber nur bei seelischen Ausnahmezuständen. – Artikel erweitert in P. E.: "Kafka- és Proustindítások Déry művészetében" (s. Bücher), Kap. 2.]

Ehrenburg, Ilja: s. Erenburg

Ehrenstein, Albert: "Franz Kafka." In: A. E.: *Ausgewählte Aufsätze*. Hrsg. v. M. Y. Ben-gavriêl. Heidelberg, Darmstadt: Lambert Schneider, 1961. (Veröffentlichungen der Deutschen Akademie für Sprache und Dichtung Darmstadt, 25. Veröffentlichung.) S. 77—84.

[Kafkas Leben: Selbstmord auf lange Distanz, Selbstunterdrückung durch Studium u. Beruf, pseudoasketische Reinheitsphantasien. Unzugänglichkeit seiner Werke. Ehrenstein nannte Kafka einen "genialen zarten Dichter" (Apr. 1913) u. "romantischen Klassiker" (1931). Begegnung mit Kafka 1914.]
Teilabdruck u. d. T.: "Franz Kafka. Betrachtung." In Born, *Kafka Symposion* (s. Sammelbde.) S. 151—52.
Auch in: Born, *Franz Kafka. Kritik und Rezeption* (s. Sammelbde.) S. 28—29.
Teilabdruck in frz. Übers. u. d. T.: "Méditation." In: Raboin, *Les critiques de notre temps et Kafka* (s. Sammelbde.) S. 58—59.
Teilabdruck in ital. Übers. v. Ervino Pocar u. d. T.: "Franz Kafka." In: Pocar, *Introduzione a Kafka* (s. Sammelbde.) S. 11—13.

Ehrlich, Stanislaw: "Franz Kafka, Doctor of Laws." In: *Queen's Quarterly* 81 (1974) S. 576—85.

[Aus dem Poln. übers. v. I. Zaleski. — Sprache u. Beziehungen der Helden Kafkas: sachlich, wie bürokratische Vorgänge; Kafkas Umgebung; Kolorit der k. u. k. Monarchie.]
Poln. u. d. T.: "Franz Kafka doktor obojga praw." In: *Literatura* (Warszawa) 7 (Okt. 1976) S. 14—15.

*Eichholz, Armin: *In flagranti. Parodien.* München: Pohl, 1955. S. 47—55.

[Unser täglich Brod — nach Franz Kafka.]

Eichner, Hans: "Franz Kafka." In: H. E.: *Four German Writers.* Seven radio lectures broadcast on CBC University of the Air. Canadian Broadcasting Corporation, Toronto. Toronto: T. H. Best Printing, 1964. S. 23—33.

[Leben, Verbreitung des Werkes: Vorliebe für die Fabel; Verlangen nach dem Metaphysischen, dennoch ohne Glaube. Paradoxe Situation.]

*Eickhorst, William: "The Motive of Fear in German Literature." In: *Arizona Quarterly* 20 (1964) S. 147—63.

Eisner, Pavel: "Franz Kafka." In: *Světová literatura* 2 (1957) Nr. 3. S. 109—29. Illustr.

[Leben, frühe kritische Arbeiten zu Kafka. Vergleiche, z. B. Tolstois "Tod des Iwan Iljitsch". Prag als Hintergrund; Prager Deutsche u. Juden, die Atmosphäre; schwankende Existenz u. Welt.]
*In span. Übers. u. d. T.: "Kafka." Buenos Aires: 1959.

*— "Analyse de Kafka." In: *La Nouvelle Critique* 10 (1958) Nr. 1. S. 92—109 u. Nr. 2. S. 66—82.

— "Franz Kafkas 'Prozeß' und Prag." In: *GLL* 14 (1960) S. 16—25.

["Der Prozeß" spielt in Kafkas Vaterstadt, aber keine Lokalfarbe. Aus: Golden Griffin Books, 1950. (New York)]
Engl. Zusammenf. in: *TCLB* S. 2099.

*– "'Proces' Franze Kafky." In: Franz Kafka: *Proces.* Praha: 1958. S. 207–25.
[Nachwort zur eigenen Übers. des Romans.]

Eisnerová, Dagmar: "Poznámky o mravní problematice Kafkových románu a o pražském pozadí 'Procesu'." In: Goldstücker, *Franz Kafka. Liblická Konference 1963* (s. Sammelbde.) S. 129–36.

[Vision der späteren unsicheren Lage des Menschen. K. im "Schloß" strebt zielbewußt, Josef K. ist Opfer u. auch der bestrafte egoistische Kleinbürger.]
Auf dt. u. d. T.: "Bemerkungen zur ethischen Problematik in Kafkas Romanen und über den Prager Hintergrund im 'Prozeß'." In: Goldstücker, *Franz Kafka aus Prager Sicht 1963* (s. Sammelbde.) S. 131–40.
In ital. Übers. u. d. T.: "Problematica morale dei romanzi e Praga come sfondo del 'Processo'." In: Goldstücker, *Franz Kafka da Praga* (s. Sammelbde.) S. 141–51.

ek: "Smrt a vzkříšení ..." In: *Tvorba* 37 (1959) S. 875.

[Kommentar zu Kafkaartikel von D. Zatonskij in "Inostrannaja literatura": "Franz Kafkas Tod und Auferstehung".]

Elbert, János: "Kafka in Budapest." In: *Budapester Rundschau* 2 (1968) Nr. 23. S. 7.

[Bühnenpremière der Brodschen "Amerika"-Fassung am Budapester Nationaltheater; Werk als Traum aufgefaßt.]

*Elema, Hans: "Zur Struktur von Kafkas 'Prozeß'." In: *Sprachkunst* 8 (1977) S. 301–22.

Ellis, John M.: "Kafka: 'Das Urteil'." In: J. M. E.: *Narration in the German Novelle. Theory and Interpretation.* London, New York: Cambridge Univ. Pr., 1974 (Anglica Germanica Series 2). S. 188–211.

[Geheimnisvolle Qualität von Kafkas Prosa. Gespräch zwischen Georg u. Vater (irrealer mittlerer Teil) mit Vorspiel (Freund in Rußland); Georg will seine Privatsicht der Welt verteidigen.]

– "The Bizarre Texture of 'The Judgement'." In: Flores, *The Problem of "The Judgment"* (s. Sammelbde.) S. 73–96.

[Sehr "dichter" Text, dessen bizarre Oberfläche durch "Entziffern" abgebaut werden muß. Georgs anfängliche "Werte" sind Lügen; aggressiver Egoismus. Fehler der Kritik: Übers. in konventionelle Sprache. Georg will Freund u. Vater als "Feinde" ausschalten.]

Elm, Theo: "Problematisierte Hermeneutik. Zur 'Uneigentlichkeit' in Kafkas kleiner Prosa." In: *DVjs* 50 (1976) S. 477–510.

["Hungerkünstler"-Zyklus als "Theorie der Kunst und der Kunstrezeption", verdeutlicht Problem des "Besitzdenkens" u. das "transzendentale Verstehen als kritisches Thema der Kunst", sowie das "Handicap ihrer Deutung". Wahrheit in Kafkas Prosa nur als "Negation des Verstehens" vorhanden. – Dt. u. engl. Zusammenf. S. 478.]

– "Der Prozeß." In: *Kafka-Handbuch* 2 S. 420–41.

[Entstehung (Aug. 1914–Jan. 1915) u. Rezeption. Schuldthematik. Vielfalt u. Problematik der Interpretationen. Zusammenhang zwischen Text u. Deutung. Erzählvorgang stellt Roman selbst in Frage. "Deutungsproblematik als Romanthema" (oft Gleichsetzung des Angeklagten mit dem Leser). Romansituation gleichnishaft in Türhüterlegende. Ethischer Rigorismus u. epistemologische Problematik – Grundlage, moralische u. erkenntnistheoretische Probleme thematisiert.]

Eloesser, Arthur: "Literatur." In: *Jude im deutschen Kulturbereich. Ein Sammelwerk.* Hrsg. v. Siegmund Kaznelson. Mit einem Geleitwort von Richard Willstätter. 2., stark erweiterte Aufl. Berlin: Jüdischer Verl., 1959. S. 1–67.

[S. 48–49 über Kafka.]

Elsberg, J.: "Sozialistischer Realismus und Westeuropäische Literatur." In: *Kunst und Literatur* 5 (1957) S. 227–35.

[S. 228: Kafkakult typisch für westliche Ästhetik. Kafka jedoch entstellte Wirklichkeit u. menschliche Gefühle.]

Elster, Hanns Martin: "Dichterische und unterhaltende Erzählungskunst." In: Born, *Franz Kafka. Kritik und Rezeption* (s. Sammelbde.) S. 55–56.

[Zuerst im "Grenzboten" (Berlin, 19. 4. 1916). Bezug zu Carl Sternheim gesehen ("Heizer" u. "Verwandlung"), vielleicht, weil Sternheim den Fontane-Preis an Kafka weitergab.]

Elvekjaer, Ove: "Portraet af en kunstner – Franz Kafka." In: *Dansk Udsyn* 48 (1968) S. 191–202.

[Kafkas Unfähigkeit, sich selbst zu bewerten. Er wußte um existentielle Probleme. Sein Ruhm steigt in Dänemark.]

Emanuel, Linda: "Blanchot et Kafka: Le langage de l'absence et du paradoxe." In: *Les Bonnes Feuilles* (Penn State) 1 (1972) Nr. 2. S. 21–28.

[Ähnlichkeiten: Romanhelden suchen u. irren; Welt, die man nicht in Griff bekommt; Gottes Abwesenheit.]

Emmel, Hildegard: "Der Mensch und sein höchster Richter. Hugo von Hofmannsthal und Franz Kafka." In: H. E.: *Das Gericht in der deutschen Literatur des 20. Jahrhunderts.* Bern u. München: Francke, 1963. S. 7–21.

["Jedermann" u. "Prozeß" im gleichen Jahrzehnt entstanden. Bei Hofmannsthal gehen Gericht u. Mahnung noch von Gott aus, Mensch versteht. "Prozeß": Umkehr aller christlich-katholischen Werte.]

– *Geschichte des deutschen Romans.* Bd. 2. Bern u. München: Francke, 1975.

[S. 235–68 über Kafka: Romane blieben Fragmente, weil er aufhörte, daran zu arbeiten. Kafkas Tagebuchnotiz vom Sept. 1915 über "Amerika" negativer als seine Äußerungen zu Brod. Hauptlücke liegt, wie im "Prozeß", vor Schlußkap. Auch im "Schloß" Einordnung, Unterordnung u. Respekt von größter Bedeutung. Keine "innere Geschichte" eines Menschen erzählt.]

Emrich, Wilhelm: "Die ethische Bedeutung Franz Kafkas. Zur Frage: Kafka im Deutschunterricht?" In: *Leben und Arbeit* (Hermann Lietz-Schule) (Apr. 1956) Nr. 1. S. 10–19.

[Kafka als Repräsentant des 20. Jh., stellt Spannungen zwischen Mensch u. technisierter Wirklichkeit dar. Kafkas "Gesetz"; Organisation, Freiheit. Seine Werke als absolute Modelle des menschlichen Geistes u. der Gesellschaft.]

– "Formen und Gehalte des zeitgenössischen Romans." In: *Universitas* 9 (1956) S. 49–58.

[Auflösung des traditionellen Romanhaften (Proust, Joyce, Musil, Kafka, etc.). Welt nicht mehr vorkonstituiert. Kafka entgrenzt Dasein; Freiheit für Subjekt gerettet.]

– "Franz Kafka." In: *Deutsche Literatur im zwanzigsten Jahrhundert. Gestalten und Strukturen. Zwanzig Darstellungen.* Hrsg. v. Hermann Friedmann u. Otto Mann. 2. Aufl. Heidelberg: Wolfgang Rothe, 1956. (C 1954. 4. Aufl., 2 Bde. 1961. 5. Aufl. 1967.) S. 326–44.

[Kafka betrachtet die Welt von einem Punkt außerhalb der Menschheit. Suche nach Wahrheit u. Freiheit; Möglichkeit durch Ausbrechen aus dem Lebenskreis. Registrierende Behörden: Lebenswirklichkeit.]

– "Die Literaturrevolution und die moderne Gesellschaft." In: *Akzente* 3 (Apr. 1956) Nr. 2. S. 173–91.

[Rilke u. Kafka: identische Erfahrung der Kultur- u. Kunstrevolution um 1910: Auflösung des Sinnes, Heraustreten aus der Welt des Besitzes, Entfremdung. Gegenstandslose Kunst: Protest. – Vergegenständlichtes Denken am "Schloß" erläutert. Individuelles Sein u. Weltordnung: undurchschaubar. Kafkas Kritik am Idealismus u. an den kollektivistischen Machtorganisationen.]

– "Die poetische Wirklichkeitskritik Franz Kafkas." In: *Orbis litterarum* 11 (1956) S. 215–28.

[Menschliche Wirklichkeit jenseits der apriorischen Bewußtseinskategorien (Raum, Zeit, Logik) abgezeichnet. Dinge unter doppeltem Aspekt gesehen; Kriterien für Beurteilung von Kafkas Wirklichkeit. Heraustreten aus dem Gesetz führt zu Freiheit, Einsamkeit, Würde, Selbstbestimmung, aber auch dazu, bei Lebzeiten "tot" u. "der eigentlich Überlebende" zu sein. Prüft Phänomene selbst auf Wahrheit; Dichtung Strukturmodell des Lebens u. der Denkmöglichkeiten; Dichtungsform entspricht dieser Thematik. Totalität der Lebenswirklichkeit, Kampf um wahres Gesetz möglich.]

– "Franz Kafka. 1883–1924." In: *Die großen Deutschen. Deutsche Biographie.* Hrsg. v. Hermann Hempel, Theodor Heuss u. Benno Reifenberg. Bd. 4. Berlin: Propyläen-Verl. bei Ullstein, 1957. S. 486–96.

[Realität als Totalität des Bewußtseins u. des Lebens in Kafkas Werk, außerhalb der traditionellen Perspektiven. Helden ohne Lebensanschauung, Geschichte, Gefühle. Entfremdung u. Vergesellschaftung früh von Kafka erkannt.]
Auch u. d. T.: "Franz Kafka: Porträt." In: W. E.: *Geist und Widergeist* (s. Artikel).

- *Die Weltkritik Franz Kafkas.* Wiesbaden: Verl. der Akademie der Wissenschaften u. der Literatur in Mainz in Kommission bei Franz Steiner, 1958 (Abhandlungen der Klasse der Literatur der Mainzer Akademie der Wissenschaften und der Literatur. Jg. 1958, Nr. 1).

  [Kafka weist selbst auf das Neue in seiner Dichtung hin (z. B. im Fragment "Er", 1920): ohne Tradition u. Geschichte; große Fülle ist darzustellen. Freie Existenz ohne Motivierung in Odradek, Kinder u. Greisenwelt.]
  Auch u. d. T.: "Franz Kafkas Bruch mit der Tradition und sein neues Gesetz." In: W. E.: *Protest und Verheißung* (s. Artikel) S. 233–48.

- "Nachwort." In: Franz Kafka: *Brief an den Vater.* München: Piper, 1960. S. 64–70.

  [Kafka zeigt, daß gestörte zwischenmenschliche Beziehungen zu einer allg. Störung führen. Vaterbild (Gericht, Kultur) ist korrupt. Das Weibliche rettet nicht mehr.]
  Auch u. d. T.: "Kafkas Brief an den Vater." In: W. E.: *Geist und Widergeist* (s. Artikel) S. 311–17.

- "Die Bilderwelt Franz Kafkas." In: *Akzente* 7 (1960) S. 172–91.

  [Wahrheit u. Erscheinung decken sich heute nicht mehr; Verhältnis von innen u. außen gestört. "Ich" ist in der modernen Arbeitswelt entfremdet. Kafka schafft bewußt dissonierende Bilder für diese Situation.]
  Auch in: *Universitätstage 1960.* Berlin: De Gruyter, 1960. S. 118–35.
  Auch in: W. E.: *Protest und Verheißung* (s. Artikel) S. 249–63.
  Auch in: Politzer, *Franz Kafka* (s. Sammelbde.) S. 286–308.
  In koreanischer Übers. u. d. T.: "Kafka kejoho sekai." In: *The Jayu-Munhak* (1962) Nr. 6. S. 204–20.

- "Franz Kafka." In: *Akzente* 10 (1963) S. 516–26.

  [Kafkas Realismus erschreckt alle, die der Wirklichkeit unkritisch begegnen. In Werken eine pseudorealistische Bewußtseinsstufe (Helden, die sich an Umwelt anpassen) u. eine kritische (Helden kämpfen um autonomes Bewußtsein).]
  Auch u. d. T.: "Franz Kafka zwischen Ost und West." In: W. E.: *Geist und Widergeist* (s. Artikel) S. 300–10.

- *Geist und Widergeist. Wahrheit und Lüge der Literatur. Studien.* Frankfurt/M.: Athenäum, 1965.

  [S. 287–99: Franz Kafka: Porträt (s. Artikel in *Die großen Deutschen)*
  S. 300–10: Franz Kafka zwischen Ost und West (s. Artikel).
  S. 311–17: Kafkas Brief an den Vater (s. Artikel).]
  In engl. Übers. v. Alexander u. Elizabeth Henderson u. d. T.: *The Literary Revolution and Modern Society and Other Essays.* New York: Frederick Ungar, 1971.
  [S. 43–62: Franz Kafka: A Portrait.
  S. 63–78: Franz Kafka between East and West.]

- "Die Erzählkunst des 20. Jahrhunderts und ihr geschichtlicher Sinn." In: *Deutsche Literatur in unserer Zeit.* Mit Beiträgen von W. Kayser, B. von Wiese, W. Emrich, Fr. Martini, M. Wehrli, Fr. Heer. 4., durchgesehene u. erweiterte Aufl. Göttingen: Vandenhoeck & Ruprecht, 1966. (C 1959.) – (Kleine Vandenhoeck-Reihe 73/74/74a) S. 58–79.

[S. 72–79: Einführende Bemerkungen über Kafka.]
Engl. Zusammenf. in: *TCL* 13 (1967) S. 120.

– "Franz Kafka: 'Die Sorge des Hausvaters'." In: *Akzente* 13 (1966) S. 295–303.
Auch in: W. E.: *Polemik* ... (s. Artikel) S. 112–20.

– "Kritik und Kafka." In: *Neue Deutsche Hefte* 13 (1966) S. 124–38.
Auch u. d. T.: "Die Austreibung des Geistes aus der Literaturkritik." In: W. E.: *Polemik*...
(s. Artikel) S. 97–109.
Engl. Zusammenf. in: *TCL* 13 (1967) S. 120.

– "Licht und Farben bei Franz Kafka." In: *Palette* (1967) Nr. 25. S. 3–12.
Auch in: W. E.: *Polemik* ... (s. Artikel) S. 120–27.

– *Polemik. Streitschriften, Pressefehden und kritische Essays um Prinzipien,*
Methoden und Maßstäbe der Literaturkritik. Frankfurt/M., Bonn: Athenäum,
1968.
[S. 85–89: ... und es wird kein Stein auf dem anderen bleiben ...: Genet, Rilke, Kafka u.
moderne Kritik. –
S. 95–130: Moderne Kafka-Interpretation. –
S. 97–109: Die Austreibung des Geistes aus der Literaturkritik: Kritik an Interpretations-
weise, die Kafkas Werk traditionelle Kategorien aufzwängt u. es so verfälscht (Politzer,
Sokel). –
S. 110–12: Die "unendliche Ambivalenz" Franz Kafkas: Abdruck aus "Die Welt (17. 9.
1964). Ambivalenz Kafkas hängt nicht mit Expressionismus zusammen. –
S. 112–20: Franz Kafka: Die Sorge des Hausvaters: Erz. bezieht sich auf "Jäger Grac-
chus" u. umgekehrt. Odradek u. Gracchus umfassen zweckgebundene u. zweckfreie
Sphäre (s. Artikel). –
S. 120–27: Licht und Farben bei Franz Kafka: Besondere Funktion – Licht ist Wahrheit.
Mensch kann nur Dämmerung ertragen. Farben führen manchmal zum Licht (s. Artikel).]

– *Protest und Verheißung. Studien zur klassischen und modernen Dichtung.*
3. Aufl. Frankfurt/M., Bonn: Athenäum, 1968. (C 1960, 2. Aufl. 1963).
[S. 233–48: Franz Kafkas Bruch mit der Tradition und sein neues Gesetz (s. Artikel). –
S. 249–63: Die Bilderwelt Franz Kafkas (s. Artikel).]

– "Franz Kafka und der literarische Nihilismus." In: Caputo-Mayr, *Franz Kafka*
Symposium (s. Sammelbde.) S. 108–25.
[Vortrag Philadelphia 1974. Unbeantwortbare Frage nach höchstem Sinn des Lebens in
materialistischer Gesellschaft; Nietzsche nennt Nihilismus auch die rein aufs Jenseits be-
schränkte Sicht. Kafka erkannte doppelte Problematik (Leben u. Werk). Büchner (Dan-
ton), Grabbe u. Unterschied in Kafkas nihilistischer Literatur; Text aus Aufzeichnungen
"Er" (1920) über Gedanken auf dem Laurenziberg: "Nichts" sei Element des Menschen,
Kafka jedoch wehrt sich gegen "absolute Nihilierung alles Vorhandenen." Kein Zeitkriti-
ker, fühlt aber Verantwortung gegenüber "Arbeitswelt" u. sucht nach sinnvoller Ordnung;
tritt in kritischer Distanz aus dem Lebensstrom heraus, sucht u. forscht in Dichtung nach
Weg zum freien Leben; Glaube an "geistige Welt."]
In engl. Übers. u. d. T.: "Franz Kafka and Literary Nihilism." In: *JML* 6 (1977) S. 366–
379.

– "Franz Kafkas 'Menschen- und Tiergericht': Zur Erzählung: 'Ein Bericht für eine Akademie'." In: *MAL* 11 (1978) Nr. 3–4. S. 151–66.

[Menschwerdung – Verlust der Freiheit. Rationales Denken verengt Welt. Rückkehr ins Vorrationale abgeschnitten? Affe will kein Urteil hören, nur Kenntnisse verbreiten, berichten. Entfremdungsprozeß (Arbeitswelt), Kafkas Freiheitsbegriff, Rolle der Tiere in "letzter Wissenschaft" (Freiheit). Realität u. Utopie unvereinbar. Kafka will moderne Arbeitswelt aufdecken.]

– "Kafkas 'Schloß'-Roman und der Beamte Bürgel." In: *MAL* 11 (1978) Nr. 3–4. S. 139–50.

[Bürgel-Szene enthält Gipfelmoment u. Peripetie des Romans, zeigt, ob Konflikt lösbar ist. Entfremdung aufgehoben, ebenso widersprüchliche Schloß-Deutungen, vielfältige Perspektiven durch begrenzte Sicht. K.s Scheitern: übt totale Weltkritik u. Selbstkritik, kämpft gegen Schloß, von dem er Erlaubnis für Arbeit will.]

– *Poetische Wirklichkeit: Studien zur Klassik und Moderne.* Wiesbaden: Akademische Verlagsgesellschaft Athenaion, 1979.

[Auch über Kafka.]

Encyclopedia of World Literature in the 20th Century. Ed. Wolfgang Bernard Fleischmann. An enlarged and updated edition of the Herder "Lexikon der Weltliteratur im 20. Jahrhundert". Vol. 2. New York: Frederick Ungar, 1969.

[S. 196–99: Einführender Aufsatz u. Bibliogr. von Richard H. Lawson. S. 199–201: 11 kurze Auszüge aus Kafka-Beiträgen von Brod, E. Heller, Strelka, Politzer, Camus, R. West, Beißner, R. Gray, Emrich, Gide, Anders.]

Enescu, Radu: "Franz Kafka." In: *Secolul 20* (1964) Nr. 5. S. 122–42.

[Kafka u. seine Epoche. Impotenz der gesellschaftlichen Struktur in "Ein altes Blatt". Kafka stand den Kleinbürgern u. den einfachen Menschen fern; Nihilismus in "Amerika"; K.s tragische Vereinsamung im Dorf. "Verwandlung": Konflikt zwischen innerer Notwendigkeit u. beruflicher Verpflichtung. Kalte, klare Sprache, dennoch Dinge oft unklar; Personen leblos, ohne Vergangenheit u. Zukunft.]

*Engel, Erich: "Brecht, Kafka und die Absurden. Aus Notizen." In: E.E.: *Schriften über Theater und Film.* Berlin: Henschel, 1971. S. 57–60.

[Gegenüberstellung der Schaffensweisen von Brecht u. Kafka (Wirklichkeitsanalyse gegenüber Scheinwelt, Kafka reduziert). 1963 geschrieben.]

Engelberg, Edward: "A Case of Conscience: Kafka's 'The Trial', Hesse's 'Steppenwolf' and Camus's 'The Fall'." In: *The Unknown Distance From Consciousness to Conscience. Goethe to Camus.* Cambridge, Mass.: Harvard Univ. Pr., 1972. S. 210–22.

[The Judicial Conscience Drama of Josef K. and Hegel's Version of The Trial of Socrates: "Prozeß" auch ein Roman über Gewissen u. Bewußtwerden. Schuldfrage nebensächlich. Paradoxes Verhalten K.s: verfolgt seine Angelegenheit, verachtet aber Repräsentanten des Gerichts; K. tat eigentlich seine Pflicht. Dennoch: blindes Hinnehmen der Pflicht führt zu Vergessen der eigenen Natur (Nietzsche). Auch ironische Parallelen zu Hegels

Darstellung des Sokratesprozesses. "Prozeß"-Handlung: Wille gegen Gesetz. K.s Tod führt nicht zur Freiheit.]

*Engelsing, R.: "Kafka-Ausstellung in Berlin." In: *Börsenblatt für den deutschen Buchhandel* 22 (1966).

*Engelstad, C. F.: "Nytt møte med Franz Kafka ('Amerika')." In: *Aftenposten* (1. 6. 1966) S. 2 u. 11.

*—"Angsten og håpet. ('Schloß')." In: *Aftenposten* (12. 2. 1969).

Engerth, Ruediger: "Kafka in der Begegnung mit Menschen." In: *Wort in der Zeit* 10 (1964) Nr. 6. S. 11—21.
[Kafkas Eindruck von Konsul Paul Claudel 1910 anläßlich eines Vortrags in Prag; Begegnung mit Löwy — Entfaltung seines sozialen Gewissens.]

— *Im Schatten des Hradschin. Kafka und sein Kreis.* Graz-Wien-Köln: Stiasny, 1965 (Stiasny-Bücherei Bd. 1004).
[S. 5—18: Einleitung: Kafka u. die Dichterrunde des Café Arco in Prag.]

— "Ein Flug um die Lampe herum — ein unbekanntes Werk von Kafka?" In: *Literatur und Kritik* 1 (1966) S. 48—55.
[Diskussion über Kafkas Autorschaft: Engerth (stark korrumpiert, aber von Kafka); Urzidil (Zweifel); Politzer (Mandaus behaupte Kafkas Autorschaft nicht); Pasley (dagegen).]

Engler, Winfried: "Bemerkungen zu einem unveröffentlichten Brief von Jules Supervielle." In: *Zeitschrift für französische Sprache und Literatur* 71 (1961) S. 148—53.
[Nach Supervielle besaß Michaux vor 1928 keine Kenntnis über Kafka.]

Enright, D. J.: "The Use and Misuse of Symbolism." In: Jakob, *Das Kafka-Bild in England* 1 (s. Sammelbde.) S. 262—63.
[Abdruck des gleichnam. Artikels aus "Focus One" (London 1945) S. 38—39. Bestätigung von Rajans Ideen (s. Artikel): Kafkas Symbolismus verbindet uns mit dem Absoluten.]

— "K. on the Moon." In: Stern, *The World of Franz Kafka* (s. Sammelbde.) S. 220—22.
[An Kafkas Leben inspiriertes Gedicht.]

*Erenburg, Il'ja G.: "V predvidenij vesny." In: *Literaturnaja gazeta* (5. Nov. 1959) S. 3.
[Verteidigung Kafkas, in Zusammenhang mit Zatonskijs Artikel "Smert' i roždenie Franza Kafki"; Kafkas Pessimismus sei eine Vorahnung des Faschismus gewesen.]

*– "Otstaivat' čelovečeskie cennosti." In: *Literaturnaja gazeta* (13. Aug. 1963) S. 2.

[Verteidigung Kafkas. Verspottung seiner Gegner nach Leningrader Konferenz 1963.] Gekürzt in dt. Übers. u. d. T. "Nicht auf Kafka schießen." In: *Der Spiegel* 17 (1963) Nr. 34. S. 74.
In engl. Übers. u. d. T.: ["Ehrenburg at Leningrad."] "Uphold Human Values." In: Priscilla Johnson: *Khrushchev and the Arts. The Politics of Soviet Culture, 1962–1964.* Cambridge, Mass.: M. I. T. Pr., 1965. S. 240–45.

Erhardt, H. M.: *Franz Kafka: Die Bäume. Acht Original-Radierungen.* Stuttgart: Manus Pr., 1968.

[Radierungen mit Text von Kafka; Aufl.: 45 Exemplare.]

*Erlich, Victor: "Gogol and Kafka. Note on 'Realism' and 'Surrealism'. In: *For Roman Jakobson: Essays on the Occasion of his Sixtieth Birthday.* " Ed. Morris Halle [u. a.] The Hague: Mouton, 1965. S. 102–04.

[Gemeinsames Element in "Die Nase" u. "Die Verwandlung": Diskrepanz zwischen realistischer Darstellung u. unglaublichem Ereignis.]
Engl. Zusammenf. in: Corngold, *The Commentators' Despair* (s. Sammelbde.) S. 112–13.

– "Some Uses of Monologue in Prose Fiction: Narrative Manner and World-View." In: *Stil- und Formprobleme in der Literatur.* Vorträge des VII. Kongresses der Internationalen Vereinigung für moderne Sprachen und Literaturen in Heidelberg. Hrsg. v. Paul Böckmann. Heidelberg: Carl Winter, 1959. S. 371 –378.

[S. 377: Parallelen zum Selbstgespräch in Kafkas "Der Bau" bei Dostojewski u. Bellow.]

*Eslin, Jean-Claude: "Franz Kafka: Entretien avec Marthe Robert." In: *Esprit* 5 (1979) S. 40–47.

Esslin, Martin: *Jenseits des Absurden. Aufsätze zum modernen Drama.* Wien: Europaverl., 1972.

[Hinweise auf Kafka, bes. S. 169–70: Dilemma u. Urangst des modernen Menschen in der Atmosphäre Prags (Václav Havels Stücke).]

– *The Theatre of the Absurd.* Revised Edition. Woodstock, N. Y.: Overlook Pr., 1973. (Macmillan, Canada, 1973. – C 1961).

[S. 307–08: Kafkas Einfluß auf das absurde Theater. Gide-Barraults Bühnenfassung von "Prozeß" – 1. Beispiel des absurden Theaters in der Mitte des Jh.]

Etkind, Efim: "Kafka in sowjetischer Sicht." In: David, *Franz Kafka. Themen und Probleme* (s. Sammelbde.) S. 229–37.

["Prozeß" schon 1961 in Moskau als Maschinen-Ms. in Zirkulation, 1964 veröffentlicht, Ähnlichkeiten mit Bulgakows "Der Meister und Margarita", politisch-aktuelle Interpretation gegeben.]

171

*Evron, Boaz: [Eine Auswahl von Artikeln zum Verständnis des Romans.] Tel
Aviv: 1966.

[Hebr., aus "Bibliografia b'Ivrit"; S. 134–41: Grundthemen in Kafkas Werken.]

Eyssen, Jürgen: "Franz Kafka." In: *Reclams Romanführer.* Hrsg. v. Johannes
Beer, Bd. 2: *Deutsche Romane und Novellen der Gegenwart.* 2. Aufl. Stuttgart: Philipp Reclam Jun., 1964. S. 302–09. (C 1963. 4. Aufl. 1972.)

[Inhalt u. Interpretation von "Der Prozeß", "Das Schloß", "Amerika", "Die Erzählungen".]

— "Franz Kafka." In:*Der Romanführer.* Hrsg. v. Johannes Beer. Bd. 13: *Der Inhalt der deutschen Romane und Novellen aus dem Jahrzehnt 1954 bis 1963.*
Stuttgart: Anton Hiersemann, 1964. S. 178–79.

[Kommentar zu den Erz. Kafkas; Inhaltsangaben.]

F. G.: "Franz Kafka." In: *Wort in der Zeit* 9 (1963) Nr. 7. S. 8.

[Zu Kafkas 80. Geburtstag. Hinweise auf poln. u. tschech. Kafkainteresse.]

*F., L.: "Lekcja grozy." In: *Przegląd Kulturalny* (1957) Nr. 48.

[Über "Prozeß" u. "Urteil".]

*Faber, Marion: *Angels of Daring. Tightrope Walker and Acrobat in Nietzsche,
Kafka, Rilke and Thomas Mann.* Stuttgart: Heinz, 1979.

*Fábry, Zoltán: "Vallomás a rokonságról és az akadályokról." In: *Irodalmi
Szemle* (1964) S. 288–89.

[Ung. (Bekenntnis von der Verwandtschaft und den Hindernissen:) Kafka war ein Riese
der Weltliteratur. Prager Frühling: längst fällige Rehabilitierung Kafkas. Dogmatismus u.
Schematismus vertreten von Kurella.]
Auch in: Z. F.: *Stószi délelőttök.* Bratislava: Madách Könyvkiadó, 1968. S. 285–94.

— "In memoriam Franz Kafka." In: Z. F.: *Vigyázó szemmel. Fél évszázad
kisebbségben.* Bratislava: Madách Könyvkiadó, 1971. S. 92–93.

[Nachruf auf Kafka; ursprünglich erschienen 1925 in "Magyar Újság". Ankündigung einer
ung. Übers. der Werke Kafkas. Kafka wird nach seinem Tod "auferstehen".]

*Fagard-Hornschuh, Mechthild, u. **Georges Fagard:** "La problématique
consciente et inconsciente de Kafka à travers son œuvre." In: *Expression et
signe* 2 (Dez. 1972) Nr. 4.

*— "Essai sur la fantasmatique de Kafka." (Non publié). Dépôt légal Nr. 10681,
le 2-6-1971. [Paris.]

Falke, Rita: "Biographisch-literarische Hintergründe von Kafka's 'Urteil'." In:
GRM 10 (1960) S. 164–80.

[Sinn der Geschichte bleibt unbefriedigend, wenn man nicht Freudsche Theorien zur Deutung heranzieht. Biographische Elemente u. Apologie enthalten.]

Fargues, M. Alfred: "Wirkungsgeschichte oder Übereinkunft am Nullpunkt der Literatur? Am Beispiel 'Ein Landarzt' von Franz Kafka und 'Mite del dispensari' von Jordi Sarsanedes." In: *GRM* 22 (1972) S. 23–38.

[Ähnlichkeiten dieser schwer deutbaren Erz. nicht durch Wirkungsgeschichte erklärt, sondern ihre funktionale Kongruenz (Roland Barthes) festgestellt. Struktur, der man Bedeutung gibt.]
Engl. Zusammenf. in: *TCL* 18 (1972) S. 291.

Fast, Howard: "The Metamorphosis." In: Hughes, *Franz Kafka. An Anthology of Marxist Criticism* (s. Sammelbde.) S. 12–14.

[Abdruck aus H. F. "Literature and Reality", New York, 1950. Kafkas Spott über den Menschen.]

Fastout, Jacqueline: "Kafka, solitaire ou solidaire?" In: *Europe* 49 (1971) Nr. 511–12. Kafka. S. 133–41.

[Revolte gegen Vater, Schuld, kein Selbstvertrauen; dennoch Glaube an seine Besonderheit u. Verbindung zum Nächsten (Dora u. Klopstock.)]

Fausset, Hugh L'A.: [Rez. zu engl. Übers. von "Das Schloß" (1930).] In: Jakob, *Das Kafka-Bild in England* 1 (s. Sammelbde.) S. 148.

[Auszug aus "Novels of the Week" in: "Yorkshire Post" (2. 4. 1930). Religiöser Roman.]

– [Rez. zu engl. Übers. von "Beim Bau der Chinesischen Mauer." (1933).] In: Jakob, *Das Kafka-Bild in England* 1 (s. Sammelbde.) S. 159–60.

[Abdruck von "Kafka's Short Stories" aus "Manchester Guardian" (26. 5. 1933) S. 5. Kafka enthüllt sich persönlich in seinen Geschichten.]

*Fedin, K.: "Sudba romana." In: *Pravda* (6. 8. 1963) S. 4.

Fehervary, Helen: "Thomas Brasch: A Storyteller after Kafka." In: *New German Critique* 129 (1977) S. 125–32.

Fehse, Willi: "Franz Kafka." In: W. F.: *Von Goethe bis Grass. Biografische Porträts zur Literatur.* Bielefeld: Ernst u. Werner Gieseking, 1963. (Reihe "Von- bis- Biografische Porträts".) S. 123–26.

[Brod, Werfel, Haas u. Kafka. Biographisch-literarische Bemerkungen. Kafkas Wirkung.]

– "Der Angstträumer. Franz Kafka zum 50. Todestag am 3. 6. 1974." In: *Der Literat* (Frankfurt) 16 (1974) S. 99–100.

[Würdigung von Leben u. Werk.]

Ferdière, Gaston: "Cette maladie qui 'délivra'." In: *Le Figaro Littéraire* (22. 12. 1962) S. 7.

[Psychosomatische Bemerkungen zum Fall Kafka aus Anlaß des Welles-Films über "Prozeß".]

Ferenczi, Rosemarie: "Kafka et l'histoire." In: *Obliques* (s. Sammelbde.) S. 76 —86.

[Enge Verbindung von Kafkas Werk zur Geschichte der Zeit von Zeitgenossen erkannt. Erst historische Perspektive enthüllt Hauptthema: Strukturen der Geschichte freilegen, Sinn der Ereignisse erfassen. Vaterverhältnis durch historische Situation erklärbar; Zirkelstruktur der Macht; Verschleierungstaktik der Mächtigen.]

Ferlinghetti, Lawrence: "Kafka's Castle Stands Above the World." In: L. F.: *A Coney Island of the Mind.* New York: New Directions, 1968. (C 1955. — Auch: New Directions Paperbook, 1958. Nr. 74.) S. 29—30.

[Gedicht über Unerreichbarkeit von Kafkas Schloß.]

*Fernandez, D.: "L'union impossible. A propos des lettres à Felice." In: *Quinzaine Littéraire* 142 (1972).

*Fernández Figueroa, J.: "El delito de Kafka." In: *Indice* 18 (März 1965) Nr. 194.

Ferreira, Vergílio: "Kafka — uma estética do sonho." In: *Colóquio Letras* (März 1971) Nr. 1. S. 14—19.

["Der Prozeß" u. seine Interpretation (Orson Welles' Film; Bezüge zu Buzzati, Dostojewski, Hitler- u. Stalinära; Traummaterie als Wirklichkeit behandelt.]

Fetzer, Leland, u. **Richard H. Lawson:** "Den Tod zur Schau gestellt: Gogol und Kafkas Hungerkünstler." In: *MAL* 11 (1978) Nr. 3—4. S. 167—77.

[Gogols selbstmörderisches Verhungern u. das Sterben von Kafkas Hungerkünstler weisen auch u. a. auf destruktive Haltung der Dichter ihren Werken gegenüber hin.]

Feuerlicht, Ignace: "Kafka's Chaplain." In: *GQ* 39 (1966) S. 208—20.

[Information des Geistlichen erklärt alles, macht aber nichts klar u. eindeutig; K. stellte nicht die entscheidende Frage nach seiner Schuld.]
Engl. Zusammenf. in: *TCL* 12 (1966) S. 162, u.
in: *TCLB* S. 2099.

— "Omissions and Contradictions in Kafka's 'Trial'." In: *GQ* 40 (1967) S. 339 —350.

[Auslassungen u. Widersprüche so zahlreich, weil Autor Ms. nicht für Druck vorbereitete?]
Engl. Zusammenf. in: *TCL* 13 (1967) S. 186, u.
in: *TCLB* S. 2099—100.

— "Christ Figures in Literature." In: *The Personalist* 48 (1967) S. 461—72.

[S. 462—64: Josef K. u. mehr noch Gregor Samsa werden manchmal als Christussymbole gesehen (Exekution, Leiden, Verwandlung, Zeit des Todes). Trotzdem zweifelhaft, ob Kafka an Christus dachte.]
Engl. Zusammenf. in: *TCL* 14 (1968) S. 47.

– "Kafka's Josef K. – A Man with Qualities." In: *Seminar* 3 (1967) S. 103–16.

[Josef K. – kein unbedeutender Durchschnittstyp, hat eine Reihe wertvoller Charakter-anlagen; Leser kann sich mit ihm identifizieren.]
Engl. Zusammenf. in: *TCLB* S. 2099.

Feuerstein, Emil: "Franz Kafka." In: E. F.: *Sofrim yehudiyim bezifrut ha'olam.* Tel Aviv: Hamatmid, 1956. S. 205–20.

[In Kafkas Welt einzudringen ist genau so schwierig, wie ins Gesetz einzutreten. Einzig-artiges Phänomen eines Juden der Übergangszeit.]

Fickert, Kurt J.: "Kafka's 'In the Penal Colony'." In: *Explicator* 24 (1965) Item 11.

[Rolle des Reisenden u. seiner Flucht unbefriedigend interpretiert. Flucht vor unlösbarem Problem.]
Engl. Zusammenf. in: *TCLB* S. 2092–93.

– "The Window Metaphor in Kafka's 'Trial'." In: *Monatshefte* 58 (1966) S. 345–352.

[Fenster-Metapher häufig im "Prozeß"; erweitert in "Türhüterlegende".]
Engl. Zusammenf. in: *TCLB* S. 2100.

– "A Literal Interpretation of 'In the Penal Colony'." In: *Modern Fiction Studies* 17 (1971) Special Number. The Modern German Novel. S. 31–36.

[Reisender (skeptischer Europäer) lehnt jüdisch-christliche Heilsideen ab.]
Engl. Zusammenf. in: *TCL* 17 (1971) S. 289, u.
in: *1971 MLA Abstracts* Vol. 2 (1973) S. 73.

– "Fatal Knowledge: Kafka's 'Ein Landarzt'." In: *Monatshefte* 66 (1974) S. 381–86.

[Landarztfigur trägt zur Klärung von Kafkas Vorstellung über Künstlergestalt bei. Eigenes Dilemma (Rosa-Felice, Pferde u. Knecht – das verdrängte Triebhafte; Patient u. Wunde: Versagen vor dichterischer Aufgabe.]
Engl. Zusammenf. in: *1975 MLA Abstracts* Vol. 2 (1977) S. 94, u.
in: *TCL* 21 (1975) S. 338.

– "Symbol and Myth: Kafka's 'A Father's Concern'." In: *Germanic Notes* 6 (1975) Nr. 4. S. 59–62.

[Odradekerscheinung u. Beziehung zum Hausvater enthüllt Kafkas Verlorenheit, Vater-beziehung, Junggesellenexistenz; menschliche Beziehungen der letzten Periode, Juden in Diaspora.]
Engl. Zusammenf. in: *1975 MLA Abstracts* Vol. 2 (1977) S. 94.

– "Kafka's 'Assistants' from the Castle." In: *International Fiction Review* 3 (1976) S. 3–6.

[Vielfältige Deutungen; sind aber auch ihrem literarischen Wert nach zu betrachten: Dop-pelfiguren, – etwas, was Kafka immer faszinierte. Werfen mehr Licht auf K.s Charakter u. Kafkas "Schreiakt" sowie dessen Folgen.]

- "The Doppelgängermotiv in Kafka's 'Blumfeld'." In: *JML* 6 (1977) S. 419 –23.

  [Symbole für die Dichotomie in der Persönlichkeit des Künstlers u. Blumfelds zweites "Ich", sein unterdrücktes Künstlertum.]

- "Kafka's Mechanical Desk." In: *Germanic Notes* 8 (1977) S. 24–25.

  [Ambiguität der Symbole Kafkas. Schreibtisch in "Amerika" Zusammenhang mit "Schreiben", glückbringend u. sinnlos zugleich.]

- "A Fairy-Tale Motif in Kafka's 'The Judgment'." In: *International Fiction Review* 6 (1979) S. 118–20.

  [Märchenmotiv der zwei Brüder verbunden mit tiefenpsychologischen Aspekten.]

- "The Function of the Subjective in Kafka's 'Auf der Galerie'." In: *Germanic Notes* 10 (1979) S. 33–36.

  [Schafft Atmosphäre der Unsicherheit zwischen Beobachter u. Erzähler, autobiographische Qualität – weibliches Symbol für Schriftsteller, Trennung von Alltagsleben.]

*Fiechtner, Helmut A.: "Gottfried von Einem und sein Werk." In: *Österreichische Musikzeitschrift* 10 (1955) S. 195–98.

Fiedler, Leslie A.: "Kafka and the Myth of the Jew." In: L. A. F.: *No! in Thunder. Essays on Myth and Literature.* Boston: Beacon, 1960. S. 98–101.

[Erschien zuerst 1948 in "The New Leader". Das Jüdische in Kafkas Parabeln.]

- *Love and Death in the American Novel.* Revised edition. New York: Stein and Day, 1966. (C 1960.)

  [S. 141, 491–92: "Amerika": komischstes Werk Kafkas. Jüdische Schriftsteller in U.S.A. von Kafka beeinflußt.]

- "Master of Dreams." In: *Partisan Review* 34 (1967) S. 339–56.

  [S. 342–43, 346, 349–51: Josef K. u. Josefine in Bezug auf biblischen Josef, den "Meister der Träume." Kafka u. Freud.]
  Zusammenf. in: *Abstracts of English Studies* 11 (1968) S. 44.

Fietz, Lothar: "Möglichkeiten und Grenzen einer Deutung von Kafkas Schloß-Roman." In: *DVjs* 37 (1963) S. 71–77.

[Objektive Deutung unmöglich. Dualismus zwischen Erlebnis u. Moral, Kunst u. Wirklichkeit aufgehoben.]

Fingerhut, Karlheinz: "Ästhetik: Bildlichkeit." In: *Kafka-Handbuch* 2. S. 138–77.

[Oft keine gültige Beziehung zwischen Bild u. Bedeutung (Entfremdung? Zeichen? Alles metaphorisch? Ohne festen Bezugspunkt im Text). Jedoch folgende Ebenen zu unterscheiden: Vergleiche, semigrammatische Textteile, Gleichnisse u. Ähnliches. – Untersuchung von Bild, Vergleich u. Metapher; Bildsemantik; Bildmorphologie; Bildsyntax u. Bildpragmatik. Bibliogr. S. 175–77.]

– "Die einzelnen Werke: Die Erzählungen. (Die Phase des Durchbruchs 1912–1915) ..." In: *Kafka-Handbuch* 2. S. 262–313.

[Gut dokumentierte Zeit (Biographien, Felicebriefe etc.); Verflechtung u. Abhängigkeit von Arbeit u. Schreiben, Büro, Fabrik, Familie, Felice, Störungen, Produktivität u. Unproduktivität. Es werden folgende Aspekte behandelt: Überlieferung der Werke u. Druckgeschichte; Motive u. Themen; Schreiben als Konfliktbewältigung; Aspekte der Interpretation; Stoff; Gemeinsamkeiten der Werke (Thematik, Funktion, Struktur, Figuren u. Leseroptik); Bibliogr. S. 309–13.]

– "Produktive Rezeption. Peter Weiss' Versuche, Kafka zu verstehen." In: *Diskussion Deutsch* 9 (1978) S. 249–62.

Finkelstein, Sidney: *Existentialism and Alienation in American Literature.* Second Printing. New York: International Publishers, 1967. – (C 1965).

[S. 160–61: Kafka kein Existentialist, sieht ganze Welt mit Augen eines Verfremdeten.]

Fischer, Ernst: "Das Problem der Wirklichkeit in der modernen Kunst." In: *Sinn und Form* 10 (1958) S. 461–83.

[Text einer Rede 1958 in Wien – S. 474–76: Neue Methoden der Darstellung im spätbürgerlichen Roman zu finden, bes. bei Kafka die totale, unveränderliche Entfremdung dargestellt. Parabelmethode.]

– "Franz Kafka." In: *Sinn und Form* 14 (1962) S. 497–553.

[Satiriker u. Prophet. Seine Lebensschwäche u. die Kunst; Vater, Ehe, Schuldgefühl, Fremdheitserfahrung (Tischlerarbeit soll sie überwinden). Problematik der Monarchie, der Minderheiten u. der Bürokratie in Prag. Zersetzung der kapitalistischen Welt vorweggenommen. Stand von allen "Dekadenten" der Arbeiterschaft am nächsten. "Phantastische" Satire der Wirklichkeit, Bilderfolge als Brücke zwischen Kunst u. Natur.]
Auch in: E. F.: *Von Grillparzer zu Kafka. Sechs Essays.* Wien: Globus, 1962. S. 279–328. – Auch: Frankfurt/M.: Suhrkamp, 1975.
S. 537–53 auch u. d. T.: "Franz Kafka" in: *Marxistische Literaturkritik.* Hrsg. v. Viktor Žmegač. Bad Homburg: Athenäum, 1970. (Ars poetica. Texte u. Studien zur Dichtungslehre u. Dichtkunst, Bd. 7.) S. 421–37.
Ausschnitte u. d. T.: "Franz Kafka." In: Heintz, *Interpretationen zu Franz Kafka* (s. Sammelbde.) S. 84–107.
S. 510–48 in frz. Übers. v. Claude Prévost u. d. T.: "Franz Kafka" in: *La Nouvelle Critique* (Apr. 1963) Nr. 144. S. 81–117.
In ital. Übers. v. Salvatore Borone in: *Karl Kraus, Robert Musil, Franz Kafka.* Presentazione di Lucio Lombardo Radice. Firenze: La Nuova Italia, 1974.
*In jap. Übers. in: *Kafuka-Ronshu.* Tôkyô: 1975.
In tschech. Übers. v. Alexej Kusák in: *Světová literatura* 4 (1963) S. 56–91, u. u. d. T.: "Franz Kafka." In: *Kafka, Musil, Kraus.* Praha: Československý spisovatel, 1965 (Otázky a názory. Svazek 58.) S. 7–70.

– "To byla vlaštovka, nikoli netopýr." In: *Literární noviny* 12 (1963) Nr. 41. S. 9.

[(Das war eine Schwalbe und keine Fledermaus): Stellungnahme zu Kurellas Kritik an Garaudy, der die Liblicekonferenz als "Schwalbe" bezeichnete, die einen Frühling der marxistischen Kafkaaufnahme ankündigt ("Der Sonntag").]
Dt. u. d. T.: "Die Schwalbe war's und nicht die Fledermaus." In: *Tagebuch* (Wien) 18 (1963) Nr. 11. S. 4–5.

- "Kafkovská konference." In: Goldstücker, *Franz Kafka. Liblická Konference 1963* (s. Sammelbde.) S. 151–60.

[Kafka gestaltete die Entfremdung des Menschen in der späten kapitalistischen Epoche. Beruf u. Persönlichkeit; Verdinglichung; keine Lösung.]
Auf dt. u. d. T.: "Kafka-Konferenz." In: Goldstücker, *Franz Kafka aus Prager Sicht 1963* (s. Sammelbde.) S. 157–68.
Auch in: Politzer, *Franz Kafka* (s. Sammelbde.) S. 365–77.
Abdruck von S. 157–68 in engl. Übers. v. K. Hughes u. d. T.: "Kafka Conference" in: Hughes, *Franz Kafka. An Anthology of Marxist Criticism* (s. Sammelbde.) S. 76–94.
*In holländ. Übers. u. d. T.: "Lezing voor de Kafkaconferentie." In: *Maatstaf* 22 (1974).
In ital. Übers. u. d. T.: "Il nostro convegno su Kafka." In: Goldstücker, *Franz Kafka da Praga* (s. Sammelbde.) S. 161–74.

- "Kampf um Kafka." In: E. F.: *Kunst und Koexistenz. Beitrag zu einer modernen marxistischen Ästhetik.* Reinbek: Rowohlt, 1966. S. 71–74.

[(Kap. 2. Koexistenz und Ideologie): Sartre, Huchel, Liblicekonferenz, Auseinandersetzung des Marxismus mit Kafka notwendig, auch bezüglich der Entfremdung im Kommunismus.]

- *Von der Notwendigkeit der Kunst.* Hamburg: Claassen, 1967 (Claassen Cargo). – (1. Ausgabe: Dresden: Verl. der Kunst, 1959.)

[Kap. 3. Kunst und Kapitalismus. – Die Entfremdung (S. 93–96): Kafkas Gedanken zum Taylorismus, erniedrigt u. entfremdet den Menschen. – Die Mystifikation (S. 109–10): Kafka stellte menschliche Angst in gesellschaftlicher Situation dar, mystifiziert Zustände in der Monarchie; Parabeln bei Kafka u. Brecht. – Kap. 5. Verlust und Entdeckung der Wirklichkeit. – S. 220–24: Kafka deutet in seinen Werken Wirklichkeit an (klares u. reines Bild); Antiroman hingegen bringt Wirklichkeit nicht zurück.]
In engl. Übers. v. Anna Bostock u. d. T.: *The Necessity of Art: A Marxist Approach.* Baltimore, Maryland: Penguin Books, 1963.
In ungar. Übers. u. d. T.: *A nélkülözhetetlen művészet.* Budapest: Gondolat, 1962.

Fischer, Uwe Christian: "Il rapporto fra protagonista e antagonista come elemento di struttura di due racconti Kafkiani." In: *Siculorum Gymnasium* 15 (1962) S. 228–36.

["Verwandlung" u. "Urteil" rein strukturell vom Gesichtspunkt Held-Gegenheld betrachtet: höchste Erzählökonomie. Gregors Lebensraum zugunsten der Schwester eingeschränkt. "Urteil": Georgs Illusionen durch Widerspruch des Vaters zerstört. Struktur der Erz. beruht auf Verhältnis zweier Gegenspieler.]

Fischer, Werner A.: "Bilder zum Werk Kafkas. Eine Ausstellung in München." In: *Börsenblatt für den deutschen Buchhandel* 22 (1966) S. 2468–70.

[Ottomar Starkes Titelblattzeichnung zu "Verwandlung" (Kurt Wolff-Verl. 1915) geht auf Kafkas Wunsch zurück, enthält kein Insekt! Nach Kafkas Tod wird Insekt häufig dargestellt. Illustr. in Galerie Fronius, München, die persönliche Auffassung der Künstler von Kafkas Erzählungen zeigen.]

*Fischer, Wolfgang: "Kafka Without a World." In: Stern, *The World of Franz Kafka* (s. Sammelbde.) S. 223–28.

[Einleitung zu "Briefe an Felice."]

178

*Fischer-Karwin, H.: "Vogelfrei zum dritten Mal. Ein Interview mit Eduard Goldstücker." In: *Die Zeit* 23 (1968) Nr. 44. S. 10–12.

Flam, Leopold: "Franz Kafka (1883–1924)." In: L. F.: *De krisis van de burgerlijke moraal. Van Kierkegaard tot Sartre.* Antwerpen: Uitgeverij Ontwikkeling S. M., 1956. S. 121–31.

[Philosophische Analyse der Motive Einsamkeit, Schicksal, Tod u. Auferstehung in Kafkas Werken im Zusammenhang mit Erfahrung des "Abgrundes".]

– "Kafka, Dichter van de weemoed." In: L. F.: *Profielen. Van Plato tot Sartre.* Antwerpen: Uitgeverij de Sikkel N. V., 1957. S. 137–78.

[Kafkas Werk u. der Verfall der Werte u. Strukturen in der bürgerlichen Welt, aus der Vernunft verschwand; Abgrund zwischen Theorie u. Praxis entstand. Kafkas passiver Nihilismus, der keine "Helden" zuläßt, wie auch seine Einstellung zum modernen Antisemitismus sind damit zu erklären.]

Fleischmann, Ivo: "Kafkova 'Amerika'." In: *Literární noviny* 11 (1962) Nr. 15. S. 4.

[Jugendlich frische Vision; Roßmann u. Kafka scharfe Beobachter; Prag-New York. Tschech. Übers. des Romans erschien in Prag.]

– "O čem psal Franz Kafka?" In: *Literární noviny* 12 (1963) Nr. 13. S. 4 –5.

[(Worüber schrieb Franz Kafka?) Knüpft an Karel Kosiks Parallele zwischen Kafka u. Hašek an. Hašek kämpfte gegen Monarchie, Bürokratie. Kafka ist religiöser Denker im Kampf mit Gott.]

– "Na česte k zámku." In: Goldstücker, *Franz Kafka. Liblická Konference 1963* (s. Sammelbde.) S. 203–07.

[Kafka vor allem als Dichter zu betrachten; man soll ihn nicht zum sozialen oder religiösen Denker reduzieren.]
In dt. Übers. u. d. T.: "Auf dem Weg zum Schloß." In: Goldstücker, *Franz Kafka aus Prager Sicht 1963* (s. Sammelbde.) S. 209–14.
In ital. Übers. u. d. T.: "Verso il castello." In: Goldstücker, *Franz Kafka da Praga* (s. Sammelbde.) S. 199–204.

Fleiszer, Elżbieta: "Konfrontacje. Dwa opracowania 'Procesu'." In: *Dialog* (1957) Nr. 8. S. 126–32.

[(Konfrontationen. Zwei Adaptierungen.): Michal Toneckis Hörspiel (1957) nach Kafkas "Prozeß" für poln. Rundfunk; Abweichungen, Geräusche wichtig, 4. u. 5. Kap. fehlen, einseitige Satire auf Bürokratie. Gide-Barrault dem Roman näher.]

Flesch-Brunningen, Hans: "Bemerkungen zu Heinz Politzers Kafka-Buch." In: *Literatur und Kritik* 3 (1968) S. 546–52.

[Besprechung, Kritik u. Ergänzung von Politzers Werk. Interpretation von "Strafkolonie".]

179

Fletcher, Angus: *Allegory. The Theory of a Symbolic Mode.* Ithaca, N.Y.: Cornell Univ. Pr., 1964. – Auch: 1967.

[Hinweise auf Kafka, bes. S. 142–44, 173–74, 230–31, 275–76: Ambivalenter Kosmos von Zweifel u. Angst beherrscht.]

Flint, R. W.: In: Neumeyer, *Twentieth Century Interpretations of "The Castle"* (s. Sammelbde.) S. 104.

[Abdruck von S. 520–21 aus: "Kafka and the Habits of Critics: A Communication" aus "Partisan Review" 14 (1947).]

*Flippo, Karl F.: "Literatuur: Altijd 'live'." In: *Levende Talen* 348 (1980) S. 25 –34.

Flores, Angel: "Introduction." In: Flores, *The Kafka Problem* (s. Sammelbde.) S. IX–XII.

[Kafkas Werk allen Interpretationen offen. Sammelbd. bringt Auswahl davon.]

Flores, Emilio: "Kafka y la literatura como salvación imposible." In: *Escritos* (Medellin, Colombia) 1 (1974) Nr. 1. S. 5–27.

[Autor u. Werk – untrennbare Einheit, daher wechselseitige Erhellung möglich: Vaterbeziehung, Verhältnis zum Tod, zur Tragödie u. zur herrschenden Ordnung.]

Flores, Kate: "'La Condena' de Franz Kafka." In: *Etcaetera* (Guadalajara, México) 5 (1956) S. 133–51.

[Analyse von Vater u. Sohn, Dualität Georgs (Freund: Innenleben Georgs u. Kafkas), Kafkas Heiratsprobleme u. Vaterbeziehung.]

– "The Judgment." In: Flores, *Franz Kafka Today* (s. Sammelbde.) S. 5–24.

[Abdruck aus "Quarterly Review of Literature" (1947) S. 382–405: Benehmen des Vaters verständlich. Freund bedeutet Kafkas Inneres u. seine Künstlertätigkeit; äußeres Leben in Georg dargestellt. Kafkas "father fixation".]
Auch u. d. T.: "Franz Kafka and the Nameless Guilt. An Analysis of 'The Judgment'." In: *Quarterly Review of Literature* 20 (1976). Special Issues Retrospective. S. 66–89.

– "Biographical Note." In: Flores, *The Kafka-Problem* (s. Sammelbde.) S. 1 –19.

[An Brod orientierte Einführung zu Leben u. Werk.]

"The Pathos of Fatherhood." In: Flores, *The Kafka Debate* (s. Sammelbde.) S. 254–72.

[Entwicklungsgeschichtliche Faktoren der Menschheit spielen bei Georgs Entscheidung (Brief an Freund u. Heirat als Schritt in das reife Erwachsenenleben) mit. Verantwortung des Mannes für Familie – erfordert Ersatz des Vaters durch Ehefrau.]
Auch in: Flores, *The Problem of "The Judgment"* (s. Sammelbde.) S. 168–92.

Flügel, Heinz: "Franz Kafka. Anwärter der Gnade." In: H. F.: *Herausforderung durch das Wort.* Stuttgart: Kreuz, 1962. S. 12–24.

[Charakteristische Elemente: Paradoxie, Traumhaftes, nüchterne Darstellung, die unbekannten Gesetze. Jüdisches in Werk u. Leben: Vater, Schuld, Wahrheit- u. Erlösungssuche.]

Focke, Alfred: "Kafka und Trakl." In: *EG* 17 (1962) S. 411–31.

[Kafka bleibt in Krise stehen, Trakl geht darüber hinaus. Bekenntnishaftes, Traumbilder, Fremdheit im Werk beider. Kafka von der Verdinglichung bedroht; Präzision seiner Sprache.]

*– "Internationales Kafka-Symposium." In: *Universitas* 34 (1979) S. 889–90.

*– **Foix, J. C.:** "Lo corporal en Kafka." In: *Sur* (März/Apr. 1961) Nr. 269. S. 19 –28.

Forgách, László: "Gorkij vagy Kafka?" In: *Kritika* 2 (1964) Nr. 4. S. 23–35.

[Ung. (Gorki oder Kafka?) Der verfremdete Mensch bei Gorki (Klim Samgin), T. Mann (Leverkühn) u. Kafka. Kafka – weltfremder Kleinbürger; seine Helden beugen sich vor bürokratischem Machtapparat; Mensch ist Opfer, weder tragisch, noch komisch. Konflikt wird ins Tranzendente verlegt; Kafka sympathisiert mit Arbeiterschaft.]

Fort, Keith: "The Function of Style in Franz Kafka's 'The Trial'." In: *Sewanee Review* 72 (1964) S. 643–51.

[Charakterstudie u. Stil wichtig für Bedeutung des Romanes. Welt der Bank u. Welt des Gerichtes. Josef K. in realistischer u. traumhafter Welt.]
Engl. Zusammenf. in: *TCL* 10 (1965) S. 189, u.
in: *TCLB* S. 2100.

– "Beyond Despair: A Comparative Study of Four Novels." In: *DA* 25 (1964) S. 2511.

[Zusammenf.: Untersuchung der Hauptthemen in der Literatur des Existentialismus: Verhältnis des Menschen zu Gott (Kafkas "Prozeß"), zum Sein (Sartres "Nausée"), zur Gesellschaft (Camus' "L'Etranger") u. zum Mitmenschen (Salingers "Catcher in the Rye"). Helden müssen Illusion der Hoffnung aufgeben oder in Selbsttäuschung leben. Verständnis der absurden Welt ermöglicht Existenz ohne Verzweiflung.]

Fortini, Franco: "Kafka e la critica delle cose." In: F.F.: *Dieci inverni 1947–57. Contributi ad un discorso socialista.* Milano: Feltrinelli, [1957]. S. 81–88.

[Geschrieben 1950. Braucht unaufhörliche Interpretation, die mit Text eins wird (wie Bibel).]
Auch u. d. T.: "Gli uomini di Kafka e la critica delle cose." In: F. F.: *Verifica dei poteri. Scritti di critica e di istituzioni letterarie.* Milano: Il Saggiatore, 1965. S. 288–95.
[Im Jahre 1948 geschrieben. Unter den Interpretationsrichtungen enthält die soziologische Formel eine gewisse Wahrheit. Kafkas dichterische Natur steht im Kampf mit anderen Seiten seiner Persönlichkeit. Das Symbol in seiner Dichtung u. ihre Beziehung zur Gegenwart.]
Auch u. d. T.: "Gli uomini e la critica delle cose." In: Pocar, *Introduzione a Kafka* (s. Sammelbde.) S. 46–53. [Teilabdruck.]
In dt. Übers. v. Friedrich Kollmann u. d. T.: "Die Menschen bei Kafka und die Kritik an den Dingen." In: F. F.: *Die Vollmacht. Literatur von heute und ihr sozialer Auftrag.* Wien, Frankfurt/M., Zürich: Europa Verl., 1968. – S. 209–16.

Foti, Francesco: "Kafka e altri amori epistolari." In: *Narrativa* 10 (1965) S. 33 –37.

[Kommentar über die ital. Wiederausgabe der Milenabriefe 1960; Kafkas Liebe, Angst u. Ungewißheit.]

Foulkes, A. P.: "Dream Pictures in Kafka's Writings." In: *GR* 40 (1965) S. 17–30.

[Kafka experimentierte; Traumform u. Traumlogik, in Zusammenhang mit bildhafter Ausdrucksweise.]
Engl. Zusammenf. in: *TCL* 11 (1965) S. 106, u.
in: *TCLB* S. 2066–67.

– "An Interpretation of Kafka's 'Das Schweigen der Sirenen'." In: *JEGP* 64 (1965) S. 98–104.

[Kafkas Sirenen ohne Reiz für Odysseus. Die Sirene als Symbol der Frau u. Welt.]
Engl. Zusammenf. in: *TCL* 11 (1965) S. 106, u.
in: *TCLB* S. 2108.

– "'Auf der Galerie': Some Remarks Concerning Kafka's Concept and Portrayal of Reality." In: *Seminar* 2 (1966) Nr. 2. S. 34–42.

[2 Ansichten über Leben der Reiterin in Antithese. Diskrepanz zwischen Sein u. Schein.]
Engl. Zusammenf. in: *TCLB* S. 2087.

– "Kafka's Cage Image." In: *MLN* 82 (1967) S. 462–71.

[Zelle u. Käfig der Erkenntnis liegen außerhalb der Welt, in die man abirren u. aus der man fliehen kann. Gefangen- u. Freisein gleichzeitig.]
Engl. Zusammenf. in: *TCLB* S. 2067.

– "Franz Kafka. Dichtungstheorie und Romanpraxis." In: *Deutsche Romantheorien. Beiträge zu einer historischen Poetik des Romans in Deutschland.* Hrsg. v. Reinhold Grimm. Frankfurt/Bonn: Athenäum, 1968. S. 321–46.

[Keine Dichtungstheorie, aber (oft widersprüchliche) Aussagen über seine Kunst. Feste Punkte: Traumgestalt der Dichtung mit realistischen Details, visuelle Darstellung persönlicher Stimmungen. Allg. Religiöses – Grenzen des Menschlichen. Erkenntnis: Diskrepanz zwischen Wirklichkeit u. Illusion. Kafkas Helden trotz Einsicht in existenzielle Situation nicht lebenstüchtiger.]
Auch in: *Deutsche Romantheorien.* Bd. 2. Hrsg. v. Reinhold Grimm. Bearb. Neuaufl. Frankfurt/M.: Athenäum Fischer Taschenbuch, 1974. S. 365–90.

– "Speaking of Kafka." In: Flores, *The Kafka Debate* (s. Sammelbde.) S. 10–16.

[Während ein "übersetzbarer" Sinn leicht für Kafkas Werke zu finden ist, bleibt die sekundäre, letzte Bedeutung dunkel.]

Fowler, Albert: "Keats, Kafka and the Critic." In: *Approach* (1955) Nr. 14. S. 3–8.

[Die Stellungnahme der Kritiker zu persönlichen Werken von Dichtern, die ohne deren Zustimmung publiziert werden.]
Engl. Zusammenf. in: *TCLB* S. 2067.

182

* **Fowler, Doreen F.**: "'In the Penal Colony': Kafka's Unorthodox Theology."
In: *College Literature* 6 (1979) S. 113–20.

Fowles, John: "My Recollections of Kafka." In: *Mosaic* 3 (1970) Nr. 4. New
Views on Franz Kafka. S. 31–41.
[Menschliche Probleme aus neuer Sicht u. in neuer Atmosphäre dargestellt. Schwierig
nachzuahmen; "nouveau roman" gelang es nicht.]
Auch in: *The Novel and Its Changing Form*. Ed. R. G. Collins. Winnipeg, Canada: Univ.
of Manitoba Pr., 1972. S. 179–88.
Engl. Zusammenf. in: *TCLB* S. 2067.

* **Fraenkl, Pavel**: "Av ny litteratur om Franz Kafka." In: *Dagbladet* (17.2.1956).

Fraiberg, Selma: "Kafka and the Dream." In: *Partisan Review* 23 (1956) S. 47–
69.
[Kafkas Nähe zu Traumwelt u. Psychose. Verbindung zur Wirklichkeit durch Schrei-
ben gefestigt. Seelisches durch Traumtechnik dargestellt: einfache Sprache, Aufhebung
der Grenzen zwischen Realität u. Irrealität. Traumfolgen aus Tagebüchern (Das weiße
Pferd, Traum vom Brief, Kaufmann Meßner) besprochen.]
In erweiterter Form auch in: *Art and Psychoanalysis*. Ed. William Phillips. 2nd printing.
Cleveland and New York: World Publishing (Meridian Books), 1967. (1st printing 1963;
C 1957 Criterion Books). S. 21–53.
Engl. Zusammenf. in: *TCL* 2 (1956) S. 43 u.
in: *TCLB* S. 2067.
Zusammenf. v. S. 47–69 (1956) u. S. 21–53 (1957) in: Corngold, *The Commentators'
Despair* (s. Sammelbde.) S. 115–17.
In frz. Übers. u. d. T.: "Kafka et le rêve." In: *Obliques* (Paris) (2ᵉ trimestre 1973) Nr. 3.
S. 74–86.

* **Frank, André**: "Feydeau, Kafka, Adamov." In: *CCRB* (1955) Nr. 10. S. 126–
27.

— "Il y a dix ans..." In: *CCRB* 5 (Oct. 1957) Nr. 20. Franz Kafka. Du Procès au
Château. S. 30–37.
[Reaktion der Gelehrten u. des Publikums auf "Prozeß"-Dramatisierung; Reduktion auf
essentiellen Text. Neues Theater: Pantomime, Filmalbum, Ballett. 2 Abb. von Barrault
als Josef K.]

Frank, Hanuš, u. Karel Šmejkal: "Ze vzpomínek vychovatelky v rodině Franze
Kafky." In: *Plamen* 6 (1964) Nr. 7. S. 104–07.

* **Frank, Manfred, u. Gerhard Kurz**: "Ordo inversus. Zu einer Reflexionsfigur bei
Novalis, Hölderlin, Kleist und Kafka." In: *Geist und Zeichen*. Festschrift für
Arthur Henkel zu seinem 60. Geburtstag. Hrsg. v. Herbert Anton, Bernhard
Gajek, Peter Pfaff. Heidelberg: Winter, 1977. S. 75–97.

Franke, Konrad: *Die Literatur der Deutschen Demokratischen Republik*. München u. Zürich: Kindler, 1971 (Kindlers Literaturgeschichte der Gegenwart in
Einzelbänden. Autoren — Werke — Themen — Tendenzen seit 1945).

[S. 17, 112, 122–23, 152, 168, 233–34, 389: Entdeckung Kafkas, Entfremdung, Einfluß auf Kunert u. Rolf Schneider, Weltfriedenskongreß 1962 in Moskau.]

Frantzke, Willi: "Der Liebespfeil in den Schläfen. Über die Beziehungen von Franz Kafka zu Milena Jesenská." In: *Schweizer Rundschau* 70 (1971) S. 209–14.

[Kafkas zwiespältige Gefühle über das Sexuelle; Milena läßt ihn die Wahrheit über sich selbst erkennen. Schuldgefühle; er will leben u. über das Leben nachdenken.]

Franz, Erich: "Neue Epik. Ein Rundweg." In: Born, *Franz Kafka. Kritik und Rezeption* (s. Sammelbde.) S. 81.

[Zuerst in "Die Gegenwart" (Berlin, 16.8.1913): "Urteil" ergreift mehr als Brods "Notwehr" u. Stössls Prosa.]

Franzen, Erich: "Die Briefe Franz Kafkas." In: E. F.: *Aufklärungen. Essays.* Mit einer Nachbemerkung versehen von Wolfgang Koeppen. 1.–8. Tausend. Frankfurt/M.: Suhrkamp, 1964 (edition suhrkamp 66). S. 85–90.

[Vortrag, Süddeutscher Rundfunk (Aug. 1959). Seelische Entwicklung aus Briefen: Spannung, Verzweiflung, später Resignation.]

Frasson, Giovanni A.: "Kafka e la critica marxista." In: *Fiera letteraria* (29. März 1964) S. 4.

[Ähnlichkeiten zwischen Kafkas Werk u. Marxismus? Statische Auffassung von Leid u. Wirklichkeit, der kommunistischen Evolutionsauffassung entgegengesetzt.]

Freedman, Ralph: "Kafka's Obscurity: The Illusion of Logic in Narrative." In: *Modern Fiction Studies* 8 (1962), Franz Kafka Number. S. 61–74.

[Konkrete, aber verzerrte neugeordnete Wirklichkeit wird logisch dargestellt. Ungewöhnliches Ereignis bewirkt weitere Verwandlungen u. neue Einstellung.]
Teilabdruck von S. 65–67 in: Corngold, *Franz Kafka: The Metamorphosis* (s. Sammelbde.) S. 133–37.
Engl. Zusammenf. in: Corngold, *The Commentators' Despair* (s. Sammelbde.) S. 117–19.
in: *TCLB* S. 2067–68, u.
in: *Classic Short Fiction. Twenty-five Short Stories, Five Novellas. Readings and Criticism.* Ed. James K. Bowen and Richard Van der Beets. Second Printing. Indianapolis: Bobbs-Merril, 1980. – (C 1971). S. 11–12.

Frenzel, Herbert A., u. Elisabeth Frenzel: *Daten deutscher Dichtung. Chronologischer Abriß der deutschen Literaturgeschichte.* Bd. 2: Vom Biedermeier bis zur Gegenwart. 7. Aufl. München: Deutscher Taschenbuch Verl., 1971. – (C 1953 Kiepenheuer & Witsch; 3. Aufl. Köln, Berlin: Kiepenheuer & Witsch, 1962).

[Einführende Bemerkungen: S. 550–51 ("Urteil"); S. 556 ("Verwandlung"); S. 584 (Biographie); S. 588 ("Prozeß"); S. 589–90 ("Schloß"); S. 593 ("Amerika"); S. 602 ("Chinesische Mauer"); S. 635 ("Tagebücher").]

Frey, Eberhard: "Stilanalyse von Franz Kafkas Erzählung 'Ein Hungerkünstler'. Versuch einer Anwendung von Michael Riffaterres Kriterien." In: *DA* 30 (1970) S. 3007–A.

[Zusammenf.: Die 3 Kriterien von Riffaterre. Statistische Ausfertigung von 55 Fragebögen. Textkommentar zu "Ein Hungerkünstler" mit Interpretation. Hungerkünstler als ungewöhnliche Person, "Außenseiter". Vergleich mit Manns "Das Wunderkind". Ergebnisse dieser Analyse mit 10 anderen Interpretationen von "Ein Hungerkünstler" verglichen.]

– "Der 'nüchtern-trockene' Kafka und der 'virtuose' Thomas Mann." In: E. F.: *Stil und Leser. Theoretische und praktische Ansätze zur wissenschaftlichen Stilanalyse.* Bern: Herbert Lang; Frankfurt/M.: Peter Lang, 1975 (Europäische Hochschulschriften. Reihe I: Deutsche Literatur und Germanistik. Bd. 116). S. 79–99.

[Vortrag Philadelphia 1974. Impressionistischer u. statistischer Stilvergleich: Auswertung der impressionistischen Einzeleindrücke durch ein System von Hervorhebungen im Text zeigt große Übereinstimmung mit Leserreaktionen. "Ein Hungerkünstler" – relativ sachlich, kühl, distanziert, abstrakt; Kafkas Stil von Kanzleideutsch u. Gerichtssprache beeinflußt, geringere Dichte der Stilelemente als Manns Sprache. (Abbildungstabellen.)]
Auch u. d. T.: "Der 'nüchtern-realistische, dialektisch doppelbödige' Stil Franz Kafkas." In: Caputo-Mayr, *Franz Kafka Symposium* (s. Sammelbde.) S. 205–15.

Frey, John R.: "German Literature." In: *Modern Literature.* Vol. 2. Ed. Victor Lange. Englewood Cliffs, New Jersey: Prentice-Hall, 1968.

[S. 137–38 u. 178–79: Besprechung von Kafka Literatur, bes. Politzer u. Sokel.]

Fricke, [Gerhard], u. [Volker] Klotz: *Geschichte der deutschen Dichtung.* 14. Aufl. Hamburg u. Lübeck: Matthiesen, 1968.

[S. 460–63: Kafkas Leben u. Werk.]

Fried, István: "Franz Kafka und die Ungarn." In: *Német Filológiai Tanulmányok* (Debrecen) – *Arbeiten zur deutschen Philologie* – 6 (1972) S. 123–29.

[Kafka war 1915 in Ungarn. R. Klopstock machte ihn mit Werken der ung. Literatur (Ady, Karinthy) in dt. Übers. bekannt. Noch zu Kafkas Lebzeiten erschienen "Verwandlung", "Urteil" u. "Brudermord" in ung. Übers. Früher Einfluß Kafkas auf ung. Schriftsteller.]

* **Friedberg, M.**: *A Decade of Euphoria. Western Literature in Post-Stalin Russia, 1954–1964.* Bloomington, London: 1977. S. 83, 272–82 u. 358.

[Über Kafka.]

Friederich, Reinhard H.: "Kafka and Hamsun's Mysteries." In: *Comparative Literature* 28 (1976) S. 34–50.

[Hamsuns Roman "Mysterier" (1892) war Kafka bekannt u. beeinflußte wahrscheinlich "Beschreibung eines Kampfes" u. "Schloß". Er schätzte Hamsuns frühe Werke. – Johan Nilsen Nagel aus "Mysterier" u. K. in "Schloß".]
Engl. Zusammenf. in: *TCL* 22 (1976) S. 482.

— "The Dream-Transference in Kafka's 'Ein Landarzt'." In: *Papers on Language and Literature* 9 (1973) S. 28—34.

[Auf Traumstruktur aufgebaut. Welche Motivationen dahinter? Rosas Vergewaltigung durch Pferdeknecht: Symbol. Gegenstück zu Rosa ist kranker Junge. Fatalistische Züge. Sinn der Geschichte durch Struktur erkennbar.]
Engl. Zusammenf. in: *1973 MLA Abstracts* Vol. 2. S. 67 u.
in: *TCL* 19 (1973) S. 228.

— "K.'s 'bitteres Kraut' and 'Exodus'." In: *GQ* 48 (1975) S. 355—57.

[Exodus-Hinweis u. ähnliche Gedanken, die in Hans-Brunswickepisode kulminieren.]
Engl. Zusammenf. in: *TCL* 21 (1975) S. 338.

Friederich, Werner P[aul], with Philip A. Shelley and Oskar Seidlin: *History of German Literature.* New York: Barnes & Noble, 1958. — (C 1948). (College Outline Series, 65). 2. Aufl. 1970.

[S. 247—49: Einführende Bemerkungen über Kafka u. sein Werk.]

Friedman, Maurice: "The Modern Job. On Melville, Dostoievsky, and Kafka." In: *Judaism* 12 (1963) S. 436—55.

[Auswahl aus: "Problematic Rebel." (s. Bücher).
S. 451—55: Kafka as Modern Job. — Die Einstellung zum Bösen. Leser erfährt nicht alles. Frage der Gerechtigkeit.]
Engl. Zusammenf. in: *TCLB* S. 2100.

— "The Dialogue with the Absurd: The Later Camus and Franz Kafka; Elie Wiesel and the Modern Job." In: M. F.: *To Deny Our Nothingness. Contemporary Images of Man.* New York: Delacorte, 1967. S. 335—54.
[Bedeutung der menschlichen Existenz angesichts des Absurden.]

— *The Hidden Human Image.* New York: Dell, 1974.
[S. 104—05: Religiöse Dimension Kafkas. —
S. 143—45: Kafkas Werk zeigt Angst unserer Kultur.]

— "The Problematic of Guilt and the Dialogue with the Absurd: Images of the Irrational in Kafka's 'The Trial'." In: *Review of Existential Psychology & Psychiatry* 14 (1975/76) S. 11—25.

[Ironische Atmosphäre ist Element des Irrationalen. "Prozeß": 3 Dimensionen des Irrationalen, K.s Leben, das des Gerichtes u. Begegnung der beiden. Schuld: Einbruch der Welt in das Selbst u. Versuch des Selbst darauf zu antworten.]

Friedman, Norman: "Kafka's 'Metamorphosis': A Literal Reading." In: *Approach* 49 (Fall 1963) S. 26—34.

[Psychologische Erklärung ist ungenügend. Mitleid für Familie u. Gregor geweckt. Opfer Gregors — Verwandlung für beide Teile.]
Engl. Zusammenf. in: *TCL* 10 (1964) S. 35,
in: Corngold, *The Commentators' Despair* (s. Sammelbde.) S. 119—20, u.
in: *TCLB* S. 2110.

- "The Struggle of Vermin. Parasitism and Family Love in Kafka's 'Metamorphosis'." In: *Ball State University Forum* 9 (1968) Nr. 1. S. 23–32.

  [Motiv für Kafkas Schreiben: Schuldgefühl u. Befreiungsversuch. Biographischer Hintergrund.]
  Engl. Zusammenf. in: Corngold, *The Commentators' Depair* (s. Sammelbde.) S. 120–22, u. in: *TCLB* S. 2111.

- *Form and Meaning in Fiction.* Univ. of Georgia Pr., 1975.

  [Über Kafka u. Camus.]

Friedmann, Ralph: "Analytical Note on Allegory." In: Jakob, *Das Kafka-Bild in England* 1 (s. Sammelbde.) S. 320–22.

  [Abdruck des gleichnam. Artikels in "Focus One" (London 1945) S. 45–47. Allegorie als literarisch-philosophische Manifestation des Ödipuskomplexes (Kafka u. Kierkegaard).]

Friedrich, Paul: "Gleichnisse und Betrachtungen." In: Born, *Franz Kafka. Kritik und Rezeption* (s. Sammelbde.) S. 32–34.

  [Zuerst in "Das literarische Echo" (Berlin, 15.8.1913); Sammelbesprechung; "Betrachtung": Neuheit der Prosa, keine optimistische Welt.]

Fritsch, Gerhard: "Die Wirbel der Sprache führen ins Bodenlose." In: *Finale und Auftakt. Wien 1898–1914.* Literatur-Bildende Kunst-Musik. Hrsg. v. Otto Breicha u. G. F. Salzburg: O. Müller, 1964, S. 9–23.

  [S. 22–23: Vorahnung vom Untergang keine Besonderheit Kafkas, weit verbreitet. Kubin nimmt Kafkas Welt malerisch vorweg. S. 10–11: Kafkas u. Musils Aktualität erst nach Katastrophen in Europa erkannt. – S. 162: Abdruck von Kafkas "Die Bäume" u. "Eine kaiserliche Botschaft".]

Fromm, Erich: "Franz Kafka." In: *Art and Psychoanalysis.* Ed. William Phillips. New York: Criterion Books, 1957. S. 136–45. – Second Printing. Cleveland, New York: World Publishing, 1967.

  [Nachdruck von E. F. "The Forgotten Language" (1951): "Der Prozeß" als Traum aufzufassen. Moralisches Gesetz des Geistlichen entspricht nicht dem Gesetz des Gerichtes.]
  Auch u. d. T.: "Kafka's 'The Trial'." In: E. F.: *The Forgotten Language. An Introduction to the Understanding of Dreams, Fairy Tales and Myths.* 23rd Printing. New York: Grove Pr. 1957. – (C 1951.) (First Evergreen Edition.) S. 249–63. – 10th Printing. New York-Chicago-San Francisco: Holt, Rinehart and Winston, 1970.
  * In holl. Übers. u. d. T.: "Het Proces van Kafka." In: E. F.: *Dromen, sprookjes, mythen.* 1967.
  In span. Übers. u. d. T.: "El proceso de Kafka." In: E. F.: *El lenguaje olvidado.* Buenos Aires: 1957. S. 203–13.

- *Man for Himself. An Inquiry into the Psychology of Ethics.* Sixteenth Printing. New York: Holt, Rinehart and Winston, 1961. (C 1947). – Auch: Greenwich, Conn.: Fawcett, [o. J.] (A Fawcett Premier Book).

[S. 167–71: Kafkas "Prozeß" – Musterbeispiel für das komplexe Verhältnis zwischen autoritärem u. humanistischem Gewissen.]
Abdruck v. S. 167–71 u. d. T.: "Authoritarian and Humanistic Conscience." In: Jakob, *Das Kafka-Bild in England* 2 (s. Sammelbde.) S. 421–25.

Frybesowa, Aleksandra: "Karna Kolonia." In: *Tygodnik powszechny* 13 (1959) Nr. 6. S. 6.

[("In der Strafkolonie"): Das Drama von Kafkas Helden: Mensch findet keinen Kontakt mit dem Essentiellen, das jenseits dieses Lebens besteht; daher ist Leben hier wie in einer Strafkolonie. Zur "Prozeß"-Aufführung im "Ateneumtheater" Warschau. Jacek Woszczerowicz als Josef K. stellt diesen Kampf dar, der dennoch Hoffnung enthält.]

Frýd, Norbert: "Proč právě Kafka." In: Goldstücker, *Franz Kafka. Liblická Konference 1963* (s. Sammelbde.) S. 209–12.

[Kafkas Werk ist Eigentum der Gesamtkultur. Meister der Groteske wie Hašek.]
Auf dt. u. d. T.: "Warum gerade Kafka?" In: Goldstücker, *Franz Kafka aus Prager Sicht 1963* (s. Sammelbde.) S. 215–19.
In ital. Übers. u. d. T.: "Perché Kafka." In: Goldstücker, *Franz Kafka da Praga* (s. Sammelbde.) S. 205–08.

Fuchs, Rudolf: "Social Awareness." In: Flores, *The Kafka Problem* (s. Sammelbde.) S. 247–50.

[Kafkas sozialistische Reformpläne; er gelangte nicht zur Tat.]

– "Erinnerungen an Franz Kafka." In: Max Brod, *Über Franz Kafka* (s. Bücher) S. 367–69.

[Begegnungen mit Kafka in Prag u. Wien. Er sah gesund aus, war immer "diskussionsbereit", Freunde bedeuteten ihm viel.]
Auch in: Max Brod: *Franz Kafka. Eine Biographie.* 4.–5. Tausend. Frankfurt/M.: S. Fischer, 1962. S. 327–30.
In frz. Übers. v. Hélène Zylberberg u. d. T.: "Quelques souvenirs de Rudolf Fuchs." In: Max Brod: *Franz Kafka. Souvenirs et documents.* Paris: Gallimard, 1962. – (C 1945). S. 367–71.
* In hebr. Übers. in Max Brod: *Franz Kafka.* Tel Aviv: 1955. S. 285–88.
* In holl. Übers. in: Max Brod: *Franz Kafka, een biografie.* Amsterdam: Arbeiderspers, 1967. (Floretboeken).

Füger, Wilhelm: "Der Brief als Bau-Element des Erzählens. Zum Funktionswandel des Einlagebriefes im neueren Roman, dargelegt am Beispiel von Dostojewski, Thomas Mann, Kafka und Joyce." In: *DVjs* 51 (1977) S. 628–58.

[S. 643–47: Kafka entwickelt Manns Gebrauch des Briefes im Roman entscheidend weiter. 1. vollzitierter Brief des "Schloß"-Romans ist kryptisch u. hypothetisch; Umkehrung der bisherigen Mitteilungsfunktion, spiegelt Romanproblematik.]

Fuhrmann, Dieter: "Kafka." In: *Secolul 20* (1974) Nr. 166–67. S. 186–88.

[Positive Beurteilung von Mariana Soras rumän. "Schloß"-Übers.]

* **Fujito, Masani:** ["Goethe und Kafka."] In: *Goethe-Nenkan* (Jb.) (1970) S. 145–160.
[Jap. mit dt. Zusammenf.]

* **Fujihira, Seiji:** ["Die kafkaische Form und das Bild der Negation (I) (II)."] In: *Ryukoku-[Univ.]-Ronshu* 393, 394 (1970).
[Jap.]

*–["Notiz über Bau-Motiv."] In: *Kage* 13 (1971).
[Jap.]

* **Fukazawa, Tsuneo:** ["Ein Merkmal von Kafkas Stil. Das Problem der Gleichzeitigkeit."] In: *Shinshu-[Univ.]-Karibane* 7 (1967).
[Jap.]

* **Fukunaga, Teruo:** "Kafka-ron. Sōsaku no kiten." In: *Tōhō Daigaku Kyōyō Kiyou* 4 (1972, erschienen 1973) S. 55–63.
[Jap.]

Fülleborn, Ulrich: "Zum Verhältnis von Perspektivismus und Parabolik in der Dichtung Kafkas." In: *Wissenschaft als Dialog. Studien zur Literatur und Kunst seit der Jahrhundertwende.* Hrsg. v. Renate Heydebrand u. Klaus Günther Just. Stuttgart: Metzler, 1969. S. 289–312 u. 509–13.
[Parabolische Struktur ohne Lehre als Gestaltungsprinzip in moderner Dichtung schließt eigentlich psychologischen Perspektivismus aus. Fülleborn zeigt an vier Texten ("Von den Gleichnissen", "Eine kaiserliche Botschaft", "Urteil", "Strafkolonie"), daß Kafka auf verschiedene Weise parabolische u. perspektivische Gestaltung kombinierte.]

– "'Veränderung'. Zu Rilkes 'Malte' und Kafkas 'Schloß'." In: *EG* 30 (1975) S. 438–54.
[Ziel beider: "Weltveränderung durch Bewußtseinsveränderung". Werke erhellen Epoche u. ihre Probleme: Entfremdung durch rationalistisches Denken. Unterschiede: "Malte" (1910) nur auf Künftiges ausgerichtet, optimistischer. K. bleibt seiner Denkweise verhaftet. "Schloß" (1922): trotz Kriegskatastrophe nichts Wesentliches geändert. Kafkas andere Existenzbedingungen, Werk weder historisch noch statisch.]

– "The Individual and the 'Spiritual World' in Kafka's Novels." In: *Studies in Twentieth Century Literature* 3 (1978) S. 23–42.
[Kafkas Gleichniswelten u. Beziehung des Einzelnen dazu, "Kaiserliche Botschaft" als Modell erläutert, empirischer Leser miteinbezogen. Gleiches Kommunikationsmodell in allen seinen Texten. Einzelner – modernes Individuum ohne Bedingungen. Auch in Romanen.]
In dt. Übers. u. d. T.: "Der Einzelne und die 'geistige' Welt. Zu Kafkas Romanen." In: David, *Franz Kafka, Themen und Probleme* (s. Sammelbde.) S. 81–100.

Fuller, Roy: "A Normal Enough Dog: Kafka and the Office." In: Stern, *The World of Franz Kafka* (s. Sammelbde.) S. 191–201.

[Kafkas Brotberuf u. Brods negative Ansicht darüber. Für Kafka Zeitverlust, aber auch Anregung. Kafkas Freude am Leben.]

Fürnberg, Louis: "Leben und Sterben F. K.s." (Nachgelassene Gedichte 1939–1956). In: *Sinn und Form* 15 (1963) S. 421–24.

[Geschrieben in Karlsbad 1950.]
In tschech. Übers. v. Valter Feldstein u. d. T.: "Život a smrt Franze Kafky." In: *Plamen* 6 (1964) Nr. 7. S. 108.

* **Furness, Raymond:** *A Literary History of Germany.* Vol. 6: The Twentieth Century, 1900–1945. New York: Harper & Row, 1978.

[Auch über Kafka.]

Furst, Lilian: "Kafka and the Romantic Imagination." In: *Mosaic* 3 (1970) Nr. 4. S. 81–89.

[Beziehung zwischen der Romantik (dunkle Seite des Lebens) u. Kafkas Kunst. Er kennt keine befreiende Rückkehr ins Wirkliche.]
Engl. Zusammenf. in: *Literature and Psychology* 23 (1973) S. 169 u.
in: *TCLB* S. 2068.

— *The Contours of European Romanticism.* Lincoln: Univ. of Nebraska Pr.; London: Macmillan, 1979.

[Auch über Kafka.]

* **Furui, Yoshikichi:** ["Kafka vor dem 'Urteil'. Der Weg eines Dichters zur Verzweiflung."] In: *Kanazawa-[Univ.]-Bungakubu-Ronshu-Bungakuhen* 10 (1962).

[Jap.]

* **Furusho, M.:** "Rilke und Kafka als Prager Dichter." In: *Doitsu Bungaku* 58 (1977) S. 88–100.

* **Fuse, Keijiro:** ["Der Charakter von Kafkas Dichtung, gezeigt an der Interpretation des 'Prozess'."] In: *Chiba-Kogyo-[Hochschule]-Kenkyu-Hokoku* 5 (1964).

[Jap.]

— ["Vater und Sohn bei Kafka."] In: *Tokyo-Rika-[Hochschule]-Ou-en* 2 (1968).
[Jap.]

— ["Kafka und seine Verlobte."] In: *Tokyo-Rika-[Hochschule]-Kiyo* 3 (1970).
[Jap.]

G., M.: "Rasende Motore." In: Born, *Franz Kafka. Kritik und Rezeption* (s. Sammelbde.) S. 73–74.

[Zuerst in "Deutsche Montags-Zeitung" (Berlin 20.10.1916). – Sammelrez.; "Verwandlung": "jüdisch".]

190

G. O.: "Mistificarea lui Kafka." In: *Secolul 20* (1962) Nr. 9. S. 200–01.

[(Die Mystifizierung Kafkas): Kritik an Pierre Angels Artikel in "EG" (1962), der vor allem Bürokratie bei Kafka u. nicht gesellschaftlich-historische Wirklichkeit berücksichtigt.]

Gabel, Joseph: "Kafka, Romancier der Entfremdung." In: J. G.: *Formen der Entfremdung. Aufsätze zum falschen Bewußtsein.* Aus dem Frz. übertragen von Juliane Stiege u. Gernoth Gather. Frankfurt/M.: S. Fischer, 1964. (Fischer = Doppelpunkt, 11). S. 15–30.

[Jüdische Lebenserfahrung in Mitteleuropa; Ambivalenz der Herkunft u. dem Werk gegenüber. Kafka dringt zum gemeinsamen Ursprung von Entfremdung u. Religion vor.]

Gaier, Ulrich: "'Chorus of Lies'. On Interpreting Kafka." In: *GLL* 22 (1969) S. 283–96.

[Schwierigkeiten der Kafkainterpretation. Analyse von "Der Aufbruch", mit 10 verschiedenen Interpretationen. Die Frage der Wirklichkeit bei Kafka.]
Engl. Zusammenf. in: *TCLB* S. 2068, u.
in: *TCL* 16 (1970) S. 71.

— "'Vor dem Gesetz'. Überlegungen zur Exegese einer 'einfachen Geschichte'." In: *Festschrift für Friedrich Beißner.* Hrsg. v. Ulrich Gaier u. Werner Volke. Bebenhausen: Lothar Rotsch, 1974. S. 103–20.

[Untersuchung des "Täuschungsfaktors" in der Legende, 12 strukturgleiche Teile, die Widersprüche enthalten, wovon K. nur einen löst. "Legende" u. Exegese laufen parallel.]

Gaillard, J. M.: "Une mythologie du désespoir. 'La métamorphose' de Franz Kafka." In: *Helvetia* (Juli 1961) S. 151–58.

[Kafkas persönliche Schriften geben Einblick in die Welt seines Werkes; auch Tiergeschichten, bes. "Die Verwandlung": Machtlosigkeit u. Zersetzung.]

Galinsky, Hans K.: "America's Image in German Literature." In: *Comparative Literature Studies* 13 (1976) S. 165–88.

[S. 178–81: Über Quellen, Motive u. Bilder bei Kafka, Mann u. Brecht. Nur Kafka u. Brecht verfassen Werke über Amerika in Monographlänge (seit Goethe u. Kürnberger). Arthur Holitscher.]

Gáll, Ernő: "Reményen túli remény." In: *Korunk* (Cluj) 38 (1979) S. 237–49.
[Bes. S. 247 über Kafka.]

* **Gándara, C.**: "Prólogo." In: Franz Kafka: *Obras completas.* Bd. 1. Buenos Aires: 1960. S. 11–24.

* **Gándara, O.**: *El mundo del narrador.* Buenos Aires: 1968.

Gandelman, Claude: "Kafka as an Expressionist Draftsman." In: *Neohelicon* 2 (1974) S. 237–77.

[Kafkas Zeichnungen enthalten gleiche Themen wie Prosa u. zeigen ähnliche Technik ("Bilder"). Ungewisse Entstehungsdaten, manche gehören zu Werken (z. B. Folterma- schine); Läufer, Jockey, Akrobaten; expressionistische Themen (Trinker; Verwandt- schaft mit G. Grosz, Kubin, Kandinsky) u. Gesten (Bewegung, Verdrehung – Melancho- lie), Tendenz zur Abstraktion, wie Klee gegen die "Einfühlung"; Humor; die K-Figuren; Art Nouveau-Einfluß; Askese u. Schwerelosigkeit.]

Gant, Roland: "Kafka's Influence on English Writing." In: Jakob, *Das Kafka-Bild in England* 1 (s. Sammelbde.) S. 276–78.

[Abdruck des gleichnam. Artikels in "Litterair Paspoort" (Amsterdam, Aug.-Sept. 1949) S. 114–15: Warners Interesse konzentriert sich auf Macht u. Freiheit. Kafkaeinfluß eher auf Ruthven Todd.]

Garaudy, Roger: "Kafka a doktor Pangloss." In: *Literární noviny* 12 (1963) Nr. 40. S. 9.

[(Kafka und Doktor Pangloss): Garaudys Antwort auf Kurellas Angriff in "Der Sonntag". Kafka, ein Dichter der Entfremdung, bedrohe auch die Kommunisten.]

– "Kafka et le printemps de Prague." In: *Les Lettres Françaises* (1963) Nr. 981. S. 1 u. 10.

[Text mit 5 Collagen über Kafka von Adolf Hoffmeister. Während Liblicekonferenz ent- standen; Prager Eindrücke u. Kommentare zu den bedeutendsten Vorträgen. Erweiterung des Begriffes "Realismus", um Kafkas Werk aufnehmen zu können.]

– "Kafka, moderní umění a my." In: Goldstücker, *Franz Kafka. Liblická Konference 1963* (s. Sammelbde.) S. 195–201.

[Erweiterung des Begriffes "Realismus" nötig, um Kafkas Werk einzuschließen. Nicht überwundene Entfremdung ist sein Beitrag zum Verständnis der Wirklichkeit. Kein Revo- lutionär.]
Dt. u. d. T.: "Kafka, die moderne Kunst und wir." In: Goldstücker, *Franz Kafka aus Pra- ger Sicht 1963* (s. Sammelbde.) S. 199–207.
Auch in: *Alternative* 8 (1965) Dokument 2. S. 37–40.
Auch in: *Marxismus und Literatur. Eine Dokumentation in 3 Bdn.* Hrsg. v. Fritz J. Rad- datz. Bd. III. Reinbek/Hamburg: Rowohlt, 1969. S. 210–16.
Abdruck von S. 199–207 in engl. Übers. v. K. Hughes u. d. T. "Kafka and Modern Art" in: Hughes, *Franz Kafka. An Anthology of Marxist Criticism* (s. Sammelbde.) S. 104–10.
In ital. Übers. u. d. T.: "Kafka, l'arte moderna e noi." In: Goldstücker, *Franz Kafka da Praga* (s. Sammelbde.) S. 189–98.

– "On Stalin, Picasso and Kafka." In: *East Europe* 12 (1963) Nr. 12. S. 23–25.

[Garaudy verteidigt Picassos Malerei u. unterstreicht Bedeutung von Kafkas Werk auch für marxistische Gesellschaft.]
* In tschech. Übers. u. d. T.: "O filosofii Picassovi a Kafkovi." In: *Plamen* 5 (Aug. 1963) Nr. 8. S. 1 ff.

– "Kafka." In: R. G.: *D'un réalisme sans rivages. Picasso. Saint-John Perse. Kaf- ka.* Préface de Louis Aragon. Paris: Plon, 1963 (1964). Nouvelle édition 1966. S. 153–242.

[Entmenschlichte Welt des Kapitalismus, über die Kafka hinausgeht. – Heimatsuche, familiäre u. gesellschaftliche Probleme u. Kafkas Gottesbild; die tschech. Anarchisten.
Antithetische Auffassungen nebeneinander. – Suche nach lebendem Gesetz. Interesse für
diesseitigen Kampf des Menschen. Beziehung Künstler u. Volk u. Kunst als Ausflucht
oder Mittel zur Erweckung anderer. Große Themen: Tier, Suche, Nichtvollendung,
Existenzberechtigung. Herren- Untertanen- u. Gott-Menschverhältnis. Kafka will uns aus
Routine u. Tradition lösen, um Entfremdung zu bekämpfen. Werk vor allem Kunstwerk.]
Auch in R. G.: *Esthétique et invention du future.* Paris: Union générale d'éditions, 1971.
S. 333–406.
Teilabdruck von S. 155–59 u. d. T.: "Un mythe relévant." In: Raboin, *Les critiques de
notre temps et Kafka* (s. Sammelbde.) S. 34–37.
* In holl. Übers. in: *Realisme zonder grenzen.* 1964.
* In rumän. Übers. in: *Despre un realism neţarmurit.* Bukureşti: 1968.
Teilabdruck in russ. Übers. u. d. T.: "O realizme i ego beregax." In: *Inostrannaja litera-
tura* (1965) Nr. 4. S. 202–08.
In russ. Übers. in: *Realizm bez beregov.* Moskva: 1966.
In span. Übers. in: *Hacia un realismo sin fronteras.* Buenos Aires: 1964. S. 103–66.
In tschech. Übers. v. Eva Janovcová, Jiří Kolář u. Alena Šabatková in: *Realismus bez
břehů. Picasso – Saint-John Perse – Kafka.* Praha: Československý spisovatel, 1964.
Teilabdrucke in ung. Übers. in: Lenke Bizám: *Kritikai allegóriák Dickensről és Kafkáról.*
Budapest: Akadémiai Kiadó, 1970. S. 168–69, 174–76, 178–79, 187, 246–47.

– "Kafka und die Entfremdung." In: Caputo-Mayr, *Franz Kafka Symposium* (s.
Sammelbde.) S. 170–80.

[Vortrag/Philadelphia 1974: Entwicklung nach Kafka-Konferenz in Liblice u. Polemik
mit Kurella u. a. in Zusammenhang mit Problem der Entfremdung, die nach Garaudy
auch in sozialistischen Ländern entstehe. Kafka als Kenner der Entfremdung in der Welt
des "Habens" schafft Mythos, der auf Transzendentes weist. Mythen in 3 Themen entwickelt: Tierthema, Thema der Suche u. Nichtvollendung (Labyrinth). Kafka als Zeuge,
Opfer u. Richter der gesellschaftlichen Wirklichkeit.]

Garavito, Julian: "Kafka et quelques écrivains de la langue espagnole." In: *Europe* 49 (1971) Nr. 511–12. Kafka. S. 179–84.

[U. a. Arrabal, Borges, Julio Cortázar, Bioy Casares, Santiago Dabove; auch Einfluß auf
Dichter in Kolumbien, Mexiko u. Uruguay noch zu untersuchen.]

* García, R.: "Metamorfosis de la angustia." In: *Índice* 18 (März 1965)
Nr. 194.

* García Ponce, Juan: "Deber e imaginación. (A proposito de Franz Kafka.) In:
.,. *Critico* (Jalapa, México) 1 (1975) S. 22–31.

[Hauptthemen in Kafkas Leben u. Werk, bes. "Verwandlung":
Verzicht auf das Leben, um zu schreiben: Beglückung u. Lohn für Teufelsdienst.]

Garrison, Joseph M., Jr.: "The Art of Seeing in 'The Hunter Gracchus'." In:
CEA Critic 36 (1974) Nr. 3. S. 4–7.

[Sehweise des Jägers, Erzählers u. Bürgermeisters.]
Engl. Zusammenf. in: *TCL* 20 (1974) S. 288.

Gaster, Beryl: "The Novel in France Today." In: *Contemporary Review* 196 (1959) S. 237–39.

[Kafka hat dasselbe Universum wie Beckett, aber die Welt klagt K. an.]
Engl. Zusammenf. in: *TCL* 6 (1960) S. 42.

Gauthier, Guy: "Welles et Kafka sur la corde raide." In: *Europe* 49 (1971) Nr. 511–12. Kafka. S. 185–92.

[Kafkafilm u. Kommentare: folgt Roman, aber betont Symbolisches. Aufnahmetechnik verändert Geschichte.]

Gavrin, Mira: "Oblikovanje prostora i simbolika. Prostoraku Kafkinu romanu 'Der Prozess'." In: *Umjetnost rijeci* 3 (1963) S. 197–216.

[Serbokroat. (Form, Raum und Symbolik. Raum in Kafkas Roman "Der Prozeß"): Stil u. Strukturanalyse. Kafkas enge Bindung an Umgebung (Prag). Bedeutung von "Zimmer" u. "Gericht" im Roman.]

Geerdts, Hans Jürgen (Hrsg.): *Deutsche Literaturgeschichte in einem Band.* Berlin: Volk u. Wissen 1966. – (C 1965).

[S. 504–6: über Kafka, seine spätbürgerlichen, nihilistischen u. existentialistischen Anschauungen; kapitalistische Entfremdung.]

*Geis, M.: ["K. an der Schloßtür. Kafka vor der Kameri."] In: *Davar Hashavua* (1955) Nr. 50. S. 12.

[Hebr.; aus "Bibliografia b'Ivrit."]

Gej, N. K.: "Sozialistischer Realismus und Modernismus in der Literatur des 20. Jahrhunderts." In: *Begegnung und Bündnis. Sowjetische und deutsche Literatur – Historische und theoretische Aspekte ihrer Beziehungen.* Hrsg. v. Gerhard Ziegengeist. 2. Aufl. Berlin: Akademie-Verl., 1973. S. 112–20.

[S. 116–17: Typologische Gemeinsamkeit zwischen Leonid Andreevs "Anathema" u. "Vor dem Gesetz".]

Gelb, Arthur: *The New York Times Theater Reviews 1920–1970.* Vol. 6. New York: New York Times & Arno Pr., 1971.

[15.6.1955, S. 35]: Kritik von "The Trial" in der Dramatisierung von Aaron Fine u. Bert Greene im Provincetown Playhouse (New York).]

Gemzøe, Anker: "'Processen' i Kafkas anti-digtning." In: *Poetik* 5 (1972) S. 25–57.

[("Der Prozeß" in Kafkas Antidichtung): Versuch, Werke zwischen 1912 u. 1914 durch intertextuelle Vergleichstheorie neuzudefinieren. Soziale Bedeutung der Werke führt zu ernster marxistischer Kritik. Bürokratie als Schicksal des Menschen. – Themen des Verirrten, Reisenden u. Betrogenen: "Der Verschollene", "Strafkolonie" u. "Landarzt". "Prozeß": Verhaftung – Erwachen aus einem Traum; Lebensordnung zerbricht; Kette: Mitleid – Sex – Schuld. Josef K. ähnelt Helden in "Schuld und Sühne".]

Genovés, Antonio: "Kafka y Diáspora." In: *Cuadernos Hispanoamericanos* (Madrid) (1966) Nr. 193. S. 120–28.

[Die Erfahrung des Exils für das jüdische Volk u. Kafka. Kafkas Jugend; eher dt. als jüdisch ausgerichtet. Später Studium des Hebr. u. der Heiligen Bücher. Diaspora, Ghetto, Golemslegende.]

– "Gustav Janouch: 'Conversaciones con Kafka'." In: *Cuadernos Hispano-americanos* (Madrid) (1971) Nr. 253–54. S. 227–43.

[Janouchs Buch wie ein Kaleidoskop, das immer neue Schlüssel zu Verständnis der Werke Kafkas bietet. Versuch, Kafka durch Gegensätze zu erklären, wie z. B. Leben u. Tod (Leben als Flucht vor dem Tode), Mensch u. Erbsünde, Mensch u. Universum. Kafka u. Anarchisten; die Geschichte.]

George, Manfred: "Neue Filme unserer Zeit: Franz Kafka 'Der Prozeß'." In: *Universitas* 18 (1963) Bd. 1. Nr. 4. S. 441–42.

[Der Film von Orson Welles: Szenerie im verlassenen d'Orsay Bahnhof in Paris. Filmversion u. Schauspieler gelobt.]

Gerber, H. E.: "Arbeitstagung des Vereins Schweizerischer Deutschlehrer in Lenzburg 29./30. Mai." In: *Gymnasium Helveticum* 13 (Okt. 1959) S. 298–300.

[Hermann Villigers Vortrag "Arbeitsbericht und Bekenntnis zu Kafka" auf dieser Tagung. – Kafka erst in der Prima im Deutschunterricht (Sprache, Bilder).]

Gerlach, Kurt: "Die Mangelhaltung des modernen Menschen in Kafkas Werk." In: *Pädagogische Provinz* 10 (1956) S. 117–28.

[Materielle Fortschritte nicht von inneren begleitet; Gregors Verwandlung nötig, um Menschenwürdiges zu finden. Suche nach wahrem Sein: "Forschungen eines Hundes", "Der Bau". Affengeschichte: Freiheit – Dressur. "Landarzt": wahres Sein.]

Gerrit, Dora: "Kleine Erinnerungen an Franz Kafka." In: Max Brod: *Franz Kafka. Eine Biographie.* 4.–5. Tausend. Frankfurt/M.: S. Fischer, 1962. S. 331–33.

[Zuerst erschienen in "Bohemia" (27. Febr. 1931): Beobachtungen während eines Winteraufenthaltes. Gespräche Kafkas mit einem Mädchen.]
Auch in: Max Brod: *Über Franz Kafka* (s. Bücher). S. 369–71.
In engl. Übers. u. d. T.: "Brief Memories of Franz Kafka." In: Max Brod: *Franz Kafka: A Biography* (s. Bücher) S. 259–60.
In frz. Übers. v. Hélène Zylberberg u. d. T.: "Menus souvenirs de Dora Geritt [sic]." In: Max Brod: *Franz Kafka. Souvenirs et documents.* Gallimard, 1962. – (C 1945). S. 373–75.
In hebr. Übers. in: Max Brod: *Franz Kafka. Biografia.* Tel Aviv: 1955. S. 289–90.
In holl. Übers. in: Max Brod: *Franz Kafka, een biografie.* Amsterdam: Arbeiderspers, 1967 (Floretboeken).

Gettmann, Royal A.: "Landscape in the Novel." In: *Prairie Schooner* 45 (1971) S. 239–44.

[Im "Prozeß" tritt äußere Landschaft vor psychologischer Perspektive zurück.]

Gianni, Eugenio Viola: "Delle constanti in Kafka." In: *Nuova Antologia* 107 (1972) Nr. 515. S. 76–90.

[Kafkas Beziehung zur Wirklichkeit u. Niederschlag im Werk; Interesse für Walser; Auflösung der Wirklichkeit in Atome. Beziehung zu Photographie, Expressionismus u. Film. Interpretation des "Kübelreiters".]

Gibian, George: "Karel Čapek's Apocrypha and Franz Kafka's Parables." In: *American Slavic and East European Review* 18 (1959) S. 238–47.

[Beide an der Parabel interessiert. Gegensätze: Čapek ist leicht u. satirisch. Kafkas mysteriöse Welt; Leiden, Ewiges wird dramatisiert; Fragen ohne Antwort.]
Engl. Zusammenf. in: *TCLB* S. 2068.

— "Dichtung und Wahrheit: Three Versions of Reality in Franz Kafka." In: *GQ* 30 (1957) S. 20–31.

[Dichtung ("Urteil", "Verwandlung") ist der Autobiographie ("Brief an den Vater") überlegen; einheitlich, dramatisch, das Wesentliche.]
Engl. Zusammenf. in: Corngold, *The Commentators' Despair* (s. Sammelbde.) S. 122–23.

[Gide, André]: "Gide-Kafka. Journal de Gide." In: *CCRB* 5 (Okt. 1957) Nr. 20. Franz Kafka du Procès au Château. S. 12.

[Tagebucheintragungen vom 28. 8. 1940 u. 5. 5. 1942 (Eindruck beim Wiederlesen von "Prozeß"). Keine rationale Erklärung. Naturalistische Darstellung eines phantastischen Universums.]

— "En marge du 'Procès'." In: *CCRB* 5 (Okt. 1957) Nr. 20. Franz Kafka du Procès au Château. S. 59–61.

[Faks. einer Notiz an Barrault.]

— "Fac-simile d'une lettre d'André Gide. 12 Septembre 1942." In: *CCRB* 5 (Okt. 1957) Nr. 20. Franz Kafka du Procès au Château. S. 46.

[Kurzer Brief an J. Louis Barrault. Auch Erwähnung von "Prozeß".]
Auch in: *CCRB* (Feb. 1965) Nr. 50. Kafka. L'Amérique-Le Château-Le Procès. S. 12.

*—"Lettre d'André Gide à Jean Louis Barrault." In: *CCRB* (Feb. 1965) Nr. 50. Kafka. L'Amérique-Le Château-Le Procès. S. 83–85.

Gide, André, and Jean-Louis Barrault: The Trial. A Dramatization Based on Franz Kafka's Novel. Translated by Leon Katz and Joseph Katz. Third printing. New York: Schocken, 1969. IX + 140 S. (First Schocken paperback edition 1963) (SB 53).

[Engl. Übers. von "Le Procès" (pièce tirée du roman de Kafka). Dramatisierung des Romans mit einigen Änderungen.]
* In norwegischer Übers. u. d. T.: *Processen.* Oslo: 1962.

Gillon, Adam: "The Absurd and 'Les valeurs idéales' in Conrad, Kafka and Camus." In: *Polish Review* 6 (1961) Nr. 3. S. 3–10.

[Ähnliche Lebenserfahrungen; Hingabe an die Kunst; Absurdes schließt bei Kafka auch das Komische mit ein. Idealismus.]
Engl. Zusammenf. in: *Abstracts of English Studies* 7 (1964) S. 37.

Gilman, Sander L.: "A View of Kafka's Treatment of Actuality in 'Die Verwandlung'." In: *Germanic Notes* 2 (1971) Nr. 4. S. 26–30.
[Samsa verliert Beziehung zu Wirklichkeit, Personen, Dingen u. Zeit.]
Engl. Zusammenf. in: *1971 MLA Abstracts* Vol. 2 (1973) S. 73.

***Ginsburg, A. (Hrsg.)**: *Belaja kniga po delu A. Sinjawskogo i Ju. Danielaja.* Frankfurt/M.: 1967.
[(Weißbuch in Sachen Sinjawskij-Daniel.) Auch über Kafka.]

Gisselbrecht, André: "Que faire de Kafka?" In: *La Nouvelle Critique* (März 1963) Nr. 143. S. 73–81.
[Skizziert Lage der marxistischen Kafkakritik nach Sartres Rede in Moskau. Ziel: Wirklichkeitsdimension in Kafkas Werk herauszustellen.]

***Giulini, Alfredo**: "L'ultimo colloquio dell'agrimensore K." In: *Verri* 9 (1978) S. 5–14.

***Glantz, Margo**: "Kafka y Job." In: *Revista de la Universidad de México* (Mai 1969).

— "Georg Lukács y Thomas Mann." In: *Revista de Bellas Artes* (México) (1975) Nr. 21. S. 2–8.
[Diskussion der Realismustheorie in Zusammenhang mit Mann u. Kafka.]

Glaser, Frederick B.: "The Case of Franz Kafka." In: *Psychoanalytic Review* 51 (1964) S. 99–121.
[Bevor man nach Zeichen für eine Geisteskrankheit Kafkas in seinen Werken sucht, müßte man wissen, welche Bedeutung diese für ihn selbst hatten. Besondere Vorsicht gegenüber Kafkas autobiographischen Aussagen. Er stand dem unbewußten Denkprozeß besonders offen. Archaische Ideen, Tiefe der Psyche dargestellt.]
Engl. Zusammenf. in: *TCLB* S. 2068–69.

Glaser, Hermann: "Franz Kafka. 'Auf der Galerie.'" In: *Interpretationen moderner Prosa.* Anläßlich der Fortbildungstagung für Deutsch- und Geschichtslehrer in Hohenschwangau/Allgäu. Hrsg. v. der Fachgruppe Deutsch-Geschichte im Bayerischen Philologenverband. Frankfurt, Berlin, Bonn, München: Moritz Diesterweg, 1966. S. 40–48.
[Ratlosigkeit trotz packender Aussage. Kreisbewegung der Erz. Kein Abbild der Wirklichkeit. 1. Teil düster, 2. Teil beglückend – aber auch verlogene Atmosphäre. Zirkus – Weltbühne?]

Glatzer, Nahum N.: "Postscript." In: Franz Kafka: *The Complete Stories.* Ed. Nahum N. Glatzer. Second Printing. New York: Schocken Books, 1972. S. 459–60.

[Kafka sollte mehrmals gelesen werden. Die Erz. sind Kern seines Werkes.]

– "Introduction." In: N. N. G.: *I Am A Memory Come Alive. Autobiographical Writings by Franz Kafka.* New York: Schocken Books, 1974. S. VII–XIII.

[Leben ohne Familie, ohne Entwicklung. Liebe zum Tagebuch; Entwürfe zu einer Selbstbiographie? Die autobiographischen Elemente in seinem Werk. S. 251–52: Milena Jesenská: "Milena's Obituary of Kafka."]

– "Franz Kafka and the Tree of Knowledge." In: *Arguments and Doctrines. A Reader of Jewish Thinking in the Aftermath of the Holocaust.* Selected with introductory essays by Arthur A. Cohen. New York, Evanston, and London: Harper & Row, 1970. S. 86–97.

[S. 86–87: Introduction...: Vergleich mit Simone Weils Haltung (Entfremdung von jüdischer Tradition). S. 88–97: Betrachtung, Einsamkeit, Stille u. Geduld können dem modernen Menschen Hoffnung geben.]
In span. Übers. u. d. T.: "Franz Kafka y el árbol del conocimiento." In: *Davar* (März/ Juni 1966) Nr. 109. S. 31–41.

– "The Inner Debate." In: Flores, *The Kafka Debate* (s. Sammelbde.) S. 76–79.

[Biographisches aus autobiographischen Schriften Kafkas. Seine Vorliebe für Tagebücher.]

Glessmann, Louis R., & Eugene Feldman (Ed.): *The Worlds of Kafka & Cuevas.* An unsettling flight to the fantasy world of Franz Kafka by the Mexican artist José Luis Cuevas. Philadelphia: Falcon Pr., 1959. [35 S.]

[Engl. u. span. – Einführung von José Gómez-Sicre. 20 Illustr. zu Kafka von Cuevas (geb. 1933) mit Textauszügen aus Kafkas Schriften, Brods "Franz Kafka, a Biography" u. Rollo Mays "Man's Search for Himself".]

Glicksberg, Charles I.: "Kafka and the Human Condition." In: C. I. G.: *The Self in Modern Literature.* University Park, Pennsylvania: Pennsylvania State Univ. Pr., 1963. S. 42–47.

[Kafkas Tiere reagieren wie Menschen (z. B. Gregor Samsa). Hund in "Forschungen" scheitert mit metaphysischen Spekulationen. Tiermetapher vergrößert Abstand zwischen physischer u. geistiger Sphäre.]

– "The Nihilistic Universe of Kafka." In: C. I. G.: *The Tragic Vision in Twentieth-Century Literature.* Carbondale: Southern Illinois Univ. Pr., 1963 (Crosscurrents – Modern Critiques). S. 42–50.

[Rätsel der Existenz bleibt ungelöst; Suche nach geistiger Sinnhaftigkeit in sinnloser Welt. In Kafkas Welt herrscht das Absurde u. Nihilistische; kein Gott.]

– *Literature and Society.* The Hague: Martinus Nijhoff, 1972.

[S. 19–21: Kafka – "the asocial novelist par excellence".
S. 26–27: Im "Prozeß" Anklage gegen Enthumanisierung des Lebens. Kafka – apolitisch.]

– "Franz Kafka, the Prophet of the Absurd." In: C. I. G.: *The Literature of Nihilism.* Lewisburg: Bucknell Univ. Pr.; London: Associated Presses, 1975. S. 125–41.

[Suchte ständig nach dem Absoluten. Elemente des Nihilismus in frühen Werken u. im "Prozeß".]

Glinz, Hans: "Methoden zur Objektivierung des Verstehens von Texten, gezeigt an Kafkas 'Kinder auf der Landstraße'." In: *Jahrbuch für internationale Germanistik* 1 (1969) Nr. 1. S. 75–107.

[Konzentration auf die Gliederung des Textes u. Versuch, Teilbedeutung der einzelnen Partien zu "Gesamtgemeintem" zusammenzuschließen. Allg. akzeptierte Kennzeichnungen für 20 Textteile erreicht. Textanalyse ergibt 2 Möglichkeiten des Verständnisses: a) chronologisch-psychologische Entwicklung vom Kind zum Erwachsenen dargestellt, b) ziellos, Simultaneität betont, Wechsel von Ruhe u. Bewegung, Einsamkeit u. Gemeinschaft. – War Text schon von Kafka auf doppeltes Verstehen hin angelegt? Rahmenverständnis nötig, das subjektive Änderungen erfahren kann.]

– "Stellungnahme zum Beitrag von K. Kojima." Siehe unter: K. Kojima: "Kafka 'Kinder auf der Landstraße' – die Probe von Glinz und die unsere."

*–*Textanalyse und Verstehenstheorie 2.* [Mit Texten erstrebte Erträge – Aufbau der Gesamtkompetenz – Sprache, Zeit-Strukturierung und Ich.] Wiesbaden: Athenaion, 1978 (Studienbücher zur Linguistik u. Literaturwissenschaft, Bd. 6.).

["Verstehensdeutung aus Lehrerfahrungen mit dem Textprinzip u. der Pluralität des Textverstehens, vor allem an (schwierigen) Kafka-Texten" entwickelt.]

Globus, Gordon G., and Richard C. Pillard: "Tausk's 'Influencing Machine' and Kafka's 'In the Penal Colony'." In: *American Imago* 23 (1966) S. 191–207.

[Tausks Maschine: eine Projektion des Körpers u. Verteidigung gegen Regression in Narzißmus. In Kafkas Geschichte: Maschine eine Projektion des Körpers des Offiziers.]
Engl. Zusammenf. in: *TCLB* S. 2093.

*Gluščević, Zoran:** "Kafkono 'Pismo ocu'." In: *Letopis Matice srpske* 146 (1970) Nr. 6. S. 606–40.

[("Brief an den Vater").]

*–"Kafka, krivica i kazna. 1–2." In: *Književna kritika* 2 (1971) Nr. 1/3. S. 2–16, u. Nr. 4. S. 10–72.

[(Schuld und Strafe.)]
* Auch in: *Književnost* 68 (1979) S. 1704–50, u. 70 (1980) Nr. 1.

* – "Kafka. Klujčevi za Zamak." In: *Zamak kulture* (1972) S. 17–183?

* – "Kafka: Duh koji razara." In: *Delo* 26 (1980) Nr. 7. S. 108–15.
[(Kafka u. der zerstörende Geist).]

Goebel, Walter Friedrich: "Nachwort." In: Franz Kafka: *Der Prozess.* Wien: Buchgemeinschaft Donauland, [1961]. S. 275–78.
[Parabel menschlicher Schuld. Sinnloses Dasein im technischen Zeitalter.]

Göhler, Hulda: "Franz Kafkas 'Prozess' in der Sicht seiner Selbstaussagen." In: *Theologische Zeitschrift* (Basel) 22 (1966) S. 415–39.

[Tagebücher, Briefe, Skizzen zum "Prozeß" zeigen Kafkas Beschäftigung mit Altem Testament u. weisen auf Felice-Problem hin. Josef K. soll eine empirische u. fundamentale Schuld gegen Fräulein Bürstner durch Verhaftung erkennen. Domszene: Wandlung. Weg zum Objektiven durch Christus-ähnliches Leiden.]

Golan, Galia: *The Czechoslovak Reform Movement. Communism in Crisis 1962– 1968.* [Great Britain:] Cambridge Univ. Pr., 1971 (Soviet and East European Studies).

[S. 25, 27, 129–30, 235: Kafkas Rehabilitierung in ČSSR.]

*Goldberg, Leah: *Omanut ha-sipur.* Tel Aviv: Merchavia, 1963.

[S. 16, 17: Kafkas Fabel von der Maus als Beispiel einer nur dem Anschein nach einfachen Geschichte. Bezug zwischen Rhythmus u. Syntax einerseits, Angst u. Spannung andererseits. S. 124–35: Über die versteinerte Angst.]

Goldstein, Bernice, and Sanford Goldstein: "Seymour: An Introduction – Writing as Discovery." In: *Studies in Short Fiction* 7 (1970) S. 248–56.
[J. D. Salingers Erz. "Seymour: An Introduction" beginnt mit Zitat Kafkas über Unmöglichkeit, Wahres über jemand zu schreiben, den man liebt.]

Goldstein, Bluma: "A Study of the Wound in Stories by Franz Kafka." In: *GR* 41 (1966) S. 202–17.

[Körperliche Wunde oft Symbol für geistige. Zusammenhang mit Verlust der wahren Existenz u. dem Bruch der Wirklichkeit.]
Engl. Zusammenf. in: *TCL* 12 (1966), S. 162,
in: Corngold, *The Commentators' Despair* (s. Sammelbde.) S. 123–25, u.
in: *TCLB* S. 2069.

– "Franz Kafka's 'Ein Landarzt': A Study in Failure." In: *DVjs* 42 (1968) Sonderheft. S. 745–59.

[Chassidismus u. "Ein Landarzt". Chassidim berichten von Erfolgen, göttliche u. irdische Welt zu verbinden. "Ein Landarzt" beschreibt einen Mißerfolg. Biblische Parallelen zur Wunde des Knaben.]
Engl. Zusammenf. in: *TCLB* S. 2095.

– "Franz Kafka, January 1922: Therapeutic Reflections on the Nature of Life and Literature." In: *Austriaca. Beiträge zur österreichischen Literatur.* Festschrift für Heinz Politzer zum 65. Geburtstag. In Zusammenarbeit mit Richard Brinkmann hrsg. v. Winfried Kudszus u. Hinrich C. Seeba. Tübingen: Max Niemeyer, 1975. S. 352–69.

[Tagebuch 16. Jan. 1922: Kafkas Versuch, seinen Zusammenbruch persönlich u. gesellschaftlich gesehen zu erklären: Widerspruch zwischen Innen u. Außen. Sein menschliches Erbe (Judentum, Kabbala, Diaspora).]

– "Bachelors and Work: Social and Economic Conditions in 'The Judgement', 'The Metamorphosis' and 'The Trial'." In: Flores, *The Kafka Debate* (s. Sammelbde.) S 147–75.

[Soziale u. wirtschaftliche Aspekte in Kafkas Werk zeigen tiefes Verständnis für Dynamik u. Beziehungen zwischen beruflicher Lage u. sozial-gesellschaftlichen Gegebenheiten (Familie, Mitmenschen); Georg, Gregor u. Josef K.: Abhängigkeiten u. Entfremdung des kapitalistischen Systems. Einsicht nach Zusammenbruch der Routine.]

Goldstücker, Eduard: "Předtucha zániku. K profilu pražské německé poezie před půlstoletím." In: *Plamen* 2 (1960) Nr. 9. S. 92–96.

[(Zum Profil der Prager deutschen Dichtung während der ersten Hälfte des 20. Jh.:) Kafka stellt Verfall der Monarchie dar; Prophet des 2. Weltkrieges.]
Dt. u. d. T.: "Zum Profil der Prager deutschen Dichtung um 1900." In: *Philologica Pragensia* 5 (1962) S. 130–35.

*– "Vyděděnci a temný obrat světa." In: *Plamen* (1961) Nr. 10. S. 66–69.

– "Franz Kafka 3.7.1883–3.6.1924." In: *Kulturně politický kalendář 1963.* Praha: 1962. S. 176–77.

[Einführung zu Leben u. Werk.]

– "Úvedení do světa Franze Kafky." In: *Plamen* 5 (1963) Nr. 6. S. 44–49.

[(Einführung in die Welt Franz Kafkas): Nicht notwendig, Kafka mit einem Mythus zu verbinden. Zukünftige Entwicklung der Kafkaforschung ist ungewiß.]
Auch in: E. G.: *Na téma Franz Kafka* (s. Bücher) S. 31–43.
* In gekürzter Form dt. in: *Im Herzen Europas* (Juli 1963).
Engl. in gekürzter Fassung u. d. T.: "The Key to Kafka's World." In: *Czechoslovak Life* (Sept. 1963) S. 21–24. Illustr.
* In schwed. Übers. In: *Livet i Tjeckoslovakien* (Juli 1963).
* In span. Übers. u. d. T.: "El mundo de Franz Kafka." In: *Davar* (Juli/Sept. 1964) Nr. 102. S. 98–105.

– "O Franzi Kafkovi z pražské perspectivy 1963." In: Goldstücker, *Franz Kafka. Liblická Konference 1963* (s. Sammelbde.) S. 21–38.

[Kafkas Werke sollen im Osten nicht nur als "bürgerlich-dekadente" Literatur betrachtet werden. Ziel der Konferenz zu Liblice: Methoden der marxistischen Kafka-Kritik festzulegen, Kafkas Zeit u. seine Beziehung zur Arbeiterklasse zu untersuchen.]
Auch in: E. G.: *Na téma Franz Kafka* (s. Bücher) S. 61–81.
In dt. Übers. v. Kurt Krolop u. d. T.: "Über Franz Kafka aus der Prager Perspektive 1963." In: Goldstücker, *Franz Kafka aus Prager Sicht 1963* (s. Sammelbde.) S. 23–43.
Auch in: *Alternative* 8 (1965) Dokument 2. S. 2–11.

Auch in: *Marxismus und Literatur. Eine Dokumenation in 3 Bdn.* Hrsg. v. Fritz J. Raddatz. Reinbek/Hamburg: Rowohlt, 1969. S. 192–209.
Auch in: Politzer, *Franz Kafka* (s. Sammelbde.) S. 351–64.
In engl. Übers. v. K. Hughes u. d. T.: "Franz Kafka in the Prague Perspective: 1963." In: Hughes, *Franz Kafka. An Anthology of Marxist Criticism* (s. Sammelbde.) S. 60–75.
Teilabdruck in frz. Übers. u. d. T.: "Pourquoi Prague?" In: Raboin, *Les critiques de notre temps et Kafka* (s. Sammelbde.) S. 114–18.
In ital. Übers. u. d. T.: "Franz Kafka visto da Praga nel 1963." In: Goldstücker, *Franz Kafka da Praga* (s. Sammelbde.) S. 27–49.

– "Uvítání zahraničních účastníků." In: Goldstücker, *Franz Kafka. Liblická Konference 1963* (s. Sammelbde.) S. 11–12.

[Begrüßung und Verlesung von Brods Telegramm. Übers. v. Oskar Kosta.]
In dt. Übers. u. d. T.: "Begrüßung der ausländischen Konferenzteilnehmer." In: Goldstücker, *Franz Kafka aus Prager Sicht 1963* (s. Sammelbde.) S. 11–12.

– "Dnešní potřeby, zítřejší perspektivy." In: *Literární noviny* 12 (1963) Nr. 40. S. 9.

[(Heutiges Bedürfnis, morgige Perspektiven): Entgegnung auf Kurellas Kommentar zur Liblicekonferenz. Kurella zu sehr der kommunistischen Tradition verhaftet.]

– "O přístup ke Kafkovi." In: *Literární noviny* 12 (1963) Nr. 11. S. 4–5.

[(Über das Herantreten an Kafka): Antwort auf Fleischmann, der Goldstückers Artikel in "Literární noviny" (1963) angegriffen hatte.]

– "The Problem of Franz Kafka." In: *East Europe* 12 (1963) Nr. 4. S. 29–30.

[Marxistische Stellungnahme zu Kafka hat erst begonnen. Kafka-Problem schon vor Sartres Moskauer Rede vorhanden.]

– "Poznámka k diskusi". In: Goldstücker, *Franz Kafka. Liblická Konference 1963* (s. Sammelbde.) S. 177–78.

[(Eine Bemerkung zur Diskussion): Prag soll Ausgangspunkt für Kafka-Forschung sein; sozialgeschichtlicher Hintergrund wichtig.]

– "Shrnutí a diskuse." In: Goldstücker, *Franz Kafka. Liblická Konference 1963* (s. Sammelbde.) S. 265–74.

[Ziel der Konferenz: Kafka möglichst vollkommen zu verstehen; Methoden der Interpretation zu finden. Kafkas Werk ist bei der Jugend aktuell.]
Auch u. d. T.: "Shrnutí diskuse (na kafkovské konferenci v Liblicích)." In: E. G.: *Na téma Franz Kafka* (s. Bücher) S. 82–92.
* Zusammenf. u. d. T.: "Objevitel metody." In: *Kulturná tvorba* 23 (1963).
In dt. Übers. u. d. T.: Zusammenfassung der Diskussion." In: Goldstücker, *Franz Kafka aus Prager Sicht 1963* (s. Sammelbde.) S. 277–88.
In ital. Übers. u. d. T.: "Sintesi del dibattito." In: Goldstücker, *Franz Kafka da Praga* (s. Sammelbde.) S. 255–67.

– "Doslov." In: Franz Kafka: *Povídky*. Übers. v. Vladimír Kafka. Praha: SNKLU (Státní nakladatelství krásné literatury a umění), 1964, S. 251–60.

[Nachwort zur Auswahl von Kafkas Erzählungen.]

*–"Doslov." In: Franz Kafka: *Zámek*. Übers. v. Vladimír Kafka. Praha: Mladá Fronta, 1964. S. 306–13.

[Nachwort zum Roman "Das Schloß".]

– "Kafkas 'Der Heizer'. Versuch einer Interpretation." In: *Acta Universitatis Carolinae-Philologica. 1. Germanistica Pragensia* 3 (1964) S. 49–64.

["Amerika" von marxistischer Kritik u. Emrich hochgeschätzt; vorweggenommen durch Neumanns tschech. Veröffentlichung von "Der Heizer" in "Kmen", 1920. Karls Amerikaerlebnis – neue historische Bedingungen: Karl sucht Zuflucht beim Arbeiter.]
Tschech. u. d. T.: "Kafkův 'Topič'. Pokus o interpretaci." In: E. G.: *Na téma Franz Kafka* (s. Bücher) S. 44–60.
In ital. Übers. u. d. T.: "'Il fochista'. Tentativo d'interpretazione." In: Pocar, *Introduzione a Kafka* (s. Sammelbde.) S. 241–51.

– "Kafka in our times." In: *Czechoslovak Life* 19 (1964) Nr. 10. S. 11.

[Juni 1964: Kafkaausstellung im "Museum der Nationalliteratur." Brods Anwesenheit. Eröffnungsrede Goldstückers; Bedeutung des Dichters als Wahrheitssucher, radikale Zweifel (wie Marx).]

– "Kafka, oni a my." In: *Literární noviny* 13 (1964) Nr. 26. S. 1.

[(Kafka, sie und wir). Kommentar über die österreichisch-tschech. Kafkaausstellung 1964 u. das Echo der Presse.]

– "Doslov." In: Franz Kafka: *Proces*. Übers. v. Dagmar u. Pavel Eisner. 2. Aufl. Praha: Státní nakladatelství krásné literatury a umění, 1965. S. 261–76.

[Moderne Welt unterwirft u. versklavt den Menschen. Kafka – Vorkämpfer, aber zuviel Resignation. "Prozeß" verrät sein seelisches Leben; Gesamtperspektive wird auf einen Menschen beschränkt, nur Kafkas Weltbild herrscht. Werke – wie Selbstgespräch. Nur Fragen, keine Antworten.]

– *Über die Prager Literatur am Anfang des 20. Jahrhunderts*. Dortmund: [1965.] (Vortrag 16.2.1965.) (Nr. 70, Reihe A der Dortmunder Vorträge.)

[S. 2–8: Lage der Prager dt. Schriftsteller, Inselsituation, Ende des bürgerlichen Liberalismus.
S. 12–14: Kafkas Erlebnis der Entfremdung. Interpretation von "Der Kaufmann"; auch Textabdruck.]

– [Die wahre Wirklichkeit.] In: *Moznayim* 20 (1965) S. 168–70.

[Hebr.; aus "Bibliografia b'Ivrit". Kafkas literarische Zweifel u. seine Wahrheitssuche; Aktualität durch seine Menschlichkeit.]

*–"Kafka im tschechischen Sprachbereich." In: *Europa-Gespräch 1965. Brükken zwischen West und Ost*. Wien: 1965.

Goldstücker, Eduard, u. Klaus Wagenbach: "Wer hat Angst vor Franz Kafka?" In: *Bremer Beiträge* 7 (1965) S. 70–85.

Goldstücker, Eduard: "Zámok v diele Franza Kafku." In: Franz Kafka: *Zámok*. Bratislava: Slovenský spisovateľ, 1965. S. 329–37.

[("Das Schloß" im Werk Franz Kafkas): Bemerkungen zur slowak. Ausgabe. Viele Fragen drängen sich auf, z. B.: welches Schloß? Kafkas Werke sind Illusion. K. wird müde, bevor er ins Schloß gelangt.]

— "Die Aufnahme Franz Kafkas in der Tschechoslowakei." In: *Akzente* 13 (1966) S. 320–21.

[Kafkarezeption seit 1913 skizziert. Tiefes Interesse während der Nazi-Okkupation. Intellektuelle Beschäftigung mit dem Dichter ab 1956; Liblice 1963: Kafka „demilitarisiert".]
In ital. Übers. v. E. Pocar u. d. T.: "L'accoglienza di Kafka in Cecoslovacchia." In: Pocar, *Introduzione a Kafka* (s. Sammelbde.) S. 25–26.

— "Grenzland zwischen Einsamkeit und Gemeinschaft. Randbemerkungen zu Kafkas 'Schloß'." In: *Homo-homini-homo*. Festschrift für Joseph E. Drexel zum 70. Geburtstag. Hrsg. v. Wilhelm Raimund Beyer. München: C. H. Beck, 1966. S. 65–73.

[K. sucht nicht Eingliederung in Dorfgemeinschaft, da er auf seinem Anderssein beharrt. "Schloß" – Kafkas Wahrheitssuche. Idee der Selbstaufopferung für andere.]

— "Ein Flug um die Lampe herum – ein unbekanntes Werk von Kafka?" In: *Literatur und Kritik* 1 (1966) Nr. 8. S. 56–60.

[Stück allegorischen Inhalts mit Kafkamotiven, aber nicht von Kafka. L. Mandaus' u. J. Prohazkas Ausführungen angezweifelt.]

— "Kafka zelenohorský." In: *Literární noviny* 15 (1966) Nr. 3.

[(Der mißverstandene Kafka): Theaterstück "Ein Flug um die Lampe herum" nicht von Kafka; Kritik an den vorschnellen Schlüssen über die Autorschaft, bes. "Spiegel" u. andere Zeitschriften.]

— "La culture, les écrivains et la démocratie socialiste." In: Roger Garaudy: *La Liberté en sursis. Prague 1968*. Paris: Fayard, 1968. S. 137–56.

[Gespräch mit Goldstücker über Phasen der Kafka-Rezeption in der ČSSR: vom Nachruf in "Revue Communiste" zur katholischen Entdeckung in 30er Jahren. Weltgeltung nach 2. Weltkrieg; kommunistische Rezeption nach 1945.]

— "Reflections on 'The Trial'. Kafka's inverted legend is a fable for our times." In: *The Center Magazine* 6 (1971) Nr. 6. S. 58–62.

[Josef K. ließ sich von mechanischer Routine beherrschen u. vergaß "Leben" (Gesetz), menschliche Beziehungen u. Religion.]

*— "Kampf um Kafka. Aus der Vorgeschichte des sowjetischen Einfalls in die ČSSR." *Die Zeit* 28 (1973) Nr. 35. S. 40.

— "Liblická konference po deseti letech." In: *Listy* 3 (1973) S. 9–12.

[(Zehn Jahre nach der Kafka-Konferenz in Liblice): Der politische Kampf um Kafka hält an. Für die DDR war Kafka nur historisches Phänomen.]

Auch in engl. Übers. u. d. T.: "Ten Years after the Kafka Symposium of Liblice." In: *European Judaism* 8 (1974) Nr. 2. Franz Kafka. S. 22–26.

* – "Auf dem Weg nach 'Amerika'." In: *Salzburger Nachrichten* (1.6.74) S. 33 f.

– "Kafkas Eckermann? Zu Gustav Janouchs 'Gespräche mit Kafka'." In: David, *Franz Kafka. Themen und Probleme* (s. Sammelbde.) S. 238–55.

[Als apokryphe Schrift zu betrachten, zu viele verschiedene Mss., Überarbeitungen, zu langer Zeitabstand zwischen Aufzeichnungen u. Publikation (14 Monate – über 200 Gespräche, Gesprächsumstände erfunden, Irrtümer nachweisbar.)]

Gómez, C. A.: "Kafka, Orson Welles y El proceso." In: *La Gaceta* (Tucumán) (19. Mai 1963).

Gomez, Jean: *Entwicklung und Perspektiven der Literaturwissenschaft in der DDR.* Paris: Societé d'Edition "Les Belles Lettres", 1978. (Bibliothèque de la Faculté de Philosophie et Lettres de l'Université de Liège, Fascicule 224).

[S. 57–59: Die Prager Kafka-Konferenz. Bereicherung des Realismus-Begriffs.]

Goodden, Christian: "Two Quests for Surety – A Comparative Interpretation of Stifter's 'Abdias' and Kafka's 'Der Bau'." In: *Journal of European Studies* 5 (1975) S. 341–61.

[Helden mit ähnlichen Befürchtungen; psychologisches Modell, das Helden u. Suchmechanismus (materielle Sicherung, u. als Folge Isolierung) erklärt. Furcht: Zwangsvorstellung u. Lebensnotwendigkeit. Abdias: weniger kompliziert als Bautier, Vergessen der Gegenwart. Unterschied zwischen Stifter u. Kafka: Ordnung wird in Chaos, u. Optimismus in Agnostizismus u. Pessimismus verwandelt.]
Engl. Zusammenf. in: *TCL* 22 (1976) S. 240–41.

– "'The Great Wall of China': The Elaboration of an Intellectual Dilemma." In: Kuna, *On Kafka: Semi-Centenary Perspectives* (s. Sammelbde.) S. 128–45, 190–92.

[Chinesische Mauer erinnert an Mauer im "Schloß", die K. als Kind erklettert. Sinn dieser Handlung ist Überwinden der Schwierigkeit, ebenso wie das "Bauen" der Chinesischen Mauer wichtiger als ihre Vollendung u. Schutzfunktion ist. Mauerbau zeigt die Elemente der Suche (Quest), die "beruhigt", gegen Ausbruch von innen. Mit zeitlicher Dauer des Baus wächst die Kritik am Bau (an der Suche).]

– "Points of Departure." In: Flores, *The Kafka Debate* (s. Sammelbde.) S. 2–9.

[Rückblick auf Interpretationstrends. Der Reichtum an möglicher Bedeutung der Werke, die vieldeutigen Metaphern, die Ambiguität u. Hypothesen sind Ausdruck von Kafkas moralischen u. intellektuellen Einsichten u. erfordern weitere Deutung.]

– "The Prospect of a Positive Existential Alternative." In: Flores, *The Kafka Debate* (s. Sammelbde.) S. 100–16.

[Positive Alternative des Lebens in Kafkas Werken im "Gesetz der umgekehrten Proportionen" zu entdecken; je weniger korrekt u. umso sorgloser das Verhalten der K.-Figuren, desto größer ihr Erfolg.]

Goodman, Paul: "Plot Structure of 'The Castle'." In: P. G.: *The Structure of Literature.* Fourth Impression. Chicago and London: Univ. of Chicago Pr., 1968. (C 1954.) (Phoenix Books) S. 173–83.

[Zwei sich widerstrebende Handlungsstränge: K. u. das Schloß einerseits, das Dorf, Frieda u. Barnabas (mit Schwestern) andererseits; lyrische Abschnitte weisen auf Ausweg für K. hin.]
Teilabdruck von S. 182–83 auch in: Neumeyer, *Twentieth Century Interpretations of "The Castle"* (s. Sammelbde.) S. 114–15.

— **Goodrich, Norma Lorre:** "Gothic Castles in Surrealist Fiction." In: *Proceedings of the Comparative Literature Symposium.* Vol. 3: *From Surrealism to the Absurd.* Ed. Wolodymyr T. Zyla. Lubbock (Texas): Texas Tech. Univ., 1970. S. 143–62.

[Vergleich zwischen Célines "D'un château l'autre" u. Kafkas "Schloß".]

*****Góral, Halina Ewa:** "Recepcja twórczości Franza Kafki w Polsce Ludowej. (1945–1970)." In: *Germanica Wratislaviensia* 26 (1976) S. 141–63.

[(Rezeption des Werkes von Franz Kafka in Volkspolen).]

Gordon, Caroline: "Notes on Hemingway and Kafka." In: Gray, *Kafka. A Collection of Critical Essays* (s. Sammelbde.) S. 75–83.

[Abdruck des gleichnam. Artikels aus "Sewanee Review" (Spring 1949): Kurzgeschichten von Hemingway u. Kafka (u. a. "The Undefeated" u. "Der Jäger Gracchus") verglichen: "understatement."]

Gordon, Caroline, and Allan Tate: *The House of Fiction. An Anthology of Short Story with Commentary.* Second edition. New York: Scribner, 1960. (First edition 1950.)

[S. 187–90: Abdruck des "Jäger Gracchus" in engl. Übers.; S. 190–92: Commentary: Erz. als religiöse Allegorie gesehen, Gracchus ein Christus, der Himmel nicht erreicht.]

*****Gorfin, Rivka:** "Franz Kafka." In: *Davar Hapoelet* 25 (1959) Nr. 9/10. S. 268–69.

[Hebr.; aus "Bibliografia b'Ivrit."]

— *Mikarov Umirachok.* Tel Aviv: 1964.

[Aus der Nähe und aus der Ferne. Hebr.; aus "Bibliografia b'Ivrit". – S. 359–65: Einer verurteilten Welt gegenüber.]

Goth, Maja: "Existentialism and Franz Kafka: Jean-Paul Sartre, Albert Camus and Their Relationship to Kafka." In: Zyla, *Franz Kafka: His Place in World Literature* (s. Sammelbde.) S. 51–69.

[Beide frz. Dichter spiegeln sich in Kafkas Werk u. sind davon beeinflußt. Sartre sieht das Metaphysische u. Ontologische, Camus das Absurde.]

*Gou, Masafumi: ["Der Intellektuelle und die Unabhängigkeit des Seins."] In: *Niigata-Univ.-Jinmon-Kagaku-Kenkyu* 35 (1968).
[Jap.]

— ["Notizen über Kafka (1). Analyse von 'Ein Landarzt'."] In: *Rikkyo-[Univ.]* *Aspekt* 4 (1971).
[Jap.]

— ["Notizen über Kafka (2). Die Welt der Werke als Negation."] In: *Rikkyo-[Univ.]-Aspekt* 5 (1971).
[Jap.]

Grabert, Willy, u. Arno Mulot: "Franz Kafka (1883–1924)." *Geschichte der deutschen Literatur.* 3. Aufl. München: Bayerischer Schulbuch-Verl., 1957. (19. Aufl. 1978.) S. 470–73.
[Einführung ins Werk. Abdruck der Türhüterparabel. 1 Abb. v. Hans Fronius: Franz Kafka auf der Prager Brücke.]

Gradenwitz, Peter E.: ["Franz Kafka – Quelle neuer Opern."] In: *Tatslil* (Israel) (1968) Nr. 8.
[S. 96: Engl. Zusammenf. u. d. T.: Franz Kafka – source of modern operas: Okt. 1966 Uraufführung zweier Opern nach Kafka: "Amerika" von Roman Haubenstock-Ramati (Deutsche Oper Berlin), u. "The Visitation" ("Die Heimsuchung") von Gunther Schuller (Hamburger Staatsoper) nach "Der Prozeß" (Schwarzer sucht Einlaß in die Welt der Weißen).]

*Graf, Max: *Die Wiener Oper.* Wien, Frankfurt/M.: Humboldt, 1955.
[S. 326–31: Gottfried von Einem im "Prozeß".]

Grandin, John Martin: "Existential Situations in the Narrative Prose of Franz Kafka and Heinrich von Kleist." In: *DA* 31 (1971) S. 6607A.
[Zusammenf.: Hat Kleist Kafka wesentlich beeinflußt? Thematische u. stilistische Ähnlichkeiten. Existenzphilosophie von Kierkegaard, Jaspers u. Heidegger erleichtert unser Verständnis. "Michael Kohlhaas" wichtige Quelle für den "Prozeß". Sowohl Kohlhaas als auch K. stehen einer "Grenzsituation" gegenüber. Angst, Entscheidung u. Freiheit als existentielle Begriffe.]

— "Kafka's 'Der plötzliche Spaziergang'." In: *MLN* 89 (1974) S. 866–72.
[Wichtige Entwicklungsstufe thematischer u. stilistischer Art vor den Durchbruchswerken. Individuum löst sich aus Familienroutine u. Einsamkeit u. trifft Entscheidung.]
Engl. Zusammenf. in: *TCL* 21 (1975) S. 241.

— "Defenestrations." In: Flores, *The Kafka Debate* (s. Sammelbde.) S. 216–22.
[Fenstersymbolik: Dualismus zwischen innerer u. äußerer Welt: "Urteil", "Schloß".]

— "Kafka's Prague Today." In: *MAL* 11 (1978) Nr. 3/4. S. 293–300.
[Beschreibung der Gebäude, in denen Kafka wohnte, arbeitete u. verkehrte.]

Grandjean, Raymond: "Sur Franz Kafka." In: *Europe* 49 (1971) Nr. 511–12. Kafka. [S. 81–88 nicht numeriert, als Einlage.]

[(S. 81:) Jean-Noël Vuarnet: 'La lecture du peintre'. Einführung des Malers Grandjean. – Sur Franz Kafka. – Kommentar von Grandjean. (S. 82–88:) 3 Illustr. zu "Vor dem Gesetz", "Die Verwandlung" u. "Der Prozeß" mit Textauszügen, sowie einem Phantasieporträt Kafkas.]

Grant, Vernon W.: "Franz Kafka." In: V. W. G.: *Great Abnormals. The Pathological Genius of Kafka, Van Gogh, Strindberg and Poe*. New York: Hawthorn Books, 1968, S. 9–71.

[Klinischer Psychologe analysiert Kafkas Tagebücher. Dichter – nur erfolgreich beim Darstellen der eigenen Minderwertigkeitsgefühle u. Schuld; keine tiefen Weisheiten.]

*Gräser, Albert: "Franz Kafka. Zwischen Nihilismus und Gläubigkeit." In: *Die Kulturgemeinde* 5 (1955).

Grass, Günter: "Kafka und seine Vollstrecker". In: G. G.: *Aufsätze zur Literatur*. Darmstadt u. Neuwied: Luchterhand, 1980. S. 99–121.

[In Kafkas "Schloß" Vision der totalen Verwaltung. Helden nützen sich auf Amtswegen ab. Parallelen zur parteibürokratischen Machtstruktur in Osteuropa. Auf der Liblice-Konferenz wurde Kafka als humanistischer Schriftsteller anerkannt. Bürokratien im Osten u. Westen gleichen sich an. Einfluß Kafkas auf die politischen Ereignisse in der ČSSR.]

Gravier, Maurice: "Strindberg et Kafka." In: *Obliques* (Paris) (1973) Nr. 3. S. 51–58.

[Ähnliche Lebensprobleme; Strindbergs Welt als Inferno; Kafkas verfolgte Helden. "Schloß" erinnert an Strindbergs Werke. Ferner Gott, Isolation; Zeit, Raum, Traum, Logik.]
Gekürzt in: Raboin, *Les critiques de notre temps et Kafka* (s. Sammelbde.) S. 160–64.
* In jap. Übers. in: *Kafuka*. Tôkyô: 1974. (Shinbi Bunko, Bd. 19.)

Gray, Ronald: "The Structure of Kafka's Works. A Reply to Professor Uyttersprot." In: *GLL* 13 (1959) S. 1–17.

[Das Zeitelement im "Prozeß"; Gray widerlegt Uyttersprots Hypothesen.]
Engl. Zusammenf. in: *TCLB* S. 2069.

– "Franz Kafka." In: *Collier's Encyclopedia*. Vol. 13. [U.S.A.:] Crowell-Collier, 1969. S. 698–99. – Auch: New York: Macmillan Educational Corp.; London, New York: P. F. Collier, 1976. S. 698–99.

[Kurzbiographie.]

– "Introduction." In: Gray, *Kafka. A Collection of Critical Essays* (s. Sammelbde.) S. 1–11.

[Essays ausgewählt, die Kafkas Erzählkunst behandeln; Verschiedenheit der Interpretationen.]

– "Kafka the Writer." In: Gray, *Kafka. A Collection of Critical Essays* (s. Sammelbde.) S. 61–73.

[Kafkas Schuldgefühle u. Einsamkeit auf Werk übertragen, das sein Gebet wird. "Auf der Galerie" mit "Hard Times" (Dickens) verglichen.]

– "Kafka: A Critical Essay." In: Kuna, *On Kafka: Semi-Centenary Perspectives* (s. Sammelbde.) S. 167–83.

[Frage der Interpretationsweise von Kafkas Werk noch immer aktuell; ist wirkliches Verständnis überhaupt möglich? Welchen Wert u. welche Bedeutung hat es für uns, jenseits der "Mode"? Entgegnung auf Roy Pascals Rez. seines Buches. Bewertung von Kafkas Werken.]

– "But Kafka Wrote in German." In: *Cambridge Quarterly* (1977) Nr. 3. S. 205–16.

[Kommentar zu den engl. Übers. Kafkas (Edwin u. Willa Muir), Vorzüge u. Grenzen; letztere auch durch Neuheit von Kafkas Denkprozeß verursacht; seine Sprache selbst war einfach. Die Muirs sahen Kafka als "modernen Bunyan" an.]
Auch in: Flores, *The Kafka Debate* (s. Sammelbde.) S. 242–52.

– "Through Dream to Self-Awareness." In: Flores, *The Problem of "The Judgement"* (s. Sammelbde.) S. 63–72.

[Durchbruch des Schreibens in Zusammenhang mit Felice-Bekanntschaft. Erz. ähnelt Traum in ihren Assoziationen u. ist gleichzeitig präzise u. klar; kryptischer Bericht von Kafkas Suche nach Wissen über sich selbst.]

Grayzel, Solomon: *A History of the Contemporary Jews from 1900 to the Present.* New York: Atheneum, 1969. (C 1960.)

[S. 90–91: Kafkas Haltung dem Judentum gegenüber.]

Grebeničková, Růžena: "Gogolovy 'proměny' na Západě." In: *Plamen* 2 (1960) S. 126–28.

[Victor Erlichs Studie über Gogol u. Kafka; Ähnlichkeiten u. Unterschiede in "Die Nase" u. "Die Verwandlung".]

– "Kafka a expresionizmus." In: *Slovenské pohl'ady* 79 (1963) Nr. 7. S. 78–86.

[Slowak. (Kafka und der Expressionismus): Im Gegensatz zu Kleist suchte Kafka keinen literarischen Ruhm: beschreibt historische Situation in literarischer Form; Kaiser.]

*****Grednovich (?), P.E.:** [Kafkas Werk als Quelle für neue Kunstwerke.] In: *Tatslil* 4 (1968) Sammlung 8. S. 30–31.

[Hebr.; aus "Bibliografia b'Ivrit".]

Greenberg, Alvin: "'Franz Kafka' by Jorge Luis Borges". In: *New American Review* 8 (Jan. 1970) S. 155–64.

[Über eine Erz., die der junge Borges in eine unbekannte Indianersprache transkribierte u. Zeichen dafür selbst erfand. Hinweise auf "Verwandlung".]

*Greenberg, Clement: "The Jewishness of Franz Kafka. Some Sources of his Particular Vision." In: *Commentary* 19 (1955) S. 320–24.

[Die Innerlichkeit seiner Vision.]
Engl. Zusammenf. in: *TCLB* S. 2069.

– "Kafka's Jewishness." In: C. G. *Art and Culture. Critical Essays.* Boston: Beacon Pr., 1961. S. 266–73.

[Geschrieben 1956. Kafkas Judentum in Zusammenhang mit seinem Werk: Es liegt außerhalb der Zeit, der Geschichte u. des geographischen Raumes. Statt Handlung – Bildung u. Verwerfung von Thesen. Ähnlichkeit mit der Halacha.]

– "At the Building of the Great Wall of China." In: Flores, *Franz Kafka Today* (s. Sammelbde.) S. 77–81.

[China ist Symbol für jüdische Diaspora. Mauer soll jüdisches Gesetz darstellen, hat aber auch menschliche u. allg. Bedeutung.]

Greenberg, Martin: "The Literature of Truth: Kafka's 'Judgment'." In: *Salmagundi* 1 (1965) Nr. 1. S. 4–22.

[Kafkas psychoanalytische Phantasie: beurteilt oder verurteilt der Vater den Sohn? Zusammenhang mit Kafkas eigenen Heiratsschwierigkeiten.]
Auch u. d. T.: "The Literature of Truth." In: M. G.: *The Terror of Art* (s. Bücher) S. 47–68.

– "Kafka's 'Metamorphosis' and Modern Spirituality." In: *Northwestern University Tri-Quarterly* 6 (1966) S. 5–20.

[Höhepunkt schon im 1. Satz mit Verwandlung: Gregors Tod angekündigt, ein Tod im Leben, Ausgestoßensein ist auch Erleichterung. Keine Handlung, Entfaltung einer Metapher.]
Auch u. d. T.: "Gregor Samsa and Modern Spirituality." In: M. G.: *The Terror of Art* (s. Bücher) S. 69–91.
Engl. Zusammenf. in: *TCLB* S. 2111, u.
in: Corngold: *The Commentators' Despair* (s. Sammelbde.) S. 127–28.

– "Kafka's 'Amerika'." In: *Salmagundi* 1 (1966) Nr. 3. S. 74–84.

[Handelt in wirklichem Milieu, Form u. Absicht klaffen noch auseinander, bes. in "Oklahoma". Land der Möglichkeiten negativ gesehen.]
Auch u. d. T.: "The Failure to Be Subjective." In: M. G.: *The Terror of Art* (s. Bücher) S. 92–112.
Engl. Zusammenf. in: *TCLB* S. 2086.

*Gregson, Jeoffrey (?): *Sifrut Haolam.* Tel Aviv: 1967.

[Hebr.; (Weltliteratur) aus "Bibliografia b' Ivrit". S. 404–06: Franz Kafka.]

Greiner, Bernhard: "Kafkas 'Widerrufe'. Die Schlüsse der 'Verwandlung', des 'Verschollenen' und des 'Hungerkünstlers'." In: *Wirkendes Wort* 24 (1974) Nr. 2. S. 85–99.

[Die Schlüsse obiger Werke stellen, im Gegensatz zum vorher in der Geschichte Dargestellten, eine scheinbar annehmbare, verständliche Welt dar (Gemeinschaft, Sicherheit,

Kommunikation, in Klischees u. geläufigen Sprachmustern), tragen aber ihre Negation schon in sich.]
Engl. Zusammenf. in: *TCL* 21 (1975) S. 129.

Greiner, Leo: "Aus dem jüngsten Tag." In: Born, *Franz Kafka. Kritik und Rezeption* (s. Sammelbde.) S. 45–46.
[Zuerst in "Berliner Börsen-Courier" (12.10.1913). – "Heizer": gewöhnliche Geschichte, kühne Technik, Durchsichtigkeit. "Kongruenz zwischen Sein u. Schaffen, Wert u. Raffinement."]

Grenzmann, Wilhelm: "Durchbruch zur Wirklichkeit. Franz Kafka. Auf der Grenze zwischen Nichtsein und Sein." In: W. G.: *Dichtung und Glaube*. 4. Aufl. Frankfurt/M., Bonn: Athenäum, 1960. (6. Aufl. 1967). S. 141–61.
[Kafkas Gestalten u. Vorgänge: Zeichen der inneren Welt, deren Konflikte er lösen will.] In span. Übers. u. d. T.: "Franz Kafka. En la frontera del noser y ser." In: W. G.: *Fe y creación literaria*. Madrid: 1961. S. 125–43.

– "Von Kafka bis Musil. Wege und Ziele der neueren deutschen Romandichter im Rahmen der modernen europäischen Literatur." In: *Universitas* 19 (1964) S. 233–44.
[S. 234–35: Kafkas Einfluß auf die Gegenwartsliteratur. – S. 240–43: Kafka innerhalb der Moderne, Trostlosigkeit, aber auch Suche nach höchster Instanz. Form seiner Werke (Allegorie, Parabel).]
In span. Übers. u. d. T.: "De Kafka a Musil. Caminos y metas de la nueva novela alemana en el marco de la literatura europea." In: *Universitas* 3 (1965) Nr. 3. S. 257–68.

Grieser, Dietmar: "Im Schloß für soziale Wohlfahrt. Landvermessung in einem Kafka-Dorf." In: D. G.: *Vom Schloß Gripsholm zum River Kwai. Literarische Lokaltermine*. Frankfurt/M.: Fischer Taschenbuch, 1973. S. 17–22.
[Besuch in Osek (bei Strakonice in Südböhmen), dem Heimatdorf der Kafkas, dessen Schloß Vorbild für Kafkas Dichtung sein soll. Literaturtopographische Untersuchung. Schloß heute Anstalt für geistesgestörte Jugendliche.]
Auch in: D. G.: *Schauplätze österreichischer Dichtung. Ein literarischer Reiseführer*. München, Wien: Langen, Müller, 1974. S. 86–92.

Grigson, Geoffrey, and C. H. Gibbs-Smith (Ed.): *People: A Volume of the Good, Bad, Great and Eccentric who Illustrate the Admirable Diversity of Man*. New York: Hawthorn [1956.]
[S. 210–11: Biographie, Werksübersicht.]

*Grillard, J. M.: "Une mythologie du désespoir." In: *Helvetia* (Juni 1961) S. 151–58.
[Über "Die Verwandlung".]

Grimes, Margaret: "Kafka's Use of Cue-Names: Its Importance for an Interpretation of 'The Castle'." In: *The Centennial Review* 18 (1974) S. 221–30.

[Kafkas Interesse für die Literatur des Mittelalters u. ihre Technik (z. B. Wanderer, Schloß, Schlüsselnamen). "Schloß": Beziehung Mensch-Gott (eine gnostische Gottheit).]
Engl. Zusammenf. in: *1974 MLA Abstracts* Vol. 2 (1976) S. 74, u.
in: *TCL* 21 (1975) S. 129–30.

Grimm, Reinhold: "Comparing Kafka and Nietzsche." In: *GQ* 52 (1979) S. 339–50.

[Auseinandersetzung mit Patrick Bridgwaters "Kafka and Nietzsche" (1974).]

Grmela, Jan: "Franz Kafka." In: *Literární archiv* 1 (1966) S. 193.

[Auszug aus Artikel in "Pramen" 5 (1924) S. 47 (in Artikel von František Kautman enthalten); Nachruf, Kafkas Tod: Kafka als tschech.-dt. Dichter angeführt; jenseits nationaler Diskrepanzen; Leben; tschech. Werksübers.]

Frz. auch u. d. T.: "Ecrit en 1924." In: *Europe* 49 (1971) Nr. 511–12. Kafka S. 4–5.

Groethuysen, Bernard: *Unter den Brücken der Metaphysik. Mythen und Porträts.* Vorwort von Jean Paulhan. Stuttgart: Klett, 1968.

[Aus dem Frz.: "Mythes et portraits", Paris: 1947.
Essayistische Behandlung verschiedener Themen Kafkas (Schuld, Einsamkeit, Richter, usw.).
S. 87–104: Aus Anlaß Kafkas.
S. 105–15: Phänomenologie Kafkas: Weitere Themen u. Motive Kafkas, bes. aus "Der Bau", wiedergegeben.]

— "Préface. A propos de Kafka." In: Franz Kafka: *Le procès.* Traduit de l'allemand avec une introduction d'Alexandre Vialatte. [Paris:] Gallimard, 1972 (Collection folio). S. 11–30.

[Ursprünglich 1933 geschrieben. Kafkas Welt muß uns obskur erscheinen, aber er beschreibt gewöhnliche Menschen u. spricht unsere Sprache. Schuldfrage, Gericht; schreckliche Klarheit von Kafkas Welt.]
In dt. Übers. u. d. T.: "Aus Anlaß Kafkas." In: B. G.: *Unter den Brücken der Metaphysik. Mythen und Porträts* (s. Artikel).
In engl. Übers. v. Muriel Kittel u. d. T.: "The Endless Labyrinth." In: Flores, *The Kafka Problem* (s. Sammelbde.) S. 376–90.
*In jap. Übers. in: *Kafuka-Ronshu.* Tôkyô: 1975.

— In: *Obliques* (Paris) (1973) Nr. 3. S. 1.

[Kafkas "andere" Welt, Abenteurer des Geistes.]

Gross, Ruth V.: "Rich Text / Poor Text: A Kafkan Confusion." In: *PMLA* 95 (1980) S. 168–82.

[Eine nach Roland Barthes entwickelte Methode angewendet, um "Eine alltägliche Verwirrung" zu interpretieren. Erz. ein "armer" Text. Assoziationsbereiche untersucht, die Reaktion der "sprichwörtlichen", gewöhnlichen Sprache u. die Reaktion eines einzelnen Lesers gegenübergestellt. Thema: Gewöhnliche Sprache ist der Verständigung nicht fähig, wird in Kafkas Erz. über A u. B allegorisiert. Zusammenf. S. 165.]

Grossman, Jan: "Kafkova divadelnost?" In: *Divadlo* 9 (1964) Nr. 9. S. 1–17.

[(Das Theatralische bei Kafka?) Kafka u. Hašek: Außenseiter, erkannten aber wahre Probleme ihrer Zeit. Keine Revolte gegen das Unannehmbare bei Kafka. Schwierigkeit, ihn zu dramatisieren; absurdes Theater inspirierte sich an ihm. Welles' Dramatisierung von "Prozeß" ist besser, als die von Gide/Barrault. Vergleich mit Brecht u. Beckett. – Russ. Zusammenf.: S. 81.]

– "Kafka et Prague." In: *CCRB* 61 (1967) S. 49–51.

[Richtlinien für Grossmans Theateradaptierung von "Prozeß". Konzentriert sich auf theatralische Szenen des Romans. Gemeinschaftsarbeit mit Schauspielern während der Proben; Prager Hintergrund, keine literarische Bearbeitung.]

Grossvogel, David I.: "Kafka: 'The Trial'." In: D. I. G.: *Limits of the Novel. Evolutions of a Form from Chaucer to Robbe-Grillet.* Ithaca, New York: Cornell Univ. Pr., 1968. S. 160–88.

[Autor bewahrt zuerst Distanz zu Josef K.; ständige Erfindung von Hindernissen zeigt Kafkas Humor.]

–Mystery and its Fictions: From Oedipus to Agatha Christie. Johns Hopkins Univ. Pr., 1979.

[Auch über Kafka.]

Grundlehner, Philip: "Kafkas Uhren und sein Begriff der Zeit." In: *Literatur und Kritik* (1977) Nr. 116–117. S. 382–90.

[Viele Kafkahelden treten aus konventionellem Zeitbegriff u. Routine heraus u. folgen einer inneren Zeit (Gregor, Josef K., Jäger Gracchus).]
Engl. Zusammenf. in: *TCL* 25 (Spring 1979) S. 3.

*Grünfeld, Joseph (?):** [Die Welt Franz Kafkas.] In: *Molad* 17 (1960) S. 673–75.

[Hebr.; aus "Bibliografia b'Ivrit". Über Weltschs "Religion und Humor im Leben und Werk Franz Kafkas."]

*Grut, M.:** "Konsten åt hunarna. Konst och revolution." In: *Aftonbladet* (16.7.1971).

Guardini, Romano: "Zum Geleit". In: Robert Rochefort: *Kafka oder Die unzerstörbare Hoffnung.* Wien, München: Herold, 1955. S. 9–20.

[Aufhören des Glaubens u. der biblischen Offenbarung in der Neuzeit. Die Säkularisierung u. Hölderlin, Rilke u. Kafka. Gott wird unverständlich.]

Guérin, Jean: "Dessins de Kafka." In: *La Nouvelle Revue Française* 5 (1957) Nr. 55. S. 359–60.

[Kommentar über Kafkas Zeichnungen u. Vialattes Gedanken dazu.]

Gugelberger, Georg M.: "Endlessly *Describing* novel experiences: Peter Handke Translations in/and America." In: *Dimension* 8 (1975) Nr. 1 u. 2. S. 180–90.

[S. 184 u. 189 über Kafka u. Handke: Ähnlichkeit der Romananfänge in "Die Angst des Tormanns…" u. "Prozeß"; direkter Hinweis auf Kafka in "Kurzer Brief…"]

Guglielmi, Joseph: "Exile and the Law (Kafka and Jabès)." In: *European Judaism* 8 (1974) Nr. 2. Franz Kafka. S. 38–39.

[Engl. Übers. v. Susan Knight. – Vergleich.]

Guissard, Lucien: "Franz Kafka." In: *Catholicisme: Hier – Aujourd'hui – Demain.* Encyclopédie publiée sous la direction de G. Jacquemet. Tome sixième. Paris: Letouzey at Ané, 1967. Spalte 1354–55.

[Einführende Bemerkungen.]

Gullason, Thomas A., and Leonard Casper (Ed.): *The World of Short Fiction. An International Collection.* New York, Evanston and London: Harper and Row, 1962.

[S. 413–16: Franz Kafka (1883–1924): Biographische Skizze; Themen, Werke. S. 543–44: Thomas Mann on Franz Kafka: Abdruck von S. IX, X u. XIII aus "Homage." In: F. K.: "The Castle". Übers. v. Willa u. Edwin Muir. New York: Knopf, 1954. – S. 545–46: Albert Camus on Franz Kafka: Abdruck von S. 124, 126–27 aus: "Hope and the Absurd in the Work of Franz Kafka." In: "The Myth of Sisyphus and Other Essays." New York: Knopf, 1955.]

*Gulyga, A.: "Filosofskaja proza Franca Kafki." In: *Voprosy èstetiki* (1968) Nr. 8. S. 293–323.

[Als Soziologe sieht A. G. in Kafkas Werken realistisches Bild der menschlichen Beziehungen u. des Bewußtseins in einer verfremdeten kapitalistischen Gesellschaft. ("Schloß", "Verwandlung").]

– "Puti mifotvorčestva i puti iskusstva." In: *Novyj mir* (1969) Nr. 5. S. 217–32.

[Herablassend gegenüber Zatonskij, verteidigt Kafkas künstlerische Neuheit. "Beim Bau der Chinesischen Mauer" u. "Das Stadtwappen" u. a. zeigten Einsicht in moderne Massenmentalität; helfen Wirklichkeit zu verstehen.]

*– "Tipologizacija v xudožestvennoj literature." In: *Izvestija akademii nauk SSSR*, serija literatury i jazyka, Bd. 35 (1976) Nr. 6.

In dt. Übers. u. d. T.: "Die Typologisierung in der schönen Literatur." In: *Kunst und Literatur* 25 (1977) S. 675–88. (S. 681–82 über Kafka.)

Gump, Margaret: "From Ape to Man and from Man to Ape." In: *Kentucky Foreign Language Quarterly* 4 (1957) S. 177–85.

["Ein Bericht für eine Akademie" mit einem Gedicht Kästners, einem Theaterstück O'Neills u. einem Roman Huxleys verglichen. Affe muß seine Natur vergessen u. Menschen imitieren; keine Lösung bei Kafka.]
Engl. Zusammenf. in: *TCLB* S. 2088.

Günther, Helmut: "Wort und Welt bei Franz Kafka." In: *Welt und Wort* 13 (1958) S. 359–60.

[Verlorenheit u. Suche nach Heimat: Grundsituation. Kafka ein Liebender. Werk von der dichterischen Technik her zu erschließen.]

Günther, Herbert: *Künstlerische Doppelbegabungen.* Erweiterte Neufassung. 2. Aufl. München: Ernst Heimeran, 1960.

[S. 180: Franz Kafka: Die Randzeichnungen auf Mss. des Dichters beschrieben, traumhaft u. geheimnisvoll. Abb. von 6 Federzeichnungen im "Prozeß"-Ms. Hinweise auf Kubin u. Kafka S. 175.]

Günther, Joachim: "Der Bote des Königs. Bemerkungen zum Bilde Kafkas." In: *Neue deutsche Hefte* (Okt. 1961) Nr. 83. S. 65–70.

[Beschreibung seiner Paßphotographie 1923. Irritierende Elemente, sonst aber schön. Angst, Wille u. Intelligenz, unbürgerlich, aber Entsetzen in seinen Augen. Tierhaftes von Willen u. Denken durchstrahlt. Werfel: "Bote des Königs".]

– "Literatur-Ontologie und Kafka." In: *Neue deutsche Hefte* 15 (1968) [alte Nr. 119, neue] Nr. 3. S. 127–37.

[Allmacht von Kafkas Werk in der Gegenwart. Zukunftsliteratur. Bewegt sich vom Publikum weg. Felice-Briefe eine Selbstcharakteristik Kafkas; seine Lebensschwäche u. Lebensintensität.]

Gunvaldsen, K. M.: "Franz Kafka and Psychoanalysis." In: *University of Toronto Quarterly* 32 (1963) S. 266–81.

[Luft- u. Sympathiemangel: Symptom von Kafkas Zeit u. Generation. Er vertrat das Negative seiner Zeit; Kafka überwindet Psychoanalyse durch eine der Lehre Jungs ähnliche Überzeugung von der mystischen Lenkung des Unbewußten. "Heizer" u. "Strafkolonie".]
Engl. Zusammenf. in: *TCLB* S. 2093.

Gunvaldsen, Kaare: "The Plot of Kafka's 'Trial'." In: *Monatshefte* 56 (1964) S. 1–14.

[Wichtigste Themen: Psychoanalyse u. Ehe. Roman ist zweigeteilt. Kap. 1–5: Verhaftung; Kap. 6–10: Verteidigung Josef K.s. Positiver Versuch, die Psychoanalyse zu überwinden. Traum: Totalität der Seele, die die Psychoanalyse zerstört.]
Engl. Zusammenf. in: *TCL* 10 (1964) S. 90, u.
in: *TCLB* S. 2100.

*****Gurewitch, Morton:** *Comedy: The Irrational Vision.* Cornell Univ. Pr., 1975.

Gurfein, Rivkah: *Mi-karov ume-rahok.* Tel Aviv: Mifaley Tarbut Veḥinuḥ, 1964. S. 359–65.

[Hebr. (Von fern und nah angesichts einer verdammten Welt. Über Franz Kafka): Kafka als Vater der modernen Literatur; schafft eigene Welt u. Menschen mit einzigartigen Schicksalen. Seinen Werken fehlt die übliche "Logik"; er zerbrach die Grenzen des Bewußtseins, der Zeit u. Handlungsfolge. Kafka – dt.-sprechender Jude.]

*****Gus, M.:** *Modernizm bez maski.* Moskva: 1966.
[S. 167–223 über Kafka.]

*–"Kompas talanta." In: *Komsomolskaja pravda* (17.8.1967) S. 2.

Gütersloh, [Albert] Paris: "Exkurs über Edschmid und Kafka." In: Born, *Franz Kafka. Kritik und Rezeption* (s. Sammelbde.) S. 76–77.

[Zuerst in "Prager Presse" (14.6.1922): "Verwandlung" – leidender Held; das Ungeheuerliche, das immer in Gregor war, hat nun Gestalt angenommen, außerhalb der bürgerlichen Welt.]

Guth, Hans P.: "Symbol and Contextual Restraint: Kafka's 'Country Doctor'." In: *PMLA* 80 (1965) S. 427–31.

[Symbolische Assoziationen u. Interpretationen eines Textes sollen dem Sinn des Ganzen untergeordnet sein. Landarzt versucht, das Irrationale durch Denken u. Kommentare zu kontrollieren. Ironie.]
Engl. Zusammenf. in: *TCLB* S. 2096, u.
in: *Classic Short Fiction. Twenty-five Short Stories, Five Novellas. Readings and Criticism.* Ed. James K. Bowen and Richard Van der Beets. Second Printing. Indianapolis: Bobbs-Merrill, 1980 (C 1971). S. 12–13.

Gutman, Anna: "Der Mistkäfer." In: *MAL* 3 (1970) Nr. 1. S. 51–52.

[Inspiration für Kafkas "Verwandlung" aus Grillparzers Autobiographie.]
Engl. Zusammenf. in: *TCLB* S. 2111.

Guze, Joanna: "Listy do Mileny." In: *Nowa Kultura* 15 (1959) Nr. 472. S. 2.
[Milenabriefe – Kafkas wahre Persönlichkeit.]

György, Timár: "Budapest Interview with Roger Garaudy." In: *New Hungarian Quarterly* 8 (1967) Nr. 25. S. 165–67.

[Kafkas Kunst: Realismus im weiteren Sinn. Wirklichkeit auf abstrakter Stufe eingefangen.]

Gyssling, Walter: "Muß Kafka auf die Bühne?" In: *Theater der Zeit* 22 (1967) Nr. 23. S. III.

[Negative Theaterkritik über 2 Einakter ("Bericht für eine Akademie" u. "In der Strafkolonie") u. d. T.: "Berichte" (Theater am Neumarkt, Zürich).]

H., v.: "In der Strafkolonie." In: Born, *Kafka Symposion* (s. Sammelbde.) S. 151–52.

[Rez. über "Abend für neue Literatur" aus "Münchener Neueste Nachrichten" (11. Nov. 1916). Kafka zeigte sich als schlechter Vorleser. "In der Strafkolonie" hinterließ abstoßenden Eindruck.]
In frz. Übers. u. d. T.: "Une triste soirée." In: Raboin, *Les critiques de notre temps et Kafka* (s. Sammelbde.) S. 87–88.

Haas, Willy: "Ricordo di Franz Kafka." In: *Paragone* (1955) Nr. 64. S. 41–52.

[Erinnerungen an Kafka u. den Prager Freundeskreis, Werfel, Milena (ihr Mut, bringt ihm Kafkas Briefe einige Monate, bevor die Gestapo sie verhaftete). Gleichnisse u. Fragmente entsprachen Kafkas Geistesform, trotz negativer Haltung kein Nihilismus. Hierarchie in vielen Werken aufgebaut ("Chinesische Mauer", "Schloß") – oberste Stufe Gott? Erbsünde; Gottesbeziehung, Verhältnis zum Vater. – Haas entfernte Teile aus Milenabriefen, um Lebende zu schonen. Bezüge auf lokalen Prager Hintergrund für "Prozeß" u. auf böhmisches Dorf für "Schloß".]

– "Um 1910 in Prag: Aus Jugendtagen mit Werfel, Kafka, Brod und Hofmannsthal." In: *Forum* 4 (1957) S. 223–26.

[S. 224–25: Ein dunkler Jüngling. – Erinnerung an Lesung von Kafkas Werken durch Brod, die Werfel streng kritisiert.]
In erweiterter Fassung in: W. H.: *Die literarische Welt. Erinnerungen.* München: Paul List, 1960. (C 1957). – S. 30–39.
Teilabdruck in: *Dichtung aus Österreich. Prosa.* 2. Teilbd. Hrsg. v. Robert Mühlher. Wien u. München: Österreichischer Bundesverl., 1969. S. 273–79.

– "Franz Kafka, der Unvergessene." In: W. H.: *Fragmente eines Lebens.* Hommerich u. Frankfurt: Paul Eckhardt, 1960. S. 61–71.

[Geschrieben für eine Totenfeier 1925. Kafka blieb sich treu, daher verkannte man ihn. Seine Präzision, Erinnerungskraft, ethischen Mächte in Bildliches verwandelt.]

– "Franz Kafka." In: *Juden, Christen, Deutsche.* Hrsg. v. Hans Jürgen Schultz. 3. Aufl. Stuttgart: Kreuz; Olten u. Freiburg i. Br.: Walter, 1961. S. 376–79.

[Referat im Süddt. Rundfunk. Kafkas Traumwelt für manche betretbar. Werke sollten vorerst ohne Kommentar gelesen werden.]

– "Franz Kafka." In: W. H.: *Gestalten. Essays zur Literatur und Gesellschaft.* Mit einer Einführung von Hermann Kesten u. einem Nachwort von Walter Benjamin. Berlin-Frankfurt/M.-Wien: Propyläen, 1962. S. 208–28.

[Z. T. 1926 u. 1929 erschienen. –
I. Worte zu seinem Gedächtnis: Kafkas Romanfragmente als ganze Bibliotheken von Romanen. Theologische Probleme in Romantrilogie: Macht oberhalb u. unterhalb des Menschen u. irdische Welt. Mensch vor Gott immer im Unrecht, auch wenn Gott im Unrecht vor dem Menschen. Urmythische u. prähistorische Ahnungen.
II. Das Unvergessene: Gedächtnis als Gewissen, Ethik, Religion. Gegenstand des "Prozesses" – das Vergessen. – S. 281–85: Nachwort von Walter Benjamin (1931 gedruckt): Bedeutung Kafkas für W. Haas, der der künftigen Exegese Kafkas die Wege wies.]
Abdruck von S. 223–28: "Das Unvergessene." In: *Wort in der Zeit* 10 (1964) Nr. 6. S. 8–10.

– "Nachwort." "Zu dieser Ausgabe." In: Franz Kafka: *Briefe an Milena.* 10.–14. Tausend. Frankfurt/M.: S. Fischer, 1965. S. 271–83, 284–87.

[Kafkas Liebe zu einer Nichtjüdin war tragisches Problem; sie bewunderte ihn als Schriftsteller. – Milena gab Haas die Briefe im Frühjahr 1939; die meisten undatiert, einige Stellen wurden wegen noch lebender Personen ausgelassen.]
*In dän. Übers. v. Birte Svensson u. d. T.: "Efterskrift." In: Franz Kafka: *Breve til Milena.* København: Gyldendal, 1969 (Gyldendals Bekkasinbøger).
*In frz. Übers. v. Alexandre Vialatte u. d. T.: "Introduction. Note." In: Franz Kafka: *Lettres à Milena.* Paris: Gallimard, 1959. – Auch: Cercle du Livre Précieux, 1965. S. XIII–XXII; S. XXIII–XXVI.
In holl. Übers. v. Nini Brunt. In: Franz Kafka: *Brieven aan Milena.* Amsterdam: Querido, 1967.

In ital. Übers. v. Ervino Pocar u. d. T.: "Premessa" u. "Nota" in: Franz Kafka: *Lettere a Milena*. Prefazione di Remo Cantoni. [Milano:] Mondadori, 1960. – (C 1954) S. 27–40 u. S. 327–31.

In span. Übers. v. J. R. Wilcock u. d. T.: "Epílogo." – "Nota a la edición alemana." In: Franz Kafka: *Cartas a Milena*. Buenos Aires: Emecé; Madrid: Alianza, 1974. S. 193–201, u. 203–05 (El Libro de Bolsillo 522). (2. Aufl. 1976.)

– "Max Brods zeitlose Taten." In: Gold, *Max Brod* (s. Sammelbde.) S. 217–19.

[Brods Entschluß, Kafkas Manuskripte zu veröffentlichen. Herausgabe der Werke, Briefe u. Tagebücher Kafkas war Akt von Selbstlosigkeit. Brods literarisches Werk unberührt durch Freundschaft mit Kafka.]

– "La mia opinione." In: Pocar, *Introduzione a Kafka* (s. Sammelbde.) S. 14–19.

[Teilabdruck aus "Die literarische Welt" (4.6.1926) Nr. 23. Ital. Übers. v. Ervino Pocar. – Qualität von Kafkas Prosa; Brods vergebliche Versuche, Werke in Deutschland zu publizieren. Kafkas Gewissen.]

Haase, Donald P.: "Kafka's 'Der Jäger Gracchus': Fragment or Figment of the Imagination?" In: *MAL* 11 (1978) Nr. 3/4. S. 319–32.

[Dialog zwischen Gracchus u. Bürgermeister ein Schlüssel zur Interpretation. Verfremdung u. scheinbare Unschuld. Erz. hat einheitliche thematische Struktur, ist kein Fragment.]

*Haavardsholm, E.: "Den unge Franz Kafka." In: *Arbeiderbladet* (29.1.1966) S. 8 u. 10.

*Haberman, Avraham Meir: [Briefe Franz Kafkas an seine Verlobte.] In: *Hapoel Hatsair* 61 (1968) Nr. 24. S. 24.

[Hebr., aus "Bibliografia b'Ivrit." – Über Kafkas Felicebriefe (Fischer 1967).]

*Hadomi, Leah: "The Utopian Dimension of Kafka's 'In the Penal Colony'." In: *Orbis Litterarum* 35 (1980) S. 235–49.

Haeger, Klaus-Albrecht: "Anthropologisches zum Problem des Symbols." In: *Pädagogische Provinz* 12 (1958) S. 368–72.

[Phänomenologisches Geschehen: Georg Bendemanns Innenschau beginnt beim Briefschreiben. "Appellqualität" der Frage des Vaters nach Wahrheit, Schreckgestalt, dann Richter.]

– "Die Krankheit des Menschen im Werk Franz Kafkas." In: *Pädagogische Provinz* 15 (1961) S. 349–61.

[Sprachgebrauch u. phänomenologischer Charakter seiner archetypischen Bilder haben "Appellqualität". Mensch in Modellfällen; Ethisches Anliegen: Prozeß der Selbstbesinnung zu fördern. "Landarzt."]

*Haga, Akira: ["Einleitung in die Kafka-Forschung."] In: *Hikone-Ronso* 162, 163 (1973).

[Jap.]

Hahn, Ludwig: "Franz Kafka. 'Der Kübelreiter.'" In: *Interpretationen moderner Prosa.* Anläßlich der Fortbildungstagung für Deutsch- u. Geschichtslehrer in Hohenschwangau/Allgäu. Hrsg. v. der Fachgruppe Deutsch-Geschichte im Bayrischen Philologenverband. Frankfurt, Berlin, Bonn, München: Moritz Diesterweg, 1966. S. 49—54. — 5. Aufl. 1968.

[8. Mittelschulstufe: Zusammenfassung der Fakten; 4 Bilder — 4 Situationen; Formanalyse; kein Unterschied zwischen Realem u. Irrealem. Sinn: Suche nach Wärme u. Freundschaft.]

Hájek, Jiří: "Spor o Franze Kafku." In: *Tvorba* 24 (1959) Nr. 2. S. 31—32.

[(Streit um Franz Kafka): Kafka auch in ČSSR bekannt, ist ebenso bedeutend wie Dostojewski. Dichter der Entfremdung. Reiman betont Symbolismus zu sehr. Kafka im Westen verzerrt.]

— "Alfréd Kurella a Franz Kafka, aneb o podmínkách principiální polemiky." In: *Plamen* 5 (1963) Nr. 10. S. 131.

[(Alfred Kurella und Franz Kafka oder über die Bedingungen einer prinzipiellen Polemik): Stellungnahme zu Kurellas Artikel "Der Frühling ..." (in "Sonntag").]

— "Kafka a marxistické literární myšlení." In: *Plamen* 5 (1963) Nr. 7. S. 131—32.

[(Kafka und die marxistische Literaturkritik): Über Liblicekonferenz u. Prag als Kulturzentrum.]

— "Kafka a my." In: Goldstücker, *Franz Kafka. Liblická Konference 1963* (s. Sammelbde.) S. 107—10.

[Kafkas Werk als Vermittler u. Kampffeld gegensätzlicher Meinungen. Er war machtlos, die Sozialisten sind es nicht mehr.]
In dt. Übers. v. Kurt Lauscher u. d. T.: "Kafka und wir." In: Goldstücker: *Franz Kafka aus Prager Sicht 1963* (s. Sammelbde.) S. 107—11.
In ital. Übers. u. d. T.: "Kafka e noi." In: Goldstücker, *Franz Kafka da Praga* (s. Sammelbde.) S. 117—21.

— "Neznámé dopisy Franze Kafky." In: *Plamen* 5 (1963) S. 84—94.

[Auswahl unveröffentlichter Briefe Kafkas an Schwester Ottla u. deren Mann (1917—1923), die Kafka als Mensch u. als Künstler zeigen; Briefe an Schwager beweisen seine Beherrschung der tschech. Sprache.]

— "Kafka und die sozialistische Welt." In: *Kürbiskern* (1967) Nr. 1. S. 77—93.

[Kafkas Welt: Symbol für modernes Menschenschicksal; im Osten in nachstalinistischer Ära u. nach Liblicekonferenz (1963) in Zusammenhang mit Diskussion über den Begriff des "Realismus" in der Kunst neu beurteilt. "Amerika": auch soziale Untersuchung. Sinnlosigkeit von Josef K.s Leben; K.s Suche nach Ausweg aus der verdinglichten Welt im "Schloß".]
In engl. Übers. v. K. Hughes u. d. T.: "Kafka and the Socialist World." In: Hughes, *Franz Kafka. An Anthology of Marxist Criticism* (s. Sammelbde.) S. 111—22.

Hajek, Siegfried: "Die moderne Kurzgeschichte im Unterricht. Franz Kafka: 'Der Nachbar'." In: *DU* 7 (1955) Nr. 1. S. 5—12.

[Seinserfahrung u. Sinn kommen in "Der Nachbar" indirekt zum Ausdruck. Tiefere Erfahrung ("Unbekanntes") durch mittlere Sprachlage verdeckt.]

Hall, Rodney: "Theatre in London." In: *Westerly* 3 (Oct. 1964) S. 57–60.

["Der Prozeß" als Inspiration für H. Pinters "The Birthday Party".]

Hamalian, Leo: "Kafka in Poland." In: *Columbia University Forum* 4 (1961) Nr. 1. S. 40–43.

[Kafkainteresse der Polen u. ihre politische Lage. Gedanken zu "Hochzeitsvorbereitungen...", "Brief an den Vater"; Identitätsverlust des Menschen in anonymer, automatisierter Welt.]

— "Introduction." In: Hamalian, *Franz Kafka. A Collection of Critical Essays* (s. Sammelbde.) S. 1–17.

[Kafkas Einfluß auf Amerika in den Fünfzigerjahren ("Angst"). Kafka u. seine Stadt; Österreich-Ungarn; Werk eine "spiritual autobiography". Essaysammlung soll extreme Meinungen korrigieren.]

— "The Great Wall of Kafka." In: *JML* 1 (1970–71) S. 254–61.

[Besprechung von 4 im Jahre 1968 in den USA erschienenen Kafkastudien.]

*** Hamberg, I.:** "'Slottet' som bilde av parti-staten." In: *Aftenposten* (30. 12. 1974).

*** Hamberg, Per-Martin:** "Kafka den stora bokupplevelsen." In: *Môtet med boken.* Stockholm: Sällskapet Bokvännerna, 1958. S. 40–44.

Hamburger, Käte: "Erzählformen des modernen Romans." In: *DU* 4 (1959) S. 5–23.

[S. 16–18: Kafkas objektiver Berichtstil gibt die Strukturveränderungen der Wirklichkeit wieder.]

— *Die Logik der Dichtung.* 2. Aufl. Stuttgart: Ernst Klett, 1968. — (1. Aufl. 1957).

[Hinweise auf Kafka, bes. S. 119–22 u. 145–46; Subjektivität u. Objektivität des Erzählens.]

Hamburger, Michael: "Kafka's Experiment." In: *TLS* (14.8.1959) S. 465–66.

[Besprechung von Wagenbachs Kafkabiographie, Brods "Verzweiflung und Erlösung..." u. Emrichs "Franz Kafka."]
Auch in: Jakob, *Das Kafka-Bild in England* 2 (s. Sammelbde.) S. 512–15.

— *From Prophecy to Exorcism. The Premises of Modern German Literature.* London: Longmans, Green, 1965.

[S. 111–19: Kritik an einzelnen Deutungsrichtungen. Kafkas Interesse für Anarchisten u. Arbeiter.]
In dt. Übers. v. Fred Wagner u. d. T.: "Robert Musil, Robert Walser, Franz Kafka." In: M. H.: *Vernunft und Rebellion. Aufsätze zur Gesellschaftskritik in der deutschen Literatur.* München: Carl Hanser, 1969. S. 139–68. — Auch: Frankfurt/M.: Ullstein, 1974.

– "Kafka in England." In: M. H.: *Zwischen den Sprachen. Essays und Gedichte.*
Frankfurt/M.: Fischer, 1966. S. 121–36.

[Muirs Bedeutung für Kafkadeutung, bes. in England. Von religiöser Deutung später Abstand genommen. Muirs Gedichte ("Der Zweikampf" u. "An Franz Kafka"); innere Verwandtschaft mit Kafka. Kafkanachfolger in England.]

Hamor-Ladd, Magdalena M.: "Franz Kafka – Robert Walser: Zwei verwandte
Seelen?" In: *Proceedings of the Pacific Northwest Conference on Foreign
Languages* 26 (1975) S. 102–05.

[Materialhinweise; Parallelen in Problemstellung bei beiden Dichtern, bes. Thema der Identität.]
Engl. Zusammenf. in: *1975 MLA Abstracts* Vol. 2 (1977) S. 94.

Hampshire, Stuart: "Franz Kafka's Boswell." In: Jakob, *Das Kafka-Bild in England* 1 (s. Sammelbde.) S. 336–37.

[Abdruck des gleichnam. Artikels in "Spectator" (2.5.1947) S. 498: Großer Wert von Brods Biographie, obwohl die einzelnen Teile schlecht angeordnet sind, Fakten nicht systematisch dargestellt, Stil läßt zu wünschen.]

Han, Jean-Pierre: "La notion de fatigue." In: *Europe* 49 (1971) Nr. 511–12.
Kafka. S. 148–55.

[Häufigkeit des Ausdruckes "Müdigkeit". Helden oft physisch überwältigt; Eindringen des Fremden in Alltägliches.]

Hancock, Edward L.: *Techniques for Understanding Literature. A Handbook for
Readers and Writers.* Belmont, California: Wadsworth, 1972.

[S. 85–87: Interpretation von "Ein Hungerkünstler" mit schematischer Skizze. Fasten u. Handlung sind Symbol für Gefühlswelt der Erz. u. des Künstlers.]

Handke, Peter: "Der Prozeß (für Franz K.). Wer hat Josef K. verleumdet?" In:
Prosa, Gedichte, Theaterstücke, Hörspiele, Aufsätze. Frankfurt/Main: Suhrkamp, 1969. S. 86–98.

[Prosastück, an Kafkas Roman inspiriert; auffallender Gebrauch der Rechtssprache.]

Handler, Gary: "A Textual Omission in the English Translation of 'Der Prozeß'." In: *MLN* 83 (1968) S. 454–56.

[Auslassung einer Zeitangabe würde eine von Uyttersprots Theorien unterstützen.]
Engl. Zusammenf. in: *TCLB* S. 2100–01.

– "A Note on the Structure of Kafka's 'Der Prozess'." In: *MLN* 84 (1969)
S. 798–99.

[Uyttersprots Kapitelneuordnung entspricht nicht Kafkas Arbeitsweise. Brods Anordnung erklärt K.s Verhalten besser.]

Hanlin, Todd Campbell: "Franz Kafka: Probleme der Kafka-Kunst." In: *DAI* 36
(1976) S. 6128A.

[Zusammenf.: Formelle Textanalyse der zu Lebzeiten Kafkas publizierten Texte ("Urteil", "Verwandlung", "Strafkolonie", "Landarzt"), der Helden, Ereignisse u. Erzähltechnik. Ergebnis: Helden sind Jedermannsgestalten, ermöglichen (auch durch Erzählperspektive) Identifikation mit dem Leser. Unerwartete Ereignisse werfen die Helden aus ihrer beruflichen Routine, die sie aber schon vorher ihre menschlichen Beziehungen hatte vergessen lassen. Erzähler in 1. u. 3. Person, erlebte Rede. – Durch Erschütterung der Glaubwürdigkeit der Helden wird der Leser stufenweise zur Distanzierung von den Gestalten u. zu objektivem Urteil geführt.]

– "Franz Kafka's 'Landarzt': 'Und heilt er nicht...'" In: *MAL* 11 (1978) Nr. 3/4. S. 333–44.

[Glaubwürdigkeit des Landarztes als Erzähler ist zweifelhaft; er ist, wie auch andere Figuren Kafkas, der Unmenschlichkeit schuldig.]

*Hantschel, Anton: "Auf Franz Kafkas Spuren." In: *Sudetenland* 18 (1976) S. 56–62.

Hanuš, Frank, u. Karel Šmejkal: "Z vzpomínek vychovatelky v rodině Franze Kafky." In: *Plamen* 6 (1964) Nr. 7. S. 104–07.

[(Erinnerungen der Gouvernante in Kafkas Familie): Die 83jährige Anna Pouzarová kam in die Familie Kafka, als Franz 19 Jahre alt war; sie hielt ihn für einen angenehmen Menschen, mit vielen Freunden, streng zu seinen Schwestern, introvertiert.]

*Häny, Arthur: *Die Dichter und ihre Heimat.* Bern: Francke, 1978.

*Harada, Yoshito: *Han Shinwa no Kisetsu.* [*Jahreszeit vom Gegenmythos.*] [Tôkyô:] Hakusuisha, 1961.

[Jap. Kap. 3: (Untersuchung zu Kafka); Kap. 4: (Problem der Kritik über den Text von Kafkas Werken.)]

Hardt, Ludwig: "Recollections." In: Flores, *The Kafka Problem* (s. Sammelbde.) S. 32–36.

[Übers. v. Christian D. Meyer; Hardt rezitierte aus Kafkas Werken. Hinweise auf Charakter des Dichters, seine Bescheidenheit, sein Zartgefühl.]

*Harman, Mark: "An Echo of Kafka in Kleist." In: *Heinrich von Kleist Studies.* Ed. Alexej Ugrinsky [u. a.] New York: AMS, 1980. S. 169–75.

– "Literary Echoes: Franz Kafka and Heinrich von Kleist." In: *DAI* 41 (1980) S. 2131A–32A.

[Affinität: ähnliche Grundkonflikte für ihre literarische u. intellektuelle Suche; ähnliche Beziehung zur Handlung. Syntaktische Analyse von Passagen aus "Kohlhaas", "Die Verwandlung" u. "Der Verschollene". "Indizien"-Details verhindern Verbaktion. Dramatischer Prosastil, Vorfälle gespielt eher als beschrieben. Beide: Skeptizismus über Wirklichkeitsauffassung u. religiöse Ambivalenz. Bei Kafka ausgedrückt in begrenzter Perspektive der Romane. "Beim Bau der chinesischen Mauer", "Erdbeben in Chili" u. "Der Zweikampf". Metaphysische Spannung.]

Harrington, Catherine Steta: "Southern Fiction and the Quest for Identity." In: *DA* 25 (1964) S. 1210–11.

[Zusammenf.: Behandlung des Identitätsproblems in Auswahl von Werken amerik. u. europäischer Prosadichter. Kafkas "Ein Landarzt" wird Robert Penn Warrens "Blackberry Winter" gegenübergestellt.]

*Harroff, Stephen: "The Structure of 'Ein Landarzt': Rethinking Mythopoesis in Kafka." In: *Symposium* 34 (1980) S. 42–55.

Hart Nibbrig, Christiaan L.: *Ja und Nein. Studien zur Konstitution von Wertgefügen in Texten.* Frankfurt/M.: Suhrkamp, 1974.

[S. 95–102 über Kafka: Gregor Samsa völlig in sich eingeschlossen (Ich-Verkapselung). In "Prozeß" u. "Schloß" Überschneidung des privaten mit dem öffentlichen Bereich.]

— "Die verschwiegene Botschaft oder: Bestimmte Interpretierbarkeit als Wirkungsbedingung von Kafkas Rätseltexten." In: *DVjs* 51 (1977) S. 459–75.

[Die mannigfache Interpretierbarkeit liegt in der 'kommunikativen Struktur' der Texte selbst, in ihrem "Partiturcharakter" u. in ihrer "besonderen Reflexivität der Darstellung", – an "Eine kaiserliche Botschaft", an "Vor dem Gesetz" u. "Josefine…" dargelegt. Deutung nicht durch "Lesen", sondern durch Arbeit des Textes selbst, der Leser einbezieht u. Fragen nach Antworten hervorruft. In "Eine kaiserliche Botschaft" wird Problem der Deutung zum Thema erhoben.]

Hartley, Anthony: "L'univers concentrationnaire." In: Jakob, *Das Kafka-Bild in England* 2 (s. Sammelbde.) S. 474.

[Abdruck aus "Letters" in "Spectator" (6.11.1953) S. 516. Besprechung der "Briefe an Milena."]

Hartung, Rudolf: "Ein neues Kafka-Bild. Anmerkungen zu Canettis Essay 'Der andere Prozeß'." In: *Text und Kritik* (1970) Nr. 28. S. 44–49.

[Canetti entdeckt Beziehungen zwischen Kafkas Leben (Felicegeschichte) u. "Prozeß", ohne rein "autobiographisch" zu deuten. Kafkas Angst u. Gleichgültigkeit gegenüber den Menschen; Experte der Macht.]

— "'Die systematische Zerstörung meiner selbst…' Franz Kafka 'Briefe an Felice'." In: R. H.: *Kritische Dialoge.* Frankfurt/M.: S. Fischer, 1973 (Reihe Fischer 36). S. 41–49.

[Geschrieben 1968. Bedürfnis Kafkas, sich u. Partner zu quälen; Felice: Verankerung im Irdischen. Abneigung Kafkas, seinen Namen zu schreiben.]

— "Notizen zu Thomas Mann." In: *Neue Rundschau* (1975) S. 185–98.

[S. 192: Manns Helden sind voll Kultur – Kafkas Gestalten haben nur ihre Lebensprobleme.]

— "Franz Kafka: 'Briefe an Ottla und die Familie'." In: *Neue Deutsche Hefte* 22 (1975) Nr. 2. S. 385–89.

[Besprechung des Briefbandes.]

Harvey, William Journeaux: "Franz Kafka and Friedrich Dürrenmatt: A Comparison of Narrative Techniques and Thematic Approaches." In: *DAI* 34 (1973) S. 772A–73A.

[Zusammenf.: Neben entscheidenden Unterschieden zwischen den beiden gibt es Ähnlichkeiten in der Erzähltechnik, bes. bei den Themen (Gerechtigkeit, Hinnahme menschlicher Unzulänglichkeit).]

*Hasegawa, Kazuo: ["Auf der Suche nach der Vatergestalt als Grundlage der Interpretation von 'Das Schloß'."] In: *Tôkyô-Gakugei-[Universitätsbeiträge zur Germanistik-Festschrift]* (1971).
[Jap.]

*–"Franz Kafka – 'Hanketsu' o hitutsu no sozai ni shite." In: *Festschrift Miura.* 1974. S. 90–98.
[(Studie über Kafka an Hand von "Das Urteil".)]

*–"Über 'Das Urteil'." In: *Daito Bunka Daigaku Kiyo* 13 (1975) S. 147–62.

*Hasegawa, Noboru: ["Entstehung der existentiellen Interpretation von Kafkas Dichtungen."] In: *Gifu-[Univ.] Jinmonkagaku* (Juli 1958).
[Jap.]

*–["Kafka und seine Zeit."] In: *Chuo-[Univ.]-Doitsu-Bunka* 4 (1965).
[Jap.]

*Hasegawa, Shiro: ["Über 'Ein Hungerkünstler'."] In: *Eureka* 3–4 (1971) Kafka-Sonderheft.
[Jap.]

*Hashimoto, Takashi: "Kafka kaishaku eno kokoromi. 'Hanketsu' to 'Tachimiseki nite' o megutte." In: *Utsunomiya Daigaku Gaikoku Bungaku* 22 (1974?) S. 98–108.
[(Versuch einer Interpretation von "Das Urteil" u. "Auf der Galerie".)]

Hassan, Ihab: "Kafka: The Authority of Ambiguity." In: I. H.: *The Dismemberment of Orpheus. Toward a Postmodern Literature.* New York: Oxford Univ. Pr., 1971. S. 110–38.

[Kafkas erzählende Werke: Protest des Geistes gegen Materie u. Natur; erweitern Bewußtsein der Existenz. Kafka – Schlüsselfigur in Suche nach einer "postmodern literature".]

Hasselblatt, Dieter: "Kafka russisch." In: *Der Monat* 16 (1964) Nr. 187. S. 84–88.

[Kommentar zu russ. Aufsatz E. Knipovičs "Franz Kafka" in "Inostrannaja literatura" (1964) u. zu ukrainischem Artikel von D. Zatonskij "Franz Kafka – wer er wirklich war" in "Vsjesvit" (1963), in Reaktion vom Standpunkt des sozialistischen Realismus; Zatonskij ist sachlicher u. sicherer.]

224

– "Franz Kafka: Eine nichtbiographische Biographie." In: *Neue Deutsche Hefte* 21 (1974) S. 698–716.

[Dichtung u. Lebenszeugnisse bei Kafka gleichwertig; Gleichnisse, Klassiker der Moderne: kein Beweis ewiger Wahrheiten wie in Klassik, sondern Zeugnis für Erschütterung. Schwebestellung.]
Engl. Zusammenf. in: *TCL* 21 (1975) S. 241.

*Hata, S.: ["Bürokratie und Individuum. Ein Versuch über F. Kafkas 'Das Schloß'."] In: *Doitsu Bungaku* 23 (1959?).
[Jap.]

*Hata, Takehiko: ["Über den Erzähler in den Romanen von Kafka."] In: *Mukogawa-Joshi-[Univ.] -Kiyo* 11 (1963).
[Jap.]

Hatfield, Henry: *Modern German Literature. The Major Figures in Context.* London: Edward Arnold, 1966. Bloomington and London: Indiana Univ. Pr., 1968. (First Midland Book Edition.)
[S. 84–94: Kafkas Themen; Haupterz. u. Romane.]

– "Life as Nightmare: Franz Kafka's 'A Country Doctor'." In: H. H.: *Crisis and Continuity in Modern German Fiction. Ten Essays.* Ithaca and London: Cornell Univ. Pr., 1969. S. 48–62.

["Ein Landarzt": die Parabel eines Mannes in Situation voll Frustration u. Verzweiflung. Traumlogik. Nachtglocke: Kafkas Ruf zur Literatur? – Vergleichende Hinweise, bes. S. 109–10 (Broch) u. 151–52 (Uwe Johnson).]

Hatvani, Paul: "Einige Bemerkungen über das Werk des Dichters Franz Kafka und das Land, in dem seine Gestalten zu leben hatten, das hier, der Einfachheit halber, 'Kafkanien' genannt ist." In: *Literatur und Kritik* 4 (Juli/Aug. 1969) S. 421–28.

[Versuch, dem Amtsweg zu entgehen, Weg nach oben durch Konfrontation Bürger – Bürokratie. Kafkas Dichtung ein Modell staatlichen u. gesellschaftlichen Zerfalls.]

Haubenstock-Ramati, Roman: *Amerika. Eine Oper in zwei Teilen nach dem gleichnamigen Roman von Franz Kafka und der Bühnenbearbeitung von Max Brod.* Libretto. [Wien:] Universal Edition, [1965]. 65 S. (UE 13890.)
[Opernlibretto mit Anweisungen. "Amerika" als Bild eines Traumes ohne "Sichentwickeln" verstanden. Verwendung von Sätzen aus dem Roman. 25 Szenen u. Epilog. Mischung von realer Sprache u. zerrissenen Worten, absurden Pantomimen, abstrakten Projektionen.]

Hauser, Arnold: "Proust und Kafka." In: A. H.: *Der Ursprung der modernen Kunst und Literatur. Die Entwicklung des Manierismus seit der Krise der Renaissance.* München: C. H. Beck, 1973. – (C 1964). – S. 383–94.

225

[Vitales nicht mehr mitteilbar. Kafkas Bürokratien – Gottes Abwesenheit. Prosa auf Metapher basiert.]

In engl. Übers. in: *Mannerism. The Crisis of the Renaissance and the Origin of Modern Art.* Vol. 1. New York: Alfred Knopf, 1965. S. 382–93.

Hawkins, Desmond: [Rez. zu engl. Übers. von "Die Verwandlung" (1937).] In: Jakob, *Das Kafka-Bild in England* 1 (s. Sammelbde.) S. 177–78.

[Abdruck aus "Fiction Chronicle" in "Criterion" 18 (Apr. 1938) Nr. 68. S. 506–08. Komödie u. Schrecken, nur Verwandlung ist phantastisch.]

— [Rez. zu engl. Übers. von "Der Prozeß" (1937).] In: Jakob, *Das Kafka-Bild in England* 1 (s. Sammelbde.) S. 175–76.

[Abdruck aus "Fiction Chronicle" in "Criterion" 17 (Okt. 1937) Nr. 66. S. 113–15. Generelle Schuldfrage in labyrinthischer u. frustrierender Welt.]

*****Hayashi, Shou:** ["Die Personen in den kleinen Erzählungen von Kafka."] In: *Gifu-Kosen-Kiyo* 6 (1971).

[Jap.]

— ["Zeitalter der Entheiligung – Kafka als ein Beispiel."] In: *Gifu-Kosen-Kiyo* 7 (1972).

[Jap.]

— ["Zwei Dohlen. Die Bilderwelt in Kafkas 'Der Jäger Gracchus'."] In: *Doitsu Bungaku* (1978) Nr. 61. S. 81–91.

[Jap. mit dt. Zusammenf.]

Hebel, Franz: "Kafka: 'Zur Frage der Gesetze' und Kleist: 'Michael Kohlhaas'." In: *Pädagogische Provinz* 10 (1956) S. 632–38.

[Ähnliche Haltung beider Dichter; Gehorsam des Menschen vor dem letzten Unabänderlichen, das sich nur persönlich offenbart.
S. 632–33: Abdruck von "Zur Frage der Gesetze."]

— "Die Erfahrung der Welt als eines sekundären Systems und deren Spiegelung in der Sprache." In: *DU* 17 (1965) Nr. 6. S. 31–55.

[S. 31–34: Zwei Texte Kafkas: Der Zwang der Funktionssysteme: Zweckhaftigkeit der Darstellung in Beschreibung der Hinrichtungsmaschine ("Strafkolonie") läßt persönliche Beschreibung nicht zu. Mensch ist Objekt des Mechanismus.
S. 34–38: Zwei Texte Goethes: Der Ausgleich in der Spannung: In "Wanderjahre" u. "Werther" bleibt ein Spielraum subjektiver Freiheit, bei Kafka nur mechanische Einpassung des Einzelnen.]

Hebel, Frieda: "Max Brod: Franz Kafka – eine Biographie (1962)." In: Gold, *Max Brod* (s. Sammelbde.) S. 161–66.

[Brods Kampf um die Revidierung des Bildes, das die Welt von Kafka hat. Betonung des Positiven, Kommentar zu Auszügen aus der Biographie.]

*Hecht, Hugo: "Zwölf Jahre in der Schule mit Franz Kafka." In: *Prager Nachrichten* 17 (1966) Nr. 8.

Heger, Roland: "Franz Kafka (1883–1924)". In: R. H.: *Der österreichische Roman des 20. Jahrhunderts*. 2. Teil. Wien-Stuttgart: Braumüller, 1971 (Untersuchungen zur österreichischen Literatur des 20. Jahrhunderts, Bd. 3). S. 50–58.
[Besprechungen der Romane u. der Interpretationsrichtungen (historische, psychologische, religiöse) mit Beispielen.]

*Hegna, T.: "Einleitung." In: *Mot Dag*. Hrsg. v. T. Bull u. T. Hegna. Oslo: 1966. S. 7–23.

Heidinger, Maurice Marvin: "'Intrinsic' Kafka Criticism in America (1949–1963)." In: *DA* 26 (1966) S. 6713–14.
[Zusammenf.: Begriff "intrinsic" u. "extrinsic criticism" (Wellek u. Warren) herangezogen. Nach 1950 vor allem "intrinsic criticism" in der amerik. Kafka-Forschung. Hauptproblem: Vieldeutigkeit von Kafkas Werken. Anstieg der kritischen Arbeiten nach 1949; Forschungsresultate.]

Heintz, Günter: "Traktat über die Deutbarkeit von Kafkas Werken. (Einleitung)." In: Heintz, *Interpretationen zu Franz Kafka* (s. Sammelbde.) S. 5–28.
[Kafkas Werk zeigt "sprachliches Umkreisen einer letztendlich unsagbaren Intention", Offenheit der Texte, Schwierigkeit jeder Interpretation, z. B. auch der biographistischen (nur Quellenwert). Suche nach "Formel" für Gesamtwerk gefährlich; Wissen des Lesers oft das Kriterium. Explication de texte u. Interpretation streng zu trennen.]

Heinz, Heide: "Herman Melvilles Erzählung 'Bartleby' im Vergleich zu Franz Kafkas Roman 'Der Prozess'." In: *Saarbrücker Beiträge zur Ästhetik* (1966) S. 59–66.
[Antirealistische Züge bei beiden trotz Wirklichkeitsnähe. Bei Melville ist der Held unfaßbar, bei Kafka die Umwelt. Kafka führt eine Tendenz Melvilles weiter.]

Heiseler, Bernt von: "Franz Kafka oder Die Sonnenfinsternis." In: B. v. H.: *Gesammelte Essays zur alten und neuen Literatur*. 2. Bd.: *Figuren II – Feldzeichen – Formen*. Stuttgart: J. F. Steinkopf, 1967. S. 71–77.
[Über Kafkas Welt hat sich die Sonne verfinstert. Unmöglichkeit, ohne Glauben an ihr Licht zu leben.]

Helander, Lars: "Kafka i Östeuropa." In: *Bonniers Litterära Magasin* 34 (1965) S. 43–46.
[(Kafka in Osteuropa): Beschreibung der Dokumente u. Photographien in Kafka-Ausstellung; Brod nicht berücksichtigt; Kafka in Rumänien u. Ungarn gedruckt, aber nicht gefördert. Interview mit G. Lukács (Kafka: großes Talent der Übergangsperiode).]

Hellens, Franz: "Le phénomène Franz Kafka revu à travers le 'Journal'." In: *Europe* 49 (1971) Nr. 511–12. Kafka. S. 91–95.

[Geistige Instabilität, wie bei Nerval u. Dostojewski. Surrealer Alptraum Ausgangspunkt für Dichtung. Kafka will aus Passivität heraus; aus "Tagebüchern" erkenntlich.]

Heller, Erich: "The World of Franz Kafka." In: Gray, *Kafka. A Collection of Critical Essays* (s. Sammelbde.) S. 99—122.

[Abdruck von S. 197—231 aus "The Disinherited Mind." London: Bowes & Bowes, 1952. – Kafkaheld erkennt nur verzerrte Abbilder der Wahrheit; dunkles Universum, Klarheit der Darstellung. Schloß – Sitz gnostischer Dämonen; "truth and existence are mutually exclusive."]
Auch in: Neumeyer, *Twentieth Century Interpretations of "The Castle"* (s. Sammelbde.) S. 57—82.
Auch in: *The Disinherited Mind. Essays in Modern German Literature and Thought.* Third Edition. New York: Barnes and Noble; London: Bowes & Bowes, 1971. S. 197—231. – 4th Edition. New York: Harper & Row, 1978.
In dt. Sprache u. d. T.: "Die Welt Franz Kafkas." In: E. H.: *Studien zur modernen Literatur.* Frankfurt/M.: Suhrkamp, 1963. S. 9—52. [Artikel aus: E. H.: *Enterbter Geist.* Frankfurt/M., 1954. – Erstmals erschienen in: *Hamburger Akademische Rundschau* 1948/1949, Nr. 2.]
Auch in: Politzer, *Franz Kafka* (s. Sammelbde.) S. 175—204.
In ital. Übers. v. G. Gozzini u. Calzecchi Onesti u. d. T.: "Il mondo di Franz Kafka." In: E. H.: *Lo spirito diseredato.* Milano: Adelphi, 1965. S. 193—220.
Teilabdrucke in ung. Übers. in: Lenke Bizám: *Kritikai allegóriák Dickensről és Kafkáról.* Budapest: Akadémiai Kiadó, 1970. S. 125—26, 137—38, 201, 206—07, 214—15, 228.

— "Kafkas wahrer Wille. Zu seinen Briefen an die Verlobte." In: *Merkur* 21 (1967) S. 624—41.

[Ambivalente Stellung zu Werk, Zwiespalt in Kafkas Seele, Stellung zur Welt in "Briefe an Felice."]
In erweiterter Form als "Einleitung" in: Franz Kafka: *Briefe an Felice und andere Korrespondenz aus der Verlobungszeit.* Hrsg. v. Erich Heller u. Jürgen Born. New York: Schocken; Frankfurt/M.: Fischer, 1967. (Bd. 11 der *Gesammelten Werke*.) S. 9—34.
Auch u. d. T.: "Einleitung zu Kafkas 'Briefe an Felice und andere Korrespondenz aus der Verlobungszeit'" in: Politzer, *Franz Kafka* (s. Sammelbde.) S. 431—58.
Engl. Zusammenf. in: *TCL* 14 (1968) S. 53.
In engl. Übers. u. d. T.: "Kafka's True Will." In: *Commentary* 55 (1973) Nr. 6. S. 65—73.
In geänderter Form u. d. T.: "Kafka's True Will. An Introductory Essay." In: Franz Kafka: *Letters to Felice.* Ed. Erich Heller and Jürgen Born. New York: Schocken Books, 1973; London: Secker & Warburg, 1974. S. VII—XXIII.
Engl. Zusammenf. v. S. 11, 24—25 (über "Die Verwandlung") in: Corngold, *The Commentators' Despair* (s. Sammelbde.) S. 134.
Engl. Zusammenf. in: *TCLB* S. 2069.
*In holl. Übers. v. Nini Brunt in: *Brieven aan Felice en andere correspondentie uit de verlovingstijd 1912—1913, 1914—1917.* Amsterdam: Querido, 1974.

*—"Man Guilty and Man Ashamed." In: *Psychiatry* 37 (Feb.—May 1974) S. 10—21, 99—103.

— "Man Guilty." In: Neumeyer, *Twentieth Century Interpretations of "The Trial"* (s. Sammelbde.) S. 94—99.

[Abdruck v. S. 88—90 u. 97 aus E. H.: *Franz Kafka.* Viking Pr., 1974.]

– "Introduction." In: *The Basic Kafka*. New York: Pocket Books, 1979. S. IX–
XXVII.

[Leben u. Schreiben waren für Kafka eins; zwei Welten, die innere u. äußere, u. zwei verschiedene Zeiten; sein Schuldbegriff u. "Brief an den Vater"; "Urteil" u. Verlobung mit
Felice. Wahrheit, Böses u. Lebensfreude.]

*– "Investigations of a Dog and Other Matters: A Literary Discussion Group in
an American University." In: Stern, *The World of Franz Kafka* (s. Sammelbde.) S. 103–11.

[Reaktion der verschiedenen Teilnehmer.]

Heller, Peter: "Die deutsche Literatur aus amerikanischer Sicht." In: *Welt und
Wort* 11 (1956) S. 105.

[Kafkas Einfluß auf amerik. Lesepublikum.]

– "The Autonomy of Despair. An Essay on Kafka." In: *The Massachusetts
Review* 1 (1960) S. 231–53.

[Kafka reduziert den geistigen, kultivierten Menschen zu einem Wesen niederer Ordnung.
Nihilistischer Zweifel, Ziellosigkeit. Verschiedene Interpreten. Keine Beantwortung der
Kernfragen.]
Auch in: *TCLB* S. 2069–70.

Helmers, Hermann: "Verfremdung als poetische Kategorie." In: *DU* 20 (1968)
Nr. 4. S. 86–103.

[S. 99–103: Verfremdung als Element der Komik: "Der Kübelreiter" – eine Groteske;
Beziehung zum Humor des Kindes.]

Helmich, Wilhelm: *Wege zur Prosadichtung des 20. Jahrhunderts. Eine didaktische Untersuchung.* Braunschweig: Georg Westermann, 1960.

[Inhalte, Themen, Formen u. Interpretationsmöglichkeiten der modernen Dichtung u.
ihre Verwendung im Mittelschulunterricht. Hinweise auf Kafka.]

Helmstetter Cantrell, Carol: "'The Metamorphosis': Kafka's Study of a
Family." In: *Modern Fiction Studies* 23 (Winter 1977–78) S. 578–86.

[Kafka stellt eigene Familie dar; Vater – uneingeschränkter Herrscher, weil er die Familiensituation durchschaut.]

Hendry, James: "Kafka and the New Apocalypse." In: Jakob, *Das Kafka-Bild in
England* 1 (s. Sammelbde.) S. 196–202.

[Abdruck aus "Introduction" zu J. H.: "The New Apocalypse". London, 1940, S. 9–15.
Kafka u. Joyce sind apokalyptische Dichter; zeigen den Menschen als letzte Realität nach
Zusammenbruch aller Normen. Mythos im Maschinenzeitalter ("Prozeß").]

Henel, Heinrich: "Erlebnisdichtung und Symbolismus. In: *DVjs* 32 (1958)
S. 71–98.

[S. 96–97 Kafkas "Amerika": Übergang vom Symbolismus zur Abstraktion.]

229

– "Kafka's 'Der Bau', or How to Escape from a Maze." In: *The Discontinuous Tradition. Studies in German Literature in Honor of Ernest Ludwig Stahl.* Ed. P. F. Ganz. Oxford: Clarendon, 1971. S. 224–46.

[Metapher des Labyrinthes; Angstmotiv; dem Tier fehlt Selbsterkenntnis u. Selbstvertrauen. Sorge als beunruhigendes Element; Vergleich mit Goethe.]

– "Das Ende von Kafkas 'Der Bau'." In: *GRM* 22 (1972) S. 3–23.

[Einsinnigkeit der Erzählperspektive (Beißner) hier durchbrochen: durch "schillernde" Bedeutung des Präsens erklärt. Im 2. Hauptteil der Erz. ist Autor zu erkennen; Tier wird in Angst weiterleben, da es kein Vertrauen zum Bau hat. S. 21–23: Anhang über Handschrift u. Druck.]
Engl. Zusammenf. in: *TCL* 18 (1972) S. 299.

– "Kafka meistert den Roman." In: David, *Franz Kafka. Themen und Probleme* (s. Sammelbde.) S. 101–20.

[Meister der Kleinkunst, gab die ersten zwei Romane auf; der dritte ausgezeichnet geplant, wegen Krankheit unvollendet. Kontinuierliche Handlung, mehrere Handlungsstränge, harmonischer Stil; herrschende Metapher glücklich gewählt, Reales u. Metaphorisches vereint.]

Henel, Ingeborg: "Die Türhüterlegende und ihre Bedeutung für Kafkas 'Prozeß'." In: *DVjs* 37 (1963) S. 50–70.

[Legende ist Schlüssel für Gesamtwerk; stellt auch Josef K.s Schuld dar (Bestechungsversuche u. Abwälzen der Verantwortung für eigene Handlungen auf andere).]
Teilabdruck v. S. 52, 54–55, 60–62 in frz. Übers. u. d. T.: "Le Procès: le gardien de la porte de la Loi." In: Raboin, *Les critiques de notre temps et Kafka* (s. Sammelbde.) S. 81–86.
In engl. Übers. v. James Rolleston u. d. T.: "The Legend of the Doorkeeper and Its Significance for Kafka's 'Trial'." In: Neumeyer, *Twentieth Century Interpretations of "The Trial"* (s. Sammelbde.) S. 40–45.

– "Ein Hungerkünstler." In: *DVjs* 38 (1964) S. 230–47.

[Drang zur Transzendierung des Lebens (Hungerlust) u. vitaler Trieb. Paradox des Künstlertums. Gegensatz zwischen Wahrheit u. Leben.]

– "Die Deutbarkeit von Kafkas Werken." In: *ZfdPh* 86 (1967) S. 250–66.

[Kritische Beurteilung der Kafka-Literatur. Symbolisch-allegorische Auslegung von Kafkas Werken muß seit Walser als widerlegt gelten.]
Auch in: Politzer, *Franz Kafka* (s. Sammelbde.) S. 406–30.
Engl. Zusammenf. in: Corngold, *The Commentators' Despair* (s. Sammelbde.) S. 134–35, u.
in: *TCLB* S. 2070.

– "Kafkas 'In der Strafkolonie'. Form, Sinn und Stellung der Erzählung im Gesamtwerk." In: *Untersuchungen zur Literatur als Geschichte. Festschrift für Benno von Wiese.* Hrsg. v. Vincent J. Günther, Helmut Koopmann, Peter Pütz, Hans Joachim Schrimpf. Berlin: Erich Schmidt, 1973. S. 480–504.

[Allegorisches Kunstmärchen, Übers. von Idee in Bild; Hyperbolik: übertriebene Strafe für lächerliches Vergehen, existentielle Schuld? Offizier u. Reisender: ehrlich, wahre Vorgänge. Historische Perspektive im Zusammenstoß Offizier/Reisender. Kafkas Beschäftigung mit Strafproblem zwischen 1912–1914.]

– "Kafka als Denker." In: David, *Franz Kafka. Themen und Probleme* (s. Sammelbde.) S. 48–65.

[Fähigkeit, juristisch zu argumentieren; mit Vorliebe Gedanken in Bildern dargestellt, "übersetzt" (gegen Binder u. Neumann), genaues Denken. Paradoxe in flüssiger Sprache – Problematik des Erkennens. Paradox als Gedankenkonzentrat.]

– "Periodisierung und Entwicklung." In: *Kafka-Handbuch* 2 (s. Sammelbde.) S. 220–41.

[Kurzbibliogr. S. 241. – Phasen untersucht: Frühwerk, Zeitspanne von "Urteil" bis "Prozeß", die "Landarzt"-Phase, sowie das Spätwerk.]

Hennecke, Hans: *Kritik. Gesammelte Essays zur modernen Literatur.* Gütersloh: Bertelsmann, 1958.

[S. 209–16: Unentrinnbarer Zwang zur Selbstbeobachtung. Franz Kafka: Tagebücher – ohne Eitelkeit, zeigen den Künstler, Moralisten u. Religiösen. Vollkommenheit von Sein u. Leistung erstrebt.]

Henrard, Anne: "Une source espagnole au 'Château' de Kafka?" In: *Revue des Langues Vivantes* 31 (1965) S. 444–53.

["Livres des demeures" der Theresia von Avila parallel zum "Schloß" überprüft. Ähnlichkeiten der Hauptgestalten, ihres Zieles (das Schloß) u. des bedrückenden Milieus. K.s Geschichte ist Allegorie eines Sünders, der seine Seele sucht.]
Engl. Zusammenf. in: *TCLB* S. 2106.

Henschen, Hans-Horst: "Der Bau." – "Beschreibung eines Kampfes." – "Forschungen eines Hundes." – "Ein Hungerkünstler." – "In der Strafkolonie." – "Der Jäger Gracchus." – "Ein Landarzt." In: *Kindlers Literatur Lexikon.* Zürich: Kindler, 1965–1972.

[Bd. 1: "Der Bau". – "Beschreibung eines Kampfes." – Bd. 3: "Forschungen eines Hundes." – "Ein Hungerkünstler." – "In der Strafkolonie." – "Der Jäger Gracchus." – Bd. 4: "Ein Landarzt." Interpretation.]
Auch in: *Kindlers Literatur Lexikon.* Einmalige zwölfbändige Sonderausgabe. Bd. 2, 4, 5, 6. Zürich: Kindler, 1971–1972.

Heppenstall, Rayner: "The K's." In: R. H.: *The Fourfold Tradition.* Notes on the French and English Literatures, with some ethnological and historical asides. London; Norfolk, Conn.: New Directions, 1961. S. 181–86.

[Reaktion auf Muir, Brod u. Essays in "The Kafka Problem" (Flores). Versuch einer ästhetischen Werkbestimmung.]
Auch in: Jakob, *Das Kafka-Bild in England* 2 (s. Sammelbde.) S. 489–93.

Herd, E. W.: "Myth Criticism: Limitations and Possibilities." In: *Mosaic* 2 (Spring 1969) Nr. 3. S. 69–77.

[Verwendung des Mythos im modernen Roman; auch in Kafkas "Schloß": Mythos als Strukturelement; Höhle u. Berg.]

Hering, Gerhard F.: "Kafka in drei Spiegeln." In: *Merkur* 13 (1959) S. 582–89, 685–90 u. 883–89.

[Brods Ausgabe der Briefe (1902–1924) im Fischerverl. (1958), Emrichs Kafkabuch (1958) u. Wagenbachs Kafkabiographie (1958). Der Gleichnischarakter von Kafkas Dichtung.]

Herling-Grudziński, Gustaw: "Kafka w Rosji." In: *Kultura* (1965) Nr. 218. S. 8–13.

[Kafka, Proust u. Joyce – "dekadente" Künstler. Erst ab 1962 sind Kafkas Werke in Prag erhältlich. Erstes Kafkainteresse in Polen durch "Prozeß"-Übers. v. Bruno Schulz aus Vorkriegszeit; Weltfriedenskongreß 1962 in Moskau: Wende (Sartres Rede). Liblicekonferenz u. Symposium über den Roman in Leningrad, beide 1963. Artikel über Kafka in "Inostrannaja Literatura" (Jan. 1964) u. "Prozeß"-Übers. ins Russ.]

Hermlin, Stephan: "An 'Politikon'." In: St. H.: *Lektüre 1960–1971.* *Berlin u. Weimar: Aufbau Verl., 1973. S. 235–38. – Auch: [Frankfurt/M.:] Suhrkamp, 1974 (Suhrkamp Taschenbuch 215). S. 199–201.

[Abdruck aus "Politikon", Göttingen (1964) Nr. 8. Gespräch über Literatur, Dekadenz u. Kafka.]

Hermsdorf, Klaus: "Zu den Briefen Franz Kafkas." In: *Sinn und Form* 9 (1957) S. 653–62.

[Bemerkungen zu den Briefen des Versicherungsangestellten Kafka; Kafkas Beamtenlaufbahn war die eines gewissenhaften, normalen Beamten.]

– "Hinweise auf einen Aufsatz von Franz Kafka." In: *WB* 4 (1958) S. 545–56.

[Außerdichterische Schriften Kafkas erhellen Werk. Polemischer Aufsatz über Arbeiterunfallversicherung. S. 548–56: Abdruck von Kafkas "Die Arbeiterunfallversicherung und die Unternehmen", 4. Nov. 1911, aus "Tetschen-Bodenbacher Zeitung."]

– "Dopis Otci. Franz Kafka." In: *Světova Literatura* 7 (1962) Nr. 6. S. 84–88.

[(Brief an den Vater): Ursprung von Kafkas Kunst ist Kampf gegen den Vater (rücksichtsloser "Bürger") u. für bessere Welt.]

– "Umělec a umění u Franze Kafky." In: Goldstücker, *Franz Kafka. Liblická Konference 1963* (s. Sammelbde.) S. 97–106.

[Wissen um heilsame Verbindung von Kunst u. Gesellschaft; Kafkas späte Kritik an der Künstlerexistenz. Seine absoluten, unhistorischen Aussagen als Ferment in Literatur u. Gesellschaft.]
Dt. u. d. T.: "Künstler und Kunst bei Franz Kafka." In: *WB* 10 (1964) S. 404–12.
Gleichnam. Artikel auch in: Goldstücker, *Franz Kafka aus Prager Sicht 1963* (s. Sammelbde.) S. 95–106.
Engl. Zusammenf. v. S. 97 in: Corngold, *The Commentators' Despair* (s. Sammelbde.) S. 135.
In ital. Übers. u. d. T.: "L'arte e l'artista in Franz Kafka." In: Goldstücker, *Franz Kafka da Praga* (s. Sammelbde.) S. 103–15.

– "Werfels und Kafkas Verhältnis zur tschechischen Literatur." In: *Acta Universitatis Carolinae-Philologica* 1 (1964) Nr. 3. S. 39–47.

[Soziales, kulturelles u. politisches Krisenbewußtsein. S. 43–47: Literatur kleiner Völker (Juden, Tschechen) – lebhaft, vital, volksnahe. Das fehlte Kafka. – Tschech. u. russ. Zusammenf.]

*– "Nachwort." In: Franz Kafka: *Erzählungen. Der Prozeß. Das Schloß.* Berlin: Rütten & Loening, 1965. S. 775–820.

[Leben u. Werk Kafkas.]

*– "Nachwort." In: Franz Kafka: *Amerika.* Roman. Anhang: Fragmente I u. II. Nachworte zur ersten, zweiten u. dritten Ausgabe von Max Brod. Berlin: Rütten & Loening, 1967. S. 303–17.

– "Anfänge der Kafka-Rezeption in der sozialistischen deutschen Literatur." In: *WB* 24 (1978) Nr. 9. S. 45–69.

[Anna Seghers' u. Brechts Auseinandersetzung mit Kafka: seit Mitte der zwanziger Jahre, Kenntnis der frühen Publikationen u. ihre Reaktion darauf ("Betroffenheit"). Exilzeit Brechts – Aneignung Kafkas in literarischem Sinn, Auseinandersetzung mit Benjamin, Svendborger Notizen. Er begann, wo Kafka endete, nämlich mit Lösungsvorschlägen für das Leiden. "Berichtigung alter Mythen", will Sinn u. Lehre finden. Seghers: Ende der vierziger Jahre: ethischer Moralismus trennt sie von Kafkas Welt, "Transit" ("Schloß").]

Hernández Aguirre, M.: "El misterio de las puertas en la literatura de Franz Kafka." In: *Atenea* 34 (1957) Nr. 375. S. 83–86.

Herwig, Franz: "Vom literarischen Expressionismus." In: Born, *Franz Kafka. Kritik und Rezeption* (s. Sammelbde.) S. 68–71.

[Zuerst in "Hochland" (München, Mai 1916). Eher skeptische Betrachtung der neuen Literatur im Kurt Wolff Verl.; Kafkas "Verwandlung".]

Herz, Julius M.: "Franz Kafka and Austria: National Background and Ethnic Identity." In: *MAL* 11 (1978) Nr. 3/4. S. 301–18.

[Es ist nicht erwiesen, daß Kafkas Vater tschechischer Jude war, aber die Familie paßte sich dem tschechischen Milieu an. Kaisertreue der Juden u. Antisemitismus. Auch Kafka war pro-österreichisch eingestellt, gehört zur österreichischen Literatur. In den letzten Jahren wachsendes jüdisches Selbstbewußtsein.]

Heselhaus, C.: "Franz Kafka." In: *Die Religion in Geschichte und Gegenwart. Handwörterbuch für Theologie und Religionswissenschaft.* 3. Aufl. 3. Bd. Tübingen: J. C. Mohr, 1959. Spalte 1084–87.

[Kafka: Erneuerer der alten Parabel; Erz. u. Romane vom Parabelcharakter her deutbar. Schriften u. Leben legen religiöse Problematik der Moderne bloß.]

Hess, M. Whitcomb: "Kafka in Wonderland." In: *America (National Catholic Weekly Review)* 97 (1957) S. 44–45.

[Knüpft an Dysons Artikel an. Kafkas Reaktion auf den Idealismus; Verlust von Menschlichkeit u. Freiheit.]

Hesse, Hermann: "An einen jungen Kafka-Leser." In: *Briefe.* Erweiterte Ausgabe. 16.–22. Tausend. Frankfurt/M.: Suhrkamp, 1964. S. 458–59. Auch: 1965.

[Geschrieben 1956. Brief Hesses über Kafka-Deutungen. Kafkas Werke sind großartige Dichtungen.]
In erweiterter Fassung mit einleitenden Bemerkungen u. d. T.: "Kafka-Deutungen."
In: *Gesammelte Schriften.* Bd. 7. *Betrachtungen – Briefe – Rundbriefe – Tagebuchblätter.* 13.–15. Tausend. Berlin u. Frankfurt/M.: Suhrkamp, 1968. S. 469–71.
Dass. u. d. T.: "Kafka-Deutungen." In: H. H.: *Gesammelte Werke.* 12. Bd.: *Schriften zur Literatur 2.* Eine Literaturgeschichte in Rezensionen und Aufsätzen. Ausgewählt u. zusammengestellt von Volker Michels. Frankfurt/M.: Suhrkamp, 1970. S. 489–91.
In engl. Übers. v. Denver Lindley u. d. T.: "Interpreting Kafka." In: H. H.: *My Belief. Essays on Life and Art.* Ed., with an Introduction by Theodore Ziolkowski. New York: Farrar, Straus and Giroux, 1974. S. 272–74.
In ital. Übers. v. Ervino Pocar u. d. T.: "A un giovane lettore di Kafka." In: Pocar, *Introduzione a Kafka* (s. Sammelbde.) S. 42–43.

– *Gesammelte Werke.* Bd. 12: *Schriften zur Literatur 2. Eine Literaturgeschichte in Rezensionen und Aufsätzen.* Ausgewählt u. zusammengestellt von Volker Michels. Frankfurt/M.: Suhrkamp, 1970.

[S. 477–91: 13 kurze Aufsätze u. Rez., meistens aus 1935. Kafkas Dichtungen – Angstträume. Mißverständnis als Grundlage dieser Welt. Jüdischer Kierkegaard, erlebte unsere Krise im voraus. "Der Prozeß": Urschuld alles Lebens, Ahnung der Gnade. "Amerika" versöhnlicher. Romane: Gottesferne des heutigen Menschen. "Schloß": Verborgenheit Gottes. "Hungerkünstler": ätherisch u. exakt; Meister der Sprache. – Hesse beschäftigte sich seit 1917 mit Kafka. "Tagebücher" u. "Briefe" – literarisches Ereignis. Kafka-Deutungen. S. 503–05: "Franz Kafka, eine Biographie": Kafka eines der erstaunlichsten Phänomene, Wirkung erst in Anfängen, Brods positive Deutung war sachlich richtig.]

H[esse], O[tto] E[rich]: "Franz Kafka; 'In der Strafkolonie'." In: Born, *Franz Kafka. Kritik und Rezeption* (s. Sammelbde.) S. 97.

[Zuerst in "Zeitschrift für Bücherfreunde" (Leipzig, März/Apr. 1921). Absonderlich, Nervenkunst, – sonst spricht "Strafkolonie" für starke erzählerische Begabung.]

*Hessel, R. A. Egon: "Kierkegaard und Kafka." In: *Kierkegaard-Studiet International Edition* 3 (1966) (Osaka, Japan) S. 11–16.

Hidāyat, Ṣadiq: *Payām-i Kafka. Quruh-i maḥkūmīn.* Tahran [Teheran]: Amīr Kabīr, 1342 [1963].

[Persisch. (Die Botschaft Kafkas) S. 11–75: Biographisches. Kafkas Werke kommen aus der Tiefe des Menschen; Kafkas Fragen gehören in den Bereich des Ungewissen, Transzendenten; keine Antworten. Leben ein Rätsel, auch Streben hilft nichts. Kafkas Lebensweg war für ihn schal u. unglücklich. S. 79–150: "Guruh-i maḥkūmīn" ("In der Strafkolonie.") 4. Aufl. Persische Übers. v. Ḥasan Qāʾimyān.]

Hiebel, Hans H.: "Antihermeneutik und Exegese: Kafkas ästhetische Figur der Unbestimmtheit." In: *DVjs* 52 (1978) S. 90–110.

[Kafkas Werk im Zusammenhang mit den Veränderungen des modernen Romans (Verlust der epischen Distanz, des überlegenen objektiven Erzählers etc.) betrachtet. "Reflexions-Bilder" entstünden beim Zerfall der traditionellen Muster u. Formen, die keinen eindeutigen Sinn mehr ergeben. Untersuchungsabschnitte erarbeiten die "spezifische Offenheit und Unbestimmtheit von Kafkas ästhetischer Figur". (Beispiel: "Bericht an eine Akademie".)]

Hiepe, Richard (Hrsg.): *Bilder und Graphik zu Werken von Franz Kafka.* München: Neue Münchner Galerie, 1966. 83 S. (Katalog 23).

[S. 4: Franz Kafka: Eigenhändige Zeichnungen. –
S. 5–10: Richard Hiepe: Kafka in der modernen Kunst. – Kafkas Reserve gegenüber Illustr. zu seinen Werken. Schwierigkeiten heute von Illustratoren erkannt. Kommentare über Illustr.
S. 12–16: Katalog der 136 ausgestellten Illustr. u. Porträts mit Kurzbiographien.
S. 18–83: Abb. der Illustr. u. Porträts, von Kafkazitaten begleitet.]

*Higuchi, Daisuke: ["Memorandum über 'Die Verwandlung'."] In: *Tôkyô-[Univ.-] Shi-Gengo* (1965).
[Jap.]

*–["Die Verwandlung".] In: *Eureka* 3–4 (1971) Kafka-Sonderheft.
[Jap.]

Hildebrandt, Dieter, u. Siegfried Unseld (Hrsg.): *Deutsches Mosaik. Ein Lesebuch für Zeitgenossen.* Frankfurt/M.: Suhrkamp, 1972.

[S. 51–56: Franz Kafka. Aufzeichnungen aus dem Jahre 1915: Abdruck der Aufzeichnungen vom 27. Apr. 1915. S. 448–49: Franz Kafka: Einführendes.]

Hillebrand, Bruno: "Franz Kafka." In: B. H.: *Theorie des Romans.* [Bd.] 2. *Von Hegel bis Handke.* München: Winkler, 1972. S. 133–44.

[Totalidentifikation Kafkas mit seinem Werk, Selbstbefreiung durch Schreiben. Die 3 Romane handeln von der Bewußtwerdung der Todeserkenntnis. Kafka hatte keine Romantheorie.
Hinweise auf Kafka, bes. S. 154–56, 214–15, 262–65, 267–68.]

Hillmann, Heinz: "Franz Kafka." In: *Deutsche Dichter der Moderne. Ihr Leben und Werk.* Unter Mitarbeit zahlreicher Fachgelehrter hrsg. v. Benno von Wiese. Berlin: Erich Schmidt, 1965. S. 258–79.

[Biographisches, einführend; Kafka, der gewissenhafte Beobachter; neue Aussagen heben die alten auf; Struktur der Werke dadurch bestimmt.]

– "Das Sorgenkind Odradek." In: *ZfdPh* 86 (1967) S. 197–210.

[Bibliogr. u. Auseinandersetzung mit Interpreten von "Die Sorge des Hausvaters."]
Engl. Zusammenf. in: *TCL* 14 (1968) S. 53, u.
in: *TCLB* S. 2108.

– "Kafkas 'Amerika': Literatur als Problemlösungsspiel." In: *Der deutsche Roman im 20. Jahrhundert. Analysen und Materialien zur Theorie und So-*

235

ziologie des Romans. Bd. 1. Hrsg. v. Manfred Brauneck. Bamberg: Buchner, 1976. S. 135–58.

[Kafka prüft Lebensalternativen fern von Vater u. Prag in einer modernen Gesellschaft: "Amerika". Alte Erfahrung der Kindheit (Vater stellt Regeln auf) wiederholt sich, aber Karl rebelliert, wenn auch erfolglos (Kap. 3 u. 6). Ausweg mit Beachtung menschlich-individueller Wünsche in Oklahoma-Kap. Kafka überprüft Handlungsstrukturen u. Wirklichkeitsmodell von "David Copperfield", sowie den Entwicklungsroman. Kafkas Modell wird an A. Holitschers Amerikabericht (bes. marxistisches Chicagokap.) getestet.]
In gekürzter engl. Fassung u. d. T.: "'Amerika': Literature as a Problem-solving Game." In: Flores, *The Kafka Debate* (s. Sammelbde.) S. 279–97.

– "Ästhetik. Schaffensprozeß." In: *Kafka-Handbuch* 2 (s. Sammelbde.) S. 15–35.

[Kurzbibliogr. S. 35. – Verschiedene Phasen: Inkubation, Niederschrift u. Eigenrezeption untersucht.]

Hilsbecher, Walter: "Kafkas Schloß." In: W. H.: *Wie modern ist eine Literatur? Aufsätze.* München: Nymphenburger, 1965. S. 113–38.

[Traumatmosphäre, aber überzeugende Traumlogik. Kafka verfremdete nicht, ihm war die Wirklichkeit fremd, aber er gesteht dem Traum Wirklichkeit zu. Tendenz: Rationalisierung des Irrationalen. Von Sieg keine Rede, nur von unendlichem Kampf. Dorfbewohner leben in Trägheit; eine der Hauptsünden K.s: Ungeduld. Schloß: uneinnehmbare Festung des Irrationalen. – S. 7–47: Wie modern ist eine Literatur? Hinweise auf Kafka.]

Hilsch, Peter: "Böhmen in der Österreichisch-Ungarischen Monarchie und den Anfängen der Tschechoslowakischen Republik." In: *Kafka-Handbuch* 1 (s. Sammelbde.) S. 3–39.

Hiltbrunner, Hermann: *Alles Gelingen ist Gnade. Tagebücher.* Zürich-Stuttgart: Artemis, 1958.

[Tagebucheintragungen über Kafka (1948–52), bes. S. 402–03, 839–42, 845–48, 861–62. Kafkas Werke: Manifestationen eines gespaltenen Menschen; Beiträge zur Psychologie des Unbewußten; Naturferne. Fanatismus des Argumentierens.]

*Hino, Y.: ["Über 'Ein Hungerkünstler'."] In: *Nagoya Kogyo Daigaku Kiyo* 26 (1975) S. 63–72.

*Hino, Yasuaki: "Kafka no 'Shiro' ni tsuite." In: *Tohoku Doitsu-Bungaku Kenkyu* 17 (1974?) S. 55–76.

[(Über Kafkas "Das Schloß"): Mit dt. Zusammenf.]

Hinze, Klaus-Peter: "Neue Aspekte zum Kafka-Bild. Bericht über ein noch unveröffentlichtes Manuskript." In: *MAL* 5 (1973) Nr. 3/4. S. 83–92.

[Kurzbericht über Ms. von Hugo Hecht, das Erinnerungen an Prager Leben Kafkas enthält. Titel: "Franz Kafkas Tragödie. Zeiten, Zustände und Zeitgenossen, nebst autobiographischen Bemerkungen des Verfassers. 19 Essays." Kafkas Jugend u. seine sexuelle Spätentwicklung.]
Engl. Zusammenf. in: *TCL* 19 (1973) S. 228.

*Hirota, Ikuo: "'Henshin' deguchi nashi to iukoto ni tsuite no shiron." In: *Mei-dai Holzweg* (Meiji Univ.) 3 (1974) S. 11–26.

[Jap. ("Die Verwandlung". Versuch einer Interpretation der Hoffnungslosigkeit.)]

Hirsch, David H.: "The Pit and the Apocalypse." In: *Sewanee Review* 76 (1968) S. 632–52.

[Vergleich der Schuldfrage in Poes "The Pit and the Pendulum" u. Kafkas "Prozeß". Poes Erzähler ohne Schuldgefühle.]
Engl. Zusammenf. in: *Abstracts of English Studies* 13 (1969) S. 113.

Hirsch, Wolfgang: *Substanz und Thema in der Kunst. Gedanken zu einem Grundproblem der Ästhetik.* Amsterdam: L. J. Veen; Stuttgart: F. A. Brockhaus, 1961.

[S. 40–48: Kafkas Dichtungen stellen Menschen als passives Subjekt (moralisch) unerklärbarer Schicksale dar.]

*Hisayama, Hidesada: "Kafka oyobi Kafka no sakuhin no hyôka o meguru oboegaki." In: *Kansai Gakuin Daigaku* [Kansai Gakuin Univ.] *Doku Futsu Bungaku-Gogaku Kenkyu* 3 (1974, Ronchi 27) S. 1–27.

[Jap. (Eine Bemerkung zur Beurteilung Kafkas und seiner Werke.)]

— ["'Die Verwandlung' von Kafka."] In: *Bungakuno-Kiso-Riron* [Minerva-Verl.] (1974).

[Jap.]

Hlaváčová, Jiřina: "Franz Kafkas Beziehungen zu Jicchak Löwy. (Neues Material zur Biographie Franz Kafkas.)" In: *Judaica Bohemiae* 1 (1965) S. 75–78.

[Fund im staatlichen jüdischen Museum in Prag beweist Kafkas Bemühungen, Löwy finanziell zu helfen; organisiert Rezitationsabend; Korrespondenz mit Verein Bar Kochba.]

Hobson, Irmgard: "Oklahoma, USA, and Kafka's Nature Theater." In: Flores, *The Kafka Debate* (s. Sammelbde.) S. 273–78.

["Oklahoma Land Rush" 1889–1906; Landverteilung u. Berichte davon sicher bekannt unter Emigranten u. Rückwandernden nach Böhmen. "Neues Eldorado": Anklänge an "Wettlauf" um Land in Oklahomakap.; auch Idee der "2. Chance", Heimat zu finden. Karl läuft also nicht fort, sondern auf ein Ziel zu.]

— "The Kafka Problem Compounded. 'Trial' and 'Judgment' in English." In: *Modern Fiction Studies* 23 (Winter 1977/78) S. 511–29.

[Fehlerhafte Übers. stören Sinn u. ändern Werk (Beobachtungen im Unterricht mit Schockenausgabe 1974). Appendix über "Amerika" u. "Schloß".]

Hochmuth, Arno (Hrsg.): *Literatur im Blickpunkt. Zum Menschenbild in der Literatur der beiden deutschen Staaten.* 2. Aufl. Berlin: Dietz, 1967. – (1. Aufl. 1965.)

[S. 101–04: Joyce, Proust u. Kafka hatten großen Einfluß auf westdt. Prosaliteratur. Kafkas Werk: hilfloser Protest gegen bürgerliche Gesellschaft.]

Hocke, Gustav René: *Das europäische Tagebuch.* Wiesbaden: Limes, 1963.

[S. 30–33: Im Tagebuch versucht Kafka, sein inneres Leben zu ordnen.
S. 110–12: Kafkas erotische Träume im Tagebuch.
S. 397–403: Nullpunkt des Daseins u. neue Existenzerfahrung. Hinweis auf Diss. von Ruprecht Heinrich Kurzrock über Kafkas Tagebuch: "Das Tagebuch als literarische Form." – Überpsychologisch, wie Traumdiarien der Neoplatoniker.]

*– "Die neue Klassik. (Joyce, Kafka, Musil)." In: *Christ und Welt* 18 (1965) Nr. 3. S. 17.

Hodgart, Matthew: "K". In: *New York Review of Books* 12 (10.4.1969) S. 3–4.

[Besprechung von "Prozeß", der als Paperback bei Schocken mit erstmals veröffentlichten Zeichnungen erschien; Greenbergs, Urzidils u. Neumeyers Kafkaveröffentlichungen.]

Hodin, J[osef] P[aul]: "Franz Kafka: Reflections on the Problem of Decadence". In: J. P. H.: *The Dilemma of Being Modern. Essays on Art and Literature.* London: Routledge & Kegan Paul, 1956; – New York: Noonday Pr., 1959. S. 3–22.

[Geht auf Aufsatz in "Horizon" (London 1948) zurück. Kafka ist zu negativ; Berichte des Malers Feigl u. der Dora Dymant. Porträt.]
Auch u. d. Originaltitel: "Memoirs of Franz Kafka." In: Jakob, *Das Kafka-Bild in England* 2 (s. Sammelbde.) S. 365–84.
In dt. Sprache u. d. T.: "Franz Kafka. Gedanken zum Problem der Dekadenz." In:
J. P. H.: *Kafka und Goethe. Zur Problematik unseres Zeitalters.* London, Hamburg: Odysseus Verl. [1968.] S. 5–34.

Hoefert, Sigfrid: "Kafka in der DDR. Ein Bericht." In: *Seminar* 2 (1966) Nr. 2. S. 43–52.

[Von 1958–66: Trotz Ansätzen zu kommunistischer Kafkakritik bleibt der Dichter Repräsentant der Krise des westlichen Kapitalismus.]
Engl. Zusammenf. in: *TCLB* S. 2070.

– "James Joyce in East Germany." In: *James Joyce Quarterly* 5 (1968) S. 132–36.

[Ernst Fischers Bemühung, für Joyce u. Kafka ein "Dauervisum" in den sozialistischen Ländern zu verschaffen.]
Engl. Zusammenf. in: *Abstracts of English Studies* 13 (1970) S. 318.

Hoellerer, Walter: "The Cunning of Language in the Face of Violence." In: *Wisconsin Studies in Contemporary Literature* 1 (1960) Nr. 2. S. 49–65.

[S. 58–59: sprachliche "List" in Kafkas Parabeln; rekonstruiert nicht Vorgang, sondern gibt Prozeß der Einbildungskraft wieder. "Verwandlung", "Strafkolonie."]
Engl. Zusammenf. in: *Abstracts of English Studies* 8 (1965) S. 53.

*Hoen, Christian: "Franz Kafka." In: *Nieuwe Vlaams Tijdschrift* 7 (1975) Nr. 12. S. 1260–91.

238

Hoff Stolk-Huisman, A. Z. van 't: "Janouchs gesprekken met Kafka." In: *De Nieuwe Stem* 20 (1965) S. 680–87.

[Gedanken u. offene Fragen über Janouchs Kafkagespräche, die in Amsterdam erschienen. Die Pragerin Jana Vachovec schrieb das Ms. Fügte sie Bemerkungen hinzu? Name: Alma Urs. Nach Publikation bei Fischer 1951 bemerkte Janouch, daß Teile fehlten. Behielt Vachovec einen Teil zurück?]

Hoffman, Anne Golomb: "Narration as Quest in 'Das Schloß', by Franz Kafka, 'Oreach Nata Lalun', by S. Y. Agnon, and 'Watt' by Samuel Beckett." In: *DAI* 38 (Jan.–Feb. 1978) S. 4146A.

[Zusammenf.: Struktur wird durch Thema der Suche bestimmt, durch die Held hofft, seine Lebenserfahrung zu verstehen u. durch seine Umwelt bestätigt zu finden. Erzählvorgang jeweils an Helden gebunden, durch dessen Augen die Welt wiedergegeben wird. Erzählvorgang wird dadurch auch zur Suche ("quest"). Sprache formt so Geschichte der Suche. Im "Schloß" soll Leser den Standpunkt K.s verstehen u. mit ihm mitfühlen. Dennoch gibt es Hinweise darauf im Roman, daß K. nicht ganz uneigennützig die Lage manipuliert, indem er sich als Landvermesser ausgibt, usw. Leser müßte über die Handlung hinausgehend sich an die Andeutungen der Erzählerstimme halten, die von K.s Ansichten unterschiedlich sind, um Gesamtstruktur u. Motive zu erkennen.]

Hoffman, Frederick J.: "Kafka and Mann." In: F. J. H.: *Freudianism and the Literary Mind.* Second Edition. Baton Rouge, Louisiana: Louisiana State Univ. Pr., 1957. – (C 1945). – Auch: New York, London: Grove Pr., 1959 (Evergreen Edition). S. 177–228.

[Bes. S. 177–207: Kafkas Werke u. Verbindung mit Freuds Theorien. Kafkas ambivalente Beziehung zum Vater (Protest u. Unterwerfung); er mißtraut der therapeutischen Wirkung der Psychoanalyse; Kafkas Helden suchen schwierigen Weg zu Gott, der unverständlich, aber gerecht ist.]
Teilabdruck von S. 202–03 auch in: Neumeyer, *Twentieth Century Interpretations of "The Castle"* (s. Sammelbde.) S. 109–10.
Auch u. d. T.: "Escape from Father." In: Flores, *The Kafka Problem* (s. Sammelbde.) S. 214–46.

— "Kafka's 'The Trial': The Assailant as Landscape." In: *Bucknell Review* 9 (1960) S. 89–105.

[Einbruch von Überraschung u. Gewalt in K.s Leben – Kafkas Analyse moderner Lebensumstände.]
Geändert in: F. J. H.: *The Mortal No: Death and the Modern Imagination.* Princeton, New Jersey: Princeton Univ. Pr., 1964. S. 291–314.
Engl. Zusammenf. in: *TCLB* S. 2101.
Auch in: *Makers of the Twentieth-Century Novel.* Ed. Harry R. Garvin. Lewisburg: Bucknell Univ. Pr.; London: Associated Univ. Pr., 1977. S. 154–65.

— *Samuel Beckett. The Language of Self.* Carbondale: Southern Illinois Univ. Pr., 1962.

[S. 44–48: Kafkas Helden in der Tradition des "underground man" zu sehen. Reduktion u. Desintegration des Selbst ("Verwandlung").]

Hoffman, Nancy Y.: "Franz Kafka – His Father's Son. A Study in Literary Sexuality." In: *Journal of the American Medical Association* 229 (1974) Nr. 12. S. 1623–26.

[Vaterkonflikt, Unmöglichkeit der Ehe, Notwendigkeit des Schreibens. Kafka sieht sich als Kind, Vater als Mörder. Kafkas Helden sind nicht "engagiert". Landarzt vernachlässigt Heim u. Patienten; Verständigung mit Menschen schwierig.]

Hoffmann, Camill: "'Der Heizer'. Ein Fragment von Franz Kafka. Verlag Kurt Wolff, Leipzig." In: Born, *Franz Kafka. Kritik und Rezeption* (s. Sammelbde.) S. 47–49.

[Zuerst in "Neue Freie Presse" (Wien, 12.10.1913); "Heizer": trifft wesentliche Elemente, z. B. ursprüngliche u. reine Gefühle des jungen Karl; "Wahrhaftiges" an dem Stück gefühlt, Stil von klassischer Reife.]

– "Der Heizer." In: Born, *Franz Kafka. Kritik und Rezeption* (s. Sammelbde.) S. 54.

[Zuerst in "Berliner Zeitung am Mittag" (9.5.1914). Lauterer Stil; Meisterwerk; Gewöhnliches zu Bewußtsein gebracht.]

Hoffmann, Werner: "Kafkas Legende 'Vor dem Gesetz'." In: *Bóletin de Estudios Germanicos* 8 (1970) S. 107–19.

[Für Kafka nicht möglich, in Übereinstimmung mit eigenem Wesen u. Gott zu leben. Erkenntnis der eigenen Schuld ist Voraussetzung dazu (Gesetzesparabel u. "Prozeß"). Parallele Gedanken in chassidischen Legenden.]

– "Kafka und die jüdische Mystik." In: *Stimmen der Zeit* 190 (1972) S. 230–48.

[Text (s. Bücher): Letztes Kap. von "Kafkas Aphorismen."]

– "Las dos versiones de 'Descripción de una lucha'." In: *Sin Nombre* (Puerto Rico) 3 (Juli 1974) S. 38–47.

– "Nichtepische Arbeiten und Lebenszeugnisse: 'Aphorismen'." In: *Kafka-Handbuch* 2 (s. Sammelbde.) S. 474–97.

[Überlieferung, Thematik, Zusammenhang mit jüdischer Mystik u. Verbindung zu Prosa untersucht. Rezeption u. Kurzbibliogr.]

Hoffmeister, Werner: "Franz Kafka." In: *The World Book Encyclopedia*. Vol. 11. Chicago: Field Enterprises Educational Corp., 1974. S. 172–73.

[Einführende Bemerkungen.]

Hofrichter, Laura: "From Poe to Kafka." In: *University of Toronto Quarterly* 29 (1960) S. 405–19.

[Erfahrung des Nichts führt von Poe über Laforgue zu Kafka, der Phantasiewelt der äußeren Welt vorzieht; realistischer Stil.]
Engl. Zusammenf. in: *TCLB* S. 2070.

Holappa, Pentti: "Sokkeloinen todellisuus." In: *Parnasso* (Helsinki) (1960)
Nr. 6. S. 277–79.

[(Die komplizierte Wirklichkeit): "Hungerkünstler" – Erz. (1959) in finnischer Übers.
v. Gummerus, hrsg. v. Kai Laitinen. Kafka ist dem finnischen Verständnis näher als
Sartre u. Camus; beeinflußte Literatur nach dem 2. Weltkrieg (z. B. J. Mannerkorpi).]

Holland, Norman N.: "Realism and Unrealism in Kafka's 'Metamorphosis'."
In: *Modern Fiction Studies* 4 (1958) S. 143–50.

[Realistische Situation u. irreale Elemente: Vergleich mit Bibel. Interpretation nach
Freud.]
Engl. Zusammenf. in: *TCL* 4 (1958) S. 123,
in: *Abstracts of English Studies* 1 (1958) S. 241,
in: Corngold, *The Commentators' Despair* (s. Sammelbde.) S. 140–42. (Kommentar
v. Corngold), u.
in: *TCLB* S. 2111.

Höllerer, Walter: *Zwischen Klassik und Moderne. Lachen und Weinen in der
Dichtung einer Übergangszeit.* Stuttgart: Ernst Klett, 1958.

[S. 461–62: Wirkung von Grillparzers "Der arme Spielmann" auf Kafka.]

Holm, Ingvar: "Världsteater, magisk teater och stora naturteatern i 'Oklahoma'."
In: *Diktaren och Hans Formvärld.* Lundastudier i litteraturvetenskap tillägna-
de – Staffan Björck och Carl Fehrman. Under redaktion av Rolf Arvidsson,
Bernt Olsson och Louise Vinge. Malmö: Allhems Förlag, 1975. S. 319–37.

[Kafka verwendet wie Hesse das Theater als "Interpretations-Medium" ("Theater von
Oklahoma"), Suche nach neuer Erzähltechnik. Emrichs u. Benjamins Kafka-Deutung.]

*Holthusen, Hans Egon: "Ein Kafka-Schüler kämpft sich frei." In: *Über Martin
Walser.* Hrsg. v. T. Beckermann. Frankfurt/M.: 1970. S. 9–11.

Holz, Hans Heinz: "Georg Lukacs und der mißverstandene Realismus. Zum Thema Thomas Mann oder Franz Kafka – Realismus oder Avantgardismus." In:
Panorama 3 (1959) Nr. 3. S. 7.

[Lukács' Einwände gegen Kafka u. seinen Avantgardismus in "Franz Kafka oder Thomas
Mann" sind unzureichend.]

Hölzel, Miroslav: "Úvaha nad kafkovskou literaturou." In: *Česká literatura* 14
(1966) S. 321–28.

[Forschungsbericht; Stellungnahmen mehrerer marxistischer Literaturkritiker (P. Rákos,
R. Garaudy, I. Sviták, P. Trost, u. a.) zu Kafkas Werk, dessen Struktur genau untersucht
werden soll. S. 328: Dt. Zusammenf. u. d. T.: Eine Betrachtung über die Kafka-Literatur.]

*Honda, Kazuchika: ["Trilogie der Einsamkeit."] In: *Fukuoka-Kyoiku-[Hoch-
schule-] Kiyo* 17 (1967) S. 97–103.

[Jap.]

* − ["Über 'Die Sorge des Hausvaters' von Kafka."] In: *Fukuoka-Kiyoiku-[Hochschule-] Kiyo* 18 (1968).
[Jap.]

* − ["Kafka und der Vater."] In: *Fukuoka-Kyoiku-[Hochschule-] Kiyo* 21 (1971).
[Jap.]

Honig, Edwin: *Dark Conceit: The Making of Allegory*. Evanston: Northwestern Univ. Pr., 1959; London: Faber & Faber, 1960.
[Kafka wird mit anderen Dichtern von Allegorien verglichen.
S. 57−68: Polarities: The Metamorphosis of Opposites: "The Faerie Queene" u. "Die Verwandlung". Gregors Untätigkeit bewirkt Verwandlung. Verhältnis Mensch − Gesellschaft.
S. 158−63: Satire: "The Heroic Dethroned": Bei Kafka u. Swift Satire u. Allegorie schwer zu unterscheiden.]
Teilabdruck von S. 63−68 u. d. T.: "The Making of Allegory." In: Corngold, *Franz Kafka: The Metamorphosis* (s. Sammelbde.) S. 138−42.
Engl. Zusammenf. von S. 63−68, 74, 128−29 (über "Die Verwandlung") in: Corngold, *The Commentators' Despair* (s. Sammelbde.) S. 142−46. (Kommentar von Corngold.)

*Honya, Ryôichi: "Kafka kenkyû no kadai. H. Politzer hen Kafka-ron shû." In: *Ritsumeikan Daigaku* (Ritsumeikan Univ.) *Jinbunkaguku-Kenkyûjo Gaikoku-Bungaku Kenkyû* 31 (1974) S. 1−47; 32 (1975) S. 1−23.
[Jap. (Die Kafka-Forschung. Kafka-Essays von H. Politzer.)]

Hoover, Marjorie L.: "Introduction." In: Franz Kafka: *Die Verwandlung*. New York: W. W. Norton, 1960. S. IV−VI.
[Keine Erlösung; Familie ohne Liebe für Gregor.]

Hopper, Stanley Romaine: "The Problem of Moral Isolation in Contemporary Literature." In: *Spiritual Problems in Contemporary Literature*. Ed. Stanley Romaine Hopper. Gloucester, Mass.: Peter Smith, 1969. (C 1957.) (First Harper Torchbook edition). S. 153−70.
[S. 156−61, 163: Moralische Isolierung bei Kafka durch Gottbewußtsein verstärkt.]

− "Kafka and Kierkegaard: The Function of Ambiguity." In: *American Imago* 35 (1978) S. 93−105.
[Ähnlichkeiten (Vaterproblem, Einsamkeit, Frauenbeziehung) u. Unterschiede aufgezeigt. Kafkas Ambiguität hat onierische u. mythopoetische Qualität; er bleibt im Negativen.]

Hopster, Norbert: "Allegorie und Allegorisieren." In: *DU* 23 (1971) Nr. 6. S. 132−48.
[S. 142−43: Aichinger u. Kafka: "Geschehensallegorie". Gefahr: Chiffre für "kommunikationsgestörte Welt"?]

242

Hora, Josef: "Zámek Franze Kafky." In: *Literární archív* (Praha) 1 (1966) S. 193–95.

[Auszug aus Artikel in "Almanach Kmen" (1935–36) von F. Kautman; Kafkas Rolle als dt.-jüdischer Schriftsteller in Prag. "Schloß" gerade veröffentlicht: Auswuchs des Individualismus.]

– "Le Château." In: *Europe* 49 (1971) Nr. 511–12. Kafka. S. 10–12.

[Frz. Übers. aus "Kmen", 1935/36. Visionärer Roman, oder Satire der Bürokratie?]

*Horikawa, Masami: ["Erinnerung an Kafka."] In: *Eureka* 3–4 (1971) Kafka-Sonderheft.

[Jap.]

Hořinek, Zdeněk: "Poznámky k Procesu." In: *Divadlo* 18 (1967) Nr. 1.   ' S. 61–66.

[(Bemerkungen zum "Prozeß"): Rez. über Theateraufführung von "Proces".]

*Hörisch, Jochen: "Sprach-, Wunsch- und Junggesellenmaschinen bei Jean Paul und Kafka." In: *Euphorion* 73 (1979) S. 151–68.

*Horn, P. M.: "A cuarenta años de la muerte de Kafka su obra sigue señalando absurdos esenciales de nuestra vida." In: *La Razón* (13. Juni 1964).

Horodincă, G.: "Probleme ale prozei occidentale contemporane." In: *Gazeta literară* 11 (1964) Nr. 11. S. 4 f.

Horst, K[arl] A[ugust]: *Die deutsche Literatur der Gegenwart.* München: Nymphenburger, 1957.

[S. 35: Kafkas Einfluß auf dt. Nachkriegsliteratur.]

– *Kritischer Führer durch die deutsche Literatur der Gegenwart. Roman, Lyrik, Essay.* München: Nymphenburger, 1962.

[Hinweise auf Kafka.]
In engl. Übers. v. Elizabeth Thompson u. d. T.: *The Quest of 20th Century German Literature.* New York: Frederick Ungar, 1971.

– *Das Spektrum des modernen Romans. Eine Untersuchung.* 2. Aufl. München: C. H. Beck, 1964.

[Die Sprachkrise im modernen Roman: S. 28–30 über Kafka; ihrem Zweckbereich entrückte Spezialsprache (z. B. in "Der Prozeß"), bildet neues metaphorisches Element. "Prozeß"-Fortgang an sich wichtig.]

Hosaka, Muneshige: "Die erlebte Rede in 'Die Verwandlung' von F. Kafka." In: *Doitsu Bungaku* (Herbst 1968) Nr. 41. S. 39–47.

[Erlebte Rede 34-mal in "Verwandlung" angewendet. Satzanalyse. Erzähler nicht identisch mit Gregor. Vergleich mit "Tonio Kröger". Sinnlosigkeit der Welt.]

Hösle, Johannes: "Die Aufnahme in den einzelnen Ländern. Italien." In: *Kafka-Handbuch* 2 (s. Sammelbde.) S. 722–32.

[S. 729–31: Ital. Ausgaben u. Übers.; S. 731–32: Sekundärliteratur. Rezeption ab 1926, Interesse von Comisso, Svevo, Montale; noch bis Ausbruch des 2. Weltkriegs jüdische Autoren gedruckt; Landolfi, Menotti, Buzzati, Ugo Betti; Mittner, Baioni, E. Pocar, Rodolfo Paoli, G. Zampa.]

V[on] H[össlin], [Julius Konstantin]: "Abend für neue Literatur." In: Born, *Franz Kafka. Kritik und Rezeption* (s. Sammelbde.) S. 120–21.

[Zuerst in "Münchner Neueste Nachrichten" (11.11.1916). "Strafkolonie" Kafkas – eine Groteske. Lesung – negativ beurteilt.]

Houska, Leoš: "Franz Kafka und Prag 1963." In: *Philologica Pragensia* 6 (1963) S. 395–98.

[Bemerkungen zur Liblicekonferenz 1963. Kafkas Werk gehört zur humanistischen u. realistischen Literatur im weitesten Sinn. Ehrungen in der ČSSR; Werksausgabe nötig.]

– "Pražská nemecká literatura." In: *Plamen* 8 (1966) Nr. 1. S. 162–63.

[(Die Prager deutsche Literatur): Besprechung der Liblicekonferenz – 3 Typen der modernen tschech. Literatur: rein tschech., jüdisch-dt. u. sudetendt.; Verlautbarung über die darüber geplante Konferenz.]

*–, u. **Josef Poláček:** "Franz Kafka a jeho dílo." In: *Věstník Československé akademie věd* 72 (1963) Nr. 4. S. 491–94.

[(Franz Kafka und sein Werk): Über Konferenz in Liblice.]

*****Hoverland, Lilian:** "Speise, Wort und Musik in Grillparzers Novelle 'Der arme Spielmann'. Mit einer Betrachtung zu Kafkas 'Hungerkünstler'." In: *Jahrbuch der Grillparzer-Gesellschaft* 13 (1978) S. 63–83.

Howarth, Herbert: "Pieces of History." In: *Critique* 2 (1958) Nr. 1. S. 54–64.

["Das Schloß" als Inspiration für Rex Warners "The Wild Goose Chase."]
Engl. Zusammenf. in: *Abstracts of English Studies* 1 (1958) S. 163–64.

Howe, Irving: "Fiction chronicles." In: *Partisan Review* 28 (1961) S. 297–301.

[Kafkas Faszination durch Kleist verständlich; sinnlos, Ähnlichkeiten zu suchen.]

Howey, Nicholas P.: "Who's Afraid of Franz Kafka? An Introduction to Theatre Activity in Czechoslovakia." In: *DAI* 31 (1973/74) S. 3695A–96A.

[Zusammenf.: Tschech. Theaterleben 1969.]

*****Hrabal, B.:** "Kafkaiaden." In: *Vinduet* 21 (1967) S. 58–64.

Hrbek, Mojmír: "O Franzi Kafkovi." In: *Nový život* (1957) s. unter **Dubský** (s. Artikel).

*Huba, Mózes: "Franz Kafka először magyarul?" In: *Utunk* (Kolozsvár-Cluj, 25.9.1970).
[(Franz Kafka zum erstenmal auf ung.?)]

Hubben, William: "Franz Kafka." In: W. H.: *Dostoevsky, Kierkegaard, Nietzsche and Kafka. Four Prophets of Our Destiny.* New York: Macmillan, 1962 (Collier Books). Auch: 6th printing. London, Toronto: Collier-Macmillan; New York: Macmillan, 1970. 7th printing. New York: Collier Books; London: Collier-Macmillan, 1972. S. 135–55.
[Poetische Gedanken über Kafkas negatives Prophetentum. Gottferne, Resignation; Helden: Opfer oder Henker. Leiden ohne Sinn. Auch: S. 161–65: Einsamkeit, Unglück, Fehlen der Liebe.]

– "An Existentialist Prophet of Doom." In: Jakob, *Das Kafka-Bild in England* 2 (s. Sammelbde.) S. 414–20.
[Abdruck aus "An Existentialist Prophet" in "Friend's Quarterly" 2 (Jan. 1948) Nr. 1. S. 13–20. Kafka stellt die Verzweiflung dar, die der nicht religiöse Existentialismus mit sich brachte.]

Hughes, Kenneth: "Nur noch Kafka zieht." In: *Börsenblatt für den Deutschen Buchhandel* (Frankfurter Ausgabe) 31 (21. Jan. 1975) Nr. 6. S. 109–11.
[Kafka unter USA-Studenten der einzig bekannte Schriftsteller der dt. Literatur.]

– "The Marxist Debate, 1963." In: Flores, *The Kafka Debate* (s. Sammelbde.) S. 51–59.
[Kommentar über Kafka-Konferenz in Liblice.]

– "Psychoanalytic Critics and Kafka's 'Das Urteil'." In: *Perspectives and Personalities: Studies in Modern German Literature, honoring Claude Hill.* Hrsg. v. Ralph Ley, Maria Wagner, Joanna M. Ratych, u. Kenneth Hughes. Heidelberg: Winter, 1978. S. 156–75.
[Psychoanalytische Interpretation erleichtert Verständnis des Werkes (Ödipuskomplex), bes. der zentralen Szene, gibt aber nicht vollkommene Erklärung des Kunstwerkes u. von Kafkas Schaffensweise.]

– "Introduction." In: Hughes, *Franz Kafka. An Anthology of Marxist Criticism* (s. Sammelbde.) S. XIII–XXVII.
[Übersicht über marxistische Kafkakritik.]

– "Preface." In: Hughes, *Franz Kafka. An Anthology of Marxist Criticism* (s. Sammelbde.) S. VII–X.
[Bisher noch keine Sammlung marxistischer Kafkakritik in engl. Übers. erschienen.]

Hughes, William Nolin: "The 'Unbeweibte' as a Character in German Literature." In: *DA* 15 (1955) S. 2206–07.

[Zusammenf.: Unter Meno Spann entstanden. In Kafkas Werk wird "Unbeweibtsein" zum Symbol für die "unauthentische" Existenz des modernen Menschen.]

Hutchinson, Peter: "Red Herrings or Clues?" In: Flores, *The Kafka Debate* (s. Sammelbde.) S. 206–15.

[Teile von Kafkas Werk könnten auch *keine* thematische Absicht haben, Leser zu verwirren; Anspielungen, u. in humoristisch ironischer Absicht, ähnlich einem Kriminalroman, aber ohne dessen Endauflösung des Geheimnisses. Schwierigkeit der Wahrheitssuche für Leser, privates Vergnügen für Kafka.]

Hyde, Virginia: "From the 'Last Judgment' to Kafka's World. A Study in Gothic Iconography." In: *The Gothic Imagination. Essays in Dark Romanticism.* Ed. G. R. Thompson. Pullman, Wash.: Washington State Univ. Pr., 1974. S. 128–49.

[Kafkas Prosa in Zusammenhang mit byzantinischer "dies irae"-Tradition der bildenden Kunst. Apokalyptische Kunst in Prag zu Kafkas Zeit; Karlstein; Josef K. u. K. als Jedermanngestalten. Parallelen zu den "gothic novels"; Schloßbegriff u. Gerichtsvorstellung nur mehr negativ, parodistisch u. zweideutig, grotesk u. dämonisch.]

Ide, Heinz: "Existenzerhellung im Werk Franz Kafkas." In: *Jahrbuch der Wittheit zu Bremen* 1 (1957) S. 66–104.

[Kafkas "Sein" im Sinne Heideggers. Dasein ist Verirrtsein; Betriebsamkeit: Flucht in die Gemeinschaft des "Man". "Dasein" durch "Sein" geängstigt, daher Zwang zur Entscheidung, zum Leben ("Zur Frage der Gesetze"; "Türhüterparabel"). Seinsbegriff ("das Unzerstörbare") Kafkas steht über traditionellen Gottesbegriffen. Angst: "Der Bau", "Erstes Leid", "Der Hungerkünstler". (Sehnsucht nach Sein).]
Auch in: Heintz, *Interpretationen zu Franz Kafka* (s. Sammelbde.) S. 29–63.

— "Max Brod (Hrsg.). Franz Kafka. Briefe 1902–1924. Frankfurt, 1958. Fischer Verlag. 532 S." In: *Anzeiger für deutsches Altertum und deutsche Literatur* 71 (1958/59) S. 207–12.

[Feinsinnige Besprechung der Briefedition, der Arbeit von Brod u. Wagenbach. Ester Hoffe u. die neuen Möglichkeiten, die der Forschung durch die Briefe offenstehen.]

— "Franz Kafka, 'Der Gruftwächter' und 'Die Truppenaushebung'. Zur religiösen Problematik im Kafka-Werk." In: *Jahrbuch der Wittheit zu Bremen* 5 (1961) S. 7–27.

[Kein Fragment; innerlich unabschließbar. In Gruftwächtergestalt: Kafkas Existenz u. Dichtertum erkennbar (stellt sich den Daseinsforderungen u. dem Ansturm des Absoluten). Fürst: Doppelgestalt (regiert geistesabwesend, horcht auf das andere). "Truppenaushebung": sakraler Charakter. Priester (Adeliger) vermittelt Heiliges u. wehrt es ab.]

— "Franz Kafka, 'Der Prozeß'. Interpretation des ersten Kapitels." In: *Jahrbuch der Wittheit zu Bremen* 6 (1962) S. 19–57.

[Kafkainterpretation soll jeden Satz verstehend nachzeichnen, Metaphorik deuten. K. selbst zieht Unerklärliches an, Aufseher u. Wächter: was in ihm wach wurde. Kafkas dialektische Schreibweise. Prozeß im Inneren K.s bringt unterbewußtes Wissen in ihm zu Bewußtsein. Hundemetapher: Ergebung unter das Gesetz.]

Iehl, Dominique: "Annette von Droste Huelshoff à la lumière de Kafka. (Étude sur 'Des Arztes Vermächtnis' et 'Ein Landarzt'. In: *Hommage à Maurice Marache 1916–1970*. [Paris:] "Les Belles Lettres", 1972 (Institut Maurice Marache. Études allemandes et autrichiennes. Publications de la Faculté des Lettres et des Sciences Humaines de Nice – 11). S. 265–71.

[Existenzproblematik, Nähe zu Kierkegaard; gemeinsames Motiv: Mißgeschick eines Arztes, wird zu passivem Opfer. Religiöse Bedeutung bei Droste, psychologische bei Kafka.]

– "Une nouvelle synthèse sur Kafka. La Publication des Oeuvres Complètes à la Bibliothèque de La Pléiade." In: *EG* 32 (1977) S. 331–34.

[Besprechung der frz. Übers. v. Claude David.]

– "Die bestimmte Unbestimmtheit bei Kafka und Beckett." In: David, *Franz Kafka. Themen und Probleme* (s. Sammelbde.) S. 173–88.

[Schloß wirft Licht auf Watt; gemeinsame Motive, aber unabhängig. Kategorie der "Unbestimmtheit" (Heisenberg) bei beiden anwendbar. Einzelne Erzählfiguren Kafkas dargestellt (Kreis, Pendeln, Pole, Ziel) um Erzählbewegung der beiden zu vergleichen. Reich zwischen Ja u. Nein. Gegenseitig erhellend, Parodie u. Spiel.]

*Iitoyo, Michio: ["'Der Prozeß' von Kafka 1."] In: *Chuo-[Univ.-] Doitsu-Bunka* 3 (1964).

[Jap.]

*Illy, Józef: "Albert Einstein in Prag." In: *Isis* 70 (März 1979) Nr. 251. S. 76–84.

[Bericht über Prager Kreis von Freunden Kafkas u. Brods, die sich im Café Louvre oder bei Berta Fanta trafen. "Kant-Abende", die auch Kafka zuweilen besuchte.]

*Imawake, Fumie: ["Erzählweise in Kafkas 6 Geschichten."] In: *Kumamoto-[Univ.-] Kiyo* 6 (1971).

[Jap.]

Imbert, Enrique Anderson: "Kafka en el cine." In: *Sur* 334/335 (1974) S. 105.

[Ursprünglich erschienen in "Sur" 1953. Über Verfilmung der "Verwandlung" 1951 (Bill Hampton, Univ. of Michigan.]

*Inagaki, Tairiku: ["Über 'Das Urteil' von Kafka."] In: *Kanazawa - [Univ.-] Ronshu-Jinmonkagaku-Hen* 7 (1969).

[Jap.]

Ingold, Felix Philipp: "Aeroplane um 1909. Ein internationales Flugjahr und seine literarische Kulisse." In: *Revue d'Allemagne* 5 (1973) S. 700–17.

[Kafka, D'Annunzio u. Marinetti: Reaktionen auf das für das Flugwesen wichtige Jahr 1909. Kafkas "Die Aeroplane in Brescia": impressionistisch, Drehbuchtechnik, "kleinformatiges Idyll mit tragischem Helden" (Pilot). D'Annunzio: Pilot als Übermensch. Marinetti u. der Flugmensch in "Mafarka-le-Futuriste."]

Ingram, Forrest L.: "Franz Kafka: 'Ein Hungerkünstler'." In: F. L. I.: *Representative Short Story Cycles of the Twentieth Century. Studies in a Literary Genre.* The Hague, Paris: Mouton, 1971. S. 46–105.

[Sorgsam von Kafka ausgewählte Sammlung, "Geschichten", in Zusammenhang mit seinen anderen "experimentellen Mythen" zu sehen; Ambivalenz der menschlichen Gesellschaft. Erz. durch bedeutsame Situationen untereinander verbunden, durch Erzählstrukturen u. dynamische Entwicklung. 3 Themen: 1. Eine vorläufig kontrollierte Angst, 2. Darstellung des Außergewöhnlichen als etwas Gewöhnliches, 3. Unfähigkeit zur Kommunikation. Gegensätze werden dialektisch dargestellt, nur Teilsynthese zum Schluß.]

– "American Short Story Cycles: Foreign Influences and Parallels." In: *Proceedings of the Comparative Literature Symposium.* Vol. 5. *Modern American Fiction: Insights and Foreign Lights.* Ed. Wolodymyr T. Zyla and Wendell M. Aycock. Lubbock, Texas: Texas Tech Univ. 1972. S. 19–37.

[Hinweise auf Kafka u. "Ein Hungerkünstler" als Kurzgeschichten-Zyklus.]

*Inoue, M.: "Über Franz Kafkas 'Betrachtung." In: *Tôkyô Kogyo Daigaku Jinbun Ronso* 2 (1976) S. 93–111.

[Jap.]

Ionesco, Eugène: "Dans les armes de la ville..." In: *CCRB* 5 (Okt. 1957) Nr. 20. Franz Kafka du Procès au Château. S. 3–5.

[Turm zu Babel zerstört, weil Menschen ihn nicht beendeten, ihr Ziel verloren.]
Auch in: *CCRB* (Febr. 1965) Nr. 50. Kafka, L'Amérique – Le Château – Le Procès. S. 3–5.
Auch in: Raboin, *Les critiques de notre temps et Kafka* (s. Sammelbde.) S. 93 –95.
*In hebr. Übers. ["Der Mensch im Labyrinth."] In: *Theatron* (Haifa) (1963) Nr. 6 S. 32.
[Aus "Bibliografia b'Ivrit"; über "Das Stadtwappen", das in *"Shdemot"* Nr. 40, S. 5, veröffentlicht wurde.]

Irle, Gerhard: "Krankheitsphänomene in Kafkas Werk." In: G. I.: *Der psychiatrische Roman.* Einführung von Walter Schulte. Stuttgart: Hippocrates, 1965 (Schriftenreihe zur Theorie und Praxis der Psychotherapie, Bd. 7). S. 83–100.

["Elemente psychotischen Erlebens": "Die Verwandlung" – psychotische Entfremdung u. Reaktion der Umwelt darauf u. "traumhaftes Erleben". Paranoide Erlebensweise vorhanden.]

Ironside, Robin: "Kafka." In: Jakob, *Das Kafka-Bild in England* 2 (s. Sammelbde.) S. 456–62.

[Abdruck des gleichnam. Artikels in "Polemics" (1946) Nr. 8. S. 39–45. Entgegnung auf D. Pauls Artikel in "Polemics", der in Kafka einen Faschisten sieht. Josef K. wird von metaphysischer Macht verfolgt. "Schloß": Suche nach übermenschlicher Macht.]

Irzyk, Zbigniew: "Post scriptum listów do Mileny." In: *Współczesność* (1959) S. 5.

[(Postskript zu den Milenabriefen): Besprechung der in polnischer Übers. erschienenen Milenabriefe. Kafkas Beziehung zu Frauen u. Einstellung zur Ehe.]

Isaacs, Jacob: "The Age of Anxiety." In: Jakob, *Das Kafka-Bild in England* 2 (s. Sammelbde.) S. 432–35.

[Abdruck von S. 46, 47, 62–65 aus J. I.: "An Assessment of 20th Century Literature" (London, 1951). Kafkas Einfluß auf engl. Literatur der Dreißiger- u. Vierzigerjahre: Auden, Sansom.]

*Isaacson, José: "Prefacio." In: Franz Kafka: *Carta al padre*. Buenos Aires: 1974.

–Introducción a los diarios de Kafka. La escritura como dialéctica de los límites. Buenos Aires: 1978.

Isbăşescu, Mihai: "Elias Canetti. Un Kafka ironic." In: *Secolul 20* 140 (1972) [Nr.] 9. S. 50–58.

[Rumän. – Allg. Würdigung Canettis mit Hinweisen auf "Der andere Prozeß" u. sein Verhältnis zu Kafka.]

Isermann, Gerhard: *Unser Leben – unser Prozeß. Theologische Fragen bei Franz Kafka.* Wuppertal: Jugenddienst-Verl., 1969. 29 S. ("Das Gespräch", Nr. 83.)

[Kafka wird von seinen Einsichten überfallen, er verschlüsselt sie nicht. Bekannte Bilder mit Gleichniswert; Gesetz als Gleichnis für Unfaßbares. Türhüterparabel – ohne Lösung, Thema: Täuschung. Dialektische Methode der Talmudschulen. Josef K. ist dem Mann vom Lande ähnlich. "Störung" – Leitmotiv.]

*Ishimaru, Shoji: ["Über 'Ein Hungerkünstler' von Franz Kafka."] In: *Tamagawa-[Univ.-] Ronso* (1967).

[Jap.]

*Isner, P.: ["Jüdische Schriftsteller in der deutschen und tschechischen Literatur."] In: *Gesher* 15 (1970) Nr. 2/3. S. 218.

[Hebr.; aus "Bibliografia b'Ivrit."]

Isolani, Gertrud: "Ein Genie der Freundschaft. Zum Tode des Dichters Max Brod." In: Gold, *Max Brod. Ein Gedenkbuch* (s. Sammelbde.) S. 268–70.

[Brods Autobiographie "Streitbares Leben" u. "Der Prager Kreis": Dokumente der Freundschaft.]

Ita, J. M.: "Laye's 'Radiance of the Kind' and Kafka's 'The Castle'." In: *Odù* 4 (1970) S. 18–45.

[Ähnlichkeiten zwischen Camara Layes "Le Regard du Roi" u. Kafkas "Schloß" kein Beweis für Kafkanachahmung; auch Parallelen zum "Prozeß" vorhanden. Unterschiede:

Layes Held besitzt Namen u. persönliche Existenz, verfällt Selbsttäuschung, vom König am Ende gnädig aufgenommen; Schloß erreichbar.]

— "Note on Willa and Edwin Muir's Translation of Kafka's 'Das Schloß'. (Penguin Books, 1957; Reprint 1966.)" In: *Ibadan* 29 (1971) S. 102–05.
[Ungenauigkeiten in der Übers. v. W. u. E. Muir sind dem Bestreben der Übersetzer zuzuschreiben, K. positiver zu sehen als im Original.]

Jackiewicz, Aleksander: "Kafka w listach do Mileny." In: *Życie literackie* 15 (1959) Nr. 377. S. 9.
[(Kafka in den Briefen an Milena): Die Begegnung zwischen dem 38jährigen Kafka u. Milena; Briefe enthüllen Natur der Beziehung u. Charakter Kafkas.]

Jacob, Heinrich Eduard: "Truth for Truth's Sake." In: Flores, *The Kafka Problem* (s. Sammelbde.) S. 53–59.
[Übers. v. Harold Lenz. – Kafka als Dichter der Wahrheit, der Angst. Seine Traumtechnik.]

— "Franz Kafka: 'Der Heizer'. Novelle. (Leipzig, Kurt Wolff)." In: Born, *Franz Kafka. Kritik und Rezeption* (s. Sammelbde.) S. 41–43.
[Zuerst in "Deutsche Montags-Zeitung" (Berlin, 16.6.1913). "Heizer" – neueste Prosa seit Heinrich Mann; unzugänglich, trotz einfachen Inhalts; man bleibt in "urteilschwebendem Zustand".]

*Jacobi, Hansres: "Kafka y sus glosadores." In: *Humboldt* 8 (1967) Nr. 32. S. 72–76.

— "Kafkas Briefe an seine Verlobte Felice." In: *Universitas* 23 (1968) S. 297–302.
[Literarische Bedeutung u. menschliche Aspekte der Briefe; Kafka an Literatur gekettet.]

Jacobi, Walter: "Kafkas Roman 'Amerika' im Unterricht. Eine Untersuchung seiner Motive und Symbole und deren Bedeutung für Kafkas Gesamtwerk." In: *DU* 14 (1962) Nr. 1. S. 63–78.
[Thematik, Motive, typische Situationen u. Personenkreise schon in "Amerika"; ist Einführung für die Jugend.]

Jacobs, Wilhelm: "Franz Kafka: 'Die Verwandlung'." In: W. J.: *Moderne Dichtung. Zugang und Deutung.* Gütersloh: Signum, [1962.] (Signum Taschenbücher). S. 148–54.
[Zwei Ebenen für Leser: Unheimliches in realem Gewand. Bankrott des Menschlichen in Familie Samsa.]

*Jaffe, A. B.: ["Gedanken über das jüdische Bild Franz Kafkas."] In: *Beterem* (1958) Nr. 4. S. 34–35.
[Hebr.; aus "Bibliografia b'Ivrit."]

*−, u. **A. Chashvia**: [Literatur und Kunst.] Tel Aviv: 1965.

[Hebr.; aus "Bibliografia b'Ivrit". (S. 67−72: Kafka, die nach innen gerichtete Kraft.]

Jäger, Manfred: "Keine Kapitulation vor Kafka: Ein Literaturbericht." In: *Europäische Begegnung* 6 (1966) S. 447−52.

[Studien von Emrich, Politzer, Hasselblatt, Jahn, Bezzel u. a. lassen Ende der Projektion eigener Vorstellungen in die Werke Kafkas vorausahnen.]

Jahn, Wolfgang: "Kafka und die Anfänge des Kinos. Johannes Jahn zum 70. Geburtstag." In: *JDSG* 6 (1962) S. 353−68.

[Spuren der Stummfilmtechnik in "Amerika" erkenntlich: visuelle Darstellungsweise (Gebärden: "Händefassen") u. Kontinuität, Parallelmontage ("Unruhe der Bewegung", Karl u. Heizer auf dem Weg zum Kapitän), Zwischenbilder (Seitenblicke auf hektisches Leben), oft komisch-groteske Bewegungen u. Situationen.]

− "Kafkas Handschrift zum 'Verschollenen' ('Amerika'). Ein vorläufiger Textbericht." In: *JDSG* 9 (1965) S. 541−52.

[Nach Ms. Einsicht in Bodleian Library, Oxford. Erste Prüfung u. Beschreibung der Texte. Handschrift, grammatikalische u. orthographische Eigenheiten, Interpunktion, Brods Veränderungen des Textes, Kafkas Kap.-Einteilung u. Streichungen.]

− "Die Romane: 'Der Verschollene.' ('Amerika')." In: *Kafka-Handbuch* 2 (s. Sammelbde.) S. 407−20.

[Besprechung von Entstehung u. Überlieferung, Thematik (bindungsloser Mensch in "fremder Umgebung", archaischer Schuldbegriff, Leid u. Strafe angenommen); Naturtheater von Oklahoma nicht mehr realistisch. − Quellen, Form, Kafkas Urteil; Abriß der Forschungslage. − Kurzbibliogr. S. 420.]

Jakob, Dieter: "Das Kafka-Bild in England. Zur Aufnahme des Werkes in der journalistischen Kritik 1928−1966." In: *Oxford German Studies* 5 (1970) S. 90−143.

[Besprechung der Struktur ist vor einem Deutungsversuch wichtig. Aperspektivische parabolische Romanform u. psychologischer Perspektivismus; Handlung u. Held weniger wichtig, "offene Form", Bedeutung des Raumes. Diese Einsichten (Politzer, Beißner, Emrich, Musil) werden auf engl. Kafkarezeption bezogen. 4 Abschnitte:
1. "Die Vermittlerrolle Muirs": ähnliche geistige u. künstlerische Anlagen; Übers. u. Einfluß von Muirs "Introductory Notes" zu "The Castle" (theologischer, metaphysischer, allegorischer Roman). 1947 Wende in Muirs Kafkadeutung. Rez. der Erstausgaben. Bis 1938: Einführungsperiode.
2. Kafka und die "Contemporary Sensibility" (Kafka und die Reaktion der Künstler des "Thirties Movement"): marxistische Schriftsteller.
3. Kafka und "The Human Predicament": Frage nach Gehalt der Werke durch Kriegserschütterung, Frage nach Persönlichkeit u. Leben Kafkas, Freud, psychologische Interpretation (Werk wird Dokument). Publikation der "Tagebücher". Existenzialistische Interpretation von Frankreich aus; soziologische Interpretationen (Edmund Wilson).
4. Ab 1953: 2. Welle der Kafkapublikationen − "Modern Classic": Echo der Presse; Kafkaatmosphäre u. Welt der Angst, Kafka "aktuell"; er wird zum "Modern Man" durch Übers. in literaturfremde Denksysteme, dadurch Zersplitterung.]

Gekürzt u. d. T.: "Die Aufnahme in den einzelnen Ländern: England." In: *Kafka-Handbuch* 2 (s. Sammelbde.) S. 667–78.
[S. 676–77: (Engl.) Übers. u. Editionen. S. 677–78: Auswahl engl. Sekundärliteratur.]

*Janoşi, I.: "Probleme ale literaturii contemporane din ţările occidentale." In: *Gazeta literară* 11 (1964) Nr. 15. S. 4.

Janouch, Gustav: "Die Feuerprobe." In: G. J.: *Prager Begegnungen.* Leipzig: Paul List, [1959]. S. 93–120.

[Erinnerungen an Besuche bei Kafka, dessen Einfluß auf den jungen Janouch, der schrieb, von Kafka geduldig ermuntert, um häusliche Sorgen zu vergessen, Gespräch über "Der Heizer"; tschech. Übers. in *Kmen,* Janouchs Gespräch darüber mit Hrsg. Neumann. Kafkas Erkrankung.]

— "Die Gitter sind in mir. Gespräche mit Kafka." In: *Merkur* 17 (1963) S. 726–34.

[Teilabdruck von Material, das die 2. erweiterte Aufl. der "Gespräche mit Kafka" bilden wird.]

— "Kafka in Steglitz." In: *Die Diagonale* 1 (1966) Nr. 2. S. 26–34.
[Poetischer Bericht über Kafkas Treffen mit Dora, ihr Leben in Berlin; die Episode mit Kind u. Puppe.]

— "Ein unveröffentlichter Brief." In: *Die Diagonale* 4 (1969) Nr. 8. S. 23.
[Bezieht sich auf Janouchs Erz. "Kafka in Steglitz". Janouch erwähnt seine 5 Kafka-Erz.]

*Janovich, Gustav: "Conversas con Franz Kafka." In: *Grial* 58 (1977) S. 427–45.

*Jardin, L.: "Quand Kafka faisait le chat." In: *Le Figaro* (1.9.1966).

Järv, Harry: "Vorwort." In: *Die Kafka-Literatur. Eine Bibliographie* (s. Bibliogr.) S. 5–6.

[Möchte die Kafka-Literatur durch seine Bibliogr. übersichtlicher machen. Nicht alle Eintragungen persönlich geprüft.]

— "Konsten som livssurrogat. Kafkas analys av konstnarskapets problematik." [Lic.-Abhandlung, Uppsala, 1953.] In: *Varaktigare än koppar. Från Homeros till Kafka.* Malmö, Lund: Cavefors, 1962. S. 205–74.

[(Kunst als Lebenssurrogat. Kafkas Analyse der Künstlerproblematik): Artikel geht auf Järvs Vorlesungen 1952/53 zurück. Psychologisch-soziologische Analyse von "Bericht für eine Akademie". Zentralthema dieses u. anderer Werke: Künstler, der um schaffen zu können, das Leben zerstört. Parallelen zu "Urteil", Vergleiche der Rotpetergeschichte mit Werken von E. T. A. Hoffmann ("Nachricht ...") u. A. Kubin ("Die andere Seite").]

— "Introduktion till Kafka." In: *Horisont* 9 (1962) Nr. 4. S. 10–29. Illustr. — Auch: Vasa: Horisont, 1962 (Horisonts småskrifter, Nr. 3) 20 S.

Auch u. d. T.: "Svältkonstnären. Ett Kafkaporträtt." In: H. J.: *Läsarmekanismer* (s. Artikel) S. 261–96.

– *Läsarmekanismer. Essäer och utblickar.* Staffanstorp (Schweden): Bo Cavefors, 1971.

[S. 253–60: Kultursyntes i terminologisk djungel. (Kultursynthese im Dschungel der Terminologien): Kommentar zur Literaturdebatte Frank Thiess / Max Bense ("Literaturmetaphysik") 1950 – Kafka mit exakten Begriffen zu erfassen versucht (1952 geschrieben).
S. 261–96: Svältkonstnären. Ett Kafkaporträtt. ("Ein Hungerkünstler". Ein Kafkaporträt): 4 Hauptrichtungen der Kafkainterpretation. 1. die theologische (Brod, Existentialisten, etc.); 2. die psychoanalytische (Deutschland um 1930, USA); 3. die soziologische (in allen Ländern; Osteuropa: in marxistischer Form mit Ausnahme von ČSSR: Pavel Eisner, Josef Čermák –); 4. Richtung nimmt an, daß Rohmaterial nur wenig mit künstlerischem Endprodukt zu tun habe, das letzten Endes doch unerklärbar bleibt. Biographische Einführung u. Werksbesprechungen.
S. 297–335: Orgier i kafkaism. (Orgien des Kafkaismus): Ergebnisse der Liblice-Konferenz u. Meinungsunterschiede unter Marxisten (Garaudy, Kurella u. a.), Herausgabe der Werke Kafkas in Rußland u. Ostdeutschland; Umschwung der Parteipolitik 1970 vollzogen u. Kafka seither nur mehr "Vertreter des Zionismus".
S. 331–35: Hermann Brochs "Vergilii död". Kafkas Technik.
S. 416–23: Den moderna tjeckislovakiska kulturen. (Die Kultur der modernen Tschechoslowakei): Kafka u. Liblice – neuer Lebensausblick, Reformen angeregt.]
Teilabdruck von S. 297–335 in: *Horisont* 18 (1971) Nr. 2. S. 30–49.

– "Kafka in Eastern Europe 1963–1972." In: *The Wiener Library Bulletin* 26 (1972/73) Nr. 3/4. New series Nr. 28/9. S. 52–60.

[Die von der Liblice-Konferenz ausgehenden Impulse bahnten dem "Prager Frühling" den Weg; Stellungnahme von Goldstücker, E. Fischer, Garaudy u. ostdeutsche Einwände. Überblick über sowjetische Kafka-Kritik.]

*– "Litteratur som livssurrogat. Om Kafka-tolkningar och om kärnproblemet i Kafkas verk." In: *Dramaten* 5 (1974/75) S. 31–34.

[(Literatur als Lebenssurrogat. Über Kafka-Übersetzungen und das Kernproblem in Kafkas Werk.)]

*– "Vulgärmarxismen." In: *Horisont* 23 (1976) S. 1–3, 5 f. u. 98.

– "Utblick. Yttrandefriheten och den konstnärliga friheten." In: *Horisont* 24 (1977) Nr. 1. S. 1–7.

[(Ausblick. Freiheit der Meinungsäußerung und Freiheit der Kunst): Kritik an Peter Weiss' Dramatisierung von Kafkas "Prozeß" ("der andere Prozeß"): Karel Šviha-Skandal, Balkankriege, Mord in Sarajevo von Bedeutung für Kafka.]

– "Utblick. Diskussionen om Processen." In: *Horisont* 24 (1977) Nr. 2. S. 1–2.

[(Ausblick. Diskussion um den Prozeß): Stellungnahme zu Zeitungsartikeln in der schwedischen Presse über P. Weiss' Dramatisierung von Kafkas "Prozeß".]

*– "Ett författarnamn som schibbolet: Franz Kafka i öststaterna." In: *Frihetlig Socialistisk Tidskrift* (1978) Nr. 28. S. 16–27.

253

— "Die Aufnahme in den einzelnen Ländern. Ostblock." In: *Kafka-Handbuch* 2 (s. Sammelbde.) S. 762–76.

[Bibliogr. u. Forschungsbericht: Ostdeutschland, Tschechoslowakei, Polen, Ungarn, Jugoslawien, Sowjetunion, Rumänien, Bulgarien.]

Jaścz: In: *Trybuna Ludu* 11 (1958) Nr. 343. S. 6.

[Rez. der Theateraufführung des "Prozeß" in Übers.v. Bruno Schulz u. Adaptierung von Michał Tonecki.]

Jasper, Gerhard: "Negative Theodizee. Gedanken zum Buch von H. S. Reiss: 'Franz Kafka, eine Betrachtung seines Werkes'." In: *Deutsches Pfarrerblatt* 57 (1957) S. 440–42.

[Nach Reiss: Hoffnungslosigkeit, Ausgestoßensein, Fragen nach Verbindung mit Gott, Resignation, Leid ist definitiv. – Jasper: Kafka in ewiger Schwebe zwischen Gottnähe u. Gottferne; hat Urböses gezeigt.]

Jastrun, Mieczysław: "Franz Kafka." In: *New Writing of East Europe.* Ed. George Gömöri and Charles Newman. Chicago: Quadrangle Books, 1968. S. 128.

[Übers. v. Lydia Pasternak Slater. Gedicht über Kafka u. Auschwitz; Übers. aus dem Poln.]

*** Jávor, Ottó:** "Utószó." In: Franz Kafka: *A kastély.* Übers. v. György Rónay. Budapest: 1964. S. 363–80.

[Nachwort zur ung. Übers. von "Das Schloß".]

Jedlička, Josef: "Dvě kafkovské poznámky. Neschopnost ke svobodě." In: *Host do domu* (1964) Nr. 2. S. 19–25.

[(Zwei Kafka-Glossen. Die Unfähigkeit zur Freiheit): Kafkas Werke ohne tiefere Substanz, gehören nicht zur Literatur (Brods Fehler); kein Ziel, nur schlechtes Gewissen. Werke, z. B. "Prozeß", zeigen Unfähigkeit zur Freiheit.]

Jelinek, Gertrude Stwertka: "Kafka's Labyrinth: A Guide to His Fiction." In: *DAI* 36 (1975) S. 1543A.

[Zusammenf.: Annahme, daß Kafkas "Bau" sein eigenes dichterisches Schaffen darstelle; Konzentration auf die zu Lebzeiten veröffentlichten Werke. Prüfung der möglichen biographischen Anregungen, bes. zu Jugendwerken, die weniger verschlüsselt sind. Untersuchung der Themenentwicklung in chronologischer Abfolge. Ergebnis: Werk erscheint als Labyrinth auf zwei Ebenen, struktureller Zusammenhang. Auf realistischer Ebene: Held unterliegt der feindlichen Welt; symbolische Ebene: verborgene Handlung, deren Sinn nur Kafka verstand (homosexuelle Tendenz).]

Jens, Walter: "Der Mensch und die Dinge. Die Revolution der deutschen Prosa." In: *Akzente* 4 (1957) S. 319–34.

[Rolle von Kafkas Prosa in der Entwicklung der Literatur seit 1900. Änderung im Subjekt-Objektbezug; Objekt wird Partner, dann Feind.]
Auch u. d. T.: "Der Mensch und die Dinge. Die Revolution der deutschen Prosa. Hofmannsthal. Rilke. Musil. Kafka. Heym." In: W. J.: *Statt einer Literaturgeschichte.*

2. Aufl. Pfullingen: Neske, 1958. – (C 1957) S. 59–85. 5. erweiterte Aufl. 1962.
6. Aufl.: 1970.
Engl. Zusammenf. von S. 76–78, Aufl. 1957 (über "Die Verwandlung") in: Corngold,
The Commentators' Despair (s. Sammelbde.) S. 147–48.

– "Ein Jude namens Kafka." In: *Porträts deutsch-jüdischer Geistesgeschichte.*
Hrsg. v. Thilo Koch. Köln: Du Mont-Schauberg, 1961. S. 179–203.

[An Brods, Janouchs u. Wagenbachs Werken inspirierte Darstellung von Kafkas Lebens-
problemen: Judentum, Prag; Judesein bedeutet Einsamkeit. Interesse für Ostjudentum,
jüdische Tradition u. Geschichte.]
In ital. Übers. u. d. T.: "Un ebreo di nome Kafka." In: W. J.: *Un ebreo di nome Kafka e
altri saggi di letteratura contemporanea.* Urbino: Argalia, 1964. S. 161–89.

* Jensson, A.: "Mer Kafka. (Erzählungen)." In: *Harstad Tidende* (29.5.1972).

Jeřábek, Čestmír: "Jubileum pražského básníka." In: *Host do domu* 5 (1958)
S. 334–35.

[Gedanken zu Reimannaufsatz "Die gesellschaftliche Problematik…" in: P. Reimann:
"Von Herder bis Kisch" (s. Artikel).]

– "Kafkův 'Proces' česky." In: *Host do domu* 5 (1958) S. 373–74.
[Über den "Prozeß" in tschech. Übers. u. Bemerkungen zu Leben u. Werk Kafkas.]

Jesenská, Milena: "Franz Kafka." In: *Literární archív* (Praha) 1 (1966) S. 191–
92.

[Nachruf aus "Národní listy" vom 6.6.1924. Kafkas menschliche u. künstlerische Eigen-
schaften; Schrecken u. Geheimnis seiner Werke.]
In dt. Übers. u. d. T.: "Milenas Nachruf auf Kafka. Mit einem Kommentar von Ruben
Klingsberg." In: *Forum* (Wien) 9 (1962) S. 28–29.
In dt. Übers. auch in: Margarete Buber-Neumann: *Kafkas Freundin Milena.* München:
Gotthold Müller, 1963. S. 115–17.
In engl. Übers. in: Margarete Buber-Neumann: *Mistress to Kafka. The Life and Death of
Milena.* London: Secker & Warburg, 1966. S. 91–93.
In engl. Übers. u. d. T.: "Milena's Obituary of Kafka". In: *I Am a Memory Come Alive.
Autobiographical Writings.* Ed. Nahum N. Glatzer. New York: Schocken, 1974. S. 251–
52.
In frz. Übers. u. d. T.: "Franz Kafka." In: *Europe* 49 (1971) Nr. 511–12. Kafka. S. 5–6.
In ital. Übers. u. d. T.: "Necrologia per Kafka." In: Pocar, *Introduzione a Kafka* (s. Sam-
melbde.) S. 32–33.

– "La malédiction des meilleures qualités." In: *Europe* 49 (1971) Nr. 511–12.
Kafka. S. 6–9.

[Über Kafkas Charakter u. eine Episode seiner Jugend ("20 Heller"), sein Name nicht erwähnt. Aus dem Jahre 1926.]

Jofen, Jean: "'Metamorphosis'." In: *American Imago* 35 (1978) S. 347–56.

[3 Interpretationsebenen: bewußte (Vater, Familie, Politik, Religion, Soziales); vorbe-
wußte (Angst vor Krankheit u. Tod); unbewußte (Vaterhaß u. Liebe zu Mutter u. Schwester). Abnormales nicht das Schlimmste für Kafka.]

*Joffroy, Pierre: "Mais qui donc était ce Kafka?" In: *Paris Match* (23.5.1964) Nr. 789. S. 118 u. 157.

*Johnson, Janette S.: "'The Blind Owl', Nerval, Kafka, Poe and the Surrealists: Affinities." In: *Hedayat's "The Blind Owl" Forty Years After.* Ed. Michael C. Hillmann. Austin: Center for Middle Eastern Studies, Univ. of Texas, 1978. (Middle East Monographs 4). S. 125–41.

Johnson, Priscilla: *Khrushchev and the Arts. The Politics of Soviet Culture, 1962–1964.* Text by Priscilla Johnson. Ed. Priscilla Johnson and Leopold Labedz. Cambridge, Mass.: M.I.T. Pr., 1965.

[S. 54: Nekrasovs Kritik an der Kulturpolitik, die sowjetischen Intellektuellen Kenntnis der westlichen Kunst verwehrte (Kafka; Avantgarde-Filme). Chruschtschews u. Podgornys Reaktion darauf.
S. 64–66: Kommentar zu Gesprächen über die "kulturelle Koexistenz", beim Leningrader Kongreß über den modernen Roman (Aug. 1963). Kafka, Proust, Joyce, Musil, Beckett sind dekadent. Ehrenburgs subtile Rede beschwichtigte die Gemüter.
S. 83–84: Verblüffung des Auslandes über Publikation von "Strafkolonie" u. "Verwandlung" in russ. Sprache in "Inostrannaja literatura" (Jan. 1964) Nr. 1. Kommentare über andere Publikationen u. Liblice.
S. 240–45: Ehrenburg at Leningrad: Wiedergabe von Ehrenburgs Rede in engl. Übers. (aus "Literaturnaja gazeta," 13. Aug. 1963), die die westliche moderne Literatur, u. a. Joyce u. Kafka, verteidigt u. direkte Kenntnis der westlichen Werke empfiehlt.]

Johnston, Kenneth R.: "Teaching the Short Story in Grades Ten Through Twelve." In: *Teaching Literature in Grades Ten Through Twelve.* Ed. Edward B. Jenkinson and Philip B. Daghlian. Bloomington-London: Indiana Univ. Pr., 1968. S. 87–159.

[S. 150–56: Symbolism and Allegory: "In the Penal Colony" by Franz Kafka: Realistische Elemente in "Strafkolonie" untrennbar von unrealistischen. Forschungsreisender: nüchterne Beobachtung – Teil des Absurden.]

Johnston, William M.: *The Austrian Mind. An Intellectual and Social History 1848–1938.* Berkeley, Los Angeles, London: Univ. of California Pr., 1972.

[S. 270–73: Einfluß des Marcionismus auf jüdische Schriftsteller Prags, darunter Kafka; Gesetz als Hindernis der Erlösung; Hoffnung als Täuschung.]

Joho, Wolfgang: "Europäisches Streitgespräch über den Roman. Bemerkungen zur Tagung der COMES in Leningrad." In: *Neue Deutsche Literatur* 11 (1963) S. 155–58.

[S. 157: Kafka, Joyce u. Proust – Vorläufer des modernen Romans.]

Jonas, Klaus W.: "Kafka." In: *The McGraw-Hill Encyclopedia of World Biography.* Vol. 6. New York: McGraw-Hill 1973. S. 100–02.

[Einführende Bemerkungen. Vereinsamung des Menschen; Kafkas Helden sind Außenseiter.]

*Jong, J. G. de: "Kafka." In: *Wending* 22 (1967).

*Jordan, Robert Welsh: "Das Gesetz, die Anklage und K.s Prozeß: Franz Kafka und Franz Brentano." In: *JDSG* 24 (1980) S. 332—56.

Josipovici, Gabriel: "An Art for the Wilderness." In: *European Judaism* 8 (1974) Nr. 2. Franz Kafka. S. 3—15.

[Persönliche Reaktion auf Kafkas Werk u. seine Photographien, bes. seine Augen. Gedanken zu Canettis "Der andere Prozeß" u. zu Felicebriefen. Konflikt zwischen Leben u. Schreiben, Schreiben u. Liebe.]

*— *The Lessons of Modernism and Other Essays.* Rowman and Littlefield, 1977.

[Essays über Kafka, Walter Benjamin, u. a.]

*Josselin, J. F.: "Kafka et les 'Lettres à Felice'." In: *Le Monde* (7.4.1972).

*— "Les voies de l'Amérique. 'L'Amérique' par Franz Kafka." In: *Le Nouvel Observateur* (17.8.1973).

*Jovanović, Ž. P.: "Franc Kafka kod Jugoslovena." In: *Stremljenja* 6 (1965) S. 202—05.

*Juhre, Arnim: "Franz Kafka — ein halbes Jahrhundert nach seinem Tod." In: *Almanach für Literatur und Theologie* 8 (1974) S. 167—69.

Juliet, Charles: "La littérature et le thème de la mort chez Kafka et Leiris." In: *Critique* 13 (1957) Nr. 126. S. 933—45.

[Todesfurcht, bzw. Angst, nicht sterben zu können. Literatur sollte Lebenselement ersetzen. "Aurora", "L'Age d'Hommes", "Afrique Fantôme". Liebesakt soll Tod überwinden; oder Vorwegnahme des Todes. Transfer auf andere Gestalten.]

Jungmann, Milan: "Kafka and Contemporary Czech Prose." In: *Mosaic* 3 (1970) Nr. 4. New Views on Franz Kafka. S. 179—88.

[Interesse für Kafka ab 1963 bringt Umschwung in der tschech. Literatur; Erweiterung des Konzeptes "Realismus", Verfeinerung der kritischen Mittel, Blüte des absurden Grotesken.]
Engl. Zusammenf. in: *TCLB* S. 2070.

Just, Klaus Günther: *Von der Gründerzeit bis zur Gegenwart. Geschichte der deutschen Literatur seit 1871.* Bern u. München: Francke, 1973 (Handbuch der deutschen Literaturgeschichte. 1. Abteilung. Darstellungen, Bd. 4).

[U. a. S. 352—56: Kafkas Stil dem expressionistischen fern. 2 Erz. Hofmannsthals als Vorläufer. Kafkas Romane nicht mehr abgegrenzt, weil fragmentarisch.]

*K., J.: Trzy siostry Franciszka Kafki." In: *Kronika* (1957).

Kafka, František: "Osud Kafkových sester." In: *Věstník židovských náboženských obci v Československu* 27 (1965) Nr. 5. S. 8—9.

[(Das Schicksal von Kafkas Schwestern): Bericht über das Schicksal von Dora Diamant u. das Ende von Kafkas Schwestern in den KZ der Nazi. Helene Zylenbergs Bericht in "Wort und Tat" (1946/47).]

— "Franz Kafkas Handschrift." In: *Zeitschrift für die Geschichte der Juden* 6 (1969) S. 75–81.

[Graphologische Untersuchung von sieben Unterschriften Kafkas zeigen wachsende Reife u. künstlerische Eigenwilligkeit.]

*Franz Kafka: 1883–1924. Manuskripte — Erstdrucke — Dokumente — Photographien. Ausstellung der Akademie der Künste 16. Jan. — 20. Febr. 1966 anläßlich ihres Franz Kafka-Colloquiums vom 17. bis 19. Febr. 1966. [Berlin:] Akademie der Künste, 1966. 112 S. (Neue Aufl. 1968, erweiterte Fassung.) In engl. Sprache u. d. T.: *Franz Kafka. 1883–1924. An exhibition sponsored by the Akademie der Künste, Berlin.* The material compiled by Klaus Wagenbach, and arranged by the Goethe-Institut zur Pflege der deutschen Sprache und Kultur im Ausland, Munich. [Berlin: Akademie der Künste, 1968.] 110 S.

[S. 5: Klaus Wagenbach: Einleitende Worte;
S. 6–9: Chronologische Tabelle über Kafkas Leben; Bd. umfaßt die von Wagenbach in 15 Jahren gesammelten Bild- und Dokumentmaterialien über Kafka, die in Berlin ausgestellt wurden. Texte von Klaus Wagenbach.
S. 105–10: Auswahlbibliogr.]

Franz Kafka 1883–1924. En utställning ordnad av Museet för tjeckisk litteratur, Prag. [Stockholm:] Kungl. Bibliotekets utställningskatalog Nr. 50, 1967. [15 S.]

[Schwedischer Katalog der Kafka-Ausstellung des Museums für tschech. Literatur, Prag, mit Beschreibung der 195 Ausstellungsstücke. S. 13–15: Nachwort von Jiří Žantovský mit Betonung der Rolle Prags in Kafkas Leben.]

Kafka in England. Catalogue of an exhibition held at the National Book League, 7 Albemarle Street, W. 1. 2–16 Feb. 1971. — 20 S.

[S. 4–5: Malcolm Pasley: Introduction. Kafka in England. — Beschreibung der Londoner Ausstellung von Kafkamaterial (Kern: Auswahl von Original-Mss. aus der Bodleian Library) u. seiner Geschichte. Die Verbreitung von Kafkas Werken u. deren Rezeption in England. Ausstellung enthält außerdem frühe Werkpublikationen, engl. Übers., Nachkriegsübers. u. engl. Sekundärliteratur.]

Franz Kafka Gedenkblatt: Anläßlich der 80. Wiederkehr seines Geburtstages am 3. Juli 1963. Mit Illustr. von Hans Fronius. Redigiert u. hergestellt von den Lehrlingen des 4. Jahrganges der Druckerei Brüder Rosenbaum, Wien: [1963.]

[Einleitung. Illustr. zu Texten von "Vor dem Gesetz" u. "Die Sorge des Hausvaters".]

"Kafka-vita a Magyar Irodalomtörténeti Társaság Modern Filológiai Szakosztálya 1963. dec. 16-án tartott ülésén." In: *Filológiai Közlöny* 11 (1965) S. 217–31.

[(Kafka-Diskussion während der am 16. Dez. 1963 abgehaltenen Sitzung der Sektion für moderne Philologie der Ungarischen literarhistorischen Gesellschaft):

Beiträge: S. 217–19: Mátrai László vitaindító előadása a Kafka-vita jelenlegi állásáról. – Über die Lage der Kafka-Diskussion. – S. 219: Szobotka Tibor – S. 220–21: Krammer Jenő – S. 220–27: Egri Péter – S. 227–31: Mihályi Gábor. – s. Artikel.]

Kahane, Pemiel Peter: "Yosl Bergner's drawings to Kafka." In: *Typographica* (new series) 1 (1960) S. 32–38.

[6 von Bergners Zeichnungen zu "Prozeß" abgebildet u. kommentiert. Bergners Einfühlungsvermögen in Kafkas groteske, tragische u. geheimnisvolle Welt.]

Kaiser, Gerhard: "Franz Kafkas 'Prozeß'. Versuch einer Interpretation." In: *Euphorion* 52 (1958) S. 23–49.

[Roman zeigt Konflikt zwischen Weltgesetz u. Mensch. Schuld weder moralisch noch metaphysisch ganz zu erklären. Jenseits von Held u. Leser besteht ein "totaler Daseinshorizont". Widerlegt Uyttersprot (s. Artikel).]

Kaiser, Hellmuth: "Franz Kafkas Inferno. Eine psychologische Deutung seiner Strafphantasie." In: Politzer, *Franz Kafka* (s. Sammelbde.) S. 69–142.

[Abdruck aus "Imago. Zeitschrift für Anwendung der Psychoanalyse auf die Natur- und Geisteswissenschaften" 17 (1931), S. 41–103. – Psychoanalytische Deutung. "Ein Bericht für eine Akademie": Bild eines hochbegabten intellektuellen Neurotikers, Trieblebens, z. T. unterentwickelt, z. T. sublimiert. Beziehung zum Nächsten: Routine. – "Die Verwandlung": Ödipuskonflikt in 2 Phasen: Selbstbestrafung, Wechsel der Triebrichtung, Regression in anale Phase; Masochismus; als Fortsetzung der Affengeschichte zu sehen. – Von diesen beiden Erz. ausgehend auch "In der Strafkolonie" analysiert, um das innere Leben u. die Persönlichkeitsentwicklung einer "K."-Figur zu verfolgen. Art von Privatmythologie mit Anklängen an jüdisch-christliche Religion; Verfall dieser Welt dargestellt. – Auch hier Doppelheit des Ödipuskomplexes, gegenseitige Aggression. Vorgänge in Kinderzeit zu verlegen. Gemeinsam mit den beiden obigen Erz.: Bestrafung des Ödipuswunsches. "Verwandlung" – Akzent auf Auflehnung. "Strafkolonie" – Akzent auf Strafe (entpersönlicht, wie Strafe im juristischen Sinn; Brauch, Kult). Anal-masochistisch-homosexuelle Libidoorganisation aus "Verwandlung" fortentwickelt; Triebe der "Es"-Sphäre.
"Ich"-Sphäre: Veränderung, Zensur, Bewußtsein. 2 Arten des Vaterbildes in Erz. (sadistisches u. wirkliches, gemäß Altersstufe der K.-Figur). Kaisers doppelter Deutungsversuch: a) Abbild komplexer Triebregungen (infantiles Ödipuserlebnis), b) Eingliederung in Erscheinungen des religiösen Lebens: Religiöses Erleben aus bestimmter Libidoorganisation sublimiert. Gott-Vaterbild aus Relikten des Ödipuskomplexes entstanden.]
Teilabdruck (S. 53–61) in engl. Übers. v. Stanley Corngold u. Barney Milstein u. d. T.: "Kafka's Fantasy of Punishment." In: Corngold, *Franz Kafka: The Metamorphosis* (s. Sammelbde.) S. 147–56.

Kaiser, Joachim: "Briefe, um die Gespenster zu bannen." In: *Frankfurter Hefte* 15 (1960) S. 212–15.

[Besprechung der "Briefe, 1902 bis 1924", 1958 bei Fischer erschienen. Eines der großen Dokumente dieses Jh.; Verzweiflung u. Lebensklugheit, Kafkas Verhältnis zur Welt, seine Offenheit.]

*Kaji, R.: "Über die Form in Kafkas Romanen." In: *Kyoto Gakuen Daigaku Ronshu* 4 (1975) S. 76–85.

[Jap.]

*Kakabadse, N[odar]: "Franz Kafkas tsšrovreba da šemokmedeba." In: *Tsisskari* (1964) Nr. 5.

[Erschienen in Tbilissi, UdSSR; Artikel in georgischer Sprache.]

— "Thomas Mani da Franz Kafka." In: *Tsisskari* (1969) Nr. 1.

[Georgisch.]

Kalter, Marjorie Hope: "Metaphorical Quest: Modern European Quest Novels and Their Tradition." In: *DAI* 37 (Jan./Feb. 1977) S. 5104A.

[Zusammenf.: Conrad, Kafka, u. a.: Thema der Suche seit biblischen Zeiten in Literatur als Suche nach Ziel u. Sinn des Lebens. Diss. vergleicht frühe Literatur über die "Suche" (quest) mit der modernen, um Tradition u. Innovation festzustellen. 2. Teil der Diss.: Modernismus u. Postmodernismus: tiefe Änderungen, z. B. Kafka ("Schloß"), in Metaphern u. Behandlung der traditionellen "Suche"-Elemente.]

*Kałużyński, Zygmunt: *Podróż na Zachód.*

[S. 69–71: Biblia ruchu: Franz Kafka. – S. 286–94: Męczeństwo i zgon drobnego mieszczanina. – Über Dramatisierung des "Prozeß" von A. Gide.]

*Kambanelles, Iakōvos: *Hē apoikia tōn timōrēmenōn (apo to omōnymo diēgēma tou Frants Kafka). Autos kai to pantaloni tou.* [Athēnai:] 1970. 101 S.

[Griech. "Hē apoikia" zuerst aufgeführt im Peiramatiko Theatro in Athen im Okt. 1970.]

*Kameda, Isao: ["Eine Grundlage der Kafka-Interpretation."] In: *Tôkyô-Shosen-[Hochschule-] Kenkyu-Hokoku-Jinmongaku* 13 (1963).

[Jap.]

Kaminsky, Hugo: „Streit um Kafka." In: *Theater der Zeit* 21 (1966) Nr. 23. S. IV.

[Über die Echtheit und bevorstehende Uraufführung von "Der Flug um die Lampe".]

Kampits, Peter: "Prophetie und Sprache im Werk Franz Kafkas." In: *Literatur und Kritik* (Febr. 1980) Nr. 141. S. 14–21.

[Gedanken über Art u. Ziel von Kafkas "Schreiben": religiöse Motive, Expedition zur Wahrheit. Grenzen der Sprache.]

*Kanai, Mieko: ["Meine Sorge."] In: *Eureka* 3–4 (1971) Kafka-Sonderheft.

[Jap.]

Kaneko, Takuma: ["Über die 'Huld'-Gestalt in Kafkas Werk 'Der Prozeß'."] In: *Doitsu Bungaku* (1977) Nr. 59. S. 98–108.

[Jap. mit dt. Zusammenf.]

*Kanenari, Yôichi: ["Über 'Das Urteil' von Franz Kafka."] In: *Nihon-[Univ.-] Daigakuin-Hokoku* 9 (1973).

[Jap.]

* – "'Ein Hungerkünstler' ni okeru geijutsu to kate no mondai." In: *Nichidai Daigakuin* (Nihon Univ.) 10 (1974) S. 99–106.

[Jap. (Das Problem der Kunst und Erfahrung in "Ein Hungerkünstler".)]

* – "Franz Kafka kacho no shinpai to Odoradikku." In: *Nichidai* (Nihon Univ.) *Lynkeus* 16 (1975) S. 17–27.

[Jap. (Franz Kafkas "Die Sorge des Hausvaters" u. Odradek.)]

***Kantzenbach, Friedrich W.**: "Rechtfertigung ohne Subjekt und Objekt. Fragen um Kafkas 'Amerika'." In: *Theologische Zeitschrift* 34 (1978) S. 345–55.

Karatson, André: "Le 'grotesque' dans la prose du XXe siècle (Kafka, Gombrowicz, Beckett)". In: *Revue de Littérature Comparée* 51 (Apr.–Juni 1977) S. 169–78.

[Über die Natur des Grotesken u. a. auch bei Kafka: Vereinigung von Gegensätzlichem (Komik u. Entsetzen): unlösbare Spannung: "Landarzt", "Prozeß", "Bau". – Engl. u. frz. Zusammenf. in: *Abstracts* S. 3 u. 4.]

* – "Problèmes du personnage romanesque chez les précurseurs du nouveau roman." In: *Revue de Littérature Comparée* 53 (1979) S. 47–64.

Karl, Frederick R.: "Space, Time, and Enclosure in 'The Trial' and 'The Castle'." In: *JML* 6 (1977) S. 424–36.

["Enclosure" – "Sich Ein- oder Abschließen", ohne Problemlösung als alternative, nicht negative Lebenseinstellung (Kafka u. Proust). Neue Zeit- u. Raumkategorien. Titorelli- u. Kathedralenepisoden ("Prozeß") – inneres Labyrinth. "Schloß" – offenes Labyrinth. K.s Bemühungen – Gegenpol in Amalia, überwindet das Labyrinth.]

Karmel, Y.: "Bein Kafka le-Kafka." In: *Moznayim* 33 (1971) S. 247–53.

[Hebr. (Zwischen Kafka und Kafka): Kafka ist nicht nur Literatur, sondern auch Belehrung. Subjektivismus. "Die Verwandlung": Nichtigkeit des Menschen. Unrealistische Elemente in "Prozeß" u. "Schloß" erhöhen Wert der Werke. "Amerika" – realistisch (soziale Elemente).]

Karp, Friedrich: "Ein Flug um die Lampe herum – ein unbekanntes Werk von Kafka?" In: *Literatur und Kritik* 1 (1966) Nr. 9–10. S. 105–07.

[Entgegnung auf Goldstückers Artikel. Werk ist keine Fälschung.]

***Karpat, Werner**: [Die Briefe im "Schloß" Kafkas.] In: *Keshet* 7 (1965) Nr. 4. S. 42–62.

[Hebr.; aus "Bibliografia b'Ivrit"; aus Übers. v. Shervel Bilai.]

Karst, Roman: "Franz Kafka. Studium." In: *Twórczość* 14 (1958) S. 78–110.

[Rätselhafte Welt, Paradoxe überwältigen uns. Kafka ist Moralist. Mensch lebt in Gefangenschaft, von Lügen umgeben. Kafka konnte seelisches Gleichgewicht bewahren. Symbolische Deutungen von Brod u. Fürst sind zweifelhaft. Kafkas Bilder – rätselhafte Parabeln. Einsamkeitsgefühl als Fluch; Kafkas Personen sind Sünder, flüchten vor Menschen u. leiden. Haltung des Vaters u. Antisemitismus verfolgten Kafka. Monotone Landschaft betont Vereinsamung. Kafka – einer der größten Stilisten. Vergleich mit Joyce u. Proust. Negation ist Form der Rebellion gegen die Welt, aber auch Werkzeug, die Wahrheit zu ergründen. Kafka erreicht archimedischen Punkt nicht. Mensch muß Schuld eingestehen. Katastrophe in allen Werken erkennbar (Ausnahme: "Amerika"). Werke zeigen die technischen Veränderungen u. Kulturkrise, versuchen aber Dekadenz zu überwinden. Kafka ist kein Schriftsteller der Resignation, liebt Krankheit u. Tod nicht, sieht ein, daß sein Versuch, eine neue Welt aufzubauen, fehlschlug.]

* – "Posłowie." In: Franz Kafka: *Zamek*. Warszawa: Czytelnik, 1958.

[(Nachwort): Bemerkungen zur poln. Ausgabe von "Das Schloß".]

* – "Kafka na polskiej scenie." In: *Teatr* (1959) Nr. 2. S. 6.

– "Stulecie Markiza de Sade." In: *Współczesność* (1959) Nr. 19/50. S. 4 u. 8 (1. Teil); Nr. 20/51 (2. Teil).

[(Das Jahrhundert des Marquis de Sade): Der Weg zum archimedischen Punkt Kafkas soll Entfremdung rückgängig machen; führt durch Einsamkeit, die Kafka als Fluch empfand. Kafka hielt sich aus den politischen Kämpfen seiner Zeit heraus. – Kafkas Interesse u. Mitgefühl in bezug auf Arbeiterklasse seiner Heimat; sein Sozialprogram in "Die besitzlose Arbeiterschaft." "Amerika" – positives soziales Programm. Sade als "Schutzheiliger" unserer Zeit.]

– "Wstęp." In: Franz Kafka: *Nowele i miniatury*. Übers v. Roman Karst u. Alfred Kowalkowski. Warszawa: Państwowy Instytut Wydawniczy, 1961. S. 5–8.

[(Einführung): Es ist schwierig, aus Kafkas kleiner Prosa eine Auswahl zu treffen. Erklärung der Auswahl u. Einteilung.]

– "Dwa światy Kafki. Fragment książki 'Kafka bez metafizyki'. In: *Współczesność* (1959) Nr. 10. S. 1 u. 8.

[(Die zwei Welten Franz Kafkas. Ein Fragment aus dem Buch "Kafka ohne Metaphysik"): Kafka verbindet wirkliche Welt mit Phantasiewelt; extreme Subjektivität; Konflikt der beiden Welten in "Schloß" u. "Prozeß". Schuldproblem in "Prozeß": subjektiv. Kafkas Helden: zum Untergang vorherbestimmt. Seine Neurose beeinflußt sein Weltbild.] In tschech. Übers. v. Michaela Ditmarová u. d. T.: "Dva světy Franze Kafky čili Kafka bez metafysiky." In: *Plamen* 5 (1963) Nr.10. S. 119–24.

– "Kafka v Polsku." In: *Plamen* 5 (1963) Nr. 10. S. 133 ff.

[Reaktion auf Ankündigung der Liblicekonferenz. Kafkas Bedeutung, sein Einfluß auf poln. Schriftsteller.]

– "Pokus o záchranu člověka." In: Goldstücker, *Franz Kafka. Liblická Konference 1963* (s. Sammelbde.) S. 137–42.

[Kafka fürchtete die Gemeinschaft, brauchte sie aber. Schafft parabolisches Lebensmodell im Werk, glaubt an das Streben u. das Gute.] Auf dt. u. d. T.: "Ein Versuch um die Rettung des Menschen." In: Goldstücker, *Franz Kafka aus Prager Sicht 1963* (s. Sammelbde.) S. 141–48. In ital. Übers. u. d. T.: "Un tentativo di salvare l'uomo." In: Goldstücker, *Franz Kafka da Praga* (s. Sammelbde.) S. 153–60.

— "Der österreichische Roman in Polen." In: *Wort in der Zeit* (1965) Nr. 4. S. 62–64.

[Kafka an führender Stelle; 2 Kafka-Wellen (dreißiger u. fünfziger Jahre); Gegensatz zwischen Gemeinschaft u. Einsamkeit.]

— "Franz Kafka: Word-Space-Time." In: *Mosaic* 3 (1970) Nr. 4. New Views on Franz Kafka. S. 1–13.

[Ringen um vermittelndes Wort; Beziehung zwischen Raum u. Einsamkeit des Menschen; Stillstehen der Zeit.]
In dt. Übers. v. Frank Schnur u. d. T.: "Franz Kafka: Wort-Raum-Zeit" in: Politzer, *Franz Kafka* (s. Sammelbde.) S. 539–55.
Engl. Zusammenf. in: *TCLB* S. 2070.
Poln. u. d. T.: "Franz Kafka. Slowo-przestrzeń-czas." In: *Wiadomości* 25 (13. Dez. 1970) Nr. 50 (1289).

— "Kaprysy wyobraźniczylí Kafka i Gogol." In: *Wiadomości* 29 (22. u. 29. Dez. 1974) Nr. 50–51 (1499–1500) S. 2–3.

[(Kapricen dargestellt bei Kafka und Gogol): Vergleich, ähnliche Elemente im Leben; Unterschied in Werken, Struktur u. Technik.]

*— "Unbewegliche Uhrzeiger." In: *Wort in der Zeit* 9 (1963) Nr. 7. S. 1–12.

Teilabdruck in ital. Übers. u. d. T.: "Lancette d'orologio immobili." In: Pocar, *Introduzione a Kafka* (s. Sammelbde.) S. 94–99.

— "The Reality of the Absurd and the Absurdity of the Real: Kafka and Gogol." In: *Mosaic* 9 (1975) Nr. 1. S. 67–81.

[Zuerst Vortrag auf Kafka Symposium 1974 (Philadelphia): Kafka kannte Gogols Werke u. Leben. Beide Dichter: eine Welt, in der sich Realistisches u. Übernatürliches durchdringen ("Verwandlung", "Jäger Gracchus"; "Der Revisor", "Die Nase"). Bei Kafka verkörpert die korrupte Bürokratie ein Mysterium.]
Engl. Zusammenf. in: *Canadian Review of Comparative Literature* 3 (1976) S. 296, u. in: *1975 MLA Abstracts* Vol. 2 (1977) S. 94.
Dt. u. d. T.: "Die Realität des Phantastischen und die Phantasie des Realen. Kafka und Gogol." In: *Literatur und Kritik* (Febr. 1980) Nr. 141. S. 28–39.

— "Kafka and the Russians." In: *Perspectives and Personalities: Studies in Modern German Literature, Honoring Claude Hill.* Ed. Ralph Ley, Maria Wagner, Joanna M. Ratych, & Kenneth Hughes. Heidelberg: Winter, 1978. S. 181–97.

[Kurze Übersicht über Kafka-Rezeption in Rußland, vom 1. Hinweis auf ihn im Literaturlexikon von Lunačarskij (1931) zu Dneprovs u. Zatonskijs Einstellungen. Entwicklung nach der Libice-Konferenz; Knipovič u. Sučkov; meist werden Kafka u. Th. Mann gegenübergestellt.]

— "The Russian Battle for Kafka. Who's Afraid of Big Bad Franz?" In: *Encounter* 55 (Oct. 1980) S. 26–29.

[Abriß der Geschicke von Kafkas Werken u. deren Interpretation in Rußland.]

Kartiganer, Donald M.: "Job and Joseph K.: Myth in Kafka's 'The Trial'." In: *Modern Fiction Studies* 8 (1962). Franz Kafka Number. S. 31–43.

[Held sucht Vater, Parallele zur Hiobsgeschichte; K. u. Hiob müssen nutzlose Ratgeber loswerden.]
Engl. Zusammenf. in: *TCLB* S. 2101, u.
in: *TCL* 9 (1963) S. 40.

– "'A Ceremony of the Usual Thing': Notes on Kafka's Development." In: *Criticism* 20 (1978) S. 43–65.

[Zwei Welten: die wirkliche, bekannte, u. die mysteriöse, unbekannte, wirken aufeinander; Realismus u. Symbolismus untergraben. Dualismus Leben – Literatur (Flaubert).]

* **Kasama, Yukiko**: ["Kafka und Felice."] In: *Rikkyo-[Univ.-] Aspekt* 3 (1970).
[Jap.]

Kaschnitz, Marie Luise: *Tage, Tage, Jahre. Aufzeichnungen.* Frankfurt/M.: Insel, 1968.

[S. 353–55: Tagebucheintragung über Kafkas Briefe an Felice. Kafka ersehnte sich ein Gegenbild, aber Felice sprach, dachte, reagierte anders; wurde Gegnerin seiner Arbeit.]

– "Introducing to America '... Kafka's Love Letters to Felice'." In: *Atlas* 16 (1968) Nr. 4. S. 47–50.

[Kafkas Beziehung zu Felice u. Grete; Abdruck von 2 Briefen an Felice in engl. Übers.]

***Kashiwagi, Motoko**: ["Franz Kafka."] In: *Kikan-Sekai-Bungaku* 6 (1967).
[Jap.]

Kassner, Rudolf: *Der goldene Drachen. Gleichnis und Essay.* Erlenbach-Zürich u. Stuttgart: Eugen Rentsch, 1957.

[S. 225–60: Swift, Gogol, Kafka. – S. 245–60 über Kafka: ein Chiliast, ohne Gott am Rande des Lebens, sehnt sich nach der Mitte. Werke ohne Ende oder mit grausamem Ende. "Schloß": Menschen um K. nur "en face" vorhanden, Phantome. Kafka in einem Niemandsland; Traumgestalt der Dinge.]
In frz. Übers. v. Claude Clergé u. d. T.: "Fin ou limite." In: *CCRB* (Febr. 1965) Nr. 50. Kafka. L'Amérique-Le Château-Le Procès. S. 46–65.
In jap. Übers. in: *Sekai Bungaku Zenshû*. Tôkyô: 1967 (Gesammelte Werke der Weltliteratur 36.) S. 38–82.

***Kato, Keji**: ["Einige Betrachtungen über den Maler Titorelli im "Prozeß" von Kafka."] In: *Shinshu-[Univ.-] Karibane* 6 (1965).
[Jap.]

– ["Franz Kafka, ein zurückgekehrter Dichter."] In: *Shinshu-[Univ.-] Jinmonkagaku-Ronshu* 1 (1965).
[Jap.]

*Katuzyński, Zygmunt: "'Zamek' Kafki." In: *Nowe Książki* (1958). Nr. 19.
["Das Schloß" von Kafka.) Poln.]

– "Kafka po polsku." In: *Trybuna Literacka* (1958) Nr. 3.
[Über "Der Prozeß".]

Katz, Richard: *Gruß aus der Hängematte. Heitere Erinnerungen.* Rüschlikon-
Zürich u. Stuttgart: Albert Müller, 1958.
[S. 27–28: Kafka glaubte, zu keinem Beruf zu taugen, der ihm Zeit lasse.]

Kauf, Robert: "'Verantwortung': The Theme of Kafka's 'Landarzt' Cycle." In:
MLQ 33 (1972) S. 420–32.
[In Brief an M. Buber erwähnt Kafka (Apr. 1917) "Verantwortung" als Titel für Land-
arzt-Zyklus. "Ein Bericht...", "Eine Kreuzung" u. "Der Nachbar" spätestens März–
Apr. 1917 geschrieben. Was fordert Gott von mir? – Kernfrage der jüdischen Religio-
sität. Alle "Landarzt"-Erz.: Perspektive der Verantwortung.]
Engl. Zusammenf. in: *1972 MLA Abstracts* Vol. 2. S. 68, u.
in: *TCLB* S. 2088.
Dt. u. d. T.: "Verantwortung: Das Thema von Kafkas Landarzt-Zyklus." In: *Die Pest-
säule* (Wien) 12 (1974/75) S. 103–15.

– "Franz Kafka." In: *Colloquia Germanica* 4 (1976/77) S. 308–16.
[Menschliche u. göttliche Ungerechtigkeit: Kafkas Werk auch Reaktion darauf?]

– "Kafka and the Jewish Tradition." In: *Newsletter of the Kafka Society of
America* 3 (1979) Nr. 1. S. 1–5.
[Unterschiede zwischen jüdischer u. christlicher Tradition lassen Kafkas Werk besser ver-
stehen.]

Kaufmann, Hans: *Krisen und Wandlungen der deutschen Literatur von Wedekind
bis Feuchtwanger.* 15 Vorlesungen. Berlin u. Weimar: Aufbau-Verl., 1966.
[S. 157–62: Im "Brief an den Vater" Dilemma der Opposition gegen "Väterwelt"; künst-
lerisches Schaffen – Versuch der Emanzipation.
S. 329–35: Aufbau der Erz. von Reflexion zur Demonstration eines Weltbildes, aber
Kafkas Beziehung "Ich u. Welt" nicht interpretierbar.]

Kaufmann, Hans, Dieter Schiller [u. a.]: *Geschichte der deutschen Literatur
1917 bis 1945.* Berlin: Volk u. Wissen, 1973 (*Geschichte der dt. Literatur von
den Anfängen bis zur Gegenwart,* 10. Bd.).
[S. 129–31: Franz Kafka: – Kafka versuchte im "Schloß" einen aktiven Menschen zu gestalten; Volk spielt größere Rolle, Bewußtsein der Ohnmacht zu stark. "Hungerkünstler"
u. "Josefine": Gleichnisse mit hohem Grad von Objektivierung; Künstler: lebensunfähig.]

Kaufmann, R. J.: "Metaphorical Thinking and the Scope of Literatur." In: *Col-
lege English* 30 (1968) S. 31–47.
[Kafkas geistiger Stil schließt Möglichkeit einer allg. verständlichen Vorstellung aus.]
Engl. Zusammenf. in: *Abstracts of English Studies* 12 (1969) S. 61.

Kaufmann, Walter (Ed.): *Existentialism from Dostoevsky to Sartre.* Thirteenth printing. New York: Meridian Books, 1960. – (C 1956).

[Anthologie des Existentialismus. S. 121–30: Kafka: Three Parables. –
S. 121–23: Einleitung. S. 123–24: Eine kaiserliche Botschaft; S. 124–30: Vor dem Gesetz; S. 130: Kuriere.]
Teilabdruck von S. 122 in: Neumeyer, *Twentieth Century Interpretations of "The Castle"* (s. Sammelbde.) S. 108.

– "The Reception of Existentialism in the United States." In: *Salmagundi* (1969) Nr. 10–11. S. 69–96.

[S. 84–85 u. 93: Kafka – kein Existentialist.]

Kautman, František: "Franz Kafka a česká literatura." In: Goldstücker, *Franz Kafka. Liblická Konference 1963* (s. Sammelbde.) S. 39–75.

[Kafkas Deutschtum war ohne nationalistischen Charakter. Sein großes Interesse für die tschech. Kultur; Einfluß der Božena Němcová; sein Symbolismus dem des Komenský u. des Andreä näher als dem modernen. Parallelen zu Hašek (absurde Wirklichkeit); Beziehung zu Milena; Kafkanachfolger.]
In dt. Übers. v. Otto Guth u. d. T.: "Franz Kafka und die tschechische Literatur." In: Goldstücker, *Franz Kafka aus Prager Sicht 1963* (s. Sammelbde.) S. 44–77.
In dt. Übers. in: *Alternative* 8 (1965) Dokument 2. S. 21–36.
In ital. Übers. u. d. T.: "Franz Kafka e la letteratura ceca." In: Goldstücker, *Franz Kafka da Praga* (s. Sammelbde.) S. 51–87.

– "Boje o Kafku včera a dnes." In: *Literární noviny* 14 (1965) Nr. 27. S. 5.

[(Kämpfe um Kafka gestern und heute): Aufgaben der östlichen Kafkakritik nach der Liblicekonferenz: Auseinandersetzung mit westlichen Kafkainterpretationen.]

– "Pražká německá literatura." In: *Literární noviny* 14 (1965) Nr. 48. S. 4.

[(Die Prager deutsche Literatur): Die Konferenz über dt. Literatur in Prag (1965).]

– "Franz Kafka a Čechy." In: *Literární archiv* 1 (1966) S. 179–97.

[(Franz Kafka und Böhmen): Kafkas Identität: bevorzugte Sprache: Dt.; geographisch-genetisch: Tscheche; politisch unter österreichisch-ung. Einfluß; kann keiner Seite eindeutig zugeteilt werden, obwohl literarisch tschech. Einfluß auf ihn vorwiegt (auch Milena). Sein Einfluß auf die tschech. Schriftsteller.
4 Abdrucke: S. 191–92: Auszug aus: Milena Jesenská: "Franz Kafka." (*Národní listy*, 6.6.1924);
S. 192: Auszug aus: M. Pujmanová-Hennerová: "Zemřel Franz Kafka." (*Tribuna*, 15.6. 1924);
S. 193: Auszug aus: Jan Grmela: "Franz Kafka." (*Pramen* 5, 1924/25, S. 47);
S. 193–95: Auszug aus: Josef Hora: "Zámek Franze Kafky." (*Almanach Kmen*, 1935/ 36).
S. 196–97: Russ. Zusammenf.]
In frz. Übers. u. d. T.: "Kafka et la Bohême." In: *Europe* 49 (1971) Nr. 511–12. Kafka. S. 56–72.

– "Kafka a Milena." In: Franz Kafka: *Dopisy Mileně*. Přeložila Hana Žantovská. Praha: Academia Nakladatelství Československé Akademie Věd, 1968. S. 7–34.

[(Kafka und Milena): Kafkas Beziehungen zu Frauen. Milenas Leben, ihre Gegensätzlichkeit zu Kafka, ihr Kreis u. ihre Übersetzertätigkeit. Unstimmigkeiten in Kafkas Leben u. sein Werk gaben seiner Existenz Sinn; keine Harmonie in seiner Welt. Milenas Einwirkung auf "Das Schloß" (Milena = Frieda, Ernst Polak = Klamm, Julie Wohryzek = Olga). Kafkas "Durchbruch" in den Briefen an Milena.]

Kavanaugh, Thomas M.: "Kafka's 'The Trial'. Semantics of the Absurd." In: *Novel* 5 (1972) S. 242–53.

[Epistemologische Krise dargestellt: Sprache von innen her in Frage gestellt; Beziehung zwischen "Code" u. "Botschaft" (message) unterbrochen; Sinn u. Zusammenhang von Fakten unerkennbar. Josef K. vergißt gewohnten Code des Geschäftslebens, kann aber neuen Code nicht erlernen (Sinn der Verhaftung). In Kafkas Welt kein universeller Bedeutungscode mehr vorhanden.]
Engl. Zusammenf. in: *TCL* 19 (1973) S. 138.
Teilabdruck von S. 242–45 u. 250–53 in: Rolleston, *Twentieth Century Interpretations of "The Trial"* (s. Sammelbde.) S. 86–93.

* **Kawanaka, M.:** "Über 'Die Verwandlung' I." In: *Ymaguchi Daigaku Kyoyobu Kiyo* 9 (1975) S. 143–54.

Kayser, Rudolf: "Franz Kafka." In: *The Universal Jewish Encyclopedia.* Vol. 6. New York: Ktav, 1969. S. 277–78.
[Leben als doppelte Existenz, als höhere u. niedrigere Form. Kafka religionsbetont; Mensch verantwortlich gegenüber Gott.]

Kayser, Wolfgang: *Das Groteske: Seine Gestaltung in Malerei und Dichtung.* Oldenburg u. Hamburg: Stalling, 1957. — (Auch: 1961).
[S. 149–61: Die Erzähler des Grauens. (Schauerliteratur Meyrink, Kafka): S. 157–61 über Kafkas heutigen Ruhm; Wesen der Welt war ihm fremd. Latente u. kalte Grotesken. S. 221: Gregor.]
In engl. Übers. v. Ulrich Weisstein u. d. T.: *The Grotesque in Art and Literature.* Bloomington: Indiana Univ. Pr., 1963. S. 149–50 u. 205.
Zusammenf. v. S. 160 u. 221 (über "Die Verwandlung") In: Corngold, *The Commentators' Despair* (s. Sammelbde.) S. 155.
In span. Übers. u. d. T.: *Lo grotesco.* Buenos Aires: 1964. [S. 166–80: Los cuentistas de lo espantoso (Kafka y Meyrink).]

Kazin, Alfred: "Kafka." In: A. K.: *The Inmost Leaf. A Selection of Essays.* New York: Harcourt, Brace, 1959. S. 142–48. — (Auch: 1955. — Als Taschenbuch: New York: Noonday Pr., 1959.)
[Kafka in gewissem Sinn unerträglich für Leser, keine Doktrinen helfen uns; wir interpretieren ihn lieber, als ihn zu erleben.]

— *Contemporaries.* Boston-Toronto: Little, Brown and Co., 1962. (An Atlantic Monthly Pr. Book.)
[S. 342–43: At Ease in Zion 4: — Gedanken an Kafka in Israel.]

* **Kedrina, S.:** "Nasledniki Smerdjakova." In: *Literaturnaja gazeta* (22.1.1968) S. 2 u. 4.

Keller, Fritz: "Das Phänomen der Angst im Werke Franz Kafkas." In: F. K.: *Studien zum Phänomen der Angst in der modernen deutschen Literatur.* Winterthur: P. G. Keller, 1956. S. 43–78.

[Angst u. Unsicherheit Hauptelemente bei Kafka u. seinen beziehungslosen Menschen. Verhältnis der Geschlechter: angstbetont. In "Verwandlung" u. "Strafkolonie": Lebensekel. Kafka konnte Angst nicht überwinden. S. 79–87: Überblick: Vergleich mit anderen Dichtern; Mensch zwischen Hoffnung u. Verzweiflung.]

Keller, Otto: *Brecht und der moderne Roman. Auseinandersetzung Brechts mit den Strukturen der Romane Döblins und Kafkas.* Bern u. München: Francke, 1975.

[S. 56–84: Exkurs: Brecht und der moderne Roman: Brechts Dreigroschenroman als Auseinandersetzung des Autors mit dem bürgerlichen Roman, der einen auktorialen Erzähler u. Protagonisten mit "fixiertem" Charakter hat. Der moderne Roman hingegen (Joyce, Döblin, Dos Passos u. Kafka) habe Heldenfiguren ohne Festigkeit; avantgardistische Autoren nicht vorbehaltlos angenommen, aber die neuen Stilmittel nicht verurteilt (Dreißigerjahre); unterscheidet zwischen Th. Mann u. Kafka. Die technischen Elemente des avantgardistischen Romans u. seine Strukturen (innerer Monolog, Verfremdung Kafkas) werden bedeutend für Brecht. Bes. S. 80–84 über die Bedeutung der "Gesten" bei Kafka u. Brecht, die strukturelle Verwandtschaft zwischen Brecht, Döblin u. Kafka hinsichtlich des Erzählers u. des Helden, die Parabolik Kafkas, seine Angst; Brecht wählt unter den Stilmitteln Kafkas.]

Kellerman, Seymour: "The Kafkaesque. An Iconography." In: *DAI* 34 (1974) S. 5179A.

[Zusammenf.: Linguistische u. psycholinguistische Voraussetzungen für die Entwicklung von Kafkas Prosa von frühem groteskem expressionistischem Stil ("Verwandlung"), über ein Mittelstadium ("Josefine ...") zur trockenen, farblosen "Rechtssprache", wie in "Der Bau", wo Wortbau u. Kontext schon Handlungsträger sind u. Sinn enthalten. Kafkas Bilder entspringen aus der Sprachstruktur u. nehmen wörtliche Bedeutung an. Entwicklung von Kafkas Bildersprache spiegelt seinen geistigen Reifeprozeß.]

Kelling, Hans Wilhelm: *Deutsche Kulturgeschichte.* New York: Holt, Rinehart & Winston, 1974.

[S. 399–402: Kafka: Einflüsse auf ihn, Vater-Sohn Konflikt, Schuldproblem u. Kafkas Welt.]

Kelly, John: "'The Trial' and the Theology of Crisis." In: Flores, *The Kafka Problem* (s. Sammelbde.) S. 151–71.

[Religiöser Roman; Zusammenhang mit Kierkegaard, dem Calvinismus u. bes. Karl Barth. Verhältnis des Menschen zu absolutem Gott: Gott ruft K. in der Kathedrale.]

Kemp, Friedhelm: *Dichtung als Sprache. Wandlungen der modernen Poesie.* München: Kösel, 1965.

[S. 67–68: Kafkas Buch "Betrachtung" u. einige Fragmente aus dem Nachlaß sind Prosagedichte.]

Kemper, Hans-Georg: "Gestörte Kommunikation. Franz Kafka: 'Das Urteil'." s. unter: **Vietta, Silvio** ...: *Expressionismus.*

268

*Kenji, T.: "German Literature in Japan." In: *Japan Quarterly* 7 (1960) S. 193–99.

*Kerkhoff, Emmy: "Franz Kafka." In: *De Nieuwe Stem* 15 (1960).

*– "Noch einmal: Franz Kafkas 'Von den Gleichnissen'. Vorgreifliche Bemerkungen zu einer Deutung." In: *Dichter und Leser. Studien zur Literatur.* Hrsg. v. Ferdinand van Ingen [u. a.] Groningen: Wolters-Noordhoff, 1972 (Utrechtse Publikaties voor Algemene Literatuurwetenschap, 14.) S. 191–95.

Kermode, Frank: *The Genesis of Secrecy: On the Interpretation of Narrative.* Cambridge (Mass.) and London: Harvard Univ. Pr.
[S. 27–28: Die Türhüterparabel im Vergleich mit biblischen Parabeln.]
Abdruck u. d. T.: "An Uninterpretable Radiance." In: Stern, *The World of Franz Kafka* (s. Sammelbde.) S. 120–21.

Kern, Edith: "Reflections on 'The Castle' and Mr. Knott's House: Kafka and Beckett." In: Zyla, *Franz Kafka: His Place in World Literature* (s. Sammelbde.) S. 97–111.
[Die poetische Vision von Kafka u. Beckett u. ihre Technik. Wahrheit kann man nicht erreichen, dafür passende Erzähltechnik entwickelt.]

*– *The Absolute Comic.* New York: Columbia Univ. Pr., 1980.
[Auch über Kafka. Kritische Untersuchung von Farce u. Groteske.]

*Keshet, Yeshurun: ["Das Schloß" und Hiob.] In: *Karmelit* 9 (1963) S. 58.
[Hebr.; aus "Bibliografia b'Ivrit."]

*Kijowski, Andrzej: "Polski Kafka." In: *Teatr i Film* 1 (1958) S. 10.

Kilchenmann, Ruth J.: *Die Kurzgeschichte. Formen und Entwicklung.* Stuttgart-Berlin-Köln-Mainz: Kohlhammer, 1967. – (3. Aufl. 1971.)
[S. 129–30: Kafkas kurze Prosa sollte vom Text aus intuitiv interpretiert werden; Struktur u. Formanalyse noch ausständig.]

*Killinger, John: "The Curse of Kafka." In: *Arts and Letters* 1 (1968) Nr. 1. S. 5–23.

– *The Fragile Presence. Transcendence in Modern Literature.* Philadelphia: Fortress Pr., 1973.
[S. 31–33, 57–59, 73–75 über Kafka: Josef K. kämpft mit seinem Stolz. Hauptthema wie bei andern Klassikern: Stellung des Menschen auf der Welt. Unbestimmt, ob Verzerrung Kunstmittel oder eigene Anschauung.]

Killy, Walther: "Nachwort." In: Franz Kafka: *Der Prozeß.* Roman. Frankfurt/M. u. Hamburg: Fischer Bücherei, 1963. (Die Fischer Bibliothek der hundert Bücher, 3. Exempla Classica.) S. 166–68.

[Thema in "Prozeß" u. "Schloß": das Unzerstörbare ist dem Menschen entrückt oder zerstört; Versuch der Annäherung an das "Unerklärliche" u. "Nicht-Mitteilbare".]

Kindlers Literatur Lexikon: 7 Bde. Zürich: Kindler, 1965–1972. – (C 1964 Valentino Bompiani).

[Beschreibung u. Interpretationen von Werken Kafkas: Bd. 1: "Amerika"; "Der Bau" (von Hans-Horst Henschen); "Beim Bau der Chinesischen Mauer"; "Beschreibung eines Kampfes" (von Hans-Horst Henschen); Brief an den Vater (von Gert Woerner). – Bd. 3 (von Hans-Horst Henschen): "Forschungen eines Hundes"; "Ein Hungerkünstler"; "In der Strafkolonie"; "Der Jäger Gracchus". – Bd. 4: Josefine, die Sängerin ..."; "Ein Landarzt" (von Hans-Horst Henschen). – Bd. 5: "Der Prozeß" (von Michael Schmidt). – Bd. 6: "Das Schloß" (von Gert Sautermeister); "Tagebücher". – Bd. 7: "Das Urteil" (von Gerhard Schindele); "Die Verwandlung" (von Gert Sautermeister).]
Auch in: *Kindlers Literatur Lexikon:* Einmalige zwölfbändige Sonderausgabe. Zürich: Kindler, 1970–1973.

Kirchner, Wilhelm: "Franz Kafka." In: *Dichter unserer Zeit.* Bd. 3: Thomas Mann/Hugo von Hofmannsthal/Franz Kafka/Paul Ernst. 2. Aufl. Bamberg: C. C. Buchner, 1957.

[S. 7–9: Einführung; Abdruck von "Beim Bau der Chinesischen Mauer" S. 46 ff.]

Kirshner, Sumner: Kafka's Gnostic Imagery." In: *Germanic Notes* 4 (1973) S. 42–46.

[Kafka ist der gnostischen Tradition näher als dem Judaismus. Türhüterbilder in "Prozeß" u. "Schloß", Aphorismen.]
Engl. Zusammenf.: in *1973 MLA Abstracts* Vol. 2. S. 67.

Kisch, Guido: "Kafka-Forschung auf Irrwegen." In: *Zeitschrift für Religionsund Geistesgeschichte* 23 (1971) S. 339–50.

[Kisch hat das gleiche Gymnasium besucht, wie Kafka, war aber viel jünger u. kannte ihn nicht persönlich. Aus Kenntnis der Schule, des Ortes u. Lehrplanes ist es ihm möglich, "historische" Fehlurteile aufzuzeigen. U. a. Wagenbachs negative Ausführungen über Lehrplan, Schule u. Lehrer korrigiert. Kafkas Lektüre der "Babička" (Božena Němcová) nicht bewiesen. Hinweis auf Ähnlichkeiten der Gesetzesparabel mit der allegorischen Schrift "Aedes legum" des Philosophen Johannes Lodovicus Vives im 16. Jh. Beurteilung von Kafkas Lehren; Überbewertung von Kafkas Interesse für Marxismus.]

*Kisielewski, Stefan:** "Czy Kafka to pisarz dziwny?" In: *Tygodnik Powszechny* (1957).

*Kitao, Michifuyu:** ["Technik der Verwandlung – Kleist und Kafka."] In: *Shizuoka-[Univ.-] Jinmon-Ronshu* 18 (1967).
[Jap.]

*–["Vom Dachboden bis ans Wasser. Bild von der Treppe bei Kafka."] In: *Tôkyô-Kyoiku-[Hochschule-] Seiyo-Bungaku-Kenkyu* (1971).
[Jap.]

270

– "Nemurenu yoru no tameni – Kafka ni okeru keishô no kigen." In: *Tôkyô Kyoiku Daigaku Bungaku-bu Kiyou* 98 (1974). (Seiyo-Bungaku Kenkyu) S. 69–94.

[Jap. (Für eine schlaflose Nacht. Die Grundlagen der Formen bei Kafka.)]

– "Hitotatsusei no Drama: Kafka no Kukan Keisho." In: *Shosetsu no Kukan.* Hrsg. v. J. Okamoto, Iwao Iwamoto u. Kazumi Yamagata. Tôkyô: Asahi.

[Jap. ("Drama des Unerreichbaren: K.s Raummetapher.")]

Kittler, Wolf: "Ästhetik. Integration." In: *Kafka-Handbuch* 2 (s. Sammelbde.) S. 203–20.

[Texte nicht als Ganzheiten begreifbar, daher Ratlosigkeit der Interpreten? Untersucht Einzelwerk u. Gesamtwerk in Hinblick auf Einheitlichkeit, Strukturentsprechungen, die Schlüsselfunktion einzelner Texte; ferner die Erz.-Sammlungen als Einheit, die Hermetik, Ganzheit.]

***Kiyota, Yoshie:** "Franz Kafkas Kontrastruktur. Die Funktion der Sinnbilder in den Erzählungen." In: *Doitsu Bungaku* 64 (1980) S.44–52.

***Kiyoura, Yasuko:** "Kafka no chôhen-shôsetsu ni tsuite – 'Amerika' yori mita sano hôkô." In: *Sôdai Angelus Novus* (Waseda Univ.) 2 (1974) S. 96–105.

[Jap. (Über die Romane Kafkas. – Untersuchung über "Amerika".)]

Klarmann, Adolf D.: "The Age of Abstraction in Modern European Literature." In: *Four Quarters* 14 (1956) Nr. 4. S. 19–29.

[Kafkas Stellung in der "abstrakten" Literatur des 20. Jh.]
Zusammenf. in: *Abstracts of English Studies* 9 (1966) S. 149.

– "Franz Kafkas 'Der Heizer'. Nach einer stilistischen Studie." In: *Wort in der Zeit* 8 (1962) Nr. 8. S. 35–39.

[Stilistische Eigenarten (Traumrealität, Visuelles, Verschiebung auf Unwichtiges) festgestellt, die auch für spätere Werke gültig sind.]
*Auch in: *Bibliothèque de la Faculté de Liège. Language et Littérature.* Fascicule 161 (1961) S. 287–89.

Klausing, Helmut: "Das Schicksal der Familie Franz Kafkas." In: *Neue deutsche Literatur* 4 (1956) Nr. 5. S. 154–55.

[Über das tragische Ende der 3 Schwestern Kafkas: Elly, Wally u. Ottla.]

Kleinschmidt, Gert: "Ein Landarzt. Interpretiert." In: Weber, *Interpretationen zu Franz Kafka* (s. Sammelbde.) S. 106–21.

[Mensch aus dem Leben gestoßen; Stil u. Struktur weisen auf Interpretation. Atemloser Rhythmus u. dennoch Isolierung der Satzglieder. Arzt – Objekt des Geschehens.]

Klempt, Heinrich: "Die Deutung des Lebens in dichterischer Gestaltung. Eine Unterrichtseinheit von vier Dichtungen." In: *Wirkendes Wort* 14 (1964) S. 414–23.

[S. 421–23: Franz Kafka "Auf der Galerie": Dehnung der Zeit im 1. Abschnitt visionär, sinnlose Kreisbewegung. 2. Abschnitt menschenfreundlich, aber Schein.]

Klinge, Reinhold: "Mensch und Gesellschaft im Spiegel neuerer Romane." In: *DU* 23 (1971) Nr. 12. S. 86–102.

[S. 94–96: über Kafkas "Amerika". Karls Konflikte (Freiheit u. Autorität) im "Über-Ich". Moderne Arbeitswelt: Strukturen der patriarchalischen bürgerlichen Familie.]

Klingsberg, Ruben: "Milenas Nachruf auf Kafka." In: *Forum* 9 (1962) S. 28–29.

[Abdruck aus "Národní Listy" vom 6.6.1924 in dt. Übers., anschließend Kommentar von Klingsberg über Kafka – Milena.]

Kloocke, Kurt: "Zwei späte Erzählungen Franz Kafkas." In: *Jahrbuch der Wittheit zu Bremen* 12 (1968) S. 79–91.

["Von den Gleichnissen" u. "Die Prüfung" – philosophische Thematik: Einzelner u. Existenz. Rohstoff der Dichtungen durch theologische oder philosophische Begriffe verständlicher, Dichterisches aber überlegen.]

Kluz, Stanisław: "Posępne Niebo." In: *Tygodnik Powszechny* (26. Okt. 1958) Nr. 43 (509) S. 4.

[Kafkas Werke in Beziehung auf Auseinandersetzung über Sinn des Lebens; Ursprung seines Pessimismus u. Bedeutung seiner Metaphysik.]

Knieger, Bernard: "The Hunter Gracchus." In: *The Explicator* 17 (1959) Nr. 6. Item 39.

[Gracchus als Jedermann. Leben – Suche nach absoluten Werten, die nie verstanden werden können.]
Auch in: *The Explicator Cyclopedia.* Vol. 3. Prose. Ed. Charles Child Walcutt and J. Edwin Whitesell. Chicago: Quadrangle Books, 1968. S. 119–20.
Engl. Zusammenf. in: *TCL* 6 (1960) S. 141, u.
in: *TCLB* S. 2094.

Knipovič, E[vgenija]: "Franc Kafka." In: *Inostrannaja literatura* 1 (1964) Nr. 1. S. 195–204.

[Rehabilitation Kafkas in Liblice 1963. Kafka ist kein Realist, dennoch ist er, so wie auch Proust u. Joyce, kein Gegner des Realismus. Unterschiedliche geschichtliche Umgebung. Werk: begrenztes Dokument seiner Epoche. Zeitgenosse der Oktoberrevolution, dennoch Opfer des Kapitalismus. Nicht "Vater der neuen westlichen Literatur."]
In erweiterter Fassung in E. K.: *Sila pravdy: Literaturnokritičeskie stat'i.* Moskva: Sovetskij Pisatel', 1965. S. 321–55.
In dt. Übers. gekürzt u. d. T.: "Franz Kafka". In: *Deutschunterricht* (Berlin) 17 (1964) S. 427–35.
Auch gekürzt u. d. T.: "Franz Kafka." In: *Aus der internationalen Arbeiterbewegung* 9 (1964) Nr. 7. S. 26–30.
Abdruck v. S. 195–204 aus "Inostrannaja literatura" mit Einschüben aus erweiterter Fassung in engl. Übers. v. K. Hughes u. d. T.: "Franz Kafka." In: Hughes, *Franz Kafka. An Anthology of Marxist Criticism* (s. Sammelbde.) S. 186–205.

*– "Franz Kafka." In: *Literaturen Front* 20 (1964) Nr. 11. S. 4 f.

* – "Franc Kafka." In: *Sovremennaja literatura za rubešom.* Hrsg. v. P. Toper. Moskva: 1966. S. 397–430.

* – *Xudožnik i istorija.* Moskva: 1968. S. 396–429.

* – *Otvetstvennost' za buduščee.* Moskva: 1973. S. 311–43.

Knudsen, Jørgen: *Tysk Litteratur fra Thomas Mann til Bertolt Brecht.* København: Gyldendal, 1966.
[S. 149–61: Franz Kafka 1883–1924: Einführende Bemerkungen. Kommentar zu den Romanen u. wichtigen Erz.]

* Kobayashi, Toshiaki: ["Eine Interpretation von Kafkas 'Prozeß'. Über die Schuld von Josef K. und seine Selbsttäuschung."] In: *Tôkyô-Kyoiku-[Hochschule-] Seiyo-Bungaku-Kenkyu* (1969).
[Jap.]

– ["Kampf zwischen Vater und Sohn. Hauptsächlich über 'Das Urteil'."] In: *Tokai-[Univ.-] Kiyo* 18 (1972).
[Jap.]

* Kobayashi, Toshihiro: ["Über den 'Prozeß' von F. Kafka."] In: *Nihon-[Univ.-] Lynkeus* 8 (1967).
[Jap.]

* Koch, H. (Gesamtleitung): *Zur Theorie des sozialistischen Realismus.* Hrsg. v. Institut für Gesellschaftswissenschaften beim ZK der SED. Berlin: 1974.
[Auch über Kafka.]

Koch, Hans: "Fünf Jahre nach Bitterfeld." In: *Neue Deutsche Literatur* 12 (1964) Nr. 4. S. 5–21.
[S. 12–15, 17–21: In Anschluß an die Prinzipien der Konferenz zu Bitterfeld negative Stellungnahme zu E. Fischers Ideen über Erweiterung des Realismusbegriffes, der Einschluß Kafkas u. anderer Dichter (Joyce, Proust) ermöglichte; Ablehnung von Kautmanns Vorschlag einer historischen Annäherung an Kafka.]

* Kochavi, Rafael: ["Ein unbekannter Brief Kafkas."] In: *Shdemot* (1967) Nr. 23. S. 30–31.
[Hebr.; aus "Bibliografia b'Ivrit"; über einen Brief vom 24.11.1919 an die Schwester der Julie Wohryzek.]

– ["Der Mensch und seine Heimstätte. Eine vergleichende Studie der Werke von F. Kafka, A. N. Gansin, T. Mann, S. Y. Agnon."] In: *Niv Hakevuza* 15 (1967) Nr. 3. S. 551–61.
[Hebr.; aus "Bibliografia b'Ivrit."]

Koelb, Clayton: "The Deletions from Kafka's Novels." In: *Monatshefte* 68 (1976) S. 365–72.

[Streichungen, bes. in "Prozeß", lassen annehmen, daß Kafka absichtlich seine Werke ambivalent ließ u. uns so vom Beharren auf nur einem Interpretationsresultat abhielt.]

Koerber, Michael: *Kafkas Traum vom Affen Rotpeter.* Stuttgart: Tri-Bühne, Dez. 1976. 10 S. Illustr.

[Programmheft des Theaterstücks für die Amerikatournee, mit dt. Zeitungskritiken in engl. Übers.; M. Koerber bearbeitete "Bericht für eine Akademie" für die Bühne.]
In engl. Übers. u. d. T.: *Kafka's Dream of The Ape Red Peter.* Stuttgart: Tri-Bühne, Feb.–May 1977. Illustr.

Koerner, Charlotte W.: "'Er: Kommentar': Humor and Self-Irony in Kafka's Style." In: *Perspectives on Contemporary Literature* 4 (1978) Nr. 22. S. 46–55.

Kofler, Leo: *Zur Theorie der modernen Literatur. Der Avantgardismus in soziologischer Sicht.* Neuwied u. Berlin: Luchterhand, 1962.

[S. 108–11: Kafkas Zeichnungen. Mensch nur Funktion; deformierte Berufsmenschen. S. 238–64: Franz Kafka und die Besonderheit seines Nihilismus: Die Ansichten von Lukács, Emrich u. Anders: trotz Widersprüchen u. Fehlern befriedigende Gesamtinterpretation. Absolutes: unerkennbar. Kafkas scharfe Analyse der Entfremdung; Gesetz nicht erkennbar. "Entfremdung": metaphysisches Schicksal.]

– *Haut den Lukács – Realismus und Subjektivismus. Markuses ästhetische Gegenrevolution.* Lollar: Aschenbach, 1977.

[Lukács-Adorno Auseinandersetzung. Anhang: über Expressionismus, Surrealismus u. absurde Literatur – Kafka u. Beckett im Sinne Lukács' kritisiert.]

Kofta, Maria: "Franz Kafka." In: M. K.: *Sondowanie przepaści. Studia nad współczesna literatura niemiecka.* [Poznań:] Wydawnictwo Poznańskie, 1965. S. 48–80.

[Poln. – Helden geben tragische Erfahrungen wieder. "Verwandlung" u. "Hochzeitsvorbereitungen" analysiert. "Prozeß": Gerechtigkeitsproblem, Leben als endloser Prozeß. Intensives Pflichtgefühl, Mensch als Sklave. Kafka spiegelt Welt seiner Zeit im Werk. Bürokratie u. Maschinen zerstören Menschen.]

*Kogawa, T.: "Der Verfremdungseffekt und die Geste. Kafka und das jiddische Theater." In: *Theatro* (1975) Nr. 384. S. 104–12.

Kohn, Hans: "Prager Dichter." In: Born, *Franz Kafka. Kritik und Rezeption* (s. Sammelbde.) S. 17–19.

[Zuerst in "Selbstwehr" (Prag, 20.12.1912). Sammelbesprechung über Kafkas "Betrachtung" 1912; erkennt Neuheit; ohne Vorbild; erinnert an Kubin.]

– "Prager Dichter." In: Born, *Franz Kafka. Kritik und Rezeption* (s. Sammelbde.) S. 41.
[Zuerst in "Selbstwehr" (Prag, 6.6.1913); "Heizer" u. Dickens.]

Kohnen, Mansueto: *Historia da Literatura Germanica.* Vol. 4. 3. Aufl. Rio de Janeiro: Universidade do Brasil; Petropolis: Editora Vozes, 1963.
[S. 168–78: Franz Kafka (1883–1924).]

Köhnke, Klaus: "Das Gericht und die Helfer. Untersuchungen zu Kafkas Roman 'Der Prozeß'." In: *Acta Germanica* (Cape Town) 5 (1970) S. 177–201.
[Kombiniert philologische, geistesgeschichtliche u. biographische Deutung; Erzählperspektive; Traumstruktur. Kafka u. Josef K.: Erkenntnisprozeß mit 30 Jahren; absurdes Gericht: sittliche Macht. Suche nach Helfern; Frauen (Falle), Kunst (sentimental), Kirche (Versprechen: Huld; Forderungen: Geistlicher). Frage nach Theodizee vorhanden.]

– "Kafkas 'guoter sündaere' zu der Erzählung 'Die Verwandlung'." In: *Acta Germanica* 6 (1971) S. 107–20.
[Ähnlichkeiten mit Dostojewski (Karamasov) u. Hartmann von der Aue (Gregorius). Gregor ahnt seine Schuld, Entwicklung findet statt; willkürliches Schicksal von Kafka häufig dargestellt.]

Kojima, K.: "Kafkas 'Kinder auf der Landstraße' – die Probe von Glinz und die unsere." In: *Jahrbuch für Internationale Germanistik* 7 (1975) Nr. 2. S. 122–40.
[S. 122–36: Kritik an Hans Glinz ("Methoden zur Objektivierung des Verstehens von Texten, gezeigt an Kafkas 'Kinder auf der Landstraße'.") Glinz faßt die 20 Teile zusammen, aber nicht das Ganze; er läßt konträre Deutungen als möglich gelten; Problem der Entwicklung. Interpretationen von jap. Studenten. – Kojimas Eindrücke von Kafkas Erz.: surrealistische Novelle voll Angst, Verzweiflung, Zerrissenheit, Traumartigkeit. – S. 137–39: Hans Glinz: Stellungnahme zum Beitrag von K. Kojima. – S. 139–40: K. Kojima: Entgegnung.]

*Kojima, Kôichirô: "Kafka no tanpen jakkan ni tsuite." In: *Nanzan Daigaku Akademia* (Nanzan Univ.) *Bungaku. Gogaku-hen* 22 (1975) S. 269–304.
[Jap. Über einige Erzählungen Kafkas: Bericht über Berührungspunkte zwischen Erziehung u. Forschung.]

*Kojima, Nobuo: "Shometsu no Bungaku." In: *Bungei* (1957).
[Jap.]

*–["Kafka und die Gegenwart."] In: *Bungei* (Febr. 1958).
[Jap.]

*Kojima, Shinichi: ["Über Kafka."] In: Gengensha [Verl.], 1966.
[Jap.]

*Kolár, F. J.: "Antisemitismus a zionismus." In: *Rudé právo* (9.4.1970) S. 7.

*— "Franz Kafka — 'génius slabosti a odcizení'." In: *Tvorba* (14.6.1972) Nr. 24.
S. 14 u. 17.

In engl. Übers. u. d. T.: "Franz Kafka — 'Genius of Weakness and Alienation'." In: *East Europe. Radio Free Europe Research. Czechoslovak Press Survey* (5.7.1972) Nr. 2441 (131). S. 1—11.
[Übersicht über marxistische Kafkastudien im Zusammenhang mit "Entfremdungsproblematik"; er bezieht "Revisionisten" (die "Prager Reformatoren" u. ihre Anhänger in anderen Ländern) u. orthodoxe Marxisten mit ein. Letztere sehen Kafka als großen Künstler: Dekadenz des Kapitalismus.]

*** Kolettis, Man.**: *Phthinoporinés pnoés.* Athēnai: 1962.

Frz. Zusammenf. in: *Bulletin Analytique de Bibliographie Hellénique* 23 (1962) S. 8.
[Über "Brief an den Vater".]

Kolf, Bernd: "Descrierea unei lupte in 'Scrisorile către Felice Bauer' de Franz Kafka." In: *Steaua* 24 (1973) Nr. 2. S. 26—27.

[Rumän. (Beschreibung eines Kampfes in "Briefe an Felice Bauer" von Franz Kafka): Kafka u. Felice erscheinen in Briefen nicht realistischer als Josef K. u. Frl. Bürstner; innerer Kampf zwischen Schreiben u. Ehe.]

*** Komatsu, Hideki**: ["Kafkas Weltanschauung".] In: *Tôkyô-[Univ.-] Shi-Gengo* 2 (1965).
[Jap.]

Komlovszki, Tibor: "Kafkas Schloß und das Fortuna-Schloß des Comenius: Anmerkungen zur Vorgeschichte des *Kafkaschen Weltbildes.*" In: *Acta Litteraria Academiae Scientiarum Hungaricae* 10 (1968) Nr. 1—2. S. 83—93.

[Zusammenhang von Kafkas Welt mit dem Manierismus des 17. Jh., bes. Comenius. Krieg, Krisenzeit, Groteske, Desillusion. "Das Labyrinth der Welt": Geistesverwandtschaft mit Kafka. Fortunas Schloß u. Kafkas Schloßapparat.]

Könczöl, Csaba: "A telep. Gondolatok a könyvtárban." In: *Korunk* (Cluj) 38 (1979) S. 132—34.

[Ung. — Vergleich zwischen Kafka, T. Mann u. Hašek.]

*** Kono, Osamu**: "Zu Kafkas Darstellungsform." In: *Forschungsberichte der deutschen Literatur* 3 (1961) S. 39—51.

*— ["Über die Schreibweise von Kafka."] In: *Hanshin-Doitsu-Bungakukai-Doitsu-Bungaku-Ronko* 3 (1961).
[Jap.]

*— ["Auflösung von Kafkas Roman und Parabel."] In: *Mukogawa-Joshi-[Univ.-] Kiyo* 10 (1962).
[Jap.]

*–["Die gegenwärtige Situation der Kafka-Interpretation."] In: *Mukogawa-Joshi-[Univ.-] Kiyo* 11 (1963).

[Jap.]

*Kontje, Todd: "The Reader as Josef K." In: *GR* 54 (1979) S. 62–66.

[Kein einmalig festlegbarer Sinn im "Prozeß" zu suchen; Kritik soll "Bedeutung" des Textes der "Erfahrung" des Textes durch den Leser gleichsetzen.]

Kopelev, Lev: ["Am Rande der Einsamkeit."] In: L. K.: *Serdce vsegda sleva.* Moskva: Sovetskij Pisatel', 1960. S. 168–89.

[Franz Kafka u. die Besonderheiten des gegenwärtigen Subjektivismus: Kafka als reines Beispiel des Widerspruchs, der Tragik u., historisch, des bürgerlichen Subjektivismus. Behandlung von "Schloß", "Prozeß" u. Tagebüchern.]

– "Franc Kafka." In: *Kratkaja literaturnaja ènciklopedija.* [Bd.] 3. Moskva: Izdatel'stvo Sovetskaja Ènciklopedija, 1966. Spalte 454–56.

[Anerkennende Bemerkungen über Kafka.]

– "Franc Kafka." In: *Bol'šaja Sovetskaja Ènciklopedija.* Bd. 11. 3. Aufl. Moskva: Sovetskaja Ènciklopedija, 1973.

[Kafkas Werk ein brillanter Ausdruck der Krise der bürgerlichen Gesellschaft.]
In engl. Übers. in: *Great Soviet Encyclopedia.* A Translation of the Third Edition. Vol. 11. New York: Macmillan; London: Collier Macmillan, 1976. S. 335–36.

Kopp, W. Lamarr: *German Literature in the United States 1945–1960.* Chapel Hill: Univ. of North Carolina Pr., 1967. (Univ. of North Carolina Studies in Comparative Literature No. 42. – Anglo-German and American-German Crosscurrents Vol. 3.)

[S. 127–31 über Kafka: T. Mann u. Kafka sind in USA die bekanntesten dt. Prosaschriftsteller. Überblick über engl. Ausgaben von Kafkas Werken.]

*Kopperi, Pauli A.: "Franz Kafka: Nälkätaiteilija y.m. novelleja." In: *Virkamieslehti* (1960).

[Über "Ein Hungerkünstler".]

Körner, Josef: "Dichter und Dichtung aus dem deutschen Prag." In: Born, *Franz Kafka. Kritik und Rezeption* (s. Sammelbde.) S. 151–52.

[Zuerst in "Donauland" (Wien, Sept. 1917). – "Verwandlung" als reifstes Werk bezeichnet; Sprache, Kampf gegen Einsamkeit, Klarheit.]

Koš, Erih: "Do djavola s Kafkom." In: *Savremenik* 31 (1970) S. 12–23.

[Serbokroat. (Zum Teufel mit Kafka): Aggression u. Angst sollen aus der modernen Literatur verschwinden. Konferenz des COMES in Belgrad: alle Schriftsteller bezogen sich auf Kafka, der heute überholt ist u. der Jugend nicht gefällt.]

Kosch, Wilhelm: *Deutsches Literatur-Lexikon.* Ausgabe in einem Band. Bearbeitet von Bruno Berger. Bern u. München: Francke, 1963.

[S. 205–06 über Kafka.]

Kosik, Karel: "Hašek a Kafka neboli groteskní svět." In: *Plamen* 5 (1963) Nr. 6. S. 95–102.

[(Hašek u. Kafka oder die groteske Welt): Ähnlichkeiten u. Unterschiede in der Darstellung Prags u. Beziehung zu Prag. Das Groteske, Auffassung vom Menschen u. Problem der Zeitbehandlung.]

— "Kafka a Hašek: alebo o provincializme a svetovosti." In: *Slovenské pohl'ady* 79 (1963) Nr. 4. S. 80–84.

[(Kafka u. Hašek: über Provinzialismus u. Weltruhm): Übers. v. P. V. Unterschiede u. Ähnlichkeiten zwischen Kafka u. Hašek; ihr Leben, ihre Weltsicht; sie schufen gegensätzliche Helden u. Welten.]
In poln. Übers. v. Romualda Pegierska-Piotrowska u. d. T.: "Haszek i Kafka". In: *Twórczość* 19 (1963) S. 77–80.

— *"Dialektika Konkrétního (studie o problematice člověka a světa)."* Praha: Nakladatelství Československé Akademie věd, 1965.

[S. 23, 25, 60: Kafka u. die "Dialektik des Konkreten."]

— "Hašek a Kafka." In: *Telegram* 4 (1.3.1974) Nr. 4. S. 7–8.

[Švejk muß unter der Maske des Idioten für Freiheit kämpfen, muß "vorgeben", Kafkas Helden hingegen zeigen nur Absurdität menschlichen Lebens, verloren die Richtung.]

Kosta, Oskar: "Hledání a bloudění Franze Kafky." In: *Nový život* 10 (1958) S. 784–86.

[(Kafkas Suchen u. Irren): Kafkas Versuche, Verbindung zum tschech. Volk zu finden. Sein Mitgefühl für die Arbeiter. Die Ideen der Bourgeoisie u. ihre Literatur hinderten ihn.]

— "Wege Prager deutscher Dichter zum tschechischen Volk." In: *Aufbau* 14 (1958) S. 556–81.

[S. 569–73 über Kafkas Verhältnis zum Tschechentum; er war nirgends wirklich zu Hause; Schein-Realismus. Die dt. bürgerlichen Dichter Prags von Adler bis Kafka lebten von der slawischen Umgebung abgeschlossen.]

Kott, Jan: "Dziwne myśli o Kafce." In: *Przegląd Kulturalny* 9 (1959) Nr. 2. S. 6.

[(Wunderliche Gedanken über Kafka): Gedanken anläßlich der Theateraufführung des "Prozeß" in Warschau 1958. Alptraum einer eingeschlossenen Welt.]
In engl. Übers. v. Boleslaw Taborski u. d. T.: "Strange Thoughts about Kafka." In: J. K.: *Theatre Notebook: 1947–1967.* Garden City, New York: Doubleday, 1968. S. 237–40. Auch S. 7–8. (Kafka politisch gedeutet nach 2. Weltkrieg.)
In tschech. Übers. u. d. T.: "Podivné myšlenky o Kafkovi." In: *Divadlo* (1964) Nr. 9. S. 66–68.

— "Politics in the modern Polish theatre and literature." In: *Problems of International Literary Understanding. Proceedings of the Sixth Nobel Symposium.*

Ed. Karl Ragnar Gierow. Stockholm, September 1967. Interscience Publishers; Almqvist and Wiksell, 1968 (Nobel Symposium 6). S. 51–66.

[A. Jarry, Kafka, u. Shakespeare stehen im Vordergrund des poln. Kulturlebens. Kafka wird in Osteuropa wörtlicher verstanden.]

– "The Absurd and Greek Tragedy." In: *Proceedings of the Comparative Literature Symposium.* Vol. 3. From Surrealism to the Absurd. Ed. Wolodymyr T. Zyla. Lubbock, Texas: Texas Tech Univ., 1970. S. 77–93.

[4 Versionen der Prometheus-Legende bei Kafka, der das Problem des Absurden in der griechischen Tragödie erkannte.]

*Kouretas, D.: "The unconscious significance of 'Letter to Father' by Kafka." In: *Iatrika Chronika* 7 (1977) S. 251–66.

Kowal, Michael: "Kafka and the Emigrés. A Chapter in the History of Kafka Criticism." In: *GR* 41 (1966) S. 291–301.

[Die sozial-politische Deutung Kafkas verschiedener dt.-jüdischer Emigranten bedeutend für Kafkainterpretation. Lukács umfaßt ihre Meinungen.]
Engl. Zusammenf. in: *TCL* 12 (1967) S. 226, u.
in: *TCLB* S. 2070–71.

– "Franz Kafka. Problems in Interpretation." In: *DA* 28 (1967) S. 682A.

[Zusammenf.: Möglichkeiten, Kafkas Werk zu verstehen. Historische Übersicht der Kafka-Kritik in Frankreich, England, Amerika u. Deutschland. Interpretation von "Beschreibung eines Kampfes", "Das Urteil", u. "Brief an den Vater". Der Kern von Kafkas Welt liegt in Werken 1912–17.]

*Kozák, J.: ["Ansprache auf dem Gründungskongreß des Verbandes der tschechischen Schriftsteller auf Schloß Dobris. 31.5.–11.6.1972. Auszug."] In: *Osteuropa-Archiv* (1972) S. 730–37.

[Tschech.]

*Koževnikov, J.: "Vzaimootnošenija nacional'nogo i internacional'nogo v literature." In: *Nacional'noe i internacional'noe v literature, fol'klore i jazyke.* Kišinev: Izdatel'stvo "Štiinca", 1971.

[Kafka: begrenzte, aber internationale Thematik; enthüllte Gebrechen der bürgerlichen Welt.]
In dt. Übers. v. Regine Lemke u. d. T.: "Die Beziehungen zwischen dem Nationalen und dem Internationalen in der Literatur." In: *Kunst und Literatur* 21 (1973) S. 1059–71.

Kožmin, Zdeněk: "Marxistická monografie o Kafkóvi." In: *Host do Domu* 7 (1962) S. 323–25.

[(Eine marxistische Monographie über Franz Kafka): Auseinandersetzung mit Klaus Hermsdorfs "Kafka. Weltbild und Roman", 1961.]

– "Nad Kafkovou Proměnov." In: *Literární noviny* (1964) Nr. 10. S. 4.

[(Zu Kafkas "Verwandlung"): Erz. kurz vor Erscheinen des Artikels in tschech. Übers. veröffentlicht, zeigt Entfremdung des Menschen innerhalb von Familie u. Gesellschaft.]

Kracauer, Siegfried: "Franz Kafka." In: S. K.: *Das Ornament der Masse. Essays.* Frankfurt/M.: Suhrkamp, 1963. S. 256–68.

[Abdruck aus "Frankfurter Zeitung", 3. Sept. 1931. Prosaband "Beim Bau der Chinesischen Mauer" – Bild des Baues: verwirrte Menschen wollen alle Angst ausschalten. Verlust des wahren Wortes – Leitmotiv. Welt noch nicht festgefügt. Bedeutung der Gemeinschaft.]

*Kraft, Herbert: "Kafkas Methode der Entstellung." In: *Sagen mit Sinne.* Festschrift für Marie-Louise Dittrich zum 65. Geburtstag. Hrsg. v. Helmut Rücker u. Kurt Otto Seidel. Göppingen: Kümmerle, 1976. S. 355–65.

Kraft, Werner: *Wort und Gedanke. Kritische Betrachtungen zur Poesie.* Bern u. München: Francke, 1959.

[S. 106–16: Das Fenster: Das Fenstersymbol bei Hofmannsthal u. Kafkas "Das Gassenfenster".
S. 128–31: Die Gewalt: Das "cäsarische Phänomen" bei P. Valéry u. Kafka.]

– "Ha-mikhtavim ba 'ha-Tirah' shel Kafka." In: *Keshet* 7 (1965) S. 42–62.

[Hebr. (Die Briefe im "Schloß" von Kafka): Übers v. Shmuel Gilai. Ein Mann will ins Dorf u. Schloß, aber Dorf u. Schloß sind dagegen. Im "Prozeß" negative Ironie, im "Schloß" positive. Frauen, die K. umwirbt, sind gescheitert. Briefe: Entscheidungen, Bedeutung bleibt unklar.]
Verändert auf dt. u. d. T.: "Die Schrift. Die Briefe im 'Schloß'." In: W. K.: *Franz Kafka. Durchdringung und Geheimnis* (s. Bücher) S. 97–133.

– *Gespräche mit Martin Buber.* München: Kösel, 1966.

[Bubers Äußerungen über Kafka (1941–64), bes. S. 15–17, 58–59, 111–12, 121, 123–24, 162–63: "Der Prozeß" – vollkommenste Gottesfinsternis. Bubers Gespräche mit Kafka über 82. Psalm. Kafka glaubte an Gott, aber hatte kein Vertrauen.]

– "Franz Kafka." In: *Der Friede und die Unruhestifter. Herausforderungen deutschsprachiger Schriftsteller im 20. Jahrhundert.* Hrsg. v. Hans Jürgen Schultz. Frankfurt/M.: Suhrkamp, 1973. (Taschenbuch suhrkamp 145). S. 99–108.

[Kafkas Einstellung zu Frieden (Paradies); positive (z. B. "Amerika") u. negative Auffassungen (z. B. in "Gemeinschaft"). S. 103–08: 7 Abdrucke u. Teilabdrucke aus Kafkas Werken ("Ein altes Blatt" u. a.).]

– "Kafka und Hegel." In: *Neue Deutsche Hefte* 23 (1976) S. 252–70.

[Gemeinsamkeiten des Denkens vorhanden. Kafka: ganz unsystematisch u. ohne Vertrauen; Positives u. Negatives. Hegel: Vermittlung u. Versöhnung; Kafka: Gegensätze bleiben getrennt. Vergleich des "Glaubensbegriffes".]
Engl. Zusammenf. in: *TCL* 22 (1976) S. 482.

Kramer, Dale: "The Aesthetics of Theme: Kafka's 'In the Penal Colony'." In: *Studies in Short Fiction* 5 (1968) S. 362–67.

[Psychologische Ähnlichkeit zwischen Forscher u. Offizier.]

Krammer, Jenő: "Kafka-vita a Magyar Irodalomtörténeti Társaság Modern Filológiai Szakosztálya 1963. dec. 16.-án tartott ülésén." In: *Filológiai Közlöny* 11 (1965) S. 220–21.

[(Kafka-Diskussion während der am 16. Dez. 1963 abgehaltenen Sitzung der Sektion für moderne Philologie der Ungarischen literarhistorischen Gesellschaft): K. u. k. Monarchie u. bes. ihre tschech. Beamtenschaft als Brutstätte innerer Widersprüche. Trotz Gebrauch der tschech. Sprache sprachliche Isolierung Kafkas.]

– "Kafka v Mad'arsku." In: *Franz Kafka. Liblická Konference 1963* (s. Sammelbde.) S. 97–106.

[Kafkakonferenz in Budapest 1963.]
In dt. Übers. u. d. T.: "Kafka in Ungarn." In: Goldstücker, *Franz Kafka aus Prager Sicht 1963* (s. Sammelbde.) S. 79–80.

Kraus, Wolfgang: "Laudatio auf Peter Handke." (Zur Verleihung des Kafka-Preises 10. Okt. 1979.) In: *Literatur und Kritik* 14 (1979) S. 577–78.

[Einfluß Kafkas auf Handke.]

Kreft, Bratko: "Spremna beseda." In: Franz Kafka: *Splet norosti in bolečine. Izbrana proza.* Ljubljana: Mladinska Knjiga, 1961. S. 156–67.

[(Zum Geleite): Kafka so populär wie Proust u. Joyce. Biographische Beschreibung. Kafka dringt tief ein u. versucht zu enthüllen; seine Werke sind Erklärung für eine Zeit, die er selbst nie kennenlernte. Vergleich mit Dostojewski.]

Kreitner, L. B.: "Kafka as a Young Man." In: *Connecticut Review* 3 (1970) S. 28–32.

[Jugenderinnerungen eines Bekannten Kafkas; Elternhaus, Charakter, Einfluß u. Bekanntschaft tschech. Autoren, Fanta-Kreis.]
Engl. Zusammenf. in: *TCLB* S. 2071.

Kreičí, Karel: "K problému umělce u Franze Kafky." In: Goldstücker, *Franz Kafka. Liblická Konference 1963* (s. Sammelbde.) S. 125–28.

[(Zum Problem des Künstlers bei Franz Kafka): Welt des Künstlers ähnlich in "Erstes Leid", "Ein Hungerkünstler" u. "Josefine ..."; Darstellung des Künstlers halb komisch, halb ernst.]

– "Franz Kafka a Jakub Arbes." In: *Plamen* 7 (1965) Nr. 2. S. 101–04.
Frz. u. d. T.: "Franz Kafka et Jakub Arbes." In: *Europe* 49 (1971) Nr. 511–12. Kafka. S. 156–68.

[Versuch, Einfluß des Prager Dichters Arbes u. seiner phantastisch-realistischen Prosa auf Kafka nachzuweisen (Josef K.s Tod, Domszene, Prüglerszene – Novelle von St. Xavier); zweifache Ebene. Methoden jedoch unterschiedlich.]

Krell, Max: "Metaphysische Figuren." In: Born, *Franz Kafka. Kritik und Rezeption* (s. Sammelbde.) S. 85–86.

[Zuerst in "Die Neue Rundschau" (Berlin, Febr. 1917). "Urteil": Wunderbares; mystische Figur Georgs.]

*Kreimeier, Klaus: "Rekonstruktion eines Widerspruchs: Die Prager Kafka-Konferenz 1963." In: *Spuren. Zeitschrift für Kunst und Wissenschaft* (1978) Nr. 3. S. 19–20.

Křenek, Ernst: "Notizen zur Gesamtausgabe von Kafkas Schriften." In: E. K.: *Zur Sprache gebracht. Essays über Musik.* Hrsg. v. Friedrich Saathen. München: Albert Langen, Georg Müller, 1958. S. 251–56.

[Zuerst erschienen in "Wiener Zeitung" (3. Okt. 1937). Religiöser Begriff des Gesetzes in bürokratischem Apparat verkörpert. Tier im "Bau": Tuberkulose.]
In engl. Übers. v. Margaret Shenfield u. d. T.: "Notes on Kafka's Collected Works." In: E. K.: *Exploring Music. Essays.* New York: October House, 1966. S. 123–28.

Kreuzer, Helmut: "Die paradoxen Bildskizzen in Hebbels Tagebüchern: Materialien zum Thema Kafka und Hebbel." In: *Augenblick* 4 (1960) Nr. 4. S. 55–57.

[Sie regten wahrscheinlich Kafka zu seinen "Bildskizzen mit Reflexionen vermischt" an.]

Krieger, Murray: "Franz Kafka: Nonentity and the Tragic." In: M. K.: *The Tragic Vision. Variations on a Theme in Literary Interpretation.* New York: Holt, Rinehart, and Winston 1960. – (Auch: 1973). S. 114–44.

[Anstelle von Antworten nur paradoxe Möglichkeiten. Josef K.: Jedermann u. Rebell; Schuld: nie Gemeinschaft gesucht. Weltliches Gericht vertritt göttliches. Politische u. theologische Interpretation möglich.]

Krock (Eichner), Marianne: "Franz Kafka: 'Die Verwandlung'. Von der Larve eines Kiefernspinners über die Boa zum Mistkäfer. Eine Deutung nach 'Brehms Thierleben'." In: *Euphorion* 64 (1970) S. 326–52.

[Neben Altem u. Neuem Testament ist "Brehms Thierleben" Hauptstoffquelle. Sprache der Naturwissenschaft verwendet, um biblische Geschichte ins 20. Jh. zu übersetzen. 3 Stadien: Entpuppen zur Schmetterlingslarve; Häutung zur Schlange u. Umwandlung seines Wesens. Mit Hilfe der Mutter wehrt er sich gegen Vertierung; stirbt als Mistkäfer. Auf biblischer Ebene: Messiasgestalt.]
Verändert u. erweitert als Kap. 5 u. d. T.: "Die Verwandlung" in M. K.: *Oberflächen- und Tiefenschicht im Werke Kafkas. Der Jäger Gracchus als Schlüsselfigur.* Marburg: Elwert, 1974. S. 100–59.

*Kröller, Eva-Marie: "Kafka's 'Castle' as Inverted Romance." In: *Neohelicon* 4 (1976).

Krolop, Kurt: "Herder-Blätter." In: *Philologica Pragensia* 6 (1963) Nr. 2. S. 211–12.

[Inhalt u. Bedeutung der Faksimileausgabe in Hamburg 1962; u. a. Information Brods über den mit Kafka begonnenen Roman "Richard und Samuel".]

– "Ein Manifest der 'Prager Schule'." In: *Philologica Pragensia* 6 (1964) Nr. 4. S. 329–35.

[Hintergrund der "Prager Schule" u. Kafka.]

– "Zur Geschichte und Vorgeschichte der Prager deutschen Literatur." In: *Literatur und Kritik* 1 (1966) Nr. 2. S. 1–14.

[Kafka als Teil der Prager dt. Literatur, die bis etwa 1920 eine Gemeinsamkeit aufwies.]

– "Zu den Erinnerungen Anna Lichtensterns an Franz Kafka. (Ke vzpomínkám Anny Lichternsternové na Franze Kafku.)" In: *Acta Universitatis Carolinae – Philologica. Germanistica Pragensia* 5 (1968) S. 21–60.

[Kommentar u. Ergänzungen zu den Erinnerungen (abgedruckt auf S. 22–23). Beschreibung der Umgebung Kafkas 1907–13 u. deren Einwirkung auf "Urteil", "Verwandlung", u. Tagebücher. Kafka verstand das Sprachen- u. Nationalitätenproblem in Prag sehr gut; seine Familie paßte sich dem tschech. Milieu immer mehr an. Abb. von Dokumenten (Hauslisten), in denen die Familie Kafka aufscheint.]

Krotz, Frederick W.: "Franz Kafka: Der Hungerkünstler. Eine Interpretation." In: *MAL* 5 (1973) Nr. 3–4. S. 93–119.

[Umschwung im Publikumsgeschmack – Wendepunkt. Wächter; differenzierte Publikumsgruppen. Parodistische Züge. Hungerkünstler: Symbol des modernen Künstlertums. Surrealismus; Dada.]
Engl. Zusammenf. in: *TCL* 19 (1973) S. 228.

Krüger, Hans-Peter: *Franz Kafkas Dramenfragment "Der Gruftwächter".* Tokyo: [The Univ. of Tokyo Pr.] 1961. 27 S. (The Proceedings of the Department of Foreign Languages and Literatures, College of General Education, Univ. of Tokyo, Vol. 9, Nr. 5.)

[Inhalt; 4 Szenen; handelt im Grenzbereich zwischen Leben u. Tod. Fürst ringt um Erkenntnis. Gleichnis für Sinn des Lebens.]

Kruntorad, Paul: "Bruno Schulz. Ein Vergleich mit Franz Kafka." In: *Wort in der Zeit* 11 (1965) S. 9–19.

[Ähnliche Herkunft; dichterisch: Gegensätze. Strenge Prosa Kafkas – ekstatische Schreibweise von Schulz.]

Krusche, Dietrich: "Die kommunikative Funktion der Deformation klassischer Motive: 'Der Jäger Gracchus'. Zur Problematik der Kafka-Interpretation." In: *DU* 25 (1973) Nr. 1. S. 128–40.

[Kafkadeutung auf Schulebene u. in Wissenschaft: uneinheitlich, unbezogen; Mißverständnisse. Grund: Kafkas Versuch, Kommunikationsschwierigkeiten schon im Werk darzustellen, z. B. die Verfremdung erkennbarer klassischer Motive zeigt Problematisierung der zwischenmenschlichen Beziehungen an (sie sind in Kafkas Werk "qualitativ uneindeutig").]

– "Kommunikationsstruktur und Wirkpotential. Differenzierende Interpretation fiktionaler Kurzprosa von Kafka, Kaschnitz, Brecht." In: *DU* 26 (1974) Nr. 4. S. 110–22.

[U. a. Kafkas "Auf der Galerie" untersucht, um Reaktion des Werkes auf die Wirklichkeit festzustellen (Thesen von J. Mukařovský, H. N. Fügen, Wolfgang Iser). Text stellt zumeist schon Reaktion auf Wirklichkeit dar. Bei Kafka unterläßt es der Galeriebesucher, bedingt durch seine Isolierung, zur mitmenschlich-sozialen Handlung überzugehen. Rezeptionsästhetik u. Kommunikationstheorien: bestimmen gesellschaftliche Thematik eines Textes.]

— "Die Aufnahme in den einzelnen Ländern: Deutschland." In: *Kafka-Handbuch* 2 (s. Sammelbde.) S. 646–66.

[S. 665–66: Bibliogr. zu Unterkap. "Einfluß auf die Literatur" (Reaktion der Gleichzeitigen, Wirkung nach dem Zweiten Weltkrieg, Beispiele produktiver Aneignung).]

— "Kafka als Schulklassiker." In: *Kafka-Handbuch* 2 (s. Sammelbde.) S. 860–71.

[Bibliogr. S. 869–71. Rasche Entwicklung zum Schulklassiker, keine politischen Vorbehalte, international bekannt; ab 2. Hälfte der Fünfzigerjahre, bes. Höhere Schulen; Liste der erfolgreichsten Texte. Gründe für Erfolg.]

Krzywon, Ernst Josef: "Grenzgänger der Weltliteratur. Über 'Die Tagebücher' von Witold Gombrowicz." In: *Stimmen der Zeit* 189 (1972) S. 134–40.

[S. 137–38: Gombrowicz' Einstellung u. Distanz zu Kafkas Werk.]

*Kučera, Ladislav: "Slovo s životopiscem Franz Kafky: Dr. Klaus Wagenbach." In: *Kulturní Tvorba* (1964) Nr. 7. S. 15.

[Tschech. (Ein Wort mit dem Biographen Franz Kafkas: Dr. Klaus Wagenbach.)]

Kudszus, Winfried: "Erzählhaltung und Zeitverschiebung in Kafkas 'Prozeß' und 'Schloß'." In: *DVjs* 38 (1964) S. 192–207.

[Häufige Kongruenz zwischen Erzähler u. Held, aber auch Distanzierung an wichtigen Stellen. Verschiebung des Verhältnisses von "Erzählzeit u. erzählter Zeit" durch Zunahme von Gesprächen über Mißerfolg in der Vergangenheit u. illusorische Zukunft in den 2. Teilen der Romane. Bezug zur persönlichen Vergangenheit u. damit auch zum Realen schwindet (Realitätsverschiebung u. Strukturverschiebung in den 2. Teilen). Gespräch mit Hans: Hinweis auf mögliche heile Zukunft.]
Auch in: Politzer, *Franz Kafka* (s. Sammelbde.) S. 331–50.

— "Between Past and Future. Kafka's Later Novels." In: *Mosaic* 3 (1970) Nr. 4. New Views on Franz Kafka. S. 107–18.

[Spätere Romane weisen auf Bereich, wo sich Antinomien verlieren. Perspektive u. Ziel schwinden. Kollektives; Leben statt Denken.]

— "Erzählperspektive und Erzählgeschehen in Kafkas 'Prozeß'." In: *DVjs* 44 (1970) S. 306–17.

[Reduktion auktorialer Elemente in Erzählstruktur aufs engste mit fortschreitendem perspektivischen Solipsismus des Helden verknüpft.]

— "Changing Perspectives in 'The Trial' and 'The Castle'." In: Flores, *The Kafka Debate* (s. Sammelbde.) S. 385–95.

284

[Hinweise für Überwindung der Zersplitterung: Gegen Ende der beiden Romane wird Einsinnigkeit unterbrochen u. lösen sich Antinomien u. Konzepte (Gut – Böse, Raum, Zeit, Kausalität, etc.) auf. 4. Kap. "Schloß": Verschwinden von Gesichtspunkten aus K.s Gesprächen; 15. Kap.: K. nähert sich Pepis perspektivelosem Dasein; sie vertraut auf "magisches" Wort, weist auf K.s nötige Neuorientierung.]
Engl. Zusammenf. in: *TCLB* S. 2071.

– "Musik im 'Schloß' und in 'Josefine, die Sängerin'." In: *MAL* 11 (1978) Nr. 3/4. S. 248–56.

[Musik führt zu Grenzzonen von Sprache u. Erleben, Ich-Gemeinschaft.]

– "Reflections on Kafka's Critique of Knowledge." In: *Newsletter of the Kafka Society of America* 4 (1980) Nr. 1. S. 3–6.

[Grenzen des Wissens u. Überlegungen darüber führen zu paradoxem Umschwung. "Forschungen eines Hundes": die Relativität von Kafkas Paradoxa, Wissen – Verstehen.]

Kuepper, Karl J.: "Gesture and Posture as Elemental Symbolism in Kafka's 'The Trial'." In: *Mosaic* 3 (1970) Nr. 4. New Views on Franz Kafka. S. 143–52.

[Mehrdeutigkeit aller Gesten, die auch immer ein Element des Irrtums ausdrücken; Gesten anstelle der Sprache in Josef K.s Tragödie.]
Auch in: Rolleston, *Twentieth Century Interpretations of "The Trial"* (s. Sammelbde.) S. 60–69.
Engl. Zusammenf. in: *Literature and Psychology* 23 (1973) S. 169, u.
in: *TCLB* S.2101.

Kuffer, Georg: "'Das Urteil.' Eine Geschichte von Franz Kafka." In: Born, *Franz Kafka. Kritik und Rezeption* (s. Sammelbde.) S. 86–87.

[Zuerst in "Der Bund" (Bern, 4. März 1917). Vater-Sohnkonflikt gesehen, Ausgang der Erz. nicht gebilligt.]

Kügler, Hans: "Weg und Weglosigkeit. Zur Ortsbestimmung des Menschen in den Parabeln Franz Kafkas." In: H. K.: *Weg und Weglosigkeit. Neun Essays zur Geschichte der deutschen Literatur im zwanzigsten Jahrhundert.* Heidenheim (Brenz): Heidenheimer Verlagsanstalt, 1970. S. 105–24.

[Stellungnahme zu Hans Mayers "Kafka oder 'zum letzten Mal Psychologie'." Kafka fühlt sich nicht mehr in seine Figuren ein, auch Leser kann es nicht mehr. Sie werden aber auch nicht wie Brechtsche Figuren nur durch ihr Verhalten bestimmt. Leser versteht nur mehr durch "Distanz im Gleichnis" (bei Kafka: erkennbare, aber unauflösbare Beziehungsgefüge). Kafkas Parabeln: Beziehung Bild-Wahrheit gezeigt, keine Inhalte. "Jäger Gracchus", "Eine kaiserliche Botschaft", "Vor dem Gesetz".]

– *Literatur und Kommunikation. Ein Beitrag zur didaktischen Theorie und methodischen Praxis.* Stuttgart: Ernst Klett, 1971.

[S. 198–210: Zweites Beispiel: F. Kafka, "Auf der Galerie" (9. Schuljahr, Sekundarstufe I): Zerlegung des Textes in seine konstitutiven Elemente. Kontradiktorische Darstellungsweise stellt nicht die "Wahrheitsfrage" dar, sondern zeigt Verschleierungsmechanismen; brutale Abhängigkeitsverhältnisse.]

Kuhn, Ira Astride: "Kafka and the Theatre of the Absurd. Transformation of an Image." In: *DA* 31 (1970) S. 2924A.

[Zusammenf.: Kafkas Verhältnis zum frz. Theater des Absurden. Die frz. Kafka-Kritik; Surrealismus. Existentialismus ändert Einstellung zum Werk Kafkas (Prophet der seelischen u. existentiellen Not des modernen Menschen). Camus. Ähnlichkeiten u. Verschiedenheiten zwischen Kafka, Adamov, Beckett, Ionesco. Das Absurde als metaphysisches u. moralisches Problem.]

— "The Metamorphosis of 'The Trial'." In: *Symposium* 26 (1972) Nr. 3. S. 226–41.

["Prozeß"-Dramatisierung von Gide u. Barrault. Aufführung 1947 beeinflußte Kafkabild im Nachkriegsfrankreich; Theaterstück wird existentialistisch u. absurd. Gide vermied das Mysteriöse, Irrationale, obwohl er darum wußte, distanzierte sich von Barrault. Dieser betonte das Komische, formte Charakter K.s als Auswegloser, Gefangener, Unschuldiger. Große Freiheiten genommen.]
Engl. Zusammenf. in: *TCL* 19 (1973) S. 138.

Kuhn, Reinhard: "André Gide et Franz Kafka." In: *Entretiens sur André Gide, sous la direction de Marcel Arland et Jean Mouton.* Paris: Mouton, 1967 (Centre culturel international de Cerisy-la-Salle). S. 171–73.

[Vergleich zweier Kap. aus "Prozeß"-Roman (1. Vorladung K.s u. Hinrichtung) mit Bühnenfassung zeigt, daß Gide Gefühl für schwarzen Humor u. Absurdes fehlt.]

Kuhr, Alexander: "Neurotische Aspekte bei Heidegger und Kafka." In: *Zeitschrift für Psychosomatische Medizin* 1 (1955) Nr. 3. S. 217–27.

[Tiefenpsychologische Betrachtung der beiden Persönlichkeiten im Lichte des Existentialismus, bes. S. 222–27: Franz Kafka: Heidegger schafft neue Begriffe, Kafka hingegen trägt Schreckliches an den Leser heran; Bildkraft; spricht moralisches Wesen im Menschen an; alte Tierfabel; Erlösung durch Werk. Machtkomplex.]

Kuna, F. M.: "Art as Direct Vision: Kafka and Sacher-Masoch." In: *Journal of European Studies* 2 (1972) S. 237–46.

[Kafkas Interesse für die psychologische u. pathologische Literatur seiner Zeit noch wenig erforscht, er verbirgt seine Quellen. Situation in "Verwandlung" u. Name Gregor weisen auf Sacher-Masoch hin.]

Kuna, Franz: "Preface." In: Kuna, *On Kafka: Semi-Centenary Perspectives* (s. Sammelbde.) S. IX–X.

[Bericht über Kafka Symposium der Univ. of East Anglia, Norwich, 7.–10. Juli 1974.]

— "Rage for Verification: Kafka and Einstein." In: Kuna, *On Kafka: Semi-Centenary Perspectives* (s. Sammelbde.) S. 83–111.

[Kafkas Verdienste auf dem Gebiet der Ethik u. Poetik sind mit denen Einsteins auf dem Gebiet der Physik vergleichbar; Relativität der Begriffe des Simultanen u. der Zeit. Ausgehend von Kants Ideen wird Kafkas Versuch analysiert, gegen traditionelle Literaturbegriffe zu schreiben. Struktur u. Natur seines Werkes: indirekte Kritik am metaphysischen System des 19. Jh., Umwertungen auf allen Ebenen. Analyse des 1. "Prozeß"-Kap., der Bürgelepisode u. der Aktenverteilung im "Schloß"-Roman; Individuen werden für Kafka immer weniger bedeutend.]

*– "Vienna and Prague, 1890–1928." In: *Modernism, 1890–1930.* Ed. Malcolm Bradbury and James Walter McFarlane. Hassocks, England: Harvester; Atlantic Highlands, N. J.: Humanities, 1978. (Pelican Guides to European Literature). S. 120–33.

*– "The Janus-Faced Novel: Conrad, Musil, Kafka, Mann." In: *Modernism, 1890–1930.* Ed. Malcolm Bradbury and James McFarlane. Hassocks, England: Harvester; Atlantic Highlands, N. J.: Humanities, 1978 (Pelican Guides to European Literature). S. 443–52.

Kunicyn, G[eorgij] I[vanovič]: *Politika i literatura.* Moskva: Sovetskij pisatel', 1973.

[S. 287–309: Razoblačenie ta iny prisposoblenčeskogo buržuaznogo iskusstva: Kafka protiv Titorelli (Das Geheimnis der angepaßten Bourgeois-Kunst gelüftet: Kafka gegen Titorelli): Kafkas Abstraktionen sind dem Realismus des bürgerlichen Lebens entnommen. Titorelli – machtloser Künstler. Kafka gibt deutlich konkretes Bild in der Beschreibung des Josef K.-Titorelli Verhältnisses. Josef K. kann nicht verstehen, wie eng Künstler mit Bourgeois-System verknüpft sind.
S. 309–16: O politočeskom takte i metodologičeskoj tocnosti analiza dekadansa (Politische Taktik und methodologische Genauigkeit in der Analyse der Dekadenz): Kafka gehörte der bürgerlichen Klasse an, haßte sie aber wegen ihrer Korruption; er verstand nicht den Sozialismus, jedoch die Feindschaft des Kapitalismus dem Menschen gegenüber.
S. 316–34: Otvet opponentu (Antwort an einen Gegner): Ju. Barabaš sieht in Kafka einen Feind, weil dieser kein Realist ist. Kafka wünschte Untergang des Kapitalismus; sozialer Pessimismus.]

– "Klassovost' v literature." In: *Znamja* (1968) Nr. 1. S. 226–42; Nr. 2. S. 216–29.

[(Klassen in der Literatur): Nr. 1. S. 233–42 über Kafka. "Der Prozeß" zeigt Abhängigkeit des Künstlers in bürgerlicher Gesellschaft; Kontrast Josef K.-Titorelli. Kafkas düstere Atmosphäre u. Titorellis düstere Landschaftsbilder.
Nr. 2. S. 216–19: (Kafka: Gegner der Bourgeoisie).]
In dt. Übers. v. Gerhard Sewekow u. d. T.: "Die Klassenbedingtheit der Literatur." In: *Kunst und Literatur* 16 (1968) S. 993–1015, 1126–43. [S. 1003–15 u. 1126–30 über Kafka.]

Kunisch, Hermann: *Handbuch der deutschen Gegenwartsliteratur.* 2. verbesserte u. erweiterte Aufl. Bd. 1. München: Nymphenburger Verlagsbuchhandlung, 1969.

[S. 358–63: Biographie u. Beurteilung Kafkas von Jacob Steiner.]

Kunstmann, Heinrich: "Einige Parallelen zwischen Dostoevskij und Kafka." In: *Mnemozina. Studia litteraria russica in honorem Vsevolod Setchkarev.* Ed. Joachim T. Baer & Norman W. Ingham. München: Wilhelm Fink, 1974. (Centrifuga. Russian Reprintings and Printings. Vol. 15.) S. 243–51.

[Dostojewski u. Kafka stehen den Erzählern nahe, die existentielle Bedrohung ausdrük-
ken. Kafka kannte Werke Dostojewskis. Gemeinsamer Ausgangspunkt in "Verwandlung"
u. "Zapiski iz podpol'ja". Menschenscheue. "Radikaler Umschwung". Kafka geht über
Dostojewski hinaus.]

Kurella, Alfred: "Der Frühling, die Schwalben und Franz Kafka." In: *Sonntag*
31 (1963) S. 10–12.

[Kritik an Garaudys Aufsatz "Franz Kafka und der Prager Frühling". Liblicekonferenz
– Erweiterung des Begriffes "Realismus" u. Abschaffung des Konzeptes "Dekadenz" für
Marxisten nicht nötig.]
Auch in: *Kritik in der Zeit. Der Sozialismus – seine Literatur – ihre Entwicklung.* Hrsg.
v. Klaus Jarmatz u. dem Kollektiv: Christel Berger, Renate Drenkow, Heinz Sallmann.
Halle (Saale): Mitteldeutscher Verl., 1970. S. 532–44.
In tschech. Übers. u. d. T.: "Jaro, vlaštovky a Franz Kafka." In: *Literární noviny* 12
(1963) Nr. 40. S. 8.

Kurkiala, Juhani: "'Kafkamainen' elämänkatsomus kertomuksessa 'Ein Landarzt'." In: *Valvoja* 87 (1967) S. 309–15.

[Finn. ("Kafkaeske" Lebensauffassung in der Erzählung "Ein Landarzt"): Dreiteilung
im Aufbau. Mensch zwischen irrationaler, jedoch wirklicher Weltordnung u. moralischen
Werten.]

*Kuroiwa, Junichi: ["Über die Grundprobleme in der 'Verwandlung' von Kafka."] In: *Keio-[Univ.-] Geibun-Kenkyu* 19 (1965).
[Jap.]

*– ["'Das Schloß' von Kafka. Kampf des Landvermessers K."] In: *Keio-[Univ.-]
Geibun-Kenkyu* 25 (1968).
[Jap.]

– ["Franz Kafka und die Wochenschrift 'Selbstwehr'."] In: *Doitsu Bungaku*
(1977) Nr. 58. S. 69–78.
[Jap. mit dt. Zusammenf.]

*– "Kafka und die Zweimonatsschrift 'Hyperion'." In: *Geibun Kenkyu* (1977)
Nr. 36. S. 25–39.

– "Die Aufnahme in den einzelnen Ländern: Japan." In: *Kafka-Handbuch* 2
(s. Sammelbde.) S. 732–43.

[S. 740–41: Jap. Übers.; S. 741–43: Sekundärliteratur. Enge Kulturbeziehungen zu Deutschland; thematische oder motivliche Nähe von Kafkas Werken mit Fernem Osten; Spruchweise
heit, breitgefächerte Kenntnis seiner Werke. Bis 1974: 170 jap. Kafkabeiträge.]

Kurowicki, Jan: "Franz Kafka: Obcość i wyobcowanie." In: J. K.: *Człowiek i
sytuacje ludzkie. Szkice o pisarstwie XX wieku.* Wrocław: Ossolineum, 1970.
S. 58–94.

[(Franz Kafka: Entfremdung und Isolierung): Kafkas Werke stellen eine Anatomie der
Entfremdung auf individueller, sozialer u. metaphysischer Ebene dar. Durchschnitts-

288

mensch, der seine Pflicht tut, oft einer ungerechten Institution ausgeliefert. Kafkas zweifache Beziehung zum Gesetz; die Liebe; die Einsamkeit seiner Helden; Probleme der kapitalistischen Gesellschaft. Manchmal berühren sich Kafkas Gedanken mit denen von Marx. – Auch S. 46–49.]

Kurz, Gerhard: "Die Literatur, das Leben und der Tod. Anmerkungen zu Cervantes und Kafka." In: *Archiv für das Studium der neueren Sprachen und Literaturen* 212 (1975) S. 265–79.

[Erwähnung von Südfrankreich u. Spanien im "Schloß" deutet auf Don Quijote hin. Bei Cervantes u. in Kafkas Romanen streben die Helden nach Sinn des Lebens. Themen: Literatur u. Leben, Illusion u. Wirklichkeit; Literatur als Leben. Kafka integriert verschiedene literarische Genres u. zerstört die alten Geschichten. "Schloß" u. Gericht: passiv, allumfassend, Gegner der K.s u. Teil ihres Lebens. Mythenkorrektion. Wahrheit offenbart sich im Scheitern u. im Tod.]
Engl. Zusammenf. in: *TCL* 22 (1976) S. 482.

– "Ästhetik. Figuren." In: *Kafka-Handbuch* 2 (s. Sammelbde.) S. 108–30.

[Verschiedene Kurzbibliogr. Untersucht folgende Aspekte: der Held als Fremder, Grundeigenschaften der Helden, Tiere, Künstlergestalten u. die Mittel der Kennzeichnung (Erzählerbericht, Namen, Rede u. Gedanken, Ausdrucksbewegungen, Konfigurationen).]

– "Eine autobiographische Deutung Kafkas: Binders altneue Sicht auf den Roman 'Das Schloß'." In: *Neue Rundschau* 88 (1977) S. 113–20.

[Detaillierte Bewertung von Binders Studie, Vor- u. Nachteile der neopositivistischen Interpretationsweise.]

Kurz, Paul Konrad: "Standorte der Kafka-Deutung." In: *Stimmen der Zeit* Jg. 91, Bd. 177 (1966) Nr. 3. S. 196–218.

[Verbreitung des Werkes, Interpretationsrichtungen, Form- u. Strukturanalyse. Wendepunkt der Kafkakritik 1950.]
Engl. Zusammenf. in: *TCL* 12 (1966) S. 162–63, u.
in: *TCLB* S. 2071

– "Verhängte Existenz: Franz Kafkas Erzählung 'Ein Landarzt'." In: *Stimmen der Zeit.* Jg. 91, Bd. 177 (1966) Nr. 6. S. 432–50.

[Ohne kausale Beziehung u. Logik, Traumstruktur; dreifacher Rettungsversuch schlägt fehl. Kafkas Krankheit 1917.]
Beide Artikel aus "Stimmen der Zeit" auch in: P. K. K.: *Über die moderne Literatur. Standorte und Deutungen.* Frankfurt/M.: Knecht, 1967. S. 38–71 u. S. 177–202.
In engl. Übers. v. Sister Mary Frances McCarthy u. d. T.: *On Modern German Literature.* University, Alabama: Univ. of Alabama Pr., 1970.
[S. 30–55: "Perspectives in Kafka Interpretation."
S. 149–72: "Doomed Existence. Franz Kafka's Story: 'A Country Doctor'."]

Kurzweil, Baruch [Kurtsvayl, Barukh]: "Sinath-atsmo besifrut ha-yehudim. Kraus, Kafka, Brenner, ve-ha-yahadut." In: *Molad* (1958) S. 112–28.

[Hebr. (Selbsthaß in der Literatur der Juden. Kraus, Kafka, Brenner und das Judentum): Absterben der jüdischen Religion. Kafkas jüdische Existenz bestimmte sein Künstlertum. Das Absurde bei ihm das Normale; Entwertung des Heldischen; das Groteske triumphiert über das Humane. Jüdischer Selbsthaß bei Kafka schwächer als bei K. Kraus.]

* — "Itinerario de Kafka, en el 40° aniversario de sa muerte." In: *Comentario* 11 (1964) Nr. 39. S. 55—62.

— "Die Fragwürdigkeit der jüdischen Existenz und das Problem der Sprachgestaltung. Betrachtungen zu den Werken von Kafka, Broch und Karl Kraus." In: *Bulletin des Leo Baeck Instituts* 8 (1965) Nr. 29. S. 28—40.

[Vortrag im Leo Baeck Institut in New York (8.12.1964). Geistig-seelische u. religiöse Krise in Verbindung mit dem Unvermögen, diese sprachlich zu gestalten. Jüdische Dichter der dt. u. hebr. Sprache davon betroffen.
Auch S. 31—34: Kafka fand private Rettung in seinem Werk, z. B. "Eine Kreuzung".]

— "Franz Kafka — jüdische Existenz ohne Glauben." In: *Neue Rundschau* 77 (1966) S. 418—36.

[Kafkas Werk durch Bezugnahme auf sein persönliches u. das allg. jüdische Schicksal umfassend zu deuten. Fragwürdigkeit der Existenz. Motive (Reise ohne Ziel, sinnloser Auftrag, Tierverwandlungen) ähnlich wie in neuhebr. Literatur. Z. B. Katzenlamm — Kafkas künstlerische Selbstaussage.]
Auch in: Heintz, *Interpretationen zu Kafka* (s. Sammelbde.) S. 116—32.
Engl. Zusammenf. in: *TCL* 12 (1967) S. 226—27, u.
in: *TCLB* S. 2071.

— ["Zwischen Brenner, Weininger und Kafka."] In: *Joseph Ḥayim Brenner*. Hrsg. v. Itzḥak Bakun. Tel. Aviv: 1972. S. 145—54.

[Hebr.; aus "Bibliografia b'Ivrit"; aus Tagesblatt "Haaretz" am 15. Apr. 1957.]

* — ["Die Helden der Romane von Kafka, Musil und Broch."] In: *Joseph Chayim Brenner*. Hrsg. v. Izchak Bakun. Tel Aviv: 1972. S. 373—88.

[Hebr.; aus "Bibliografia b'Ivrit"; aus "Haarez" am 15. Apr. 1957.]

* — [Eine Abhandlung über den europäischen Roman.] Jerusalem, Tel Aviv: 1973.

[Hebr.; aus "Bibliografia b'Ivrit". S. 307—72: Franz Kafka: A: Amerika. — B: Glauben u. Dämonologie in den Werken Kafkas. — C: Mensch u. Gesellschaft in den Werken Kafkas. — D: Jüdische Existenz in den Romanen Kafkas. — E: Das Problem des Kommentars zu den Werken Kafkas; M. Buber als Kommentator. —
S. 428—37: "Die Spule" von Max Brod; ein Vergleich mit Kafka.]

Kusák, Alexej: "Kafka stále aktuální." In: *Plamen* 5 (1963) S. 55—58.

[(Kafka — immer aktuell): Das ständige Interesse der Welt an Kafkas Werk. Philosophische Studien; literarische Analysen; Järvs Bibliogr.]

— "Poznámky k marxistické interpretaci Franze Kafky." In: Goldstücker, *Franz Kafka. Liblická Konference 1963* (s. Sammelbde.) S. 161—75.

[Kafka als Realist. Struktur seiner Werke u. Wesen seiner Kunst sind wichtig. Er erlebte eine entfremdete Welt u. den Schrecken des Kapitalismus.]
In dt. Übers. v. Otto Guth u. d. T.: "Bemerkungen zur marxistischen Interpretation Franz Kafkas." In: Goldstücker, *Franz Kafka aus Prager Sicht 1963* (s. Sammelbde.) S. 168—80.
Auch in: *Alternative* 8 (1965) Dokument 2. S. 41—45.
Teilabdruck in engl. Übers. v. K. Hughes u. d. T.: "Comments on the Marxist Interpre-

tation of Franz Kafka." In: Hughes, *Franz Kafka. An Anthology of Marxist Criticism* (s. Sammelbde.) S. 95–103.
In ital. Übers. u. d. T.: "Per una interpretazione marxista." In: Goldstücker, *Franz Kafka da Praga* (s. Sammelbde.) S. 175–87.

Kusin, Vladimir V.: *The Intellectual Origins of the Prague Spring. The Development of Reformist Ideas in Czechoslovakia 1956–1967.* Cambridge [Great Britain] Univ. Pr., 1971.

[S. 63–68: Alienation: – Die "Schlacht um Franz Kafka" wurde auf mehreren Ebenen ausgetragen. Einfluß Kafkas auf tschech. Kultur der frühen 60-er Jahre.]

*Kuzumi, Kazuo: ["Über Kafkas 'Die Verwandlung'."] In: *Tohoku-[Univ.-] Tohoku-Doitsu-Bungaku-Kenkyu* 15 (1971).

[Jap.]

Labisse, Félix: "Frontispice de Félix Labisse pour 'Le Château'." In: *CCRB* 5 (Okt. 1957) Nr. 20. Franz Kafka du Procès au Château. S. 2.

Labroisse, Gerd: "Franz Kafka und seine Stellung in der modernen Romanliteratur." In: *Duitse Kroniek* 27 (1975) S. 90–103.

[Kafka brachte Angst, Entwurzelung u. Bedrohtsein der modernen Wirklichkeit zum Ausdruck. Übersicht über Interpretationen von Brod, Emrich, Kusák, Hajek, Walser, H. Steinmetz. Mann vom Lande verwehrt sich selbst Eintritt durch sein Verhalten.]

Lachmann, Eduard: "Das Türhütergleichnis in Kafkas 'Prozeß'." In: *Innsbrucker Beiträge zur Kulturwissenschaft* (Germanistische Abhandlungen) 6 (1959) S. 265–70.

[Kafka – Moralist u. Dichter der Transzendenz. Prophet der Existenznot des modernen Menschen. Türhüter: eine weltliche Instanz (ebenso wie Schloßbeamte).]

Ladendorf, Heinz: "Kafka und die Kunstgeschichte." In: *Wallraf-Richartz-Jahrbuch* 23 (1961) S. 293–326 u. 25 (1963) S. 227–62. Illustr.

[Kafka u. die Dichtung seiner Zeit beschäftigen sich eingehend mit der bildenden Kunst; er studierte Kunstgeschichte (1901–02 u. 1905); enge Verbindung mit dem Kunsthistoriker Oskar Pollak; abonnierte Zeitschrift "Der Kunstwart"; beschrieb Zeichnungen u. Kunstwerke; Ornamentempfindlichkeit; Kafka zeichnete selbst (Neigung zum Grotesken u. Karikaturistischen) u. zeigte großes Interesse für zeitgenössische Kunst (van Gogh, Kokoschka, Grosz, Kubin). Drei von der Kunst beeinflußte Themenkreise: Tiere, Bild der Gerechtigkeit (Titorelli) u. Blick aus dem Fenster. Interesse für Photographie u. Film. Prag als formprägende Kraft; starker Eindruck von Burgen (Friedland, Prag) u. Domen (Mailand); Vorliebe für chinesische u. jap. Holzschnitte; Babelturm u. Chinesische Mauer als Sinnbilder menschlichen Mühens (das "non finito"); Hinweis auf Kalligraphie in "Strafkolonie"; Labyrinth als Symbol der Unverständlichkeit; auch neue Kunst befaßt sich mit Gefängnisthemen.]

Lagercrantz, Olof: *Stig Dagerman.* 3. Aufl. Stockholm: P. A. Norstedt & Söners, 1958.

[S. 77: Hinweise auf "Prozeß" (machtloses Individuum u. verderbende Macht des Staates).

S. 119–32: Dagerman führte Faulkner u. Kafka in Schweden ein. "Forschungen eines Hundes". Kafka u. Kollektivschuld; Kafkas Einfluß auf Dagerman, der den Staat als unangreifbare anonyme Macht sieht.]

*Lagerlöf, K. E.: *Den unge Karl Venneberg*. Stockholm: 1967.

[Dt. Zusammenf.]

Lainoff, Seymour: "The Country Doctors of Kafka and Turgenev." In: *Symposium* 16 (1962) S. 130–35.

[Sowohl Turgenjew als auch Kafka beschreiben einen Landarzt, der nachts an ein Krankenbett eilt u. nicht helfen kann. Kafka las vielleicht Turgenjews Erz.]
Engl. Zusammenf. in: *TCL* 8 (1962–63) S. 169, u.
in: *TCLB* S. 2096.

Laitinen, Kai: *Puolitiessä. Esseitä kirjallisuudesta*. Helsinki: Otava, 1958. S. 77–135.

[Finn. (Auf halbem Weg. Essays über Literatur):
Kuutamo Prahassa. Franz Kafka ja hänen teoksensa (Mondlicht in Prag. Franz Kafka und seine Werke): Welt hat keinen Sinn; Unklarheit des Lebens wird durch Kafka klar. – Musta laine (Eine schwarze Welle): Biographische Beschreibung. – Prahan juutalainen (Ein Prager Jude): Kafka zwischen den Nationalitäten. – Yksinäisyyden triologia (Die Trilogie der Einsamkeit): Die 3 Romane; verletzte menschliche Würde (in "Amerika"). – Novellit (Die Erzählungen): Erz. zeigen Unabhängigkeit Kafkas. – Helmi ja hiekkajyvä (Die Perle und das Sandlorn): Biographische Ereignisse haben seine Werke ausgelöst, aber man darf da nicht zu weit gehen. – Hyvää päivää – kirvesvartta (Guten Tag, Axtstiel): Titel bedeutet unsinnigen Dialog. Das Ungewöhnliche bei Kafka; seine Logik nicht unsere. – Unen valtakunta (Das Reich des Traumes): Kafkas Welt weder magisch, noch wahnsinnig, eher traumhaft oder märchenhaft; schnelle Verwandlungsmöglichkeit. – Tavattoman rejat (Die Grenzen des Ungewöhnlichen): Das Ungewöhnliche sehr realistisch beschrieben, manchmal humorvoll. – Kuutamo Prahassa (Mondlicht in Prag): Keine Sonne; Romane haben Handlung (treppenhafte Struktur); "Der Bau" einmalig in Weltliteratur.– Kafkan maailma (Die Welt Kafkas): Kafkas Werke haben keine Botschaft, das Unvorhergesehene geschieht.]

– "Franz Kafka." In: Franz Kafka: *Nälkätaiteilija*. Jyväskylä: K. J. Gummerus, 1959. S. 1–18.

[Einleitung zur finn. Übers. von "Ein Hungerkünstler". Kafkas Bedeutung u. Leben; Erz. zeigen am besten seine Kunst. Personen Kafkas finden keinen Ausweg. Biographische Interpretation: vernünftigste.]

– "Vastauskirje. Kafkastata." In: *Parnasso* 19 (1969) S. 297–99.

[Entgegnung auf Jouko Tyyris psychoanalytische Arbeit über "Ein Bericht für eine Akademie".]

Lakin, Michael: "Hofmannsthal's 'Reitergeschichte' and Kafka's 'Ein Landarzt'." In: *MAL* 3 (1970) Nr. 1. S. 39–50.

[Parallelen: Innenleben einer Figur dargestellt, innere Konflikte. Bedeutung der Pferde; neues Leben u. Gefahr.]
Engl. Zusammenf. in: *TCLB* S. 2096.

***Lampo, Hubert:** "Nogmaals de Praagse sfeer: Franz Kafka." In: H. L.: *De zwanen van Stonehenge.* 1972.

Lamprecht, Helmut: "Mühe und Kunst des Anfangs. Ein Versuch über Kafka und Kleist." In: *Neue deutsche Hefte* (Jan. 1960) Nr. 66. S. 935–40.

[Problem des Anfangs beim Schreiben von beiden Dichtern erkannt. Anfang soll in nuce schon ganze Geschichte enthalten ("Die Verwandlung", "Die Marquise von O.").]

Lancelotti, Mario A.: "Kafka y el cuento. El tiempo en la obra novelistica de Kafka." In: M. A. L.: *De Poe a Kafka. Para una teoría del cuento.* Buenos Aires: Eudeba, 1965. – (*Neue Ausgabe 1968.) S. 46–59.

[Untersuchung der Entwicklung der Erz. von Poe bis Kafka, ausgehend von Poes Erz.-Theorie. Bes. Kap. 7 über den Zeitaspekt in Kafkas Werken ("Prozeß", "Schloß", "Amerika" u. "Verwandlung"). Vergangenheit, Gegenwart u. Zukunft in einem, Lebensdrama so entfaltet; zirkuläre Zeit; unendliche, hoffnungslose Progression.]

*– "Martínez Estrada, Kafka y el mismo." In: *La Nación* (14. Jan. 1968).

*– "Kafka." In: *Davar* (Apr./Juni 1968) Nr. 117. S. 32–35.

Landsberg, Paul L.: "The Metamorphosis." In: Flores, *The Kafka Problem* (s. Sammelbde.) S. 122–33.

[Übers. v. Caroline Muhlenberg. – Reine, eiskalte Prosa entspricht der paradoxen Welt, Gegenteil des Märchens; Verwandlung: Flucht vor Verantwortung? Todeswunsch?]
Auch u. d. T.: "Kafka and 'The Metamorphosis'." In: *Quarterly Review of Literature* 20 (1976) Nr. 1–2. Special Issues Retrospective. S. 57–65.
*In span. Übers. in: Paul L. Landsberg, Georg Lukács, D. S. Savage: *Kafka.* México City: 1961.

Lange-Eichbaum, Wilhelm: *Genie, Irrsinn und Ruhm. Eine Pathographie des Geistes.* 4. Aufl., neu bearb. v. Wolfram Kurth. München u. Basel: Ernst Reinhardt, 1956.

[S. 360: Kafkas "Pathographie". Kaisers u. Mourniers Studien (S. 532).]

Lange-Kirchheim, Astrid: "Franz Kafka 'In der Strafkolonie' und Alfred Weber 'Der Beamte'." In: *GRM* 27 (1977) S. 202–21.

[Weber als geistiger Anreger der Bildsprache, neben Mirbeau u. Nietzsche. Frappante Ähnlichkeiten: Anpassung an Apparat. Kafka las "Neue Rundschau" regelmäßig, in der Webers Artikel erschien. Detaillierter Zeilenkommentar, um Parallelen zu zeigen.]
Engl. Zusammenf. in: *TCL* 24 (1978) S. 547.

***Lange-Nielsen, S.:** "Hiet. ('Der Bau')." In: *Aftenposten* (14.5.1972).

Langenbruch, Theodor: "Eine Odyssee ohne Ende: Aufnahme und Ablehnung Kafkas in der DDR." In: Caputo-Mayr, *Franz Kafka Symposium* (s. Sammelbde.) S. 157–69.

[Vortrag, Philadelphia 1974. Einfluß auf Autoren der DDR. Kulturpolitische Einstellung zu Kafka bis 1977 in der DDR. Kafkas Werk als unbewältigtes Problem.]

Langer, Jaroslav: "'Ein Flug um die Lampe herum' ist keine Fälschung." In: *Literatur und Kritik* 2 (1967) S. 409–19.

[Auf Grund von Textstudien, Textrevisionen u. Textrekonstruktion zum Schluß gekommen, daß es sich trotz des korrumpierten Textes um Kafkas Gedankenwelt handelt (Vater-, Ehe-, Liebesprobleme, Judentum, Zionismus, usw.). Stück wahrscheinlich auf Fragmenten, Skizzen u. Aufzeichnungen Kafkas 1913–14 aufgebaut.]

*__Langer, Lawrence:__ *The Holocaust and the Literary Imagination.* Yale Univ. Pr., 1975.

Langer, Norbert: "Franz Kafka." In: N. L.: *Dichter aus Österreich.* 4. Folge. Wien-München: Österreichischer Bundesverl., 1960. S. 64–71.

[Biographische Skizze; Übersicht über Kafka-Deutungen; Besprechung der Werke.]

Langguth, Carl Wellington: "Narrative Perspective and Consciousness in Franz Kafka's 'Trial'." In: *DA* 29 (1969) S. 4006A.

[Zusammenf.: Kafkas Erzähltechnik. K. wird verschiedentlich von neutralem Standpunkt betrachtet, ist Opfer eines tragischen Paradoxes, welches er nicht erkennen will. Brods Kapitelfolge. K.s Konflikte, seine erfolglosen Bemühungen, mit anderen Menschen intensivere Kontakte aufzunehmen; seine Unfähigkeit, der seelischen Schwierigkeiten Herr zu werden.]

*__Laporte, R.:__ "Franz Kafka. 'Correspondance 1902–1924'." In: *Bulletin Critique du Livre Français* (März 1966) Artikel Nr. 66–149.

– "Kafka: Le dehors et le dedans." In: *Critique* 23 (1967) S. 407–19.
[Besprechung der frz. Übers. von Kafkas Tagebüchern, "Hochzeitsvorbereitungen …", u. Briefen (1902–1924) durch Marthe Robert. – Kafkas Lebensweg: 2 Pole: drinnen (Schutz) – draußen (Ausgesetztsein u. Gefahr).]
Engl. Zusammenf. in: *TCL* 13 (1967) S. 186–87, u.
in: *TCLB* S. 2071.

Lard, J. M.: "Une mythologie du désespoir. 'La métamorphose' de Franz Kafka." In: *Helvetia* (Juli 1961) S. 151–58.

[Kafkas persönliche Schriften geben gewissen Einblick in die verschlossene, unglückliche Welt seines Werkes. Tiergeschichten, bes. "Die Verwandlung": Gregor ist Kafka selbst. Erstaunen, Anpassung, Tod. Erz. zeigt Machtlosigkeit u. Zersetzung. Vorgebildet in "Hochzeitsvorbereitungen".]

*__Larsen, P.:__ "Kafkas tredje roman ('Amerika')". In: *Arbeiderbladet* (25.6.1966).

L[auscher], K[urt]: "Vorwort." In: Goldstücker, *Franz Kafka aus Prager Sicht 1963* (s. Sammelbde.) S. 7–8.

[Ziele der Kafka-Konferenz vom 27.–28.6.1963 in Liblice, Einführung der Teilnehmer.]

Lavrin, Janko: "Franz Kafka." In: Jakob, *Das Kafka-Bild in England* 1 (s. Sammelbde.) S. 304–07.

[Abdruck des gleichnam. Artikels in "Review" 43 (Spring 1943) S. 8–11. Originalität u. vollendeter Stil; realistische Oberfläche, darunter Alptraum ("Verwandlung"); Kafkas

Einsamkeit, kritischer Intellekt, Vaterbeziehung, religiöses Temperament, Gnadenvorstellung.]

Lawson, Richard H.: "Kafka's 'Der Landarzt'." In: *Monatshefte* 49 (1957) S. 265—71.

[Freuds Symbole u. Material benützt, um freudfeindliche Auffassung zu bekräftigen.]
Engl. Zusammenf. in: *TCL* 4 (1958) S. 62. u.
in: *TCLB* S. 2096.

— "Ungeheures Ungeziefer in Kafka's 'Die Verwandlung'." In: *GQ* 33 (1960) S. 216—19.

[Amerik. Übers. entspricht nicht Kafkas Ausdruck. Otto Coesters Illustr. (1927).]
Engl. Zusammenf. in: Corngold. *The Commentators' Despair* (s. Sammelbde.) S. 158, u.
in: *TCLB* S. 2111.

— "Kafka's Use of the Conjunction 'BIS' in the Sense 'AS SOON AS'." In: *GQ* 35 (1962) S. 165—70.

[Konjunktion "bis" in Bedeutung von "sobald als" ist alter dt. Gebrauch, kein tschech. Einfluß.]
Engl. Zusammenf. in: *TCLB* S. 2072.

— "Franz Kafka." In: *Encyclopedia of World Literature in the 20th Century.* Ed. Wolfgang Bernard Fleischmann. An enlarged and updated edition of the Herder *Lexikon der Weltliteratur im 20. Jahrhundert.* Vol. 2. New York: Frederick Ungar, 1969. S. 196—99.

[Einführender Aufsatz u. Bibliogr.]

— "Kafka's Parable 'Der Kreisel': Structure and Theme." In: *TCL* 18 (1972) S. 199—205.

[Strukturelle Details können, bes. in diesem Fall, bei Analyse eher helfen, als Bezug auf Gesamtwerk. 5 Satzgruppen: jede enthält Sinnänderung. "Geradlinige" (gedruckte Zeilen) u. kreisförmige (Ansicht von oben) Analyse ergibt, daß das Unfaßbare unfaßbar bleibt. Versagen des Philosophen.]
Engl. Zusammenf. in: *TCL* 19 (1973) S. 68, u.
in: *1972 MLA Abstracts* Vol. 2. S. 68.

*Lazar, David: ["Kaddisch am Grabe von Amschel Kafka. Mit Gustav Janouch auf den Spuren des Autors von 'Der Prozeß'."] In: *Ramat Gan* (1968) S. 84—94.

[Hebr.; aus "Bibliografia b'Ivrit"; aus D. Lars Buch ("Begegnungen auf beiden Seiten des Vorhangs").]

*—[Essay und Kampf.] Tel Aviv: 1971. S. 189—207.

[Hebr.; aus "Bibliografia b'Ivrit". Kafka. Eine neue Meinung über "Der Prozeß" (zu E. Canettis Buch "Der andere Prozeß"); Kafkas "Briefe an Felice", über Ottla; ein hebr. Dichter, der Kafka nahestand (Yaakov Rabinovich) u. das jiddische Theater. Der Eckermann Kafkas (Gustav Janouch).]

Lazarowicz, Klaus: "Franz Kafka." In: *Lexikon für Theologie und Kirche*. 2. Aufl. 5. Bd. Freiburg i. Br.: Herder, 1960. Spalte 1239.

[Verzweifelte Heilshoffnung; aus religiösen u. ethischen Quellen gespeister Rigorismus; Weltentsagung u. Weltüberwindung.]

Lee, Marshall (Ed.): *The Trial of Six Designers*. Designs for Kafka's "The Trial" by George Salter, P. J. Conkwright, Merle Armitage, Carl Zahn, Joseph Blumenthal, Marshall Lee. With an Essay of "The Trial" by Kenneth Rexroth. Lock Haven, Pa.: Hammermill Paper, 1968. – [Privatdruck].

[Enthält neben K. R.s "Franz Kafka and the 'The Trial'" (S. 15–21, s. Artikel) Abdruck der ersten zwei Kap. von Kafkas "Prozeß" ("Verhaftung" u. "Erstes Verhör") in engl. Übers., die von 6 Illustratoren gestaltet wurden u. unterschiedliche künstlerische Reaktion auf den Text zeigen, auch in der Typenwahl. Als 1. Beispiel George Salters Entwürfe für amerik. "Prozeß"-Ausgabe von A. A. Knopf, 1937.]

Lehmann, Peter Lutz: "Kafka." In: P. L. L.: *Meditationen um Stefan George. Sieben Essays*. Düsseldorf u. München: Helmut Küpper, 1965. S. 233–68.

[Vergleich von Bildern des Unterganges, wie Kassandra vor brennendem Troja; Georges "Der Brand des Tempels" u. Kafkas "Ein altes Blatt" – gleiches Thema.]

Lehnert, Herbert: "Tonio Kröger and Georg Bendemann: Artistic Alienation from Bourgeois Society in Kafka's Writings." In: *Perspectives and Personalities. Studies in Modern German Literature, Honoring Claude Hill*. Ed. Ralph Ley [u. a.] Heidelberg: Winter, 1978. S. 222–37.

[Tonio Krögers Gegensatz Künstler-Bürger auch bei Kafka da, der Werk kannte. Führt bei Kafka zu Freiheit u. Angst. Georg zuerst glücklich u. integriert; russ. Freund: Kunst u. Entfremdung. Urteil: Entscheidung gegen Glück u. Integration. Entfremdung häufig in Kafkas Werken. Humor bleibt.]

*Leibfried, Erwin: *Kritische Wissenschaft vom Text. Manipulation, Reflexion, transparente Poetologie*. Stuttgart: 1970.

[S. 147–50: Beispiel einer Analyse: die Kafkadeutung Kurt Weinbergs.
S. 188–91: Manipulation der Interpreten (zu Politzers "Gibs auf!"-Interpretation).
S. 337–42: Autoradäquation und Textadäquation am Beispiel von "Schakale und Araber".]

– "Analyse eines kurzen Kafkaschen Texts." In: *GRM* 25 (1975) S. 468–73.

[Vom Lesen ausgehende Analyse nach Gaugers Methode; Resultat: Erfassung des Historisch-Einmaligen ist gleichzeitig Prozeß der Theoriebildung.]
Engl. Zusammenf. in: *1975 MLA Abstracts* Vol. 2 (1977) S. 94, u.
in: *TCL* 22 (1976) S. 483.

– "Kafkas Erzählung 'Der Aufbruch' und die Theorie der Geschichte." In: *Neophilologus* 61 (1977) S. 258–64.

[Unzweifelhaftes auf objektive Weise aus dem Text hervorgeholt: Herr-Dienerverhältnis, eigene Arbeit, Trompete, Ziel u. Reise, weder subjektive Erfahrung des Lesers noch Kafkas zugezogen. Reise – Lebensreise. Deskriptiv Gewonnenes dann entweder anthropologisch (Störung) oder geschichtstheoretisch gedeutet (Aufbau einer besseren Welt, Leistung).]

Leiter, Louis H.: "A Problem in Analysis: Franz Kafka's 'A Country Doctor'." In: *Journal of Aesthetics and Art Criticism* 16 (1958) S. 337—47.

[Nur "multiple" Analyse wird der symbolischen Dichte von Kafkas Werken gerecht. a) Philosophisch: Versagen als existenzialistischer Held; b) Freud: Versuch der Verantwortung zu entgehen (Kastration als Strafe); c) Jüdisch-christliche Symbolik. Form entspricht Inhalt.]
Engl. Zusammenf. in: *TCL* 4 (1958) S. 173, u.
in: *TCLB* S. 2096.

*Lenz, H.: "Den store forsoningsdag." In: *Perspektiv* 11 (1963/64) Nr. 8. S. 28—39.

*Lenz, Hans Georg: "Utopi og negativitet hos Franz Kafka: Et foredrag." In: *Studenterkredsen* 36 (1968—69) S. 1—9.

Leon, R. St.: "Religious motives in Kafka's 'Der Prozeß'. Some textual notes." In: *AUMLA* 19 (1963) S. 21—38.

["Prozeß"-Motive u. biblisch-talmudische Überlieferung: Läuten der Glocke u. K.s Erwachen — Ruf zur Reue; K.s persönliche Verantwortung — Ruf geht von ihm selbst aus. Die "zehn Tage der Buße" bis zum ersten Verhör; der Gott des Zornes u. der Gott der Liebe; Hiob u. Josef K. (Fleisch u. Geist — Dichotomie); Demut wäre wichtig für Rettung. K.s Hinrichtung als Strafe für seine sinnliche Natur.]

Leonhardt, R. W., and F. M. Kuna: "Franz Kafka." In: *Cassell's Encyclopaedia of World Literature*. Vol. 2. New York: William Morrow, 1973. S. 768—69. — Auch London: Cassell, 1973.

[Einführende Bemerkungen.]

Leopold, Keith: "Franz Kafka's Stories in the First Person." In: *AUMLA* 11 (1959) S. 56—62.

[Große Mehrheit der Erz. sind Ich-Erz. Erzählendes Ich u. erlebendes Ich: identisch. Unmittelbarkeit des Eindrucks, Vorliebe für Präsens. Viele Erz. eher Berichte.]
Engl. Zusammenf. in: *TCL* 6 (1960) S. 45, u.
in: *TCLB* S. 2072.

— "Breaks in Perspective in Franz Kafka's 'Der Prozeß'." In: *GQ* 36 (1963) S. 31—38.

[Kap.-Anfänge aus Zeitmangel auktorial erzählt. Änderung der Perspektive, vielleicht um Stelle hervorzuheben.]
Engl. Zusammenf. in: *TCLB* S. 2101.

Lerner, Max: "The Human Voyage." In: Flores, *The Kafka Problem* (s. Sammelbde.) S. 38—46.

[Religiöses in Kafkas Werken: Lebenssinn? Empirisches u. Rationales enttäuschen. Verschiedene Ebenen verknüpft.]

Leroy, Gaylord C.: *Marxism and Modern Literature.* New York: American Institute for Marxist Studies, 1967.

[S. 23–25: Modernism: War Kafka Realist oder Modernist? Er war Opfer kapitalistischer Verfremdung (Lukács, Zatonskij) – Garaudy u. Fischer sehen ihn positiver.]

Leroy, Gaylord, and Ursula Beitz: "The Marxist Approach to Modernism." In: *JML* 3 (1974) S. 1158–74.

[S. 1170–71: In Kafkas Welt ist Mensch unfrei, hat sich der Verfremdung ergeben. Kafka sah (nach B. Sučkovs Meinung) Kapitalismus als Brutstätte der Unmenschlichkeit.]

Lesser, Simon O.: "The Source of Guilt and the Sense of Guilt – Kafka's 'The Trial'." In: *Modern Fiction Studies* 8 (1962) Franz Kafka Number. S. 44–60.

[K.s Ego wird vom Superego zerstört; Ödipuskomplex; K.s Wunsch, sich der Autorität zu unterwerfen.]
Auch in: *Psychoanalysis and Literature.* Ed. Hendrik M. Ruitenbeek. New York: E. P. Dutton, 1964. (D 154 – A Dutton Paperback) S. 187–206.
Auch in: *The Whispered Meanings: Selected Essays.* Ed. Robert Sprich and Richard W. Noland. Univ. of Massachusetts Pr., 1977. S. 68–85.
Engl. Zusammenf. in: *TCLB* S. 2101–02.
*In holländischer Übers. u. d. T.: "Schuldgevoel en de oorsprong van schuld." In: H. M. Ruitenbeek: *Psychoanalyse en literatuur.* 1969.
In span. Übers. u. d. T.: "La fuente de la culpa y el sentimiento de culpa." In: H. M. Ruitenbeek: *Psicoanálisis y literatura.* México City: 1972. S. 271–98.
*Auch in: *La Gaceta* (Fondo de Cultura Económica, México) (Okt. 1972) Nr. 22.

– "Reflections on Pinter's 'The Birthday Party'." In: *Contemporary Literature* 13 (1972) S. 34–43.

[Kafka u. Pinter; Berührungspunkte zwischen "Prozeß" u. "Birthday Party".]
Auch in: *The Whispered Meanings: Selected Essays.* Ed. Robert Sprich and Richard W. Noland. Univ. of Massachusetts Pr., 1977. S. 203–11.

Lettau, Reinhard: "Nachwort." In: Franz Kafka: *Die Aeroplane in Brescia und andere Texte.* Frankfurt/M.: S. Fischer, 1977. S. 135–43.

[Leseerfahrung von Kafkas Werken: u. a. Verhältnis Leser-Icherzähler an Texten aus Tagebuch ("Kaldabahn"), Erzähler als Rollensprecher; Gesten u. direkte Rede; Schreiben als "Sehen"; riskantes "diszipliniertes" Schreiben als Erprobung des Materials.]

*– "Die Entdeckung des Lachens als Schande: Erzählmodelle Kafkas." In: *Akzente* 26 (1979) S. 31–48.

Levi, Djak [Yitskhok]: "Two Prague Writers (Max Brod – 50 years old; Franz Kafka – 10 years after his death)." In: Evelyn Torton Beck: Kafka and the Yiddish Theater. (s. Diss.) S. 261–65.

[Erschienen 1934 u. d. T.: "Tsvey Prager Dikhter" (in "Literarische Bleter" 34). Übers. aus dem Jiddischen v. E. T. Beck. Löwy (Levi) schreibt über seine Freundschaft mit Kafka, mit dem er jahrelang im Kontakt blieb. E. T. Beck ist sicher, daß Löwy Brod u. Kafka z. T. verwechselt.]
Auch u. d. T.: "An Article by Levi on Brod and Kafka." In: Evelyn Torton Beck: *Kafka and the Yiddish Theater* (s. Bücher) S. 220–23.

Levi, Mijal: *Kafka and Anarchism.* Translated from the Spanish. New York: Revisionist Pr., 1972. [II+] 11 S.

[Kafka hatte Verbindung mit anarchistischen Kreisen, nahm an Demonstrationen teil; seine politische Meinung näherte sich dem Anarchismus, er nahm gegen Obrigkeit Stellung, z. B. im "Prozeß" gegen absurde bürokratische Hierarchie u. im "Schloß" gegen Macht des Staates. "Strafkolonie" ist Protest gegen brutale Gewalt u. Willkür (Hauptfigur: Maschine).]
*In hebr. Übers. in: *Baaiot Benleumiot* (1967) Nr. 1/2. S. 34—40.

Levi, P. Margot: "K., an Exploration of the Names of Kafka's Central Characters." In: *Names* 14 (1966) S. 1—10.

[Vorliebe für Tiere (z. B. Josefine) u. Tiernamen (Roßmann, Gracchus). Durch Vertauschung von Buchstaben Verschleierung des Namens "Kafka" (z. B. Samsa). Hauptfigur aller Werke: Franz Kafka. Kaiser Franz-Josef: enge Verbindung der 2 Namen.]
Engl. Zusammenf. in: *TCLB* S. 2072.

*Levi, Shlomo: ["Gespräche mit Kafka."] In: *Hapoel Hatsair* 51 (1958) Nr. 1. S. 18.

[Hebr.; aus "Bibliografia b'Ivrit". — Über G. Janouchs Buch.]

— ["Bemerkungen"] In: *Hapoel Hatsair* 52 (1959) Nr. 42. S. 20.
[Hebr.; aus "Bibliografia b'Ivrit". — Über Felix Weltschs Buch "Religion und Humor in Leben und Werk Franz Kafkas.]

Levin, Harry: *Refractions. Essays in Comparative Literature.* New York: Oxford Univ. Pr., 1966. S. 313—15.

[Kafkas Helden: schlafwandelnde Masochisten, von Vätern u. Vorgesetzten beherrscht.]

Levinas, Emmanuel: "Maurice Blanchot et le regard du poète." In: *Monde Nouveau* 11 (1956) Nr. 98. S. 6—19.

[Besprechung von Blanchots "L'Espace Littéraire" (1955), worin er u. a. auch Kafka interpretiert. S. 11: Die unpersönliche, poetische Sprache (z. B. als Kafka "ich" durch "er" ersetzte) gibt die Stille wieder, die auf das Verschwinden der Götter in unserer Zeit folgte.]

Levine, David: *Pens and Needles. Literary Caricatures.* Selected and Introduced by John Updike. Boston: Gambit, 1969.

[S. 77: Karikaturzeichnung von Kafka (1969).]

*Levine, Robert T.: "The Familiar Friend: A Freudian Approach to Kafka's 'The Judgment'." In: *Lingua Posnaniensis: Czasopismo posmie* 27 (1977) S. 164—73.

Levinsky, Ruth: "In Search of Kafka — Summer 1970." In: Zyla, *Franz Kafka: His Place in World Literature* (s. Sammelbde.) S. 157—64.

[Bericht über Gespräche mit Kafkas Nichte, Marianne Steiner, u. Eduard Goldstücker. Besuch in Prag gibt Eindruck, daß Kafka auch die dortigen Juden vereint. Besuch bei Vera Saudková, Kafkas 2. Nichte.]

Le Vot, André: "Kafka Reconstructed, ou 'le fantastique' de John Hawkes." In: *Recherches anglaises et américaines* 6 (1973) S. 127–41.

[Ähnlichkeiten im Gebrauch des Erzählers; "Prozeß" ein klassisch fantastischer Roman (Todoroff), während Hawkes eher der "Schloß"-Technik folgt.]

Lewis, Cecil Day: "Forward from Liberalism." In: Jakob, *Das Kafka-Bild in England* 1 (s. Sammelbde.) S. 225.

[Abdruck v. S. 13 aus C. D. L.: "Revolution in Writing." (London, 1935). Rilke, Kafka, Proust, Joyce: Innere Konflikte dargestellt.]

— "Writing Allegories To-Day." In: Jakob, *Das Kafka-Bild in England* 1 (s. Sammelbde.) S. 226–27.

[Abdruck aus "A Letter from London" in "The Masses" (New York, 1938). Viele Romanciers leiden an der zu engen Erziehung u. Bindung an ihre Klasse; dadurch kamen kommunistische Schriftsteller wie Warner u. Upward zur Allegorie.]

*"**Lewis, Hanna B.**: "Kafka's 'Elf Söhne': A Further Discussion." In: *Orbis Litterarum* 35 (1980) S. 274–78.

***Lezama Lima, José (u. a.)**: *Cinco miradas sobre Cortázar.* Buenos Aires: 1968.

*—*Tratados en La Habana.* Santiago de Chile: Orbe, 1970.

[S. 65–68 über Kafka.]

***Liberman, Arnoldo**: "Vicisitudes sobre la cuestión kafkiana." In: *Nueva Estafeta* 21/22 (1980) S. 67–75.

Lichniak, Zygmunt: "Listy urzędnika z Zakładu Ubezpieczeń." In: *Kierunki* 3 (1958) S. 5.

[(Amtsbriefe aus der Versicherungsanstalt): Kafkas Briefe an die Versicherungsanstalt über seine Arbeit zeigen seine Persönlichkeit.]

Lichtenbaum, Josef: "Franz Kafka." In: *Mesapre ha-olam.* [Bd. 2:] *Mi Stevenson ad Sholokhov.* Jerusalem: Akhiasaf, 1958. S. 282–88.

[Einführende Bemerkungen. In den Erz. Beobachtung u. psychoanalytisch-mystischer Symbolismus. Mehr Optimismus in "Amerika". Das Groteske bei Kafka vergleichbar mit Ch. Chaplin u. W. Disney.]

Lichtenstern, Anna: "Was Franz Kafka für die deutsche Nachkriegsliteratur voraussah. Eine Prager Erinnerung." In: Kurt Krolop: "Zu den Erinnerungen Anna Lichtensterns an Franz Kafka." In: *Acta Universitatis Carolinae – Philologica. Germanistica Pragensia* 5 (1968) S. 22–23.

[A. Lichtenstern u. Kafka wohnten im gleichen Haus. Scharfe Ablehnung der Kriegsliteratur (1918) als "verlogen u. falsch".]

Liehm, Antonin: "The Mosaic of Czech Culture in the late 1960s. The Inheritors of the Kafka-Hašek Dialectic." In: *Mosaic* 1 (1967/68) Nr. 3. S. 12–28.

[S. 18–19: Bedeutung Kafkas u. Hašeks für Blüte der tschech. Kultur in Sechzigerjahren. Sie beschrieben das absurde Ende der Habsburgermonarchie. – Übers. v. Joseph Cort.]

*– *Generace.* Wien-München-Zürich: Fritz Molden, 1958. In engl. Übers. aus dem Tschech. v. Peter Kussi u. d. T.: *The Politics of Culture.* New York: Grove Pr. [o. J.]

[S. 280–85: Gespräch zwischen Liehm u. E. Goldstücker über Kafka. Kafka drückte Phänomene des modernen Lebens parabolisch aus; weitere Gründe für Kafkas Ruhm: Verfremdung, Existentialismus. Ablehnung u. Anerkennung Kafkas in der ČSSR.]
In frz. Übers. v. Marcel Aymonin u. d. T.: *Trois générations. Entretiens sur le phéno-mène culturel tchécoslovaque.* [Paris:] Gallimard, 1970. [S. 207–14 über Kafka.]

– "Franz Kafka dix ans après." In: *Les Temps Modernes* 29 (1973) S. 2253–96.

[Forschungsbericht über Entwicklung der marxistischen Kafkarezeption nach Liblice-konferenz (1963), die durch Sartres Moskauer Rede angeregt worden war (1962). Gar-audy, Fischer, Karst u. a. empfahlen eine Erweiterung des Begriffes "sozialistischer Rea-lismus"; diese Richtung ist nicht durchgedrungen. S. 2262–82: Gespräch zwischen Liehm u. Karst über Kafkarezeption in kommunistischen Ländern. S. 2282–85: Ge-spräch zwischen Liehm u. Garaudy über "Realismus" u. Kommunismus. Goldstückers Kommentar auf offizielle Parteireaktion auf Liblicekonferenz bis 1968. Verteidigung Kafkas durch ital. Kommunisten Lombardo Radice.
Kafkas Werk ist heute wieder "nur" Literatur, nicht mehr "res politica." Aus dem Tschech. übers.]

– "Kafka and His Communist Critics." In: *Partisan Review* 42 (1975) S. 406–15.

[Unmittelbar nach Liblice-Konferenz nur sehr geringe Auswirkungen in kommunisti-schen Ländern. Erst die Artikel in "Sonntag" (A. Kurella) u. "Literární Noviny" erregten großes Aufsehen. Interview mit R. Karst, der die Kafka gegenüber toleranteren Staaten (Polen u. Ungarn) mit der eher kafkafeindlichen Einstellung in der Sowjetunion u. DDR vergleicht.]
Engl. Zusammenf. in: *TCL* 22 (1976) S. 370.

– "Franz Kafka in Eastern Europe." In: *Telos* (Spring 1975) S. 53–83.
[Über Liblice-Konferenz. Die Macht der Polizei.]

Lindsay, J. M.: "Kohlhaas and K. Two Men in Search of Justice." In: *GLL* 13 (1960) S. 190–94.

[Kohlhaas erkennt seine Schuld, Josef K. nicht, unterschiedliche Persönlichkeiten: Kohlhaas: außerordentlicher, K.: durchschnittlicher Mensch. Ähnlichkeiten u. a. in Suche nach Gericht.]
Engl. Zusammenf. in: *TCLB* S. 2102.

Linke, Lilo: [Rez. zu engl. Übers. v. "Amerika" (1938).] In: Jakob, *Das Kafka-Bild in England* 1 (s. Sammelbde.) S. 190.

[Abdruck aus "Amerika" in "Life and Letters To-Day" (Nov. 1938) S. 99–100. Fort-schritt im Gegensatz zu sinnlosem Kampf.]

*Linnér, Sven: *Pär Lagerkvists livstro.* Stockholm: Bonniers, 1961.

[Hinweise auf Kafka.]

*Lippe, J.: "En av Kafkas 'ufullendte' ('Amerika')." In: *Friheten* (19.6.1966).

Lippman, Bert: "Literature and Life." In: *Georgia Review* 25 (1971) S. 145–58.

[Geheimnis der Wirkung Kafkas noch ungelöst. Jugend der Siebzigerjahre liest nicht Kafka.]

Littlejohn, David: "The Anti-Realists." In: *Daedalus* 92 (1963) S. 250–64.

[S. 251 u. 256: Kafka u. a. Vorbild für schon 3. Generation antirealistischer Schriftsteller.]

Engl. Zusammenf. in: *Abstracts of English Studies* 11 (1968) S. 457.

Litvinoff, Emanuel: "Kafka – The Logical Nightmare." In: Jakob, *Das Kafka-Bild in England* 2 (s. Sammelbde.) S. 476–78.

[Abdruck des gleichnam. Artikels in "Spectator" (10.9.1954). Besprechung der engl. Übers. von "Brief an den Vater."]

Livermore, Ann Lapraik: "Kafka and Stendhal's 'De l'Amour'." In: *Revue de Littérature Comparée* 43 (1969) S. 173–218.

[Stendhals europäische Reiseerlebnisse in "De l'Amour"; direkte Quelle u. Hintergrund für Kafkas Romane. "Amerika" u. "L'amour aux États-Unis". Versuch, Ähnlichkeiten im Detail nachzuweisen. Frauen, Gesetzeswelt, Themen.]

Engl. Zusammenf. in: *TCLB* S. 2072.

Lobet, Marcel: "Kafka ou le 'spectateur chassé'." In: M. L.: *Ecrivains en aveu. Essai sur la confession littéraire.* Bruxelles: Éditions Brepols; Paris: Éditions Garnier Frères, 1962. S. 128–41.

[Literarische Beichte durch Kafkas Schuldgefühl im Werk; im Tagebuch nur Anspielungen. Gefühl für kollektives Böses, neue Ethik aufgestellt (Ungeduld). Negative Theologie. Liebe – Zölibat – Prophetisches.]

Lockemann, Fritz: "Franz Kafka." In: F. L.: *Gestalt und Wandlungen der deutschen Novelle.* München: Max Hueber; Carl Hanser, 1957. S. 357–63.

[Nähe zur romantischen Märchennovelle (Tieck). Menschen u. Gesetz (Strafe läßt Wahrheit erkennen).]

Engl. Zusammenf. von S. 359–61 in: Corngold, *The Commentators' Despair* (s. Sammelbde.) S. 159.

Loeb, Ernst: "Bedeutungswandel der Metamorphose bei Franz Kafka und E.T.A. Hoffmann: Ein Vergleich." In: *GQ* 35 (1962) S. 47–59.

[Zaches findet Erfüllung in seiner Verwandlung, bleibt tierisch. Gregor Samsa ist Mensch u. Tier.]

Engl. Zusammenf. in: Corngold, *The Commentators' Despair* (s. Sammelbde.) S. 159–61, u.

in: *TCLB* S. 2111–12.

*Loeblowitz-Lennard, Henry: "Some Leitmotifs in Franz Kafka's Works Psychoanalytically Explored." In: *University of Kansas City Review* 13 (1964) Nr. 2. S. 115–18.

Loewen, Harry: "Human Involvement in Turgenev's and Kafka's Country Doctors." In: *Germano-Slavica* (1974) Nr. 3. S. 47–54.

[Kafkas Landarzt ist ohne Liebe u. Engagement, er verrät Rosa u. Patienten, der ihm nicht vertraut. Im Gegensatz dazu ist Turgenews Erz. eine Liebesgeschichte. – S. 2: Zusammenf.]
Engl. Zusammenf. in: *1974 MLA Abstracts* Vol. 2 (1976) S. 100–01.

*– "Solzhenitsyn's Kafkaesque Narrative Art in 'The Gulag Archipelago'." In: *Germano-Slavica* 3 (1979) Nr. 1. S. 5–15.

Loewenson, Erwin: *Der Weg zum Menschen. Philosophische Fragmente.* Ausgewählt von Carl Frankenstein. Hildesheim: August Lax, 1970.

[S. 14–68: Aus den Vorlesungen über Franz Kafka (1943): Kafka war sich ständiger Gefahr eines Verlustes von allem Erreichten bewußt. Grundabsicht seines Werkes: aufzuwecken.
Zur Deutung Kafkas (S. 26–43): Prinzip der indirekten Mitteilung. Romane, Erz. u. Parabeln sind Schicksalsbilder eines Subjekts; gemeinsamer Grundinhalt in den Erz.; Nebenpersonen als Teile der Hauptfigur auffaßbar.
Ein Landarzt (S. 43–68): Existenzkrise ruft ihn mit der Nachtglocke hinaus. Wunde: psychisches Trauma des Arztes; ärztliches Versagen deutet auf menschliche Beziehungslosigkeit. Kafkas kritische Einstellung zur Psychoanalyse. Landarzt: zielloser Mensch von heute.]

– "Vortragsabend Ludwig Hardt." In: Born, *Franz Kafka. Kritik und Rezeption* (s. Sammelbde.) S. 137.

[Zuerst in "Berliner Tageblatt" (8.2.1924); Hardt las "Bericht für eine Akademie", Kafka konnte krankheitshalber nicht anwesend sein, sandte Dora. S. 137–38: Kommentar der Hrsg. des Bd. über die von Hardt bis 1924 vorgetragenen Dichtungen Kafkas.]

Loewenstein, Eugen: "'Die Verwandlung'. Ein Buch von Franz Kafka (Kurt Wolff Verlag, Leipzig)." In: Born, *Franz Kafka. Kritik und Rezeption* (s. Sammelbde.) S. 64–68.

[Zuerst in "Prager Tagblatt" (9.4.1916). Erster Versuch einer psychologischen Interpretation, kannte Kafka seit 1914, weist auf Vaterproblem seiner Dichtung hin. Erkennt großes Talent.]

Löffel, Hartmut: "Das Raumerlebnis bei Kafka und Eichendorff. Untersuchungen an Eichendorffs 'Taugenichts' und Kafkas 'Amerika'." In: *Aurora. Jahrbuch der Eichendorff-Gesellschaft* 35 (1975) S. 78–98.

[Generelle Ähnlichkeiten, Helden als Perspektivfiguren mit naivem, verzerrtem Weltbild. Raumerlebnis (Treppen u. Räume) bei Eichendorff: Milieu u. Seelenstimmung; bei Kafka: (Karl) Hoffnungslosigkeit, projizierte Konstitution des Helden. Kafka u. Kants "Kritik der reinen Vernunft". Leser: fragt nach dem Ding an sich. S. 144: Engl. Zusammenf.]

Lombardo Radice, Lucio: *Gli accusati. Franz Kafka. Michaíl Bulgakov. Aleksandr Solženitsyn. Milan Kundera.* Bari: De Donato, 1972 (Dissensi 40).

[Kulturell-politische Auseinandersetzung mit den Ergebnissen der Liblicekonferenz über Kafka 1963, von marxistisch-liberaler Seite. Erweiterung der einseitigen marxistischen Einstellungen zu Kafka, komplexere Deutung, These u. Antithese in Kafkas Werk. Untersuchung von Themen, Motiven u. Institutionen in Kafkas Prosa; Prophetisches, Polivalenz, Unbewußtes; Dichter kann geschichtlich eingereiht werden, obwohl Geschichte nicht direkt auf Werk wirkt (z. B. "Prozeß" – eigene Existenzkrise, nicht Weltkrieg); verborgenes Gesetz, nur kleine Beamten sichtbar. Vollkommener, willkürlicher Gesetzesapparat. Kafka auf dem Weg zum Sozialismus (Tagebucheintragung, Pepiepisode in "Schloß"). Kafkas Helden streben noch, im Gegensatz zu denen Becketts. Garaudys Kafkabild; Kafkaheld ist nicht Symbol der menschlichen Lage, Ausnahmefall. Kafkas eigene Probleme, Künstler zwischen Einsamkeit u. Schuld, Vaterbeziehung. Für ihn war das menschliche Schicksal bis zuletzt unentschieden; der Zufall; Glaube an Unzerstörbares im Menschen, nicht Gott, – "coscienza laica", Dichter einer Laienethik, man muß das Risiko eingehen. S. 114–25: spezifische Auseinandersetzung mit Liblicekonferenz u. der ihr folgenden marxistischen Polemik. S. 125–31: Diskussion der Stellungnahmen von Garaudy u. Lukács zu Kafka; Radice ergreift für Kafka u. gegen Thomas Mann Partei. Optimistische Sicht Kafkas.]

***López Ruiz, J.**: "Un personaje de Kafka." In: *Papel literario El Nacional* (9.8.1956) S. 8.

***Lora Risco, Alejandro**: "César Vallejo frente a Rilke, Dalí y Kafka." In: *Revista Atenea* (Universidad de Concepción) 124 (1956) Nr. 367/368. S. 126.

Loreis, Hector-Jan: "De Wortels van de Nieuwe Roman." In: *Nieuw Vlaams Tijdschrift* 19 (1966) S. 379–408.

[(Die Wurzeln des "nouveau roman"): Joyce, Kafka u. Faulkner. Kafkas "reale" Welt u. Technik des "stream of consciousness". Bes. Einfluß Kafkas auf Robbe-Grillet; Kafka wollte keine Lösung; Geheimnisvolles u. Wirkliches in "Prozeß" u. "Schloß".]
Engl. Zusammenf. in: *Abstracts of English Studies* 11 (1968) S. 239–40.

Lorenzana, Salvator: "Leendo a Kafka." In: *Grial (Revista Galega de Cultura)* 31 (1971) S. 264–72.

[Kafkas Milieu, seine Berufung zum Schreiben, Lebens- u. Werkbesprechung.]

Lotze, Dieter P.: "Eine alltägliche Verwirrung? Zur Struktur und Interpretation von Kafkas 'Prozeß'." In: Caputo-Mayr, *Franz Kafka Symposium* S. 39–45.

[Vortrag Philadelphia 1974; Brodsche Editionstechnik u. Nachworte; Besprechung von Uyttersprots Neuanordnung der Kap. (1953). Tagebuchstellen können klären helfen. Endgültige Interpretation erst nach struktureller Sicherung möglich.]
Auch in engl. Übers. u. d. T.: "One Commentator's Despair: Notes on the Structure of Kafka's 'The Trial'." In: *JML* 6 (1977) Franz Kafka Special Issue. S. 389–97.

Loužil, Jaromir: "Dopisy Franze Kafky dělnické úrazové pojišt'ovně pro Čechy v Praze." In: *Sbornik Národniho Muzea v Praze (Acta Musei Nationalis Pragae).* Řada C – literárni historie (Series C – historia litterarum) 8 (1963) Nr. 2. S. 57–83.

[(Briefe Franz Kafkas an die Arbeiter-Unfall-Versicherungs-Anstalt für Böhmen in Prag): Einführung u. Anmerkungen zu 38 z. T. bisher unbekannten Schreiben Kafkas an seine Vorgesetzten mit ergänzendem amtlichen Material. Kafka war erfolgreicher u. angesehener Beamter. Korrespondenz gibt guten Einblick in Kafkas Krankheit. Tschech. geschriebene Briefe zeigen gute Beherrschung der Sprache. S. 83: Dt. Zusammenf.]

– "Ein unbekannter Zeitungsabdruck der Erzählung 'Josefine' von Franz Kafka." In: *ZfdPh* 86 (1967) S. 317–19.

[Die letzte Arbeit Kafkas, die zu seinen Lebzeiten gedruckt wurde ("Prager Presse", 20. Apr. 1924).]
Engl. Zusammenf. in: *TCL* 14 (1968) S. 54, u.
in: *TCLB* S. 2094.

Ludvik, Dušan: "Kafka u Jihoslovanů." In: Goldstücker, *Franz Kafka. Liblická Konference 1963* (s. Sammelbde.) S. 219–24.

[Kafkas Werke wurden schon vor 2. Weltkrieg im Original gelesen. Übers. nach dem Krieg, sogar in Sprachen der Minderheiten.]
In dt. Übers. v. Oskar Kosta u. d. T.: "Kafka bei den Jugoslawen." In: Goldstücker, *Franz Kafka aus Prager Sicht 1963* (s. Sammelbde.) S. 229–36.

Luft, Friedrich: *Stimme der Kritik. Berliner Theater seit 1945.* 3., neu bearb. u. erweiterte Aufl. Velber bei Hannover: Friedrich, 1965. (1. u. 2. Aufl. u. d. T.: *Berliner Theater 1945–1961*).

[Theaterkritiken. S. 145–47: Franz Kafka/Max Brod "Das Schloß". Schloßpark-Theater (15.5.1953): Aufführung hatte "Fluidum des Sensationellen"; Brods Bearbeitung ausgezeichnet; beste Inszenierung der Spielzeit.
S. 393–95: "Bericht für eine Akademie" und "Strafkolonie" nach Kafka. Akademie der Künste (28.9.62): Inszenierung von Willi Schmidt. Aufführung u. komischer Schreckenstext des "Bericht …" bewirkten Lachen u. Gänsehaut. Pantomimisch-tänzerische Einlagen in "Strafkolonie" zeigen "Pomp des schönen Schreckens."]

Lukács, Georg: *Wider den mißverstandenen Realismus.* Hamburg: Claassen, 1958.

[S. 23–47: Hinweise auf Kafka. S. 49–96: Franz Kafka oder Thomas Mann? – Kafka gehört zu den Avantgardisten der westlichen Literatur, dennoch wählt er kritisch die Details aus, die Wesentliches zeigen. Inhalt des Werkes: verzerrtes Abbild der Wirklichkeit, Welt als "Allegorie des transzendenten Nichts". Angst vor der verdinglichten kapitalistischen Wirklichkeit. Gegenpol zu Kafka in Thomas Mann.]
Auch in: *Die Gegenwartsbedeutung des kritischen Realismus.* In: *Georg Lukács' Werke.* Bd. 4. (Probleme des Realismus I.) Neuwied u. Berlin: Luchterhand, 1971. S. 457–603. (S. 500–50: Franz Kafka oder Thomas Mann?)
Teilabdruck v. S. 83–85 in: Franz Kafka: *In der Strafkolonie. Eine Geschichte aus dem Jahre 1914.* Berlin: Klaus Wagenbach, 1975. S. 91–92.
In engl. Übers. v. John u. Necke Mander in G. L.: *The Meaning of Contemporary Realism.* Second impression. London: Merlin Pr., 1969. (C 1962). Third impression 1972.
Auch in G. L.: *Realism in Our Time. Literature and the Class Struggle.* Preface by George Steiner. New York, Evanston: Harper & Row, 1964 (World Perspectives, Vol. 33).
– Dass. Harper & Row, 1971 (Harper Torchbooks, TB 1603). [S. 21–45: Hinweise auf Kafka. – S. 47–92: Franz Kafka or Thomas Mann?]
Teilabdruck in: *Perspectives in Contemporary Criticism. A Collection of Recent Essays by American, English, and European Literary Critics.* Ed. Sheldon Norman Grebstein. New York: Harper & Row, 1968. S. 202–19.

Teilabdruck u. d. T.: "The Ideology of Modernism." In: *20th Century Literary Criticism. A Reader*. Ed. David Lodge. London: Longman. 1972. S. 474–87.

*In frz. Übers. v. Maurice de Gandillac u. d. T.: *La signification présente du réalisme critique*. Paris: Gallimard, 1960.

*In ital. Übers. v. Renato Solmi u. d. T.: "Franz Kafka o Thomas Mann?" In G. L.: *Il significato attuale del realismo critico*. Torino: Giulio Einaudi, 1957. S. 53–98.
[Übers. aus noch ungedrucktem Ms. – Auch S. 47–50 über Kafka.]

In russ. Übers. u. d. T.: "Franc Kafka ili Tomas Man." In: *Sovremennost'* 21 (1971) Nr. 6. S. 549–56.

*In span. Übers. in: Paul L. Landsberg, Georg Lukács, D. S. Savage: *Kafka*. México City: 1961.

*Auch u. d. T.: "Franz Kafka o Thomas Mann." In: *El escarabajo de oro* (Buenos Aires) 3 (Okt./Nov. 1962) Nr. 40.

Luke, F. D.: "The Metamorphosis." In: Flores, *Franz Kafka Today* (s. Sammelbde.) S. 25–44.

[Abdruck des gleichnam. Artikels aus "MLR" 46 (1951) S. 232–45. Kindheits- u. Erwachsenenstufe, Strafphantasie u. primitives Vaterbild vereint. Humor durch "understatements" u. durch das Verhalten der Familie. Selbstschutz durch Ablehnung der Wirklichkeit?]
Engl. Zusammenf. in: Corngold, *The Commentators' Despair* (s. Sammelbde.) S. 162–66.
In span. Übers. u. d. T.: "'La Metamorfosis' de Franz Kafka." In: *Etcaetera* 6 (1957) Nr. 20. S. 165–82.

* **Luker, Maurice:** "Contest with 'The Castle'. A Study of Franz Kafka." In: *Perspectives in Religious Studies* 3 (Spring 1976) S. 66–81.

Engl. Zusammenf. in: *Index to Religious Periodical Literature* 12 (1977).

* **Lund, J. T.:** Franz Kafka og 'Prosessen'." In: *Morgenbladet* (15. 2. 1966).

* **Lundquist, A.:** "Marxistisk litteraturkritik." In: *Dagens Nyheter* (8. 6. 1970).

* **Luz, Zvi:** ["Zwischen Agnon und Kafka."] In: *Moznayim* 39 (1974) Nr. 1. S. 67–69.

[Hebr.; aus "Bibliografia b'Ivrit"; über Hillel Barzels Buch "Ben Agnon le-Kafka".]

Lynskey, Winifred (Ed.): *Reading Modern Fiction. 29 Stories with Study Aids.* Revised edition. New York: Charles Scribner, 1957.

[S. 318–20: "An Old Page" by Franz Kafka: Einführung; Abdruck der engl. Übers. S 320–22: Comment and Question: Kafka war Teil der existentiellen Bewegung, fühlte kosmisches Chaos.]

Lyons, Nathan: "Kafka and Poe — and Hope." In: *The Minnesota Review* 5 (1965) S. 158–68.

[Vergleich. Das Paradoxe, Ungesunde, Krankhafte. Bei Kafka hat der Mensch Verantwortungsgefühl. Humor, Verwirrung. Unterschiedliche Methoden. Nur indirekter Einfluß Poes.]
Engl. Zusammenf. in: *Abstracts of English Studies* 10 (1967) S. 622, u. in: *TCLB* S. 2072–73.

*Lyungerud, Ivar: "Franz Kafka." In: *Neun deutsche Erzähler.* Mit Anmerkungen hrsg. v. I. L. Lund: 1956. S. 56.

*M., B.: "Im Staatstheater Kassel. Kafka mit musique concrète." In: *Melos* 22 (1955) S. 222–23.

*M., Z.: "Wyrok bez odwołania." In: *Od Nowa* (1957) Nr. 11. S. 4.
[Poln. (Urteil ohne Berufung): Über Kafkas "Urteil".]

MacAndrew, M. Elizabeth: "A Splacknuck and a Dung-Beetle: Realism and Probability in Swift and Kafka." In: *College English* 31 (1970) S. 376–91.
[Vergleich zwischen Darstellung in "Gulliver's Travels" u. in der "Verwandlung". Realismus des Ausdrucks hilft uns, Unwahrscheinlichkeit der Phantasiewelt zu überwinden u. verborgene Wahrheit zu erkennen.]
Engl. Zusammenf. in: *Abstracts of English Studies* 13 (1970) S. 497–98, u. in: *TCLB* S. 2112.

MacNeice, Louis: *Varieties of Parable.* Cambridge Univ. Pr., 1965 (The Clark Lectures, 1963.)
[S. 132–41 über Kafka: Klaustrophobie typisch für Kafkas Werk; Thema: ein Jedermann des 20. Jh.; Ähnlichkeiten mit L. Carroll u. S. Beckett. Scholastik der Angst.]

MacQuarrie, John: "Existentialism and Literature." In: J. M.: *Existentialism.* Harmondsworth, England: Penguin Books, 1973. – (C 1972) (A Pelican Book.)
[Kafka vielleicht der größte existentialistische Schriftsteller. Im "Schloß" ontologisches Verlorensein.]

Madeheim, Helmuth: "Die Rolle des Fürsprechers bei Kafka." In: *DU* 15 (Aug. 1963) Nr. 3. S. 44–47.
[Fürsprecher von Kafka negativ gezeichnet.]

*Mádl, Antal: "Kafka und 'Kafkanien'." In: *Acta Litteraria Academiae Scientiarum Hungaricae* 21 (1979) S. 401–07.

*Madsen, P.: "Vennen Kafka [M. Brod: 'Franz Kafka.']" In: *Aktuch* (2.8.1969). S. 8.

*Maeda, Kazumi: ["Kafkas Einsamkeit. Interpretation von 'Verwandlung', 'Prozeß' und 'Schloß'."] In: *Keio-[Univ.] -Soritsu-Hyakunen-Hiyoshi-Ronbunshu* (1958).
[Jap.]

*Maeda, Keisaku: ["Franz Kafka."] In: *Gendai-Doitsu-Bungaku* (Yushindo Verl.) (1959).
[Jap.]

*Maeda, Shuzo: ["Ein Kafkabild."] In: *Uchiyama-Hakushi-Kanreki-Kinen-Ron-bunshu* (1957).
[Jap.]

*—["Ein Stammbaum der Gegenwartsliteratur. Kafka, Borchert und Jünger."]
In: *Professor Uchiyama-Koki-Kinen-Doitsu-Bungaku-Ronshu* (1966).
[Jap.]

*—["Über Kafkas 'Beschreibung eines Kampfes'."] In: *Osaka-Furitsu-[Univ.]-Dokufutsu-Bungaku* 6 (1972).
[Jap.]

Magen, Menaḥem M.: "Bein humanizem le-beḥirah. Im kri'at 'ha-Mishpat' le-Kafka ve 'Hadever' le-Kamu." In: *Moznayim* 26 (1967) S. 50–58.
[(Zwischen Humanismus und Wahl. Nach der Lektüre von Kafkas "Der Prozeß" und Camus' "Die Pest"): Keine Sicherheit in unserer Zeit; Schwierigkeit der freien Entscheidung. Kafkas Gestalten — steril in Geist u. Tat, passiv, denken zu viel, finden sich mit Schicksal ab. Werke von Camus u. Kafka zeigen Untergang der moralischen Existenz.]

Magill, C. P.: "'Im Dienste der Wahrheit.' Observations on some German prose fables." In: *English Goethe Society* (London) 43 (1972/73) S. 57–71.
[Hebel, Kafka u. Brecht: wahrheitssuchende Dichter (Anekdote, Fabel u. Parabel; Prosaminiaturen). S. 63–66: Kafkas kleine Fabeln.]

— *German Literature.* London, Oxford, New York: Oxford Univ. Pr., 1974.
[S. 150–52: Kafka; Suche nach Wahrheit, Freiheit u. Einsamkeit.]

Magill, Frank N.: *Cyclopedia of Literary Characters.* New York: Harper & Row, 1963.
[Beschreibung der Personen im "Schloß" (S. 154–55) u. im "Prozeß" (S. 1155–56).]

Magill, Frank N. (Ed.): *Masterpieces of World Literature in Digest Form.* New York, Evanston, and London: Harper & Row, 1969. (C 1968).
[S. 224–26: The Diaries of Kafka: 1910–1923. Einführende Bemerkungen u. Kommentar zu Tagebüchern.]
Auch u. d. T.: *Masterplots.* Revised Edition. 12 vols. Englewood Cliffs, N. J.: Salem Pr., 1976.
[Bd. 2. S. 820–22: The Castle; Bd. 3. S. 1491–93: The Diaries of Kafka, 1910–23. Bd. 11. S. 6687–91: The Trial. (Kommentare).]

— *1.300 Critical Evaluations of Selected Novels and Plays.* 4 Bde. Englewood Cliffs, N. J.: Salem Pr., 1978.
[Bd. 1. S. 301: The Castle: Zusammenf. u. Motivierung. Bd. 4. S. 2322–23: The Trial. (Kommentare).]

Magny, Claude-Edmonde: *Essai sur les limites de la littérature. Les sandales d'Empédocle.* Paris: Petite Bibliothèque Payot, 1963. Auch: 1968.

[S. 161–86: Kafka ou l'écriture objective de l'absurde: Neuer Mythos, mystische Macht lenkt Helden; Mensch für Tat, Absicht, Wunsch verantwortlich. Irrationale Welt in phantastischer Geschichte dargestellt, realistischer als realistischer Roman. Wirklichkeit u. Wahrheit sichtbar gemacht, Mystik ohne Gott.
S. 187–248: Procès en canonisation: Fragmente u. Werksgenese zeigen Kafkas Wunsch nach Objektivität im Kunstwerk, von subjektiven Impressionen zum Mythischen, Verdichtung des Materials (z. B. Biographisches in "Prozeß"). Romane: Elendsbilder unserer Welt; Diener des Gesetzes an Opfer gekettet, unfrei; obskure höchste Macht: Kaiser? Annahme der Schuld befreit.]
Teilabdruck von S. 239–41 u. d. T.: "Le pessimiste humble." In: Raboin, *Les critiques de notre temps et Kafka* (s. Sammelbde.) S. 25–27.
Teilabdruck in engl. Übers. v. Angel Flores u. d. T.: "The Objective Depiction of Absurdity." In: Flores, *The Kafka Problem* (s. Sammelbde.) S. 75–96.
Dass. auch in: *Quarterly Review of Literature* 20 (1976) Nr. 1–2. Special Issues Retrospective. S. 40–56.
Teilabdruck in ital. Übers. v. Leonella Prato Caruso u. d. T.: "Kafka o la scrittura oggettiva dell'assurdo." In: Pocar, *Introduzione a Kafka* (s. Sammelbde.) S. 58–75.

Magonet, Jonathan: "In Memoriam: The Nature Theatre of Oklahoma." In: *European Judaism* 8 (1974) Nr. 2. Franz Kafka. S. 34.
[Gedicht.]

* **Magris, Claudio:** *Il mito asburgico nella letteratura austriaca moderna.* Torino: Einaudi, 1963. In dt. Übers. u. d. T.: Der Habsburger Mythos in der österreichischen Literatur. Übers. v. Madeleine von Pásztory. Salzburg: Otto Müller, 1966.
[U. a. S. 176–77: Über das Prag Kafkas, Rilkes u. Werfels.
S. 183–84: Kafkas Werke als Ausdruck der Krise jener Zeit.]

— "Die Rezeption der deutschen Literatur nach 45 in Italien." In: Manfred Durzak: *Die deutsche Literatur der Gegenwart. Aspekte und Tendenzen.* Stuttgart: Kröner, 1971. S. 448–56.

* –*Lontano da dove. Joseph Roth e la tradizione ebraico-orientale.* Torino: 1971.
*In dt. Übers. u. d. T.: *Weit von wo.* Salzburg: 1974.

— "Voce del caos." In: Pocar, *Introduzione a Kafka* (s. Sammelbde.) S. 220–22.
[Abdruck aus gleichnam. Artikel in "Corriere della Sera" vom 2.4.1972. Verwandlung der alten Mythen bei Kafka. Er annotiert das Chaos; Schreiben u. Leben: eines.]

* –"Franz Kafka, la sua opera e il suo tempo." In: Franz Kafka: *Il Processo.* Milano: Mondadori, 1975.

* **Māhir, Muṣṭafā:** "Taqdīm." In: Franz Kafka: *Al-Qaṣr.* Übers. v. Muṣṭafā Māhir. al-Qāhirah [Kairo]: al-Dar al-Qamiyah, 1971.
[Arabisch. (Einführung): zur arabischen Ausgabe von "Das Schloß."]

Mahlendorf, Ursula R.: "Kafka's 'Josephine the Singer or the Mousefolk': Art at the Edge of Nothingness." In: *MAL* 11 (1978) Nr. 3/4. S. 199–242.

[Ödipaler Impuls auch Triebfeder dieser Erz., da Situation nie geklärt wurde. Utopisti-
scher Wunsch: bessere Erziehung der Kinder, um stärkeres Ich zu entwickeln.]

Mahoney, John L.: "Symbolism and Calvinism in the Novels of Kafka." In:
Renascence 15 (1963) S. 200—07.

[Calvinistische Tendenz in Kafkas Romanen. Sehnsucht nach höherer Ordnung. Schuld,
Gnade, u. Errettung von Gott her.]
Engl. Zusammenf. in: *TCL* 9 (1963) S. 164, u.
in: *TCLB* S. 2073.

*Mahony, Patrick: "'A Hunger Artist': Content and Form." In: *American
Imago* 35 (1978) S. 357—74.

Maier, Rudolf Nikolaus: "Dichter in dürftiger Zeit." In: *DU* 12 (1960) Nr. 3.
S. 52—60.

[Kafka – Schlüsselfigur der Moderne; chiffrierte Parabeln: moderne Welterfahrung.]

Majerová, Marie: "Zahajovací proslov." In: Goldstücker, *Franz Kafka. Liblická
Konference 1963* (s. Sammelbde.) S. 9.

[Kafka u. die Prager Kultur; seine Rückkehr nach Prag.]
In dt. Übers. v. Oskar Kosta u. d. T.: "Eröffnungsansprache." In: Goldstücker, *Franz
Kafka aus Prager Sicht 1963* (s. Sammelbde.) S. 9—10.

*Maki, Shôzô: ["Bedeutung der Frauen und Kinder in Kafkas Werken. Versuch
der Interpretation an 'In der Strafkolonie' und 'Ein Hungerkünstler'."] In:
Osaka-Gaigo-[Hochschule-Sprache-und-Kultur] 3 (1967).
[Jap.]

— *"Milena e no tegami* ni arawareta Kafuka no ningensei." In: Kakyo 2 (1965)
S. 55—65.
[Jap. (Kafkas Persönlichkeit in "Briefe an Milena".)]

Malaja Sovetskaja Ènciklopedija: [Bd.] 4. Tret'e Izdanie. Moskva: Gosudarst-
vennoe Naučnoe Izdatel'stvo "Bol'šaja Sovetskaja Ènciklopedija", 1959.
[Spalte 639—40 über Kafka.]

*Malaparte, Curzio: *Due anni di battibecco. 1953—1955.* Firenze: 1967.

Malin, Irving: "Looking at Roth's Kafka; or Some Hints about Comedy." In:
Studies in Short Fiction 14 (1977) S. 273—75.

[Roths "Looking at Kafka": Meisterwerk der Komödie; Kafka ist nicht imstande, "normal" zu sein.]

Mallac, Guy de: "La Tchécoslovaquie exhibe Kafka." In: *Le Monde. Courier
littéraire* (4.7.1964) Nr. 6055. S. 9.

[Kafka ist in seinem Geburtsland wieder in Gnaden. Brods erste Anwesenheit seit 1939.
Ausstellung in Wien wenig beachtet. Tschech. Nationalheld.]

– "Kafka in Russia." In: *Russian Review* 31 (1972) S. 64–73.

[Besprechung der Reaktion auf Leningrader Literatursymposium u. Liblice-Konferenz; Rehabilitierung Kafkas 1963/64, Publikationen über Kafka in Rußland; gegen religiöse westliche Auslegung. Seit 1964 Kafka von der russ. Literaturkritik nur mehr selten genannt.]

*– "Letter to the Editor: Postscript to 'Kafka in Russia'." In: *Russian Review* 31 (1972) Nr. 2. S. 212–13.

[Einige von Kafkas Originaltexten zirkulierten unter Leningrader Intellektuellen zu Beginn der Dreißigerjahre, 'Oberiu'-Gruppe u. a. Kafka könnte Kharms beeinflußt haben. – S. Milner-Gullands Antwort dazu u. Zurückweisung der These im Jan.-Heft von "Russian Review" 1973.]

Malmsheimer, Richard R.: "Kafka's 'Nature Theatre of Oklahoma'. The End of Karl Rossman's Journey to Maturity." In: *Modern Fiction Studies* 13 (1967– 68) S. 493–501.

[Bedeutung von "Amerika"? Karl, "der Verschollene", verlor Namen u. Freiheitswillen.] Engl. Zusammenf. in: *TCLB* S. 2086.

Mamoń, Bronisław: "Kafka na tle 'Dzienników'." In: *Tygodnik Powszechny* 12 (1958) Nr. 19. S. 4.

[Tagebücher: Spiegel von Kafkas Leben, Traum u. Wirklichkeit.]

– "Nadzieja wbrew nadziei. Zamek." In: *Tygodnik Powszechny* 12 (1958) Nr. 40.

[Über bestehende u. geplante Kafka-Übers., allg. Bemerkungen über Kafka.]

– "Przy drzwiach zamkniętych." In: *Tygodnik Powszechny* 13 (1959) Nr. 12. S. 4.

[Wirkliches Bild Kafkas erwächst aus Milenabriefen.]

Mandaus, Luděk: "Ein Flug um die Lampe herum." Dramatisiert von Luděk Mandaus nach Skizzen und Ideen von fremder Hand." In: *Literatur und Kritik* 1 (1966) Nr. 4. S. 1–44.

[Abdruck des aus 39 Szenen bestehenden Theaterstückes. Opernregisseur Mandaus aus Prag inszenierte das angeblich auf Texten Kafkas beruhende Stück 1922 mit jiddischen Schauspielern. Einladung zur Stellungnahme bezüglich Authentizität.]

Mann, Klaus: "Dank für die Kafka-Ausgabe." In: Politzer, *Franz Kafka* (s. Sammelbde.) S. 162.

[Abdruck aus "Die Sammlung" 2 (1935) Nr. 11. S. 664. Preis Kafkas u. Dank an Schocken-Verl.]

– "Preface to 'Amerika'." In: Hamalian, *Franz Kafka* (s. Sammelbde.) S. 133– 39.

[Abdruck aus Franz Kafka "Amerika" (New York: New Directions, C 1946). Kafkas Persönlichkeit; Brods Rolle; Dickens u. "Amerika"; Karl Roßmann u. die Schuldfrage.]

311

Auch u. d. T.: "Preface." In: Franz Kafka: *Amerika.* Translated by Willa and Edwin Muir. Twelfth Printing. New York: Schocken Books, 1974. (C 1954) S. VII–XVIII.

– "Franz Kafka." In: *Prüfungen. Schriften zur Literatur.* Hrsg. v. Martin Gregor-Dellin. München: Nymphenburger Verlagshandlung, 1968. S. 286–92.

[Distanz Kafkas zu anderen Dichtern seiner Zeit, Würdigung seiner Persönlichkeit, des Werkes; Selbstdisziplin, künstlerischer Ernst.]

Mann, Otto: *Deutsche Literaturgeschichte. Von der germanischen Dichtung bis zur Gegenwart.* Gütersloh: C. Bertelsmann, 1964.

[S. 545–47: Allg. Beurteilung Kafkas; sein Menschenbild.]

Mann, Thomas: "Dem Dichter zu Ehren. Franz Kafka und 'Das Schloß'." In: Th. M.: *Reden und Aufsätze 2. Gesammelte Werke*, Bd. 10. S. Fischer, 1960. S. 771–79.

[Erschien erstmals 1941 in engl. Sprache. "Schloß" – ein genialer Roman; Vergleich mit "Tonio Kröger". Kafka – religiöser Humorist. Diskrepanz zwischen Gott u. Mensch.]
Auch in: Th. M.: *Reden und Aufsätze 1.* S. Fischer, 1965, S. 401–09.
In engl. Übers. u. d. T.: "Homage." In: *Franz Kafka: The Castle.* Definitive Edition. Sixth Printing. New York: Alfred A. Knopf, 1964. S. IX–XVII.
Auch in: Franz Kafka: *The Castle.* Definitive Edition. New York: Vintage Books, 1974. S. IX–XVIII.
Dass. in: Franz Kafka: *The Castle.* Definitive Edition. New York: Schocken Books, 1974 (First Schocken Paperback Edition) S. IX–XVII.

– "L'atmosfera ironica." In: Pocar, *Introduzione a Kafka* (s. Sammelbde.) S. 132–33.

[Teilabdruck aus Th. M.: "Scritti minori" (Milano: Mondadori, 1958; Übers. v. Italo A. Chiusano).]

*– "Nad 'Zamkiem' Kafki." In: *Nowa Kultura* (1958).

[Über "Das Schloß".]

– *Einleitungen und Buchbesprechungen.* In: Th. M.: *Gesammelte Werke* in 12 Bänden. Bd. 10. S. Fischer, 1960.

[S. 678–85: Verjüngende Bücher: Wirkung von Kafkas Büchern auf Mann (S. 678). S. 771–79: Dem Dichter zu Ehren. Franz Kafka und "Das Schloß" (s. Artikel).]

Manzini, Gianna: "Lettera al padre di Kafka." In: *Ritratti e pretesti.* Milano: Il Saggiatore, 1960 (Biblioteca delle Silerchie 51). S. 79–88.

[Beim Wiederlesen fällt die vergiftete Liebe zum Vater auf. Erfolgreicher Vater, der alles mißbilligt.]

Marache, Maurice: "La métaphore dans l'oeuvre de Kafka." In: *EG* 19 (1964) S. 23–41.

[Stellungnahme zu Emrichs Kafkauntersuchung u. der Definition von Kafkas Bildersprache (jenseits von Symbol u. Allegorie) u. Korrektur einiger Thesen. Kafka weist auf die paradoxe Natur der modernen Dichtung hin ("Josefine ...").]

312

Teilabdrucke von S. 25—31 u. d. T.: "La Métaphore dans l'oeuvre de Kafka" u. von S. 38—41 u. d. T.: "Josefine et Odradek. Allégories de l'oeuvre poétique." In: Raboin, *Les critiques de notre temps et Kafka* (s. Sammelbde.) S. 141—50 u. 107—11.

— "Les Lettres à Felice." In: *EG* 24 (1969) S. 58—61.

[Alltägliches, Arbeit, Beschwerden, oft quälend; Wunsch nach Familie war echt in Kafka. Zusammenhang zwischen literarischer Inspiration u. Felice.]

— "La faute de l'homme moderne d'après Kafka." In: *Liberté et organisation dans le monde actuel.* Hrsg. v. J. De Bourbon-Busset. Centre d'Études de la Civilisation Contemporaine, Université de Nice. Paris: Desclée de Brouwer, 1969. S. 181—92.

[Kafkas Werk stellt moderne, existentielle Not des Menschen dar; Soziales nur am Rande. Gregor, Georg u. Josef K.: Vertreter der Menschheit (nicht Klasse), die Menschliches verloren. Schuld des modernen Menschen: Materialismus u. Nihilismus.]

*—"L'Image fonctionnelle dans 'Le Procès' de Kafka: Structuralisme et évolution des formes." In: *Annales de la Faculté des Lettres et Sciences Humaines de Nice.* Paris: Les Belles Lettres, 1969. S. 157—69.

Marcenac, Mathieu: "Préparatifs pour les noces d'Ariadne et de Franz Kafka. En italique: La présence de la Loi." In: *Europe* 49 (1971) Nr. 511—12. Kafka. S. 89—90.

[Poetischer, von Kafka inspirierter Text, der auf einem Gespräch zwischen dem Autor u. Jean-Noël Vuarnet beruht.]

Mareš, Michael: "Wie ich Franz Kafka kennenlernte." In: Klaus Wagenbach: *Franz Kafka.* 1958 (s. Bücher) S. 270—76.

[Tägliche Begegnung mit Kafka auf dem Weg zur Arbeit führte zur Bekanntschaft. Mareš lud ihn zu anarchistischen Vorträgen u. Treffen ein, machte ihn mit Hašek u. andern Künstlern bekannt ("Kabaret Balkan", etc.). Wiedergabe einer ironischen Parteiansprache Hašeks. Kafkas Lektüre u. seine Liebe zu Kindern.]
In frz. Übers. u. d. T.: "Comment j'ai connu Franz Kafka." In: Klaus Wagenbach: *Franz Kafka. Les années de jeunesse* (s. Bücher) S. 252—60.

Margetts, John: "Satzsyntaktisches Spiel mit der Sprache: Zu Franz Kafkas 'Auf der Galerie'." In: *Colloquia Germanica* (1970) S. 76—82.

[Nur zwei Sätze mit paralleler Struktur. Wunsch verhält sich zu Wirklichkeit, wie Schein zu Sein.]
Engl. Zusammenf. in: *TCL* 17 (1971) S. 132.

Margolis, Joseph: "Kafka vs. Eudaimonia and Duty." In: *Philosophy and Phenomenological Research* 19 (1958) S. 27—42.

[Kafkas "Verwandlung" übt Kritik an Platos Eudämonismus u. Kants Pflichtphilosophie. Samsa, der moderne Mensch, schwankt hilflos zwischen beiden; dennoch gewisse Verwandlung.]

Engl. Zusammenf. (über "Die Verwandlung") in: Corngold, *The Commentators' Despair* (s. Sammelbde.) S. 167–71, u.
in: *TCLB* S. 2112.

*Marion, D.: "La metamorfosis de Kafka." In: *Universidad de Antioquia* 32 (Jan.–Febr. 1955) S. 68–70.

*Markalous, B.: "Kafka o umělecké tvořivosti." In: *Volně Směry* 34. Nr. 268.

*Marson, E. L.: "Franz Kafka's 'Das Urteil'." In: *AUMLA* 16 (1961) S. 167–78.

[Kafka in verschiedenen Rollen, als Verlobter, als Sohn, als Schriftsteller. Vater als Autorität; Konflikt Vater-Sohn nur durch Tod lösbar.]

Marson, Eric, and Keith Leopold: "Kafka, Freud and 'Ein Landarzt'." In: *GQ* 37 (1964) S. 146–60.

[Kafkas negative Meinung über Psychoanalyse u. Traumdeutung. Freud ist der Landarzt, Pferde – neuentdeckte Psychoanalyse, Wunde des Knaben – seelische Krankheit.]
Engl. Zusammenf. in: *TCL* 10 (1964) S. 90, u.
in: *TCLB* S. 2097.

Marson, Eric: "Justice and the Obsessed Character in 'Michael Kohlhaas', 'Der Prozeß' and 'L'Étranger'." In: *Seminar* 2 (1966) S. 21–33.

[3 Helden mit eigener Gerechtigkeitsauffassung, die im Konflikt mit einer herrschenden steht. Kohlhaas: Beziehung zur Gemeinschaft; K. u. Meursault sind einsam. Kafkas Romanwelt ohne traditionelle Religion.]
Engl. Zusammenf. in: *TCLB* S. 2102.

– "Die 'Prozeß'-Ausgaben: Versuch eines textkritischen Vergleichs." In: *DVjs* 42 (1968) Sonderheft. S. 760–72.

[Textkritische Gegenüberstellung der "Prozeß"-Ausgaben von 1925, 1935 u. 1960. Kritik an Ausgabe von Killy (1960).]

Martin, John: "The Dance: Bold Try. – Theatre à la Sokolow – Notes and Programs." In: *The New York Times Theater Reviews 1920–1970.* Vol. 6. New York: New York Times & Arno Pr., 1971. – (17.3.1957. Section 2. S. 8.)

["Metamorphosis" in der Dramatisierung von Douglas Watson (Theatre de Lys, New York). Anerkennung der Choreographie von Anna Sokolow u. der expressionistischen Bühnentechnik. Vergleich mit Barraults Inszenierung von "Le Procès".]

Martin, Peter A.: "The Cockroach as an Identification; with Reference to Kafka's 'Metamorphosis'." In: *American Imago* 16 (1959) S. 65–71.

[Untersuchung von 2 Patienten, die sich mit Käfer identifizieren. Gefühle der Wertlosigkeit: von Eltern nicht geliebt.]
Engl. Zusammenf. in: Corngold, *The Commentators' Despair* (s. Sammelbde.) S. 172–73,
in: *TCL* 5 (1959) S. 105, u.
in: *TCLB* S. 2112.

Martin, W. B. J.: "Significant Modern Writers: Franz Kafka." In: *Expository Times* (Edinburgh) 71 (1960) S. 309—31.

[S. 309—11: über Kafkas Welt der Bürokratie u. der Phantasie. "Prozeß": religiöse Lösung in Domszene. Moderner Mensch kann die Gnade nicht mehr annehmen.]
Engl. Zusammenf. in: *TCLB* S. 2073.

*Martinez Estrada, Ezequiel: "Lo real y el realismo." In: *Cuadernos americanos* (México) 18 (Juli/Okt. 1958) Nr. 100. S. 258—64.

— *Muerte y transfiguración de Martin Fierro.* [Bd. 2.] México City, Buenos Aires: 1958.

— "Apocalipsis de Kafka." In: *Israel y América Latina* (Buenos Aires) 12 (März/ Apr. 1960) Nr. 98. S. 7—9.
Auch in: E. M. E.: *En torno a Kafka y otros ensayos.* Barcelona: Seix Barral, 1967. S. 37—41.

*—En torno a Kafka y otros ensayos. Barcelona: Seix Barral, 1967 (Biblioteca breve 260).

[S. 21—27: Intento de senalar los bordes del mundo de Kafka.
S. 29—35: Acepción literal de mito en Kafka.
S. 37—41: Apocalipsis de Kafka.]

Martini, Fritz: "Ein Manuskript Franz Kafkas: 'Der Dorfschullehrer'." In: *JDSG* 2 (1958) S. 266—300.

[Durch Erwerb obigen Ms. durch Schillergesellschaft kritischer Vergleich mit Druckfassungen möglich.
S. 266—71: Besprechung von Drucken u. Beschreibung des Ms.
S. 272—90: Wiedergabe des Ms.-Textes u. der Lesarten der Drucke. Zwischen S. 272 u. 273: 3 Ms.-S. produziert.
S. 291—300: Beschreibung u. Kommentar der Änderungen u. Abweichungen (Interpunktion, Normalisierung der Schreibung, Wortveränderungen, usw.).]

— "Franz Kafka 'Das Schloß'." In: *Das Wagnis der Sprache. Interpretationen deutscher Prosa von Nietzsche bis Benn.* 5. Aufl. Stuttgart: Ernst Klett, 1964. S. 287—335. — (2. Aufl. 1956.)

[Textauszug (S. 287—90), Interpretation (S. 291—335): Untersuchung von Kafkas Stil u. Sprache. Äußere Handlung geringfügig. Schauplatz wie Bühnenraum konstruiert: hebt Realitätswert der Wirklichkeit auf. Seine Bilder sind Übers. aus Traumleben. Erz. sind Selbstbegegnungen, jedes Wort unauswechselbar; Lakonismus. Kafka erzählt außerhalb der Zeit, aber immer in der Perspektive des Helden. Analyse der Szene mit dem Kutscher, als K. im Hof auf Klamm wartet. Kafkas Dialog: Mißverstehen u. Nichtverstehen.]
Teilabdruck von S. 291—93 u. 296 in frz. Übers. u. d. T.: "La prose de Kafka." In: Raboin, *Les critiques de notre temps et Kafka* (s. Sammelbde.) S. 138—41.

— *Deutsche Literaturgeschichte von den Anfängen bis zur Gegenwart.* 13. Aufl. Stuttgart: Kröner, 1965. — (8. Aufl. 1957.)

[S. 564—66: Hinweise.]

315

– "Nachwort." In: *Klassische Deutsche Dichtung*. Bd. 22: *Wegbereiter der modernen Prosa*. Hrsg. v. F. M. u. Walter Müller-Seidel. Freiburg-Basel-Wien: Herder, 1965. S. 589–650.

[S. 634–45 über Kafkas "Verwandlung" u. "Bau": Nur der frühe Kafka steht dem Expressionismus nahe. Undurchdringlichkeit u. Faszination liegt in Verknüpfung von Einfachem u. Wunderbar-Ungeheuerlichem. Käfer ist parabolische Chiffre; Spaltung in zwei Ich; Kreisen um das Gleiche.]

* **Marx Jacques:** "Les Harmoniques du 'terrier'." In: *EG* 31 (1976) S. 164–76.
Engl. Zusammenf. in: *TCL* 23 (1977) S. 277.

* **Masako, Sugitani:** "Franz Kafka und 'Die Verwandlung'." In: *Kairosu* 12 (1974) S. 33–46.
[Dt. Artikel.]

Masini, Ferruccio: "La dialettica esistenziale negli scritti extranarrativi di F. Kafka." In: *Aut Aut* 45 (1958) S. 116–37.

[Oktavhefte, Tagebücher zeigen Thematik existentieller Natur: Wahrheit u. Existenz; Einsamkeit – Auszeichnung u. Grund für Schuld, Erbsünde u. Ungeduld; Angst, Wahres nur negativ definierbar. Schreiben objektiviert Schmerz.]

Mason, H. A.: "The English Kafka." In: Jakob, *Das Kafka-Bild in England* 1 (s. Sammelbde.) S. 273–75.

[Abdruck des gleichnam. Artikels in "Scrutiny" 14 (Dez. 1946) Nr. 2. S. 156–58. Rez. von "The Cult of Power" (Warner), Beziehung zu Kafka.]

Massey, Irving: "An End to Innocence." In: *Queen's Quarterly* 72 (1965) S. 178–94.

[Bei Kafka keine Unschuld im allg. menschlichen Sinn.]
Zusammenf. in: *Abstracts of English Studies* 9 (1966) S. 239.
Verändert in: I. M.: *The Uncreating Word. Romanticism and the Object.* Bloomington & London: Indiana Univ. Pr., 1970. S. 66–86.

Mast, Günther: "Ein Beispiel moderner Erzählkunst in Mißdeutung und Erhellung." In: *Neue Sammlung* 2 (1962) S. 237–47.

[Zwei dichterische Bilder Kafkas für menschlich Erkennbares u. nur Fühlbares in "Auf der Galerie."]

Mátrai, László: "Lobogónk: Kafka?" In: *Kortárs* 7 (1963) S. 1561–70.

[Ung. (Unser Banner: Kafka?): Kafkas Traumbilder sind Bilder des Alptraums; antirealistisch, radikale Hoffnungslosigkeit. Trotz Anerkennen von Kafkas literarischer Größe, brauchen Marxisten andere Vorbilder.]

– "Kafka-vita a Magyar Irodalomtörténeti Társaság Modern Filológiai Szakosztálya 1963. dec. 16-án tartott ülésén: Vitaindító előadás a Kafka-vita jelenlegi állásáról." In: *Filológiai Közlöny* 11 (1965) S. 217–19.

[Ung. (Kafka-Diskussion während der am 16. Dez. 1963 abgehaltenen Sitzung der Sektion für moderne Philologie der Ungarischen literarhistorischen Gesellschaft: Einführender Diskussionsvortrag über die gegenwärtige Lage der Kafka-Diskussion): Kafka-Frage kann ohne philosophische Erwägungen nicht behandelt werden. Scharfe Gegensätze im sozialistischen Lager (Kritik an beiden Gruppen). Wertvolle Beiträge ung. Kafka-Forscher; positive Bemerkung über M. Walser, Kritik an Emrich. Kafka ist kein Realist, jedoch großer Schriftsteller.]

– "Die kulturhistorische Symptomatik des Verfalls der Österreichisch-ungarischen Monarchie." In: *Historisches Geschehen im Spiegel der Gegenwart. Österreich-Ungarn 1867–1967.* Hrsg. v. Institut für Österreichkunde. Wien: Ferdinand Hirt, 1970. S. 211–26.

[Hofmannsthal, Rilke u. Kafka waren modern im guten u. schlechten Sinn. In Kafka Zusammentreffen des Verfalls des Bürgertums mit literarischer Hauptlinie der Monarchie.]

* **Matsumoto, Yoshihisa**: ["Das Problem von Gesetz und Schuld bei Kafka."] In: *Keio-* [*Univ.-*] *Hiyoshi-Kiyo* (1967).
[Jap.]

*–["Der Zeitbegriff in Kafkas Werken."] In: *Keio-*[*Univ.-*] *Geibun-Kenkyu* 25 (1968).
[Jap.]

*–["Die Bildstruktur bei Kafka. Bedeutung der Verwandlung in Tiere."] In: *Tokai-*[*Univ.-*] *Kiyo* 12 (1969).
[Jap.]

Matt, Peter von: "Canetti über Kafka." In: *Schweizer Monatshefte* 48 (1969) S. 1134–36.
[Sein Kommentar zwingt Leser, sich der Lektüre der Felicebriefe voll hinzugeben. Selbstfindung Kafkas: ein "Machtexperte".]

Matuszewski, Ryszard: "Bruno Schulz (1892–1942)." In: *Contemporary Polish Writers.* Warsaw: Polonia Publishing House, 1959. S. 193–202.
[Ähnlichkeiten im Leben von Schulz u. Kafka. Werke sehr verschieden, aber Anregung aus gleicher Seelenverfassung.]

Mauriac, Claude: "Des lettres d'amour signées Kafka." In: *Preuves* (Nov. 1956) Nr. 69. S. 72–75.
[Anlaß: Erscheinen der Milenabriefe (übers. v. Vialatte) bei Gallimard. Briefliebe, Angst vor physischer Nähe der Geliebten. Schmerz über jüdisches Schicksal im Westen. Er fühlt sich schuldig u. fremd.]

– "Franz Kafka." In: C. M.: *L'Alittérature contemporaine. Artaud-Bataille-Beckett-Kafka-Leiris-Michaux-Miller-Robbe-Grillet-Nathalie Sarraute, etc.* Paris: Editions Albin Michel, 1958. S. 13–32.

[Kafka repräsentiert unsere Zeit. Biographische Skizze. Literatur als Heilmittel. Angst, Selbstquälerei, Frauenbeziehung, Vater, Schuldgefühl, sexuelle Probleme, Kierkegaard.] In engl. Übers. v. Samuel I. Stone u. d. T.: "Franz Kafka." In: *The New Literature*. New York: George Braziller, 1959. S. 15–34.

*–"Franz Kafka et le halo de la profonde vérité." In: *Le Figaro* (13.10.1965).

May, Keith M.: *Out of the Maelstrom. Psychology and the Novel in the Twentieth Century*. New York: St. Martin's Pr., 1977.

[S. 14–16 über Kafka.]

Mayer, Hans: "Kafka und kein Ende? (Zur heutigen Lage der Kafka-Forschung.)" In: *Kwartalnik neofilologiczny* 9 (1962) S. 127–45.

[Vortrag in Paris 1960. Zaudern, Sowohl-Alsauch Einstellung ist typisch für Kafka. Forschungsbericht. Kafka-Bild Brods überholt. Situationsgebundenheit Kafkas in seiner Umwelt wäre zu untersuchen. Vergleich mit Proust.]
Auch in: H. M.: *Ansichten. Zur Literatur der Zeit*. 9.–11. Tausend. Reinbek bei Hamburg: Rowohlt, 1964. (Rowohlt Paperback). S. 54–70. – (C 1962.)
Frz. Teilabdruck von S. 64–67 u. d. T.: "La dernière volonté de l'écrivain. In: Raboin, *Les critiques de notre temps et Kafka* (s. Sammelbde.) S. 43–45.

– "Kafka oder 'zum letzten Mal Psychologie'." In: H. M.: *Zur deutschen Literatur der Zeit. Zusammenhänge. Schriftsteller. Bücher*. Reinbek bei Hamburg: Rowohlt, 1967. S. 270–75.

[Kritik löste sich von psychologischer Betrachtung seiner Werke. Kafka u. die Expressionisten. Eine "Erzählkunst der Verfremdung eher als der Einfühlung", bloß Verhalten der Figuren als Reflexion u. Aktion gezeigt (Thomas Mann einfühlend u. psychologisch). Kafka-Ausstellung 1966 in Berlin: Kafka – an der Grenze zur akausalen Welt. Lukács' Meinung.]
In span. Übers. u. d. T.: "Franz Kafka o Fin de la psicología." In: H. M.: *La literatura alemana desde Thomas Mann*. Madrid: 1970. S. 27–36.

– "Ein Gespräch zwischen François Bondy und Hans Mayer." In: *Literatur und Kommunismus*. s. Bondy.

– "Walter Benjamin und Franz Kafka. Bericht über eine Konstellation." In: *Literatur und Kritik* 14 (1979) S. 579–97.

[Essay von 1934 u. Gegenentwurf in Briefform von 1938. – Benjamins Auseinandersetzung mit Kafka von 1925 an über die Pariser Zeit (Kafka-Brechtverbindung gesucht). Kafka als Identifikationsgestalt für ihn im Exil. G. Scholems Reflexionen; Reaktionen von Werner Kraft. Neue Theorie vom Kunstwerk. Versuch, "mystische Erfahrung und materialistisch-dialektische Geschichtsbetrachtung" zu vereinen.]

Mayer, Sigrid: "Wörtlichkeit und Bild in Kafkas 'Heimkehr'." In: *Germanic Notes* 7 (1976) S. 6–9.

[Freudsche Analyse der ambivalenten Begriffe "heimlich-unheimlich". Wort als Assoziationsursache des Bildes.]

Mayo, Bruce: "Interpreting Kafka's Hidden Laughter." In: *GR* 53 (1978) S. 166–73.

[Werkimmanente Interpretation gibt meist keine Antwort auf Kafkas paradoxe Rätsel. Kafkas Leser muß die Probleme durchschauen u. tiefe Ironie dahinter erblicken, die erstere als Verzerrungen zeigt. Im Dialekt wäre Kafkas Humor leichter zugänglich gewesen. ("Prozeß", "Auf der Galerie", etc.)]

Mayrhofer, Reinhard: "Verwandlung und Wandlung. Zu den Erzählungen 'Gerichtet! Gerettet!' von Hans Kaltneker und 'Die Verwandlung' von Franz Kafka." In: *Peripherie und Zentrum. Studien zur österreichischen Literatur.* Festschrift für Adalbert Schmidt. Hrsg. v. Gerlinde Weiss u. Klaus Zelewitz. Salzburg, Stuttgart, Zürich: Das Bergland-Buch, 1971. S. 165–76.

[Einfluß Kafkas nicht auszuschließen, ähnlich in Problemstellung, Thema u. Aufbau. Einbruch eines Unbekannten in normales Leben. Reaktion der Umwelt, Erotisches, Würde, Strafe, Schuldfrage. Unterschied: differenzierte Sprache u. Wandlung des Helden bei Kaltneker.]

Mays, James: "Pons Asinorum: Form and Value in Beckett's Writing, with Some Comments on Kafka and De Sade." In: *Irish University Review* 4 (1974) Nr. 2. S. 268–82.

[Bes. S. 272–77: Becketts Kafkaverständnis; Diskrepanz zwischen Form u. Inhalt, Kafkas strenge innere Form in vielen Werken u. Verhältnis zu Desintegrationsthema.]

Mazars, Pierre: "La fin du 'Château' perdue et retrouvée." In: *Figaro Littéraire* (1963) Nr. 915. S. 1.

[Kritik an Brodscher Editionsweise. Auslassung von Material des "Schloß"-Romans in dt. u. frz. Ausgaben (1935 u. 1937). Später hinzugefügte Teile verändern Gesamtbild.]

Mazzucchetti, Lavinia: "Franz Kafka e il Novecentismo." In: L. M.: *Novecento in Germania.* Milano: Mondadori, 1959. S. 188–92.

[Abdruck eines Artikels (1927). Kafka nach dem Erscheinen von "Der Prozeß" als Vertreter der dt. Novecentisti bezeichnet. Neue Wirklichkeitsauffassung.]

McDaniel, Thomas Robb: "Two Faces of Bureaucracy. A Study of the Bureaucratic Phenomenon in the Thought of Max Weber and Franz Kafka." In: *DA* 32 (1971) S. 707A.

[Zusammenf.: Bürokratie in der Gedankenwelt Max Webers u. Kafkas. Webers Analyse der bürokratischen Struktur, seine Methodologie, Kafkas Analyse der Bürokratie u. ihr schlechtes Funktionieren. Der Mensch in der Gesellschaft.]

— "Weber and Kafka on Bureaucracy. A Question of Perspective." In: *South Atlantic Quarterly* 78 (1979) S. 361–75.

[Interesse an Bürokratie – Untersuchung von individueller Motivierung u. sozialen Aspekten; Wirklichkeit, die aus Realem u. Phantasie besteht. Weber: bereitet Kategorien für Soziologie vor. Kafka: entwickelt Erzähltechnik, die Symbolismus u. Realismus vereint u. Frustrierung der Helden im Leser sichtbar u. fühlbar macht.]

McGowan, John P.: "The Trial: Terminable/Interminable." In: *TCL* 26 (1980) S. 1–14.

[Frage nach der Bedeutung eng verknüpft mit Ursache für Fragmentcharakter. Werk beruht auf grundlegendem Widerspruch zwischen zeitlosem Gesetz u. Versuch Kafkas, dieses Gesetz in zeitlich-literarischer Form niederzulegen.]

****McLean, Sammy**: "Doubling and Sexual Identity in Stories by Franz Kafka." In: *University of Hartford Studies in Literature* 12 (1980) S. 1–17.

****McMilligan, Dougald**: *Transition: The History of a Literary Era, 1927–1938*. George Braziller, 1975.

****Meged, Aharon**: ["Sechs Seelen suchen ihren Ursprung."] In: *Moznayim* 23 (1967) S. 7–14 u. 139–47.

[Hebr.; aus "Bibliografia b'Ivrit"; Der "Strohmann" in den Werken von Tschechow, Gogol, Dostojewski, Kafka u. a.; die Geschichte von Jonas in der Bibel u. Agnon im Roman "Das Kleid".]

****Megged, Mati**: ["Der Vaterkomplex in Kafkas Werken."] In: *Molad* 13 (1956) S. 344–50.

[Hebr.; aus "Bibliografia b'Ivrit".]

– [*Dostojewski, Kafka, Beckett.*] Tel Aviv: Hakibbutz Hameuchad, 1967.

[Hebr. S. 57–72 (Eine Alptraumwelt): Diskrepanz zwischen Welterkenntnis u. Gefühl der Ausweglosigkeit führen zu zwei Polen im Werk: Wirklichkeitsbeschreibung im Gegensatz zu einer unabhängig geschaffenen Phantasiewelt.
S. 73–83 (Der Gefangene und sein imaginäres Gefängnis): Lebenslanges Paradox Kafkas, gleichzeitig frei u. gefangen zu sein.
S. 84–95 (Die große Theaterbühne): "Prozeß" als trauriges Puppentheater; Verhör wie billige Komödie oder Farce. Josef K. spielt als einziger eine unabhängige Rolle.
S. 96–105 (Im Angesicht des Schlosses): Groteske u. tragikomische Aspekte von K.s Bemühungen im "Schloß", er erreicht u. erfährt nichts. Das geistige Leben u. seine Widersprüche.
S. 208–19 (Der Künstler und sein Interpret): F. Weltsch denkt ("Religion, Humor u. Kunst in Kafkas Leben u. Werk"), daß widersprechende Meinungen über sein Werk möglich sind, da diese wie Schichten einer Pyramide aufgebaut sind. Man muß Grundlage betrachten.]

****Meier, V.**: "Kafka ist an allem schuld. Neuer tschechischer Schriftstellerverband verfolgt streng die politische Linie." In: *Weser-Kurier* (6.6.1972) S.19.

****Meisles, Penina**: ["Zwei Riesen der Literatur einander gegenübergestellt."] In: *Leket Divré Bikoret al Sefarim Chadashim* (Jerusalem) (1973) Nr. 5. S. 23.

[Hebr.; aus "Bibliografia b'Ivrit"; über Hillel Barzels "Zwischen Kafka und Agnon." Photographie des Artikels aus dem Tagesblatt "Yediot Aharonot" vom 9.3.1973.]

Meissner, Frank: "A Social Ecology of the German Jews of Prague." In: *The Dalhousie Review* 39 (1960) S. 511–23.

[Das gesellschaftliche, nationale u. kulturelle Getto der dt. Juden in Prag.]

Melchinger, Siegfried: *Theater der Gegenwart.* Frankfurt/M. u. Hamburg: Fischer, 1956.

["Stück": S. 127: Dramatisierungen von Kafkas Romanen haben durch ihr Weltbild auf das Theater gewirkt, eignen sich schlecht für Bühne (traumhafte Optik, dialektische Sprache), eher für Film.]

— "Kafkas Bühne? Jan Grossmans Inszenierung." In: *Theater heute* 3 (1968) S. 16–20.

[Grossmans Inszenierung des "Prozeß" ein Kunstwerk, Kafkas Dialog erhalten; Umstellungen in der Szenenfolge, Kürzungen z. T. zu rechtfertigen; die theatralischen Qualitäten des "Prozeß" (Dialog, dialektische Reden). Erotisches zu stark betont. Die Dekoration (Gestänge).]

*****Melgoza Paralizábal, A.**: "Joyce, Proust, Kafka revolucionaron la literatura, la narrativa contemporánea: Mario Vargas Llosa." In: *Excelsior* (9. Dez. 1973).

Mellen, Joan: "Joseph K. and the Law." In: *Texas Studies in Literature and Language* 12 (1970) S. 295–302.

[Schuldfrage im "Prozeß". Josef K. schuldig im Sinne des höheren Gesetzes.]
Engl. Zusammenf. in: *1970 MLA Abstracts,* Vol. 2. (1972) S. 51,
in: *TCL* 17 (1971) S. 214, u.
in: *TCLB* S. 2102.

Mellown, Elgin W.: "The Development of a Criticism: Edwin Muir and Franz Kafka." In: *Comparative Literature* 16 (1964) S. 310–21.

[Die Übers. v. Edwin u. Willa Muir führen Kafka beim engl. Lesepublikum ein. Muirs frühe Kafka-Interpretationen (1930: Konzept der Allegorie) in Zusammenhang mit seiner pessimistisch-kalvinistischen Lebenssicht; kommt 1940–47 zu gegenteiliger Meinung.]
Engl. Zusammenf. in: *TCL* 11 (1965) S. 41,
in: *Abstracts of English Studies* 9 (1966) S. 211, u.
in: *TCLB* S. 2073.

Memmi, Germaine: "Motivations inconscientes et formes dans 'Le Verdict' de F. Kafka." In: *Revue d'Allemagne* 5 (1973) S. 785–800.

[Psychoanalytische Theorien können Sprunghaftigkeit erklären, fehlende Motivationen aufzeigen, Zusammenhang geben. Integrität des Ich (Freund) soll erhalten bleiben. Selbstmord: Folge des latenten inneren Konfliktes.]
Engl. Zusammenf. in: *TCL* 20 (1974) S. 153.

Mende, Georg: "Das Generationenproblem oder: Welche Moderne repräsentiert Kafka?" In: G. M.: *Weltliteratur und Philosophie.* Berlin: VEB Deutscher Verl. der Wissenschaften, 1965. S. 110–35.

[Unterschiedliche Behandlung des Vater-Sohn-Problems bei Dostojewski ("Die Brüder Karamasow": das Recht ist bei der jungen Generation) u. Kafka ("Urteil": Sohn kapituliert vor Vater). Kafka – ungeeignete Lektüre für Jugend.
S. 124–35: "Brauchen wir eine entfremdete Literatur?": Analogien zwischen Kafka u. E. Husserls Phänomenologie. Kafka hat nicht die Entfremdung geschildert, sondern war der Entfremdung verfallen u. hat eine phänomenologische Literatur mitbegründet, die die Welt absurd werden läßt.]

Mendelsohn, Leonard R.: "Kafka's 'In the Penal Colony' and the Paradox of Enforced Freedom." In: *Studies in Short Fiction* 8 (1971) S. 309–16.

[Interpretation von "In der Strafkolonie". Die Maschine als Ritual. Freiheit als lähmende Macht. Bibliogr. von "Strafkolonie"-Interpretationen.]
Engl. Zusammenf. in: *TCL* 17 (1971) S. 289.

Merrill, Reed: "Infinite Absolute Negativity: Irony in Socrates, Kierkegaard and Kafka." In: *Comparative Literature Studies* 16 (1979) Nr. 3. S. 222–36.

[Kierkegaards "The Concept of Irony" (1841) wichtig für Verständnis von Kafkas Werk. "Gib's auf" u. "Das nächste Dorf": Kafkas Ironie in Zusammenhang mit dem Paradoxen als unauflösbar u. illusorisch zu sehen, bei Kierkegaard Brücke zwischen Ethischem u. Ästhetischem.]

Meschonnic, Henri: "La parabole ou Kafka." In: H. M.: *Pour la poétique III. Une parole écriture.* [Paris:] Gallimard, 1973. (Le Chemin). S. 111–15.

[Kafka macht Literatur aus seinem Leben. Beschäftigung mit der Bibel. In unserem Jh. Renaissance der Allegorie. Parabel – Form der Verfremdung.]

Mesnil, Michel: "Orson Welles et le jugement." In: *Esprit* 41 (1973) S. 973–85.

[Welles' "Prozeß"-Film verändert Roman Kafkas u. K.s Charakter, dennoch wertvoll. Konflikt zwischen Mensch u. Objekt, homosexuelle Atmosphäre, sehr barock. Josef K. kämpft; die elektronische Maschine; Verfolgungsidee.]

Metzger, Michael, u. Erika Metzger: "Franz Kafkas 'Ein altes Blatt' im Deutschunterricht." In: *Kentucky Foreign Language Quarterly* 13 (1966) S. 30–36.

[Wörtliche Auslegung (europäische Katastrophe 1916/17 vorausgesehen) u. Interpretation im Werkszusammenhang ergeben andere Resultate; letztere: Gott u. Mensch durch Mißverständnis getrennt.]
Engl. Zusammenf. in: *TCLB* S. 2085.

Meyer, Hermann: *Zarte Empirie. Studien zur Literaturgeschichte.* Stuttgart: Metzler, 1963.

[S. 38: Raumgestaltung in "Bau" von Kafka – ohne empirischen Charakter, Chiffre für Bedrohtsein.]

Michaelson, L. W.: "Kafka's Hunger Artist and Baudelaire's Old Clown." In: *Studies in Short Fiction* 5 (1968) S. 293.

[Mögliches Vorbild: "Le Vieux Saltimbanque" 1869.]
Engl. Zusammenf. in: *TCLB* S. 2090–91.

Michel, Kurt: "Stifters Stellung im Vergleich mit der moderner Dichter." In: K. M.: *Adalbert Stifter und die transzendente Welt. Ein Beitrag zur Erhellung der Existenz des Dichters.* Graz-Wien: Stiasny, 1957 (Schriftenreihe des Adalbert Stifter-Institutes des Landes Oberösterreich, Nr. 9. Dissertationsdrucke I.) S. 135–46.

[Gegenüberstellung des Weltbildes Stifters mit dem Kafkas. Frage nach Schuld u. Urteil. "Strafkolonie": symbolische Novelle; Verurteilter voll Schadenfreude. Apparat – Symbol für Lebensleid. Bei Kafka äußerlich grausame transzendente Macht, bei Stifter gütiger Gott.]

Michel-Michot, P.: "Franz Kafka and William Sansom Reconsidered." In: *Revue des Langues Vivantes* 37 (1971) S. 712–18.

[Kafkas Einfluß ist in Sansoms Technik zu sehen, nicht aber auch im Inhalt, wie Neumeyer annimmt.]
Engl. Zusammenf. in: *Abstracts of English Studies* 16 (1972–73) S. 319.

*Michels, Gerd: "Scheiternde Mimesis. Zu Franz Kafka: 'Die Sorge des Hausvaters'." In: *Festschrift für Friedrich Kienecker*. 1980. S. 179–98.

Michl, Josef B.: "Ke vztahu severské moderny k Franzi Kafkovi." In: Goldstücker, *Franz Kafka. Liblická Konference 1963* (s. Samelbde.) S. 243–47.

[Kafka in den Dreißigerjahren nach Skandinavien gekommen, Einfluß auf Werke der Kriegs- u. Nachkriegsjahre bis zu Artur Lundquist.]
Dt. u. d. T.: "Über die Beziehung der skandinavischen Moderne zu Franz Kafka." In: Goldstücker, *Franz Kafka aus Prager Sicht 1963* (s. Sammelbde.) S. 257–60.
Erweiterter u. d. T.: "Franz Kafka og moderne nordisk litteratur." In: *Proceedings of the Fifth International Study Conference on Scandinavian Literature.* July 6–10, 1964. London: Univ. College, 1966. S. 121–40.
In dt. Übers. u. d. T.: "Franz Kafka und die moderne skandinavische Literatur." In: *Schweizer Monatshefte* 48 (1968–69) S. 57–71.

*— "Gunnar Ekelöf og Kafka." In: *Svensk Litteraturtidskrift* 33 (1970) S. 22–29.

Middleton, J. C.: "The Picture of Nobody. Some Remarks on Robert Walser with a Note on Walser and Kafka." In: *Revue des Langues Vivantes* 24 (1958) S. 401–28.

[S. 417 u. 420: Ähnlichkeiten von Kafkas Werk mit dem Walsers. S. 426–28: A Note on Walser and Kafka: Kafka erwähnt Walser nur selten, nennt kein spezifisches Werk.]

*Mijares Mendoza, S. M.: "Breves apuntes sobre 'El proceso' de Franz Kafka." In: *Armas y letras* 6 (Dez. 1963) S. 45–50.

Mihajlov, Mihajlo: "Moscow Summer 1964: A Traveler's Notebook." In: *The New Leader* 48 (1965) Nr. 7. S. 4–38.

[Übers. aus dem Serbokroat. Zuerst erschienen in "Delo" (Belgrad, Jan. 1964). – S. 6–7, 31: Popularität Kafkas unter sowjetischen Studenten u. D. Zatonskijs interessante Artikel über Kafka deuten auf Niederreißen der "ideologischen Grenzen" hin.]
Auch in: M. M.: *Moscow Summer.* New York: Farrar, Straus and Giroux, 1965. (S. 19–22 u. 103 über Kafka.)

Mihályi, Gábor: "Kafka világképe." In: *Filológiai Közlöny* 5 (1959) S. 351–78.

[Ung. (Kafkas Weltbild): In bürgerlicher Literatur ist T. Mann der Goethe unserer Zeit; Kafka – Kleist vergleichbar. Marxisten können mit Kafka nicht übereinstimmen.
In Romanen: Surrealismus von Parabel ergänzt. Kafka blieb Bürger, Mitgefühl für Arme u. Arbeiter; Existenzunsicherheit; Todesfurcht. Gottes Reich fremd; verschiedene Logik

der zwei Welten. Gestalten tragikomisch. – "Urteil": realistische Traumnachahmung. "Verwandlung": Satire; Samsas Leben war das eines Ungeziefers; Wunscherfüllung. – "Strafkolonie": jüdisches Getto; alter u. neuer Kommandant: orthodoxes u. westliches Judentum. – "Landarzt": Umgestaltung mittelalterlicher Legende. Rosa – versäumte Gelegenheit; Arzt ohne Liebe, kann daher nicht heilen. – "Vor dem Gesetz": Schlüssel zu Kafkas Werken; Satire auf Bürokratie; "Elf Söhne": 11 Variationen einer Persönlichkeit. – "Hungerkünstler": Hungern keine Kunst: Unfähigkeit, Lebensekel. – Notwendig, daß ung. Kritik sich mehr mit Kafka befaßt.]

– "Kafka-vita a Magyar Irodalomtörténeti Társaság Modern Filológiai Szakosztálya 1963. dec. 16.-án tartott ülésén." In: *Filológiai Közlöny* 11 (1965) S. 227–31.

[Ung. (Kafka-Diskussion während der am 16. Dez. 1963 abgehaltenen Sitzung der Sektion für moderne Philologie der Ungarischen literarhistorischen Gesellschaft): Doppelte Aufgabe der marxistischen Kafkaforschung: Eingehende Erforschung des Lebenskreises (Kafka als dt. Dichter, als Jude, Bürger) u. des Realismusproblems, anknüpfend an Lukács, Garaudy, Mátray, Egri. Trotz Pessimismus kann Kafka als Realist angesehen werden; seine Bedeutung als großer Schriftsteller schon anerkannt.]

*Mihara, Otohira: "'Shiro' zuisô." In: *Kido* 5 (1974) S. 53–61.
[Jap. ("Das Schloß." Essay.)]

*Mihara, Teihei: ["Leerer Punkt von Kafka."] In: *Kido* 4 (1973).
[Jap.]

*Miki, Masayuki: ["Betrachtung über kleine Erzählungen von Kafka."] In: *Kobe-[Univ.-] Doitsu-Bungaku-Ronshu* (1973).
[Jap.]

*Milano, P.: "Dino Buzzati o il brivido borghese." In: *Espresso* (20.7.1958) S. 17.

Miles, David H.: "Kafka's Hapless Pilgrims and Grass's Scurrilous Dwarf: Notes on Representative Figures in the Anti-Bildungsroman." In: *Monatshefte* 65 (1973) S. 341–50.

[K.-Helden Kafkas sind "Anti-Bildungshelden"; die Romane – Parodien des Goetheschen Bildungsromans. Helden erreichen das "Paradies" nie. Wissen führt nicht zur Tugend.] Engl. Zusammenf. in: *TCL* 20 (1974) S. 153, u. in: *1974 MLA Abstracts* Vol. 2. (1976) S. 74–75.

– "The Picaro's Journey to the Confessional: The Changing Image of the Hero in the German Bildungsroman." In: *PMLA* 89 (1974) S. 980–92.
[S. 990: Kafkas "Schloß" als Endprodukt des Bildungsromans.]

Milfull, John: "From Kafka to Brecht. Peter Weiss's Development toward Marxism." In: *GLL* 20 (1966) S. 61–71.
[Kafkas früher Einfluß auf Peter Weiss.]

– "The Messiah and the Idea of History." (Synopsis.) In: *AUMLA* 15 (1973)
S. 105.

[(Vortrag). Im Zusammenhang mit Isaac Singers Roman "Satan in Goray" werden Gestalten des falschen Messias u. a. in Kafkas "Landarzt" u. "Schakale und Araber" besprochen.]

*– "The Messiah and the Direction of History: Walter Benjamin, Isaac Bashevis Singer and Franz Kafka." In: *Festschrift for E. W. Herd*. Ed. August Ober-mayer. Dunedin, N. Z.: Univ. of Otago, 1980. S. 180–87.

Miller, Dorothy: "Cultural Tremors in East Germany." In: *East Europe* 13 (1964)
Nr. 5. S. 29–31.

[S. 30: The Kafka Discussions: Die politischen Auswirkungen einer Zulassung von Kafkas Werk im Osten. Ostdeutschland gegen Polen, die ČSSR, Österreich u. Frankreich auf der Liblice-Konferenz.
S. 30–31: Joining the Trend: Die jüngste Reaktion Ostdeutschlands auf Liblice: obwohl Kafka nicht veröffentlicht werden darf, sei Kurellas Haltung doch nicht ganz annehmbar. Entfremdung bestehe auch im Osten.]

Miller, J. Hillis, Jr.: "Franz Kafka and the Metaphysics of Alienation." In: *The Tragic Vision and the Christian Faith*. Ed. Nathan A. Scott, Jr. New York: Association Pr., 1957. S. 281–305.

[Frühe Werke: Suche nach sinnvoller Existenz innerhalb menschlicher Gemeinschaft. Spätere Werke: alle sind im Exil (Gottferne): Analyse dieses Zustandes. Freiwillige Iso-lation ("Der Bau") – Zustand zwischen Leben u. Tod; Rettung durch Literatur. ("Das Schloß").]

Miller, Norbert: "Erlebte und verschleierte Rede." In: *Akzente* 5 (1958) S. 213–26.

[An Beispielen von Kafkas u. Musils Prosa die extremen Pole der "schwebenden" Stil-form aufgezeigt. Bedeutung der "erlebten Rede" in moderner Prosa.]

– "Moderne Parabel." In: *Akzente* 6 (1959) S. 200–13.

[S. 207–11: über Kafka. Schwebende, nicht deutbare "Vorgangsparabel" im 20. Jh.; früher didaktische u. statische Parabel. Kafkas "Prozeß", "Schloß" u. "Landarzt".]

*Milner-Gulland, Robin:** "Letter to the Editor." In: *Russian Review* 32 (1973)
Nr. 1. S. 114.

[Zurückweisung der These, daß Kafka Kharms beeinflußt haben sollte; s. Guy de Mallacs "Letter to the Editor" in "Russian Review" (1972) Nr. 2.]

*Minami, Jiro:** ["Schuld und Erlösung. Eine Interpretation von Kafkas 'Pro-zeß'."] In: *Quelle-Kai-Gendai-Doitsu-Shosetsu-Kenkyu* (1966).
[Jap.]

*Minamiya, Kazunobu:** ["Archimedischer Punkt bei Kafka."] In: *Kansai-[Univ.-] Doitsu-Bungaku* 16 (1971).
[Jap.]

Minamoto, Tetsumaro: "Franz Kafka ni okeru 'Kami'." In: *Kirisutokyo to Bungaku.* Hrsg. v. Tomoichi Sasabuchi. Tôkyô: Kasama Shoin, 1975.
[Jap. (Christentum und Literatur).]

Mingelgrun, A.: "Kafka à la rencontre de Flaubert." In: *Europe* 49 (1971) Nr. 511–12. S. 168–78.
[Bericht über gemeinsame biographische Schwierigkeiten (Eltern, Ehe), ähnliche Ansichten über Literatur (ist Lebensmöglichkeit u. Qual); Wirklichkeitsdarstellung.]

Misiołek, Edmund: "Jedermann Franciszka Kafki." In: *Więź* 2 (1959) S. 90–97.
[Poln. (Der Jedermann von Franz Kafka): "Prozeß"-Aufführung in Warschau (Athenäumtheater). Kafkas Werke – keine "schwarze" Literatur, stellen einen Kampf dar. Toneckis Bühnenfassung bewahrt den Ton des Werkes, nicht alle Personen des Romans erscheinen. Die expressionistische Schauspielkunst von Woszczerowicz als Josef K.]

Misslbeck, Maria: "Franz Kafka: Ein Landarzt. Noch ein Deutungsversuch." In: *DU* 10 (1958) Nr. 6. S. 36–46.
[Erz. stellt körperlichen u. seelischen Zusammenbruch dar. Arzt ist selber der Patient, zu dem er aufbricht, weiß es aber nicht; alte Wunde – Glaubenslosigkeit.]

Mitchell, Breon: "Franz Kafka's 'Elf Söhne': A New Look at the Puzzle." In: *GQ* 47 (1974) S. 191–203.
[Pasleys Untersuchung: "Elf Söhne" – elf von Kafka selbst auf Liste vermerkte Erz. Mitchell benützt die Liste in umgekehrter Reihenfolge mit besseren Resultaten.]

*Mitscherlich Nielsen, Margarete: "Psychoanalytic Notes on Franz Kafka: The Psychobiography of a Disturbed Genius." In: *Psychocultural Review* 3 (1979) S. 1–23.

Mittenzwei, Werner: "Brecht und Kafka." In: *Sinn und Form* 15 (1963) S. 618–25.
[Brecht hat Kafka zuerst mit Hašek verglichen; später: Kafkas Werk gibt Einblick in Kapitalismus u. Entfremdung, ohne marxistische Überwindungskräfte.]
Auch in: Goldstücker, *Franz Kafka aus Prager Sicht 1963* (s. Sammelbde.) S. 119–29.
Auch in: *Schweizer Monatshefte* 48 (1968).
In tschech. Übers. u. d. T.: "Brecht a Kafka." In: Goldstücker, *Franz Kafka. Liblická Konference 1963* (s. Sammelbde.) S. 115–24.
In frz. Übers. u. d. T.: "Brecht et Kafka." In: *La Nouvelle Critique, Revue du Marxisme Militant* (1965) Nr. 163. S. 114–23.
In ital. Übers. u. d. T.: "Brecht e Kafka." In: Goldstücker, *Franz Kafka da Praga* (s. Sammelbde.) S. 129–39.

Mittner, Ladislao: "Kafka senza kafkismi." In: L. M.: *La letteratura tedesca del Novecento e altri saggi.* Torino: Einaudi, 1960. S. 249–94.
[Einführung. Lebensbedingungen zu Metaphysik der allg. Krise erhoben. Vaterfigur; Verlust des Wirklichkeitsbezuges; Schuld; Kunst als Lebensretterin; "Das Schloß" vertieft "Prozeß"-Thema. Hebr. forma mentis. Humor.]
Teilabdrucke u. d. T.: "Kafka senza kafkismi" u. "La posizione religiosa di Kafka" in: Pocar, *Introduzione a Kafka* (s. Sammelbde.) S. 89–93 u. 217–19.

– *L'espressionismo.* Bari: Laterza, 1965 (Universale Laterza 18).

[Hinweise auf den Zusammenhang zwischen Kafka u. dem Expressionismus auf S. 12, 17, 19, 33 u. 140.]

*Miyai, Toyo: ["Zerrissenes Dasein. Das Thema von 'Das Urteil' von Franz Kafka."] In: *Kansei-Gakuin-[Univ.-] Doitsu-Bungaku-Kenkyu* 11 (1968).
[Jap.]

*–["Eingesperrte Welt. Kafkas 'Landarzt'."] In: *Quelle* 22 (1969).
[Jap.]

*–["Kunst und Mensch bei F. Kafka. Über 'Ein Hungerkünstler'."] In: *Osaka-Shoka-[Hochschule-] Ronshu* 34 (1972).
[Jap.]

*Miyamoto, Tadao: *Ningenteki Ijo no Kosatsu.* [Tôkyô:] Chikuma [Verl.], 1970. S. 104–23. – (Auch 1958).

[Jap. (Betrachtung über menschliche Abnormität): Franz Kafka: Eine psychopathologische Untersuchung.)]

*–["Franz Kafka. Ein psychopathologisches Fragment."] In: *Eureka* 3–4 (1971) Kafka-Sonderheft.
[Jap.]

*Mlečina, I.: "Odnotomnik Kafki." In: *Literaturnaja gazeta* (20.1.1966) S. 4.

Modern, Rodolfo E.: "Kafka y su concepción de lo femenino." In: *Sur* (Nov./ Dez. 1958) Nr. 255. S. 44–52.

*Auch in: R. E. M.: *Estudios de literatura alemana. De Hölderlin a Peter Weiss.* Buenos Aires: 1975.

– "Introducción a Kafka." In: *La Torre* 11 (1963) Nr. 44. S. 11–26.

[Kafkas Werke: enigmatisch, esoterisch, proteisch. Helden sind lieblos, ohne Vitalität. Einzige Hoffnung für sie: aus sich heraustreten (archimedischer Punkt).]
*Auch in: R. E. M.: *Estudios de literatura alemana. De Hölderlin a Peter Weiss.* Buenos Aires: 1975. S. 155 ff.

Moeller, Charles: "Franz Kafka ou la terre promise sans espoir." In: C. M.: *Littérature du XXᵉ siècle et christianisme. III. Espoir des hommes. Malraux – Kafka – Vercors – Cholokhov – Maulnier – Bombard – Sagan – Reymont.* 3e édition. Tournai, Paris: Casterman, 1957. S. 193–317.

[Auf Werk u. autobiographische Schriften gestützte Einführung. Kafkas Generation. Deutungsrichtungen. Sein Versuch, auf der Erde zu leben, nicht nach göttlich Absolutem zu suchen. Situation in Prag u. innerhalb der Monarchie. Nähe zum Expressionismus; Familienbeziehungen, Schuld u. Minderwertigkeit, Todeswünsche, Gleichgültigkeit. Rettungsversuche: Frau u. Literatur. Moderne Mythologie der Verzweiflung geschaffen.

327

"Schloß": Suche nach irdischen Wurzeln. Fehlendes Gesetz; Kafka befreit sich von seiner phantomhaften Religion; Zionismus; Vergleich mit Malraux. Europa nach dem Krieg; Kafka als Neubeginn u. Ende. Gegen Revolution; Glaube an Liebe, Mut, verurteilt eigenes Werk; verheißenes Land (Familie), Bekehrung zur Welt hin, Mystik.]
In span. Übers. u. d. T.: "Franz Kafka o la tierra prometida sin esperanza." In: C. M.: *Literatura del siglo XX y cristianismo.* [Bd.] 3: *La esperanza humana.* Madrid: Gredos, 1960. – 3. Aufl.: 1962. S. 223–363.

— "Besoin d'un père." In: C. M.: *L'Homme moderne devant le salut.* Paris: Éditions Ouvrières, 1965 (Collection "Points d'appui"). S. 73–76.
[Vater vertritt Gesetz, Kafka fühlt sich schuldig. Verheißenes Land unzugänglich.]
In engl. Übers. v. Charles Underhill Quinn u. d. T.: "Need for a Father." In: C. M.: *Man and Salvation in Literature.* Notre Dame, London: Univ. of Notre Dame Pr., 1970. S. 57–62.

*Moher, Meir: ["In menschlicher Form."] Tel Aviv: 1959. S. 206–09.
[Hebr.; aus "Bibliografia b'Ivrit"; "Der Prozeß" von Kafka.]

*Moked, Gavriel: [ANAF. Sammlung von Jugendliteratur.] Jerusalem, Tel Aviv: 1964. S. 131–51.
[Hebr.; aus "Bibliografia b'Ivrit"; "Einleitung zum Gespräch mit dem Geistlichen im 'Prozeß'."]

*—["'Der Prozeß' und 'Der Kreisel'."] In: *Moznayim* 21 (1966) S. 45–59.
[Hebr.; aus "Bibliografia b'Ivrit": Die juristischen Themen bei Kleist, Kafka u. Camus.]

*—["Wie man ein Werk Kafkas im Unterricht behandelt."] In: *Metodica* 4 (1972) S. 11–13.
[Hebr.; aus "Bibliografia b'Ivrit"; über "Die Verwandlung".]

*Moldenhauer, G.: "Contribución a la historia de las interrelaciones literarias argentino-germanas." In: *Humboldt* 6 (1965) Nr. 22. S. 68–80.

*Moníková, Libuše: "Das soziale Modell des Autors Franz Kafka: Schuld und Integration." In: *Sprache im technischen Zeitalter* (1978) Nr. 67. S. 221–29.

*Monserrat, Santiago: "Franz Kafka y el oscuro presente." In: S. M.: *Interpretación histórica del Quijote y otros ensayos.* Córdoba (Argentina): Facultad de Filosofía y Humanidades. Universidad Nacional de Córdoba, 1956. S. 181–89.

*Montale, Eugenio: *Farfalle di Dinard.* Milano: 1975.

Moore, Harry T.: "Franz Kafka: The Incredible Adventures of K." In: H. T. M.: *Twentieth-Century German Literature.* New York-London: Basic Books, 1967. S. 67–69.
[Einführung. Kafka im Wesen Künstler, nicht Metaphysiker.]

Morand, Jean: "Le Journal de Kafka ou l'irréductible intériorité." In: *Europe* 49 (1971) Nr. 511–12. Kafka. S. 95–111.

[Alltägliches auf höhere Stufe gehoben (Krankheit u. Liebe); Doppelleben zwischen Alltag u. Werk, gleiche Themen in Tagebüchern u. Werken.]

Moravia, Alberto: "Kafka scrittore realista." In: Pocar, *Introduzione a Kafka* (s. Sammelbde.) S. 227.

[Abdruck aus gleichnam. Artikel in "Corriere della Sera" vom 2.4.1972. Kafkas Schuldgefühl gegenüber unbekanntem Gott, für unbekannte Schuld: Geisteszustand des modernen Menschen.]

*Morel, Jean-Pierre: "Kafka et l'îlot pragois." In: *Orbis Litterarum* 286 (1978) S. 19 (?).

*Morikawa, Tetsuya: ["Untersuchung zu 'Der Prozeß' von Kafka."] In: *Mita-Bungaku* (Juni 1961).

[Jap.]

*–["Von Emma Bovary zu Josef K."] In: *Shinbi* (1965).

[Jap.]

*Morota, Kazuharu: ["Meine Untersuchung über Josef K."] In: *Kikan-Shinbi* 9 (1969).

[Jap.]

Morris, Tom: "From Liblice to Kafka." In: *Telos* 24 (Summer 1975) S. 163–70.

[Kafkas Interesse für Anarchismus wird meist verschwiegen. Kafka wurde von staatlich geförderten u. ideologisch-politischen Gruppen als Waffe gebraucht. Autoritätsverhältnisse im "Schloß" von großer Bedeutung. Widerstand gegen Beschwichtigung u. Unterwerfung.]
Engl. Zusammenf. in: *The Philosopher's Index* 9 (1975) Nr. 4. S. 110.

Morrison, Jean Antoine: "Kafka as Hungerkünstler." In: *DA* 25 (1964) S. 481.

[Zusammenf.: Interpretationen von "Ein Hungerkünstler". Hungerkunst als Methode. "Der Bau" als Unterbau für 6 Erz. Leerarbeit. "Das Urteil" u. das ontologische Problem. Sartre, Streben nach reinem Bewußtsein. Die Ironie der Hungerkunst-Metapher. Die symbolische Bedeutung von Josefines Gesang.]

Morse, J. Mitchell: "The Artist as Savior." In: *Modern Fiction Studies* 5 (1959) S. 103–07.

[Der Trapezkünstler in "Erstes Leid" – eine vormenschliche Rückentwicklung.]

– "Social Relevance, Literary Judgment, and the New Right; or, The Inadvertent Confessions of William Styron." In: *College English* 30 (1969) S. 605–16.

[Josef K. ist schuldig, weil er zu nachgiebig, zu schwach war.]

329

– "The Leopard and the Priest." In: *College English* 33 (1972) S. 884–88.

[Willkür von Kafkas Beamten typisch auch für unsere Gesellschaftsordnung.]

– "Kafka und die Hobelmaschine." In: Caputo-Mayr, *Franz Kafka Symposium* (s. Sammelbde.) S. 126–43.

[Vortrag/Philadelphia, 1974. Kafkas gesellschaftliche, berufliche u. sprachliche Wirklichkeit beeinflußt seine Werke. Kafkas Stil, der unlösbare Probleme darstellen kann, die er als "Eingeweihter" in das Labyrinth der Bürokratie durchschaut ("Amerika", "Prozeß", "Schloß", usw.). Konflikt zwischen rational Erwartetem u. irrational nicht Vorhersehbarem. Syntax stellt auch "unsere" Auflehnung gegen inkompetentes System dar; gleiche Situation immer wiederholt. Dt. Übers. v. M. L. Caputo-Mayr u. Anna Ley.]
In engl. Fassung u. d. T.: "Kafka and the Planing Machine." In: *JML* 6 (1977) Franz Kafka Special Number. S. 337–50.

Moseley, Edwin M.: "The American Dream Become Nightmare: Franz Kafka and Others." In: *Czechoslovakia Past and Present.* Ed. Miloslav Rechcigl, Jr. Vol. 2. *Essays on the Arts and Sciences.* The Hague-Paris: Mouton, 1968. S. 1012–21.

[Quellen von Kafkas Amerikabild; Karl, der fremde Reisende im fremden Land. Auch in Amerika keine Gerechtigkeit u. Freiheit.]

Moses, Stephane: "Franz Kafka: 'Le Silence des Sirènes'." In: *Hebrew University Studies in Literature* 4 (1976) S. 48–70.

[Travestie eines Mythos; Umkehr der Werte, moderne Groteske; Ulysses täuscht Einfalt vor. 4 Textteile.]
In engl. Übers. u. d. T.: "Franz Kafka: 'The Silence of the Sirens'." In: *University of Denver Quarterly* 11 (1976) Nr. 2. S. 62–78.

*– "Das Kafka-Bild Gershom Scholems." In: *Merkur* 33 (1979) S. 862–67.

Moss, Leonard: "A Key to the Door Image in 'The Metamorphosis'." In: *Modern Fiction Studies* 17 (1971). Special Number. The Modern Novel. S. 37–42.

[Türbild zeigt gehemmte Beziehungen in Gregors Familie.]
Engl. Zusammenf. in: *TCL* 17 (1971) S. 289, u.
in: *1971 MLA Abstracts* Vol. 2 (1973) S. 73–74.

Mossé, Fernand, [u. a.]: *Histoire de la littérature allemande.* [Paris:] Aubier. Éditions Montaignes, 1959.

[S. 898–902: Franz Kafka (1883–1924): Stellung in der Literatur; Judentum; Würdigung des Werks.]

Motekat, Helmut: "Interpretation als Erschließung dichterischer Wirklichkeit (mit einer Interpretation von Franz Kafkas Erzählung 'Ein Landarzt')." In: *Interpretationen moderner Prosa.* Anläßlich der Fortbildungstagung für Deutsch- und Geschichtslehrer in Hohenschwangau/Allgäu, hrsg. v. der Fachgruppe Deutsch-Geschichte im Bayrischen Philologenverband. Frankfurt, Ber-

lin, Bonn, München: Moritz Diesterweg, 1968. S. 7–27. 1. Aufl. 1955. Auch:
1956, 1957, 1959, 1966.

[Sprache vermittelt fiktive Welt u. Eigenart des Künstlers. "Ein Landarzt": Arzt aus Alltäglichem durch "Fehlläuten" herausgerissen, vom Nichterkennen zur Erkenntnis des
Irrtums. Bisher unbekannte Mächte des Ichs u. der Wirklichkeit.]

*Motono, Kyoichi: ["Beschaffenheit einer Übersetzung. 'Über Kafka' von Masani Fujito."] In: *Kido* 1 (1968).
[Jap.]

*–["Vorbehalt von Kafka."] In: *Kafka-Forschung von Hiroshi Watanabe. Kido*
2 (1971).
[Jap.]

*–["Über den leeren Teil von Kafka."] In: *Ritsumeikan-Bungaku* 323 (1972).
[Jap.]

*–["Kafka und Franz Blei. Aufzeichnungen zu Kafka (1)."] In: *Kido* 4 (1973).
[Jap.]

*–["Gegensätzlichkeit vom 'Gespräch'. Kafka und Janouch."] In: *Viking* 267
(1973).
[Jap.]

*–["Erfahrung der Dichtung"] [Tôkyô:] PHP [Verl.], 1974.
[Kap. 3: Parabel des Vergessens. Kap. 4: Struktur der Unruhe.]

*Motyleva, Tamara L.: "Tak li nado izučat' zarubežnuju literaturu?" In: *Inostrannaja literatura* (1956) Nr. 9. S. 209–18.

[(Lernt man so ausländische Literatur?): Wegbereiterin für Kafka in Rußland; Würdigung
westlicher, nicht-revolutionärer Schriftsteller.]

– "V sporax o romane." In: *Novyj mir* 39 (1963) Nr. 11. S. 206–27.

[Kafka, Joyce u. Proust – die Väter des "modernistischen" Romans (Entfremdung in der
bürgerlichen Epoche des Kapitalismus dargestellt.) Abdruck von "Vor dem Gesetz" u.
Deutung. Machtloser Mensch u. unfaßbare Macht. Sozial entlarvende Elemente in Kafkas
Werk ("Amerika").]
In dt. Übers. u. d. T.: "Der Streit um den Roman." In: *Kunst und Literatur* 12 (1964)
S. 350–77. (Bes. S. 355–58 über Kafka.)

*–"Realizm." In: *Kratkaja literaturnaja ènciklopedija.* Bd. 6. 1971. S. 221.
[Kafka stellt Ängste des modernen Menschen dar.]

Mouligneau, Michel: "Kafka ou la vie 'privée'." In: *Europe* 49 (1971) Nr. 511–
12. Kafka. S. 129–32.
[Frustration durch Kunst gemildert; inneres Getto.]

Moyer, Patricia: "Time and the Artist in Kafka and Hawthorne." In: *Modern Fiction Studies* 4 (1958–59) S. 295–306.

[Unterschiede in Auffassung der Zeit u. des Künstlers (Hawthornes Owen Warland u. Kafkas Hungerkünstler) zeigen eine Entwicklung der modernen Prosa an.]
Engl. Zusammenf. in: *Abstracts of English Studies* 2 (1959) S. 148,
in: *TCL* 5 (1959) S. 105, u.
in: *TCLB* S. 2091.

*****Mudrick, Marvin**: *Books are not Life but then What Is?* Oxford Univ. Pr., 1979.

Mueller, William R.: "The Theme of Judgment: Franz Kafka's 'The Trial'." In: W. R. M.: *The Prophetic Voice in Modern Fiction.* New York: Association Pr., 1959 (A Haddam House Book). S. 83–109.

[Josef K.s Schicksal bleibt unentschieden. Seine Suche nach Natur der Schuld u. Versuch, Unschuld zu beweisen. Bedeutung von Titorelli- u. Domszene. Altes Testament: Errettung auch durch Gnade, nicht nur durch Befolgung der Gesetze. Im "Prozeß": Mensch kann sich nicht selbst retten. Gnadenlicht jedoch sichtbar.]

— "The Lonely Journey." In: W. R. M.: *Celebration of Life. Studies in Modern Fiction.* New York: Sheed & Ward, 1972. S. 232–50.

[Kafkas Werke weichen der Interpretation aus. Versuch der Selbstdeutung Kafkas. "Schloß": K.s Versuch, ein "unwürdiges" Ziel zu erreichen. K. u. Kafka ohne Platz in Lebensgemeinschaft.]

Mühlberger, Josef: "Zum 75. Geburtstag Franz Kafkas." In: *Sudentenland* 1 (1958–1959) S. 38–48.

[Würdigung von Leben u. Werk; Charaktereigenschaften.]

— "Einleitung. Franz Kafka." In: Franz Kafka: *Die kaiserliche Botschaft.* Eingeleitet u. ausgewählt von Josef Mühlberger. Graz u. Wien: Stiasny, 1960 (Das österreichische Wort, Bd. 64). S. 5–28.

[Kafkas Werk stellt Ringen dar, Sein u. Dasein zu gewinnen u. Mensch zu werden. Vergleich mit anderen Autoren (Stifter, Grillparzer). Kafka — "ein armer Spielmann Gottes."]

— "Ringen um Diesseits und Jenseits." In: J. M.: *Der deutsche Beitrag Böhmens und Mährens zur Weltliteratur* (1830–1930). München: Ackermann-Gemeinde, 1968. S. 23–29.

[Vortrag (Stuttgart 1968); Kulturkrise bei Kafka, Rilke, u. a. (Kontaktverlust, Verzweiflung, Entwirklichung der Realität).]

*–"Der Weg dreier Prager Dichter zu Gott: Rilke, Kafka, Werfel." In: *Beiträge zur Tausendjahrfeier des Bistums Prag.* Bd. 1. München: 1971. S. 39–56.

Mühlher, Robert: *Der moderne psychologische Roman in Österreich.* Wien: Bundeskanzleramt — Bundespressedienst, [1964] (Kulturnachrichten aus Österreich).

[S. 8–11: Humorvoll intensivierter Trieb zur Selbstzerstörung – schöpferische Grundlage für Kafkas Romane. Nähe zur neuen Psychologie.]
Abschnitt über Kafka u. d. T.: "Die psychologische Diagnose eines Zeitalters im Roman."
In: R. M.: *Österreichische Dichter seit Grillparzer. Gesammelte Aufsätze.* Wien-Stuttgart: Wilhelm Braumüller, 1973. S. 409–36.
In engl. Übers. u. d. T.: *The Modern Psychological Novel in Austria.* Wien: Bundeskanzleramt – Bundespressedienst, [1964] 24 S. (infor austria – Cultural News from Austria.)
*Frz. Übers. u. d. T.: *Le roman psychologique dans la littérature moderne autrichienne.*
*Ital. Übers. u. d. T.: *Il romanzo psicologico moderno in Austria.*

Mühlmann, Wilhelm E.: *Bestand und Revolution in der Literatur.* Stuttgart-Berlin-Köln-Mainz: W. Kohlhammer, 1973.

[S. 35–36: Paria-Motiv in Kafkas Werken.]

Muir, Edwin: "To Franz Kafka." In: E. M.: *One Foot in Eden.* New York: Grove Pr., 1956. S. 55.

[Sonett.]
Auch in: Gray, *Kafka. A Collection of Critical Essays* (s. Sammelbde.) S. 13.
Auch in: E. M.: *Collected Poems.* New York: Oxford Univ. Pr., 1965. S. 233.
In dt. Übers. v. Erich Fried u. d. T.: "An Franz Kafka." In: Michael Hamburger: *Zwischen den Sprachen. Essays und Gedichte.* Frankfurt/M.: S. Fischer, 1966. S. 126.

– "Introduction to 'The Great Wall of China'." In: Franz Kafka: *Description of a Struggle and the Great Wall of China.* Translated by Willa and Edwin Muir and Tania and James Stern. London: Secker & Warburg, 1960. S. 9–16. – (C 1933, 1958).

[1933 geschrieben. Einführung zur Übers. v. Bd. 5 der "Gesammelten Schriften." Kafka blieb sich treu; Mensch muß nach Vollkommenheit streben; Humor der Verzweiflung. Zweifaches Problem in Kafkas Werk: Stellung des Menschen in Gemeinschaft u. Notwendigkeit des Handelns nach göttlichem Gesetz.]
Auch in: Jakob, *Das Kafka-Bild in England* 1 (s. Sammelbde.) S. 89–97.

– "Franz Kafka." In: E. M.: *Essays on Literature and Society.* Enlarged and Revised Edition. London: Hogarth Pr., 1966. S. 120–24. Auch: Cambridge, Mass.: Harvard Univ. Pr., 1965.

[Anziehungskraft einer fernen Form (Gerechtigkeit, Wahrheit, Gnade, Vater, Gott): im "Schloß" Bemühung, dorthin zu gelangen, im "Prozeß" Flucht davor.]
Auch u. d. T.: "Franz Kafka. A Revaluation." In: Jakob, *Das Kafka-Bild in England* 1 (s. Sammelbde.) S. 115–18.

– "Extracts from Letters from Edwin Muir to Sydney Schiff (1929, 1930)." In: Jakob, *Das Kafka-Bild in England* 1 (s. Sammelbde.) S. 76.

[Abdruck aus Sammlung in The British Museum, Department of Manuscripts. Ms. 52920: über "Das Schloß."]

– "Similarity of Sources." In: Jakob, *Das Kafka-Bild in England* 1 (s. Sammelbde.) S. 77.

[Teilabdruck aus E. M.: "An Autobiography" (London, 1954) S. 59 u. 240. Eindrücke. während der Übers. v. "Das Schloß".]

– "Introductory Note" [to "The Castle"]. In: Jakob, *Das Kafka-Bild in England* 1 (s. Sammelbde.) S. 85–88.

[Abdruck von S. V–XII der Einleitung Muirs zu "The Castle" (London, 1930). Einführung zu Kafka, die auf Brods Erklärungen basiert. "Schloß"-Vergleich mit Bunyan. Religiöse Allegorie.]
Auch in: Neumeyer, *Twentieth Century Interpretations of "The Castle"* (s. Sammelbde.) S. 13–17.

– "Franz Kafka." In: Jakob, *Das Kafka-Bild in England* 1 (s. Sammelbde.) S. 98–108.

[Abdruck des gleichnam. Artikels aus "Life and Letters" (Juni 1934) S. 341–51. Kafkas literarischer Ruhm, sein Leben, Einflüsse auf ihn (Pascal, Flaubert, Kierkegaard). Aphorismen behandeln religiöse Fragen, ebenso "Das Schloß" (aber auch Humor); religiöser Rettungsweg ähnlich dem von Bunyan.]
Auch in: Gray, *Kafka. A Collection of Critical Essays* (s. Sammelbde.) S. 33–44.

– "Introductory Note" [to "Amerika"]. In: Jakob, *Das Kafka-Bild in England* 1 (s. Sammelbde.) S. 109–13.

[Abdruck der Einleitung zur engl. Übers. v. Franz Kafkas "Amerika" (London, 1938) S. VII–XII. Oberflächlich gesehen keine Allegorie, eines der glücklichsten Werke Kafkas, zeigt auch Unvollkommenheit des Menschen. "Prozeß": göttliche Gerechtigkeit; "Schloß": Gnade (Brod); Kafkas Vaterbeziehung in den 3 Romanen zu sehen.]

– "Father and Son." In: Jakob, *Das Kafka-Bild in England* 1 (s. Sammelbde.) S. 334–35.

[Abdruck des gleichnam. Artikels in "Listener" (1.5.1947) S. 680. Brods Kafkabiographie betont Vater-Sohnproblem, sagt wenig über Brods Gespräche mit Kafka aus.]

– "Kafka Speaks." In: Jakob, *Das Kafka-Bild in England* 2 (s. Sammelbde.) S. 403–04.

[Abdruck des gleichnam. Artikels in "Observer" (19.7.1953) S. 9. Hintergrund u. Inhalt der "Gespräche mit Kafka" (Janouch).]

– "The Learned Knife." In: Jakob, *Das Kafka-Bild in England* 2 (s. Sammelbde.) S. 405–07.

[Abdruck des gleichnam. Artikels in "Observer" (30.8.1953) S. 5. Die Milenabriefe sind zart, ehrlich, aber zerstörend.]

Muir, Willa: *Belonging. A Memoir.* London: Hogarth Pr., 1968.

[S. 149–50: Edwin Muir überredete Secker, "Das Schloß" herauszubringen (Sommer 1929); die gemeinsamen Übers.]
Teilabdruck von S. 150 u. d. T.: "On First Looking into Kafka" in: Jakob, *Das Kafka-Bild in England* 1 (s. Sammelbde.) S. 84.

– "Translating Kafka." In: Jakob, *Das Kafka-Bild in England* 1 (s. Sammelbde.) S. 78–83.

["Gruß zur Verleihung des Übersetzer-Preises 1958" aus "Jahrbuch 1960 der Deutschen Akademie für Sprache und Dichtung." Darmstadt, 1961. S. 89–95: Entwicklung der Arbeitsweise des Übersetzerpaares, Rolle in der Kafkarezeption.]

Müller, Joachim: "Erwägungen an dem Kafka-Text: 'Ein Landarzt'." In: *Orbis Litterarum* 23 (1968) S. 35–54.

[Kafka stellt in seinen Helden ("Er"- u. "Ich"-Form) die eigene absurde Lage in verfremdeter Weise dar. Landarzt in Ausnahmesituation: einzelne Etappen – immer neue Prämissen u. neue Dimensionen. Kafkas schmerzliche Epochenerfahrung.]

– "Franz Kafkas Briefe. – Zu neuen Veröffentlichungen seines Briefwerkes." In: *Universitas* 30 (1975) S. 581–94.

[Schicksal, Form u. Inhalt der Briefe, die von Tagebüchern ergänzt werden. Lebensprobleme u. Charaktereigenschaften.]

Müller, Robert: "Phantasie." In: Born, *Franz Kafka. Kritik und Rezeption* (s. Sammelbde.) S. 71–73.

[Zuerst in "Die Neue Rundschau" (Berlin, Okt. 1916): Kafka in einer Gruppe mit Meyrink u. K. Edschmid. "Verwandlung": unzumutbare "Hypothese"; "urdeutsch".]

Müller, Ulrich: "Vertonungen." In: *Kafka-Handbuch* 2 (s. Sammelbde.) S. 851–59.

[Kurzbibliogr. S. 858–59. Obwohl sich Kafka für unmusikalisch hielt, gibt es eine beträchtliche Anzahl von Vertonungen seiner Werke, deren Sprache eine rhythmische Musikalität besitzt (W. Killmayer). Musikdramatische Verarbeitung, Lied, Gesänge etc.]

Müller-Seidl, Walter: *Probleme der literarischen Wertung. Über die Wissenschaftlichkeit eines unwissenschaftlichen Themas.* Stuttgart: Metzler, 1965.

[S. 54–55: Über Kafkas Tagebücher, wichtig für eine künftige Poetik des Dichters. S. 80–82: Trotz Pessimismus "Chiffren der Hoffnung" in "Die Verwandlung".]

*Mundi, Yosef: *Zeh mistovev.* 1976.

[Franz Kafka, 1883–1924.]

*Munteanu, Romul: "Insemnări despre Kafka." In: *Steaua* 28 (1978) Nr. 3. S. 51–52 u. Nr. 4. S. 46–49.

[Rumän. – (Anmerkungen über Kafka.)]

Murdoch, Iris: "'La Nausée' and 'The Castle'." In: Jakob, *Das Kafka-Bild in England* 2 (s. Sammelbde.) S. 439–40.

[Abdruck aus I. M. "Sartre – Romantic Rationalist" (Cambridge, 1953) S. 16–17: Kafkas Held sucht nach Lebenssinn; auch unser Dilemma; Roquetin ist eher ein Philosoph als K.]

Murrill, V., u. W. S. Marks, III: "Kafka's 'The Judgment' and 'The Interpretation of Dreams'." In: *GR* 48 (1973) S. 212–28.

[Therapeutischer Wert der Kunst. Freud u. Kafka: parallele, sich gegenseitig bestätigende Entdeckungen. Träumer: durch Selbstentfremdung Befreiung vom Schuldgefühl. Kaf-

ka meisterte bewußt die Traumenergie, Loslösung vom Vater (innerlich). Otto Rankes "Wille zur Kunst."]
Engl. Zusammenf. in: *TCL* 20 (1974) S. 61.

Muschg, Walter: "Der Ruhm Franz Kafkas." In: W. M.: *Die Zerstörung der deutschen Literatur.* 3., erweiterte Aufl. Bern: Francke, 1958. S. 200–15. – 2. Aufl. 1956.
[Persönlichkeit, Verbreitung des Werkes. Brods Verdienste u. Nachteile (Texteingriffe, Kafkalegende); frz. Surrealisten u. Existenzialisten; tschech. nationale Kafkalegende.]

– "Wilhelm Emrich: 'Franz Kafka.' Bonn: Athenäum-Verlag. 1958. 445 S." In: *Anzeiger für deutsches Altertum und deutsche Literatur* 71 (1958) S. 195–207.
[Stellungnahme zu Emrichs Begriffen: Allegorie, Symbol, Bilder mit Gleichnischarakter, u. a.]
Erweitert u. d. T.: "Der unbekannte Kafka." In: W. M.: *Von Trakl zu Brecht. Dichter des Expressionismus.* München: Piper, 1961. S. 149–73.
In span. Übers. v. Rafael Carillo u. d. T.: "El Kafka desconocido." In: *Eco* 31 (Nov. 1962) S. 8–36.
Auch u. d. T.: "Kafka, el desconocido." In: W. M.: *La literatura expresionista alemana. De Trakl a Brecht.* Barcelona: 1972. S. 146–68.

– "Über Franz Kafka." In: W. M.: *Pamphlet und Bekenntnis. Aufsätze und Reden.* Ausgewählt u. hrsg. v. Peter André Bloch in Zusammenarbeit mit Elli Muschg-Zollikofer. Olten u. Freiburg i. Br.: Walter, 1968. S. 101–07.
[Hinweise auf Kafka; auch S. 290–91 u. 325–28. Ursprünglich in "VHS", Publikationsorgan der schweizerischen Volkshochschulen (Dez. 1929). Kafka als Expressionist. Schuld des Daseins; Vision u. Traum. Vergleich: "Prozeß" u. "Michael Kohlhaas".]

– "Franz Kafka. Der Künstler." In: W. M.: *Gestalten und Figuren.* Auswahl von Elli Muschg-Zollikofer. Bern u. München: Francke, 1968. S. 103–26.
[Geschrieben ca. 1956. Kafka – neuromantischer Meister der kleinen Prosa; Durchbruch zu neuer Sprache; scharf erfaßte Details als magische Zeichen. Kafkas Stil – Gegenteil realistischer Schilderung, Wirkung beruht auf Mischung von Schärfe u. Unschärfe der Zeichnung. Mystiker, Meister des Verschweigens; Selbstkritik; heitere Anmut. Kafka geistig nicht krank. "Auf der Galerie": 2 antithetische Sätze – Problem der Kunst.]

Musil, Robert: "Literarische Chronik". In: R. M.: *Tagebücher, Aphorismen, Essays und Reden.* Hrsg. v. Adolf Frisé. Hamburg: Rowohlt, 1955.
[S. 687–88: Ursprünglich erschienen in "Neue Rundschau" (1914) als Rez. zu "Betrachtung" u. "Heizer". Vergleich mit R. Walser. Traurig, unbestimmt.]
Auch in: Born, *Franz Kafka. Kritik und Rezeption* (s. Sammelbde.) S. 34–36 u. 55.
In frz. Übers. v. Phillippe Jaccattet u. d. T.: "Note sur Kafka." In: *CCRB* (Febr. 1965) Nr. 50. Kafka. L'Amérique – Le Château – Le Procès. S. 43–45.
Dass. gekürzt in: Raboin, *Les critiques de notre temps et Kafka* (s. Sammelbde.) S. 17–18.

Musurillo, Herbert: "Healing Symbols in Kafka." In: *The Month* 19 (1958) S. 334–40.

[In "Landarzt" manche alttestamentarische Heilungssymbole. 3-fache Deutung der Landarztfigur: Messias, guter Mensch, Wissenschaftler.]
Auch in: Jakob, *Das Kafka-Bild in England* 2 (s. Sammelbde.) S. 442–48.
Engl. Zusammenf. in: *TCLB* S. 2097.

Mykyta, Larysa: "Woman as the Obstacle and the Way." In: *MLN* 95 (1980) S. 627–40.

[Sex u. Erotik in "Prozeß" u. "Schloß"; viele schwierige, disruptive Frauenbeziehungen, wie auch in Kafkas Leben. Rolle der Frau als Mittel zum Zweck in Werken scheint bald oberflächlich. Frauen verkörpern sinnlich-materialistische Ablenkung u. gleichzeitig "den Abgrund", können nicht manipuliert u. kontrolliert werden, stören bestehende hierarchische Strukturen, geben aber auch Blick in einen Zustand jenseits des Gegenwärtigen.]

N., W.: "Listy miłosne Kafki." In: *Twórczość* (1957) S. 171–72.
[Poln. Die Liebesbriefe Kafkas an Milena.]

Nabokov, Vladimir: "Franz Kafka." In: *Partisan Review* 47 (1980) S. 341–71.
[Phantasie u. Realität in "Verwandlung", Bezüge zu Gogol. – Vaterkonflikt, Art des Käfers; Strukturbesprechung (3 Teile mit jeweils 7, 9 u. 9 Szenen). Hauptthemen, Bedeutung der Zahl 3, Türen, Lebensverlauf der Samsas.]
Auch in: *Lectures on Literature.* Ed. Fredson Bowers. New York: Harcourt, Brace Jovanovich, 1980. S. 251–83.

*Nadeau, M.: "Kafka et l'assaut contre les frontières." In: *Les Lettres Nouvelles* 24 (1955) S. 260–67.

*– "La machine 'Kafka' sur le livre de Gilles Deleuze et Felix Guattari." In: *Quinzaine littéraire* 210 (1975).

*Nag, Martin: "Franz Kafka og Sigurd Hoel." In: *Morgenbladet* (22.9.1965) S. 3.

*– "Hamsun og Kafka." In: *Verdens Gang* (14.6.1968).

– "Kunstneren Franz Kafka i dag." In: *Samtiden* 78 (1969) S. 237–52.
[Einfluß Dostojewskis auf "Die Verwandlung", weitere Parallelen im Werk des russ. Formalisten Shklovsky u. bei Brecht. Besprechung des russ. u. skandinavischen Einflusses auf Kafka; Kleists Rolle. "In der Strafkolonie" u. Dostojewski, Kafkas prophetische Vision der Verfolgungen unter Stalin u. der Entwicklung in der ČSSR.]

Nagel, Bert: "'Jud Süss' und 'Strafkolonie'. Das Exekutionsmotiv bei Lion Feuchtwanger und Franz Kafka." In: *Festschrift für Hans Eggers.* Hrsg. v. Herbert Backes. Tübingen: M. Niemeyer, 1972. S. 597–629.
[Thematische Gemeinsamkeit, Unterschiede in künstlerischer Gestaltung. Feuchtwanger: geschichtliches Interesse, bleibt im Raum des Konkreten; hat Abstand. Kafka: Leser wird mit Helden eins; entfaltet Geschehen aus innerer Sicht des Helden, einsinniges Erzählen, modellhafte Situation. Sprache u. Stil, Lebenslauf: ganz verschieden.
"Jud Süss" u. "Strafkolonie", ohne direkten literarischen Zusammenhang zu haben, gestalten das Exekutionsmotiv gleichartig modellhaft.]

– "Assoziationen zu Kafka." In: *MAL* 11 (1978) Nr. 3/4. S. 59–86.

[Leserreaktion auf Kafkas Werke deshalb so ungewöhnlich, weil der einzelne seine eigene Erfahrung in das Werk hineinnimmt; Assoziationen, bes. Welt der modernen Angst, des Streß, des Totalitarismus, der Unsicherheit. Universelle Thematik; "Der Bau", "Strafkolonie." Kafka als Seher im antiken Sinn.]

– "Die Aufnahme in den einzelnen Ländern". In: *Kafka-Handbuch* 2 (s. Sammelbde.) S. 624–46.

[S. 640–44: Drucke seit 1924; S. 644–46: Auswahl von Sekundärliteratur. Unterkap. über Wirkung auf Kritik, Wissenschaft, Theologie, Existenzialismus; über "Auffächerung und Konkretisierung" der Kafkakritik u. die Rezeption im allg.]

Nägele, Rainer: "Auf der Suche nach dem verlorenen Paradies. Versuch einer Interpretation zu Kafkas 'Der Jäger Gracchus'." In: *GQ* 47 (1974) S. 60–72.

[Der Moment der Unaufmerksamkeit: viele Kafkahelden fallen aus dem Kreis; Zerstörung der Lebens- u. Todesordnung. Sündenfall? Gracchusgeschichte als mythisches Vorbild der Kafkahelden.]
Engl. Zusammenf. in: *TCL* 20 (1974) S. 229.

Nagygarda, József: "Kafka." In: *Korunk* 38 (1979) S. 681.

[Gedicht. – Behäbiger Bürger bekommt Vorladung vom Gericht; der Kläger: Franz Kafka.]

*Nakamura, Kohei: ["'Der Bau' von Kafka. Versuch über das Haus als die Grundlage des Daseins."] In: *Kanagawa-[Univ.-] Jinmon-Kenkyu* 48 (1971).
[Jap.]

*Nakano, Koji: ["Kafkas 'Prozeß'."] In: *Gendai Sekai-Bungaku-Koza* (Kodansha Verl.) (1956).
[Jap.]

*–["Ein Hungerkünstler."] In: *Mita-Bungaku* (Juni 1961).
[Jap.]

*–["Kafka, den die Generäle gesehen haben."] In: *Eureka* 3–4 (1971) Kafka-Sonderheft.
[Jap.]

*Nakano, Kozon: ["Die Aspekte der Weltstruktur im "Prozeß" von Franz Kafka."] In: *Tohoku [-Univ.] -Tohoku-Doitsu-Bungaku-Kenkyu* 3 (1959).
[Jap.]

*–["Das Problem der Schuld und deren Mannigfaltigkeit im 'Prozeß' von Franz Kafka."] In: *Bunka* 23–3 (1960).
[Jap.]

*–["Das Religiöse bei Franz Kafka."] In: *Tohoku-Bukkyo-Bunka-Nenpo* 3 (1962).
[Jap.]

*–["Das Modell des Schlosses und des Dorfes in 'Das Schloß' von Franz Kafka."] In: *Tohoku [-Univ.] -Tohoku-Doitsu-Bungaku-Kenkyu* 10 (1966) S. 244–52.
[Jap.]

*Nakao, Mitsunobu: ["Kafka I: Annäherung an die Gestensprache."] In: *Yamaguchi [-Univ.] -Kiyo* 2 (1968).
[Jap.]

*–["Kafka II: Die Gestensprache und das Problem des Todes."] In: *Yamaguchi [-Univ.] -Kiyo* 3 (1969).
[Jap.]

*Nakazawa, Hideo: "Kafka no shoki no sakuhin no kôzô to têma." In: *Todai Kyoyo Gakubu Gaikokugo-ka Kenkyu Kiyo* (Tôkyô Univ.) 22 (1974) Nr. 1. S. 47–66.
[(Kafka und die Strukturen und Themen seiner frühen Werke): über "Betrachtung eines Kampfes".]

*Namida, Setsuo: ["Bürokratismus und Individuum. Über 'Das Schloß' von Franz Kafka."] In: *Doitsu-Bungaku* 27 (1961).
[Jap.]

*–[Schöpferischer Künstler und wiedergebender Künstler. Betrachtung über das Künstlerbild bei Kafka."] In: *Hanshim-Doitsu-Bungakukai-Doitsu-Bungaku-Ronko* 4 (1962).
[Jap.]

Nathanson, Maurice: "Existential Categories in Contemporary Literature." In: *Carolina Quarterly* 10 (1956) S. 17–30.
[S. 24–27: Einsamkeit bei Kafka als existentielle Kategorie.]

Naumann, Dietrich: "Kafkas Auslegungen." In: *Literatur und Geistesgeschichte.* Festgabe für Heinz Otto Burger. Hrsg. v. Reinhold Grimm u. Conrad Wiedemann. Berlin: Erich Schmidt, 1968. S. 280–307.
[Auslegung der Texte schwierig, weil in ihnen selbst ausgelegt wird (Türhüterparabel). Im "Schweigen der Sirenen" überlistet Odysseus sich gleichsam selbst. Analyse von "Sancho Pansa."]

*Naumov, N.: "Rožè Garodi v 'Inostrannoj literature'." In: *Inostrannaja literatura* (1965) Nr. 1. S. 252.
[Die Opposition zu Garaudys Buchveröffentlichung in russ. Übers., in Zusammenhang mit Kafka.]

*Nauta, Lolle Wibe: "Franz Kafka." In: L. W. N.: *De mens als vreemdeling. Een wijsgerige studie over het probleem van de vervreemding in de moderne litteratuur.* Amsterdam: G. A. van Oorschot, 1960.

Nayhaus, Hans-Christoph: "Franz Kafkas 'Kleine Fabel'." In: *Wirkendes Wort* 24 (Juli/Aug. 1974) S. 240–50.

[Betrachtung über Veränderung von Inhalt, Sinn u. Form der Fabelgattung im 20. Jh.: erfaßt heutiges Weltbild nicht mehr, höhere Ordnung fehlt; Kafka fühlte dies.]

Necco, Giovanni: "Franz Kafka e il kafkismo." In: *L'Italia che scrive* 41 (1958) S. 77–78.

[Kommentar zu den von Feltrinelli hrsg. posthumen Erz. "Kafkismo" soll von Kafkas Werk unterschieden werden.]

Neff, Kurt: "Kafkas Schatten. Eine Dokumentation zur Breitenwirkung." In: *Kafka-Handbuch* 2 (s. Sammelbde.) S. 872–909.

[S. 904–09: Bibliogr. Eine Zusammenstellung von Gedächtnisveranstaltungen u. Klassikerehrungen; zum Ausdruck "kafkaesk"; "Kafka im Allgemeinbesitz" etc.; literarische Spiegelungen (Porträts, Erdichtungen, Satiren, ein Falsifikat.]

Neider, Charles: "'The Castle': A Psychoanalytical Interpretation." In: Neumeyer, *Twentieth Century Interpretations of "The Castle"* (s. Sammelbde.) S. 40–45.

[Abdruck von S. VII u. 122–29 unter neuem Titel aus: "The Frozen Sea" (New York: Oxford Univ. Pr., 1948): Roman zeigt psychoanalytisches Wissen; vergebliche Suche nach dem Unbewußten dargestellt.]

– "The Cabalists." In: Flores, *The Kafka Problem* (s. Sammelbde.) S. 398–445.

[Interpretationsrichtungen im Sammelbd. "The Kafka Problem" kommentiert. "Naturalists" halten sich an Fakten u. literarische Methoden; "supernaturalists" vertreten oft unbeweisbare Meinungen. Kafka liebte Ordnung u. Logik; stellte den Kabalismus im "Prozeß" (Gericht u. Kirche) dar; neurotisch verzerrte Traumwelt; "Schloß" – nicht Sitz der Gnade; realistischer Roman, Dorf im Mittelpunkt.]
Teilabdruck in: Neumeyer, *Twentieth Century Interpretations of "The Castle"* (s. Sammelbde.) S. 107–08.

Neill, A. S.: "Kafka." In: Jakob, *Das Kafka-Bild in England* 2 (s. Sammelbde.) S. 360.

[Abdruck aus gleichnam. Artikel in "New Statesman and Nation" (18.12.1948) S. 55: Kafkas Werk – Krankengeschichte.]

– "Kafka." In: Jakob, *Das Kafka-Bild in England* 2 (s. Sammelbde.) S. 362–63.

[Abdruck des gleichnam. Artikels in "New Statesman and Nation" (8.1.1949) S. 33–34: Antwort auf Carpenters Artikel ("New Statesman and Nation", 25.12.48): Kafka ist Krank, sonst nichts.]

Nekrasov, Viktor: "Po obe storony okeana." In: *Novyj mir* (1962) Nr. 11.
S. 131.

[1957, als Alberto Moravia im Gespräch mit N. u. anderen russ. Schriftstellern Kafka berührte, war ihnen sogar dessen Name unbekannt.]

Nemo, Korbinian: "Formen des Antihumanen in der Literatur." In: *Weltbühne*
11 (1956) Nr. 2. S. 50–52.

[E. Jünger u. Kafka verkörpern das Antihumane. Kafka: geisteskrank; Brods "Schloß"-Dramatisierung ein Fehlschlag.]

Nerlich, Michael: "La finestra: note a Mallarmé, Kafka e Gide." In: *Sigma* 14
(1967) S. 61–74.

Neubauer, John: "Heinrich von Ofterdingen und der moderne Roman." In: J. N.:
*Symbolismus und symbolische Logik. Die Idee der ars combinatoria in der
Entwicklung der modernen Dichtung.* München: Wilhelm Fink, 1978 (Reihe
I: Abhandlungen, Bd. 28) S. 147–61.

[Novalis entwickelte Technik für modernen Roman, die in Werken Kafkas zu beobachten ist. Schöpfungsprozeß als schrittweise Verwandlung des persönlichen Erlebnisses durch Willen zur abstrakten Form; eingeengte Erzählperspektive; auch ähnliche Kompositionsprinzipien der Märchenkunst bei Novalis u. Kafka.]

Neumann, E.: "Aus dem ersten Teil des Kafka Kommentars: Das Gericht. Das
Domkapitel." In: *Geist und Werk. Aus der Werkstatt unserer Autoren.* Zum
75. Geburtstag von Dr. Daniel Brody. Zürich: Rhein-Verl., 1958. S. 175–96.

[Stammt aus dem Jahr 1933: K. in Verfolgungspsychose; Zwischenwelt mit doppelter Kausalität. Leben K.s – Gegenstand des Verfahrens; Prozeß kommt aus der Tiefe seines eigenen Wesens (an Gesetzesparabel ersichtlich).]
* "Das Domkapitel" in hebr. Übers. v. Yona Sternberg in: *Shdemot* (1965) Nr. 15.
S. 52–63.

*–["Über den 'Landarzt'. Bemerkungenzu den Kommentaren von Kafkas Werken."] In: *Shdemot* (1964) Nr. 14. S. 62–67.

[Hebr.; aus "Bibliografia b'Ivrit"; aus dem Dt. übers. v. Yona Sternberg.]

*–["Franz Kafka. 'The Judgment': An In Depth Psychological Interpretation."]
In: *Analytische Psychologie* 5 (1974) S. 252–306.

Neumann, Gerhard: "Umkehrung und Ablenkung: Franz Kafkas 'Gleitendes
Paradox'." In: *DVjs* 42 (1968) Sonderheft S. 702–44.

[Kafkas Denkform des gleitenden Paradoxes, seine "Ablenkungsmanöver"; Desorientierung des Lesers. Problem des Bildes. Das Minutiöse als das eigentlich Komische.]
Auch in: Politzer, *Franz Kafka* (s. Sammelbde.) S. 459–515.
Zusammenf. in: *TCLB* S. 2074.

– "'Ein Bericht für eine Akademie'. Erwägungen zum 'Mimesis'-Charakter Kafkascher Texte." In: *DVjs* 49 (1975) S. 166–83.

[Affengeschichte als 5-teiliger Lernprozeß der Wirklichkeitsbewältigung gesehen (Brehms "Tierleben"): Aus Sicht des Affen, aus Sicht der Umwelt, Ausweg aus Doppelzwang in Nachahmung der Umwelt gefunden.]
Engl. Zusammenf. in: *TCL* 21 (1975) S. 339.

– "Die Erzählungen. Die Arbeit im Alchimistengäßchen (1916–1917)." In: *Kafka-Handbuch* 2 (s. Sammelbde.) S. 313–50.

[Biographischer Hintergrund zur Schaffensphase (Trennung von Eltern, Schwierigkeiten mit Felice, Krieg u. eigene Arbeitsstätte, auch Scheitern großer Texte. 4 Textgruppen mit verschiedener Akzentsetzung u. Identifikation: Familie, Gesellschaft, Tierwelt u. Kunst. – "Landarztband".]

*– "Kommentar." In: Franz Kafka: *Das Urteil. Text, Materialien, Kommentar.* München: Hanser, 1980. (Hanser Literatur-Kommentare, Bd. 16.)

Neumann, Robert: "Der unterdrückte Teil der Tagebücher. Nach Max Kafka und Franz Brod." In: R. N.: *Mit fremden Federn. Der Parodien zweiter Band.* Wien-München-Basel: Kurt Desch, 1958. S. 153–59 (C 1955. *Neue Ausgabe: Frankfurt/M.-Berlin: 1961.)

[Kafka-Parodie. Kafka überlebt Brod u. soll Brods Manuskripte verbrennen; Kafka publiziert sie unter eigenem Namen u. wird weltberühmt.]

*** Neumarkt, Paul**: ["Das 'Ich' in Isolierung. Gedanken über die Beschränkung der Seele."] In: *Keshet* 10 (1968) Nr. 4. S. 184–94.

[Hebr.; aus "Bibliografia b'Ivrit".]

*– "Kafka's 'A Hunger Artist': The Ego in Isolation." In: *American Imago* 27 (1970) S. 109–21.

[Liebestod-Komplex; latente Homosexualität; Hungern u. Vereinsamung.]
Engl. Zusammenf. in: *TCL* 17 (1971) S. 57,
in: *1970 MLA Abstracts* Vol. 2 (1972) S. 51,
(mit Kommentar) in: *Literature and Psychology* 23 (1973) S. 161 u.
in: *TCLB* S. 2091.

Neumeister, Sebastian: "Die Artisten Franz Kafkas." In: S. N.: *Der Dichter als Dandy. Kafka, Baudelaire, Thomas Bernhard.* München: Fink, 1973. S. 9–39.

[Zweifel an eigener Existenz u. eigenem künstlerischen Werk; erst gegen Lebensende stimmt er der Veröffentlichung der Künstlernovellen zu. "Auf der Galerie", "Erstes Leid", "Ein Hungerkünstler" u. "Josefine ...": Kafkas künstlerisches Kommunikationsproblem. Kunst u. Existenzbewährung, Macht des Publikums. "Josefine ...": Gleichgewicht zwischen Publikum u. Künstler.]

Neumeyer, Peter Florian: "The Modern German Novel in England, with Special Emphasis on the Work of Franz Kafka and Thomas Mann." *DA* 26 (1965) S. 2757.

[Zusammenf.: Die Beziehungen zwischen Mann, Kafka u. England. Manns pro-engl. Einstellung u. die kühle Aufnahme seiner Werke in England. Kafkas Einfluß auf Warner,

Sansom, Upward. Der Kafka-Kult. Die Gründe, warum Kafka in England populärer wurde als Mann.]

— "Franz Kafka, Painter Manqué." In: *University Review* 31 (1965) S. 215–18.

[Beziehung des engl. Schriftstellers William Sansom zu Kafka. Visuelle Qualität von Kafkas Werk. Er gibt Gefühlen graphischen Ausdruck.]
Engl. Zusammenf. in: *TCLB* S. 2074.

— "Franz Kafka and Jonathan Swift: A Symbiosis." In: *Dalhousie Review* 45 (1965) S. 60–65.

[Kafkas Interesse für Probleme der Kindererziehung in "Gulliver's Travels"; Kafka mag Swift mißverstanden haben.]
Engl. Zusammenf. in: *TCL* 11 (1965) S. 163,
in: *Abstracts of English Studies* 9 (1966) S. 485, u.
in: *TCLB* S. 2074.

— "Franz Kafka and William Sansom." In: *Wisconsin Studies in Contemporary Literature* 7 (1966) S. 76–84.

[Sansom weist auf Bedeutung des Visuellen in Kafkas Werk hin; auch Form u. Darstellung von isolierten Gegenständen.]
Auch in: Jakob, *Das Kafka-Bild in England* 1 (s. Sammelbde.) S. 281–89.
Engl. Zusammenf. in: *TCL* 12 (1966) S. 109,
in: *Abstracts of English Studies* 16 (1972/73) S. 318, u.
in: *TCLB* S. 2074.

— "Franz Kafka and England." In: *GQ* 40 (1967) S. 630–42.

[Höhepunkt des Kafkainteresses während der Vierzigerjahre. Kafkas Einfluß auf Rex Warner, Edward Upward u. William Sansom.]
Engl. Zusammenf. in: *TCL* 14 (1968) S. 53, u.
in: *TCLB* S. 2074.

— "Introduction." In: Neumeyer, *Twentieth Century Interpretations of "The Castle"* (s. Sammelbde.) S. 1–12.

[Biographisches. Entstehungsgeschichte von "Das Schloß"; Abraham u. Isaak. Kafkas Krankheit; Expressionismus.]

— "Franz Kafka, Sugar Baron." In: *Modern Fiction Studies* 17 (1971) Special Number. The Modern German Novel. S. 5–16.

[Bedeutung des Kinderbuches (Oskar Weber) für "Ein Bericht für eine Akademie" u. "In der Strafkolonie". S. 17–19: Engl. Teilübers. v. Neumeyer aus "Der Zuckerbaron".]
Engl. Zusammenf. in: *TCL* 17 (1971) S. 290, u.
in: *1971 MLA Abstracts* Vol. 2 (1973) S. 74.

— "Janouch's 'Conversations with Kafka': Some Questions." In: *Modern Fiction Studies* 17 (1971–72) S. 555–56.

[Frage nach Echtheit der Kafkazitate in erweiterter dt. Aufl. 1968.]
Engl. Zusammenf. in: *TCL* 18 (1972) S. 226, u.
in: *1972 MLA Abstracts* Vol. 2. S. 68.

343

– "Franz Kafka and Friedrich Wilhelm Foerster." In: *Germanic Notes* 6 (1975) S. 41–42.

[Kafkas pädagogisches Interesse.]
Engl. Zusammenf. in: *1975 MLA Abstracts* Vol. 2 (1977) S. 94.

– "Franz Kafka und die Lüge." In: Caputo-Mayr, *Kafka Symposium* (s. Sammelbde.) S. 28–34.

[Vortrag/Philadelphia 1974. – Felice Bauers Arbeit im Waisenhaus "Jüdisches Volksheim" erregt Kafkas Interesse an Erziehung u. Einfluß der Gesellschaft auf Kinder, bes. die "soziale Lüge". Friedrich Wilhelm Försters "Jugendlehre".]
Engl. u. d. T.: "Franz Kafka and the Lie." In: *JML* 6 (1977) S. 351–65.

– "Do Not Teach Kafka's 'In the Penal Colony'." In: *College Literature* 6 (1979) S. 103–11.

*Nibbrig, Christian Littart: "Die verschwiegene Botschaft oder: Bestimmte Interpretierbarkeit als Wirkungsbedingung von Kafkas Rätseltexten." In: *DVjs* 51 (1977) S. 459–75.

[Kafkas Texte sind aus bestimmten strukturellen Umständen, trotz ihrer Rätselhaftigkeit u. der polivalenten Interpretation, offen.]
Engl. Zusammenf. in: *TCL* 25 (1979) S. 111.

Nicholson, Norman: "The Impact of Kafka." In: Jakob, *Das Kafka-Bild in England* 1 (s. Sammelbde.) S. 240.

[Abdruck aus N. N. "Man and Literature" (London, 1943): Rex Warner u. seine Abhängigkeit von Kafka.]

Nicolai, Ralf R.: "Erziehung zum Kollektiv. Ein Aspekt im Werk Franz Kafkas." In: *Humanitas* (Univ. Ant. de Nuevo León, Monterey) (1971) S. 203–15.

[Kafka erkannte Problematik der Erziehung, die den Menschen in ein mechanisiertes u. seinswidriges Leben führt. Kollektiv bietet Sicherheit. Affengeschichte, Trapezkünstler.]

– "Kafkas Stellung zu Kleist und der Romanitk." In: *Studia Neophilologica* 45 (1973) S. 80–103.

[Die 3 von Kleist in "Über das Marionettentheater" beschriebenen Entwicklungsstufen der Menschheit sind in ähnlicher Form bei Kafka vorhanden. Seine Helden haben den "Ursprung" (Heimat) verloren, leben in Verwirrung (z. B. in "Prozeß") u. versuchen, das Paradies zu erreichen ("Schloß").]
Engl. Zusammenf. in: *TCL* 20 (1974) S. 153.

– "Kafkas Auffassung von 'Freiheit'." In: *Studia Neophilologica* 46 (1974) S. 105–19.

[Kafka stellt Verlust der Freiheit aufgrund des "Menschseins" dar. Radikaler Kulturpessimismus (Kleist, Kant, Nietzsche). Konfliktsituation in Werken: Vernunft (Wille) stößt auf Bewußtseinslage, die an Freiheit erinnert.]
Engl. Zusammenf. in: *TCL* 21 (1975) S. 130.

– "Kafkas 'Josefine'-Erzählung im Lichte der Dreistufigkeit." In: *Studi Germanici* 12 (1974) S. 273–90.

[Schema der Dreistufigkeit (Kleist) ist neben Themen der Musik, Stille, Tätigkeit u. Bewegung für Erz. wichtig. Musik – Welt der Wahrheit. Bedeutung der Stille für Mäusekinder; Bedrohung durch Musik für Erwachsene u. für Gesetze der Tätigen u. des Kollektivs. Josefine: nahe der 3. Seinsstufe.]

– "Diskussionsbeitrag zu Kafkas 'Die Sorge des Hausvaters'." In: *Revue des Langues Vivantes* 41 (1975) S. 156–61.

[Uneinigkeit der Forschung: Odradek als "Modell"; Vorbild vielleicht in Klein-Zaches von E. T. A. Hoffmann; Besprechung der Übereinstimmungen.]
Engl. Zusammenf. in: *1975 MLA Abstracts* Vol. 2 (1977) S. 94.
In engl. Übers. u. d. T.: "Kafka's 'Odradek' and E. T. A. Hoffmann." In: *Studies in Language and Literature*. Proceedings of the 23rd Mountain Interstate Foreign Languages Conference. Ed. Charles Nelson. Richmond: Department of Foreign Languages, 1978. S. 451–54.

– "Konflikt zweier Welten. Kafkas Triadik und 'Der Bau'." In: *Jahrbuch des Freien Deutschen Hochstifts.* Tübingen: Niemeyer, 1975. S. 381–408.

[Kafkas Werk im Licht eines triadischen Prinzips (Kleists "Marionettentheater") betrachtet: 3 Standorte: 1. Paradies – die nicht reflektierende Natur, daraus Mensch durch Sündenfall (Reflexion) vertrieben. Zwischen 1. u. 2. Schritt befindet sich die Menschengeschichte. 3. Standort in utopischer Ferne; Mensch bleibt auf 2. Stufe. Freiheitsverlust ersetzt durch Willensfreiheit. "Bauen" als Lebensbasis, an "Der Bau" erläutert.]

– "Die Amalia-Episode im Lichte der Dreistufigkeit in Kafkas Romanen." In: *Literatur und Kritik* (1976) Nr. 104. S. 207–18.

[Amalia sei, nach Kleists "Dreistufentheorie", als eine der negativsten Gestalten im Roman zu sehen. Schloß vereinigt 1. u. 3. Stufe; K. strebt nach dem Schloß, Amalia hingegen hat sich aus diesem Verband gelöst u. setzt K.s Reise fort.]
Engl. Zusammenf. in: *TCL* 22 (1976) S. 483.

– "Vermassung und Funktionalisierung. Eine Studie zu Kafkas tragischem Lebensgefühl." In: *Archiv für das Studium neuerer Sprachen und Literaturen* 214 (1977) Nr. 1. S. 18–36.

[Kafka äußerte sich zu diesen Themen. Artikel versucht, diese Gedanken zusammenhängend darzustellen.]
Engl. Zusammenf. in: *TCL* 24 (1978) S. 547.

– "Die 'Johanna Brummer'-Episode in Kafkas 'Amerika'." In: *Annali Istituto Universitario Orientale Napoli. Sezione Germanica* 21 (1978) Nr. 1. S. 129–54.

[Frage nach Karls Schuld, der doch ein Opfer war, in Zusammenhang mit Kafkas Auffassung der Erbsünde gesehen: Sünde liegt "in" Bewußtwerdung. Johanna – Zone unsublimierter Triebhaftigkeit. Unbehagen Karls – Aufklingen früherer Freiheit; Sünde – Aufkeimen des schlechten Gewissens. Freud u. Nietzsche. Karls Onkel sieht Verstoßung von moralischer Perspektive aus.]

– "Wahrheit als Gift: Zu Kafkas 'Forschungen eines Hundes'." In: *MAL* 11 (1978) Nr. 3/4. S. 179–97.

[Thema: "Konflikt zwischen ursprünglichem Sein" u. gesellschaftlicher Unfreiheit. Streben des Hundes, Kreis zu schließen, Gegensätze zu vereinen. Musikerhunde: Welt der Wahrheit u. Freiheit. Unerreichbar für Forscherhund.]

– "Zur Stagnierung im Werk Kafkas und Kleists: Dreistufigkeit." In: Caputo-Mayr, *Franz Kafka Symposium* (s. Sammelbde.) S. 194–201.

[Mensch u. Menschheitsentwicklung im Übergangsstadium; Kontakt mit Ursprung u. Ziel fehlt. Im Lichte der 3 Entwicklungsstufen von Kleists "Über das Marionettentheater" nehmen Kafkas Werke neue Transparenz an: Mensch im Zustand der Stagnierung zwischen "Paradies und dessen Hintertür" (durch Verwirrung, Gewohnheit, Vergessen); "Stadtwappen", "Amerika", "Prozeß" (2. Stufe); "Schloß" auf Grenze zur 3. Stufe. Kreis müßte sich schließen.]

– "Kafkas 'Schloß'. Ansatz zu einer Interpretation." In: *Neuphilologische Mitteilungen* 80 (1979) S. 222–28.

[Im Rahmen einer ringförmigen Welt (Kleist) stellen Dorf u. Schloß das präreflektive Sein u. das höchste Bewußtsein dar. K. bemüht sich vergeblich, das Ziel der unendlichen Wanderung vernunftmäßig zu durchdringen.]
Engl. Zusammenf. in: *Newsletter of the Kafka Society of America* 1 (1977) Nr. 1. S. 6.

– "'Ein altes Blatt' als Beispiel für Kafkas Weltanschauung." In: *Akten des VI. Internationalen Germanisten-Kongresses Basel 1980.* Bern: Peter Lang, 1980. S. 481–85.

[Kleists Ideen von der "coincidentia oppositorum" (Zusammenspiel von präreflektiver Existenz u. höchstem Bewußtsein als Deutungsansatz für "Schloß" u. a. "Altes Blatt": Geschäftsleute hilflos zwischen Nomaden u. Kaisertum gefangen, wie Eisenbahnreisende im Tunnel.]

*Nicolin, Günther: *Kunst zu Kafka. Ausstellung zum 50. Todestag.* Bonn: Bücherstube am Theater, 1974. 110 S. Illustr.

[Ausstellungskatalog zu "Kunst zu Kafka"; s. auch unter Eckert, Willehad u. Beckmann.]

*Nielsen, P.: "Mødet med Angsten." In: *Fyens Stiftstidende* (30.3.1957).

*Niizuma, Koichi: ["Kafka und Chagall (1). Die jüdische Seite."] In: *Taisho [Univ.] -Ho* 33 (1971).
[Jap.]

*Nilsen, J. A.: "Kafkas paradoksale univers. (Erzählungen)." In: *Verdens Gang* (19.1.1973).

Nivelle, Armand: "Kafka devant la critique juive." In: *Hommage à Maurice Marache. 1916–1970.* [Paris]: "Les Belles Lettres", 1972. (Institut Maurice Marache. Études allemandes et autrichiennes. – Publications de la Faculté des Lettres et des Sciences Humaines de Nice, Bd. 11.) S. 387–95.

[Interpretationen von Brod, Schoeps, Weltsch, Buber u. Kurzweil sind ebenso widerspruchsvoll, wie die nichtjüdische Kritik. Aber Wissen, daß Kafka Jude ist, erleichtert Zugang zum Werk.]

— "Kafka und die marxistische Literaturkritik." In: *Beiträge zur vergleichenden Literaturgeschichte.* Festschrift für Kurt Wais. Unter Mitarbeit von Wolfgang Eitel, hrsg. v. Johannes Hösle. Tübingen: Niemeyer, 1972. S. 331–54.

[1957–63; versprach mehr, als sie leistete, meist negativ. Z. B.: Pavel Reiman sieht Kafkas Interesse an der Gesellschaft als zentral. H. Mayer, Hermsdorf, Richter, E. Fischer erfaßten Kafka am besten vor der Liblicekonferenz; Prager Hintergrund u. Historisches einbezogen; Annäherung westlicher u. östlicher Ideen durch Kusák u. Garaudy. Neuer Realismusbegriff; Goldstücker.]

Njarđvik, Njörđur P.: "Líkamning andlegra kvala." In: *Félagsbréf* 7 (Juni 1961) Nr. 22. S. 53–55.

[Isländisch. (Verkörperlichung geistiger Qual:) Rez. der isländlischen Übers. der "Verwandlung" ("Hamskiptin") von Hannes Pétursson (1960).]

*Noack, P.: "Ein Kafka-Epigone." In: *Über Martin Walser.* Hrsg. v. T. Beckermann. Frankfurt/M.: 1970. S. 12.

Noble, C. A. M.: "Kafkas Männer ohne Eigenschaften." In: *Literatur und Kritik* (Juli–Aug. 1972) Nr. 66–67. S. 387–98.

[Forschungsbericht, der Ansätze für Musil-Kafka Vergleich auf Gebiet der "Ambivalenz" prüft. Verschiedenheit ihrer Technik ließ Ähnlichkeit der Probleme unbeachtet. Ich-Zerfall, Auflösung der Wirklichkeit. Ulrich u. Josef K. nie stabil. Ordnungslose Ordnung. Suchen als Heimsuchung.]

— "Wort und Wirklichkeit." In: *Literatur und Kritik* (Juli–Aug. 1974) Nr. 86–87. S. 389–92.

[Hofmannsthals Lord Chandos-Brief, "Schloß" u. "Prozeß" aus Zeit des extremen Sprachzerfalls. Sprache bei Musil u. Kafka verschieden, aber gleiches Problem vorhanden.] Engl. Zusammenf. in: *TCL* 21 (1975) S. 112.

Nobuo, Kojima: "Shometsu no bungaku." In: *Bungei* (1957).

[Jap.]

Noon, William T.: "God and Man in Twentieth Century Fiction." In: *Thought* 37 (1962) S. 35–58.

[Kafka, Lawrence u. Joyce als Abtrünnige von ihrer religiösen Tradition. S. 35–44: Kafkas Suche nach dem Metaphysischen, sein unorthodoxes Gottesbild ("Bau", "Verwandlung").] Engl. Zusammenf. in: *TCLB* S. 2075.

*Nordin, P. G.: "Franz Kafka: 'Die Verwandlung.' — Vorwort, Einführung, Erläuterungen." Stockholm: 1966.

[Schulausgabe.]

*Nordlicht, Stephen: "Franz Kafka. Struggle to Survive." In: *New York State Journal of Medicine* 78 (Jan. 1978) S. 110–14.

Norris, Margot: "Sadism and Masochism in Two Kafka Stories: 'In der Strafkolonie' and 'Ein Hungerkünstler'." In: *MLN* 93 (1978) S. 430–47.

[Sadismus, Masochismus, Gesetz u. Ideal ergänzen einander in diesen Erz. Sogar vom psychoanalytischen Gesichtspunkt sind sie Komplementärwerke, weisen auf subversive Tendenzen in Kafka hin.]
Engl. Zusammenf. in: *TCL* 25 (1979) S. 111–12.

– "Darwin, Nietzsche, Kafka, and the Problem of Mimesis." In: *MLN* 95 (1980) S. 1232–53.

[Seit Darwin Theorie, daß "Nachahmung" in den Bereich der Natur, nicht in den der Kunst gehöre (Aristoteles) u. u. a. auch geschichtliche Veränderungen hervorrufe. Folgen für Nietzsche u. Kafka: Neubewertung von Mimesis u. Theater (Kafkas Affe imitiert den Menschen, steht nicht als ihr Symbol). Kafka entwertet hiermit die "Vernunft" (wie Darwin, Nietzsche u. Freud).]

Northey, Anthony D.: "Kafkas Advokaten." In: *MLQ* 89 (1974) S. 469.

[Kafkas Geschäftsbeteiligung (sein Schwager Karl Hermann) u. Gespräche mit Advokat Robert Kafka.]

*– "Kafkas Leitmeritzer Verwandte." In: *Germanic Notes* 6 (1975) S. 62–63.

– "Dialogue in the Works of Franz Kafka." In: *DAI* 35 (1975) S. 6726A–27A.

[Zusammenf.: Dialog in Kafkas Werken untersucht, auch andere Kommunikationsformen (Gesten, Laute). Beziehung von Kafkas Helden zur Umwelt; Kafkas Auffassung von der Gemeinschaft. Aspekte von Josef K.s Sprechweise im "Prozeß", er erfährt seine Niederlagen in Gesprächen. – Biographischer Anhang über Kafkas Rolle als Unternehmer u. Quellen für "Der Verschollene."]

– "Dr. Kafka Goes to Gablonz." In: Flores, *The Kafka Debate* (s. Sammelbde.) S. 117–19.

[Dienstreise nach Nordböhmen; Anzeige seiner Rede am 28.9.1910 in der "Gablonzer Zeitung" u. Bericht darüber am 10.10.1910; Kafkas Interesse an Unfallverhütung.]
Auch u. d. T.: "Dr. Kafka in Gablonz" in: *MLN* 93 (1978) S. 500–03.
Engl. Zusammenf. in: *TCL* 25 (1979) S. 112.

– "The American Cousins and the Prager Asbestwerke." In: Flores, *The Kafka Debate* (s. Sammelbde.) S. 133–46.

[Neue biographische Fakten über Kafka, die "Amerika" u. "Verwandlung" beeinflußten, bes. Geschichte seiner verschiedenen Cousins, die nach den USA u. Südamerika auswanderten. Sein Anteil an den Prager Asbestwerken ("Urteil").]

– "Franz Kafkas Verbindung zu Amerika." In: Caputo-Mayr, *Franz Kafka Symposium* (s. Sammelbde.) S. 5–16.

[Erster Bericht über amerikanische Verwandte Kafkas während des Kafka-Symposiums an der Temple Univ. 1974. – Anregungen zu "Amerika"-Roman. Arnold Weissberger, Robert Kafka u. bes. dessen Brüder Otto u. Frank waren in den USA. Bekanntschaft mit

Robert anläßlich Gründung der Asbestwerke. – Emil Kafka aus Leitmeritz (arbeitete bei Sears) u. dessen Bruder Viktor. Besuch von Alice Kafka ca. 1911.]
Engl. u. d. T.: "Kafka's American Connection." In: *JML* 6 (1977) S. 448–54.

– "Unbefugte Kafka-Nachdrucke." In: *MLN* 94 (1979) S. 607–09.

["Schakale und Araber" u. "Bericht für eine Akademie" schon 1917 in der "Österreichischen Morgenzeitung" (in der "Literaturzeitung" u. der Weihnachtsbeilage) nachgedruckt. Kafka war nicht so unbekannt.]

– "Irma Kafka." In: *Germanic Notes* 11 (1980) S. 54–55.

[Tochter von Hermann Kafkas jüngstem Bruder Ludwig, Freundin Ottlas, arbeitete in Hermanns Geschäft; Kafka schreibt über sie wahrscheinlich in "Brief an den Vater".]

– Robert Kafka. Some Corrections and Additions." In: *Newsletter of the Kafka Society of America* 4 (1980) Nr. 1. S. 15–17.

[2 Verwandte Kafkas mit dem Namen "Robert". Ein 2. Cousin, Robert, Rechtsanwalt, Sohn von Friedrich Kafka. Dieser ist zu unterscheiden von Robert, Sohn von Filip Kafka, der das Vorbild für Karl in "Amerika" wird.]

*Nudelstejer, S.: "El mundo prodigioso de Franz Kafka." In: *México en la cultura* (9. Juni 1962).

*Nunes, Danilo: "Franz Kafka. Vida heróica de um antiherói." In: *Revue International d'Onomastique* (1974).

Nyírő, Lajos: "Garaudy – Picassóról, Kafkáról és a realizmusról." In: *Kritika* [Budapest] 1 (1963) Nr. 4. S. 43–47.

[Rez.-Artikel über R. Garaudy: "D'un réalisme sans rivages" (1963). Marxistische Untersuchungen. Kafka trägt zur tieferen Erkenntnis der Wirklichkeit bei. Garaudy gegen enge Auslegung des Realismus.]

Oates, Joyce Carol: "Kafka's Paradise." In: *Hudson Review* 26 (Winter 1973/74) S. 623–46.

[Kafka als das ewige Rätsel, ein "Zen koan". Sein Interesse für Taoismus. Westen: Leben als Paradox u. ewiger Kampf. Taoismus: passiver Held wartet auf Erleuchtung; höchste Leistung: Erkennen des Glanzes (Gregor Samsa). Suche nach dem "statischen" Prinzip. "Schloß": empirische Methode versagt. Kafka als ahistorischer Romancier.]
Auch in: J. C. O.: *New Heaven, New Earth: The Visionary Experience in Literature.* New York: Vanguard Pr., 1974. S. 265–98. Auch: London: Gollancz, 1976.
Engl. Zusammenf. in: *TCL* 20 (1974) S. 154.

Oblau, Gotthard: "Erkenntnis- und Kommunikationsfunktion der Sprache in Franz Kafkas 'Der Prozeß'. Text und Meta-Text (Greimas) oder die Duplizität der Sprachspiele (Wittgenstein)." In: Heintz, *Interpretationen zu Kafka* (s. Sammelbde.) S. 209–29.

[Sprachtheoretische Diskussion mit textbeschreibender Interpretation. Josef K. u. Gerichtspersonen spielen verschiedene Sprachspiele (Gebrauch der juridischen Wörter). Doppelheit dieser schafft inneres Kraftfeld des Romans. Josef K.s sprachliche Befangenheit läßt ihn seine tödliche Lage nicht erkennen. Sprachtheorien G.s u. W.s helfen, "Sprachbeobachtung zu sensibilisieren" u. Textbeschreibung zu vermitteln.]

*Obschernitzki, Doris: "Franz Kafka, 'Das Schloß': Poetische Irrealität und gesellschaftliche Wirklichkeit: Ein Beitrag zum Streit um Kafkas Realismus und zum Realitätsgehalt des 'Schloß'-Romans." In: *Germanistische Dissertationen in Kurzfassung* (Jahrbuch für Internationale Germanistik, Bd. 4). Hrsg. v. Hans-Gert Roloff. Bern: Lang, 1979. S. 223–29.

Occelli, Emanuele: "Collodi e Kafka." In: *Alla Bottega* (Brianza) 7 (1969) S. 16–17.
[Ähnlichkeiten zwischen K.-Helden u. dem Pinocchio (marionettenhaft unreif, Schuldgefühle), auch in Situationen u. Stil.]

*Ode: "Fantastiske Franz Kafka." In: *Samhold* (26.9.1972) u. *Velgeren* (26.9. 1972).

*Oellers, N.: "Die Bestrafung der Söhne. Zu Kafkas Erzählungen 'Das Urteil', 'Der Heizer', und 'Die Verwandlung'." In: *ZfdPh* 97 (1978) S. 70–87. Sonderheft. Festgabe für Benno von Wiese.

*Ogawa, Hiroshi: ["Versuch über 'Beschreibung eines Kampfes' von Franz Kafka."] In: *Chugoku-Shikoku-Shibu-Doitsu-Bungaku-Ronshu* 1 (1967).
[Jap.]

*Ogawa, Satoru: ["Über die Situation in Kafkas Erzählungen, besonders über das Motiv vom 'Käfig' in 'Bericht an eine Akademie'."] In: *Doitsu-Bungaku* 23 (1959).
[Jap.]

*–["Das Problem der Zeit in Franz Kafkas Erzählungen".] In: *Kansai [-Univ.] -Doitsu-Bungaku* (Osaka) (1959).
[Jap.]

*–["Das Ich-Problem in Kafkas Erzählungen."] In: *Kansai [-Univ.] -Doitsu-Bungaku* (Osaka) 6/7 (1960).
[Jap.]

*–["Das Seinsproblem in Franz Kafkas Erzählungen. Über 'Die Verwandlung'."] In: *Osaka [-Musik-Hochschule] -Kenkyu-Kiyo* 1 (1961).
[Jap.]

*–["Das Problem des Monologes in Franz Kafkas Erzählungen."] In: *Kansai [-Univ.] -Doitsu-Bungaku* (Osaka) 8 (1962).
[Jap.]

*–["Der Sinn der Gegenwart in der Literaturwissenschaft."] In: *Doitsu Bungaku* 27 (1963) S. 57–64.
[Jap.]

*–["Kafka in Japan. Eine Betrachtung über Kafka in Japan in Auseinandersetzung mit Wellek."] In: *Kansai-Tozai Gakujutsu Kenkyujo Kiyo* 4 (1971) S. 1–13.
[Jap.]

*Ohad, Mihael: ["Die Fliege im Spinnennetz. Ein Porträt Franz Kafkas."] In: *Davar Hashavua* (1963) Nr. 9. S. 3–6.
[Hebr.; aus "Bibliografia b'Ivrit".]

*Øhrgaard, Per: "Franz Kafka." In: *Fremmede digtere i det 20. århundrede.* Bd. 2. Hrsg. v. Sven M. Kristensen. København: G. E. C. Gad, 1968. S. 311–25.

*Okamura, Hiroshi: ["Kafka-Notiz."] In: *Kansai-Gakuin [-Univ.] -Jinmon-Ronkyu* 21–2 (1971).
[Jap.]

*Okunuki, Haruhiro: ["Über Kafkas Tagebücher."] In: *Toyama [-Univ.] -Kiyo* 4 (1971).
[Jap.]

Olafson, Frederick A.: "Kafka and the Primacy of the Ethical." In: *Hudson Review* 13 (1960) S. 60–73.
[Kafka beurteilt religiöse Situation des Menschen; göttliche Ordnung unbegreiflich, aber normativ für Menschen; Dorfbewohner verteidigen Schloß gegen K.]
Auch in: Neumeyer, *Twentieth Century Interpretations of "The Castle"* (s. Sammelbde.) S. 83–97.
Engl. Zusammenf. in: *TCL* 7 (1961) S. 36, u.
in: *TCLB* S. 2106.

Olivieri, Uta: "Analisi statistica dei racconti di Kafka." In: *Studi Urbinati di Storia, Filosofia e Letteratura* (nuova serie B) 43 (1969) S. 369–422.
[Kafkas Wortschatz zeigt mittleren Wortreichtum im Vergleich mit frz. Symbolisten. Wortlänge: zuerst ein- u. zweisilbige Wörter in kurzen, parataktischen Sätzen. Mittlere u. späte Periode: ständiges Ansteigen der Wort- u. Silbenanzahl. Übergang zur Hypotaxe. Analyse der "parole-temi" (häufigste Wörter) u. "parole-chiavi" (im Vergleich mit Durchschnittssprache gefunden) ergibt: Kafkas Sprache gleicht Durchschnittssprache. Welt der Bäume, Gänge, Türen. Zahl der Adverbien des Zweifels steigt stark an. Kafkas Wortschatz weist Gegensatzklassen auf; auch wichtig für Strukturprinzip. Gegensätzliche Strukturpole ("geschlossene Klassen" nach Hjelmslev) überwiegen, bestätigen Kafkas spezielle Dialektik (These-Antithese-keine Synthese). Wortschatz von "Prozeß" u. "Schloß": Syntaktisch gehört "Prozeß" zu typischen Geschichten der 2. Periode; "Schloß": Mittelstellung (mittlere Wortlänge, aber komplizierte Syntax der Endperiode). – Charakteristisches Vokabular der beiden Romane: höchste Frequenz für Rechtsterminologie in "Prozeß"; für "Schloß": Recht u. Bürokratie (andere Thematik als Ge-

351

schichten). Adversative Konstruktion zeigt Einschränkung u. Inversion an. Wortschatz
u. poetisches System weisen Bedeutungsveränderungen der lexikalischen Einheiten in
Verbindung mit anderen auf.]

– "Geziemendes über Brecht und Kafka." In: *Brecht-Jahrbuch 1977.* Hrsg. v.
John Fuegi, Reinhold Grimm u. Jost Hermann. Frankfurt/M.: Suhrkamp,
1977. S. 100–10.

[Brechts Beschäftigung mit Kafka schon vor 1925. Genaue Kenntnis des Werkes. Mitten-
zweis Artikel. Berichtigung der Mythen; Historisierung des Mythos bei Brecht, historische Berichtigung der Geschichte bei Kafka. Verfremdung: Vorbild für Brecht ("Über
den Realismus"). Keuner-Figur sei "Anti-K." Brechts.]

Olivová, Drahomira: "Franz Kafka a Orson Welles." In: *Slovenské pohľady* 80
(1964) Nr. 6. S. 90.

[Filmversion von "Prozeß" erfaßte das Wesentliche des Romans.]

Otten, Karl: "Das dichterische Drama des Expressionismus." In: *Schrei und
Bekenntnis. Expressionistisches Theater.* Hrsg. v. Karl Otten. Darmstadt:
Hermann Luchterhand, 1959. S. 7–44.

[S. 27–28 über Kafkas "Der Gruftwächter": Morbide Posse; latenter Humor; Surrealismus. Kafka – Dichter der "modrigen" Verzweiflung.]

*Ozaki, Jun: ["Kafka: Vor der Tür des Lebens."] In: *Essays in Foreign Languages and Literature* 26 (1980) S. 53–79.

[Jap. – S. 316: Dt. Zusammenf.]

Ozick, Cynthia: "With Babel and Singer and Kafka: 'The Streets of Crocodiles'."
In: *The New York Times Book Review* (Feb. 13, 1977) S. 4–5.

[Vergleich zwischen Bruno Schulz u. Kafka.]

*P., Z.: "Proces przeciwko człowiekowi." In: *Za i Przeciw* 7 (1958) S. 19.

[Poln. (Der Prozeß gegen die Menschen).]

Paci, Enzo: "Kafka e la sfida del teatro di Oklahoma." In: *Studi Germanici* 5
(1967) S. 240–52.

[Kafkas Werke zwingen den Leser, sein Gewissen zu erforschen u. Stellung zu nehmen.
Hinweise auf Anders u. Marx. Warnung vor Entfremdung; abstrakte, leere Helden, von
Autorität überwältigt. Negative dialektische Beziehung zwischen Wirklichkeit als Bild
u. Bild als Wirklichkeit. Auch "Amerika" pessimistisch. Theater von Oklahoma: Schein,
der sich als Wirklichkeit gebärdet. Höchste Organisation, aber alles ist erstarrt. Photographie oder Wirklichkeit?]

Padovano, Anthony T.: "Franz Kafka." In: A. T. P.: *The Estranged God.
Modern Man's Search for Belief.* New York: Sheed and Ward, 1966. S. 91–
101.

[Josef K. – Symbol des Dilemmas des modernen Menschen. Im "Prozeß" Suche nach
Gerechtigkeit, im "Schloß" Suche nach Erlösung; Mensch braucht beides.]

Painter, G. D.: "Conversations with K." In: Jakob, *Das Kafka-Bild in England* 2 (s. Sammelbde.) S. 401–02.

[Abdruck des gleichnam. Artikels in "Listener" (25.6.1953) S. 1070: Hintergrund u. Bedeutung der "Gespräche mit Kafka."]

*****Paludan, J.**: "Kafka's gaader." In: *Dagens Nyheder* (10.12.1956).

Palumbo, Donald Emanuel: "Faith, Identity and Perception: Three Existential Crises in Modern Fiction and Their Artistic Reconciliation: A Comparison of the Fiction of Dostoyevsky, Joyce, Kafka and Faulkner from the Perspectives of the Works of Sartre and Camus." Vol. 1–3. In: *DAI* 37 (1976) S. 3616A.

[Zusammenf.: Trotz äußerer Verschiedenheiten behandeln alle 3 Autoren existenzielle Probleme, z. B. die Glaubenskrise u. Gottes Existenz. An Camus u. Sartre ein zusammenhängendes System erarbeitet. Glaubenskrise durch Krisen der Wahrnehmung u. Identität verursacht. Fehlen eines einigenden Gottesbildes führt zu Weltsicht ohne Zusammenhang. Erkennen der Freiheit des Menschen, Verlust des Lebenssinnes. Entfremdung von Vaterfigur, Kultur u. vom Selbst. (Roman)-schreiben, um der sinnlosen Wirklichkeit Ordnung u. Ziel zu verleihen.]

Pándi, Pál: "Roman einer Krise, Krise eines Schriftstellers: Tibor Déry." In: *Littérature et Réalité*. Hrsg. v. Béla Köpeczi u. Péter Juhász. Budapest: Akadémiai Kiadó, 1966. S. 276–93.

[Übers. v. Gáspár Soltész; Ähnlichkeiten zwischen Kafkas "Prozeß" u. Dérys "Herr G. A. in X"; Verfremdung; Welt der Lüge.]

*****Pandolfi, V.**: *Il teatro italiano del dopoguerra 1945–1959*. Milano: 1959.

Panter, Peter: s. **Tucholsky.**

Paoli, Rodolfo: "Nota a Kafka." In: Franz Kafka: *Descrizione di una battaglia, e altri racconti*. [Milano:] Mondadori, 1961. S. 9–24.

[Kafkas Ambivalenz seinem Werk gegenüber; Schicksal des Werkes vom Tode Kafkas bis zum 2. Weltkrieg, der es realistisch erscheinen ließ. Romane: sachliche Visionen. – Interpretationsrichtungen.]
In veränderter Form u. d. T.: "Interpretazione." In: Pocar, *Introduzione a Kafka* (s. Sammelbde.) S. 54–57.

– "L'amico di Kafka." In: *L'Approdo Letterario* (1969) Nr. 45. S. 83–88.

[Zum Anlaß von Brods Tod. Erinnerungen an seine Persönlichkeit u. sein Werk.]

– "Kafka: Lettere a Felice." In: *L'Approdo Letterario* (1969) Nr. 48. S. 59–66.

[Anlaß: Veröffentlichung der Briefe. Kafkas Verhältnis zu Felice, seine Persönlichkeit u. Eigenart als Künstler. Kafka liebt, leidet u. bittet.]

Papassiopis, Pavlos: "Hē allēlografia tou Kafka." In: *Panathenaia* 7 (1967) Nr. 72. S. 20–21.

[Griech. (Die Korrespondenz Kafkas): Kafka als Mensch, wie er in den Briefen erscheint.]

Papini, Giovanni: "Kafka o il castello della noia." In: G. P.: *La loggia dei busti.* Firenze: Vallecchi, 1955.

["Schloß": höchstens eine Satire der österreichischen Bürokratie.]

*Papiór, Jan: "Die Dämonie des Äußeren (F. Kafka)". In: J. P.: *Die Ironie in der deutschsprachigen Literatur des 20. Jahrhunderts (in Theorie und Gestaltung).* Poznań: Uniwersytet im. Adama Mickiewicza, 1979 (Seria Filologia Germańska Nr. 20).

*Papu, Edgar: "'Castelul' lui Kafka." In: *România-Literară* 2 (Jan. 1969) S. 19.

[Rumän. Das "Schloß" Kafkas.]

Paraf, Pierre: "L'univers de Kafka." In: *Europe* 49 (1971) Nr. 511–12. Kafka. S. 50–55.

[Das österreichisch-ung. Reich im Zerfall als Hintergrund für Kafkas Entwicklung; biographische Skizze, Judentum, Werke.]

Parry, Idris: "Kafka, Gogol and Nathanael West." In: Gray, *Kafka. A Collection of Critical Essays* (s. Sammelbde.) S. 85–90.

[Abdruck des gleichnam. Artikels aus "GLL" (1953); Kafkas Technik schon bei Gogol (Samsa – Kovalev).]

– "Kafka, Rilke, and Rumpelstiltskin." In: *Listener* 74 (Dec. 2, 1965). S. 895–97.

[Märchenlogik: nicht alles kann mit menschlichem Verstand erfaßt werden. Kafka: Zufälle gibt es nur in unserem Kopf.]
Auch in: I. P.: *Animals of Silence. Essays on Art, Nature, and Folk-Tale.* London: Oxford Univ. Pr., 1972. S. 1–9.

– "Kafka's Modern Mythology." In: *John Rylands Library Bulletin* 53 (1970) S. 210–26.

[Kafka – moderner Prometheus, kein negativer Schriftsteller. Hinnahme des Schicksals, wie alte Mythen. Bilder einer noch nicht entdeckten Welt; Held lebt im Augenblick (alle Möglichkeiten offen), in menschlich unvollkommener u. gleichzeitig in übermenschlich vollkommener Welt (Zufälle u. Gegensätze aufgehoben).]

– "Attitudes to Power. Canetti, Kafka, Crowds and Paranoia." In: *TLS* (15.1. 1971) S. 67–68.

[Kafka – der größte Experte der Macht, obwohl seine Schöpfungen machtlos erscheinen. Canettis Studie: der aufschlußreichste Essay über Kafka.]
Auch u. d. T.: "Observations on Power." In: *Essays and Reviews from the Times Literary Supplement 1971.* Oxford: Oxford Univ. Pr., 1972.
In dt. Übers. v. Fritz Arnold u. d. T.: "Haltungen gegenüber der Macht. Canetti, Kafka, Massen und Paranoia." In: *Canetti lesen. Erfahrungen mit seinen Büchern.* Hrsg. v. Herbert G. Göpfert. München, Wien: Carl Hanser, 1975. (Reihe Hanser 188). S. 69–77.

354

*–*Animals of Silence. Essays on Art, Nature, and Folk-Tale.* London: Oxford
Univ. Pr., 1972.

[S. 1–9, 76–84, 92–98 über Kafka.]

– "Co-defendants." In: *TLS* (25.2.1975) S. 231.

[Würdigung der Ottlabriefe, der engl. Übers. von Canettis Buch u. Kafkastudie E. Hellers.]

– "A Path in Autumn." In: Stern, *The World of Franz Kafka* (s. Sammelbde.)
S. 229–37.

[Kafka u. das Problem der Angst, Ungeduld des Schreibens. Essayartig.]

Pascal, Roy: "Dickens and Kafka." In: *The Listener* 55 (April 26, 1956) Nr.
1413. S. 504–06.

[Ähnlichkeiten u. Verschiedenheit. Menschliches Leiden bei Dickens durch Außenwelt;
Mensch könnte sich verändern. Bei Kafka alles statisch.]

– "Franz Kafka." In: R. P.: *The German Novel. Studies.* Toronto: Univ. of Toronto Pr., 1968. (C 1956) (Canadian Univ. Paperbooks 24). S. 215–57.

[S. 215–44: The Problem of Interpretation.
S. 244–57: The Structure of Kafka's Imaginative World: Enge Verbindung zwischen ver-
trauter Wirklichkeit u. phantastischem Bereich. Humor: grotesk u. makaber, erlöst nicht.]
Teilabdruck von S. 243–44 in: Neumeyer, *Twentieth Century Interpretations of "The
Castle"* (s. Sammelbde.) S. 110.

– "Georg Lukács: The Concept of Totality." In: *Georg Lukács. The Man, His
Work and His Ideas.* Ed. G. H. R. Parkinson. London: Weidenfeld and Nicolson, 1970. S. 147–71.

[S. 163–68: Totality in the Moderns – Kafka: Kafka sieht Welt von Angst beherrscht, er
ist echter Künstler, jedoch kein "Realist".]

– "Franz Kafka." In: *Encyclopaedia Britannica.* Vol. 13. Chicago: Encyclopaedia Britannica, 1972. S. 185–86.

[Einführende Bemerkungen zu Leben u. Werk; Vergleich mit Picasso, Lipchitz, Klee.]

– *From Naturalism to Expressionism: German Literature and Society, 1880–
1918.* New York: Basic Books, 1974.

[Gesellschaft, Kultur, Geschichte, Religion, die Stadt, Familie, Literatur u. Sex als Hintergrund zum Schaffen der damaligen Künstler. Hinweise auf Kafka: Antisemitismus
(S. 72–73); dt. Sprache; Prager Juden (S. 109); Stadt u. der Expressionismus (S. 142–
43); Sehnsucht nach "Retter" (S. 172); Suche von Kafkas Helden (S. 195–96).]

–"Parables from No Man's Land." In: *TLS* (June 7, 1974) S. 611–12.

– "Critical Approaches to Kafka." In: Flores, *The Kafka Debate* (s. Sammelbde.) S. 42–50.

[Forschungsbericht.]

* — "Kafka's 'In der Strafkolonie': Narrative Structure and Interpretation." In: *Oxford German Studies* 11 (1980) S. 123—45.

— "Kafka's Parables. Ways Out of the Dead End." In: Stern, *The World of Franz Kafka* (s. Sammelbde.) S. 112—19.

[Kafkas Parabeln unterscheiden sich von den traditionellen durch Fehlen "mündlicher" Erleuchtung, enden im Dunkeln.]

Pasche, Wolfgang: "Die Frage nach dem Weltbild Kafkas anhand einer kritischen Auseinandersetzung mit der wichtigsten Kafka-Literatur." In: *Acta Germanica* 2 (1967) S. 75—80.

[Vielschichtigkeit des Werkes rechtfertigt Vielfalt der Auslegungen. Weinberg leitet Kafkas Weltbild von Nietzsche her; Emrichs Tendenz, Kafkas Weltbild zu säkularisieren; Sokels Ablehnung der Transzendenz bei Kafka. — Kafkas Helden geben nie auf.]

Pasley, J. M[alcolm] S.: "Franz Kafka MSS: Description and Select Inedita." In: *MLR* 57 (1962) S. 53—59.

[Großteil der Kafka-Mss. aus dem Besitz von Marianne Steiner wurde am 4.4.1962 in der Bodleian Library, Oxford, hinterlegt. Beschreibung der Sammlung (I) u. Kommentar über 5 unveröffentlichte Stücke (II).]
Engl. Zusammenf. in: *TCL* 8 (1962) S. 54, u.
in: *TCLB* S. 2075.

* — "Introduction." In: Franz Kafka: *Short Stories.* Ed. J. M. S. P. London: Oxford Univ. Pr., 1963. (Clarendon German Series.) — Auch: 1968.

— , u. **Klaus Wagenbach:** "Versuch einer Datierung sämtlicher Texte Franz Kafkas." In: *DVjs* 38 (1964) S. 149—67.

[Korrekturen u. Ergänzungen des Datierungsversuches von Wagenbach 1961. S. 162—64: Anhang. Malcolm Pasley: Beschreibung, Reihenfolge u. Datierung der 8 blauen Oktavhefte. Fortsetzung in "Kafka-Symposion".]
Engl. Zusammenf. von S. 154 ("Verwandlung") in: Corngold, *The Commentators' Despair* (s. Sammelbde.) S. 178.

— "Franz Kafka. 'Ein Besuch im Bergwerk'." In: *GLL* 18 (1964) S. 40—46.

[Kurt Wolff: "Der neue Roman, ein Almanach" u. "Ein Besuch im Bergwerk". Die 10 Ingenieure entsprechen Schriftstellern u. Zeitgenossen Kafkas.]
Engl. Zusammenf. in: *TCL* 11 (1965) S. 50, u.
in: *TCLB* S. 2089.

— "Two Kafka Enigmas: 'Elf Söhne' and 'Die Sorge des Hausvaters'." In: *MLR* 59 (1964) S. 73—81.

[Kafka suchte ursprünglich 11 Erz. für "Landarzt"-Bd. aus. Anordnung vor Drucklegung geändert. Verhältnis zwischen "Elf Söhne", "Hausvater" u. "Jäger Gracchus". Fortsetzung der Untersuchung in "Kafka-Symposion" (1965) u. "Akzente" (1966).]
Engl. Zusammenf. in: *TCL* 11 (1965) S. 50, u.
in: *TCLB* S. 2075.

- "Drei literarische Mystifikationen Kafkas." In: Born, *Kafka-Symposion* (s. Sammelbde.) S. 21–37.

[S. 21–26: "Elf Söhne" – 11 Erz. Kafkas (Liste aus Nachlaß führt sie an). S. 26–31: "Die Sorge des Hausvaters" – Beziehung zwischen Odradek u. Jäger Gracchus; Kafkas Selbstkritik.
S. 31–37: "Ein Besuch im Bergwerk" – 10 Ingenieure sind wahrscheinlich zeitgenössische Schriftsteller. Alle Erz. aus 1917; letzter Sinn bleibt offen. Weitergeführt in "Akzente" (1966).]
Abdruck von S. 26–31 in: Heintz, *Interpretationen zu Kafka* (s. Sammelbde.) S. 110–12.

- , u. **Klaus Wagenbach**: "Datierung sämtlicher Texte Franz Kafkas." In: Born, *Kafka-Symposion* (s. Sammelbde.) S. 55–83.

[Ergänzt Datierungsversuche von Wagenbach (1961) u. von Pasley-Wagenbach (1964). Mss. der Bodleian Library verwendet. S. 58–75: Chronologie. – Gibt Aufschluß über Produktivität Kafkas. – S. 76–80: M. Pasley: Anhang. Beschreibung, Reihenfolge und Datierung der acht blauen "Oktavhefte" (Ms. Bodleian). – S. 81–83: Entstehungsdaten.]

- "Zur äußeren Gestalt des 'Schloß'-Romans." In: Born, *Kafka-Symposion* (s. Sammelbde.) S. 181–89.

[Die von Kafka selbst im Ms. angebrachten Einschnitte, die 4 von ihm nachträglich vermerkten u. die 15 in einer Liste enthaltenen Kap.-Überschriften ergeben ein von Brods Kap.-Einteilung abweichendes, klareres äußeres Bild des Romans.]

- "Die Sorge des Hausvaters." In: *Akzente* 13 (1966) S. 303–09.

[Fortsetzung der Untersuchung aus MLR (1964) u. "Kafka-Symposion" (1965).]

- "Introduction." In: Franz Kafka: *Der Heizer – In der Strafkolonie – Der Bau.* Cambridge [Great Britain]: Univ. Pr., 1966. S. 1–33.

[Kafkas Zugehörigkeit; seine Ablehnung des Expressionismus. "Der Heizer": Thema – verstoßener Sohn sucht verlorenes Paradies. Einfluß von Dickens u. R. Walser. Traum- u. Märchenhaftes im "Heizer". "Strafkolonie" eng mit "Prozeß" verknüpft (Schuld u. Strafe). Opferritual – Einfluß von Dostojewski u. Nietzsche. "Bau": autobiographisch, Sinnbild für Kafkas literarisches Werk; Wühlen in der Seele. Unsichtbarer Feind: Tod. Dostojewskis "Briefe aus der Unterwelt".]
Engl. Teilabdruck u. d. T.: "In the Penal Colony" u. "The Burrow." In: Flores, *The Kafka Debate* (s. Sammelbde.) S. 298–303 u. 418–25.

- "Asceticism and Cannibalism: Notes on an Unpublished Kafka Text." In: *Oxford German Studies* 1 (1966) S. 102–13.

[Kafkas Sehnsucht nach unauffindbarer höherer "Nahrung" von Asketenfiguren in seinem Werk dargestellt, häufig mit Tod u. Verfall verbunden u. von Gestalten der Vitalität mit tierisch aggressiver Haltung kontrastiert, z. B. "Hungerkünstler". Verbindung zu Nietzsche u. Meister Eckhart.]
Engl. Zusammenf. in: *TCLB* S. 2091.

- "Socialists Beware Kafka." In: *TLS* (6.10.1966) S. 921.

[Besprechung der Beiträge der Liblice-Konferenz.]
Auch in: Jakob, *Das Kafka-Bild in England* 2 (s. Sammelbde.) S. 532–33.

— "Two Literary Sources of Kafka's 'Der Prozeß'." In: *Forum for Modern Language Studies* (Univ. of St. Andrews, Scotland) 3 (1967) S. 142–47.

["Solomon Maimons Lebensgeschichte" (1911) u. Freuds Essay "Der Moses von Michelangelo" (1914).]
Engl. Zusammenf. in: *TCLB* S. 2102–03.

— "Zur Entstehungsgeschichte von Franz Kafkas Schloß-Bild." In: *Weltfreunde. Konferenz über die Prager deutsche Literatur.* Hrsg. v. Eduard Goldstücker [u. a.]. Neuwied: Luchterhand, 1967. (C Academia Prag, 1967.) S. 241–51.

[Tschech. u. jüdische Elemente in dt. Literaturtradition. "Schloß" als Gesamtphänomen – Versuch, Sinnrichtung des Romanes zu zeigen. Reale (Kafkas Reise nach Friedland, etc.) u. fiktive Schlösser (gleichnisartige: Comenius, Salomon Maimon, Sagen der Juden, Kohlhaas, Altes Testament, Gralsburg, Märchen).]

— "Rilke und Kafka. Zur Frage ihrer Beziehungen." In: *Literatur und Kritik* 3 (1968) Nr. 24. S. 218–25.

[Die 5. u. 10. Duineser Elegie zeigen möglichen Einfluß von Kafka-Lektüre in Thematik u. Darstellungsweise ("Auf der Galerie", "Ein Bericht für eine Akademie").]

— "Kafka's Semi-private Games." In: *Oxford German Studies* 6 (1971/72) S. 112–31.

[Versteckte Hinweise u. private Anspielungen in Werken – manchmal hilfreich zum Verständnis, ersetzen aber nicht Interpretation. Wortspiele (z. B. in "Das Ehepaar": "vor Langeweile sterben"); jedoch sind Wortsignale da (z. B. "besonders", "merkwürdig"), die Leser aufmerksam machen. Metaphorische Bedeutung als Tatsache behandelt, Hinweise auf eigenes Leben, Bekannte, Schreiben; Verrätseln (eigene 11 Geschichten in "Elf Söhne"); Selbst- u. Werksprüfung in "Der Bau" u. "Eine kleine Frau"; Sorge um Gracchus-Erz. in "Die Sorge des Hausvaters" (auch eigene Existenz).]
Auch in: Flores, *The Kafka Debate* (s. Sammelbde.) S. 188–205.

— "Editor's Preface." In: Franz Kafka: *Shorter Works.* Vol. 1. London: Secker & Warburg, 1973. S. VII–XIII.

[Kafkas unfähige Gestalten sind nicht so sehr Selbstporträts, sondern Selbstkarikaturen. Pasley übersetzte Kafkas Erz. nach den Mss. Die dt. Ausgaben enthalten viel von Kafka Gestrichenes.]

*— "Kafka and the Theme of 'Berufung'." In: *Oxford German Studies* 9 (1978) S. 139–49.

— "Der Schreibakt und das Geschriebene. Zur Frage der Entstehung von Kafkas Texten." In: David, *Franz Kafka. Themen und Probleme* (s. Sammelbde.) S. 9–25.

[Geschriebenes an technischen Akt des Schreibens gebunden. Schreiben soll spontan, flüssig u. offen sein. Mss. linear, ohne Titel, selten Korrekturen; Schreiben als Suche.]

Passeri Pignoni, **Vera**: "La solitudine dell'uomo e l'irragiungibilità dell'assoluto nel pensiero di Franz Kafka." In: *Sapienza* 11 (Mai–Aug. 1958) S. 269–86.

[Moderne Kunst als Diagnose der Wertkrise; unklare, glaubenslose Welt. Kafkas Bedrängnis darüber in Werken u. Helden ausgedrückt; metaphysische Verzweiflung; Gegenstand des Glaubens erkennbar. Diese Thematik u. a. in "Frühes Leid", "Prozeß", "Amerika" u. "Bau" verfolgt. Kafkas Unmöglichkeit, Atheist zu sein.]

*Pastak, Robert: ["Der Regisseur Robert Pastak spricht über ein Stück."] In: *Teatron* (Haifa) (1963) Nr. 6. S. 33.

[Hebr.; aus "Bibliografia b'Ivrit"; über das Theaterstück "Der Prozeß".]

Pašteka, Július: Kafkovská mozaika. Informácie, citáty, poznámky." In: *Slovenské pohl'ady* 79 (1963) Nr. 7. S. 51—71.

[Slowak. (Kafka-Mosaik. Information, Zitate, Aphorismen): Komplexe Figur Kafkas in 11 Vignetten (Biographie, Ideologie, Werke). Kafka als Prager Schriftsteller; sein Platz in der Weltliteratur.]

*—"Doslov." In: Franz Kafka: *Proces.* Bratislava: SVKL, 1964.

[(Nachwort): Bemerkungen zur slowak. "Prozeß"-Ausgabe.]

Pastore, Annibale: "L'uomo di Kafka." In: A. P.: *Introduzione alla metafisica della poesia. Saggi critici.* Padova: Cedam, 1957. S. 5—7.

[Kafkas Protagonisten führen hoffnungsloses, passives Leben, sind in Widersprüchen der Existenz gefangen.]

Pátková, Eva: "Pražská německá literatura a Hermann Ungar." In: *Časopis pro moderní filologii* 50 (1968) S. 80—85.

[Prager dt. Literatur verdankt Kafka ihre Universalität.]

Paucker, Henri: "Der Einbruch des Absurden. Zwei Interpretationen der Struktur von Kafkas Denken." In: *Neophilologus* 55 (1971) S. 175—90.

[Ähnlichkeiten bei Camus und Kafka: Idee des Absurden — ein Zwiespalt, entgegengesetzte Kräfte, die sich verfehlen; Paraphrase u. Strukturanalyse von "Der Bau" mit graphischer Darstellung der Denkbewegung.]
Engl. Zusammenf. in: *TCL* 17 (1971) S. 290.

Paul, David: "A View of Kafka." In: Jakob, *Das Kafka-Bild in England* 2 (s. Sammelbde.) S. 453—55.

[Abdruck des gleichnam. Artikels in "Polemic" (July—Aug. 1946) S. 30—33: In seinen Werken finden wir den Höhepunkt antihumanistischer Tendenzen der Literatur, wie bei Pascal, nur ohne Stütze durch die christliche Religion.]

*Paz, Octavio: "Metamorfosis." In: O. P.: *Corriente alterna.* México: Siglo 19, 1967. S. 18—19. (4. Aufl. 1970).

*In engl. Übers. v. Helen R. Lane u. d. T.: *Alternating Current.* New York: Viking, 1973. S. 16.

Pazi, Margarita: *Max Brod. Werk und Persönlichkeit.* Bonn: H. Bouvier, 1970. (Abhandlungen zur Kunst-, Musik- u. Literaturwissenschaft, Bd. 95).

[Hinweise auf Kafkas Beziehung zu Brod, bes. S. 8–17: Freundschaft Max Brods mit Oskar Baum, Felix Weltsch, Franz Kafka und Franz Werfel: 22-jährige Freundschaft zwischen Brod u. Kafka ohne literarische Beeinflussung, aber geistiges Zwiegespräch.]

— "Franz Kafka und Ernst Weiß." In: *MAL* 6 (1973) Nr. 3/4. S. 52–92.

[Beziehung zu Prager Kreis. Werk von Weiß in Zusammenhang mit Kafka (Ideen, Motive, Handlung). Kafkas literarisches Urteil über Weiß in Tagebuch u. Briefen, bes. zum 2. Roman "Der Kampf". Weiß: Feind Felices. "Tiere in Ketten": Roman mit Hundemotiven. Beurteilung von Kafkas Werk. Roman "Männer in der Nacht": Aspekte der Freundschaft mit Kafka, auch in "Der Aristokrat." Vater-Sohnproblem in "Der Verführer" (1938).]

— "Felix Weltsch — die schöpferische Mitte." In: *Bulletin des Leo Baeck Instituts* 13 (1974) Nr. 50. S. 51–75.

[Freundschaft zwischen Weltsch, Kafka u. Brod (Briefwechsel Weltsch — Kafka). Gegenseitiger Einfluß; psychologische u. philosophische Fragen (Geist — Vitalität; freier Wille, Wollen, Schuld).]

—Fünf Autoren des Prager Kreises: Oskar Baum, Paul Kornfeld, Ernst Sommer, Ernst Weiss, Ludwig Winder. Bern, Frankfurt/M., Las Vegas: Peter Lang, 1978 (Würzburger Hochschulschriften zur neueren Dt. Literaturgeschichte, Bd. 3).

Pearce, Donald: " 'The Castle': Kafka's Divine Comedy." In: Flores, *Franz Kafka Today* (s. Sammelbde.) S. 165–72.

[Dante u. Kafka suchten nach persönlicher Rettung; ihre Wege u. Schwierigkeiten unterschiedlich. Kafka voll Disharmonie u. Zweifel. Verhältnis Schloß-Dorf zeigt Beziehung zwischen Unbewußtem u. Bewußtem.]
Teilabdruck von S. 166–67 in: Neumeyer, *Twentieth Century Interpretations of "The Castle"* (s. Sammelbde.) S. 107.

Pearce, Richard: *Stages of the Clown. Perspectives on Modern Fiction. From Dostoyevsky to Beckett.* With a Preface by Henry T. Moore. Carbondale, Edwardsville: Southern Illinois Univ. Pr.; London, Amsterdam: Feffer and Simons, 1970.

[S. 6–25: Transformation; Dostoyevsky's "Idiot" and Kafka's "Metamorphosis": Verbindung mit engl. Weihnachtspantomime; unheimliche Beziehung Mensch-Objekt; Komik durch visuelles Element.
S. 26–46: The Alazon. The Theme of Intrusion in "Great Expectations" and "The Trial": Pip u. Josef K. sind Eindringlinge, gleichzeitig aber in die Welt verwickelt. Absurdes für Kafkahelden in Gestalt des Polizisten.]

*Pelicano, Joe**: "A Kafka Shrine in Prague." In: *The Sunday Star* (Washington, D. C., May 3, 1964).

Peri, Menahem: "Ha-shimush be-hoveh be-sipurim be-guf rishon shel Kafka." In: *Ha-sifrut* 1 (1968) S. 437–40.

[Hebr. (Der Gebrauch der 1. Person der Gegenwart in den Erzählungen Kafkas): Bemerkungen zu D. Cohns Artikel "Kafka's Eternal Present" (1968).]

— "Ha-ma'avar me-'ani' le-'K.' be-k'tav ha-yad shel 'ha-Tirah' le Kafka. O: Al ha-g'vul bein roman beguf rishon le-roman be-guf shlishi." In: *Ha-sifrut* 1 (1968/69) S. 731–34.

[Hebr. (Der Wechsel vom "Ich" zu "K." im Manuskript von "Das Schloß" von Kafka. Oder: Auf der Grenze zwischen einem Roman in der 1. Person zu einem Roman in der 3. Person): Bemerkungen zu D. Cohns Artikel "K. Enters 'The Castle' ..." (1968).]

Périlleux, G.: "Kafka et le groupe suédois '40-tal'." In: *Revue des Langues Vivantes* 36 (1970) S. 637–45.

[Schwedische Kafkarezeption; die Gruppe "40-tal" von 1940–50; Vennberg u. Dagermann. Kafka als Wahrheitssucher u. Pessimist gesehen.]

Pernthaler, Peter: "Das Bild des Rechts in drei Werken von Franz Kafka ('Amerika', 'Strafkolonie', 'Prozeß')." In: *Dimensionen des Rechts. Gedächtnisschrift für René Marcic.* Hrsg. v. Michael Fischer [u. a.] 1. Bd. Berlin: Duncker & Humblot, 1974. S. 259–81.

[Überlegenheit der Rechtsinstanzen über Rechtsuchenden u. Recht selbst; Verfahren enden mit "schuldig" ("Mühle der Gerechtigkeit" – Analogie zu "Michael Kohlhaas"). "Strafkolonie" – Modell des autoritären Rechtsmechanismus. Rechtsformen werden Komödie; Dualismus: Gnade u. Recht; "Vor dem Gesetz": prozessualer Schuldspruch des Mannes vom Lande.]

Perry, Ruth: "Madness in Euripides, Shakespeare, and Kafka: An Examination of 'The Bacchae', 'Hamlet', 'King Lear', and 'The Castle'." In: *Psychoanalytic Review* 65 (1978) S. 253–79.

[Verschiedene Arten der Unfähigkeit, Beziehung zur Außenwelt zu finden; Seelenzustand hilft bei Selbsterhaltung, ohne die Wirklichkeit außerhalb akzeptieren zu müssen. K. wird nur viermal in diesem Geisteszustand unterbrochen (Erinnerung, Sex, Alkohol u. Müdigkeit.)]

Pešat, Zdeněk: "Kafkův návrat domů a literární věda." In: *Literární noviny* 13 (1964) Nr. 17. S. 5.

[(Kafkas Heimkehr und die Literaturwissenschaft): Kritik an Goldstücker u. Liblice-Konferenz 1963. Kafka kann auch von Kommunisten gelesen werden; er ist weder Realist, noch hat er soziale Änderungen hervorgerufen. Seine Entfremdung ist Erbe des Judaismus; Werke von Dekadenz geprägt, nicht originell.]

Pestalozzi, Karl: "Nachprüfung einer Vorliebe. Franz Kafkas Beziehung zum Werk Robert Walsers." In: *Akzente* 13 (1966) S. 322–44.

[Kafkas Äußerungen über Walser; Vergleiche von "Ovation" u. "Auf der Galerie", "Schwendimann" u. "Vor dem Gesetz", sowie "Jakob von Gunten" u. "Schloß" ergeben mehr Trennendes als Gemeinsames. Kafkas Werke als Kritik an Walser. Gemeinsames Grundthema: Einzelmensch in moderner Welt.]

Peterkiewicz, Jerzy: "A Triptych for the Jackdaw." In:Stern, *The World of Franz Kafka* (s. Sammelbde.) S. 218–19.

[An Prag u. Kafka inspiriertes Gedicht.]

Peters, F. G.: "Kafka and Kleist: A Literary Relationship." In: *Oxford German Studies* 1 (1966) S. 114–62.

[Zuerst Kleists Leben, später seine Prosa von Bedeutung für Kafka. – Werksvergleiche: "Der Findling" u. "Das Urteil", Kampf zwischen Vater u. Sohn vom realistischen (Kleist) u. mystischen (Kafka) Standpunkt aus betrachtet; "Die Marquise von O...." u. "Die Verwandlung" (unerklärliche physische Veränderungen fordern Ideale der Gesellschaft heraus, entfremden Helden u. Umgebung; Selbsterkenntnis folgt). "Michael Kohlhaas" u. "Das Schloß": Kampf des Individuums mit der labyrinthischen Macht, sowie Schuldverhältnis; Kleist: korrupte Beamte u. wohlwollende Autorität; keine Verständigungsmöglichkeit bei Kafka: politische Natur des Staates – gegenüber veränderlicher Existenzstruktur. Themenvergleich: Ablehnung u. Verweisung (durch Briefe u. Urteile); Liebe u. Sex (Macht u. Sexualität hängen bei Kafka zusammen). Verwirrung der Gefühle bei Kleist; Ambiguität bei Kafka; Kleist: Wahrheit auf Gefühlsebene zu finden; Kafka: tragisches Grundgefühl der Schuld, nur Tod überbrückt Konflikt.]
Engl. Zusammenf. in: *TCLB* S. 2075.

– "Kafka and Freud." In: *Newsletter of the Kafka Society of America* 3 (1979) Nr. 1. S. 16–20.

[Vier Möglichkeiten: psychoanalytische Studie von Kafkas Biographie; von Leserreaktionen auf sein Werk; der direkte Einfluß auf sein Werk; von Freud u. Kafka als unabhängigen u. gleichrangigen Schriftstellern, die ähnliche Themen dichterisch u. psychologisch behandeln.]

– "Franz Kafka." In: *Columbia Dictionary of Modern European Literature.* Second edition. Ed. Jean-Albert Bédé and William B. Edgerton. New York: Columbia Univ. Pr., 1980. S. 417–19.

Petr, Pavel: "Franz Kafka a cesta k syntéze." In: Goldstücker, *Franz Kafka. Liblická Konference 1963* (s. Sammelbde.) S. 227–31.

[Kafka bereichert die Literatur; er hilft auch, den vereinfachenden sozialistischen Dogmatismus zu überwinden.]
In dt. Übers. v. Kurt Lauscher u. d. T.: "Franz Kafka und der Weg zur Synthese." In: Goldstücker, *Franz Kafka aus Prager Sicht 1963* (s. Sammelbde.) S. 239–44.
In ital. Übers. u. d. T.: "Franz Kafka e la via della sintesi." In: Goldstücker, *Franz Kafka da Praga* (s. Sammelbde.) S. 219–24.

*Petrides, K.: "To synaisthema tes enoches sto ergo tou Kafka." In: *Philologikē Prōtochronia* 26 (1969) S. 225–29.

Petrina, A.: "Jako v kafkové 'Procesu'." In: *Rudé Pravo* 43 (10.8.1963) Nr. 219. S. 3.

[(Wie in Kafkas "Prozeß"): Der Fall des westdt. Arztes Hettrich. Kafkas Josef K. als Symbol; Gerechtigkeitssuche.]

Pfeiffer, Jean: "La question des châteaux." In: *Obliques* (Paris) (1973) Nr. 3. S. 17–21.

[Kafkas "Schloß"-Roman ist das Gegenteil von allen traditionellen Vorstellungen u. Mythen über das Schloß.]

*Pfeiffer, Johannes: "Franz Kafka: 'Eine kleine Frau'. Ein parabolisches Selbstgespräch." In: J. P.: *Wege zur Erzählkunst. Über den Umgang mit dichterischer Prosa.* 4. Aufl. Hamburg: 1958. S. 108–16.

− "Über Franz Kafkas Novelle 'Die Verwandlung'." In: *Die Sammlung* 14 (1959) S. 297–302.

["Die Verwandlung": Aussonderung eines Menschen u. radikale Entfremdung; dennoch positiver Fingerzeig da, den Samsa nicht versteht.]
In erweiterter Fassung u. d. T.: "Dichterische Wirklichkeit und 'weltanschauliche' Wahrheit, erläutert an Novellen von Hans Grimm, Thomas Mann und Franz Kafka." In: J. P.: *Die dichterische Wirklichkeit. Versuche über Wesen und Wahrheit der Dichtung.* Hamburg: Richard Meiner, 1962. S. 94–113.
In engl. Übers. u. d. T.: "The Metamorphosis." In: Gray, *Kafka. A Collection of Critical Essays* (s. Sammelbde.) S. 53–59. Teilabdruck von S. 58–59 der engl. Übers. in: Körner Domandi, *Modern German Literature* (s. Sammelbde.) S. 14.
Engl. Zusammenf. von S. 53–59 ("Verwandlung") in: Corngold, *The Commentators' Despair* (s. Sammelbde.) S. 179–81.

Pfotenhauer, Helmut: *Ästhetische Erfahrung und gesellschaftliches System. Untersuchungen zu Methodenproblemen einer materialistischen Literaturanalyse am Spätwerk Walter Benjamins.* Stuttgart: Metzler, 1975

Phillippi, Klaus-Peter: "Parabolisches Erzählen. Anmerkungen zu Form und möglicher Geschichte." In: *DVjs* 43 (1969) S. 297–332.

[In Zusammenhang mit den Untersuchungen der evangelischen Theologie über die Gleichnisse Jesu werden Parabeln von Kafka ("Von den Gleichnissen") u. von U. Johnson ("Jonas zum Beispiel") analysiert. Parabelform: drückt bei Kafka nur mehr Paradoxes aus, Form "führt den Zerfall vor".]

*Phillips, David: "The House of Franz Kafka". In: *Listener* 90 (Oct. 25, 1973) S. 537, 546–48.

Phillips, William: "Artistic Truth and the Warped Vision." In: *Partisan Review* 24 (1957) S. 173–84.

[Ausdrücke wie "paranoid" oder "neurotisch" auf Kafkas Werk nur beschränkt anwendbar.]
Dass. u. d. T.: "Introduction: Art and Neurosis." In: *Art and Psychoanalysis.* Ed., with an Introduction by W. P. New York: Criterion Books, 1957. S. XIII–XXIV.
Engl. Zusammenf. in: *TCL* 3 (1957) S. 85.

*Piatier, Jacqueline: "La 'Correspondance' de Kafka vient de paraître." In: *Le Monde* (9.10.1965).

*− "La lutte contre tout pouvoir." In: *Le Monde* (7.4.1972).

*Piazza, L. G.: "Kafka, genio? gran escritor?" In: *Excelsior* (México) (27. Mai 1962).

*– "La disidente opinión de Mr. Wilson sobre Kafka." In: *Excelsior* (3. Juni 1962).

Pick, Otto: "Franz Kafka, 'Betrachtung'." In: Born, *Franz Kafka. Kritik und Rezeption* (s. Sammelbde.) S. 20–24.

[Zuerst in "Bohemia" (Prag, 30.1.1913): Versuch, das Neue zu bestimmen. Parallelen u. Vergleiche; Kubin; neue Art des Betrachtens.]

– "Neue Dichtungen von Prager Autoren." In: Born, *Franz Kafka. Kritik und Rezeption* (s. Sammelbde.) S. 43–45.

[Heizerfragment: Fragen über Gattung; Inhalt einfach, Handlung tief im Inneren, Seelischen; große Kunst, hebt sich vom Traditionellen u. Revolutionären ab.]

– "Prager Dichter von fern gesehen: Franz Kafka." In: Born, *Franz Kafka. Kritik und Rezeption* (s. Sammelbde.) S. 151–52.

[Zuerst in "Das jüdische Prag, eine Sammelschrift" (Prag: Verl. der "Selbstwehr", 1917): "Heizer", "Urteil", "Strafkolonie."]

[Otto Pick]: "Vortragsabend Ludwig Hardt." In: Born, *Franz Kafka. Kritik und Rezeption* (s. Sammelbde.) S. 132.

[Zuerst in "Prager Presse" (4.10.1921): Tiefe u. klare Sanftheit.]

Pickar, Gertrud Bauer: "Kafka's 'Vor dem Gesetz': The Case for an Integrated Approach." In: *Unterrichtspraxis* (1975) S. 28–34.

[Frühe Einschaltung von literarischen Texten im Deutschunterricht erhöht Sprachwissen u. führt zur Interpretation.]

Picon-Vallin, Béatrice: "Kafka et le théâtre yiddish." In: *Obliques* (Paris) (2e trimestre 1973) Nr. 3. S. 64–66.

[Kurzgeschichte des jiddischen Theaters in Polen u. Rußland in Zusammenhang mit "Purim"-Feiern.]

*Piechał, Marian: "W obronie nadziei. Przeciw nihilistycznej twórczości S. Becketta, A. Camus, E. Ionesco, F. Kafka, J. P. Sartre'a." In: *Odgłosy* 32 (1958).

[Poln. (In der Verteidigung der Hoffnung. Gegen die nihilistischen Werke von S. Beckett, ...)]

Piel, Edgar: "Die Schwäche, der Eifer und die Ich-Sucht. Kafkas Erzählung 'Das Urteil' als 'Gesellschaftsroman'." In: *Sprache im technischen Zeitalter* (1977) Nr. 62. S. 167–79.

[Kondensierter Gesellschaftsroman, der "verborgene Totalität des Lebens" aufdeckt. Roman als "Suche nach seiner eigenen Möglichkeit"; wirklichkeitsflüchtiger Freund u. geschäftstüchtiger Sohn. Freund – immer anwesende, untergründige Gestalt. Terror von Kafkas Texten "Ergebnis eines zurechenbaren Verhältnisses".]

*– Der Schrecken der 'wahren' Wirklichkeit. 1978.

[Beispiele aus der Literatur des 19. u. 20. Jh. (Grillparzer, Hofmannsthal, u. a.), an denen der Prozeß der "Freisetzung der Subjektivität" gezeigt wird. In Kafkas Werk gelinge "die ästhetische Rekonstruktion einer Identität von Subjektivität und Objektivität".]

Pilard, Phillippe: "Kafka et le cinéma contemporain." In: *Europe* 49 (1971) Nr. 511–12. Kafka. S. 192–97.

[Kafkaismus im Film (z. B. Clouzots "Les Espions" 1957, Malic u. Josef K.): politische, phantastische u. parabolische Tendenzen.]

*Pilling, John: "Aspects of Kafka." In: *PN Review* 6 (1979) Nr. 2. S. 22–23.

Pingaud, Bernard: "Le doute de Kafka." In: *La Table Ronde* (1955) Nr. 89. S. 91–94.

[Kommentar zu Marthe Roberts Übers. von Kafkas Tagebüchern.]

Pinsker, Sanford: "Guilt As Comic Idea: Franz Kafka and the Postures of American-Jewish Writing." In: *JML* 6 (1977) S. 466–71.

[A. Cahan, Dean Howell, B. J. Friedman, Philip Roth ("The Breast") – Schuld – Sühne – Komik.]

Pinthus, Kurt: ["Der jüngste Tag" Nr. 27–36 ...] In: Born, *Franz Kafka. Kritik und Rezeption* (s. Sammelbde.) S. 88.

[Zuerst in "Zeitschrift für Bücherfreunde" (Leipzig, Febr./März 1916); "Urteil": ruhige Erzählweise, aber keine Folgerichtigkeit.]

Pirker, Max: "Neue österreichische Erzählkunst." In: Born, *Franz Kafka. Kritik und Rezeption* (s. Sammelbde.) S. 56–57.

[Zuerst in "Österreichische Rundschau" (Wien 15.12.1916): "Heizer" in 2. Aufl.: nicht expressionistisch, erinnere jedoch an Sternheim.]

*Pla, R.: "Kafka y el realismo mágico." In: R. P.: *Proposiciones. Novela nueva y narrativa argentina.* Rosario: 1969. S. 67–74.

Plaskovites, Spyros: "I Pesographia tou Ethous (Dostogefsky – Kafka – Kamy)." In: *Nea Hestia* 71 (1962) Nr. 832. S. 284–93.

[Griech. (Die Prosa des Ethos. Dostojewski – Kafka – Camus): Dostojewski fühlte sich schuldig, war Revolutionär, Kritiker der geistigen Verderbnis. Kafka kann mit ihm nicht verglichen werden. Verantwortung u. Selbsterkenntnis durch Kontrolle innerer Konflikte. Camus' Helden können weder hoffen, noch Illusionen haben.]
Auch in: *Kerkyraïka Chronika* 9 (1962) S. 11–28.

Platzer, Hildegard: "Sex, Marriage and Guilt: The Dilemma of Mating in Kafka." In: *Mosaic* 3 (1970) Nr. 4. New Views on Franz Kafka. S. 119–30.

[Liebe u. Schmutz, Schuld u. Erniedrigung in Leben u. Werk.]
Engl. Zusammenf. in: *TCLB* S. 2075, u.
in: *Literature and Psychology* 23 (1973) S. 169.

Plavius, Heinz: "Realismus und Entwicklung." In: *WB* 10 (1964) S. 265–85.

[Kafkas Werke stellen entfremdetes Individuum im Kapitalismus dar. Fischers, Garaudys u. Kurellas Stellung zum sozialistischen Realismus. Kafkas Grenze: Mensch ohne Lebensinhalt, Zukunft u. historische Perspektive. Auch Lukács, Fischer u. Mayer einseitig. Tschaikowski u. Christa Wolf: Mensch überwindet Entfremdung.]

*Pleijel, A.: "Det handler faktiskt om teater." In: *Aftonbladet* (25.1.1977).

P[ocar], E[rvino]: "Premessa." In: Franz Kafka: *Epistolario.* Bd. 1. [Milano:] Mondadori, 1964. S. XIII–XVI.

[Würdigung u. Bedeutung der Briefe.]

Pocar, Ervino: "Premessa e cronologia." In: Franz Kafka: *Tutti i racconti.* Hrsg. v. E. P. Ia edizione Oscar Mondadori. [Milano:] Mondadori, 1976. S. 9–15.

[Beschreibung des Inhalts u. Bewertung der Erz.; Kurzkommentare.]

Podestà, G.: "Kafka e Pirandello." In: *Humanitas* 11 (1965) S. 230–44.

[Relativismus Pirandellos u. Metarealismus Kafkas lassen Vermischung von Literatur u. Philosophie erkennen. Persönliche Tragik u. Probleme ihrer Zeit ("cerebralismo"). Kafka: religiöse Epopöe ohne Religion. Beide suchen nach Ähnlichem. Gefühle u. Ideale: unecht. Vergleich der Kunstideen.]

Poggioli, Renato: "Mythology of Franz Kafka." In: R. P.: *The Spirit of the Letter. Essays in European Literature.* Cambridge, Mass.: Harvard Univ. Pr., 1965. – Auch: London: Oxford Univ. Pr., 1965. S. 254–63.

[Ursprünglich in "Solaria" (März 1938) erschienen. – Besuch bei Brod. Ähnlichkeiten zwischen Kafka u. Dostojewski: Stadtwelt, Einsamkeit, Gefängnis des Daseins als Strafe. Samsa u. Josef K.: Erwachen des Gewissens, innere Vorgänge – äußere Katastrophe.]
Auch u. d. T.: "Kafka and Dostoyevsky." In: Flores, *The Kafka Problem* (s. Sammelbde.) S. 97–107.

*Poirot-Delpech, B.: "Pourquoi traîner Kafka à la scène?" In: *Le Figaro Littéraire* (5.11.1967).

*– "Kafka dans la Pléiade. Cette douceur terrorisée." In: *Le Monde* (31.12. 1976).

Politzer, Heinz: "Prague and the Origins of Rainer Maria Rilke, Franz Kafka and Franz Werfel." In: *MLQ* 16 (1955) S. 49–62.

[Die Verwandlung des Themas Stadt in der Dichtung von 1880–1920; die Stadt prägt auch das Werk von Rilke, Werfel u. Kafka. Paradoxe Stellung zu Religion. Kafkas Jugend u. Beziehung zum Sozialismus; sein Versuch, die Einsamkeit zu durchbrechen (Ostjudentum, Milena). Liblice u. der Prager Frühling.]
Engl. Zusammenf. in: *TCL* 20 (1974) S. 225.
Dt. u. d. T.: "Dieses Mütterchen hat Krallen. Prag und die Ursprünge Rainer Maria Rilkes, Franz Kafkas und Franz Werfels." In: *Literatur und Kritik* (Febr. 1974) Nr. 81. S. 15–33.

— "Die Verwandlung des armen Spielmanns. Ein Grillparzer-Motiv bei Franz Kafka." In: *Forum* 5 (1958) S. 372–75.

[Kafkas Eindrücke u. Gedanken über diese Lektüre (1912). Kritik u. neidische Bewunderung; "Verwandlung" davon beeinflußt (Vater-Sohnbeziehung, Geigenmotiv, offenes Ende.]
Auch in: *Grillparzer Jahrbuch* 4 (1965) S. 55–64.

— "Franz Kafka and the Problem of Disease." In: *CIBA Symposium* 7 (1959) Nr. 2. S. 90–93.

[Schreiben als Krankheit; Krise des modernen Menschen ausgedrückt. Pflichtbewußtsein im Beruf; Angst vor Freiheitsverlust in der Ehe; Wunsch, sein Werk zu vernichten. Ärztliches u. religiöses "Heilen". "Prozeß": teilweise eigene Krankheitsdiagnose.]
*Dt. u. d. T.: "Franz Kafka und die Krankheit." In: *CIBA* 7 (1959) Nr. 2. S. 90–93.

— "Der wahre Arzt. Franz Kaka und Albert Camus." In: *Der Monat* 11 (1959) Nr. 132. S. 3–13.

[Einsamkeit Kafkas u. die Bedeutung seiner Helden für die Gegenwart; Kafka konnte nur von einem Genie übertroffen werden: Camus ersetzte Kafkas Helden durch den absurden Helden; beide Dichter: Erzähler moderner Parabeln. Vergleich: "Prozeß" u. "L'Etranger"; Schuld u. Sühne, Mißverhältnis zwischen Tat u. Folgen. Kafka zweifelt an sich u. an Gott, Camus akzeptiert die Nichtexistenz Gottes. Josef K. u. Meursault lehnen sich gegen das Gesetz auf. Das Heillose anstelle des Heilandes.]
Auch u. d. T.: "Ein offenes Ende – Franz Kafka und Albert Camus." In: H. P.: *Franz Kafka, der Künstler* (s. Bücher) [als Kap. 9.] S. 471–500.
In veränderter engl. Fassung u. d. T.: "Franz Kafka and Albert Camus: Parables for Our Time." In: *Chicago Review* 14 (1960) Nr. 1. S. 47–65.
Engl. Zusammenf. in: *TCL* 6 (1960) S. 84, u.
in: *TCLB* S. 2075–76.
Auch in engl. Sprache u. d. T.: "An Open Ending. Franz Kafka and Albert Camus." In: H. P.: *Franz Kafka. Parable and Paradox* 1962 (s. Bücher) [als Kap. 9.] S. 334–56.
Auch in engl. Sprache u. d. T.: "The True Physician. Franz Kafka and Albert Camus". In: H. P.: *Franz Kafka. Parable and Paradox* 1966 (s. Bücher) [als Kap. 9] S. 334–57.
In frz. Übers. u. d. T.: "Le vrai médicin – Kafka et Camus." In: *La Revue des Lettres Modernes* (1963) Nr. 91–93. S. 151–74.

— "Kafka mit der roten Nelke." In: *Forum* 6 (1959) S. 269–72.

[Kritik an Wagenbachs Biographie (z. B. Kafkas Interesse für den Sozialismus noch nicht bewiesen), an der östlichen (Reimann) u. gewisser westlichen Kafkaforschung (z. B. Jens). Kafka war nie Anarchist, gehörte keiner Partei an.]
Auch in gekürzter Fassung im 5. Kap. von H. P.: *Franz Kafka, der Künstler* (s. Bücher) S. 181–86.
In stark gekürzter Fassung engl. u. d. T.: "Kafka with the Red Carnation", 5. Kap. von H. P.: *Franz Kafka. Parable and Paradox* 1962 u. 1966 (s. Bücher) S. 118–21.

— "Der Prozeß gegen das Gericht. Zum Verständnis von Franz Kafkas Roman 'Der Prozeß'." In: *Wort und Wahrheit* 14 (1959) S. 279–92.

[Besprechung der Schuldfrage. Roman über das Verfahren, dem Josef K. ausgesetzt ist. Zwei Bewegungen: eine von K., die andere vom Gericht ausgehend. Zwischenbereiche u. -figuren, durch die Gericht zu K. spricht. K.s Schuld u. Gericht: fragwürdig. Türhüter als Hauptfigur (gnostische Tradition)? Exekution ist nur theatralisch.]

Auch stark erweitert als Kap. 6 u. d. T.: "Der Prozeß gegen das Gericht" in: H. P.: *Franz Kafka, der Künstler* (s. Bücher) S. 241–315.

Auch engl., stark erweitert als Kap. 6 u. d. T.: "The Trial against the Court" in: H. P.: *Franz Kafka. Parable and Paradox* (s. Bücher) S. 163–217.

Auch verändert in: *Daedalus* 93 (1964) S. 975–97.

Engl. Zusammenf. in: *TCLB* S. 2076.

In tschech. Übers. u. d. T.: "Proces proti soudu." In: *Svědectví* 6 (1964) S. 296–304.

– "Ein gefirmter Kafka." In: *Wort und Wahrheit* 15 (1960) S. 721–22.

[Strenge Kritik an Borchardts katholischer Kafkadeutung.]

– "Eine Parabel Franz Kafkas. Versuch einer Interpretation." In: *JDSG* 4 (1960) S. 463–83.

[Aus Vortrag (vom 28.10.58) in der Württembergischen Bibliotheksgesellschaft entstanden. Kafka als Meister der offenen Form, keine Einzelinterpretation wird ihm gerecht, nur Stil u. Struktur sind bestimmbar. "Gib's auf!": paradoxe Parabel: Grundform der Werke Kafkas.]

Verändert u. d. T.: "'Gib's auf!' – Zum Problem der Deutung von Kafkas Bildsprache." In: H. P.: *Franz Kafka, der Künstler* (s. Bücher) S. 19–44.

Auch u. d. T.: "Eine Parabel Franz Kafkas. Versuch einer Interpretation." In: *Deutsche Erzählungen von Wieland bis Kafka*. Hrsg. v. Jost Schillemeit. Frankfurt/M.: Fischer, 1966. (Interpretationen Bd. 4) S. 319–39.

In engl. Übers. u. d. T.: "'Give It Up!' A Discourse on Method." In: H. P.: *Franz Kafka. Parable and Paradox* (s. Bücher) S. 1–22.

Auch als Teilabdruck in engl. Übers. v. H. Lenz u. d. T.: "'Give It Up!'" in: Flores, *The Kafka Problem* (s. Sammelbde.) S. 117–21.

– "The Puzzle of Kafka's Prosecuting Attorney." In: *PMLA* 75 (1960) S. 432–38.

[Staatsanwaltfragment aus Anhang zu "Prozeß" zeigt Josef K. noch in vollem Ansehen bei seinen Freunden, von Staatsanwalt Hasterer bevorzugt. Nach Brod wäre Fragment *nach* Kap. 7 einzufügen; nach Politzer *nicht* möglich, da K. hier schon im Unglück ist. Uyttersprot: eher als Einleitung zum Roman. Ein 2. Fragment, der "Unterstaatsanwalt", zeigt Kafkas Versuch, sich von der "Prozeß"-Atmosphäre zu lösen. Datierung des 7. Kap.: vor Ende 1914.]

Engl. Zusammenf. in: *TCLB* S. 2103.

– "Kafka im Bau. Für Eric A. Blackall." In: *Forum* 9 (1962) S. 405–08 (I) u. S. 455–58 (II).

[Dt. Vorabdruck von Teilen des Kap. 8 aus Politzers "Franz Kafka. Parable and Paradox" (s. Bücher) mit neuen Untertiteln: I. Lektüre von Bubers "Chassidischen Büchern". Askese ist Flickarbeit, aber dennoch Arbeit. Im Alterswerk Fabel statt Parabel. Tierbau, babylonischer Schacht, Ungeduld. II. Anspielungen auf Kafkas Werk im "Bau"; Labyrint, Schächte, Gänge: ungeschriebenes Werk. Literarische u. persönliche Wurzeln von Kafkas Konflikt. Die Feinde; geplantes Ende: Treffen mit dem Feind; Bau gibt doch gewisse Sicherheit.]

– "Franz Kafka's Language." In: *Modern Fiction Studies* 8 (1962) Franz Kafka Number. S. 16–22.

[Sprache zeigt gegensätzliche Erfahrungsbereiche; ihre Ambivalenz spiegelt die Ambivalenz des Lebens. Fragen statt Feststellungen.]
Engl. Zusammenf. in: *TCL* 9 (1963) S. 40, u.
in: *TCLB* S. 2076.

— "Letter to his Father." In: Flores, *Franz Kafka Today* (s. Sammelbde.) S. 221–38.

[Abdruck des gleichnam. Artikels aus GR 3 (1953) S. 165–79: Kafkas eigene Lebensproblematik auf literarische Ebene gehoben. Die mehrdeutige Bildsprache vereint Biographisches u. Religiöses.]
Engl. Zusammenf. von S. 221–37 ("Verwandlung") in: Corngold, *The Commentators' Despair* (s. Sammelbde.) S. 185.
Auch in Kap. 8 u. d. T.: "Dearest Father." In: H. P.: *Franz Kafka. Parable and Paradox* (s. Bücher) S. 287–93.
Dt. in Kap. 8 u. d. T.: "Liebster Vater." In: H. P.: *Franz Kafka, der Künstler* (s. Bücher) S. 405–16.

— "Kafka Returns to Czechoslovakia." In: *Survey* (1965) Nr. 57. S. 86–97.

[Vorabdruck einer veränderten Fassung des Kap. 10 ("Kafka behind the Iron Curtain") aus H. P.: "Franz Kafka. Parable and Paradox" (s. Bücher) S. 358–76. (Es fehlen z. B. die im Buchkap. enthaltenen Gedichte.)]

— "Wer hat Angst vor dem bösen Franz? – Kafka hinter dem eisernen Vorhang." – "Kafka in der alten Heimat". In: *Forum* 12 (1965) S. 138–41, u. S. 188–91.

[1963 wird Kafka für die Tschechen interessant. Sein Ruf bei der tschech. Linken bis 1963. Zusammenf. der Beiträge bei der 1. (1963 in Liblice) u. 2. von Goldstücker veranstalteten Kafkakonferenz. Unterschiedliche kommunistische Meinungen, tschech. u. poln. Beiträge. Luděk Mandaus' Dramen-Ms. ist nicht von Kafka. Grossmans Dramatisierung von "Prozeß" in Prag.]
Auch überarbeitet u. d. T.: "Wer hat Angst vor dem bösen Franz? Kafka erscheint im Osten." In: H. P.: *Das Schweigen der Sirenen* (s. Artikel) S. 42–69.
Engl. Zusammenf. in: *TCL* 12 (1966) S. 49, u.
in: *TCLB* S. 2076–77.

— "Das Schweigen der Sirenen." In: *DVjs* 49 (1967) S. 444–67.

[S. 444–49: über Kafkas "Das Schweigen der Sirenen": Kafkas Ulysses erzielt durch eine Vernunftmaßnahme den Sieg über die Sirenen, die nur mehr "Automaten der Verführung" sind. Ende des Mythos, "Schweigen der Entfremdung".]
Auch überarbeitet in: H. P.: *Das Schweigen der Sirenen. Studien zur deutschen und österreichischen Literatur.* Stuttgart: Metzler, 1968. S. 13–41.
Engl. Zusammenf. in: *TCL* 13 (1968) S. 244, u.
in: *TCLB* S. 2103.

— "Der Turm und das Tier aus dem Abgrund. Zur Bildsprache der österreichischen Dichtung bei Grillparzer, Hofmannsthal und Kafka." In: *Grillparzer-Forum Forchtenstein. Vorträge, Forschungen, Berichte.* Heidelberg: Lothar Stiehm, 1968. S. 24–42.

[Ambiguität des Turmsymbols. S. 36–42 über Kafkas "Schloß" (Turm, Rundbau mit kleinen Fenstern). Sinn des Bildes durch Art u. Weise der Darstellung enthüllt. Realistische Details u. negative Elemente ("irrsinnig", "trübselig"). Schloß entspricht K.s Erwartung. Turm gleichzeitig existent u. nicht existent. Turm von Babel u. Schacht von Babel.]

– "Franz Kafkas vollendeter Roman. Zur Typologie seiner Briefe an Felice Bauer." In: *Das Nachleben der Romantik in der modernen deutschen Literatur. Die Vorträge des Zweiten Kolloquiums in Amherst/Massachusetts.* Hrsg. v. Wolfgang Paulsen. Heidelberg: Lothar Stiehm, 1969. (Poesie u. Wissenschaft 14). S. 192–211.

[Konflikt zwischen Leben u. Kunst. Literatur als Fluch. Kafkas Prozeß, Felice ist dessen Zeuge. Kafka verurteilte sich vor dem Gericht der Menschen u. des Lebens.]
Auch in: H. P.: *Hatte Ödipus einen Ödipus-Komplex? Versuche zum Thema Psychoanalyse und Literatur.* München: R. Piper, 1974. (Serie Piper 86). S. 56–77.
In engl. Übrs. u. d. T.: "Franz Kafka's Completed Novel: His Letters to Felice Bauer." In: *The Centennial Review* 13 (1969) S. 268–90.
Engl. Zusammenf. in: *TCLB* S. 2076.

– "Prague et les origines." In: *Obliques* (Paris) (2e trimestre 1973) Nr. 3. S. 36–38.

[Veränderung des dichterischen Bildes der Stadt von 1880–1920. Kafka, "Der Prozeß" u. Prag.]

– "Einleitung." In: Politzer, *Franz Kafka* (s. Sammelbde.) S. 1–32.

[Kurzer Forschungsbericht, der auf wesentlichen Aspekten u. Momenten der Kafkakritik verweilt u. den Rahmen für die ungefähr den Zeitraum von Kafkas Lebenszeit bis 1970 umfassende Essaysammlung im Buch bildet.]

– "Problematik und Probleme der Kafka-Forschung." In: Politzer, *Franz Kafka* (s. Sammelbde.) S. 214–25.

[Abdruck des Artikels aus "Monatshefte" 42 (1950) S. 273–80: Das Paradox als Stilmerkmal bei Kafka, von Brod nicht erkannt. Fragment als einzige der Krise gemäße Form. Brods Vorgehen ermutigte psychologische (U.S.A.) u. theologische Deutungen. E. Wilsons ernüchternde Kritik der psychoanalytischen Interpretation. Ernste Forschung soll auf billige Übers. der Werke verzichten u. braucht einen kritischen Text als Grundlage. Notwendigkeit der Stilkritik.]

– "Zur Kafka-Philologie." In: Politzer, *Franz Kafka* (s. Sammelbde.) S. 159–61.

[Abdruck aus "Die Sammlung" 2 (1935) Nr. 7. S. 386–87. Brods Rettung von Kafkas Werk für die Nachwelt. Das Rätselhafte u. Fragmentarische des Werkes. Hinweise auf die Brodsche sechsbändige Ausgabe für Schocken; Probleme des "reinen" Textes; die "Retouchen" des Textes als Zwischenlösung.]

*– "Das entfremdete Selbst – ein Schlüssel zu Kafkas 'Schloß'?" In: H. P.: *Hatte Ödipus einen Ödipus-Komplex? Versuche zum Thema Psychoanalyse und Literatur.* München: Piper, 1974.

*Engl. u. d. T.: "The Alienated Self – A Key to Franz Kafka's 'Castle'–" In: *Michigan Quarterly Review* 14 (1975) S. 398–414.
Engl. Zusammenf. in: *TCL* 22 (1976) S. 120.

– "Kafka konnte geholfen werden." In: *Merkur* 29 (1975) S. 1076–79.

[Nur mit Ottla konnte sich Kafka identifizieren; er liebte sie; "Verwandlung" als Strafphantasie (Gregor-Grete) u. Inzestmotiv. Zärtlichkeit war die Nahrung, nach der sich
Kafka sehnte, die er bei Ottla u. vielleicht Dora Diamant fand.]

– "Zwei kaiserliche Botschaften: Zu Texten von Hofmannsthal und Kafka." In:
MAL 11 (1978) Nr. 3/4. S. 105–22.

[Hofmannsthals "Der Kaiser von China" u. Kafkas "Eine kaiserliche Botschaft" handeln
von der gestörten Ordnung der Welt, nicht von Personen; enden im Schweigen.]

Pondrom, Cyrena N.: "Kafka and Phenomenology: Josef K.'s Search for Information." In: *Wisconsin Studies in Contemporary Literature* 8 (1967) S. 78–
95.

[Ambivalenz des "Prozeß"-Romans nicht negativ, sondern Symbol für menschliche Un-
fähigkeit, richtig zu erkennen. Ähnlichkeit zwischen Husserls erkenntnistheoretischen
Gedanken u. vielen im "Prozeß" ausgedrückten Ideen.]
Auch in: Rolleston, *Twentieth Century Interpretations of "The Trial"* (s. Sammelbde.)
S. 70–85.
Engl. Zusammenf. in: *TCL* 14 (1968) S. 112–13, u.
in: *TCLB* 4 (1974) S. 2103.

– "Purdy's 'Malcolm' and Kafka's 'Amerika': Analogues with a Difference." In:
Zyla, *Franz Kafka: His Place in World Literature* (s. Sammelbde.) S. 113–33.

[An "Malcolm" die Veränderungen von Kafkas Technik in den USA gezeigt; Handlung,
Personen u. Themen ähnlich; der schwarze Humor u. das Absurde. Kafkas tragische Welt
durch Gelächter erleichtert.]

– "Coherence in Kafka's 'The Judgment': Georg's Perception of the World." In:
Studies in Short Fiction 9 (1972) S. 59–79.

[Erz. objektiviert Georgs ambivalente Gefühle über Heirat (Freund: Handlungen Georgs);
Georg reflektiert im 1. Teil; Darstellung seiner Lage in Besprechung mit Vater im 2. Teil,
Test für Brief (Generationenkonflikt).]
Engl. Zusammenf. in: *TCL* 18 (1972) S. 226.

Pongs, Hermann: "Franz Kafka." In: H. P.: *Im Umbruch der Zeit. Das Romanschaffen der Gegenwart*. 2. erweiterte Aufl. Göttingen: Göttinger Verlagsanstalt, 1956. S. 66–95. (1. Aufl. 1952 – 4. neubearbeitete, erheblich erweiterte Aufl. u. d. T.: *Romanschaffen im Umbruch der Zeit*, 1963).

[Kafkas Ausweichen vor dem Guten, seine Abkehr vom Menschen; Lieblosigkeit u. Einsamkeit; "Urteil": Ambivalenz in Vater-Sohnbeziehung; "Prozeß": Welt der Verzweiflung; "Schloß": Wertindifferenz; "Strafkolonie": Parodie auf menschliche Existenz. Exkurs: Kafka – Kleist: Kafkas Grenzen, sein verengtes Weltbild, seine "gottverfluchte"
Welt. Kafka-Nachfolge: Jean-Paul Sartre, Walter Jens u. Heinz Risse.]

– *Das Bild in der Dichtung*. Bd. 1.: *Versuch einer Morphologie der metapho-
rischen Formen*. 2. verbesserte Aufl. Marburg: Elwert, 1960. – (1. Aufl.
1927). – Bd. 3: *Der symbolische Kosmos der Dichtung*. 1969. Bd. 4: 1973.

[Bd. 1: S. 536–37: Kafkas "Verwandlung" u. die Archetypen.
Bd. 3: S. 435–63: Der Kosmos Kafkas offenbart sich im "Schloß". Abstrakte Modellfi-
gur K. vertritt die Freiheit u. fordert eine absurde, totalitäre Welt heraus; K. bleibt ein
Fremder im Dorf. Ambivalente Liebe zu Frieda; die Tiermetaphern; das Schloßlabyrinth
als Minotaurosparodie? Amalias Rolle. Absurdes im "Schloß" verurteilt.
Bd. 4: S. 232–60: Franz Kafkas Parabeln des Absurden.]

– *Dichtung im gespaltenen Deutschland.* Stuttgart: Union Verl., 1966.

[Tiersymbolsprache: S. 262–85: Franz Kafka, "Die Verwandlung", zwischen Ost und
West: Schreckliche Wahrheit bemächtigt sich der Tiergestalt. Gregors Verlust der Sprache
– Mensch in tiefster Spaltung. Massenschicksal der Gegenwart oder Dekandenzerschei-
nung? Teuflischer Ursprung der Kunst für Thomas Mann u. Kafka. Osten: Lebensener-
gien ins Politische gelenkt. Westen: Treiben in Grenzzonen. Vergleich mit Manns "Dok-
tor Faustus". Kafka: Negation des Menschlichen. – Kafkanachfolge.
S. 286–98: Kafkaesker Stil: Kafkas Werk – kein neuer Mythos des 20. Jh., führt nur zu
asozialem Dasein – Werteverwirrung, teuflisch. Kafkanachfolge: Sartre, Beckett, Jan
Kott, George Langlean, Thomas Bernhard. Hinweise auf Kafka: S. 386–88 (Die Prüfung),
S. 512–13, S. 359–60, etc.]
Engl. Zusammenf. von S. 262–85 (Franz Kafka – "Die Verwandlung", zwischen Ost
und West) in: Corngold, *The Commentators' Despair* (s. Sammelbde.) S. 185–89.

– "Franz Kafka." In: H. P.: *Sprachkunst als Weltgestaltung.* Festschrift für Herbert Seidler. Hrsg. v. Adolf Haslinger. Salzburg, München: Anton Pustet,
1966. S. 199–211.

[Kafka als Dichter des Negativen u. der Ambivalenzen, Schreiben als Teufelsdienst. "Verwandlung" – Riß zwischen Mensch u. Tier. Mitmenschliches fehlt, kalte Beobachtung u.
Sprache. Nachahmung von Kafkas Stil: Thomas Bernhard.]

– *Das kleine Lexikon der Weltliteratur.* 6., erweiterte Aufl. Stuttgart: Union,
1967.

[Spalte 1000–02 über Kafka. Zwielichtwelt.]

– "Humboldts innere Sprachform zwischen West und Ost, zwischen Manierismus und Sozialismus." In: *Die Brüder Humboldt heute. Abhandlungen der
Humboldt-Gesellschaft für Wissenschaft, Kunst und Bildung.* Bd. 2. (Mai
1968) S. 87–129.

[S. 94–96, 120: Die "Kafka-Situation" u. die sozialistische Perspektive in Osteuropa.]

Popelová, Jiřina: "Kategorie osamocenosti v díle Franze Kafky." In: *Franz
Kafka. Liblická Konference 1963* (s. Sammelbde.) S. 111–14.

[Entfremdung – Schicksal der imperialistischen Epoche. Kafka sucht einen Weg zum
Menschen; humanistisch.]
In dt. Übers. v. Kurt Lauscher u. d. T.: "Die Kategorie der Vereinsamung in Franz Kafkas Werk." In: Goldstücker, *Franz Kafka aus Prager Sicht 1963* (s. Sammelbde.) S. 113–
17.

Poppel, Stephen M.: "Salman Schocken and the Schocken Verlag." In: *Leo
Baeck Institute Year Book* 17 (1972) S. 93–113.

[S. 102–03: Geschichte der Herausgabe von Kafkas Werken im Schocken Verlag.]
Verändert u. d. T.: "Salman Schocken and the Schocken Verlag: A Jewish Publisher
in Weimar and Nazi Germany." In: *Harvard Library Bulletin* 21 (1973) S. 20–49.
(S. 34–36 u. 43 über Kafka.)

Pott, Hans-Georg: "Kafkas Schloß." In: *Kürbiskern. Literatur, Kritik, Klassenkampf* (1977) Nr. 2. S. 83–95.

[Kafkas Werk erst unter Einbegriff der Wirklichkeit, in die auch Leser einbezogen ist, zu
deuten. K. als Kämpfer des vergangenen Jh., "der in der Fixierung auf seine Personalität
gerade scheitert." Er scheitert am "Schein" des Schlosses, den die verschiedenen Helden
spiegeln, der aber die Macht des Schlosses konstituiert, ähnlich wie in vorideologischer
Zeit der Mythus.]

— "Allegorie und Sprachverlust. Zu Kafkas 'Hungerkünstler'-Zyklus und der
Idee einer 'Kleinen Literatur'." In: *Euphorion* 73 (1979) S. 435–50.

[Zyklus über Kunst u. Künstler in Bildern, die Pott "Allegorien" nennt (neuer Sinn),
allgemein u. spezifisch, aber verschlüsselt, in Chiffren; nie Kafka u. seine Kunst allein
gemeint. Kafkas Streben nach Vollkommenheit seiner Kunst; Mängel der Kunst, Streben
nach dem Ursprung (Kleist). Hungerkünstler hat Ursprung u. Ziel verloren. "Josefine...":
Kunst braucht aber das Leben, Band zwischen Ursprung u. Gegenwart durch Volk. Musik
dem Schweigen am nächsten (Kafkas Sprachmißtrauen). Zusammenhang mit der Bedeutung der "kleinen Literatur" gezeigt (Verdünnung u. dadurch Intensivierung des Prager
Deutschen, Fehlen des Ursprunges, Versuch den Weg zurück zu finden). Selbstbewußtsein einer kleinen Nation ist für die wichtig, die sich der Sprache einer großen Gruppe be-
dienen.]

Pracht, Erwin: "Präzisierung oder Preisgabe des Realismus-Begriffs?" In: *Sonntag* (1964) Nr. 10. S. 6–7; Nr. 11. S. 7–8.

[Die Dekadenz findet keinen Weg aus der Entfremdung, sei auch Kafkas Tragödie. Werk
voller Widersprüche: Realist u. Dekadenter ("Amerika" u. spätere Werke: Verfall realistischer Gestaltung schreitet vor); auch Antikapitalist, dennoch kein Vorbild für sozialistische Welt.]

Preisner, Rio: "K interpretaci – zejména Franze Kafky." In: *Tvář* (Praha) 2
(1965) Nr. 10. S. 21–23.

[(Zur Interpretation, vor allem von Franz Kafka): Soziologische Interpretation soll vom
Werk aus auf Beziehungen zur Umwelt eingehen. Schuldgefühl als Basis von Kafkas
Ethik.]
Auch in: *Podoby. Literární sborník*. Hrsg. v. Bohumil Doležal. Praha: Československý
spisovatel, 1967. S. 148–71.

— "Ediční poznámka." In: Franz Kafka: *Aforismy*. Praha: Československý spisovatel, 1968 (Otázky a názory, Bd. 67). S. 85–88.

[(Anmerkung des Herausgebers): Aphorismen vor allem in Tagebüchern; Zusammenkom-
men von "Ich" u. "Er"; Mysterium der Sprache Kafkas ähnlich der Hölderlins; äußere
Form führt zu tieferer Bedeutung.]

— "Franz Kafka and the Czechs." In: *Mosaic* 3 (1970) Nr. 4. New Views on

Franz Kafka. S. 131—41.

[Übers. v. Jerica Perkins, u. a. Kafkaismus geht auf Milena zurück; bes. stark nach 2. Weltkrieg. Tschech. Intelligenz vermischt u. verwechselt Kafkas Werke mit Kafkaismus.]
Dt. in erweiterter Form u. d. T.: "Franz Kafka und die Tschechen." In: R. P.: *Aspekte einer provokativen tschechischen Germanistik.* Teil I: *Kafka — Nestroy.* Würzburg: jal, 1977 (Colloquium slavicum. Beiträge zur Slavistik, Bd. 8). S. 10—25.
Engl. Zusammenf. in: *Literature and Psychology* 23 (1973) S. 169, u.
in: *TCLB* S. 2077.

Prescher, Hans: "Gebet und Provokation. Kurt Tucholskys Verhältnis zu Franz Kafka." In: *Die Kultur* 8 (1960) Nr. 147. S. 6—7.

[Begegnung 1911. Tucholskys Kafkarezensionen u. Bewunderung für Kafkas Werk; Wesensähnlichkeit; Tucholsky: Schreiben als Provokation; Kafka: Gebet.]

Preston, W. E. Hayter: [Rez. zu engl. Übers. von "Das Schloß" (1930)]. In: Jakob, *Das Kafka-Bild in England* 1 (s. Sammelbde.) S. 146—47.

[Teilabdruck von "Tales in Translation" in "Sunday Referee" (30.3.1930). Kafka vor allem Erzähler u. Künstler; Vorzüge von Muirs Übers.]

Prévost, Claude: "A la recherche de Kafka (esquisse d'un bilan très provisoire)." In: *Europe* 49 (1971) Nr. 511—12. Kafka. S. 13—49.

[Übersicht über Kafkaforschung: I. Brod u. allegorische Interpretation, Psychoanalyse, thematische u. philosophische Deutungen. — II. Bruch mit "allegorischer" Auslegung. Beißner, Emrich, die Marxisten; die wissenschaftliche Interpretation, Kafka u. Prag; Textkritik, Kafka als moderner Schriftsteller. Auswahlbibliogr.]

Prieberg, Fred K.: *Musik unterm Strich. Panorama der neuen Musik.* Freiburg-München: Karl Alber, 1956.

[S. 154—55: "Die Oper des religiösen Humoristen": Vertonung von "Ein Landarzt" von Hans Werner Henze u. von "Der Prozeß" von Gottfried von Einem.]

Priestley, J. B.: *Literature and Western Man.* New York: Harper & Brothers; London-Melbourne-Toronto: Heinemann, 1960.

[S. 419—21: Kafka, der wahre u. tiefe Symbolist.]

— "Kafka — the Last Irony." In: Jakob, *Das Kafka-Bild in England* 2 (s. Sammelbde.) S. 475.

[Abdruck des gleichnam. Artikels in "Sunday Times" (7.2.1954) S. 5. Die Atmosphäre von Kafkas Werken wurde zur Wirklichkeit.]

Pritchett, V. S.: [Rez. zu engl. Übers. v. "Amerika" (1938).] In: Jakob, *Das Kafka-Bild in England* 1 (s. Sammelbde.) S. 191—92.

[Abdruck aus "Amerika" in "Fortnightly Review" 145 (1938) S. 236—38. Frischer u. unschuldiger als die ersten beiden Romane ("Prozeß" u. "Schloß"), aber Höhepunkt fehlt.]

— The Myth Makers: Literary Essays. New York: Random House, 1979.

Prochazka, Willy: "Kafka's Association with Jaroslav Hašek and the Czech Anarchists." In: *MAL* 11 (1978) Nr. 3/4.

[Enge Kontakte Kafkas mit tschech. anarchistischen Schrifstellern sind höchst zweifelhaft.]

*Pryce-Jones, David: "Introduction." – "Appreciation." In: Franz Kafka: *The Trial.* Geneva: Edito-Service, 1968. S. XII–XVI. – S 255–78.

Pujmanová-Hennerová, M.: "Zemřelý Franz Kafka." In: *Literární archiv* 1 (1966) S. 192.

[Kommentar über Tod des "österreichischen expressionistischen Dichters Kafka"; sein Werk: meisterhafte "Bruchstücke". Abdruck aus "Tribuna" (15.6.1924); enthalten in Artikel von Kautman.]

Purdy, Strother B.: "A Talmudic Analogy to Kafka's Parable 'Vor dem Gesetz'." In: *Papers on Language and Literature* 4 (1968) S. 420–27.

[Ähnlichkeit mit Geschichte über Natur des Shema-Gebets (1. Buch des "Yerushalmi" Talmud); ebenso besagen "Prozeß" u. Parabel nur, daß eine Tür zum Gesetz besteht, nicht, was Gesetz selbst ist.]
Engl. Zusammenf. in: *TCLB* S. 2115.

– "Religion and Death in Kafka's 'Der Prozeß'." In: *Papers on Language and Literature* 5 (1969) S. 170–82.

[Werk doch religiöse Allegorie. Gesetz – Gott; unser Schicksal erst nach dem Tod erkennbar. Kafkas innere Welt – jüdisch; äußere umfaßt auch Katholizismus. Todeswunsch – Sehnsucht nach Gott.]
Engl. Zusammenf. in: *TCLB* S. 2103.

Pybus, Rodney: "In Memoriam Milena." In: R. P.: *In Memoriam Milena.* London: Chatto and Windus; Hogarth Pr., 1973. S. 9–19.

[Gedicht über Phantasien u. Erinnerungen Milenas an Kafka in Ravensbrück, angeregt durch "Mistress to Kafka" von M. Buber-Neumann.]

– "A Kafka Legacy." In: *European Judaism* 8 (1974) Nr. 2. Franz Kafka. S. 30–32.

[Persönliche Reaktion eines Nicht-Juden auf Werk Kafkas u. Milenabriefe, die ihn zu einem Gedichtband "In Memoriam Milena" anregten.]

Quentin, Pol: "Adapter 'Le Château' ..." In: *CCRB* 5 (Okt. 1957) Nr. 20. Franz Kafka du Procès au Château. S. 13–16.

[Schloßadaptierung für Theater durch Gide-Barraults "Prozeß"-Inszenierung; Filmtechnik; Kafkas Tagebücher. Versuch, treues Bild des Originals zu geben (Weglosigkeit K.s).]

*– "Le Château, 4 actes après Franz Kafka." In: *Paris-Théâtre* (1958) Nr. 130.

Quinn, Sister M. Bernetta, O.S.F.: "Butterfly on a Skull: Tragedy as Metamorphosis." In: *Greyfriar* 6 (1963) S. 22–28.

[Symbole für tragische Verwandlungen. Kafkas Erz.: Technik der Verzerrung zeigt Wahrheit; physischer Tod ist Verwandlung; Samsa erkennt nicht; ohne Rettung.]
Engl. Zusammenf. in: *Abstracts of English Studies* 8 (1965) S. 569.

R. –: "Spór o Kafkę." In: *Twórczość* 8 (1957) S. 187–88.

[(Kontroverse über Kafka): Trotz vieler Interpretationen nur eine Textausgabe von Brod vorhanden, die, ebenso wie Brods Deutung von Kafkas Werken, schärfste Kritik verdient.]

Raabe, Paul (Hrsg.): *Expressionismus. Aufzeichnungen und Erinnerungen der Zeitgenossen.* Olten u. Freiburg i. Br.: Walter, 1965 (Walter-Texte u. Dokumente zur Literatur des Expressionismus).

[S. 61–66: Max Brod: Der junge Werfel und die Prager Dichter (s. Artikel).
S. 68–73: Johannes Urzidil: Im Prag des Expressionismus (s. Artikel).
S. 80–82: Kurt Pinthus: Leipzig und der frühe Expressionismus: Erinnerung an Kafka (1912) u. sein erstes Buch.
S. 284–94: Kurt Wolff: Vom Verlegen im allgemeinen und von der Frage: wie kommen Verleger und Autoren zusammen (s. Artikel).]
In engl. Übers. v. J. M. Ritchie u. d. T.: *The Era of German Expressionism.* Woodstock, N. Y.: Overlook Pr., 1974.

Raabe, Paul: "Nachwort." In: Franz Kafka: *Sämtliche Erzählungen.* Hrsg. v. Paul Raabe. 81.–110. Tausend. Frankfurt/M.: Fischer Taschenbuch, 1971. (1.–30. Tausend 1970). S. 389–90.

[Folgt zumeist Brod, will keinen textkritischen Anspruch erheben. – Auch S. 391–406: Zu den Texten: Sammlung enthält alle von Kafka selbst veröffentlichten Erz., "Der Heizer", sowie Erz. des Nachlasses. Textgeschichtliche Hinweise, Entstehung, Überlieferungsangaben.]
Auch in: Franz Kafka: *Meistererzählungen.* Gütersloh: R. Mohn, C 1970.

– "Franz Kafka und Franz Blei. Samt einer wiederentdeckten Buchbesprechung Kafkas." In: Born, *Kafka-Symposion* (s. Sammelbde.) S. 7–20.

[Beziehung zur Zweimonatsschrift "Hyperion" u. deren Hrsg. Franz Blei; Kafkas Rez. zu einem Roman Bleis – mehr Dichtung als Besprechung.]

– "Franz Kafka und der Expressionismus." In: *ZfdPh* 86 (1967) S. 161–75.

[Die Frage, ob Kafka zum Expressionismus zu zählen ist. Beschreibt eher das Paradox der Existenz. W. Sokels Standpunkt.]
Auch in: Politzer, *Franz Kafka* (s. Sammelbde.) S. 386–405.
Engl. Zusammenf. in: *TCL* 14 (1968) S. 53, u.
in: *TCLB* S. 2077.

– , **H. L. Greve, u. Ingrid Grüninger:** "Franz Kafka." In: *Expressionismus. Literatur und Kunst 1910–1923.* Eine Ausstellung des Deutschen Literaturarchivs im Schiller-Nationalmuseum, Marbach a. N. vom 8. Mai bis 31. Okt. 1960. Sonderausstellung des Schiller-Nationalmuseums, Katalog Nr. 7. Stuttgart: Turmhaus Druckerei, 1960. S. 187–90.

[Franz Kafka: Vitrine 35. 5 Erstdrucke u. 1 Ms. ("Der Dorfschullehrer").]

Rába, György: "József Attila és Franz Kafka." In: *Nagyvilág* 25 (1980) S. 1706–17.

Rabi, Wladimir: "Kafka et la néo-Kabbale." In: *La Table Ronde* (1958) Nr. 123. S. 116–28.

[Familiensituation; Literatur als Befreiung. Schlüssel zu Kafka: Multivalente Bilder (nicht Symbole oder Allegorien), die auf verschiedenen Ebenen persönliche Konflikte (Vaterbeziehung, Gesetzesbezug) darstellen. Erbe mütterlicherseits: mystisch-religiöse jüdische Komponente.]

Rabinovits, Yeshaiah: "Al 'ha-tirah' le-Frants Kafka." In: *Moznayim* 2 (1955/56) S. 37–48.

[Hebr. (Über Franz Kafka "Das Schloß."): Durchschnittliche Alltagswelt im Gegensatz zu Phantasie der Erz. Unverständliches Schicksal des strebenden Menschen im Exil u. Gottes Schweigen.]
Auch in: Y. R.: *Be-ḥavle doram.* Tel Aviv: Am Oved, 1959. S. 156–80.

* – ["Kampf und Zurückhaltung. Franz Kafka."] In: *Molad* 14 (1957) S. 354–65.

[Hebr.; aus "Bibliografia b'Ivrit". Kafkas Versuch in Erz. ("Verwandlung", "Strafkolonie", "Chinesische Mauer", "Riesenmaulwurf", "Landarzt", u. "Gracchus"), eine objektive Sicht seiner Welt zu geben. Sucht epische Stabilität zu erreichen, die nur Illusion bleibt. Tragische Lage des Menschen.]
(Auch in: Y. R.: *Be-ḥavle doram.* Tel Aviv: Am Oved, 1959. S. 156–80.)

* – *Be-ḥavle doram. Iyunim be-sifrut.* Tel Aviv: Am Oved, 1959.

[Hebr. (Die Agonie einer Generation. Themen in der Literatur): S. 156–206: über Kafka.]

* – [Ursprung und Tendenzen.] Jerusalem: 1967.

[Hebr.; aus "Bibliografia b'Ivrit". S. 132–43: (Der Umsturz des Absurden).]

– *Major Trends in Modern Hebrew Fiction.* Translated from the Hebrew by M. Roston. Chicago & London: Univ. of Chicago Pr.; Toronto: Univ. of Toronto Pr., 1968.

[S. 79–80, 216, 218: Kafkas Verhältnis zu Gnessin u. Agnon.]

Rabkin, Leslie Y. (Ed.): *Psychopathology and Literature.* San Francisco, California: Chandler, 1966.

[S. 11: Anxiety Reactions: Kafkas "Urteil" u. Maupassants "Lui?" Beispiele einer Angstneurose. Feindschafts- u. Abhängigkeitsgefühle in Georg Bendemann.
S. 12–22: Abdruck der engl. Übers. von "Das Urteil".]

Raboin, Claudine: "Introduction." In: Raboin, *Les critiques de notre temps et Kafka* (s. Sammelbde.) S. 7–15.

[Einführung zum Essay-Bd.; Adjektiv "kafkaïen" Zeichen seiner Popularität; eine ganze Generation erkannte in seinem Werk getreues Abbild der modernen Welt. Frz. Übers. der "Verwandlung" schon 1928. In Frankreich Kafkas Magie einflußreicher als seine Literatur. Textforschung der Mss. sehr notwendig.]

– "Die Gestalten an der Grenze. Zu den Erzählungen und Fragmenten 1916–1919." In: David, *Franz Kafka. Themen und Probleme* (s. Sammelbde.) S. 121–35.

[Sind Wächter u. Kämpfer; differenzierte Darstellung der dichterischen Existenz. Gemeinsame Züge, keine einheitliche Bedeutung.]

Rader, Melvin: "The Artist as Outsider." In: *Journal of Aesthetics and Art Criticism* 16 (1958) S. 306–18.

[Künstler ist nur durch unsere gegenwärtige mechanisch-bürokratische Welt entfremdet, aber nicht unbedingt als Außenseiter zu sehen.]
Engl. Zusammenf. in: *TCL* 4 (1959) S. 165.

*Rae, S. H.: "Three Novelists and the Question of God." In: *Evangelical Quarterly* 40 (1968) S. 224–35.

[Die verworrene moderne Welt kann dazu beitragen, den Menschen auf die Botschaft des Evangeliums vorzubereiten. Das Evangelium muß sich an den weltlichen Menschen von heute richten. Beispiele aus Camus, Kafka u. Dostojewski.]
Engl. Zusammenf. in: *Religious and Theological Abstracts* 12 (1969) Nr. 1320.

Rahv, Philip: *Image and Idea. Twenty Essays on Literary Themes.* Revised and enlarged. Norfolk, Conn.: New Directions, 1957 (New Directions Paperbook No. 67).

[S. 105–19: An Introduction to Kafka: Erschienen als Einleitung zu "Selected Tales of Franz Kafka" (New York: Modern Library, 1952). Kafka: der Künstler der Neurose. Erz. u. "Prozeß"; religiöser Mensch; kein Selbstvertrauen.
S. 121–39: The Death of Ivan Ilyich and Joseph K.: Erschienen in "Southern Review" (1939). – Themen ähnlich; Helden in Katastrophe (Krankheit u. Prozeß) werden innerlicher, müssen Leben rechtfertigen. Kafka – Symbole des Göttlichen verkehrt. Schicksal als "Moira".]
Auch in: P. R.: *Literature and the Sixth Sense.* Boston: Houghton Mifflin, 1969.
S. 183–95 u. 38–54. – Auch: London: Faber and Faber, 1970.
Engl. Zusammenf. von S. 186 u. 191 ("Verwandlung") in: Corngold, *The Commentators' Despair* (s. Sammelbde.(S. 191.
"An Introduction to Kafka" auch in: P. R.: *Essays on Literature and Politics, 1932–1972.* Ed. Arabel J. Porter and Andrew J. Dvosin. Boston: Houghton Mifflin, 1978. S. 251–62.

– "Franz Kafka: The Hero As Lonely Man." In: *Twentieth-Century Literary Criticism.* Vol. 2. Ed. Dedria Bryfonski and Sharon K. Hall. Detroit: Gale Research, 1979. S. 289–91.

[Teilabdruck des Artikels aus "The Kenyon Review" (1939). Kafka: Mystiker; Leben: unverständlich; "Schloß" u. "Prozeß": Selbstbestrafung u. Buße.]

Raine, Kathleen: "A Comment on Kafka." In: Jakob, *Das Kafka-Bild in England* 1 (s. Sammelbde.) S. 265–66.

[Abdruck des gleichnam. Artikels aus "Focus One" (London, 1945) S. 44–45. Die Welt in "Prozeß" u. "Schloß" stellt den Schrecken der Wirklichkeit dar.]

Rajan, Balachandra: "Kafka – A Comparison With Rex Warner." In: Jakob, *Das Kafka-Bild in England* 1 (s. Sammelbde.) S.241–48.

[Abdruck des gleichnam. Artikels aus "Focus One" (London, 1945) S. 7–14. Kafkas Werk zeigt die Antinomie seiner eigenen Entwicklung; Trennung zwischen Natur (Besitz) u. Gnadenordnung (geistige Wahrheit). Bedeutung des Opfers. Ständige Weiterentwicklung, z. B. "Bau" beginnt, wo "Schloß" aufhört. Kafkas Allegorie: Neuerfahrung; Warner: Nachahmung.]

Rajec, Elizabeth Molnár: "Namen und ihre Bedeutungen im Werke Franz Kafkas: Ein interpretatorischer Versuch." In: *DAI* 36 (1975) S. 3701A.

[Zusammenf.: Analyse der Personen- u. Ortsnamen u. ihrer Funktion in Kafkas literarischer Technik in Erz. u. Romanen. Personennamen: bewußt gewählt, zeigen wichtige Aspekte des betreffenden Werkes an, besitzen verschiedene Bedeutungsebenen, können etymologisch, autobiographisch u. biolinguistisch gedeutet werden u. gehen über das Dt. hinaus. Namen der Helden sind meist Kryptogramme von Kafkas eigenem Namen. – Tabulation aller Personen- u. Ortsnamen.]

– "Kafkas Erzählung 'Blumfeld, ein älterer Junggeselle'. Ein onomastisch-interpretatorischer Versuch." In: *Beiträge zur Namenforschung* 11 (1976) S. 464–69.

[Untersuchung über die bes. morphologischen Elemente der Namen dieser Erz., welche die einzigartige Struktur widerspiegeln.]

– "Onomastics in the Works of Franz Kafka." In: *Literary Onomastics Studies* 5 (1978) S. 192–206.

[Über die wichtigsten Namensstrukturen (z. B. Kafka, Kalda, Samsa, etc.) u. ihre Integrierung in ein Werk.]

– "The Slavic Elements in Kafka's Onomastics." In: *Proceedings of the XIII International Conference of Onomastic Sciences* 2 (1980) S. 281–90.

[Analytische Studie der slawischen etymologischen Elemente, die in den Namensbildungen verborgen sind, z. B.: Kafka, Kul(l)ich, Klam(m) u. a.]

– "Franz Kafka and Philip Roth: Their Use of Literary Onomastics (Based on 'The Professor of Desire'." In: *Literary Onomastics Studies* 7 (1980) S. 69–84.

[Kafkas Einfluß auf Roth wird durch die literarische Onomastik nachgewiesen.]

Rákos, Petr: "O mnohoznačnosti Kafkova díla." In: Goldstücker, *Franz Kafka. Liblická Konference* 1963 (s. Sammelbde.) S. 79–83.

[Im "Prozeß" Kafkas Krankheit schon vor Ausbruch dargestellt. "Schloß": Kafkas Irrationalismus u. rationelle Weltordnung.]
In dt. Übers. v. Kurt Lauscher u. d. T.: "Über die Vieldeutigkeit in Kafkas Werk." In: Goldstücker, *Franz Kafka aus Prager Sicht 1963* (s. Sammelbde.) S. 81–86.
In ital. Übers. u. d. T.: "Sulla molteplicità dei significati in Kafka." In: Goldstücker, *Franz Kafka da Praga* (s. Sammelbde.) S. 89–94.

– "Několik poznámek na okraj kafkovského sborníku." In: *Česká literatura* 12 (1964) S. 236–43.

[S. 242–43: Dt. Zusammenf. u. d. T.: "Einige Bemerkungen zur Kafka-Konferenz von Liblice": Bestrebung um kulturpolitische Neueinschätzung Kafkas (Rákos ist gegen Garaudys Realismusbegriff). Kafkas Werke nicht vieldeutig, eher universal. Nicht alle Widersprüche müssen gelöst werden, sie können Ausdruck von Kafkas innerem Kampf sein.]

Ramm, Klaus: "Handlungsführung und Gedankenführung." In: *Kafka-Handbuch* 2, S. 93–107.

[In literarischen Texten sind alle Sätze gleich wichtig. Bedeutung der Anfänge u. Wiederholungen. Begriff der Einsinnigkeit des Erzählens nicht ganz akzeptabel. Stilprinzip der Lückenlosigkeit. Erz. kommen über ihre Anfänge nicht hinaus.]

Rang, Bernhard: "Die deutsche Epik des 20. Jahrhunderts." In: *Deutsche Literatur im 20. Jahrhundert. Strukturen und Gestalten.* Begründet von Hermann Friedmann u. Otto Mann. 5. Aufl. Hrsg. v. Otto Mann u. Wolfgang Rothe. Bd. 1: *Strukturen.* Bern u. München: Francke, 1967.

[S. 64, 67 u. 68: Keine einheitliche Typologie, Kontinuität u. Tradition; Kafka als Wegbereiter; das Unbewußte; Traumbilder.]

Rapaport, Herman: "'An Imperial Message.' The Relays of Desire." In: *MLN* 95 (1980) S. 133–37.

[Eine "Maschinerie des Verlangens", der Ödipuskomplex, der organisiert u. zerstört, ein Mechanismus von Frustrierung, Widerstand u. Disfunktion, rund um das Zentrum des "träumenden Subjektes", kondensiert in dieser Parabel, aber anwendbar auf gesamte Erz. "Beim Bau der chinesischen Mauer".]

Rasmussen, Sten: "Uudgrundelighedens offer. Nogle betragtninger over Franz Kafkas roman 'Der Prozess'." In: *Exil. Nordisk tidsskrift for exsistentialistisk debat* 3 (1969) Nr. 3. S. 89–94.

[Beharren auf seiner Unschuld ist K.s Schuld. Mensch ist heute zu tief in materielle Dinge verwickelt, um noch entscheidende Wahl treffen zu können. Titorelli als freier Mensch außerhalb des Gesetzes. Analogien zu Pascal u. Kierkegaard.]

Ratcliffe, Michael: "Two Kafka Operas." In: *Musical Times* 107 (Dec. 1966) S. 1079.

[2 Uraufführungen in Deutschland: Gunther Schullers "The Visitation" basiert auf Kafkas "Prozeß"; Jazz-Oper. "Amerika" von Haubenstock-Ramati: weniger glücklich.]

Rawson, C. J.: "A Splacknuck and a Dung-Beetle. Realism and Probability in Swift and Kafka." In: *College English* 31 (1970) S. 376–91.

[Realistische Technik wird benützt, um die unwahrscheinlichen Phantasien u. die darin verborgene Wahrheit akzeptabler zu machen.]
Engl. Zusammenf. in: *TCL* 16 (1970) S. 232.

Read, Herbert: [Rez. zu engl. Übers. von "Beim Bau der Chinesischen Mauer" (1933).] In: Jakob, *Das Kafka-Bild in England* 1 (s. Sammelbde.) S. 166–67.

[Abdruck aus "The Great Wall of China" in "Adelphi" 7 (Okt. 1933) Nr. 1. S. 72–73.
Im Kielwasser von Edwin Muir (Suchen nach Berufung u. Platz in der Gemeinschaft.)]

Reed, Eugene E.: Franz Kafka: Possession and Being." In: *Monatshefte* 50 (1958) S. 359–66.

[Beziehung von Besitz, Beruf u. sinnlicher Welt (durch Logik u. Sprache ausgedrückt) zur geistigen Welt u. zum Guten. Letztere nur durch Entwertung der ersteren darstellbar.]
Engl. Zusammenf. in: *TCL* 5 (1959) S. 62, u.
in: *TCLB* S. 2077.

— "Moral Polarity in Kafka's 'Der Prozeß' and 'Das Schloß'." In: *TCLB* S. 2077–78.

[Jüdisch-christliche Polarität: Begriffe von Sünde u. Tugend sehr vage. Zusammenf. von Artikel in "Monatshefte" 46 (1954) S. 317–24.]

Reed, T. J.: "Kafka und Schopenhauer: Philosophisches Denken und dichterisches Bild." In: *Euphorion* 59 (1965) S. 160–72.

[Schopenhauerlektüre ab 1916 gab Kafka Anregungen, die er schöpferisch verändert; Oktavhefte. Kafkas Gedanken über Wesen des Todes, Stellungnahme gegen Entsagung u. Zerstörung der Welt, der Begriff des Unzerstörbaren, vielleicht auch Schloßbild.]
Engl. Zusammenf. in: *TCL* 11 (1966) S. 223, u.
in: *TCLB* S. 2078.

Rees, Goronwy: "From Berlin to Munich." In: *Encounter* 22 (1963) Nr. 4. S. 5–6.

[Beim Übertreten der Grenze Ost-Westberlin gelangt man in ein "Kafkaland".]
Teilabdruck v. S. 5 u. 6 u. d. T.: "Kafkaland Found." In: Jakob, *Das Kafka-Bild in England* 2 (s. Sammelbde.) S. 497.

— "A Visa for Kafka." In: *Encounter* 23 (1964) Nr. 3. S. 27–34.

[Interesse für Kafka in Prag 1963/64; Ausstellung im Kloster Strahov; Kafkas Prag.]
Engl. Zusammenf. in: *TCLB* S. 2078.

— "Preface." In: Jakob, *Das Kafka-Bild in England* 2 (s. Sammelbde.) S. 396–400.

[Abdruck von "Preface" zu Gustav Janouchs "Conversations with Kafka" (London, 1953). "Gespräche…" lassen den Leser Kafka näherkommen, auch die Welt Prags, die nicht mehr besteht. Judentum.]

*Refaeli, Zvi, u. Azriel Kaufman: [Eine Reise zur imaginären Wahrheit.] Haifa: 1968.

[Hebr.; aus "Bibliografia b'Ivrit"; S. 22–27: Angeklagter vor sich selbst und vor der Welt. "Der Prozeß" von Franz Kafka.]

Reh, Albert M.: *Continuing German. A Bridge to Literature.* New York: McGraw-Hill, 1970.

[S. 313–17: Parabeln. Franz Kafka: Einführende Bemerkungen. Alle Romane u. Erz. Kafkas sind Parabeln.]

381

— "Psychologische und psychoanalytische Interpretationsmethoden in der Literaturwissenschaft." In: *Psychologie in der Literaturwissenschaft.* Viertes Amherster Kolloquium zur modernen deutschen Literatur 1970. Hrsg. v. Wolfgang Paulsen. Heidelberg: Lothar Stiehm, 1971. (Poesie u. Wissenschaft 32) S. 34–55.

[S. 46–51: über Kafka. Psychoanalytische Interpretation der Erz. "Der Steuermann".]

Reich-Ranicki, Marcel: *Literarisches Leben in Deutschland. Kommentare und Pamphlete.* München: R. Piper, 1965.

[S. 177–80: Bölls antihumanistische Buchstaben: Leipziger Frühjahrsmesse 1964: westdt. Bücher ausgestellt, aber Autoren wie Kafka, Grass u. Böll fehlen.]

— *Über Ruhestörer. Juden in der deutschen Literatur.* München: R. Piper, 1973 (Serie Piper 48). Auch: Frankfurt/M., Berlin, Wien: Ullstein, 1977 (Ullstein Buch Nr. 3335).

[S. 13–35: Außenseiter und Provokateure: Kafka wollte Konflikte u. Komplexe von Juden in nichtjüdischer Welt zeigen; er war Außenseiter.]

— *Zur Literatur der DDR.* München: R. Piper, 1974 (Serie Piper, 94).

[S. 24–26: Kafka übt Selbstkritik: Negative Kritik an Anna Seghers Erz. "Reisebegegnung", in der Kafka eine Art Selbstkritik übt.]

* — *Nachprüfung. Aufsätze über deutsche Schriftsteller von gestern.* München, Zürich: Piper, 1977.

*Reimann, Katharina: "Eine Stilanalyse am Beispiel von Kafkas 'Bericht an eine Akademie'." In: *Sprache und Kultur* (1968) S. 69–78.

Reimann, Paul (Reiman, Pavel): "Die gesellschaftliche Problematik in Kafkas Romanen." In: *WB* 3 (1957) S. 598–618.

[Kafka im Dschungel der kapitalistischen Verhältnisse. Entfremdung, Entmenschlichung, Mensch von Produkten seiner Arbeit beherrscht. Kafka sah nicht die Entstehung des Proletariats u. seine Kraft, das Chaos zu ordnen. Soziale Problematik in seinem Werk, auf dem Weg zur Kritik. ("Der Heizer", "Der Kübelreiter", "Türhüterparabel").]
Auch in: P. R.: *Von Herder bis Kisch. Studien zur Geschichte der deutsch-österreichisch-tschechischen Literaturbeziehungen.* Berlin: Dietz, 1961. S. 150–73.
Tschech. u. d. T.: "Společenská problematika v Kafkových románech." In: *Nová mysl* (Jan. 1958) S. 52–63.
Erweitert in: P. R.: *Literární podobizny. Z dějin českých a německých literárních vztahů.* Praha: Státní nakladatelství politické literatury, 1961. S. 132–47.

— *Von Herder bis Kisch. Studien zur Geschichte der deutsch-österreichisch-tschechischen Literaturbeziehungen.* Berlin: Dietz, 1961.

[S. 150–73: Die gesellschaftliche Problematik in Kafkas Romanen.
S. 194–210: Louis Fürnberg – Erinnerungen und Gedanken.
S. 204–05: Gespräche u. Briefwechsel mit Fürnberg über Kafka.]

*–["Vorwort".] In: Franz Kafka: *Amerika.* Praha: SNKLU, 1962. S. 7–23.
[Vorwort zur tschech. Ausgabe.]

– "Odkaz Franze Kafky." In: *Nová mysl* (Praha) (1963) Nr. 10. S. 1261–65.
[(Kafkas Vermächtnis): Kafka ist vor allem Dichter, nicht Philosoph oder Theologe, wie man im Westen oft annimmt. An der Schwelle zwischen Kapitalismus u. Imperialismus. Marxistische Meinung über ihn nach Liblice geändert. Er sah soziale Probleme ganz klar.]

– "Kafka a dnešek." In: Goldstücker, *Franz Kafka. Liblická Konference 1963* (s. Sammelbde.) S. 13–20.

[Kafkas Interesse für den Anarchismus. Reales Leben, keine religiösen Fragen in seinem Werk; suchte ehrlich nach einem Weg.]
Dt. u. d. T.: "Kafka und die Gegenwart." In: Goldstücker, *Franz Kafka aus Prager Sicht 1963* (s. Sammelbde.) S. 13–21.
Abdruck in engl. Übers. v. K. Hughes u. d. T.: "Kafka and the Present". In: Hughes, *Franz Kafka. An Anthology of Marxist Criticism* (s. Sammelbde.) S. 53–59.
In ital. Übers. u. d. T.: "Kafka e il nostro tempo." In: Goldstücker, *Franz Kafka da Praga* (s. Sammelbde.) S. 17–26.

– "O fragmentárnosti Kafkova díla." In: Goldstücker, *Franz Kafka. Liblická Konference 1963* (s. Sammelbde.) S. 213–18.

[Kafka u. Kraus enthüllen Unmenschlichkeit des Kapitalismus; Kafkas Werk gehört zum kritischen Realismus.]
Dt. u. d. T.: "Über den fragmentarischen Charakter von Kafkas Werk." In: Goldstücker, *Franz Kafka aus Prager Sicht 1963* (s. Sammelbde.) S. 221–27.
In ital. Übers. u. d. T.: "Sul carattere frammentario dell'opera di Kafka." In: Goldstücker, *Franz Kafka da Praga* (s. Sammelbde.) S. 209–15.

– "Závěrečné slovo." In: Goldstücker, *Franz Kafka. Liblická Konference 1963* (s. Sammelbde.) S. 275–77.

[Übereinstimmende Meinung über Gegenwartsprobleme der Literatur bei Kommunisten. Kafka ist der tschech. Tradition verbunden.]
Dt. u. d. T.: "Schlußwort". In: Goldstücker, *Franz Kafka aus Prager Sicht 1963* (s. Sammelbde.) S. 289–92.
In ital. Übers. u. d. T.: "Conclusioni." In: Goldstücker, *Franz Kafka da Praga* (s. Sammelbde.) S. 269–71.

– "Pražská německá literatura. Společenství boje proti hrozbě fašismu." In: *Nová mysl* 20 (1966) Nr. 3. S. 16–18.

[(Die Prager deutsche Literatur. Die Kampfgemeinschaft gegen die faschistische Drohung): Kafkas Bedeutung für moderne Literatur. Prager dt. Literatur hat nichts mit der "deutschböhmischen" Literatur zu tun. Erstere vereint verschiedenartige u. oft gegensätzliche Dichter (Rilke, Kafka, Werfel, Weiskopf, Kisch u. a.); Kisch u. Rudolf Popers Anthologie über dt.-tschech. Dichter (London: 1944) "Stimmen aus der Tschechoslowakei."]

Reinhardt, Horst: "Kierkegaards poetische Auferstehung. Über einige Thesen zur Entfremdungskonzeption." In: *Sonntag* 9 (1964) Nr. 30. S. 9.

[Ablehnung von Ernst Fischers Meinung über Kafka. Kafka stellt Entfremdung am besten in "Amerika" dar, im "Schloß" ist dieses Thema zu sehr verschlüsselt. Dennoch ist humanistisches Grundanliegen vorhanden, fördert aber Aktivität der Massen nicht.]

Reinhardt, Karl: "Die Sinneskrise bei Euripides." In: *Die Neue Rundschau* 68 (1957) S. 615–46.

[S. 617: Nihilismus u. sein unfreiwilliger Prophet Kafka.]

Reinisch, Leonhard: "Menschenrechte an der Moldau." In: *Die Neue Rundschau* 88 (1977) S. 309–11.

[Die düstere Seite Prags, die auch Kafka kannte.]

Reiss, H. S.: "Recent Kafka Criticism. A Survey." In: *GLL* 9 (1956) S. 294–305.

[Kritischer Überblick über Kafkaliteratur; Hinweis auf Verzerrungen durch Interpretationen. Bibliogr.: 99 Titel.]
Auch u. d. T.: "Recent Kafka Criticism (1944–1955) – A Survey." In: Gray, *Kafka. A Collection of Critical Essays* (s. Sammelbde.) S. 163–77.
Engl. Zusammenf. in: *TCLB* S. 2078, u.
in: *TCL* 2 (1956) S. 160.

– "A Comment on 'Die beiden Zettel Kafkas'." In: *Monatshefte* 48 (1956) S. 152–53.

[Entgegnung auf Spanns Artikel über Entstehungsdaten von "Forschungen eines Hundes." Einsicht in Ms. wäre nötig.]
Engl. Zusammenf. in: *TCLB* S. 2078.

– "Der Gang der Kafka-Forschung." In: Rudolf Hemmerle: *Franz Kafka. Eine Bibliographie.* München: Robert Lerche, 1958. S. 13–18.

[Entwicklung der Kafka-Forschung: noch uneinheitlich.]

– "Franz Kafka." In: *Encyclopaedia Britannica.* Vol. 13. Chicago: Encyclopaedia Britannica, 1966. S. 185.

[Einführende Bemerkungen.]

– "Kafka on the Writer's Task." In: *MLR* 66 (1971) S. 113–24.

[Grundsätzliche Ambivalenz von Kafkas Werken; autobiographische Deutung nur begrenzt gültig. Leben durch Schreiben ersetzt. Ambivalente Einstellung zur Sprache, die unverständliche Welt wiedergeben soll.]
Engl. Zusammenf. in: *TCL* 18 (1972) S. 69.

*– *The Writer's Task from Nietzsche to Brecht.* Totowa, N. J.: Rowman and Littlefield, 1978.

[Über Kafkas Haltung zu Kunst u. Künstler, neben anderen modernen Dichtern.]

*Reist de Rivarola, Susana:** "Ficcionalidad, referencia, tipos de ficción literaria." In: *Lexis* 3 (1979) S. 99–170.

384

Reiter, Sabine: "Die Wiederentdeckung Kafkas." In: *Zur literarischen Situation 1945–1949.* Hrsg. v. Gerhard Hay. Kronberg: Athenäum, 1977. S. 252–69.

[Bericht über dt. Kafkaforschung zwischen 1945–49: reduktive u. spekulative Ansätze (religiöse, gesellschaftskritische, existentialistische, surrealistische u. psychologische).]

Reitschert, Gerhard: "Kafka, umgesiedelt." In: *Frankfurter Hefte* 17 (1962) S. 858–59.

[Berliner Festwochen: Willy Schmidts Dramatisierung von "In der Strafkolonie"; Klaus Kammers trägt "Bericht für eine Akademie" vor.]

***Rekola, Mirkka**: "Te ja minä." In: *Suomalainen Suomi* (1960) Nr. 3.
[Finn. Über Kafkas Erz.]

***Rella, F.**: "Ipotesi per una descrizione di una battaglia." In: *Nuova corrente* 63 (1974) S. 94–110.

Renan, Yael: "Oman-hataanit le-Frants Kafka." In: *Hasifrut* 3 (1971) Nr. 1. S. 93–115.

[Hebr.; S. V.: Engl. Zusammenf. u. d. T.: "Franz Kafka's 'A Hunger Artist'. An Interpretation." Hebr. Kunst- u. Künstlerprobleme, sowie Beziehung zwischen modernem Künstler u. Publikum. Kommentar zur Erz.; Textanalyse.]

*–["Kafka und das jüdische Theater."] In: *Hasifrut* 4 (1973) Nr. 1. S. 188–89.
[Hebr.; aus "Bibliografia b'Ivrit"; zu E. T. Becks "Kafka and the Yiddish Theater", 1971.]

Rendi, Aloisio: "Influssi letterari nel 'Castello' di Kafka." In: *Annali. Istituto Universitario Orientale, Napoli. Sezione Germanica* 4 (1961) S. 75–93.

[Autoren, die Kafka schätzte u. die als Anregung für "Das Schloß" gelten können (Kleist, Božena, Němcová, Flaubert, Strindberg, Walser.]

– "Franz Kafka, Briefe an Felice und andere Korrespondenz aus der Verlobungszeit. Hrsg. v. Erich Heller u. Jürgen Born." In: *Studi Germanici* (nuova serie) 7 (1969) S. 122–35.

[Wert der Felicebriefe; Hinweise auf zu erwartende Publikation der Ottlabriefe.]

Rengstorf, Karl Heinrich: "Der Beitrag der deutschen Juden auf kulturellem Gebiet." In: *Judentum. Schicksal, Wesen und Gegenwart.* Hrsg. v. Franz Böhm u. Walter Dirks. Bd. 2. Wiesbaden: Franz Steiner, 1965. S. 538–51.

[Prags Judentum – Bollwerk der dt. Kultur. Kafkas zentrales Thema: Gerechtigkeit.]

Renner, Ida: "Franz Kafka. 'Die Prüfung.' Ein Deutungsversuch mit Hilfe anderer Aussagen des Dichters." In: *DU* 10 (1958) Nr. 6. S. 47–57.

[Schwierig, Alltägliches aufzuschlüsseln. "Prüfung": Held ohne Namen, Arbeit, Heimat; er wartet. Schon Aufbruch ins Drüben? – Als Einführung zu Kafka; 3 Unterrichtsstunden für Erz. Leitmotive aus "Gesetz", "Galerie", "Landarzt".]

*Renner, Rolf Günter: "Kafka als phantastischer Erzähler." In: *Phaicon* 3 (1978) S. 144–62.

Reschke, Claus: "The Problem of Reality in Kafka's 'Auf der Galerie'." In: *GR* 51 (1976) S. 41–51.

[Text als Feststellung a) autobiographischer Art über Doppelnatur der Künstlerexistenz, u. b) in allg. Hinsicht über Handlungsunfähigkeit des Menschen im Augenblick der Notwendigkeit.]

*Revol, E. L.: *Mitos, letras y masas.* Tucumán: 1966.

— "Introducción al mundo de Kafka." In: E. L. R.: *La tradición imaginaria. De Joyce a Borges.* Córdoba (Argentina): 1971. S. 29–34.

Rexroth, Kenneth: "Franz Kafka and 'The Trial'." In: *The Trial of 6 Designers.* Ed. Marshall Lee (s. Artikel) S. 15–22.

[Kafkas Stil vermittelt eine "integral experience"; Leser u. Held angenähert; Struktur: Ausdruck innerer Einheit, Alptraum wird Wirklichkeit, Mensch auf sinnloser Reise, die noch andauert.]

Rhein, Phillip Henry: "A Comparative Study of Franz Kafka's 'Der Prozeß' and Albert Camus' 'L'Etranger'." In: *DA* 21 (1961) S. 3771.

[Zusammenf.: Vergleichende Analyse. Camus' Interesse für Kafka u. sein Essay über ihn. Vergleich der Erzähltechnik. Gesellschaftskritik. Viele Ähnlichkeiten zwischen Meursault u. Josef K.; beide zeigen die Schwächen des modernen Menschen.]

— "Two Examples of Twentieth-Century Art: Giorgio di Chirico and Franz Kafka." In: *Studies in German Literature of the Nineteenth and Twentieth Centuries.* Festschrift for Frederic E. Coenen. Ed. Siegfried Mews. Chapel Hill: Univ. of North Carolina Pr., 1970 (Univ. of North Carolina Studies in the Germanic Languages and Literatures 67). S. 201–09. – Second edition 1972.

[Vater-Sohn Konflikt bei di Chirico u. Kafka. Ähnlichkeiten in der Weltauffassung u. Technik des künstlerischen Ausdrucks.]

— "Two Fantastic Visions: Franz Kafka and Alfred Kubin." In: *South Atlantic Bulletin* 42 (1977) Nr. 2. S. 61–66.

[Ideologische u. technische Ähnlichkeiten zwischen "Verwandlung" u. "Der Maler" von Kubin. Präzise Form für gegenwärtige chaotische Welt, kreisförmige Bewegung u. Linien.]

R[ho], A[nita]: "Nota introduttiva." In: Franz Kafka, *Il messagio dell'imperatore. Racconti di Franz Kafka.* Torino: Frassinelli, 1958. S. XV–XXI.

[Übers. aller Erz.; Hinweise auf Besonderheiten, Helden; Atmosphäre zu Pascal u. Dostojewski.]

Richard, Lionel: "Kafka et la déchirure." In: *Europe* 49 (1971) Nr. 511–12. Kafka. S. 141–48.

[Lebt in innerer u. äußerer Welt, auch im Werk so. Entfremdung ist Verwandlung (Samsa); Grete – für Samsa das Geistige.]

– "Kafka et les démons de l'écriture." In: *Magazine littéraire* (Juli 1972).

Richli, Urs: "Jaspers, Musil und Kafka." In: *Reformatio* 11 (1962) S. 208–15 u. 339–51.

[Gemeinsame Grundstruktur der Werke: gegenseitige Erhellung durch Vergleich. Frage nach rechtem Leben in moderner Welt. Krisenzeit: absolute objektive Positionen nicht mehr möglich.
2. Teil: Trennung von Wissen u. Glauben; Wesentliches kann nicht mehr gesagt werden, außer in Sphäre der Phantasie. Kafka: Darstellungsform – Lebensproblem.]

Richter, David H.: *Forms of the Novella. Ten Short Novels. Teacher's Edition. Complete Text with Critical Essays.* New York: Alfred A. Knopf, 1981 (1980 erschienen).

[S. 480–85: Einführend zu "Verwandlung". – Critical Essays: S. 80–88: The Metamorphosis: 3 ungefähr gleiche Teile. Metapher oder unmögliche Tatsache? Ende: Wiedergeburt der Familie.]

Richter, Fritz K.: "Verwandlungen bei Kafka und Stehr. Eine Studie zum Surrealismus." In: *Schlesische Studien.* Hrsg. v. Alfons Hayduk. München: Delp, 1970. S. 137–43.

["Hochzeitsvorbereitungen" u. "Verwandlung": traumhafter Zustand, zugleich Wirklichkeit. In 2 Werken Stehrs ähnliche Vorgänge ("Leonore Griebel" u. "Schimmer des Assistenten"). Verwandlung als surrealistisches Thema.]
Auch u. d. T.: "Verwandlungen bei Kafka und Stehr." In: *Monatshefte* 63 (1971) S. 141–46.
Engl. Zusammenf. in: *TCL* 17 (1971) S. 62, u.
in: *1971 MLA Abstracts* Vol. 2 (1973) S. 74.

Richter, Helmut: "Im Maßstab der Klassik: Zu einigen Prosastücken Franz Kafkas." In: *Sinn und Form* 11 (1959) S. 837–71.

[Goethe-Schillerbriefwechsel über einen beginnenden Dichter aus der Kaufmannsklasse "… scheint mir keiner Erhebung fähig" (Goethe). Gewisse Eigenschaften können gesellschaftlicher Welt des Menschen zugeordnet werden. Auch in Kafkas Werken verfolgbar. Beziehungslosigkeit, Dinge herrschen über Menschen – Kafkas kapitalistische Umwelt. Kaufmannssohn u. Jude – "Der Kaufmann". "Das Urteil": Reifwerden zur Schulderkenntnis. "Ein Brudermord": Gegenwart ohne Beziehung zur humanen Welt.]

– "Zu einigen neueren Publikationen über Franz Kafka." In: *WB* 5 (1959) S. 568–78.

[1. Kap. von Richters Diss. 1959. Westliche Kafkakritiker den marxistischen gegenübergestellt. Erstere haben Kafkas Werk u. Persönlichkeit nicht erkannt (außer Beißner u. Emrich, die auch seine gesellschaftliche u. soziale Funktion nicht beachten).]

– "Hermann Pongs: Franz Kafka …" In: *WB* 7 (1961) S. 815–19.

[Kommentar zu Pongs' "Franz Kafka. Dichter des Labyrinths", Frynta/Lukas' Bildband "Franz Kafka lebte in Prag", u. Strelkas "Kafka, Musil, Broch".]

387

– "O Kafkových epigonech v západoněmecké literatuře." In: Goldstücker, *Franz Kafka. Liblická Konference 1963* (s. Sammelbde.) S. 179–93.

[Kritik an Referaten der Kafkakonferenz Liblice u. an westlicher Kafkamode. Letztere verwandelte die Wirklichkeit nach Kafkas Vorbild in Modellsituationen. Einbruch ungewöhnlicher Ereignisse.]
Dt. u. d. T.: "Zur Nachfolge Kafkas in der westdeutschen Literatur." In: Goldstücker, *Franz Kafka aus Prager Sicht 1963* (s. Sammelbde.) S. 181–97.

Rickels, Laurence Arthur: "The Iconic Imagination: Pictorial Signs in Lessing, Keller, and Kafka." In: *DAI* 41 (March 1981) S. 4050A.

[Zusammenf.: Untersuchung der Art u. Weise, wie bildliche Zeichen (Gemälde) in 3 Werken eingebaut sind u. interpretiert werden. "Wie" sie bedeuten (formalistisch), nicht "was" sie bedeuten. Bei Kafka ist das Zeichen eher autonom (Titorellis ähnliche Landschaften); dies muß auch auf Auffassung vom Schreiben übertragen werden, allerdings hier parodistisch aufzufassen.]

Rickert, Richard Frederick: "Aesthetic Interpreting and Describing: Their Functions in Regard to the 'Trans-Interpretive' Art of Kafka and of Zen." In: *DAI* 33 (1973) S. 4480A.

[Zusammenf.: Sind entgegengesetzte Interpretationen unvereinbar? Untersuchung verschiedener Deutungen des "Prozeß", von Kafkas Prometheus-Legende, u. eines chinesischen Bildes von Mu Ch'i. Mythos-Reduktion bei Kafka.]

*Ricketti, G.: "Kafka en el teatro idisch." In: *Davar* (Apr./Juni 1964) Nr. 101. S. 42–44.

Rieder, Heinz: "Vierzig Jahre nach Kafka. Zur Geschichte seines Nachruhms." In: *Schweizer Rundschau* 63 (1964) S. 343–46.

[Übersicht über Interpretationsrichtungen (Brod, christliche Deutung, Existenzialismus). Muschg u. Emrich weisen in neue Richtung.]
Auch in: *Wort in der Zeit* 10 (1964) Nr. 6. S. 22–26.

– *Geburt der Moderne. Wiener Kunst um 1900.* Graz, Wien: Stiasny, 1964 (Stiasny-Bücherei, Bd. 1001).

[Abstrakte Literatur. – S. 106–08 u. 113–14: Kafka will in Erz. weder Traumwelt noch Unbewußtes darstellen, sondern "eigentliche Wirklichkeit" hinter allem Persönlichen. Abdruck von "Der Jäger Gracchus". Abwertung der Erfahrungswelt.]

– *Österreichische Moderne. Studien zum Weltbild und Menschenbild in ihrer Epik und Lyrik.* Bonn: Bouvier, 1968 (Abhandlungen zur Kunst-, Musik- und Literaturwissenschaft, Bd. 60). S. 44–47.

[Kafka und Musil: Vom Naturalismus ausgehend überschreitet Kafka die Raum- u. Zeitperspektive; Problematik des Bewußtseins; Abwertung der innerseelischen Erfahrungswelt; das überindividuelle Gesetz.]

Riemer, Yaakov: ["Kafka und Rabbi Nachmann."] In: *Jewish Frontier* (Apr. 1961).

[Engl. – Parallelen zwischen Leben u. Werken von Kafka u. Rabbi Nachmann: gleiche Krankheit, später Ruhm, ähnliche literarische Technik. Motive: verschlossene Tür, Brief u. Verwandlung.]
In hebr. Übers. v. Shoshana Khen-Zahav in: *Gazit* 19 (1962) Nr. 7/8. S. 3–6; u. in: *Shdemot* (1972) Nr. 44. S. 95–101.

Ries, Wiebrecht: "Kafka und Nietzsche." In: *Nietzsche Studien* 2 (1973) S. 258–75.

[Kafkas Interesse für Nietzsche seit 1900 ("Kunstwart", Fanta-Kreis). Wirkung nur indirekt: Destruktion des Wahrheitsbegriffes. Nietzsches universeller Perspektivismus. Kafkas Zerstörung des Lichtsymbols (Wahrheit). Nietzsche: Verlust des Wertzentrums; Kafka: Schatten des toten Gottes lähmt. Rückkehr der Gnosis. Revision des Mythos (führten zu Strafsystem). Endziel: Region der Sprachlosigkeit u. der Erlösung.]

Rietra, Madeleine: "Strukturelemente literarischer Interpretation." In: *Literatur und Kritik* (1976) Nr. 104. S. 219–25.

[Wirkung literarischer Texte auf den Leser: komplexe Frage. An 10 Interpretationen zu Kafkas "Verwandlung" Elemente gewählt, die vielfältige Deutungen veranlassen könnten. Alle rekurrierten auf 3 gleiche Textzitate. Kafka hat "Leerstellen" stilistisch hervorgehoben. Leser muß mit seiner Phantasie den "fehlenden" Sinn ergänzen.]

Ritchie, J. M.: "Introduction." In: *Seven Expressionist Plays. Kokoschka to Barlach.* Ed. J. M. R. London: Calder and Boyars, 1968. S. 7–22.

[S. 14–15 über Kafkas "Der Gruftwächter." Groteske Situation, eiskalte Sprache; Frage u. Antwort: Rätsel; Zeit scheint aufgehoben.]

Ritter, Naomi: "On the Circus-Motif in Modern German Literature." In: *GLL* 27 (1974) S. 273–85.

[S. 277–80: "Erstes Leid" u. "Auf der Galerie". Blick auf besessenen Künstler, kommerzielle Ausbeutung hinter "Schein"; passive Trauer des Besuchers.]
Engl. Zusammenf. in: *TCL* 21 (1975) S. 124.

– "Kafka, Wedekind and the Circus." In: *Germanic Notes* 6 (1975) Nr. 4. S. 55–59.

[Wedekinds "Zirkusgedanken" u. Kafkas "Auf der Galerie": ähnliche Satzlänge u. ähnlicher Ton.]
Engl. Zusammenf. in: *1975 MLA Abstracts* Vol. 2 (1977) S. 94–95.

– "Stifter und Kafka. Berührungspunkte." In: *Adalbert Stifter Institut des Landes Oberösterreich* 27 (1978) S. 129–36.

[Gemeinsame Motive in "Die Verwandlung" u. Stifters "Armer Wohltäter" ("Kalkstein") u. Rentherr ("Turmalin"). "Verwandlung" u. "Turmalin": Abstieg einer Familie.]
Engl. verändert, u. d. T.: "Kafka and Stifter: Points of Contact." In: *Newsletter of the Kafka Society of America* 3 (1979) Nr. 1. S. 21–29.

*Rivas, B.: "Gotas del tiempo. Kafka murió hace 40 años." In: *Excelsior* (26. Jan. 1964).

*– "Kafka según Kafka." In: *Excelsior* (17. Okt. 1965).

Robbe-Grillet, Alain: "Kafka discrédité par ses descendants." In: *L'Express* (31.1.1956) Nr. 219. S. 11.

[Ein neuer Realismus ist für die Literatur nötig; Kafkas Nachfolger versagten.]

*—"Tandis que Lolita fait le tour du monde, l'entomologiste Nabokov, l'agronome Robbe-Grillet échangent leurs pions sur l'échiquier littéraire." In: *Arts* (28.10./3.11.1959) Nr. 746. S. 4.

[Interview mit V. Nabokov.]

— *Pour un nouveau roman.* Paris: Éditions du Minuit, 1963.

[S. 7—13: Kafka entwickelte bewußt neuen Realismus eines unbekannten Genres.]
In engl. Übers. v. Richard Howard u. d. T.: *For a New Novel. Essays on Fiction.* New York: Grove Pr., 1965. S. 7—14.
In dt. Übers. u. d. T.: *Argumente für einen neuen Roman.* München: Carl Hanser, 1965. S. 115—18. (Auszug aus Kap.: Vom Realismus zur Realität);
auch in: Politzer, *Franz Kafka* (s. Sammelbde.) S. 328—30.

Robert, Marthe: "Cahiers divers." In: *La Nouvelle Revue Française* 4 (1956) S. 964—78; 2. Teil: 5 (1956) S. 42—54.

[S. 964—65: Kurzeinführung zu Oktavheften, die neben Kafkas Jugenderz. in frz. Übers. erscheinen sollen.
S. 965—78, sowie 2. Teil, enthalten Vorabdrucke in frz. Übers. v. Marthe Robert aus dem zur Veröffentlichung bestimmten Material.]

— "Carnets par Franz Kafka." In: *Les Lettres Nouvelles* 4 (Sept. 1956) Nr. 41. S. 209—20.

[S. 209—10: Kommentar über die bei Gallimard zu erscheinenden "Oktavhefte" Kafkas. S. 210—20: Abdruck von Proben in der Übers. v. Marthe Robert.]

— "Kafka et l'art." In: *Mercure de France* (1959) Nr. 337. S. 206—19.

[Kunst- u. Künstlermotive im Werk handeln von Kafka selbst; drücken etwas Verborgenes aus: Schönheit als solche fehlt — höchstes Ziel von Kafkas Kunst ist die Wahrheitssuche.]

— "Présentation de Robert Walser." In: *Cahiers du Sud* 46 (Dez. 1959/Jan. 1960) S. 44—47.

[Kafka ohne Walser nicht möglich, letzterer wiederum durch Kafkas Ruhm bekanntgeworden. Innere Verwandtschaft mit Walsers Romanen, Wunsch nach Selbstauslöschung, Einsamkeit.]

— "K." In: Laffont-Bompiani: *Dictionnaire des personnages littéraires et dramatiques de tous les temps et de tous les pays. Poésie — Théâtre — Roman — Musique.* Paris: Societé d'Édition de Dictionnaires et Encyclopédies, 1960. S. 351—52. (1 Abb. Joseph K.).

[Untersuchung der 3 Hauptfiguren der Romane, sie können als eine Figur aufgefaßt werden; wir erfahren fast nichts über ihr Aussehen. Unschuldige Einsamkeit (in "Amerika") u. schuldige Einsamkeit ("Prozeß" u. "Schloß").]

- "L'imitation souveraine." In: *Les Temps Modernes* 16 (März 1961) Nr. 179.
S. 1124–49.

[Vorabdruck der Kap. "Les doubles" u. "La simulation" (I + II) aus dem bei Grasset zu
erscheinenden "L'ancien et le nouveau ..." (s. Bücher). Thema der Romanimitation (Cervantes, Gogol, Kafka).]

- "Kafka en France." In: *Mercure de France* (1961) Nr. 342. S. 241–53.

[Kafka von frz. Autoren u. Philosophen zuerst als Surrealist, dann als Existentialist u.
Denker gesehen, gedeutet u. übersetzt.]
Auch in: *Obliques* (Paris) (2e trimestre 1973) Nr. 3. S. 3–10.
Dt. u. d. T.: "Kafka in Frankreich." In: *Akzente* 13 (1966) S. 310–20.

- "Franz Kafka et le 'procès' de la littérature." In: *Tel Quel* 18 (Sommer 1964)
S. 8–19.

[Literatur – Kafkas Leidenschaft u. Leiden. Kunstwerk u. Künstler in Kafkas Werk redu-
ziert dargestellt, z. B. Mauer, Odradek, Schrift u. Artist, Bote, etc. Verwirrung Kunst –
Religion. Kunst soll einfach u. inspiriert sein (Landvermesser K. vereinigt diese widerstre-
benden Auffassungen). – Prager Situation u. Kafkas Werk.]
Auch in: Franz Kafka, *Lettres à Milena*. Paris: Cercle du Livre Précieux, 1965. S. 219–
42.
Auch in: M. R.: *Sur le papier. Essais*. Paris: Éditions Bernard Grasset, 1967. S. 45–79.
Teilabdruck v. S. 11–13 u. d. T.: "Situation de l'art." In: Raboin, *Les critiques de notre
temps et Kafka* (s. Sammelbde.) S. 150–53.
Engl. Zusammenf. in: *TCL* 11 (1966) S. 223, u. in: *TCLB* S. 2078–79.
In span. Übers. v. Nicolás Suescún u. d. T.: "Franz Kafka y el proceso de la literatura."
In: *ECO* 11 (1965) S. 553–81.

- "Prager Tagebuch." In: *Der Monat* 16 (1964) Nr. 185. S. 31–40.

[Photos von Jan Pařik, Prag. – Reisebericht über 9 tägigen Besuch in Prag auf Kafkas
Spuren.]

- "Lettres à Minze 'E.'" In: *La Nouvelle Revue Française* 13 (1965) S. 635–62.

[Briefe – didaktisch, aber auch unterdrückter Erotismus. Minze erscheint als Pepi in
"Schloß". S. 637–62: Abdruck der Briefe in frz. Übers.]
Engl. Zusammenf. in: *TCL* 11 (1966) S. 223, u.
in: *TCLB* S. 2079.

- "Lettres de Kafka." In: *Les Temps Modernes* 20 (Juli 1965) S. 1–30.

[S. 1–3: Einleitendes über die Ähnlichkeit zwischen Briefen u. Werken Kafkas, gleiche
Hingabe u. Verantwortung.
S. 3–30: Abdruck v. 12 Briefen in dt. Übers. Ankündigung der Publikation der Briefe
durch Gallimard.]
Engl. Zusammenf. in: *TCL* 11 (1965) S. 163, u.
in: *TCLB* S. 2079.

- "Franz Kafka et le paradoxe de la littérature." In: *Mercure de France* (1965)
Nr. 354. S. 457–70.

[Als Vortrag 1965 an Genfer Univ. Literatur als irdische u. himmlische Leidenschaft
Kafkas, der zwischen Beruf u. Berufung schwankt. Daher phantomhafte Künstlergestalten (Boten, Funktionäre, Artisten, Beamte). Künstler: Pseudomessias u. Parasit. K.s

Kunst in "Schloß" noch die harmonischste: vermißt Erde, will nicht Himmel erobern. Kunst soll Leben ändern?]
Engl. Zusammenf. in: *TCL* 11 (1966) S. 223.

*– "Préface." In: Franz Kafka: *Correspondance. 1902–1924.* Paris: Gallimard, 1965. (Collection "Du Monde entier").

– "Dora Dymants Erinnerungen an Franz Kafka." In: Dieter Jakob, *Das Kafka-Bild in England* 1 (s. Sammelbde.) S. 114.
[Teilabdruck aus gleichnam. Artikel in "Merkur" 7 (1953) Nr. 9. Über Kafkas "Glauben".]

*– "Kafka et le socialisme." In: *Le Monde* (29.11.1967).

*– "Citoyen de l'utopie. Ressortissant de nulle part, Kafka pourrait être partout à sa place." In: *Le Nouvel Observateur* (Mai/Juni 1971) Numéro spécial littéraire "Étranges étrangers".
[Kafka, von dem Frankreich spricht, ist nicht der Mensch, sondern ein Mythos. Kafka schreibt als wahrer Bürger der Utopie in unbestimmbar übersetzbarer Sprache; zeigt auch unsere Entwurzelung.]
Auch in: Raboin, *Les critiques de notre temps et Kafka* (s. Sammelbde.) S. 45–50.

*– "L'impossible aveu." In: *Le Monde* (7.4.1972).

*– "Kafka et les 'Lettres à Felice'." In: *Le Monde* (7.4.1972).

– "Lettres du sanatorium." In: *La Nouvelle Revue Française* (1977) Nr. 296. S. 31–32.
[Briefe an Ottla vor allem menschlich interessant.]

– "Kafka. A kastély regényének elemzése." In: *Helikon* 24 (1978) S. 333–40.
[Analyse von Kafkas "Schloß", Übers. v. Katalin Fenyves aus "L'Ancien et le nouveau".]

– "Die Aufnahme in den einzelnen Ländern: Frankreich." In: *Kafka-Handbuch* 2 (s. Sammelbde.) S. 678–93.
[Kafkas Aufnahme in Frankreich ohne biographischen, geschichtlichen oder sozialen Hintergrund, so wurde er etwas "Absolutes", "Exterritoriales". Surrealismus (A. Breton): Kafka als Träumer (auch Übersetzungen beeinflußt, Vialatte: "Das Schloß"). Zweite Verzerrung durch Existenzialismus – Wirklichkeit unbekannt. Erst seit Sechzigerjahren Vorurteile langsam erschüttert.]

– "Franz Kafka. 1883–1924." In: *Encyclopaedia Universalis* Vol. 9. 14. Aufl. Paris: Encyclopaedia Universalis France, 1979. S. 602–06. (C 1968).
[In 3 Teilen: Procès de la littérature; La petite mère des griffes (über Prag, "dieses Mütterchen hat Krallen"); Le dilemme.]

– "Franz Kafka. Entretien avec Marthe Robert." In: *Esprit* 5 (1979) S. 40–47.
[Gespräch zwischen M. R. u. Jean Claude Eslin über R.s letztes Kafkabuch "Seul comme Kafka" (s. Bücher). Beziehung Kafkas zum Judentum, das sich in schwerer Krise befand.

Kafka war vollkommen neutral beim Schreiben darüber, nur in posthumen Dokumenten (Briefen, Tagebüchern etc.) etwas über sein Verhältnis dazu zu finden. Kabbala, jüdische Mystik, jiddische Schauspieler. Wort "Jude" fehlt im Werk, beredtes Schweigen, aber Werke sind jüdisch. Das Tabu seines Namens, die dreifache Zugehörigkeit, Überzeugung, daß man nicht durch eine Ideologie gerettet werden kann; die Bedeutung der "Lebensregeln" für ihn.]

* – "Flaubert et Kafka." In: *Arc* 79 (1980) S. 26–30.
[Interview mit Bernard Pingaud.]

Robertson, J. G., and Dorothy Reich: *A History of German Literature.* Sixth Edition. Edinburgh and London: William Blackwood, 1970.
[The Twentieth Century (unter Mitarbeit von W. I. Lucas): S. 596, 599–600 über Kafka.]

Rochefort, Robert: "Une oeuvre liée mot pour mot à une vie ..." In: *CCRB* 5 (Okt. 1957) Nr. 20. Franz Kafka du Procès au Château. S. 41–45.
[Dramatisierung schwierig bei Kafkas Romanen, da Sprache zu dicht u. wesentlich; zu viele Bedeutungen u. Symbole.]

Rogalski, Aleksander: "Franz Kafka." In: *Kierunki* 9 (1956) S. 6–7.
[Einführendes. Kafka erkennt Probleme der Armen u. Arbeiter, sieht Enthumanisierung voraus.]

* – "Franz Kafka. Fragmenty odczytu wygłoszonego na 'Środzie literackiej' w Bydgoszczy." In: *Gazeta Pomorska* (1957) Nr. 298. S. 2.
[Auszüge von Berichten der literarischen Konferenz in Bydgoszcz.]

Rogers, Joseph A.: "Kafka's 'An Old Manuscript'." In: *Studies in Short Fiction* 2 (1965) S. 367–68.
[Interpretation von "Ein altes Blatt." Die habgierigen Kaufleute sind schuld am Untergang ihrer Welt.]
Engl. Zusammenf. in: *TCLB* S. 2085.

Rogers, Robert: *A Psychoanalytic Study of the Double in Literature.* Detroit, Michigan: Wayne State Univ. Pr., 1970.
[S. 51–55 über "Urteil": Freund in Petersburg – psychologische Komponente Georgs. Ödipuskomplex. Georg u. Freund – 2 unvereinbare Versionen des Vater-Sohn Verhältnisses.
S. 55–59 "In der Strafkolonie": andere Vater-Sohn Beziehung. Alter u. neuer Kommandant – Vaterfiguren. Id: Verurteilter, wenig entwickelt; Offizier – Superego (homosexuell); Forscher – beobachtendes Ego; Maschine – Körper der Eltern.]

***Roggeman, Willy:** "Kafka met Janouch: de tor zonder pantser." In: *Literair labo* (1963?).

Rohl, Freda Kingsford: "Kafka's Background as the Source of his Irony." In: *MLR* 53 (1958) S. 380–91.

[Kafka eigentlich kein Satiriker. Jude; Vater-Sohn Konflikt; krankhafte Entschlußlosigkeit.]
Engl. Zusammenf. in: *TCL* 4 (1958) S. 174, u.
in: *TCLB* S. 2079.

Rolleston, James: "Introduction: On Interpretating 'The Trial'." In: Rolleston,
Twentieth Century Interpretations of "The Trial" (s. Sammelbde.) S. 1—10.
[Interpretationsmöglichkeiten bewertet. Kafkas Vorliebe für die Parabeln, die er bes.
nach 1912 entwickelt u. die Schlüssel für ein größeres Werk, aber auch selbständig inter-
pretierbar sind. Gesetzesparabel: Beginn der Interpretationstätigkeit, von Josef K. u.
Priester fortgesetzt. Textnahe Interpretation der Werke nötig, deren Stil alle modernen
Erfahrungen vereint. Vertikale gegen lineare Interpretationsweisen.]

— "Kafka's Principal Works and His Recorded Private Readings." In: Rolleston,
Twentieth Century Interpretations of 'The Trial' (s. Sammelbde.) S. 105—07.
[Gegenüberstellung von Kafkas Werken mit Entstehungszeiten u. Lesestoffen zur glei-
chen Zeit.]

— "Die Erzählungen. (Das Frühwerk)." In: *Kafka-Handbuch* 2 (s. Sammelbde.)
S. 242—62.
[Kurzbibliogr. S. 261—62. Behandelt den biographischen Hintergrund. Experimenteller
Charakter der Skizzen u. Fragmente, Kafkas Unzufriedenheit darüber; Sprachkrise,
Zusammenbruch des mimetischen Stils, Wittgenstein. — "Beschreibung eines Kampfes",
"Die Aeroplane von Brescia", "Betrachtung" u. die anderen kurz besprochen.]

— "Die Romane. (Ansätze der Frühzeit)." In: *Kafka-Handbuch* 2 (s. Sammelbde.) S. 402—07.
[In Zusammenhang mit der Sprachkrise (Hofmannsthal u. Joyce) frühe Gedichte u. Ro-
manansätze betrachtet. "Hochzeitsvorbereitungen auf dem Lande" u. "Die erste lange
Eisenbahnfahrt" ("Samuel und Richard").]

— "The New Positivism: Hartmut Binder's 'Kafka in neuer Sicht'." In: *Newsletter of the Kafka Society of America* 2 (1978) Nr. 1. S. 11—15.
[Genaue Auseinandersetzung mit Binders "Franz Kafka aus neuer Sicht."]

— "Temporal Space: A Reading of Kafka's 'Betrachtung'." In: *MAL* 11 (1978)
Nr. 3/4. S. 123—38.
["Betrachtung" ist nicht impressionistisch, sondern gibt Einblick in die Verwirrung der
Welt, alle Stücke zeigen Bewegung, angedeutet durch lange rhythmische Sätze als Mime-
sis geistiger Bewegung. Räumlich-zeitliche Wechsel einiger Stücke deuten schon auf rei-
fere Werke hin.]

Roman, Zoltan: "The Limits of Romantic Eschatology in Music and Literature:
From Byron and Berlioz to Mahler and Kafka." In: *Studia Musicologica Aca-
demiae Scientiarum Hungaricae* 22 (1980) S. 273—98.
[Praktisch alle Werke Kafkas befassen sich mit Eschatologie. S. 290—98: Vorliebe für
namenlose, irrationale Dinge zeigt Verbundenheit zur frühen Romantik. Eschatologie des
Nihilismus, Hoffnungslosigkeit: Nachromantik.]

Ronell, Avital: "The Figure of Poetry: Self Reflection in Goethe, Hölderlin, and Kafka." In: *DAI* 39 (1979) S. 6789A.

[Zusammenf.: "Torquato Tasso", "Der Tod des Empedokles" u. "Das Schloß" spiegeln sich selbst in ihrer Sprachstruktur u. betrachten sich in theoretischer Hinsicht als literarische Form. Handeln von Natur der literarischen Tätigkeit, – Lesen, Schreiben, Interpretieren, u. definieren den Menschen. – 3. Kap. über Kafka, dessen literarisches Konzept (Gegenstand, Sprache u. Form) das thematische Material seines Werkes bildet. Unterschiedliche Stadien des dichterischen Bewußtseins u. der dichterischen Tätigkeit. Auch typisches linguistisches Verhalten jedes Textes untersucht. (Strukturalistisch).]

*Ronse, H[enri]: "Sur le papier (àpropos de M. Robert *L'ancien et le nouveau)*". In: *Lettres Françaises* (12.7.1967).

– "'Le Gardien de Tombeau' au Théâtre Oblique." In: *Obliques* (Paris) (2e trimestre 1973) Nr. 3. S. 68–73.

[Ende 1972 wurden in der "Maison de la Culture d'Orléans" 4 Stücke von Kafka als Collage u. d. T. "Le Gardien de Tombeau" (im Zyklus "Kafka – mythe et autobiographie") aufgeführt. Beschreibung u. Kommentar zu dramaturgischen Fragen. Die Collage umfaßte: 1. "Der Bau", 2. "Der Gruftwächter", 3. "Der Jäger Gracchus" u. 4. verschiedene Fragmente. Eine abstrakte Zentralfigur stellte "Bau" als Traum dar, ging dann zum Dialog in "Der Gruftwächter" über, während "Gracchus" wie ein musikalisches Thema behandelt wurde.
S. 72–73: Pressestimmen u. Diagramm der Aufführung.]

Rösch, Ewald: In: *Lexikon der Weltliteratur.* Hrsg. v. Gero von Wilpert. Bd. 2: *Hauptwerke der Weltliteratur in Charakteristiken und Kurzinterpretationen.* Stuttgart: Alfred Kröner, 1968.

[Interpretierende Inhaltsangaben: S. 35–36: "Amerika"; S. 110: "Beim Bau der chinesischen Mauer"; S. 482–83: "Ein Hungerkünstler"; S. 496: "In der Strafkolonie"; S. 847: "Der Prozeß"; S. 924–25: "Das Schloß"; S. 1089–90: "Das Urteil"; S. 1115: "Die Verwandlung".]

– "Getrübte Erkenntnis. Bemerkungen zu Franz Kafkas Erzählung 'Ein Landarzt'." In: *Dialog. Literatur und Literaturwissenschaft im Zeichen deutschfranzösischer Begegnung.* Festgabe für Josef Kunz. Hrsg. v. Rainer Schönhaar. Berlin: Erich Schmidt, 1973. S. 205–43.

[Kafkas Werke sind mehrdeutig, nicht absurd, zeigen Entwicklung u. häufig Krise des Helden. "Landarzt": Begegnung mit Knaben – Todesbereitschaft des Arztes, weicht aber der Einsicht aus. Pantomimische Szene im Krankenzimmer; Hofszene: Einbruch des Unbedingten. Bezug auf Kafkas Situation in Prag.]

Rose, William: "'Description of a Struggle' and 'The Great Wall of China' by Franz Kafka. – 'Franz Kafka' by Günther Anders." In: *The London Magazine* (N.S.) 1 (Apr. 1961) Nr. 1. S. 95–96.

[Besprechung der engl. Übers. von "Beschreibung eines Kampfes" u. "Beim Bau der chinesischen Mauer"; Kritik an der Brodausgabe. Anders sieht Kafka als Propheten.]
Auch u. d. T.: "Kafka the Prophet." In: Jakob, *Das Kafka-Bild in England* 2 (s. Sammelbde.) S. 487–88.

— , and H. M. Wa[idson]: "Franz Kafka." In: *Chamber's Encyclopedia.* New revised edition. Vol. 8. London: International Learning Systems, 1968. S. 168.

[Einführendes.]

Rosenfeld, Anatol: "Kafka e o romance moderno." In: Theodor, *Introdução à obra de Franz Kafka* (s. Sammelbde.) S. 33—53.

[Kafkas Einfluß auf Roman u. Drama nach 2. Weltkrieg. Struktur von Kafkas Werk.]

Rosenfeld, Isaac: *An Age of Enormity. Life and Writing in the Forties and Fifties.* Ed. Theodore Solotaroff. Foreword by Saul Bellow. Cleveland, New York: World Publishing, 1962. — Auch: Toronto: Nelson, Foster & Scott, 1962.

[S. 165—74: Approaches to Kafka. Erschienen in "New Leader" (Apr. 1947): Todeswunsch in "Verwandlung". Schwester als Gnadensymbol, wird Untergang Gregors. Freiheitsidee in Kafkas Werk (z. B. "Forschungen …").]

Rosenheim, Richard: "Goethes 'Märchen' und Franz Kafkas 'Schloß'. Der Hintergrund dichterischer Wirklichkeit." In: *Die Kommenden* 14 (1960) Nr. 8. S. 6.

[Die 2 Werke in gleicher "Tonart" geschrieben. Faust u. Hiob.]

Ross, Stephen D.: " 'The Trial' by Franz Kafka." In: S. D. R.: *Literature & Philosophy. An Analysis of the Philosophical Novel.* New York: Appleton-Century-Crofts, 1969 (The Century Philosophical Series). S. 109—221.

[Die multiplen Interpretationen ergeben gemeinsam die Bedeutung des Romans. Z. B. "Gesetzesparabel": Josef K. als unschuldig Verfolgter (20. Jh.), als Schuldiger, ohne Geduld u. Mut; traumhafte innere Gegenüberstellung zwischen Türhüter u. Mann vom Lande. K. als Durchschnittsmensch mit starkem Über-Ich. Oder: Schuld als Erbsünde u. göttlicher Wille als Gesetz?]

*Rost, Nico: "Persoonlijke outmoetingen met Franz Kafka en mijn Tsjechische vrienden." In: *De Vlaamse Gids* (Brussel) 48 (1964) S. 75—97.

*Auch in: N. R.: *Tegenover de anderen.* Den Haag: Kruseman, 1966.

Rosteutscher, Joachim: "Kafkas Parabel 'Vor dem Gesetz' als Antimärchen." In: *Festschrift für Friedrich Beißner.* Hrsg. v. Ulrich Gaier u. Werner Volke. Bebenhausen: Lothar Rotsch, 1974. S. 359—63.

["Vor dem Gesetz" enthält umgekehrte, negative Spiegelbilder einer jüdischen Legende ("Der Knabe, der das Licht fand"), in der ein Knabe hell erleuchtete Räume durchschreitet u. den Propheten Elias findet. Türhüter: ein Verhinderer.]

Roth, Phillip: "I Always Wanted You to Admire my Fasting; or Looking at Kafka." — To the Students of English 275, University of Pennsylvania, Fall 1972. In: *American Review* 17 (May 1973) S. 103—26.

[S. 103—14: Gedanken über Kafka, seine Beziehungen zu Milena u. Dora Dymant (Befreiung vom Vater). Besprechung von "Der Bau".]

S. 114–26: Erz. über Kafka, der als Hebräischlehrer in den USA sein Leben fristet u. als Junggeselle unbekannt stirbt; seine Mss. verschwinden.]
Auch in: P. R.: *Reading Myself and Others*. New York: Farrar, Straus and Giroux, 1975. S. 247–70.
Auch in: *The Pennsylvania Gazette* 74 (Oct. 1975) [Umschlagseite +] S. 18–21, 37–39. Illustr.
*Auch in: *Fiction's Journey*. Ed. Barbara McKenzie. New York: Harcourt Brace Jovanovich, 1978.
Auch in: Stern, *The World of Franz Kafka* (s. Sammelbde.) S. 202–17.
In frz. Übers. von Edgar Roskis u. d. T.: "Regard sur Kafka ou 'Je voulais toujours vous faire admirer mon jeûne'." In: *Tel Quel* 62 (1975) S. 28–43.

– *Reading Myself and Others*. New York: Farrar, Straus and Giroux, 1975.
[S. 191–94: Our Castle: Kafkas Werke u. die politische Situation der Gegenwart.
S. 247–70: I Always Wanted You to Admire My Fasting; or Looking at Kafka. (s. Artikel.)]

– "In Search of Kafka and Other Answers." In: *TLS* (15.2.1976) S. 6–7.
[Roths Lektüre Kafkas, seine Vorlesungen über ihn u. seine Reise nach Prag. Gedanken über Verbreitung westlicher literarischer Werke im Osten.]

Rothe, Wolfgang: *Schriftsteller und totalitäre Welt.* Bern u. München: Francke, 1966.
[S. 114–59: Krankheit zum Tode. Die private Existenz: Franz Kafka: Biographisches, Tagebücher u. Briefe erhellen Werk u. Persönlichkeit. Keine gewöhnliche Krankheit, eher überpersönliche Verfassung, feinstes Gefühl.
S. 117–32: Die Passion: Eigener Begriff von Krankheit, Leben als Zerfallsprozeß; Krankheit u. Literatur. Geheimnisvolle, selbstzerstörerische Tendenzen konnten nicht mehr aufgehalten werden. "Versteinerung"; seit Knabenzeit – verschlossen; Selbstgeringschätzung.
S. 133–47: Erträumte Vereinigung: Tiefe Einsamkeit u. angeborenes, soziales Unvermögen. Lebenslange Sehnsucht (u. Motiv) der Verbindung mit dem Gegensätzlichen. Bindung an Frau: Rettung u. Fessel. Radikale künstlerische Existenz. Menschenhaß vorhanden u. dennoch Furcht vor Einsamkeit.
S. 147–59: Kinderzeit: Zeitloses, kindhaftes Gesicht. Furcht vor Sexualität, Schmutz u. dem Leben. Schreiben – Welt ins Reine verwandeln. Leben u. Schreiben – Amalgam. Sehnsucht nach Traumsphäre u. statischem Zustand.]

– "Schriftsteller und Gesellschaft im 20. Jahrhundert." In: *Deutsche Literatur im 20. Jahrhundert. Strukturen und Gestalten.* Begründet von Hermann Friedemann u. Otto Mann. Fünfte Aufl. Hrsg. v. Otto Mann u. Wolfgang Rothe. Bd. 1. *Strukturen.* Bern u. München: Francke, 1967. S. 189–221.
[S. 191–92: Kafka erkennt neue Weltwirklichkeit als radikal böse.
S. 211–12: Anteil der jüdischen Dichter u. Intellektuellen an literarisch-geistigem Leben.]

– "Verzauberung. Über das kritische Potential nichtrealistischer Erzählformen." In: *Literatur und Kritik* (1977) S. 611–23.
[Gegen die (bes. marxistische) Meinung, daß ernste Kritik nur an realistische Methode gebunden sei. Neuromantisches Märchenmotiv "Verzauberung", unter anderem bei Hofmannsthal, in Kafkas "Verwandlung" (Entzug der Du-Beziehung) u. Heyms "Shakleton": läßt Gewalt u. Todesbeziehung erkennen und klärt Leser auf.]

— "Nichtepische Arbeiten und Lebenszeugnisse: Zeichnungen." In: *Kafka-Handbuch* 2 (s. Sammelbde.) S. 562–68.

[Kurzbibliogr. S. 568. Kafka zeichnete sein ganzes Leben lang; Augenmensch, Skizzencharakter der Arbeiten; viel in Brods Nachlaß. Ca. 1 Dutzend veröffentlicht: Karikaturen, Abstrahierungen; Realismus; psychologische Beurteilung.]

— "Kafka-Texte als Ausgangspunkt für andere Kunstschöpfungen: Illustrationen und Porträts." In: *Kafka-Handbuch* 2 (s. Sammelbde.) S. 841–51.

[S. 848–49: Bibliogr. der Illustr. zu Kafkas Texten; Übersicht von Otto Coester an bis in die Siebzigerjahre; eher zunehmende Zahl von Künstlern, die Kafkas Werke verbildlichen.]

Roudaut, Jean: "En hommage à la littérature." In: *Preuves* 15 (1965) Nr. 171. S. 30–37.

[Kafka u. Baudelaire. Schreiben als Akt der Vergeistigung. Verzicht auf das Leben. Beide Dichter setzten ihr Leben ganz auf die Literatur.]

Rougemont, Denis de: "Franz Kafka, or the Acknowledgement of Reality." In: D. de R.: *Dramatic Personages*. Originally published in France under the title: "Les Personnes du Drame." Gallimard, 1947. Translated from the French by Richard Howard. New York, Chicago, San Francisco: Holt, Rinehart and Winston, 1964. S. 75–95.

[1. "The Trial", or "the law that leads to death": Keine Allegorie, sondern verzerrte Wirklichkeit. Werk soll religiöse Arbeit sein. Komplizität zwischen Richter, Rechtsanwalt u. Angeklagtem. Sieg des schändlichen Gesetzes.
2. "The Castle", or "enigmatic grace": Im "Prozeß" – unerbittliche Gerechtigkeit; im "Schloß" – unsichere Gnade. Brods Auslegung angenommen. Kafka hat Sprung des Glaubens nicht gewagt.
3. "K" 'between Kierkegaard's madness and Goethe's wisdom': Die Rolle des Glaubens bei Goethe, Kierkegaard u. Kafka.]

Rousseaux, André: "Le 'Journal' de Kafka." In: A. R.: *Littérature du vingtième siècle*. Paris: Albin Michel, 1958. S. 213–22.

[Auswahl der Tagebücher erschien auf frz.: 1945 u. 1953. Robert schrieb gute Einführung zur vollständigen Ausgabe 1954. Tagebücher wären durch "Brief an den Vater" zu ergänzen. Gefangener in unerbittlicher Welt.]

*****Różewicz, T.**: "Odejście Głodomora." In: *Dialog* 21 (1976) Nr. 9. S. 5–22.

Rozner, Ján: "Prípad Kafka. Nad českým vydaním 'Procesu'." In: *Slovenské pohľady* 75 (1959) Nr. 2. S. 125–40.

[(Der Fall Kafka. Zur tschech. "Prozeß"-Publikation): Werk auf dreierlei Art gesehen: Leben des Menschen in unterdrückender Gesellschaft (subjektiv); Kafkas Flucht in die Kunst. Die westlichen Interpretationen (Existentialismus, Theologie) verzerren das Werk. Objektiver Standpunkt: Kafka wußte um die Einsamkeit des Menschen in feindlicher Welt, suchte dennoch nicht Trost in Mystik u. Religion.]

Rubbini, Carlo: "Franz Kafka e 'Il Medico di Campagna'." In: *Ferrara viva* 3 (1961) Nr. 7–8. S. 85–100.

[Autor des Artikels ist Arzt; er sieht im "Landarzt" heutiges Menschenbild u. Probleme des heutigen Arztes. Widersprüche der kapitalistischen Gesellschaft – Wirklichkeit: Ein Alptraum.]

Rubinstein, William C.: A Report to an Academy." In: Flores, *Franz Kafka Today* (s. Sammelbde.) S. 55–60.

[Parallele zum europäischen Judentum, das sich assimiliert.]

– "Kafka's 'Jackals and Arabs'." In: *Monatshefte* 59 (1967) S. 13–18.

[Erzähler – eine kriegerische Messiasfigur, die jüdisches Volk teilweise beschützt. Kafkas Lektüre über die Messiastradition in "Der Jude".]
Engl. Zusammenf. in: *TCL* 13 (1967) S. 187, u.
in: *TCLB* S. 2105.

*Rucker, Eugen: "Franz Kafka und die Musik." In: *Nanzan Daigaku Akademia* (Nanzan Univ.) Nr. 92. *Bungaku Gogakuhen* 20 (1973) S. 87–104.

***– "Kafkas Musik. Einige stilistische Bemerkungen zum 'Landarzt'." In: *Nanzan Daigaku Akademia* (Nanzan Univ.) *Bungaku Gogaku-hen* 22 (1975) S. 331–50.

*Rudin, Neil: "Malamud's 'Jewbird' and Kafka's 'Gracchus': Birds of a Feather." In: *Studies in American Jewish Literature* 1 (1975) Nr. 1. S. 10–15.

R[udolf], A[nthony]: "A Cage Went in Search of a Bird." In: *European Judaism* 8 (1974) Nr. 2. Franz Kafka. S. 2.

[Zitate aus Kafkas Werk u. Gedanken über ihn zu einem "editorial" montiert.]

Ruffet, J.: "A propósito de 'La metamorfosis'." In: *Eco* (März 1970).

Ruhleder, Karl H.: "Franz Kafka's 'Das Urteil': An Interpretation." In: *Monatshefte* 55 (1963) S. 13–22.

[Zentrales Thema ist Auflehnung des Sohnes gegen den Vater (Uranus – Kronos); aber christliche Symbolik: Urteil über den Sohn bringt Erlösung u. neues Leben.]
Engl. Zusammenf. in: *TCL* 9 (1963) S. 115, u.
in: *TCLB* S. 2109.

– "Ein Skarabäus in der modernen deutschen Literatur." In: *Zeitschrift für ägyptische Sprache und Altertumskunde* 96 (1969) Nr. 1. S. 47–48.

[Kafkas "Verwandlung" könnte auch als "Vergottung" gesehen werden. 2. Kommen Christi?]

Ruland, Richard E.: "A View from Back Home: Kafka's 'Amerika'." In: *American Quarterly* 13 (1961) S. 33–42.

[Kafkas Vorstellungen von Amerika; Schilderung europäischer Auswanderer. Reichtum, Kälte, Unmenschlichkeit.]
Engl. Zusammenf. in: *TCL* 7 (1961) S. 95,
in: *Abstracts of English Studies* 5 (1962) S. 242, u.
in: *TCLB* S. 2086.

– "Kafka." In: R. R.: *America in Modern European Literature. From Image to Metaphor.* New York: New York Univ. Pr., 1976. S. 108–15.

["Amerika" – Immigrantenerfahrung; metaphorische Auseinandersetzung zwischen Europa u. Amerika; expressionistische Elemente; Land für den modernen Jedermann; endet mit moderner Isolierung des Selbst.]

*Ruset, P.: "Kafka og det moderne menneske." In: *Bergens Tidende* (26./27. 7.1974).

Russell, Francis: "Kafka". In: F. R.: *Three Studies in Twentieth Century Obscurity.* New York: Haskel House, 1966. – Auch: Chester Springs, Pa.: Dufour, 1961; New York: Dufour, 1963; u. Gordon Pr., 1973. S. 45–65.

[Leben u. Probleme als Künstler u. Mensch. Felice u. Kafkas "Durchbruch". In Romanen – bekümmerte Träume einer bedrängten Seele. "Schloß" – Kontrast zwischen Schloß u. Dorf. Krankheit. Fragmentarisches typisch für unsere Zeit.]

– "An Examination of Kafka." In: Jakob, *Das Kafka-Bild in England* 2 (s. Sammelbde.) S. 385–95.

[Abdruck des gleichnam. Artikels aus "Catacomb" 2 (Winter 1951/52) Nr. 4. S. 194–205. Kafkas Einfluß u. Rezeption in den Dreißiger- u. Vierzigerjahren. Pathologische Einsamkeit u. Verlorenheit spiegeln sein Lebensgefühl in Prag u. in seiner Familie. Werk u. Leben aufeinander bezogen. Kafkas Werk hat keinen Kunstwert.]

*Russotto, Márgera: "Benjamin y Kafka: Todas las promesas." In: *Zona Franca. Revista de Literatura* 3 (1978) Nr. 9. S. 55–57.

*Rutkiewicz, Witold: "Kafka v Polsku." In: *Plamen* 5 (1963) Nr. 6. S. 133 ff.

[(Kafka in Polen).]

Rütsch, Julius: "Die Situation des modernen Dichters." In: *DU* 10 (1958) Nr. 5. S. 5–20.

[Kafkas Werk – Erkenntnisdichtung; das Thema ist der Weg; Held bleibt in ewiges Vordringen gebannt.]

*Rutt, Theodor: "Betrachtung zu 'Der Nachbar' von Franz Kafka." In: *Sprachpädagogik, Literaturpädagogik.* Hrsg. v. Wilhelm L. Hoffe. Frankfurt/M.: 1969. S. 261–71.

Ryan, Judith: "Die zwei Fassungen der 'Beschreibung eines Kampfes'. Zur Entwicklung von Kafkas Erzähltechnik." In: *JDSG* 14 (1970) S. 546–72.

[Ausgabe der Parallelfassungen von Brod/Dietz ermöglicht erst Kontrolle des Wandels zwischen den beiden. Form u. Intention in 2. Fassung weitgehend verändert, Struktur nach neuem Prinzip: begrenzte Einzelperspektive ("Ich"); Spannung nun zwischen Leben in Einsamkeit u. Gesellschaft. Welt kann nicht in ihrer Ganzheit betrachtet werden.]

*– "'Eigentlich, aber noch eigentlicher'; Some Epistemological Problems in Franz Kafka." In: *Festschrift für Professor Ralph Farrell.* Hrsg. v. Anthony Stephens, H. L. Rogers u. Brian Coghlan. Bern: Lang, 1977.

Ryan, Lawrence: "Zum letztenmal Psychologie! Zur psychologischen Deutbarkeit der Werke Franz Kafkas." In: *Psychologie in der Literaturwissenschaft.* Viertes Amherster Kolloquium zur modernen deutschen Literatur 1970. Hrsg. v. Wolfgang Paulsen. Heidelberg: Lothar Stiehm, 1971 (Poesie u. Wissenschaft 32). S. 157–73.

[Kafkas Verhältnis zur Psychologie; er wies therapeutischen Anspruch der Psychologie zurück. Der archimedische Punkt. – Nachträgliche Bemerkungen zu L. Ryans Vortrag von Frederick Wyatt S. 223–27. Kommentar von Dierk Rodewald zu Ryans Artikel in "Arcadia" 10 (1975) S. 87–88.]

Ryder, Frank G.: *Zehn Jahrzehnte. 1860–1960.* New York: Holt, Rinehart & Winston, 1959.

[S. 127–28: Franz Kafka: Einführung zu Leben u. Werk, Kurzbesprechung von "Das Urteil."]

Rysten, Felix Simon: "False Prophets in Fiction. Camus, Dostoevsky, Melville, and Others." In: *DAI* 29 (1969) S. 3586A–87A.

[Zusammenf.: Kafka in Zusammenhang mit den Themen der Gewalt u. des Absurden besprochen.]
Diss. auch u. d. T.: *False Prophets in the Fiction of Camus, Dostoevsky, Melville, and Others.* Coral Gables, Florida: Univ. of Miami Pr., 1972.
[A Literary Climate 1860–1960: – S. 27–32, 34–35, 38–39, 42–46: Kafka, Camus, Malraux u. das Absurde. Die falschen Götter Kafkas lassen Verfremdung der Hauptfiguren erkennen.]

Rzounek, Vitězslav: "Poznámka k pojetí stranickosti v epice." In: *Česká literatura* 11 (1963) Nr. 3. S. 188–92.

[(Über die Haltung des Dichters im epischen Werk): Hašek u. Kafka stellen die gleiche bürokratische Welt dar. Der Kampf ihrer Helden zeigt aber den Unterschied in der Wirklichkeitssicht: Hašeks Humor, Kafkas Entfremdung. Schwejk nimmt an der Revolution teil.]

S.: "Abende für Neue Literatur." In: Born, *Franz Kafka. Kritik und Rezeption* (s. Sammelbde.) S. 122–23.

[Zuerst in "München-Augsburger Abendzeitung" (13.11.1916). Kafkas Vortrag der "Strafkolonie", literarisch beachtlich, aber nicht für Lesung geeignet.]

*****Sábato, Ernesto:** *El escritor y sus fantasmas.* Buenos Aires: 1963.

Šabík, Vincent: "Život s Kafkom (k 80. narodeninám Maxa Broda)." In: *Slovenské pohľady* 80 (1964) Nr. 5. S. 56–59.

[(Ein Leben mit Kafka. Zum 80. Geburtstag von Max Brod): Kommentar zu Brods "Streitbares Leben". Kafkas Wesen war heiter, aber auch einsam; Versuche, sich in die Gesellschaft einzuordnen. Parallelen zu Kierkegaard. Konflikt mit dem Brotberuf.]

* – "Kafka pre a proti." In: *Slovenské pohl'ady* 80 (1964) Nr. 5. S. 130.

Sacharoff, Mark: "Pathological, Comic, and Tragic Elements in Kafka's 'In the Penal Colony'." In: *Grenre* 4 (1971) S. 392–411.

[Charakterstudie des Offiziers: übertrieben, fanatisch, inkongruent (fixe Idee) – leidet an Persönlichkeitsstörung; viele komische Elemente (westliche Komödientradition), gleichzeitig Macht über die Maschine, weist auf späteren Umschlag in eine tragische Figur (eigene Hinrichtung); Mißverhältnis zwischen Schuld u. Strafe.]

Sackville West, Edward: [Rez. zu engl. Übers. von "Der Prozeß" u. "Die Verwandlung" (1937).] In: Jakob, *Das Kafka-Bild in England* 1 (s. Sammelbde.) S. 172.

[Abdruck von "The Trial" u. "The Metamorphosis" aus "Spectator" (23.7.1937) S. 152: Originalität der Behandlung des Themas; Individuum gegen Autorität; realistische Elemente.]

– [Rez. zu engl. Übers. von "Amerika" (1938).] In: Jakob, *Das Kafka-Bild in England* 1 (s. Sammelbde.) S. 182–83.

[Abdruck aus "Kafka in High Spirits" in "Spectator" (7.10.1938) S. 576: Pikareske Welt, Endplan der Handlung nicht zu erraten.]

– "Exiled." In: Jakob, *Das Kafka-Bild in England* 2 (s. Sammelbde.) S. 353–59.

[Abdruck aus "Books in General" in "New Statesman and Nation" (11.12.1948) S. 527: 1. Bd. von Kafkas Tagebüchern: Verzweiflung, Erbsünde, Ansätze zu Erz.; Taubers Interpretation zu trocken. Es findet eine Entwicklung im Werk statt.]

Safronov, G. I.: "Rodstvenny li idealy F. Kafky i R. Domanoviča?" In: *Vestnik Leningradskogo Universiteta. Serija istorii, jazyka i literatury* 18 (1963) Nr. 14. S. 54–63.

[Russ. mit engl. Zusammenf. (Sind die Ideale von F. Kafka und R. Domanovič verwandt?) Auseinandersetzung mit M. Popovič, der Parallelen zwischen Kafka u. Domanovič entdeckt. Die Grundhaltung Kafkas war die eines hoffnungslosen Pessimismus, während Domanovič zur Handlung u. Verteidigung der Unterdrückten aufruft.]

*St. Leon, R.: "Religious Motives in Kafka's 'Der Prozeß': Some Textual Notes." In: *AUMLA* 19 (1963) S. 21–38.

Engl. Zusammenf. in: *TCL* 9 (1963) S. 164, u.
in: *TCLB* S. 2103.

Salinger, Herman: "More Light on Kafka's "Landarzt'." In: *Monatshefte* 53 (1961) S. 97–104.

[Arzt-Patientenverhältnis zeigt Verlust des christlichen Glaubens, den Wissenschaft ersetzen soll.]
Engl. Zusammenf. in: *TCL* 7 (1961) S. 95, u.
in: *TCLB* S. 2097.

Salvat Catalá: *Diccionari enciclopèdic. Tercer volum.* Barcelona [etc.]: Salvat Editores, 1969.

[S. 1940 über Kafka (tschech. Schriftsteller deutscher Sprache).]

*Sánchez Carrillo, A.: "El testimonio de Franz Kafka." In: *Revista Nacional de Cultura* 18 (Apr. 1956) Nr. 115. S. 93–98.

Sandbank, Shimon: "Structures of Paradox in Kafka." In: *MLQ* 28 (1967) S. 462–72.

[Paradoxe Strukturen in "Schloß"; Negation folgt der Affirmation u. hebt diese auf. Extreme Affirmation ist Negation (Bürgel-Episode).]
Engl. Zusammenf. in: *TCL* 14 (1968) S. 53, u.
in: *TCLB* S. 2107.

— "Al mivneh ha-paradoks eitsel Kafka. Im hofa'at 'ha-Tirah' be-Ivrit." In: *Hasifrut* 1 (Spring 1968) Nr. 1. S. 11–16.

[Hebr. – Kafkas Prosa macht den Eindruck, unlogisch zu sein; paradoxe Argumentationsweise, noch nicht genau untersucht. 3 Typen des Paradoxen typisch für Kafkas Denken: 1. aufeinanderfolgende Bejahung u. Verneinung derselben Sache, 2. gleichzeitige Bejahung u. Verneinung u. 3. Bejahung wird der Grund der Verneinung (Mögliches wird unmöglich).
Engl. Zusammenf. u. d. T.: *The Paradox in Kafka: On the Occasion of the Hebrew Translation of 'The Castle'.* S. V.]

— "Lashon ve-higayon ba-aforizmim shel Kafka." In: *Hasifrut* 1 (Fall/Winter 1968/69) Nr. 3–4. S. 599–606.

[Hebr. – Versuch, einzelne Stilelemente Kafkas in den Aphorismen "Er" u. "Betrachtungen über Sünde, Schmerz, Hoffnung und den wahren Weg" zu beschreiben. Überraschungseffekte durch Umkehrung des Erwarteten: 1. lexikalischer Art (Wortambiguität), 2. metaphorischer Art (Manipulation der Beziehung zwischen übertragenem u. wörtlichem Sinn), 3. syntaktischer Art (Ambiguität der Syntax), 4. logischer Art (Abweichen von überkommenem Sprachgebrauch).
Engl. Zusammenf. u. d. T.: *Language and Logic in Kafka's Aphorisms.* S. 768.]

— "Surprise Techniques in Kafka's Aphorisms." In: *Orbis Litterarum* 25 (1970) S. 261–74.

[Gegenteil des Erwarteten auf lexikalischem, metaphorischem, syntaktischem u. logischem Gebiet. Vieldeutigkeit der Wörter; Bedeutungsverschiebung der Metaphern; grammatikalische Ambiguität; Syllogismen.]
Engl. Zusammenf. in: *TCL* 17 (1971) S. 133.

— "Action as Self-Mirror: On Kafka's Plots." In: *Modern Fiction Studies* 17 (1971). Special Number. The Modern German Novel. S. 21–29.

["Von den Gleichnissen": Wiederholung der Handlung, die auf Unerklärliches hinweist. Schloß – Spiegelung von K.s Wünschen.]
Engl. Zusammenf. in: *TCL* 17 (1971) S. 290, u.
in: *1971 MLA Abstracts* Vol. 2 (1973) S. 74.
*Auch in hebr. Übers. in: *Simon Halkin Jubilee Volume.* Ed. B. Shahevitch and M. Perry. Jersualem: Rubin Mass, 1975. S. 837–45.

*–["Einleitung."] In: Franz Kafka: *Teur shell ma a vak.* Jerusalem-Tel Aviv, 1971. S. 5–6.

[Hebr.; aus "Bibliografia b'Ivrit". Einleitung zur hebr. Übers. von "Beschreibung eines Kampfes".]

– "The Unity of Kafka's 'Beschreibung eines Kampfes'." In: *Archiv* 210 (1973) S. 1–21.

[Strenges Gedankenschema. Thema u. Form behandeln in Variationen den Bezug zwischen Welt u. Selbst: 1. Teil: Erzähler nimmt eigene Projektionen als Tatsache hin (bei Joseph K. u. K. später wiederholt): psychologisch schwer erklärbar. 2. Teil: surrealistische Beziehung von Selbst zu Welt in Landschaftsbegriffen dargestellt; Flucht vor Bewußtsein u. Erinnerung. Zusammentreffen zwischen dem Dicken u. Beter wiederholt die 2 Alternativen u. fügt 3. hinzu. 3. Teil: Rückkehr zur Rahmenerz. von Kap. 1, das dadurch Sinn erhält. Rollentausch zwischen Erzähler u. Bekannten. Kafkas spätere paradoxe Lösung: Realität der Welt annehmen u. gleichzeitig um ihre Nichtwirklichkeit wissen.]
Engl. Zusammenf. in: *TCL* 20 (1974) S. 154.

– "Kafka's 'Enigmas': Flight from Pattern." In: *Hebrew University Studies in Literature* 5 (1977) S. 248–69.

[Gesetz bei Kafka: unregelmäßig, unbegründbar, spezifisch; dennoch versucht er, es konkret darzustellen. (Odradek, Sieben Söhne, Landarzt, Doppelfiguren).]

Sandberg, Beatrice: "Die Aufnahme in den einzelnen Ländern: Nordeuropa." In: *Kafka-Handbuch* 2. S. 743–62.

[Die Unterkap. Schweden, Norwegen, Dänemark u. Finnland führen jeweils Übers. u. Sekundärliteratur an. Verzögerung der Aufnahme Kafkas. Wellenbewegungen, abhängig von erschienenen Übers. Schweden: intensivste Beschäftigung. Nach Ländern Rezeption behandelt. Brods Auslegung noch immer gültig, dazu psychologische, soziologische u. andere Trends.]

Sander, Volkmar: *Die Faszination des Bösen. Zur Wandlung des Menschenbildes in der modernen Literatur*. Göttingen: Sachse & Pohl, 1968.

[S. 26–28: Verändertes Menschenbild u. unfaßbare Welt hat ihren Dichter in Kafka gefunden. Realitätszerfall, totalitärer Terror, das dem anonymen Bösen Ausgeliefertsein.]

Sandford, John: "Kafka as Myth-Maker: Some Approaches to 'Vor dem Gesetz'." In: *GLL* 29 (1975) S. 137–48.

[Mythisch-biographische Qualität von Kafkas Werk, religiöse, philosophische u. soziologische Elemente, Grundängste aller Menschen; Vieldeutigkeit; geographisch-geschichtlicher Hintergrund wichtig.]
Engl. Zusammenf. in: *TCL* 22 (1976) S. 370.

*****Sang, August**: [Vorwort.] In: Franz Kafka, *Aruanne akadeemiale*. Tallinn: 1962.

[Estnisch. Vorwort des Übersetzers der Erzählsammlung; Kafkas Pessimismus u. humanistisches Ideal erwähnt.]

*****Sanguineti, Edoardo**: *K. e altre cose*. Milano: 1962.

[Janouchs "Gespräche mit Kafka" z. T. als Vorlage benutzt.]

*Saperstein, Ben Ami: [Der Künstler und die Kulturen der Welt.] Tel Aviv: 1970.
[Hebr.; aus "Bibliografia b'Ivrit". S. 185–88: (Das Leiden und der Künstler: Constable, Valéry, Kafka, Kirchner.)]

Sapper, Theodor: "Akribie und 'analytische' Präzision. In Memoriam Jürgen Kobs." In: *Literatur und Kritik* (Juli–Aug. 1972) Nr. 66–67. S. 424–27.
[Aus grammatikalischer Untersuchung geht Wesensstruktur der Gestalten (bewußt u. unbewußt) hervor; Untersuchung am "Verschollenen" – Schlüssel auch für "Prozeß" u. "Schloß".]

*Sarlo Sabajanes, B.: "Kafka: realidad y absurdo." In: B. S. S.: *Capítulo universal. La historia de la literatura universal.* Buenos Aires: 1970. S. 97–120.

Sarraute, Nathalie: "De Dostoïevski à Kafka." In: *L'ère du soupçon. Essais sur le roman.* Paris: Gallimard, 1956 (Les essais LXXX). (1956 paperback "Collection Idées").
[S. 7–52 (paperback: S. 13–66): Kafkas Kunst baut auf Dostojewskis Werk auf, obwohl man die beiden gewöhnlich als Gegensätze sieht ("roman de situation" gegenüber "roman psychologique").]
*In dt. Übers. u. d. T.: "Von Dostojewskij zu Kafka." In: N. S.: *Zeitalter des Argwohns. Über den Roman.* Darmstadt: 1965.
In engl. Übers. v. Maria Jolas u. d. T.: "From Dostoievski to Kafka." In: N. S.: *The Age of Suspicion.* New York: George Braziller, 1963. S. 11–50.
*In hebr. Übers. Tel Aviv: 1972. S. 13–45.
*(Natali Sarot:) Auszug in serbokroat. Übers. u. d. T.: "Od Dostojevskog do Kafke." In: *Izraz* 9 (1965) Nr. 10. S. 1033–47.

*Sartre, Jean-Paul: "La démilitarisation de la culture. (Extrait du discours à Moscou devant le Congrès mondial pour le désarmement général et la paix)." In: *France-Observateur* (17.7.1962) S. 12 ff.
In dt. Übers. v. Stephan Hermlin u. d. T.: "Die Abrüstung der Kultur. Rede auf dem Weltfriedenskongreß in Moskau." In: *Sinn und Form* 14 (1962) S. 805–15.
[S. 810–12: über die Politisierung der Kunst; Beispiele: Kafkas universelles Zeugnis wird zur Anklage gegen den Bürokratismus gebraucht. Westen verfälscht, Osten verschweigt ihn. Marxismus soll zeigen, daß er ihn besser versteht.]
*In russ. Übers. in: *Inostrannaja literatura* (1963) Nr. 1.

— "'Aminadab' or the Fantastic Considered as Language." In: *Literary and Philosophical Essays.* Translated from the French by Annette Michelson. New York: Macmillan, 1965.
[Vergleich zwischen Blanchots "Aminadab" u. Kafkas Werken u. Helden; Mensch als fantastisches Objekt. Absurdes wird zum Alltäglichen.]

— "Qu'est-ce que la littérature?" In: J.-P. S.: *Situations* II. [Paris:] Gallimard, 1968. (C 1948). S. 55–330. Auch: 1972 (Collection Idées).

[S. 89–115: Pourquoi écrire? S. 95 Hinweis auf Kafka.
S. 202–330: Situation de l'écrivain en 1947 (S. 255, 282, 315 über Kafka): Wir erkennen Geschichte in Kafkas absurder Gegenwart; sein Werk – Reaktion auf jüdisch-christliche Welt Mitteleuropas.]
In engl. Übers. v. Bernard Frechtman u. d. T.: *What is Literature?* Introduction by Wallace Fowlie. New York: Harper & Row, 1965 (Harper Colophon Books).
Dass. in engl. Übers. v. Bernard Frechtman u. d. T.: *What is Literature?* New York: Washington Square Pr., 1966. (S. 28, 157, 179, 204–05 über Kafka.)

– ["L'autre."] In: Raboin, *Les critiques de notre temps et Kafka* (s. Sammelbde.) S. 20–21.

[Abdruck aus *L'être et le néant* (Troisième Partie) 1943. Kafka beschreibt im "Prozeß" unsere Existenz inmitten einer Welt für andere.]
In engl. Übers. v. Hazel E. Barnes u. d. T.: "The Existence of Others." In: J.-P. S.: *Being and Nothingness. An Essay on Phenomenological Ontology.* (Part 3, Chapter 1:) New York: Philosophical Library, 1956. S. 265–66. (Third paperbound edition. New York: Citadel Pr., 1965. S. 241–42.)

*Sasaki, Motokazu: ["Über den 'Prozeß'."] In: *Kikan-Sekai-Bungaku* 6 (1967).
[Jap.]

Sasse, Günter: "Die Sorge des Lesers: Zu Kafkas Erzählung 'Die Sorge des Hausvaters'." In: *Poetica* 10 (1978) S. 262–84.

[Diese Erz. hat bes. Rang im Werk; als Appell zur Selbstreflexion aufzufassen; Odradek: Zentrum des Interesses. Interpretationen von Politzer, Emrich, Pasley, Hillmann. Erfahrungsprozeß des Hausvaters, der im Versuch, Odradek zu erfassen, scheitert, verweist auf Erfahrungsprozeß des Lesers.]

Satish, Kumar: "Franz Kafka: 'In der Strafkolonie.' Eine Interpretation." In: *Deutschunterricht für Ausländer* 13 (1963) S. 147–56.

[Kafkas Verhältnis zum Vater; Ausbruch in seinen Werken: Sehnsucht nach freier u. gerechter Welt. Unmenschliches Gesetz – Konzept des Ungehorsams. Die drei Instanzen der Macht.]

*Satô, Yasuhiko: ["Über 'Das Schloß' (I, II)."] In: *Iwate [-Univ.]-Gakugei-Gakubu-Kenkyû-Nenpô* 19, 20 (1965).
[Jap.]

*–["Über die Entstehung von 'Das Schloß'. Interpretation von 'Das Schloß' von Kafka (III)."] In: *Kyôto[-Univ.]-Doitsu-Bungaku-Kenkyû-Hôkoku* 13 (1965?).
[Jap.]

Satonski, D.: s. Zatonskij, D. V.

Sattin, Jerry Paul: "Allegory in Modern Fiction: A Study of 'Moby Dick', 'The Brothers Karamazov', and 'Die Verwandlung'." In: *DAI* 39 (1978) S. 272A.

[Zusammenf.: Allegorie in der Moderne bildet Struktur von Werken mit philosophischen u. moralischen Problemen. Z. B. "Verwandlung": gibt inkohärentem Material die Form.]

Sattler, Emil E.: "Narrative Stance in Kafka's 'Josephine'." In: *JML* 6 (1977) S. 410—18.

[Frage nach dem Sinn der Metaphern u. nach Erz.-Perspektive; Erz.-Figur u. seine veränderliche Erz.-Perspektive zeigt Zustand des Künstlers in Gesellschaft, weder Urteil noch Verteidigung. "Josefine. ..." zeigt Zustand der Kunst im allg.]

— "Kafka's Artist in a Society of Mice." In: *Germanic Notes* 9 (1978) S. 49—53.

[Geschichte in Mäusewelt situiert: Fabelgenre ermöglicht leichtere Besprechung der Rolle von Kunst im Alltagsleben; auch Elemente von Kafkas Situation, — aber genügend in Schwebe gehalten (siehe Wort "oder" im Titel), um eher die "Natur" der Situation u. der Beziehungen zu beleuchten, als eine bestimmte Situation.]

*****Satz, Martha, and Zsuzsanna Ozsvath**: "'A Hunger Artist' and 'In the Penal Colony' in the Light of Schopenhauerian Metaphysics." In: *German Studies Review* 1 (1978) S. 200—10.

*****Sauer, Roland**: "Eichendorff und Kafka. Ein Nachtrag zum Beitrag von H. Löffel in 'Aurora' 35 (1975)." In: *Aurora* (Jahrbuch der Eichendorff-Gesellschaft, Würzburg) 37 (1977) S. 134—40.

["Gib's auf!": Bahnhof als Ziel, Termin verfehlt, Zeit entscheidet. "Taugenichts": Ziel Italien, aber nur Durchgangsstadium. — Weg, Umgebung, Mitmensch u. Zwiegespräch bei beiden verglichen. Bei Kafka steht Held noch hilflos am Ende da, Taugenichts wagt Aufbruch, auch wenn Ziel u. Straße fehlen.]

Saurat, Denis: "A Note on 'The Castle'." In: Flores, *The Kafka Problem* (s. Sammelbde.) S. 181—83.

[Typisch dt. Werk, verschleierter Sinn.]

Sautermeister, Gert: "Das Schloß." — "Die Verwandlung." In: *Kindlers Literatur Lexikon.* Zürich: Kindler, 1965—1972.

[Bd. 6, Spalte 930—37: "Das Schloß". — Bd. 7, Spalte 487—89: "Die Verwandlung": Einführende Bemerkungen u. Interpretation.]
Auch in: *Kindlers Literatur Lexikon.* Einmalige zwölfbändige Sonderausgabe. Bd. 9 u. 11. Zürich: Kindler, 1972—1973. S. 8502—06, u. 9904—05.

— "Die sozialkritische und sozialpsychologische Dimension in Franz Kafkas 'Die Verwandlung'." In: *DU* 26 (1974) Nr. 4. S. 99—109.

[Eigene, oft verdrängte Familienerfahrungen des Lesers machen Geschichte verständlicher. Gregors Traum u. Verwandlung sind ein Protest gegen unmenschlichen Beruf u. Entfremdung in kapitalistischer Welt.]
Engl. Zusammenf. in: *TCL* 21 (1975) S. 130.

— "Sozialpsychologische Textanalyse: Franz Kafkas Erzählung 'Das Urteil'." In: *Methodische Praxis der Literaturwissenschaft.* Hrsg. v. Dieter Kimpel u. Beate Pinkerneil. Kronberg/Ts.: Scriptor, 1975. S. 179—221.

[1. Teil: Entwicklung sozialpsychologischer Kategorien.
2. Teil: S. 195—221: Textanalyse: Ästhetisch vermittelnder Gehalt betrachtet, Vater-

Sohnbeziehung in bürgerlicher Kleinfamilie in bestimmter geschichtlicher Lage (Kapitalismus): auch Familienverband von seinen Wirtschaftsnormen beeinflußt.)]

Savacool, John: In: *The New York Times Theater Reviews 1920–1970.* Vol. 5. New York: New York Times & Arno Pr., 1971. (2.11.1947, Section 2. S. 3).

[Über die "Prozeß"-Aufführung von Gide-Barrault in Paris; technisch hervorragend, aber Schlüssel zu Kafka notwendig.]

Savage, D. S.: "Faith and Vocation." In: Flores, *The Kafka Problem* (s. Sammelbde.) S. 319–36.

[Abdruck des gleichnam. Artikels aus: "Focus One" (1945) S. 14–26 u. "Sewanee Review" (1946) S. 222–40: Kafka weder ein Psychopath, noch religiöser Genius, sondern Dichter. Lösung seiner Probleme im Werk, "total pattern" zu berücksichtigen.]
Auch in: Jakob, *Das Kafka-Bild in England* 2 (s. Sammelbde.) S. 308–19.
In span. Übers. in: Paul L. Landsberg, Georg Lukacs, D. S. Savage: *Kafka.* Mexico City: 1961.

*Scaramuzza, Gabriele: "In margine a Kafka." In: *Verri* 7 (1977) S. 50–76.

*Ščerbina, Vladimir R.: *Voprosy razvitija socialističeskogo realizma v sovetskoj literature.* Moskva: 1958.

[Kritik an Kafka, Proust, Joyce, Camus, etc. Pressekampagne gegen ideologische Abweichungen nach den Krisen in Ungarn u. Polen.]

– *Puti iskusstva.* Moskva: Izdatel'stvo "Xudožestvennaja literatura", 1970.

[(Kunstrichtungen): Hinweise auf Kafka; bes. auf V. Erlichs Artikel "Gogol and Kafka" (S. 19–21).
S. 378–94: Otčuždenie II (Verfremdung, 2. Teil): Kafka kann Gorki gegenübergestellt werden; Kierkegaards Einfluß; moderne Kritik hat Kafka aus geschichtlichem Zusammenhang gerissen. Kafka beschreibt Schicksal des Menschen, der der unmenschlich totalitären Welt geopfert wird; Leben – ausweglos, grausam, sinnlos. "Prozeß" auf 2 Ebenen geschrieben. Kein Kontakt mit realer Welt; Furcht u. Einsamkeit erdrücken andere Gefühle. Realismus u. Modernismus vermengen sich.]

Schaber, Steven C.: "The Trial." In: *1300 Critical Evaluations of Selected Novels and Plays.* Ed. Frank N. Magill. Vol. 4. Englewood Cliffs, N. J.: Salem Pr., 1976. S. 2322–24.

[Kafkas Werke weniger allegorisch als symbolisch. Josef K. muß sein Leben rechtfertigen; ein Jedermann ohne Religion.]

Schaffner, Detlef: "Bemerkungen zur Tempussetzung bei Kafkas Romanen." In: *AUMLA* 15 (1973) S. 11–16. – 11–17.

[Vortrag; Tempora, bes. Perfekt u. Präteritum an Texten aus den 3 Romanen untersucht. Perfekt: Haltung des Besprechens (gefühlsmäßiger Anteil); Präteritum: Haltung des Erzählers (Distanz, neutral). Situation des Sprechers u. Verbalbedeutung ebenso in Betracht zu ziehen. Abweichungen vom Tempus bei Kafka ästhetisch relevant. Tempus dient auch der Personencharakterisierung.]

Schaufelberger, Fritz: "Franz Kafkas Roman 'Amerika'." In: *Programmheft, Schauspielhaus Zürich* (1956/57) Nr. 37. S. 6–9.

[Über M. Brods "Amerika"-Dramatisierung.]

– "Kafka und Kierkegaard." In: *Reformatio* 8 (1959) S. 387–400 (1. Teil) u. S. 451–56 (2. Teil).

[1. Teil: 2 bes. Perioden des Interesses für Philosophen: um 1913 u. nach Krankheitsausbruch. Schwermut u. Angst. Kein persönlicher Gott u. keine Schuldübernahme bei Kafka.
2. Teil: Kafka glaubt nicht an Leiden als religiöse Auszeichnung. Wunder nicht möglich. Widersprüche des Lebens bleiben.]

– "Franz Kafka." In: *DU* 15 (Aug. 1963) Nr. 3. S. 32–43.

[Wahrheit hinter Wirklichkeit. Kafkas Fremdheit; Bekenntnis zur eigenen Schwäche – Ausweg.]

Scheible, Hartmut: "Zur Begründungsproblematik der Literaturdialektik." In: *Diskussion Deutsch* 17 (1974) S. 261–76.

*Schepers, Gerhard: "Zu Kafkas Erzählung 'Josefine, die Sängerin oder Das Volk der Mäuse'." In: *Doitsu Bungaku* (1977) Nr. 58. S. 79–88.

Scherer, Michael: "Das Versagen und die Gnade in Kafkas Werk. Zu Kafkas Erzählung 'Ein Landarzt'." In: *Stimmen der Zeit* Jg. 81. Bd. 157 (1955/56) S. 106–17.

["Spannungen zwischen religiösem Anruf und nihilistischem Getriebensein" in Kafkas Bildern. Landarzt steht vor Entscheidung seines Lebens – antwortet mit Zögern. Kafka gestaltet den Prozeß in der menschlichen Seele. Neben dem mißverstehenden "Ich" aber auch das andere, die Wahrheit, vorhanden.]

Schild, Kurt W.: "The Monotony of the Fable in Kafka's Narratives." In: *Newsletter of the Kafka Society of America* 1 (1977) Nr. 1. S. 3–4.

[Zusammenf.: Fabel bedeutet: funktionelles Muster in Anlage der Erz. Alle Bilder – Varianten der Motiventwicklung innerhalb einer konstanten Fabelstruktur, beziehen daraus ihren Sinn. Grundpositionen innerhalb dieser bestimmt.]

– "Die 'Bedeutung' von Kafkas Literatursprache vom Symbol zum Parabol." In: *MAL* 11 (1978) Nr. 3/4. S. 257–74. Special Franz Kafka Issue.

[Kafkas Verschlüsselungsformen waren gewollt u. geplant; sie provozieren einen Beunruhigungsprozeß des Lesers. Meist widerspruchsvolle, absurde Raum-Zeit-Dimensionen der Darstellung. Jedes dichterische Motiv scheint eine Variante einer bestimmten Fabel-Struktur zu sein. Kafkas Kunst hat keine transzendentale, sondern existentielle Verweisungsfunktion; seine Werke sind Träger eines parabolischen Verweisungszusammenhanges.]

Schillemeit, Jost: "Welt im Werk Franz Kafkas." In: *DVjs* 38 (1964) S. 168–91.

[Dichtung Kafkas gegen die Welt abgeschlossen, viele Gestalten (z. B. Gracchus, Bautier) aus der Welt ausgeschlossen. Erz. kommen aus weiter Ferne, aus der man nicht mehr mitteilen kann. Viele Helden sind Verschollene. Frühe Werke nach rückwärts (altes verlorenes Zuhause) gerichtet, späte nach vorne (neues Zuhause). Hoffnung der Heimkehr u. Erzählenkönnen sind verbunden. Zwischen 2 Welten stehend – keine Auskunft über Herkunft möglich, Gracchus' Schicksal wäre unverständlich für Fragende.]

– "Zur neueren Kafka-Forschung." In: *Göttingische Gelehrte Anzeigen* 217 (1965) Nr. 1–2. S. 156–79.

[In Politzers Kafkabuch wertvolle Ansatzpunkte (paradoxe Parabel, die "Auskunft" u. ihre formalen u. thematischen Züge, die Erzählschlüsse, die jüdischen Beziehungen), dennoch Gefahren (Nacherzählungen u. allegorische Interpretationen). Sokels Bemühungen um "Gestalten u. Konfigurationen", um eine systematische Morphologie des Gesamtwerkes. Kampf des Ich mit sich selbst u. mit überwältigender Macht sind Leitbegriffe: Vater-Sohn Konflikt u. "reines Ich". Das "Innerliche" Sokels: das Unbewußte im Sinne Freuds. Linie paternalistischer Gestalten (Abstammungslinien) u. die Formel des "reinen Ich" (viele Figuren) umfassen zu viel Verschiedenartiges; auch moralische Kategorien angewendet. Imponierende Studie, geht aber oft gewaltsam vor. Gegenstand nicht Texte, sondern das Psychische, Innerliche dahinter; literarische Qualität oft nicht beurteilt. Beda Allemann analysiert tatsächlich, literarische Ausblicke, geht von Erzählwerk, nicht Inhalt oder Thematik aus.]

– "Zum Wirklichkeitsproblem der Kafka-Interpretation." In: *DVjs* 40 (1966) S. 577–96.

[Unterschiedliche Wirklichkeitsbegriffe der Kafka-Interpreten; man muß die "Geschaffenheit" von Kafkas Figuren u. Welt annehmen.]

– "Die Erzählungen: Die Spätzeit (1922–1924)." In: *Kafka-Handbuch* 2, S. 378–402.

[Behandelt Entstehung u. Überlieferung, biographischen Untergrund, u. folgende Themen: Hungerkunst, Versuche einer Geschichtsdeutung. Einzelner-Werk-Gemeinschaft in letzten Erz.]

– "Nichtepische Arbeiten und Lebenszeugnisse: 'Der Gruftwächter'." In: *Kafka-Handbuch* 2, S. 497–500.

[Entstehungsgeschichte, Parallelmotive in anderen Dichtungen, Aufführungen, Wertung.]

– "Tolstoj-Bezüge beim späten Kafka." In: *Literatur und Kritik* 14 (1979) S. 606–19.

[Zürauer Aphorismenreihe: tiefe Krise (Entdeckung seiner Krankheit), Gespräch mit Brod über Tolstojs "Auferstehung" – "Erlösung leben". Ähnlichkeiten zwischen Oktavheften u. Tolstojs späten Tagebüchern.]

Schindele, Gerhard: "Das Urteil." In: *Kindlers Literatur Lexikon.* Bd. 7. Zürich: Kindler, 1972. Spalte 244–45.

[Einführende Bemerkungen u. Interpretation.]
Auch in: *Kindlers Literatur Lexikon.* Einmalige zwölfbändige Sonderausgabe. Bd. 11. Zürich: Kindler, 1973. S. 9782–83.

Schink, Helmut: "Die literarisierte Kontaktlosigkeit – Kafkas Vaterbeziehung und sein 'Brief an den Vater'." In: H. S.: *Jugend als Krankheit? Hermann*

Hesse, Robert Musil, Franz Kafka, Reinhold Schneider, Anne Frank, Franz Innerhofer. Linz: OLV-Buchverl., Oberösterreichischer Landesverl., 1980 (Linzer philosophisch-theologische Reihe, Bd. 13). S. 68—98.

[Thema: Familienkonflikt (z. B. "Urteil"); "Brief an den Vater": einmalige Erscheinung in der Literatur, Dokument eines Kampfes u. Zeugnis eines Menschen, der das Fürchten, nicht das Lieben gelernt hat.]

Schlant, Ernestine: "Kafka's 'Amerika': The Trial of Karl Rossmann." In: *Criticism* 12 (1970) S. 213—25.

[Archimedischen Punkt gefunden, aber gegen sich selbst angewendet. Auch bei Kafkas K.-Helden gleich. Karls Verstoßungen (durch Vater, Onkel etc.) in langsamem Prozeß auf Grund von Urteilen.]
Engl. Zusammenf. in: *TCLB* S. 2086.

— "Franz Kafka's Historical Consciousness." In: *Newsletter of the Kafka Society of America* 4 (1980) Nr. 2. S. 15—20.

[Historische Zeit war bedeutungslos für Kafka, da sie seine Existenzerfahrung nicht beeinflußte. Mythopoetischer Versuch, Zeit u. Geschichte in traditionaller Art auszusparen.]

Schlingmann, Carsten: "Kleine Prosastücke. Interpretiert." In: Weber, *Interpretationen zu Franz Kafka* (s. Sammelbde.) S. 122—37.

[Kürzeste Prosaformen schlagen schon Hauptthemen an, u. a. Suche nach unerreichbarem Ziel.]

— "Die Verwandlung. Interpretiert." In: Weber, *Interpretationen zu Franz Kafka* (s. Sammelbde.) S. 81—105.

[Samsas Verwandlung quälend für Leser. Reale Familiengeschichte u. Phantastisches, durch Komik erträglich. Samsa vermied feste Bindungen. Wichtigste Interpretationen.]
Engl. Zusammenf. in: Corngold, *The Commentators' Despair* (s. Sammelbde.) S. 196—99.

Schlocker, Georges: "Die Aufnahme in den einzelnen Ländern: Frankreich. Einfluß auf die Literatur." In: *Kafka-Handbuch* 2, S. 693—704.

[Kurzbibliogr. S. 703—04. Kafka, Breton, die Surrealisten, Michaux, M. Blanchot; Camus; N. Sarraute, Samuel Beckett; André Gide; P. Klossowski, A. Robbe-Grillet.]

*Schlonsky, Tuvia: ["Die Stellung des Subjektes in der Literatur."] In: *Yiun* 8 (1957) Nr. 1. S. 20—39 u. 47.

[Hebr.; aus "Bibliografia b'Ivrit".]

Schloss, Rolf W.: "Franz Kafka und andere Freunde. Ein Gespräch mit dem Dichter Max Brod." In: *Die Weltwoche* (3. Mai 1963) Nr. 1538. S. 37 u. 41.

Schmeling, Manfred: "Das 'offene Kunstwerk' in der Übersetzung: Zur Problematik der französischen Kafka-Rezeption." In: *Arcadia* 14 (1979) S. 22—39.

[Besser als nach dem Sinn der Vieldeutigkeit bei Kafka (Politzer) sei es, nach dem Sinn der "Leerform" (Leibfried) zu fragen. Semantische Unbestimmtheit, u. zwar semantische

Offenheit, nicht "offene Form". Es besteht Harmonie von Aussage u. Form. Aber – Ambiguität des "Mitgemeinten", wichtig für Übers. u. Rezeption. Frz. Rezeption davon abhängig: Vermittler waren Surrealisten, Existentialisten, dazu kamen gesellschaftlich orientierte Aspekte, die Nouvelle Critique (Robert, Barthes, Robbe-Grillet) u. Strukturalismus. Spät dem eigentlichen Kunstwerk Kafkas Aufmerksamkeit geschenkt. Vielschichtigkeit der Rezeption. Beispiele aus "Urteil"-Übers. Davids Neuedition von Vialattes Übers. ergibt punktuelle Korrekturen. Frz. Übers. nur partielle Wiedergabe der Ambiguität ("Prozeß"-Beispiele).]

*Schmerling, Hilda L.: *Finger of God: Religious Thought and Themes in Literature from Chaucer to Kafka.* New York: Gordon, 1977.

Schmidt, Adalbert: *Dichtung und Dichter Österreichs im 19. und 20. Jahrhundert.* Bd. 1. Salzburg/Stuttgart: Verl. Das Bergland-Buch, 1964.

[S. 407–15: Biographisches u. Einführung.]

Schmidt, Alexander: "Kafka und Jünger: Das Kafkaeske." In: *Germanistische Mitteilungen* 7 (1978) S. 14–27.

[Im Werk der beiden Autoren: Versachlichung u. Verfremdung, gegenläufige Vorgänge.]

Schmidt, Michael: "Der Prozeß". In: *Kindlers Literatur Lexikon.* Bd. 5. Zürich: Kindler, 1965–1972. Spalte 2755–60.

[Einführende Bemerkungen u. Interpretation.]
Auch in: *Kindlers Literatur Lexikon.* Einmalige zwölfbändige Sonderausgabe. Bd. 9. Zürich: Kindler, 1972. S. 7869–71.

Schmidt, Verne Victor: "Strindberg's Impact on Kafka." In: *DA* 27 (1966) S. 2545A.

[Zusammenf.: Strindberg-Lektüre. Ausmaß von Strindbergs Einfluß, sein expressionistischer Stil. Strindbergs Satire auf die Staatsbürokratie. "Vor dem Gesetz" u. "Die Verwandlung" von Strindberg beeinflußt.]

Schmiele, Walter: *Dichter über Dichtung in Briefen, Tagebüchern und Essays.* Darmstadt: Stichnote, 1955.

[S. 302–12: Franz Kafka: Wesenhaft surrealer Schriftsteller. Innenräume indifferent; Detaillierung der Charaktere fehlt. Spannung Gott – Mensch unaufheblich. – Teilabdruck aus Kafkas Tagebüchern.]

Schneider, Jean-Claude: "Kafka ou le refus du bonheur." In: *La Nouvelle Revue Française* 14 (Aug. 1966) S. 311–17.

[Kafka lebte ohne das vermittelnde Wort zum Nächsten. Briefleben, Briefkonversation. Ambivalent über Werk u. Einsamkeit.]
Engl. Zusammenf. in: *TCL* 12 (1966) S. 163, u.
in: *TCLB* S. 2079.

– "Lectures de Kafka." In: *La Nouvelle Revue Française* 16 (Sept. 1968) S. 303–07.

[Wagenbachs Studien haben auf Fakten in Kafkas Leben aufmerksam gemacht. Kafkas Weg zur Askese u. Neutralität im Werk.]
Engl. Zusammenf. in: *TCLB* S. 2079.

— "Robert Walser (1878–1956)." In: *La Nouvelle Revue Française* (1972) Nr. 229. S. 59–62.
[Walsers Einfluß auf Kafkas Kurzprosa "Auf der Galerie" u. "Vor dem Gesetz").]

Schneider, Marcel: "Une bombe à retardement: Kafka." In: M. S.: *La littérature fantastique en France*. Paris: Fayard, 1964. S. 389–91.
[Kafkarezeption zeigt seine Bedeutung als sozialgeschichtlicher Prophet.]

Schnellert, D.: "Brecht y Kafka." In: *Novedades* (15. u. 22. Dez. 1968).

Schober, Wolfgang Heinz: "Kommunikationsunfähigkeit als Schuld? Zu Kafkas Erzählung 'Der Jäger Gracchus'." In: *Die andere Welt. Aspekte der österreichischen Literatur des 19. und 20. Jahrhunderts: Festschrift für Helmuth Himmel zum 60. Geburtstag*. Hrsg. v. Kurt Bartsch u. a. Bern: Francke, 1979. S. 277–89.

*Schoeps, Hans Joachim: "Rochefort, Kafka, oder die unzerstörbare Hoffnung." In: *Zeitschrift für Religions- und Geistesgeschichte* (1956) S. 280–81.

— "The Tragedy of Faithlessness." In: Flores, *The Kafka Problem* (s. Sammelbde.) S. 287–97.
[Mythisches Denken u. mythische Konzepte bestimmen Kafkas Werke. Mensch von Glauben u. Tradition getrennt, sucht nach Gott.]
Abdruck von S. 290 in: Neumeyer, *Twentieth Century Interpretations of "The Castle"* (s. Sammelbde.) S. 108–09.

*— "Franz Kafka oder der Glaube in der tragischen Position." In: H. J. Sch.: *Was ist der Mensch? Philosophische Anthropologie als Geistesgeschichte der neuesten Zeit*. Göttingen: Musterschmidt, 1960. S. 119–40.

— "Franz Kafka und der Mensch unserer Tage." In: *Universitas* 16 (1961) S. 163–71.
[Ziel in "Prozeß" u. "Schloß": Erlangen der verlorenen Erlösung. Gegensätzliche Bewegung: Josef K. wird vom Gesetz gesucht, K. sucht nach Erlösung. Trotz unerkennbarem Gesetz hofft Kafka auf den Messias.]
In engl. Übers. u. d. T.: "Franz Kafka and Modern Man." In: *Universitas* (Engl. edition) 5 (1962) S. 235–43.
Engl. Zusammenf. in: *TCLB* S. 2080.

— "Theologische Motive in der Dichtung Franz Kafkas." In: H. J. S.: *Studien zur unbekannten Religions- und Geistesgeschichte*. Göttingen: Musterschmidt 1963 (Veröffentlichungen der Gesellschaft für Geistesgeschichte, Bd. 3). S. 155–73.

[Kafka – religiös: Theologie des Abgefallenseins, Gesetz regiert weiter, aber unverständlich. "Zur Frage der Gesetze": religiöse Lage des Judentums. Heils- bzw. Unheilsgeschichte in "Forschungen …" Form der Strafe deutet Schuld an. Unsittliche Engel (Sortini). Messianische Hoffnung.

S. 169–73: Exkurs. Zur Deutung Franz Kafkas: Wagenbachs Biographie (1958): soziologisch; Emrichs Buch: werkimmanent (unzulänglich).]

Auch in: Heintz, *Interpretationen zu Franz Kafka* (s. Sammelbde.) S. 16–28.

In ital. Übers. v. E. Pocar u. d. T.: "Motivi teologici nell opera di Kafka." In: Pocar, *Introduzione a Kafka* (s. Sammelbde.) S. 134–51.

Schöffler, Heinz (Hrsg.): *Der jüngste Tag. Die Bücherei einer Epoche.* Neu hrsg. u. mit einem dokumentarischen Anhang versehen. Bd. 2. Frankfurt/M.: Heinrich Scheffler, 1970.

[Daten, Deutung, Dokumentation. S. 1656–64: Franz Kafka. "Der Heizer" – "Die Verwandlung" – "Das Urteil": Das Abgesonderte von Kafkas Existenzen. Im "Heizer" ursprünglicher Trieb zur Güte. – Auszüge aus Tagebüchern u. Korrespondenz.]

– "Johannes Urzidil (3. Februar 1886 in Prag – 2. November 1970 in Rom)." In: *Literatur und Kritik* (Febr. 1974) Nr. 81. S. 34–41.

[S. 36 u. 38: Kafkas Gestalt u. Prosa in Urzidils Werken.]

Scholem, Gershom [Gerhard]: "Mit einem Exemplar von Kafkas 'Prozeß'." In: Walter Benjamin: *Briefe.* Hrsg. u. mit Anmerkungen versehen v. Gershom Scholem u. Theodor W. Adorno. Bd. 2. Frankfurt/M.: Suhrkamp, 1966. S. 611–12.

[Aus "Jüdische Rundschau" (22. März 1935). 14 Strophen langes Gedicht, vom "Prozeß" inspiriert. Benjamins Stellungnahme zu Gedicht in: Walter Benjamin: "Briefe." S. 613–14.]

– *Walter Benjamin – die Geschichte einer Freundschaft.* Frankfurt/M.: Suhrkamp, 1975 (Bibliothek Suhrkamp, Bd. 467).

[Zahlreiche Hinweise auf die Bedeutung Kafkas für Benjamin.]

– (Hrsg.): *Walter Benjamin Gershom Scholem Briefwechsel 1933–1940.* Frankfurt/M.: Suhrkamp, 1980.

[Dutzende von Hinweisen auf Kafka, bes. S. 140–46, 150–51, 153–61, 166–69, 266–76, 293–95; S. 154–56: Scholems Gedicht "Mit einem Exemplar von Kafkas 'Prozeß'."]

Schönwiese, Ernst: "Franz Kafka – Robert Musil – Hermann Broch." In: *Tausend Jahre Österreich. Eine biographische Chronik.* Bd. 3. Hrsg. v. Walter Pollak. Wien-München: Jugend u. Volk, 1974. S. 332–46.

[Kafka, Musil u. Broch dringen bis zur letzten innersten Tiefenschicht vor. Bei Kafka: alles Gleichnis der seelischen Situation. Gericht: eigenes Gewissen. "Schloß": Ringen um Absolutes; moderne Mystik, Aphorismen wie "Zen"-Aussprüche. Religiöses Genie.]

***Schor, Naomi:** "Fiction as Interpretation – Interpretation as Fiction." In: *The Reader in the Text: Essays on Audience and Interpretation.* Ed. Susan

414

R. Suleiman and Inge Grossman. Princeton: Princeton Univ. Pr., 1980. S. 165–82.

Schorer, Mark: "Introduction." In: *Seven Short Novel Masterpieces*. Ed. Leo Hamalian and Edmond L. Volpe. New York: Popular Living Classics Library, 1964. S. VII–XI.

[S. IX–X: Bemerkungen zur "Verwandlung" (moralische Fabel, keine Phantasie).]

***Schou, S.:**"Kafka for specialister." In: *Information* (20.5.1969) S. 5.

***Schouten, Jan Hendrik:** "Franz Kafka's dagboeken en brieven." In: Jean Matthieu Marie Aler: *Schrijvers in eigen spiegel*. 1960.
*Auch in: J. H. S.: *Duitse literatuur als levensspiegel*. Den Haag: Servire, 1963.

Schremmer, Ernst: "Franz Kafka." In: *Sudetendeutscher Kulturalmanach 1958*. Hrsg. v. Josef Heinrich. München-Stuttgart: Bogen. S. 73–77.

[Begegnung westlicher u. östlicher Geistigkeit in Prag. Deutsche u. Tschechen. Kafka kein Nihilist. S.77: Abdruck von "Das Stadtwappen" (Bezug auf Prag). – Zeichnung Kafkas von H. Fronius.]

Schubardt, Wolfgang: "Die neuesten Arbeiten von Ernst Bloch und die Kafka-Diskussion." In: *Wissenschaftliche Zeitschrift der Universität Jena* 13 (1964) S. 325–37.

[Blochs Philosophie zeigt nach dem Verlassen der DDR einen Verfallsprozeß, der mit der "Entfremdungs"-Debatte auf der Liblice-Kafkakonferenz in Zusammenhang steht; Entwicklung ähnlich der von Garaudy u. Fischer.]

Schuller, Gunther: *The Visitation. Opera in 3 Acts*. Libretto After a Motive by Franz Kafka, by the composer. – *Die Heimsuchung. Oper in 3 Akten*. New York: Associated Music Publishers, 1967. VII + 23 S.

[Opernlibretto auf engl. u. dt.]

Schulz-Behrend, G.: "Kafka's 'Ein Bericht für eine Akademie': An Interpretation." In: *Monatshefte* 55 (1963) S. 1–6.

[Entgegnung auf Rubinsteins Interpretation. Nichts Jüdisches, sondern Mensch u. Freiheit.]
Engl. Zusammenf. in: *TCL* 9 (1963) S. 115, u.
in: *TCLB* S. 2088.

Schulze, Hans: "Anwärter der Gnade: Franz Kafka." In: *Tagebuch* 5 (1955) Veröffentlichung der Evangelischen Akademie Tutzing Nr. 6. S. 25–34.

["Die Verwandlung" ist Anti-Märchen. Mensch wird Tier, aber erlösende Liebe bleibt aus; Gregors Familie kann nicht lieben, auch Schwester verrät ihn, doch Leben geht weiter.]
Engl. Zusammenf. in: Corngold, *The Commentators' Despair* (s. Sammelbde.) S. 207.

415

Schumacher, Ernst: "Kafka očima nového světa." In: Goldstücker, *Liblická Konference 1963* (s. Sammelbde.) S. 233–42.

[Werk zeigt die extreme kapitalistische Entfremdung. Sinnbild der Welt. Geschehen wird Gleichnis. Detailtreue.]
Dt. u. d. T.: "Kafka vor der neuen Welt." In: Goldstücker, *Franz Kafka aus Prager Sicht 1963* (s. Sammelbde.) S. 245–56.
Auch in: *Alternative* 8 (1965) Dokument 2. S. 41–45.
In ital. Übers. u. d. T.: "Kafka e il nuovo mondo." In: Goldstücker, *Franz Kafka da Praga* (s. Sammelbde.) S. 225–38.

Schumann, Thomas B.: "Ein anderer, unkomplizierter Kafka." In: *Schweizerische Rundschau* 74 (1975) S. 285–87.

[Besprechung von "Briefe an Ottla und die Familie": Biographische Erweiterung des Kafkabildes für Zeiten, in denen kein Tagebuch geschrieben wurde. Herzliches Verhältnis.]

Schurf, Bernd. u. Guido Stein: "Interaktionstheorie und Literaturdidaktik: Ein Unterrichtsmodell für die Sekundarstufe II." In: *DU* 31 (1979) Nr. 3. S. 39–53.

[Moderne Kurzgeschichte oft Paradigma für gestörte Interaktion. Kafkas "Der Steuermann". Wechselbeziehungen zwischen Literatur u. Interaktionstheorie im Unterricht.]

Schütz, Erhard H.: "Verteidigung der Literatur gegen ihre voreilige Restauration – mit Kafka als Zeugen." In: *Diskussion Deutsch* 6 (1975) S. 84–90.

[Stellungnahme zu Hartmut Scheibles Artikel "Zur Begründungsproblematik der Literaturdidaktik." Fremdheit des vergangenen Literaturwerkes soll erkannt u. bestimmt werden, als Aufgabe der Didaktik.]

Schwartz, Howard: "Parables and Poems." In: *European Judaism* 8 (1974) Nr. 2. Franz Kafka. S. 40–43.

[An Kafka inspirierte "Parabeln". S. 41: "An Audience with the Emperor." S. 41–42: "Kafka's Brother."]

Schwarz, Egon: "Nachwort." In: Franz Kafka: *Die Verwandlung*. Stuttgart: Philipp Reclam jun., 1978 (Reclams Universalbibliothek 9900).

Schweckendiek, Adolf: "Fünf moderne Satiren im Deutschunterricht." In: *DU* 18 (1966) Nr. 3. S. 39–50.

[S. 40–42: I. Franz Kafka: Ein Bericht für eine Akademie: Kafkas Satire auf Bildung u. Freiheit des Menschen. Menschwerden – tiefste Erniedrigung. Nachfolgend: Schüleraufsatz.]

Schweikert, Gabriele: "'... weil das Selbstverständliche nie geschieht.' Martin Walsers frühe Prosa und ihre Beziehung zu Kafka." In: *Text und Kritik* (1974) Nr. 41/42. S. 31–37.

[Trotz vieler Ähnlichkeiten zwischen M. Walsers frühen Geschichten (Handlung, Erzähltechnik, usw.) u. denen Kafkas ist er nicht als Kafkaepigone zu sehen. "Abweichung" u. "Umkehrung" von Kafkas Elementen zeigen seine Eigenständigkeit.]

416

Scott, Nathan Alexander: "Kafka's Anguish." In: N. A. S.: *Forms of Extremity in the Modern Novel.* Richmond, Virginia: John Knox Pr., 1965. S. 13–34.

[Kafkaheld – Archetyp des modernen Helden in gegenwärtiger Literatur; willkürliche, sinnlose Welt. "Schloß": Statt Bestätigung seiner Berufung (Erlösung, Gnade?) bleibt K. nur das Warten. Distanz oder Abwesenheit Gottes.]
Auch in: N. A. S.: *Craters of the Spirit: Studies in the Modern Novel.* Washington/Cleveland: Corpus Books, 1968. S. 71–88.

– "Franz Kafka – The Sense of Cosmic Exile." In: Jakob, *Das Kafka-Bild in England* 2 (s. Sammelbde.) S. 437–38.

[Abdruck von S. 50, 51, 62, 64, 251–52 aus N. A. S. "Rehearsals of Discomposure" (London 1952): Einsamkeit im weltlichen u. metaphysischen Sinn.]

Scrogin, Mary Riedel: "The Kafka Protagonist as Knight Errant and Scapegoat." In: *Masters Abstracts* 14 (1976) S. 32.

[Zusammenf. M. A. Thesis North Texas State Univ., 1975.]

Sebald, W. G.: "The Undiscover'd Country: The Death Motif in Kafka's 'Castle'." In: *Journal of European Studies* 2 (1972) S. 22–34.

[K.s Todeswunsch, Dorf als Todeslandschaft. Rätselhaftes Schloß – hängt auch mit dem Tod zusammen. Tod als 2. Heimat des Menschen. Freudsche Identität von Lebens- u. Todeswunsch. Frauengestalten auf vormenschlicher Stufe. Im Aberglauben der Völker: Wirtshaus als Symbol der Unterwelt. K.s Suche nach Frieden u. seine Angst, nicht sterben zu können.]

– "Thanatos. Zur Motivstruktur in Kafkas 'Schloß'." In: *Literatur und Kritik* (Juli-Aug. 1972) Nr. 66–67. S. 399–411.

[Bedeutung des Todesmotivs von Kritik übersehen; Schloßroman: Dorf – K.s Reise im Totenland; Namen, Farben, Natur, Schlaf. Frauen auf vormenschlicher Evolutionsstufe. Identität von Lebens- u. Todestrieb. Messianische Züge K.s; seine Suche nach geistiger Tradition der Ahnen. Herrenhofwirtin – Frau Welt.]

– "The Law of Ignominy: Authority, Messianism and Exile in 'The Castle'." In: Kuna, *On Kafka: Semi-Centenary Perspectives* (s. Sammelbde.) S. 42–58 u. 186.

[K. akzeptiert langsam die irrationale Macht des Schlosses, die nur auf Selbsterhaltung zielt u. "schmutzig" u. "parasitisch" ist. Kafkas Erkenntnis der "Maschinerie" des Gesellschaftssystems, Macht u. Machtlosigkeit komplementieren sich. Revolution dennoch für Kafka wichtig, z. B. durch messianische Hoffnungen im "Schloß" (K. selbst, der um Zutritt zum Schloß kämpft). Barnabasfamilie – jüdisches Schicksal in Synopsis (Amalie – Bild der traditionellen jüdischen Moral).]

Sebillotte, L. H.: "Notes sur Kafka." In: *Evolution Psychiatrique* 1 (1956) S. 339–55.

[Angst vorherrschend in Leben u. Werk. Gregor Samsa (Kafka) fürchtet Ausschluß aus menschlicher Gesellschaft; Schuld ohne Zweifel. Gesetz kann übertreten, aber nicht

zerstört werden. "Verwandlung" zeigt schizoide Eigenschaften. "Kreis" – Schlüssel-
wort in Tagebüchern; Schreiben: Versuch, aus Kreis auszubrechen.]
Engl. Zusammenf. in: *Psychological Abstracts* 31 (1957) S. 376.

Sedlák, Jaroslav: "Co jsou revizionistické tendence v oblasti literatury." In:
Literární noviny 7 (1958) Nr. 51/52. S. 7.

[(Welche sind die revisionistischen Tendenzen in der Literatur?): Die kommunistische
Partei muß sich auch mit Literaturkritik beschäftigen. Interne Konflikte des Dichters
sind keine genügende Basis für Literaturschaffen, wenn sie von den marxistischen Idealen wegführen. Hrbek u. Dubský irren, in Kafka das Vorbild der modernen Literatur zu
erkennen.]

Seghers, Anna: "Die Reisebegegnung." In: A. S.: *Sonderbare Begegnungen.*
Berlin u. Weimar: Aufbau, 1973. – (C 1972). S. 107–48. – Auch: Darmstadt, Neuwied: Luchterhand, 1973.

[Erz., geschrieben 1972. E. T. A. Hoffmann, Gogol u. Kafka sprechen in einem Prager
Kaffeehaus über ihre Werke u. erörtern verschiedene literarische Begriffe, wie Wirklichkeit, Phantasie, das Musikalische, das Negative. Kafka als Mensch bedauernswert.]

Seidler, Herbert: *Österreichische Novellenkunst im zwanzigsten Jahrhundert.*
Wien: Österreichische Staatsdruckerei, 1964. (C Bundeskanzleramt - Bundespressedienst Kulturnachrichten aus Österreich).

[S. 17–19: Kurzbesprechung einiger Novellen Kafkas ("Die Verwandlung", "Das Ur-
teil", "Ein Hungerkünstler"), 1 Abb.]
In engl. Übers. u. d. T.: *The Austrian Short Story in the Twentieth Century.* Vienna:
Federal Chancellery – Federal Press & Information Department [o. J.] (infor austria).

*Seidler, Ingo: "Historische und philosophische Realität: Thomas Mann und
Franz Kafka." In: *Le réel dans la littérature et dans la langue.* Ed. Paul
Vernois. Actes du 10e Congrès de la Fédération Internationale des Langues et
Littératures Modernes (Strasbourg 29 août – 3 sept. 1966). Paris: Klincksieck,
1967 (Actes et colloques).

– "'Zauberberg' und 'Strafkolonie'. Zum Selbstmord zweier reaktionärer
Absolutisten." In: *GRM* 19 (1969) S. 94–103.

[Parallelen: Naphta u. Offizier (Intoleranz u. Grausamkeit, tragisch-heroische Helden);
Gegenspieler: Settembrini u. Reisender, humanistisch-tolerant. Kafkas größere künstlerische Leistung durch Erschaffung von Modellen (Maschine – Bild des Absolutis-
mus).]

– "Das Urteil: 'Freud natürlich?' Zum Problem der Multivalenz bei Kafka."
In: *Psychologie in der Literaturwissenschaft.* Viertes Amherster Kollo-
quium zur modernen deutschen Literatur 1970. Hrsg. v. Wolfgang Paulsen.
Heidelberg: Lothar Stiehm, 1971. (Poesie und Wissenschaft 32). S. 174–90.

[Diskussionsbericht zu I. Seidlers Vortrag S. 221–22. Problematische Kafka-Interpretationen. Interpretationen von "Das Urteil" u. eigene Deutung; psychologische u. religiöse Ebene.]

Seidler, Manfred: "Franz Kafka – Ein Vortrag." In: *Pädagogische Provinz* 16 (1962) S. 299–312.

[Kafkas Leben u. Werk, sein Leiden an undurchdringlicher Welt; Frage nach Bedeutung seiner Werke bleibt unbeantwortet. Er hat die bekannten Kategorien aufgelöst, Gesetz der Kausalität ungültig für seine Prosa, keine Deutung der Welt, sondern immerwährender Anfang.]

– "Franz Kafka – der Prager Dichter." In: *Emuna* 3 (1968) S. 159–66.

[Kafkas komplizierte Pragbeziehung; die dt. Sprache Prags als einzige Sicherung. Kafkas Thema: unerkennbares Weltgesetz.]

*Seki, Toshiharu: ["Urkonzeption von Franz Kafka."] In: *Tôhoku-[Univ.]-Tôhoku-Doitsu-Bungaku-Kenkyû* 11 (1967).

[Jap.]

*– ["Kafka und die Autonomie seiner Werke. Zwei kleinere Erzählungen im 'Landarzt'-Band."] In: *Tôhoku-[Univ.]-Tôhoku-Doitsu-Bungaku-Kenkyû* 14 (1970).

[Jap.]

– ["Das Problem der Dichtung. Kafkas 'Kreisel'."] In: *Tôhoku-[Univ.]-Tôhoku-Doitsu-Bungaku-Kenkyû* 15 (1971).

[Jap.]

– ["Kafka und die Struktur von 'Das Urteil'."] In: *Professor-Shibata-Kinen-Ronbunshû* (1972).

[Jap.]

*Seligson, E.: "Un solitario entre solitarios." In: *El Heraldo* (27. Juli 1969).

*– "Un proceso al margen del espíritu kafkiano." In: *Excelsior* (9. Dez. 1973).

*Serra Pérrez, J.: "Mester literario. Diarios de Franz Kafka." In: *Revista de la Universidad de Zulia* 33 (Jan./März 1966) S. 189–92.

Serrano-Plaja, Arturo: "Una noche toledana: del castillo interior al castillo fugitivo. Santa Teresa, Kafka y el Greco." In: *Papeles de Son Armadans* 35 (1964) S. 263–302.

[Komparatistische Studie. Vergleich der Parallelen in der Schloßmetapher bei Kafka u. Theresia von Avila. Die gleiche Metapher wird in verschiedenen Perspektiven gesehen. Auf gleicher Ebene sei auch El Grecos Bild "Toledo im Sturm" zu sehen: Toledo als die entfremdete Stadt – analog zu obiger Schloßmetapher (eine Anhäufung von Häusern oder Räumen); die Begierde, das Ziel zu erreichen.]

Serreau, Geneviève: *Histoire du "nouveau théâtre."* Paris: Gallimard, 1966. (Collection Idées).

[S. 23: Auch Kafka inspirierte das neue Theater.
S. 35: Parallel zum "poetischen" Theater erscheinen Gide u. Kafka (Barrault, 1947) auf der Bühne.]

Servotte, Hermann: "Franz Kafka: 'Der Landarzt'. Eine Einführung." In: *Deutschunterricht für Ausländer* 8 (1958) S. 33–38.

[Zeitenwechsel von Vergangenheit zu Gegenwart weist auf Hilflosigkeit des Arztes hin.]

*Seto, Takehiko: ["Kafkas Welterkenntnis in seinen Aphorismen. Seine Oktavhefte."] In: *Tôhoku-[Univ.]-Tôhoku-Doitsu-Bungaku-Kenkyû* 14 (1970).
[Jap.]

Seymour-Smith, Martin: *Guide to Modern World Literature.* London: Wolfe, 1973.

[S. 619–23 über Kafka: Einführend; Besprechung von "Verwandlung" u. "Schloß".]
Auch in: M. S.-S.: *Funk & Wagnalls Guide to Modern World Literature.* New York: Funk & Wagnalls, 1973. S. 619–23.

Seyppel, Joachim H.: "The Animal Theme and Totemism in Franz Kafka." In: *American Imago* 13 (1956) S. 69–93.

[Kafka kannte Söderbloms anthropologische Studie "Das Werden des Gottesglaubens" (1915). Tiere haben besondere Bedeutung für Kafka u. seine unorthodoxe Religionsauffassung. Identifikation, Imitation (fast zwanghaft). Lebensweise Kafkas, Verwandlungsthema im Werk, Ödipuskomplex, Inzestmotiv, Rückkehr zum Vater. Zuerst in "Literature and Psychology" 4 (1951) Nr. 1 erschienen.]
Gekürzt in: *Universitas* (Engl. edition) 4 (1961) S. 163–72.
Engl. Zusammenf. in: *Psychological Abstracts* 31 (1957) S. 162, u.
in: *TCLB* S. 2080.

– *Umwege nach Haus. Nachtbücher über Tage 1943 bis 1973.* Berlin u. Weimar: Aufbau, 1974.

[Verschiedene Hinweise auf Kafka. S. 201–07: Prag. Kafka: Gedanken über Kafka u. Begegnung mit Janouch anläßlich eines Aufenthaltes in Prag 1967. Besuch am gepflegten Grab Kafkas in Strašnice.]

Sgorlon, Carlo: "Pagine di critica kafkiana." In: *Annali. Lettere, Storia e Filosofia. Scuola Normale Superiore Pisa* (Serie 2, Nr. 2) (1965) Nr. 24. S. 50–66.

[Interpretation von "Beim Bau der Chinesischen Mauer" (vertrauender Volksglaube). Sprache, Mauerbau, religiöse Arbeit, Zuversicht, aber auch Trauer über Unergründlichkeit. "Die kaiserliche Botschaft" (Gott in Volksseele), "Der Bau" (sinnlose Arbeit wird fortgesetzt), Urangst: viele Hypothesen über das Pfeifen.]

*Shamir, Moshe: ["Der Anti-Golem von Prag."] In: *Theatron* (Haifa) (Feb./ März 1963) Nr. 6. S. 30–31.

[Hebr.; aus "Bibliografia b'Ivrit".]

420

*Shanan, Avraham: [Ein Handbuch der neuen hebräischen und allgemeinen Literatur.] Tel Aviv: 1959.

[Aus "Bibliografia b'Ivrit"; S. 731–34: (Franz Kafka 1883–1924).]

*Sheffer, Mary Catherine: "The Absurd Triumvirate: Camus, Kafka, Beckett." In: *Saint Louis University Research Journal* 4 (1973) Nr. 3. S. 337–50.

Engl. Zusammenf. in: *Abstracts of English Studies* 19 (1975) Nr. 3. S. 197.

*Shekhter, Rivka: ["Kafka und die Lufthunde."] In: *Shenaton le Divrė Sifrut Ve Umanut* (Jerusalem) 8 (1970) Nr. 1. S. 278–98.

[Hebr.; aus "Bibliografia b'Ivrit".]

*–*Ha-Adam-ha-el.* 1975.

[Kritik u. Interpretation: Kafka u. Agnon.]

Shenker, Israel: "Moody Man of Letters." In: *New York Times* (6.5.1956) Section 2. S. 1 u. 3.

[Beckett spricht über Kafka in Zusammenhang mit "Warten auf Godot".]

Shepard, Richard F.: "'Das Schloß' (Castle) Presented Here." In: *The New York Times Theater Reviews 1920–1970.* Vol. 8. New York Times & Arno Pr., 1971. (20.11.1968) S. 35.

[Anerkennendes Urteil über Brods "Schloß"-Dramatisierung (Gastspiel der "Brücke" im Barbizon Plaza Theater, New York).]

Sheppard, Richard [W.]: "Kafka's 'Ein Hungerkünstler': A Reconsideration." In: *GQ* 46 (1973) S. 219–33.

[Erzähler u. Hungerkünstler: Komplementärgestalten. Erz.: Symbol eines psychischen Zustands. Unverläßlichkeit des Erzählers; Hungerkünstler gibt dem Publikum nichts durch seine Kunst.]
Engl. Zusammenf. in: *TCL* 19 (1973) S. 228.

– "'The Trial'/'The Castle': Towards an Analytical Comparison." In: Flores, *The Kafka Debate* (s. Sammelbde.) S. 396–417.

[Ausgehend von Sokels Vergleichen der beiden Romane (in "Franz Kafka. Tragik und Ironie") u. von Beißners Idee der 'Einsinnigkeit' untersucht er Unterschiede in den Werken u. Weiterentwicklungen (vom Pessimismus in "Prozeß" zu Hoffnung in "Schloß": Erzähl-Perspektive, Funktion des Erzählers). K.s Fortsetzen von Josef K.: beide zuerst kalt u. zerebral; K. aktiver als Josef K., erlaubt ihm Entwicklung, Josef K. linear dargestellt, K. – komplexer u. widerspruchsvoller; Josef K. hat weniger Hilfs- oder Spiegelpersonen. Ferner: Autoritätspersonen, Leitmotive u. symbolische Figuren.]

– "Die Romane. 'Das Schloß'." In: *Kafka-Handbuch* 2, S. 441–70.

[Entstehung u. Text, Auslegungsmethoden; Allegorese; Existentialismus, Literatur- soziologie; Erzählstruktur; Komparatistik u. Biographismus. Folgende Problemfelder werden behandelt: K.s Position u. Ziel, Frieda, Amalia, die Schloß-Behörde. – Aus- wahlbibliogr. S. 467–70.]

*Shiba, Kazutomi: ["Franz Kafkas literarische Welt."] In: *Waseda-[Univ.]-Yoroppa-Bungaku-Kenkyû* 3 (1962).
[Jap.]

*Shibata, Shoichi: ["Die Struktur von Kafkas Werken — 'Amerika' (1) (II)."] In: *Chokyo-[Univ.]-Kyoyo-Ronso* 12–2, 3 (1971).
[Jap.]

*Shibuya, Juichi: "Meiro no sekai — Kafka no shosetsu 'Amerika' no kozo san." In: *Hokkaido Daigaku Kyoyo-bu Gaikoku-Bungaku Kenkyû* 20 (1974) S. 163–89.
[(Die Welt des Labyrinths. Die Struktur von Kafkas Roman "Amerika".); dt. Zusammenf.]

*—"Chichi Praha. Yudaya-jin — Kafka no sei to bungaku no konpon-jôken." In: *Norden* 12 (1975) S. 1–3.
[(Vater, Prag, Jüdisches: Die Grundlagen von Kafkas Leben und Werken.)]

*Shibuya, Toshikazu: ["Kafka und die Kunst."] In: *Hokkaido-[Univ.]-Gaikokugo-Gaikoku-Bungaku-Kenkyû* 10 (1962).
[Jap.]

*—["Grundriß von Kafkas Dichtung."] In: *Hokkaido-[Univ.]-Gaikokugo-Gaikoku-Bungaku-Kenkyû* 11 (1963).
[Jap.]

*—["Kafka und der Vater" 1, 2."] In: *Norden* 3, 5 (1965).
[Jap.]

*—["Recht und Disziplin. Struktur von Kafkas 'Amerika' 1".] In: *Hokkaidô-[Univ.]-Gaikokugo-Gaikoku-Bungaku-Kenkyû* 18 (1971).
[Jap.]

*—["Wiederholte Verbannung. Struktur von Kafkas 'Amerika' 2."] In: *Norden* 9 (1972).
[Jap.]

*Shiroyama, Yoshihiko: ["'Die Marquise von O' und 'Die Verwandlung'."] In: *Toritsu-[Univ.]-Jinmongakuho* 19 (1959).
[Jap.]

*—["Kafka und Mimesis."] In: *Toritsu-[Univ.]-Jinmongakuho* 38 (1964).
[Jap.]

— "Kafka und die Japaner. Tradition und Modernisierung in Japan." In: *Tradition und Ursprünglichkeit in Sprache und Literatur.* 3. Internationaler Germanistenkongreß. Zusammenfassungen der Sektionsreferate. Amsterdam: 1965. S. 75.

[Moderne Problematik bei Kafka führt jap. Leser zur Selbstprüfung. Taoistischer Gleichnis-Gedanke auf "Von den Gleichnissen" anwendbar.]
*Auch in: *Tradition und Ursprünglichkeit.* Akten des 3. Internationalen Germanisten-kongresses. Bern u. München: Francke, 1966. S. 191—92.

*–["Einige Probleme der Kafka-Forschung."] In: *Eureka* 3—4 (1971) Kafka-Sonderheft.

[Jap.]

*–"'Aru-tatakai no kiroku' ni tsuite." In: *Toritsu Daigaku Jinbun Gakuho 108* (1974) S. 105—15.

[(Über "Beschreibung eines Kampfes.")]

*Shmueli, Efraim: ["Der moderne Roman und die neuhumanistische gute Botschaft."] In: *Karmelit* 8 (1962) S. 93—122.

[Hebr.; aus "Bibliografia b'Ivrit"; (über Thomas Manns "Zauberberg", Kafkas "Schloß" u. Camus).]

– "Entrapments, Absurdities and Absolutes. A Reinterpretation of Kafka (50 Years after his Death)." In: *DVjs* 49 (1975) S. 546—69.

[Verwicklung des Menschen im "Labyrinth der Welt" ist Kafkas übergreifendes Thema; Furcht trotz seiner Freude am Leben. Verhältnis zum absurden "Absoluten" (Gottheit) ambivalent; Untersuchung von Kafkas Lebensumständen zeigt, daß Gott außer Sicht gerückt ist.]
Engl. Zusammenf. in: *TCL* 22 (1976) S. 120.

*Shneiderman, S. L.: *Kafka y su mundo judío.* Buenos Aires: 1973.

*Shofman, Gershon: ["Kafka."] In: *Karmelit* 4/5 (1956) S. 14.

[Hebr.; aus "Bibliografia b'Ivrit".]

*Sibony, Daniel: "D'un sciage de la lettre (Kafka I)." In: *La Traversée des signes.* Paris: Seuil, 1975.

*Sichel, P.: "Un Kafka optimiste." In: *Europe* (1956).

Siebenschein, Hugo: "Franz Kafka und sein Werk. Randbemerkungen aus der Sicht eines Prager Germanisten." In: *Wissenschaftliche Annalen* 6 (1957) S. 793—811. – "Franz Kafka und sein Werk (Fortsetzung und Schluß)." 1957. Beiheft. S. 2—20.

[Fragmentarisches der Werke u. Kafkas ständige Weiterarbeit an allen erschweren zeitliche Orientierung. "Einheitsdichtung", kleinere Werke gruppieren sich um große Romane: 1. Amerikagruppe: konkret, realistisch, noch Wortsinn; Karl lernt langsam Ungerechtigkeit des Kapitalismus kennen. Lineare Darstellung. 2. Prozeßgruppe: Sphäre wesentlicher Bedeutungserweiterung; Bilder aus Rechtssprache. Unschuld – noch ein Recht. 3. Schloßgruppe: Helden mit bewußtem transzendenten Schuldgefühl; soziale u. kollektive Proble-matik. Beiheft: Alttestamentarisches Judentum. Gottes Gerechtigkeit – höchste Qualität. Kafka Erbe dieser Tradition, bes. in "Prozeß"-Gruppe deutlich. Kafkas Mitmenschen un-fähig, Gerechtigkeitsidee aufzubauen (Josef K.). Quellen für "Prozeß": Krieg, Feliceerleb-nis, Isolierungsproblem (Mensch für Kafka ein kollektives Wesen). – "Schloß" u. "Schloß"-Gruppe: Raumdarstellung eingeschränkt; Realität der Welt u. des Ich in Frage gestellt. K. will seine Beziehung zum Staat festlegen. Gegner: Dorf u. Schloß. Kafkas Wirklichkeits-vorlage: kapitalistische Welt. "Amerika": Milieustudie, Gesamtschau des Menschen. "Pro-zeß": entgegengesetzt; Josef K. ist zum Teil Kafka, Teilschau des Menschen; "Schloß" ver-bindet beides.]

Siefken, Hinrich: "Man's Inhumanity to Man – Crime and Punishment: Kafka's Novel 'Der Prozeß' and Novels by Tolstoy, Dostoyevsky and Solzhenitsyn." In: *Trivium* 7 (May 1972) S. 28–40.

[Vergleiche zwischen Josef K. u. verschiedenen Helden in russ. Romanen. Charakter u. Einstellung von Kafkas Helden. Geheimnisvolle Schuld: Treulosigkeit? K. – letzter Nach-folger des Künstlers im Elfenbeinturm, der zum "Büro" wurde.]
Engl. Zusammenf. in: *1972 MLA Abstracts,* Vol. 2. S. 68.

Siegel, Klaus: "Kafka in de dagelijkse omgang." In: *De Gids* 131 (1968) Nr. 8. S. 131–40.

[Analyse der Korrespondenz Kafkas mit Felice Bauer, die Aufschluß über den Charakter des Dichters u. die Vaterbeziehung gibt. Kritik an Erich Hellers Einleitung zum Bd.]

Siewierski, Jerzy: "Czego Słojewski o Kafce nie napisał." In: *Współczesność* (1.–15. Okt. 1958) Nr. 26. S. 6.

[(Was Słojewski nicht über Kafka schrieb): Verteidigung Kafkas, dessen Werk in den gesell-schaftlichen Bedingungen seiner Zeit begründet ist (Österreich-Ungarn u. seine veralteten Gesetze), prophetisch u. genial.]

*Šijaković, M. B.: "Kafka u sovjetskom savezu." In: *Stremljenja* 8 (1967) S. 317–21.

*– "Franz Kafka u očima marksisticke kritike." In: *Naše teme* 8 (1964) S. 1073–81.

Simon, Ernst: "Priester, Opfer und Arzt. Zu den Briefen Wolfskehls, Kafkas und Freuds." In: *In zwei Welten. Siegfried Moses zum 75. Geburtstag.* Hrsg. v. Hans Tramer. Tel Aviv: Bitaon, 1962. S. 414–69.

[Die Möglichkeit, Kafkas Werk aus den Briefen zu interpretieren. Kafka – das Opfer; er hatte besondere Empfindlichkeit für die Erkrankung der Welt. Positive Beziehung zum Ju-dentum. Problem des entwurzelten Assimilationsjuden. Kafka hat um Deutschtum nicht geworben. Ähnlichkeiten zwischen Freud u. Kafka – Menschlichkeit.]

Simon, Karl Günter: "Kann man Kafkas Romane aufs Theater bringen? 'Der Pro-zeß' inszeniert von Schuh und Grossman." In: *Theater heute* 3 (1968) S. 14–15 u. S. 20.

[Bühnenbild, Dekoration u. Apparate täuschen nicht darüber hinweg, daß Kafkas Romane nicht für das Theater geeignet sind (Verfilmung eher möglich), außer wenn man "Bombenrolle" für Schauspieler sucht. Schuh fand keinen neuen Regiestil. – 3 Abb.
S. 20: Nachtrag: Grossmans "Prozeß"-Inszenierung ist gelungen; Szenerie: Stahlrohrgerüst wie Labyrinth, einfachste Regiemittel, fließende Bilder. – 2 Abb.]

*Simont, Juliette: "Kafka, héros de la solitude?" In: *Revue d'Estétique* 33 (1980) S. 402–18.

Singer, Carl S.: "Kafka. 'The Trial': The Examined Life." In: *Approaches to the Twentieth-Century Novel.* Ed. John Unterecker. New York: Crowell, 1965. S. 182–217.

[Ohne traditionelle Romanideen vorgegangen, Werk daher schwer zugänglich. Personen sind für Josef K., den Erzähler u. den Leser undefinierbar (z. B. Frauengestalten, Onkel). Verhaftung beeinträchtigt K.s Entscheidungsfähigkeit. Geistlicher fördert Verwirrung. – Sprachrhythmus. Zone der Ablenkung für K.]
*In ung. Übers. in: *Nagyvilag* 14 (1969) S. 1463–71.

– "The Young Revolutionaries: 'The Kafka Rejection'." In: Flores, *The Kafka Debate* (s. Sammelbde.) S. 126–32.

[Kafkas China-Geschichten (1917 u. 1920) zeigen tyrannische Hierarchien; Zeit, Raum u. Kausalitätsgesetze mißachtet, ohne Antwort, "bizarr", ohne Hoffnung auf Veränderung; erzürnt Marxisten, entzückt Bewunderer des "hermetischen" Kafka. "Die Abweisung" wiederholt das schon im Werk Kafkas bekannte Ablehnungsmodell (Karl, Josef K., K.); einige Stadtbewohner akzeptieren Ablehnung nicht, sind die jungen Revolutionäre.]

Singer, Isaac Bashevis: "A Friend of Kafka." Translated, from the Yiddish, by the author and Elizabeth Shub. In: *The New Yorker* 44 (1968) Nr. 40. S. 59–63.

[Erz. – Jizchak Löwy (Kafkas Freund) Vorbild für Jacques Kohn, ein Held in I. B. Singers Werk. Kohn erzählt von Kafkas Hemmungen.]
Auch in: *An Isaac Bashevis Singer Reader.* New York: Farrar, Straus and Giroux, 1971. S. 269–83. – Auch: 1974.
Auch in: *A Friend of Kafka and Other Stories.* New York: Farrar, Straus and Giroux, 1970. S. 3–16. – Auch: Dell Publishing, 1972.
Auch in: *The Penguin Book of Jewish Short Stories.* Ed. Emanuel Litvinoff. Harmondsworth, Middlesex: Penguin Books, 1979. S. 113–24.
Auch in I. B. S.: *The Collected Stories.* New York: Farrar, Straus and Giroux, 1982. S. 277–86.
In span. Übers. v. A. Bosch u. d. T.: "Un amigo de Kafka." In: I. B. S.: *Un amigo de Kafka.* Barcelona: Planeta 1978. S. 7–18.

– "A Polish Franz Kafka: Sanatorium under the Sign of the Hourglass." In: *The New York Times Book Review* (July 9, 1978) S. 1, 34–35.

[Bruno Schulz von Kafka beeinflußt; "Wahlverwandtschaft" zwischen den beiden. Traumwelt.]

Singer, Miriam: s. Zinger.

*Sito, Fumio: ["Über letzte Kafka-Forschungen."] In: *Keiô-[Univ.]-Kyôyô-Ronsô* 36 (1972).

[Jap.]

Sizemore, Christine W.: "Anxiety in Kafka: A Function of Cognitive Dissonance." In: *JML* 6 (1977) S. 380–88. Kafka Number.

[Dissonanz der verschiedenen Wirklichkeitsinterpretation (Kafkas u. des Lesers) bleibt im Werk bestehen. Entscheidung: Angst oder Terror?]

Skála, J.: "S Franzem Kafkou proti socialismu." In: *Tribuna* (1973) Nr. 22. S. 9.

Dt. Auszug u. d. T.: "Warum eben Kafka?" In: *Die Zeit* 28 (1973) Nr. 35. S. 40

*Skrede, R.: "Banebryter og profet." In: *Dagbladet* (15.8.1962).

Slochower, Harry: "The Use of Myth in Kafka and Mann." In: *Myth and Literature. Contemporary Theory and Practice.* Ed. John B. Vickery. Lincoln: Univ. of Nebraska Pr., 1966. S. 349–55.

[Abdruck aus "Spiritual Problems in Contemporary Literature", ed. Stanley Romaine Hopper (New York, 1953). – Religiöse u. mythische Motive verbinden die großen Werke der Weltliteratur, auch im 20. Jh. Thomas Mann u. Kafka: Bedrohung durch falsche oder tote Mythen. Kafka hat Verbindung zu vergangenen Mythen verloren, z. B. zu Hiobs Gott. Das Teuflische in der anonymen Umwelt u. im Inneren des Helden. Die Suche nach der Reintegration wird jedoch auch gezeigt u. enthält eine Hoffnung.]
Auch in: *Spiritual Problems in Contemporary Literature.* Ed. Stanley Romaine Hopper. Gloucester, Mass.: Peter Smith, 1969. – (C 1957 Institute for Social and Religious Studies. First Harper Torchbook edition). S. 117–26.

– "Contemporary Myth of the Impersonal Antagonist: Franz Kafka." In: H. S.: *Mythopoesis. Mythic Patterns in the Literary Classics.* Detroit: Wayne State Univ. Pr., 1970. S. 298–301.

[Westlicher Mythos von Kafka u. östlicher von Dostojewski treffen sich in der Darstellung der Gefahr, die für die Menschheit durch die Anonymität, die Koordination u. die Konformität besteht. Kafkas Gott: anonyme Sekretäre. Josef K.s mythische Schuld. K.s Kampf auch für Dorfbewohner ("Schloß"), Zusammenschluß mit anderen.]

– "Franz Kafka." In: *Encyclopedia International.* Vol. 10. New York: Grolier, 1971. S. 93.

[Einführende Bemerkungen.]

Słojewski, Jan Zbigniew: "Wychyleni w stronę śmierci." In: *Współczesność* (16.–30. Sept. 1958) Nr. 25. S. 4 u. 6.

[(Auf den Tod ausgerichtet): Kafka, Sartre, Camus schaffen eine künstliche Atmosphäre u. Welt (Pessimismus, todesbezogen). Verbindung mit Dostojewski bei Kafka am stärksten. Werk – unverständlich, irrational, außerhalb von Zeit u. Raum. Dostojewski u. J. Conrad für 20. Jh. wichtiger als die anderen.]

Slotnick, Linda: "The Minotaur Within. Varieties of Narrative Distortion and Reader Implication in the Works of Franz Kafka, John Hawkes, Vladimir Nabokov, and Alain Robbe-Grillet." In: *DA* 31 (1971) S. 6071A–72A.

[Zusammenf.: Struktur u. Kunst verschiedener Romane. Skeptik. Objektive Wahrheit ein zweifelhafter Begriff. Realismus unvereinbar mit künstlerischer Erfindung. "Das Schloß" vorwiegend eine phänomenologische Suche nach absolutem Wissen.]

*Šlovskij, Viktor: *Tetiva: O nesxodstve nesxodnogo.* Moskva: 1970. S. 74 u. 366.

[Kurze Diskussion Kafkas, typisch für Interesse gewisser sowjetischer Intellektueller für den Dichter.]

Šmejkal, Karel: s. Hanuš, Frank.

Smith, Agnes W.: [Abdruck von S. 95–96 aus einer Rez. von "The Castle" aus: The New Yorker (September 20, 1930).] In: Neumeyer, *Twentieth Century Interpretations of "The Castle"* (s. Sammelbde.) S. 106–07.

Smith, David Edward: "The Use of Gesture as a Stylistic Device in Heinrich von Kleist's 'Michael Kohlhaas' and Franz Kafka's 'Der Prozeß'." In: *DAI* 32 (1972) S. 4634A.

[Zusammenf.: Untersuchung der stilistischen Ähnlichkeiten zwischen den Dichtern. Gesten sind wichtiges Ausdrucksmittel für beide. Sie geben der Prosa die szenische Qualität u. sind Auskunft über das Innenleben der Helden. Gesten im "Kohlhaas" zeigen Unausgesprochenes; lineare Charakterentwicklung. Im "Prozeß" stehen die Gesten mit dem Unbewußten Josef K.s in Zusammenhang. Es gibt mehr Unterschiede im Stil von Kleist u. Kafka, als bisher angenommen.]

Smock, A.: "Doors: Simone Weil with Kafka." In: *Modern Language Notes* 95 (1980) S. 850–63.

[Weils Philosophie hat Ähnlichkeit mit Gedanken Kafkas: sinnlose Welt, Gottes Abwesenheit u. a. in Weils "Venise sauvée" u. "Das Schloß" (Violetta u. Frieda) verglichen.]

Soergel, Albert, u. Curt Hohoff: "Franz Kafka." In: A. S. u. C. H.: *Dichtung und Dichter der Zeit. Vom Naturalismus bis zur Gegenwart.* 2. Bd. Düsseldorf: August Bagel, 1963. S. 495–511.

[Einführung. Brods Bedeutung. Werkbesprechungen; Illustr.]

Sofonea, T[raian]: "Note su Franz Kafka impiegato di assicurazioni." In: *Bolletino Assicurazioni Generali* (Nov.–Dez. 1967) 20 S. Illustr.

[S. 3–7: L'attività di Franz Kafka in campo assicurativo: Kafkas erfolgreiche u. anerkannte Tätigkeit als Versicherungsbeamter; seine Dienstreise nach Tetschen.
S. 9–18: Un articolo tecnico attribuito a Franz Kafka. Gli infortuni sul lavoro e gli imprenditori: Ital. Übers. v. T. Sofonea des Kafka zugeschriebenen technischen Artikels aus der "Tetschen-Bodenbacher Zeitung" vom 4. Nov. 1911.]

*Sofovich, Luisa: "Reordenación de Kafka." In: *Cuadernos del Congreso por la Libertad de la Cultura* (1965) Nr. 97. S. 76–80.

Sokel, Walter H.: "Kafka's 'Metamorphosis': Rebellion and Punishment." In: *Monatshefte* 48 (1956) S. 203–14.

[Funktion der Verwandlung für Geschichte wichtig, ebenso Vorgeschichte. Aggression u. Unterwerfung für Gregor durch Verwandlung möglich gemacht, unterdrückte Rebellion. Verwandlung – expressionistisches Beispiel für Freudschen "Unfall".]
Engl. Zusammenf. in: *TCL* 2 (1956) S. 160,
in: Corngold, *The Commentators' Despair* (s. Sammelbde.) S. 208–11, u.
in: TCLB S. 2221.
In dt. Übers. v. Walter Sokel u. d. T.: "Kafkas 'Verwandlung': Auflehnung und Bestrafung." In: Politzer, *Franz Kafka* (s. Sammelbde.) S. 267–85.

– *The Writer in Extremis. Expressionism in Twentieth-Century German Literature.* Stanford, California: Stanford Univ. Pr., 1959. – Auch: 1968.

[S. 72–73: Beruf u. Berufung, Konflikt für Kafka u. Trakl. S. 84–85: Unwürdigsein u. sexuelles Versagen, keine Anpassungsfähigkeit. S. 125–28, 132–33: Grund für Liebesenttäuschungen in Kafka selbst zu suchen. Vampirismus: Kunst nährt sich vom Leben. S. 160–62: Expressionistische Themen bis zum Ende des Schloß-Romans. Stil – sachlich.]
In dt. Übers. u. d. T.: *Der literarische Expressionismus. Der Expressionismus in der deutschen Literatur des zwanzigsten Jahrhunderts.* München: A. Langen, 1960.
Engl. Zusammenf. u. Kommentar von S. 45–48 ("Verwandlung") in: Corngold, *The Commentators' Despair* (s. Sammelbde.) S. 211–12.

– "Der Expressionist Franz Kafka. Zur 80. Wiederkehr seines Geburtstags am 3. Juni 1963." In: *Forum* 10 (1963) I. Teil: S. 288–90; II. Teil: S. 363–65.

[Geht auf Vortrag vom 21.5.1963 zurück u. ist 1. Kap. seines späteren Kafkabuches: "Franz Kafka. Tragik und Ironie" (s. Bücher).]

– "Von der Unfaßbarkeit des Unfaßbaren. Franz Kafka und seine Interpreten – Sechs neue Beiträge." In: *Die Welt der Literatur* 3 (1966) Nr. 19. S. 12–13.

[Besprechung der Buchstudien von Politzer, Hillmann, Gesine Frey, der Sammelbde. über die Liblicekonferenz u. das Berliner Kafka-Symposium sowie von Urzidils "Da geht Kafka".]

– "Das Verhältnis der Erzählperspektive zu Erzählgeschehen und Sinngehalt in 'Vor dem Gesetz', 'Schakale und Araber', und 'Der Prozeß'. Ein Beitrag zur Unterscheidung von 'Parabel' und 'Geschichte' bei Kafka." In: *ZfdPh* 86 (1967) S. 267–300.

[Erzählkategorien im reifen Werk Kafkas. Bericht wird zur Parabel durch Durchbrechung des einsinnigen Erzählens 1916–17; Landarzt-Bd.: außerhalb stehender Erzähler bemerkbar. Vergleich der Prüglerszene mit "Schakale und Araber".]
Engl. Zusammenf. in: *TCL* 14 (1968) S. 53, u.
in: *TCLB* S. 2080.

– "Kafkas und Sartres Existenzphilosophie." In: *Arcadia* 5 (1970) S. 262–77.

[Sartres Kafkakommentar in "L'être et le néant", bes. "Schloß" bedeutend für Sartres Ansicht von den zwischenmenschlichen Beziehungen. Existentielle Einsamkeit durch Kafkas einsiniges Erzählen. K. muß sich seine Existenz (Wesen u. Lebenssinn) erst schaffen. Kollektiver Mensch (Dorf-Schloß) u. existentieller Mensch (K.).]
Engl. Zusammenf. in: *TCL* 17 (1971) S. 290.

– "Zwischen Drohung und Errettung. Zur Funktion Amerikas in Kafkas Roman 'Der Verschollene'." In: *Amerika in der deutschen Literatur. Neue Welt – Nordamerika – USA.* Hrsg. v. Sigrid Bauschinger, Horst Denkler u. Wilfried Malsch. Stuttgart: Philipp Reclam jun., 1975. S. 246–71.

[Amerika als Land der Errettung und Verstoßung (nach Karls "Aussetzung" durch grausame Eltern); Alternieren zwischen beiden Polen bestimmt Handlungsgang des Werkes, dessen Zentralproblem die Macht bildet. Kafka zögert bei ihrer Bewertung (deshalb Fragment). Rolle des Dionysischen, des Kollektivs, der Religion – Bedrohung für einzelnen u. Amerika. Marxistisches Bild des Kapitalismus, aber auch Weltbild der Freudschen Tiefenpsychologie (ödipale Familiensituation.)]

– "Comments [on occasion of the foundation of The Kafka Society of America]." In: *Newsletter of the Kafka Society of America* 1 (1977) Nr. 1. S. 2–3.

[Mögliche Ziele und Pläne: Clearinghouse für Informationen, festes Seminar bei MLA-Tagungen, Kafka-Gesellschaft u. Zeitschrift, Neuübersetzung ins Engl. u. Editionsnachrichten. Sitz an der Temple Univ.]

– "Satire and Education: The Ape's Report to the Academy." In: *Newsletter of the Kafka Society of America* 1 (1977) Nr. 1. S. 5–6.

[Doppelte Perspektive des Affen: Satire dessen, wofür er dankbar ist. Natur – tödliche Drohung, andererseits aber Mensch – unvollkommen u. lächerlich. Antizipiert Freuds "Jenseits des Lustprinzips".]

– "Das Programm von K.s Gericht: ödipaler und existentieller Sinn des Prozeß-Romans." In: Caputo-Mayr, *Franz Kafka Symposium* (s. Sammelbde.) S. 81–107.

[Josef K. gewissermaßen als der 1. Interpret seines Prozesses; Gericht 1. "Leser". Polarität, die dem Gericht selbst anhaftet: ältere, ödipale u. jüngere Schicht. Josef K. hat jedoch die freie Wahl, sich für oder gegen seinen Prozeß zu entscheiden; K.s Selbsterkenntnis sei in Anbetracht der Nichtnennung der Schuld durch das Gericht erforderlich. K. deutet seine Lage nicht u. handelt nicht; niedere Gerichtsorgane: ödipale Vatergestalten.] In engl. Fassung u. d. T.: "The Programme of K.'s Court: Oedipal and Existential Meanings of 'The Trial'." In: Kuna, *On Kafka: Semi-Centenary Perspectives* (s. Sammelbde.) S. 1–21, 184–85.

– "Perspectives and Truth in 'The Judgement'." In: Flores, *The Problem of "The Judgement"* (s. Sammelbde.) S. 193–237.

[Thema aus "Beschreibung eines Kampfes" wiederaufgenommen: Gegensatz zwischen gesellschaftlich orientiertem Menschen u. einsamem, asketischem Junggesellen, dazu noch Vaterproblematik, die schon im jüngsten Romanfragment Kafkas vorhanden war. Perspektivveränderungen in der Beziehung Vater-Sohn untersucht. Georg u. Freund (Vater) stellen gegensätzliche Lebensmöglichkeiten dar. Persönliche Elemente Kafkas (Gefühl kommender Vernichtung); auch in Freudschen Begriffen zu erfassen; Georgs Beurteilung des Freundes vom bürgerlich-rationalen, fortschrittsgerichteten, gegen den Vater rebellierenden Standpunkt. Georgs Ambivalenz gegenüber Freund, betrügt Teil des eigenen Wesens mit Lügen. Verlobung aber auch als Schuld gefühlt. Parallelverhalten Georg-Freund u. im 2. Teil Georg-Vater. Treffen mit Vater ist Abstieg in archaische Vergangenheit.]

— "The Three Endings of Josef K. and the Role of Art in 'The Trial'." In: Flores, *The Kafka Debate* (s. Sammelbde.) S. 335–53.

[Kafkas wahre Absichten für den "Prozeß"-Roman kommen in gestrichenen Stellen u. Alternativendteilen zutage: Ende zu Fragment "Das Haus" u. "Ein Traum" (separat publiziert). Tod als Pflicht K.s angesehen, der andere am Leben "hindert" (Parallele zu "Verwandlung"). In Roman selbst u. "Ein Traum" treten Künstler an Stelle der Vatergestalten früherer Werke. "Opfer" u. dessen Tod gibt keine Verklärung oder Erlösung mehr (auch in "Strafkolonie"). Kafka entfernt sich von mythenbildender Phase seiner Kunst. Rolle Titorellis u. der Kunst in Fragment "Traum" u. Roman: Vision aber auch entmythologisierende Selbsterhaltung im Wechsel; Freispruchmöglichkeiten. Wahrheit von Mythos u. Kunst nutzlos für das "Überleben".]

— "Kafka's Law and Its Renunciation. A Comparison of the Function of the Law in 'Before the Law' and 'The New Advocate'." In: *Probleme der Komparatistik und Interpretation: Festschrift für André von Gronicka zum 65. Geburtstag am 25.5.1977.* Hrsg. v. Walter H. Sokel, Albert A. Kipa, u. Hans Ternes. Bonn: Bouvier, 1978. S. 193–215.

[Gesetz – erfülltes Leben auf der Erde? Oder innere Qualitäten? Scheint eher lebensfeindlich u. unerträglich, Gebot des reinen Selbst, auch als Sehnsucht oder Traum erscheinend im Gegensatz zu Forderungen des Tages. Etwas "Fremdes" (Georgs Tod); Gesetz ähnelt Vaterfigur; Sehnsucht u. Terror. Türhüter: Einladung u. Schutz zugleich. Parabel steht zwischen "Strafkolonie" u. "Schloß". "Neuer Advokat": Weiterentwicklung der Gesetzesidee, Bucephalus überlebt, weil er außerhalb des Gesetzes (Einheit mit Alexanders Expedition) bleibt.]

— "Kafka's Poetics of the Inner Self." In: *MAL* 11 (1978) Nr. 3/4. S. 37–58.

[Sprachskepsis wie bei Hofmannsthal u. Kraus; Sprache kann Wirklichkeit (auch innere Wirklichkeit) nicht ausdrücken, verfälscht. Derridas Theorien halfen zur Klärung dieses Konfliktes. Dichtung nur dann vorhanden, wenn Inneres im Wort vorhanden ist; Poetik der inneren u. äußeren Welt, Kafkas Schaffensprozeß in Nähe von Traum u. Vision. Kampf zwischen 2 Aspekten, Wort als Ausdruck des Inneren u. als gewöhnliche Kommunikation. Schreiben auch Zuflucht vor dem Vater; absoluter Wahrheitsanspruch nur in kurzer Prosa erreichbar. Messianischer Anspruch der Dichtung: Ansturm auf Grenzen. Kafkas Poetik mit widersprüchlicher Grundstruktur: Selbstaufgabe u. Selbstbehauptung.]

— "Language and Truth in the Two Worlds of Franz Kafka." In: *GQ* 52 (1979) S. 364–84.

[Kafkas Sprachtheorie – Zusammenhang mit frühen Kindheitserfahrungen (Fehlen der Mutter), mit Entfremdung des Juden (u. jüdisch-dt. Schriftstellers) durch Assimiliation u. Trennung vom traditionsgebundenen Ostjudentum u. der Gemeinschaft. Problem von Sprache u. Wahrheit: zwei entgegengesetzte Sprach- u. Lebensbetrachtungen Kafkas, erst in "Aphorismen" (Zürau) Kunst u. Wahrheit vereinigt. Geistige Welt als literarischer Schaffensprozeß, nicht als fertiges Werk gesehen.]

— "Zur Sprachauffassung und Poetik Franz Kafkas." In: David, *Franz Kafka. Themen und Probleme* (s. Sammelbde.) S. 26–47.

[Visionäres Element in Kafkas Kunst, aber auch Streben nach Klarheit (Selbsterhaltung). Innere Wahrheit soll dargestellt werden, aber auch Kommunikation nötig. Schreiben auch Täuschung, Eitelkeit, Spaß u. Spiel.]

– "Freud and the Magic of Kafka's Writing." In: Stern, *The World of Franz Kafka* (s. Sammelbde.) S. 145–58.

[Unterschied zwischen Kafkas u. Freuds Auffassung von der Psychoanalyse, der ödipalen Situation u. der Angst. Kafka: verzweifelte Suche nach Halt, Psychoanalyse kann nicht heilen. Untersuchung der Rolle des Magisch-Phantastischen in Kafkas Werk u. seine Beziehung zu Repression u. Projektion im Freudschen Sinn: "Urteil", "Verwandlung", "Blumfeld". Glaube an die Herrschaft der inneren Welt über die äußere verbindet Freud u. Kafka.]

Sollers, Philippe: "Le roman et l'expérience des limites." In: *Tel Quel* 25 (Frühling 1966) S. 20–34.

[Proust, Joyce, Kafka u. a. zeigen eine Unterbrechung der Romantradition an, bereiteten den "neuen" Roman vor, gelangten an die Grenzen dessen, was man den traditionellen Roman nannte.]
Engl. Zusammenf. in: *TCL* 12 (1966) S. 111.

Solov, Sandra: "Entretien avec Jean-Louis Barrault." In: *Obliques* (Paris) (2e trimestre 1973) Nr. 3. S. 60–63.

[Barraults Interesse für Kafka seit 1937. "Prozeß"-Adaptation betont Gegensatz Individuum – Gesellschaft. "Schloß": Helden eher nach innen gerichtet. Zusammenarbeit mit Masson u. Labisse.]

*****Solumsmoen, O.:** "Kafka på naert hold." In: *Arbeiderbladet* (26.9.1968).
[Über Janouch.]

Sommavilla, Guido: "Kafka era un Santo?" In: *Letture* 12 (1957) S. 485–89.
[Kommentar zu Brodbiographie. Brods Auswahl von positiven Belegen bei Vergleich mit negativen Stellen nicht überzeugend. Kafka in seinem Werk kein Gläubiger, vielleicht als Mensch.]

– "Colpevolismo e innocentismo kafkiano." In: *Letture* 15 (1960) S. 388–92.
[Anläßlich der ital. Ausgabe von "Brief an den Vater". Die religiösen Auseinandersetzungen des jungen Kafka. Selbstverschuldetes Böses. Gott aus Vatergestalt entwickelt.]

– "La disperazione religiosa di Franz Kafka." In: *Letture* 16 (1961) S. 323–38.
[Durch ital. Übers. von 2 Bänden von Kafkas Erz. ("Beschreibung …", "Hochzeitsvorbereitungen …") sowie Ladislao Mittners Kafkaartikel angeregte Stellungnahme zu Themen: Diesseits – Jenseits, Kunst, Hoffnung, Glaube. – Einlage von 4 nicht numerierten Seiten: "Notizie biografiche".]

– "Un dialogo ebreo-cristiano. (Kafka – Janouch)." In: *Letture* 19 (1964) S. 771–74.
[Ital. Neuausgabe der "Gespräche"; Kafkas kulturell-geistiger Austausch mit Nicht-Juden. Themen untersucht.]

– "Il primato di Kafka." In: *Humanitas* 19 (1964) S. 796–801.
[Kafkas Primat in der Sekundärliteratur. Er erweckte Interesse für die religiöse Unbekannte in Lesern. Er selbst seit 1917 mit religiöser Suche beschäftigt, eingeleitet durch

Schuld- u. Gerichtsthemen der frühen Werke. Vermittler; Parabel. Gott muß zum Menschen kommen.]

— "Kafka, un nuovo Abramo." In: *Letture* 20 (1965) S. 675–92.

[Erscheinung von Kafkas Briefen 1964 in ital. Ausgabe; Klärung vieler Fragen nun möglich, bes. Kafkas Glauben; Vorsehung; nie Atheist; religiöse Heiterkeit trotz Krankheit; Demut; Hoffnung besteht für Kafka. 4 nicht numerierte Seiten: "Franz Kafka. Autoritratto morale inedito": betrifft Korrespondenz an Minze (1919–23).]

Sonnenfeld, Marion: "Paralleles in 'Novelle' und 'Verwandlung'." In: *Symposium* 14 (1960) S. 221–25.

[Struktureller Vergleich, innere u. äußere Geschichte. Honorios Entsagung u. Gregors Tod. Macht der Musik. "Falke" – Unterschied: fühlende Natur bei Goethe, geschlossene Tür bei Kafka.]
Engl. Zusammenf. in: Corngold, *The Commentators' Despair* (s. Sammelbde.) S. 217–19, u.
in: *TCLB* S. 2080–81.

— "Die Fragmente 'Amerika' und 'Der Prozeß' als Bildungsromane." In: *GQ* 35 (1962) S. 34–46.

[Erziehungsprozeß ist auch im "Wilhelm Meister" nicht bewußt u. sichtbar; Wilhelm (so wie Karl in "Amerika") ist willig, aber passiv.]
Engl. Zusammenf. in: *TCLB* S. 2080–81.

— "Eine Deutung der 'Strafkolonie'." In: *Wert und Wort. Festschrift für Else M. Fleissner.* Hrsg. v. Marion Sonnenfeld, Robert Marshall, Helen Sears u. Barbara Kauber. Aurora, N. Y.: Wells College, 1965. S. 61–68.

[In Zusammenhang mit Schopenhauers u. Nietzsches Gedanken ("Gott ist tot"): Alltagsleben (Strafkolonie), religiöses Leben (Maschine) u. Wissenschaft (Besucher) zur Lösung des existentiellen Problems gegenübergestellt.]

*Sordo, E.: "Hay un teatro de Franz Kafka." In: *Revista* (Barcelona) 4 (1955) Nr. 143. S. 16.

*–"Un teatro nuevo: Kafka, Beckett, Ionesco." In: *Revista internacional de la escena* (Madrid) (1955) Nr. 16. S. 10.

*Sørensen, Villy: "Franz Kafka: 'Slottet'." In: *Den moderne roman.* Hrsg. v. Tage Skou-Hansen. København: Fremad, 1963 (Danmarks Radios Grundbøger), S. 57–78.

[(Franz Kafka: Das Schloß.)]

*Sorescu, Marin: "Kafka şi romanul modern." In: *Luceafărul* 31 (Mai 1969) Nr. 2.

*Sosa López, E.: "Franz Kafka o la eterna expiación." In: *La Nación* (6.10. 1957).

*– "Kafka, la ley interior y el acto negativo." In: *La Nación* (9.2.1958).

*– "Las realizaciones metafísicas de Franz Kafka." In: E. S. L.: *La novela y el hombre.* Córdoba (Argentina): 1961. S. 29–44. – Auch: Madrid: Gredos, 1968 (Biblioteca Universitaria Gredos. Ensayos).

[Umwandlung unserer Wirklichkeit in eine schrecklich deformierte Welt. Im "Prozeß" u. "Schloß": menschliche Erniedrigung. Menschlichkeit nimmt vor Gott einen negativen Wert an.]

Sötemann, Guus: *Over het lezen van Kafka. Een inleiding.* Amsterdam: N. V. De Arbeiderspers, 1957 (De Boekvink Literatuur in Miniatuur). 29 S.

[Einführung in Kafkas Welt; seine Persönlichkeit; die vollkommen evidente psychologische Unterschicht in einigen seiner Werke. Besprechung von "Türhüterlegende", "Verwandlung", "Prozeß" u. "Schloß".]

Souviron, José Maria: "Figuraciones y semblanzas: Melville, Kafka, Borges, Klossowsky. La visión de Nathaniel Hawthorne." In: J. M. S.: *El príncipe de este siglo. La literatura moderna y el demonio.* II edición. Madrid: Ediciones Cultura Hispánica, 1968. S. 215–34.

[Vieles in Kafka ein Labyrinth; Verzweiflung, kein Raum fürs Göttliche. Ambivalenz im Glauben an Jehova; Warten ohne Hoffnung. Einfluß auf Borges.]

Soyinka, Wole: "From a Common Black Cloth. A Reassessment of the African Literary Image." In: *The American Scholar* 32 (1963) S. 387–96.

[Nachahmung Kafkas in Camara Layes "Le regard du roi"; einige Personen denen aus dem "Schloß" nachgebildet.]

Spahr, Blake Lee: "Kafka's 'Auf der Galerie'. A Stylistic Analysis." In: *GQ* 33 (1960) S. 211–15.

[Stylistische "tour de force": 1. Teil irreal, 2. Teil real. Vollkommenste Prosa Kafkas. Galeriebesucher ist passiver Zuschauer des Lebens.]
Engl. Zusammenf. in: *TCLB* S. 2088.

– "Franz Kafka: The Bridge and the Abyss." In: *Modern Fiction Studies* 8 (1962). Franz Kafka Number. S. 3–15.

[Analyse von "Die Brücke": Erwartung, Erfahrung u. Mißerfolg. Ursprünglich Radiovortrag 1961.]
Teilabdruck in: Neumeyer, *Twentieth Century Interpretations of "The Castle"* (s. Sammelbde.) S. 101.
Auch in dt. Übers. v. Josefa Nünning u. d. T.: "Franz Kafka: Die Brücke und der Abgrund" in: Politzer, *Franz Kafka* (s. Sammelbde.) S. 309–30.
Engl. Zusammenf. in: *TCL* 9 (1963) S. 40–41, u.
in: *TCLB* S. 2081.

Spaini, Alberto: "The Trial." In: Flores, *The Kafka Problem* (s. Sammelbde.) S. 143–50.

[Übers. v. Glynn Conley. Keine Allegorie, Dinge sehr real gesehen. "Prozeß": Gewissen K.s oder Kafkas Krankheit?]

Spann, Meno: "Die beiden Zettel Kafkas." In: *Monatshefte* 47 (1955) S. 321–28.

Engl. Zusammenf. in: *TCLB* S. 2081.

– "The Minor Kafka Problem." In: *GR* 32 (1957) S. 163–77.

[Kurzer Überblick über Kafka-Forschung. Kritik an verschiedenen Kafka-Autoren. Die Volkszugehörigkeit Kafkas.]
Engl. Zusammenf. in: *TCLB* S. 2081.

– "Franz Kafka's Leopard." In: *GR* 34 (1959) S. 85–104.

[Ausführliche Interpretation von "Ein Hungerkünstler" als intime Enthüllung von Kafkas Lebensgefühl (Kafka war Vegetarier u. sehr mager). Der Leopard als Kontrastfigur, Tolstois Einfluß. "La vie manquée." Bibliogr. von "Hungerkünstler"-Interpretationen.]
Engl. Zusammenf. in: *TCL* 5 (1959) S. 148, u.
in: *TCLB* S. 2091.

– "Don't Hurt the Jackdaw." In: *GR* 37 (1962) S. 68–78.

[Antwort auf Waidsons Artikel (1959). Bedeutung der Nahrung in Kafkas Werken. Kafka – kein christlicher Asket, er bewundert die Vitalität.]
Engl. Zusammenf. in: *TCL* 8 (1962) S. 54, u.
in: *TCLB* S. 2091.

– "Franz Kafka 1883–1924." In: *Einführung in die deutsche Literatur. Essays on the Major German Authors from Lessing to Brecht.* Hrsg. v. John Gearey u. Willy Schumann. New York: Holt, Rinehart and Winston, 1964. S. 401–26.

[Allg. Beurteilung Kafkas u. seiner Umwelt. Analyse von "Urteil", "Auf der Galerie", "Verwandlung", "Hungerkünstler". Die Eßmetapher.]

Sparks, Kimberly: "Drei schwarze Kaninchen: Zu einer Deutung der drei Zimmerherren in Kafkas 'Die Verwandlung'." In: *ZfdPh* 84 (1965) Sonderheft. S. 73–82.

[Sind keine Statisten, sondern fassen gesamten Verlauf der Erz. nochmals zusammen u. stellen ihn wie in einem Marionettenspiel dar: Heimsuchung der Samsas durch ein Fremdes; Gregor u. Zimmerherren – identisch, sind seine böse Selbstkarikatur.]
Engl. Zusammenf. in: Corngold, *The Commentators' Despair* (s. Sammelbde.) S. 219–21,
in: *TCL* 11 (1965) S. 163, u.
in: *TCLB* S. 2113.

– "Kafka's 'Metamorphosis': On Banishing the Lodgers." In: *Journal of European Studies* 3 (1973) S. 230–40.

[Beispiele der "Verbannung" in Kafkas Werken; häufig mit "Zufluchtstätte" in Beziehung, die Betroffenen haben ambivalente Gefühle darüber. Untermieter in "Verwandlung" mehr als nur komische Funktion, sind Gregors Inneres; auch Karikaturen; u. nach Rollenvertauschung die neuen Handelnden. Alle verschwinden mit Gregors Tod.]

Späth, Ute: "Parallelismus. Semantisch-syntaktische Untersuchungen an motivverwandter Dichtung (E. T. A. Hoffmann – F. Kafka)." In: *Wirkendes Wort* 23 (1973) S. 12–25.

[Parallelen im Aufbau zwischen Brief des Affen Milo u. "Bericht für eine Akademie", aber unterschiedliche Ausdrucksabsicht. Bei Hoffmann zwei Bereiche gegenübergestellt, die sich scheinbar korrigieren, aber Werte in ihr Gegenteil verkehren. Milo, der Antikünstler, zum Spott geschaffen; ebenso Bürgertum verspottet.]

Spaulding, E. Wilder: *The Quiet Invaders. The Story of the Austrian Impact upon America.* With a Foreword by Josef Stummvoll. Vienna: Österreichischer Bundesverl. für Unterricht, Wissenschaft u. Kunst, 1968.

[Hinweise auf Kafka, bes. Wirkung in Amerika (S. 265–67).]

Spector, R[obert] D[onald]: "Kafka's 'The Stoker' as a Short Story." In: *Modern Fiction Studies* 2 (1956) S. 80–81.

[Ist besser als unabhängige Kurzgeschichte. Karls Versuch, ein Mann zu werden.]
Engl. Zusammenf. in: *TCL* 2 (1956) S. 160, u.
in: *TCLB* S. 2090.

— "Kafka and Camus: Some Examples of Rhythm in the Novel." In: *Kentucky Foreign Language Quarterly* 5 (1958) S. 205–11.

[Beide Dichter erzielen "rhythm" u. "pattern" mit Hilfe der lyrischen Technik. Einheit der Werke; Absurdes wird glaubhaft.]
Engl. Zusammenf. in: *TCL* 5 (1959) S. 59, u.
in: *TCLB* S. 2081.

— "Kafka's Epiphanies." In: *Kentucky Foreign Language Quarterly* 10 (1963) S. 47–54.

[Thema des Absurden u. Versuch des Menschen, sich damit auszusöhnen. Mensch kann Absolutes nicht begreifen. Kafkas "epiphany" geschieht durch Abbrechen; Sinn des Lebens bleibt unverständlich. "Strafkolonie", "Chinesische Mauer", "Verwandlung" – auch "multiple epiphanies".]
Teilabdruck von S. 47–49 u. 53–54 in: Domandi, *Modern German Literature* (s. Sammelbde.) S. 14–15.
Engl. Zusammenf. in: Corngold, *The Commentators' Despair* (s. Sammelbde.) S. 221–22, in: *TCL* 9 (1963) S. 115, u.
in: *TCLB* S. 2081–02.

Spender, Stephen: [Rez. zu engl. Übers. von "Der Prozeß" u. "Die Verwandlung" (1937).] In: Jakob, *Das Kafka-Bild in England* 1 (s. Sammelbde.) S. 173–74.

[Abdruck von "Franz Kafka" in "Life and Letters To-day" 17 (1937) Nr. 9. S. 185–86: Kafkas Wirklichkeitsdarstellung aus der Sicht eines Verfolgten. "Verwandlung": Kafkas Entdeckung seiner unheilbaren Krankheit, nichts Metaphorisches.]

— [Rez. zu engl. Übers. von "Amerika" (1938).] In: Jakob, *Das Kafka-Bild in England* 1 (s. Sammelbde.) S. 188–89.

[Abdruck aus "Innocence and Guilt" in "London Mercury" 39 (Nov. 1939) Nr. 229. S. 92–94: Revolte gegen die Schuld, nicht gegen den Vater ("Erewhon Revisited" von Butler). Auf Karl wartet das Paradies.]

— "Politics and Literature in 1933."' In: Jakob, *Das Kafka-Bild in England* 1 (s. Sammelbde.) S. 209.

[Teilabdruck aus "Politics and Literature in 1933" in "Bookman" 85 (Dec. 1933) S. 147–48: Die intellektuellen Qualitäten in den Werken von Edward Upward lassen eher an Kafka, als an den Kommunismus denken.]

– "Upward, Kafka and Van der Post." In: Jakob, *Das Kafka-Bild in England* 1 (s. Sammelbde.) S. 210–24.

[Abdruck von S. 236–50 aus S. S. "The Destructive Element" (London, 1935): Gedanken über die intellektuelle Literatur des jungen engl. Kommunismus: bes. einige Gedichte von Auden, 2 Kurzgeschichten von Upward in "New Country" u. Van der Posts Roman "In a Province." Upwards Geschichten: religiös-visionäre Elemente, wie Kafka, ähnliche Autoritätsvorstellung.]

Spilka, Mark: "Dickens and Kafka. A Mutual Interpretation." In: *DA* 16 (1956) S. 2462–63.

[Zusammenf.: Das Ausmaß von Dickens' Einfluß auf Kafka. Groteske Komik, "David Copperfield", "Amerika" u. "Die Verwandlung." "Bleak House" u. "Der Prozeß". Infantile Perspektive, Pip u. Gregor Samsa. Ähnliche Themen, Situationen, Schilderungen, Trübsinn, Schuld u. Unschuld bei Dickens.]

– "Kafka and Dickens: The Country Sweetheart." In: *The American Imago* 16 (1959) S. 367–78.

["David Copperfields" Einwirkung auf "Amerika". Reise aufs Land; Parallele zwischen Dora Spenlow u. Clara Pollunder gekennzeichnet durch Schüchternheit u. sexuelle Unreife Davids u. Karls.]
Engl. Zusammenf. in: *TCL* 6 (1960) S. 45,
in: *Abstracts of English Studies* 3 (1960) S. 241, u.
in: *TCLB* S. 2087.

– "Kafka's Sources for 'The Metamorphosis'." In: *Comparative Literature* 11 (1959) S. 289–307.

[E. T. A. Hoffmann (Doppelgängermotiv), Gogol ("Die Nase") u. Dostojewski ("Der Doppelgänger"); Samsa ist eine Synthese aus Kafka u. Dickens, Golyadkin u. David Copperfield. Regression in die Kindheit; die städtische Welt; die Groteske.]
Engl. Zusammenf. in: *Abstracts of English Studies* 3 (1960) S. 201,
in: Corngold, *The Commentators' Despair* (s. Sammelbde.) S. 222–25, u.
in: *TCLB* S. 2113.

– "David Copperfield as Psychological Fiction." In: *Critical Quarterly* 1 (1959) S. 292–301.

["David Copperfield" als Inspiration u. Vorbild für Kafka. Vergleich zwischen David, Gregor Samsa u. Karl Roßmann.]
Engl. Zusammenf. in: *Abstracts of English Studies* 3 (1960) S. 202,
in: *TCL* 6 (1960) S. 45, u.
in: *TCLB* S. 2086–87.

– "Dickens and Kafka: 'The Technique of the Grotesque'." In: *Massachusetts Review* 1 (1961) S. 441–58.

[Groteske dient bei Dickens u. Kafka dazu, mit Hilfe der Komik die Wirklichkeit zu bewältigen. "Dombey and Son" verglichen mit "Der Bau". Elemente der grotesken Komö-

die in "Die Verwandlung". Humor bei Kafka, Dostojewski u. Dickens. Betonung der Schuld.]
Abdruck von S. 77–79 u. 252–54 ("Verwandlung") in: Corngold, *The Commentators' Despair* (s. Sammelbde.) S. 225–26.
Engl. Zusammenf. in: *Abstracts of English Studies* 9 (1966) S. 326, u.
in: *TCLB* S. 2082.

– "'Amerika': Its Genesis." In: Flores, *Franz Kafka Today* (s. Sammelbde.) S. 95–116.

[Dickenseinfluß; Kafkas Versuch, der verhaßten Arbeit, dem Vater u. den inneren Problemen zu entfliehen. Psychoanalytische Interpretation: Karl setzt sich mit feindlichen Vaterfiguren auseinander; Reife.]

Spiro, Solomon J.: "Verdict – Guilty! A Study of 'The Trial'." In: *TCL* 17 (1971) S. 169–79.

[Bereich des Möglichen – aber irrationale Züge. Innere u. äußere Welt gleichbedeutend. Bewältigung des Schuldgefühls: durch Geständnis (Domszene); in moderner Zeit: durch Psychoanalyse (Huld, Leni) oder durch Kunst (Titorelli).]

Spittler, Ella: "Franz Kafkas 'Gesetz' unter dem Aspekt des Atems." In: *Revue des Langues Vivantes* 31 (1965) S. 439–43.

[Atemaspekt in Kafkas Werk noch unbeachtet. Zusammenhang zwischen Atem u. Gesetz. Gesetz eher rhythmisch hörbar als sichtbar u. lesbar. Kafkas Betonung des Vitalraumes.]

Spivack, Charlotte K.: "The Estranged Hero of Modern Literature." In: *North Dakota Quarterly* 29 (1961) S. 13–19.

[Total entfremdete moderne Helden verkörpern Fehlen der Werte u. eines Bezugspunktes. S. 17–18: über Kafkas Helden; Enttäuschung, Verwundung, Absurdität.]

Springer, Mary Doyle: "Struggle Against Degeneration in Kafka's 'Metamorphosis'." In: M. D. S.: *Forms of the Modern Novella*. Chicago, London: Univ. of Chicago Pr., 1975. S. 105–09.

[Georgs hilfloser, tragischer u. pathetischer Kampf.]

Springer, Michael: "Beim Lesen alter Bücher." In: *Kürbiskern* (1978) Nr. 1. S. 163–67.

[Kafkas "Prozeß" verglichen mit dem Verhältnis des heutigen Menschen zum Staat.]

Spycher, Peter: "Franz Kafka." In: *Reformatio* 7 (1958) S. 275–89.

[Interpretationsversuch von "Die Sorge des Hausvaters". Nach biographischen Hinweisen u. Bezügen: Odradek versinnbildlicht individuelle oder gemeinschaftliche Existenz in Gottferne.]

*****Srinivasa, Iyengar K. R.**: "Franz Kafka." In: *The Adventure of Criticism.* London: Asia Publishing House, 1962. S. 568–82.

St., H.: "Vortragsabend." In: Born, *Franz Kafka. Kritik und Rezeption* (s. Sammelbde.) S. 130–31.

[Zuerst in "Vossische Zeitung" (Berlin, 10.3.1921). Hardt las 3 Prosastücke von Kafka, darunter "Elf Söhne".]

*Stangerup, H.: "Er Kafka camp?" In: *Politiken* (7.10.1967).

Stahl, August: "Konfusion ohne Absicht? Zur Interpretation von Kafkas Erzählung 'Die Sorge des Hausvaters'." In: *Saarbrücker Beiträge zur Ästhetik* (1966) S. 67–78.

[Kafka als Manierist; Zufall als Ordnungsprinzip in der Darstellung. Zumeist stoffliche Beschaffenheit von Odradek untersucht, nicht die Gestalt der Erz.; Hausvater als Erzähler versucht, Odradeks Wesen sprachlich zu bewältigen.]

Stallman, R. W.: "A Hunger-Artist." In: Flores, *Franz Kafka Today* (s. Sammel-Bde.) S. 61–70.

[Realistische u. phantastische Details, sowie Handlung selbst – vielfach deutbar. Zirkus – Phantasiegebilde. Es verschmelzen Soziologisches, Metaphysisches u. Religiöses.]
In span. Übers. u. d. T.: "Un artista de hambre de Kafka." In: *Etcaetera* 7 (1961) S. 38–45.

Stamer, Uwe: "Sprachstruktur und Wirklichkeit in Kafkas Erzählung 'Auf der Galerie'." In: *Festschrift für Kurt Herbert Halbach zum 70. Geburtstag am 25. Juni 1972. Arbeiten aus seinem Schülerkreis.* Hrsg. v. Rose Beate Schäfer-Maulbetsch, Manfred Günter Scholz, Günther Schweikle. Göppingen: Kümmerle, 1972 (Göppinger Arbeiten zur Germanistik Nr. 70). S. 427–52.

[Differenzierte Unterschiede zwischen 2 Textteilen über gleiches Motiv. Perspektive des Galeriebesuchers zeigt seine paradoxe Existenzweise. Gesehenes veranlaßt ihn zu Auseinandersetzung mit sich selbst. 1. Teil: grausame, verfremdete Wahrheit über Kunstreiterin (statischer, unendlicher Vorgang, Partizipien des Präsens). 2. Teil: schöne (unwahre) Fassade für die Welt, stellt aber Glücksmöglichkeit dar. Besucher ist ausgeschlossen.]

Standert, Eric: "Kronieken: Psychografie van Franz Kafka." In: *Nieuw Vlaams Tijdschrift* 10 (1956) S. 166–83.

[Auszug aus der Diss. "Franz Kafka. Van mens tot werk." (Gent, 1954): Psychologische Interpretation Kafkas durch seine Briefe u. Tagebücher; sein Egozentrismus u. die Verzweiflung über sich selbst. Rettung vielleicht durch Ehe u. Kunst möglich gewesen, nicht, wie Brod meinte, durch Suche nach dem jüdischen Urgrund.]

– "'Gibs auf'. Ein Kommentar zu dem methodologischen Ausgangspunkt in Heinz Politzers Kafka-Buch." In: *Studia Germanica Gandensia* 6 (1964) S. 249–72.

[Politzer führt in seinem Kafkabuch selbst nicht das durch, wozu er in seinem berühmten Artikel in "Monatshefte" 42 aufgefordert hatte, nämlich, daß Kafkas Werk als Kunstwerk allein betrachtet u. daß bes. der Stil untersucht werden sollte. (1. Kap. des Kafkabuches von Politzer, "Discourse on Method").]

*– "50 jaar geleden stierf Franz Kafka." In: *Snoecks* 74 (1973).

Starobinski, Jean: "Le rêve architecte. (À propos des intérieurs de Franz Kafka.)" In: *CCRB* (Febr. 1965) Nr. 50. Kafka. L'Amérique – Le Château – Le Procès. S. 21–29.

[Wahre Helden in Kafkas Drama – unsichtbar. Fenster, Türen, Mauern, Abstand – hinter denen sich die unsichtbare Macht verbirgt (Klamm). Verhältnis Mensch-Objekt geändert. Auch innere Räume weder intim noch sicher für Helden.]
Engl. Zusammenf. in: Corngold, *The Commentators' Despair* (s. Sammelbde.) S. 227–28.

– "Kafka et Dostoievski." In: *Obliques* (Paris) (2e trimestre 1973) Nr. 3. S. 40–44.

[Analogien, Verschiedenheiten; Gottesbegriff, Helden, das Geheimnisvolle, das Unbehagen, die konkreten Objekte.]
Teilabdruck in: Raboin, *Les critiques de notre temps et Kafka* (s. Sammelbde.) S. 156–60.

– "Kafka's Judaism." In: *European Judaism* 8 (1974) Nr. 2. Franz Kafka. S. 27.

[Übers. eines vor 25 Jahren geschriebenen frz. Artikels ins Engl. (Susan Knight). Persönliche Erfahrung von Kafka in universellen Mythos verwandelt, Judentum darin wichtig.]

Staroste, Wolfgang: "Der Raum des Menschen in Kafkas 'Prozeß'." In: W. S.: *Raum und Realität in dichterischer Gestaltung. Studien zu Goethe und Kafka.* Hrsg. v. Gotthart Wunberg. Heidelberg: Lothar Stiehm, 1971 (Poesie und Wissenschaft 17). S. 123–55.

[Teil eines geplanten Kafka-Buches (1962). Vorarbeit zu einer Analyse der Raumstruktur u. Gestaltungsmittel im "Prozeß". Wie sich der Mensch im u. zum Raum verhält, ist Ausdruck dessen, wie er sich in seiner inneren Verfassung weiß u. versteht. Verhaftung Josef K.s in Privatsphäre; er ist ohne Engagement, sollte mit dem Prozeß ins Gute gejagt werden.]

*Statkov, D.: "Poetičnijat svjot na Franz Kafka." In: *Literaturen front* 21 (1965) Nr. 49. S. 2.

Stawiński, Julian: "Sprawozdanie z ludzkiego absurdu." In: *Nowe książki* (1957) S. 1221–22.

[(Bericht über die menschliche Absurdität): Besprechung der poln. Übers. von "Das Urteil". Über das Absurde der Existenz u. Kafkas Weltsicht.]

Stefani, Giuseppe: "Kafka e Italia." In: *Nuova Antologia* 470 (1957) fascicolo 1877. S. 67–78.

[Kafkas Beziehungen zu Italien: aus Tagebüchern, Milenabriefen, Brodbiographie zusammengestellt. Kafkas erste Stelle (Assicurazioni Generali) u. seine 4 Italienreisen (1909: Riva, Brescia; 1911: Mailand; 1913: Venedig, Riva – die Schweizerin, "Gracchus"; 1920: Kur in Meran, Milenabriefe).]
Engl. Zusammenf. in: *TCL* 3 (1957) S. 153, u.
in: *TCLB* S. 2082.

Stehlík, Václav: "Es gibt = Il y a?" In: *Časopis pro moderní filologii* 51 (1969) S. 200–08.

[Semantische Untersuchung von "es gibt" u. "il y a" im "Prozeß" u. in der frz. Übers.]

Steinberg, Erwin R.: "A Kafka Primer." In: *College English* 24 (1962) S. 230–32.

[Sehr kurze Prosastücke (z. B. "Gib's auf"), gute Einführung für Studenten zu Kafka; Interpretationen.]
Engl. Zusammenf. in: *TCL* 9 (1963) S. 41, u.
in: *TCLB* S. 2082.

– "The Judgment in Kafka's 'The Judgment'." In: *Modern Fiction Studies* 8 (1962). Franz Kafka Number. S. 23–30.

[Zusammenhang mit Jom Kippur-Tag 1912; Sühne u. Auseinandersetzung mit quälenden Problemen.]
Engl. Zusammenf. in: *TCL* 9 (1963) S. 41, u.
in: *TCLB* S. 2109.

– "Franz Kafka and the God of Israel." In: *Judaism* 12 (1963) S. 142–49.

[Kafkas Zurückweisung der jüdischen Religion. Jom Kippur, Schuldgefühle u. "Das Urteil"; Vater als Gott Israels.]
Engl. Zusammenf. in: *Religious and Theological Abstracts* 8 (1965) Nr. 938, u.
in: *TCLB* S. 2109.
In span. Übers. u. d. T.: "Franz Kafka y el Dios de Israel." In: *Davar* (Apr./Juni 1964) Nr. 101. S. 32–41.

– "K. of 'The Castle'. Ostensible Land-Surveyor." In: *College English* 27 (1965) S. 185–89.

[K. nicht berufen, hat keinen Anspruch, Schloß zu erreichen.]
Auch in: Neumeyer, *Twentieth Century Interpretations of "The Castle"* (s. Sammelbde.) S. 25–31, u.
in: Hamalian, *Franz Kafka* (s. Sammelbde.) S. 126–32.
Engl. Zusammenf. in: *TCLB* S. 2107.

– "Die zwei Kommandanten in Kafkas 'In der Strafkolonie'." In: Caputo-Mayr, *Franz Kafka Symposium* (s. Sammelbde.) S. 144–53.

[Vortrag/Philadelphia 1974. Alter Kommandant – ein Gott? Seine Pläne u. Zeichnungen für die Maschine erinnern an Tradition beim Lesen der Thora in der Synagoge; unlesbare Schrift – Hebr., weitere Hinweise auf Altes Testament. Erz. um die Zeit des Jom Kippur geschrieben, Kafka jedoch unterstreicht Schuldgefühl, nicht Vergebung. Neuer Kommandant – Gott des Neuen Testaments? Reisender u. Kafka konnten sich zwischen Altem oder Neuem nicht entscheiden.]
Engl. u. d. T.: "The Judgement in Kafka's 'In the Penal Colony'." In: *JML* 5 (1976) S. 492–514.
Engl. Zusammenf. in: *TCL* 23 (1977) S. 530.

– "Kafka's 'Before the Law': A Religious Archetype with Multiple Referents." In: *Cithara* 18 (1978) Nr. 1. S. 27–45.

[Elemente der Türhüterparabel u. des Türhütermotives finden sich in vielen Mythen u. Legenden. Held überlistet gewöhnlich den Türhüter. Kafka kannte die alttestamentarischen Zusammenhänge u. das moderne jüdische Ritual. Parabel für ihn Ausdruck persönlich-religiöser Probleme (nicht zur Entscheidung bereit). Auch Parallelen zu chassidischen Erz. u. christlichen Bildern.]

– "The Three Fragments of Kafka's 'The Hunter Gracchus'." In: *Studies in Short Fiction* 15 (1978) Nr. 3. S. 307–17.

[Die einzige längere "Gracchus"-Interpretation (Emrich) übersieht Tatsache der 3 Fragmente, die 3 verschiedene Perspektiven eröffnen: Einblick in Schaffensprozeß bei Kafka; Echos bedeutender Mythen; Kafkas Unfähigkeit, Erz. positiv, wie in Mythen vorgezeigt, zu beenden.]

Steinberg, M. W.: "Franz Kafka: The Achievement of Certitude." In: *Queens Quarterly* 68 (1961) S. 90–103.

[Kafkas eigene Lebenstragik (Familie, Schuldgefühl, Außenseitertum) u. Entfremdung unserer Zeit in seinen Werken, aber auch Suche nach Sinn des Lebens, eigener seelischer Entwicklung, ordnungsgebenden Kräften. Jüdisches in Kafkas Ethik.]
Engl. Zusammenf. in: *TCL* 7 (1962) S. 199, u.
in: *TCLB* S. 2082.

Steiner, Carl: "Kafkas 'Amerika': Illusion oder Wirklichkeit." In: Caputo-Mayr, *Franz Kafka Symposium* (s. Sammelbde.) S. 46–58.

[Vortrag/Philadelphia 1974. – Kafkas befremdendes Amerika-Bild im Vergleich mit früheren dt. Darstellungen des Landes. Marxistisches Amerikabild kam zu Kafkas Zeit neu auf. Tagebuchgedanken Kafkas zu diesem Land u. Traum über New Yorker Hafen (11.9.1912). Land nicht als Zufluchtsort dargestellt; soziale Gegensätze, Unsicherheit; Vision der menschlichen Gefährdung. Hoffnung durch "Oklahoma"?]
Engl. u. d. T.: "How American is 'Amerika'?" In: *JML* 6 (1977) S. 455–65.

[Steiner, George]: "K". In: *TLS* (7.6.1963) S. 397–98.

[Besprechung von Politzers "Franz Kafka. Parable and Paradox"; Betrachtungen über Hintergrund zu Kafkas Werken (Prag, Österreich-Ungarn). "Prozeß" – Vision eines Schreckensregimes. Auch persönliche Elemente, Freiheitssuche; Kierkegaard, Sprachproblem.]
Auch in: George Steiner: *Language and Silence. Essays on Language, Literature, and the Inhuman.* New York: Atheneum, 1967. S. 118–26.
Auch in: G. S.: *Language and Silence. Essays 1958–1966.* London: Faber and Faber, 1967. S. 141–49.
Auch in: Jakob, *Das Kafka-Bild in England* 2 (s. Sammelbde.) S. 520–21.
*In dt. Übers. v. Axel Kaun in G. S.: *Sprache und Schweigen. Essays über Sprache, Literatur und das Unmenschliche.* Frankfurt/M.: Suhrkamp, 1969 (suhrkamp taschenbuch 123).
*In holländischer Übers. u. d. T.: "K." In: G. S.: *Verval van het woord.* 1974.
In span. Übers. in: G. S. [u. a.]: *Kafka.* Buenos Aires: 1969.

– "Franz Kafka." In: *Atlantic. Brief Lives: A Biographical Companion to the Arts.* Ed. Louis Kronenberger. Boston, Toronto: Little, Brown, 1971. S. 423–25.
[Einführende Bemerkungen.]

– "Books. Central European." In: *The New Yorker* 48 (1972) Nr. 21. S. 75–81.
[Rez.-Artikel über "The Complete Stories" von Kafka. Das Anwachsen der Kafka-Literatur. Satire in Kafkas prophetischer Hellsichtigkeit.]

Steiner, Jacob: "Franz Kafka." In: *Handbuch der deutschen Gegenwartsliteratur.* Hrsg. v. Hermann Kunisch. München: Nymphenburger, 1965. S. 325–29. – (2. Aufl., Bd. 1. 1969. S. 358–62.)

[Kafkas Werk hat Modellcharakter, zeigt Ausweglosigkeit des modernen Daseins. Einteilung des Werks in 7 Stufen; allg. Deutung.]
Auch in: *Kleines Handbuch der deutschen Gegenwartsliteratur. 107 Autoren und ihr Werk in Einzeldarstellungen.* Hrsg. v. Hermann Kunisch. München: Nymphenburger, 1967. S. 310–20.
In engl. Übers. in: *Handbook of Austrian Literature.* New York: Frederick Ungar, 1973. S. 138–45.

[Steiner, Ludwig]: ["Vortragsabend Ludwig Hardts."] In: Born, *Franz Kafka. Kritik und Rezeption* (s. Sammelbde.) S. 31–32.
[Zuerst in "Prager Tagblatt" 4.10.1921; "Elf Söhne" gelesen.]

Steiner, Marianna: "The Facts About Kafka." In: *New Statesman* 55 (1958) S. 170.
[Korrektur von Crossmans Artikel: "Two Kinds of Communism" u. Crossmans Entgegnung.]

Steinhauer, Harry: "Franz Kafka 1883–1924." In: *Die deutsche Novelle 1880 bis 1950.* Hrsg. v. H. S. Expanded edition. New York: W. W. Norton, 1958. S. 187–89.
[Einleitung zu "Ein Hungerkünstler". Kafkas Welt ist aus den Fugen u. ohne Verständigung mit Gott. Erz. – eine religiöse Allegorie.]

—"Hungering Artist or Artist in Hungering: Kafka's 'A Hunger Artist'." In: *Criticism* 4 (1962) S. 28–43.
[Kafka beschreibt einen asketischen Heiligen. Hungern – Idealismus; Speise – Materialismus. Der Hungerkünstler, d. h. ein hohes Ideal, geht unter.]
Teilabdruck von S. 38–39 u. 43 in: Domandi, *Modern German Literature* (s. Sammelbde.) S. 12.
Engl. Zusammenf. in: *TCL* 8 (1962) S. 54, u.
in: *TCLB* S. 2092.

– "Franz Kafka." In: *Twelve German Novellas.* Ed. H. S. Berkeley, Los Angeles, London: Univ. of California Pr., 1977. S. 567–72.
[Einführendes zu "Ein Hungerkünstler".]

*Steinmetz, Horst A.: "Franz Kafka. Problemen rond receptie en interpretatie van zijn werken." In: *Forum der Letteren* 16 (Juni 1975) S. 81–111.
[Übers. aus dem Dt.; Probleme der Aufnahme u. Interpretation seiner Werke.]
Engl. Zusammenf. in: *TCL* 21 (1975) S. 467.

Stelzmann, Rainulf A.: "Kafka's 'The Trial' and Hesse's 'Steppenwolf': Two Views of Reality and Transcendence." In: *Xavier University Studies* 5 (1966) S. 165–72.
[Kein direkter Einfluß Hesses auf Kafka. Themen ähnlich: Problematische Situation des modernen Menschen. Hesses Bindung an Romantik: Flucht aus der Wirklichkeit. Kafka: antiromantisch.]
Engl. Zusammenf. in: *TCLB* S. 2104.

Stéphane, Nelly: "K par K." In: *Europe* 49 (1971) Nr. 511–12. Kafka. S. 112–28.

[Kafkas Werke durch Paul Klees Zeichnungen illustr. würden neue Einsichten vermitteln. Phantastisches Universum aus Elementen unserer Welt. Ähnliche "niveaux de figuration", Buchstaben, Zeichen, Perspektive, Wegproblem, Sex, Animalisches.]

— "Chronologie de Kafka." In: *Europe* 49 (1971) Nr. 511–12. Kafka. S. 197–201.

[Liste von Lebens- u. Werksdaten.]

*Stephens, Anthony: "'Er ist aber zweigeteilt': Gericht und Ich-Struktur bei Kafka." In: *Text und Kontext* 6 (1978) Nr. 1/2. S. 215–38.

Stern, Guy: "'Explication de Texte' at the Fourth Semester Level." In: *Modern Language Journal* 41 (1957) S. 37–38.

[Kommentare von Studenten über "Der Heizer". Interesse für Kafka unter Studenten.]
Engl. Zusammenf. in: *TCLB* S. 2090.

— "Franz Kafka (1883–1924)". In: *Konstellationen. Die besten Erzählungen aus dem "Neuen Merkur" 1914–1925.* Hrsg. v. G. S. Stuttgart: Deutsche Verl.-Anstalt, 1964. S. 407–08.

[Kafka war guter Vorleser, wurde zu Lebzeiten in literarischen Kreisen anerkannt. Paradoxie in den Aphorismen. S. 408–10: Abdruck von Aphorismen (erschienen Dez. 1924).]

*—"Human and Divine Justice in the Works of German Christian and German Jewish Authors." [A Symposium.] In: *Colloquia Germanica* 10 (1976/77) S. 297–335.

Stern, James P.: "K" (Letter to the Editor). In: *TLS* (21.6.1963) S. 461.

[Verteidigung von Kafkas "deutscher Sprache". Protest gegen Artikel in *TLS* (7.6.1963) von Steiner; Antwort Steiners.]
Auch in: Jakob, *Das Kafka-Bild in England* 2 (s. Sammelbde.) S. 520–21.

— "Franz Kafka, The Labyrinth of Guilt." In: *Critical Quarterly* 7 (1965) S. 35–47.

[Aus persönlichen u. zeitbedingten Gründen (Vater; prophetische Gabe) war Kafka zurückhaltend mit seinem Werk. Dialektik der Ambiguität. Disproportion zwischen Schuld u. Strafe. Suche nach Gerechtigkeit.]
Engl. Zusammenf. in: *TCLB* S. 2082.

— "Franz Kafka." In: *The Encyclopedia of Philosophy.* Ed. Paul Edwards. Vol. 4. New York: Macmillan; London: Collier-Macmillan, 1967. S. 303–04.

[Subjektives Schuldgefühl wird objektive Schuld. Teufelskreis im "Schloß".]

— "Franz Kafka's 'Das Urteil': An Interpretation." In: *GQ* 45 (1972) S. 114–29.

[Musterbeispiel für Verwendung autobiographischer Elemente u. Verwirrung von objektiver Schuld, subjektiven Schuldgefühlen u. Strafe. Erzählstil zeigt äußerste psychologische Schwäche.]
Engl. Zusammenf. in: *TCL* 18 (1972) S. 145, u.
in: *1972 MLA Abstracts,* Vol. 2. S. 68.

- *On Realism.* London and Boston: Routledge & Kegan Paul, 1973.
  [Hinweise auf Kafka. S. 135–38: § 93 Kafka: The transcendental verdict that devours the world: Kafkas Erz. – Atmosphäre der Unsicherheit. Deutung von "Gib's auf!"]

- "Guilt and the Feeling of Guilt." In: Flores, *The Problem of "The Judgment"* (s. Sammelbde.) S. 114–31.
  [Erz. ist Musterbeispiel für Verwendung autobiographischen Materials durch Kafka, für seine Hauptthemen (Schuld u. Strafe) u. für seine Erzählweise. Moralische (Schuld des Sohnes) u. psychologische Aspekte (Schuldgefühl des Sohnes) verwoben. Der moralische Solipsismus Georgs, die fragliche Gerechtigkeit des Vaters, die er durch "Urteil" ganz verliert, während Sohn sich durch Tod reinigt.]

- "The Law of 'The Trial'." In: Kuna, *On Kafka: Semi-Centenary Perspectives* (s. Sammelbde.) S. 22–41.
  [Realistische Aspekte von Kafkas Kunst, ihre Geschichtsbezogenheit u. die gesellschaftlichen Gegebenheiten der Helden – wesentliche Vorstufe zur Deutung auch in religiösem u. metaphysischem Sinn. Zeigt Versagen der Institutionen. In Zusammenhang mit Heideggers "Seins"-Theorien entwickelt sich eine negative Ontologie in den 30er Jahren; Menschen auf Grund ihres "Soseins" bewertet; Faschismus bediente sich ihrer, u. Judenverfolgungen so möglich. Kafka nimmt diese Situation in verschiedenen Werken vorweg, Vermengung von Schuld u. Schuldgefühlen, typisch im Fall Josef K.s im "Prozeß." Bei Nazis Schuld – Seinszustand. Prozeß nimmt bes. die Reversion der Funktion von Recht u. Gericht vorweg. Kafka selbst ambivalent gegenüber Gesetz im "Prozeß".]

- "Introduction." In: Stern, *The World of Franz Kafka* (s. Sammelbde.) S. 1–7.
  [Versuch, die Welt in Kafkas Werken, sowie die Welt Kafkas selbst zu rekonstruieren.]

- "The Matliary Diary." In: Stern, *The World of Franz Kafka* (s. Sammelbde.) S. 238–50.
  [Fiktives Tagebuch aus 1944; Begegnung mit F. K. in Matliary, wo tschech. Partisanen auf engl. Truppen stoßen. F. K.s Tod.]

Stern, Sheila: "The Spirit of the Place." In: Stern, *The World of Franz Kafka* (s. Sammelbde.) S. 44–46.
[Auch andere Schriftsteller, wie A. Trollope, nahmen die Atmosphäre des Ortes vorweg ("Nina Balatka").]

Števček, Ján: "Zatonskij, Aragon, Kafka a skutočnosť v umení." In: *Slovenské Pohľady* 80 (1964) Nr. 5. S. 20–23.
[(Z., A., K. und der Realismus in der Kunst): Diskussion der Realismusfrage in der marxistischen Kunsttheorie. Stellungnahme zu Zatonskijs Buch "Das zwanzigste Jahrhundert", das in der ČSSR erschien. Aragons Theorie vom "offenen" Realismus.]

444

Stierle, Karlheinz: "Mythos als 'bricolage' und zwei Endstufen des Prometheus-Mythos." In: *Poetik und Hermeneutik 4. Terror und Spiel. Probleme der Mythenrezeption.* Hrsg. v. Manfred Fuhrmann. München: W. Finke, 1971. S. 455–72.

[S. 463–67: Kafkas Reproduktion alter Mythen führt zu neuartigen Gebilden; Früheres zerstört. "Prometheus" – einer chassidischen Geschichte ähnlich.
S. 467–72: Vergleich mit Gides "Prometheus."]

***Stierlin, Helm:** "Liberation and Self-Destruction in the Creative Process." In: *Janus: Essays in Ancient and Modern Studies.* Ed. Louis L. Orlin. Ann Arbor: Center for Coordination of Ancient and Modern Studies. Univ. of Michigan, 1975. S. 39–59.

Štiková, Eva: "Výtvarné projevy inspirované dílem Franz Kafky." In: *Literární archiv* 1 (1966) S. 198–208.

[(Von Franz Kafkas Werk inspirierte Schöpfungen der bildenden Kunst): Kommentar zu den Werken der bildenden Kunst, die von Kafka beeinflußt wurden (in der ČSSR). Kafka verwandelte die Menschen in absurde Typen. U. a. Künstler wie František Tichý, Ivan Urbánek, Karel Nepraš an Kafka inspiriert. S. 206–08: dt. Zusammenf.]

***Stockholder, Katherine:** "'A Country Doctor': The Narrator as Dreamer." In: *American Imago* 35 (Winter 1978) S. 331–46.

***Stoessel, Ilse-Marleen:** "Dohlensprache. Weitere Fragen an Odradek." In: *Aufmerksamkeit. Klaus Heinrich zum 50. Geburtstag.* Hrsg. v. Olav Münzberg u. Lorenz Wilhens. Frankfurt: Roter Stern, 1976. S. 563–74.

***Stojanović, Dragan:** "Opalizacija kod Muzila i Kafke." In: *Književna Kritika* 7 (1976) Nr. 2. S. 57–75.

Stokes III, John Lemacks: "Franz Kafka. A Study in Imagery." In: *DA* 30 (1969) S. 2045A.

[Zusammenf.: Untersuchung der Bildersprache u. Metaphern. Das traumhafte Innenleben des Autors. Gespaltensein des "Helden"; Erstickungsanfälle, ein Fremder im fremden Land, Einkreisung, mysteriöse musikalische Töne. Qual u. Entschlußlosigkeit.]
Auch in: *Drew Gateway* 41 (Fall 1970) S. 35–36.

Stölzl, Christoph: "Prag." In: *Kafka-Handbuch* 1, S. 40–100.

[s. unter Sammelbde.]

— "Nichtepische Arbeiten und Lebenszeugnisse: 'Brief an den Vater'." In: *Kafka-Handbuch* 2, S. 519–39.

[Kurzbibliogr. S. 539. Wichtigste Deutungen: Brod, Rattner, Wagenbach, Politzer, Emrich Emrich, Deleuze; der Vater-Sohn-Konflikt in sozialgeschichtlicher Beleuchtung.]

Stonier, G. W.: [Rez. zu engl. Übers. von "Der Prozeß" (1937).] In: Jakob, *Das Kafka-Bild in England* 1 (s. Sammelbde.) S. 170–71.

[Abdruck aus "The Trial" in "Fortnightly Review" 142 (1937) S. 253–54: Ein beunruhigender Roman; Anderson u. Dostojewski.]

– [Rez. zu engl. Übers. von "Amerika" (1938).] In: Jakob, *Das Kafka-Bild in England* 1 (s. Sammelbde.) S. 186–87.

[Abdruck aus "Detaching Labels" in "New Statesman and Nation" (15.10.1938) S. 574: Versuche, die Kafka mit Dichtern der Vergangenheit vergleichen, um ihn zu begreifen; sind aber nur Formeln. In "Amerika" zeigt sich Kafka als Humorist.]

– "The New Allegory." In: Jakob, *Das Kafka-Bild in England* 1 (s. Sammelbde.) S. 249–52.

[Abdruck des gleichnam. Artikels in "Focus One" (London 1945) S. 26–29: Kafkas Allegorie schafft ihre eigenen "patterns of Meaning"; sein Einfluß auf Rex Warner ("The Wild Goose Chase", "The Aerodrome").]

– "Child of Terror." In: Jakob, *Das Kafka-Bild in England* 1 (s. Sammelbde.) S. 338.

[Abdruck des gleichnam. Artikels in "Observer" (11.5.1947) S. 3: Fakten der Brodbiographie wichtig, aber die Studie ist zu schlecht geschrieben.]

– "Exploring Kafka." In: Jakob, *Das Kafka-Bild in England* 1 (s. Sammelbde.) S. 345–46.

[Abdruck des gleichnam. Artikels in "Observer" (19.9.1948) S. 3: Erscheinung des 1. Bd. von Kafkas Tagebüchern, sowie Besprechung von Taubers Kafkabuch.]

Štorch-Marien, O.: "Alchimistengäßchen Nr. 22. Unbekanntes über Franz Kafka." In: *Im Herzen Europas* (1963) S. 6–7.

[Kafka hat 1917 im Alchimistengäßchen auf dem Hradschin gewohnt.]

Storz, Gerhard: "Über den 'Monologue intérieur' oder die 'Erlebte Rede'." In: *DU* 7 (1955) Nr. 1. S. 41–53.

[Walzels Studie (1924) ergänzend, Natur der erlebten Rede u. a. an Text aus Kafkas "Prozeß" besprochen. Grammatikalische Analyse: perspektivische Verschiebung – Autor u. Figur werden undeutlich, "Seelen-Es" spricht; Werk dadurch mehrschichtiger.]

– *Sprache und Dichtung.* München: Kösel, 1957.

[S. 191–226: Unmittelbare Sicht und Spiegelung (Die Modi): S. 201–07: Über eigenartigen Wechsel von indirekter u. direkter Rede im 7. Kap. von "Der Prozeß" u. Fragereihen.]

Strauss, Georg: "Zur Deutung Franz Kafkas." In: G. S.: *Irrlichter und Leitgestirne. Essays über Probleme der Kunst.* Zürich u. Stuttgart: Classen, 1966. S. 74–88.

[Hauptzüge seines Werkes: Thema u. Formen (Salvador Dali). Nur willkürliche Deutung möglich. Aufhebung der menschlichen Willensfreiheit. Spiritisieren, Fabulieren, Entfremdung, Kälte, menschliche Liebe herabgewürdigt. Parallelen zu Jean Paul. Tagebücher: Kafka will Wahrheit erforschen. Wirklichkeit als Inferno; wünschte Vernichtung seiner Kunst, Stil – unerreichbar. Kafkas Gefolgschaft.]

Strauss, Walter A.: "Dante's Belaqua and Beckett's Tramps." In: *Comparative Literature* 11 (1959) S. 250–61.

[Bei Kafka noch Gottsuche, bei Beckett kein Gott.]

— "Franz Kafka: Between the Paradise and the Labyrinth." In: *Centennial Review* 5 (1961) S. 206–22.

[Zugang zu Kafkas Werk über sich wiederholende "patterns". Dreiteilung der Erzähl-welt nach Bildern möglich: der Ruf des Gesetzes an das Selbst, die Nahrung für das Selbst, u. Prozesse, durch die sich das Selbst mit der Welt auseinandersetzt. Das räum-liche u. zeitliche Labyrinth; Erzählstil spiegelt Themen (naturalistische Details von Ob-jekten, die sinnlos scheinen); Sünde: Ungeduld. Bei Einbezug der Aphorismen religiöse Weltsicht anzunehmen.]
Engl. Zusammenf. in: *TCLB* S. 2083.

— "Siren-Language: Kafka and Blanchot." In: *Substance* (Univ. of Wisconsin) (1976) Nr. 14. S. 18–33.

[Kafkas Umkehrung der von Homer in "Odyssee" dargestellten Situation ("Das Schwei-gen der Sirenen"). Odysseus wird selbstbewußt bei Kafka. Blanchot konzentriert sich auf den Gesang. In 7 Bdn. (seit 1943) setzte er sich mit Kafka, der modernen Literatur u. dem Verhältnis zur Kritik auseinander.]

— "Turning Over on Old Leaf." In: Flores, *The Kafka Debate* (s. Sammelbde.) S. 17–23.

[Kern von Kafkas Ambiguität: Natur der Sprache u. der Welt. Wahrheitssuche in unzu-länglicher Welt mit unzulänglichen Mitteln.]

— "A Spool of Thread and a Spinning Top: Two Fables by Kafka." In: *News-letter of the Kafka Society of America* 3 (1979) Nr. 2. S. 9–16.

[Keine Allegorie mehr möglich, nur Parabeln u. Fabeln. Sie sind nicht interpretierbar, das heißt, Metaphern können nicht auf Sinn hin erschlossen werden, sind Träger der Ver-hüllung, nicht der Bedeutung. Stil gleichzeitig pedantisch realistisch u. unrealistisch.]

*—"Nominative Cases: Proust, Kafka and Beckett." In: *The Art of the Proustian Novel Reconsidered.* Ed. Lawrence D. Joiner. Rock Hill: [Winthrop College] 1979. S. 11–21.

Street, James B.: "Kafka through Freud: Totems and Taboos in 'In der Strafko-lonie'." In: *MAL* 6 (1973) Nr. 3/4. S. 93–106.

[Erz. durch Begriffe aus Freuds Werken erläutert; ähnliche Themen vorhanden (Rebel-lion gegen Autoritätsfigur, Sohngestalten mit ambivalenter Erinnerung, etc.).]
Engl. Zusammenf. in: *TCL* 21 (1975) S. 130.

Strelka, Joseph: "Franz Kafka. Der Paraboliker der Lebensparadoxien." In: J. S.: *Kafka, Musil, Broch und die Entwicklung des modernen Romans.* 2. Aufl. Wien-Hannover-Basel: Forum, 1959. S. 5–35.

[Werk hat gleichnishaften Charakter. Themen in von Raum u. Zeit losgelöster Bilderwelt. Leid u. Versklavung des Menschen.]

– "Franz Kafka." In: *Lexikon der Weltliteratur im 20. Jahrhundert.* 2. Bd. Freiburg, Basel, Wien: Herder, 1961. Spalte 4—8.

[Einführende Bemerkungen u. Bibliogr.]

– *Auf der Suche nach dem verlorenen Selbst. Zu deutscher Erzählprosa des 20. Jahrhunderts.* 1977.

[Goethes Roman "Wilhelm Meister" und der Roman des 20. Jahrhunderts. (Von Franz Kafka bis Hans Henny Jahnn).]

Strich, Fritz: "Franz Kafka und das Judentum." In: F. S.: *Kunst und Leben. Vorträge und Abhandlungen zur deutschen Literatur.* Bern u. München: Francke, 1960. S. 139—51.

[Aus: "Festschrift des Schweizerischen Israelitischen Gemeindebundes." Basel: Brin, 1954. S. 273—89: Rettergestalt in jüdischem Sinn? Düsterkeit seiner Werke, Gott-Mensch-verbindung verloren; Existenzialistisches. Erlebte Schuld. "Prozeß" u. "Schloß": Kern des Judentums (Mensch-Gottbeziehung).]

Strohschneider-Kohrs, Ingrid: "Erzähllogik und Verstehensprozeß in Kafkas Gleichnis 'Von den Gleichnissen'." In: *Probleme des Erzählens in der Weltliteratur. Festschrift für Käte Hamburger zum 75. Geburtstag.* Hrsg. v. F. Martini. Stuttgart: Ernst Klett, 1971. S. 303—29.

[Bisherige Interpretationen betonten unauflösbare Antithetik, Verfremdung u. Verfall der Form. Kafkatext (Brods Titel) ist tatsächlich ein Gleichnis (Stil, allg. Thema, anonymer Redner), das nur aus der Bildhälfte (Information) besteht; auf dieser Informationsebene wird vom Leser ein Verstehensakt auf der 2. Ebene gleichzeitig mitgefordert (Gleichnissinn). Leserverständnis ist ein konstitutives Merkmal des Textes. Spannung zwischen Wortlaut u. Gemeintem.]

Strolz, Walter: "Platon, Newman, Kafka und die Musik." In: *Der Große Entschluß* 12 (1956) S. 80—91.

[Für alle war Musik eine über das Irdische hinaustragende Macht.]

Strong, William G.: "The Varieties of First-Person Narration: Four Stories by Kafka." In: *GQ* 52 (1979) S. 472—85.

["Schakale und Araber", "Ein altes Blatt", "Ein Bericht für eine Akademie" u. "Der Kübelreiter": Keine spezifische Funktion der Ich-Erz. erkennbar, hat sogar innerhalb der einzelnen Erz. verschiedene Funktionen. Zeigt Schwierigkeit, poetologische Systeme auf Kafkas Werke anzuwenden.]

*Stroup, H.: "Kafka as a Vocational Counselor." In: *Journal of Counseling Psychology* 8 (1961) Nr. 4. S. 291—95.

Struc, Roman Sviatoslav: "Food, Air, and Ground. A Study of Basic Symbols in Franz Kafka's Short Stories." In: *DA* 23 (1963) S. 4365.

[Zusammenf.: Interpretationen von Kafkas Erzählungen auf Grund der Symbolik. Einteilung untereinander verwandter Erzählungen. Das Endziel von Kafkas Personen u. die Ursachen des Scheiterns. Kafka – Pessimist, kein Nihilist.]

- "Critical Reception of Franz Kafka in the Soviet Union." In: *The Annals of the Ukrainian Academy of Arts and Sciences in the United States* 11 (1964/68) S. 129–42.

[Überblick über sowjetische Kafka-Literatur 1958–66. Bes. seit 1963 hat sich das Bild der russ. Kafkaforschung sehr verändert; anfangs vollkommene Ablehnung, später wertvolle kritische Beiträge (Zatonskij, Sučkov, Motylova, Knipovič); Überbewertung der biographischen u. sozio-ökonomischen Aspekte; sozialistischer Realismus u. Entfremdung.]

- "The Doctor's Predicament: A Note on Turgenev and Kafka." In: *Slavic and East European Journal* (1965) Nr. 2. S. 174–80.

[Mögliche Anregung für Kafkas "Ein Landarzt", äußere Umstände ähnlich, Arzt – hilflos, Pessimismus.]
Engl. Zusammenf. in: *TCLB* S. 2097.

- "Franz Kafka in the Soviet Union: A Report." In: *Monatshefte* 57 (1965) S. 193–97.

[Kurzer Bericht über Kafkakritik u. -übersetzungen in der UdSSR zwischen 1958 u. 1965. Einführung u. Disqualifikation gleichzeitig.]
Engl. Zusammenf. in: *TCL* 11 (1965) S. 163, u.
in: *TCLB* S. 2083.

- "Zwei Erzählungen von E. T. A. Hoffmann und Kafka: Ein Vergleich." In: *Revue des Langues Vivantes* 34 (1968) S. 227–38.

["Nachricht von einem jungen Manne" (Gesellschaftssatire) u. "Bericht für eine Akademie" (Satire gegen Zivilisation, vieldeutig). Gegen rein positivistische Quellenforschung.]

- "Madness as Existence. An Essay on a Literary Theme." In: *Research Studies* 38 (1970) S. 75–94.

[S. 87–94 über Kafka. Bei ihm sind Welt u. Menschen verwirrt, absurd u. sinnlos, während bei Hoffmann, Dostojewski u. Büchner das Verwirrte, Verrückte, eine Ausnahme in einer immerhin noch heilen Welt war. "Das Urteil" als Beispiel des Wahnsinns.]

- "Categories of the Grotesque: Gogol and Kafka." In: Zyla, *Franz Kafka: His Place in World Literature* (s. Sammelbde.) S. 135–54.

[Gogol zeigt durch das Groteske den Unterschied zwischen dem Wesentlichen u. der selbstzufriedenen Genügsamkeit des Menschen (Groteskes als Satire); Kafka verdeutlicht das Absurde durch Verwendung des Grotesken, ist tragisch.]

- "The Narrowing Vision: Kafka and Dostoevsky." In: *Proceedings of the Pacific Northwest Conference on Foreign Languages* (1976) Nr. 1. S. 23–26.

[Ähnlichkeiten bes. in der Erzähltechnik ("Doppelgänger" u. "Urteil"). Frieda-K.-Episode u. "Aufzeichnungen aus einem Totenhause". Dostojewskis Welt – reicher als die Kafkas.]

- "Kafka and Romanticism." In: *Newsletter of the Kafka Society of America* 1 (1977) Nr. 1. S. 3.

[Zusammenf.: Kafkas viele Affinitäten mit der Romantik lassen ihn in mancher Hinsicht als ihren Epigonen erscheinen, aber "nüchterne" Romantik.]

— "'Negative Capability' and Kafka's Protagonists." In: *MAL* 11 (1978) Nr. 3/4.
S. 87–100.

[Kafkas Protagonisten von "Urteil" zu "Schloß" sind uneins mit sich selbst, unfähig, Probleme zu lösen. Einige erfolgreiche "Überlebende" in manchen von Kafkas Werken besitzen eine gewisse Ironie, wenn nicht gar Humor ("Bericht an eine Akademie", "Eine kaiserliche Botschaft") u. Weisheit.]

— "Kafka and the Russian Realists." In: *Newsletter of the Kafka Society of America* 3 (1979). Nr. 1. S. 11–13.

[Affinität Kafkas mit russ. Realisten: Dostojewski (Erfindung, Themen, Technik. "Verwandlung"); Gogol ("Verwandlung", "Blumfeld"); Turgenjew ("Landarzt").]

— "Kafka's Platonic Realism: 'Nach Ideen dichten'." In: *Newsletter of the Kafka Society of America* 4 (1980) Nr. 1. S. 7–14.

[Kafka im Lichte verschiedener Theorien des Realismus. Sein Interesse für Plato, Konvergenzen an "Beim Bau der chinesischen Mauer" gezeigt.]

Stuart, Dabney: "Kafka's 'A Report to an Academy': An Exercise in Method."
In: *Studies in Short Fiction* 6 (1969) S. 413–20.

[Freiheit bleibt Illusion. Man soll sich bei Interpretation auf Erzählmuster u. -details konzentrieren.]
Engl. Zusammenf. in: *TCL* 16 (1970) S. 71, u.
in: *TCLB* S. 2089.

Suchkov, B[oris]: s. **Sučkov.**

Sučkov, B[oris L.]: "Realnost' i roman." In: *Literaturnaja gazeta* (31.8.1963)
S. 4.

Auszug in engl. Übers. u. d. T.: "On Joyce, Proust, Kafka. A Reply to Ehrenburg." In:
The Current Digest of the Soviet Press 15 (1963) Nr. 37. S. 18.

— "Kafka, ego sud'ba i ego tvorčestvo." In: *Znamja* (1964) Nr. 10. S. 212–28
(1. Teil); Nr. 11. S. 230–46 (2. Teil).

[(Kafka, sein Schicksal und Werk): Teil 1: Kafkas Kontaktverlust mit Wirklichkeit aus Werk ersichtlich, das innere Welt darstellt. Kunst als Flucht, Stimmungen stärker als Logik. Unfreies Menschenbild, Nähe zum Expressionismus, bewußte Darstellung der Entfremdung. Das Paradoxe u. die Parabel. Übermacht des Bösen, monotone Welt ("Urteil", "Verwandlung", "Strafkolonie"); Dostojewski.
Teil 2: "Amerika": Phantastisches verzerrt die Wirklichkeit, Karl ist unfrei u. einsam, Entfernung von Geschichte u. Gesellschaft. Kafka nicht religiös. Schuldproblem durch Entfremdung, auch in "Prozeß". Entpersönlichter Josef K., sinnloser Kampf gegen Böses (in "Parabel" klargemacht). Gericht: altösterreichischer Beamtenapparat. "Schloß": Kontaktlosigkeit u. Wirklichkeitsverlust noch gesteigert; Stil besser, Inhalt jedoch verwirrend. K. ein expressionistischer Held, will in unfreie Dorfgemeinschaft aufgenommen werden. Kafka erkannte die menschenfeindliche Natur der bürgerlichen Gesellschaft. "Landarzt", "Josefine", "Gracchus".]
In erweiterter Fassung u. d. T.: "Franc Kafka (1883–1924)." In: B. S.: *Liki vremeni.*
Moskva: Izdatel'stvo "Xudožestvennaja literatura", 1969. S. 3–81.
(Suchkov, B.:) In engl. Übers. u. d. T.: "Kafka. His Fate and Work." In: *Soviet Studies*

in Literature 2 (1966) Nr. 2. S. 10–46 (Part 1); Nr. 3. S. 58–93 (Part 2).
Abdruck von S. 3–81 in engl. Übers. v. K. Hughes u. d. T.: "Franz Kafka." In: Hughes, *Franz Kafka. An Anthology of Marxist Criticism* (s. Sammelbde.) S. 125–85.

– "Mir Kafki." In: Franc Kafka: *Roman, novelly, pritči.* Hrsg. v. B. Sučkov. Moskva: Izdatel'stvo "Progress", 1965. S. 5–64.

[(Die Welt Kafkas): Vorwort zur russ. Ausgabe des "Prozeß", von Erz. u. Skizzen. Krankes Werk Kafkas charakteristisch für bürgerlichen Geist, Konzept des Menschen im Wesen dekadent; Unfreiheit als Grundprinzip; Kafkas Mensch schutzlos; Sinnlosigkeit des Lebens. Gregor Samsa stellt in seiner Einsamkeit Unlösbarkeit des Konflikts Mensch-Welt dar. Interesse für Dostojewski. In "Amerika" – düsteres Bild des Landes. Kafka eigentlich kein religiöser Mensch, in religiösen u. sozialen Fragen neutral. Hauptthema im "Prozeß": Zwecklosigkeit, gegen böse Mächte anzukämpfen. Josef K. der Gesellschaft entfremdet. Im "Schloß" beeinflußt bürokratischer Apparat Leben im Dorf. Vergleich mit Proust, Joyce, Gorki.]

– "Tvorčestvo F. Kafki v svete dejstvitel'nosti." In: *Sovremennye problemy realizma i modernizm.* Hrsg. v. A. S. Mjasnikov u. a. Moskva: Izdatel'stvo "Nauka", 1965 (Akademija nauk SSSR. Institut mirovoj literatury). S. 276–308.

[(Franz Kafkas Werk im Bereich der Wirklichkeit): Kafka nimmt führende Stellung unter Schriftstellern ein, die vom Realismus abgekommen sind. Sein Werk – direkte Fortführung u. Aufzeichnung seines Innenlebens (Doppelleben). Einflüsse auf Kafka. Besprechung von "Urteil", "Verwandlung" u. "Prozeß". Schon bei Kafka dieselben Sozialprobleme wie in moderner westlicher Literatur. Pessimistische Weltanschauung voll Zweifel. Mensch als Spielball des Schicksals; Verhältnis zur Geschichte.]

*– "Svetăt na Kafka." In: *Septemvri* (1965) Nr. 1. S. 129–53.
[In bulgarischer Sprache.]

*Sugarman, David Warren: "Franz Kafka: A Psychological Study." In: *DAI* 37 (1976) S. 964B.

*Sugaya, Kikuo: ["Lukacs über Kafka. Übersetzung von Auszügen, Notizen."] In: *Kôbe-[Univ.]-Doitsu-Bungaku-Ronshû* (1965).
[Jap.]

*– ["Briefe an Milena."] In: *Eureka* 3–4 (1971) Kafka-Sonderheft.
[Jap.]

*Sugitani, Masako: "Franz Kafka und die 'Verwandlung'." (2. Teil.) In: *Kairosu* 13 (1975) S. 60–78.

Sükösd, Mihály: "Kafka ürügyén." In: *Új Írás* 4 (1974) S. 217–23.
[(Zum Anlaß Kafkas): Kafka wurde in Ungarn fast einheitlich als Dekadenter abgelehnt. L. Mátrai beurteilt Kafka anders als Garaudy. Kafka sei kein Existentialist u. kein Prophet. Sartre u. Camus entwickelten seine Welt weiter. Kafka fühlte u. schrieb in Bildern, die allg. Verfremdung ausdrücken. Seine Welt: die schlechteste der möglichen Welten.]

*Sulzberger, S. L.: ["Kafkas Sprache in russischer Übersetzung."] In: *Hapoel Hatsair* 57 (1964) Nr. 24. S. 15–16.

[Hebr.; aus "Bibliografia b'Ivrit"; über Kafkas Erz. "In der Strafkolonie", die in Rußland veröffentlicht wurde.]

Sus, Oleg: "Trochu ze zahraničních časopisů ... Kafkiana." In: *Host do domu* (1958) S. 189–91.

[(Einige Bemerkungen zu ausländischen Zeitschriften ... Kafkiana): Kommentar zu Kafkaartikel von Siebenschein in "Wissenschaftliche Annalen", seine Werkanalyse.]

– "Kafka – zmatení jazyků." In: *Host do domu* (März 1959) S. 139–40.

[(Verwirrung über Kafkas Sprache): Gegen Hájeks Artikel in "Tvorba", 1959. 2 Tendenzen unter marxistischen Kafkakritikern: Kafka als Avantgardist u. Kafka als Dekadenter. Hájek stempelt Kafka zum "materialistischen Symbolisten", überzeugt nicht.]

Susman, Margarete: "Das Hiob-Problem bei Franz Kafka. Früheste Deutung Franz Kafkas (1929)." In: Politzer, *Franz Kafka* (s. Sammelbde.) S. 48–68.

[Abdruck aus M. S.: "Gestalten und Kreise. Essays über Henri Bergson, Dostojewski, Sigmund Freud, Stefan George, u. a." (Versuche.) Stuttgart, Konstanz, Zürich: Diana-Verlag, 1954. S. 334–66. Zuerst in: *Der Morgen* (1929) Nr. 1: Hiobs Streit mit Gott um Gerechtigkeit, gelöst durch reine Anbetung. Schicksal des Judentums im Exil vorweggenommen. Nach Öffnung des Gettos – Teilnahme des Juden am Schicksal der westlichen Welt. Bei Kafka völliges Verstummen Gottes, Gesetz aus dem Leben getreten; Verzicht auf Schönheit, keine Klage mehr. Unerfüllter Traum, Welt ins Reine zu heben.] In engl. Übers. v. Theodore Frankel u. d. T.: "Franz Kafka." In: *Jewish Frontier Anthology 1945–1967*. New York: Jewish Frontier Assoc., 1967. S. 322–42.

Sussman, Henry S.: "Franz Kafka: Geometrician of Metaphor." In: *DAI* 36 (1976) S. 6665A–66A.

[Zusammenf.: Kafkas Theorie über die Erzählsprache, ausgehend von W. Benjamins Analyse von "Schloß" u. "Bau". Das Paradox von Kafkas allumfassenden Einzelmetaphern, die häufig seine Werke beherrschen, dann aber zu widersprechenden Interpretationen Anlaß geben. In ihnen stellt der Dichter die enigmatische Qualität von Raum- u. Zeitdimension dar, in die die Sprache projiziert wird. Nach Benjamin ist der Grundgestus von Kafkas Sprache "Verkehrung" (Umkehr, Umschwung); die Duplizität der Texte sei auch Kritik an der westlichen Theologie u. Metaphysik. Beispiele: Türhüterparabel, Schloßbild, Verhältnis Schloß-Dorf, "Der Bau". Die Kritiker sollen die Natur dieser Duplizität mehr betrachten.]

– "The Court as Text: Inversion, Supplanting, and Derangement in Kafka's 'Der Prozeß'." In: *PMLA* 92 (1977) S. 41–55.

[Strukturalistisch. Prüglerszene in "Prozeß" ist ohne logische u. strukturelle Kontinuität mit Roman. Leserwunsch nach Erfassung des Zusammenhanges: Hier schließt sich der Kreis von Kollusion, Ablenkung u. Vergeltung zum 1. Mal u. Abgrenzung zwischen Angeklagtem, Ankläger u. Gesetz fällt weg. K. wird Ankläger u. Angeklagter (Reversion); K.s Bestechungsversuch u. Parallele dazu in Korruption des Gerichtes. K. u. die Leser müssen sich von nun an selbst um Sinn u. Zusammenhang bemühen. Oberfläche des Textes: jeder Interpretation feindlich, Kafka aber legt Schlüssel ins Werk, hier "Gesetzes"-Parabel. Natur des Gesetzes: ergreift Besitz von gesamter Lebenssphäre, die mit der Ge-

richtssphäre zu einem verschmilzt, negatives Potential. Theatralisches 1. Kap., "Komödie" der Verhaftung, Theater u. Leben ununterscheidbar für Leser u. K., zeitliche u. räumliche Dimensionen aufgehoben. Krise: Eindringen des Gerichtes in die Bank. Rumpelkammer: Freudsches Unbewußtes (Homoerotik u. sado-masochistische Beziehung zwischen den 4 Personen). Inversion: auch Wechsel der heterosexuellen Haltung zwischen Frl. B. u. K.; sie zieht zu Frl. Montag. "Umkehrung" umfaßt alle Gebiete von K.s Leben (auch Kafkas Tagebücher aufschlußreich). Implikationen der Hundefigur: zeigt Unfähigkeit K.s (u. des Lesers) zu verstehen, sich den "Text" zu unterwerfen. Mangel an Luft an Gerichtsorten, obwohl die Institution frei über Räumlichkeiten verfügt. "Schreiben" würde Urteil über Angeklagten verzögern, aber Nähe des Gesetzes vereitelt dies. Erz.-Struktur von "Prozeß" u. "Schloß": Begrenzung der Existenz durch Entwicklung einer einzigen Metapher (Institution), die alles umfaßt. Sinn von Kafkas Schreiben: die Ausarbeitung der Fiktion aus sich selbst heraus. Ausdauer, die durch diese textuelle Prozedur des Gesetzes verlangt wird, zu viel für Kafka u. K.; trifft ähnlich auch für andere Prosawerke zu, daher häufiger Fragmentcharakter. Kafka überschreitet selten den Rahmen seiner Metapher, weder in Romanen, noch in Kurzprosa. Schreibevorgang erreicht so seine eigenen Grenzen. Gerichtsatmosphäre ist Medium für endlose Teilinterpretationen mit Teilgültigkeit. Die Begriffe von Bewegung, Austausch u. Täuschung (beginnen auf sexuellem Gebiet: Frl. Bürstner, Elsa, Leni). Deutungen der Parabel, des Türhüters u. des Gerichtes auf vielen Ebenen (Gericht: Huld, Titorelli, Block). Gerichtsmetapher gibt Roman den Zusammenhang. Wirkung der Geschehnisse des Romans auf K. nicht analysiert, seine Persönlichkeit durch die Kämpfe gezeichnet, die er vermeidet – daher nur Josef K. genannt. Einziger, der die Duplizität des Romans erfaßte, ist Block. – Bemerkungen von Andrew Török zu diesem Artikel u. Antwort des Autors in: *PMLA* 92 (1977) S. 495–96; weitere Bemerkungen von Temma Berg u. d. T.: "The Text as Meaning in 'The Trial'" in: *PMLA* 93 (1978) S. 292–93.]
Engl. Zusammenf. in: *TCL* 23 (1977) S. 277.

— "The Herald: A Reading of Walter Benjamin's Kafka Study." In: *Diacritics* 7 (1977) Nr. 1. S. 42–54.

[Strukturalistisch. Affinität zwischen Kafka u. Benjamin macht letzteren fähig, in seinem Kafka-Artikel "Franz Kafka" (in "Über Literatur") auf jene Elemente des Werkes hinzuweisen, die als Risse oder Leerstellen absichtlich von Kafka in den Text eingebaut wurden u. die in vormythologische Zeit weisen. "Vorwelt", "Zwischenwelt" u. judäo-christliche Tradition in Kafkas Prosa, paradoxe Texte, die eigenen Kommentar assimilieren. Verhältnis zwischen "Türhüter"-Parabel u. "Prozeß". Kafkas System des "Teilbaus", oder Neubeginns, oder des fragmentarischen Schreibens ähnlich, baut Benjamin scheinbar beziehungslose Elemente u. Anekdoten in seine Interpretation ein. Hermeneutik in den Text gelegt. Nach Benjamin besteht Hoffnung in Kafkas Texten durch "Vergessen", "Reversion", Möglichkeit einer Regeneration. – Östliche Unpersönlichkeit u. Indifferenz (Abwenden, Geste der Schande u. der Ablehnung).]

— "The All-Embracing Metaphor: Reflections on Kafka's 'The Burrow'." In: *Glyph* 1 (1977) S. 100–31.

[Strukturalistisch. "Der Bau", ein "narrative monologue" – Extrem in Kafkas Dichtung, auch extreme u. beispielhafte Metapher. Dunkle, narzissistische Szene für gewisse Textbewegungen, die begrenzte Handlung umschreiben. Absurdes Nagetier mit menschlicher Sprache, aber Menschlichkeit ohne "Selbst". "Bau" zeigt unkontrollierbare Gegensätze (z. B. Schein-Wirklichkeit, Dunkel-Helle, Herr-Knecht); erbaut, um von böswilligem Anderen interpretiert zu werden. Gegensätze ohne endgültige Lösungen. Bau als literarisches Werk gesehen mit unvermeidlichen Fehlern. Textuelle Duplizität, Baugänge sind Textpassagen; Symbiose von Tier u. Bau, seine Stimme ist die rhetorische Stimme des

Baues u. der Sprache im allg. – Buchstäblichkeit des Baues, "animated cartoon" der für Kafkas Prosa typischen Textbewegung. – Eine einzige Metapher, die voll Duplizität erscheint. Dreiteilung des Textes in Einleitung, Zwischenspiel mit Ausflug nach außen, u. schließlich Rückkehr nach innen u. Meditation über das Geräusch (Basis für seine Angst; Gewissen oder Bewußtsein?). Bewußtseinsspaltung: Zustand des Vergessens wird durch aktives Bewußtsein registriert. Endteil: Versuche des Tieres, Geräusch zu interpretieren, bringen weitere Angstzustände. Interpretation als Registrieren von Zersetzung u. Apokalypse? Bau vom Tier gegen sich selbst errichtet? Tier greift sich selbst als Feind an. Der Bau zeigt also Tod, Schreiben u. Duplizität in einer allumfassenden Metapher u. dient auch dazu, die Grenzen des Textes zu entdecken. – S. 121–29: Exkurs über Hieronymus Bosch.]

– "Kafka in the Century of Superimposition." In: *Newsletter of the Kafka Society of America* 3 (1979) S. 6–10.

[Strukturalistisch. Kafkas u. Flauberts Bedeutung für Benjamin, der Kafkas Bildersprache als erster voll verstand u. dessen eigene Literaturkritik davon beeinflußt wurde. Die Methode der "superimposition" (Überlagerung) von Bedeutungen u. die Schockwirkung; psychologische, soziologische u. phänomenologische Schichten werden durch die Technik von "displacement", "defferal" u. "uncanny repetition" durchbrochen. "Der Heizer."]

*Svevo, Italo: *Racconti, saggi, pagine sparse.* Hrsg. v. B. Maier. Milano: 1968.

Sviták, Ivan: "Kafka – filosof." In: *Franz Kafka. Liblická Konference 1963* (s. Sammelbde.) S. 85–96.

[Kafka ist ein philosophierender Dichter. Erfahrungen in der Welt, eigene Probleme.]
Gekürzt in dt. Übers. v. Oskar Kosta u. d. T.: "Kafka – ein Philosoph." In: Goldstücker, *Franz Kafka aus Prager Sicht 1963* (s. Sammelbde.) S. 87–94.
Auch in: *Alternative* 8 (1965) Dokumente 2. S. 12–15.
Auch in: Politzer, *Franz Kafka* (s. Sammelbde.) S. 378–85.
In engl. Übers. gekürzt u. d. T.: "Kafka as Philosopher." In: *Survey* 59 (Apr. 1966) S. 36–40.
In ital. Übers. u. d. T.: "Kafka filosofo." In: Goldstücker, *Franz Kafka da Praga* (s. Sammelbde.) S. 95–102.

– *The Czechoslovak Experiment 1968–1969.* New York and London: Columbia Univ. Pr., 1971.

[S. 114–16: Truth as a Provocation to Power: Erschien Juni 1968 in "Student". Kommentar zu Kafkas Fabel von der Maus u. der Katze. Maus, die Wände gern sieht, verdient Tod.]

Svoboda, Josef: "Bez viny?" In: *Krest'anska Revue* 25 (1958) Nr. 9. S. 283–85.

[(Ohne Schuld): Kein Zusammenhang zwischen Kafka u. Josef K.; Roman hat auch keine politisch-prophetische Qualität (Faschismus). Eher Bild des jüngsten Gerichtes.]

Š[vorecký], J[osef]: "Je Kafkova vise světa falešná?" In: *Telegram* 4 (1974) Nr. 4. S. 1.

[(War Kafkas Weltsicht falsch?): Milenas Erinnerungen im KZ an Franz Kafka, den sie einen Propheten nannte u. den sie verteidigte. Sie wurde Anti-Stalinistin.]

- "Jak to bylo s Kafkou v Československu." In: *Telegram* 4 (1974) Nr. 4. S. 8–9.

[(Wie es Kafka in der ČSSR erging): Die Liblice-Konferenz ermöglichte Kafkas Einreihung unter die tschechoslowakischen Dichter; dennoch werden seine Werke mit Argwohn betrachtet: zeigen Verfall des Kapitalismus u. Erwachen des Faschismus (oder Verurteilung des Kommunismus?)]

Swales, Martin: "Why Read Kafka?" In: *University of Toronto Quarterly* 46 (1976/77) Nr. 2. S. 100–09.

[Rein biographische Interpretation weist auf Kommunikationsschwierigkeiten. Problematik an "Urteil" untersucht: Kafka baut "Interpretation" in das Thema der Erz. ein, der die psychologische Kausalität fehlt.]

Swander, Homer: "'The Castle': K.'s Village." In: Flores, *Franz Kafka Today* (s. Sammelbde.) S. 173–92.

[Brods Gnadentheorie u. die soziologische Interpretation widerlegt. Dorf: Ort der religiösen Orthodoxie u. des gewöhnlichen Lebens. K. sucht metaphysische Eingliederung.]
Teilabdruck von S.174, 185 u. 192 auch in: Neumeyer, *Twentieth Century Interpretations of "The Castle"* (s. Sammelbde.) S. 112–13.
In dt. Übers. u. d. T.: "Zu Kafkas 'Schloß'." In: *Deutsche Romane von Grimmelshausen bis Musil.* Hrsg. v. Jost Schillemeit. Frankfurt/M. u. Hamburg: Fischer Bücherei, 1966. S. 269–89.
Teilabdruck von S. 174, 177–78, 185–86 u. 189–90 in frz. Übers. u. d. T.: "Le village de K." In: Raboin, *Les critiques de notre temps et Kafka* (s. Sammelbde.) S. 98–104.

Światłowski, Zbigniew: "Das Erkenntnisproblem und die Gerechtigkeitsfrage bei Franz Kafka." In: *Germanica Wratislaviensia* 15 (1971) S. 85–98.

[Wesensfremde Wirklichkeiten stehen polar einander gegenüber. Das unfreie Individuum steht zwischen niederer Materie u. absolutem Gesetz; Natur der Dinge nicht eindeutig erkennbar. Kafkas Suche nach überempirischer Wahrheit u. authentischer Existenz. Seine Helden gelangen erst durch Schicksalsschlag zur Reflexion (Josef K.).]

- "Kafkas 'Oktavhefte' und ihre Bedeutung im Werk des Dichters." In: *Germanica Wratislaviensia* 20 (1974) S. 97–116.

[1917: Krise in Kafkas Schaffen, mehr Reflexion u. Fragmentarisches. Störfaktor: unzulängliche Erzählmittel, Neues gesucht, um Überempirisches auszudrücken. Aphorismen, Erzählanfänge – Dokumente einer bestimmten Lebensepoche, religiös gefärbt. Ambivalenz jeden Erlebens ("Gracchus"), Fixierung auf Unzerstörbares mit "Schloß" u. "Hungerkünstler"-Bd. überwunden.]

Swinnerton, Frank: [Rez. zu engl. Übers. von "Das Schloß" (1930).] In: Jakob, *Das Kafka-Bild in England* 1 (s. Sammelbde.) S. 150–51.

[Teilabdruck (S. 11) aus "A Modern Fairy Tale and a Slice of Realism" in "Evening News" (4.4.1930): Vergleich mit "Alice in Wonderland" besser als Muirs Vergleich mit Bunyan.]

- [Rez. zu engl. Übers. von "Amerika" (1938).] In: Jakob, *Das Kafka-Bild in England* 1 (s. Sammelbde.) S. 181.

[Abdruck aus "Unhappy Creatures" in "Observer" (2.10.1938) S. 6: Nach den 2 ersten Romanen etwas enttäuschend.]

– "Extreme Modernity." In: Jakob, *Das Kafka-Bild in England* 1 (s. Sammelbde.) S. 195.

[Abdruck von S. 192 aus F. S. "Figures on the Foreground" (London, 1963): Kafka als Vertreter der "modernity".]

Symons, Julian: *The Thirties. A Dream Revolved.* London: Cresset Pr., 1960.

[S. 151–54: Kafkas Einfluß auf die Dichter der Dreißigerjahre in England.]
Teilabdruck von S. 151–53 u. d. T.: "The Would-Be Followers of Kafka." In: Jakob, *Das Kafka-Bild in England* 1 (s. Sammelbde.) S. 206–07.

– "A Comment." In: Jakob, *Das Kafka-Bild in England* 1 (s. Sammelbde.) S. 264.

[Abdruck des gleichnam. Artikels aus "Focus One" (London, 1945) S. 43: Kafka behandelt moralische Probleme, Warner politische.]

"Symposium on the Question of Decadence," with Jean-Paul Sartre, Ernst Fischer, Milan Kundera, Edouard Goldstücker. In: *Streets* 1 (May-June 1965) S. 46–55.

[Auszüge aus den Moskauer Reden in Zusammenhang mit Kafka u. der westlichen Kultur. Engl. Übers. v. Maro Riofrancos.]

Sz., J.: "Człowiek w labiryncie sprawdiedliwości." In: *Życie i Myśl* 9 (1959) S. 132–36.

[(Der Mensch im Justizlabyrinth): Besprechung der Bühnenfassung von "Prozeß" (Übers. v. Bruno Schulz) im Ateneum-Theater u. Ugo Bettis Drama "Korruption im Justizpalast". Metaphorische Welten mit realistischen Elementen.]

Szczawiński, Jósef: "Proces przy drzwiach nie istniejących." In: *Kierunki* 7 (1959) S. 12.

[(Prozeß hinter verschlossenen Türen): Aufführung des "Prozeß" (Michał Konecki) im Ateneum-Theater in Warschau.]

*Széll, Zsuzsa: Ichverlust und Scheingemeinschaft. Gesellschaftsbild in den Romanen von Franz Kafka, Robert Musil, Hermann Broch, Elias Canetti und George Saiko. Budapest: Akadémiai Kiadó, 1979.

[Untersuchung an Hand von Textanalysen einiger Werke dieser 5 Romanschriftsteller in bezug auf ihre Einstellung zur Wirklichkeit. Gemeinsamkeiten sind nicht so sehr auf das spezifisch Österreichische, sondern auf das historische u. gesellschaftliche Milieu zurückzuführen, sowie auf ähnliche Denkrichtungen.]

Szobotka, Tibor: "Kafka kettős világa." In: *Filológiai Közlöny* 9 (1963) S. 87–112.

[Ung. (Dualismus in Kafkas Welt): Kafkas Welt: Suche nach Weg (der Labyrinth ist), Angst, Nichts, Tod; Verneinung der Welt als objektive Wirklichkeit; Schuldbewußtsein.

Kafkas Logik (Irrationalismus) gelangt nur zur Antithese, nie zur Synthese. Auflocke-
rung der moralischen Ordnung. Bürgerliches Recht stützt Ausbeutung. Im "Schloß": die
2 Sphären am augenfälligsten. Familie in "Verwandlung" repräsentiert Ausbeutung; Auflehnung Gregors zwecklos. Kafka erkannte gesellschaftliche Probleme, tat aber nichts. Er
verwarf christliche Erlösungsidee u. jüdisches Gesetz. Absolute Werte verschwunden. Helden – traumhaft u. lebensuntüchtig. Kafka kann wegen seiner Begrenztheit kein Dichter
der sozialistischen Welt sein.]
Frz. Zusammenf. u. d. T.: "Le monde dualiste de Kafka." In: *Philologica. Supplément
annuel de Filológiai Közlöny* 9 (1963) S. 23–25.

– "Kafka-vita a Magyar Irodalomtörténeti Társaság Modern Filológiai Szakosztálya 1963. dec. 16.-án tartott ülésén." In: *Filológiai Közlöny* 11 (1965)
S. 219.
[Ung. (Kafka-Diskussion während der am 16. Dez. 1963 abgehaltenen Sitzung der Sektion für moderne Philologie der Ungarischen literarhistorischen Gesellschaft): Kafkas negative Seiten (Zerstörung der Individualität, Schuldbewußtsein, gespaltene Welt) überwiegen die positiven (Mitgefühl mit Leiden der Menschheit, hohe künstlerische Eigenschaften).]

– "Franz Kafka." In: *A német irodalom a XX. században.* Hrsg. v. György Mihály Vajda. [Budapest:] Gondolat, 1966. S. 203–28. Abb.
[Ung. Das Wesen der Welt Kafkas: Suche nach dem Weg, Angst, das Nichts, Tod. Kafka
auf seiten der Unterdrückten; Gott, Behörden, Vater als Unterdrücker. Kafka – Chronist
des bürgerlichen Niederganges. Totaler Nihilismus.]

Szwedowicz, Karol: "Czy Kafkowska wizja świata jest falszywa?" In: *Kultura*
(1974) Nr. 10/325. S. 101–02.
[(Ist Kafkas Weltsicht falsch?): Besprechung von Josef Szkvoreckys Milenaartikel in
"Telegram" (Kanada). Zusammenhang zwischen Kafkas Ideen u. dem Kommunismus,
Milenas Rolle darin, Kafkas visionäre Kräfte; Beziehung zur heutigen Lage in der ČSSR.]

Szymański, Wiesław: "Wyrok bez odwołania." In: *Za i przeciw* 28 (1957) S. 13.
[(Ein unwiderrufliches Urteil): Glaube an die Menschheit, Einsamkeit u. Vertrauen in
Kafkas Werken; poetischer Dialog.]

Szyrocki, Marian: "Kafka?" In: *Kwartalnik neofilologiczny* 22 (1975) S. 453–63.
[Unzählige Widersprüche bei Kafka. Brod u. a. schufen Legende. Söhne gegen Väter:
Thema des Expressionismus. "Brief an den Vater" von Kafka als literarisches Werk ge-
dacht. Großvater starb in Wossek als Fremder, gehörte der Dorfgemeinschaft nicht an.
Frieda – Milena, Klamm – Polak, Amalia – Julia Wohryzek. Kafka übertrug subjektive
Erlebnisse auf Ebene allg. menschlicher Problematik.]
Poln. u. d. T.: "Kafka?" In: *Germanica Wratislaviensia* 27 (1976) S. 183–95.

*****Taaning, T.:** "Drømmens konsekvenser." In: *Berlingske Tidende* (27.4.1968).

*****Tabarsky, Yokhanan (?):** ["Bemerkungen zu Büchern über Kafka."] In: *Gilio-
not* 28 (1958) Nr. 4. S. 217–18.
[Hebr.; aus "Bibliografia b'Ivrit". Über Gustav Janouchs "Gespräche mit Kafka" (Fischer,
1951).]

*—*Sifrut Olan.* [Lexikon der Weltliteratur.] Bd. 4. Tel Aviv: 1964.
[Hebr.; aus "Bibliografia b'Ivrit"; S. 293—96: Franz Kafka.]

Taberner, José María: "Anotaciones en torno a Kafka." In: *Letras de Deusto* 1 (1971) Nr. 2. S. 187—96.
[Philosophische Analyse von Kafkas Werk: Wurzel u. Zentrum seiner Kunst bildet die Entfremdung zwischen dem Selbst u. der Welt.]

*****Tachibana, Kengo:** ["Die Struktur der 'Verwandlung' von Franz Kafka."] In: *Kairosu* 11 (1973) S. 11—22.
[Jap.]

*****Takagi, Hisao:** ["Über 'Josefine, die Sängerin, oder das Volk der Mäuse' von Kafka."] In: *Kyôto-[Univ.]-Doitsu-Bungaku-Kenkyû-Hôkoku* 14 (1966).
[Jap.]

—["Die Traumwelt Kafkas."] In: *Sekai-Bungakukai-Sekai-Bungaku* 24 (1966).
[Jap.]

*****Takahashi, Ikuho:** "Kafka — sono bungakusekai." In: *Sôdai Angelus Novus* (Waseda Univ.) 2 (1974) S. 84—95.
[(Kafka: Seine literarische Welt).]

*****Takahashi, Tetsuya:** ["Über Kafkas Aphorismen."] In: *Toritsu-[Univ.]-Jin-mon-Gakuho* 95 (1973).
[Jap.]

Tall, Emily: "Who's Afraid of Franz Kafka? Kafka Criticism in the Soviet Union." In: *Slavic Review* 35 (1976) Nr. 3. S. 484—503.
[1964: russ. Publikation von wichtigsten Erz. Kafkas in "Inostrannaja literatura"; Satellitenstaaten hatten Kafka schon vorher gedruckt. Konferenz über Realismus in Moskau 1957. Zatonskijs Artikel 1959 in "Inostrannaja literatura", Ehrenburgs Antwort. Zatonskij legt Grenzen für neues marxistisches Kafka-Verständnis fest; aber auch viel Negatives, neben Tatsachen (Revisionismus 1959). Weitere Artikel Zatonskijs zwischen 1961—63. Bis 1963 offizielle Haltung: Kafka kein Künstler, kapitulierte vor dem Kapitalismus, überflüssig für sozialistische Welt. Sartre-Rede 1962 in Moskau drängt auf Annahme Kafkas; Liblice-Konferenz 1964 — weiterer liberalisierender Einfluß; 3 weitere russ. Artikel erscheinen (Knipovič, Zatonskij u. Sučkov). Kritik an Liblice-Konferenz durch Ivan Anisimov, Angst vor Zerstörung des "sozialistischen Realismus" durch Kafka auf Moskauer Konferenz über Modernismus. Samarij Velikovskij verteidigt Kafka. 1965 Zatonskijs Buch über Kafka u. russ. "Prozeß"-Übers. — 1968 (Ereignisse in ČSSR): Verschlechterung der Lage. 1968 Angriff auf öffentliche Ablehnung durch Soziologen A. Gulyga, dem heftig widersprochen wurde.]

*****Talpaz, Gideon:** ["Zwischen Agnon und Kafka."] In: *Leket Divre' Bikoret Al Sefarim Khadashim* (Jerusalem) (1973) Nr. 5. S. 22.
[Hebr.; aus "Bibliografia b'Ivrit"; Photokopie des Artikels in der Tageszeitung "Maariv" vom 9.3.1973; über Hillel Barzels Buch "Ben Agnon le Kafka".]

*Tanaka, Masako: ["Über 'Ein Hungerkünstler'."] In: *Tôkyô-Keizai-[Hochschule-] Jinmon-Shizen-Kagaku-Ronshû* 35 (1973).
[Jap.]

*Taniguchi, Shigeru: "Furantsu Kafuka ron no kokoromi." In: *Neue Stimme* 1 (1962) S. 31–36; 2, S. 58–64; 4, S. 49–57.
[Jap. – "Versuch zur Kafka-Forschung 1, 2, 3."]

*–["Kafka als Jude."] In: *Eureka* 3–4 (1971) Kafka-Sonderheft.
[Jap.]

*–["Über 'Briefe an Milena' von Kafka."] In: *Meiji-Gakuin-[Univ.]-Ronso* 177 (1971).
[Jap.]

*–"Kafka to yudaya-shisô. – 'Shinpan' o chûshin ni." In: *Shinsei-kai Nihonjin Kara Mita Yudaya-mondai* (1975?) S. 145–95.
[(Kafka und jüdisches Gedankengut – dargestellt bes. am "Urteil".]

– ["Über Kafkas 'In der Strafkolonie' in bezug auf seine Stellung zum Judentum."] In: *Doitsu Bungaku* (1978) Nr. 61. S. 72–80.
[Jap. mit dt. Zusammenf.]

*Tarau, Paul: "L'Opposition discursif-nondiscursif dans une analyse narrative." In: *Cahiers de Linguistique Théorique et Appliquée* 3 (1976) S. 315–26.

Tarizzo, Gisella: "Nota." In: Franz Kafka: *Preparativi di nozze in campagna.* Traduzione di Gisella Tarizzo. Titolo originale: "Hochzeitsvorbereitungen auf dem Lande." Milano: Il Saggiatore, 1960 (Biblioteca delle Silerche XLIII). S. 7–12.
[Biographie u. Werke besprochen. Übers. enthält die 2 Mss. (I u. II). Die 3 erhaltenen Versionen (mit fehlenden S.) beschrieben.]

Tarot, Rolf: *Hugo von Hofmannsthal. Daseinsformen und dichterische Struktur.* Tübingen: Max Niemeyer, 1970.
[Vergleichende Hinweise auf Kafka u. Hofmannsthal, bes. S. 326–28.]

– "Kafka und die 'soziale Angst'. – Ein Versuch über das Verhältnis von Form und Inhalt." In: *Newsletter of the Kafka Society of America* 4 (1980) Nr. 2. S. 32–40.
["Die Darstellung sozialer Angst (Inhalt) wird durch den konsequenten Monoperspektivismus (Form) adäquat vermittelt." Soziale Angst zerstört Macht des logischen Denkens u. Distanz des Ich zu sich selbst, die im traditionellen Erzählen herrschen.]

*Tarsi, Ester: ["Aus dem Tagebuch eines Kafka-Lesers."] In: *Molad* 13 (1956)
S. 444—48.

[Hebr.; aus "Bibliografia b'Ivrit"; über die Romane "Prozeß", "Amerika" u. "Schloß".]

*—["Über einen brüderlichen Freund."] In: *Urim* 13 (1956) Nr. 3. S. 194.

[Hebr.; aus "Bibliografia b'Ivrit"; über Brods Kafkabiographie.]

*—*Bikoret Zuta*. ["Kleine kritische Arbeiten."] Jerusalem: 1960.

[Hebr.; aus "Bibliografia b'Ivrit"; S. 183—85: (Mit Kafkas Helden und auf seine Art).
S. 185—87: (Franz Kafka mit seinen Romanen in hebr. Übers. u. seinen Tagebüchern
in Originalsprache).
S. 188—90: (Max Brod: "Franz Kafka. Eine Biographie").]

Tatarkiewicz, Anna: "Sprawa Józefa K." In: A. T.: *W labiryncie. Szkice literackie.* Ludowa Spótdzielnia Wydawnicza, 1974. S. 131—37.

[(Die Affaire von Josef K.).]

Tate, Eleanor: "Kafka's 'The Castle'. Another Dickens Novel?" In: *Southern
Review* (Univ. of Adelaide) 7 (1974) S. 157—68.

[Ähnlichkeiten zwischen "Schloß" u. "Great Expectations": allg. allegorischer Rahmen,
Reisemotiv (Pip u. K. suchen nach Bestätigung in der Welt), Kampf mit Schattenfiguren,
die Vermittler (Jaggers u. Klamm), die Boten u. ihre kranken Eltern, der Gebrauch der
Parodie, die Frauen, das Wirtshaus, das Schloßsymbol (Zugang u. Beziehung). Kafka
drückt Dilemma seiner Zeit direkter aus als Dickens; Pip findet Versöhnung, K. nicht
mehr.]
Engl. Zusammenf. in: *TCL* 21 (1975) S. 130.

Tauber, Herbert: "K. and the Quest for God in Life."

— "K. and the Quest for God in Life." In: Neumeyer, *Twentieth Century Interpretations of "The Castle"* (s. Sammelbde.) S. 36—39.

[Abdruck mit neuem Titel von S. 143—46 aus "Franz Kafka: An Interpretation of his
Works" von Herbert Tauber. Übers. von G. Humphreys Roberts u. Roger Senhouse.
New Haven: Yale Univ. Pr.; London: Secker & Warburg, 1948. — Sonja ("Schuld und
Sühne") u. Frauen in "Das Schloß" in bezug auf Glauben ähnlich.]

— [Abdruck von S. 183—85 aus "Franz Kafka: An Interpretation of his Works"
von Herbert Tauber. Übers. von G. Humphreys Roberts u. Roger Senhouse.
New Haven: Yale Univ. Pr.; London: Secker & Warburg, 1948.] * In: Neu-
Meyer, *Twentieth Century Intepretations of "The Castle"* (s. Sammelbde.)
S. 113—14.

Taubman, Howard: "Bunker Jenkins Adapts 'In the Penal Colony'." In: *New
York Times Theater Reviews 1920—1970.* Vol. 7. New York: New York
Times & Arno Pr., 1971 (4.5.1962. S. 27.)

[Negative Kritik an der handlungsarmen Aufführung von "In the Penal Colony" (41st
Street Theater, New York).]

Taylor, Alexander: "The Waking: The Theme of Kafka's 'Metamorphosis'." In: *Studies in Short Fiction* 2 (1965) S. 337–42.

[Gegen psychoanalytische Interpretation. Umwelt Gregors ist krank u. entmenscht; Gregor sucht Ich-Du Beziehung, Wärme. Käfer – Bild der Auflehnung.]
Engl. Zusammenf. in: Corngold, *The Commentators' Despair* (s. Sammelbde.) S. 231–32, u.
in: *TCLB* S. 2113.

*Taylor, Coley: [Abdruck von S. 7 aus: "Review of 'The Castle'." In: "New York Herald Tribune", Books (Sept. 21, 1930).] In: Neumeyer, *Twentieth Century Interpretations of "The Castle"* (s. Sammelbde.) S. 105–06.

Tedlock, E. W.: "Kafka's Imitation of David Copperfield." In: *Comparative Literature* 7 (1955) Nr. 1. S. 52–62.

[Kafkas Tagebuchnotiz über seine Beziehung zu Dickens; beide gestalten moralische u. thematische Ambiguität durch groteske Technik (Verzerrung der Wirklichkeit).]

Ternes, Hans: "Franz Kafka's 'Hunter Gracchus'. An Interpretation." In: *Probleme der Komparatistik und Interpretation. Festschrift für André von Gronicka zum 65. Geburtstag am 25.5.77.* Hrsg. v. Walter H. Sokel, Albert A. Kipa u. Hans Ternes. Bonn: Bouvier, 1978. S. 216–23.

[Dreiteilung in "Graccus": Unschuld, Sünde, Hoffnung. Vögel als Symbol für Botschafter. Gracchus: eine nach Rettung sich sehnende verdammte Seele. Bürgermeister: bedauerliche Gestalt, kann nicht helfen. Gracchus hoffte vom Tod Befreiung, aber es gibt keine Erlösung für ihn. Humor in Verzweiflung.]

Terras, Victor: "Zur Aufhebung bei Kafka und Dostojewski." In: *Papers on Language and Literature* 5 (1969) S. 156–69.

[Die antinomische, absurde Welt Kafkas im Alltagsleben des Bürgers gezeigt. Verwendung der Hyperbel, Hyperoche, Litotes, Antithese, des Pleonasmus u. Oxymorons; komischer "anticlimax" – Formen der Aufhebung bei Kafka teilweise wie Dostojewski. Opfert traditionellen guten Stil.]
Engl. Zusammenf. in: *TCL* 16 (1970) S.71, u.
in: *TCLB* S. 2083.

*Terray, Elemir: "Spor o vstupné vízum." In: *Slovenské pohl'ady* (1963) S. 103–06.
[Slowak. (Der Streit um das Einreisevisum).]

Těšitelová, Marie, u. Milada Vančatová: "Na okraj slovníku Franze Kafky." In: *Slovo a slovesnost* 28 (1967) S. 421–26.

[S. 426: Dt. Zusammenf. u. d. T.: Marginalbemerkungen zu Kafkas Wortschatz: Statistische Untersuchung des Wortschatzes, verglichen mit Schnitzler, ergibt eigenartigen, aber reichen Wortgebrauch. "Ein Landarzt" u. "Bericht ..." mit Hilfe von P. Guirauds Formel untersucht.]

Teuber, Gottfried: *6 Radierungen zu Franz Kafka "Ein Landarzt".* Memmingen, Allgäu: Visel, 1969.

[6 Blätter mit Illustr.]

461

Theodor, Erwin: "Kafka, o Autor." In: Theodor, *Introdução à obra de Franz Kafka* (s. Sammelbde.) S. 7–20.

[Kafkas Rolle in der Literatur des 20. Jh. u. der darin vorgegangenen Veränderungen. "Phantastische Erzählkunst".]

Thieberger, Richard: "Kafka trente-cinq ans après." In: *Critique* 15 (1959) S. 387–99.

[Besprechung von Brods Ausgabe der Briefe Kafkas u. von 6 anderen zwischen 1957–59 erschienenen Werken über Kafka. Kritische Gesamtausgabe nötig. Politzer, Wagenbach u. Weltsch korrigieren Brod. Emrichs Werk nicht zufriedenstellend. Bedeutung der stilkritischen Studien.]

— "Moderne deutsche Prosa. Ein Beitrag zu ihrer Charakteristik." In: *DU* 16 (1964) Nr. 2. S. 5–16.

[Für Kafka ist wirkliche Realität unrealistisch. Die Funktion des Lachens im "Prozeß"; befreiendes Lachen gelingt Josef K. nie. Ernst u. Humor schwer unterscheidbar.]

— "Kafka, Camus, et la sémantique historique: Réflexions méthodologiques sur la recherche littéraire." In: *Comparative Literature Studies* 4 (1967) S. 319–26.

[Vor allem Kritik an Kurt Weinbergs Buch, der theologisch zu interpretieren versucht, aber eine äußerliche, willkürliche Semantik verwendet. Ist zu weit von Kafkas "sémantique de départ" entfernt, in der sich das Wesen des Autors u. die äußeren Sprachgegebenheiten ausdrücken.]
*Auch in: R. T.: *Gedanken über Dichter und Dichtungen. Essays aus fünf Jahrzehnten.* (s. Artikel.)
Engl. Zusammenf. in: *TCLB* S. 2107.

— *Le genre de la nouvelle dans la littérature allemande.* Paris: Minaud ("Les Belles Lettres"), 1968 (Publications de la Faculté des Lettres et Sciences Humaines de Nice. 2.). — Auch: Abbeville: F. Paillart, 1969.

[Introduction. S. 1–23: Einleitendes über Wandel der Novelle u. Kafkas Rolle darin. – Kap. IV: L'unité de la nouvelle. – Le moi chez Kafka: S. 259–70: Strikter Realismus des Stils hilft Einheit der Struktur zu bewahren (wenn z. B. wie bei Kafka das Ich des Autors in die "dislocation" des Helden einbezogen wird), an "Amerika", "Strafkolonie" dargelegt. Neuheit Kafkas: extreme Schockwirkung auf Leser, auf dem Abstand zwischen Sinn des Textes u. menschlich Vorstellbarem beruhend. Kap. V: Harmonie et chock: S. 271–80: Kafkas Werke sind durch ihre Schockwirkung gekennzeichnet, entstanden u. a. dadurch, daß im 20. Jh. die Einheit Autor-Leser zugunsten der Einheit Autor-Held aufgegeben wurde, erreicht bei Kafka ein Extrem ("Strafkolonie" u. "Landarzt"), kein gemeinsames Terrain mehr mit Leser. Conclusion: S. 281–92: Kafka als Endresultat einer radikalen Veränderung der Novelle; Unterschiede u. a. zu Thomas Mann, der noch Leser einbezieht.]

*—"La dérision de la Justice chez Kafka (à propos de la 'Colonie Pénitentiaire)." In: *Réseaux* 18–19 (1972) S. 113–24.

— "Ein Käfig ging einen Vogel suchen." In: *Literatur und Kritik* (Juli/Aug. 1974) Nr. 86/87. S. 403–07.

[Ist Kafka selbst dieser Vogel? Gedanken zum Toleranzedikt Josefs II. u. zu den jüdischen Familiennamen. Käfig als Gesetz, oder erotische Bedeutung?]
*Auch in: R. T.: *Gedanken über Dichter und Dichtungen. Essays aus fünf Jahrzehnten.*
(s. Artikel.)
Engl. Zusammenf. in: *TCL* 21 (1975) S. 130.

— "Brücke dreht sich um. (Zu einer Metapher Kafkas.)" In: *Literatur und Kritik* (1976) Nr. 104. S. 204–06.

[Leben u. Erkennen schließen einander aus.]
*Auch in: R. T.: *Gedanken über Dichter und Dichtungen. Essays aus fünf Jahrzehnten.* (s. Artikel.)

— "Franz Kafka — in der Sicht der heutigen Forschung." In: *Universitas* 31 (1976) S. 503–12.

— "The Botched Ending of 'In the Penal Colony'." In: Flores, *The Kafka Debate* (s. Sammelbde.) S. 304–10.

[Altes Foltersystem aufgehoben: Funktion von Maschine u. System im 1. Teil, Zerstörung der Maschine im 2. Teil. Forscher — Kafka ähnlich, neutraler Beobachter; Perspektive wechselt zwischen ihm u. Offizier. Textvarianten für Ende: Kafka unentschieden zwischen Hoffnung u. Pessimismus.]

— "Noch einmal: 'Kinder auf der Landstraße'. Zum Thema: Ist Kafka Realist?" In: *Jahrbuch für Internationale Germanistik* 11 (1979) Nr. 2. S. 53–57.

[Passagen mit starrem Realismus u. gleichzeitig Welt mit anderen Dimensionen (innere Realität): Metarealität.]

— "Ästhetik. Sprache." In: *Kafka-Handbuch* 2, S. 177–203.

[Kurzbibliogr. S. 203. – Folgende Aspekte der Sprache werden untersucht: Rohmaterial, Ausdruck, Wortschatz, Syntax, Tempus u. Modus, Gleichnis, Schreiben u. Sprechen, sowie Stil.]

— "Die Erzählungen: Das Schaffen in den ersten Jahren der Krankheit (1917–1920)." In: *Kafka-Handbuch* 2, S. 350–77.

[Behandelt Lebenshintergrund u. Überlieferung; siebzehn Einzeltexte erläutert.]

*—*Gedanken über Dichter und Dichtungen. Essays aus fünf Jahrzehnten.* —
Les textes et les auteurs — Cinquante années de réflexions sur la littérature.
Festschrift. Hrsg. v. Alain Faure, Yvon Flesch u. Armand Nivelle. Bern: Peter Lang, 1982?
[Enthält 4 Arbeiten über Kafka: "Kafka, Camus …" (1967); "Brücke dreht sich um" (1976); "Ein Käfig ging einen Vogel suchen" (1974); u. "Josefine die Sängerin" (bisher unveröffentlicht).]

Thiher, Allen: "Kafka's Legacy." In: *Modern Fiction Studies* 26 (1980–81) S. 543–61.

[Kafka als Vorläufer der modernen Dichter, z. B. Robbe-Grillet ("Dans le labyrinthe") u. Handke ("Die Angst des Tormanns beim Elfmeter"). Wir müssen Kafka durch die

"Intertextualität" sehen, unsere jetzigen Schriftsteller lehren uns, Kafka so zu lesen, wie es seine Zeitgenossen nicht verstehen konnten. "Urteil", "Prozeß" u. "Strafkolonie": Welt nur noch als "multiple Interpretationsmöglichkeiten", führt zum Verlust der Welt. Kafkas Erbe von Spiel u. Wahnsinn in Gegenwartsprosa zu finden.]

*Thijssen, M.: "Enkele opmerkingen bij het artikel 'Literatuur: Altijd "live"' van K. F. Flippo (*Levende Talen* 348, 1980)." In: *Levende Talen* 351 (1980) S. 315–17.

[Über "Die Verwandlung".]

Thomas, Hugh: "Notes Towards a Better Understanding of Kafka and the Logic of Failure." In: Jakob, *Das Kafka-Bild in England* 2 (s. Sammelbde.) S. 436.

[Abdruck von Artikel in "Cambridge Review" (1951) Nr. 1765. S. 530 u. 532: Kafka u. Jaspers.]

Thomas, J. D.: "The Dark at the End of the Tunnel: Kafka's 'In the Penal Colony'." In: *Studies in Short Fiction* 4 (1966) S. 12–18.

["Strafkolonie" u. jüdische Gemeinde in der Diaspora. Strafmaschine erinnert an Almemar in jüdischer Synagoge. Reisender – emanzipierter jüdischer Intellektueller, Kafka.] Engl. Zusammenf. in: *TCLB* S. 2093.

Thomas, L. H. C.: "Swift in German Literature." In: *Hermathena* (Spring 1967) Nr. 104. S. 67–77.

[S. 75: Kafkas Brief an Schwester Elli über Kindererziehung.]

Th[omas], R[udolf]: "Drei Prager Autoren." In: Born, *Franz Kafka. Kritik und Rezeption* (s. Sammelbde.) S. 102–03.

[Zuerst in "Prager Tagblatt" (21.10.1920): Sammelrez.; "Ein Landarzt": "traumhafte … Begebenheiten …" Abstraktes wird konkret gesagt.]

Thomke, Hellmut: *Hymnische Dichtung im Expressionismus.* Bern u. München: Francke, 1972.

[Hinweise auf Kafka, bes. S. 294–95 über geistige Verwandtschaft mit Werfel.]

Thomson, Philip: *The Grotesque.* London: Methuen, 1972 (The Critical Idiom 24).

[S. 5–8: Das Element des Komischen u. Unheimlichen in der "Verwandlung".]

– *The Grotesque in German Poetry. 1880–1933.* Melbourne: Hawthorne Pr., 1975.

[S. 1–3: Schrecken u. Komik in Samsas Verwandlung; unvereinbare Elemente u. objektiver Stil, Leser bestürzt.
S. 16: die unvereinbaren Elemente bleiben bestehen (Verwandlung).]

Thorlby, Anthony: "Anti-Mimesis: Kafka and Wittgenstein." In: Kuna, *On Kafka: Semi-Centenary Perspectives* (s. Sammelbde.) S. 59–82.

[Kafka nahm Interpretationsrichtungen seiner Werke in "Gesetzesparabel" vorweg; symbolische u. allgemeinere Betrachtungsweise, sowie diejenige, die Kafkas Texte als Wirklichkeitsdarstellung so nimmt, wie sie sind. Frage nach Bedeutung bleibt aber auch bei letzterer, da sie Kafka in den Schreibprozeß hineinlegt. Texte enthalten Wirklichkeitsstruktur, der die Sprachstruktur nicht entspricht. Problem von Sprache, Schreiben u. Literatur in Werken dargestellt, ähnlich Wittgensteins Gedanken zur Sprache: tatsächlicher Sprachgebrauch fluktuiert (Wörter als Bestandteile von Situationen, stellen nicht die Welt dar). Kafkas Interesse am Schreibprozeß, mimetischer Aspekt des Schreibens weniger wichtig. Sprachspiel mit willkürlichen Regeln über Wortgebrauch; bekannte Wörter für unbekannte Wirklichkeit. Erfuhr am Schreiben ein metaphysisches Problem.]
Teilabdruck in dt. Übers. v. Alfred Wirkner u. d. T.: "Anti-Mimesis: Kafka und Wittgenstein." In: Heintz, *Interpretationen zu Kafka* (s. Sammelbde.) S. 199–209.

– "Kafka and Language." In: Stern, *The World of Franz Kafka* (s. Sammelbde.) S. 133–44.

[Kafkas Beziehung zur Sprache (ihre Natur letztlich unverständlich) u. zum Schreiben: unschuldiges Vergnügen, die Welt zu verwandeln u. Verzweiflung darüber, die Wahrheit der Welt zu zerstören. Prozeß der Verwandlung u. Bedeutung der Sprache. Die meisten Krisen der Moderne in Kafkas Werk rein symbolisch u. metaphorisch enthalten. Wittgenstein.]

Thürmer, Wilfried: "Ästhetik. Beschreibung." In: *Kafka-Handbuch* 2, S. 130–38.

[Kurzbibliogr. S. 130. Untersucht Beschreibung, exakte Prosa, Kafka als Beobachter; dialektische Negation in Beschreibung eingeschlossen. Subjektivismus, Zusammenfallen der Optik von Held u. Erzähler. Bezzel, Kobs, Hasselblatt. Das Schäbige von Kafkas Bilderwelt. Subjektive Beschreibungen, die in Unsicherheit oder in reine Bewußtseinskunst münden.]

Thurston, Jarvis: "The Married Couple." In: Flores, *Franz Kafka Today* (s. Sammelbde.) S. 83–91.

[Kafka selbst legte Interpretationsschlüssel (z. B. Symbole u. Widersinnigkeiten) in seine Werke. Erz.: religiöses Thema; aber auch philosophische, psychologische u. kulturellhistorische Elemente wichtig.]

Tiburzio, Enrico: "Note sull'opera di Franz Kafka." In: *Belfagor* 25 (1970) S. 135–62.

[Vier Entwicklungsphasen in Kafkas Gedanken u. Werk: 1. Krise des Objektivitätsbegriffes u. der Beziehung Mensch-Umwelt. 2. Grund: Mensch lebt für etwas Äußerliches, für die Autorität (Vater; "Urteil", "Verwandlung"). Stil festgelegt. 3. Autorität wird zum Gesetz. Entpersönlichung. Suche nach totem Gesetz – "Prozeß". 4. Subjekt gelangt zum Kompromiß; nimmt am Betrug des toten Gesetzes teil.]

*****Tieges, Wouter Donath**: "Franz Kafka: eenheid als antwoord op manipulatie en corruptie." In: *Jeugd en Cultuur* 18 (1972/73).

*****Tilgner, Wolfgang**: "Ein sensibler Dichter. Zum 90. Geburtstag von Franz Kafka." In: *Der Morgen* (3.7.1973) Nr. 154.

Tilton, John W.: "Kafka's 'Amerika' as a Novel of Salvation." In: *Criticism* 3 (1961) S. 321–32.

["Amerika": Erlösungsroman. Koffer – Schuldsymbol. Karl erkämpft Freiheit. Naturtheater – religiöses Symbol.]
Engl. Zusammenf. in: *TCLB* S. 2087.

*Timár, György: ["Budapest Interview with Roger Garaudy."] In: *Élet és Irodalom* (Nov. 1966) Nr. 39.

*Timmermans, R.: "Franz Kafka, een poging tot inzicht." In: *Dietsche Warande
en Belfort* 55 (1955) S. 11.

Tindall, William Y.: *Forces in Modern British Literature. 1885–1956.* New York:
Vintage, 1956. (C 1947).

[Hinweise auf Kafka. S. 244–45 über engl. Kafka-Übers. von Muir. Angst, Schuld u. Terror
von Kafkas Werken passen in die Atmosphäre der 30er Jahre. Engl. Kafka-Nachahmungen.]

– *The Literary Symbol.* Fourth Printing. Bloomington: Indiana Univ. Pr., 1965.
(C 1955).

[S. 63–64: Symbolik des Käfers zeigt Haltung der Familie u. Selbstbewertung.
S. 139–42 u. 174–76: Besprechung von "Das Schloß" u. "Der Prozeß".]
Engl. Zusammenf. von S. 63–64 in: Corngold, *The Commentators' Despair* (s. Sammel-
bde.) S. 233.

Tismar, Jens: "Kafkas 'Schakale und Araber' im zionistischen Kontext betrachtet." In: *JDSG* 19 (1975) S. 306–23.

[Erz. im "Juden" (Hrsg. v. Buber), Okt. 1917 gedruckt; Programm der Zeitschrift läßt
Geschichte im jüdischen Zusammenhang sehen. Geschöpfe in Abhängigkeit von ande-
ren, illusorische Hoffnung auf Erlösung: Situation der Juden im Exil (Galuth). Schakale:
Juden aus antisemitischer u. jüdisch-orthodoxer Sicht. Auch persönliche Bedeutung für
Kafka u. die Beziehung zum Zionismus.]

Todd, Ruthven: "Franz Kafka." In: Jakob, *Das Kafka-Bild in England* 1 (s. Sammelbde.) S. 203.

[Gedicht aus R. T. "The Acreage of the Heart" (Edinburgh, 1944), S. 29.]

Todorov, Tzvetan: *Qu'est-ce que le structuralisme? 2. Poétique.* [Paris:] Editions
du Seuil, 1968.

[Kap. 3: Perspectives. 2. Poétique et esthétique. – S. 102: Beispiele aus Kafkas "Schloß"
für die Trennung zwischen Erzähler u. Held K.]

– *Introduction à la littérature fantastique.* Paris: Editions du Seuil, 1970 (Poétique).

[S. 177–83: Kafkas "Verwandlung" in Zusammenhang mit der phantastischen Erz.:
ohne Überraschung, Gregors resignierte Anpassung an Übernatürliches. Der Mensch als
phantastisches Objekt.]
*In dt. Übers. in: *Einführung in die phantastische Literatur.* München: 1970.

Tomanek, Thomas J.: "The Estranged Man: Kafka's Influence on Arreola." In:
Revue des Langues Vivantes 37 (1971) S. 305–08.

[Parallelen zwischen den Helden der beiden Dichter. An Erz. wie "Pueblerina" u. "El Guardagujas" aus der Sammlung "Confabulario" gezeigt.]

Tomberg, Friedrich: "Kafkas Tiere und die bürgerliche Gesellschaft." In: *Das Argument* 6 (1964) Nr. 1. S. 1–13.

[Verlust der Sprache – Gregor in bürgerlicher Gesellschaft unbrauchbar geworden. Sohn unterwirft sich in unkritischer Weise der Autorität ("Das Urteil"); Kafkas Isolation im Junggesellenstand innerhalb seiner Klasse.]

– "Kafkas Tiere." In: F. T.: *Basis und Überbau. Sozialphilosophische Studien.* Darmstadt: Luchterhand, 1974 (Sammlung Luchterhand 140). (C 1969). S. 125–46.

[Marxistisch gefärbte Besprechung der Junggesellen, des "vollendeten Bürgers" u. des Proletariers in Kafkas Werk. Junggeselle wird als "nutzlos" aus dem Bürgerkreis ausgeschlossen (Kafkas eigene Stellung); Bürger will seine Stellung unter allen Umständen wahren ("Prozeß"). Junggeselle hat Züge des Proletariers im Werke Kafkas. Bürgerklasse bleibt ohne Humanität u. ohne Aussicht auf Revolution.]

***Tomović, Slobodan**: "Čovek-funkcija u literaturi Franca Kafke." In: *Delo* 24 (1978) Nr. 1. S. 15–20.

*– "Dilema: Svet je mrtav, odnosno bog je mrtav, u literaturi Franca Kafke." In: *Književnost i Jezik* 25 (1978) S. 164–70.

*– "Pravni aspekt sumnjicenja u Kafkinom romanu 'Proces'." In: *Delo* 25 (1979) Nr. 5. S. 11–19.

[Verdacht im "Prozeß".]

***Toriumi, Kaneo**: ["Sein und Logik – eine Betrachtung über den 'Prozeß' von Franz Kafka."] In: *Dokkyô-[Univ.]-Doitsu-Bungaku-Kenkyû* 3 (1972).

[Jap.]

***Toriumi, Kinrô**: "Kiki ni tatsu geijutsu-ka – Frants Kafka no 'Ein Hüngerkünstler' o megutte." In: *Dokkyô Daigaku Doitsugaku Kenkyû* (1974?) S. 39–56.

[(Ein Künstler in kritischer Lage. Über Franz Kafkas "Ein Hungerkünstler"). Mit dt. Zusammenf.]

*– "Über die Erzählweise Franz Kafkas. Die Versetzung in eine verfremdete Situation und die Erzählung 'Ein Landarzt'." In: *Dokkyô Daigaku Doitsugaku Kenkyû* 4 (1974?) S. 57–66.

[Dt. Artikel mit jap. Zusammenf.]

*– "Sonzai to shozoku – Frants Kafka no 'Die Verwandlung' o megutte." In: *Dokkyô Daigaku Doitsugaku Kenkyû* 5 (1974) S. 78–118.

[(Existenz und Zugehörigkeit – Über Franz Kafkas "Die Verwandlung".)]

Török, Andrew: s. Sussman, Henry.

Torre, Guillermo de: *Doctrina y estetica literaria.* Madrid: Ediciones Guadarrama, 1970.

[Hinweise auf Kafka. S. 560–64: Proust, Joyce, Kafka y sus aportaciones fundamentales: Klarheit der Sprache macht Kafkas Romane nur noch rätselhafter. Grausame Gesetze regieren absurdes Universum.]

– "Kafka y el absurdo verosímil." In: *Historia de las literaturas de vanguardia.* [Bd.] 3. Madrid: 1971. S. 81–86.

Torrents, Ricard: "Sobre la carta al padre." In: Franz Kafka, *Carta al padre.* Barcelona: Lumen, 1974 (Palabra menor 36). S. 69–106.

Torza, Marianne: "The Non-Realistic Concept of Reality in the Works of Gustav Meyrink, Alfred Kubin, and Ludwig Meidner; Its Relation to Kafka." In: *DAI* 38 (1977) S. 3492A.

Tragtemberg, Mauricio: "Franz Kafka: o romancista do 'absurdo'." In: *Alfa* (Marilla, Brasil) 1 (1962) S. 81–95.

[Die Hauptmotive des Absurden in der Literatur von Dostojewski bis Kafka. "Prozeß" u. "Schloß" zeigt in unterschiedlicher Weise Kafkas Darstellung des Kommunikationsverlustes.]

Trahan, Elizabeth: "A Common Confusion: A Basic Approach to Franz Kafka's World." In: *GQ* 36 (1963) S. 269–78.

[Einfache Handlung: Form u. Inhalt verwirrend. Zeit- u. Raumproblem in Kafkas besonderer Welt; keine Verständigungsmöglichkeit mehr, Isolation der Helden, die oft nur Zeichen sind (der willkürlichen Welt angepaßt).]
Engl. Zusammenf. in: *TCL* 9 (1964) S. 223, u.
in: *TCLB* S. 2085.

Tramer, Friedrich: "August Strindberg und Franz Kafka." In: *DVjs* 34 (1960) S. 249–56.

[Wirklichkeit u. Jenseitigkeit bei Strindberg u. Kafka. Unheimliches neben Realismus. Schuldgefühl u. Strafbedürfnis.]

Tramer, Hans: "Prague, City of Three People." In: *Leo Baeck Institute Yearbook* (London) 9 (1964) S. 305–39.

[Geschichte der Kultur u. Aktivität des jüdischen Prag um die Jahrhundertwende (bis in die Dreißigerjahre), die auch Interessen- u. Freundeskreis Kafkas erhellt. Über Kafka bes. S. 320, 323, 328–29, 332, 336 ff.]

Trapp, Gerhard: *Die Prosa Johannes Urzidils. Zum Verständnis eines literarischen Werdegangs vom Expressionismus zur Gegenwart.* Bern: Herbert Lang, 1967 (Europäische Hochschulschriften. Reihe I: Dt. Literatur u. Germanistik Nr. 2.)

[Zahlreiche Hinweise auf Urzidils Beziehungen zu Kafka, bes. S. 5–8.
S. 147–48: Kafka und Urzidil: Das Groteske im Werk Urzidils ist von dem Kafkas grund-

verschieden.
S. 171–73: Rilke, Kafka, Werfel: Kafkas Sehnsucht nach Handwerks- u. Gartenarbeit.]

Treppmann, Egon: "Kafka in Musik gesetzt." In: *Melos* 24 (1957) S. 50–51.
[Vortrag von Liedern, nach Kafkatexten, von Hermann Heiss u. Ernst Krenek. Wesensverwandte Musik.]

Treugutt, Stefan: "Franz Kafka w radio i w teatrze." In: *Przegląd kulturalny* 2 (1958) S. 1 u. 5.
[Über "Prozeß"-Adaptationen.]

Trilling, Lionel: "Our Hawthorne." In: *Partisan Review* 31 (1964) S. 329–51.
[S. 342–46: Hawthorne u. Kafka besitzen ähnliche Sorgen u. Interessen, ähnliche Publikumsaufnahme, Stellung zur Religion, geringe Personenzahl in Werken. Aber auch große Unterschiede: Kafka besaß die größere dichterische Macht.]
Engl. Zusammenf. in: *Abstracts of English Studies* 8 (1965) S. 33.

– *The Experience of Literature. A Reader with Commentaries.* New York: Holt, Rinehart and Winston, 1967.
[S. 656–59: Abdruck von "The Hunter Gracchus".
S. 659–62: Commentary: Mehrere Elemente dieser Erz. erinnern an alte Mythen; Gracchus hat Ähnlichkeit mit Adonis u. auch mit Jesus.]

Trilse, Christoph: "Prag, Theater am Geländer. 'Der Prozeß' von Kafka/Jan Grossman." In: *Theater der Zeit* 21 (1966) Nr. 23. S. 32.
[Kritische Rez. der tschech. Theateraufführung. Enorme Dramatik u. Dynamik Kafkas, der aber nur als Komödie auf der Bühne möglich wäre.]

*Troelsen, B.: "Magtesløsheden." In: *Kristeligt Dagblad* (11.7.1968).

*– "Mennesket og kunstneren." In: *Kristeligt Dagblad* (8.1.1969) S. 7.

Trost, Pavel: "Das späte Prager Deutsch." In: *Acta Universitatis Carolinae. Philologica 2 (Germanistica Pragensia II)* (1962) S. 31–39.
[Kritik an Kischs Aufsatz über Prager Dt. – Teil 4: Umgangssprache – Grundlage für Kafkas Prager Dt., zeigte keine gesellschaftlichen Unterschiede.]

*– "Briefe von Kafka und Rilke." In: *Sborník Národního Muzea* 7 (1963) Nr. 2.

– "K metodě výkladu Kafkových děl." In: Goldstücker, *Franz Kafka. Liblická Konference 1963* (s. Sammelbde.) S. 225–26.
[Leserreaktion einerseits u. wissenschaftliche Interpretation.]
In dt. Übers. v. Otto Guth u. d. T.: "Zur Interpretationsmethode von Kafkas Werken." In: Goldstücker, *Franz Kafka aus Prager Sicht 1963* (s. Sammelbde.) S. 237–38.
In ital. Übers. u. d. T.: "Sui metodi di interpretazione dell'opera." In: Goldstücker, *Franz Kafka da Praga* (s. Sammelbde.) S. 217–18.

– "Franz Kafka und das Prager Deutsch." In: *Acta Universitatis Carolinae. Philologica 1 (Germanistica Pragensia III)* (1964) S. 29–37.

[Widerlegt die Meinung, daß Prager Dt. arm, unartistisch u. dürftig war, durch Analyse einiger Erz. Kafkas (u. a. "Der neue Advokat", "Auf der Galerie", "Ein Brudermord"). Es handelt sich um Kafkas Dt., nicht so sehr um das Prager Dt. – S. 37: Tschech. u. russ. Zusammenf.]

– "O pražské německé literatuře XX. století." In: *Literární noviny* 14 (1965) Nr. 49. S. 1.

[(Über die Prager dt. Literatur des zwanzigsten Jahrhunderts): Liblice-Konferenz über Kafka war ein kulturpolitisches Ereignis. 2. Liblice-Konferenz über die Beziehungen der dt. Prager Literatur der Bourgeoisie zur Stadt Prag.]

– "Und wiederum: Prager Deutsch." In: *Literatur und Kritik* 1 (1966) Nr. 9– 10. S. 105–07.

[Keine wortkarge Sprache. Vorläufige Untersuchungen ergaben, daß Kafkas Werke einen größeren Wortreichtum besitzen, als die Schnitzlers.]

– "Poznámky ke kafkovským miscelám J. Beneše." In: *Časopis pro moderní filologii* 52 (1970) S. 158.

[Ergänzende Bemerkungen zum Aufsatz von Josef Beneš.]

*Trzcinski, Łukasz: "Wina Josefa K." In: *Teksty* 35–36 (1977) S. 165–79.

[(Josef K.s Schuld.)]

*Tsarelli, I. (Hrsg.): *Protiv revizionizma v estetike.* Moskva: 1960.

[Kritik an westlichen dekadenten Schriftstellern (auch Kafka) nach den Aufständen in Polen u. Ungarn.]

*Tsuji, Hikaru: ["Vater und Schloß".] In: *Keisei* 11 (1967).

[Jap.]

*–["Sieben Zimmer von Kafka."] In: *Eureka* 3–4 (1971). Kafka-Sonderheft.

[Jap.]

*–["Hesse und Kafka, Weg zu Hesse."] [Tôkyô:] Shinchôsha, 1973.

*–"Übersetzungsprobleme vom Deutschen ins Japanische bei Franz Kafka." In: *Rezeption der deutschen Gegenwartsliteratur im Ausland: Internationale Forschungen zur neueren deutschen Literatur.* Hrsg. v. Dietrich Papenfuß u. Jürgen Säring. Tagungsbeiträge eines Symposiums der Alexander von Humboldt-Stiftung, Bonn-Bad Godesberg, veranstaltet vom 21. bis 26. Okt. 1975 in Ludwigsburg. Stuttgart: Kohlhammer, 1976. S. 93–100.

Tsukakoshi, Satoshi: "Zen im Osten und Westen." In: *Alles Lebendige meinet den Menschen.* Gedenkbuch für Max Niehans. Hrsg. v. Irmgard Buck u. Georg Kurt Schauer. Bern u. München: Francke, 1972. S. 24–40.

470

[S. 25–27: Kafkas Werk als Beispiel der europäischen Seinsentfremdung. Der zivilisierte Affe in "Bericht für eine Akademie" ist der Durchschnittseuropäer. Durch Zen-Meditation zur Freiheit.]

*Tuchner, Meshulam: *Temol shilshon ve Kafka.* Tel Aviv: 1968.

[Hebr.; (Gestern, Vorgestern und Kafka.) Aus "Bibliografia b'Ivrit".]

Tucholsky, Kurt: *Gesammelte Werke.* Hrsg. v. Mary Gerold-Tucholsky u. Fritz J. Raddatz. 6.–8. Tausend. Reinbek bei Hamburg: Rowohlt, 1967. (C 1960).

[Bd. 1. 1907–1924: S. 664–66: "In der Strafkolonie": Erschienen 1920. Kafkas Erz. eine Meisterleistung; Offizier – amoralisch, kein Sadist, betet schrankenlose Macht an. S. 865–66: "Drei Abende": 1921 erschienen. Über Ludwig Hardts Vortrag von "In der Strafkolonie". Kafka schreibt die klarste u. schönste Prosa in dt. Sprache. Bd. 3. 1929–32: S. 43–49: "Auf dem Nachttisch": Rez. über "Amerika"; Benjamin zieht diesen Roman dem "Schloß" vor; tiefe Melancholie. Kafka – wahrer Klassiker der dt. Prosa.]
S. 664–66 u. S. 865–66 auch in: Born, *Franz Kafka. Kritik und Rezeption* (s. Sammelbde.) S. 93–96 u. 135.

— "Drei Neue Bücher." In: Born, *Franz Kafka. Kritik und Rezeption* (s. Sammelbde.) S. 19–20.

[Zuerst in "Prager Tagblatt" (27.1.1913); Sammelbesprechung; erkennt Neues, weist auf Robert Walser hin; spricht von Kafkas "großem Können" in "Betrachtung" (1912).]

Turk, Horst: "Die Wirklichkeit der Gleichnisse. Überlegungen zum Problem der objektiven Interpretation am Beispiel Kafkas." In: *Poetica* 8 (1976) S. 208–25.

["Von den Gleichnissen" dient als Einführung des allg. Problems u. als Beispiel zur Erläuterung der These.]
Engl. Zusammenf. in: *TCL* 23 (1977) S. 277.

*– "'Betrügen ... ohne Betrug'. Das Problem der literarischen Legitimation am Beispiel Kafkas." In: *Urszenen. Literaturwissenschaft als Diskursanalyse und Diskurskritik.* Hrsg. v. Friedrich A. Kittler u. Horst Turk. Frankfurt/M.: Suhrkamp, 1977. S. 381–407.

*Turkov, Mark: "Frants Kafkas Prag." In: *Der Veg* (Mexico City) (24. Jan. 1967).
[Jiddisch.]

Turkov, Yonas: "Frants Kafka un Zshak Levi." In: *Di goldene keyt* 59 (1967) S. 147–54. Illustr.

[Jiddisch. (Franz Kafka und Jacques Löwy): Löwy half Kafka jüdische Identität zu finden, machte ihn mit jiddischer Literatur u. Folklore bekannt. Keine jüdischen Motive in frühen Werken. Jiddische Theateraufführungen beeindruckten Kafka; er lernte Jiddisch, schrieb für Löwy ein Theaterstück, das Dora Diamant oder Löwy ins Jiddische übersetzte.]

Turner, Alison: "Kafka's Two Worlds of Music." In: *Monatshefte* 55 (1963) S. 265–76.

[Erscheinen von Musik in Kafkas Werk bedeutet einen Moment der Erhellung. Die gehörte Musik: Quelle der Unruhe für Kafka, da ihm fremd. Innere Musik: plötzliche Wahrheitsvision.]
Engl. Zusammenf. in: *TCL* 9 (1964) S. 223, u.
in: *TCLB* S. 2083.

Tyler, Parker: "The Dream-America of Kafka and Chaplin." In: P. T.: *The Three Faces of the Film.* New York, London: Thomas Joseloff, 1960. S. 94–101.

[Abdruck aus: "Sewanee Review" 58 (1950) S. 299–311. Karl Roßmann u. Chaplin als Immigranten in Amerika. Chaplins Held "Charlie" u. Kafkas "Amerika" entstehen zur gleichen Zeit. Der ungewünschte Fremde (auch K. im "Schloß"). Karl u. Charlie sind unschuldig u. hilflos. Ähnliche Sensibilität der beiden Künstler, viele Episoden sind ähnlich! Fehlen des Gefühls, erotische Impulse. Monsieur Verdoux.]

– "Josephine's Sitdown Strike." In: P. T.: *Every Artist His Own Scandal. A Study of Real and Fictive Heroes.* New York: Horizon Pr., 1964. S. 190–205.

[Äsop u. Kafka schrieben ihre Fabeln vom Gesichtspunkt des Schwachen aus. Kafka – weniger schematisch als Äsop, dafür mehr spekulativ. "Offene" Fabeln ("Josefine …", "Verwandlung") über die unsichere Welt. Kafkas Künstler u. die menschliche Not: Maus-Sängerin kämpft um Befreiung aus kapitalistisch-bürgerlichem System; Kafkas Künstler sind nicht krank (wie die bei Proust, Th. Mann, etc.). Tierhelden als Entwicklungssymbole der Menschheit. Josefine u. Gertrude Stein.]

*Tyyri, Jouko: "Kirje Kafkasta." In: *Parnasso* 19 (1969) S. 215–23.

*Uematsu, Kenrô: ["Problem des Bewußtseins in Kafkas 'Beschreibung eines Kampfes'."] In: *Hanshin-Doitsu-Bungakukai-Doitsu-Bungaku-Ronko* 6 (1964) S. 20–37.

[Jap. – "Forschungsberichte für Germanistik", hrsg. vom Japanischen Verein für Germanistik Osaka-Kobe. – Dt. Zusammenf. S. 35–37.]

*–["Das Strukturelle Problem in 'Beschreibung eines Kampfes'."] In: *Ôsaka-Kôgyô-[Hochschule-] Kiyo-Jinmonhen* 9–1 (1965).
[Jap.]

*Uematsu, Takeo: ["'Chinesische Mauer' und das Transzendente – Notizen zur Kafka-Forschung."] In: *Quelle* 8 (1960).
[Jap.]

Ulshöfer, Robert: "Die Wirklichkeitsauffassung in der modernen Prosadichtung. Dargestellt an Manns 'Tod in Venedig', Kafkas 'Verwandlung' und Borcherts 'Kurzgeschichten', verglichen mit Goethes 'Hermann und Dorothea'." In: *DU* 7 (1955) Nr. 1. S. 13–40.

[S. 27–36: Entseelte Wirklichkeit in Franz Kafkas "Die Verwandlung" – Besitzt Kafkas Werk Bildungswert? – Menschen in Erz. nur wirtschaftlich u. gesellschaftlich beurteilt, Kranker ist wertlos. Stilmittel stellen Unmenschlichkeit durch Vermengung gedachter u. wirklicher Welt dar. Gehalt u. Form – vollendet.]

Engl. Zusammenf. von S. 27–36 in: Corngold, *The Commentators' Despair* (s. Sammelbde.) S. 233–35.

Ungvári, Tamás: "Vázlat Franz Kafkáról." In: *Nagyvilág* 2 (1957) S. 685–86.

[(Skizze über Franz Kafka): Kafka entdeckt Krankheiten des Alleinseins; seinen aus Gemeinschaft ausgeschlossenen Helden fehlt menschliches Ziel. Humanismus löst Pessimismus auf.]

*– "Utószó." In: Franz Kafka: *Az ítélet.* Budapest: Európa, 1957.

[(Nachwort): Einführende Bemerkungen zu Kafka u. "Das Urteil".]

Untermeyer, Louis: "Franz Kafka (1883–1924)". In: L. U.: *Makers of the Modern World. The Lives of Ninety-two Writers, Artists, Scientists, Statesmen, Inventors, Philosophers, Composers and Other Creators Who Formed the Pattern of Our Country.* New York: Simon and Schuster, 1955. S. 612–18.

[Biographisches u. Werke. Kafka als Dichter der isolierten u. schutzlosen Menschheit.]
In span. Übers. in: L. U.: *Forjadores del mundo moderno.* México City: 1957.

Upward, Edward: "Extracts from a Letter from Edward Upward to Dieter Jakob" (1967). In: Jakob, *Das Kafka-Bild in England* 1 (s. Sammelbde.) S. 235–36.

[Hatte "Schloß" gelesen, als er mit "Journey to the Border" begann. Anonymer Held nach Kafkas Vorbild. Mehr Einfluß von Dostojewski u. a.]

Urbach, Reinhard: "Die Rezeption Franz Kafkas durch die jüngste österreichische Literatur." In: Caputo-Mayr, *Franz Kafka Symposium* (s. Sammelbde.) S. 183–93.

[Vortrag/Philadelphia 1974. – Rezeption Kafkas in Werken von Handke, Ilse Aichinger, Peter Rosei (bes. Roman "Bei schwebendem Verfahren"); Wirkung von Kafkas Werk u. Person.]

Urbanek, Walter: *Deutsche Literatur. Das 19. und 20. Jahrhundert. Epochen, Gestalten, Gestaltungen.* 2. Aufl. Bamberg: Buchners Verl., 1971. (C 1969).

[Der moderne Roman: Kafka – Musil – Broch – Döblin.
S. 327–36: Franz Kafka (1883–1924): Einleitende Worte; 1 Zeichnung von Kafka, passim.]

*Uris, A. S.: ["'Das Schloß' im Kameri-Theater".] In: *Hapoel Hatsa-ir* 49 (1956) Nr. 18. S. 14–15.

[Hebr.; aus "Bibliografia b'Ivrit".]

*Urs, Alma: "Anmerkningar och upplysmingar." In: G. Janouch: *Samtal med Kafka.* Stockholm: 1957. S. 119–43.

Urzidil, Gertrude: "Notes on Kafka." In: Zyla, *Franz Kafka: His Place in World Literature* (s. Sammelbde.) S. 11–16.

473

[Persönliche Erinnerungen an Kafka u. seine Freunde. Meinungen von Johannes Urzidil. Kafka besaß Optimismus.]

— "Erinnerungen an Franz Kafka." In: Caputo-Mayr, *Franz Kafka Symposium* (s. Sammelbde.) S. 3–4.

[Vortrag/Philadelphia 1974. – Gemeinsamer Theaterbesuch mit Kafka; Erinnerung an seine Persönlichkeit u. Meinungen von Bekannten u. Freunden.]
Engl. u. d. T.: "My Personal Meetings With Franz Kafka." In: *JML* 6 (1977) S. 446–47.

Urzidil, Johannes [John]: "Rede zum Ehrengedächtnis Franz Kafkas." In: *Unsterblicher Genius. Deutsche Dichter im Gedenken ihrer Freunde.* Hrsg. von Paul Schneider. München: Hartfrid Voss, 1959. S. 270–72.

[Urzidils Rede bei der Gedächtnisfeier (Prag, 19. Juni 1924) erschien in "Das Kunstblatt" 8 (1924). Kafka war Fanatiker seiner inneren Wahrheit, ein Genie, das in Zukunft verehrt werden wird.]
Mit einführender Bemerkung u. d. T.: "Gedenkrede." In: J. U.: *Da geht Kafka* (1966, s. Bücher) S. 106–07.
In engl. Übers. u. d. T.: "Memorial Eulogy". In: *There Goes Kafka* (s. Bücher) S. 199–202.
In frz. Übers. in: *Rencontres* 2 (1964).

— "Rechte Tafel. Vermächtnis eines Jünglings." In: J. U.: *Prager Triptychon.* München: Albert Langen, Georg Müller, 1960. S. 179–213. – Auch: Zürich: Fretz & Wasmuth [o. J.] (Lizenzausgabe für die Schweiz). Auch: München: Deutscher Taschenbuch Verl., 1963 (dtv 103). S. 132–56.

[Autobiographische Erz. über Karl Brand u. die Prager dt. Schriftsteller; mit Brief Kafkas über Urzidils Herausgabe der Werke Brands.]
Fast unveränderter Abdruck u. d. T.: "Vermächtnis eines Jünglings." In: J. U.: *Geschenke des Lebens* (s. Artikel) S. 50–76.
Auch in: J. U.: *Morgen fahr' ich heim. Böhmische Erzählungen.* München: Albert Langen, Georg Müller, 1971.
In ital. Übers. in: J. U.: *Trittico di Praga.* Milano: Rizzoli, 1967.

— "Das Reich des Unerreichbaren. Kafka-Deutungen." In: *GR* 36 (1961) S. 163–79.

[Religiös bedingte, produktive Angst bei Kafka. Zentrale Stellung von "Vor dem Gesetz": Mann entschließt sich nicht. Aber auch umgekehrt: Gesetz gelangt nicht zum Menschen.]
Auch in: J. U.: *Geschenke des Lebens* (s. Artikel) S. 97–120.
Auch in: J. U.: *Da geht Kafka* (1965, s. Bücher) S. 25–48.
Auch in: *Da geht Kafka* (1966, s. Bücher) S. 20–36.
In engl. Übers. u. d. T.: "The Realm of the Unattainable." In: *There Goes Kafka* (s. Bücher) S. 36–66.
Engl. Zusammenf. in: *TCLB* S. 2083.
*In holländischer Übers. in: J. U.: *Daar gaat Kafka* (s. Bücher).

— "Edison und Kafka." In: *Der Monat* 13 (1961) Nr. 153. S. 53–57.

[Kafkas Interesse an Amerika, seine Vorstellungen davon in seinen Werken. Aktualität Kafkas (Frage nach der Freiheit) u. seiner Visionen.]
Auch in: J. U.: *Da geht Kafka* (1965, s. Bücher) S. 14–24.

Auch in: *Da geht Kafka* (1966, s. Bücher) S. 13–19.
In engl. Übers. u. d. T.: "Edison and Kafka." In: *There Goes Kafka* (s. Bücher) S. 22–35.
In frz. Übers. v. Marthe Robert u. d. T.: "L'Amérique rêvée par Kafka." In: *Preuves* (Juli 1962) Nr. 137. S. 31–35.
Engl. Zusammenf. der frz. Übers. in: *Abstracts of English Studies* 9 (1966) S. 186.
*In holländischer Übers. in: J. U.: *Daar gaat Kafka* (s. Bücher).

- "Im Prag des Expressionismus." In: *Imprimatur* 3 (1961–62) S. 202–04.

[Die Sonderstellung der Prager Dichter. Prag im Werk Kafkas nachweisbar. Kafka kein Tscheche, er sprach das dialektfreie Prager Dt.]
Auch in: *Wort in der Zeit* 9 (1963) Folge 7. S. 12–14.
Wesentlich erweitert in J. U.: *Da geht Kafka* (1965, s. Bücher) S. 5–13.
Auch in: *Expressionismus. Aufzeichnungen und Erinnerungen der Zeitgenossen.* Hrsg. v. Paul Raabe (s. Artikel) S. 68–73.
Auch in: *Da geht Kafka* (1966, s. Bücher) S. 7–12.
In engl. Übers. v. Harold A. Basilius u. d. T.: "In the Prague of Expressionism." In: *There Goes Kafka* (s. Bücher) S. 9–21.
Auch in: Hamalian, *Franz Kafka* (s. Sammelbde.) S. 21–26.
Auch u. d. T.: "In Expressionist Prague." In: *The Era of German Expressionism*. Ed. Paul Raabe. Woodstock, N. Y.: Overlook Pr., 1974. S. 61–66.
Engl. Zusammenf. in: Corngold, *The Commentators' Despair* (s. Sammelbde.) S. 236–37.
*In holländischer Übers. in: J. U.: *Daar gaat Kafka* (s. Bücher).
In ital. Übers. v. Ervino Pocar u. d. T.: "Prefazione. Praga e l'espressionismo." In: Pocar, *Introduzione a Kafka* (s. Sammelbde.) S. XXVII–XXXIII.

- *Goethe in Böhmen.* Zürich u. Stuttgart: Artemis, 1962.

[S. 472, 478–82: Goethes Bedeutung für Kafka.]

- "Umgang mit Sirenen." In: *Merkur* 16 (1962) S. 742–48.

[Kafkas "Das Schweigen der Sirenen" invertiert den Mythos in Richtung der menschlichen Schwäche. Schweigen als Waffe. Durch Verwandlung des Mythos lebt dieser weiter.]
Auch in: J. U.: *Da geht Kafka* (1965, s. Bücher) S. 49–59.
Auch in: *Da geht Kafka* (1966, s. Bücher) S. 37–44.
In engl. Übers. u. d. T.: "Association with Sirens." In: *There Goes Kafka* (s. Bücher) S. 67–81.

- *Geschenke des Lebens.* Eingeleitet u. ausgewählt von Ernst Schönwiese. Graz u. Wien: Stiasny, 1962 (Stiasny-Bücherei Bd. 114).

[S. 5–24: Einleitung von Ernst Schönwiese: Hinweise auf Urzidils Beziehung zu Kafka.
S. 50–76: Vermächtnis eines Jünglings (s. Artikel).
S. 97–120: Das Reich des Unerreichbaren. Kafka-Deutungen (s. Artikel).]

- "Recollections." In: Flores, *The Kafka Problem* (s. Sammelbde.) S. 20–24.

[Abdruck von Material aus: "The Menorah Journal", "Life and Letters Today" (London) u. "Hemisphere". Persönliche Erinnerungen an Kafkas Leben u. seine Auffassung vom Schreiben. Aphoristiker, der für sich selbst schreibt.]

- "The Oak and the Rock." In: Flores, *The Kafka Problem* (s. Sammelbde.) S. 276–86.

[Natur fehlt in Kafkas Werken (außer in "Amerika"); religiöser Dichter, der gegensätzliche Werte zu überbrücken versucht. Natur, Mensch, Wirklichkeit sind nur Symbole. Unbekannte Mächte regieren das Leben.]

— "Nach vierzig Jahren." In: *Wort in der Zeit* 10 (1964) Nr. 6. S. 1—3.

[Erinnerungen an Kafkas Beerdigung. Sein Ruhm in den USA. Brods Verdienst. Kafkas österreichisches Erbe. Symbolkraft seines Realismus ist goethisch.]
Teilabdruck in ital. Übers. v. E. Pocar u. d. T.: "Quarant'anni dopo." In: Pocar, *Introduzione a Kafka* (s. Sammelbde.) S. 37—38.

— "Meetings with Franz Kafka." In: *The Menorah Treasury. Harvest of Half a Century.* Ed. Leo W. Schwarz. Philadelphia: Jewish Publication Society of America, 1964. S. 764—68.

[Ursprünglich erschienen in "The Menorah Journal" (1952). Urzidil war 20, als er Kafka kennenlernte; beide kannten Karl Brand gut. "Die Verwandlung" beschreibt einen Mann, eine Familie u. Verhältnisse, die sehr an Brand erinnern. Kafkas Schreiben an Urzidil über Brands Buch, u. ein Zettel an Getrude Thieberger.]
Engl. Zusammenf. in: Corngold, *The Commentators' Despair* (s. Sammelbde.) S. 236.

— "Kafkas Bestattung und Totenfeier." In: *Merkur* 18 (1964) S. 595—99.

[Mit Kafka endete das geistige Prag der tschech.-dt.-österreichisch-jüdischen Synthese. Gedanken u. Gedenkreden zu Kafkas Begräbnis (Friedhof Strašnice) u. Gedenkfeier.]
Geändert u. d. T.: "11. Juni 1924." In: J. U.: *Da geht Kafka* (1965, s. Bücher) S. 71—82.
Auch in: *Da geht Kafka* (1966, s. Bücher) S. 98—105.
In engl. Übers. u. d. T.: "11 June 1924." In: *There Goes Kafka* (s. Bücher) S. 183—98.

— "K's Flucht." In: *Merkur* 18 (1964) S. 749—65.

[Erz., von Kafkas Leben u. Werk inspiriert.]

— "Brand. Erinnerung an einen Prager Weggefährten Kafkas und Werfels." In: *Wort und Wahrheit* 19 (1964) S. 457—62.

[Verbindungslinien zwischen Leben u. Sterben des Iwan Iljitsch (Tolstoi), Karl Brand, Gregor Samsa u. Kafka selbst.]
U. d. T.: "Brand" in: J. U.: *Da geht Kafka* (1965, s. Bücher) S. 60—70.
Auch in: *Da geht Kafka* (1966, s. Bücher) S. 45—52.
In engl. Übers. u. d. T.: "Brand". In: *There Goes Kafka* (s. Bücher) S. 82—96.
Engl. Zusammenf. in: Corngold, *The Commentators' Despair* (s. Sammelbde.) S. 236—37.
In span. Übers. u. d. T.: "Brand". In: *Humboldt* 6 (1966) Nr. 13. S. 86—90.

— "Golem-Mystik". In: *Rheinischer Merkur* (21. Mai 1965) (s. Bücher).

— "Abschlußfanfare." In: *Prager Nachrichten* 17 (1966) Nr. 4. S. 1—2.

[Über das Dt. Kafkas u. der Prager Autoren.]
Auch in: J. U.: *Bekenntnisse eines Pedanten* (s. Artikel).

— "Beitrag zur Diskussion um einen vorgeblichen Kafka-Text: 'Ein Flug um die Lampe herum'." In: *Literatur und Kritik* 6 (1966) S. 50—51.

– "Der lebendige Anteil des jüdischen Prag an der neueren deutschen Literatur."
In: *Bulletin des Leo Baeck Instituts* 10 (1967) Nr. 40. S. 276–97.

[S. 289–94: Kafka: Wie bei Werfel u. Brod auch sein Wesen durch Prag geprägt. Trotz
seines trostlos anmutenden Weltbildes will er der Erlösung würdig sein; Hebräischstudium;
jüdisches Ethos. Beitrag zur dt. Sprache; " vollständigste Metaphorisierung des dt. Prosa-
satzes ..."]
In engl. Übers. u. d. T.: "The Living Contribution of Jewish Prague to Modern German
Literature." In: *Leo Baeck Memorial Lecture*. New York: Leo Baeck Institute, 1968.
26 S.

– "Cervantes und Kafka." In: Gold, *Max Brod. Ein Gedenkbuch* (s. Sammelbde.) S. 107–22.

[Erweiterung des Essays "Über die Vernichtung des Geschaffenen durch seinen Schöp-
fer" (s. Bücher). – Realismus u. Verwandlung bei Cervantes u. Kafka (Urproblem des
Kunstwerkes); Ähnlichkeiten im Schicksal (Mensch u. Dichter).]
Auch in: *Hochland* 63 (1971) S. 333–47.
Auch in: J. U.: *Bekenntnisse eines Pedanten* (s. Artikel) S. 137–71.
Engl. Zusammenf. in: *TCL* 18 (1972) S. 146.
In span. Übers. u. d. T.: "Cervantes y Kafka." In: *Humboldt* 14 (1974) Nr. 55. S. 28–36.

– "Epilog zu Kafkas Felice-Briefen." In: *Das Nachleben der Romantik in der
modernen deutschen Literatur*. Die Vorträge des Zweiten Kolloquiums in
Amherst/Massachusetts. Hrsg. v. Wolfgang Paulsen. Heidelberg: Lothar
Stiehm, 1969 (Poesie u. Wissenschaft 14). S. 212–19.

[Beurteilung der Beziehungen Kafkas zu Felice u. persönliche Eindrücke Urzidils.]

– [Teilabdruck von S. 273–78 aus: J. U.: Franz Kafka: Novelist and Mystic."
In: "The Menorah Journal" 30 (1943).] In: Neumeyer, *Twentieth Century
Interpretations of the "The Castle"* (s. Sammelbde.) S. 110–11.

– "Von Odkolek zu Odradek." In: *Schweizer Monatshefte* 50 (1971) S. 957–72.

[Erz. mit autobiographischem Hintergrund.
S. 972: Epilog: Im Hause Kafkas aß man Brot vom Bäcker Odkolek; wahrscheinlich be-
einflußte dieser Name die Bildung des Namens "Odradek".]
Auch in: J. U.: *Die letzte Tombola. Erzählungen*. Zürich u. Stuttgart: Artemis, 1971.
S. 203–37.

– *Bekenntnisse eines Pedanten. Erzählungen und Essays aus dem autobiographischen Nachlaß*. Zürich u. München: Artemis, 1972.

[Hinweise auf Kafka. – S. 137–71: Cervantes und Kafka (s. Artikel).
S. 206–09: Abschlußfanfare (s. Artikel).
S. 217–58: Urzidil-Bibliogr. von Vera Macháčková-Riegerová mit 31 Titeln über Kafka.]

Usmiani, Renate: "Twentieth Century Man, the Guilt-Ridden Animal." In:
Mosaic 3 (1970) Nr. 4. New Views on Franz Kafka. S. 163–78.

[In moderner Welt fehlen konkrete Definitionen der Sünde. Leben als Prozeß bei Kafka,
Dürrenmatt u. Betti: Gerechtigkeitsbild der Dichter von religiöser Erziehung geprägt.]
Engl. Zusammenf. in: *TCLB* S. 2084.

Utitz, Emil: "Erinnerungen an Franz Kafka." ("Vzpominky na Franze Kafku.") In: Klaus Wagenbach: *Franz Kafka* (1958, s. Bücher). S. 267—69.

[8 Jahre Mitschüler Kafkas im Gymnasium. Erinnerungen an die Inselsituation der Prager Juden. Kafka ein höflicher, schlichter, unauffälliger Mensch. Aus: Peter Demetz: "Kafka's Praha" (1947).]

In frz. Übers. u. d. T.: "Notes sur Franz Kafka." In: Klaus Wagenbach: *Franz Kafka. Les années de jeunesse* (1967, s. Bücher) S. 249—52.

In span. Übers. u. d. T.: "Recordando a Franz Kafka." In: *Humboldt* 6 (1965) Nr. 22. S. 23—27.

* **Uyttersprot, Herman:** "Franz Kafka." In: *Koninklijke Nederlandse Schouwburg.* Programma Nr. 28. Antwerpen: 1955. S. 4—6.

— "Van Ostaijen en Kafka." In: *Wetenschappelijke Tijdingen* (Febr. 1955) S. 70.

[Paul van Ostaijen soll der zweite Übersetzer Kafkas gewesen sein (nach Milena Jesenská).]

*— "Franz Kafka of de processie te Echternach." In: *Tijdschrift voor Levende Talen-Revue des Langues Vivantes* 21 (1955) S. 50—62.

*Auch in: H. U.: *Kleine Kafkaiana.* Brussel: Levende Talen-Langues Vivantes, 1955 (Revue des Langues Vivantes, Nr. 44).

Auch in: H. U.: *Praags cachet* (s. Artikel) S. 253—69.

*— "Franz Kafka, de 'Aber-Mann'." In: H. U.: *Kleine Kafkaiana.* Brussel: Levende Talen-Langues Vivantes, 1955.

Auch in: H. U.: *Praags cachet* (s. Artikel) S. 245—52.

*— "Das Rätsel Franz Kafka." In: *Die Kultur* (1957—58) Nr. 3. S. 8.

— "Franz Kafka." In: Rudolf Hemmerle: *Franz Kafka* (s. Bibliogr.) S. 7—11.

[Rätsel Kafka. Atmosphärisches u. Substanz im Werk. Unerschöpfliches Denkmaterial für den Leser.]

Auch u. d. T.: "Das Rätsel Kafka" in: H. U.: *Praags cachet* (s. Artikel) S. 271—77.

— "The Trial. Its Structure." In: Flores, *Franz Kafka Today* (s. Sammelbde.) S. 127—44.

— "Paul van Ostaijen en zijn Proza." In: *Nieuw Vlaams Tijdschrift* 13 (1959) S. 76—95 (Invloeden); S. 192—210 (De Grotesken); S. 298—311 (Slot).

[Van Ostaijen übersetzte 5 kleine Prosastücke Kafkas 1925 ins Holländische; große Affinität mit Kafka (Charakter u. Neigungen der Helden ähnlich); Sehnsucht nach Vollkommenheit des Werkes; Gebrauch des "aber"; Vergleich des Grotesken. Kafka hinterläßt tieferen Eindruck als van Ostaijens witzige, intellektuelle Art.]

*Auch: Antwerpen: 1959. (S. 19—21, 38—41, 52—53, 62—65, 68.)

*— "Marginalia bij een Kafkavertaling." In: *De Vlaamse Gids* (1960) S. 212.

– *Praags cachet. Opstellen over Rainer Maria Rilke en Franz Kafka.* Antwerpen: Uitgeverij Ontwikkeling, 1963.

[(2. Teil): Beschouwingen over Franz Kafka.
S. 169–82: "Praeceptor Lectoris". (Abdruck aus "De Vlaamse Gids", Brussel, 1953, S. 449–58): Die Kafkaexegese; der Geistliche. Josef K. u. die menschlichen Gaben "Logik" u. "Verstand", die hier noch größere Verwirrung anstiften (Exegese der Legende). Bedeutung der Titorelliepisode wird oft übersehen.
S. 184–206: "Stijl als wisselstroom of de lijn naar het oneindige" (Abdruck aus "De Vlaamse Gids", 1953, S. 534–48): Kafka ist gleichzeitig Dialektiker u. Erzähler in seinen Romanen. Groteske Elemente u. trockener Humor; visuelle Qualität; das "mechanisierte" Leben. Horizontale u. vertikale Perspektiven, Versuche, das Absolute zu erreichen.
S. 207–43: "Legende en werkelijkheid. Rimbaud en Kafka" (Abdruck aus "De Vlaamse Gids", 1954, S. 541–55 u. 595–606): Die Analogie zwischen dem Schicksal von Rimbauds u. Kafkas Werken. Besprechung der Ordnung in "Prozeß" u. "Amerika"; Brods Rolle bei den Werkausgaben. Kafka verbot die Publikation seiner nicht vollendeten Werke.
S. 245–52: "Franz Kafka, de 'Aber-Mann'" (Abdruck aus "Tijdschrift voor Levende Talen" 1954, S. 452–57): Kafka benutzt "aber" 2–3mal so häufig wie z. B. Hofmannsthal, u. a.; "aber" u. andere Wörter mit unbestimmtem Inhalt verhindern ein klares Fortschreiten des Gedankenganges.
S. 253–69: "Franz Kafka of de processie te Echternach" (Abdruck aus "Tijdschrift voor Levende Talen", 1955, S. 50–62): Tatsachen u. Vermutungen wechseln einander ständig ab, letztere häufig durch "aber" eingeleitet. Vergleich mit der Prozession zu Echternach, die 3 Schritte vor u. 2 zurückmacht.
S. 271–77: "Das Rätsel Kafka." Abdruck von "Franz Kafka" aus Hemmerle, *Franz Kafka. Eine Bibliographie* (s. Bibliogr.).]

– "Franz Kafka's 'Der Verschollene' (Amerika). Feiten over het einde." In: *Merlyn* (Amsterdam) 3 (1965) S. 409–24.

[(Tatsachen über den Schluß von Franz Kafkas "Amerika"): Strenge Kritik an Brods Editionstechnik u. bes. an der Verwirrung bezüglich des Oklahomakap. Brod wußte anscheinend trotz enger Freundschaft mit Kafka wenig über inneren Zusammenhang der Werke u. Kafkas Pläne.]
In dt. Übers. u. d. T.: "'Der Verschollene' ('Amerika'). Tatsachen über den Schluß des Werkes." In: H. U.: "Franz Kafka und immer noch kein Ende." In: *Studia Germanica Gandensia* 8 (1966) S. 223–46.

– "Franz Kafka und immer noch kein Ende. Zur Textgestaltungsfrage." In: *Studia Germanica Gandensia* 8 (1966) S. 173–246.

[S. 173–215: I. Eine vorläufige Bilanz: Lagebericht über ungelöste Probleme der Textgestaltung u. Kap.-Ordnung, nach Zusammenf. der eigenen Theorien über Neuordnung der Kap. in "Prozeß" u. "Amerika". Jüngere Studien (Henel, Richter, Robert) stimmen diesen Theorien bei, die Mehrzahl der Forscher ist aber noch u. a. gegen Trennung von Kap. 9 u. 10. Verweis auf Politzers Artikel aus 1935 u. 1950 (dieser habe eigene Vorschläge aber selbst nicht ausgeführt), der Fragmentarisches positiv, als Kafka gemäße Form, darstellt; das sei unbewiesen, Kafka war mit seinen Werken unzufrieden, war unfähig, sie zu vollenden; Achse des Geschehens in einjährigem Kampf in "Prozeß" niedergelegt, damit auch Zeitplan. Entwicklung Josef K.s (Aushöhlungsprozeß) mit Kafkas Lebensgeschichte verglichen; Entwicklung K.s bestätigt neue Kap.-Folge. Gegenwärtige Haupttendenzen in der Textgestaltung:
1. Wir haben nur nahezu "halbierten" "Prozeß"-Roman.
2. Keine Entscheidung oder Neutralität.

3. Fragment als Kafkas künstlerische Einheit angesehen.

4. Die Taschenbuchausgaben von 1960 u. 1961 bringen nur 10 Kap. (ausgelassen: Nachworte u. gestrichene Textstellen).

S. 215–22: II. Zur Frage der Faks.: Entgegnung auf Brods Forumartikel 1957 (s. Artikel) u. auf die 1959 in "Verzweiflung und Erlösung bei Franz Kafka", S. 81–83 photographisch reproduzierten Duplikatstellen von Kafkas Kap.-Ordnung für "Prozeß". Es gibt nur 2 Duplikatstellen, bei 7 anderen – kein Nachweis.

S. 223–46: III. "Der Verschollene" ("Amerika"): Tatsachen über den Schluß des Werkes.

– "De kogel door de kerk? Nuchtere beschouwingen over een Kafka-Colloquium." In: *De Vlaamse Gids* 50 (1966) S. 209–13.

[Besprechung des Berliner Kafka-Symposiums; K. Wagenbach in Zusammenhang mit Editionsfragen.]

Václavek, Ludvík: "Der deutsche magische Roman." In: *Philologica Pragensia* 13 (1970) S. 144–56.

[Meyrink, Spunda, Kafka u. Hesse als magische Autoren. Kafkas geistige Welt unterliegt den als magisch erscheinenden Kräften der Gesellschaft. Äußere Welt findet stilisierten Abdruck in der Seele. Magie – Folgeerscheinung der Dämonisierung einer entfremdeten Welt.]

Václavik, Antonin: "Franz Kafka a jeho umění psychologické analýzy." In: Goldstücker, *Franz Kafka. Liblická Konference 1963* (s. Sammelbde.) S. 253–64.

[Sozialpolitische Erschütterungen brachten Kafka zu Zweifel, Mystizismus u. Irrationalismus. Durch Psychologismus versucht er, Labyrinth der Welt zu erläutern.]

In dt. Übers. v. Otto Guth u. d. T.: "Franz Kafka und seine Kunst der psychologischen Analyse." In: Goldstücker, *Franz Kafka aus Prager Sicht 1963* (s. Sammelbde.) S. 267–75.

In ital. Übers. u. d. T.: "Gli aspetti psicologici nell'opera di Kafka." In: Goldstücker, *Franz Kafka da Praga* (s. Sammelbde.) S. 245–53.

Vaes, Guy: *La Flèche de Zénon. Essai sur le temps romanesque.* Anvers: Librairie des Arts, 1966.

[S. 41–86: Temps préconçu et temps agissant: S. 77–86 über Kafka. Er war Visionär. In seinen Werken arbeitet Zeit gegen Menschen, schreitet nur fort, um Unmöglichkeit des Fortschritts zu zeigen.]

Vahanian, Gabriel: "Franz Kafka: The Atheist's Problem of God." In: G. V.: *Wait Without Idols*. New York: George Braziller, 1964. S. 207–25.

[Kafka ist weder Prophet, noch Prediger; was wir vernehmen, ist nicht, was er sagte; er spricht nicht für oder gegen Gott. Gott wird nie in Erz. erwähnt. Kafkas Menschen sagen "nein"; sie sind nicht imstande, ihre Unschuld zu beweisen. Zu sein bedeutet schuldig sein. Mensch ist gegen Gott, kann aber nicht ohne ihn sein.]

Vajda, György Mihály (Hrsg.): *A német irodalom a XX. században.* [Budapest:] Gondolat, 1966.

[Ung. – S. 17–18: Einführendes über Kafka.
S. 203–28: Tibor Szobotka: Franz Kafka (s. Artikel).
S. 287–313: György Rónay: Franz Werfel: Hinweise auf Kafka.
S. 477–91: Gábor Mihályi: Friedrich Dürrenmatt: Hinweise auf Kafka.
S. 517–18: Kurzbiographie u. ung. Bibliogr.]

Valentini, B. V.: "Franz Kafka." In: *The Encyclopedia Americana.* International Edition. Vol. 16. New York: Americana, 1970. S. 276. – Auch spätere Ausgaben.

[Einführende Bemerkungen.]

Vallette, Rebecca M.: "'Der Prozeß' and 'Le Procès': A Study in Dramatic Adaptation." In: *Modern Drama* 10 (1967) S. 87–94.

[Vergleich zwischen Roman u. Schauspiel (Gide-Barrault), das sich ziemlich eng an Original hält.]
Engl. Zusammenf. in: *TCLB* S. 2104, u.
in: *A Critical Bibliography of French Literature.* Vol. 6. Ed. Douglas W. Alden and Richard A. Brooks. Syracuse, N. Y.: Syracuse Univ. Pr., 1980. S. 418.

Van Abbé, Derek Maurice: *Image of a People. The Germans and Their Creative Writings Under and Since Bismarck.* New York: Barnes and Noble, 1964.

[Kap. 14: Permanent Contributions to the Novel in German Inter-War Writing.
S. 193–200: Einleitendes zu Kafka; Persönliches u. Umwelt, Entfremdung, Neurose.
S. 212–14: sein Einfluß auf Literatur nach 1945.]

Van Alphen, Albert William: "A Study of the Effects of Inferiority Feelings on the Life and Works of Franz Kafka." In: *DA* 30 (1970) S. 3028A.

[Zusammenf.: Kafkas Minderwertigkeitskomplex als vorherrschender Charakterzug seiner psychologisch abnormalen Gestalten. Alfred Adler; Kompensation der Minderwertigkeitsgefühle. Kafkas Kindheit u. Jugendjahre, das Vaterproblem. Josef K.; Persönlichkeitsanalyse verschiedener Kafka-Helden: Georg ("Urteil"), Gregor ("Verwandlung"), Offizier, Landarzt, Hungerkünstler. Selbstzerstörerische Tendenzen. Schreiben als Beichte.]
Engl. Zusammenf. in: *Literature and Psychology* 23 (1973) S. 163.

Vašata, Rudolf: "'Amerika' and Charles Dickens." In: Flores, *The Kafka Problem* (s. Sammelbde.) S. 134–39.

[Abdruck von "Dickens and Kafka" aus "The Central European Observer" (9.2.1945) S. 49–50: "Prozeß" u. "Bleak House": Gesetzesmaschinerie symbolisiert Gesellschaft.]
Auch u. d. T.: "Dickens and Kafka" in: Jakob, *Das Kafka-Bild in England* 2 (s. Sammelbde.) S. 450–52.

– "Kafka – A Bohemian Writer." In: Jakob, *Das Kafka-Bild in England* 1 (s. Sammelbde.) S. 332–33.

[Abdruck aus "The Central European Observer" (30.8.1946) S. 276: Kafkas "dt." Sprache ist in Rhythmus, Wortwahl u. Stil dem Dt. u. Österreichischen fremd. Seine Verbindung zu Böhmen u. den tschech. Anarchisten.]

Vazquez, Adolfo Sánchez: "Kafkův hrdina Josef K." In: *Plamen* 6 (1964) Nr. 8. S. 90–95.

[Übers. aus dem Span. von Zdeněk Kouřim. – Josef K.s Schicksal als "Jedermann." Bürokratie, Absurdität, Entfremdung. Josef K.s Kampf gegen Gesellschaft u. Bürokratie.]

Vélez G., Jaime Alberto: "La función de las variantes en 'El Castillo'." In: *Escritos* 1 (1974) Nr. 1. S. 28–29.

[Bedeutung der "Schloß"-Varianten.]

*Velikovskij, Samarij I.: "Otčuždenie i literatura zapada." In: *Sovremennye problemy realizma i modernizm.* Hrsg. v. Ivan Anisimov [u. a.] Moskva: 1965. S. 522–35.

[Verteidigt Kafka auf der Konferenz über den Modernismus 1964 in Moskau, auf der I. Anisimov den Vorsitz führte. Kafka sei noch lange nicht ausreichend interpretiert u. habe auch sowjetischen Lesern etwas zu sagen.]
Zusammenf. in A. L. Grišunin: "Naučnaja konferencija 'Sovremennye problemy realizma i modernizm'." In: *Izvestija Akademii Nauk SSSR: Serija literatury i jazyka* 3 (1965) S. 270–76.
Zusammenf. auch u. d. T.: "Priglašenie porazmyslit' (k probleme 'otčuždenija')." In: *Voprosy literatury* (1965) Nr. 9. S. 166–89.

*Venneberg, K.: "Franz Kafka." In: Franz Kafka: *Förvandlingen. Den sanningssökande hunden.* Stockholm: 1964. S. 7 f.

[Einführende Bemerkungen.]

*Verbeeck, Ludo: "Kafka en Brecht: een onvermijdelijke confrontatie." In: *Dietsche Warande & Belfort* 121 (1976) S. 191–207.

Vialatte, Alexandre: "Lettres à Milena." In: *La Nouvelle Revue Française* 4 (Mai 1956) S. 773–92.

[S. 773: Einleitung zu Kafka-Milenabeziehung.
S. 773–92: Briefe in Übers. v. Vialatte.]

*– "Kafka." In: *Les écrivains célèbres.* Hrsg. v. Raymond Queneau. 3. XIXe siècle – le XXe siècle. Paris: 1956. S. 248–51.

– "L'Empereur a dépêché un de ses messagers ..." In: *CCRB* 5 (Okt. 1957) Nr. 20. Franz Kafka du Procès au Château. S. 6–11.

[Eindrücke beim Lesen von Kafkas "Schloß". Jedes Werk enthüllt neue Botschaften. Kafka begründet einen neuen Stil, eine Mode. Würdigung.]
Auch in: *CCRB* (Febr. 1965) Nr. 50. Kafka. L'Amérique – Le Château – Le Procès. S. 6–11.

*– "C'est kafkaïen! In: *Le Figaro Littéraire* (18. März 1965).

[Humorvoller Essay. Vialatte begann 1926 Kafka zu übersetzen, den er für humorvoll hielt. Kafka glaubte ans Leben; Literatur war sein Gift u. Heil.]
Auch in: Raboin, *Les critiques de notre temps et Kafka* (s. Sammelbde.) S. 37–39.

*- "L'Empereur a dépêché un de ses messagers... L'histoire secrète du 'Procès'." Liège: Éditions Dynams, 1968. 13 S.

– "Introduction. Kafka." In: Franz Kafka: *Le Procès.* Préface de Bernard Groethuysen. [Paris:] Gallimard, 1972 (Collection folio) S. 31–41. – (7. Aufl. 1957).

[Kafkas Stil unpersönlich; er schrieb nur in Parabeln, erfand vierte Dimension der Sprache. Schwarzer Humor vielleicht am stärksten im "Prozeß"; beschrieb Angst u. Einsamkeit, demütiger Mensch u. Schriftsteller.]

Victoroff, David: "Quelques aspects de la personne dans l'oeuvre de Kafka." In: *Études Philosophiques* 3 (1957) S. 471–74.

[Psycho-soziale Aspekte von Kafkas Werk vernachlässigt – zeigt neues "Ich" in Beziehung zu anderen in einer radikal veränderten, anonymen, für Menschen erdruckenden Welt. Nur entwurzelte Helden.]

Vietta, Egon: "The Fundamental Revolution." In: Flores, *The Kafka Problem* (s. Sammelbde.) S. 337–47.

[Übers. v. Lienhard Bergel u. F. Wood: Offenes Werk, Weltangst ohne Lösung; neue Raum- u. Zeitperspektive. Bewußtseinswandel, parallel zu neuer Malerei u. Musik.]

Vietta, Silvio, u. Hans-Georg Kemper: *Expressionismus.* München: Wilhelm Fink, 1975 (Uni Taschenbücher 362 – Dt. Literatur im 20. Jh., Bd. 3).

[S. Vietta: S. 68–82: 'Verdinglichung' bei Kafka: Kafka lehnte den expressionistischen "Schrei" ab, aber Grundproblematik der Epoche (Verunsicherung, Metaphysikverlust) zeigt sich. "Die Verwandlung": Beispiel der Verdinglichung u. Entfremdung. Text läßt Spielräume offen (Vieldeutigkeit); vom Autor angebotene Deutungen werden abgebaut; Ichdissoziation; aus Radikalisierung der Verfremdung entsteht "absolute Metapher". S. 156–61: Franz Kafkas erkenntnistheoretische Reflexionsprosa: Alle Reflexion, auch die des Lesers, erreicht Ziel nicht mehr; Zerstörung aller Erkenntnissicherheit; Ende der Mythologie. H.-G. Kemper: S. 286–305: Gestörte Kommunikation. Franz Kafka: "Das Urteil": Anfang der Erz. motivgeschichtlich literarischer Realismus des 19. Jh. (Glückssuche zweier Freunde), aber Kafka zerstört Erzählmotiv, Held u. Leser werden desorientiert u. sind in vergleichbarer Situation; gestörte soziale Interaktion.]

Vigée, Claude: "Les artistes de la faim." In: *Comparative Literature* 9 (1957) S. 97–117.

[Schuldmotiv in Literatur des 19. u. 20. Jh. "Der Hungerkünstler" u. Kafkas Geisteshaltung. Absage an das Leben u. asketische Tendenzen bei Kafka, Mallarmé, T. S. Eliot.]
Auch in: *La Table Ronde* 112 (1957) S. 43–64.
Auch in: C. V.: *Les artistes de la faim. Essais.* Paris: Calmann-Lévy, 1960. S. 211–48.
Engl. Zusammenf. in: *TCL* 3 (1957) S. 145.

Villiger, Hermann: "Arbeitsbericht und Bekenntnis zu Kafka." [s. Gerber.]

Viola, Gianni Eugenio: "Delle costanti di Kafka." In: *Nuova Antologia* Bd. 515, Jahr 107 (1972) Nr. 2057. S. 76–90.

[Auflösung der Wirklichkeit, Helden bewegen sich im Absurden, Kafkas Allegorie enthält keine Botschaft, Helden auf der Suche, Selbstverdammnis u. Entfremdung folgen. Ursprung Kafkas zu berücksichtigen; Interesse für Walser, sonst wenige literarische Vorbilder. Tagebücher mit Ansätzen zu Erz.; Fremdheit gewöhnlicher Dinge. Bezug Kafkas zu Film u. Expressionismus. Interpretation von "Kübelreiter".]

Vircillo, Domenico: "Ambiguità e fede in Kierkegaard, Nietzsche e Kafka." In: *Sapienza* 26 (1973) S. 27–69.

Ital. Zusammenf. in: *The Philosopher's Index* 11 (1977) Nr. 1. S. 80.

*Vittorini, Elio: *Diario in pubblico.* Milano: 1957.

In dt. Übers. u. d. T.: *Offenes Tagebuch.* Olten, Freiburg i. Br.: 1959.

Vivas, Eliseo: "Kafka's Distorted Mask." In: E. V.: *Creation and Discovery. Essays in Criticism and Aesthetics.* New York: Noonday Pr., 1955, S. 29–46.

[Viele Deutungen werden Kafka, dem Künstler, nicht gerecht; mythopoetisches Weltbild; moderner Mensch u. die Angst; Vernunft hilft nicht.]
Auch in: Gray, *Kafka. A Collection of Critical Essays* (s. Sammelbde.) S. 133–46.
Auch in: *The Kenyon Critics. Studies in Modern Literature from The Kenyon Review.* Ed. John Crowe Ransom. Port Washington, N. Y.: Kennikat Pr., 1967. S. 58–74.
In ital. Übers. v. Paola Forghieri u. d. T.: "La maschera deformata di Kafka." In: E. V.: *Creazione e scoperta. Saggi di critica e di estetica.* Bologna: Il Mulino, 1958 (Saggi 18) S. 35–55.
Teilabdrucke in ung. Übers. in Lenke Bizám: *Kritikai allegóriák Dickensről és Kafkáról.* Budapest: Akadémiai Kiadó, 1970. S. 123–24, 139–40.

— "Animadversions on Imitation and Expression." In: *The Journal of Aesthetics and Art Criticism* 19 (1961) S. 425–32.

[S. 428: "Die Verwandlung" als Nachahmung u. Allegorie.]
Auch in: E. V.: *The Artistic Transaction and Essays on Theory of Literature.* Ohio State Univ. Pr., 1963. S. 153–68.
Engl. Zusammenf. in: Corngold, *The Commentators' Despair* (s. Sammelbde.) S. 238.

— "Literature and Ideology." In: E. V.: *The Artistic Transaction and Essays on Theory of Literature.* Ohio State Univ. Pr., 1963. S. 95–115.

[Einseitigkeit der psychoanalytischen Kritik der Werke Kafkas. – S. 153–68: Animadversions on Imitation and Expression (s. Artikel).]

*Vogelmann, David J.: "Acotación del traductor." In: Franz Kafka: *La carta al padre.* Buenos Aires: 1955. S. 111–14.

Vogelsang, Hans: "Franz Kafka – Satiriker der Angst und Ausweglosigkeit." In: *Österreich in Geschichte und Literatur* 9 (1965) S. 134–47.

[Ungeheure Angst durchzieht Kafkas Leben u. Schaffen; seine Helden irrend u. ratlos; die Aphorismen – positiv.]

Vogelweith, Guy: "Kafka et Kierkegaard. (Regarde oblique sur une rupture)." In: *Obliques* (Paris) (1973) Nr. 3. S. 45–49.

[Angst um Verlust des "Ich", Ehemöglichkeit dadurch untergraben. Literatur als Sublimation, mystischer Akt, der vor dem Nichts rettet.]

*Vogt, U.: "Eugenio Montale." In: *Italienische Literatur der Gegenwart in Einzeldarstellungen.* Hrsg. v. J. Hösle u. W. Eitel. Stuttgart: 1974. S. 31–61.

*Volkening, E.: "La razón de estado en el mundo de Kafka." In: Eco (Juni 1974).

Vordtriede, Werner: " 'Letters to Milena': The Writer as Advocate of Himself." In: Flores, *Franz Kafka Today* (s. Sammelbde.) S. 239–48.

[Briefe analysieren, ohne zu klären; alle Einladungen an Milena weisen Satzform des athenischen Lügners auf.]

*Vroomen, Pim de: "De herstrukturering van het gezin Samsa." In: *Levende Talen* (1970) Nr. 272.

Vuarnet, Jean Noel: "Le labyrinthe de l'absence." In: *Europe* 49 (1971) Nr. 511–12. Kafka. S. 73–80.

[III. Une étude sur Franz Kafka: Kafkazitate u. Gedanken über ihn; seine künstlerische Problematik.]
Teilabdruck u. d. T.: "A la craie dans le noir." In: *Obliques* (Paris) (1973) Nr. 3. S. 30–34.

*Waerenskjold, L.: "Franz Kafka og 'Prosessen'." In: *Morgenbladet* (18.10.1965) S. 3 u. 8.

Wagenbach, Klaus: "Zu dem Gedicht Franz Kafkas." In: *Akzente* 4 (1957) S. 287.

["In der abendlichen Sonne" zeigt neuen strengen Sprachstil Kafkas (seit 1912).]

— "Die Jugend Franz Kafkas." In: *Merkur* 12 (1958) S. 1019–1029.

[Biographisches (Prag): Erziehung, Interessen, Sprache, Umwelt. Kafkas Wahrheitsfanatismus.]

— "Jahreszeiten bei Kafka?" In: *DVjs* 33 (1959) S. 645–47.

[Widerlegung von Uyttersprots Neuordnung der Werksanlage. Kafka war naturfern.]

— "Ein Autor und sein Nachruhm." In: *Neue Rundschau* 74 (1963) S. 509–12.

[In Zusammenhang mit Kafkas 80. Geburtstag 1963 u. einem Artikel von Willy Haas; Gedanken über Kafkas literarisches Testament u. seinen Charakter. Er äußerte sich nicht über literarische Urteile seiner Zeitgenossen über sein Werk. Fronten der Kafka-Interpretation schon durch früheste Rez. u. Besprechungen abgesteckt (Brod, Musil).]

— "Wo liegt Kafkas Schloß?" In: Born, *Kafka-Symposion* (s. Sammelbde.) S. 161–80.

[Einsamkeit Kafkas, als er "Das Schloß" schrieb. Hinweise auf literarische Einflüsse u. Analogien zwischen Schloß-Roman u. Dorf Wossek (Geburtsort seines Vaters). Warnung vor nur spekulativ-metaphysischer Interpretation.]

485

In engl. Übers. v. Sheila Stern u. d. T.: "Kafka's Castle?" In: Stern, *The World of Franz Kafka* (s. Sammelbde.) S. 79–84.
In frz. Übers. u. d. T.: "Où peut-on situer le château de Kafka?" In: *Lettres Nouvelles* (Juli-Sept. 1967) S. 38–55.
Gekürzt in tschech. Übers. u. d. T.: "Který zámek je Kafkův." In: *Literární noviny* 14 (1965) Nr. 47. S. 7.

– "Ein unbekannter Brief Franz Kafkas." In: *Neue Rundschau* 76 (1965) S. 426–33.

[S. 426–27: Notizen über Bekanntschaft mit Julie u. den Brief an ihre Schwester.
S. 428–33: "An eine Schwester Julie Wohryzeks, 24. November 1919": Abdruck des Briefes.]
U. d. T.: "Julie Wohryzek, die zweite Verlobte Kafkas." In: Born, *Kafka-Symposion* (s. Sammelbde.) S. 39–53.

– "Versuch einer Datierung sämtlicher Texte Franz Kafkas." s. **Pasley, J. M. S.**

– "Einleitung. Biographisches." In: Franz Kafka: *In der Strafkolonie. Eine Geschichte aus dem Jahre 1914.* Berlin: Klaus Wagenbach, 1975. Illustr. (Wagenbachs Taschenbücherei). S. 7–22.

[Kafkas Leben im Zusammenhang mit dem Zeitgeschehen, mit Zitaten aus Tagebüchern u. Briefen.]

– "Zu den Briefen an Ottla." In: Caputo-Mayr, *Franz Kafka Symposium* (s. Sammelbde.) S. 17–27.

[Vortrag (Philadelphia 1974): 120 Postkarten u. Briefe an die Schwester haben familiären Charakter, enthüllen Familiensituation ("Gründerfamilie"); Kafkas typische Erziehung u. Schulung, seine Ausbrechversuche, Kafkas u. Ottlas Emanzipation, Ottlas Charakter.]
In engl. Übers. u. d. T.: "Franz and Ottla: Kafka's Letters to His Sister." In: *JML* 6 (1977) S. 437–45.

Wagener, Hans: "'Der Prozeß.' Stück in zwei Akten. Nach dem gleichnamigen Roman von Franz Kafka." In: *Theater heute* 16 (1975) Nr. 7. S. 40–54.

Wagner, Geoffrey: "'The Trial' (1962)." In: G. W.: *The Novel and the Cinema.* Rutherford, Madison, Teaneck: Fairleigh Dickinson Univ. Pr., (Associated Univ. Presses); London: Tantivy Pr., 1975. S. 328–34.
[Besprechung von Welles' "Prozeß"-Film: Sein Kafkaverständnis.]

Wagner, Jan: "Dopis Franze Kafky inž. Františku Kholovi v literárním archívu Národního muzea v Praze." In: *Sborník Národního muzea v Praze* (Acta Musei Nationalis Pragae), Řada C – literární historie (Series C – historia litterarum), 8 (1963) Nr. 2. S. 84–85.

[(Brief Franz Kafkas an Ing. František Khol im literarischen Archiv des Nationalmuseums in Prag): Abdruck des einzigen Briefes von Kafka im Besitz des Literaturarchivs des Nationalmuseums in Prag an Ing. F. Khol (1877–1933), Bibliothekar u. Dramatiker. Inhalt: Information über Kuraufenthalte u. Verlobung mit Felice. S. 85: Dt. Zusammenf.]

*–"Jeden z posledních dokumentů života Franze Kafky." In: *Literární archiv* (Praha) 2 (1966). Památník národního písemnictví.

[Tschech. (Eines der letzten Dokumente aus dem Leben Franz Kafkas.)]

*Wah, Pun Tzoh: ["Kafkas doppelte Sehweise."] In: *Dousou* (1980?).

[Artikel in chinesischer Sprache.]

Wahl, Jean: "Kierkegaard and Kafka." In: Flores, *The Kafka Problem* (s. Sammelbde.) S. 262–75.

[Übers. v. Lienhard Bergel. Kafkas Kierkegaardauffassung an Hand von Textstellen analysiert. Will Kafka Glauben an die Welt behalten?]

– "Coins." In: *CCRB* (Febr. 1965) Nr. 50. Kafka. L'Amérique – Le Château – Le Procès. S. 17–20.

[Kafka lebt in Grenzgebiet, wollte Zerrissenheit des Menschen ausdrücken; fühlte sich als "Nichts". Fülle der Gestalten in ihm. Das Unzerstörbare.]

Waidson, H. M.: "The Recent German Novel: Some Themes and Directions." In: H. M. W.: *International Literary Annual.* London: John Calder, 1958 (Nr. 1). S. 29–46.

[S. 37: Kafkas Einfluß auf dt. Dichter nach 1945.]

– *The Modern German Novel. A Mid-Twentieth Century Survey.* London-New York-Toronto: Oxford Univ. Pr., 1959 (Univ. of Hull Publications). – (2. Aufl. 1971.)

[S. 9–10, 13–15, 64–65, 77–79: Bemerkungen zu Kafka.]

– "The Starvation-Artist and the Leopard." In: *GR* 35 (1960) S. 262–69.

[Entgegnung auf Meno Spanns Artikel; Stellung des Erzählers; Suche nach richtiger Nahrung; Held soll nicht ironisch gesehen werden.]
Engl. Zusammenf. in: *TCL* 7 (1961) S. 36, u.
in: *TCLB* S. 2092.

– "Kafka. Biography and Interpretation." In: *GLL* 14 (1960) S. 26–33.

[Besprechung von Wagenbachs Kafka-Biographie (1958) u. Emrichs Kafka-Buch (1958).]
Engl. Zusammenf. in: *TCL* 7 (1962) S. 199–200, u.
in: *TCLB* S. 2084.

– In: *Chambers's Encyclopedia* s. Ro[se], W[illiam].

– "Prose Fiction. Some Outstanding German Novels." In: *Twentieth Century German Literature.* Ed. August Closs. London: Cresset Pr., 1969 (Introduction to German Literature, Vol. 4). S. 104–63.

[S. 122–28: Inhaltsangabe u. Interpretation von "Das Schloß".]

Waismann, F.: "A Philosopher Looks at Kafka." In: Jakob, *Das Kafka-Bild in England* 2 (s. Sammelbde.) S. 499–511.

[Abdruck aus "Essays in Criticism" 3 (1953) Nr. 2. S. 177–90: "Prozeß" als Krankengeschichte (Tbc); Dokument einer Selbstbestrafung. Franz, der Wärter, Gericht, Gesetz,
alle in Josef K. selbst, sein Unbewußtes. Fehlen von Motiven; Kafka drückt Unausdrückbares aus.]

Wakefield, Dan: "Kafka in the Raw." In: *East Europe* 9 (1960) Nr. 5. S. 56.
[Marek Hłaskos Roman "Next Stop – Paradise" ist Kafkas "Schloß" ähnlich. Hłasko
verlor Glauben an Gott u. Kommunismus.]

*Wakisaka, Yutaka: ["Fragmentarische Bemerkung über Kafka."] In: *Quelle* 2
(1957).
[Jap.]

*– "Furantsu Kafuka. Shoshinshu 'Mura Isha'." I–III. In: *Kansai-[Univ.-]-Doit-
su-Bungaku* 7–4, 8–2, 9–4 (1957/59).
[Jap. (Franz Kafkas "Landarzt". Über eine Möglichkeit der Prosa.)]

*– "Kafuka kenkyu no kihon mondai." In: *Doitsu-Bungaku* 20 (1958).
[Jap. (Grundprobleme der Kafka-Forschung. Eine methodische Betrachtung.)]

Waldeck, Peter Bruce: *Die Kindheitsproblematik bei Hermann Broch.* München-
Allach: Wilhelm Fink, 1968.
[S. 75–148: 2. Teil: Die Spaltung des Ichs im unterdrückten Jüngling und im gehemmten
Emanzipierten: Ichspaltung im vom Vater beherrschten Mann bei Broch, Kafka u. Grill-
parzer.
S. 80–94: Kafka: Kafka – eine Hauptquelle Brochs. Klarste Ichspaltung-Erz.: "In der
Strafkolonie"; Forschungsreisender u. Verurteilter: Sohn; Hinrichtungsapparat u. Offi-
zier: Vatersymbol. In "Bericht für eine Akademie": Affe als Emanzipierter. "Urteil":
emanzipiertes Ich in Rußland. "Schloß": Landvermesser – emanzipiertes Ich; Barnabas
– unterdrücktes Ich. –
S. 96–100: Der Einfluß Kafkas: Einwirkung von "Das Urteil" auf Brochs "Die Schlaf-
wandler". – Weitere Hinweise.]

– "Kafka's 'Die Verwandlung' and 'Ein Hungerkünstler' as Influenced by Leopold von Sacher-Masoch." In: *Monatshefte* 64 (1972) S. 147–52.
[Bild der Frau im Pelz in Gregors Zimmer weist auf Sacher-Masochs "Venus im Pelz" hin
(1870), auch Name Gregor Samsa sowie Bemerkungen gegenüber Janouch.]
Engl. Zusammenf. in: *TCL* 18 (1972) S. 299, u.
in: *1972 MLA Abstracts* Vol. 2. S. 68.

– *The Split Self. From Goethe to Broch.* Bucknell Univ. Pr., 1979.

Waldmann, Günter: "Franz Kafka." In: *Handbuch zur modernen Literatur im
Deutschunterricht. Prosa – Drama – Hörspiel.* Hrsg. v. Paul Dormagen [u. a.]
3. Aufl. Frankfurt/M.: Hirschgraben, 1967.
[S. 107–20: Einführendes; Kafkas Bedrängnisse typisch für seine Zeit. Sprache, Verfremdung, Reflexion; kein objektiver Erzähler; Kurzinterpretationen.]

Waldmann, Werner: "Kafka mißverstanden? Zur Verfilmung von 'Das Schloß'." In: *Merkur* 26 (1972) S. 604–06.

[Film von Rudolf Noelte u. Maximilian Schell ist ein Kunstwerk für sich, keine Konkurrenz für den Roman. K. ist zu passiv; psychologischer Perspektivismus unübersetzbar; Film ähnelt einer existentialistischen Interpretation.]

*– "Auf dem Weg zum Klassiker: Franz Kafka." In: *Welt und Wort* 28 (1973) S. 257–67.

Engl. Zusammenf. in: *TCL* 20 (1974) S. 229.

Waldmeir, Joseph J.: "Anti-Semitism as an Issue in the Trial of Kafka's Joseph K." In: *Books Abroad* 35 (1961) S. 10–15.

[Exegetische Untersuchung des "Prozeß"; Anklage: K. ist Jude. Gericht u. Gesellschaft antisemitisch.]
Engl. Zusammenf. in: *TCL* 8 (1962) S. 54, u.
in: *TCLB* S. 2104.

*Walker, Augusta:** "Allegory: A Light Conceit". In: *Partisan Review* 22 (1955) S. 480–90.

Zusammenf. in: *TCLB* S. 2084.

Wallenrod, Reuben: *The Literature of Modern Israel.* New York & London: Abelard-Schuman, 1956.

[S. 152–54: Vergleich zwischen den Erz. Kafkas u. Agnons. Kafkas Welt amoralisch.]

Walpole, Hugh: "An Answer." In: Jakob, *Das Kafka-Bild in England* 1 (s. Sammelbde.) S. 239.

[Teilabdruck von "Franz Kafka" in "TLS" (19.4.1941) S. 91: Kafkas u. Warners Werke sind voll Philosophie u. Menschlichkeit.]

Walser, Martin: "Arbeit am Beispiel." In: Franz Kafka: *"Er". Prosa.* Auswahl u. Nachwort von M. Walser. Schomburgk, Eschwege: Suhrkamp, 1963 (Bibliothek Suhrkamp, Bd. 97). S. 219–25.

[Nachwort zu den Texten, Kommentar über Kafkas Leben, Schicksal u. Besonderheiten. Suche nach "Grenzland" zwischen Einsamkeit u. Gemeinschaft; Studium der eigenen Schwäche. Ernst seiner Lage ins Komische gewendet. Scham u. Gewissenhaftigkeit in Kafkas Stil zu sehen.]
Auch u. d. T.: "Arbeit am Beispiel. Über Franz Kafka." In: M. W.: *Erfahrungen und Leseerfahrungen.* 13.–20. Tausend. Frankfurt/M.: Suhrkamp, 1966. – (C 1965) (Edition Suhrkamp 109). S. 143–47.

– "Baustein beim Bau der Chinesischen Mauer. Über Tagebücher." In: M. W.: *Wer ist ein Schriftsteller? Aufsätze und Reden.* Frankfurt/M.: Suhrkamp, 1979 (Edition Suhrkamp 959). S. 7–24.

[Briefe, Tagebücher u. Erz. waren Kampfplätze von Kafkas geistigem Kampf; in Tagebüchern versucht er Selbsterkenntnis u. grenzenlose Genauigkeit, aber das Intime fehlt.]

489

Walzel, Oskar: "Logik im Wunderbaren." In: Politzer, *Franz Kafka* (s. Sammelbde.) S. 33–38.

[Zuerst erschienen in "Berliner Tageblatt" (6. Juli 1916). "Heizer"-Kritik: als "kleistisch" beurteilt; das Menschliche. "Verwandlung": Kafkas Fähigkeit, das Wunderbare mit einem Schlag als natürlich darzustellen. Jeder Erzählschritt ist echt u. wirklich. Mitleidslose Welt gezeigt.]
Auch in: Born, *Franz Kafka. Kritik und Rezeption* (s. Sammelbde.) S. 143–48.
Auch in: Jürgen Born: "Franz Kafka und seine Kritiker (1912–1924)." In: Born, *Kafka Symposion* 1966 (s. Sammelbde.) S. 140–46.
Engl. Zusammenf. in: Corngold, *The Commentators' Despair* (s. Sammelbde.) S. 241–42.
In ital. Übers. v. E. Pocar u. d. T.: "Logica nel meraviglioso." In: Pocar, *Introduzione a Kafka* (s. Sammelbde.) S. 5–10.

Wandruszka, M.: "Österreichische Dichtung auf Italienisch." In: *Italienische Studien* (Italienisches Kulturinstitut Wien) (1978) Nr. 1. S. 107–17.

[Analyse ital. Übers. u. a. von Kafka.]

Warburg, Fredric: *All Authors are Equal: The Publishing Life of Fredric Warburg, 1936–71.* New York: St. Martin's Pr.; London: Hutchinson, 1973.

[S. 59–70: Embroiled with Kafka: Geschichte der engl. Kafkaausgabe durch Secker, Senhouse u. Warburg; Beziehung zwischen Schocken, Brod, Senhouse u. Warburg. Massenabsatz der Werke beginnt nach 1939, war zeitbedingt (2. Weltkrieg). Roger Senhouse u. Warburg hatten Verlagsrecht für "The Castle" u. "The Great Wall of China" bei Übernahme des M. Secker Verl. 1939 erworben.]

Ware, Malcolm: "Catholic Ritual and the Meaning of Franz Kafka's 'Das Ehepaar'." In: *Symposium* 19 (1965) S. 85–88.

[Knüpft an Thurstons Interpretation an. Erz. ist religiöse Allegorie, aber im katholischen Sinn. Agent ist katholischer Priester, der Erzähler – Jedermann.]
Engl. Zusammenf. in: *TCLB* S. 2089–90.

Warner, Rex: "Extracts from a Letter from Rex Warner to Dieter Jakob." In: Jakob, *Das Kafka-Bild in England* 1 (s. Sammelbde.) S. 279.

[Warner behauptet, eher vom engl. pikaresken Roman als von Kafkas Werk beeinflußt worden zu sein.]

Warren, Austin: "Franz Kafka." In: Gray, *Kafka. A Collection of Critical Essays* (s. Sammelbde.) S. 123–32.

[Abdruck aus "Rage for Order" von A. W. (Univ. of Michigan Pr., 1948). Vergleich mit Dickens; Stadt u. Alpträume; Dialog wichtig; Wahrheit nicht erkennbar. Keine Allegorien.]
Teilabdruck in: *Twentieth-Century Literary Criticism.* Vol. 2. Ed. Dedria Bryfonski and Sharon K. Hall. Detroit: Gale Research, 1979. S. 295.

– "Kosmos Kafka." In: Flores, *The Kafka Problem* (s. Sammelbde.) S. 60–74.

[Freudlose Welt der Stadt, voll Träume, Unsicherheit. Ordnungssystem funktioniert nicht. Vorherrschen des Dialoges in "Prozeß" u. "Schloß". Dialektik der Helden.]
Auch u. d. T.: "Franz Kafka [1941]." In: *Literary Opinion in America. Essays Illustrat-*

ing the Status, Methods, and Problems of Criticism in the United States in the Twentieth Century. Ed. Morton Dauwen Zabel. Vol. 1. Third edition. New York, Evanston: Harper & Row, 1962 (Harper Torchbook edition 1962).
In ital. Übers. v. Attilio Landi u. d. T.: "L'universo Kafka." In: Pocar, Introduzione a Kafka (s. Sammelbde.) S. 163–77.

– "The Penal Colony." In: Flores, The Kafka Problem (s. Sammelbde.) S.140–42.
[Kafkas Sorge über das Verschwinden der Religion; er zeigt sie in aller Strenge.]

Wassermann, Jakob: "The Revulsion against Psychology." In: Jakob, Das Kafka-Bild in England 1 (s. Sammelbde.) S. 120–21.
[Abdruck von S. 67–68 aus "Tendencies of the Modern Novel", ed. Hugh Walpole (London, 1934). In Kafkas Werk: die "gegenpsychologische" Einstellung im Roman.]

Wasserstrom, William: "In Gertrude's Closet." In: Yale Review 48 (1958) S. 245–65.
[Kunst stammt aus einer Neurose, die Neurose aus dem Ödipuskomplex. S. 256–60 über Kafkas "Schloß".]
Auch u. d. T.: "In Getrude's Closet: Incest-Patterns in Recent Literature". In: Hidden Patterns. Studies in Psychoanalytic Literary Criticism. Ed. Leonard and Eleanor Manheim. New York: Macmillan; London: Collier-Macmillan, 1966. S. 275–99.
Engl. Zusammenf. in: Abstracts of English Studies 5 (1962) S. 142, u.
in: TCLB S. 2107–08.

– "Franz Kafka." In: The Modern Short Novel. Ed. W. W. New York-Chicago-San Francisco-Toronto: Holt, Rinehart and Winston, 1965. S. 107–08.
[Einführung zu Leben u. Werk. S. 108–53: The Metamorphosis: Abdruck der Erz., Übers. v. Willa u. Edwin Muir.]

*** Watanabe, Hiroshi:** ["Kafka in Frankreich."] In: Eureka 3–4 (1971). Kafka-Sonderheft.
[Jap.]

Watanabe, Nancy Ann: "Creative Destruction: The Irony of Self-Betrayal in the Psychosymbolic Monologue – Browning, Poe, Eliot, Kafka and Camus." In: DAI 36 (1976) S. 5289A–90A.
[Zusammenf.: Häufig verschwindet Erzähler aus der modernen Prosa; damit verbunden ist Tendenz zum "psychosymbolischen" Erzähltypus, auch hier aber enthüllt ein Erzähler in 1. Person den Autor. Diese dramatisch-monologische Erzählform wird u. a. an Kafkas "Bau" erläutert. Autor behält ironische Distanz zum Helden bei u. kann auf subtile Weise dessen Selbstdarstellung zweifelhaft machen, obwohl er ihn nicht ins Lächerliche erniedrigt. So kann er eine Lehre erteilen, ohne den Helden zu verurteilen u. bleibt objektiv.]

*** Watanabe, Noboyuki:** ["Kampf in Kafkas Werken."] In: Ôsaka-Furitsu-[Univ.-] Dokufutsu-Bungaku 2 (1968); 3 (1969).
[Jap. – Bd. 3 (1969): "Beschreibung eines Kampfes."]

*–["Über die Struktur von "Das Urteil" von Kafka."] In: *Ôsaka-Shiritsu-*
[Univ.-] Doitsu-Bungaku-Ronshû (1973).
[Jap.]

Waterman, Arthur E.: "Kafka's 'The Hunger Artist'." In: *The CEA Critic* 23
(1961) Nr. 3. S. 9.
[Bedeutung dieser Erz. für Erstsemestrige; die "Kunsterfahrung".]
Engl. Zusammenf. in: *TCLB* S. 2092.

W[eber], H[ans] v[on]: "Von Bildern und anderen Büchern." In: Born, *Franz
Kafka. Kritik und Rezeption* (s. Sammelbde.) S. 30.

Webster, Peter Dow: "Franz Kafka's 'In the Penal Colony'. A Psychoanalytic
Interpretation." In: *American Imago* 13 (Winter 1956) S. 399–407.
[Faszinierendster literarischer Alptraum, in dem Kafka Bestehen des unzerstörbaren
Selbst in Gestalt des Forschers (Künstler) behauptet. Lösung des Konflikts: Superego
(Offizier) wird anstelle des Selbst (Schuldiger) zerstört. Reversion nur im Traum mög-
lich.]
Engl. Zusammenf. in: *Psychological Abstracts* 32 (1958) S. 358, u.
in: *TCLB* S.2093.

– "Franz Kafka's 'Metamorphosis' as Death and Resurrection Fantasy." In:
American Imago 16 (1959) S. 349–65.
[Psychoanalytische Interpretation. Ablehnung des Mutterbildes u. Sehnsucht danach.
Gregor muß durch symbolischen Tod seine Libido wiederfinden. Uhrzeit – Jahre in
Gregors Leben; psychische Entwicklung zurückgeblieben. Zimmer – Mutterschoß.
Kastrierungsfurcht vor dem Vater.]
In etwas gekürzter Fassung in: Corngold, *Franz Kafka: The Metamorphosis* (s. Sammel-
bde.) S. 157–68.
Engl. Zusammenf. in: *TCL* 6 (1960) S. 45,
in: Corngold, *The Commentators' Despair* (s. Sammelbde.) S. 242–44, u.
in: *TCLB* S. 2113–14.

– "'Dies Irae' in the Unconcious, or the Significance of Franz Kafka." In: Hamalian, *Franz Kafka* (s. Sammelbde.) S. 118–25.
[Abdruck aus "College English" 12 (1950) Nr. 1. S. 9–15: Kafka ist der vollendete
"Träumer" für Psychoanalytiker; Freudscher Symbolismus u. Traumverzerrung in Werken mit Objektivität des Beobachters dargestellt. Titorellis Rolle. Kafkas Verlangen, zu
einer großen Gruppe zu gehören ("Prozeß": Religion – Kathedralenszene). Sein Versuch, sich vom Vater zu lösen.]

Wegeler, Adalbert: "Der Einfluß Freuds auf die Literatur. Zu seinem 100. Geburtstag." In: *Wort in der Zeit* 2 (1956) Nr. 5. S. 1–6.
[S. 5: Kafka als Antipode zu Freud. Einfluß Freuds möglich in Hinblick auf das Traumhafte.]

Weider, W[alther]: "Meistersinger – mit geliehenen Noten. Deutsche Literatur
im Zeichen des Modernismus." In: *Morgen* 13 (Apr. 1958) S. 7–8.

[Junge dt. Schriftsteller halten sich in Stil u. Art an Kafka u. Hemingway. Kafkaismus bei W. Jens, M. Walser u. S. Lenz.]

Weidlé, Wladimir: *Die Sterblichkeit der Musen. Betrachtungen über Dichtung und Kunst in unserer Zeit.* Ins Dt. übertragen von Karl August Horst in Zusammenarbeit mit dem Autor. Stuttgart: Dt. Verl.-Anstalt, 1958.

[S. 345–53: Kafkas Geheimnis; Eigenart der Sprache; Angst, chaotische Welt; unnachahmbar.]

— "The Negative Capability." In: Flores, *The Kafka Problem* (s. Sammelbde.) S. 354–62.

[Übers. v. Arlene Harrow: In Kafkas Werk werden Wahrheiten enthüllt, die der Verstand nicht erreicht. Versuch, Unbewußtes zu mechanisieren. Psychoanalyse.]

Weigand, Hermann J.: "Franz Kafka's 'The Burrow' ('Der Bau'). An Analytical Essay." In: *PMLA* 87 (1972) S. 152–66.

[Monolog umfaßt ganzes Leben; Bericht u. Lebenslauf parallel; fortschreitende Verwirrung des Helden, verdrängt traumatisches Jugenderlebnis.]
Auch in: Hamalian, *Franz Kafka* (s. Sammelbde.) S. 85–108.
*Auch in: H. J. W.: *Critical Probings: Essays in European Literature. From Wolfram von Eschenbach to Thomas Mann.* Bern: Peter Lang, 1981 (?).
Engl. Zusammenf. in: *PMLA* 87 (1972) S. 147,
in: *TCL* 18 (1972) S. 227, u.
in: *1972 MLA Abstracts* Vol. 2. S. 68.

Wein, Hermann: "Die Sprache im Zeitalter des Berichts." In: *Merkur* 13 (1959) S. 436–50.

[S. 445–50: über Kafka. In "Prozeß" u. "Schloß" Inversion der Berichtssprache: entziehende u. ausweichende Berichte.]

Weinberg, Helen Arnstein: "The Kafkan Hero and the Contemporary American Activist Novel." In: *DA* 27 (1967) S. 3886A.

[Zusammenf.: Die "absurdist" u. "activist" Romane in der amerik. Gegenwartsliteratur in bezug auf Kafka: S. Bellow, N. Mailer, B. Malamud, P. Roth, H. Gold. K. im "Schloß" als Prototyp der geistigen Aktivisten. Held als unschuldiges ("Amerika") u. schuldiges Opfer ("Prozeß"). Vergleich zwischen Kafkas u. S. Bellows Romanen.]

Weinberg, Kurt: "Franz Kafkas 'Erste Veröffentlichung'." In: *ZfdPh* 81 (1962) S. 496–500.

[Erster Beitrag schon 1908 in "Hyperion", 8 Skizzen (Titel: "Betrachtung").]

Weinrich, Harald: *Tempus. Besprochene und erzählte Welt.* Stuttgart: W. Kohlhammer, 1964.

[S. 87–88: Beispiele für verschiedene Funktionen von Präteritum u. Perfekt aus Kafkas "Prozeß".]

Weinstein, Arnold L.: "Eclipse: Kafka, Joyce, and Michel Butor." In: A. L. W.: *Vision and Response in Modern Fiction*. Ithaca and London: Cornell Univ. Pr., 1974. S. 154–214.

[Literatur der Verfremdung kommt von Kafka; er u. Joyce beschreiben Qual des individuellen Bewußtseins in übermächtiger Welt, beide haben Blickfeld im modernen Roman geändert. Kafkas Personen akzeptieren Groteskes, schreckliche Änderungen u. Verwandlungen geschehen; alles ist problematisch geworden; hartnäckige Anwendung von Logik in Situationen, wo sie zwecklos ist. Krankheit ist seelisch. Wenig menschliches Gefühl. Angst kein Hauptelement. Kafkas Personen von labyrinthischer Umgebung beherrscht. Im Werk von Butor (vor allem "L'Emploi du temps") Vereinigung der Tendenzen bei Kafka u. Joyce. Kafka, Butor u. Joyce beschreiben Konflikt zwischen menschlichen Bedürfnissen u. Erfordernissen einer größeren, nichtmenschlichen Ordnung.] Teilabdruck in: *Twentieth-Century Literary Criticism*. Vol. 2. Ed. Dedria Bryfonski and Sharon K. Hall. Detroit: Gale Research, 1979. S. 308–09.

Weinstein, Leo: "Kafka's Ape: Heel or Hero?" In: *Modern Fiction Studies* 8 (1962) Franz Kafka Number. S.75–79.

[Affe ist einziger relativ erfolgreicher Kafkaheld.] Engl. Zusammenf. in: *TCLB* S. 2089.

— "Altered States of Consciousness in Flaubert's 'Madame Bovary' and Kafka's 'A Country Doctor'." In: *Voices of Conscience. Essays on Medieval and Modern French Literature in Memory of James D. Powell and Rosemary Hodgins*. Ed. Raymond J. Cormier. Philadelphia: Temple Univ. Pr., 1977. S. 215–29.

["ASC": Zustand, in dem das Subjekt selbst der qualitativen Veränderung der geistigen Funktion gewahr wird, durch Drogen oder mystische Erfahrungen. Forschungsergebnisse (Charles T. Tart) auf Literatur angewendet; Einfluß Flauberts auf Kafka untersucht.]

Weischedel, G.: "Franz Kafka." In: *Twentieth Century Writing. A Reader's Guide to Contemporary Literature*. Ed. Kenneth Richardson. London: Newnes Books, 1969. S. 339–41. – Auch: Levittown, N. Y.: Transatlantic Arts, 1971.

[Einführendes.]

Weise, H., u. F. Erdmann: "Franz Kafka." In: *Bibliographische Kalenderblätter der Berliner Stadtbibliothek* 16 (1974) Nr. 6. S. 22–31.

[Zum 50. Todestag Kafkas: Zusammenstellung von Lebensdaten, ostdt. Werksausgaben u. Auswahlbibliogr. (bes. ostdt. Kafkaforschung).]

*Weiskopf, Franz Carl: "Franz Kafka a dnešek." In: *Světová literatura* (1956) Nr. 6. S. 252–54.

[(Kafka und das Heute).]

— "Franz Kafka und die Folgen. Mythus und Auslegung." In: F. C. W.: *Literarische Streifzüge*. Berlin: Aufbau, 1956. S. 212–16.

[1945 geschrieben, 1947 erschienen (in "Die neue Zeitung"); Kafka kein Existentialist, stand unter starkem tschech. Einfluß (Humor, Schwermut, zwei Ebenen der Beschreibung); Meister der Sprache; bedeutender Schriftsteller.]
Auch in: *Die andere Zeitung* (20. Dez. 1956).
*Auch in: F. C. W.: *Gesammelte Werke*. Bd. 8. Berlin: 1960.
Auch in: F. C. W.: *Über Literatur und Sprache. Literarische Streifzüge. Verteidigung der deutschen Sprache*. Berlin: Dietz, 1960. S. 282–86.
Auch in: *Kritik in der Zeit. Der Sozialismus – seine Literatur – ihre Entwicklung*. Hrsg. v. Klaus Jarmatz u. das Kollektiv: Christel Berger, Renate Drenkow, Heinz Sallman. Halle (Saale): Mitteldeutscher Verl., 1970 (Sonderbd. der Essay-Reihe) S. 95–99.

Weiss, Ernst: "The Diaries and Letters." In: Flores, *The Kafka Problem* (s. Sammelbde.) S. 207–13.

[Übers. v. Annelore Stern; Künstler u. Mensch Kafka; tief religiös; kein Vaterland; unwürdig vor Gott, daher keine Gnade.]

– "Der jüngste Tag." In: Born, *Franz Kafka. Kritik und Rezeption* (s. Sammelbde.) S. 49–50.

[Zuerst in "National-Zeitung" (Berlin, 18.1.1914). "Heizer": stärkste dichterische Wirklichkeit; Kafka solle den ganzen Roman veröffentlichen.]

Weiss, Peter:Der Prozeß*. Stück in zwei Akten nach dem gleichnamigen Roman von Franz Kafka. In: *Spectaculum* (Frankfurt/M.) 24 (1976) S. 237–303.

[Bearbeitung u. Dramatisierung.]
In ital. Übers. v. U. Gandini u. d. T.: *Il processo*. Commedia in due atti dal romanzo omonimo di Franz Kafka. Torino: 1977.

*– "Vorbemerkung zur Dramatisierung des Buchs 'Der Prozeß' von Franz Kafka." In: *Spectaculum* (Frankfurt/M.) 24 (1976) S. 327–29.

– "En kritiker som inte vill förstå, förstår aldrig." In: *Aftonbladet* (24.1.1977).

Weiss, T.: "The Economy of Chaos." In: Flores, *The Kafka Problem* (s. Sammelbde.) S. 363–75.

[Kafka zog das Chaos in sein Werk hinein, das unvollendet blieb, weil es keine Antworten gab. Hiob ohne Gott. Keine Allegorie.]

Weiss, Walter: "Dichtung und Grammatik. Zur Frage der grammatischen Interpretation." In: *Jahrbuch des Instituts für deutsche Sprache* (1965–66) S. 236–58.

[Grammatisch-stilistische Interpretation von "Eine kaiserliche Botschaft" u. z. T. von "Auf der Galerie". Systematische Untersuchung des Satzbaus, des Tempus-Modus-Gefüges, des Umschlags aus dem Konjunktiv II in den Indikativ, der Beiwörter "kaiserlich" u. "herrlich", des doppelsinnigen "du". Ein Beitrag zum Verständnis der Dichtung als Sprachkunstwerk.]
Auch: *Dichtung und Grammatik. Zur Frage der grammatischen Interpretation*. Antrittsvorlesung gehalten am 15. März 1966 an der Univ. Salzburg. Salzburg-München: Anton Pustet, 1967 (Salzburger Universitätsreden, Heft 18). 28 S.

Weissensteiner, Friedrich: "Franz Kafka. Der Dichter des Surrealen." In: F. W.: *Sendboten Österreichs. Kurzporträts bedeutender Künstler, Wissenschafter und Sportler.* Wien: Bergland, 1971 (Österreich-Reihe Bd. 383/384). S. 15–17.

[Einführende Bemerkungen. Inhalt von Kafkas Werk rational nicht faßbar. Surrealistische Verfremdung.]

Weissert, Elisabeth: "Franz Kafka (1883–1924). Bemerkungen zu einigen Erzählungen." In: *Erziehungskunst* 43 (1979) Nr. 11. S. 629–43.

Weisstein, Ulrich Werner: *Einführung in die vergleichende Literaturwissenschaft.* Stuttgart: Kohlhammer, 1968.

[S. 105–06: Einfluß ausländischer Dichter auf Kafka eher psychologisch (Dickens, Flaubert).
S. 115–16: Unzulängliche Übers. u. Sprachkenntnisse verursachen Mißverständnisse, z. B. in engl. Übers. v. "Amerika".]

Wellek, René: "Kafka's Life." In: Jakob, *Das Kafka-Bild in England* 1 (s. Sammelbde.) S. 297–99.

[Abdruck des gleichnam. Artikels aus "Scrutiny" 7 (June 1938) Nr. 1. Kafkas Werk ist zeitlos u. rührt an die letzten Dinge (Schuld, Schicksal, Hilflosigkeit). Brods Biographie will andere Aspekte zeigen, wie Zusammenhang von Leben u. Werk.]

Welles, Orson: *The Trial, a film by Orson Welles.* English translation and description of action by Nicholas Fry. Original French language edition entitled *Le Procès.* New York: Simon and Schuster, 1970 (Modern Film Scripts). 176 S.

[S. 8: Note: Drehbuch zuerst in engl. Sprache 1962, in Frz. für Weltpremiere in Paris; dieses ist Grundlage für Frys Übers., die durch Vergleich mit tatsächlichem Film ergänzt u. an engl. Filmfassung angeglichen wurde.
S. 9–11: Orson Welles on "The Trial": Abdruck aus den "Cahiers du Cinéma" (Apr. 1965) Nr. 165. Teil eines Interviews mit O. W. über die Umwandlung des Romans in einen Film. O. W. gibt fundamentale Veränderungen im Filmskript zu, z. B. wird Josef K. aktiver Held, um das Stück dramatischer zu machen.
S. 12–13: Credits: Scenario u. Dialog von O. W., nach dem Roman von Kafka. Schon die Liste der Darsteller zeigt Abweichungen von den Romangestalten. Film beginnt mit einer Version der Gesetzesparabel.
S. 15–176: Drehbuch: enthält 1066 Szenen (Kameraeinstellungen), deren Dialog beträchtliche Abweichungen vom Romantext erkennen läßt. Die Wellessche Version weist totalen Umbau des Sprachstils, der Personengestaltung, der Namen, der Reihenfolge der Episoden auf. Es erscheinen auch im Roman nicht vorhandene, neue Gestalten (Miss Pittl) u. Episoden (Explosionen als Ende, K. wird nicht erstochen). Buch enthält Photographien von Filmszenen.]

Weltsch, Felix: The Rise and Fall of the Jewish-German Symbiosis: The Case of Franz Kafka." In: *Yearbook I. Publications of the Leo Baeck Institute of Jews from Germany.* Ed. Robert Weltsch. London: East and West Libraries, 1956. S. 255–76.

[Prag als Zentrum der Assimilation zu Beginn des 20. Jh.; Sprache – Abstammung – Religion. S. 265–76: Franz Kafka's Path to Judaism: Kafkas bes. Fall innerhalb der Entfremdung von Sprachen-, Abstammungs- u. Religionsgemeinschaft. Seine Begegnung mit Ostjudentum. Vitales Sicherneuern im Volk?]
Auch u. d. T.: "Franz Kafkas Geschichtsbewußtsein". In: *Deutsches Judentum. Aufstieg und Krise. Gestalten, Ideen, Werke. Vierzehn Monographien.* Hrsg. v. Robert Weltsch. Stuttgart: Dt. Verl.-Anstalt, 1963. S. 271–88.
Auch in: Stern, *The World of Franz Kafka* (s. Sammelbde.) S. 47–55.

* – ["Die Welt Franz Kafkas."] In: *Min-Hayesod* 3 (1965) Nr. 65. S. 22–23.
[Hebr.; aus "Bibliografia b'Ivrit".]

– "Franz Kafka." In: *Encyclopaedia Judaica.* Vol. 10. Jerusalem: Macmillan, 1971. Spalte 672–74.
[Einführende Bemerkungen. Kafka vor allem als schöpferischer Künstler zu werten.]

– "Il metarealismo di Franz Kafka." In: Pocar, *Introduzione a Kafka* (s. Sammelbde.) S. 20–24.
[Teilabdruck aus: "Die literarische Welt" (Juni 1926) Nr. 23, Berlin, Übers. v. E. Pocar. Frage nach Sinn der Werke; Logik, psychologische Motivation; Realismus u. dennoch irreale Atmosphäre; Kafkas Materialismus; "Prozeß": keine Allegorie, Schuldproblem.]

[–] "Bedeutende literarische Neuerscheinungen." In: Born, *Franz Kafka. Kritik und Rezension* (s. Sammelbde.) S. 101–02.
[Zuerst in "Selbstwehr" (Prag, 19.12.1919): "Ein Landarzt" – kristallreine Prosa.]

Weltsch, Robert: "Franz Kafka's Home City." In: *Survey* (July-Sept. 1961) Nr. 37. S. 115–17.
[Besprechung von "Franz Kafka lebte in Prag" von Frynta u. Lukas (s. Bücher). Das jüdische Prag, Getto; Dt. sprechender Jude in slawischer Umgebung nichts bes. in Österreich. Prag durch Kafka u. Kafka durch Prag erklärt.]

Welzig, Werner: "Die 'universelle Thematik' der Romane Franz Kafkas." In: W. W.: *Der deutsche Roman im 20. Jahrhundert.* 2. Aufl. Stuttgart: Kröner, 1970. S. 281–90.
[Schwierigkeiten der Einordnung – Fragmentcharakter. Kafka als Künstler lange nicht beachtet; unübersetzbare Parabel. Emrichs Interpretation. Die Person im Vordergrund der Romane, isoliert u. hilflos.]

* **Wenig, Jan:** "Tycho de Brache, Brod a ... Kafka." In: *Lidová demokracie* 14 (1965) Nr. 4.

Werfel, Franz: "Recollections". In: Flores, *The Kafka Problem* (s. Sammelbde.) S. 37.
[Übers. v. Lienhard Bergel: Brief Werfels an R. Klopstock, 2.12.1934.]

Wessling, Berndt W.: *Max Brod. Ein Portrait.* Stuttgart-Berlin-Köln-Mainz: W. Kohlhammer, 1969.

[Hinweise auf Kafka. S. 106–11: Vergleich von Kafkas "Schloß" mit Brods Dramatisierung; bei Kafka Weg der Umwege, bei Brod gerade Linie u. Wendung zum Tröstlichen.]

– "Vertrauen zum Unzerstörbaren." Eine Laudatio auf Max Brod. Hamburg, 17.9.1968. In: Gold, *Max Brod. Ein Gedenkbuch* (s. Sammelbde.) S. 123–26.

[Brod u. Kafka unauslöschlich miteinander verknüpft. Brod – Vermittler der kafkaischen Welt. Brods Kafka-Lieder.]

West, Geoffrey: [Rez. zu engl. Übers. v. 'Beim Bau der Chinesischen Mauer' (1933).] In: Jakob, *Das Kafka-Bild in England* 1 (s. Sammelbde.) S. 161–62.

[Abdruck aus "The Quest of the Absolute" in "Spectator" (26.5.1933) S. 768: Esoterisches Werk. Versuch, Ewiges mit menschlichen Begriffen wiederzugeben. Zum Verständnis der großen Werke wichtig.]

West, Rebecca: "Kafka and the Mystery of Bureaucracy." In: *Yale Review* 47 (1957) S. 15–35.

[Negatives Urteil über Kafkas Werke, außer "Strafkolonie", "Prozeß" u. "Schloß". Die zwei letzteren behandeln satirisch die alt-österreichische Bürokratie, auf anderer Ebene sind sie religiöse Allegorien. Kafka kein geborener Bürokrat, oft grausam (Verhalten zu Frauen). Mut zur Darstellung der Grausamkeit ("Strafkolonie").]
Auch u. d. T.: "The Twentieth-Century Bureaucrat." In: R. W.: *The Court and the Castle. Some Treatments of a Recurrent Theme.* New Haven: Yale Univ. Pr., 1957. S. 279–305. – Auch: 1961.
Abdruck von S. 279–93 u. d. T.: "Kafka and the Mystery of Bureaucracy" in: Hamalian, *Franz Kafka* (s. Sammelbde.) S. 109–17.
Teilabdruck u. d. T.: "Kafka's Prophetic Visions" in: Jakob, *Das Kafka-Bild in England* 2 (s. Sammelbde.) S. 483–86.
Teilabdruck in: *Twentieth-Century Literary Criticism.* Vol. 2. Ed. Dedria Bryfonski and Sharon K. Hall. Detroit: Gale Research, 1979. S. 298–99.
Engl. Zusammenf. in: *TCL* 3 (1958) S. 207, u.
in: *TCLB* S. 2084.

[White,] A. I., and J. J. White: "'Blumfeld, an Elderly Bachelor'." In: Flores *The Kafka Debate* (s. Sammelbde.) S. 354–66.

[3 Teile der Erz. mit komplizierter gegenseitiger Beziehung u. Zeitstruktur. 1. Heimkehr Blumfelds, Einsamkeit; Gesellschaft soll keine Ansprüche an ihn stellen. 2. Er will Zelluloidbälle ignorieren, Spielzeug. 3. Büro u. 2 kindische Assistenten. – Blumfeld will, daß andere i h m gehorchen. Bälle – Kritik an seiner Haltung? Offenes Ende; Änderung möglich?]

White, John J.: "Franz Kafka's 'Das Urteil' – an Interpretation." In: *DVjs* 38 (1964) S. 208–29.

[Allg. nicht-biographische Interpretation. Freund: Georgs absolutes Selbst; Vater: Verkörperung des absoluten Gesetzes; Frieda: empirische Welt. Georg schuldig, sieht Vater in falschem Licht. Wortspiele.]
Engl. Zusammenf. in: *TCLB* S. 2109.

– "Endings and Non-endings in Kafka's Fiction." In: Kuna, *On Kafka: Semi-Centenary Perspectives* (s. Sammelbde.) S. 146–66.

[Art u. Weise der "Nichtvollendung" von Kafkas Werken u. Varianten des "Endes" wichtig. Hyatus zwischen Werk u. Schlußkap. ("Heizer", "Strafkolonie" u. parallel dazu "Amerika" u. "Prozeß" deuten auf Veränderungen der Personen "hinter" den Kulissen). In Mittelperiode – keine abschließende Stellungnahme Kafkas ("Strafkolonie"), vielleicht "offenes Ende" vorgezogen; Kafkas Auffassung von der "Vorläufigkeit" u. "Unendlichkeit". Häufig auch Fragmente, die Hoffnung auf mögliche Weiterentwicklung zulassen; offenes Ende auch, weil Thema inkommensurabel ("Chinesische Mauer": Teilbausystem läßt Hoffnung zu).]
Abdruck von S. 146 u. d. gleichen T. in: Stern, *The World of Franz Kafka* (s. Sammelbde.) S. 102.

– "Georg Bendemann's Friend in Russia: Symbolic Correspondences." In: Flores, *The Problem of The Judgment* (s. Sammelbde.) S. 97–113.

[Freundgestalt von Kritikern verschieden gedeutet; wirkliche Existenz fraglich, obwohl er mit Georg korrespondiert. Russ. Anekdote weist auf Georgs Opfertod? Georgs Schuld: Egozentrismus u. Unterdrückung eines Teiles seiner Natur. Frage: Ist Erz. realistisch oder Darstellung eines Psychodramas?]

White, John S.: "Psyche and Tuberculosis: The Libido Organization of Franz Kafka." In: *The Psychoanalytic Study of Society.* Ed. Warna Muensterberger and Sidney Axelrad. Vol. 4. New York: International Univ. Pr., 1967. S. 185–251.

[Kafka – konfliktbeladen, Werk drückt dies unmittelbar aus; Verständnis nur durch biographisches Wissen möglich. Lebensdaten, frühe Todesahnung, Krankheitssymptome, Tuberkulose – psychosomatisch; kein reifes Verhältnis zur Frau möglich; unvollständige Libidoorganisation; nicht überwundener Ödipuskomplex; Angst vor Zorn des Vaters. Mutterbild erscheint verdrängt; Schuldgefühle durch Vaterhaß. Fetischismus ("Verwandlung", "Brudermord"); sadistische Interpretation des Sexaktes, Sehnsucht nach der Geborgenheit des Ungeborenen. Kafkas Beziehung zur Lieblingsschwester Ottla – Inzestimpulse. Interpretation seiner Zeichnungen, von denen 17 im Text erscheinen. Kafka konnte die Welt u. ihre Gesetze nicht akzeptieren. Wundenbilder in seiner Dichtung u. seine Krankheit. Schwere ungelöste Konflikte können zur Krankheit führen; Flucht in die Psychose angedeutet (Prometheusparabel). Schizoide Elemente im "Schloß": Niemandsland, Rückzug aus der Wirklichkeit, Verlust von Ort- u. Zeitgefühl. "Der Bau": regressive Züge, Todespfad. Selbstzerstörung; Krankheit bringt Befreiung von ungeliebter Arbeit. Tod als Rückkehr zur Mutter.]

White, William M.: "A Reexamination of Kafka's 'The Country Doctor' as Moral Allegory." In: *Studies in Short Fiction* 3 (1966) S. 345–47.

[Allegorische Figuren ähnlich wie in Hawthorne's "Young Goodman Brown." Landarzt – Symbol der Wissenschaft.]
Engl. Zusammenf. in: *Classic Short Fiction. Twenty-five Short Stories, Five Novellas. Readings and Criticsm.* Ed. James K. Bowen and Richard Van der Beets. Second Printing. Indianapolis: Bobbs-Merrill, 1980. S. 10–11. – (C 1971).

*****Whitfield, S.**: "Comic Echoes of Kafka." In: *European Judaism* 12 (Winter 1979) S. 40–42.

Widmer, Kingsley: *The Literary Rebel.* Carbondale and Edwardsville: Southern Illinois Univ. Pr., 1965 (Crosscurrents-Modern Critiques).

[S. 16: Diogenes in Kafkas Parabel gehorcht der Furcht.]

Wiegler, Paul: "Prager Autorenabend." In: Born, *Franz Kafka. Kritik und Rezeption* (s. Sammelbde.) S. 113–14.

[Zuerst in "Bohemia" (Prag, 6.12.1912). Vortragsabend der Herdervereinigung, wo Kafka "Das Urteil" liest.]

Wiese, Benno von: "Der Künstler und die moderne Gesellschaft." In: *Akzente* 5 (1958) S. 112–23.

[Künstler als "outsider" in moderner, technischer Welt, hat dennoch wichtige Rolle als Opposition zur Gesellschaft.]

— "Franz Kafka: 'Die Verwandlung'." In: B. v. W.: *Die deutsche Novelle von Goethe bis Kafka. Interpretationen II.* Düsseldorf: August Bagel, 1962. S. 319–45.

[Radikalster Erzählbeginn, Pointe am Anfang. Innerer Vorgang sichtbar gemacht. Thema: Kommunikationsversuche des isolierten Ich; Verwandlung nicht nur ins Tierische, sondern auch ins Sublime. Vitalität (Schwester); Versagen der Familie.]
Engl. Zusammenf. in: Corngold, *The Commentators' Despair* (s. Sammelbde.) S. 247–54.

— "Franz Kafka. Die Selbstdeutung einer modernen dichterischen Existenz." In: B. v. W.: *Zwischen Utopie und Wirklichkeit. Studien zur deutschen Literatur.* Düsseldorf: August Bagel, 1963. S. 232–53.

[Völlige Identität zwischen Kafka u. Werk, das in sich geschlossene, unangreifbare Objektivität zeigt. Kafka ist Klassiker; Schreiben: Grundbedingung seiner Existenz. Dichter – Zuschauer des Lebens, stirbt schon bei Lebzeiten. Schreiben – Expedition nach Wahrheit. Hungerkünstler – Chiffre für Kafka selbst (positive Einstellung zur Kunst, negative zum Künstlertum; vgl. Josefine u. Titorelli).]

— "Franz Kafka. Ein Hungerkünstler." In: B. v. W.: *Die deutsche Novelle von Goethe bis Kafka. Interpretationen I.* 35.–40. Tausend. Düsseldorf: August Bagel, 1967. S. 325–42. – Auch: 1956.

[Stilform des Grotesken erklärt Erz.; Hungern – groteske Metapher für das Durchdringen zur geistigen Welt. Hungerkünstler braucht Publikum – Kafka nicht.]

*– "Nachwort." In: Franz Kafka: *Der Heizer.* Frankfurt: Suhrkamp, 1975. S. 55–84.

*– "Franz Kafka: 'Der Heizer'." In: B. v. W.: *Perspektiven I. Studien zur deutschen Literatur und Literaturwissenschaft.* Berlin: Schmidt, 1978.

***Wiesner, Herbert**: "Neue Annäherungen an Kafka. Ein internationales Symposion in Klosterneuburg." In: *Börsenblatt für den deutschen Buchhandel* 35 (1979) Nr. 60. Beilage. S. 250–53.

*Wild, W.: "Kafka siegt über die Deuter." In: *Schwäbische Zeitung* (4. Juni 1977) Nr. 127.

*Wildman, Eugene: "The Signal in the Flames: Ordeal as Game." In: *Tri-Quarterly* 11 (1968) S. 145–62.
Engl. Zusammenf. in: *TCLB* S. 2084.

Wiley, Marion E.: "Kafka's Piping Mice as Spokesmen for Communication." In: *Modern Fiction Studies* 25 (1979) S. 253–58.
[Kafka entfernt sich von einseitigem Interesse für leidenden Künstler, zeigt regenerierende Macht der Massen u. den Wert ihrer Stimmen.]

Wilhelm, Rigobert: "Das Religiöse in der Dichtung Franz Kafkas. Versuch einer Interpretation." In: *Hochland* 57 (1965) S. 335–49.
[Traditionelle Kriterien u. vergangene Ästhetik nicht mehr auf Kafkas Werke anwendbar; Dichtung als Gesamtbild menschlichen Seins mit allen Spannungen (Emrich), folglich enthält sie auch religiöse Sphäre u. selbst Gottferne. – Kafkas Dichtung zuerst als Selbstdeutung durch Leben des Dichters beleuchtet; religiöse Elemente: "Urteil" (Frühwerk: Angst u. Verzweiflung), "Prozeß" (Schuld- u. Erkenntnisproblem) u. "Schloß" (vergebliche Suche nach verlorenem Selbst).]

Wilk, Melvin: "The Jewish Presence in Two Major Moderns: Eliot and Kafka." In: *DAI* 39 (1979) S. 4951A.
[Zusammenf.: T. S. Eliot: moderner amerik. Schriftsteller (Antisemit); Kafka: moderner jüdischer Schriftsteller. Beide zeigen Niedergang des alten Glaubens. "Der Prozeß": Verhältnis des modernen Juden zum alten jüdischen Gott u. zur christlichen Umwelt. Prozeß als Metapher. Sowohl im Buch Hiob u. in "Der Prozeß": unterschiedliche menschliche u. göttliche Gerechtigkeit.]

*Willebrand, Carl-August von: "Kafkas romaner – icke-autentiska?" In: *Nya Argus* (1957) Nr. 16. S. 238–39.

Willeford, Charles: "To a Nephew in College." In: *Books Abroad* 31 (1957) S. 362–63.
[Scherzhafter Brief mit Einführung zu Kafkas Werken u. Hinweise auf Interpretationsarten.]

Williams, Werner Theodor: "Elements in the Works of Franz Kafka as Analogue of His Inner Life." In: *DAI* 32 (1972) S. 5248A–49A.
[Zusammenf.: Durch Studium von Kafkas persönlichen Schriften werden Parallelen zu Kunstwerk deutlich. Subjektive Welt u. Probleme (von Helden verkörpert) werden dem Leser nicht verstandesmäßig nahegebracht, sondern auf emotionale Weise. Kafka stellt Situationen dar, die dem Leser seine Schwierigkeiten fühlbar machen. Angst des Dichters vor der Wirklichkeit führt zur alptraumartigen Romanwelt. "Schloß" u. "Prozeß" – Gefühle des Abgewiesenen. K. ist resignierter als Josef K. – Kafkas Ringen um das Werk.]

Wilpert, Gero von: *Deutsche Literatur in Bildern.* 2. Aufl. Stuttgart: Alfred Kröner, 1965. – (1. Aufl. 1957).

[S. 320–21: Federzeichnungen Kafkas u. 2 weitere Illustr. – 1. Aufl.: S. 303: Photo u. Handzeichnung; Hinweis auf künstlerische Doppelbegabung.]

Wilson, A. K.: " 'Null and Void'. An Interpretation of the Significance of the Court in Franz Kafka's 'Der Prozeß'." In: *GLL* 14 (1961) S. 165–69.

[Das Gericht, möglicherweise Metapher für "das Nichts", für alle unverständlich, sinnlos, absurd. Angst u. Neurose.]
Engl. Zusammenf. in: *TCL* 8 (1962) S. 99, u.
in: *TCLB* S. 2104.

Wilson, Colin: *The Outsider.* Boston: Houghton Mifflin; London: Victor Gollancz, 1956.

[S. 31: Kafka u. Camus; S. 118: Kafka u. T. S. Eliot. "Hungerkünstler".]
Teilabdruck von S. 31 u. 118 in: Jakob, *Das Kafka-Bild in England* 2 (s. Sammelbde.) S. 441.
Engl. Zusammenf. von S. 31 ("Verwandlung") in: Corngold, *The Commentators' Despair* (s. Sammelbde.) S. 255.

The Strength to Dream. Literature and the Imagination. London: Victor Gollancz, 1962. – Auch: Boston: Houghton Mifflin, 1962.

[Kafka verglichen mit: H. P. Lovecraft (S. 27–28), S. Beckett (S. 87–90), B. Aldiss (S. 112), F. Dürrenmatt (S. 212–13).]

Wilson, Edmund: "A Treatise on Tales of Horror." In: E. W.: *A Literary Chronicle: 1920–1950.* Garden City, N. Y.: Doubleday, 1956. S. 287–95.

[S. 294–95: "Verwandlung" u. "Blumfeld" sind zu den besten "tales of terror" zu zählen; Kafka – Meister dieses Genres.]
Auch in: E. W.: *Classics and Commercials. A Literary Chronicle of the Forties.* Fourth Printing. New York: Farrar, Straus, 1958; New York: Vintage Books, 1962. S. 172–81.

– "A Dissenting Opinion on Kafka." In: *A Literary Chronicle: 1920–1950.* Garden City, N. Y.: Doubleday, 1956. S. 389–97.

[Ursprünglich Juli 1947 im "New Yorker" erschienen. Kafka gehört nicht zu den Größten dieser Welt. Kafkakult übertrieben; keine religiöse Botschaft, nur persönliche Schwierigkeiten.]
Auch in: E. W.: *Classics and Commercials. A Literary Chronicle of the Forties.* Fourth Printing. New York: Farrar, Straus, 1958; New York: Vintage Books, 1962. S. 383–92.
Auch in: Gray, *Kafka. A Collection of Critical Essays* (s. Sammelbde.) S. 91–97.
Auch in: Jakob, *Das Kafka-Bild in England* 2 (s. Sammelbde.) S. 463–68.
Teilabdruck in: *Twentieth-Century Literary Criticism.* Vol. 2. Ed. Dedria Bryfonski and Sharon K. Hall. Detroit: Gale Research, 1979. S. 294–95.
In dt. Übers. v. Renate u. Karl R. Hudson u. d. T.: "Eine ketzerische Ansicht über Kafka." In: Politzer, *Franz Kafka* (s. Sammelbde.) S. 205–13.
*In jap. Übers. v. Bin Nakagawa. In: *Eureka* 3–4 (1971).

Winder, Ludwig: "Vortragsabend Ludwig Hardt." In: Born, *Franz Kafka. Kritik und Rezeption* (s. Sammelbde.) S. 132.

[Zuerst in "Deutsche Zeitung Bohemia" (Prag 4.10.1921); bemerkt Kafkas Nähe zu Walser, aber auch Unterschiede.]

Winkelman, John: "Kafka's 'Forschungen eines Hundes'." In: *Monatshefte* 59 (1967) S. 204—16.

[Hunde bedeuten Menschen; Erzählerhund — Kafka selbst; Herr der Hunde — gütiger Gott; Musik stellt Theologie dar; humorvolle Geschichte — positive Auslegung.]
Engl. Zusammenf. in: *TCL* 13 (1968) S. 244, u.
in: *TCLB* S. 2090.

— "An Interpretation of Kafka's 'Das Schloß'." In: *Monatshefte* 64 (1972) S. 115—31.

[Bildungsroman. K. von Seelen im Purgatorium abgewiesen (hat Selbstmord begangen), ebenso vom Schloß, das mit Parzivals Munsalvaesche (Eschenbach) verglichen wird. Läuterungsprozeß K.s. Rettung für K. u. Barnabas-Familie in Aussicht.]
Engl. Zusammenf. in: *TCL* 18 (1972) S. 299, u.
in: *1972 MLA Abstracts* Vol. 2. S. 68.

— "Felice Bauer and The Trial." In: Flores, *The Kafka Debate* (s. Sammelbde.) S. 311—34.

[Kafkas Briefwechsel mit Felice Bauer u. Grete Bloch. Einfluß der Felice-Beziehung auf "Prozeß". Viele Episoden sollen auf tatsächliche Lebensereignisse dieser Zeit zurückgehen u. daher oft weniger direkte Bedeutung für den Sinn des Romans haben. Roman doch nur im autobiographischen u. ästhetischen Sinn Fragment. Vollendet erscheint die Geschichte eines schuldigen Menschen ohne Hoffnung auf menschliches Verzeihen.]

Winkler, R. O. C.: "The Novels." In: Gray, *Kafka. A Collection of Critical Essays* (s. Sammelbde.) S. 45—51.

[Abdruck aus "Scrutiny" 7 (1938) Nr. 3, S. 354—60. Kafkas Einsicht in die Reaktion des Menschen im täglichen Leben mit seiner Komplexität (religiös, sozial, bes. aber in zwischenmenschlichen Beziehungen), z. B. in "Das Schloß". Sprache spiegelt Bemühungen des Helden.]
Auch u. d. T.: "The Three Novels." In: Flores, *The Kafka Problem* (s. Sammelbde.) S. 192—98.
Auch u. d. T.: "The Significance of Kafka." In: Jakob, *Das Kafka-Bild in England* 1 (s. Sammelbde.) S. 138—44.
Teilabdruck in: *Twentieth-Century Literary Criticism*. Vol. 2. Ed. Dedria Bryfonski and Sharon K. Hall. Detroit: Gale Research, 1979. S. 288—89.

*Winther, K. O.: "Lett tilgjengelig Kafka ('Amerika')." In: *Moss Dagblad* (21.5. 1966).

*Wirth, Andrzej: "Zamek na Wisłą." In: *Nowa Kultura* (1958) Nr. 37. S. 3, 5.

[Poln. (Das Schloß an der Weichsel.)]

Wirth-Nesher, Hana: "The Modern Jewish Novel and the City: Franz Kafka, Henry Roth, and Amos Oz." In: *Modern Fiction Studies* 24 (1978) Nr. 1. S. 91—109.

[S. 93 u. 105—08 bes. über "Prozeß", der jüdische u. städtische Erfahrung der Entfremdung zeigt. Unerlösbare Hoffnungslosigkeit.]

Wisse, Ruth R.: *The Schlemiel as Modern Hero.* Chicago & London: Univ. of Chicago Pr., 1971.

[S. 53: Vergleich zwischen den Helden von Scholom Aleichem u. Kafka. Kafkas Helden: Teil der schrecklichen Umwelt.]

Witt, Mary Ann [Frese]: "Confinement in 'Die Verwandlung' and 'Les Séquestrés d'Altona'." In: *Comparative Literature* 23 (1971) S. 32—44.

[Gefangensein in einem Raum für Kafka u. Sartre – Schritt in die Freiheit? Kafkas Erz.: familiäre u. finanzielle Probleme, Wirkliches u. Unwirkliches, ahistorisch. Sartres Drama: in geschichtlicher Wirklichkeit. Freiheit, Schuld u. Verantwortung. Rollen von Gregor u. Frantz von Gerlach, von Grete u. Johanna, von Vater Samsa u. Vater von Gerlach – parallel.]
Engl. Zusammenf. in: *TCL* 17 (1971) S. 205, u.
in: *1971 MLA Abstracts* Vol. 2. S. 74.

– "Camus et Kafka." In: *La Revue des Lettres Modernes* 3 (1971) Nr. 4. S. 71— 86.

[Camus' Kafkabild von der theologisch-philosophischen Interpretation seiner Zeit beeinflußt (Kierkegaard): bei Kafka "absurde" Lage des Menschen. Biographische u. thematische Parallelen; Lichtblicke bei Camus.]

Witte, Bernd: "Feststellungen zu Walter Benjamin und Kafka." In: *Neue Rundschau* 84 (1973) S. 480—94.

[Benjamins Kafkaverständnis zeigt gewisse Ähnlichkeit mit dem Prager Dichter, den er in Zusammenhang mit dessen sozialem Hintergrund u. seiner mystischen Erfahrung deutet. Kafkas Auffassung alter Mythen zeigt sie als gegenstandslos in unserer Zeit. Benjamin interpretiert Kafka, während er selbst eine Geschichte erzählt. Verlust der Wahrheit, Ersatz durch Auslegungen (z. B. in "Das Schloß".]
Engl. Zusammenf. in: *TCL* 20 (1974) S. 61.

Woerner, Gert: "Brief an den Vater." In: *Kindlers Literatur Lexikon.* Bd. 1. Zürich: Kindler, 1965. Spalte 1854—56.

[Einführende Bemerkungen.]
Auch in: *Kindlers Literatur Lexikon.* Einmalige zwölfbändige Sonderausgabe. Bd. 2. Zürich: Kindler, 1971. S. 1631—32.

*Woester, H.: "'Amerika' in dramatischer Sicht. Uraufführung der Komödie von Kafka-Brod im Schauspielhaus." In: *Volksrecht* (Zürich) (2. März 1957).

Wolf, Hugo: "Von neuen Büchern und Noten." In: Born, *Franz Kafka. Kritik und Rezeption* (s. Sammelbde.) S. 74—75.

[Zuerst in "Der Merker" (Wien, 15.4.1917): "Verwandlung" u. Meyrinks "Phantastik" verglichen. Kafka: Phantastisches auf wirklichem Boden.]

Wolfenstein, Alfred: "Sphäre dreier Dichter." In: Born, *Franz Kafka. Kritik und Rezeption* (s. Sammelbde.) S. 160—61.

[Zuerst in "Der Neue Merkur" (Stuttgart u. Berlin, Okt. 1923). Kafka noch expressionistisch gesehen.]

Wolff, Kurt: "Vom Verlegen im allgemeinen und von der Frage: wie kommen Verleger und Autoren zusammen." In: *Sprache im technischen Zeitalter* 3 (1964) Nr. 11. S. 894—904.

[Hinweise u. Kafka-Erinnerungen.]
Auch in: K. W.: *Autoren, Bücher, Abenteuer*. Berlin: Wagenbach, 1965. S. 13—25.
Auch in: *Expressionismus. Aufzeichnungen und Erinnerungen der Zeitgenossen*. Hrsg. v. Paul Raabe (s. Sammelbde.) S. 282—94.
In engl. Übers. v. J. M. Ritchie u. d. T.: "Publishing in general and the question: How do publishers and authors meet?" In: *The Era of German Expressionism*. Ed. Paul Raabe. Woodstock, N. Y.: Overlook Pr., 1974. S. 273—85.

Wolkenfeld, Suzanne: "Christian Symbolism in Kafka's 'The Metamorphosis'." In: *Studies in Short Fiction* 10 (1973) S. 205—07.

[Parallele Gregor — Christus wird zur ironischen Parodie. Gregor sucht nach Erlösung, stirbt um 3 Uhr, ein Märtyrer; Transzendenz zum Tier, nicht zum Göttlichen.]

— "Psychological Disintegration in Kafka's 'A Fratricide' and 'An Old Manuscript'." In: *Studies in Short Fiction* 13 (1976) S. 25—29.

[Kafkas Schreiben Versuch, inneres Gleichgewicht zu finden. "Innerer Bruch" führt zu gesellschaftlicher u. religiöser Desintegration.]

Wondratscheck, Wolf: "Weder Schrei noch Lächeln. Robert Walser und Franz Kafka." In: *Text und Kritik* 12 (1965) S. 17—21.

[Kafkas Bemerkungen über Walser. Anklänge an Walser bei Kafka.]

Wood, Cecil: "On the Tendency of Nature to Intimate Art." In: *Minnesota Review* 6 (1966) S. 133—48.

[S. 140—48: Kafkas "Ein Hungerkünstler" u. Hemingways "The Old Man and the Sea" beschreiben Rolle des Idealisten in materialistischer Gesellschaft für eine Subkultur. Hungerkünstler — egozentrischer Psychopath, isoliert, nutzlos; Pessimismus.]
Engl. Zusammenf. in: *Abstracts of English Studies* 10 (1967) S. 623.

Wood, Frank: "Hofmannsthal and Kafka: Two Motifs." In: *GQ* 31 (1958) S. 104—13.

[Geistiges Klima vor 1. Weltkrieg: Kontaktlosigkeit, Lieblosigkeit. Kafkas Heizermotiv u. Hofmannsthals symbolisches Schiff.]
Engl. Zusammenf. in: *TCLB* S. 2084.

Woodcock, George: "Kafka and Rex Warner". In: Flores, *The Kafka Problem* (s. Sammelbde.) S. 108—16.

[Abdruck aus "Focus One" (London 1945) S. 59—65. Unterschiede: Kafkas proteischer Symbolismus, Warner hingegen will klare Allegorie des menschlichen Kampfes wiedergeben. Kafka umfaßt das Menschliche u. Universelle, bleibt pessimistisch, Warner beschränkt sich nur auf das Menschliche u. ist optimistisch.]
Auch in: Jakob, *Das Kafka-Bild in England* 1 (s. Sammelbde.) S. 267—72.

Woodring, Carl R.: "Josephine the Singer, or the Mouse Folk." In: Flores, *Franz Kafka Today* (s. Sammelbde.) S. 71—75.

[Josefine – Symbol für den Künstler. Erz. nicht in erster Linie religiös zu deuten, ist vor allem Charakterstudie.]

*Woodtli, S.: "Versuch einer Deutung von Kafkas 'Landarzt'." In: *Reformatio* 19 (Herbst 1970) S. 108–12.

Wunderlich, Heinke: "Kafka-Texte als Ausgangspunkt für andere Kunstschöpfungen: Dramatisierungen und Verfilmungen." In: *Kafka-Handbuch 2*, S. 825–41.

[S. 834–41: Bearbeitungen und Inszenierungen (nach Titeln angeführt). Geschichte der Dramatisierungen, etc. von Gide-Barrault bis zu George Taboris "Selbsterfahrungsversuchen" mit Kafka.]

Yalom, Marilyn Koenick: "Albert Camus and the Myth of the Trial." In: *MLQ* 25 (1964) S. 434–48.

[Kafkas "Prozeß" – Modell für Kunstwerke in Prozeßform. Camus' Ablehnung von Kafkas Weltanschauung in "L'Etranger" (Held unschuldig u. rebellisch); Identifizierung mit Kafka in "La Chute" (Clamence schuldbewußt, verurteilt sich selbst).]

Yamaguchi, Isao: "Auf der Suche nach dem Aspekt des Kafka-Studiums." In: *Jôsei Jinbun Kenkyû* 5 (1978) S. 119–30.

[Jap.]

*Yaron, Elyakim: ["Das Haifa Theater."] In: *Gazit* 21 (1963) Nr. 1–4. S. 100–10.

[Hebr.; aus "Bibliografia b'Ivrit". Über Theaterstück "Der Prozeß" nach Kafka, adaptiert von Gide u. Barrault. Hebr. von Nissim Aloni. Regie u. Bühnenbild: Robert Pastak.]

*Yoshida, Hitomi: ["Memorandum von Adornos 'Aufzeichnungen zu Kafka'."] In: *Ôsaka-Gaigo [Hochschule-Sprache-und-Kultur]* 6 (1970).

[Jap.]

*–["Raum und Zeit im 'Schloß' von Kafka."] In: *Ôsaka-Gaigo [-Hochschule-Sprache-und-Kultur]* 7 (1972).

[Jap.]

*–["Der Verfall des Bildungsromans in Kafkas 'Amerika'."] In: *Doitsu Bungaku* (1976) Nr.57. S. 60–70.

[Jap. mit dt. Zusammenf.]

*Yoshino, Hidetoshi: "'Shinpan' (Kafka no futatsu no sei)." In: *Holzweg* 2 (1974?) S. 21–28.

[("Das Urteil". Kafkas zwei Leben.)]

*Yoshino, Noboru: ["Versuch über Kafka I. Über 'Das Urteil'."] In: *Nagaoka-Kosen-Kiyo* 8–1 (1972?).

[Jap.]

– ["Versuch über Franz Kafka II. Über 'Die Verwandlung' (1)."] In: *Nagaoka-Kosen-Kiyo* 9–2 (1973).

[Jap.]

* – ["Notiz zur Kafka-Forschung I. Über das erste Kapitel in 'Das Schloß'."] In: *Runen* 8 (1973).

[Jap.]

* – "Kafka-ron nôto II. 'Shiro' no 'Dai-ni-shô' oyobi 'Dai-san-shô'." In: *Runen* 9 (1974) S. 55–70.

[(Eine Bemerkung zur Kafka-Forschung. Kap. 2 u. 3 von "Das Schloß".)]

Yuhn Sun-Ho: ["Struktur und Allegorie in Kafkas Dichtungen."] In: *Kukche Munhwa (Journal of International Studies)* (Seoul, Korea) 1 (1964) Nr. 1. S. 52–69.

[Koreanisch; dt. Zusammenf. S. 69: Entfremdetes Dasein des modernen Menschen allegorisch dargestellt. Allegorie nicht im Sinne der Romantik oder Klassik. Auch Struktur der Werke ist schon Allegorie. Bedeutung von Tagebüchern u. Aphorismen.]

* – ["Schuld und Erlösung in 'Der Prozeß' von Franz Kafka."] In: *Zeitschrift für Germanistik (?)* 4 (1964?) S. 133–49.

[Koreanisch.]

Yuill, W. E. (Ed.): *German Narrative Prose.* Vol. 2. London: Oswald Wolff, 1966; Dufour, 1966.

[S. 7–23: Introduction: Erläuterungen zu Kafkas Werken, bes. zu "Ein Hungerkünstler". S. 227–36: "A Fasting Showman" (Übers. v. Willa u. Edwin Muir). S. 236–37: Biographisches u. kurze Bibliogr.]

* **Yukel, Anna Maria:** ["Auf Kafkas Weg bis zum Ende."] In: *Molad* 2 (1969) S. 704–06.

[Hebr.; aus "Bibliografia b'Ivrit"; über Kafkas Schwester Ottla.]

* **Zambrano, M.:** *El sueño creador.* México City: 1965.

Zampa, Giorgio: "Lettere inedite di Kafka a M. Bl." In: *Paragone* 6 (1955) Nr. 64. S. 18–41.

[Zampa bezieht sich auf Kap. in Brod-Biographie, das über Grete Bloch berichtet, angebliche Mutter von Kafkas unehelichem Sohn, der 1921 in München mit 7 Jahren starb. Dokumentensuche in San Donato, Italien, wo Grete zwischen 1940–44 lebte, ohne Erfolg. Jedoch wenige Monate später in Berlin 30 Briefe Kafkas an Grete gefunden, z. T. in schlechtem Zustand, mit abgeschnittenen Stellen, lassen auf nichts schließen. Bekanntschaft 1913–14.]

– "Nota." In: Franz Kafka: *Racconti.* Übers. v. Giorgio Zampa. Milano: Feltrinelli, 1957. S. 285–86. – Auch: 1961 (S. 199–200).

[Erz., deren Publikation Kafka selbst noch überwachte.]

- "Kafka." In: G. Z.: *Rilke, Kafka, Mann. Letture e ritratti tedeschi.* Milano: De Donato, 1968 (Temi e problemi). S. 57–141.

[S. 59–71: Artikel über Neuerscheinungen von u. zu Kafkas Werken in 50er Jahren; Fischerausgabe, Brods Biographie, Janouchs "Gespräche", "Beschreibung eines Kampfes"; Bericht über ein Gespräch mit W. Haas.
S. 72–102: Kaspariana: Über Beziehung Kafkas zu Grete Bloch. Ihr Aufenthalt in San Donato in Oberitalien, bis zur Deportierung am Gründonnerstag 1944 durch Faschisten. Erinnerungen an sie, Mutmaßungen, Berichte. (8 nicht numerierte S. u. 4 Photos sind in den Text eingeschoben, 2 Photos stellen angeblich Kafkas u. Gretes Sohn dar, der 1921, siebenjährig, gestorben war). Jetzt seien mehr Zeugnisse vorhanden, die zu Gunsten von Gretes Behauptungen aussagen.
S. 103–41: Kommentare zu Milenabriefen, zu den Berichten von W. Haas u. M. Buber-Neumann über Milena. Eindrücke von Kierling (1965); Stellungnahme zu "Ein Flug um die Lampe herum". Einfügung von 4 nicht numerierten S. mit Material über Grete Bloch, Felice u. Kafka. Gedanken zur Liblice-Konferenz (1963) u. Besprechung der Situation in der ČSSR 1968.]

*– "'Der Prozeß': romanzo e frammenti." In: Franz Kafka: *Il processo.* Milano: Adelphi, 1973.

Zandbank, Shim'on: s. Sandbank, Shim'on.

Zanoli, Anna: "Kafka e Pollak: 'Descrizione di un conflitto'." In: *Paragone* 21 (Okt. 1970) Nr. 248. S. 3–28.

[12 frühe Briefe Kafkas an Jugendfreund Pollak zeigen schon seine "Traumtechnik" u. spätere Motive (Selbsterniedrigung, Einsamkeit, Botschaft, die nie ihr Ziel erreicht). Pollak war ruhig, überlegen, harmonisch, verläßt Universität, heiratet, fällt am Isonzo. Kafkas Neid- u. Schuldgefühle?]

Zatons'kyj, D.: "Pid vplyvom revizionizmu." In: *Vsesvit* (1958) Nr. 1. S. 105–07.

[Ukrainisch. (Unter dem Einfluß des Revisionismus): Kafkas gewaltiger Einfluß auf engl. Modernismus, frz. Existentialismus, USA; er war kein Verteidiger des Kapitalismus, aber er u. Musil waren Angehörige einer dekadenten, reaktionären Kultur, lebten in der halbfeudalen, moribunden Österreichisch-Ung. Monarchie.]

– u. Z. **Libman:** *Otruèna zbroja.* (Reakcijni literatura ta mistectvo u borot'bi proti rozumu, ljudanosti, progresu.) Kijiv: Deržavne vidavnictvo xudožn'oji literaturi, 1959.

[Ukrainisch. (Vergiftete Waffen. Reaktionäre Literatur im Kampf gegen Vernunft, Menschlichkeit und Fortschritt): Verschiedene Hinweise auf Kafka.
S. 49–66: Pid dverima nedosjažnoho palacu (Beim Eingang des unbewohnten Palastes): Kafkas Leben; die ausgedehnte Kafka-Forschung im Westen (bes. Freudsche Interpretation). Besprechung von "Prozeß" u. "Schloß"; Menschen haben sich so an Unterjochung gewöhnt, daß freie Wahl unmöglich wird.]

Zatonskij, D.: "Smert' i roždenie Franca Kafki." In: *Inostrannaja literatura* (1959) Nr. 2. S. 202–12.

[(Tod und Geburt Franz Kafkas): Kafkas Einfluß u. Bedeutung im Westen, Vorläufer des Existentialismus u. der absurden Literatur. Er u. Joyce stellten absteigende bürgerliche

Kultur dar, hielten sozialen Fortschritt für unmöglich, erniedrigen daher den Menschen. – Verbindung zu tschech. Dichtern u. Interesse für Kafka nach 2. Weltkrieg in der ČSSR. "Prozeß", "Schloß" u. die Helden Kafkas. Seine Menschen sind Karikaturen, feige, kraftlos, unfähig zu denken. Leben: absurder Strom von Träumen. Trotz Mitgefühl für Arbeiter u. Interesse für Sozialismus – Werke ultrareaktionär. Tod als Ausweg aus unlösbaren Problemen. Schopenhauer.]

In engl. Übers. in: Hughes, *Franz Kafka. An Anthology of Marxist Criticism* (s. Sammelbde.) S. 15–21.

Kommentierte Zusammenf. in litauischer Sprache u. d. T.: "Franko Kafkas mirtis ir gimimas." In: *Pergale* 7 (1959) S. 168–73.

(D. Zatonszkij:) In ung. Übers. u. d. T.: "Franz Kafka halála és feltámadása." In: *Nagyvilág* 4 (1959) S. 907–16.

– *Vek dvadcatyj: Zametki o literaturnoj forme na zapade.* Kiev: 1961.

[(Das 20. Jahrhundert. Bemerkungen über die literarische Form im Westen): Sozialistischer Realismus sollte die von Kafka gebotenen neuen Möglichkeiten *nicht* aufgreifen, wie es verschiedentlich vorgeschlagen wurde. Schaffen von Mythen, abstrakte Helden; Eindruck entsteht, daß das Böse unauslöschlicher Teil des Menschen bleibe, somit den Kapitalismus stärke. Kein Kampf, um diesen zu überwinden.]

* – "Čelovek i mir v literature sovremennogo zapada." In: *Gumanizm i sovremennaja literatura.* Hrsg. v. Ivan I. Anisimov [u. a.] Moskva: 1963. S. 307–18.

[(Der Mensch und die Welt in der Gegenwartsliteratur des Westens): Rede an der Moskauer Konferenz über Humanismus u. Gegenwartsliteratur, 1962. Die von der Partei geschätzten realistischen Schriftsteller u. nicht Kafka u. Modernisten seien die wahren Humanisten.]

* **Zatons'kyj, D.**: Franc Kafka, jakym vin buv u dijsnosti." In: *Vsesvit* (1963) Nr. 12. S. 63–68.

[Ukrainisch. (Franz Kafka, wie er in Wirklichkeit war).]

Zatonskij, D.: "Priëm i metod." In: *Voprosy literatury* 7 (1963) S. 162–77.

[(Rezeption und Methode): Vergleich der literarischen Methoden von Böll, Grass u. Kafka. Kafka u. Grass sind Modernisten, Böll ein Realist. Quelle für Kafkas Roman ist die bürgerliche Welt mit unmenschlichen Gesetzen, Sitten u. Grausamkeit. "Billard um halb zehn", "Die Blechtrommel" u. "Der Prozeß".]

– "Realizm i 'Algebra' sxematizma." In: *Literaturnaja gazeta* (18.2.1964) S. 4.

[(Der Realismus und die 'Algebra' des Schematismus.): Kafka ist sehr großer dekadenter Künstler, kein Realist, trotz der Ausführungen von F. Kautman u. E. Fischer auf der Liblicekonferenz.]

(D. Satonski:) In dt. Übers. u. d. T.: "Realismus und die 'Algebra' des Schematismus." In: *Die Presse der Sowjetunion* (1964) Nr. 42. S. 951–52 u. 961.

– "Kafka bez retuši." In: *Voprosy literatury* 8 (1964) Nr. 5. S. 65–109.

[(Kafka ohne Retusche): Kafka – großer Künstler, aber krankes Talent, haßte entseelte Welt, fühlte sich verantwortlich. Überblick über einige westliche Kafka-Interpretationen, die Kafka meist aus dem historischen u. sozialen Hintergrund lösen. Östliche Forschung erschließt historisch konkreten Zusammenhang. Datierungsprobleme; Entwicklung bei Kafka vorhanden. "Amerika": konkreter, Kafka glaubt noch an Menschen. "Prozeß": Gericht ist reale Macht, dem Menschen feindlich gesinnt. Objektiver Stil u. unwahrscheinliche Ereignisse. Absurdes, entrealisiertes Leben. Isolierte Symbole. Intuition.

Kafkas politische Ansichten, versteht kapitalistische Ausbeutung. 3 Faktoren, die seine Fremdheit verursachen (Geschichte, Land, Familie). Sinnlose Gegenwart für Kafka. Schreiben – einzige Leidenschaft, aber auch Teufelslohn (Leverkühn). Kafkas Nachfolger erreichen ihn nicht.]

(D. Satonski:) In dt. Übers. u. d. T.: „Kafka ohne Retusche." In: *Kunst und Literatur* 12 (1964) S. 804–24 u. 939–55.

In engl. Übers. v. K. Hughes u. d. T.: "Kafka Unretouched." In: Hughes, *Franz Kafka. An Anthology of Marxist Criticism* (s. Sammelbde.) S. 206–49.

* – "K probleme modernizma." In: *O literaturno-xudožestvennyx tečenijax XX veka.* Hrsg. v. Leonid G. Andreev u. A. G. Sokolov. Moskva: 1966. S. 156–76.

[(Das Problem des Modernismus): Rede an der Moskauer Univ., 1963. Versöhnlicher Ton, dennoch: Kafka kein Realist; seine Werke zeigen, daß die Wirklichkeit absurd erscheint; Niederlage dem Kapitalismus gegenüber.]

– "Iz dnevnikov Franca Kafki. Neskol'ko predvaritel'nyx zamečanij." In: *Voprosy literatury* 12 (1968) Nr. 2. S. 131–35.

[(Aus den Tagebüchern Franz Kafkas. Einige Vorbemerkungen): Tagebücher sind Schlüssel zu seinem kranken Talent u. zum Werk; sie machen auch das Groteske, den Symbolismus u. die Tragödie Kafkas als Mensch u. Künstler verständlich.
S. 135–68: Auszug aus den Tagebüchern, ausgewählt u. ins Russ. übers. v. E. Kaceva.]
In engl. Zusammenf. von K. Hughes u. d. T.: "Remarks on Kafka's Journals." In: Hughes, *Franz Kafka. An Anthology of Marxist Criticism* (s. Sammelbde.) S. 268–75.

– *Iskusstvo romana i XX vek.* Moskva: Xudožestvennaja literatura, 1973.

[(Die Kunst des Romans und das 20. Jahrhundert): Hinweise auf Kafka, bes. S. 136–37, 180, 399: Bedeutung der Geste bei Kafka. Er fürchtete eine unverständliche Welt u. kapitulierte. Viele Beschreibungen von Dickens erinnern an Kafka, der unvollständiges Bild des Kapitalismus gibt.]

– "Čto takoe modernizm?" In: *Kontekst 1974 Literaturno-teoretičeskie issledovanija.* Moskva: Izdatel'stvo "Nauka", 1975. S. 135–67.

[S. 139–41 über Kafka: Das Wunder, das Unwahrscheinliche ist immer in Kafkas Welt u. mit Alltäglichem u. Trivialem verknüpft.]
(D. Satonski:) In dt. Übers. v. Margot Mauksch u. d. T.: "Was ist der Modernismus?" In: *Kunst und Literatur* 24 (1976) S. 1167–88 (S. 1170–71 über Kafka).

– "Kuda idët 20 vek?" In: *Voprosy literatury* (1976) Nr. 8.

[Verabsolutierung von Kafkas Erzählweise im "Schloß" typisch für Modernismus. Welt wird im Zerrspiegel gesehen.]
(D. Satonski:) In dt. Übers. v. Leon Nebenzahl u. d. T.: "Wohin geht das 20. Jahrhundert?" In: *Kunst und Literatur* 25 (1977) S. 179–213, 290–304 (S. 295–97 über Kafka).

* – [Kap. über Kafka in: *Geschichte der deutschen Literatur.* Hrsg. v. einem Mitarbeiterkollektiv des Gorkij-Instituts für Weltliteratur. 5 Bde. Moskva: 1962–1976.]

510

Zāzā, Radwān: "Al-Ḥulm wa-al-wāqiq qinda Frānz Kāfkā wa-Zakirayyā Tāmir."
In: *Al-Maqrifah* 17 (1979) Nr. 34. S. 147–60.

Zeller, Bernhard, u. Ellen Otten (Hrsg.): *Kurt Wolff. Briefwechsel eines Verlegers 1911–1963.* Frankfurt/M.: Heinrich Scheffler, 1966.
[Hinweise auf Kafka. S. 24–60: Franz Kafka: 73 Schreiben an u. von Kurt Wolff u. a.; mit Anmerkungen S. 523–30. Wolff, unbeirrbar im Vertrauen an das Werk Kafkas, umwarb ihn dauernd.]

Zeller, Bernhard (Hrsg.): *"Als der Krieg zu Ende war." Literarisch-politische Publizistik 1945–50.* Eine Ausstellung des Deutschen Literaturarchivs im Schiller-Nationalmuseum Marbach a. N. Ausstellung u. Katalog von Gerhard Hay, Hartmut Rambaldo, Joachim W. Storck. München: Kösel; Stuttgart: Ernst Klett, 1973 (Sonderausstellungen des Schiller-Nationalmuseums, Katalog Nr. 23).
[S. 303–09: Zur Rezeption der Weltliteratur. Franz Kafka: Teilabdrucke aus in dt. Zeitschriften 1946–50 erschienenen Artikeln über Kafka von H. Tauber, P. Demetz, G. Anders, M. Brod, H. Politzer, Th. Mann, E. Heller, H. Arendt, M. von Brück.]

Zemplényi, Ferenc: *A korai szürrealista regény.* Budapest: Akadémiai Kiadó, 1975 (Modern Filológiai Füzetek 20).
[S. 81–97: Franz Kafka: Egy falusi orvos ("Ein Landarzt"): Vieles in Kafka entspricht nicht dem Expressionismus; Wunder geschehen in der Art des Surrealismus. "Landarzt"-Kritik: Sokel, Politzer, H. Richter, D. Cohn, Guth, Lainoff, H. Binder. Unregelmäßiger Wechsel von Vergangenheit u. Gegenwart (psychologisch u. stilistisch). Innerer Monolog bei Joyce u. Kafka verschieden. Form u. Technik des Geschehens auf Freuds Psychologie aufgebaut (Traumhaftigkeit). Kafkas Werk (bes. "Landarzt"): wichtige Etappe auf dem Weg vom Expressionismus zum Surrealismus.]

Zepp, Evelyn Hildegard: "The Aesthetics of the Absurd Novel: Camus and Kafka." In: *DAI* 34 (1974) S. 7795A.
[Zusammenf.: Versuch, Camus' ästhetische Lehre zu rekonstruieren. Sein Essay über Kafka; Camus' Ästhetik als kritisches Werkzeug. "Prozeß": absurder Roman. "Schloß": wirft nur Fragen des Absurden auf.]

Zeraffa, Michel: *Personne et personnage. Le romanesque des années 1920 aux années 1950.* Paris: Éditions Klincksieck, 1969 (Collection d'esthétique 5).
[S. 266–72: (Le premier Kafka): Karl Roßmann geht in die Lehre des Absurden; kann seine Persönlichkeit dank seiner Unschuld bewahren.
S. 373–405: Absurde et homme absurde: Gerichtswelt nie als Wahnsinnswelt dargestellt; zwei Logiken stehen einander gegenüber. Kafka u. Faulkner zeigen, wie ein Mensch sich in Labyrinthen der Familie, Bürokratie u. Gesellschaft verliert. Absurdes mit Unsinn nicht identisch. Kafka u. Problem des Absurden bei anderen Schriftstellern.]

— "Kafka sans terreur." In: M. Z.: *Roman et société.* Paris: Presses Universitaires de France, 1971 ("Le Sociologue" 22). S. 153–58.
[Werk Kafkas vereinigt 3 Formen der menschlichen Existenz, die metaphysische, psychologische u. soziale. Vergleich mit Joyce, T. Mann, Musil.]

*Zern, L.: "Teaterns frihet måste säkras." In: *Dagens Nyheter* (2.2.1977).

Zilbertsvayg, Zalman: "Frants Kafka un dos yiddishe teater." In: *Yiddishe Kultur* 30 (Jan. 1968) S. 38–43 u. 56.

[Auffindung des angeblich von einem Kafka-Ms. übers. Theaterstückes "A flig arum dem lomp". Zilbertsvayg kannte Jacques Löwy u. sprach mit ihm über Kafka. Löwy, der mit Kafka freundschaftlich eng verbunden war, führte diesen in den Geist des Ostjudentums ein u. machte ihn mit jiddischer Literatur u. jiddischem Theater bekannt. Kafka schrieb vielleicht das Theaterstück für Löwy, der (oder vielleicht auch Dora Diamant) es möglicherweise ins Jiddische übersetzte. Auszüge aus Artikeln von Löwy, J. Turkov u. S. Y. Dorfson (Buenos Aires).]

Zimmer, Dieter E.: "Franz Kafka. Das Schloß" In: *Die Zeit* (22. 2. 1980) S. 20.

[Diskrepanz zwischen zugänglicher Oberfläche u. schwer zugänglichem Inneren. "Schloß" beschreibt Bemühung, die langsam ihr entgegenstehende Widerstände aufdeckt.]

Zimmermann, Werner: *Deutsche Prosadichtungen unseres Jahrhunderts. Interpretationen für Lehrende und Lernende.* Düsseldorf: Pädagogischer Verl. Schwann, Bd. 1: 1966; Bd. 2: 1969.

[Bd. 1: S. 189–208: Franz Kafka. "Das Urteil" (1912): Gang ins Zimmer des Vaters – Gang ins Innere. Vater mythisch-grotesk, Georg unterwirft sich ihm; verzerrte jüdisch-christliche Tradition. Freund – Gemeinsames zwischen Vater u. Sohn. Georgs Welt – Täuschung, Egoismus; des Vaters Welt – Wahrheit. Eheschließung u. Freundschaft unvereinbar. Vater klagt Lebensführung des Sohns an, der unreif u. egoistisch ist. Todesurteil – Strafe für Ursünden; Verrat u. Lieblosigkeit; Ödipuskomplex, Masochismus. Vater wird Richter.
S. 209–15: Franz Kafka. "Auf der Galerie" (1919): Zwei gleichgebaute Sätze; erster: hypothetisch; zweiter: kategorisch. Gegensatz von Vision u. Anschauung, gegeneinander komponiert. Sinnlosigkeit der Existenz gegen Illusion des schönen Scheins. Galeriebesucher hat guten Überblick, aber greift nicht ein.
S. 216–18: Franz Kafka. "Eine kaiserliche Botschaft" (1919): Sprachliche Zweischichtigkeit, 2 Wirklichkeitsebenen, Umschlagen in Symbolisches. Botschaft kommt nie an, weil Mensch in Gottferne lebt.
S. 219–27: Franz Kafka. "Vor dem Gesetz" (1919): Eigenwert: Vollkommenes tritt unvollkommen zu Tage, Gesetz unerschließbar. Mann vom Lande strebt u. zögert, ist unschuldig u. schuldig. Wert der Parabel innerhalb des Romans: auch Josef K. täuscht sich über Wesen des Domes, der Schuld, des Menschen.
S. 251–56: Franz Kafka. "Das Stadtwappen" (1920): 4 Teile – tiefgründige Erz.: 1. Aufgabe des Baus. 2. Absurde Gründe dafür. 3. Verurteilung der Rechtfertigung. 4. Objektiv, Verzicht auf Stellungnahme. Überweltliches Ziel verloren; statt Turm – Stadt gebaut.
Bd. 2: S. 250–66: Martin Walser. "Ein schöner Sieg" (1960) (im Vergleich mit Franz Kafka: "Der Nachbar"): Walser von Kafka beeinflußt. Textvergleich. Ähnlichkeit der Figuren (Harras u. Benno) u. der Erzählweise. Walsers Groteske ist spielerisch, amüsant, psychologisch. Kafka: Existenzangst, Verlust aller Ordnungen.]

*Zin, Soung Bock: ["Das Absurde und das Gesetz bei Franz Kafka."] In: *Sung Kyun Kwan* 2 (1964?) S. 82–99.

[Koreanisch.]

Zinger [Singer], Miriam: "Hamoreh l'ivrit shel Kafka — Kafka's Hebrew Teacher." In: *Orot (Journal of Hebrew Literature)* 7 (1969) S. 82–89.

[Artikel auf hebr. u. engl.; Erinnerungen an den Hebräischlehrer Langer u. Kafkas Hebräischstudien. Die Prager Zionisten; Langers Begegnung mit Rabbi von Belz u. Langers Emigration nach Israel.]
Span. u. hebr. u. d. T.: "El maestro de hebreo de Kafka." In: *Orot* 7 (1969) S. 88–95.

Ziolkowski, Theodore: "Camus in Germany, or the Return of the Prodigal Son." In: *Yale French Studies* 25 (1960) S. 132–37.

[Irreführende Identifizierung in Deutschland von Camus u. Kafka.]

— *Dimensions of the Modern Novel. German Texts and European Contexts.* Princeton, N. J.: Princeton Univ. Pr., 1969.

[S. 37–67: Franz Kafka: 'The Trial': Kafkahelden aus Zeitstrom geworfen, der Wirklichkeit entfremdet. "Prozeß" handelt von Schuld u. Freiheit. Frage nach Lebenssinn überrumpelt Josef K.; er erkennt seine Schuld, lehnt sie aber ab u. verliert Freiheit. Einzelne Kap. wiederholen Thema der Vermittlersuche; statische Zeit. Kreisförmige Bewegung. Zentrum unerreichbar. Endlose Möglichkeiten zwischen Verhaftung u. Tod K.s. S. 253–57: Über Kafkas Todesauffassung: er glaubte an Immanenz u. Erkenntniskraft des Todes; Tod ebenso wirklich wie Leben. S. 258: Josef K.s Alter (30 Jahre) nicht ohne Bedeutung.]
In dt. Übers. v. Beatrice Steiner u. Wilhelm Höck u. d. T.: *Strukturen des modernen Romans. Deutsche Beispiele und europäische Zusammenhänge.* München: List, 1972 (List Taschenbücher der Wissenschaft — Literaturwissenschaft. Bd. 1441). — [Kap. 2, S. 41–66: Franz Kafka: Der Prozeß. — Auch S. 220–25 über Kafka.]

*Zipor, Moshe: ["Milena, Kafkas Freundin."] In: *Bashaar* 10 (1967) Nr. 1 (77). S. 44–52; Nr. 2 (78). S. 144–53.

[Hebr.; aus "Bibliografia b'Ivrit."]

Zis, Avner: "Kafkas Alienation." In: Karl Marx u. Friedrich Engels: *Collected Works*, Bd. 3. Moskva: Progress, 1975.

[Abdruck von S. 176 in engl. Übers. v. K. Hughes in Hughes, *Franz Kafka. An Anthology of Marxist Criticism* (s. Sammelbde.) S. 276–77.]

*Ziskoven, H., u. K.-P. Jörns: "Deutungsvorschläge zu Kafkas Text 'Der Kübelreiter'." In: *Unterrichtsmodelle.* Begleitbd. zu *Arbeitsbuch Deutsch.* Sekundarstufe II, Bd. 1. 1972.

Zohn, Harry: "The Jewishness of Franz Kafka." In: *Jewish Heritage* (Summer 1964) S. 44–50.

[Kafka war ein "homo judaicus", der aber die Brücke zwischen West- u. Ostjudentum nie ganz fand. Interesse für jüdische Geschichte. Josef K. u. Josefine, die Sängerin, können aus jüdischer Sicht interpretiert werden.]

Zolla, Elémire: "Prefazione." In: Franz Kafka: *Confessioni e immagini.* Übers. v. A. Chiusano, Anita Rho u. Gisella Tarizzo. [Milano:] Mondadori, 1960. S. 9–23.

[Vorwort zu "Hochzeitsvorbereitungen auf dem Lande". Mechanische, oft scheinbar sinnlose Existenzen (Odradek, Assistenten) – neue menschliche Wirklichkeit des Monströsen, ohne Aufheiterung; letzter großer chassidischer u. kabbalistischer Dichter.]

*– "Kafka y los cabalistas." In: *La Nación* (15. Apr. 1962).

*Zuckerman-Tress, Rachel: ["Die Aufführung von Kafkas 'Das Schloß' im Kameri-Theater in der Adaptierung von Max Brod unter der Regie von Lindberg."] In: *Davar Hapoelet* 21 (1955) Nr. 12. S. 318.
[Hebr.; aus "Bibliografia b'Ivrit".]

Zuí, Refaeli, u. Azriel Kaufman: ["Eine Reise zur imaginären Wahrheit."*] Haifa: 1968.
[Hebr.; aus "Bibliografia b'Ivrit". S. 22–27: Angeklagter vor sich selbst u. vor der Welt. "Der Prozeß" von Franz Kafka.]

Żygulski, Zdzisław: *Die deutsche Literatur von Schillers Tode bis zur Gegenwart.* 2. Aufl. Wrocław, Warszawa: Państwowe Wydawnictwo Naukowe, 1964 (Geschichte der dt. Literatur von Zdzislaw Żygulski u. Marian Szyrocki, 4. Bd.).
[S. 379–81, 409: Einführende Bemerkungen.]

Zyla, Wolodymyr T.: "Preface." In: Zyla, *Franz Kafka: His Place in World Literature* (s. Sammelbde.) S. 1–7.
[Einführung der Konferenzteilnehmer; Ziele der Konferenz u. Beiträge.]

– "Franz Kafka: Writer for the Twentieth Century." In: Zyla, *Franz Kafka: His Place in World Literature* (s. Sammelbde.) S. 165–72.
[Kafka im Zentrum der modernen Literatur. Sein Rückzug aus der Wirklichkeit; Themen der Enttäuschung, Überraschung, Einsamkeit in seinem Werk. Schwer verständlich durch den Versuch, die sinnlose Welt zu enträtseln.]

Albérès, R.-M., u. Pierre de Boisdeffre: *Franz Kafka.* Paris: Editions Universitaires, 1960. 128 S. (Classiques du XXᵉ siècle 35).

[Biographisch; allg. Besprechung; Versuch, Werk durch Leben zu erklären; gegen werkimmanente Interpretation. Kafka erscheint in seinen Helden; er verwandelt sein Schuldgefühl in ihre seelischen Abenteuer; Kafkas Einfluß auf jüngere Schriftsteller. In sechs Teilen wird Kafka nach Lebensabschnitten u. Entwicklungsphasen behandelt: Kindheit bis zum Durchbruch des Genies (1913); die Zeit von 1906–1913 als Entwicklung zur Einsamkeit u. zum inneren Exil, in seinen Werken "Urteil", "Heizer", "Beschreibung eines Kampfes", Seher u. Realist, neue Mythen geschaffen; Kafka u. die Ehe (1912–1921) s. unten. Im 4. Kap.: Der "Bau" des Einzelmenschen u. das Labyrinth der Menschheit. Nach Festlegung der fundamentalen Themen zwischen 1912 u. 1914 werden diese in den großen Werken allegorisch dargestellt ("Prozeß", "Strafkolonie", "Landarzt", "Hungerkünstler"). Kafka-Helden u. Tiergestalten. 5. u. 6. Kap.: Der "überlebende" Kafka, der sich mit der Einsamkeit, dem Werk u. dem Tod auseinandersetzt. Krankheit u. Nachleben. Fortschreiten von Allegorie zum Mythos. Kafkas Einflüsse.]
Kap. 3 (von Pierre de Boisdeffre) auch u. d. T.: "Kafka face au mariage (1912–1921)." In: *La Table Ronde* (Juni 1960) Nr. 150. S. 65–73.
[Heiratsproblem als solches u. Leben mit Felice, Parallelen zu Kierkegaard; Kafka zögert 5 Jahre, Prozeß der Selbstzerstörung. Milenaverbindung.]
Rez.: Louis Leibrich in: *Germanistik* 2 (1961) S. 119, u. in: *EG* 17 (1962) S. 99.
In engl. Übers. v. Wade Baskin u. d. T.: *Kafka: The Torment of Man.* With an Introduction by Margaret C. O'Riley. New York: Philosophical Library; London: Vision Pr., 1968. XII + 105 S. Auch: New York: Citadel Pr., 1968. XIII + 105 S. (First Paperbound Edition 1968).
Engl. Zusammenf. von S. 49–50 in: Corngold, *The Commentators' Despair* (s. Sammelbde.) S. 53–54.
Rez.: Leo Hamalian: "The Great Wall of Kafka." In: *JML* 1 (1970/71) S. 258–59; L. Gasparini in: *Queen's Quarterly* 75 (1968) S. 763–64.
* In span. Übers. v. Juan Bris u. d. T.: *Franz Kafka.* Barcelona: Fontanella, 1964. Segunda edición, 1967. 149 S. (Testigos del siglo 20, [Bd.] 11).

Amann, Jürg Johannes: *Das Symbol Kafka. Eine Studie über den Künstler.* Bern u. München: Francke, 1974. 173 S.

[Kafkas Verhaltensmuster enthüllt auch seine Schutztaktik vor der Welt. Die Arbeit ist auf reichliche Belege aus Kafkas Werken, bes. aus Tagebüchern, Briefen u. Notizen des Dichters aufgebaut u. auf weiteres autobiographisches u. biographisches Material gestützt. Als Einteilungsschema werden Kafkas Ausführungen über die drei konzentrischen Kreise ("Hochzeitsvorbereitungen ..."), die das Leben des Menschen darstellen (A – Kern, C – äußerster Kreis, B – Verbindung zwischen beiden), benützt.
1. Teil: C – Der Kampf mit der Stufe:
Kafka als handelnder Mensch, der dem Zwang eines ihm noch unbekannten Gesetzes folgt und scheitert (Liebe, Kunst, Felicebeziehung; "Schutzmechanismus" behütet Kafka vor der Welt; "Prozeß"-Roman geht parallel zu Verlobung u. Eheaussicht).
2. Teil: B – Der Weg zum Gesetz:
Milenaphase, Bewußtwerden des Gesetzes, Kafkas "Wundsein" u. seine Angst vor dem Leben u. vor dem Tod, überwunden durch das Schreiben.
3. Teil: A – der archimedische Punkt:

Freiheitsgedanken Kafkas; A strebt C entgegen u. umgekehrt. "Schloß": K. sucht Vereinigung mit dem Absoluten.]

Rez.: Hartmut Binder in: *Germanistik* 16 (1975) S. 542;

Bert Nagel in: *MAL* 9 (1976) Nr. 1. S. 96–98;

Klaus Habermann in: *Bibliographie zur Symbolik, Ikonographie und Mythologie* 10 (1977) S. 15–16.

Anders, Günther: *Franz Kafka.* Translated by A. Steer and A. K. Thorlby. London: Bowes & Bowes, 1960. 104 S. (Studies in Modern European Literature and Thought). – Auch: New York: Hillary House, 1961. Second impression 1965.

[Kommentar zu Kafkas Werken; Kafka als Nihilist, das Diesseits wird ihm zum Jenseits; er entstellt, um festzustellen; auch politische Deutung. Der Entfremdete will aufgenommen werden; die Freiheit als Angsttraum, die Schuld folgt der Strafe. Kreisförmige Handlung u. Zeitparalyse. Kafkas Gebrauch der Metaphern. Der Berufsmensch, die Marionette. Werke besitzen Medusenschönheit. Sprache: unromantisch, nüchtern, gehoben. Kafka ist ein verschämter Atheist; ein Marcionit? – Die dt. Originalausgabe von 1951 wurde frei ins Engl. übersetzt.]

Rez.: Anon. in: *TLS* (2.9.1960) S. 564;

anon. in: *British Book News* (1960) S. 678;

J. A. Asher in: *AUMLA* 16 (1961) S. 245–46;

William Rose in: *The London Magazine* N. S. 1 (1961) Nr. 1. S. 95–96;

Roman S. Struc in: *MLQ* 23 (1962) S. 404–05;

J. M. S. Pasley in: *MLR* 58 (1963) S. 160.

Abdruck aus Kap. 1, S. 21–23, 28–30 u. d. T.: "K. and the Sacrifice of Intellect" in: Neumeyer, *Twentieth Century Interpretations of "The Castle"* (s. Sammelbde.) S. 98–100.

Teilabdruck von S. 57–58 der engl. Übers. in: Körner Domandi, *Modern German Literature* (s. Sammelbde.) S. 11–12.

Zusammenf. ("Verwandlung") in: Corngold, *The Commentators' Despair* (s. Sammelbde.) S. 55–58.

In serbokroat. Übers.v. Ivan Foth u. d. T.: *Kafka – za i protiv.* Sarajevo: Narodna Prosvjeta, 1955. 133 S. (Džepna Biblioteka 20).

* In jap. Übers. u. d. T.: *Kafka.* Tôkyô: Yayoi shobo, 1971. 198 S.

– *Franz Kafka. Pro und Contra. Die Prozeß-Unterlagen.* 2. Aufl. München: C. H. Beck, 1963. 110 S. (1. Aufl. 1951). 3. Aufl. 1967 (Beck'sche Schwarze Reihe Bd. 21), 4. Aufl. 1972.

Rez.: K. R. in: *Germanistik* 6 (1965) S. 342.

* Baibi, S. Y.: *Kafka's "Castle".* New York: Poet Gallery Pr., 1973. 128 S.

Baioni, Giuliano: *Kafka. Romanzo e parabola.* Milano: Feltrinelli, 1962. 300 S. (Saggi. Collana dell'Istituto Universitario Ca' Foscari di Venezia). – 2. Aufl. 1976.

[Aus Diss. unter Ladislao Mittner entwickelt. Erste vollständige Kafkamonographie in Italien, chronologisches Vorgehen. Auseinandersetzung mit Kafkainterpreten, bes. Emrich. Berücksichtigung von historischen, kulturellen, religiösen u. biographischen Faktoren führt zu Neuschlüssen über die innere Dialektik des Werkes. – Kafka sei keineswegs nur Dichter der Visionen u. Alpträume, er ist sich seiner Fähigkeiten voll bewußt. Im Roman versucht er, das Traumhafte der Erzählungen u. Fragmente zu überwinden. B. verfolgt den historischen Kafka, in Zusammenhang mit der hebr.-dt. Kultur Prags u. verbindet seine persönlich-bürgerliche Tragödie mit der des Juden, der das religiöse Vakuum zu füllen versucht. Er setzt Kafka mit seiner Zeit u. seiner Gesellschaft in Verbindung u. behandelt das Werk chronologisch u. organisch; Datierung verschiedener Fragmente, wie "Beim Bau der chinesischen Mauer". "Prozeß" – Parabel seines Lebens. Aphorismen werfen neues Licht auf das "Schloß". – "Beschreibung eines Kampfes": Nötig, Kafkas poetische Welt sprechen zu lassen. Frage: Kann die Kunst die Wahrheit enthüllen? Kampf gegen die Wirklichkeit, die ein Gefängnis ist. Innere Welt – kann man nur leben, daher Kafkas Metaphern u. Bilder: konkret, einfach u. abstrakt. Leser muß Welt geschichtlich machen. Kafka erscheint in allen drei K.-Helden. Vereint chassidisch-östliche u. hebr.-westliche Züge. Die erfolglose Wahrheitssuche drückt sich in der Parabel, Erz. u. Roman aus. Auch in "Betrachtung" – Poesie einzige Lebensmöglichkeit geworden; Wort schafft Bruch mit der Wirklichkeit. "Brief an den Vater", "Verwandlung" u. "Urteil" – Probleme der Schuld, Ehe u. Frau behandelt. "Amerika": Karls Unschuld. Werk scheint leicht u. gelöst, obwohl Karl verschollen sein wird. Amerika als offene Alternative zu Europa; anonyme Massen von Menschen, Sicht von oben. Alle drei Romane zeigen Fremdheit der Welt. Prozeß: Schuldfrage, Prag, hebr. Gesellschaft u. bürgerliche Kreise. Autobiographisches: Bürokratie u. persönliches Leben. Parabel u. Pantomime im Roman; alle Figuren sprechen die gleiche Sprache. Die Interpretation der Fabel bestätigt Kafka sein Urteil; K. kann sich aber von der Vernunft her gesehen nicht schuldig sprechen. Türhüter: Betrug u. Vieldeutigkeit des Lebens. Frage – Schuld des Türhüters, ohne die Frage hätte der Mann Anteil am Gesetz. – Besprechung der Erz. zwischen "Prozeß" u. "Schloß"; Behandlung der Frage der Berufung; Milena-Frieda, die Assistenten, Barnabas u. a. Figuren u. Episoden. Aphorismen wichtig zum Verständnis des Romans, der ebenso wie "Prozeß" das Exil des Menschen beleuchtet. Bürokratie als religiöse Projektion – modernes Büro. Lösung für K.s Suche u. Streben erst durch den Tod möglich? "Der Bau": In Zusammenhang mit Kafkas Flucht aus Prag u. der Suche nach dem Selbst gesehen, das zur Zerstörung führt. Kafka steht noch immer vor dem Gesetz.]

Rez.: Anna Maria Dell'Agli in: *Annali. Istituto Universitario Orientale Napoli. Sezione Germanica* 6 (1963) S. 173–75.

Engl. Zusammenf. von S. 81–100 in: Corngold, *The Commentators' Despair* (s. Sammelbde.) S. 61–65. (Kommentar von Corngold).

Barzel, Hillel: *Bein Agnon le-Kafka. Mehkar mushvah.* Ramat-Gan: "Bar Uryan", 1972. 350 S.

[(Agnon und Kafka. Eine vergleichende Studie): Allg. Motive bei Agnon u. Kafka. Vor dem Tor (Kafkas Menschen gehen nicht durch, die Agnons erreichen Ziel); Metaphysisches (Kräfte der Mitte hindern Menschen, Ziel zu erreichen, Kafka mischt Satanisches mit Göttlichem, Agnon nicht); Eros (bei Agnon Liebe – Symbol idealen Verhältnisses zwischen Mensch u. Gott, bei Kafka wird Liebe benützt, um ein Ziel zu erreichen, Frauen haben schlechten Ruf); Metarealismus (durch konkrete Bilder wird Unerkläliches beschrieben), Allegorie u. Symbol; Entmenschlichung u. dämonische Motive (Agnons Hoffnung u. Optimismus, seine Vatergestalten bedeuten Gnade u. Verzeihung, Heim ist Unterkunft; bei Kafka das Gegenteil – Pessimismus). Synagoge; Zugehörigkeitsgefühl (bei Agnon viel stärker); Schlüsselroman (Kafka benützt lebende Personen als Vorbild, Agnon nicht); mystische Einheit.
Die kafkaeske Situation (das Unerwartete, keine Erklärung, das Phantastische, Wirklichkeit und Traum, doppelte Bedeutung); Gelächter – Teil der Furcht, Ironie häufiger als Satire. Mehr Humor bei Agnon. Mythische Elemente, tragischer Held, ewiger Jude.]
Rez.: Zahar Shavit in: *Moznayim* 37 (1973) Nr. 1. S. 75–76;

517

Gideon Talpaz in: *Leket Divre' Bikoret Al Sefarim Ḥadashim* (1973) Nr. 5. S. 22;
Gitta Avinor: ["Agnon und Kafka. Haben sie gemeinsame Wurzeln?"] In: *Leket Divre'*
Bikoret Al Sefarim Hadashim (1973) Nr. 6. S. 50;
Penina Meisles in: *Leket Divre' Bikoret Al Sefarim Hadashim* (1973) Nr. 5. S. 23;
Zvi Luz in: *Moznayim* 39 (1974) Nr 1. S. 67–69;
*Joseph Friedlander in: *Gazit* 30 (1974) Nr. 1–4. S. 80–81.
*Engl. Zusammenf. u. d. T.: "Agnon and Kafka – A Comparative Study." In: *Bikoret –*
U – Parshanut (Ramat Gan. Israel, 1972).

Bauer, Johann: s. *Kafka und Prag.*

Baumer, Franz: *Franz Kafka. Sieben Prosastücke.* Ausgewählt und interpretiert.
München: Kösel, 1965. 136 S. (Dichtung im Unterricht Bd. 9).

[S. 7–8: Brod, Max: Über Franz Kafka: Einführendes Vorwort.
S. 9–14: Franz Kafkas Leben u. Werk: Kurzer Überblick.
Im 1. Teil (S. 15–85) sind 7 Prosastücke Kafkas abgedruckt u. jeweils mit einer kurzen
Einleitung versehen. Im 2. Teil, "Kommentar", befinden sich längere Erklärungen dazu:
S. 89–97: "Vor dem Gesetz": Allg. Hinweise auf Gestaltungsweise; Bedeutung des
Stückes für "Prozeß" u. "Schloß". Alptraum u. Paradoxes. Inneres Geschehen; Schlüssel
zu Kafkas religiösem Verständnis. Mann vom Lande – Mensch als Bürger zweier Welten.
S. 97–101: "Auf der Galerie": Form, Inhalt, Stil u. Syntax einander angemessen. 1. Teil
im Konjunktiv – innere Lage des Dichters, Mitleid. 2. Teil – Indikativ, Wirklichkeit,
Furchtbares in Stil u. Satzform ausgedrückt. Dichter auf Galerie hat Übersicht, ist aber
einsam. S. 101–09: "Das Urteil": Durchbruch der Schaffenskraft u. Bewußtwerden der
eigenen Lebenstragik; Parabelcharakter. Führt eher zu Assoziationen, als zur inhaltlichen
Deutung. Autobiographisch, aber auch Mehrdeutigkeit zu beachten. S. 109–15: "Ein
Landarzt": Durch Ich-Form unmittelbarer Charakter, dramatisches Geschehen analytisch
dargestellt. Traum u. Wirklichkeit, Zeitenwechsel. Heillose Zeit; Biographisches. Arzt
selbst im Chaos verloren. S. 115–21: "Beim Bau der chinesischen Mauer": Mensch kann
auf dieser Welt keine ewige Ordnung herstellen, die gegen Dämonisches schützt. Religiöse
Gründe für Teilbau; Mauer soll Menschen mit Göttlichem verbinden. Unmöglich, da
Mensch göttliches Gesetz in sich verloren hat. S. 121–26: "Der Bau": Stellt innerwelt-
lichen Prozeß dar, Mehrschichtiges wird verschmolzen. Konkreter Bau; Angst, aber auch
Stätte des Friedens; zwei Pole des Lebens: Stille u. Jagd, Friede u. Vernichtung. Offenes
Ende. S. 126–31: "Ein Hungerkünstler": Gleichnis für Kafkas Kampf um Verhältnis zu
Mensch u. Gott. Mißverstandener Dichter. S. 132–33: Zeittafel.]
Rez.: Frank Jones in: *Slavic Review* 32 (1973) S. 670.
In engl. Übers. v. Abraham Farbstein u. d. T.: *Franz Kafka.* New York: Frederick Ungar,
1971. V + 122 S. (Modern Literature Monographs).

– *Franz Kafka.* 3. Aufl. Berlin: Colloquium, 1968. 95 S. (Köpfe des 20. Jahrhunderts, Bd. 18). 1. Aufl. 1960.

[Das Selbstverständliche, der Alltag sind für Kafka geheimnisvoll; er wußte um das Ab-
gründige in sich selbst, war in erster Linie Dichter, dessen Werk nur verständlich ist unter
Einbezug der Greuel im 20. Jh. in Europa. Kafka ist ein Leidender, Übersensibler, der in
den Schächten des Bösen bohrt, das die Wahrheit immer wieder verdeckt. Keine eindeutige Bestimmung seiner Romangestalten u. Romanvorgänge. Kafka lebte am Rande der Nationalitäten. Im Geschäft ergriff er Partei für Personal gegen groben Vater. Gefühl der
Verlassenheit, Fremdsein im Kreis der Familie, selbstquälerischer Zug. Kundgebungen
seines Andersseins sind selten. Trennung von Beruf u. Berufung. Teilnahme an Diskussionen des Brentanistenkreises, Demutshaltung in der surrealistischen "Beschreibung eines

Kampfes". Obrigkeitsdenken im Bürokratismus der k. u. k. Monarchie. Trotz Antisemitismus wurde Kafka fünfmal befördert, war im Büro angesehen. Dissonante Vielschichtigkeit in Kafkas Existenz. Wissen um Lebensdämonie in moderner Industriegesellschaft. "Beim Bau der chinesischen Mauer" zeigt Kafkas Interesse für Sozialismus; er war aber eher Gottsucher u. litt an Gottferne (Erlösungsbedürftigkeit). Berufsarbeit (Ressort Unfallverhütung) erforderte technische Kenntnisse. Fortschreitende innere Vereinsamung; qualvolle Jahre der Verlobung mit Felice. Er schrieb moderne Märchen mit pervertierten Motiven (halluzinatorische Welt, tierdämonologische Symbole). Schreckensvisionen auch zeitbedingt. "Der Prozeß": Bekenntnisbuch, magisches Theater des inneren Lebens, "Kampf" um das "Gesetz", das für Kafka voll erfüllte Lebenswirklichkeit u. heile Ganzheit eines Daseins bedeutet. Kafka tendiert zu chassidischer Weltfrömmigkeit. Im Schloß: revolutionäre Geisteshaltung, "Kampf" gegen alle kollektiven Triebmächte. Frieda-Episode: Spiegelbild des Milena-Erlebnisses. Innerliche Lösung vom Elternhaus erst durch Dora Dymant.]

Rez.: H. K. in: *Germanistik* 2 (1961) S. 122.

Zusammenf. von S. 23 u. 78 in: Corngold, *The Commentators' Despair* (s. Sammelbde.) S. 67.

In holländischer Übers. v. J. M. Komter u. d. T.: *Kafka*. Den Haag: Kruseman, 1965. 94 S. (Kopstukken uit de twintigste eeuw).

Beck, Evelyn Torton: *Kafka and the Yiddish Theater. Its Impact on His Work.* Madison, Milwaukee, London: Univ. of Wisconsin Pr., 1971. XXI + 248 S.

[Aus Diss. unter Cyrena N. Pondrom entstanden. Nicht lange vor Niederschrift des "Urteils" erwacht in Kafka das Interesse für das Judentum, angeregt durch eine in Prag auftretende jiddische Theatertruppe (1911/12). In Tagebüchern erwähnt er die Titel von 14 jiddischen Theaterstücken; diese beeinflußten wesentlich seine Prosa in bezug auf Stil, Thematik, Struktur u. Charakterisierung. Hinweise auf Juden u. Judentum nur in Kafkas Briefen u. Tagebüchern, nicht in Werken. Er war nie politischer Zionist, nahm an Gottesdiensten nicht teil, aber er abstrahiert jüdische Verhältnisse u. überträgt sie auf universelle Themen, die sowohl das allg. menschliche als auch jüdische Dasein beschreiben. W. Benjamin u. H. Politzer betonen das Dramatische in Kafkas Werken u. den Gebrauch der Geste. 1912 ändert sich Kafkas Stil unter dem Einfluß des jiddischen Theaters. Beschränkung auf einen bestimmten Raum; das Visuelle, Gestenhafte herrscht vor, Erzähler scheint abwesend. Kafka besuchte vielleicht 20–30 jiddische Aufführungen u. erwähnt A. Goldfaden, Y. Gordin, Lateiner u. a. Autoren; Freundschaft mit Jizchak Löwy (Levi). Die (oft mittelmäßigen) tragikomischen jiddischen Theaterstücke berührten Kafkas Innerstes (ironische Lebensauffassung). Bedeutende stilistische Unterschiede zwischen Kafkas früher Prosa u. den späteren, reiferen Werken. Ausführlicher Vergleich zwischen Y. Gordins "Got, Mentsh un Tayvel" u. Kafkas "Urteil": Anschuldigung, Urteil, Selbstmord des Helden, Vater-Sohn-Verhältnis von Bedeutung, Verrat am Freund? Georg wird "ein teuflischer Mensch" genannt, Hershele verbündet sich mit dem Teufel (Faust-Motiv); die Väter benehmen sich komisch; Kafka schrieb über seinen Freund Löwy, daß er "Russe" sei. Symbolische Bedeutung der Namen (Frieda Brandenfeld, Uriel Mazik). Auch Anknüpfungspunkte zu A. Scharkanskys "Kol Nidre" (Schreiben von Briefen, Großinquisitor verurteilt sein einziges Kind zum Tode). Nicht nur "Das Urteil", auch "Amerika", "Der Prozeß", u. "Die Verwandlung" zeigen den direkten Einfluß der jiddischen Theaterstücke, bes. von Gordins "Vilder Mentsh". Nach 1912 werden die jiddischen Einflüsse schwächer (Vergleich zwischen Lateiners "Blimele" u. "Ein Landarzt"), sind aber in einzelnen Details auch in den späteren Erz. u. im "Schloß" bemerkbar.

S. 214–17: Chronologische Liste der Theaterstücke, die Kafka sah oder las.

S. 218–19: Djak Levi; Short Biography.

S. 220–23: An article by Levi (s. Artikel) on Brod and Kafka.]

Rez.: George Adelman in: *Library Journal* 96 (1971) S. 2642;
Peter U. Beicken in: *Seminar* 8 (1972) S. 142;
J. Born in: *Monatshefte* 64 (1972) S. 394–96;
Lothar Kahn in: *Books Abroad* 46 (1972) S. 670;
R. Leroy in: *Revue des langues vivantes* 38 (1972) S. 555–56; 571;
Breon Mitchell in: *Yearbook of Comparative and General Literature* 21 (1972) S. 93–94;
Yaal Renan in: *Ha-sifrut* 4 (1973) Nr. 1. S. 189;
Norman Friedman in: *Yiddish* 1 (1974) Nr. 2. S. 83–91;
R. Pouilliart in: *Revue de Littérature Comparée* 49 (1975) S. 348–49;
Pavel Petr in: *Germanistik* 17 (1976) S. 858–59.

Beicken, Peter U.: *Franz Kafka. Eine kritische Einführung in die Forschung.*
Frankfurt am Main: Athenäum Fischer Taschenbuch Verl. 1974. – XVIII +
453 S. Auch: Frankfurt am Main: Athenaion, 1974. XVII + 453 S. (Fischer
Athenäum Taschenbücher 2014).

[Versuch, in 6 Kap. einen Zugang zur Kafkaforschung zu ermöglichen. Kap. 1: Sorge der
Interpreten: Die Kafka-Ausgaben: Bericht über Drucke zu Lebzeiten, das Schicksal des
Nachlasses u. der Ausgaben, textphilologische Bemerkungen. Kap. 2: Überblick über die
Kafka-Rezeption: Kurzberichte über verschiedene Entwicklungsphasen (England, Frank-
reich, Amerika), gestützt auf vorhandene Teilberichte: Peter Demetz, M. Hamburger,
Dieter Jakob; Marthe Robert, Maja Goth, Claude Prévost, sowie die zahlreichen Teilbe-
handlungen, bes. in amerik. Diss. Kap. 3: Der wiederentdeckte und literarische Kafka:
Besprechung der Lage nach dem 2. Weltkrieg (Deutschland, Emigranten, Kafkamoden;
die vielfältigen Versuche werden einer strengen Kritik unterzogen). Kap. 4: Deutbarkeit
und Interpretationsmodelle: Auseinandersetzung mit Problemen der Deutbarkeit, den
drei großen Gesamtdeutungen Kafkas (Politzer, Emrich, Sokel), der Einzelforschung, mit
Strukturfragen u. Typologien, Hochschulschriften, sowie dem "letzten Stand" (u. a.
Kobs, Ramm, H. Kraft, Hasselblatt, Richter). Kap. 5: Die außerästhetischen Interpretationsrichtungen: Versuch einer Abgrenzung dieses Gebietes von rein ästhetischen Interpretationen u. die Problematik der Grenzziehung, u. a. religiöse, philosophische, psychologische, soziologische u. marxistische Deutungen. Kap. 6: Kafkas Werk in der Einzelforschung: Kurzberichte über die Forschung zu einzelnen bedeutenderen Werken Kafkas.
Die Themenkreise "Erzählstruktur", "Motivik", "Bildstruktur", "Sprachstil" sowie
"Gattungsfragen" nicht behandelt. Ein weiteres Kap. "Dokumentation" bringt Aus-
schnitte aus kritischen Arbeiten zu Kafka, die unterschiedlichen Interpretationsrichtun-
gen angehören, versehen mit Kurzkommentaren.
Bibliographie: S. 353–439: 880 Titel (Primär- u. Sekundärliteratur, engl. u. frz. Übers.
der Werke) – "bewußt selektiv". Zum Teil chronologisch, zum anderen alphabetisch.]
Rez.: Joan Birch in: *MAL* 8 (1975) Nr. 3–4. S. 338–40;
Maria Luise Caputo-Mayr in: *Books Abroad* 49 (1975) S. 540–41 u. in: *GQ* 50 (1977)
S. 212–13;
Harry Loewen in: *Seminar* 11 (1975) S. 174–76;
Richard Thieberger in: *Germanistik* 16 (1975) S. 269–70;
S. Beinsen in: *AUMLA* 46 (1976) S. 342–43;
Lida Kirchberger in: *Monatshefte* 68 (1976) S. 105–06;
Ralf R. Nicolai in: *Studia Neophilologica* 48 (1976) S. 359–62;
Peter Richter in: *GRM* 25 (1976) S. 474–76.

Beissner, Friedrich: *Kafka der Dichter.* Ein Vortrag. Stuttgart: Kohlhammer,
1958. 44 S. 2. unveränderte Aufl. 1961.

[Geht auf Vorträge 1957 zurück. Kafkas Schicksal bei Lesern u. Interpreten; seine Einsamkeit; Einheit der Sicht; Hauptthema: "die mißlingende Ankunft", erläutert an "Heimkehr". Hinweise auf Hölderlin u. Claudius.]

Rez.: Helmut Richter: "Zu einigen neueren Publikationen über Franz Kafka." In: *WB* 5 (1959) S. 570–71;
Marjorie L. Hoover in: *Books Abroad* 33 (1959) S. 313;
Claude David: "Kafka aujourd'hui." In: *EG* 16 (1961) S. 39.
In engl. Übers. u. d. T.: "Kafka the Artist." In: Gray, *Kafka. A Collection of Critical Essays* (s. Sammelbde.) S. 15–31.
Engl. Zusammenf. von S. 40–42 in: Corngold, *The Commentators' Despair* (s. Sammelbde.) S. 73–74.

– *Der Erzähler Franz Kafka.* Ein Vortrag. 4. Aufl. Stuttgart: Kohlhammer, 1961. 51 S. 1. Aufl. 1952.

[Kafkas "einsinnige" Erzählhaltung löst Problem der "Standortlosigkeit" des modernen Erzählers; innerer Mensch – Gegenstand von Kafkas Kunst; Erzähler, Held u. Handlung verschmolzen; rein epische Form; lückenlos konstruiert.]
Teilabdruck in: Heintz, *Interpretationen zu Franz Kafka* (s. Sammelbde.) S. 159–60.
Engl. Teilabdruck von S. 36–37 u. d. T.: "The Writer Franz Kafka." In: Corngold, *Franz Kafka: The Metamorphosis* (s. Sammelbde.) S. 187–88.
Engl. Zusammenf. von Teilen über "Verwandlung" in: Corngold, *The Commentators' Despair* (s. Sammelbde.) S. 70–72.

– *Der Schacht von Babel. Aus Kafkas Tagebüchern.* Ein Vortrag. Stuttgart: Kohlhammer, 1963. 48 S.

[Tagebücher als Vorstufe des dichterischen Werkes. Kafkas positive Äußerungen sind wichtig. Seine Bilder sind Traumassoziationen. Inneres Leben ausgedrückt. Gefahr der Introversion: Turmbau von Babel nach innen.]
Rez.: Karl Reichert in: *Germanistik* 5 (1964) S. 665–66;
G. Harlass in: *Muttersprache* 74 (1964) S. 319–20;
Ital. Teilabdruck u. d. T.: "Il pozzo di Babele." In: Pocar, *Introduzione a Kafka* (s. Sammelbde.) S. 100–20.
Portug. Teilabdruck u. d. T.: "O Poço de Babilônia. Dos Diários de Kafka." In: *Humboldt* (portug. Ausgabe) 10 (1969) Nr. 19. S. 43–56.

– *Kafkas Darstellung des "traumhaften innern Lebens".* Ein Vortrag. Bebenhausen: Lothar Rotsch, 1972. 43 S.

[Vortrag 1968 an Univ. Münster gehalten. Kampf gegen Welt für Kafka ständige Bedrohung; gegen äußere Welt der Trümmer erschreibt er sich eine innere, unzerstörbare Welt: sein traumhaftes inneres Leben. Darstellung des traumhaften innern Lebens unterscheidet Kafka von andern Schriftstellern. Zusammenhänge zwischen Menschen fragwürdig u. unverständlich geworden, aber inneres Leben doch noch ein Ganzes. Auch Gregors Verwandlung traumhaft. Kafkas Erz. u. Romane spielen sich im traumhaften Bewußtsein einer einzigen Person ab. Kritik an H. Politzers Deutung des "Prozesses". Einsinnige Perspektive überall dort, wo Umwandlung zu einer Ich-Erz. möglich.]
Rez.: Jürgen Born in: *Germanistik* 14 (1973) S. 223;
Ronald Gray in: *GLL* 30 (1977) S. 342.

Bergner, Yosl: *Drawings To Franz Kafka.* With an introduction by Penuel Peter Kahane. Jerusalem: Tarshish Books, 1959. – 42 [Blatt].

[Visuelle Darstellung von Kafkas Welt. Menschliches Element wird betont, der bizarre

Humor Kafkas mit tragischem Unterton. Federzeichnungen zu: "Schloß", "Prozeß", "Urteil", "Strafkolonie", "Verwandlung" u. a.]

Berté, Antonio: *Commento a Kafka.* Prefazione di Domenico Rea. [Napoli:] Società Editrice Italiana, [1957]. 41 Bildtafeln.

[S. IX–XIII: Commento a Kafka di Antonio Berté: Beschreibt seine Kafkavorstudien für die Gemälde u. Zeichnungen zu den Helden u. Werken des Dichters. 41 Bildtafeln mit Auszügen aus Kafkas Werken, "Bildkommentar".]

Beutner, Barbara: *Die Bildsprache Kafkas.* München: Wilhelm Fink, 1973. 327 S.

[Tagebücher u. Briefe Kafkas: Dokumente eines Existenzkampfes. Befreiung im Akt des Schreibens. Zahlreiche Studien über Kafkas Bilderwelt (R. Klatt, C. Bezzel, W. Emrich, N. Kassel, F. Martini, H. Politzer, W. H. Sokel). Sparsamkeit des Bildgebrauchs; Standortgebundenheit des Erzählten. Nominalvergleiche (vor allem mit Tieren), indikativische u. konjunktivische Vergleichssätze, freie Metaphern u. Analogien als Formen der Bildsprache. Übertragungsvorgänge (Varianten von belebt u. unbelebt). Bildbereiche in Kafkas Werken: Kindheitswelt; Krankheit u. Heilung (auch Josef K. als Kranker gekennzeichnet); Speise u. Trank (stehen für das Höhere u. Wesentliche); Tiere (oft pejorativ gebraucht, vor allem Hunde, Katzen unwichtig oder feindselig-fremd, Lämmer als Opfertiere u. Symbole der Unschuld u. Reinheit, Huhn u. Adler als Gegensätze, Ungeziefer u. Kriechtiere in großer Zahl, Raubtiere bleiben unheimlich); Natur (Landschaft ist trostlos, Wetter ist fremd oder feindselig, Blumen u. Blüten kommen selten vor, Wasser bedeutet oft Gefahr u. Unsicherheit); Dunkelheit u. Kälte herrschen vor, nicht Licht u. Wärme; Spiel als Komödie u. Schauspiel u. auch als kindliches Spiel; der Weg ist oft erstrebtes Ziel; der Geschäftsbereich hat negative u. positive Komponenten; Zusammengehörigkeit der Gegner u. Kämpfer, die verschiedene Waffen benützen. "Der Verschollene": viel mehr Handlung u. Szenenwechsel, Darstellung einer mechanistischen, entpersönlichten, entfremdeten Industriegesellschaft. Karl wird in eine Dienerrolle gedrängt, findet nicht zu sich selbst; auch sein Weg beginnt mit einer "Schuld", die ihm nicht bewußt ist u. wegen der er aus seiner Gemeinschaft verstoßen wurde. Bildsprache legt Kern des Romans frei, Bilder enthüllen die Welt "Amerikas" als Psychogramm des Helden, der der Welt des Kindes näher steht; die Kluft, die ihn von seinem Selbst trennt, ist noch nicht so tief. "Prozeß": Gericht als Sphäre des Komödiantischen, Unberechenbaren, Dunklen. Josef K. versagt bis zuletzt; tiefe Selbstentfremdung. Leni ist das Vitale, das sinnliche Element. "Schloß": der bildreichste Roman Kafkas. Personifizierung des Schloßgebäudes u. seiner Behörden. Das Schloß als Lebensgrundlage, psychischer Faktor, höhere Instanz im Leben des Dorfes. Der Dorf- u. Schloß-Komplex ist für K. der nicht aktualisierte Teil seines Wesens, er will das Schloß erreichen, um sich selbst zu verwirklichen. Schloß als Projektion der Dorfbewohner. Ordnung u. Zusammenleben sind auf mitmenschliche Achtung u. Hilfe begründet.

S. 291–327: Register der Bilder in den Erz. u. Romanen Kafkas ab 1912.]

Rez.: Hartmut Binder in: *Germanistik* 15 (1974) S. 983;
Maria Luise Caputo-Mayr in: *Books Abroad* 49 (1975) S. 114;
Stanley Corngold: "Perspective, Interaction, Imagery and Autobiography: Recent Approaches to Kafka's Fiction." In: *Mosaic* 8 (1975) Nr. 2. S. 162–65;
Claude David: "Sur Kafka: quelques livres parmi beaucoup." In: *EG* 30 (1975) S. 61–62;
Ralf R. Nicolai in: *Studia Neophilologica* 47 (1975) S. 409–13;
John M. Grandin in: *MAL* 12 (1979) Nr. 2. S. 208–09.

– *Musik und Einsamkeit bei Grillparzer, Kafka und del Castillo. Ein Vergleich zwischen "Armen Spielmann", "Verwandlung" und "Gitarre". Eine literaturwissenschaftliche Untersuchung.* Köln: Ellenberg 1975. 134 S. (Wissenschaft).

[Einflüsse u. Beziehungen zwischen "Armen Spielmann" u. "Verwandlung": Helden beider Novellen scheitern in ihren Lebensplänen u. sozialen Beziehungen; Väter sind Draufgänger, streng, ungeduldig, heftig u. unerbittlich, stoßen demütige Söhne zurück, klagen über sie, machen ihnen ihre Nichtigkeit klar; väterliches Sexualverbot; Söhne fühlen sich im Unrecht, streben nach Anerkennung der Väter, von denen sie abhängig sind u. deren Wille zu metaphysischem Gesetz wird. Mutter abwesend ("Spielmann") oder wenig wirksam ("Verwandlung"). Jakob ist Vorlage für Gregor: Vorbestimmung zur Einsamkeit, Ausschluß von Eßgemeinschaft der Familie, Müßiggang; seelische Erschütterung durch Musik (Violine) in Verbindung mit einer Frau; Ähnlichkeit zwischen Barbara u. Grete, beide entscheiden sich gegen lebensschwachen Helden. Kafka verfolgt Künstlerproblematik Jakobs im "Hungerkünstler'" weiter. Künstler muß im menschlichen Verband begründet sein. Karl Roßmann (auch Illusionist) könnte armer Spielmann werden. Musik erweckt Traum vom Höheren (auch bei "Josefine"). Schmutz drückt Verkommenheit aus. – Motive der Häßlichkeit, Ausgestoßenheit, Einsamkeit u. Liebe zu einem Instrument auch in Michel del Castillos Erz. "La Guitare"; feindselige Welt vernichtet Helden; keine dauerhafte Beziehung zur Frau möglich; erstes erotisches Erlebnis durch Klang eines Musikinstruments; Gregor u. Zwerg schämen sich ihrer Häßlichkeit, verbreiten Furcht u. Schrecken, müssen um ihr Leben fürchten; Väter beschneiden Lebensrecht der Söhne, die nicht zu Männern werden können; Kontaktarmut u. Persönlichkeitsdefekte durch Ablehnung der Eltern; Helden sterben allein. Musik tröstet, ist Zeichen der Hoffnung in einer anderen Welt; aber Kunst kann Verlassenheit des Menschen nicht aufheben. Gregor u. Zwerg gehen zugrunde, ohne "menschliche Zuwendung" gefunden zu haben.]

Bezzel, Chris[toph]: *Natur bei Kafka. Studien zur Ästhetik des poetischen Zeichens.* Nürnberg: Hans Carl, 1964. [IV +] 132 S. (Erlanger Beiträge zur Sprach- u. Kunstwissenschaft, Bd. 15).

[Gesamtwerk Kafkas ist Signal zur Rettung aus Isolation. Zeichenhaftigkeit ist die einer episch-eigenständigen Welt ("Zeichenwelt"). Natur u. Naturbilder relativ selten. Analysierung der Texte unter dem Naturaspekt unter Zuhilfenahme der Untersuchungen von M. Bense (Modifizierung ästhetischer Begriffe). – "Beschreibung eines Kampfes": radikal subjektive Sehweise (Perspektivenbeschränkung); Natur kulissenhaft. "Hochzeitsvorbereitungen": eine Naturerscheinung (Regen) bildet einheitliche Kulisse (Zeichen). Natur ist tot (Projektion des Menschen in die Umwelt). "Kinder auf der Landstraße": Thema ist Natur- u. Welterleben des Kindes. "Entlarvung eines Bauernfängers": Objekt wird in Betrachtung des Subjekts einbezogen; Naturbild strukturelles Element. "Der Kaufmann": Phantasmagorien des Kaufmanns haben zeichenhafte Naturbilder zur Grundlage. "Zerstreutes Hinausschaun": Stimmung der Nachdenklichkeit durch Naturzeichen "Frühling". "Der Nachhauseweg": Naturphänomen (Luft nach Gewitter) wird zeichenhafte Verbildlichung der gesteigerten Selbstsicherheit. "Die Vorüberlaufenden": Grundstruktur ist Vollmondnacht; Naturzeichen in poetischen Beweis hineingenommen. "Zum Nachdenken für Herrenreiter": Naturzeichen beweist, was logisch nicht bewiesen werden kann. "Das Gassenfenster": Verbindung zwischen dem Einsamen u. der Welt. "Wunsch, Indianer zu werden": Indianer auf Pferd sieht Land kaum noch. "Die Bäume": Schein als existentialer Konstitutionsbereich des Menschen. "Amerika": Amerika ist wie eine Idee (Bild einer Unendlichkeit); Nachtszenen u. Mondlicht; Projektion des Inneren nach außen u. umgekehrt, Vermischung von Vorstellung u. Wirklichkeit; Naturbild als Mittel der Störung; unbelebte Natur; Werk ahmt Welt nicht nach, sondern legt sie aus. "Urteil": Naturbeschreitung am Anfang als Kontrast zur Katastrophe. "Verwandlung": Natur als Zeichen ist Kompositionselement. "Strafkolonie": Beziehung Mensch – Natur abgebrochen; Einsinnigkeit; wenige Zeichen. "Landarzt": Natur feindlich; Natursicht Kafkas Konsequenz seiner Weltsicht. "Ein Brudermord": Mordrausch u. kalte Nacht

(Kontrast). "Kübelreiter": Kafka entwickelt Geschichte aus einem Zeichen (Eiseskälte). "Die Brücke": Aufhebung der Realität; in totaler Zeichenwelt sind Naturelemente Auslegungen des Seins. "Jäger Gracchus": zeichenhafte Welt; negativer Mythos (eigene Vernichtung). "Beim Bau der chinesischen Mauer": Bildhorizont sehr weit, vertieft durch Zeichen "Meer". "Betrachtungen über Sünde, Leid …": Zeichenwelt spricht nur andeutungsweise. "Prozeß": wenig Natur; dient zur Verdüsterung der epischen Welt. "Fragmente aus Heften…": Kafka löst Welt als Substanz kognitiv-episch auf; Natur als Zeichenarsenal. "Tagebücher": Natur als Mittel der Bildstörung; auch positive Naturreflexion; Textstruktur hat Dichte. "Er": metaphorische Verwendung der Sonne; Verabsolutierung der existenziellen Wirklichkeit. "Schloß": Gedanken an Frühling u. Sommer liegen Dorfbewohnern fern; Zusammenhang der Naturzeichen mit Romangeschehen; K.s Einsamkeit; Kälte; Gegenstand Schnee wird in ein Zeichen übergeführt. "Von den Gleichnissen": Entsubstanzialisierung; Kafkas Prosa verwandelt Stofflichkeit u. Subjektivität in 'Zeichen'. "Forschungen eines Hundes": Natur kann als existenzielles Zeichen dienen. "Bau": Keine Außenwelt, nur abgeschlossene Welt des Tieres relevant; Bewußtsein wird total; Raum u. Zeit haben alte Bedeutung verloren. Jedes Naturbild kann als Zeichen dienen (z. B. Regen, Schnee, Mondlicht, endlos); Verstärkung u. Gegensetzung als Grundfunktionen des Naturzeichens; Naturbild dient der Aufhebung von Raum u. Zeit. Kafkas Bilder symbolisieren nicht etwas, sondern sie weisen. Bei Kafka nur noch zwei Ebenen: Buchstaben sind semantische Zeichen für etwas Cogitiertes, hinter dem nichts mehr steht. Worte bedeuten nur sich selbst. Funktionalität der Zeichen; Sprache ist als Prozeß zu verstehen.]
Rez.: Karl Reichert in: *Germanistik* 6 (1965) S. 489–90;
Carl Gregor Herzog zu Mecklenburg in: *Bibliographie zur Symbolik, Ikonographie und Mythologie* 3 (1970) S. 24.
Engl. Zusammenf. von S. 67–71 in: Corngold: *The Commentators' Despair* (s. Sammelbde.) S. 79.

– *Kafka Chronik.* Daten zu Leben und Werk. München-Wien: Carl Hanser, 1975. 217 S. (Reihe Hanser 178).

[Daten u. Fakten aus bisher verfügbaren Dokumenten u. Zeugnissen, "Abfolge" u. "Gleichzeitigkeit von Ereignissen" in Kafkas Leben gezeigt. Quellen: Tagebücher, Briefe u. Nachlaßprosa Kafkas, Brods u. Wagenbachs Biographien, biographische Studien der letzten Dekade. Enthält Auswahlbibliogr. zu Biographie u. Werkgeschichte Kafkas. Einführend, ermöglicht rasche Orientierung. Kap. chronologisch angelegt, "analysierende Beschreibung", Textauswahl u. Kommentare zeigen auch Kafkas Wesen (Schwanken, Selbstkritik, Hypochondrie, Perfektionsdrang, Frauenbeziehung, pädagogisches Interesse). Versuch, Kafkas Daten in den "Gesellschaftsprozeß der Epoche" zu stellen.]
Rez.: Friedmann Spicker in: *Germanistik* 17 (1976) S. 326–27;
Maria Luise Caputo-Mayr in: *MAL* 10 (1977) Nr. 2. S. 137–38.

Billeter, Fritz: *Das Dichterische bei Kafka und Kierkegaard. Ein·typologischer Vergleich.* Winterthur: P. G. Keller, 1965. VIII + 206 S.

[Ähnlichkeiten u. Unterschiede wechselseitig erhellt. Aus Diss., von Staiger angeregt. Geht von Muschgs Idee des mystischen Dichters aus u. untersucht Kafka u. Kierkegaard nach gewissen Prinzipien der Mystik. Kafka sei von Kierkegaard unabhängig, aber ihm wesensverwandt. Ersterer vor allem Dichter, erzielt aber auch denkerische Leistung. Zeitweise Versuch, Kafka in ein Schema zu zwängen, aber überzeugende Erkenntnisse im 2. u. 3. Teil des Werkes, wie z. B. zur Zerrissenheit Kafkas, zur Wahrheitssuche, die alle Widersprüche umfaßt, über das Fragment (bei Kafka aus dem Grund, daß er keine Position einnehmen könne). Gegen Brods Konzept von Kafkas gesunder, harmonischer Per-

sönlichkeit u. gegen Weltschs einseitige Darstellung von Kafkas religiös-positivem Humor.
1. Teil: Kafkas und Kierkegaards problematisches Dichtertum, beide leiden daran, Kierkegaard will es überwinden; Kafka will in der Welt Fuß fassen u. gleichzeitig der Dichtung treu bleiben, in allen Künstlererz. kritisiert er die eigene Kunst. Werk entsteht auch durch Reue über Werk. Beide: zwiespältig-ambivalent gegenüber eigenem Werk, sehen Kunst als egoistisch u. vom Leben weggewandt ("Hungerkünstler"). Kafka lehnt ästhetische Verklärung der Welt ab, wie in "Auf der Galerie". – Beide Dichter gelangen zur Auffassung vom schuldigen Dichtertum, was aber auch zum Dichten anspornt (Kafkas Feliceverhältnis), kehren Schuld gegen sich selbst. Kafka: Dichtung als Rechtfertigung seines Lebens. "Lebenlernen" für beide ein Problem u. wird ein zentrales Thema in den Werken; für Kafka als isolierter Westjude, ohne "Volk". Beide schrecken vor dem Entschluß zur verantwortlichen Tat zurück, kein positiv erfülltes soziales Leben erreicht, Kafka aber zur Freundschaft fähig u. besaß Wissen um persönliche Gotteserfahrung. Glaubensstruktur ähnlich wie bei Kierkegaard, aber kein Glaubenssprung, eher mystische Religiosität. Welt als Gefängnis (bei Kafka altjüdische Vorstellung), ist bunt, willkürlich, vergänglich, auch boshaft u. absurd (Beamte, Berufsmenschen verfallen ihr, Kampf u. sexuelle Bereitwilligkeit drücken dies aus). Die Angst u. ihre Auswirkungen im Werk, die Auffassung vom Dichter als Priester u. Seher (bes. bei Kafka), das mystische Verhältnis zur Sprache u. ihre Grenzen.
2. Teil: Mystische Form und Darstellungsweise: Der untersuchte Themenkreis umfaßt in enger Auseinandersetzung mit Kierkegaards Begriffen das Pathos ("Eine kaiserliche Botschaft"), das Tragikomische, das die Lebenswidersprüche umfaßt, Ironie u. Humor, die Metaphern u. ihre Auslegungsproblematik, die Gleichnisform u. Parabel (auch Kafkas Romane haben Charakter von vielschichtigen Gleichnissen).
3. Teil: Kafkas und Kierkegaards mystische Tendenz unter dem Gesichtspunkt des Dialektischen: Als Dichter u. Denker der Krise – Erörterung der "dialektischen Existenz" zwischen Diesseits u. Jenseits, die dialektische Position der Nullpunktexistenz (keine Position im Leben wird durchgehalten), das Vorwiegen der dialektischen Darstellung in den Werken (Diskussionen, Verhöre, Verhandlungen, Streitgespräche, Spitzfindigkeit, Figuren diskutieren endlos eigene Probleme, ohne Abschluß) in "schwebender Sprache". Wahrheit würde alle Lösungen umfassen. Problematik der Fragmentform, beide Dichter schaffen resultatlos kasuistische Stücke. Kafka sah die Dinge gleichzeitig von mehreren Seiten, Zwang zur Klarstellung u. oft uferlose Dialektik, weil er Lebensganzes umspannen will.]
Rez.: Hellmut Geissner in: *Germanistik* 8 (1967) S. 649.

Binder, Hartmut: *Motiv und Gestaltung bei Franz Kafka.* Bonn: Bouvier, 1966. VIII + 406 S. (Abhandlungen zur Kunst-, Musik- u. Literaturwissenschaft Bd. 37).

[Studie in vier Teilen, die Kafkas Beziehung zur Tradition seiner Zeit beleuchtet, der er auch in künstlerischer Hinsicht verbunden war.
1. Zu Kafkas Denken: Es wird der Traditionsbezug hinsichtlich Judentum, Psychologie u. Psychoanalyse bearbeitet. Kafka habe das Judentum als religiösen Verband u. als Volksgemeinschaft betrachtet, fühlte sich als isolierter u. einsamer Westjude; ab 1911 Umschwung seines Denkens, Rezeption des Ostjudentums ("Forschungen eines Hundes"), Löwy, jiddisches Theater, Abrücken vom Zionismus, Lektüre. Jüdische Denktradition auch in Kafkas Verhältnis zur dt. Sprache, in Urteil über Werfels Dichtung u. Kritik an Kraus erkennbar. Kafkas jüdisches Geschichtsverständnis, Tradition als Aussage über Gegenwart betrachtet. Jüdische Denkstruktur auch als Grundlage der Betrachtung von verschiedenen Stellen aus persönlichen Schriften u. Erz. angenommen, begriffliche Aussagen durch Bilder oder Vorgänge ersetzt; identische Strukturen in verschiedenen Bildern aufzuspüren u. mit Kafkas Lebenssituation zu verbinden. Erklärt auch Verwendung

525

von Sagenstoff, sei nicht allg. historisches Interesse, sondern Aussage über eigene Lebens-situation, sowie geschichtliche Auslegung im persönlichen Sinn, so in "Das Stadtwap-pen", "Das Schweigen der Sirenen", "Der neue Advokat". Motive aus jüdischen Sagen in "Landarzt", Stellungnahme gegen Heselhaus. Kafkas Aphoristik: Seine Äußerungen zur Psychologie haben erkenntnistheoretischen Charakter, Brentanos Philosophie im Louvrezirkel verfolgt (von Erfahrungen ausgehend gelangte er zu apodiktischen Resul-taten), negativer Einfluß auf Kafkas ethischen Rigorismus; auch extreme Gegensätze zu Brentano. Besprechung von Begriffen wie Wachstum, Entwicklung, Augenblick u. einigen Aphorismen Kafkas, Sachverhalte in Bild verwandelt; schon jetzt nur immerfort geistige Welt vorhanden, in der das Böse allein als Sinnliches erkennbar ist, Kierkegaard erst nach "Oktavheften" genau studiert, teilte weder Brods noch Kierkegaards Meinung ganz. Kenntnis der Psychoanalyse ab 1911/12 u. kritische Einstellung dazu, therapeutischen Teil abgelehnt.

2. Teil: Entstehungsgeschichtliches: Schaffensweise durch seelische Phänomene, Träume oder Persönliches (Heiratsversuche) angeregt. Hält sich für einen realistischen Dichter, Werke aber Projektionen innerer Gegebenheiten. Literarische Vorlagen ähnlich wie histo-rische Tradition verwendet u. somit Eindruck der Traditionslosigkeit erweckt. Genaue Untersuchung der Entstehungsgeschichten von "Urteil" u. "Ein Dorfschullehrer", wobei bei beiden Interesse an Zeitthemen nachgewiesen wird (Generationskonflikt, Tierpsycho-logie). Beziehung zu Vorlagen u. Vorbildern: E. T. A. Hoffmann, Robert Walser, Mär-chen, jüdische Sagen, Cervantes für "Forschungen eines Hundes"; "vorgeprägte sprach-liche Einheiten" für Kafka wichtig. Ebenso Reiseerlebnisse u. Vorlagen für "Jäger Grac-chus" nachweisbar, obwohl Interpretation dann schwierig.

3. Zur Darstellungstechnik Kafkas: Erzähltechnische u. erkenntnistheoretische Gründe, ebenso Kafkas Stilgestaltung. Beispiele u. Vorbilder besprochen. Kafkas Stilmittel, um Innenwelt der Figuren unmittelbar darzustellen, sind: "Erlebte Rede", die mit Kontext verknüpft wird; ihre Funktion zur Klärung unübersichtlicher Situationen, als kritischer Kommentar u. zur Darstellung von Einzelfällen dargelegt, ihre Gestalt analysiert; der "innere Monolog", das "Gedankenreferat", der "Bericht" u. die "Darstellung der Ge-fühlswelt". Die Darstellung der Außenwelt erfolgt durch den "erlebten Eindruck", des-sen Formmerkmale sowie Entstehungsgeschichte skizziert werden (Brod, Flaubert). Un-tersuchung der Bauform von "Verwandlung" u. der Ich-Form ("Landarzt", "Bau", Bür-gelepisode).

4. Teil: beschäftigt sich mit Strukturuntersuchungen von "Verwandlung" u. "Urteil", mit der "Bewertung wichtiger Lebensbereiche durch Kafka" (Ehe, Beruf, Künstlertum, Freuds Lehre), mit einer Analyse des Frühwerkes u. der dichterischen Entwicklung Kaf-kas.]

Rez.: Ludwig Dietz in: *Germanistik* 9 (1968) S. 431–32;
Malcolm Pasley in: *MLR* 63 (1968) S. 1012–13;
Idris Parry in: *GLL* 23 (1970) S. 188–89.
Engl. Zusammenf. von Teilen über "Die Verwandlung" in: Corngold, *The Commenta-tors' Despair* (s. Sammelbde.) S. 80–82.

– *Kafka – Kommentar zu sämtlichen Erzählungen.* München: Winkler, 1975. 346 S. – 2. durchgesehene Aufl. 1977.

[S. 9–34: Einführung: Das Fehlen von zureichenden philologischen u. literarhistori-schen Untersuchungen von Kafkas Erz. u. Romanen, sowie der formgeschichtlichen Ana-lyse der Erstlingswerke, gaben Anstoß zur Verfassung dieses Kommentares. Einfluß der zeitgenössischen Dichtung auf den jungen Kafka, die "realen Umstände und gesellschaft-lichen Bedingungen seines Schaffens" müßten erarbeitet werden. Autor sucht auf die Le-benszeugnisse Kafkas zurückzugreifen, ein genaues Bild der Lebensverhältnisse zu schaffen, die sein "stoßweises Schaffen" veranlaßten; Werk ganz vom Lebensgang abhängig. Binder hatte Zutritt zum unveröffentlichten Nachlaß M. Brods u. konnte unpublizierte Tagebuch- u. Briefstellen Kafkas (durch Schocken) verwenden.

S. 22–34: Lebensgang Franz Kafkas.

S. 35–42: Abkürzungsverzeichnis: Kafkas "Gesammelte Werke" verwendet, dazu "Beim Bau der chinesischen Mauer", Berlin 1931, "Beschreibung eines Kampfes...", Prag 1936; alle Briefe, Tagebücher, Gespräche Kafkas, Brods u. Wagenbachs Biographien, K. Wolffs "Briefwechsel..." u. den "Kafka-Symposium"-Band, Berlin 1966.

S. 44–336: Kommentar: Der Kommentar hält sich an die vom Autor auf S. 12–34 angegebenen Richtlinien u. zwar: Durch die Erstellung einer genaueren u. ergänzten Zeittafel, in der auch Werkgeschichtliches aufscheint, wird auf eine exaktere Datierung der Werke hingearbeitet. Erz. werden so chronologisch angeführt, wie der Dichter sie zur Publikation vorbereitet hatte.

Im Kommentar wird versucht, die von Kafka selbst herausgebrachten u. die aus dem Nachlaß stammenden Stücke chronologisch darzustellen. Dies ist beim Frühwerk u. bei der "Landarzt"-Prosa kaum möglich, da die Arbeitsbücher u. Tagebücher Kafkas fehlen u. deshalb ist die Zeiteinordnung hier eine hypothetische. Der Schreibvorgang u. die Thematik in Kafkas Werken wird strikt als Ausdruck der jeweiligen Lebensproblematik gesehen. Literatur war für Kafka Gestaltung der persönlichen Schwierigkeiten der jeweiligen Dichter (er suchte Bestätigung dafür in Dichterbiographien). Frühphase: (bis zum "Urteil") Lebensschwierigkeiten noch in phänomenologischer Isolierung dargestellt (Störung im Verhalten zu andern, fehlendes Selbstgefühl, neurotische Haltung zur Frau, Isolation, Passivität, – noch nicht auf sich selbst bezogen); 1911: Begegnung mit jiddischem Theater läßt Kafka seine Grundsituation erkennen; nach 1915 gelangt er zur parabolischen Erzählweise (Selbstanalyse, Erkenntnis der Situation des Westjudentums); späte Texte: Scheitern als Voraussetzung, keine Einordnung in Lebensgemeinschaft möglich, Frage nach Rechtfertigung des Lebens ("Josefine" – nicht Kafkas Künstlerproblematik, nur "Grundbefindlichkeit", wichtiger: nützliches Leben in der Familie). Datierung der Texte auf Dietz u. Raabe aufgebaut. Geringe Originalität von Kafkas Thematik, Übernahme sogar von Details aus Vorlagen; Kafkas Grundsituation als Westjude: Schaffen als Amalgamierungsprozeß.

Es werden gelegentlich Texteingriffe verbessert; bes. für nicht dt.-sprachige Leser u. Studenten oft Wissen aus Konversationslexikon angeführt, auch Dokumentation der Prager Umwelt; "Realitätspartikel" in den Werken aufgespürt, da Kafka alles auf persönliche Weise rezeptierte. Umfang des Kommentars hängt vom Stand der philologischen Forschung der biographischen Materialien u. Realien ab, die der Text enthält. – Die Einzelkommentare zu den 81 hier angeführten Erz. bestehen jeweils aus einer Einleitung, die sich mit dem Entstehungsdatum u. den Lesarten der einzelnen Fassungen beschäftigt, u. die dann auf die Anregungen, Elemente u. Hinweise in Gesprächen, Briefen, Tagebüchern Kafkas u. alle möglichen biographischen, literarischen u. anderen Quellen zu seinen Werken eingeht. Eine Vielzahl von Querverweisen innerhalb des Werkes u. der biographischen Schriften werden gemacht u. vor allem positivistisch ausgerichete Sekundärliteratur verwendet. An diese Einleitung ist ein Zeilenkommentar angeschlossen (die Zeilenangaben beziehen sich auf die "Gesammelten Werke"), der Wort-, Idiom- u. Satzerklärungen bringt. Neopositivistisch ausgerichtet.]

Rez.: Lieda Bell in: *Seminar* 12 (1976) S. 61–62;

Ingeborg C. Henel in: *JEGP* 75 (1976) S. 383–88;

Robert Kauf in: *GQ* 50 (1977) S. 62–65;

Maria Luise Caputo-Mayr in: *Newsletter of the Kafka Society of America* 1 (Juni 1977) Nr. 1. S. 5;

Alexander von Bormann in: *Germanistik* 19 (1978) S. 194;

Richard Sheppard in: *GLL* 32 (1978) S. 83–84;

Richard Thieberger in: *Literature, Music, Fine Arts* 11 (1978) Nr. 1. S. 4.

– *Kafka-Kommentar zu den Romanen, Rezensionen, Aphorismen und zum "Brief an den Vater".* München: Winkler, 1976. 491 S.

[Einführung: Darlegung der philologisch-positivistischen Prinzipien der Studie, Versuch, eine Poetik von Kafkas Romanen zu entwickeln, Darstellung von Problemen der Kafka-Interpretation. Autobiographische Elemente seien bisher zu wenig zur Werksdeutung herangezogen worden; daher bietet Binder durch die Sammlung von "ausgebreiteten Realien" diese Möglichkeit. Erläuterungen zur Motivation für die Romane: "Der Verschollene" – Bewußtwerden des Gegensatzes zum Vater; "Der Prozeß" – Feliceverbindung; "Schloß" – die Biographie Kafkas u. seiner Freunde (Max Brod, Willy Haas etc.); dazu selbstverständlich Selbstaussagen des Dichters, Amerika-Studien, der Roman "Schuld und Sühne". Romanform alleine bot genügend Raum zur Darstellung seiner inneren Welt, seiner Auseinandersetzung mit Familie u. Frau u. der Details. Besprechung des Fragmentcharakters; Kapitelfolge der Romane (haben zielgerichteten Handlungsverlauf), Erzählperspektive, Binnenerzählungen, Parallelfiguren.
Binder versucht, die Entstehungsdaten für jedes Kap. festzulegen, da er sie, trotz ihrer hypothetischen Natur wegen des engen Zusammenhanges zwischen Werk u. Leben für unerläßlich hält. Binders Methode stützt sich auf topographische Faktoren, Parallelstellen in anderen Werken, Querverbindungen zwischen Texten.
Jedem der drei Einzelkommentare zu den Romanen wird eine Einführung vorangeschickt, mit Angaben aus Tagebüchern, Aussagen, Briefen des Dichters, Hinweisen auf Quellen u. Entstehungsgeschichte.
"Der Verschollene": Für Genese werden wichtig gehalten: Kafkas Gefühl des Exils, Zusammentreffen mit jiddischer Theatergruppe, Dickens' Werke, die Kur in Jungborn; Herausarbeitung des "autobiographischen familiengeschichtlichen Kerns" des Werkes (Vater-Mutter-Sohn-Beziehung).
"Der Prozeß": Datierung u. Kap.-Neuordnung, Placierung der Fragmente, Arbeitsverlauf; psychologische Deutungen angeführt. Gerichtshandlung mit Feliceverhältnis in Beziehung gesetzt, sowie auf Zusammenhang mit Šviha-Affäre überprüft.
"Das Schloß": Genese, Kap.-Ordnung, Motivik; neuentdeckte biographische Information über Kafka u. seine Freunde; Milena-Briefe lassen Binder schließen, der Roman sei im Detail auf lebensgeschichtlichen Konstellationen aufgebaut. Milena-Julieproblematik in Gestalten Frieda-Olga ausgedrückt. Versuch, der Spekulation über die Bedeutung der Personen des Romans ein Ende zu bereiten. Kapitelweise Anordnung der Einzelerläuterungen in den eigentlichen Kommentaren, die vor allem Daten, Querverweise, Werksgeschichtliches, Biographisches, Vorlagen anführen. Die Rez., Aphorismen u. der "Brief an den Vater" werden auf ähnliche Weise behandelt.]
Rez.: Franz Vonessen in: *Bibliographie zur Symbolik, Ikonographie und Mythologie* 11 (1978) S. 24;
Maria Luise Caputo-Mayr in: *MAL* 12 (1979) Nr. 2 . S. 205–07.

– *Kafka in neuer Sicht. Mimik, Gestik und Personengefüge als Darstellungsformen des Autobiographischen.* Mit 21 Abb. Stuttgart: Metzler, 1976. XXIII + 677 S.

[Dreiteilige Studie, die der biographischen Erhellung von Kafkas Werk gewidmet ist.
Einleitung: Darlegung seiner Methode, die die Quellen für Kafkas Werke in Kafkas Leben feststellen will u. die Situationsbezogenheit untersucht.
I. Teil: Die Lebenszeugnisse: In zwei Kap. werden Briefe u. Tagebücher Kafkas überprüft. Die Briefe schon zeigen im Bau u. Stil Kafkas besondere Denk- u. Schreibform, mit seiner Konzentration auf das Einzelphänomen, auf das Existentielle; mit der "Einbeziehung der Schreibsituation in die Briefmitteilungen", dem Fragmentcharakter, dem Rollenspiel des Schreibers; Stilfiguren werden beleuchtet. Daraus werden Erkenntnisse gezogen, die

auf Kafkas gesamtes Werk Anwendung finden können. Die Tagebücher werden in ihren Anfängen (auch Reisetagebücher), in ihrer Entwicklung u. Modifikation (Quart- u. Oktavhefte), sowie in ihren nach Binder "typischen Formen ... vom November 1910 bis November 1917" verfolgt.

II. Teil: Mimik und Gestik: Befaßt sich mit dem Zusammenhang zwischen "Lebenszeugnis und Literatur" (Darbietungsweisen, Vorstellungsinhalte, Wahrnehmungskategorien), mit den "Ausdrucksbewegungen" in Kafkas Werken u. ihren Modellen, sowie der Bedeutung dieser Elemente; diese Ausdrucksbewegungen werden im Detail in "Verwandlung" u. in den Frauenszenen im "Prozeß" dargestellt, bes. was Gesichtsausdruck u. Bewegung von Augen u. Händen betrifft, u. auch in anderen Prosastücken weiterverfolgt. Binder weist ein sorgfältig aufgebautes Bezugssystem in Kafkas Werken nach. Schließlich wird noch Ursprung u. Anwendung der "Als-ob-Sätze" einer Prüfung unterzogen.

III. Teil: "Das Schloß": Binder bietet eine detaillierte Auslese von autobiographischem u. biographischem Material Kafkas dar, das für die Entstehung des Romanes für entscheidend gehalten wird. Er hält dafür, daß Kafkas Lebensproblematik in die Gestalt des Romanes eingegangen sei. Die Bedeutung des Werkes sollte vor allem durch eine Koordination von Gesten, Bildern, Ideen, Handlungselementen u. Personenkonstellationen verständlich werden. Die Kap. behandeln folgende Teilaspekte: "Frieda und Milena", "Die Genese des Romans", "... Geschlechtlichkeit und ihr zeitgeschichtlicher Hintergrund", Kafkas Beziehung zum "behördlichen" Apparat, "Barnabas und seine Familie", Pepi, "Personifizierungen ...". Im Anhang befindet sich der Exkurs "'Als ob' in der literarischen Umwelt Kafkas".

Binder behauptet, seine Interpretation auf Kafkas eigene Meinung über seine Werke gegründet zu haben u. weist auch auf die Bedeutung von Max Brods Lebenskonstellation zu dieser Zeit sowie auf dessen autobiographische Romane für das "Schloß" hin. Von bes. Interesse ist die Verwendung unveröffentlichter Briefe u. Dokumente um Milena, sowie anderer Details, die Kafkas Freunde aus jener Zeit betreffen (Willy Haas, Max Brod etc.). − Neopositivistische Einstellung.]

Rez.: Heinz Politzer in: *Frankfurter Allgemeine Zeitung* (16.11.1976);
Walter H. Sokel in: *Germanistik* 18 (1977) S. 875;
Ingeborg C. Henel in: *JEGP* 76 (1977) S. 428−31;
Maria Luise Caputo-Mayr in: *GQ* 51 (May 1978) S. 381−82;
Gerhard Kurz in: *Neue Rundschau* 88 (1977) S. 113−20;
Alexander von Bormann in: *Germanistik* 19 (1978) S. 194.
Engl. Teilübers. v. Kap. 1 (gekürzt) u. d. T.: "The Letters: Form and Context." In: *The Kafka Debate* (s. Sammelbde.) S. 223−41.

Bizám, Lenke: *Kritikai allegóriák Dickensről és Kafkáról.* Budapest: Akadémiai Kiadó, 1970. 312 S.

[(Kritische Allegorien von Dickens und Kafka): Buch ist als polemische Arbeit gedacht. Werk beider Schriftsteller zeigt kapitalistische Verfremdung. Kafka travestiert bestimmte Elemente des Werkes von Dickens. Moderner Irrationalismus entschuldigt gesellschaftliche Kräfte, die die Entmenschlichung fördern. Kafka erhöht die Verfremdung zur Transzendenz. Zwischen Dickens u. Kafka gibt es oberflächliche Ähnlichkeiten u. tiefgehende Unterschiede. Dickens sieht den Menschen vom menschlichen Wesen, Kafka vom Wesen des Handelns entfremdet. Negative Kritik an Mark Spilka ("Dickens and Kafka," 1963), auch E. Vivas, E. Heller (Neuthomist, Katholik), Brod (irrational), Garaudy werden abgelehnt. Gemeinsame weltanschauliche Grundlagen verbinden das allegorische Werk Kafkas mit der philosophisch-künstlerischen Dekadenz u. dem Avantgardismus. Kafka zieht nicht Realität des Staates, sondern die der Gesellschaft in Zweifel; Verfremdungsmodell: Bürokrat − Volk; totale Absolutisierung: Mensch als Tier gezeichnet. Kafkasche Helden lehnen sich gegen illusorische Menschheit auf; Selbsttäuschung u.

Verfremdung als Sünde. Mensch ist beziehungslos (Desanthropomorphisierung), Kafkas Werk – nichtrealistisches, mimetisches Spiegelbild der objektiven Wirklichkeit; auch allegorisch u. vieldeutig wegen seiner Strukturleere; es habe keinen wirklichen Mittelpunkt, keine einheitliche Ordnung; kein Ausweg aus der schrecklichen Welt. Werk von Dickens überwindet Welt der Verfremdung durch Aspekt menschlichen Triumphs, Kafkas Werk verneint dies. Kafka hat nicht viel von "Bleak House" übernommen, Josef K. – eine Travestie von Richard Carstone.]
Rez.: Péter Egri in: *Filológiai közlöny* 18 (1972) S. 276–78.

Blengio Brito, Raúl: *Aproximación a Kafka.* Montevideo/Uruguay: Editorial letras, 1960. 143 S. Auch: 1969. (Colección 'proyecciones').

[Erste größere Einführungsstudie in span. Sprache; behandelt in neun Kap. zuerst den Zusammenhang zwischen Kafkas Leben u. Werk, dann bes. "Die Verwandlung" u. "Der Prozeß". Bezüglich Kafkas Leben u. Werk stellt der Verfasser die persönlichen Probleme des Dichters heraus u. bespricht den Unterschied zwischen persönlichen Schriften u. Werk selbst, sowie das Erscheinen von Kafkas Problemen in seiner Prosa. In "Die Verwandlung" werden durch eine beschreibende textnahe Analyse die verschiedenen Stufen, Aspekte u. die Bedeutungen beleuchtet. Die "Prozeß"-Exegese befaßt sich mit Thema, Methode, Interpretation von Gerechtigkeit, Gericht, Angeklagten, Liebe u. der "Gesetzesparabel".]
Rez.: G. Figueira in: *Books Abroad* 44 (1970) S. 484, zu Ausgabe 1969.

Bödeker, Karl-Bernhard: *Frau und Familie im erzählerischen Werk Franz Kafkas.* Bern: Herbert Lang, Frankfurt/M.: Peter Lang, 1974. [VI +] 178 S. (Europäische Hochschulschriften, Reihe 1: Dt. Literatur und Germanistik, Bd. 108).

[Kafka hat nie Sohn-Verhältnis zu Eltern aufgegeben. Unvermögen der Entscheidung ist Wurzel allen Unglücks. Auch Junggesellen in Frühwerken (Raban) sind nicht heiratsfreudige Typen. Frau als Herausforderung des Helden, sich mit Lebenswirklichkeit auseinanderzusetzen. Geängstigtes Ich u. Familie als Hindernisse zu Frau u. Ehe. In "Amerika" verhindern machtgierige Frauentypen anständige Laufbahn Karls, bringen sein Leben in Unordnung (Johanna Brummer verletzt ihn seelisch, Klara Pollunder körperlich, auch Brunelda ist schlechter Einfluß); Oberköchin ist Mutterfigur; Therese Berchtold ist Parallelfigur zu Karl. Gefühlsarmut u. Herzenskälte der Familie Samsa machte Gregor zum Arbeitstier. "Verwandlung" u. "Urteil" zeigen Entsprechungen in Aufbau u. Rollenverteilung; Konflikt des Sohns mit Familie, die ihn verstößt; Strafe des Vaters unmäßig hart; Familie immer auf seiten des Vaters. – Josef K. verspricht sich Macht durch Besitz der Frauen, findet aber keine wahre Hilfe bei ihnen. – Karikatur des Schlosses als erotisches Ziel u. Erotisierung der Behörden (Klamm u. die Dorffrauen). "Helfer" u. "Helferinnen" sind zweischneidige Mittel, lenken die K.s vom Ziel ab. – In "Landarzt" u. "Das Ehepaar": tragische Junggesellenexistenzen, die in ihrer beruflichen Mission scheitern, untätige Söhne liegen krank im Bett. – Frauen sind Repräsentanten des Lebens, verführen oder werden verführt, sind selten uneigennützig, ordnen sich dem Mann unter, dienen oft als Sprachrohr der Wahrheit. Kafkas Helden – eingefleischte Junggesellen. Situationsübertragung der Kafka-Familie auf Werk ist nicht angebracht; Kafka verzerrt, entstellt, zerschlägt gültige Weltordnungen; Frau ist Instrument der dichterischen Aussage, aber das Geschlechtliche herrscht vor; ablehnende Einstellung zur Psychoanalyse. Freund im "Urteil" bildet gemeinsame Projektionsfläche für Georg (negatives Selbst) u. Vater (ideales Selbst); Sieg des Vaters – ein Pyrrhussieg. Gegenüberstellung Kafkascher "Symptom-Familien" (Samsa, Bendemann, Barnabas) mit sozialpsychologischer Familienforschung (H.-E. Richter). Mütter u. verlobte Frauen üben keinen Beruf aus. "Amerika" zeigt Abhängigkeiten des modernen Berufsmenschen. – Väter u.

530

Vater-Stellvertreter sind Tyrannen; Frauen haben autoritätsstärkende Funktion. Isolation als Zweifel am Selbst. Kafka beschreibt Vermassung moderner Lebensverhältnisse (apparatisierte Arbeitswelt); Behörden werden zur unabänderlichen Weltordnung. Suche nach Liebe durchzieht Gesamtwerk.

S. 128–66: Anmerkungen (Forschungsbericht).]
Rez.: Hartmut Binder in: *Germanistik* 17 (1976) S. 327.
Zusammenf. in: *European Dissertation Abstracts. 1967–1974*. Bern: Stiftung für Europäische Hochschul- u. Forschungsdokumentation, 1975. S. 171.

Borchardt, Alfred: *Kafkas zweites Gesicht. Der Unbekannte. Das große Theater von Oklahoma*. Nürnberg: Glock und Lutz, 1960. 203 S.

[Als Reaktion auf Emrich, Brod u. Th. Mann geschrieben. Amerikaroman: glaubensloser Karl (Kafka) nimmt katholische Religion an. Oklahomafragment: Gleichnis für Aufnahme in den Glauben (Taufe, Firmung, Abendmahl). Auch andere Werke sollten so erschlossen werden.]
Rez.: Helmut Heuer in: *Germanistik* 3 (1962) S. 152;
H. Becher, S. J. in: *Stimmen der Zeit* 169 (1962) S. 478.

*Breitner, I. Emery: *Kafka. A Psychoanalytic Perception*. Greenvale, N. Y.: Imibooks, 1977.

Bridgwater, Patrick: *Kafka und Nietzsche*. Bonn: Bouvier, 1974. 166 S. (Studien zur Germanistik, Anglistik und Komparatistik, Bd. 23).

[Kafka – kein Nietzscheschüler, aber viele Ideen übernommen, auch Bilder u. Terminologie, beide fasziniert von Gegensätzen. Nietzsche: aggressiv u. bejahend, Kafka: selbstverleugnend. Beide verehrten Schopenhauer, fürchteten Abstraktionen.
1. Teil der Studie: allg. Parallelen zu Nietzsches Werk.
2. Teil: Romane u. einige Erz. nach Nietzsches Philosophie ausgelegt. Kafkas Interesse für Nietzsche zwischen 1900 u. 1904 ("Kunstwart"), später, nach 1. Weltkrieg ("Zur Genealogie der Moral", "Die Geburt der Tragödie aus dem Geist der Musik"), Echos im Werk erst ab 1912, wenige direkte Hinweise in Kafkas persönlichen Schriften. Interesse für Dekadenzphilosophie; Wahrheitssuche, gegen moralischen Anarchismus, Selbstdisziplin, Askese, Traum u. Rausch, Schuld u. schlechtes Gewissen erscheinen in Kafkas Romanen. Gegensatz von dionysisch – apollinisch ab 1912 in Kafkas Werken. Asketische Ideale in einer Reihe von Erz., wie z. B. "Strafkolonie", "Forschungen eines Hundes", "Auf der Galerie", "Ein Hungerkünstler", "Josefine ...", beleuchtet. Weder Nietzsche noch Kafka Nihilisten.]
Rez.: Roy Pascal: "Parables from no man's land." In: *TLS* 7 (1974) Nr. 3770. S. 612;
Claude David: "Sur Kafka: quelques livres parmi beaucoup." In: *EG* 30 (1975) S. 60–61;
Richard H. Lawson in: *MAL* 8 (1975) Nr. 3–4. S. 334–36;
Sander L. Gilman in: *GQ* 49 (1976) S. 214–16;
Alexander von Bormann in: *Germanistik* 18 (1977) S. 230–31;
Hans Reiss in: *MLR* 72 (1977) S. 757–58.

Brinkmann, Karl: *Erläuterungen zu Franz Kafkas "Das Urteil" – "Die Verwandlung" – "Ein Landarzt" – "Vor dem Gesetz" – "Auf der Galerie" – "Eine kaiserliche Botschaft" – "Ein Hungerkünstler".* 2. Aufl. Hollfeld/Obfr.: C. Bange, [1965]. 70 S. (Dr. Wilhelm Königs Erläuterungen zu den Klassikern, Bd. 279).

[S. 3–8: Franz Kafkas Leben. – S. 9–14: Probleme der Deutung Kafkas: Verschiedene Deutungsmöglichkeiten erwähnt. – S. 14–25: "Das Urteil": Entstehung, Geschehen, Vatergestalt besprochen. Deutungsversuch: Vater-Sohnproblem; Naturordnung umgekehrt. Pongs; – S. 25–35: "Die Verwandlung": Allg. Bemerkungen, Inhaltsbesprechung u. Deutungsversuch (Brod, Strich, Bense; gewisse Übereinstimmung in diesem Fall). – S. 36–42: "Ein Landarzt": Allg. Besprechung u. Deutungen (viele verschiedene Versuche, die ähnliche Wege gehen. Emrich, Pongs, Fürst. Visionen der Existenzangst). – S. 42–46: "Vor dem Gesetz". Inhalt u. Deutungsversuch (Emrich, Zimmermann, Fürst). – S. 47–53: "Auf der Galerie": Besprechung des Inhalts, der Sprache u. Interpretationsversuch; fast bedeutungsloses Geschehen; Wirklichkeit u. Schein. Ist Kafka selbst der Galeriebesucher? – S. 53–57: "Eine kaiserliche Botschaft": Deutungsversuche (Zimmermann, Brod, Buber). – S. 58–69: "Ein Hungerkünstler": Entstehung, Form, Stellung im Werk, Inhalt u. Deutungen (Fürst, Pongs, von Wiese, Weltsch).]

Brod, Max: *Verzweiflung und Erlösung im Werk Franz Kafkas.* Frankfurt/M.: S. Fischer, 1959. 90 S. Auch in: M. B.: *Über Franz Kafka.* Frankfurt/M. u. Hamburg: Fischer Bücherei, 1966. S. 301–56. – Auch: Frankfurt/M.: Fischer Taschenbuch, 1976 u. 1977 (Fischer Taschenbuch Bd. 1496).

[Kafka – kein Dichter des Unglaubens u. der Verzweiflung. Sein Ziel: Leben zur Wahrheit machen, Wahrheit sein. In jedem Menschen ein göttlicher Kern. Kafka hat viel mit den Negativisten u. Existentialisten gemeinsam, er sah auch die Schreckenszeit voraus, aber es finden sich bei ihm auch Wege der Hoffnung, der Erlösung; eine einfache, natürliche Lebensweise schwebte ihm vor; erzieherische Ratschläge in Briefen. Romane sind Etappen seiner inneren Reifung. Roßmann: unschuldig, passiv, naiv; Josef K.: Herzenskälte, erkennt seine Fehler, Selbstmord; K.: aktiv, kämpft, will redlich arbeiten u. seßhaft werden. Kafka war sehr an Brods Arbeiten interessiert, sprach dagegen höchst selten von eigenen Werken. Vergleichende Interpretation der Romane. M. Buber glaubt, daß Kafka geborgen ist, obwohl sich Gott verbirgt; für Kafka ist Gott nicht tot. Persönliche Erinnerungen aus unveröffentlichten Tagebüchern Brods, z. T. von Reisen. Kafka wollte alles vollkommen machen; war von Dostojewski u. chinesischer Lyrik sehr beeindruckt. Zurückweisung von Uyttersprots Hypothese u. Bemerkungen zur Herausgabe von Kafkas Werken.]

Rez.: Richard Thieberger: "Kafka trente-cinq ans après." In: *Critique* 15 (Mai 1959) S. 394–95;

J. in: *Ostschweiz* (St. Gallen, Abendausgabe vom 2. Mai 1959);

O. B.: "Zum Werk Franz Kafkas." In: *Der Bund* (Bern, Morgenausgabe vom 15. Mai 1959);

nk: "Aufschluß über Kafka." In: *Israelitisches Wochenblatt für die Schweiz* (10. Juli 1959);

e. n.: "Franz Kafka. Neue Literatur über den Dichter." In: *Luzerner Tagblatt* (11. Juli 1959);

Silvio Rizzi: "Um einen gereinigten Kafka." In: *St. Galler Tagblatt* (12. Juli 1959);

Hans Heinz Hahnl: "Ein Dichter der Hoffnung." In: *Arbeiter-Zeitung* (Wien, 30. Juli 1959);

anon.: "Kafka's Experiment." In: *TLS* 58 (Aug. 14, 1959) S. 465–66;

E. F.: "Max Brod wehrt sich für den Freund." In: *Luzerner Neueste Nachrichten* (17. Okt. 1959);

Ludwig Dietz in: *Germanistik* 1 (1960) S. 98–99;

V. A. Koskenniemi in: *Valvoja* (1960) Nr. 2. S. 84–85;

Fritz Schaufelberger: "Kafka-Deutungen." In: *Neue Zürcher Zeitung* (Abendausgabe vom 18. Nov. 1960);

Claude David: "Kafka aujourd'hui." In: *EG* 16 (1961) S. 33–45;
Karl Bachler: "Das Kafka-Bild unserer Zeit. Ein Rechenschaftsbericht." In: *Tages-Anzeiger* (Zürich, 30. März 1961).

– *Streitbares Leben. Autobiographie.* München: Kindler, 1960. 543 S. – Auch:
München: Kindler, 1963. 332 S. (Kindler-Taschenbücher 20). Neuausgabe
u. d. T.: *Streitbares Leben 1884–1968.* München, Berlin, Wien: Herbig, 1969.
367 S.

[Bes. S. 228–90 über Kafka. – Brods Leben eng mit dem Kafkas verknüpft; ungefähr 22
Jahre dauernde, ungebrochen intime Freundschaft (1902–24), seit 1903 gewöhnlich täg-
liches Beisammensein. Beide wuchsen unter sehr ähnlichen Bedingungen im alten öster-
reichischen Prag auf, hatten viele gemeinsame Bekannte u. Freunde (darunter F. Weltsch,
O. Baum, F. Werfel) u. Interessen, sprachen ausschließlich Dt. miteinander, obwohl sie
auch Tschech. konnten, jedoch nicht ganz perfekt. Kafka u. Brod machten regelmäßig
Ausflüge in die Umgebung Prags, auch fünf Urlaubsreisen, waren gute Fußgänger u.
Schwimmer, lasen zusammen Flaubert u. Platon im Original, begannen den Reiseroman
"Robert und Samuel", machten ähnliche geistige u. ideologische Entwicklungen durch,
waren von der ostjüdischen Schauspielertruppe im "Cafe Savoy" nachhaltend beeindruckt.
Kafka war immer hilfreich, wurde von Brod auch in heiklen u. peinlichen Angelegenhei-
ten um Rat gefragt, setzte sich auch persönlich für seinen Freund ein. Brod sah nach
Kafkas Tod seine erste Aufgabe darin, ihn bekanntzumachen u. nicht eine Ausgabe mit
unzähligen Anmerkungen herauszugeben; er korrigierte Sprachunrichtigkeiten in den
Mss., die Kafka selbst vorgenommen hätte. Kafka interssierte sich nicht für abstrakte
Philosophie, auch nicht sehr für Franz Brentano. Er liebte das Natürliche, Einfache, Un-
aufdringliche. Ehe bedeutete für ihn Eingliederung in das richtige Leben. Unsicherheits-
gefühl in den Jugendwerken; er unterschätzte sich oft; präziser Realismus verbindet sich
mit Elementen des Unsagbaren u. nur religiös Erfaßbaren; seine Kunst hat Symbolkraft.
Schon 1931 hat Brod eine Gesamtausgabe Kafkas bei Gustav Kiepenheuer geplant, von
Th. Mann, Hesse, Werfel, Buber unterstützt, aber nicht von G. Hauptmann; Brod sah in
Kafka den größten Dichter der Zeit; besuchte ihn noch in Kierling (11.–12. Mai 1924).
Brods Dramatisierung des "Schloß"-Romans war in Israel erfolgreich, wurde oft aufge-
führt. – Neuausgabe von 1969: Hinweise auf Kafka in Tagebuchaufzeichnungen der letz-
ten Jahre (1960–68).]

Rez.: R. J. Humm: "Die Autobiographie von Max Brod." In: *Die Weltwoche* (14. Okt.
1960);
C. S.: "Max Brods Autobiographie." In: *Neue Zürcher Zeitung* (Morgenausgabe 21. Dez.
1960);
August Kurt Lassmann in: *Sudetenland* 2 (1961) S. 154–55;
Josef Mühlberger in: *Welt und Wort* (1961) S. 143;
Richard Thieberger in: *Germanistik* 2 (1961) S. 600–01;
Thomas Terry: "'Streitbares Leben'. Zu Max Brods Autobiographie." In: *Tages-Anzeiger*
(Zürich, 28. Jan. 1961);
Andreas Zürcher: "Brods Autobiographie." In: *Berner Tagblatt* (26. März 1961);
anon.: "The Prague Germans." In: *TLS* (Apr. 28, 1961) West German Books section.
S. iii;
Thomas von Vegesack: "Franz Kafka och den polemiska staden." In: *Stockholms-Tid-
ningen* (29. Mai 1961);
Werner Schmid: "Max Brod." In: *Evolution* (Juni 1961);
Vincent Šabík: Život s Kafkom (k 80. narodeninám Maxa Broda)." In: *Slovenské pohl'-
ady* 80 (1964) S. 56–59;
V. Aschenbrenner in: *Sudetenland* 12 (1970) S. 235–36;
Heinz Stănescu in: *Germanistik* 12 (1971) S. 161–62.

Teilabdruck u. d. T.: "Das Werk Franz Kafkas. Ein Herausgeber rechtfertigt seine Arbeit und antwortet auf Vorwürfe der Kritik." In: *Die Zeit* 15 (1960) Nr. 33. S. 5;
Teilabdruck von S. 12–18, 21–24, 27–29 u. d. T.: "Der junge Werfel und die Prager Dichter." In: *Expressionismus. Aufzeichnungen und Erinnerungen der Zeitgenossen.* Hrsg. v. Paul Raabe. Olten u. Freiburg i. B.: Walter, 1965. S. 59–66;
Teilabdruck von S. 7–10 u. d. T.: "Ein Prager Vokativ." In: *Das hunderttürmige Prag im Spiegel deutscher Dichtung und Urkunden.* Hrsg. v. Josef Mühlberger. München: Aufstieg-Verl., 1969. S. 167–69.
In frz. Übers. v. Albert Kohn u. d. T.: *Une vie combative. Autobiographie.* Paris: Gallimard, 1964. 419 S. (Collection "Connaissance de soi");
Teilabdruck in engl. Übers. v. J. M. Ritchie u. d. T.: "The Young Werfel and the Prague Writers." In: *The Era of German Expressionism.* Ed. Paul Raabe. Woodstock, N. Y.: Overlook Pr., 1974. S. 53–59;
In hebr. Übers. u. d. T.: *Ḥaye merivah.* Jerushalayim, Tel Aviv: Has-sifriya has-siyonit, 1967. 314 S.
In ital. Übers. v. Italo Alighiero Chiusano u. d. T.: *Vita battagliera. Autobiografia.* Milano: Il saggiatore, 1967. 395 S.;
In tschech. Übers. v. Bedřich Fučík u. d. T.: *Život plný bojů. Autobiografie.* Praha: Mladá fronta, 1966. 316 S.

– *Franz Kafka. Eine Biographie.* 4.–5. Tausend. [4. Aufl.] Frankfurt/M.: S. Fischer, 1962. 367 S. (C 1954). – 1. Aufl.: Prag: Heinrich Mercy Sohn, 1937. 2. Aufl.: New York: Schocken Books, 1946. 3. erweiterte Aufl.: Berlin, Frankfurt/M.: S. Fischer, 1954. [5. Aufl.] Frankfurt/M. u. Hamburg: Fischer Bücherei, 1963 (Fischer Bücherei Bd. 552). [6. Aufl.] In: M. B.: *Über Franz Kafka.* Frankfurt/M. u. Hamburg: Fischer Bücherei, 1966. S. 9–219 (Anhang: S. 357–89). Auch: Frankfurt/M.: Fischer Taschenbuch, 1976 u. 1977 (Fischer Taschenbuch Bd. 1496).

[Familie u. Ahnen; Kindheitserinnerungen (im Zusammenhang mit "Brief an den Vater"). Kafka wurde dt. erzogen, hat erst später genaue Kenntnis der tschech. Sprache erworben; dt. Kulturverbundenheit. Kafkas Vater stammte aus Wossek (Südböhmen), arbeitete schwer, war erfolgreich (Geschäftsmann u. patriarchalischer Familienvater). Kafka bewunderte seines Vaters Lebenstüchtigkeit. Zwei Brüder der Mutter zogen ins Ausland (Kafkas Sehnsucht nach fremden Ländern). Mutter war gütig, höchst intelligent, im Geschäft unermüdlich tätig, "Urbild der Vernunft"; sie gab aber dem tyrannischen Vater nach, der keine Widerrede duldete (Prinzip der Autorität in den Werken). Schreiben u. Verlobungen als Fluchtversuche vor dem Vater. Fruchtloses Werben um Vertrauen und Verantwortung vor der Familie als Zentralpunkte bei Kleist u. Kafka ("infantile" Dichter). Auch Vergleich mit Proust. Kafka war still, zurückhaltend, aber auch sehr unterhaltend, lachte gern, liebte die Natur, das Einfache, Gesunde, war helfender Freund, allerdings schon früh Hang zur eigenen Geringschätzung. Gemeinsame Hochschuljahre u. Freundschaft mit Oskar Pollak u. Brod, der Kafkas Namen in der Wochenschrift "Die Gegenwart" zum erstenmal erwähnt (Febr. 1907). Brods vielfältige Vermittlerrolle in Kafkas Leben (Verleger, Redakteure, F. Weltsch, O. Baum, Felice, Kafkas Mutter); ab 1908 täglicher Umgang; starke gegenseitige Beeinflussung; glückliche Reisewochen zusammen, häufige Wanderungen. Kafka liebte körperliche Betätigung u. Sport (Schwimmen, Rudern), war Arzneien u. Ärzten gegenüber mißtrauisch, interessierte sich für Naturheilmethoden. Er bestand auf Trennung von Brotberuf u. Literatur, zeigte große Pflichttreue, war im Amt hochgeschätzt u. allg. beliebt, hatte keine Feinde. Soziales Gefühl für Arbeiter u. Büroerfahrung sind Basis für ganze Kap. der großen Roma-

ne. Entwurf für ein fast klostermäßiges Arbeitskollektiv. Behinderung des Schreibens durch freudlosen Brotberuf; Abscheu gegen Arbeit in Asbestfabrik. Begeisterung für jiddisches Theater, intellektuelles u. persönliches Interesse (Judentum, Isak Löwy, Frau Tschissik). Meinungsverschiedenheiten mit Brod über Zionismus; erst in den letzten Jahren Annäherung an Brods zionistische Grundhaltung. Kafka las viel, auch auf frz. (Flaubert), bes. gern biographische u. autobiographische Werke (Grillparzer, Hebbel, Fontane); Verehrung für Goethe (Reise nach Weimar). Kafka war immer guter Zuhörer, genauer Beobachter u. Kritiker; visuelle Begabung. 1912 literarischer Durchbruch; er macht Bekanntschaft mit Felice in Brods Wohnung. Später, als die Beziehung ernster wird u. es zu Mißverständnissen kommt, vermittelt wieder Brod zwischen Kafka u. Felice. Verlobungsjahre auch dichterisch fruchtbar, trotz mancher Verzweiflung, Traurigkeit u. Lethargie. Liebe wird von Angst u. Selbstvorwürfen erstickt. Vorübergehende Trübung der Freundschaft Kafka-Brod. Kafka liest viel aus seinen Werken vor ("Urteil", "Prozeß", "Strafkolonie", "Schloß"). Ernste Pläne, seine Stellung zu kündigen, Prag zu verlassen u. literarisch zu arbeiten vielleicht durch Kriegsausbruch vereitelt; wohnt längere Zeit nicht bei den Eltern. Felice u. Kafka machen konventionelle Antrittsbesuche bei Verwandten u. Bekannten. Bluthusten (Aug. 1917), Beginn der Krankheit, Krankenurlaube, Hebräischstudien. Brod betont Kafkas Aussprüche der Hoffnung, Glauben an das Unzerstörbare, Streben nach einem richtigen, erfüllten Leben, Sehnsucht nach Reinheit, aber Versagen des Menschen vor Gott, Abirren vom Weg; Hiobsfrage. Beziehung des Romans "Das Schloß" zum jüdischen Schicksal (Antisemitismus u. Assimilanten-Psychologie); auch in "Josefine" Aspekt der Judenfrage. Häusliches Glück mit Dora, aber finanzielle Notlage in Berlin. Brod brachte Kafka März 1924 nach Prag zurück u. besuchte ihn noch im Mai im Sanatorium Kierling. Qualvolle letzte Stunden mit R. Klopstock u. Dora. Ergänzendes 8. Kap. zuerst in der 3. Aufl. (1954): Kafka strebte nach innerer Vervollkommnung, stand Tolstoi am nächsten; Ruhm war ihm gleichgültig. Brod u. Dora glaubten an die Echtheit u. Zuverlässigkeit der "Gespräche mit Kafka" von Janouch (1951), Stil u. Stoffkreise schienen das zu bestätigen. Vergleich zwischen Milena-Beziehung u. "Schloß", welches Kulisse u. Bühne der "Gespräche" sowie der "Briefe an Milena" bildet. Abdruck von ach⁺⁻ ᵉfen Milenas an Brod (vier im dt. Original, vier in dt. Übers.). Beziehung Kafkaᵉ ᵤrete Bloch, der Mutter von Kafkas Sohn, der 1921 in München gestorben sein ᵤᵢl. – Anhang: S. 315–26: Franz Kafka: "Die Aeroplane in Brescia".
S. 327–30: Rudolf Fuchs: Erinnerungen an Franz Kafka (s. Artikel).
S. 331–33: Dora Gerrit: Kleine Erinnerungen an Franz Kafka (s. Artikel).
S. 334–39: Eine Bemerkung zu Kafkas "Schloß": Fragment "Verlockung im Dorf" (1914) Vorstufe zum "Schloß"; Einflüsse auf den Roman auch von Božena Němcovás "Die Großmutter". S. 340–58: Ermordung einer Puppe namens Franz Kafka: Scharfe Kritik Brods an dem Buch "Kafka, pro und contra" von Günther Anders, der "die Hauptsachen völlig verdreht", in Kafka einen servilen Defaitisten (eine Vorform des Faschismus) u. nur Negatives sieht. S. 359–65: Aus einem Manuskript Kafkas. Drei Zeichnungen Kafkas.]
Rez.: H. Stenzel in: *Stimmen der Zeit* (Freiburg i. B., 1954/55) Nr. 4. S. 318;
N. H. Smith: "Franz Kafka." In: *Erasmus* 8 (1955) Spalte 728–31;
Walther Karsch: "Sich selbst den Weg verstellen ..." In: *Der Tagesspiegel* (Berlin, 31. Juli 1955);
Louis Leibrich: "Max Brod: Franz Kafka. Eine Biographie." In: *EG* 11 (1956) S. 86–87.
Teilabdruck von S. 81, 96 u. 120–22 u. d. T.: "Erinnerung an den verstorbenen Freund." In: *Unsterblicher Genius. Deutsche Dichter im Gedenken ihrer Freunde.* Hrsg. v. Paul Schneider. Ebenhausen bei München: Hartfrid Voß, 1959. S. 272–74.
In dänischer Übers. v. Karina Windfeld-Hansen u. d. T.: *Franz Kafka.* København: Arena, 1968. 236 S. (Fremads Biografier).
In engl. Übers. v. G. Humphreys Roberts u. d. T.: *Franz Kafka. A Biography.* New York: Schocken Books, 1947. 236 S. In engl. Übers. v. G. Humphreys Roberts (Chapter 1–7)

and Richard Winston (Chapter 8). Second, enlarged edition. New York: Schocken Books, 1960. 267 S. First Schocken Paperback edition, 1963. 252 S. (sb 47). Fourth Printing 1970. Fifth Printing 1973.

Rez.: W. P. in: *Germanistik* 2 (1961) S. 281.

Teilabdruck in: *Twentieth-Century Literary Criticism*. Vol. 2. Ed. Dedria Bryfonski and Sharon K. Hall. Detroit: Gale Research, 1979. S. 304–05.

Zusammenf. von S. 164 in: Stanley Corngold: *The Commentators' Despair* (s. Sammelbde.) S. 87.

In frz. Übers. v. Hélène Zylberberg u. d. T.: *Franz Kafka. Souvenirs et documents*. Paris: Gallimard, 1962. 377 S. (C 1945) (Collection Idées 12).

In hebr. Übers. v. Eduard Kornfeld u. d. T.: *Franz Kafka. Biografiya*. Tel Aviv: Am Oved, 1955. 311 S.

In holländischer Übers. v. M. van Nieuwstadt u. d. T.: *Franz Kafka. Een biografie*. Amsterdam: Arbeiderpers, 1967. 292 S. (Floretboeken 17).

In ital. Übers. v. Ervino Pocar u. d. T.: *Franz Kafka. Una biografia*. Milano: Mondadori, 1956. 329 S. (Biblioteca moderna Mondadori 452/453).

In jap. Übers. v. Hikaru Tsuji u. Kôichirô Saio u. d. T.: *Franz Kafka*. Tôkyô: Misuzu shobô, 1955. 291 S.

In portugiesischer Übers. v. Susanne Schnitzer da Silva u. d. T.: *Franz Kafka*. Lisboa: Ulisseia, 1967. 273 S.

In schwedischer Übers. v. Gösta Oswald u. Karl Vennberg u. d. T.: *Franz Kafka. En biografi*. Stockholm: Wahlström & Widstrand, 1967. 253 S.

In span. Übers. v. Carlos F. Grieben u. d. T.: *Kafka*. Buenos Aires: Emecé, 1959. 260 S. – Auch: Madrid: 1974.

In tschech. Übers. v. Josef Čermák u. Vladimír Kafka u. d. T.: *Franz Kafka. Životopis*. Praha: Odeon 1966. 289 S.

Teilabdrucke in ung. Übers. in: Lenke Bizám: *Kritikai allegóriák Dickensről és Kafkáról*. Budapest: Akadémiai Kiadó, 1970. S. 128–30, 194–95.

– *Über Franz Kafka: Franz Kafka. Eine Biographie. – Franz Kafkas Glauben und Lehre. – Verzweiflung und Erlösung im Werk Franz Kafkas*. Frankfurt/M. u. Hamburg: Fischer Bücherei, 1966. 407 S. – Auch: Frankfurt/M.: Fischer Taschenbuch, 1976 u. 1977 (Fischer Taschenbuch Bd. 1496).

[I. S. 9–219: Franz Kafka. Eine Biographie (s. oben). –
II. S. 221–99: Franz Kafkas Glauben und Lehre: Zuerst 1948 veröffentlicht (Winterthur: Mondial Verl.). Zwei fast diametral entgegengesetzte Strömungen in Kafkas Werk: der Kafka der Aphorismen, der das "Unzerstörbare" im Menschen erkannt hat, religiöser Held vom Rang eines Propheten ist, der um seinen Glauben ringt (mit der Lehre Tolstois eng verwandt) u. der Kafka der Romane u. Novellen, der den irrenden Menschen in seiner Verlassenheit zeigt, der den Zusammenhang mit dem "Unzerstörbaren" verloren hat. – Viele unrichtige Deutungen Kafkas, vor allem die nihilistische, aber auch die katholische (Klossowski). Kafka war tiefreligiös, wollte ein demütiges, beispielhaftes Leben führen, war fast völlig uneitel, war gefälliger, entgegenkommender, sanfter Mensch, dabei die unverkünstelte Natürlichkeit selbst; Liebe zum Vollkommenen, absolutes Bestehen auf der Wahrhaftigkeit des Ausdrucks; Suche nach dem einen, völlig richtigen Wort; Begeisterung für Gustave Flaubert. Es gibt nichts als die geistige Welt (das "Unzerstörbare"); Welt der Sinne ist Täuschung. "Er"-Aphorismen zeigen Erlahmen der Glaubenskraft Kafkas. In den Romanen u. in vielen Erz. sehen wir Unvollkommenheit des Menschen u. Erfolglosigkeit menschlichen Strebens nach Reinheit. Kritische Einstellung gegenüber dem Junggesellen u. Individualisten. Was Tolstoi in den russ. Bauern sah, das sah Kafka in den Ostjuden (Befestigung im Glauben durch die Gemeinschaft). Kafka hat nie Bedürfnis empfunden, die jüdische Gemeinschaft zu verlassen, schildert aber immer Figuren,

die sich von der Gemeinschaft absondern. "Josefine, die Sängerin ...": jüdische Diaspora. Josef K. (Raban als Vorform): Lieblosigkeit, kaltes Beamtentum. Nietzsche: der genaue Gegenpol Kafkas. Brod verurteilt die "Verchristlichung" Kafkas, den er als reinen Monotheisten u. auch als Zionisten sieht. Kafka war oft in heiterster Stimmung. Das Wort der Liebe ist auch aus seinen Schriften herauszuhören.

III. S. 301–56: Verzweiflung und Erlösung im Werk Franz Kafkas (s. oben). –
IV. S. 357–89: Anhang zu Franz Kafka. Eine Biographie (s. oben). –
V. S. 391–403: Bildanhang. S. 404–07: Namenregister.]
Rez.: anon.: "Socialists Beware Kafka." In: *TLS* (Oct. 6, 1966) S. 921.
Teilabdruck von S. 294 u. d. T.: "Kafka liest Walser." In: *Über Robert Walser.* Hrsg. v. Katharina Kerr. 1. Bd. Frankfurt/M.: Suhrkamp, 1978. S. 85–86. (st. 483).

Canetti, Elias: *Der andere Prozeß. Kafkas Briefe an Felice.* München: Hanser, 1969. 128 S. (Reihe Hanser 23). 10.–13. Tausend. 3. Aufl. 1970.

[Freie Besprechung der Felice-Briefe; in Zusammenhang mit Kafkas Lebensgeschichte wird der Einfluß des Felice-Erlebnisses auf die Entwicklung seines Schaffens dargestellt. Zuerst werden die Lebensumstände Kafkas zu jener Zeit erörtert, u. zwar vom eindrucksvollen Kennenlernen des Paares bei Max Brod an. Kafka befand sich in Phase, in der er sich der Welt öffnete (Reisen, Bekanntschaften, Fahnen des ersten Buches "Betrachtung"). Felices Eindruck auf ihn: offen, stark u. ehrlich. Intensiver Briefwechsel der nächsten drei Monate fördert seine schriftstellerische Arbeit ("Urteil" ihr gewidmet) bis Januar 1913. Neue Phase der Eifersucht, da sie von anderen Schriftstellern spricht, aber sein Buch nicht liest u. erwähnt. In seinem Schaffen erschüttert; um ihn auch Heiratsvorbereitungen: Schwester Valli u. Freund Brod, erkennt nun auch Gefährdung seiner Arbeit durch eigene Ehe. Briefe nun vor allem voll Klagen über seine Unfähigkeit in jeder Hinsicht – erstaunlich intime Bekenntnisse (wie in "Verwandlung"), braucht Felice u. betet sie an. Seine negativen Charakterzüge, u. a. schweigsam, feindlich zu Kindern, unentschlossen; – Glück bedeutet nun (Anfang 1914) einsam Schreiben können. Entwicklung bis zur Verlobung: sie schreibt wenig, um seine Entscheidung herbeizuführen. Kafkas Flucht nach Wien u. Reise nach Riva, Erlebnis mit Schweizerin. Neue Phase durch Grete Blochs Vermittlerrolle; Kafka schreibt nun Grete auf ähnliche Art, wie er früher Felice geschrieben hatte. Ambivalente Haltung, dennoch erneuter Heiratsantrag an Felice 1914 zu Beginn des Jahres, erzwingt Verlobung zu Ostern, während er weiter um Grete wirbt. Kafka drückt seine Liebe zu den für ihn wichtigsten Frauen (Felice, Grete, Milena) brieflich aus. Verlobung aber als Schrecken ("Ketten") empfunden, er vertraut Grete zu viel an, sie warnt Felice. Entlobung – Szene im Askanischen Hof, über deren "Öffentlichkeit" er erschüttert war. Juli 1914 – Krise in seiner Doppelbeziehung; Hilfe von Ernst Weiss, der Felice haßte. Ambivalente Rolle Gretes – Zerbrechen der Verlobung mitherbeigeführt. Oder Kafkas Manipulation der Situation? Dennoch Eindruck des Gerichts für ihn furchtbar. Der zwei Jahre lange Prozeß um Felice endete mit seiner "Verurteilung". Roman wurde aber auch durch weiteren Schock – Ausbruch des Weltkriegs – begonnen, Buch als Verteidigung gegen außen zu sehen.
2. Teil: Konzentriert sich auf Werkentstehung des "Prozeß" in engster Zusammenschau mit Biographischem; feinfühlige u. klare Erläuterung. – Kafka selbst sah seine Verlobung als Arrest u. das "Gericht" im Askanischen Hof als Hinrichtung im Roman. Parallelen werden aufgezeigt, dennoch bleiben viele Geheimnisse im Roman bestehen. Fräulein Bürstner ist auch Grete Bloch (Szene in Frau Grubachs Haus; nicht enthülltes Geheimnis zwischen Kafka u. Grete). Detaillierte Parallelen aus Berliner Zeit u. Roman; Erna Bauers Rolle. Ab Aug. 1914 drei Monate ununterbrochene Arbeit am Roman, dann neuerlicher Briefwechsel (Grete) – Gefahr für Arbeit, kalter Brief an Felice; Tod von Felices Vater, Kafka bürdet sich die Schuld am Unglück der Familie auf. Umfassendes Schuldgefühl – aber zufrieden mit Werk; 2. Hälfte 1914: zweite große Schaffensperiode

in seinem Leben. Treffen mit Felice in Bodenbach: zwei entgegengesetzte Parteien, Heirat gegen Schreiben; Briefwechsel ändert sich völlig, verringert sich; sie wirbt nun u. beklagt sich; neues ebenbürtiges Machtverhältnis: fünfjähriger zäher Versuch, sich ihrer Macht zu entziehen. Kafka als größter Machtexperte seiner Zeit; damit verbunden das Thema der Erniedrigung in allen Werken von "Urteil" bis "Schloß". In "Amerika" noch nicht so hoffnungslos u. endgültig; "Prozeß" sehr komplex – Gericht entzieht sich, Varianten der Erniedrigung in allen Episoden. Auch im "Schloß": einfache Leute von Höherstehenden erniedrigt, Kafka aber kennt keine Gemeinschaft der Erniedrigten; seine eigene Haltung des Widerstandes gegen Befehle, seine Schweigsamkeit in diesem Zusammenhang zu sehen, auch Kampf mit Vater u. Felice – Kampf mit höheren u. stärkeren Mächten. Angst vor Gewalt u. Versuch, sich davor zurückzuziehen. – Treffen mit Felice in Marienbad u. Aufleben der Hoffnung, Kafka will Felice ändern – sie soll ihre Wünsche nach einem bürgerlichen Leben vergessen, soll im Jüdischen Volksheim in Berlin helfen. Besuch bei Ottla in Zürau. Treffen in München vorbereitet, leitet neuerliche Entfremdung ein, die ihn zurück zum Schreiben führt. Auf dem Lande – neue Weite u. Bewegung in seinen Erz. Wenige Briefe aus der letzten Zeit der zweiten Verlobung, dem Ausbruch der Krankheit u. der Trennung.]

Auch in: E. C.: *Das Gewissen der Worte. Essays.* München, Wien: Carl Hanser, [1975] S. 72–157.

Rez.: Peter von Matt: "Canetti über Kafka." In: *Schweizer Monatshefte* 48 (1968–69) S. 1134–36;

A. Peter Foulkes in: *Germanistik* 11 (1970) S. 813–14;

Rudolf Hartung: "Ein neues Kafka-Bild. Anmerkungen zu Canettis Essay 'Der andere Prozeß'." In: *Text + Kritik* (1970) Nr. 28. S. 44–49;

Ulrich Weisstein in: *Books Abroad* 44 (1970) S. 298–99;

Rudolf Hädecke in: *Literatur und Kritik* 6 (1971) Nr. 51. S. 46–48.

In engl. Übers. v. Christopher Middleton u. d. T.: *Kafka's Other Trial. The Letters to Felice.* New York: Schocken Books, 1974. 121 S. 2. Aufl. 1982. Auch London: Calder & Boyars, 1975.

Rez.: Idris F. Parry: "Co-defendents." In: *TLS* (Feb. 28, 1975) Nr. 3808. S. 231.

In frz. Übers. v. Lily Jumel u. d. T.: *L'autre procès. Lettres de Kafka à Felice.* Paris: Gallimard, 1972. 148 S.

*In holländischer Übers. v. Theodor Duquesnoy u. d. T.: *Het andere Proces.* Amsterdam: Athenaeum-Polak & Van Gennep, 1971. (Kleine belletrie serie).

*In ital. Übers. v. Alice Ceresa u. d. T.: *L'altro processo. Le lettere di Kafka a Felice.* Milano: Longanesi, 1973. 164 S. (Olimpia 36).

*In jap. Übers. Tôkyô: Hosei [Univ. Pr.], 1971.

Cantoni, Remo: *Che cosa ha "veramente" detto Kafka.* Roma: Astrolabio-Ubaldini, 1970. 207 S. (Vol. 27 "Che cosa hanno veramente detto").

[Teilaspekte von Kafkas Leben u. Werk behandelt, will Kafka durch Zitate selbst sprechen lassen. Biographisches u. Versuch der geschichtlichen Einordnung Kafkas; soziale Interessen, aber kein Kommunist; Brods Rolle. Durch Besprechung der Tagebücher Kafka als Menschen beleuchtet (Negatives, Ehe u. Kunst als Ausweg); Milenaverhältnis durch Briefe erläutert; "Amerika" u. Kafkas Themen; "Der Prozeß" u. die Verbindung zu Kafkas Leben, auch Roman über Gesetz u. Schuld (Theologie, Talmud, Freud). Die "Oktavhefte" sind Kafkas Privatmythologie, Weg zur unzerstörbaren Welt, aber kein abschließendes Urteil. "Das Schloß": die konkrete gesellschaftliche Welt verschwindet; Bürokratismus, Sehnsucht nach Gemeinschaft, u. a. Kierkegaardanklänge. Frauengestalten. Unerbittliches Gesetz als Schicksal, dennoch freier als "Prozeß"; Humor. Besprechung von Kafkas Metaphern in Zusammenhang mit dem Expressionismus. Die politischen Kafkainterpretationen.]

Carrouges, Michel: *Kafka contre Kafka.* Paris: Plon, 1962. 183 S. (Collection La Recherche de l'Absolu).

[Vollständige Überarbeitung von "Kafka". Paris: Labergerie, 1948 (Kap. über Kafkas Kunst ausgelassen). – Versuch, Werk in Zusammenhang mit Tagebüchern, "Brief an den Vater", Brods Biographie u. Janouchs Aufzeichnungen zu beleuchten. Judaismus u. Zionismus. Kafkas Neurose. – Tagebücher geben Eindruck größter Geschlossenheit trotz unterschiedlichem Inhalt. Phantastischer Realismus. Traumwelt klar dargestellt. Lebensphasen, Frauen (Felice-Milena), "Brief an den Vater" u. Beziehung zu ihm. 1. Der Kampf mit dem Vater: Vater überlegen, Familie, Kindheit, Strafe; Fremdheit Kafkas innerhalb der Familie; Sarkasmus des Vaters, "Urteil" u. "Amerika" stellten Situation Kafkas dar. 2. Die unfindbare Braut: Unter Bezugnahme auf autobiographische Schriften, Werke, Berichte von Freunden, wird der Kampf zwischen Junggesellentum u. Ehe / Liebe in Kafkas Leben dargestellt; Sex in Werken u. Leben schmerzvolles Erlebnis. Geheimes Einverständnis mit Vater. 3. Die Zerstörung des Körpers: Viele Krankenbetten u. Liebeslager in den Werken, Hinweise auf Krankheiten, Schema der Selbstzerstörung (geistiges Leben höher als körperliches, nächtliches Schreiben). Maschine des Vaters zerstört Sohn ("Strafkolonie"). Wunsch, sich total zu verausgaben im Schreiben. Yoga der Selbstzerstörung. 4. Die persönliche Stellungnahme: Einsamkeit Kafkas, aber auch Teilnahme an sozialen Zuständen u. Tragödien seiner Zeit, Arbeit an der Unfallversicherungsanstalt; Bürokratie des Maschinenzeitalters, technischer Fortschritt fasziniert ihn. Stellt Epopöe des modernen, individuellen Arbeitsmenschen dar, stellt Kapital u. Kapitalisten bloß; Kafka behält etwas Unbezähmbares, nicht total unterworfen. Gesellschaftliche Satire ohne Präzedenz. 5. Das verheissene Land: Kafkas geistige Entwicklung durch Judentum geprägt (Vater-Problem), nie wirklich "Glaubender", vereinte viele Elemente verschiedener religiöser Richtungen, auch Theosophie, Kabbala, Löwy u. Ostjudentum. 6. Die Falle der ewigen Verzögerung: Meister des schwarzen Humors (Breton), Kafkas Gelächter; viele Episoden seiner Werke haben diese Qualität, Kafka steht so über dem Werk, befreiendes Lachen, Analogie mit Chaplin. Vielheit der Interpretation entspricht Vielheit der Bedeutungsschichten. Frage nach letzter Bedeutung der Symbolserien der Werke; religiöse Natur? Zyklus ohne Ende u. ohne Tod? 7. Extremer Individualismus in Glaubensdingen: Kafka will nicht Sisyphus sein, braucht "wirklichen" Tod, um Gerechtigkeit zu finden. Erkenntnis – Wunsch zu sterben; Glauben ohne Hoffnung. Wiederherstellung des "Gesetzes" – Auferstehung. Bild des Paradieses – viele Elemente davon erscheinen in Kafkas Werk. Suche nach dem rechten Weg, um Eintritt ins Paradies zu finden. 8. Ansturm auf die Grenzen des Absoluten: Das Geistige in der Welt u. das Böse. Glaube an persönlichen Gott, das Unzerstörbare. Neue Gnostik erschaffen, Erleuchtungen. Kafkas Werke enthalten Autobiographie, mit persönlicher Vision des Menschen, gesamtes Leben u. Träume in realistischer Form, drücken Unausdrückbares aus. 9. Die Liebe zur Todeszeit, Dora u. Erfüllung der Wünsche, als es zu spät ist. – Graphologisches Examen von Kafkas Schrift.]

Rez.: Ludwig Dietz in: *Germanistik* 4 (1963) S. 711–12.

In engl. Übers. v. Emmet Parker u. d. T.: *Kafka versus Kafka.* University, Alabama: Univ. of Alabama Pr., 1968. 144 S.

Engl. Teildruck des Kap. "The Struggle Against the Father" (S. 19–31) in: Hamalian, *Franz Kafka* (s. Sammelbde.) S. 27–38.

Engl. Zusammenf. von Teilen, die sich auf "Die Verwandlung" beziehen, in: Corngold, *The Commentators' Despair* (s. Sammelbde.) S. 91.

Rez.: Leo Hamalian: "The Great Wall of Kafka." In: *JML* 1 (1970/71) S. 256–58.

*Carvalhal, Tania Franco (u. a.): *A realidade em Kafka.* Porto Alegre: Editora Movimento, 1973. 135 S.

Cervani, Iole Laurenti: *Considerazioni sulla "Verwandlung" di Kafka.* Trieste: Università degli Studi di Trieste. Facoltà di Lettere e Filosofia, 1962. 24 S. (Istituto di filologia germanica No. 5).

[Poetisch-beschreibende Interpretation. Physische u. seelische Aspekte der "Verwandlung." Körper zuerst verwandelt; Menschenzimmer: Rettung u. dann Gefängnis. Wird von Familie zurückgestoßen (1. Teil). Vertierung; Verwandlung in Haltung der Schwester. Praktische Überlegungen der Familie (2. Teil).]

***Cerqeira de Oliveira Rohl, Ruth:** *Franz Kafka os filhos Rossmann, Bendemann e Samsa.* São Paulo: Universidade, Fac. de filosofia, 1976. 115 S.

Chaix-Ruy, Jules: *Franz Kafka. La peur de l'absurde. Oeuvres et pensée.* Paris: Editions du Centurion, 1968. 211 S.

[Kafkas Leben u. Eigenart, Angst, Vereinsamung, Mangel an Vitalität, Schuldgefühl. Schreiben ein Weg zur Gesundheit. Vergleich mit Pirandello, ähnliches Zeitgefühl. Die Welt scheint verrüttet. Visionen, Beobachtung. Prag u. Kafka. Familie u. Erziehung, Vater-Sohn, Mutter Komplizin des Vaters. Kafkas Seele bleibt verwundet, Schwestern stärker. Interesse für Swift, Erziehung, Groteskes. Kafkas neutraler, oft eisiger, manchmal grausamer Humor ("Verwandlung"). Ähnlichkeiten mit Chaplins Werken. Josef K.s Verhaftung tragisch u. komisch. Psychoanalyse: Kafkas Interesse dafür ("Urteil"), aber Erklärungen oft zu oberflächlich für ihn. Kafka: Fehlen der Religion führt zu Neurose; Fehlen Gottes als Leere empfunden. Religiöse Krise. Absolutes vorhanden, auch persönlicher Gott, aber unerreichbar.]
Engl. Zusammenf. von Teilen über "Die Verwandlung" in: Corngold, *The Commentators' Despair* (s. Sammelbde.) S. 91–92.

Crawford, Deborah: *Franz Kafka. Man Out of Step.* New York: Crown Publishers, 1973. 183 S.

[Einführende Biographie Kafkas.]
Rez.: A. S. in: *Horn Book* 49 (June 1973) S. 278;
Kitty Hayes in: *Library Journal* 98 (1973) S. 2199.

Czermak, Herbert H.: *"The Metamorphosis" and Other Stories. Notes.* Lincoln, Nebraska: Cliff's Notes, 1973. 98 S.

[Studienführer mit Wiederholungsfragen u. Auswahlbibliogr. Einführung zu Leben u. Ambiente. Kommentare zu "Verwandlung" (Gregor: Archetyp vieler Helden Kafkas, passiv, zögernd; Ähnlichkeiten mit Georg, Kafkas Galgenhumor, u. a.), "Urteil" (bes. autobiographisch, Freund – das Innere Georgs; Vater – Gott des Zorns), "Hungerkünstler" (Verfremdung, Kafka – gefühllose Umwelt; sein geistiges Streben), "Landarzt" (Vereinigung von Traumwelt u. Wirklichkeit; Arzt: desorientierte Menschheit), "Strafkolonie" (Offizier: Diener der Maschine, Symbol für Weltkrieg), "Jäger Gracchus" (Jäger – Totalität des Seins, Verwandtschaft zum Tier), "Ein Bericht für eine Akademie" (Affe ohne Zugehörigkeit; Verwandlungsgeschichten – Berichte der Desorientierung), "Chinesische Mauer" (China – Symbol des Universums u. Judentums), "Josefine" (Kafkas Interesse für Judentum; er glaubte, daß die traditionelle Kunst verschwinden würde). Interpretations- u. Verständnisprobleme. Werke zeigen Spannung zwischen jüdischer Kultur u. Assimilierung; Kafka als religiöser Schriftsteller. Objektivität, Tragik u. Ironie in seinen Werken. Existentialistische Themen; menschliches u. göttliches Gesetz; Versuch, Grenzen der Literatur auszuweiten u. Welt als Ganzes zu verstehen.]

*Deinert Trotta, Christa: ... *Der Umweg über die Welt zum Absoluten* ... *Der religiöse Inhalt der Aphorismen Franz Kafkas.* Reggio Calabria: De Franco, [1975?]. 44 S.

Deleuze, Gilles, u. Félix Guattari: *Kafka. Pour une littérature mineure.* Paris: Minuit, 1975. 160 S.

[In neun Kap. werden verschiedene von Kafkas Werken einer Analyse unterzogen, die mit jeder Tradition bricht. Kafkas Biographie sowie zeitlich-gesellschaftlicher Hintergrund werden nicht beachtet. Der Philosoph Deleuze u. der Psychiater Guattari behandeln Ideen, Ästhetisches (Diktion, Symbole, Allegorien usw.) u. Erfahrungen aus nichtliterarischer Perspektive u. unter Vermeidung der tiefenpsychologischen Kategorien. I. Inhalt und Ausdruck: Zugang zu Kafkas Werk durch Verfolgung u. Interpretation von bedeutsamen Gesten (gehobener u. gesenkter Kopf) u. Klangmaterial im Werk gesucht. Die Autoren "glauben an eine oder mehrere 'Maschinen' Kafkas, die weder Strukturen noch Phantasie sind...", Kafka protokolliere Experimente u. Erfahrungen, ohne deren Bedeutung nachzugehen. II. Ein allzugroßer Ödipus: Befaßt sich mit "Brief an den Vater" u. der paranoiden Erweiterung des Ödipuskomplexes. Kafka wollte unglücklich sein. Gesellschaftliche Dreiecks- (Unterdrückung des Kindes) u. Tierfiguren (überwundene Stufen), nichts Mythologisches. III. Was ist kleine Literatur? Sprache, Politik u. Kollektiv in Zusammenhang mit Kafkas Gedanken über die "kleine Literatur" (einer Minderheit) behandelt, die, wie in Prag eine "große Sprache" benützte: Deutsch. Deterritorialisierung des Schriftstellers. Ausdrucksmaschine Kafkas. IV. Die Komponenten des Ausdrucks: Formgegensätze (Gesten, Klang) seien nach den Autoren Figuren des Wunsches, eine "Ausdrucksmaschine". Sonach benützt Kafka "Schreib- und Ausdrucksmaschinen" (s. auch Artikel): Briefe (als Teil des Werkes betrachtet) – z. B. Substitution der Liebe durch den Liebesbrief, der Kafkas Kraft zum Schreiben erhält. Topographie der Hindernisse durch Angst vor Ehe aufgerichtet, Schuld aber nie beseitigt. Erzählungen (vor allem Tiergeschichten) u. Romane ("maschinelle Verkettungen") sind weitere solche Ausdrucksmaschinen. Die weiteren Kap. behandeln Immanenz u. Verlangen (Gesetz u. Schuld), die Erzählform ("wuchernde Serien" – Macht u. Verlangen), die Verbindungselemente (Frauen u. Kunst), die Romankomposition in Blöcken u. Serien u. schließlich die "Verkettung dieser Blöcke" in den Werken. Die Arbeit bezieht sich auf Wagenbachs Erkenntnisse u. Daten (1958) u. Uyttersprots Thesen über die Kap. Anordnung im "Prozeß" ("Prozeß" als experimentelle Versuchsreihe).]
Rez. in: *Bulletin critique du livre français* 30 (1975) S. 1313.
In dt. Übers. v. Burkhart Kroeber u. d. T.: *Kafka. Für eine kleine Literatur.* Frankfurt/M.: Suhrkamp, 1976. 133 S. (edition suhrkamp 807).
Rez.: Hartmut Binder in: *Germanistik* 18 (1977) S. 572.

Demmer, Jürgen: *Franz Kafka – Der Dichter der Selbstreflexion. Ein Neuansatz zum Verstehen der Dichtung Franz Kafkas. Dargestellt an der Erzählung "Das Urteil".* München: Fink, 1973. 203 S.

[Versuch, Sinn von Kafkas Dichtung zu finden, die ausschließlich persönlichen Charakter hat, aber Einblick in seine Lebenswirklichkeit gewährt. Das besondere, negative Vaterverhältnis trieb ihn in einen Kreislauf von Selbstrechtfertigung u. Selbstanklage; das Schreiben reflektiert diesen Zustand. Kafka muß zu einem Gesagten immer auch das Gegenteil hinzufügen; Zweideutigkeit u. eine gewisse Unwahrhaftigkeit. Arbeitsmethode nach Bultmanns Ansichten, will sich ganz dem Verstehen von "Das Urteil" widmen. In Kafka-Studien von Politzer, Emrich, Sokel u. Weinberg stünden Ergebnisse von vornherein fest. – Demmer verfolgt die dichterischen Absichten Kafkas in chronologischer Reihenfolge in Briefen u. Tagebüchern: Kafkas Schreiben – Selbstgespräch. Kafka: Subjekt u. Objekt des Schreibens, hat nicht über Wesen u. Resultate gesprochen. Interpretation von "Urteil": Felicebeziehung selbstverständlich für Kafka. Drei Teile: 1. Georgs Verhältnis zu Freund spiegelt Kafkas Verhältnis zum Schreiben (Flucht nach Rußland: Kafkas Flucht in die Einsamkeit, um zu schreiben). In Erz. Bindung an Felice u. Schreiben zu versöhnen versucht. 2. Georgs Verhältnis zu Vater: Bei Vaterbesuch bricht persönlicher Konflikt aus, Vater siegt über versklavten Sohn. Gespräch gibt Kafkas Vaterverhältnis wieder u. die befürchtete Reaktion auf den Heiratswunsch. Heirat oder Schreiben bringen Kafka Unabhängigkeit, aber Kafka will Segen des Vaters (Lebensbestätigung). Kafkas zweideutiges Vaterverhältnis in Erz. übernommen, Georg schwankt, kann nicht für sich einstehen, keine Verantwortung übernehmen. Vaterbrief Kafkas u. Erz. bleiben zweideutig über Schuldfrage. Georgs Selbstmord: er reagiert auf Urteil gefühlsmäßig, Tod wie Naturereignis. Kafka weicht in Erz. u. in deren Analyse im Tagebuch der Schuldfrage aus, indem er die Handlung "als Ursache-Wirkungs-Zusammenhang darstellt".]

Rez.: Hartmut Binder in: *Germanistik* 15 (1974) S. 449–50;
Hans Reiss in: *Erasmus* 26 (1974) S. 348–50;
Stanley Corngold in: "Perspective, Interaction, Imagery and Autobiography: Recent Approaches to Kafka's Fiction." In: *Mosaic* 8 (1975) Nr. 2. S. 165–66;
Ignace Feuerlicht in: *JEGP* 74 (1975) S. 93–95;
Ralf R. Nicolai in: *Studia Neophilologica* 47 (1975) S. 406–09.

Dentan, Michel: *Humour et Création Littéraire dans l'Oeuvre de Kafka.* Genève: E. Droz; Paris: Minard, 1961. 202 S.

[Kafkas Werke zwingen zu (meist entstellender) Interpretation, daher beschreibende, werkimmanente Deutung versucht. Literarische Begriffe sind für Kafka neu zu definieren, auch traditioneller Begriff vom "Humor" unzulänglich. Ambivalenz des Werkes aus Notwendigkeit, von Kafkas geistiger u. psychologischer Lage bestimmt. Innere Welt voll Unsicherheit u. Angst, Kafka war ein Fremder in jeder Hinsicht, so seine Helden, suchen Rechtfertigung. Keine rein humoristische Darstellung; eher "intention ludique". Traumwelt realistisch dargestellt, nichts ausgelegt; der Introspektion folgt keine Analyse. Hauptperson, durch die der Leser alles sieht, ist Einheitsprinzip. Dennoch weder realistisches Prinzip, noch innere Perspektive voll durchgeführt. "Intention ludique" in "Amerika", "Verwandlung", "Prozeß", erst späte Werke nicht mehr ambivalent ("Landarzt"). Weder Leser noch Autor dem Helden überlegen, daher kein reiner Humor möglich. Helden sind Opfer u. gleichzeitig Versagende, die gestraft werden. In "Urteil" u. "Prozeß" Verdammungsthema am stärksten, "Landarzt" – Beschreibungszustand, "Schloß" u. letzte Erz.: Helden jagen einem Ziel nach, während sie früher verfolgt waren. "Bau" – Suche verliert sich im Nichts, Unzulänglichkeit der Existenz. Ist Schicksalsbegriff gerechtfertigt? Ewiges Schweben zwischen Angst u. Spiel. Themen erfahren eine Entwicklung, Ablauf der Handlung bleibt gleich. "Prozeß": psychologische Interpretation nur oberflächliche Bedeutung, gilt bes. für Werke nach 1912. – Themen des Mangels, der Suche u. Erwartung oft in religiösem Sinn gedeutet, aber die These des religiösen Humors von Weltsch ist einzuschränken, da der Held meist zu sehr bedroht erscheint.
Dennoch hat Kafkas Werk Anspruch auf Deutung, bes. die letzten Erz., die sich mit der Kunstfrage beschäftigen: Unzulänglichkeit der Kunst gezeigt. Bilder, ohne symbolische Bedeutung, zeigen nur die Grenze der Sprache u. der Ausdrucksmittel, das ist eigentlich die Bedeutung des Werkes. "Josefine ..." – formal vollkommen, aber das Schöne garantiert bei Kafka nicht für die Wahrheit, totale Wahrheit unerreichbar.
Abschließend unterscheidet Dentan zwischen frühen psychologisch-biographisch orientierten Werken u. späteren, in denen unpersönliche Bilder in Mythen erscheinen. Kafka hat eine "humoristische" Haltung, ist aber kein "Humorist". "Intention ludique" auf Gesamtwerk bezogen. Kafka, zur Fremdheit u. Naivität verdammt, macht den Dualismus

der zwei Welten (Traum u. Wirklichkeit) durch diesen Humor erträglich. Spannung aber nie aufgehoben.]

Zusammenf. von S. 11–16 in: Corngold, *The Commentators' Despair* (s. Sammelbde.) S. 95–96.

Rez. Maurice Marache in: *EG* 17 (1962) S. 492–93;

Ludwig Dietz in: *Germanistik* 4 (1963) S. 143–44;

J. M. S. Pasley in: *GLL* 18 (1964) S. 63–64.

Dietz, Ludwig: *Franz Kafka.* Stuttgart: J. B. Metzlersche Verlagsbuchhandlung, 1975. XIII + 117 S. (Realien zur Literatur, Abt. D: Literaturgeschichte. Sammlung Metzler Bd. 138).

[" 'Einführung' in Materialien zum Studium des Werkes und des Lebens Kafkas", dargeboten in fünf Kap., mit jeweils einer Auswahl von Sekundärliteratur.

Kap. 1: Materialien: Gibt Aufschluß über Ausgaben von Kafkas Werken, Buchausgaben zu Lebzeiten, posthume Einzelausgaben, Gesamtausgaben, "Ergänzung und Korrektur der 'Gesammelten Werke' ", Erinnerungen, Biographien, Bildmaterial, Gesamtdarstellungen, nicht gedruckte Dissertationen der letzten Jahre, Forschungsberichte u. Bibliographien.

Kap. 2: Historische und literarhistorische Voraussetzungen: Kurzbesprechung: "Traditionen Prags und Böhmens", "Deutsche Sprache in Prag und Böhmen", "Judentum in Krise und Erneuerung" u. "Prager Kreis".

Kap. 3: Leben und Werk: Behandelt Kafkas Kindheit, Herkunft, die ersten Berufsjahre u. die ersten schriftstellerischen Versuche, seine Freunde, bes. Löwy u. die jiddischen Schauspieler (bis 1912). Dritter Hauptteil dieses Kap.: "Der Durchbruch (1912–1914)", die "Durchbrucharbeiten" u. die Felicebegegnung, Kafkas Beziehung zu seinen Verlegern (bes. Kurt Wolff); ein Abschnitt über die Kriegsjahre (1914–1918), über "Prozeß", "Strafkolonie" u. die Fragmente, die Veröffentlichung der "Verwandlung", Kafkas Beziehung zu den Expressionisten u. zum Zionismus, über die "Landarzt"-Erzählungen, den Krankheitsausbruch u. seine Folgen, Ottla u. Zürau. – Die Zeit nach dem Krieg wird wiederum in 2 Abschnitten besprochen; der erste umfaßt Kafkas Kuraufenthalte, (u. u. a. die Begegnungen mit Julie u. Milena, die Entstehung von "Erstes Leid", "Ein Hungerkünstler" u. "Das Schloß"), der zweite das Treffen mit Dora Diamant, die Berliner Zeit u. das Ende.

Kap. 4: Der Nachlaß und Max Brod: Testamente u. Brods Rolle, seine Kafka-Editionen.

Kap. 5: Stand und Probleme der Literatur und Forschung zu Kafka: Rezeption u. Aufgaben der gegenwärtigen Kafkaforschung. Auswahlbibliogr. umfaßt nicht nur Rezeption, sondern auch Bearbeitungen von Kafkas Werken, seinen Nachruhm, seine Darstellungstechniken (Erzählformen, Perspektive, erlebte Rede u. innerer Monolog, Bildformen, Parabel u. Paradox, Gestik, Groteske), verschiedene Interpretationsrichtungen, Marxismus, Ironie, Vergleiche mit u. Bezüge zu anderen Künstlern.]

Rez.: Richard Thieberger in: *Germanistik* 16 (1975) S. 959;

Edward Diller in: *GQ* 50 (1977) S. 337–38;

Lieselotte Voss in: *Monatshefte* 70 (1978) S. 96.

Egri, Péter: *Álom, látomás, valóság. Az újabb európai regényirodalom álom- és látomásábrázolásának művészi szerepéről.* Budapest: Gondolat, 1969.

[(Traum, Vision, Wirklichkeit). Kap. 4, S. 76–109: (Die Vermengung der Traum- und Visionswelt mit der Außenwelt im Bewußtsein des Schriftstellers. Sachliche Einheit von Bild, Bildfolge, Allegorie, Symbol und Traumbild: Kafka): Handlung der Erz. "Landarzt" löst Wirklichkeit in Vision auf, alogische Traumhaftigkeit. Auch im "Prozeß" Traumlogik. Fusion von Traum, Vision u. Wachsein. Traumvision durch Einheit von Bild, Bild-

folge, Allegorie u. Symbol erzielt. Idyll der Österreichisch-Ungarischen Monarchie unter die Lupe genommen; Kafkas Kunst schöpft aus der Wirklichkeit, zeigt aber verzerrtes u. unverständliches Weltbild mit Schein der Objektivität. Kathedralszene: drei Schichten der Wirklichkeitsdarstellung. Kafka kämpft erfolglos gegen die Dekadenz. Dostojewskijs Helden rebellieren, die Kafkas lassen sich treiben. "Amerika": nicht mehr ganz realistisch, aber noch nicht ganz Kafkas eigener Stil.
Kap. 8, S. 295–307: (Moderne Interpretation von Kafkas Entdeckungen. Gorkij), Kafka: wendet irrationale Logik der Träume auf die Außenwelt an, Gorkij: gesetzmäßige Logik auch in Träumen, z. B. in "Klim Samgins Leben". Moderne realistische Umdeutung von Kafkas Methode in T. Dérys "Der unvollendete Satz". Hinweise auf Kafka bes. S. 370–74 (Garaudy).]

– *Kafka- és Proust-indítások Déry művészetében (Déry modernsége.)* Budapest: Akadémiai Kiadó, 1970. 176 S. (Modern filológiai füzetek 9).

[(Anregungen von Kafka und Proust im Schaffen Dérys. Die Modernheit Dérys): Egri untersucht die von Kafka u. Proust kommenden Impulse im Werk Dérys vom Standpunkt seiner Modernheit. Déry hat auf Grund seines eigenen Weltbilds die Methoden Kafkas u. Prousts auf originelle Art in moderner, realistischer Form umgedeutet. Einzigartige Errungenschaften Kafkas u. Prousts sind unzweifelhaft. Kafkas Einwirkung am deutlichsten erkennbar in "Szemtől szembe" (1933 hatte Déry schon Kafka gelesen) u. in "A befejezetlen mondat" ("Der unvollendete Satz"). Schon im Roman "Országuton" (1923) erinnern einige Zeilen an Kafka. Ähnliche Erfahrungswelt Kafkas u. Dérys: Ausgeliefertsein, Vereinsamung, Erfolglosigkeit der Rebellion. Strenge Ordnung der Bürokratie, die gleichzeitig unordentlich ist; Schmutz; düstere Atmosphäre; Alpträume. Groteske, irreale Traumwelt Kafkas nimmt bei Déry nur kleinen Raum ein u. ist auf einzelne Personen beschränkt. – Humane Gegenwelt in "Herr G. A. in X" stärker; groteske u. phantastische Welt erscheint nicht traumhaft.]
Rez.: Vilma B. Mészáros in: *Irodalomtörténet* 53 (1971) S. 214–19;
Béla Pomogáts in: *Irodalomtörténeti Közlemények* 78 (1974) S. 271–73.

Emrich, **Wilhelm**: *Franz Kafka. (Das Baugesetz seiner Dichtung. Der mündige Mensch jenseits von Nihilismus und Tradition).* Bonn: Athenäum, 1958. 445 S. 2. Aufl.: Frankfurt/M., Bonn: 1960; 3. Aufl. 1964; 4. u. 5. Aufl. 1965; 6. Aufl. 1970. (Auch: Athenäum Paperback).

[Untersuchung von Sinn u. Bildsprache des Werkes. Klassische Ästhetik u. ihre Kategorien genügen der Erschließung moderner Texte nicht mehr.
1. Kap.: Das Thema des Universellen in Kafkas Werken theoretisch erörtert; Klassik u. Moderne u. ihre Beziehung zu Mysterium u. Schönheit. Der Gleichnischarakter von Kafkas Bildern, die sich gegenseitig erhellen. Die Struktur von "Der Jäger Gracchus" als Beispiel u. Modell aller anderen Werke Kafkas, auch als Beispiel des "Universellen" des Werkes Kafkas. Die Stellung des Jägers zwischen Diesseits u. Jenseits entspreche Kafkas problematischer geistiger Lage, dem Zusammenbruch der gewohnten Ordnung u. dem Verlust des Weges oder dem Abirren vom Wege. Kafkas Helden stellen die Situation des modernen Menschen dar, der dem Materiellen verfällt u. das Universelle vergißt. Das Heraustreten aus der gewohnten Welt aber ist die einzige Möglichkeit, trotz Leiden u. Verwirrung, das Universelle zu erreichen. Kafka solle nicht religiös oder ideologisch interpretiert werden, da sein Werk das Universelle darstellt, das ein Mysterium bleibt. Kafka möchte, daß wir alle menschlichen Möglichkeiten sehen, um das Ganze zu verstehen u. auch dem Leben so einen Sinn zu finden. Die Summe aller menschlichen Aktivität führe zur universellen Wahrheit. Besprechung der "universellen Moral" in Zusam-

menhang mit "Prozeß", sowie des Zusammenhanges zwischen Kafka u. Heidegger. Kafka sei kein Nihilist, obwohl er das Universelle in negativer Form zeigte.

2. Kap.: Kafkas Bilder stehen für sich selbst, jenseits von Allegorie u. Symbol; das Gesamtwerk jedoch ist eine Parabel, die das "Universelle" darstellt. Dieses Universelle in Kafkas Werk kann nicht in philosophischer oder ideologischer Sprache wiedergegeben werden, da ein solcher Zusammenhang u. Hintergrund nicht gegeben ist. Die Funktion der Bilder innerhalb der Werksstruktur ist wichtig, z. B. in der Erz. über Poseidon, wo die Aktivität der Meere ständig berechnet werden muß, oder im "Prozeß", wo menschliche Handlungen ununterbrochen registriert werden, alle Lebensäußerungen zusammen ergeben das Universelle, auch wenn einzelne Bilder oft absurd scheinen. Der Mensch kann nur er selbst sein, wenn er sich von den irdischen Verwicklungen löst, aber trotzdem auf der Welt lebt (K. in "Schloß").

Kap. 3 u. 4: Behandelt die fremden Dinge u. Tiere in Kafkas Werk, sowie das Selbst des Menschen, die objektive Welt u. das verbindliche Gesetz: Genaue Untersuchung des Phänomens "Odradek" – "Universelles". Als konkrete Darstellung der gesamten menschlichen Existenz haben Kafkas Werke befreiende Wirkung u. können verstanden werden. Unter anderem werden folgende Themen behandelt: Kindheit u. Alter als "zweckfreie" Existenz, weder von Gesellschaft noch von Technik beherrscht, sehen die Welt, wie sie wirklich ist; ferner die Arbeitswelt u. die zweckfreien Objekte (Blumfelds Bälle), die befreiende, heilende u. vernichtende Rolle der Dinge; das Tier als Befreiung vom Selbst. In diesem Zusammenhang werden viele von Kafkas Erz. behandelt – "Hochzeitsvorbereitungen", "Verwandlung", "Bericht für eine Akademie", "Landarzt", "Dorfschullehrer" (Kritik an Naturwissenschaft u. Gesellschaft), "Forschungen eines Hundes", "Josefine …", "Der Bau". Kap. 4 befaßt sich bes. mit der Bedeutung von Bauten, den Führern der Menschheit, Nomaden, Kaisertum u. Adel, sowie mit dem Gesetz. ("Beim Bau der chinesischen Mauer", "Stadtwappen").

Kap. 5–7 umfassen detaillierte Studien der drei Romane.

Kap. 5: Die moderne Industriewelt: Der Roman "Der Verschollene" ("Amerika"): Kafka übt Kritik am Kapitalismus u. am automatisierten Leben; Voraussetzung für die zwei letzten Romane geschaffen. Pausenlose Arbeit führt zu Entfremdung u. Entmenschlichung; direkter Kontakt hört auf, Vermittlerorgane werden zu selbständigen Mächten, Wirtschafts- ("Amerika") u. Behördenapparaturen ("Prozeß" u. "Schloß"). Frage der Gerechtigkeit u. äußeren Disziplin als Verbindung zum "Prozeß". Die Vermittler – korrupt u. sadistisch, Beziehung zu Mitmenschen gestört, Liebe verkehrt in Gewalt u. Unterwerfung (herrische u. hingebende Frauen in "Prozeß" u. "Schloß"). Karls Suche nach Gerechtigkeit u. Wahrheit in der Welt des Kapitalismus. Kafkas Suche nach formgebendem Gesetz für richtungslose Masse: Oklahoma als Utopie – außerhalb der zweckbeherrschten Arbeitswelt.

Kap. 6: Die Welt als Gericht: "Der Prozeß": Karl stand schuldlos außerhalb der menschlichen Arbeitswelt; Josef K. ist der Schuldige, dessen Schuld nicht formuliert, aber indirekt erkennbar wird: die Unkenntnis des Gesetzes. Josef K. verdeckt sein Selbst, ist der entpersönlichten Arbeitswelt verfallen, ein Durchschnittsbürger, besteht auf seiner Unschuld. Er wird aus seiner gewohnten Lebensbahn geworfen, ins Chaos; Dasein als Prozeß, "Gericht", auch seelischer Spiegel K.s. Gesetzesparabel erläutert dies. Es werden folgende Themen besprochen: Sinn der Verhaftung, Freiheit u. Gesetz, Personen (Frauen, Advokaten, Künstler, Richter), Erotik, etc.

Kap. 7: Der menschliche Kosmos: "Das Schloß": Hier wird, wie schon im "Prozeß", tiefere Kritik an der Wirklichkeit geübt. Stellt nichts Göttliches dar, sondern Totalität des Daseins. K. befindet sich in ungeschützter Position u. ist darin Josef K. voraus. Er will seine Stellung verbessern, aber innerhalb der Lebensmächte frei bleiben. Doppelsinnige Einstellung, Bauern erwarten Hilfe von ihm. K. kämpft gegen das Schloß, will sich ihm aber auch ergeben (Ende des Romans). Die Proteusrolle Klamms; er gehört zur überpersönlichen Sphäre des Romans; Liebe u. Eros. Die Stellung u. Funktion der Frauen

(Amalia, Frieda, Pepi, Olga). K.s Auseinandersetzung mit Bürgel; K.s Sieg über die Beamten (Überwindung der Antinomien) u. K.s Reifwerden zum Tod. – Lebensabriß Kafkas.]
Rez.: Walter Muschg in: *Anzeiger für deutsches Altertum und deutsche Literatur* 71 (1959) S. 195–207;
anon.: "Kafka's Experiment." In: *TLS* (14.8.1959) S. 465–66;
T. C. Casey in: *MLR* (1959) S. 623–24;
Anna Maria dell'Agli in: *Annali*. Istituto Universitario Orientale Napoli. Sezione Germanica 2 (1959) S. 369–71;
Gerhard F. Hering: "Kafka in drei Spiegeln." In: *Merkur* 13 (1959) S. 883–89;
Heinrich Meyer in: *Books Abroad* 33 (1959) S. 428;
Helmut Richter: "Zu einigen neueren Publikationen über Franz Kafka." In: *WB* 5 (1959) S. 572–76;
Hugo Siebenschein in: *Deutsche Literaturzeitung für Kritik und Internationale Wissenschaft* 80 (1959) S. 646–49;
Richard Thieberger: "Kafka trente-cinq ans après." In: *Critique* 15 (1959) S. 395–97;
Wolfgang Paulsen in: *JEGP* 59 (1960) S. 813–15;
H. S. Reiss in: *Erasmus* 12 (1960) S. 671–75;
H. M. Waidson: "Kafka. Biography and Interpretation." In: *GLL* (1960) S. 28–33;
Claude David: "Kafka aujourd'hui." In: *EG* 16 (1961) S. 39–45;
Walter Falk: "Franz Kafka von Wilhelm Emrich." In: *Filologia Moderna* 1 (1961) Nr. 2. S. 85–87;
Ingeborg Henel in: *ZfdPh* 80 (1961) S. 434–38;
Wolfgang Pasche: "Die Frage nach dem Weltbild Kafkas anhand einer kritischen Auseinandersetzung mit der wichtigsten Kafka-Literatur." In: *Acta Germanica* 2 (1967) S. 68.
Teilabdruck von S. 172–75 u. d. T.: "'Der Bau' und das Selbst des Menschen." In: *Thema Angst. Almanach für Literatur und Theologie.* Hrsg. v. Arnim Juhre. Wuppertal: Hammer, 1974. S. 171–73.
In engl. Übers. v. Sheema Zeben Buehne u. d. T.: *Franz Kafka. A Critical Study of His Writings.* New York: Frederick Ungar, 1968. XVIII + 561 S.
Rez.: Claus Musmann in: *Library Journal* 93 (1968) S. 552–53;
anon. in: *Choice* 6 (1969) S. 220.
Teilabdruck von S. 14–16 in: Domandi, *Modern German Literature* (s. Sammelbde.) S. 11.
Teilabdruck von S. 132–48 in: Corngold, *Franz Kafka: The Metamorphosis* (s. Sammelbde.) S. 115–31.
Zusammenf. in Corngold, *The Commentators' Despair* (s. Sammelbde.) S. 107–12.
Teilabdruck in frz. Übers. v. S. 30–32 u. 34–35 u. d. T.: "Naturalisme", v. S. 41–42 u. d. T.: "La notion de combat", u. v. S. 222–26 u. d. T.: "Le règne de Satan" in Raboin, *Les critiques de notre temps et Kafka* (s. Sammelbde.) S. 133–37, 59–61 u. 88–93.
Teilabdruck in ital. Übers. v. Ervino Pocar u. d. T.: "Meta e responsibilità della poesia universale". In: Pocar, *Introduzione a Kafka* (s. Sammelbde.) S. 228–30.
In jap. Übers. v. Shinami Katsutomi, Nakamura Shojiro u. Kato Shinji u. d. T.: *Kafka-ron.* Tôkyô: Toju Sha, 1971. Bd. 1: 403 S., Bd 2: 337 S.
Teilabdruck in serbokroat. Übers. u. d. T.: "Swiat jako sad. Proces Kafki." In: *Sztuka interpretacij* 2 (1973) S. 159–92.

*Enescu, Rabu: *Franz Kafka.* Bucureşti: 1968.
[Rumän.]

Fagard-Hornschuh, Mechthild, u. Georges Fagard: *Le Nid Vide. La problématique consciente et inconsciente de Kafka.* [Paris:] A.C.A.A., 1974. 256 S.

[Das Irrationale in Kafkas Werk untersucht. An Erz. "Ein Landarzt", die keinen offen-
sichtlichen Sinn (contenu manifeste) ergab, wird ein Schema erarbeitet. In ihr erscheint
die Lebensdynamik Kafkas dramatisiert (Einfluß Freuds?): pessimistische Lebenssicht,
Übernatürliches hilft dem Menschen nicht. In der Erz. sieben z. T. wirklichkeitsnahe, z. T.
phantastische Bilder festgestellt. Es werden die unbewußten Faktoren im Freudschen
Sinne (aus Kafkas Jugendbiographie, seine Fantasmen, das Traumhafte, die Abwehr-
mechanismen), sowie die Spuren von Archetypen u. des kulturellen Milieus (Judentum)
gesucht; sie führen zu Hypothesen, die die Thematik in Kafkas Werken beleuchten. Der
"latente" Inhalt wird durch eine biographische Analyse (Wagenbachs Daten) u. durch die
Feststellung der Zwangsvorstellungen erarbeitet u. der Entstehungsprozeß der Zwangs-
themen u. -bilder auf intuitive Weise verfolgt. Es erfolgt sodann eine Zuordnung dieser
"Fantasmen" unter die Kategorien der Psychopathologie; Ergebnis: Kafkas Persönlichkeit wäre auf neurotischer u. psychotischer Ebene nicht gleich stark entwickelt gewesen,
der Selbstzerstörungstrieb sei durch den Ödipuskomplex gehemmt worden. Im Werk
könnte der Kampf zwischen beiden Trieben verfolgt werden. Kafka hätte versucht, sich
an zwei unvereinbaren u. widersprechenden Vorbildern auszurichten ("primitives" Mutterbild einerseits u. erfolgreicher Vater andererseits). Er selbst kannte seine Probleme bis
zu einem gewissen Grad. Marxistische Deutungen werden erwähnt. Psychoanalyse u.
Literatur: Versuch, unbewußte Inhalte zu deuten, die auch für die Übers. eines Werkes in
eine fremde Sprache von Bedeutung sind. Kafka wiederholte seine Themen unter innerem Zwange, variierte sie aber mit großer Kunst. Die "verlorene" Mutter schwächte Kafkas Ich u. seine Fähigkeit, den Vater nachzuahmen, bedeutete auch das verlorene Paradies. Seine Faszination durch den Tod. Er kannte die ambivalente Inspiration für seine
Kunst, seine eigenen unbewußten Triebe u. die seines Milieus.]
Rez.: Richard Thieberger in: *Germanistik* 16 (1975) S. 543.

Falk, Walter: *Leid und Verwandlung. Rilke, Kafka, Trakl, und der Epochenstil
des Impressionismus und Expressionismus.* Salzburg: Otto Müller, 1961.
(Trakl Studien Bd. 6).

[S. 99–198: Franz Kafka und die Qual: An Leitdichtung (Gesetzesparabel) Eindeutiges
aufgezeigt: Türhüter verhindert Eintritt ins Gesetz, Mann verharrt ohne Hoffnung, sieht
Glanz. Verwandlung durch unirdische Macht von innen her – häufig bei Kafka. Folge:
Leiden. Verwandlung – Nähe des Tödlichen? Selbstbehauptungsversuche der Helden
durch Sex oder Todesgang scheitern. Unnennbares Gesetz durch relevante Geschichten
dargestellt. Höchstes bei Kafka: Willkür u. Macht. Hilfe durch Unzerstörbares im Menschen. Stiluntersuchung: Kafka identifiziert Antinomien. Werk – Tat der Verzweiflung.]
Rez.: Ludwig Dietz in: *Germanistik* 4 (1963) S. 146–47.
Engl. Zusammenf. von S. 108–09 in Corngold, *The Commentators' Despair* (s. Sammelbde.) S. 113.
Kap. 2. S. 125–257 "Franz Kafka y el tormento" in span. Übers. v. Mario Bueno Heimer-
le u. d. T.: *Impresionismo y expresionismo. Dolor y transformación en Rilke, Kafka,
Trakl.* Madrid: Ediciones Guadarrama, 1963. (Colección Guadarrama de crítica y ensayo
41).

Ferenczi, Rose-Marie: *Kafka. Subjectivité, histoire et structures.* Paris: Editions
Klincksieck, 1975. 216 S. (Critères 5).

[Kafkas Werk u. die Zeitgeschichte: Kommentar in distanzierter, historischer Form, ohne
Einzelepisoden, zeigt Mißstände auf.
1. Du conflit personnel vers l'histoire: Kafkas Konflikt mit Vater; Welt: Ort des Tyrannen, Ort der Unterdrückten u. Ort der Freiheit (Utopie). Vaterfigur: Produkt der historischen Umstände, tiefer Einblick in die Zeitgeschichte, Individuelles u. historisches

Problem dialektisch im Werk verknüpft. Geschichte der Familie Kafka u. Entwicklung der Judenfrage in Böhmen nach der Emanzipation 1848, Antisemitismus; Vater in Prag zuerst tschechen-, dann dt.freundlich. Jugendjahre Kafkas unter diesen Bedingungen. Emanzipationsproblem für Kafka: Gerechtigkeitsfrage. "Zeiten großen Unglücks"; Problem der Macht u. des Machtmißbrauches (von Vaterbeziehung her bekannt).
2. Histoire et création: Spuren erlebter Geschichte in Kafkas Werk; verfolgt Motive der Zeitereignisse, Leser seiner Werke muß die Geschichte seiner Zeit kennen. Kafkas Mensch an einen Ort gestellt, der sein Schicksal prägte (Kafka u. Prag). Er baute nur auf den Verstand, Mythisches (Volk, Religion) längst entschwunden. Missionscharakter von Kafkas Kunst, muß auf Wirklichkeit u. Geschichte wirken. Leser von Kafkas Werken zu seinen Lebzeiten erkannten den Zusammenhang seiner Werke mit der Zeit. Kafkas letzte Erz.: Größe u. Schwierigkeit der Aufgabe des Künstlers; Kafka schrieb für ein Volk, ohne "Volksgemeinschaft", stellte das Innere der Geschichte im Werke dar, nur scheinbares Fehlen von Daten u. Episoden. Gegenwärtiges als etwas Neues hingestellt, Phantastisches als Wirkliches, Sicheres als Unsicheres, um neue Sicht der Lage zu ermöglichen. Schreiben als Missionsdienst, aus dem Mangel an Wahrheit, die durch Kunst heraufbeschworen wird. Ziel des Werkes – die historischen Strukturen zu enthüllen. Beschreibung der Wirklichkeit: durch unsichere dt. Sprache Prags (Seinsproblem der jüdischen Minorität); Kafka reinigte diese Sprache. "Grundmodelle", die Leser entziffern muß. Schlüssel zum Sinn liegt in Strukturen, Bildern, Beziehungen. Menschliche Gesetze u. höchstes Gesetz in Wirklichkeit u. im Menschen. Die Geschichte in Kafkas Werk in zwei Strukturen enthalten: Kreis u. parabolische Kurve.
3. "Das Schloß": Textanalyse: Entstehung u. Zusammenbruch eines Mythos. Kreisstruktur umfaßt Schloß u. Dorf; Sinn des Romanes: Beziehung Schloß-Dorf, Wahrheit durch Konfrontation erkennbar. Erzählbewegung führt bis zur Amaliaepisode aufwärts, wird intensiver, nachher abfallend.
4. Leitfäden – verschiedene Handlungsebenen: 1. Existentielles Niveau, K.s Abenteuer, der sich im Dorf niederlassen will; Bild der geschichtlichen Wirklichkeit am Ende des 19. Jh. in Böhmen (kollektiver Mythos der Unterdrückten). 2. Leitfaden: K. als Funktionsträger durch eine Reihe von Bildern definiert (nicht mehr Person), Verbindung zwischen Altem u. Neuem, den sozialen Klassen, u. Dorf u. Schloß; sein Beruf als "image signifiante". 3. Leitfaden: Verführungsthema; Schloß muß seine usurpierte Macht verteidigen (Geheimnis). Mittel der Verführung u. a. Frauen, Getränke; menschliche Existenz u. Geschichte treffen sich, zwei gegensätzliche Pole, Kafka stellt sie durch die "technique des écarts" dar. K. kann Wahrheit nicht ändern. 4. Leitfaden: im 20. Kap. sichtbar in den zwei gegensätzlichen Kommentaren K.s über Frieda, macht Schloßroman auch zur Transposition von Kafkas Erfahrung mit Milena (Klamm – Milenas Mann), Hoffnung für Kafka. Zusammenf.: Kafka klagt in seinem Werk die Zeitgeschichte vom Standpunkt des Schutzlosen an; auch in "Prozeß" u. in "Amerika" kein Weg zur Gerechtigkeit. Wahrheit der Welt immanent, aber nicht leicht zu sehen. Machtmißbrauch enthüllt. Die Problematik des Westens u. des Ostens (Marxismus) in seinem Werk enthalten; er verurteilte die Strukturen seiner Zeit.]
Rez.: *Bulletin Critique du Livre Français* (März 1976) Nr. 361. S. 576;
Hartmut Binder in: *Germanistik* 17 (1976) S. 859–60.

Fickert, Kurt J.: *Kafka's Doubles.* Berne, Frankfurt/M., Las Vegas: Peter Lang, 1979. 105 S. (Utah Studies in Literature and Linguistics, Vol. 15).

[Kafka als Künstler zentral gestellt, der eine "fictional world" schaffen wollte, was auch von biographischen Schriften bestätigt wird. Eine Lebensanschauung u. ein innerer Konflikt ersichtlich, der in häufigen Doppelgängermotiven seinen Ausdruck findet. Es werden alle Aspekte des Doppelgängermotivs in den Werken chronologisch verfolgt (Motiv aus der Romantik). Biographie, die antithetisches Element in Kafkas Leben aufzeigt

(Herkunft, Schulen, Brotberuf u. Berufung, Ehe – Junggesellentum; Kunst u. Leben).
Entwicklung einer Dichotomie verfolgt, die konfliktvollen Menschen Kafka u. Künstler
der Selbstbeobachtung zur Folge hatte. Prag u. "Amerika": In früher Prosa schon Kafkas
Einsicht in paradoxe Natur der Existenz gezeigt. "Beschreibung eines Kampfes", "Hochzeitsvorbereitungen auf dem Lande": Krise der Helden, die durch Relativität aller Dinge
unlösbar bleibt. Motiv der Wunde – Verschlechterung der Gesundheit. Vater-Sohnkonflikt. Junggeselle nach Onkel Rudolf Löwy geformt. Auch Kleidermotiv schon früh vorhanden, von "Betrachtung" bis "Schloß" beibehalten. "Urteil": Kompromiß zwischen
Schreiben u. gesellschaftlichem Leben. Multiple Zerlegung des Selbst anstelle einer Handlung, in Erz. möglich, in Roman aber dadurch zu starke Fragmentierung. Ambivalenz der
Frauenbeziehung in Werk u. Leben. Konflikte gehen negativ für die Söhne aus ("Heizer",
"Urteil", "Verwandlung"). Wundenmotiv hat auch sexuelle Obertöne. Der Künstler
als Außenseiter in "Prozeß": Übertragung von Wirklichkeit in die Metapher. Ende der
Verlobung. Doppelgängerrolle jetzt umgekehrt: Egoaspekt ist nun Protagonist. Josef K.
wird von seinem versteckten Selbst verfolgt u. angeklagt. Unmöglichkeit, Beruf u. Schrei-
ben zu vereinen; Roman ist aber mehr als nur persönliche Geschichte. Suche nach dem
Sinn des Lebens, Existenzfrage, ist ein Rätsel. Spaltung von Josef K. (zwei Wärter);
Vermittlerfiguren (Block) zeigen sein Ende an. – Endlose Reihe von Doppelgängern in
Werken, Helden verurteilen sich selbst, da sie nicht leben können, z. B. Landarzt u.
Patient, "Auf der Galerie" u. s. w. Vom "Landarzt" an beginnt die Ambiguität über
Standort des Künstlers in der Gesellschaft. – "Schloß" u. "Bau": Roman besser verbun-
den als "Prozeß". K. besser entwickelt als frühere Helden; auch andere wirken auf ihn
ein; Liebesgeschichte. Auch Titel ein Thema, veräußerlicht K.s inneres Leben. Antithese
Schloß u. Dorf u. Personen um K., die Schloß u. Dorf verkörpern. Zwei Einflußsphären.
K. will Anerkennung vom Schloß erlangen. Figur des Dichters behandelt; Ablehnung des
Häuslichen (Frieda), Dualität in allem. Große Zahl von Kontrast- u. Doppelgängerpaaren
(Assistenten, Olga-Amalia, Sordini). Auch Problem Kunst-Religion in "Hungerkünstler"-
Band: äußerer Konflikt der Dualität nach Innen verlegt.]
Rez.: Beatrice Sandberg in: *Germanistik* 21 (1980) S. 780;
Maria Luise Caputo-Mayr in: *GQ* 53 (May 1981) S. 371;
Martin Swales in: *MLR* 76 (1981) S. 760–61.

Fingerhut, Karl-Heinz: *Die Funktion der Tierfiguren im Werke Franz Kafkas. Offene Erzählgerüste und Figurenspiele.* Bonn: Bouvier, 1969. VIII + 325 S.
(Abhandlungen zur Kunst-, Musik- u. Literaturwissenschaft Bd. 89).

[Monographie der Tierrolle in Kafkas Werken: Erlebnishorizont des Phänomens Tier;
Funktion des Tieres bei Ich-Darstellung. Tier unter Perspektive des Menschlichen gesehen, kein Dichter der Tiere, Tiere haben keinen Eigenwert. Voruntersuchung über Verwendung des Tieres in Fabel u. bei Nietzsche (Figur einer Kunstwelt bei Nietzsche), viel-
schichtige Bildzeichen, nicht mimetisch, allg. Züge, polyvalent, drücken aus, was Sprache
nicht ausdrücken kann; Verwendung im assoziativen Sprachspiel, verbinden "Fremdheit"
u. "Spiegelfunktion", Tier als Projektion u. Ratgeber (Adler-Schlange). A) Auseinandersetzung mit bestehender Literatur über das Tier bei Kafka (Emrich, Sokel), daneben allegorische u. psychologische Interpretationen, Vergleich mit traditionellen literarischen
Gattungen (z. B. Märchen), E. T. A. Hoffmann; Rückführung des Menschen auf die Tier-
stufe, ästhetische Motivationen u. soziologischer Ansatz. Literatur zeigt verwirrende
Fülle von Möglichkeiten, ein komplexes u. vielfältiges Problem. B) Unter dem "Erlebnishorizont des Phänomens 'Tier' bei Kafka" werden die Attraktion des Dichters für das
Vitale u. Rustikale, seine übersteigerte Sensibilität u. seine Tierphobie behandelt; das
Tier in seiner Funktion als Zeichen u. Signal (Maulwurf, Käfer in Beziehung auf sein Leben), Tiere aus Traumerlebnissen (Briefe, Tagebücher), sowie die Identifikation mit Tieren. C) Es werden dann die Funktionen dieser Tierbilder bei der Darstellung des eigenen

Ich verfolgt: Selbstvergleiche u. Briefe, z. B. Milena u. Felice, Maulwurf als Bild der Selbsterniedrigung; Zusammenhang zwischen Tiervergleich u. Kafkas Dichterexistenz, Ratte; vom Tiervergleich schreitet er zur literarischen Skizze weiter. D) Figur des Tieres im literarischen Werk Kafkas: Tiere erscheinen häufig an den Übergängen zwischen Realem u. Irrealem, zeigen Detailbeschreibungen visueller Art u. werden in Kunstwelt eingebaut. Phantastische Tierfiguren stellen häufig das Groteske dar (Grenze Mensch-Tier), zeigen Vertierung des Menschen u. Vermenschlichung des Tieres (Paria-Dasein, Kritik am rationalen Bewußtsein), Einbruch grotesker Tierfiguren in den Alltag: innere psychische Situation konkretisiert, oder auch dichterische Inspiration dargestellt. Beziehung der Kafkaschen Tierfiguren zu denen anderer literarischer Gattungen, u. zwar hinsichtlich des Aufbaues; Vergleich der Tiere Kafkas mit denen von Märchen u. Fabel ("Kleine Fabel", "Forschungen eines Hundes", "Der Bau", "Josefine ..."). Untersuchung der verknüpfenden Funktion des Tieres in Kafkas Prosa, als wechselseitige Erhellung, in der Zusammenf. u. Veranschaulichung (Werke u. Aphorismen). Das Animalische im Werk Kafkas hat die Bedeutung der Faszination, Freiheit, Ursprünglichkeit, Musik, unbekannten Nahrung, Fluchtmöglichkeit (Reise, Verwandlung, Liebe), u. als Menschen- u. Tiergericht. Für das Verhältnis Kafkas zu seinen Tiergestalten sei zu beachten, daß er sich selbst in den Werken darstellt u. beobachtet, mit der Feder in der Hand denkt, seine Existenz deutet; Abschluß des Werkes bedeutet weniger. Gestalten ohne psychische Entwicklung. Durch die Verwendung der Tierfigur versucht Kafka Kongruenz u. Distanz zu erreichen. Die Tiermaske dient auch zum Emotionsabbau, zur Begrenzung komplexer menschlicher Situationen, zur Darstellung "phantastischer" Deformationen. Tiererz. sind immer Experimente zur Selbsterkenntnis u. zur Erhellung der inneren Existenz. Verhältnis zwischen Leser u. Werk: Die Struktur des Werkes fordert den Leser heraus, die Leerstellen des Werkes mit Eigenem aufzufüllen. Die Frage des Werkes selbst ist damit nicht beantwortet oder gelöst, "Umschleichen des Rätsels" sei das "einzig mögliche Verhalten des Interpreten zur Prosa".]
Rez.: Gerhard Neumann in: *Germanistik* 12 (1971) S. 171.

Flach, Brigitte: *Kafkas Erzählungen. Strukturanalyse und Interpretation.* Bonn: Bouvier, 1967. VIII + 171 S. Tabellen. 2. erweiterte Aufl. 1972. X + 180 S. (Abhandlungen zur Kunst-, Musik- und Literaturwissenschaft Bd. 43).

[Aus Diss., Analyse der Struktur von 32 zu Kafkas Lebzeiten erschienenen Erz. Resultat: Themen: in "Betrachtung" – Isolierung des einzelnen; in "Ein Landarzt" – typische menschliche Problemsituationen; in "Ein Hungerkünstler" – Problematik des Künstlerlebens. Wenige Themen in hochdifferenzierten Erz.]
Rez.: Brigitte Seelemann in: *Germanistik* 9 (1968) S. 627.

Foulkes, A. P.: *The Reluctant Pessimist. A Study of Franz Kafka.* The Hague-Paris: Mouton, 1967. 176 S. (Stanford Studies in Germanics and Slavics 5).

[Kafkas negative Lebenssicht. Brods optimistische Auslegung von Kafkas Werken widerlegt; Brod sah in Kafka eher den Denker. Fehlen der Lebenskraft, aber durchdringender Blick für das Schlechte. Gott ist nicht in der korrupten Bürokratie von Gericht u. Schloß dargestellt. Kafkas einfacher, persönlicher Glaube – keine orthodoxe religiöse Konfession. Grenzen der menschlichen Erkenntnis dargestellt; das "Unzerstörbare", das Seelisches u. Materielles zusammenhält. Wichtigkeit der Traumwelt, Unzulänglichkeit der psychoanalytischen Deutungen der Werke. – Analyse der häufigsten Motive u. Bilder (die "Stirnmauer", der Kerker, die Zelle, der Käfig) u. Interpretation von "Das Urteil", "Die Verwandlung" u. "In der Strafkolonie" in Zusammenhang mit der Erkenntnis des "Unzerstörbaren"; die drei in den Romanen enthaltenen Geschichten (Therese, Priester, Olga) geben Helden Ausblick auf die Wirklichkeit.]

Rez.: Hartmut Binder in: *Germanistik* 9 (1968) S. 628;
Reinhold Grimm in: *Monatshefte* 61 (1969) S. 395–97;
Klaus Berghahn in: *GQ* 42 (1969) S. 446–49;
Roy Arthur Swanson in: *Modern Language Journal* 53 (1969) S. 119–20;
Malcolm Pasley in: *GLL* 24 (1971) S. 288–89.
Engl. Zusammenf. von S. 107–11 in: Corngold, *The Commentators' Despair* (s. Sammel-
bde.) S. 114.

Frey, Eberhard: *Franz Kafkas Erzählstil. Eine Demonstration neuer stilanalyti-
scher Methoden an Kafkas Erzählung "Ein Hungerkünstler".* Bern: Herbert
Lang, 1970. XIV + 372 S. (Europäische Hochschulschriften Bd. 31). 2. verbesserte u. vermehrte Aufl. 1974. 374 S.

[Abgrenzung der Stilistik von Literaturwissenschaft u. Linguistik nötig. Riffaterre: "Stil
als sprachliches Hervorhebungsmittel", das Kontrast- u. das "Durchschnittsleser"-Kri-
terium. Nach Überprüfung u. Ergänzung von Riffaterres Theorien erfolgt eine Untersuchung des "Hungerkünstler", um den individuellen Stil dieses Werkes festzustellen. Hilfs-
mittel zur literarischen Interpretation. Fortlaufender, beschreibender Stilkommentar
(Kap. 3) ergibt: Vorherrschen von unpersönlicher Sprache u. Atmosphäre, gleichzeitig
Bemühen um Verständnis für Helden. Erz. – Modellfall für Künstler-Außenseiter. Vergleich mit Th. Mann "Das Wunderkind", sowie mit 10 "Hungerkünstler"-Interpretatio-
nen. – 2. Aufl. enthält kleinere Korrekturen u. erweiterte Bibliogr.]
Rez.: Hartmut Binder in: *Germanistik* 12 (1971) S. 855–56.

Frey, Gesine: *Der Raum und die Figuren in Franz Kafkas Roman "Der Prozeß".*
Marburg: Elwert, 1965. XI + 215 S. (Marburger Beiträge zur Germanistik Bd.
11). 2. verbesserte Aufl. 1969. XI + 213 S.

[Geht auf Diss. 1964 zurück. Analyse u. Diskussion des Raumkonzeptes, u. zwar werden
Räume u. Örtlichkeiten, in denen sich Josef K. bewegt, untersucht. Im 2. Teil wird die
Struktur des Romanes an Hand der erarbeiteten Kriterien analysiert. Die Einsicht in die
Wirklichkeit des Lebens ist das Thema Kafkas, nicht das Erreichen des Jenseits (Bunyan-
Vergleiche der frühen Kafka-Kritik). – Von Emrich beeinflußte Arbeit. In der 2. Aufl.
1969 wurde der Forschungsbericht ausgelassen.]
Rez.: A. P. Foulkes in: *JEPG* 65 (1966) S. 568–69;
Herbert Kraft in: *Germanistik* 8 (1967) S. 168–69;
Maurice Marache in: *EG* 22 (1967) S. 398–99.
Teilabdruck von S. 12–14 in frz. Übers. u. d. T.: "Le Procès: la chambre de Joseph K."
In: Raboin, *Les critiques de notre temps* (s. Sammelbde.) S. 79–81.

Frynta, Emanuel: s. *Franz Kafka lebte in Prag.*

Fujito, Masani: *Kafuka. Sono Nazo to Jiremma.* [Kafka. Geheimnis und Dilemma.] [Tokio:] Hakusuisha [Verl.], 1967. 340 S. – (Erweiterte Aufl. 1973.
419 S.)

[Jap. 3 Teile: Logik Kafkas, die Welt seiner Werke u. Biographie. Erstes einführendes
Werk in Japan, das allg. Überblick über Leben u. Werk Kafkas gibt. In der erweiterten
Aufl. befindet sich ein zusätzliches Kap., "Fortsetzungsargument", in dem der
Autor seine Ansichten über "Die Logik des Dilemmas" darlegt u. zu Kafkaforschern u.
ihren Arbeiten Stellung nimmt (bes. zu Emrich). Kritik an der Besserwisserei vieler Kafka-
interpretationen. Übersicht über die Kafkaforschung in Japan u. im Ausland.]

Fürst, Norbert: *Die offenen Geheimtüren Franz Kafkas. Fünf Allegorien.* Heidelberg: Wolfgang Rothe, 1956. 86 S.

[Kafkas Werke sind Allegorien: "Amerika" eine soziale, "Der Prozeß" eine biologische u. "Das Schloß" eine religiöse. Interpretation jeweils vom Ende des Werkes ausgehend. Romane sind echte Parabeln.]
Rez.: Heinrich Meyer in: *Books Abroad* 31 (1957) S. 168;
Heinz Politzer in: *Monatshefte* 49 (1957) S. 224–25.

Gentile, Francesco Silvio: *Kafka. Processo alle giustizia. Guida alla lettura di "Der Prozeß".* Salerno: ELCAM, 1970. 139 [+ 2] S.

[Roman weist anachronistische Details auf: in einer modernen Welt der Straßenbahnen u. Telephone herrscht ein mittelalterliches Rechtssystem, oder auch ein Inquisitionsrecht mit anonymer Richterschaft u. Gerichtsinstitution. Symbole des Rationalen: Bank; Symbole des Irrationalen: Gericht u. Bürokratie. Deformierung, Umkehrung u. Abschwächung der Tatsachen im Dienst der "Lüge" des Gerichtes erklären die bizarre Atmosphäre des Werkes, ebenso wie die Aufhebung von Zeit- u. Raumordnung (Ereignisse, die nacheinander u. an verschiedenen Orten stattfanden, werden gleichzeitig dargestellt: z. B. der Direktor-Stellvertreter telephoniert in Anwesenheit K.s in dessen Büro, der Prügler peitscht die Wärter im Bankgebäude, der Student überwältigt die Frau des Gerichtsdieners u. trägt sie zum Richter). K. behauptet von Anfang an seine Unschuld, durch Arrest wird er zum Objekt, der Öffentlichkeit preisgegeben; Gericht nennt sich unfehlbar; unverständliche Gespräche werden in seiner Gegenwart geführt.
Der Roman wird erzählend kommentiert. Das Netz des Gerichtes umklammert allmählich die ganze Stadt u. bedient sich aller Personen, die mit K. in Verbindung sind, oder in Verbindung waren. Alle helfen, K. ins Verderben zu treiben, von Frau Grubach bis zum Domgeistlichen. In der Domszene wird das Komplott gegen Josef K. endlich sichtbar. K. ergibt sich. Gelegentliche Kritik an ital. Kafka-Übers.]

Gide, André, u. Jean-Louis Barrault: s. Artikel. ["Prozeß"-Dramatisierung].

*__**Gliksohn, Jean Michel:** *Le procès. Analyse critique.* Paris: Hatier, 1972. 79 S. (Profil d'une oeuvre, 23).

*__**Gluščevič, Zoran:** *Studija o Francu Kafki.* Beograd: 1971. 303 S.

[Serbokroat. – Kafkas Leben von der Kindheit bis zum Tode verfolgt. Analysen von "Urteil" u. "Verwandlung", der Briefe an Felice, von "Prozeß" (Struktur, Bürokratie, Totalitarismus). Vater-Sohnverhältnis. Kafkas Ausweichen, seine Krankheit u. Tod.]

__–*Kafka: Krivica i kazna.* Beograd: Slovo ljubve, 1980. 224 S.

[Serbokroat. – "Kafka: Schuld und Strafe."]

*__**Goedsche, C. R., and Meno Spann:** *Kafka.* New York: American Book, 1967. 92 S.

Goldstücker, Eduard: *Na téma Franz Kafka. Články a studie.* Praha: Československý spisovatel, 1964. 107 S. Illustr. (Edice Profily 12).

[Tschech. – Zum Thema Franz Kafka. Artikelbeiträge u. Studie.
S. 5: Předmluva (Vorwort).
S. 7–22: Franz Kafka. Životopisná skica (Biographische Skizze).

S. 23–27: Jak je to s Franzem Kafkou? (Wie ist das mit Franz Kafka?): Der Beginn der marxistischen Kafka-Kritik u. Sartres Einwirkung.
S. 28–30: O přístup ke Kafkovi (Über die Stellungnahme zu Kafka). Kafkas Konflikt mit dem Vater, der in einer Welt kapitalistischen Wettbewerbs lebte, trägt zu Kafkas philosophischer Entwicklung bei.
S. 31–43: Uvedení do světa Franze Kafky (Einführung in die Welt Franz Kafkas; s. Artikel).
S. 44–60: Kafkův Topič. Pokus o interpretaci (Kafkas "Der Heizer". Versuch einer Interpretation; s. Artikel).
S. 61–68: O Franzi Kafkovi z pražské perspektivy 1963 (Über Franz Kafka aus der Prager Perspektive 1963; s. Artikel).
S. 82–92: Shrnutí diskuse (Zusammenfassung der Diskussion; s. Artikel).
S. 93–95: Lidské poselství hledajícího člověka. K 80. výročí narození Franze Kafky (Eine menschliche Botschaft auf der Suche nach dem Menschen. Zum 80. Geburtstag Franz Kafkas): Kafka fand keine Lösung der Probleme einer neuen Lebensordnung.
S. 96–101: Dnešní potřeby, zítřejší perspektivy (Notwendigkeiten von heute, Perspektiven von morgen): Polemik mit A. Kurella. Die ČSSR soll sich mit Kafka befassen.]

Goth, Maja: *Franz Kafka et les lettres françaises (1928–1955).* Paris: José Corti, 1956. 285 S.

[Diss., beschäftigt sich mit der Kafkarezeption in Frankreich u. mit der Frage, ob es eine Kafka-Schule gab. I. Der Surrealismus u. Kafka: Die Bildung einer surrealistischen Schule in den Jahren 1917–24; beim Erscheinen der ersten Kafkaübers. in Frankreich hatten die Surrealisten ihr Programm schon festgelegt (1928); André Bretons Ideen schon geformt; Kafkas Werke entsprachen jedoch verschiedenen Forderungen des Surrealismus: Vermischung von Wunderbarem u. Realem, Infragestellung aller Werte; Kafkas Ähnlichkeit mit der dunklen Seite des Surrealismus, seine Persiflage der Gerechtigkeit in "Schloß", Gefühl der Angst u. Absurdität der Welt, Pessimismus, Wahnsinn, Traumelement; dennoch hilft Kafkas "humour noir", Gleichgewicht zu erhalten. Erlebnis des Absurden bei Kafka mit transzendenter Bedeutung; bei den Surrealisten jedoch will es die Nichtigkeit der Welt zeigen. Unterschiede: Kafkas Revolte durch Passivität gekennzeichnet. Er beklagt das Fehlen des Gesetzes; Fehlen von Lebensfreude, Liebe, Schaffen von primordialen Mythen, Vergleich mit M. Leiris. Surrealisten haben positivere Erfahrung als Kafka, sind zum Glück bereit. Transzendentes ist für sie das Wunderbare, für Kafka hingegen der rächende Gott. Sie trugen aber zur Vergrößerung von Kafkas Ruf bei. II. Henri Michaux u. Kafka: Auch Michaux hatte seinen Stil schon 1927 gefunden, ein Jahr vor erster frz. Kafkaübers. Kafka: pedantischer, genauer, ohne Leidenschaft, auf diese Weise auch das Phantastische dargestellt, Rolle der Tiere aber ähnlich bei Kafka u. M.; Vergleiche der Helden, des Stils, der poetischen Motive; essentielle Ähnlichkeit größer als die zw̶ ..chen Kafka u. Surrealisten. III. Maurice Blanchot u. Kafka: B. glaubt, daß Kafka unsere Ängste vorausgesehen habe; beide beschäftigen sich mit dem phantastischen Element (E. T. A. Hoffmann, etc.), für beide – Alarmsignal, phantastische Helden, für Kafka Instrument der Suche nach dem Metaphysischen. Blanchots Kafkaverständnis, z. B. "La part du feu" (s. Artikel). Transzendenz, literarisches Werk. IV. Kafka, Bataille u. Beckett: Der unbekannte Gott: Schweigen, Absurdes u. Angst weisen auf Kafkas ähnliche Erfahrungen. Kindliches, Transzendentes; Beckett geht am weitesten, zerstört Sinn des Wortes, der bei Kafka u. Bataille erhalten bleibt. V. Das Absurde bei Albert Camus u. Franz Kafka: Vergleich der Helden, ihre Haltung zum Bösen; Romane ohne Lyrisches u. ohne Emotionen, Erwachen des Gewissens in dieser Atmosphäre. Vergleich des Absurden bei Sartre, Camus u. Kafka (Antoine Roquentin, Meursault u. Kafka). Das Absurde bei Camus scheint seine Wurzeln in Kafkas Werk zu haben. Genaueres in Camus' "Appendice du 'Mythe de Sisyphe'" in 2. Ausgabe; Meursault u. Josef K. (das Irrationale im

Alltag, Zeichen des Absurden), Kafkas Werke bleiben mysteriös – ohne "Schlüssel",
daher Schöpfer des Absurden, das im "Schloß" als das Göttliche erscheint. "Schloß" löst
das in "Prozeß" gestellte Schuldproblem. VI. Kafka u. Jean-Paul Sartre: Sartres Atheismus
im Gegensatz zu Kafkas israelitischer Religiosität. Kierkegaards Einfluß auf Kafka; ersterer ab 1930 in Frankreich bekanntgeworden, durch die Atmosphäre von Kafkas Werken
begünstigt. Kierkegaard als Bindeglied zwischen Sartre u. Kafka. Parallele Atmosphäre
bei beiden aus analoger Erfahrung der historischen Situation; Mensch in technisierter
Welt auf Nichts zurückgeworfen. Synthese von Gott u. Nichts nur bei Kafka. Angst: Aus-
gangsstellung für beide, hängt aber bei Kafka mit Sünde zusammen. Kafka u. Sartre in
philosophischer Hinsicht besprochen, in Zusammenhang mit Kierkegaard. 'Mauvaise foi',
Askese, tragikomische Charaktere; Josef K. u. auch K. entgehen dem wahren Selbst
durch Ausflüchte in "asoziale Stellung". Vergleich mit Roquentin; kollektiver Mensch,
der auf Freiheit verzichtet bei Kafka, Heidegger u. Kierkegaard. Das Leben angesichts des
Nichts: Kafka hat keine systematische Idee der Freiheitsentwicklung, aber er teilt die
Idee der existentiellen Wahl mit Sartre, obwohl es nicht zur Wahl kommt (als Jude un-
fähig, diese Wahl zu treffen?). Die Helden beider von existentieller Angst bedrückt.
VII. Verbreitung von Kafkas Werk u. dessen Rezeption: In drei Etappen: von 1928 bis
Beginn des 2. Weltkrieges, Übers. von kritischen Werken gefolgt. In Zusammenhang mit
Kriegsereignissen neues Kafkaverständnis, auch bessere literarisch-religiöse Würdigung.
Auch Theateradaptation (Gide-Barrault), bis 1949 fruchtbare Zeit der Verbreitung u.
Rezeption. 3. Phase: Von 1949 an Vertiefung der kritischen Untersuchungen.]
Rez.: Robert Kemp: "Des tortures." In: *Les Nouvelles Littéraires* (29.8.1957) S. 2;
Anna Maria Dell'Agli: "Problemi kafkiani nella critica dell'ultimo decennio." In: Annali.
Istituto Universitario Orientale Napoli. Sezione Germanica 1 (1958) S. 89;
Ronald Gray in: *MLR* 54 (1959) S. 132–33;
Ian W. Alexander in: *French Studies* 14 (1960) S. 83–85;
Claude David: "Kafka aujourd'hui." In: *EG* 16 (1961) S. 35–36;
Ivan Dubský: "O kafkovské literatuře." In: *Světová Literatura* 6 (1961) S. 23.

Gray, Ronald: *Kafka's Castle.* Cambridge [Great Britain]: Univ. Pr., 1956. 147 S.
[Werkimmanente Interpretation. Literaturkritiker einzig dazu berechtigt, ein so esoterisches Werk zu interpretieren (Sprache, Bilder, Helden), nicht die Psychologen, Soziologen u. Religionsphilosophen. – "Schloß" zeigt eine Wandlung im Helden K., die der christlichen Gnade u. deren Auswirkung ähnlich ist, aber es doch nicht ist. Kritiker muß Kafkas eigenen Gesetzen im Roman folgen u. seine eigene Erfahrung mit dem Werk beschreiben. Frage: Bedeutung des Schlosses im Roman? Wie sehen die Menschen im Roman das
Schloß? Kafkas Methode ist nicht allegorisch, es gibt keine Beschreibung wirklicher Objekte u. keine konventionelle Sprache. Analyse der Botschaften vom Schloß: K. denkt, sie
seien feindlich, müssen es aber nicht sein. Leser hat auch die Wahl; Ähnliches auch in anderen Werken Kafkas der Fall ("Prozeß" u. Gericht). K.s Sicht der Zustände überwiegt.
Grundlegende Ambiguität im Roman von Anfang an (Schloß, Klamm, etc.). K. will aus
eigener Kraft vom Schloß Bestätigung u. die ihm begegnenden Menschen gelten nur
durch ihre Beziehung zum Schloß für ihn (Frieda, Klamm, Barnabas-Familie). Die ihm
vom Schloß gesandten Gehilfen äffen ihn nach, Schloß also Spiegelung seiner Wünsche u.
Gedanken? Analyse der verschiedenen Zusammentreffen zwischen K. u. Schloßbeamten
(Herrenhof); Bürgelepisode zeigt Möglichkeit gegenseitiger Erlösung. K.s versäumte Gelegenheit führt zur Wende: er kämpft nicht mehr gegen das Schloß, sieht Umgebung zum
ersten Mal, nicht nur sich alleine, scheint in gutem Glauben zu sein. Brods Gnadentheorie
ist aber hier nicht anwendbar. Behandlung verschiedener Frauengestalten (Frieda, Gardena, Olga) zeigt Entwicklungsmöglichkeiten, die auch K. offenstehen, die er aber nicht
sieht. Sie haben ein positiveres Bild vom Schloß als K. Parallelen zwischen Lasemann- u.
Bürgelepisoden, Ähnlichkeiten in verschiedenen Interviewszenen; Schloß beschäftigt sich
auch mit K., der es nicht merkt.

Amalia- u. Olgaepisoden: Folgen der Ablehnung des Rufes aus dem Schloß (Kierkegaard?). K. wird gegen Ende des Romans freundlicher zu den anderen. Roman doch nur
sinnvoll, wenn Schloßwelt die Beziehung des Menschen zum Übernatürlichen bedeutet.
Könnte Satire der Bürowelt, oder große Metapher sein. Gründe für Fragmentcharakter
erwogen. Ankündigung des Todes? "Prozeß" könnte ähnlich gedeutet werden. Josef K.s
Schuld oder Unschuld; er ist vorschnell u. Gericht spiegelt sein Innenleben, äfft ihn nach.
Auch hier kein Beweis dafür, daß Gericht ihm feindlich gesinnt ist. Josef K.s Selbstver-
trauen vermindert sich, entläßt Advokaten. Wende in der Kathedrale (Gericht u. Kirche
in Verbindung), Josef K. akzeptiert sein Los; ist zu müde, um zu widersprechen (wie
im "Schloß"). Transzendenz des Gerichtes anerkannt. Er fühle Harmonie auf dem letzten
Gang, auch parallel zu "Schloß"-Geschehen (Herrenhof).]
Rez.: Claude David in: *EG* 12 (1957) S. 386–88;
Katherine Hoskins: "How to Read Kafka." In: *Nation* 184 (1957) S. 192–93;
W. I. Lucas in: *MLR* 52 (1957) S. 450–51;
Hans Siegbert Reiss in: *GLL* 2 (1958) S. 151–52.
*In jap. Übers. Tôkyô: 1976.

– *Franz Kafka.* Cambridge [England]: Univ. Pr., 1973. [VII +] 220 S. (1969).
[Werkimmanente Interpretation; einzelne Werke auf künstlerische Vollendung hin überprüft u. auch Kafkas Schwächen als Künstler objektiv beleuchtet. Einsamkeit, Elend u.
Selbstkritik Kafkas. Frühe Werke (u. a. "Urteil": Kafkas Selbsterkenntnis; "Verwandlung": höchste künstlerische Leistung, eigene Lage gemeistert; "Amerika"). "Der Prozeß": Kafkas Lage nach Bruch mit Felice, wenige Episoden gelungen; Gesetzesdeutungen
verwirren. "Landarztband": Kurzinterpretationen. "Schloß": besser verknüpfte Struktur, menschlicher (Frieda – echte Liebe). 2. Teil: neurotisches Zaudern. Große Veränderung in K. in letzten Kap. Ende: Abstieg zum Orkus? Religiöse Anspielungen? Besprechung der letzten Erz. u. möglicher religiöser Ideen. Hat Kafka im Werk seinen eigenen
Abstieg dargestellt? – Kafka beschreibt ungewöhnliche Erfahrungen, die das Lesepublikum nicht teilt. Elend u. Selbstkritik, aber auch Liebe des Leidens. Jüdisch-christliche
Tradition; Zustand der Verzweiflung der Gnade am nächsten, Wunder möglich. Kenntnis
von Kafkas Leben wichtig für das Verständnis des Werkes. In den ersten Werken bis zu
"Urteil" noch Staunen über die Friedlichkeit der Existenz, Produktivitätsaufschwung mit
Felicebekanntschaft. In "Amerika" stellt er Karls Selbsttäuschung über seinen eigenen
Wert u. über seine Eltern dar. Wenig soziales Interesse; nur erstes Kap. von Kafka als gut
anerkannt. Nach "Verwandlung" Kierkegaard-Einfluß: "Strafkolonie" u. "Prozeß". Sinnlosigkeit des Leidens, das nicht mehr erlöst oder nicht belohnt wird. Meinte Kafka
im "Prozeß" nur sein eigenes Leiden, oder die allg. menschliche Lage? Gottheit, die K.
Kraft zum Selbstmord geben soll, nicht ausgearbeitet. K.s Tod in Zusammenhang mit
dem Selbstmord des Offiziers ("Strafkolonie") gesehen. Der "Landarzt"-Bd. enthüllt
persönliche, politische u. literarische Wünsche Kafkas. Von den 14 Erz. bleiben manche
ganz rätselhaft. "Landarzt" – Kafka als Träumer; Alptraum, dessen Bedeutung nur er
selbst wußte. Kafkas Schwäche war es, daß er die Ambiguität vorzog. "Schloß" – neue
Schaffensperiode erst lange nach Trennung von Felice. Milenaverbindung. Typisch für
Kafkas Neurose war es, daß er die Schuld als zweifellos annahm. Schloß als Parallele zu
Comenius? Die Hierarchie der Frauen, Klamms Macht (Kafkas Vater?), Frage nach K.s
Berufung (Kafkas Dichtertum) – endlose Spekulationen möglich. Schloß ist zuerst wohl-
wollend, dann feindlich. Fürchten K. u. Kafka die erhoffte Erfüllung ihrer Wünsche?
Treffen mit Bürgel vergleichbar mit Josef K.s Treffen mit dem Kaplan in "Prozeß".
Hegelsche Entfremdung? Mystische Szene mit negativen Vorzeichen. Ganzer Roman
ohne Leitgedanken. K. wird am Ende großzügiger.]
Rez.: Edith Lennel in: *Library Journal* 98 (1973) S. 1920;
Jürgen Born in: *Germanistik* 15 (1974) S. 450;

Maria Luise Caputo-Mayr in: *Books Abroad* 48 (1974) Nr. 2. S. 369;
Eduard Goldstücker in: *Slavonic and East European Review* 52 (1974) S. 317;
Roy Pascal: "Parables from No Man's Land." In: *TLS* (June 7, 1974) Nr. 3770. S. 612;
Walter H. Sokel in: *Comparative Literature* 29 (1977) S. 262–64;
Malcolm Pasley in: *GLL* 30 (1977) S. 342–44.

Greenberg, Martin: *The Terror of Art. Kafka and Modern Literature.* New York, London: Basic Books. 1968. XII + 241 S. – (C 1965; – 1971, 256 S.). London: André Deutsch, 1971 [XII +] 241 S.

[Kap. 1: Durchbruch Kafkas zur eigenen Form: Traumstruktur u. Traumerz., um eine zentrale Metapher gebaut. Daneben "thought story", der Parabel ähnlich. Beide Typen im "Schloß" verbunden. Freuds Einfluß. Kap. 2: Werke vor 1912 drücken aus, daß es unmöglich sei, zu leben; Welt nicht sicher; Staunen wird zur Kritik an der Wirklichkeit. Einheit der frühen Werke in Ton, Themen u. Entfremdung. Kap. 3: Inhalt entspricht "The Literature of Truth: Kafka's 'Judgement'" (s. Artikel). Kap. 4: Inhalt entspricht "Kafka's 'Metamorphosis' and Modern Spirituality" (s. Artikel). Kap. 5: Inhalt entspricht "Kafka's 'Amerika'" (s. Artikel). Kap. 6: "Prozeß": Josef K. mißbraucht sein Leben u. weicht der Verantwortung aus. K. erfährt Wahrheit über sein Leben im Traum. Er bewegt sich in subjektiv metaphysischer Sphäre u. in objektiver Vernunftssphäre; Fräulein Bürstner in Sphäre der Freiheit. Gericht als entfremdetes Gewissen Josef K.s; Einheit der Bilder, die gleiche Situation beleuchten; keine Episoden. Kap. 7: "Schloß": aktiver K. kommt freiwillig u. fordert Schloß zum Kampf heraus. Traumdichtung mit metaphysisch-religiösem Inhalt. K.s gegensätzliche Bestrebungen (im Dorf leben u. zum Schloß gelangen); Frieda: Leben; Barnabasfamilie: Analogien u. Vergleichsmöglichkeit zu K.s Geschichte. Roman geht jenseits der Psychologie, neue Kabbala.]
Rez.: Carl Singer in: *GR* 45 (1970) S. 70–75;
Leo Hamalian: "The Great Wall of Kafka." In: *JML* 1 (1970–71) S. 254–61;
Matthew Hodgart: "K" in: *New York Review of Books* 12 (10.4.1969) S. 3;
anon.: in: *TLS* (10.12.1971) S. 1548.
Engl. Teilabdruck von Kap. 4 (S. 69–87) "Gregor Samsa and Modern Spirituality" in: Hamalian, *Franz Kafka* (s. Sammelbde.) S. 50–65.

*Gregor-Dellin, M.: *Im Zeitalter Kafkas. Essays.* München: 1980. 285 S.

Grillet, Frans: *Franz Kafka.* [Brugge:] Desclée De Brouwer, 1966. 71 S. (Ontmoetingen 67).

[Flämisch. Lebensbeschreibung (Brods u. Wagenbachs Standpunkt); alle Begebenheiten aus Kafkas Leben spiegeln sich im Werk wider. Kafka steht zwischen objektiven Beobachtern des Realismus des 19. Jh. u. subjektiv-esotärischen Erzählern des 20. Jh.; er glaubte an Unzerstörbarkeit u. untrennbare Verbindung der Menschen. Ausführliche Beschreibung der Romane. Theater in Oklahoma manchmal armselige Maskerade, manchmal himmlisches Schauspiel. Am Ende des Schloßromans hat K. eine introvertiertere Lebenseinstellung, die auch in den letzten Erz. Kafkas aufscheint. Groteskes u. Verzerrung bei Kafka; seine Stellung in der Literatur.]

Hall, Calvin S., and Richard E. Lind: *Dreams, Life and Literature. A Study of Franz Kafka.* Chapel Hill: Univ. of North Carolina Pr., 1970. 133 S.

[Beziehung zwischen Traum u. Wachverhalten Kafkas nach Freuds Libidotheorie interpretiert. Inhaltsanalyse von 37 Träumen (aus Tagebüchern u. Briefen): Aversion gegen eigenen Körper u. Verlust der Mutter an den Vater erklären sein Verhalten u. Themen der Werke; "no single neurotic fixation".]

Methode der Untersuchung: Die sieben sich aus den Träumen ergebenden, immer wiederkehrenden Themen werden durch Kafkas Briefe, Tagebücher, Brods Schriften, Janouchs "Gespräche" überprüft u. belegt. Diese Themen scheinen auch nicht nur in Träumen, sondern auch in Kafkas Wachzustand auf; es handelt sich um Besorgnis über seinen Körper u. die Einstellung des Körpers, ein Interesse an Kleidungsstücken u. an der Nacktheit, Beobachtungssucht, Passivität, Ambivalenz der Gefühle gegenüber dem gleichen u. dem anderen Geschlecht u. die maskuline Frau. Diese empirische Untersuchung der Beziehung Traum-alltägliches Verhalten ergibt, daß Kafkas Träume ähnlich denen anderer junger Männer waren. – Faktoren, die Kafkas Persönlichkeit bestimmten: Eine Aversion gegen den Körper, gegen die Mutter u. den starken Vater, eine Unfähigkeit, sich mit ihm zu identifizieren; ein Minderwertigkeitskomplex, der den Körper als schmutzig erscheinen läßt, daher versteckt oder elegant gekleidet wird u. dessen Energie zum Schreiben verbraucht werden muß (Werke – seine Kinder). Die Zerstörung des Körpers ist absichtlich, er liebt seine Krankheit. Frühes Gefühl, von der Mutter verlassen zu sein, macht ihn aggressiv auf vermännlichte Frauengestalten in Leben u. Werk, seine schwächliche Konstitution bestärkte ihn im Gefühl der Verlassenheit. Man findet eine gewisse weibliche Orientierung der Träume. Kafka war passiv, aber nicht unterwürfig dem Vater gegenüber; er unterdrückte heterosexuelle ebenso wie homosexuelle Impulse. Utopischer Traum kreist um Gemeinschaft von Junggesellen; alle Helden sind Junggesellen. Eine Inhaltsanalyse von Kafkas Romanen, die eine Fülle von Verhaltensinformation über jeweils einen Helden geben, lassen einige Parallelen mit Kafka erkennen. Im allgemeinen aber wird vermieden, einfache Schlüsse über ein so komplexes Werk zu ziehen. Es fällt auf, daß K. im "Schloß" ein Opfer der feindlichen Behörden ist (K.s Eltern) u. daß er seine Assistenten schlecht behandelt; andererseits hat er ein gutes Verhältnis zu Frauen u. Männern. Josef K. im "Prozeß" ist sehr oft selbst aggressiv u. erfährt trotzdem Freundlichkeit von anderen. Karl hat ein vor allem positives Verhältnis zur Umwelt in "Amerika". Die quantitative Inhaltsanalyse der Romane ergibt Aufschlüsse über Kafkas Verhalten zu den Mitmenschen.]

Rez.: Hans A. Illing in: *MAL* 3 (1970) Nr. 4. S. 64;
Jacob Steiner in: *Germanistik* 12 (1971) S. 390;
George H. Szanto in: *JML* 1 (Supplement 1971). Annual Review Number. S. 841–42;
Susan Abrams in: *GQ* 36 (1973) S. 267–69.

Hanlin, Todd C.: *Franz Kafka. Kunstprobleme*. Bern, Frankfurt/M., Las Vegas: Peter Lang, 1977. 90 S. (Europäische Hochschulschriften. Dt. Literatur u. Germanistik 184).

[Entstanden aus Diss. (Bryn Mawr College, 1975). Vier Teile: I. Probleme der Kafka-Forschung. II. Struktur- und Stilfragen: Konstante Züge: Helden, Raum- u. Zeitauffassung, fremdartige Situationen, Kommunikationsmangel, Isolierung. "Ich"-, "Wir"-, "Er"-Erz., – ab "Urteil" wirkliche Menschen dargestellt; versäumtes Leben der Helden, Unerwartetes tritt ein. Identifikation u. Enfremdung des Lesers wichtig, da Erzähler sich nicht mit Helden identifiziert. III. Erzählungen: "Urteil", "Verwandlung", "Strafkolonie", "Landarzt". Personen, Situationen u. Erzähltechnik weisen Parallelen auf – "entwicklungslos", eher Variationen. Genaue Lesart der Erz. zu Interpretationszwecken. Unmenschlichkeit u. versäumtes Leben der Hauptgestalten (im Familienkreis), Routine unterbrochen, menschliches Verschulden innerhalb der Familie. "Strafkolonie" – fremdartige Umgebung, realistisch beschrieben, glaubhafter; Gegenüberstellung zweier Gerichtssysteme, Problem des "Landarzt"-Bd. – Möglichkeit des Erzählens? IV: Romanfragmente: Wiederholung der Struktur- u. Stilelemente; Formen variiert. "Schloß" – neue Erzählperspektive. – "Prozeß" näher besprochen. V. Schlußbemerkungen über spezifische Probleme der Kunst Kafkas, der Künstlergestalten u. ihrer Lebensweise.]

Rez.: George C. Avery in: *Germanistik* 21 (1980) S. 200.

Hasselblatt, Dieter: *Zauber und Logik. Eine Kafka-Studie.* Köln: Verlag Wissenschaft und Politik, 1964. 215 S.

[Aus Diss. Freiburg, 1959, entstanden. – Kafka – ein "nichtklassischer" Dichter; seine Dichtung ist geheimnisvoll, aber kein Rätsel. Forschungsbericht über Entwicklung in den Oststaaten, bes. UdSSR, u. Kritik an der historisch-soziologisch-biographischen Interpretation. – Abschnitte: Zu Methode und Titel: Konstitutionelle Vieldeutigkeit von Kafkas Werken als nur ein Merkmal seiner Dichtung gesehen. Zugangsarten diskutiert, Diskrepanz zwischen "wissenschaftlicher" Methode u. "Dichtung", die nicht restlos erklärbar ist. "Von den Gleichnissen": Struktur der Werke u. Brods Editionstechnik. Fehlannahmen der Forschung: Verrätselung, Fragmentarik u. oberflächliche Vergleiche mit anderen Dichtern. Exkurse über Vergleichsmethoden u. "Lesen" als methodischer Ansatz. – Hauptkap. über "Kafkas Prinzip: Erörterung und Einräumung": Texte scheinen kurz u. lapidarisch, verwickeln sich aber progressiv. Fragmentarik sei konstitutionelle Funktion der "progressiven Erörterung" – syntaktisch durch Einräumungssätze (Einräumungsketten) ausgedrückt. Progressive Verwicklung geht aber parallel zu destruktiver Entwicklung (Kafkas "stehender Sturmlauf") im Text; durch Erörterung wird alles annulliert. Diese beiden Gangstrukturen verdeutlichen Kafkas Intention, das Geschriebene "an den Erfordernissen des alltäglichen Lebens" zu erörtern. Zwei Exkurse behandeln Gegenüberstellung von Schlegels u. Kafkas Prosabegriffen u. Kafkas "transgressiver Syntax" (Protokollsprache u. dichterische Qualität). Ein weiteres Hauptkap. behandelt u. d. T. "Zauber und konstitutionelles Dunkel" den Traum, die Überwirklichkeit u. die "zur Sprache gebrachte Wirklichkeit", an dem Beispiel der "Blumfeld-Bällchen". Zauber auch unter der Bedeutung von "Wirkung" eines Werkes; weiters die "Intensität", die das Geheimnis des Werkes ausmacht. Ein Exkurs über Rilke u. Kafka leitet zum 3. Hauptkap. über, das die Begriffe "Zauber" u. "konstruktive Destruktion" in Kafkas Werk weiter erörtert, u. Kafkas Metaphern als "Strukturkonkretionen" hinstellt. – "Dichtung als geheißenes Geheimnis", das das Verhältnis von Kafkas Dichtung zur Alltäglichkeit beleuchtet u. die Art u. Weise bespricht, in der Kafka das "Geheimnis" in Sprache verwandelte. Damit in Zusammenhang wird die Natur von Kafkas Symbolen behandelt, auch im Vergleich mit der klassischen Dichtung. Schwierigkeiten der Deutbarkeit dieser Geheimnisse einer Dichtung. – "Dichtung und Leben": "Brief an den Vater" als "Daseinsentwurf" – nichtbiographisch. Exkurs über "Mondheimat". "Die Gleichnisse und das Unfaßbare": Nach den vorangegangenen methodischen Erwägungen über ein angemessenes Deutungsverfahren u. der Erörterung der Struktur (Einräumung u. progressive Erörterung) von Kafkas Werken, wird nun "Von den Gleichnissen" interpretiert (d. h. "gelesen"). Das "Beunruhigungspotential" seiner Dichtung; Gleichnis u. Erörterung – in einem eigenen schwebenden Bereich; eine neue Art des Mythischen. Undeutliche Provenienz in literarisch-kulturgeschichtlicher Hinsicht. Die an Hand von kurzen Prosastücken gewonnene Einsicht an Interpretation von "Verwandlung" versucht, "Modell-Erzählung" über die Unvereinbarkeit von Alltag u. Gleichnis. – Schluß-Exkurs: Entwurf einer revidierten Kafka-Ausgabe.]

Rez.: Karl Reichert in: *Germanistik* 6 (1965) S. 502;
Marlis Gerhardt in: *Kritisches Jahrbuch* 2. Hrsg. v. Wendelin Niedlich. Stuttgart: Wendelin Niedlich, 1972. S. 26.

Heller, Erich: *Franz Kafka.* New York: Viking Pr., 1975 (C 1974). XX + 140 S. (Modern Masters M30). – Auch: London, New York: Fontana, 1974. (Fontana Modern Masters).

[Kafkas Dilemma: er will leben, aber auch ganz in Literatur aufgehen; Repräsentant des Zeitgeistes; Literatur u. Autobiographie fast identisch. "Urteil": Sohn erkennt Hilflosigkeit angesichts der tyrannischen Autorität des Vaters; Widmung deutet Hoffnungslosig-

keit der Beziehung zu Felice an. Schuld (bei Kafka oft nicht erkennbar u. trotzdem unzweifelhaft) u. Strafe stehen in keinem Verhältnis. Sünde u. Schuld im "Sein" begründet, nicht im "Tun"; Gesetz ohne Gesetzgeber, Erbsünde ohne Gott; Schopenhauers Einfluß auf "Urteil", "Verwandlung", "Strafkolonie", "Prozeß" u. auch auf musikalische Hinweise; Musik kündigt Großes an; "Forschungen eines Hundes": Kafkas musikalischestes Werk (im Sinne Schopenhauers), sein unmöglicher Wunsch von Schuld befreit zu werden, Humor gemischt mit geistigem Ernst. Kafka war fanatisch ehrlicher Schriftsteller, der stets den Verdacht hegte, unehrlich zu sein: Dämon der Ambivalenz in Bezug auf Werke u. Felice; Milena wußte, daß der Kern seines Lebens die Angst war. Kafkas schriftstellerische Berufung war wie Keuschheitsgelübde eines Mönchs, seine Existenz hatte ihren Schwerpunkt in der literarischen Schöpfung, aber die Kunst sah er auch als Fluch; sein nüchterner Teufel steht Nietzsches dionysischem Gott nah. Literatur u. Wirklichkeit unvereinbar. Kafka sah im Wehrdienst im Weltkrieg die Möglichkeit der Flucht vor geistigen u. seelischen Nöten. Briefe an Felice sind gute Literatur, können aber die wirklichen Verhältnisse nicht klären. "Prozeß": alles Warten nutzlos. Exegese der Türhüterlegende zeigt Fragwürdigkeit der Interpretation. Nur eine Gewißheit: das Gesetz besteht u. Josef K. muß es verletzt haben; unzählige Widersprüche, unvereinbar gegensätzliche Meinungen, Zweideutigkeiten, auch paranoide Züge im "Prozeß". Das unsichtbare Gesetz wird von höchst zweifelhaften Gerichtsbeamten vertreten. Josef K.s Schuld u. der Sinn des Romans sind mit dem Widerspruch von Kafkas Welt verknüpft; Sinnenwelt (Josef K.s Neigung zu Frl. Bürstner?) ist das Übel der geistigen Welt. Prozeß: Weiterentwicklung des "Berliner Gerichtshofs" von Verwandten u. Freunden, vor denen die Verlobung mit Felice aufgelöst wurde. "Der Prozeß": Roman der Schuld, die für Kafka Teil der Anatomie der Seele ist. "Das Schloß": symbolischer Roman, auch allegorische Elemente (z. B. Namen); es gibt keinen Schlüssel zum Schloß, das Macht u. Autorität symbolisiert. In Kafka haben wir den modernen Geist, der in Sünde lebt u. weiß, daß es keinen Gott gibt, aber daß es Gott geben muß. Verstand träumt von absoluter Freiheit u. Seele weiß von ihrer Verklärung. Nietzsche ist einer von Kafkas geistigen Ahnen. Gnostische Dämonen verwehren Eintritt ins Schloß, dort keine Spur von "göttlicher Gnade", eher Unanständigkeit. Manichäische Perspektive der Welt stärker im "Schloß" als im "Prozeß". In Kafkas Geist muß Erinnerung an einen Ort fortleben, wo die Seele zu Hause ist; trotz Verzweiflung ist ein kaum merkbarer Glaube da.]
Rez.: Idris Parry: "Co-Defendants." In: *TLS* (Febr. 28, 1975) Nr. 3808. S. 231;
Graydon L. Ekdahl in: *Books Abroad* 50 (1976) S. 657–58;
Alexander von Bormann in: *Germanistik* 18 (1977) S. 231.
In dt. Übers. v. Gerhart Kindl u. d. T.: *Franz Kafka*. München: Deutscher Taschenbuch-Verl., 1976. 122 S. (dtv 1185).

Hermsdorf, Klaus: *Kafka. Weltbild und Roman.* 2. bearb. Aufl. Berlin: Rütten & Loening, 1966. 295 S. (Germanistische Studien). 1. Aufl. 1961. 3. Aufl. 1978.

[Ostdt. Interpretation. Vier Teile. 1. Kafkas Roman: Diskussion von Wirklichkeit u. Dichtung. Stoffkomplex – konkretes kapitalistisches Amerika als Quelle für "Verschollenen" u. persönliche Elemente. Handlungsstruktur: Roman mit Fabel um Karl Roßmann, subjektiv unerreichbares Ziel, Abwärtsbewegung, Naturtheater letzter Rettungsversuch. Erst in "Schloß" differenziertere Handlung. Karl – kleinbürgerlicher Herkunft, Gerechtigkeitsgefühl, erleidet Unrecht. Zweigeteilte Welt (Mächtige – schlecht, Arme – gut). Amerika als seelenloser, technisierter Kontinent – negative Sicht. Aufbau: Prinzip der variierenden Wiederholung. "Prozeß" u. "Schloß": Helden schuldig u. werden wegen sittlichen Versagens verurteilt. Klassenangehörigkeit Josef K.s (Beamte u. Bürokratie). Schloßroman – geschichtslos, dennoch "welthaltige" Handlung. K. – neuer Held, selbstbewußt u. aktiv im Gegensatz zu Dorfbewohnern. Antinomien im Roman nicht aufgelöst, Kampf mit Schloß erfolglos, daher Fragment geblieben.

2. Kafkas Weltbild: "Amerika" Sozialkritik, antiimperialistische Einstellung, Interesse für Einzelmenschen. Egozentrisches Menschenbild, Vereinsamung. Freiheit in Unterordnung gefunden. Gewisses Maß an Erkenntnisfähigkeit durch "Erleuchtung", Transzendentes widerlegt.

3. Kafka in seiner Zeit: Übergangskapitalismus, krasse Gegensätze, Arbeitsspezialisierung, Isolierung u. Parasitismus der bürgerlichen Klassen. Stellung des Intellektuellen in Gesellschaft verändert; Kafka verharrt in Krise; Verfallserlebnis in Prag, komplizierte sprachlich-politische Situation, Antisemitismus; unproduktiver bürokratischer Beruf. Kritik am Kleinbürger im Werk. Beziehung zur sozialistischen Arbeiterbewegung durch Beruf. Auseinanderstreben von Berufsarbeit u. Schreiben. Rege geistige, vielseitige Beziehungen. Kafkas radikales Weltbild, Ich-Bezogenheit der Kunst – teuflisch.

4. Kafkas künstlerische Methode: Autobiographische Montage ist Boden für seine Werke, er identifiziert sich mit seinen Helden (ständige anagrammatische Hinweise). Wenige theoretische Äußerungen, intuitive Schaffensweise der spätbürgerlichen Zeit. Lebensstoff nicht geordnet dargestellt (kein "roter Faden"), Beruf u. Felice in "Prozeß", Milena u. Beruf in "Schloß". Problematik seiner Kunst: Thema der letzten Werke. Entwicklungsprozeß – Darstellung des Verhältnisses des gestörten Ich zur Welt. Detailbeschreibung statt epischer Objektgestaltung. Funktion der Helden: sind nicht-heldische Hauptfiguren, Nebenpersonen wie Objekte behandelt, nur im "Schloß" sind Nebenfiguren als Kontraste u. Alternativen gesehen. – Vermischung der Gattungen, episches Fragment ist die Kafkas Lebenssicht angemessene Form. – Groteske Komik: Komische Intention, aber nur partiell komische Wirkung (Kritik an bürgerlicher Gesellschaft u. subjektiv weltanschauliche Ursachen). Groteskes überwiegt – komische Sachverhalte tragisch gesehen. Werk – Ausdruck der europäischen Krisensituation u. der Krise des bürgerlichen Romans.]

Rez.: Wolfgang Jahn in: *Germanistik* 3 (1962) S. 623;
zur 2. Aufl. in: *Germanistik* 8 (1967) S. 176;
Zdeněk Kožmín: "Marxistická monografie o Kafkovi." In: *Host do domu* 7 (1962) S. 323–25.

Hibberd, John: *Kafka in Context.* London: Studio Vista (Cassell & Collier Macmillan), 1975. 152 S. Illustr.

[Kafkas Leben u. seine Familie; Verlobungen mit Felice, Minderwertigkeits- u. Schuldgefühle in "Urteil" u. "Verwandlung"; Vaterkonflikt typisch für Expressionismus; alle Vorgesetzten als Vaterfiguren. Außenwelt oft nur Projektion des Helden; Kafkas Welt ist absurd, jedoch merkwürdig überzeugend; trotz Furcht vor der Technik zeigt Kafka Interesse für sie; sein Filminteresse half ihm, Psychologisches visuell auszudrücken. Schreiben als Ersatz für Ehe; "Prozeß" (Ersatz für Felice) zeigt Welt eines gespaltenen Menschen. "Strafkolonie" – eine Schauergeschichte; Leben als Strafprozeß. Beziehungen zu Frauen u. Freunden (Julie Wohryzek, Grete Bloch, G. Janouch, R. Klopstock); Arbeit an seinen Erz., Kuraufenthalte. "Schloß" – Erweiterung von "Vor dem Gesetz". Flucht aus Prag nach Berlin (Dora, Hebräischstudien); Arbeit bis zum Ende. Kommentar zu Romanen u. einzelnen Erz.; Überblick über Kafkaforschung u. Kafkas Ruhm. Es gibt viele mögliche Bedeutungen, aber keine einzige Bedeutung.]

Rez.: Malcolm Pasley in: *MLR* 72 (1977) S. 756.

Hillmann, Heinz: *Franz Kafka. Dichtungstheorie und Dichtungsgestalt.* Bonn: Bouvier, 1964. [VI +] 196 S. – 2. erweiterte Aufl. 1973. VIII + 257 S. (Bonner Arbeiten zur dt. Literatur, Bd. 9).

[Dreiteilige Studie. Untersuchung von: 1. Kafkas Gedanken über Kunst u. Künstler in Tagebüchern, Briefen u. Gesprächen. 2. Kafkas Künstlergestalten auf Grund der gewonnenen Erkenntnisse; u. 3. Beleuchtung der Struktur (Satzformen, Bilder, Perspektiven) u. der Erzählgattungen. Keine systematische Dichtungstheorie bei Kafka, wohl aber läßt sich ein Gedankensystem erkennen. Denkbewegung Kafkas von einem Pol zum Gegenpol in Themen, Stil, Komposition, analog zur Denkweise, wird nachgewiesen. Neuhinzugekommener 4. Teil: S. 195–255: Ursachen der Werkstrukturen. – Im Gegensatz zum 3. Teil, wo Struktur "Anordnungsprinzip möglicher Inhalte" war, nun hier "Struktur als Bedingung der Möglichkeit bzw. Unmöglichkeit der Erfassung von Welt". Leistungen von zwei verschiedenen Denkmustern überprüft. "Die Verwandlung" u. "Brief an den Vater" – "zwei verschiedene Bewußtseinsmuster". Sozialisierungsprozeß (Annahme der Autorität des Vaters u. Übertragung auf alle anderen Verhältnisse) u. Biographie Kafkas erklären Werke. In "Brief …" eigene Lage verstanden u. Vater kritisiert, nicht noch allg. soziale Zustände. In "Verwandlung" – Hinnahme der Autorität, psychische Zwangsstruktur. Vater – strafender Gott. Verschiedenheit der Struktur: "Verwandlung" – narrativ, einsinnig, gibt keine Möglichkeit zur Erkenntnis. "Brief …" – wissenschaftlicher Bericht, wie bei Psychoanalyse, gibt Einsicht.]
Rez.: Dorrit Cohn in: *GQ* 40 (1967) S. 137;
Claude David: "Sur Kafka: quelques livres parmi beaucoup." In: *EG* 30 (1975) S. 58–60.

Hodin, Josef Paul: *Kafka und Goethe. Zur Problematik unseres Zeitalters.* [1968.] (s. Artikel).

Hoffmann, Werner: *Kafkas Aphorismen.* Bern u. München: Francke, 1975. 128 S.
[Versuch, durch eine genaue Betrachtung der Aphorismen (in Zusammenhang mit Briefen, Tagebüchern u. Fragmenten) Kafkas religiöse Position zu umreißen, die von der jüdischen Mystik beeinflußt erscheint. Das Krisenjahr 1917 ließ die Aphorismen aus der Suche nach einem Halt entstehen, nachdem ähnliche Gedanken schon im künstlerischen Werk aufgetaucht waren. Die Kap. behandeln die Stellung von Mensch u. Gott, das Unzerstörbare, das "Selbst", den Komplex Schuld-Gericht-Frauen-Rechtfertigung u. die Bedeutung des Schreibens. Das Ziel des Kunstwerkes ist die Wahrheitssuche, die Kunst wird aber später dem Leben untergeordnet. Kafkas Beziehung zur jüdischen Mystik (gemeinsames Weltbild). Aphorismen u. Fragmente aus der Zürauer Zeit zeigen Kafka als Erneuerer der Mystik. Unzerstörbares als das Göttliche im Menschen, Gott der jüdischen Mystik. Kafka schwankt bei praktischer Anwendung dieser Ideen. Dem Leben ausweichen oder sich bewähren?]
Rez.: Ingeborg C. Henel in: *JEGP* 75 (1976) S. 383–88;
Alfred Stern in: *Philosophischer Literaturanzeiger* 29 (1976) S. 316–18;
Hauke Stroszeck in: *Germanistik* 17 (1976) S. 603;
Malcolm Pasley in: *MLR* 72 (1977) S. 756–57;
Maria Luise Caputo-Mayr in: *MAL* 12 (1979) Nr. 2. S. 132–34.
In span. Übers. u. d. T.: *Los aforismos de Kafka.* México City: 1979.

Honegger, Jürg Beat: *Das Phänomen der Angst bei Franz Kafka.* Berlin: Erich Schmidt, 1975. 340 S. (Philologische Studien u. Quellen).
[Persönliche Bedeutung der Angst für Kafka. Philologische Untersuchung des Werkes aus neuem Blickwinkel. Selbstzeugnisse u. Dichtung nicht getrennt, am leichtesten Angst in Briefen u. Gesprächen verständlich.
A. Bestimmung der Angst und ihrer Zusammenhänge. – Angst in Zusammenhang mit dem "Unbestimmten" von Kafka in Bildern umschrieben ("Schwimmer im Meer"); er

fühlt sich u. a. klein, einsam, als Beobachter, unentschlossen, unruhig, richtungslos. Angstquellen: Fremde, Liebe u. Ehe, Lärm u. Stille, Schlaf, Größe, Glaube, Tod. Schreiben als Abrücken vom Tod u. Selbstspiegelung. Angstgefühl ist auch ambivalent u. anziehend (Kreisen um ein Zentrum: Gracchus, Gruftwächter). Angstfreiheit durch: Angstvermeidung (passiv), Krankheit, Schreiben.

B. Die Angst im erzählerischen Werk Kafkas: Angst wird häufig, aber nicht konkret dargestellt; geschlossene Erzählperspektive, Gefühlsarmut der Helden, Angst hinter Schutzwall von Vernunft u. Sprache versteckt. Leser muß nicht reflektiertes Verhalten des Helden in der Welt beobachten. Kafkas Distanz zu Konflikten seiner Helden, Emotionen zu Bildern gemacht. Dichtung u. Traumbereich, aber sprachliche Bändigung schwierig. Traumwelt für Helden: Wirklichkeit.

I. "Der Bau": Angst in Bild u. Reflexion, noch teilweise begründet. Leser geführt; Bedrohung, Einsamkeit. Ursprung der Angst u. Ziel unerklärt. Wegstreben von Transzendenz.

II. "Hochzeitsvorbereitungen…": Rabans Besuch bei Braut; Verhaltensweise Rabans in der Welt wichtig; sie erscheint ihm chaotisch; Ausweichen.

III. "Beschreibung eines Kampfes": zwei deutlich getrennte Bereiche, Leben außen u. Phantasiewelt, unabhängig, zwei Verhaltensmöglichkeiten, "Zwischenreich" zwischen Leben u. Tod.

IV. "Verwandlung": Gregors Bedürfnis nach Geborgenheit, beziehungsloses Leben außer Beruf. Kafkas eigene Ambivalenz über Lebenshaltung. Verwandlung befreit von Konflikt, Tod von Angst.

V. "Urteil": Parallelen u. Unterschiede zu "Verwandlung", hier Vernichtung des Sohnes u. Aufstieg der Gegenmacht in einer Linie.

VI. "Strafkolonie": Thematik von Schuld u. Strafe. Mensch im Schatten einer großen Macht mit Gewalt über Leben u. Tod; wird aber fraglich gemacht.

VII. "Amerika": Thematik der Söhneerz., Karl orientiert sich aber an keiner Machtfigur; Schuld gegen Eltern. Gutes Ende, jedoch keine Transzendenz.

VIII. "Prozeß": Hauptmotiv: Unentschlossenheit, Thematik wie "Strafkolonie", Werk am stärksten von Angst u. Ambivalenz (Verhaftung, Liebe, Gericht) erfüllt; Rolle der Türen. K.s Willensschwäche, könnte Prozeß verlassen.

IX. "Schloß": K.s Ziel: Lebensmöglichkeit im Dorf, setzt sich mit Machtgestalt auseinander; scheint selbständig zu sein. Angst bestimmt dennoch das Verhalten K.s u. der Dorfbewohner. Schloß hat verschiedene Gesichter; offiziell: straffes Ordnungsgefüge; privat: gibt nach unten nach; Kindliches als Waffe gegen K., der kämpferisch u. blind ist. Bedeutung des Schlosses: Machtpotenz am Ende der Entwicklungslinie in Kafkas Werken, kämpft nicht offen, gefährdet Diesseits nicht, scheint verletzlich. Maske, oder echter Wert? Angst gehört zum Menschlichen (Kierkegaard). Kafkas Suche nach angstaufhebender Begegnung mit Jenseits.]

Rez.: Hartmut Binder in: *Germanistik* 17 (1976) S. 800.

*Isaacson, José: *Kafka, la imposibilidad como proyecto.* Buenos Aires: 1974.
Rez.: J. Loubet in: *Criterio* 47 (25. Feb. 1975) S. 94.

*Izguierdo, Luis: *Conocer Kafka y su obra.* Barcelona: Dopesa, 1977. 123 S.
[Biographie.]

Jaffe, Adrian: *The Process of Kafka's "Trial".* Michigan State Univ. Pr., 1967. IX + 150 S.

[Die Zeitfolge ist unwichtig in einem Roman, in dem die Zeit aufgehoben ist. Josef K. ist "Jedermann" nur im sehr beschränkten Sinn; Schuldfrage; Fragwürdigkeit des Verfah-

rens. Im "Prozeß" u. "Schloß" wird ständig versucht, das "Unklare aufzuklären". Mangel an Fortschritt in K. u. im "Prozeß", der in Funktion u. Struktur Umkehr des Gewöhnlichen u. Traditionellen ist. Hinrichtung in der "Strafkolonie" wird hinausgezögert, damit der Verurteilte sich seiner Vergehen bewußt wird. Leser erfaßt die Bedeutung eines Werkes, indem er Erfahrungen des Helden im Text aufnimmt. Kafkas Gestalten, auch Josef K., sind Abstraktionen, die von ihren Funktionen u. Berufen nicht zu trennen sind. Josef K. u. auch andere Gestalten stehen außerhalb einer Welt, in die sie Einlaß begehren (Verfremdung); sie sind Bittsteller u. Außenseiter. Die Sprache des "Prozeß" ist eine Amtssprache der Bittgesuche, eine "Rechtssprache", deren Einförmigkeit eine ermüdende Wirkung ausübt. Kontakt mit dem Gericht erfordert eigenen "schönen" Stil. Schön ist oft das, was unerreichbar ist. Irrelevanz u. Vergeblichkeit. Inversion der Bewegung u. der Zeit. Josef K. ist möglicherweise eine Abstraktion der Schuld, ist die Schuld selbst. Folgt bei Kafka das Verbrechen der Strafe? Josef K. u. K. verkehren sexuell mit Frauen der niederen Schichten, die aber in der Welt stehen. Möglich, daß Josef K. etwas für Frl. Bürstner empfindet. Ambivalenz des Türhüters, der nach dem Tode des Mannes auch sterben müßte. Bestechung der niederen Beamten: das Mittel zum Zweck scheint wichtiger als das Prinzip der Gerechtigkeit. Josef K. u. K. wollen immer mehr wissen als die anderen, aber die Exegese des Geistlichen bestärkt nur Josef K. in der Annahme, daß er die Antworten auf seine Fragen nicht finden kann. Er irrt, wenn er die Türhüterlegende als Parabel ansieht. In einer Welt ohne Ordnung u. universelle Wahrheit gibt es "Parabeln" höchstens der Form nach. Josef K. sollte Selbstmord verüben, tut es aber nicht, stirbt ohne Würde. Tod als Strafe fürs Leben.]
Rez.: J. D. O'Hara in: *Modern Language Journal* 53 (1969) S. 370–71;
Ingo Seidler in: *Novel* 2 (1969) Nr. 2. S. 181–83;
Herbert Lehnert in: *Comparative Literature Studies* 8 (1971) S. 174–75.

Jahn, **Wolfgang**: *Kafkas Roman "Der Verschollene" ("Amerika")*. Stuttgart: J. B. Metzler, 1965. IX + 158 S. (Germanistische Abhandlungen 11).

[Ursprünglich als Diss. unter F. Beißner 1961 entstanden. Systematische phänomenologische Textanalyse. Verbindung zwischen "Urteil", "Verwandlung" u. "Amerika" (Plan, die zwei Erz. zusammen mit dem "Heizer" u. d. T. "Die Söhne" als Trilogie zu veröffentlichen). "Heizer": Sparsamkeit der szenischen Mittel, dramatische Dichte, Einengung der Perspektive, Leser unter dem Einfluß der kindlichen Erzählweise Roßmanns. – Streng kausaler Aufbau des Romans; stets einsinnige Erzählweise erreicht irrationale Wirkungen; Karl erfaßt nur schmalen Wirklichkeitssektor. Erzählerische Präzision u. genaue, dramatische Arbeitsmethode Kafkas. Karls Kampf um das eigene Recht (Problem der Gerechtigkeit). Gewisse Unklarheiten der Handlungsfolge (z. B. im "Fall Robinson"). Ähnliche Konfigurationen der Personen in verschiedenen Handlungszentren. Wiederkehrende Funktion der Verführerinnen (sind Anlaß der Katastrophe): ein Mensch verletzt dadurch eine feste Daseinsordnung u. wird von einer höchsten Autorität ausgestoßen ("Mythos" vom Sündenfall). Anerkennung väterlicher Autorität u. symbolisches Todesurteil. Die ersten sechs Kap. sind ein in sich vollendeter Teil des Romans; Kap. 1–3 u. 4–6 bilden zwei kompositorische Einheiten, aber Fragwürdigkeit der Kapiteleinteilung Brods im unvollendeten zweiten Teil des Romans. Stufenweise sich vollziehender Abstieg, Scheitern Karls, Travestie bürgerlicher Konventionen in der Sphäre des Asozialen. Kafka erzählt visuell, Beschreibung der Räume, der Kleidung, Gebärden; Situationskomik (z. B. Brunelda); montageähnliche Technik (Kafkas Interesse für Kinematographie). Distanzierende Sprachformen, neutrales Verhalten zum Objekt, erzählerischer Abstand, szenische Gegenwart, dynamische Handlung mit wenigen Ruhepunkten; Stil Kleists, u. auch kindliche Naivität. Schlußkap.: überrealer Epilog, Travestie mit biblischen Anspielungen. Karl: kindlich-einfältige Natur in unmenschlicher Arbeitswelt, menschlich empfindend u. handelnd, moralisch, naiv-gläubig. Im Gegensatz zu ihm sind die anderen Gestalten selbstsüchtige Triebwesen. Vater als Urheber von Karls tragischem Schicksal. Mißverhältnis zwischen Schuld u. Strafe ist Hauptbestandteil von Kafkas Aussage. Erbsündenmythos als Urgleichnis u. Glaubenserfahrung; Strafe ist unausweichlich. – Dickens u. Kafka: Ähnlichkeiten im Motiv, Grundthema u. in der Methode. Auch Anregungen von Knut Hamsun u. Arthur Holitscher.]

Rez.: Carol B. Bedwell in: *Monatshefte* 59 (1967) S. 276–77;

Eugene E. Reed in: *GQ* 40 (1967) S. 139–40;

T. J. Reed in: *MLR* 62 (1967) S. 374–76.

Jakubec, Joël: *Kafka contre l'absurde. Dessins d'Etienne Delessert.* Lausanne: Cahiers de la Renaissance Vaudoise, 1962. [1963?] 109 S. (Cahiers de la Renaissance Vaudoise No. 43).

[6 Abb. – Kafka als Philosoph gesehen, der Harmonie u. Einheit mit dem Universellen sucht. Die slawischen u. ostjüdischen Einflüsse auf sein Denken u. Werk. Wunsch nach Einsamkeit u. Geselligkeit. Parallelen zum Alten Testament, zu Kierkegaard u. Camus, aber auch Unterschiede. Die Schwierigkeit der unbegrenzten Möglichkeiten, vor denen sich der Mensch entscheiden soll. Kein Gedankensystem. "Der Prozeß", "Das Schloß"; "Der Bau" als Summe der Bestrebungen Kafkas. Dennoch Hoffnung, Gott zu erreichen.]

Rez.: Ludwig Dietz in: *Germanistik* 5 (1964) S. 680–81.

Janouch, Gustav: *Gespräche mit Kafka. Aufzeichnungen und Erinnerungen.* Frankfurt/M. u. Hamburg: Fischer Bücherei, 1961. 156 S. (Fischer Bücherei Bd. 417). – Erweiterte Ausgabe: Frankfurt/M.: S. Fischer 1968. 269 S.

[Erste Ausgabe erschien 1951. Janouch lernte Kafka Ende März 1920 durch seinen Vater kennen, der Bürokollege u. guter Bekannter Kafkas war u. im Mai 1924 Selbstmord verübte. Autor, der Kafka auf etwa 220 S. zitiert, hat Aufzeichnungen abrupt u. formlos niedergeschrieben u. sie nach Kafkas Tod umgearbeitet. Diese Aufzeichnungen sollen nach Zweitem Weltkrieg von der Frau eines Freundes nur unvollständig abgetippt u. so an M. Brod weitergeleitet worden sein, der das Ms. 1951 so drucken ließ; die ursprünglichen Aufzeichnungen seien jahrelang unauffindbar geblieben. Janouch hat Kafkas Werke nie studiert; er war ihm aber immer Denk- u. Lebensvorbild, ein Idol, das wichtigste Grunderlebnis seiner Jugend, aber auch Lehrer u. Beichtvater, der sein Selbstbewußtsein stärkte. Besuche bei Kafka im Büro; gemeinsame Spaziergänge; Krankenbesuch. Monatelange Unterbrechungen der Bekanntschaft (Tatranské Matliary, auch Krankheiten Janouchs). Themen der Aufzeichnungen: Literatur, Schreiben, Bücher, Träume, Büro u. Bürokollegen (darunter Janouchs Vater), Prag u. seine Kirchen u. Paläste, Kindheitserinnerungen, Jugend, Glück, Juden, Deutsche, Nationalismus, Zionismus, Politik, Revolution in Rußland, Kunst, M. Brod, Werfel, chinesische Philosophie, Filme, Appolinaire, Flaubert, Kleist, Dickens, O. Wilde, Gott, Glaube, Liebe, Frauen, Familienzwistigkeiten, u. a. Echtheit u. Verläßlichkeit dieses Buches wird von einigen Kafkaforschern angezweifelt.]

Rez.: Åke Janzon: "Doktor Kafka". In: *Svenska Dagbladet* (14. Okt. 1957);

Ivan Dubsky: "O kafkovské literatuře." In: *Světová literatura* (1961) S. 234–45;

Hartmut Binder in: *Germanistik* 10 (1969) S. 442–43;

Peter F. Neumeyer: "Janouch's 'Conversations with Kafka': Some Questions." In: *Modern Fiction Studies* 17 (1971–72) S. 555–56;

Eduard Goldstücker: "Kafkas Eckermann? Zu Gustav Janouchs 'Gespräche mit Kafka.'" In: David, *Franz Kafka. Themen und Probleme* (s. Sammelbde.) S. 238–55.

Vorabdruck von Teilen der erweiterten Ausgabe u. d. T.: "Die Gitter sind in mir. Gespräche mit Kafka." In: *Merkur* 17 (1963) S. 726–34.

In dänischer Übers. v. Jon Kilje u. d. T.: *Samtaler med Kafka.* København: Biilmann & Eriksen, 1965. 173 S.

In engl. Übers. v. Goronwy Rees u. d. T.: *Conversations with Kafka.* Second edition revised and enlarged. New York: New Directions, 1971. 219 S. (ND Paperback 313). – Auch: London: André Deutsch, 1971. 219 S. – 1. Ausgabe: Frederick A. Praeger, 1953. Rez.: Leonard Michaels: "Life, Works and Locus." In: *The New York Times Book Review* (Nov. 21, 1971) S. 1 u. 12–18;
anon. in: *TLS* (Dec. 10, 1971) S. 1548;
Joyce Carol Oates: "Franz K.." In: *Partisan Review* 39 (1972) S. 266–69;
Frank Jones in: *Slavic Review* 32 (1973) S. 670.
Teilabdruck u. d. T.: "Conversations with Kafka." In: *The Partisan Review Anthology.* Ed. William Phillips and Philip Rahv. New York: Holt, Rinehart & Winston, 1962. S. 125–34;
Teilabdrucke in: *The Worlds of Existentialism. A Critical Reader.* Ed. Maurice Friedman. Chicago & London: Univ. of Chicago Pr., 1964. S. 302–03;
Teilabdruck aus der erweiterten Ausgabe u. d. T.: "Conversations with Kafka." In: *Encounter* 37 (1971) Nr. 2. S. 15–27.
Zusammenf. von S. 32, 43, 55–56 (über "Die Verwandlung") in: Corngold, *The Commentators' Despair* (s. Sammelbde.) S. 146–47.
*In frz. Übers.
Teilabdruck in hebr. Übers. v. S. Levy u. d. T.: "Sihot im Kafka." In: *Moznayim* 5 (1957) Nr. 6. S. 409–13;
auch in: *Hapoel Hatsair* 51 (1958) S. 19–20.
*In holländischer Übers. v. Nini Brunt u. d. T.: *Gesprekken met Kafka.* Amsterdam: Querido, 1965.
In ital. Übers. v. Ervino Pocar u. d. T.: *Colloqui con Kafka.* Milano: Martello, 1964. 110 S.
*In jap. Übers. Tôkyô.
In schwedischer Übers. v. Rut Hedborg u. d. T.: *Samtal med Kafka. Anteckningar och minnen.* Anmärkningar och upplysningar av Alma Urs. Stockholm: Wahlström & Widstrand, 1957. 142 S.
Teilabdrucke in: Harry Järv: "Introduktion till Kafka." In: *Horisont* 9 (1962) Nr. 4. S. 18–19 u. 28–29.
*In serbokroat. Übers.
*In span. Übers. v. Barbara Wickers de Sanchez-Rodrigo u. d. T.: *Conversaciones con Kafka. Notas y recuerdas.* Barcelona: Fontanella, 1969. 273 S.;
*In türkischer Übers. v. A. Turan Oflazoğlu u. d. T.: *Kafka ile konuşmalar.* Ankara: Bilgi Yayınevi, 1966. 111 S. (Bilgi Yayınları 19).

– *Franz Kafka und seine Welt.* Wien-Stuttgart-Zürich: Hans Deutsch, 1965. 188 S. Illustr.

[Kafka-Biographie mit zahlreichen Illustr. Kurze historische Betrachtung der Wohnhäuser Kafkas in Prag u. einiger Gebäude, die er täglich sah; das Milieu von Kafkas Prag u. seiner Eltern mit Betonung dieser Eindrücke auf Kafkas Persönlichkeit u. Werk; Beziehungen der vielen bedeutenden Menschen zu ihm. Kafkas Alltagserleben enger mit seinem Werk verknüpft, als es scheint; seine Ansichten über den Krieg, er spürte den Höllensturz der Menschen des 20. Jahrhunderts.]

Jorge, Ruy Alves: *Interpretação de Kafka.* São Paulo: L. Oren, 1968. 269 S.

[Biographischer Teil: Kafka konnte sich nicht der Wirklichkeit des Daseins stellen, benötigte den Schutz der Familie; Vatergestalt dominierend. Selbstkritisch, einsam, fand die Wahrheit nicht, weil er sich nicht ganz entschloß, nach ihr zu suchen. Entfremdung, Angst; lebt Leben seiner Romanhelden; getrennt von jüdischer Gemeinschaft. Theologie der Verzweiflung, wie Barth. Philosophische Bewertung: Kein System aufgestellt, vor allem Dichter. Seine Ansichten von der Philosophie des 19. Jh. geprägt (Kierkegaard). Frage nach Gottes Existenz, Unmöglichkeit, ihn persönlich zu erfahren. Kierkegaard: bes. dramatische Auffassung von der Freiheit, die Angst u. Risiko bringt, persönliche Entscheidung ist nötig. Jorge kritisiert Kafka auch vom Standpunkt der sartreschen Philosophie aus.

Die formelle Analyse behandelt u. a. folgende Aspekte: Kafkas Unfähigkeit, etwas zu vollenden; lähmender Einfluß der Angst vor dem Versiegen der Schaffenskraft u. die Bedeutung der Tiergestalt in seinen Werken als Reduktion des Menschlichen. Eine Untersuchung des Schuldproblems bei Kafka würde eher einen Schlüssel zu seinen Werken abgeben, als der Versuch, ihn in bestimmte literarische Richtungen einzwängen zu wollen. Werke zeigen Ähnlichkeit mit Husserls Ideen, sie sind extrem individuell u. subjektiv, handlungsarm; weitgehende Identifikation von Subjekt u. Objekt. Traumhafte, bedrückende Atmosphäre. Kafkas Versuch, eine Beziehung zwischen konkretem Leben u. Universellem zu finden.]

[Kafka:] *Franz Kafka lebte in Prag.* Text von Emanuel Frynta. Photographien von Jan Lukas und Photoarchiv des Staatlichen Jüdischen Museums in Prag. Deutsch von Lotte Elsnerová. Graphische Gestaltung von Pavel Hrdlička. Praha: Artía, 1960. 148 S. u. 1 gefalteter Plan.

[Stellt Kafkas Beziehungen zur Geschichte der Stadt Prag dar. Text mit 81 Abb. u. Zitaten aus Kafkas Werk versehen. Gesellschaftliche, sprachliche, biographische Erläuterungen. Kafkas Schulzeit, Freunde, Beziehungen zu anarchistischen Kreisen u. zur jüdischen Tradition. Äußeres Bild seiner Vaterstadt in seinem Werk. Prager Dt. – trocken, abstrakt. Kafkas dreigeteilte Welt.]

Rez.: Helmut Richter: "Neue Kafka-Literatur." In: *WB* 7 (1961) S. 818–19;
L. U. in: *Germanistik* 3 (1962) S. 168.

In engl. Übers. v. Jean Layton u. d. T.: *Kafka and Prague.* London: Batchworth Pr., 1960. 146 S.

In frz. Übers. v. P. A. Gruénais u. d. T.: *Kafka et Prague.* Texte Emanuel Frynta. Prag: Artia, 1964. – Trous droits réservés pour la langue française à la librairie Hachette (1964). 149 S.

– *Kafka – Prag. Kafka – Prague.* Ed. David Shaham. Engl. Translation Rela Mazali. Tel-Aviv: Beth Hatefutsoth, the Nahum Goldmann Museum of the Jewish Diaspora, 1980. [84 S.] Illustr.

[Zweisprachiger Ausstellungskatalog (hebr. u. engl.) mit zahlreichen Photographien (die Mehrzahl von Jan Parik). (13 S.:) David Shaham: Olamo ha-m'yusar shel Franz Kafka. (15 S.:) The Tormented World of Franz Kafka: Kafka Mss. 1939–48 in Palästina in der Schocken Bibliothek, nachher in den U.S.A. Biographische Übersicht, Kafkas erfolgreiche Beamtenlaufbahn, sein Gerechtigkeitsgefühl, übertriebene Selbstkritik. Kafka war ein großer, nicht schlecht aussehender Mann, der mit Frauen nicht immer schüchtern war. Seine Flucht vor dem Judentum war Flucht vor dem Vater, seine spätere Rückkehr zum Judentum brachte ihn dem Vater aber nicht näher. Träume von Ehe, Kindern u. Palästina. (3 S.:) Felix Weltsch: Yetzirato shel Kafka. (3 S.:) Kafka's Works: Auszug aus Weltschs Buch "Religion und Humor im Leben und Werk Franz Kafkas". Unwirklichkeit in Kafkas Welt, die trotzdem ihre Logik hat (eine neue geometrische Welt) u. tieferes Verständnis der Wirklichkeit ermöglicht, erscheint 1944 nicht mehr unwirklich. Schicksal u. bürokratische Maschinerie.]

- *Kafka und Prag.* Text von Johann Bauer, Fotos von Isidor Pollak, Gestaltung von Jaroslav Schneider. Übersetzung aus dem Tschechischen von Vera Cerny. Stuttgart: Belser, 1971. 192 S.

[Kafkas Platz in seiner Prager Umwelt. Aus der Sicht der heutigen Prager Kafka-Forschung gestaltet. Einführende Texte mit reichem Bildmaterial, neuentdeckte Dokumente. In neun Kap. über Prag, Kafkas Leben, Beruf, Frauenbeziehung, Verhältnis zu Tschechen, usw. Kap. 10: Werk, biographische Zeittafel.]
In engl. Übers. v. P. S. Falla u. d. T.: *Kafka and Prague.* New York, Washington and London: Praeger, 1971. 191 S. – Auch: London: Pall Mall Pr., 1971.
Rez.: Leonard Michaels: "Life, works and locus." In: *New York Times Book Review* (21.11.77) Section 7. S. 18;
anon.: *TLS* (10.12.71) S. 1548;
Alan Pryce-Jones in: *Book World* 5 (The Washington Post) (26.12.71) Nr. 52. S. 6;
Hartmut Binder in: *Germanistik* 13 (1972) S. 185–86.

*Kaminar de Mujica, Barbara: *Calderón's Don Lope de Almeida: A Kafkian Character.* New York: Plaza Mayor, 1971. 34 S. (Colección Scholar 3).

Karst, Roman: *Drogi samotności. Rzecz o Franzu Kafce.* Warszawa: Czytelnik, 1960. 197 S.

[Poln. – Wege der Einsamkeit. Auseinandersetzung um Franz Kafka. – Lebenslauf, Judentum, Konflikt mit Vater. Idee u. Wort, Land der 1000 Rätsel, Schreiben als Wahrheitssuche. Die Parabel als Beschreibung des Universalproblems Kafkas im Kleinformat. "Vor dem Gesetz" als der archimedische Punkt. Einsamkeit; Dualismus; Verzweiflung.]
Rez.: Hans Goerke in: *Germanistik* 2 (1961) S. 608–09.

Kassel, Norbert: *Das Groteske bei Franz Kafka.* München: Fink, 1969. 176 S.

[Von Wolfgang Kaysers Anregungen ausgegangen. 10 Erzählungen Kafkas, seine Tagebücher u. Briefe untersucht. Teil 1: Propädeutik des Grotesken (Kaysers Begriff; vorliterarische Erscheinungen des Grotesken bei Kafka); Teil 2: Erzählstrukturen des Grotesken; Teil 3: Bildstrukturen des Grotesken. – Das Groteske gibt Kafka eine Möglichkeit, sich mit geistigen Problemen auseinanderzusetzen. Erfindung des Grotesken, sprachliche Beziehung auf eine Wirklichkeit u. Verwandlung dieser in Fiktion. Das Groteske als Spiel u. geistige Arbeit. Kassel verfolgt den Ursprung des Grotesken in Kafkas Biographie u. sieht es in Zusammenhang mit der Diskrepanz zwischen Ich u. Umwelt, mit Kafkas jüdischer Unwelt, sowie auch als Erscheinungsform in seinen Träumen. Im frühen Stadium ist das Groteske bei Kafka exzentrisch u. mit persönlichen Problemen verknüpft. Später erfolgt langsam die ästhetische Verwandlung des Grotesken u. die Integrierung in das Einzelwerk. Es werden Tagebücher, Briefe u. frühe Erz. untersucht ("Beschreibung eines Kampfes", "Unglücklichsein", "Eine Kreuzung"). Größeres Selbstbewußtsein u. eine weitere Stufe der Integration des Grotesken wird in "Odradek", "Blumfeld" u. "Strafkolonie" ersichtlich. – Es wird die groteske Bildlichkeit u. die Metapher Kafkas untersucht, die sehr oft ein "Zusammensehen von Unvereinbarem" aufweist. Tierbilder bezeichnen nach Kassel häufig Angst u. Zweifel, während mechanische Bilder (Menschliches u. Unbeseeltes zusammengebracht) auf ein Absinken des Geistigen in das Dinghafte weisen. So könne man beispielsweise "Odradek" als traurig-komische Groteske u. "Strafkolonie" als grausig-grotesk ansehen. Die Untersuchung der Bildstrukturen des Grotesken schließt das Werk ab, strukturelle Besonderheiten grotesker Bilder ("Verwandlung") u. die erzählerische Realisierung grotesker Metaphern ("Poseidon", "Bericht für eine Akademie") werden erläutert.]

Rez.: Hartmut Binder in: *Germanistik* 11 (1970) S. 611–12;
E. A. Albrecht in: *Books Abroad* 45 (1971) S. 122.

Keller, Karin: *Gesellschaft in mythischem Bann. Studien zum Roman "Das Schloß" und anderen Werken Franz Kafkas.* Wiesbaden: Akademische Verlagsgesellschaft Athenaion, 1977. 275 S. (Athenaion Literaturwissenschaft, Nr. 7).

[Soziologische Interpretation, nach Adorno u. Horkheimer; Frage nach Gesellschaft u. Beziehung zur Herrschaft. Die Tradition nimmt das Geltende fraglos hin u. macht sie so zum Mythos. Erster Teil: I. Kafkas "Schloß" in der Tradition der jüdischen Aufklärung: K.s Versuch, ins Schloß zu gelangen, wird mit Maimonides' Gleichnis über Weg u. Ziel verglichen (Gott als Zentrum einer räumlichen Hierarchie): Vermittlung von Vernunft u. Religion als Grundlage zur Gotteserkenntnis. K. unternimmt einen solchen Versuch des "selbst Denkens", außerhalb der Traditionen des Dorfes. S. Maimon u. K. – heimatlos, abhängig von ständisch-hierarchischer Welt. II. Herrschaft u. Legitimation; Beamtenherrschaft im "Schloß" als Verwaltungsstruktur, Natur der Autorität. Mächtige stützen einen Glauben, der ihre Macht stärkt. III. Vermessenes Land: Dorfwelt – ausgerichtet auf Erhaltung der gegenwärtigen Macht. Angst vor dem "Draußen" (Tod, Zeit). K. will sich als Individuum durchsetzen. Bauern – reine Körperlichkeit, ohne Dialektik u. Persönlichkeit, ohne Sprache, wollen nur Nahrung. K.s Arbeiterdasein im Dorf, wird zum Staatsdiener. Kleider – soziale Grenzen. Herrschaft begrenzt sich auf Gewohntes zum Nutzen der Privilegierten. Land ist vermessen, ohne Freiheit. Dualismus Herr-Knecht im Interesse des Staates, Anpassen nötig, um zu überleben.
Im zweiten Teil des Buches wird das Umschlagen der Aufklärung ins Mythische gezeigt. I. Mythischer Dualismus – Natur und Ratio; Poseidon, Schloßbeamte, K. u. Behörden, K.s Traum, etc. II. Mythischer Dualismus. Amtliche u. gesellschaftliche Wirklichkeit: in der Herrschaft des Allg. über das Besondere dargestellt (Geschichte von Amalia u. ihrer Familie, K.s Anpassung); Zufall, Selbsterhaltungstrieb der Herrschaft, Ritual, Herrschaft über Verdinglichtes. III. Positivismus u. Mythos: K. – eigenem Körper unterworfen, Beamte haben andere Natur: Müdigkeit fordert Arbeit. "Himmlisches" Wesen, "glückliche Arbeit". Überwundener Dualismus für K. Kindlichkeit: Barnabas, Wirt, Gehilfen; K. u. das freie Individuum; Parabel von "Könige und Kuriere" (Abhängigkeit, Marx); "Stadtwappen" (Turmbau zu Babel – universelle Solidarität) u. Naturgeschichte; "Forschungen eines Hundes" (gesellschaftliche Befreiung u. Sprache); "Beim Bau der chinesischen Mauer" (Mythos als Mauer vor der Gegenwart). IV: Gesellschaft und Herrschaft: K.s Anwesenheit im Herrenhof – Störung der Aktenverteilung. Er sucht höhere Wirklichkeit in Schloß u. Beamten. Kafkas Roman zeigt Merkmale des Staates im bürgerlichen Liberalismus, Trennung von Herrschaft u. Gesellschaft; konkreter historischer Bezug zu Beginn der ČSR, nach Sturz der Habsburger Monarchie (1918). Natürlicher Widerspruch nicht aufgehoben.
Dritter Teil des Buches: I. Individuum und Geschichte: Kafkas Einblick in das Ende des Liberalismus des 19. Jh., Interesse für Emanzipation von Individuum u. Staat; "Schloß"-Roman spiegelt Beharren des alten Staates – Ort der Versäumnis. Vergleich Kafka-Adorno. II. Kunst in der Geschichte: Kunst ohne Platz in der Gesellschaft (K.s Weggehen), Kafkas Kunst wendet sich von der Realität ab (Fragmentcharakter des Romans). Befreiende Objektivierung des Ich in der Sprache – glückliche Arbeit. Befreiung als Märchen, Restitution des Mythos. Kafkas Sprache zeigt Beziehungen von Gesellschaft u. Herrschaft als "historisches Sediment".]
Rez.: Friedemann Spicker in: *Germanistik* 19 (1978) S. 524;
Robert Kauf in: *GQ* 53 (1980) S. 244;
Herbert Lederer in: *MAL* 13 (1980) Nr. 2. S. 153–55.

Klingsberg, Reuben (Ed.): *Exhibition Franz Kafka 1883–1924. Catalogue.*
Ta'rukhath Franz Kafka 1883–1924. Katalog. Jerusalem: The Jewish
National and Univ. Library, 1969. 30 + 18 S.

[S. 5–12: Hugo S. Bergman: Erinnerungen an Franz Kafka.
S. 13–20: Dass auf engl. u. d. T.: Recollections of Franz Kafka.
S. 5–10: (in hebr. Ziffern): Dass. auf hebr. u. d. T.: Franz Kafka – Qit'ey zikaron.
S. 21–30: Ausstellung von K. Wagenbach zusammengestellt, durch jüdische Beiträge erweitert: Kafkas Werke auf hebr., Widmungen an u. von Kafka, Briefe (darunter zwei bisher unveröffentlichte im Faks.: S. 17 u. 30), Nachrufe, Illustr. – Hebr. Text: S. 11–18
(in hebr. Ziffern).]

Kobs, Jörgen: *Kafka. Untersuchungen zu Bewußtsein und Sprache seiner Gestalten.* Hrsg. v. Ursula Brech. Bad Homburg v. d. H.: Athenäum, 1970. 560 S.

[Aus Diss. unter Beißner entstanden u. von dessen Prinzip der "einsinnigen Erzählweise"
ausgegangen. Versuch, auf Grund von sprachlichen Indizien die Bewußtseinsstruktur der
Perspektivgestalten zu verstehen. Inhaltsbezogene Textanalyse nach Hans Glinz. Grundstruktur des Bewußtseins ist der paradoxe Zirkel; nur der Künstler vermag ihm zu entfliehen. Hauptteile: Vom Quellenstudium zum Amerikaroman Untersuchung auf das Gesamtwerk ausgedehnt. Hauptteile: "Die Dichtung des Paradoxen", "Die Sehweise der
Kafkaischen Hauptgestalten". Schlußkapitel von U. Brech ergänzt.
A: Die Dichtung des Paradoxen: I. An Hand von Interpretation des Stückes "Die Bäume"
aus "Betrachtungen" das Problem des Verstehens u. der Deutbarkeit erörtert u. grundlegend festgestellt, daß hier die zweifache Form Gleichnis u. Exegese vorhanden ist, wobei letztere aber eher verdunkelt als erhellt, ein "Zirkel" entsteht. Kein Hermetismus,
sondern scharfsinnige Argumentation, Kafkas "paradoxer Zirkel" will sich öffnen, keine
absurde Dichtung. II. Bisherige Lösungsversuche in struktureller u. inhaltlicher Richtung,
Übersicht. III. Epische Technik u. Prinzip der Einsinnigkeit: Perspektivgestalt (Beißner), durch die Ereignisse dargestellt werden, in größeren Werken: zeigt bestimmte Bewußtseinsstufe. Untersuchung von Karl Roßmann, kein allmächtiger Erzähler u. keine
absolute Wahrheit oder objektiver Handlungsplan, dennoch Leerstellen im "Faktenge-
rüst" des Romans, wodurch Werturteile der Hauptperson unsicher werden. Karl verwendet nur subjektive Argumente. Karl mißdeutet seine Umgebung vollkommen. Nur subjektive Welt vorhanden. IV. Methode inhaltsbezogener Textanalyse: Problem von Inhalt
u. Form nach Methode u. mit Terminologie von Hans Glinz behandelt. Kobs hatte Ms.
des "Verschollenen" benützt, um gesicherte Textgrundlage zu haben. V. Beschreibung
des Ms. des "Verschollenen" – Probleme der Textkritik, Edition Brods nahm bewußte
Eingriffe u. Veränderungen vor (u. a. Konjunktionen, Orthographie, Abkürzungen,
Absatzeinteilung, Interpunktion, Lautstand, Syntax). Arbeitsweise Kafkas. VI. Bewußtsein u. Wirklichkeit an Interpretation von "Auf der Galerie" untersucht. Zwei gegensätzliche Welten, ein paradoxer Zirkel, parallel zu Vorgang in "Die Bäume", zweiter Teil
"scheinbarer" Sachverhalt. Kontrast, Widerspruch u. Ambivalenz machen alles fragwürdig. Drei Formen der Sehweise, Reflexion, Beobachtung u. bewußtloses Weinen. Ein subjektives Bewußtsein stellt sich seine Wirklichkeit zusammen, als "Denkmöglichkeit".
B. Sehweise der Kafkaischen Hauptfiguren: Details bei Kafka nie unwichtig, geben in-
haltliches Verständnis. Tonfall der Dichtung: neutral – indifferent. Begriffe werden
häufig durch neutralere u. blassere ersetzt, "reduziert", allgemeineres Verb für spezifisches. Strenge Stilisierung durchgeführt, auch Mechanisierung. Kühl u. unbeteiligt. –
Subjektive Vor- u. Rückgriffe u. ihre Kollision mit der konkreten Situation: Verhältnis
Onkel-Karl. Karls Gedanken zu weiten Teilen im ersten Romankap. verfolgt: Er wählt
falsche Beispiele, auch andere Störfaktoren. – Formen der Beobachtung: Karl deutet,
während er beobachtet, läßt Dinge verschwinden, Reflex der subjektiven Projektion.

Zirkelstruktur von Karls Denken – Widersprüche in der Beobachtung. Ablenkung u. Erinnerung verformt die Wirklichkeit bei allen K.-Helden. Überblick nicht möglich, da nur Minutiöses beobachtet wird, u. dabei verzerrte Wirklichkeit zustande kommt. Karl vermeidet Metaphern, dafür Worthäufungen, minutiöse Sehweise stört Einheit des Bewußtseins. Angaben werden undeutlich, Umschlagen ins Unbestimmte, Extreme werden austauschbar, "Zerbrechung des Funktionszusammenhanges", Komik, Zerstörung des Gegenstandes als Folgen. Aber: Dichter hebt sich so kritisch von seinen Geschöpfen ab. Karl will erfolglos Detailbeobachtung u. Übersicht vereinen. Das Nebeneinander beider Tendenzen charakteristisch für Kafkas Stil. Beobachtete Einzelheiten werden sofort ambivalent, z. B. Beschreibung der Präsidentenloge auf der Photographie während des Abendessens in Pollunders Haus durch Karl, oder Schloßbeschreibung durch K. am Anfang des Romans. Verfremdungsprozeß mit dem Näherkommen des Gegenstandes, kein objektives Gesamturteil. – Die Problematik des urteilenden Weltverhaltens: Umgreifendes Vorurteil. – Die K.-Figuren gehen von Urteilen aus, bevor sie noch Material zum Urteilen haben. Ihr Bewußtsein ist ein einziges Vorurteil, das zum unwandelbaren Endurteil wird, z. B. K.s Einstellung gegen Schloß: Überlegenheit u. Eindruck der Bedrohung gleichzeitig, ohne Grund. – Das beziehende Denken: Karl Roßmann auf Bruneldas Balkon, Krippenspielepisode. – Auch Welturteil endet in Paradox, Teilaspekte führen zum Widerspruch. Oft verhindert Karls "emphatische Stellungnahme" die Bildung seines Urteils über die Welt. Das Engagement der Kafkaischen Gestalten gibt sich in spezifischen Signalen der Emphasis kund. Parteiisches Subjekt raubt seinen Gegenständen ihre Eigenart, um urteilen zu können, u. verliert jede Urteilsfähigkeit. Die K.s entfernen sich immer weiter vom Ziel, sind im sozialen Abstieg begriffen. Konflikt subjektiver Unbedingtheitsansprüche (Herrschaftsanspruch des subjektiven Daseins); Machtkampf. "Soziale" Tugenden pervertieren unter Einfluß des subjektiven Engagements zu Lastern. Im Modell des "Prozesses" u. auch im "Urteil" u. in der "Strafkolonie": Urform aller sozialen Beziehungen. Aufhebung ist primär Selbstaufhebung. Prinzip der Aufhebung beherrscht Vorgänge der äußeren Welt, ist aber in den Paradoxien des Bewußtseins gegründet. Eingriffe Brods in die Sprachgestalt Kafkas. Charakterisierung der Personen durch ihre Sprechweise (Wortstellung besitzt stilistischen Funktionswert, Phänomen der Isolierung). In der Sehweise der Kafkaischen Hauptgestalten gewinnt Nebensächliches entscheidendes Gewicht. Nationalität, Beruf, soziale Rolle als Grundlage der Beurteilung; System abstrakter Rangstufen; Berufe verlieren ihren Funktionswert; das führt schließlich zur Auslöschung des Wirklichen, da das Wesentliche an die Peripherie tritt u. ein Vakuum entsteht. Prinzip der Sehweise mit der Darstellung der menschlichen Bewußtseinsproblematik verknüpft. Konzentration auf das Äußere führt zu Fehleinschätzungen der Situation (Versuchung, das Äußere als Abbild des Inneren zu verstehen). Kafka betrachtet das Gestische als sinnhaftes, ausdruckshaltiges Moment mit Zeichencharakter, ist aber von der Polyvalenz des Sichtbaren überzeugt. Paradoxon des urteilenden Weltverhaltens. Probleme der K.s (als Repräsentanten der Subjektivität) sind Probleme ihres Bewußtseins. "Der Kreisel": In der Bewegung des Kreisels spiegelt sich die Zirkelhaftigkeit der Denkweise des Philosophen. Strukturen des Bewußtseins: Diskontinuität, Möglichkeit, Intentionalität. Wertbewußtsein konstituiert sich erst im Verlust, durch die Unverfügbarkeit. In der Sehweise der Kafkaischen Hauptgestalten zerfallen das "Individuelle" und das "Gemeinsame" in ihre Negativvarianten: totale Isolierung u. allseitige Abhängigkeit. Sprache kennt nur Aspekt des trügerischen Habens. Schreiben ist für Kafka "Tat-Beobachtung" (für den Leser nicht nachvollziehbar), Einheit von Kontemplation u. Tätigkeit u. von Schriftsteller u. wirklichem Ich: nur möglich in der Kongruenz von Erzähler u. Perspektivgestalt (einsinnige Darstellung). Leiden des wirklichen Ichs wird zur Erlösung des Schriftstellers, aber nur zeitweilige Befreiung möglich); Erlösung unübertragbar auf das wirkliche Ich. Der Schriftsteller (Sancho Pansa) stürzt sein wahres Selbst (Don Quixote) ins Unglück. Der Dichter Kafka macht die "empirische Realität" des Bewußtseins transparent auf das eine, wahre, unwandelbare Sein.]

Rez.: Karl-Heinz Fingerhut in: *Germanistik* 13 (1972) S. 392–93;
Hans Bänziger in: *Schweizer Monatshefte* 52 (1972–73) Nr. 1. S. 64–65;
Malcolm Pasley in: *GLL* 27 (1974) S. 170–72;
Stanley Corngold: "Perspective, Interaction, Imagery and Autobiography: Recent
Approaches to Kafka's Fiction." In: *Mosaic* 8 (Winter 1975) Nr. 2. S. 149–58.

Kokis, Sergio: *Franz Kafka e a expressão da realidade.* Rio de Janeiro: Tempe
Brasileiro, 1967. 140 S. (Temas de todo tempo 7).

[Kafkas Werk in zweifacher Perspektive gesehen: 1. Als persönliche Auseinandersetzung
mit dem sozialen Mythos, der sich in seinem Werk niederschlägt. 2. Kafkas Werk als
wichtiger geschichtlicher Wendepunkt in Richtung auf das Phänomenologische hin, unter
Aufgabe des oberflächlichen, mechanistischen u. behavioristischen Realismus. – Kafka
versucht, auch das Individuelle gegenüber dem Allg. durchzusetzen. Leben Kafkas aufschlußreich u. befruchtend für Werk; die Literatur als traumhafte Welt, in der er seine
persönlichen Probleme bis zur letzten Konsequenz darstellen konnte. Kafka in Auseinandersetzung mit einem bedrückenden Kosmos, wird sich seiner Lage bewußt, rebelliert
dagegen. Gedrängte, dynamische Sprache – bringt auch Leser zu Bewußtsein.]

Konder, Leandro: *Kafka.* Terceira edição. Rio de Janeiro: José Alvaro, 1968.
217 S. (Vida e Obra). 1. Aufl. 1966.

[Einführende Bemerkungen zu den Werken u. verschiedenen Aspekten: Kafkas Lebens-
lauf, gesellschaftliche u. religiöse Verhältnisse, seelische Schwierigkeiten (Einsamkeit,
Pessimismus, Verfremdung), politische Ideen (Betonung der sozialen Frage). Frage der
Anerkennung Kafkas in den sozialistischen Ländern u. die marxistische Literaturkritik.
Kafka in Brasilien. Beschreibende Zusammenf. der Werke (Inhaltsangaben).]

Kraft, Herbert: *Kafka. Wirklichkeit und Perspektive.* Bebenhausen: Lothar
Rotsch, 1972. 82 S. (Bd. 2, "Thesen und Analysen").

[In kurzen Kap. verschiedene Brennpunkte der Kafkaforschung besprochen, um das
Werk dem Leser näherzubringen; vorwiegend auf soziologische Deutung ausgerichtet.
– Kafkas phantastische Welt durch realistische Details verfestigt. Verselbständigung der
Details führt ebenso zu Verfremdung wie Kafkas neutrale Sprache. Komik u. Groteske
weisen darauf hin, daß Welt der Perspektivgestalt nicht Wirklichkeit ist. Zwei Wirklich-
keitsschichten werden in vielen Erz. konfrontiert (Normales u. Paradoxes) u. führen
Leser u. Helden durch Entfremdung zur Erkenntnis. In Romanen sind diese zwei Ebenen
vermischt. Strukturelle Merkmale der Werke sprechen für Kafkas wachsende Entfernung
von der Subjektivität. Verfremdeter, im Leben gescheiterter Künstler, sucht Ausweg in
der Kunst – problematisch.]
Rez.: Karl-Heinz Fingerhut in: *Germanistik* 13 (1972) S. 393;
Helmut F. Pfanner in: *Literature, Music, Fine Arts* 6 (1973) S. 165–66;
Claude David: "Sur Kafka: quelques livres parmi beaucoup." in: *EG* 30 (1975) S. 62.

Kraft, Werner: *Franz Kafka. Durchdringung und Geheimnis.* Frankfurt/M.:
Suhrkamp, 1968. 215 S. (Bibliothek Suhrkamp Bd. 211).

[Poetische Interpretation. 25 Abschnitte mit Gedanken über Kafkas Werke, einige davon
in Essaylänge. Grundfigur von Kafkas Denken u. Stil ist die Parabel. Die Romane sind
aufgeschwollene Parabeln, ebenso die längeren Erzählungen.]
Rez.: Theodore Ziolkowski in: *Books Abroad* 43 (1969) S. 407–08;
Hartmut Binder in: *Germanistik* 11 (1970) S. 183.
Vorabdruck von S. 65–78 u. d. T.: "Das Religiöse bei Kafka." in: *Studies in Mysticism*

and Religion presented to Gershom G. Scholem on his Seventieth Birthday. Ed. E. D. Urbach, R. J. Zwi Werblowsky, Ch. Wirszubski. Jerusalem: Magnes Pr., Hebrew Univ., 1967. S. 165–70.

Kreis, Rudolf: *Die doppelte Rede des Franz Kafka. Eine textlinguistische Analyse.* Paderborn: Schöningh, 1976. 167 S.

[Geht von Theorien des Psychologen Jacques Lacan aus u. entwickelt Ideen von Jörgen Kobs' Buchstudie u. Gerhard Neumanns Artikel "Erwägungen zum 'Mimesis'-Charakter Kafkascher Texte" ("paradoxer Zirkel" als Bewußtseins- u. Sehstruktur der Kafkaschen Helden). – Psychologische u. sprachphilosophische Abhandlung über Kafkas Prosa. Schlußteil: Belege für entwickelte Theorien aus Texten. Keine textlinguistische Studie; eher strukturalistischer Deutungsversuch. Körper als zentraler Begriff der ästhetischen Kommunikation, Literatur u. Gesellschaft darin eingeschlossen. Literatur ereignet sich am Ort der Sprache – Körper. Diskursanalyse von J. Lacan: Welchen Raum gab Kultur dem Körper u. seinen Wünschen?
1. Teil: Theorie des Lesens als Gegenmodell gegen die Modelle ästhetischer Kommunikation (Bühler) entwickelt, im 2. Teil drei Modellanalysen.
Ästhetische Botschaft löst leibliche Selbsterfahrung aus, die Ontogenese der Gattung bis in weit zurückliegende Stadien körperlich nachvollziehbar gemacht. Schicksal des abendländischen "Körpers" an verschiedenen Dichtungen aufgezeigt.
"Seele" – Neudefinition Kafkas: Eine durch Erziehung in den Körper hineingeprägte kollektive Vorschrift; Versprachlichungsprozeß. "Strafkolonie" – Geschichte der menschlichen Gesellschaft. Modellhaft, Folge von einander ablösenden Einschreibsystemen. Hinrichtung des Körpers zum verwendungsfähigen Sozialwesen; Folter u. Lust. Lust-Leid-Prinzip, dialektische Triade im System der Sprachkolonie. S. 132–63: "Das Schloß": Extreme Unvereinbarkeit der vorliegenden Deutungen besprochen; Schloß als Gnadenort, gleichzeitig vernichtendes Ungeheuer. Auch H. Binders neue biographische Deutung enthält gleichen Grundwiderspruch. Roman besitzt parabolische Form (Kernstück wie "Vor dem Gesetz" in "Prozeß": Türhüterfunktion hier den Frauen übertragen). – "Trialogische Zerteilung der Sprache"; Werke großer Klassiker zeigen geniale Strategien gegen Sprachzwang. Kafkas Naturbegriff innerhalb der klassischen Tradition. Normen, unter denen seine Figuren reden, nur mehr leere "Zwangsformen", Gesetz bleibt unbekannt. Form ohne Inhalt. Schloßroman – Erfahrungsmodell der Sprache, Land unserer Sprache, wo K. als Vermesser auftritt. Deutung der Gesetzesparabel als Basis für Schloßinterpretation, K. ist der Mann vom Lande, der geschlossenes System betritt, fügt sich. Schloß: 1. Erfahrungsmodell der Sprache, 2. Sprache als verdeckendes System gestaltet, 3. Sprache als eine im eigenen Feld gefangene Triebmechanik. – Hörigkeit als Grundverhältnis jedes einzelnen zur Sprache. Feudale Metaphorik Schloß-Dorf? Klamm als Beispiel für diesen Deutungsansatz. – Doppelnaturen (Frieda, Gehilfen). – Sprache tritt dem Landvermesser akustisch, optisch u. struktural entgegen. Er muß Sprachland vermessen. Oszillieren zwischen Rede u. Gegenrede, endlose Vermessungsreise. – K.s ganzes Trachten: Vermessen des schon Vermessenen, Sprache – Bedingung des Unbewußten. K. liefert dem Leser Daten seiner Tat, Leseleistung muß interpretieren. Leser soll sich beim Lesen besser verstehen.]
Rez.: Karl-Heinz Fingerhut in: *Germanistik* 18 (1977) S. 231–32.

– *Ästhetische Kommunikation als Wunschproduktion. Goethe – Kafka – Handke. Literaturanalyse am "Leitfaden des Leibes".* Bonn: Bouvier Verl. Herbert Grundmann, 1978. 202 S. (Abhandlung zur Kunst-, Musik- u. Literaturwissenschaft, Bd. 264).

[Kafkas "Schloß": Werk der klassischen Moderne. "In der Strafkolonie": Kafka, ein

Kind des Liberalismus, spinnt Nietzsches Gedanken schöpferisch weiter, Neubestimmung des Verhältnisses von Leib u. Seele, welche ein "Versprachlichungsprozeß" ist; "Sprach- u. Schreib-Maschine" ist gleichzeitig Folter u. Lust; Erziehung wird visualisiert als Einschrift der sozialen Normen in den Körper (soziales Ich überlagert primäres Ich); das Urteil ist im Zeichner der Foltermaschine vorprogrammiert. Kafkas Figuren sind zugleich Erwachsene u. Kinder. –
S. 132–63: Franz Kafka: "Das Schloß": s. R. K.: "Die doppelte Rede des Franz Kafka". Vergleich zwischen Gregor Keuschnig (Handke: "Die Stunde der wahren Empfindung") u. Gregor Samsa.]

Krock, Marianne: *Oberflächen- und Tiefenschicht im Werke Kafkas. Der Jäger Gracchus als Schlüsselfigur.* Marburg; Elwert, 1974. 169 S. (Marburger Beiträge zur Germanistik Bd. 47).

[Kafkas Bildersprache u. private Symbolik noch nicht entschlüsselt. Versuch einer Textanalyse, allegorische Auslegung. Unter der scheinbaren Sinnlosigkeit der "Oberfläche" in Kafkas Werken liegt eine Tiefenschicht verborgen, die eine Ordnung u. innere Wahrheit enthält. Oberflächen- u. Tiefenschicht in Kafkas Werken ("Jäger Gracchus", u. anderen Erz. mit verwandten Themen, u. a. "Ein altes Blatt", "Die Sorge des Hausvaters", "Eine Kreuzung" u. "Die Verwandlung") werden untersucht. "Der Jäger Gracchus": die Sekundärliteratur beurteilt Erz. als pessimistisch u. fast sinnlos; dies stehe im Gegensatz zu Kafkas Wunsch, eine verborgene Ordnung u. die innere Wahrheit, das Unzerstörbare, darzustellen. – Eine Textanalyse des "Gracchus" zeigt eine scheinbare Realität an der Oberfläche; die Hauptfiguren sind eigentlich Gestalten aus Sage u. Bibel (Leben-Toter – die unsterbliche Seele, Bürgermeister Salvatore als Heils- u. Vermittlerfigur). An der Oberfläche zeigt sich scheinbarer Nihilismus (Gracchus ohne Möglichkeit der persönlichen Entscheidung), die Tiefenschicht enthüllt eine Schuld (schon im Namen des Jägers angezeigt, er betont zu sehr das "Nichtwissen", ist der irdischen Welt verhaftet). Jäger: typischer Mensch, der zusammen mit der Umwelt den Glauben ablehnt, u. damit auch die Vermittlergestalt. Der Dualismus von gutem Geist u. böser Materie wird als bestimmend für Kafkas Werk angesehen, u. auch für dessen Struktur. Die Bemühungen der Vermittlerfigur mißlingen immer, Materie, Welt, Chaos (Stoff u. Form) bleiben getrennt von Geist, göttlicher Weltordnung (Tiefenschicht). Der Erzähler verbirgt die Wahrheit unter der Lüge der Oberflächenschicht der Erz. Die Realität als Bilderrätsel; Kafkas eigene Schuldauffassung, nimmt Unglauben der Zeit auf sich. S. 100–50: "Die Verwandlung": (s. Artikel).]
Rez.: Hartmut Binder in: *Germanistik* 16 (1975) S. 544.

Krusche, Dieter: *Kafka und Kafka-Deutung: Die problematisierte Interaktion.* München: Wilhelm Fink, 1974. 172 S.

[Untersuchung der Kommunikation u. Interaktion zwischen den Gestalten in Kafkas Werk (ersichtlich aus der "Erzähltendenz der Motivgestaltung") u. auch der Reaktion der Kommentatoren auf das Werk. Werk u. Kommentare werden als Kommunikationssystem angesehen. Krusche zielt auf Wirkungsästhetik. Er schlägt als Alternative zu der symbolisch verhafteten u. zumeist auf klassisch-romantische Grundsätze zurückgehenden Literaturkritik ein Modell der dialogischen Interaktion mit dem Kunstwerk vor (nach Jürgen Habermas), durch das ein Kritiker weder aus seiner Zeit ganz heraustreten u. im Zeichen der Innerlichkeit zum "Selbstzweck" arbeiten, noch die Gegebenheiten in Kafkas Zeiten vernachlässigen dürfe, da sie dessen Werk wesentlich mitgeformt haben, besonders, was den Rückzug Kafkas u. seiner Helden in die totale Einsamkeit anbelangt. Dies wird durch eine Untersuchung der Erzählperspektive gezeigt, die sich von "Amerika"

zum "Schloß" vervollkommnet; K. ist gänzlich aus der Solidarität u. Kommunikation ausgeschlossen. Das Kap. "Motivgestaltung und Weltvermittlung" geht auf Eigenheiten von Kafkas Erzähltechnik ein, die nach Krusche den "Dissens" in der Kafkaforschung hervorriefen, u. zwar u. a. durch Deformation der klassischen Motive u. Überführung von zeitgenössischem Material ins Persönliche. Krusche bespricht die "reduktiven" u. "spekulativen" Deutungsmöglichkeiten u. schließt seine Studie mit "Kafkas Sozialfunktion als Künstler" u. Gedanken über "Das Kunstwerk und seine Vermittlung in der Kafka-Literatur" ab.]
Rez.: Peter Richter in: *Poetica* 6 (1974) S. 519–21;
Maria Luise Caputo-Mayr in: *Books Abroad* 49 (1975) S. 320;
Jürgen Born in: *Germanistik* 16 (1975) S. 544–45;
Stanley Corngold: "Perspective, Interaction, Imagery and Autobiography: Recent Approaches to Kafka's Fiction." In: *Mosaic* 8 (1974) Nr. 2. S. 158–62;
Ralf R. Nicolai in: *Studia Neophilologica* 47 (1975) S. 403–06;
Richard H. Lawson in: *MAL* 8 (1975) Nr. 3–4. S. 336–37;
Claude David: "Sur Kafka: quelques livres parmi beaucoup." In: *EG* 30 (1975) S. 64–65;
Klaus-Peter Heinze in: *MAL* 11 (1978) Nr. 2. S. 193–94.

Kühne, Jörg: *"Wie das Rascheln in gefallenen Blättern."* Versuch zu Franz Kafka. Tübingen: Rotsch, 1975. 87 S.

[Betrachtung des Wesens, des Dinges, der Person, des Sinnes, der Bedeutung von "Odradek" ("Die Sorge des Hausvaters"). Das Interesse der Interpreten sollte sich auf die Beziehung zwischen Hausvater und Odradek u. auf die Sorge des Hausvaters konzentrieren, anstatt sich ausschließlich um Odradek zu bemühen, wie es der Hausvater selbst macht, der zu keinem Resultat kommt. Odradek lädt zum Spiel ein, ist schwerelos u. marionettenhaft, sein einfaches Dasein u. Sosein, ohne Rechtfertigung, macht ihn aber unheimlich u. dämonisch. Er scheint absolut frei zu sein. Der Hausvater bemüht sich zuerst sprachwissenschaftlich um das Wort, beschreibt Odradek, behandelt Wort wie einen Besitz; versteht es deshalb nicht. Begegnung mit Odradek aber könnte Zusammentreffen mit Freiheit, Nichts, Tod, Zerstörbarem u. Unzerstörbarem bedeuten. Leser u. Hausvater sollten sich durch Odradeks Lachen u. seine mögliche Unsterblichkeit betroffen fühlen. Erz. stellt ein Verhältnis innerhalb möglicher Verhältnisse dar. Odradek als Ding, das durch das Wort nicht erreichbar ist. Er stellt die Dinge dar, die durch Vergessen entstellt wurden. Das Gebilde Odradek erinnert aber auch an die moderne Kunst, die die Wahrheit der vergessenen Dinge herausstellt. Oder ist "Vergessenheit" überhaupt die Seinsform Odradeks, der Untergrund alles Gegebenen? Hausvater sollte in Odradeks Lachen einstimmen können u. in ihm eine Wesensmöglichkeit des eigenen Daseins erkennen können. – Essayistisch.]
Rez.: Adolf Fink in: *Germanistik* 16 (1975) S. 960.

Kuna, Franz: *Franz Kafka. Literature as Corrective Punishment.* Bloomington and London: Indiana Univ. Pr., 1974. 196 S.

[Bild des besiegten Menschen taucht nach Dostojewski immer wieder in der Literatur auf, bes. bei Kafka. Er verteidigt diesen Menschen gegen Statistik u. Bürokratie u. greift auch die bösen Absichten des einzelnen auf. Bei Kafka besteht die Existenz aus einer subjektiven u. einer objektiven Sphäre; die unverständliche Welt wird durch "corrective punishment" wieder geheiligt. 1. Kap.: Kafkas Welt: allg. Lage der dt.sprachigen Literatur, Innerlichkeit u. Mystik, bes. bei österreichischer Literatur. Isolation der dt. Schriftsteller in Prag zur Jh.-wende; Kafkas Interesse für den Sozialismus. Literatur als Exorzismus, Kafkas Mißtrauen gegenüber der Literatur; Strafphantasien; Pessimismus des 19. Jh., Problem Leben u. Kunst. Kafka aber feiert das Leben in "Amerika". Max Stirners Philo-

sophie (radikaler Egoismus) auch bei Kafka (1. Kap. von "Prozeß"); Krise des Bewußtseins (Chandos-Brief) – "Beschreibung eines Kampfes". – Kap. 2: s. Artikel ("Kafka and
Sacher-Masoch") – leicht geändert. 3. Kap.: "Die Verwandlung": Gregors Unzufriedenheit mit normaler Existenz; Strafe – Projektion der Zweifel des Helden über sich selbst.
Insekt – entfremdeter Mensch – allg. Metapher; der "wirtschaftliche" Mensch. Auch Untersuchungen der Beziehungen innerhalb der Familie, Musik als Symbol der Suche? Religiöse Elemente – Ideal nur durch Leiden erreichbar. Tödlicher Kampf zwischen Vater u.
Sohn. – Kap. 4: "Amerika": Besprechung unter Einbezug der wichtigsten Literatur;
Dualität der Erz.-strukturen (Realismus u. Traumwelt), Bildungsroman erneuert. Prinzip
der Reduktion (Husserl, Franz Brentano); Übergangswerk, später Perspektivismus. Einzelne Figuren u. ihre Beziehungen. Kap. 5: "Prozeß": Biographische Elemente u. Korrespondenz. Roman des Egoismus. Zusammenhang zwischen geistiger u. sexueller Liebe
gezeigt. Ruhiges Sterben als persönlches Ziel Kafkas, ist auch die Verfassung Josef K.s
am Ende des Werkes. Metaphysisch ist sein Tod ohne Bedeutung. Kafkas Auftrieb durch
Schreibetätigkeit, seine körperliche u. geistige Verfassung 1914 (Erschöpfung). Zwei
Bewußtseinsebenen (1. Kap.). K. ist zu engstirnig u. bürgerlich, Frl. B.s Vorbild in der
Zusammenarbeit mit dem Gesetz, er lernt nichts von ihr. 1. Verhör; Freispruchmöglich-
keiten durch Titorelli; Türhüterlegende (menschliches Gewissen u. Gesetz unvereinbar).
Ende: Kafkas nihilistische Auffassung von der Not des Menschen. Kap. 6: "Das Schloß":
K. kommt zum gleichen Resultat wie Josef K., Rettung kommt für ihn aber als eine Art
Erlösung, nicht als Urteil, wie im "Prozeß"; K. hat im Kampf Einsicht gewonnen u. ak-
tives Wissen über den Tod. Roman voller Todesgestalten, Todeslandschaft, Welt ohne
Transzendentes (Kafka als Marcionist). K. u. Klamm: Klamms Natur, sein "Sein" ist
wichtig, nicht seine Taten, Metapher für das Unpersönliche. K. u. Frieda: auch Kafkas
eigenes Problem mit der Ehe u. den Frauen. Friedas "reine" Liebe für Klamm, sexuelle
Liebe zu K., beide zusammen suchen nach höherer Welt. K.s Suche geht auch außerhalb
seiner Verbindung weiter. Umkehrung der "Prozeß"-Situation, K. kommt zum Schloß,
der Prozeß hingegen kam zu Josef K. K.s Zusammentreffen mit den Schloßbeamten, bes.
Bürgel u. K.s Traum im Herrenhof; metaphysische Komödie der Aktenverteilung, Streben ohne Ziel. Die Natur von K.s Assistent in diesem Todesland, metaphysische Bedeutung? Amalia u. Olga: geistige u. sexuelle Liebe; Psychologie der Zeit. Amalia aber zeigt
auch weibliche Intelligenz u. matriarchalische Züge, Mut. Olga: praktisch, versöhnlich.
Bedeutung des Romans: Beziehung zwischen Tod u. Leben, Held kehrt aus dem Tod
zum Leben zurück. Menschliche Erfahrung am Rande der Existenz.]
Rez.: Kurt Neff in: *Germanistik* 18 (1977) S. 876.

Kurz, Gerhard: *Traum-Schrecken. Kafkas literarische Existenzanalyse.* Stuttgart: Metzler, 1980. X + 262 S.

[Autor versucht, Kafkas Texte zu "buchstabieren" u. dadurch verständlich zu machen.
Weiters möchte er beweisen, daß Kafka ein Vertreter seiner Epoche ist, eine Zeit des Kul-
turpessimismus u. der Lebensangst (1900). Kafka spricht von der Existenz als "Sein zum
Tode" u. seine Werke handeln davon, von der schuldigen Existenz u. vom verdrängten
Tode, kurz, von der Weltablehnung. Bejahter Tod einzige Hoffnung, u. "Traum-Schrek-
ken" (Zitat aus einem Brief an Milena) bedeutet eben diese Unmöglichkeit der Existenz
in einer "verkehrten" Welt, wo Mensch sich so benimmt, als ob er hierhergehört, also
Theater spielt. Kafkas Texte sind daher Theater, das die zweideutige Rede der Helden
bloßstellt (Vorder- u. Hintersinn). Das Wahre ist für Kafka nicht die Welt des entfremdeten Menschen, sondern das, was uns "als das Allerbefremdlichste" scheint.
1. Teil: Die Vorgeschichte von Kafkas "Schreiben" in der Moderne. Texte so ausgewählt, daß sie Kafkas Auffassung von "der Kunst vom Tod" zeigen. Nachklassische
Ästhetik von Heine über Nietzsche, Schopenhauer bis zur Jh.-wende. Kleine Form, Gattungsfragen, Schreiben als Gebären, Selbsttherapie u. Verbindung zum Vater. – Die

Tiefe von Kafkas "Selbst", kompromißlos, Gegensatz von Tiefe u. normalem Leben, Schreiben als Reise in die Tiefe (Innerlichkeit des 19. Jh.), Beispiele aus Kafkas Erz. – Zusammenhang Kafkas mit Nietzsche u. Freud, gemeinsame Themen u. Einsichten im Gegensatz zu früherer Annahme (Wagenbach), daß Kafka eine Einzelerscheinung war. Gang in die Tiefe, Therapie; Ich-Pluralisierung, Figurenspaltung, Problematik der Askese, Vater-Sohn-Konflikte, Kritik an der Psychoanalyse, Eros u. Tod. – Selbstanalyse Kafkas literarischer u. psychologischer Art, Selbstverurteilung; Metapher des Schmutzes, das Thema der Angst (damals weitverbreitet), bes. Todesangst; Bedeutung von Dröhnen, Lärm u. Musik; Zusammenhang von Kunst, Gericht u. Tod, "In der Strafkolonie" als Beispiel (Geschichte einer Wahrheit "in der Gestalt ihrer Verdrängung"). Die Stellvertreter-Figuren in Kafkas Werk; der Dichter als Stellvertreter seiner Epoche u. der Familie (Opfertier); Kritik am Westjudentum, Zionismus, Gemeinschaft u. Gesellschaftskritik, u. a. die Problematik des "lügenden Dichters". – Artistenfiguren ("Hungerkünstler"). Im zweiten Teil des Werkes werden Geschichten Kafkas interpretiert u. wiederum in Zusammenhang mit Schopenhauer, Nietzsche, Freud u. Heidegger gebracht; Kafkas "gnostische Symbolik". Intimer Zusammenhang von Kafkas Leben u. Werk; dennoch ist Junggesellenfigur sehr verbreitet auch in übriger Literatur dieser Zeit. Literatur ist für Kafka nicht vorerst Protokoll seiner privaten Erfahrungen, er selbst betont dies in Hinblick auf "Urteil"; er findet erst nachher alle Beziehungen auf, die ihm einfallen; hermeneutische Konsequenz für Auslegung der Texte – "Vorrang der Geltung über die Genesis". Struktur der Texte bringt Unsicherheit der Bedeutungen. Interpretation von "Sorge des Hausvaters", "Josefine…", "Der Jäger Gracchus", "Ein Landarzt" (Existenzschuld u. gefürchteter u. ersehnter Tod). Kafkas "allegorische" Erzählweise (amimetisch, apsychologisch – Allegorese) in Beziehung zum Expressionismus. Erzählperspektive identisch mit Protagonisten, Erzählfiguren nicht Ausdruck der Entfremdung, sondern alle Ereignisse u. Handlungen zeigen ihre eigenen Entscheidungen, keine bedrohlichen Mächte, außer ihren eigenen Wünschen u. Handlungen, sind ihre eigenen Opfer. "Der Sündenfall in die Existenz": Kafka im Zusammenhang mit historisch-kulturellen Gedanken, bes. den obengenannten Philosophen, u. die Romane u. ihre Helden. Über Schuld oder Unschuld letzterer zu sprechen sei unzutreffend, Irreführung der Interpreten durch "subversive Technik" Kafkas. Buch schließt mit Kap. über "Das Theater Josef K.s", das den "Schrecken über die Existenz und diese als eine Aufführung" behandelt, also "erzähltes Theater" ist. Das Problem Kafkas mit der Literatur, die an sich schon Lüge ist. Wahrheit bei Kafka als existentielle Kategorie, eine existentielle Erfahrung (Kierkegaard u. Nietzsche); Wahrheit als "Sein", als "Leben". Kafkas Sprachkritik in Beziehung zu seiner Epoche, "Schreibweise des Schweigens" (Wittgenstein), auch Nietzsches Spuren. Sprachliche Struktur – Hypothesen, Held ist des Sinnes seiner Aussagen nicht gewiß.]

Rez.: Karl-Heinz Fingerhut in: *Germanistik* 20 (1979) S. 897–98;
Bernhard Böschenstein in: *Neue Zürcher Zeitung* (14./15. Febr. 1981) Nr. 37. S. 67;
Theo Elm in: *ZfdPh* 100 (1981) S. 619–22;
W. G. Sebald in: *Literatur und Kritik* (1982) Nr. 161/62. S. 98–100.

Lancelotti, Mario A.: *Cómo leer a Kafka.* Buenos Aires, Barcelona: Emecé Editores, 1969. 155 S.

[Untersuchung von Kafkas Stilmitteln, bes. der Allegorie, führt zur Theorie, daß Kafka in seinen Werken Gebiete erreichen wollte, die jenseits unserer Sinnenwelt u. der menschlichen Beweiskraft liegen. Dieser Versuch schlägt fehl u. Kafka blieb ohne Beziehung zum Nächsten in der alltäglichen Welt des "Wachseins". Diesen Zustand stellt er in seinen Werken in einer "Traumwelt" dar, die an die Wirklichkeit grenzt, in der aber Zeit, Raum- u. Vernunftsbegriffe absurd werden. – Fünf Teile: I. Aproximación al mundo de Kafka: Einführung u. Besprechung von "Verwandlung", "Heizer" u. "Urteil".

II. S. 61–116: Las novelas: (Hauptteil) Analyse der Romane. III. Los personajes: Kommentar zu den Gestalten in Kafkas Werken, wie: der Held, die anderen, die Familie, die unnützen Beschützer, Richter, Helfer u. Zeugen, Frauen, Doppelgestalten, Volk. IV. Las cosas: Behandelt das Ambiente, die Gänge, Fenster, die Maschine. V. Glosario: Romane als Lebensstrukturen gedeutet, Personen als Individuen u. in Beziehung zum Kollektiv untersucht u. die materiellen Metaphern beleuchtet.]
Rez.: Rodolfo E. Modern in: *Sur* 324 (1970) S. 81–83.

Leisegang, Dieter: *Lücken im Publikum. Relatives und Absolutes bei Kafka.* "Philosophie als Beziehungswissenschaft." Festschrift für Julius Schaaf. Hrsg. v. W. F. Niebel u. D. Leisegang. 16. Beitrag. Frankfurt/M.: Horst Heiderhoff, 1972. 56 S. ("eidos" Beiträge zur Kultur, Bd. 19).

[Kafka stellt Dilemma des Menschen dar, der im Käfig der Relativität gefangen ist. Kafkas Boden schwankt, aber fester Boden, zu dem kein Weg führt, ist Ziel. Welt: Nebeneinander u. Nacheinander getrennter Sachverhalte. Kafkas Welt schildert Hölle realer Beziehungslosigkeit. "Bericht…" – vielleicht das ironischeste von Kafkas Werken. Freiheit u. Glück werden durch Erziehung zur Gesellschaft verloren. Kafkas Rollenträger mit wandelnder Funktion; keine Beziehung zum Absoluten möglich. Das kafkasche Absolute – eine zeitlose Totalität.]
Rez.: Jürgen Born in: *Germanistik* 14 (1973) S. 717.

*Lind, Margareta: *Kafkafantasi.* Stockholm: Forum, 1977. 56 S.

Loose, Gerhard: *Franz Kafka und Amerika.* Frankfurt/M.: Vittorio Klostermann, 1968. 90 S.

[Kafkas Amerikabild entstammt der Phantasie, er will das Wesen des Landes darstellen; überhöhte Wirklichkeit. Wenig von Dickens übernommen. Technisches fasziniert Kafka. Unterwerfung des Menschen unter das Mechanische. Klassenspannung. Utopisches in Oklahoma.]
Rez.: A. Peter Foulkes in: *Germanistik* 10 (1969) S. 905;
Winfried Kudszus in: *Arcadia* 4 (1969) S. 322–23;
Ingo Seidler in: *Comparative Literature* 8 (1971) S.173–74.

*Lühl-Wiese, Brigitte: *Ein Käfig ging einen Vogel suchen. – Kafka – Feminität und Wissenschaft.* Berlin (West): Merve, 1980. 96 S.

Maione, Italo: *Franz Kafka.* IIa edizione riveduta e ampliata. Napoli: Libreria scientifica editrice [s. a.] 83 S. – (1. Aufl. 1952).

[Biographisches Porträt, Kurzbesprechungen der wichtigsten Werke. "Amerika": Wirklichkeit bestimmt Schicksal Karls (reine Seele), der zur Marionette wird. "Prozeß": geheimnisvolle Schuldfrage, Josef K. ein Symbol, unmenschlich u. grotesk, künstlerisch verfehlt. "Schloß": Gnadentheorie Brods angenommen; keine Synthese zwischen Wirklichem u. Symbolischem, farblos, Frauen lebendiger als Männer dargestellt. Erz. besser. Vergleich mit Romantikern.]

Mandaus, Ludek: *Ein Flug um die Lampe herum.* Nach Skizzen und Ideen von Franz Kafka, für die Bühne eingerichtet von Ludek Mandaus, deutsche Fassung redigiert von Paul Kruntorad, mit einem Vorwort von Friedrich Heer.

Wien: Universal Edition, 1970. XIII + 115 S. – (C 1970 Dilia Prag u. Universal Edition Wien).

[Vervielfältigtes Maschinenschrift-Ms.
S. III–XI: Vorwort von F. Heer: Hier ist strukturell ein Psychogramm des "ganzen Kafka" präsent. "Ein Flug um die Lampe herum" kreist um Verlobung mit Felice Bauer. Heer zweifelt nicht an Kafkas Urtext. –
S. XII–XIII: Protokoll Mandaus' über Entstehungsgeschichte des Stückes vor dem Bezirksgericht Wien, Innere Stadt (1966). – Abdruck des Theaterstückes, dessen Beziehung zu Kafka von den meisten Kafkaforschern bezweifelt wird.]

Marson, Eric: *Kafka's "Trial". The Case Against Josef K.* St. Lucia, Queensland: Univ. of Queensland Pr., 1975. 353 S.

[Aus Diss. entwickelt, genaue Textstudie des Romans, soll Beziehungen wesentlicher Details u. Ereignisse zueinander bestimmen; Hervorhebung von Motiv- u. Symbolschwerpunkten. – Kap.-Umstellungen vorgenommen (1. Verhaftung 2. Die Freundin des Fräulein Bürstner – früheres Kap. 4; 3. Erste Untersuchung – früher Kap. 2; 4. Der Prügler – früher Kap. 5; 5. Im leeren Sitzungssaal – früher Kap. 3) ohne Einsichtnahme in Ms. Roman beschreibt K.s falsche Einstellung zu sich, zum Gericht u. zur Schuld; Werk soll K. zur Einsicht in seine Schuld führen. K. ist aber unfähig dazu, ebenso wie er im täglichen Leben ethische Regeln nicht befolgen kann; er ist berechnend zu Mitmenschen u. weist Schuld zurück. Die Neuanordnung der Kap. läßt K.s Schuld deutlicher werden, bes. auch durch die Einordnung der Fragmente (z. B. "Fahrt zur Mutter", das gegen Ende des Romans eingeschoben wird). Dieses Fragment läßt auch frühere Episoden in negativem Licht erscheinen. Neue Kap.-Einteilung ergibt einen symmetrischen Handlungsaufbau u. stellt K.s Fehler heraus, ebenso wie das Versagen seiner Verstandeskräfte. 6.–8. Kap.: K.s Suche nach Information über Gericht, das keinen Kontakt mehr mit ihm sucht. Gericht bemüht sich um Aufklärung K.s im Domkap., letzte Konfrontation mit Gericht. Obwohl sein Selbstvertrauen erschüttert ist, kann K. doch nur alles nach seinem eigenen Gutdünken deuten u. unterstellt dem Gericht seine Motive. Trugschluß wird ihm widerlegt. Episode ist eigentlich Vorladung vor das Gericht. Mutterfigur. Gesetzesparabel zeigt Parallelen zu seinem Fall, weder K. noch Mann vom Lande suchen Schuld bei sich. Verfahren verwandelt sich in Urteil. K. stirbt ohne Einsicht in seinen Prozeß; "wie ein Hund" – Ausspruch bezieht sich auf seine ethische Deformierung. K.s viele guten Seiten: moderner Geschäftsmann. Fehler: moralische Blindheit in vielen wesentlichen Dingen. Buch auch Kulturspiegel.]
Rez.: Edward Diller in: *Seminar* 12 (1976) S. 265–67;
Maria Luise Caputo-Mayr in: *MAL* 11 (1978) Nr. 2. S. 141–43;
Franz Lösel in: *GLL* 32 (1978) S. 85–86.

Martínez Estrada, Ezequiel: *En torno a Kafka y otros ensayos.* Compilados por Enrique Espinoza. Barcelona: Editorial Seix Barral, 1967. – (C 1966).

[Teil I (S. 11–41) über Kafka.
S. 11–20: Lo real y el realismo: "Prozeß" – Wirklichkeit des Alltags u. absolut absurde Welt nebeneinander. Mathematische u. intuitive Wirklichkeit. In Dialogform. S. 21–27: Intento de senalar los bordes del mundo de Kafka: Ein Verständnis Kafkas nur durch Verfolgen seiner Gedankengänge u. durch Erforschen seines "Labyrinths" möglich. Gedankengut u. Sensibilität um die Jh.-wende wichtig. Der Mensch wird von geheimnisvollen Energien gelenkt. Handlung der Werke – unendlich fortführbar, dehnbarer Zeitbegriff, architektonisch vollkommene, aber hohle Formen. S. 29–35: Acepción literal del mito en Kafka: Festgelegte Strukturen in Kafkas Werk – durch individuelle Faktoren unendlich abwandelbar: seine Welt nicht phantastisch, steht nur außerhalb jeder gött-

lichen u. logischen Ordnung. S. 37–41: Apocalipsis de Kafka: Hermeneutische Methode zum Verständnis von Kafkas Werken empfohlen, ebenso wie Annäherung vom mythischen Standpunkt des 20. Jh. her.]
Rez.: Martin Franzbach in: *Germanistik* 10 (1969) S. 443–44.

Mense, Josef Hermann: *Die Bedeutung des Todes im Werk Franz Kafkas.* Frankfurt/M., Bern, Las Vegas: Peter Lang, 1978. 278 S. (Kasseler Arbeiten zur Sprache u. Literatur, Bd. 4).

[Arbeit untersucht textlich die Hinweise Kafkas auf den Tod, seine persönliche Todesproblematik u. die seiner Helden. Theologisches Interesse u. psychologische Gegebenheiten sind berücksichtigt, induktive Studie, die über den Rahmen einer Motivstudie hinausgeht.
Teil A: Deutung einer Reihe von Erz. ("Beschreibung eines Kampfes", "Urteil", "Verwandlung", "Vor dem Gesetz", "Strafkolonie", "Landarzt", "Gracchus", Barnabas-Familie aus dem "Schloß" u. "Hungerkünstler") unter dem Beziehungspunkt "Tod des Helden". Frage: Wie, warum sterben sie? Ursache u. Wertung ihres Todes. Ergebnisse der Kafka-Interpretation einbezogen. Sicht der Helden ist anders als Sicht Kafkas.
Teil B: Vergleich der gewonnenen Einsichten: Suizidale Tendenzen aller Hauptfiguren, früher Tod oder totenähnliches Dasein. Tod u. Ich: Spaltung der Person von Bedeutung, Unentschiedenheit, Fehlen des Überblickes, Liebesunfähigkeit, Gewissen u. Schuld zum Tode, sowie Haltlosigkeit bei allen diesen untersuchten Helden vorhanden. – Tod u. Gesellschaft: Helden leiden auch unter Kommunikationsschwierigkeiten, Mißtrauen, Kampf u. Isolation, meist unter Entfremdung (Theorie von Marx; Arbeit u. persönliche Tendenz). Leben in kalter Welt. Hermetik der Erzählweise. Ist Struktur durch Todesmotiv geformt? Autor stellt fünf Grundmuster heraus: Eskapismus, Dilemma, Balance, Machtkampf u. Bilanz. Diese Schemata überlagern sich auch oft, z. B. in "Verwandlung" finden wir das Eskapismus- u. das Machtkampfschema. Deutung: Es besteht eine "Todesverliebtheit" in vielen Figuren Kafkas, der Tod wird oft als eine Art Erlösung angesehen, ist oft gewaltsam u. wirft die Frage auf, ob Kafka als Pessimist zu beurteilen sei. Für Kafka aber sind Liebe, Gemeinschaft, Menschlichkeit vorhanden, nur nicht für seine Helden. – Untersuchung des Christusmotives; häufiger Tod könnte auch Plädoyer für den sogenannten "natürlichen Tod" sein, der in der jüdischen Tradition als Segen des Himmels gesehen wird.
Teil C: Biographische Selbstdeutung: Hier wird nun die Verbindung zwischen Leben u. Werk Kafkas hergestellt. Parallelen seien aber nur in der Tiefenstruktur des Werkes zu finden, u. zwar in der Situation u. psychischen Struktur der Helden, ihrer Ambivalenz, etc. Vater, Ehe, Junggesellendasein als Probleme. Eigener Tod: Kafkas "angelockte" Krankheit, sein Ringen um einen Lebenssinn. Er deutet den eigenen Tod u. den seiner Helden. Schreiben wird ein Todesspiel, das heißt, Schreiben, um zufrieden sterben zu können. Liebes- u. Todesmystik (Milena, Fehlen einer echten Mystik).
Teil D: Weltbild Kafkas sei zu unterscheiden von dem seiner Helden (sie sind meist haltlos, ihre nihilistische Welt wird objektiviert). In Kafkas "reflektierten Äußerungen" aber zeigt sich sein positives Weltbild. Dieser scheinbare Gegensatz ist in Kafkas psychischem Dualismus begründet. Zwei "Ich" in Kafka, unteres ist haltlos (nicht reflektiert), oberes Ich ist standfest (der ethisch-pädagogisch-kritische Kafka). In Kafkas reflektierten Äußerungen ist der Tod nie das Hauptthema, Kafka will eigentlich das "richtige" Leben finden. Er hat die verschiedenen oben angeführten Deutungsmuster in seinen Werken erprobt. Sinn des Todes – aus Polarität seines Gottesbildes zu ersehen. Tod als Herausforderung. – Studie endet mit Vergleich mit anderen Schriftstellern.]
Rez.: Gerhard Kurz in: *Germanistik* 20 (1979) S. 555.

Moked, Gavriel: *Iyunim b "ha-metamorfozis" le-Franz Kafka. Prakim betoldotea shel ḥavaya ekzestentsalit aḥat.* Tel Aviv: Erlikman, 1956. 219 S. – Auch: 1965.

[(Hebr., Essay über "Die Verwandlung" von Franz Kafka. Einige Kapitel über die Geschichte einer existentiellen Erfahrung): Moked versucht, mehrere Aspekte eines Problems zu beleuchten. In "Verwandlung": Übergang einer menschlichen Seele von voller zu existentieller Wirklichkeit. Zimmer Gregors – einziger Schauplatz seines inneren Kampfes; Bemühungen, Zimmer zu verlassen, schlagen fehl; Zimmer wird bedrückend u. zur Falle. Kontrast zwischen äußerem Schauplatz u. Zimmer. Äußere Beschränkungen (Ort, äußerer Schauplatz, Zeit) u. Beschränkungen der Sinne. Gregor u. Vater (psychoanalytische Aspekte); Sieg des Vaters, der wieder Führung an sich reißt. Kafkas Helden haben kein zufriedenstellendes Geschlechtsleben. Rolle der Mutter in "Verwandlung" weit wichtiger als in allen anderen Werken. Familienkreis u. äußerer Kreis (Gesellschaft; Arzt vertritt Wissenschaft, Schlosser die Technik, Violine die Kunst). Wichtigkeit der "Verwandlung" im Gesamtwerk. Gregors Körper wird verwandelt, aber keine Entwicklung zum Transzendenten. Kafkas Personen stehen zwischen seiner Wirklichkeit u. dem Transzendenten. Die Welt Kierkegaards u. die Kafkas sind grundverschieden. Schuld u. Gerechtigkeit sind miteinander verknüpft. "Verwandlung" steht alten Legenden nahe.]

*Molitor, Jan: *Franz Kafka: zijn tijd en zijn werk.* 2. Aufl. 's Gravenhage: BZZTôH, 1979. 137 S.

Nagel, Bert: *Franz Kafka. Aspekte zur Interpretation und Wertung.* Berlin: Erich Schmidt, 1974. 336 S.

[Überblick über verschiedene Deutungsrichtungen; Aufreihung von Grundwahrheiten über Leben u. Werk (aus autobiographischen Schriften), u. a. Vaterkomplex, Selbsterniedrigung, Selbstkritik, Hang zur Einsamkeit, Universelles. Thematik (scheiternde Helden, Schuld-Gericht-Strafekomplex, etc.) ist durchgehend, ihr entspricht eine stilistische Konstanz. Erzählperspektive überzeugt Leser (Einsinnigkeit); strikte u. ernste Kunstsprache zeigt unberechenbare Welt. "Absurde" Thematik: Traumhaftes, Groteskes, Befremdendes, Denken in Bildern. Kafka will Unerklärbares erklären. Helden verlieren Bewußtsein der Wirklichkeit u. Ordnung. Tiergeschichten: Störung, Entmenschlichung. Konkrete Darstellung, Fehlen des Emotionellen, Verfremdung. – Erzählgattungen. Auf Grund der erarbeiteten Erkenntnisse werden Einzelaspekte an verschiedenen Werken untersucht: "Urteil" u. "Verwandlung": private u. parabolisch-allg. Komponente (Multivalenz); erste gelungene Schulddarstellung mit wesentlichen Elementen (Junggeselle, Traumhaftes, fehlender Kausalzusammenhang zwischen Urteil u. Selbstgericht). – "Hungerkünstler" u. Künstlererz.: pessimistische Sicht der geistigen Existenz, vitaler Trieb dem Kunsttrieb gleichwertig; Selbstgenuß der eigenen Schwäche. Gesetzesparabel: Modell der Verdichtung u. des vielschichtigen, bildhaften Denkens; mißlingende Ankunft, Angst vor Risiko, Ambivalenz zwischen Furcht u. Wollen, repräsentativ für Übereinstimmung von Inhalt, Aussage, Sprache u. Stil in Kafkas Dichtung. "Strafkolonie": Parabel, objektivierte Gestaltung, innerhalb der europäischen Erzähltradition. Zweifellose Schuld, Gericht u. Strafe; Macht u. Faszination durch Apparat. Offizier: Diener des Apparates, Akzent auf Vollkommenheit der Maschine, grundsätzliche Gefährdung des Menschen durch Selbstgeschaffenes. Mysterium des Gesetzes (religiös, philosophisch). Humanismus siegt zu leicht; aber auch problematisches Heldentum des Offiziers. Beide Haltungen u. Zeiten für Kafka "peinlich". "Bau": biographische u. allg. Bedeutung. Rückzug des Künstlers ins Werk bringt Selbsttäuschung, Scheitern des Dichters u. Menschen, Tiermetapher wertet Künstlertum ab. Schriftsteller u. Tod, Rückblick auf Leben, Verurteilung der Künstlereitelkeit.]

Rez.: Jürgen Born in: *Germanistik* 17 (1976) S. 328;
Maria Luise Caputo-Mayr in: *Books Abroad* 50 (1976) Nr. 1. S. 158;
Lieda Bell in: *Seminar* 12 (1976) S. 60–61;
Paul Schimmelpfennig in: *MAL* 10 (1977) Nr. 2. S. 138–40.

Neesen, Peter: *Vom Louvrezirkel zum Prozeß. Franz Kafka und die Psychologie Franz Brentanos.* Göppingen: Alfred Kümmerle, 1972. 237 S. (Göppinger Arbeiten zur Germanistik 81).

[Diss. Univ. Münster unter Jacob Steiner. Die Philosophie u. geisteswissenschaftliche Psychologie Franz Brentanos (Neffe von Clemens u. Bettina) haben Kafkas Denken u. Werk beeinflußt. Husserl u. Freud waren Schüler Brentanos, Anhänger seiner Lehre waren Anton Marty, Christian von Ehrenfels, Hugo Bergmann, Emil Utitz u. Oskar Pollak. Brentanistenkreis traf sich regelmäßig im Cafe Louvre; auch Kafka, Brod u. Weltsch nahmen an Veranstaltungen teil (wahrscheinlich 1903–05). Besuche der Abende bei Frau Berta Fanta. Kafka von Brentanos Ansichten der äußeren u. inneren Wahrnehmung beeinflußt. Phänomene der inneren Wahrnehmung – die sich nach außen nicht übertragen läßt – sind in sich selbst wahr; äußere Wahrnehmung ist gänzlich trügerisch. Sprache als absichtliche Kundgabe des inneren Lebens durch Zeichen (A. Marty); sie kann aber kein wirkliches Bild der Welt vermitteln. Kafkas Sprache zeigt Streben um gedankliche Klarheit u. Wahrhaftigkeit; Dichtung als Verpflichtung zur Wahrheit. Vorliebe für Memoiren-, Brief- u. Tagebuchliteratur (Lektüre der Selbstdarstellungen). Morallehre Brentanos wirkte sich auf Kafka verhängnisvoll aus (Doppelbelastung durch hohe sittliche Forderung u. menschliche Schwäche, den Forderungen nachzukommen). Zweifel an der Psychologie; Selbstbeobachtung (trotz starker Zweifel) war bei Kafka auch immer Selbstbeurteilung. Ungeduld als negative Triebkraft. Dilemma von Erkenntnisunmöglichkeit u. Drang zur Wahrheitsvermittlung. Traditionelle Seinserfahrung in den frühen Erz. ("Beschreibung eines Kampfes" u. "Betrachtung" zeigen Auswirkungen der Erläuterungen im Louvrezirkel). Schaffung einer neuen Realität aus der Wirklichkeit der Phantasiebilder; psychischer Schwebezustand (Gleichnis "Die Bäume"); Beschränkung auf die Sicht einer Mittelpunkt- oder Perspektivfigur. Identität von Leben u. Schuld. Kafka ist nicht Verkünder der Psychologie Brentanos; er hat von ihr nur Anregungen empfangen, die auch sein Werk mitgeprägt haben. (S. 236–37:) Engl. Zusammenf. u. d. T.: From the Louvre Circle to the Trial.]
Rez.: Hartmut Binder in: *Germanistik* 15 (1974) S. 709–10.

Neider, Charles: *The Frozen Sea. A Study of Franz Kafka.* New York: Russell & Russell, 1962. – (C 1948, Oxford Univ. Pr.), XIII + 195 S.

[Direkter Einfluß von Freuds Theorien auf Kafka u. seine Werke noch nicht untersucht. Romane Kafkas als Entsprechung zur Kindheitsperiode in der sexuellen Entwicklung gesehen (orale Stufe in "Amerika", anale in "Prozeß" u. frühe genitale in "Schloß"). Kafka als dämonischer Künstler, genial in der Verwandlung seines geheimen Materials in affektive Dramen u. Mythen, tief autobiographisches u. kathartisches Werk. Bewußt die psychoanalytische Theorie angewendet. Thematische Monotonie, Nähe zum Expressionismus, Humor.
Kap. 1: Franz Kafka and the Cabalists: Auseinandersetzung mit Kafka-Kontroverse bis 1948, den "mystischen" u. "naturalistischen" Schulen (Brod u. Muir einerseits, die psychoanalytische Interpretation andererseits). Kap. 2: The Irrational as Cabala: Das Irrationale als Existenzmacht ist bei Kafka mächtiger als die Logik; irrationale Traumlogik – Leitfaden seiner Werke. Er will aber Ordnung finden, im Gegensatz zu Surrealisten; kann das Irrationale nicht meistern; gehört als Jude, Künstler u. Kranker zu einer Minorität, sucht Schutz, Gesellschaft lehnt ihn ab. Mystische Interpretation übersieht

Autobiographisches im Werk. "Cabalism" für Kafka: Das Geheimnisvolle, Oberfläch-
liche, das die Gesellschaft akzeptiert, z. B. im "Prozeß" von Gericht u. Gesetz dargestellt.
Ausweg: Glaube an sich. "Schloß": Satire auf Gnadensuche. "Prozeß": individuelle
Psychologie u. Beziehung zur Zeit; Künstler als Ausgestoßener. Kap. 3: Portrait of an
Artist as Pariah: Kafkas Biographie. Kap. 4: Shorter Fiction: Gleiche Traumatmosphäre
wie Romane, aber weniger persönlich, weniger mit Vaterproblem in Verbindung. Kap. 5:
The Novels: Helden spiegeln Kafka u. seinen Lebensweg; Karl ("Amerika") naiv neuro-
tisch, Josef K. ("Prozeß") schwer neurotisch, K. ("Schloß") philosophisch-neurotisch.
Karl ringt um heterosexuelle Stabilität (Kafkas Problem um 1912); Josef K.s Problem
des Junggesellentums (Stadt, Masochismus, Produkt der Vaterperiode, in soziale Sphäre
übertragen, Militarismus, Sex in Stasis). Schwankende, glaubenslose Helden. "Schloß":
Kafkas Reifezeit, heterosexuelle Beziehung möglich. Detaillierte Deutung der drei Romane. Kap. 6 u. 7: Psychoanalytische Deutung von "Schloß" u. "Prozeß", als möglicher
Schlüssel für ein Verständnis: 1. Sexualsymbole u. symbolische Handlungen; 2. Bewußt-
seinszustände – Tiefenpsychologie; 3. Ödipuskomplex in "Schloß", Kastrationskomplex
in "Prozeß"; 4. die Namenssymbolik. – K. muß Schloß (Unbewußtes) erreichen; Josef
K.s Neurose: Kastrationskomplex; Karl u. die Vaterbilder.]

Nicolai, Ralf R.: *Ende oder Anfang. Zur Einheit der Gegensätze in Kafkas
"Schloß".* München: Wilhelm Fink, 1977. 205 S.

[Teil I. Kafka, Kleist und die Romantik: s. Artikel "Kafkas Stellung zu Kleist u. der Romantik"; Kleists Aufsatz "Über das Marionettentheater" u. die darin dargestellten drei
Entwicklungsstufen des Menschen haben in Kafkas Werk auch Spuren hinterlassen. Dreistufigkeit: nicht reflektierende Natur (Marionette, Bär); zweite Stufe: Menschheit (reflektiert, hat aber inneres Zentrum verloren), Folge – Verwirrung; dritte Stufe: Vereinigung von Natur u. Geist, Rückkehr ins Paradies. Zweite Stufe entspricht der Vertreibung
aus dem Paradies (Kafkas Auffassung von den zwei Welten, die der Lüge u. die der Wahrheit). Einfluß Kleists u. der Romantik auf Kafka viel stärker, als angenommen wird, bes.
was seine Bilder betrifft. "Amerika" u. "Prozeß" werden vom Schema der Dreistufigkeit
beherrscht. (Karls Ankunft in Amerika – Trennung vom Ursprung; Josef K.s Welt wird
durch unterdrückte Natur erschüttert).
Teil II: Der Roman "Das Schloß": 1. Dorf u. Schloß als Coincidentia oppositorum; Versuch der Menschen, sich Zugang zur "höchsten Instanz" zu erringen; K. als ein beliebiger
Mensch; kritischer Moment, in dem Held aus der "Welt der Lüge" gerissen wurde, liegt
vor Beginn des Romans. Dorf der Bauern – präreflektives Sein; Bedeutung der Frauen
durch unbewußtes, tieferes Wissen, bes. die alten Frauen. Matriarchalisches (Gardena)
u. patriarchalisches (Beamten) Prinzip. Hat der Landvermesser schon durch seinen An-
marsch seinem Dienst genüge getan? Diskrepanz zwischen Berufung u. Nutzlosigkeit
seiner Arbeit im Dorf/Schloß. K.s Suche nach einem logischen Schema seiner Handlungen. Das Brückenmotiv u. K.s Ankunft im Dorf: Übergang in die 3. Stufe (Welt der Wahrheit, aus Welt der Lüge kommend). K.s Fehler u. Konflikte – Schwierigkeit der Selbster-
forschung? Das Schloßbild: Verbindung mit Dorf, Turm, Baufälligkeit; höheres Ziel?
Krähen; Bild der Ruhe, Herankommende erfahren es als Müdigkeit, Nachlassen der Konzentration. Klamm u. K.s Streben zu ihm liegt allen Handlungen zugrunde. Klamm als
Zwischenstation auf dem Weg zum Schloß. Er ist eine Mischung von Jugend u. Alter;
untätig, auch ein tierisches Element in seinem Charakter (wie alle Schloßbeamten). Sein
Verhältnis zu den Frauen: Frieda, Gardena, Liebe als Bindung an ein Prinzip (erotisch-
unsublimiert). – K. u. Frieda – die wechselseitige Gefährdung: K. will durch sie zu
Klamm gelangen, sie hingegen lenkt ihn von seinem Weg ab. Vergleich von K. u. Frieda
mit Hans u. Gardena. Bedeutung der Barnabas-Familie: Ihr Schicksal geht auf Amalias
Ablehnung des Beamten Sortini zurück. Die ganze Familie beleuchtet Wesensmerkmale
K.s u. seine Möglichkeiten. Sünde Amalias als Kernstück des Romans gesehen. Religiöse

(negativ) u. sekuläre Deutungen (positiv) der Amaliafigur. Sie beginnt die Reise, die K. zu beenden versucht. Ihre Sünde ist die Weigerung, dem Triebhaften (Sortini) zu folgen; sie gehört der zweiten Entwicklungsstufe an (Welt der Erkenntnis). – Olga hingegen steht der ersten Entwicklungsstufe nahe (Tanz im Stall – Sinnbild naturhafter Existenz). Die Eltern: Vaters Schuld – Perfektionsdrang, erzog Kinder zum Hochmut; er bemüht sich um neue Annäherung an das Schloß. – Der Vorsteher u. Mizzi als mögliche Parallelen zu Huld u. Leni in "Prozeß". – K. u. die Schule: Schuldienerstelle mit Freiheitsstreben in Konflikt, Umkreis von Lehrer, Schwarzer u. Lehrerin stellen gesellschaftlichen Zwang dar, führen Kinder in "Welt der Lüge" ein. – Dualismus zwischen männlichem u. weiblichem Prinzip in Hans Brunswicks Familie. – Die Verwirrung durch die Reflexion in K.s Begegnung von Klamms Schlitten (Verlust des Denkens) u. Klamms Brief. Der Briefverkehr mit dem Schloß u. die damit zusammenhängenden Doppeldeutigkeiten. – K.s Begegnung mit Bürgel: mit Dreiinstanzenmodell Freuds (Ich, Es u. Überich) verdeutlicht. Ausschaltung von K.s Vernunft im Schlaf gewährte ihm Einblick in eigene Natur, er ließ aber Gelegenheit der Wahrheit unbenutzt verstreichen. Aktenverteilung: Vernichtung von K.s Zettel als positives Zeichen für K. zu werten; der Angstzustand der Herrenhofwirtin – Todesfurcht, veraltete Kleidung (sie gehört einer primitiveren Entwicklungsphase an); ihr Denken ist aber der Dorfwelt voraus. Pepi-Begegnung: sie steigt aus der Triebsphäre auf – neue Kleidung als Schankmädchen. – Werkimmanente Untersuchung, mit gewissen Einschränkungen. Form- u. Erzählstil nicht behandelt; Biographie des Dichters nicht bei der Interpretation verwendet.]
Rez.: Herbert Lederer in: *MAL* 13 (1980) Nr. 2. S. 153–55;
Beatrice Sandberg in: *Germanistik* 23 (1982) S. 171.

*Nicolin, Günther: *Kunst zu Kafka. Ausstellung zum 50. Todestag.* Bonn: Bücherstube am Theater, 1974. 110 S. Illustr.

Nuska, Bohumil: *Švihova aféra a Kafkův "Proces".* Příspěvek k interpretaci zdrojů Kafkova díla. Liberec: Vydalo Severočeské nakladatelství v Liberci, 1969. 72 S. 13 Abb.

[Tschech. – Die Affäre Šviha und Kafkas "Prozeß". – Dt. Zusammenf.:
S. 65–70: Der Prozeß des Prager Abgeordneten Dr. Karel Šviha im Mai 1914 eine der Inspirationsquellen für den "Prozeß", der autobiographische u. reale Schichten hat. Grotesker Bürokratismus bei Prager Staatspolizei. Politische Parteien u. Öffentlichkeit sprachen Šviha schuldig, bevor er sich rechtfertigen konnte.]

Oliveira de Menezes, H[oldemar]: *Kafka – o outro: Componentes Psicossexuais.* Pôrto Alegre: Ediçôes Flama, [1970?] 69 S.

[Kafkas psychologisch verzerrte Helden werden als Projektionen des frustrierten Sexualtriebes gesehen. Es werden jedoch Theorien abgelehnt, die Kafka als Neurotiker, Homosexuellen oder als Opfer des Ödipuskomplexes sehen. Eher sei eine Atrophie der Libido u. ein schöpferischer Ausgleich durch ein "Leben in der Kunst" anzunehmen, das eine persönliche Rettung ermöglichte.]
Rez.: Marcio Almeida: "Labor de angústia." In: *Journal de Letras* 271 (1972) Nr. 1. S. 2.

Osborne, Charles: *Kafka.* Edinburgh: Oliver and Boyd; New York: Barnes & Noble, 1967. [VI +] 120 S. (Writers and Critics 54).

[Einführende Studie; über Leben Kafkas (Brod), seine Tagebücher u. Briefe als Quelle für Hinweise auf die Kunst; Untersuchung einer Auswahl kürzerer Prosastücke (von "Beschreibung eines Kampfes" bis "Der Bau"), je ein Kap. über die drei Romane. "Amerika":

Karls Entwicklung vom homosexuellen zum heterosexuellen Erwachsenen. "Prozeß":
die Krise des Erwachsenen, der sich der Verantwortung besinnt. "Das Schloß": auch ein
Versuch, sich in menschliche Gesellschaft einzuordnen. K. hat gegenüber Karl Roßmann
u. Josef K. Fortschritte gemacht, hat Selbsterkenntnis. K.s unwandelbarer Glaube an das
Schloß. Letztes Kap.: Auswahl von Kafkainterpretationen.]
Rez.: George C. Avery in: *Germanistik* 10 (1969) S. 444;
Phillip H. Rhein in: *Modern Language Journal* 53 (1969) S. 26.

Pfeifer, Martin: *Erläuterungen zu Franz Kafkas Roman "Der Prozeß".* Hollfeld/
Obfr.: C. Bange [o. J.]. 39 S. (Dr. Wilhelm Königs Erläuterungen zu den Klassikern, Bd. 209).

[Wahrscheinlich 1966 erschienen. Kafkas Tagebücher zeigen Ringen mit dem "Prozeß".
Bedenken über Brods Einteilung der Kap. Interpretationsmöglichkeiten. Erzählperspektive auf Josef K. beschränkt, Leser identifiziert sich mit ihm. Kafka gibt uns Bilder des Gerichts, nicht Begriffe seiner Beschaffenheit. Verflechtung von Prozeß- u. Arbeitswelt. Josef K. denkt u. handelt alogisch, täuscht sich oft, weiß, daß er sich rechtfertigen muß,
kann es aber nicht. Kafka verwendet viele Stilmittel; Meister der "erlebten Rede" (3.
Person Indikativ). "Vor dem Gesetz": Konkretes u. Abstraktes vermischt; Mann vom
Lande scheitert am Widerstreit zwischen Wollen u. Hemmnissen in seinem Innern. Nur
der Mutige kann ins Gesetz eintreten.]

Philippi, Klaus Peter: *Reflexion und Wirklichkeit. Untersuchungen zu Kafkas
Roman "Das Schloß".* Tübingen: Niemeyer, 1965. VIII + 248 S. (Studien zur
dt. Literatur, Bd. 5).

[Interpretation als dynamisch historischer Prozeß der "Aneignung" des Interpretierenden
gesehen, der Methode aus der Sache selbst zu entwickeln versucht. Interpret (Leser) soll
verborgenen Erkenntnisgehalt des Werkes formulieren. Wesentlich philosophisch orientierte "Schloß"-Interpretation; Roman soll anscheinend die Welt "zu ordnen" versuchen,
wie die Philosophie, "Prinzipien u. Formen der Weltgestaltung" sollen aufgefunden werden. Es erfolgen daher häufig philosophische Vergleiche (Fichte, Sartre, Marx, Jaspers,
Kierkegaard).
Es werden Erzählform u. Erzählerrolle behandelt, ausgehend von Beißners u. Walsers Er-
kenntnissen zur "Einsinnigkeit", sowie das Präteritum als Erzähltempus. K. erscheint in
der Romanwelt als "Unbehauster", der sich orientieren u. seinen Platz finden muß; das
Schloß ist sein utopisches Ziel und er muß um Anerkennung im Dorf kämpfen. Mitunter
gibt er den Eindruck eines modernen Faust, obwohl es sehr viele Gegensätze zur klassischen Faustfigur gibt. Sein Streben nach Permanenz bleibt immer schwebend (an Hand
von "Auf der Galerie" erklärt). K.s Fremdheit im Dorf durch Mangel an Wissen darüber,
obwohl er Sicherheit vortäuscht. Dieses Fremdsein K.s wird an der Barnabasfamilie beleuchtet (Amalia u. Fichtes "Ich"; Olga u. Barnabas). Die Familie will wieder in den alten Zustand zurückkehren (Hoffnung durch Glaube an Gesetze); Schuldbegriff auf Amalia
bezogen, aber kausale Folgen im nachhinein durch das "subjektiv bestimmte Bewußtsein" unbestimmbar geworden. K.s Schuld in Zusammenhang mit Schuldbegriff bei
Jaspers untersucht. Es werden zwei Arten der Entfremdung inbezug auf K. u. Amalia entwickelt: K. ist für sich selbst (hat seine Existenz noch nicht positiv bestimmt), Amalia ist
für die Welt (die anderen Menschen) entfremdet. K. hat sich noch nicht zum Gefühl der
Freiheit durchgerungen; Selbstentfremdung an Fragment "Der große Schwimmer" dargestellt; dieser Zustand wurde durch Karl Marx formuliert. Diese Selbstentfremdung führt
zur Verdinglichung des Menschen (am Beispiel "Die Sorge des Hausvaters" demonstriert).
Fremdheit aber enthält eine mögliche Entwicklung zur "Freiheit" u. K.s Freiheitsver-
ständnis geht über das von Amalia hinaus. K. sucht Freiheit von den Bedingungen der

Dorfwelt; Diskussion von "Ein Bericht für eine Akademie" als Beispiel "reflektierter Freiheit". Durch eine Umweltsituation kann die "ichbezogene Reflexion" durchbrochen werden, es kommt zur Wandlung, aber Sein u. Bewußtsein sind in der neuen Existenzform nicht ganz aufgehoben. Damit im Zusammenhang steht die fragwürdige Existenz von Künstler u. Kunstwerk (Kierkegaard u. Sartre). Philippi sieht Ansätze zur Aufhebung der Entfremdung K.s (dessen Wirklichkeitsauffassung u. Zeiterlebnis gestört sind) im Verhältnis zu den verschiedenen Frauengestalten des Romans (Frieda, Gardena, die Herrenhofwirtin u. Pepi); die Möglichkeit der Gemeinschaft. Die letzten Teile des Werkes beschäftigen sich mit K.s Erfahrung der Schloßwelt (Bereich der Ämter, Zugangsmöglichkeiten, Vermittlung), u. mit der Bedeutung des Schlosses: In diesen Kreis gehören K.s erinnerte Vergangenheit (Vorherbestimmung, Möglichkeit der Rückkehr in die Vergangenheit, u. Beleuchtung des Problems am Beispiel des Textes "Heimkehr") u. Kafkas negative Gotteserfahrung ("Geschichte von den Kurieren").
K.s Grenzen: K.s Denkform zeigt Mängel auf, die sein Handeln einschränken, ihm durch das Gespräch keinen Zugang zu den andern finden lassen, u. auch mit seinem Problem mit der Gemeinschaft zusammenhängen ("Er"). K: scheitert auch in seinem Verhältnis zu den Frauen (weitergeführt in dem Fragment "Die zwei Frauen").
Kafka hat in seinem Roman nicht eine bestehende Wirklichkeit dargestellt, sondern Verhaltensweisen gegenüber der Welt eines "präformierten Bewußtseins". Keine Lösung für K. geboten; obwohl sein Konflikt unlösbar ist, beharrt er darin u. hält so am Leben fest. Auch Fragmentcharakter des Romans aus Entfremdungszustand K.s erklärt.]
Rez.: Lawrence Ryan in: *Germanistik* 8 (1967) S. 684–85;
Maurice Marache in: *EG* 23 (1968) S. 684–85.

Podestà, Giuditta: *Franz Kafka e i suoi fantasmi nell' itinerario senza meta.* Genova: Pacetti, 1956. X + 177 S.

[Untersuchung in drei Teilen: Leben, Kunst u. kultureller Hintergrund Kafkas. Elternhaus, Anlagen, Einsamkeit, Tendenz zur Selbstanalyse; dennoch Suche nach dem Unzerstörbaren; seherische Qualitäten; von Revolte zu Resignation. Erz. künstlerisch vollendet; nicht so Romane, die Kafkas innere Autobiographie übersetzen; seine Lektüre zeigt Bedürfnis nach Selbstspiegelung in verwandten Seelen.]
Rez.: Anna Maria Dell'Agli: "Problemi kafkiani nella critica dell'ultimo decennio." In: *Annali. Istituto Universitario Orientale. Napoli. Sezione Germanica* 1 (1958) S. 94 (s. Artikel).

Politzer, Heinz: *Franz Kafka. Parable and Paradox.* Ithaca, New York: Cornell Univ. Pr.; London: Oxford Univ. Pr., 1962. XXI + 376 S.

[Auseinandersetzung mit verschiedenen Deutungsmöglichkeiten, deren keine ausschließlich gilt, die sich aber ergänzen. An Hand von "Gib's auf" wird die paradoxe Parabel als Grundform von Kafkas Prosa herausgestellt. Das Paradoxe wird zur Botschaft der Parabel. Behandlung von Stil u. Bildsprache. Die Gestalt des Junggesellen mit seinen Problemen ist als Vorstufe zu den Kafkahelden zu betrachten (auch Kafkas eigene Lebensprobleme fallen an ihnen auf). Versuch, Paradoxes zu lösen, hat tragische u. komische Folgen für sie. Die Form der paradoxen Parabel wird nach dem Durchbruchsjahr (1912), bes. von 1914–1917 ("Verwandlung", "Urteil") vervollkommnet, undurchsichtiger Inhalt in kristallklarer Form dargestellt. Entmenschte Welt, entgöttertes Jenseits, Mensch als Marionette oder Ziffer, wichtiges Symbol jener Zeit; Maschine: Schuld als gegebener Faktor. "Der Verschollene" als Erziehungsroman u. Parabel, Karls Weg hinab ist auch ein Weg zur Erkenntnis, daß die Ideale der Liebe, der Gerechtigkeit, usw., korrupt sind. Brunelda, Hotel Occidental. Äußerlich wird Karl ein Namenloser. Erlangung der stilistischen Vollkommenheit, sowie der Einheit von Form u. Inhalt in "Prozeß"; Gesetzesparabel ist

Muster für ganzen Roman. Das Vorgehen des Gerichtes, die Natur des Gesetzes u. die Schuld Josef K.s sind paradox. Frauengestalten; Boten; Schuldfrage; Bildsprache; Parallelen zum "Schloß"; Verbindung zwischen Mann vom Lande u. K., letzterer ist heimatlos auf eigenen Wunsch, oft getäuscht (durch Bilder u. durch seine Phantasie), aber voll Unternehmungslust. Labyrinth: zentrales Bild für Kafka (birgt letzte Mysterien). Viel Unklares für K. Untersuchung der Spiegel- u. Echofunktion. Schloß: ein Paradox von Zeit u. Raum. Auskunftsgeber spiegeln K.s Gedanken wider. K.s Ähnlichkeit mit Amalia, die Schloß herausfordert. K. als Vertreter der ungelösten menschlichen Widersprüche, wandert im Kreis. Schloß: K.s Feind, vollkommenes Bild der Unsicherheit über letztes Schicksal. In Kafkas letzten Lebensjahren Nachlassen der zerstörerischen Spannungen, Hinwendung zu chassidischen Legenden, Werk wird persönlicher. Vaterbrief: rein literarisches Produkt (Bruch zwischen den Generationen u. zwischen Göttlichem u. Menschlichem). Interesse für Künstlerprobleme: "Hungerkünstler" (verwandelt Mangel in Kunst), "Josefine" (Verhältnis zwischen Künstler u. Volk neu für Kafka), "Der Bau" (Schloß, Werk, Grab; Aufhebung von Zeit u. Raum). Endkap.: Vergleich zwischen Kafka u. Camus; Schuldproblem, der absurde Held; Gottesexistenz.]
Rez.: anon. in: *Time* 80 (Dec. 21, 1962) S. 78;
Siegfried Mandel in: *New York Times Book Review* (Apr. 7, 1963) S. 45;
anon. in: *TLS* (June 7, 1963) S. 397–98;
Claus Pack in: *Wort und Wahrheit* 18 (1963) S. 398–400;
H. M. Waidson in: *JEGP* 62 (1963) S. 886–87;
Wolfgang Jahn in: *Germanistik* 5 (1964) S. 517–18;
E. L. Marson in: *AUMLA* (1964) S. 330;
J. M. S. Pasley in: *GLL* 18 (1964) S. 61–62;
Elizabeth Trahan in: *GQ* 37 (1964) S. 273–75;
Ingeborg Henel in: *ZfdPh* 84 (1965) Sonderheft. S. 112–17;
Jost Schillemeit: "Zur neueren Kafka-Forschung." In: *Göttingische Gelehrte Anzeigen* 217 (1965) Nr. 1–2. S. 157–62 (s. Artikel);
Theodore Ziolkowski in: *GR* 40 (1965) S. 61–66;
Eugene E. Reed in: *Monatshefte* 57 (1965) S. 44–46.
Zusammenf. von S. 65–84 ("Verwandlung") in: Corngold, *The Commentators' Despair* (s. Sammelbde.) S. 182–84.

– *Franz Kafka. Parable and Paradox.* Revised and expanded edition. Second printing. Ithaca, New York: Cornell Univ. Pr., 1966. XXIV + 398 S.

[Enthält ein neues Kap., 10: "Kafka behind the Iron Curtain": Bespricht die Entwicklung der Kafkakritik in den kommunistischen Ländern (s. Artikel).]
Engl. Abdruck von S. 263–73 u. d. T.: "The Messengers: Barnabas and Amalia." In: Neumeyer, *Twentieth Century Interpretations of "The Castle"* (s. Sammelbde.) S. 45–56.
Abdruck von S. 98–115 u. d. T.: "Parable and Paradox: 'In the Penal Colony'." In: Hamalian, *Franz Kafka* (s. Sammelbde.) S. 65–80.
Teilabdrucke von S. 63, 79 u. 280–81 in: Körner Domandi, *Modern German Literature* (s. Sammelbde.) S. 12–13.

– *Franz Kafka, der Künstler.* Frankfurt/M.: S. Fischer, 1965. 536 S. (Studienausgabe: 1968. 536 S.)

[S. 7–9: Vorbericht: Gibt die Geschichte von Politzers Kafkabüchern wieder: 1958/59 dt. Rapial verfaßt, als Grundlage für engl. Fassung 1962 (s. oben); die dt. Fassung stammt zu 4/5 von diesem Rapial, der Rest dem engl. Text angeglichen oder neu bearb. S. 512–25: Bibliographie: In Ergänzung zu Järvs Bibliogr. (Stand 1. Dez. 1964).]

Rez.: W. J. in: *Germanistik* 6 (1965) S. 681–82;

U. Weisstein in: *MLN* 81 (1966) S. 638–45;

Eugene E. Reed in: *Monatshefte* 59 (1967) S. 180.

Teilabdruck von S. 86–87 in frz. Übers. u. d. T.: "1912: l'année du 'Verdict'." In: Raboin, *Les critiques de notre temps et Kafka* (s. Sammelbde.) S. 62–64.

Pongs, Hermann: *Franz Kafka. Dichter des Labyrinths.* Heidelberg: Wolfgang Rothe, 1960. 136 S.

[Kafka sieht als manieristischer Dichter (Hocke) die Welt als Labyrinth. Ambivalenz durch Aufspaltung von Geist u. Gemüt schon seit dem 19. Jh., Zerstörung der Bildkraft, Mißtrauen gegen das Gemüt, Schwanken zwischen Werten. "Der Prozeß" wird als Selbstgericht Kafkas betrachtet, nur auf Josef K.s Geständnis würde die Gnade folgen (Buber). Türhüterparabel – Lichtblick im Labyrinth. Der Mensch verbirgt sich hinter "Motivationen". Kafkas "Parabeln des Bösen" verzerren die Schöpfung in Schreckvisionen. Mensch mit dem Bösen konfrontiert ("Verwandlung", "Landarzt", "Strafkolonie"); "Parabeln als Spiele" (Angstträume u. Gefühlskälte): "Landarzt"-Sammlung. Absurdes immer vorhanden. Negative Urbilder (z. B. Gracchus – der ewige Jude) bleiben. "Das Schloß": die Welt als Labyrinth. Spätwerk: Unerfüllte Sehnsucht nach Gnadenlicht. Lichtstrahl erst in "Beim Bau der chinesischen Mauer". Mensch zwischen zwei Welten. Kafka – Übergang von labyrinthischen (Joyce, Proust etc.) zu den das Licht wieder suchenden Dichtern (Hemingway, Brecht, Faulkner.]

Rez.: G. Fink in: *Germanistik* 2 (1961) S. 140–41;

Helmut Richter in: *WB* 7 (1961) S. 815–18;

Maurice Marache in: *EG* 17 (1962) S. 98.

*Racheli, Alberto Maria: *Il luogo kafkiano.* Bari: Dedalo Libri, 1979. 100 S.

Rajec, Elizabeth Molnar: *Namen und Bedeutungen im Werk Franz Kafkas. Ein interpretatorischer Versuch.* Bern, Frankfurt/M., Las Vegas: Peter Lang, 1977. 212 S. (Europäische Hochschulschriften, Reihe I: Dt. Literatur u. Germanistik Bd. 186).

[Namensbildung u. ihre Bedeutung im Werke Kafkas untersucht. Namen, ein wichtiger Bestandteil der Dichtung, könnten zu besserem Verständnis derselben führen, einen Schlüssel dazu liefern. Namen der Helden, "die der Dichter als Korrelation zwischen Objekt und Subjekt gestellt hat", untersucht. Etymologische, lexikalische, semantische, morphologische u. autobiographische Bedeutungen werden im Zusammenhang betrachtet; induktive Methode, wegen des Fehlens von Information von seiten Kafkas darüber. Auswahl der Werke nach Helden mit Namen u. vorkommenden Ortsnamen: Erz., Romanfragmente, Tagebücher, Briefe u. Miszellen. Namensgebung zeigt "eine progressiv zunehmende Linie, die in eine regressiv abnehmende ausläuft"; zuerst kompliziert gestaltete Namen besprochen (Odradek, Samsa usw.), dann solche, die auf logischen Zusammenhang weisen (Bucephalus – Pferd) u. schließlich einfache. Auf übernommene Namen wurde nicht eingegangen (Jupiter, Sancho Pansa etc.). Schwierigkeiten durch Fehlen einer kritischen Werkedition u. durch die posthume Publikation der Werke. Arbeit widerlegt die These, daß Kafka meist anonyme Helden auftreten läßt u. selten identifzierte Toponyma verwendet. Eigenartige Nomenklatur; Kafka setzte sich mit der Bedeutung seines eigenen Namens auseinander, daher naheliegend, daß er bewußt die Namen für seine Gestalten wählte u. kreierte – bisher von Sekundärliteratur wenig beachtet. Literarische Namensbildung bei Kafka von großer Tiefe. Die meisten Namen zeigen Ichbezogenheit, u. sind in irgendeiner Weise "Kryptogramm-Spiegelbilder" seines Namens oder dessen Reflexionen, spiegeln gleichzeitig den Wesenskern des Werkes wider.

587

Namensprägung im Gegensatz zu anderen Zeitgenossen (Rilke, Musil, Hofmannsthal). Philologisch gesehen zeigen Namen auch Verkettung mit Kafka selbst. Namensexegese geht von Lexemen aus. Gemeinsamer Hintergrund der vielschichtig zusammengesetzten Namen: heterogener Hintergrund u. mehrsprachige Gewandtheit, in Zusammenhang mit Kafkas historisch-sprachlichem Erbe, komplex wie Kafkas Umwelt, die er sprachlich bewußt darstellt.]

Rez.: W. F. H. Nicholaisen in: *Names* 26 (1978) S. 201–02;

W. Lee Nahrgang in: *Germanic Studies Review* 2 (1979) S. 391–92;

Helga Abret in: *Sudetenland* 3 (1979) S. 235.

In stark gekürzter u. veränderter Fassung in engl. Sprache u. d. T.: "Onomastics in the Works of Franz Kafka." In: *Literary Onomastics Studies* 5 (1978) S. 192–206.

Ramm, Klaus: *Reduktion als Erzählprinzip bei Kafka.* Frankfurt/M.: Athenäum, 1971. 172 S. (Literatur u. Reflexion Bd. 6).

[Streng formal ausgerichtete Beschreibung in extrem kondensierter Form, ohne inhaltliche u. erzählperspektivische Aspekte zu berücksichtigen. Kafkas Erzählen steht unter dem Prinzip der Reduktion, in Zusammenhang mit seiner Auffassung von der Kunst als einem "von der Wahrheit Geblendet-Sein", u. dem "davor Zurückweichen". Rein metaphorischer Charakter der Sprache (auch in Aphorismen u. biographischen Schriften); Reduktionsvorgang wird als in der Sprachbewegung dargestellt gesehen u. ist nicht als destruktiv zu werten. Typische Umstände von Kafkas Prosa an Textoberfläche enthüllt. Alltägliches u. sichere Dinge sind in Frage gestellt, stilistische u. thematische Unsicherheit, Rückzug auf die einfache, aber unlösbare Aufgabe.

Räumliche Verfassung: Empirisch faßbarer Raum abgebaut (Enge, Weite, Kreise, Käfige, Zellen; archimedischer Punkt, Schwellensituation; erster Schritt unmöglich), macht Umfassenderes frei, Raum mit funktionaler Bedeutung. Qualität der Zeit: Immerwährender Augenblick für menschliche Entwicklung entscheidend, alles Frühere nichtig, fortwährendes Beginnen aber gibt keine Entwicklungsmöglichkeit. Kafkas Temporalstruktur umfaßt Gegenwart, Vergangenheit u. Zukunft. "Die stillstehende Bewegung" – Grundmuster von Kafkas Werken. Räumliche u. zeitliche Darstellung der Unmöglichkeit des Möglichen; die spezifische Iteration (Erzählanfänge). – Räumliche u. zeitliche Kategorien aus methodischen Gründen in Untersuchung geschieden.

Wege im Erzählen: Erzählprozeß im Wegmotiv enthalten, Kontamination von strukturellen u. thematischen Komponenten, z. B. K.s Bewegung im "Schloß" hat auch thematischen Charakter; Tendenz, Figur aus Erzählprozeß verschwinden zu lassen. Helden fungieren als "Richtpunkt" u. "Kristallisationsmoment". Bewegung der Person – Erzählprozeß.

Das Moment des Hypothetischen: Erz. als hypothetische Konstruktion, vom Leser nicht nachzuprüfen. Keine lineare Handlung, keine traditionelle Entwicklung der Personen, ständige Neuansätze ohne logische Folge, formelhafte Übergänge. Nur hypothetische Zusammenhänge können hergestellt werden.

Erzählprinzip: "Versuch 'nichts zu gewinnen'", Schritt um Schritt einschränken, Behauptungen tragen oft ihre Aufhebung schon in sich; Kafka trägt "nur verschiedene Möglichkeiten der Ansicht einer prinzipiell unzugänglichen Sachlage" vor.

Die Radikalität des Werkes: Erzählen als Annäherung an das Nichts, da das Wesen der Dinge nicht erkannt werden kann. Oder: Prinzip der Reduktion als "Rückzug auf das Bewußtsein" (Franz Brentano); der Reduktionsbegriff der Phänomenologie? In Kafkas Erzählen bleiben "Anschauung u. Sache selbst ununterscheidbar"; Reflexion u. Sache wären eines.]

Rez.: Ansgar Hillach in: *Germanistik* 13 (1972) S. 393–94;

Georg M. Gugelberger in: *MAL* 7 (1974) Nr. 1–2. S. 242–45;

Jürgen Born in: *Monatshefte* 66 (1974) S. 440–43.

Rattner, Josef: *Kafka und das Vater-Problem. Ein Beitrag zum tiefenpsychologischen Problem der Kinder-Erziehung. Interpretation von Kafkas "Brief an den Vater".* München, Basel: Ernst Reinhardt, 1964. 58 S. (Aus der Psychologischen Lehr- u. Beratungsstelle Zürich).

[Tiefenpsychologische Untersuchung. Krankheit ist Literatur geworden (langwierige, grandiose Leidensgeschichte). Kafkas Werk in sich geschlossene, widerspruchslose Welt; ein Patient beobachtet u. registriert seine Leiden; vielleicht auch Versuch der Selbstheilung. "Urteil": Vater gewinnt Züge der Allmacht u. Unüberwindlichkeit, Sohn scheint ihm wie ein Delinquent der Justiz ausgeliefert (emotioneller Störungskomplex). – "Brief an den Vater": Art Selbstbiographie, u. Versuch dem Vater zu erklären, warum sein Sohn vor ihm grenzenlose Furcht habe; "Angst" als Folge einer frühzeitig unterbundenen Elternbeziehung; verängstigtes Kind hat Vertrauen in Umwelt verloren (Entfremdung); übermächtiges Vaterbild als Usprung des masochistischen Weltbilds, Ohnmacht als Grundhaltung ("Pawlatschen-Erlebnis" als "Ur-Situation"); Verkrüppelung des Lebensgefühls; Ekel vor Körperllichkeit (Gregor Samsa). Streit zwischen Vater u. Sohn geht nicht um die Mutter, er geht um das "Lebenkönnen überhaupt". Kind in gefährlicher Umgebung entwickelt Wachsamkeit u. Beobachtungsgabe. Kafkas Vater war kein "Unmensch". "Strafkolonie": Perfektion des Sadismus, Wahnwitz der Gewalttätigkeit. "Hungerkünstler": Masochismus, erbärmlicher u. nutzloser Heroismus. Kafkas Leben u. Dichten war "Abschied vom Vater". Geringe Rolle der Liebe u. Sexualität. Josef K.s Schuld liegt im Bereich der Liebe. Vergleich mit dem Vater, der das maßgebliche u. pathogenetische Moment in Kafkas Leben war, überzeugte ihn von seiner Unfähigkeit. Schuld als Ausdruck eines ungelebten Lebens.]
Rez.: Herbert Kraft in: *Germanistik* 6 (1965) S. 684.

Reiss, H[ans] S[iegbert]: *Franz Kafka. Eine Betrachtung seines Werkes.* Ergänzter Nachdruck. Heidelberg: Lambert Schneider, 1956. 223 S.

[Engl. geschrieben u. vom Autor ins Dt. übers. Kafka als tiefer Pessimist gesehen, der seine Angst u. sein Schwanken (Vernunft u. Glaube) auf sein Werk überträgt. Religiösbiographische Untersuchung. 1. Teil: Biographische Einführung; Kafka ein vom Nervenzusammenbruch bedrohter Mensch. Seine Kunst sollte aber getrennt von dieser Tatsache betrachtet werden. 2. Teil: Die Gedankenwelt Kafkas: Besprechung häufiger Themen im Werk, wie die Angst vor der Vereinzelung, das Schuldgefühl, Gerechtigkeitsproblem, die geheimnisvollen Institutionen, Grenzen des menschlichen Verstandes, das Schwanken zwischen Pessimismus u. Hoffnung (Hoffnungsstrahl in "Oklahoma"). Mit Ausnahme Karl Roßmanns fehlt den Helden die Demut u. das Gefühl für den anderen. 3. Teil: Die Kunst Kafkas: Erzähltechnik, u. a. Kafkas Anwendung des "Realismus" (nicht immer erfolgreich in "Amerika", besser in "Schloß"); klarer Stil, gewundene Sätze (erwägen alle Möglichkeiten u. nehmen sie wieder zurück). Logik u. Vernunft versagen, das Irrationale soll Grenzen des Verstandes anzeigen. Kafka als pessimistischer Humorist: seine schwer verständliche Symbolik. Im Anhang befindet sich eine Besprechung der Milenabriefe ("Kafkas Briefe an Milena") u. Stellungnahme zu Uyttersprots Vorschlägen über Neuordnung von Kafkas Werken u. d. T.: "Eine Neuordnung der Werke Kafkas? Zu zwei Aufsätzen von Herman Uyttersprot" (Reiss hält Kap.-Neuordnung zu "Prozeß" wichtiger als Uyttersprots Romantheorie), sowie ein Brief Brods.]
Rez.: Gerhard Jasper: "Negative Theodizee. Gedanken zum Buch von H. S. Reiss: 'Franz Kafka, eine Betrachtung seines Werkes'." In: *Deutsches Pfarrerblatt* 57 (1957) S. 440–42.

Rhein, Phillip H.: *The Urge to Live. A Comparative Study of Franz Kafka's "Der Prozeß" and Camus' "L'Etranger".* Chapel Hill: Univ. of North Carolina Pr.,

1964. XII + 123 S. (Univ. of North Carolina Studies in Germanic Languages and Literatures 45). – Second Printing, 1966.

[Camus schrieb "L'Etranger" kurz nach "Prozeß"-Lektüre; ähnliche Erzähltechnik, Leben u. Tod als Hauptmotive: Existentialismus; Mensch in unverständlicher u. gefühlloser Welt. Camus u. Kafka sehen den Menschen als Fremdling in gefühlloser Welt. Mensch ist frei, verantwortlich, schuldig u. hoffnungslos verstrickt. Camus sieht Kafkas zwei Welten als Welt des Alltags u. übernatürliche Welt. Camus' Beurteilung: Kafka wahrscheinlich nicht absurd. Ähnliche Verwendung des Zeitbegriffs u. eine gewisse Zeitlosigkeit in "Prozeß" u. "L'Etranger". Vergleich zwischen Josef K. u. Meursault. Ähnlichkeiten im Stil (äußerste Objektivität in der Beschreibung). Leser hat nicht den Eindruck, daß er unwirklichen Menschen gegenübersteht. Verschiedene Ähnlichkeiten mit Kriminalromanen. Josef K.s Unfähigkeit, sich zu erkennen ist z. T. auf gesellschaftliche Situation zurückzuführen. Meursaults Entwicklung übertrifft die Josef K.s. Meursault erkennt sich viel besser, beide kämpfen um Individualität in Massengesellschaft. Vaterbild in verschiedenen Gestalten im "Prozeß" (Untersuchungsrichter, Onkel, Huld, usw.). Da K. von Männern gequält wird, sucht er Hilfe bei Frauen. Die Stadt im "Prozeß": eine Stadt ohne Licht (ohne Wahrheit). Sonne: männliches Symbol; Mond: weibliches. Liebe zum Leben, Hoffnungslosigkeit für Zukunft vergrößert Wert des Lebens. K. u. Meursault beleuchten Tragödie des 20. Jhs.]

Rez.: R. T. Cardinal in: *MLR* 59 (1964) S. 681–82;
J. M. S. Pasley in: *GLL* 20 (1966) S. 83.

Richter, Helmut: *Franz Kafka. Werk und Entwurf.* Berlin: Rütten & Loening, 1962. 348 S. (Neue Beiträge zur Literaturwissenschaft Bd. 14).

[Aus Diss. 1959 (unter Hans Mayer) entstanden. Gesamtinterpretation von Kafkas Werk in chronologischer Reihenfolge. Die westliche (bürgerliche) Kritik habe Kafka ihre eigenen Meinungen unterschoben. Richter hält sich eng an den Text, trennt von Kafka selbst Publiziertes ("Das Werk") vom Nachlaß ("Der Entwurf"), die er gesondert behandelt u. beweist eine dreistufige Entwicklung des Dichters. Die von Kafka selbst veröffentlichten Werke zeigen größere Realität. Dialektische u. historische Bewertung Kafkas. Kafka u. das Problem der Beziehung zur Umwelt.

I. Der Einsame in der fremden Welt: Zeitschriftenbeiträge 1909–10 (8 Stücke der "Betrachtung" u. "Beschreibung eines Kampfes"). Individuelle Situation, Mensch sucht vergeblich nach Weltkenntnis; Probleme des sensiblen Menschen in bürgerlich-kapitalistischer Welt. Hilflos vor chaotischer Wirklichkeit, Fehlen der menschlichen Beziehungen, sinnloses Leben. Nebeneinander von epischen, lyrischen u. reflektierenden Elementen, Subjektives überwiegt. II. Der Weg durch die Welt: Das Werk: "Heizer", "Urteil", "Verwandlung", "Strafkolonie", "Landarzt"-Erz. Gesamturteil: Bis "Landarzt" scheinen die Menschen vom Leben ausgeschlossen, scheitern in der bürgerlichen Gesellschaft. "Landarzt"-Erz.: Gesellschaftliche Verhältnisse werden nie bewußt widergespiegelt, Bilder der kapitalistischen Wirtschaft u. ihrer Widersprüche, großes Einfühlungsvermögen. Machtlose Intellektuelle u. Kleinbürger. Kafka setzt Haltung des Kleinbürgers mit der des modernen Menschen gleich. "Landarzt"-Erz.: Lebensmöglichkeit in ironischer Distanz zur Welt gefunden. – Der Entwurf: Entwürfe während der zweiten Schaffensperiode: "Hochzeitsvorbereitungen" gibt Aufschlüsse über Arbeitsweise. Entwürfe aus dem Umkreis von "Urteil", "Verwandlung" ("Ehepaar", "Nachbar", "Blumfeld") zeigen Widerstreit zwischen beruflichen u. menschlichen Pflichten. "Verschollener": nur in Zusammenhang mit "Prozeß" zu sehen u. zu deuten, zwei Romanfragmente, die ineinander übergehen; subjektive u. objektive Möglichkeiten, sich in der Welt zu bewähren. Lösung der widersprüchlichen Möglichkeiten erst im "Landarzt"-Zyklus. Onkel-, Landhaus-, Hotel-, Robinson-, Asyl- u. Oklahoma-Episoden. Letztere verläßt den Boden der

Realität, sonst große realistische Anschaulichkeit des Einwandererlebens. Nun sind Held u. Umwelt gleichermaßen dargestellt, bei "Urteil" u. "Verwandlung" nur die Anomalität des einzelnen. Karl aber scheitert an dem Versuch, sich den gesellschaftlichen Forderungen zu unterwerfen. Ausweg in späteren Werken in ironischer Distanz des Außenseiters (Künstler) gefunden. "Prozeß": Fragmentcharakter, mittlere Kap. fehlen zum völligen Verständnis, unvollständige Kap. nur im Anhang, erschweren dem Leser das Finden des Zusammenhanges. Neugliederung der Kap. versucht, zeitlich einjährigen Prozeß als Leitfaden festzulegen: 1. Verhaftung, 2. Die Freundin des Fräulein Bürstner, 3. Staatsanwalt, 4. Erste Untersuchung, 5. Prügler, 6. Im leeren Sitzungssaal, Der Student, Die Kanzleien; Lücke; Aufforderung zu neuen Verhören u. Ablehnung K.s, 7. Zu Elsa, 8. Der Onkel, Leni, 9. Ein Fragment, 10. Advokat, Fabrikant, Maler, 11. Kaufmann Block, Kündigung des Advokaten, 12. Kampf mit dem Direktor-Stellvertreter, 13. Im Dom, 14. Das Haus, 15. Fahrt zur Mutter, 16. Ein Traum, 17. Ende. – Organisation u. Arbeitsweise des Gerichtes ausgeführt, es fehlen hingegen K.s persönliche Verhältnisse, Titorelliepisode, Charakter Josef K.s. Versuch, die beiden ersten Romane in Kafkas Gesamtwerk einzuordnen. Titorelliepisode weist auf Künstlerproblematik u. "Hungerkünstler" hin. – K. im "Schloß" kämpft um Eingliederung in die Gesellschaft. III. Problematik des Künstlers: Das Werk: "Ein Hungerkünstler" – vier Erz., das letzte Werk, das er selbst zur Publikation vorbereitete. "Erstes Leid", "Eine kleine Frau", Titelgeschichte, "Josefine ..."; Künstlertum gezeigt, das sich vom Leben entfernt, ohne Existenzberechtigung; Künstler muß Leben des Volkes teilen; – Selbstkritik Kafkas, daraus ist auch die Verfügung zur Vernichtung seines Nachlasses verständlich. "Schloß"-Entwurf: schwierigstes Werk für Interpretation, da vieles noch nicht ausgeführt (unter anderem K.s Charakter, sein Ziel im Dorf u. im Schloß, das Wesen u. die Funktion des Schlosses); Interpretation des 1. Kap.: K.s Beziehung zum Schloß, das Schloß selbst. Betriebsamkeit, Unterwürfigkeit der Dorfbewohner, ihre Passivität, kein sinnvolles Handeln mehr möglich. K. kann zwischen Arbeiterdasein u. einem dauernden Warten wählen; kann keine sinnvolle Existenz finden. Parallelen zur Künstlerproblematik in "Hungerkünstler". Unrealistisches Menschenbild im "Schloß"; Sehnsucht nach Gemeinsamkeit bleibt. "Der Bau", "Forschungen eines Hundes": Ersteres – Objektivierung der Unsicherheit, letzteres – subjektivstes Werk Kafkas, Grundzüge der eigenen Entwicklung; Suche nach Gemeinschaft, nach ursprünglicher Isolierung.

Kafkas Wirklichkeitskonzeption u. die Besonderheiten seiner Erkenntnis: Seine Stellung zum Menschen u. zur Gesellschaft des imperialistischen Zeitalters; Verfremdung u. Verdinglichung, Lage des Kleinbürgertums; Kafka erkennt aber nicht die Grundlagen der kapitalistischen Ordnung. Mechanismus der Gesellschaft u. ohnmächtige Helden, Flucht ins Außenseitertum, dann Rückkehr in die Gemeinschaft. Er erfaßt die Atmosphäre des Kapitalismus in seiner "Bildgestaltung", sowie dessen Auswirkung auf die Menschen. Er kann die Grundlagen seiner Zeit nicht realistisch gestalten.]

Rez.: Frederick Beharriell in: *Books Abroad* 37 (1963) S. 47–48;
Ludwig Dietz in: *Germanistik* 4 (1963) S. 738–39;
Gesine Frey in: *ZfdPh* 82 (1963) S. 543–47;
Norbert Honsza in: *Annali Istituto Universitario Orientale Napoli. Sezione Germanica* 6 (1963) S. 167–68;
Paul Reimann in: *WB* 9 (1963) S. 617–23.
Engl. Teilabdruck von S. 117–19 u. d. T.: "The Metamorphosis". In: Corngold, *Franz Kafka: The Metamorphosis* (s. Sammelbde.) S. 192–94.

Richter, Peter: *Variation als Prinzip. Untersuchungen an Franz Kafkas Romanwerk.* Bonn: Bouvier, Herbert Grundmann, 1975, 367 S. (Abhandlung zur Kunst-, Musik- u. Literaturwissenschaft, Bd. 66).

[Verständnis der Werkinhalte bei Kafka problematisch. Problem der Kafkaforschung kann mit Literaturmethodik nicht gelöst werden. 30 Jahre Beschäftigung mit nahezu allen Aspekten von Kafkas Werk: dennoch nehmen Arbeiten "in Richtung einer Grenze ab, ... hinter welcher, sprachwissenschaftlich, der Bereich der lexikalischen Bedeutung ... beginnt." Schichtenmodell von möglichen Begriffen festgelegt, dann darin Konstanten gesucht.

    I.Der Zugriff zu den Wortinhalten.

    II.Biographie und Dichtung: Der Griff zum Stoff.

    III. Der Zugriff zu den Werkinhalten.

    IV. Der Weg zur Wahrheit. Kafkas Epik: Variationskunst. Beweisgang vom "Befund" u. vom Begriff der "Variation" her geführt.

Romane bestehen zur Hälfte aus "Elementengruppen", Teillösung für Inhaltsdeutung. Ähnlichkeit zwischen Träumen u. Kindheitserlebnissen beweist Zusammenhang zwischen Werk u. Leben.]

Rez.: Karlheinz Fingerhut in: *Germanistik* 17 (1976) S. 604–05.

Ries, Wiebrecht: *Transzendenz als Terror. Eine religionsgeschichtliche Studie über Franz Kafka.* Heidelberg: Lambert Schneider, 1977. 159 S. (Phronesis, Bd. 4).

[Habilitationsschrift, Technische Univ. Hannover (1974). Kafkas Dichtungen: Ausdruck des Verfallsprozesses theologisch-metaphysischer Tradition; an dessen Ende wird Transzendenz als Terror empfunden. Hiob-Frage nach der Redlichkeit Gottes (Gnosis); bei Kafka Nachvollzug der Selbstauflösung des "Gesetzes". Kafka-Exegesen von W. Benjamin, T. W. Adorno u. W. Kraft. "Metaphysische Revolte" (Camus); Umschlagen theologisch-metaphysischer Tradition in negative Theologie u. negative Philosophie. Nietzsches tragischer Mythos des Willens zur Macht ist vergleichbar mit Kafkas Syndrom von Gewalt als Mechanismus des Terrors. Kafkas Werk ist der Schauplatz der Selbstoffenbarung des Weltlaufs als fortwährender Schrecken u. des Offenbarwerdens des Gerichts, das die Welt über sich selbst spricht. – S. 23–65: Kafka und Kierkegaard: Affinität in der Existenzverfassung Kafkas zu der Kierkegaards ("Angst", Kampf mit dem Schatten des übermächtigen Vaters, "teuflische" Unschuld, verborgene Revolte ist "Schuld", Ohnmachtserfahrung des Sohnes) auch im Verhältnis zur Braut. Übergang vom Denkmöglichen ins Dunkel des Denkjenseitigen: Frage nach dem Grund im Sinne eines irrationalen Ursprunggeschehens; Verirrtsein im feindlichen Land des Diesseits. Kierkegaards Bücher sind für Kafka "kompromittierend"; Kafka ist Kritiker u. Erbe Kierkegaards. – S. 67–90: Kafka und Nietzsche: Überarbeitete Fassung des gleichnam. in "Nietzsche-Studien" (Bd. 2, 1973, S. 258–75) erschienenen Aufsatzes (s. Artikel). – S. 93–121: Transzendenz als Terror: Kafka beschreibt ein korruptes Gericht; das Ende des "Gesetzes" ist angebrochen. Einige Texte zeigen die Travestie des Mythos, die Verfallsgeschichte der Metaphysik. "Betrachtungen über Sünde, Leid...": Kafkas theologia occulta (jüdische Mystik). Wahrheit ist rein "jenseitig". Sphäre der Transzendenz wird mit dem Zeremoniell der Gewalt verbunden. – S. 123–46: Kafka und Hiob: Bewußtheit der metaphysischen Verzweiflung; schweigende Abwesenheit Gottes. Der Anspruch des "Oberen" kann nicht mehr vom Trugspruch des Infernalischen unterschieden werden; Mißbrauch der Macht; Verlorenheit des Menschen; "Klage" über eine "Stummheit", in der der Entzug des Heils absolut wird. "Vor dem Gesetz": Modell der "Täuschung"; Kafka zerstört Tradition noch dort, wo er sie bewahrt, u. ist ihr "Ende"; Dasein als reine Vergeblichkeit. Josef K.s Tod: Aufhebung des Rechts durch Gerechtigkeit.]

Rez.: Robert Kauf in: *GQ* 51 (1978) S. 385–86;

Adolf Fink in: *Germanistik* 19 (1978) S. 908–09;

Roman S. Struc in: *Seminar* 14 (1978) S. 296–98;

Ingeborg C. Henel in: *Monatshefte* 71 (1979) S. 207–08;

Todd C. Hanlin in: *MAL* 13 (1980) Nr. 3. S. 92–93.

Ritzmann, Annelise: *Winter und Untergang. Zu Franz Kafkas Schloßroman.*
Bonn: Bouvier, 1978. VIII + 112 S. (Studien zur Germanistik, Anglistik u.
Komparatistik, Bd. 78).

[Unmöglichkeit für K., den Schlüssel zum Schloß zu finden; bedeutet auch Scheitern der
Interpretationen. K. ist aber auch ein Anstürmender, der ins Dorf eindringt. Winterbild
als Symbol des Abendlandes zu Kafkas Zeit. – 1. Kap.: K.s Winterreise zum Dorf, biographische Daten aus Kafkas Leben u. vor allem das Scheitern der Familienbildung. Untersuchung der Bedeutung des Winters in Kafkas Werk. – K.s Berufung, zeigt Machtstre-
ben, will nicht erlösen. Spiegelt sich in allem – Kampf mit sich alleine. K. in den Außen-
bezirken des Schlosses, Leser umkreist mit K. das Schloß. Märchenhaft-politisch-aufklä-
rerischer Text. Kap. 2: K.s Wahrnehmung des Schlosses, Desorientierung u. Versuch, in
Erinnerungen Maßstab dafür zu finden. In Zusammenhang mit Vater-Sohnrivalität
der früheren Werke zu sehen. Gestalten auf dem Weg zum Schloß. Vergleich K. u.
Josef K. Zwei Welten in Kafka u. seinen K.-Helden; sie maßen sich an, zu wissen. Kap. 3:
Diskussion über das Schloß; bürokratisches Zukunftsbild, Vergleich mit "Glasperlen-
spiel". Sprache bezeichnet nichts Alltägliches. Parasitenhafte Beamte, die registrieren u.
intrigieren, aber verletzbar sind. Beziehung Schloß – Dorf – Parteien, Frauengestalten;
Beamte mit Schriften beschäftigt, Kafkas Spott über die verwaltete Welt, Computer-
zeitalter vorausgesehen. Negative Auswirkung der Macht. Kap. 4: Das Dorf: Aufbau u.
Struktur des Romans; K.: Dauer seiner Anwesenheit (je 6 Tage u. Nächte, 4. Tag
Mitte), kreisförmige Struktur, auch in Erz. schon (2 Skizzen über Struktur) behandelt die
Beziehungen K.s zu den Dorfbewohnern (Frauen, etc.) u. sein Versagen. Bedeutung der
Barnabasfamilie u. der Gehilfen.]
Rez.: Roman S. Struc in: *Germanistik* 20 (1979) S. 898.

Robert, Marthe: *Kafka.* [Paris:] Gallimard, 1960. 299 S. (La Bibliothèque
Idéale). Auch: Paperback (gekürzt), 218 S. – 2. Aufl. 1968.

[Einführende Studie: Kurzbiographie. –
Kafkas früher Ruhm hat Ereignisse der Geschichte vorweggenommen:
Krieg, Nachkriegszeit, Bürokratie; populärer Name, Einfluß auf gesamte europäische Li-
teratur, z. B. Camus, Kafka wird zur Manie, alle Richtungen beanspruchen ihn. Strikte
Literaturkritik soll helfen, Sache wieder ins Gleichgewicht zu bringen. Robert versucht
Zugang zu seinen Werken durch seine Technik zu finden. Zwei große Themen: Einsam-
keit u. Suche. Werk für Kafka eine asketische Übung. Geheimnisvolles, ungeschriebenes
Gesetz als Zentrum des Werkes. – Kunst: Künstlerfiguren u. deren Beziehung zur Welt in
vielen Werken, oft Schwindlern ähnlich, Kunst als nicht zu rechtfertigende Aufgabe.
Mensch u. städtische Kultur ohne Natur u. Schönheit; Helden ohne physische Eigen-
schaften, Schönheit als konventionelles Kunstmittel abgelehnt; Kunst als Vermittlerin
der Wahrheit. Nachahmung: Kafkas Rolle als "imitateur" – eine Art experimenteller
Imitation (z. B. Dickens); formelle Kategorien auch unklar; wählt je nach Bedarf unter
Vorbildern (Fabel, Allegorie, Mythen) um Wahrheit sozialer, moralischer u. religiöser
Art darzustellen. Schafft einen "Pseudokosmos" in Werken ("Prozeß" etc.), in dem Helden eine falsche Epopöe durchlaufen. Heilige Ordnung durch Bürokratie ersetzt. – Die
"Anspielungen": Die "experimentelle" Lüge findet Ausdruck in Sprache u. Bildern; widersprüchliche Symbole, die sich dem Sinn verschließen. Alle Helden versuchen verzweifelt, Sinn der Symbole zu finden. Kafkas Symbole sind eher "allusions", sie erhalten den
Konflikt des Helden (einzelner gegen Allgemeinheit). Er zerstört die Sprache mit radikalen Mitteln. – Der Kampf: Symbole erklären universelle u. unpersönliche Welt. Täuschung der Helden wird offenbar; Erzähler spricht nur von sich selbst; Helden der Ju-
gendwerke – unsicher, unstet. Ab "Urteil" – neuer Held, erzählte Welt wird stabil, er
wird ohnmächtig. Einsamkeit – Thema von "Prozeß" u. "Schloß", Nebenpersonen ver-

schwinden progressiv, sind Teile der Helden (Doppelgänger, zeigen inneres Drama des Helden). Romane decken die Lüge des Selbst auf, seine Unmöglichkeit sich zu erkennen. Große Kälte der Kafkaschen Welt. Welterkenntnis durch Selbsterkenntnis; der einzelne u. sein Schicksal werden ins allgemeine erhoben. – Es folgen Kurzanalysen der wichtigsten Werke mit Textproben; Kafkas Meinungen über verschiedene Themen (Literatur, Einsamkeit, Heirat, Tod); ein Auszug aus Janouchs "Gespräche ..."; Gedanken von Kafkas Freunden u. Interpreten (von Baum u. Brod bis Sartre u. Camus).]

Rez.: Jean Pouillon in: *Les Temps Modernes* 16 (1960) S. 183–85;
Louis Leibrich in: *Germanistik* 2 (1961) S. 141–42;
Maurice Marache in: *EG* 17 (1962) S. 221;
Roland Barthes: "La réponse de Kafka" (s. Artikel).
*In jap. Übers. Tôkyô: 1969.
*In portugiesischer Übers. von José Manuel Simões u. d. T.: *Franz Kafka.* Lisboa: Editorial Presença.
*In span. Übers. u. d. T.: *Kafka.* Buenos Aires: Ed. Paidos, 1969; u. u. d. T.: *Acerca de Kafka.* Barcelona: 1970.

– *L'ancien et le nouveau. De Don Quichotte à Franz Kafka.* Paris: Grasset, 1963. 319 S. – *Paris: Payot, 1967.

[S. 17–51: L'imitation souveraine: "Les doubles" u. "La simulation" (s. Artikel). S. 173–311: Le dernier messager: Behandelt in drei Kap. (Un tissu de fables, Momus ou la dérision u. Le vrai Château) Kafkas "Schloß". – Keine Interpretationstheorie reicht aus, um den widersprüchlichen K. u. den Roman selbst zu deuten. K. – ein Landvermesser der Bücher; "Schloß": Beispiel einer "Imitation" (könnte Sitten-, Feuilleton-, Gralsroman oder antikes Epos sein); K. – ein moderner Odysseus, der nicht mehr handeln kann. Andere Gestalten – Zerrbilder griechischer Götter; Bericht einer schwierigen Suche. K.s Gestalt radikal reduziert, er provoziert "Reden", Sprache wird Gegenstand seiner Suche. Drei Erfahrungsbereiche ohne gemeinsame Basis im "Schloß". Kunst u. Künstler in Frage gestellt, Stil wird Inhalt. Hohes u. Niedriges sind hier Altes u. Neues, nicht mehr Heiliges u. Irdisches. K.s Illusionen u. Träume, die Macht des "Äußeren" (der Kleider) auf ihn. Ankunft im Dorf – Versuch, ins Leben hineinzukommen. K. erhält aber, obwohl das Schloß etwas anderes ist, als man es sich dem Namen nach vorstellt, eine gewisse mittelbare Information darüber durch die Frauen u. Beamten. Matriarchat u. Liebesreligion im Dorf. Barnabas u. die zwei Gehilfen – Teile von K.s Persönlichkeit (Künstlertum u. Vitalität). Barnabas ist vielleicht Kafka selbst (wurde Bote, um der Verantwortung zu entgehen). Die latente Macht des Alten für K., er kann nicht im Kollektiv aufgehen, ist zu sehr Individualist. Beziehung zwischen Wahrheit u. Wirklichkeit. K. will Bücher u. Leben in Einklang bringen, Schloßillusion gibt seine eigene seelische Lage wieder.]

Rez.: Wilhelm Blechmann in: *GRM* 16 (1966) S. 324–25.
In dt. Übers. v. Karl August Horst u. d. T.: *Das Alte im Neuen. Von Don Quichotte zu Franz Kafka.* München: Hanser, 1968. 292 S. (Literatur als Kunst) – (S. 14–44: Die souveräne Imitation. – S. 152–269: Der letzte Bote.)
Rez.: Helmut F. Pfanner in: *Literature, Music, Fine Arts* 2 (1969) S. 160–62;
Francis Golffing in: *Germanistik* 10 (1969) S. 306.
In engl. Übers. v. Carol Cosman u. d. T.: *The Old and the New. From Don Quixote to Kafka.* Foreword by Robert Alter. Berkeley: Univ. of California Pr., 1977. XIII + 322 S.
Rez. in: *Choice* 14 (July 1977) S. 675;
Gari R. Muller in: *Library Journal* 102 (1977) S. 110;
Elias L. Rivers in: *Comparative Literature* 30 (Summer 1978) S. 280;
E. C. Riley in: *MLR* 74 (1979) S. 226.

*In ital. Übers. v. D. u. G. Tarizzo u. d. T.: *L'antico e il nuovo*. Milano: Rizzoli, 1969. 279 S.

– *Seul, comme Franz Kafka*. Paris: Calmann-Lévy, 1979. 259 S.

[Versuch, Kafkas Situation in Prag festzulegen. Auf Grund seiner Aussage in Tagebüchern u. Korrespondenz werden Kafkas Meinungen u. Lebensform bestimmt. I. Le nom censuré: Kafkas Werk behandelt die großen Themen des jüdischen Denkens u. der jüdischen Literatur (Exil, Schuld, Sühne), ohne je eine Anspielung auf Juden zu machen. Jüdische Namen im Werk, später verschwinden die Familiennamen, bis zum lakonischen K.: eigentlich kein Held mehr im traditionellen Sinn. Man kann vom "verschwiegenen" Namen bei Kafka sprechen, in Zusammenhang mit Prager Judentum, das sich assimilieren will. 1911 Annäherung an das Judentum; Schuldbewußtsein in vielfacher Hinsicht. Held aus "Forschungen eines Hundes" (1922) spricht in Kafkas Namen; Hund ruft multiple negative Assoziationen hervor, Metapher für eigene Lage. – II. La maladie de l'identité: Identitätsproblem bis zum Grunde erlebt. Assimilation an den Westen bis zur Löwybegegnung. In Prag bedeutete Assimilation für die Juden vor allem Germanisierung, eine Art des Ersatzes für das Vaterland. Mütter lehren den Kindern die dt. Spache, opportunistische Väter helfen nach. Evasionsversuche Kafkas aus Prag ähneln denen vieler anderer junger Prager Juden; Musik, Reisen, Zionismus, Schriftstellerei, Suche nach einem Ziel. Kafkas Versuche, nach Madrid zu reisen. Er fühlte die Aggressivität seiner Dichtung; will sein Schreiben heimlich halten, benützt eine "impartielle, geborgte" Sprache. – III. Le chemin du retour: Antisemitische Gewalttaten aus Kafkas Jugendzeit scheinen in seinen Werken u. Lebensdokumenten nicht auf. Junge Tschechen provozieren, Antisemitismus lebt aber in Kafka selbst, gegen sich gerichtet, auch gegen Vater, der Angestellte schlecht behandelt, was aber zu seiner Zeit allgemein üblich war. Herabsetzung des allmächtigen Vaters auf die Stufe eines Sünders. Kritik in "Brief an den Vater"; Zusammentreffen mit Löwy u. jiddischen Schauspielern öffnet ihm Leib u. Seele, fühlt Heimat u. Gemeinschaft; tiefste Beeinflussung auch seiner Werke (Figuren des "bouffon") durch das Theater. In Löwy sieht er Demut u. Leidenschaft, etwas Geniales. Beginnt, jüdische Kenntnisse zu vertiefen; Anstoß, sich Felice zu nähern, Bewußtwerden des Gegensatzes Ost- u. Westjuden. – IV. Le buisson d'épines: Kafka war es unmöglich, sich an das Ostjudentum enger anzuschließen, aber war immer fasziniert davon u. verfolgte sein Schicksal (auch Dora); Frauenbeziehungen von Einstellung zum Judentum geprägt, auch Haltung zum Zionismus u. Auswanderungspläne. – V. Devant la loi: Mischung aus Ungläubigkeit u. Skrupeln, Verlust des Gesetzes u. verzweifelte Versuche, es zu besitzen; Kafka stellt sich tyrannische Lebensregeln auf, wie Vegetariertum, etc., die auch ein Versuch sind, dem "Gesetz" zu folgen. "Verwandlung", "Hungerkünstler" – Hungertod; "Forschungen eines Hundes" drückt in seiner Polemik gegen seine Vorfahren u. in seiner gleichzeitigen Verehrung für sie Kafkas eigene Polemik mit den "Regeln" aus; auch Eheproblematik in diesem Zusammenhang, sieht Ehe in archaischem Licht (Felice u. Milena); versucht immer einen Kompromiß zwischen unvereinbaren Gegensätzen, daher Interesse für Heräsien, kleine Sondergruppen. – VI. L'évasion: Literatur als Sphäre der Flucht vor dem Vater; eine Literatur, die über den zeitlichen Verwirrungen steht. Ab "Urteil" wird sie zu Kafkas einzigem u. wichtigsten Lebensinhalt, Konflikt mit Brotberuf; Literatur als Gebet, soll Welt retten. "Beschreibung eines Kampfes" noch innerhalb der gängigen narzißtischen Zeitliteratur, muß noch gereinigt werden. Schreiben u. Leben werden später getrennt, z. B. schon im "Prozeß"; Persönliches ist scheinbar verschwunden, obwohl empirische Elemente noch vorhanden sind. Prinzip der "non-intervention" des Schriftstellers durchgeführt. Nur unmittelbar Wichtiges dargestellt, ohne Beurteilung des Helden; kein Weltbild, sondern Erfahrung der Helden, die auf eine experimentelle Situation reagieren. Das Sprachproblem interessiert Kafka erst ab 1911 (Zusammentreffen mit jiddischen Schauspielern); spezielle Sprach- u. Schreibsituation in Prag; eine mittlere Stufe der dt. Sprache, oder besser eine Sprache, die außerhalb der Geschichte u. der Gesellschaft liegt. Schlüsselworte: Prozeß, Schloß, Herren, Hunde, Bau, sie treiben die Handlung in zwei Richtungen, eine klar erkennbare u. eine versteckte. Kafka verweigert sich das Recht, den vollen Reichtum der dt. Sprache auszunützen, fühlt sich zu wurzellos u. ausgeschlossen dazu; seine Sprache ist dem Kanzleidt. ähnlich. Durch die Unmöglichkeit, zu schreiben, entsteht aus heterogenen Elementen (Objektives u. Subjektives) sein Werk. – VII. Fiction et réalité: Dazu kommt noch die Frage nach der Form von Kafkas Werken, für die er sich an den verschiedensten Vorbildern inspiriert, die er auf seine Art imitiert: Märchen, Fabel, Abenteuerroman ("Der Verschollene"), Gralssuche u. Odyssee ("Schloß"), Bildungsroman, Detektivroman, Gerichtschronik, klassische Mythen. Er "imitiert", weil er selbst "nichts" hat, weil er so seine Anonymität wahrt u. seine eigene Verwirrung in seine Vorbilder hineinlegt. Er benützt sie, um das Vergängliche, das Unvollkommene auszudrücken. Kafka u. die griechische Mythologie; bes. die Prometheuslegende (Sündenfall) – wird zu seinem eigenen Prozeß. Kafkas Werke begleiten seine Biographie u. nehmen auch Ereignisse vorweg (z. B. Odradek – ohne Lunge). Interpretation von verschiedenen Themen und Werken ("Urteil", "Verwandlung", "Verschollener") in diesem Licht. Keine Träume in seinen Werken, nur psychische Mechanismen des Traumes benützt; die Menschen seiner Werke sind nie, was sie scheinen; Teil- u. Doppelfiguren (bes. auch in "Prozeß", "Blumfeld" – der Junggeselle, der Frauen, Kinder u. Tiere meidet, aus seinem Leben verbannt, um mit zwei Objekten zu leben; "Schloß"). Doppelwesen zeigen Doppelnaturen an, deren jede sich nach eigenen Gesetzen entwickelt.]

Rez.: Juliette Simont in: *Revue d'esthétique* 33 (1980) Nr. 3–4. S. 402–18.

Rochefort, Robert: *Kafka oder die unzerstörbare Hoffnung.* Mit einem Geleitwort von Romano Guardini. Wien u. München: Herold, 1955. 196 S.

[Aus dem Frz. übers. v. Hubert Greifeneder. Originaltitel: "Kafka ou l'irréductible espoir" Paris, 1947. S. 9–20: Geleitwort (von Romano Guardini, s. Artikel). S. 21–196: Kafkas Auseinandersetzung mit dem Negativen. Der Dichter erfuhr schon in der Kindheit (Elternhaus) die "Kälte" der Welt und beginnt, dem Leben Widerstand zu leisten. Er möchte sich u. den Menschen später das "Nichts" beweisen, um sein Schuldgefühl zu tilgen. Sein Leben unter dem Fluch des Vaters erscheint Rochefort als Parallele zum Schicksal des jüdischen Volkes unter dem Fluch Gottes, ohne Christus u. Erlösungshoffnung. Kafkas Charakter, Erziehung u. Anlagen (kalter Verstand u. mystischer Trieb zum Absoluten) zwangen ihn zum Negativen; er konnte dennoch nicht Gottes Abwesenheit u. das Fehlen des Gesetzes beweisen; er trieb die Verneinung aufs Äußerste u. gilt so als warnendes Beispiel für andere. Er ist als Angehöriger des jüdischen Volkes zu sehen u. kennt dessen Probleme, dazu kommt sein eigener Familienkonflikt u. seine Doppelnatur (Kafka-Löwy). Die Familienproblematik (absurdes Gesetz des Vaters) ist in den Werken ins Universelle erhoben. Dennoch ist sein Werk nicht als das eines Kranken zu sehen, er liebte das Gesunde, Natürliche, Einfache, die Ordnung, die Gemeinschaft, er war ein "Kriegertypus". Aus dem Spiel der Lebensablehnung wird langsam die systematische Selbstzerstörung, der alle seine Kräfte dienen; er suchte im Nichts die Freiheit. Dominierendes Thema seiner Werke: Verlassenheit. Will seine Gewißheit im Werk den anderen kundtun. "Urteil" u. "Verwandlung": Kafkas Lebensschema vorgezeichnet. Der "Absturz" dieser frühen Helden verwandelt sich im "Schloß" in den heroischen Marsch K.s auf ein Ziel zu, das ein Trugbild ist. Kafka fühlt sich durch seine zwei Berufe bedrückt, innerer Zwiespalt (Leben oder Nichtleben) verstärkt seine Zerrüttung. Ehe als Hindernis, Schreiben zu können, am Ende durch Krankheit vereitelt. Nach 1917 Aussöhnung mit Vater u. Gott versucht, neue Haltung zum Judentum, düsterste Zeit seines Lebens ("Forschungen eines Hundes"), Heimatsuche. Kafkas Traum, das Leben auf "Nichtsein" zu gründen, verwirklicht sich nicht, Suche nach Fehlern (auch in Werken). In "Betrachtungen ..."

ein Stillstand seines Kampfes zu bemerken; Lebensmöglichkeit: Glaube an Unzerstörbares im Menschen? Seine Haltung dem Werk gegenüber war auch selbstzerstörerisch gewesen, erst in den letzten Lebensjahren schlägt er eine neue Richtung ein. Uneinigkeit über Interpretation auch deshalb, weil man die enge Verbindung des Werkes mit Kafkas Person nicht beachtet. Drei Schaffensperioden: "Urteil", "Verwandlung" – Erkenntnis seines negativen Charakters; Romane: die Helden gehen – trotz Scheiterns – über ihre persönliche Sphäre hinaus. Messianisches bedeutend, aber nur negative Sendung. Letzte Phase: "Forschungen eines Hundes", "Josefine ...", "Chinesische Mauer" – gewisse Synthese u. Ausgleich des Gegensätzlichen. Mauer als Schutzwehr des Lebens gegen das Negative? Kafkas Entwicklung: Letzte zwei Jahre – Kafka wuchs über Literatur u. Kampf hinaus, als er sich als besiegt erkannte. Werk zeigt Elend des Glaubenslosen.]
Rez.: Inge Meidinger-Geise in: *Welt und Wort* (1956) S. 326;
Hans-Joachim Schoeps in: *Zeitschrift für Religions- und Geistesgeschichte* 8 (1956) S. 280–81.

Rohner, Wolfgang: *Franz Kafka.* Mühlacker: Stieglitz-Verl., E. Händle, 1967. 140 S. (Genius der Deutschen).

[Biographie. Kafka sah das 20. Jh. als ein Verhau von Schwierigkeiten, von Sperrmauern für unser Handeln u. unseren Erkenntnisblick; ständiger Kampf gegen diese Schwierigkeiten; er paßte nicht in die Welt des geschäftstüchtigen, robusten Vaters, war einer ihm fremden Umgebung hilflos ausgeliefert; seine Kindheit war nicht ganz freudlos, aber der Vater u. auch die Köchin wirkten bedrohend, schüchterten ein. Prag: erfüllt von der Magie der Legenden, Berührungspunkt von Ost- u. Westjudentum; Jude sein bedeutete Isolierung, auch die Schreibweise Kafkas steht isoliert innerhalb der dt. Autoren Prags. Thema seiner Tagebücher: Hindernisse u. Störungen. Kafka beschreibt eine gestörte Welt, die gesellschaftliche Konstellation der einander Störenden u. traumähnliche Situationsübertreibungen seiner Berufswelt. Interesse für geistige, soziale u. politische Vorgänge in seiner Umgebung. "Urteil": geistig geschaute Realität – Macht des Vaters – wird als physische Wirklichkeit imaginiert. Kafka bevorzugt in seinen Erz. Konstruktionen mit Sätzen einschränkender Natur, das Konzessive u. Konditionale machen Strom u. Stauung seines Weltverhältnisses sichtbar; realistischer Alltag verschiebt sich ins Mythische; Einzelheiten der Bilderfolgen gehören zur Optik der Hauptfigur u. charakterisieren diese; ernst-karikierende Übertreibung zeichnet ein Schreckbild unserer Zeit. Letztes Kap. des "Verschollenen" unterscheidet sich durch die traumhafte Gestaltung deutlich von den vorhergehenden Kap. – Kampf zwischen "Leben" u. "Schreiben", die einander verurteilen. "Prozeß": Perspektive der Hauptfigur bedeutet "inneres Leben"; Lichterfahrungen ("Vor dem Gesetz") gehören zu jeder Mystik; Chassidismus. Krankheit als Strafe betrachtet. Überwältigende Rolle der Angst in Briefen an Milena, der Kafka seine Tagebücher u. andere Mss. gibt. Die im "Schloß" beschriebene Fremde u. Dorfatmosphäre ist die böhmische Landschaft (Planá) aus der Perspektive der Hauptfigur, des Städters, gesehen; die Stoffwahl läßt Gewohntes hinter sich, während im "Prozeß" das Gewohnte verfremdet wird. "Forschungen eines Hundes": mystisches Erleben, Mensch muß seine Nahrung aus dem Übersinnlichen ziehen. 1923/24: "Schreiben" u. "Leben" mit einer Gefährtin.]
Rez.: George C. Avery in: *Germanistik* 9 (1968) S. 802.

Rolleston, James: *Kafka's Narrative Theater.* University Park and London: Pennsylvania State Univ. Pr., 1974. XVI + 168 S. (Penn State Series in German Literature).

[Die Bedeutung des theatralischen Elementes in Kafkas Erzähltechnik wird an verschiedenen Erz. u. dem jeweils ersten Kap. der drei Romane beleuchtet. Der Held u. seine Beziehung zur Welt. Kafka fordert die traditionellen Begriffe über "Helden", "Struktur"

u. "Wirklichkeit" heraus. Die offene u. geschlossene Struktur (Wölflin) in der Beziehung des Helden zur Welt. Die offene Struktur in "Der Heizer"; Entwicklung zur geschlossenen Struktur hin in "Verwandlung" u. "Urteil". Höhepunkt in "Prozeß" u. "Strafkolonie". Dann beginnt eine Wende zur offenen Struktur hin, die sich im "Schloß" voll zeigt. Die späteren Erz. beleuchten das Verhältnis zwischen Gesellschaft u. Außenseiter. Kafkas neue Auffassung vom "Helden"; er konnte nur durch einen "Sprecher" seine Weltsicht mitteilen. Die Erwartungen des kafkaischen Sprechers werden ständig auf dem "Theater des Selbst" zunichte gemacht. Ursache für Georgs Persönlichkeitsspaltung? Von archetypischen Kräften beherrscht (Sokel) u. erlöst, oder Schuldiger, der uns zum Urteil vorgeführt wird? Georgs Tod eher das Ende einer Rückwärtsentwicklung bis jenseits des Kinderstadiums; Auslöschen nach der Niederlage.]
Abdruck des 4. Kap., "The Judgment", u. d. T.: "Strategy and Language: Georg Bendemann's Theater of the Self." In: Flores, *The Problem of "The Judgment"* (s. Sammelbde.) S. 133–45.
Rez.: G. A. Masterton in: *Library Journal* 99 (1974) S. 2068;
Klaus-Peter Hinze in: *MAL* 9 (1976) Nr. 1. S. 98–99;
Hartmut Binder in: *Germanistik* 17 (1976) S. 605;
Walter H. Sokel in: *GQ* 50 (1977) S. 42–44.

Rothe, Wolfgang: *Kafka in der Kunst.* Stuttgart: Belser, 1979. 128 S.

[Werk enthält Querschnitt der Bemühungen von Zeichnern u. Malern, die durch Kafka u. seine Werke angeregt wurden, bietet eine kleine Auswahl der vielen stilistischen u. formalen Versuche. Der Textteil bringt Auszüge aus Studien zum Kunstverständnis Kafkas u. Berichte über Teilgebiete der Kafka-Illustr., biographische Mitteilungen aus Kafkas Werk u. Selbstzeugnisse, sowie Meinungen lebender Künstler über Kafka. Schwierig, einen Künstler wie Kafka in eine andere Kunstart zu übersetzen. Probleme der Illustr. – Einleitung: Franz Kafka: Augenmensch, Zeichner und Gezeichneter: Musik war ihm gleichgültig, aber lebhaftes Interesse für Kunst vorhanden; auch bildhaftes Denken, Räume, Schauen als "Erschauen" in Ruhe. Als Zeichner konnte er die Bilder seiner Imagination u. Träume wiedergeben. Doppelbegabung. Datierung seiner vielen Versuche schwierig; Karikaturen, Selbstaussage; drei Gruppen von Skizzen. Kafkas Porträts – oft eine Verharmlosung seiner Person. 2. Teil: Dokumente zu "Augenmensch Kafka" (aus seinen eigenen Werken), zu "Kunstkenner Kafka" aus verschiedenen Studien (Ladendorf), zu "Zeichner Kafka" (Ladendorf, Brod, etc.), zu "Anfänge der Kafka-Illustration" (Starke, Babler). S. 49–116: Kafka-Porträts und Illustrationen zum Werk Kafkas, von 1916 an. Es folgen Deutungen u. Selbstzeugnisse verschiedener Künstler.]

Roy, Gregor: *Kafka's "The Trial", "The Castle" and Other Works: A Critical Commentary.* New York, N. Y.: Monarch Pr., 1966. 96 S. – (C Thor Publications). (Monarch Notes and Study Guides 847–4).

[Studienführer. Übersichtliche Einführung zu Kafka u. seinem Werk. Lebenslauf, Vater, Judentum. Themen in Hauptwerken: menschliche Vereinsamung, Ausschluß aus seelischer Heimat, Schuld; Aufrichtigkeit, intensive Angst, qualvolles Suchen. Wie soll Kafka gelesen werden? Interpretationsrichtungen. Besprechung der einzelnen Erz. "Verwandlung": Drama der Schwäche, Schuld u. Erniedrigung. Thematische Vieldeutigkeit u. verblüffender Inhalt in "Das Schloß". Nach Bürgel-Szene ändert sich K.s Haltung zum Schloß. Zwielichtige, mysteriöse Atmosphäre im "Prozeß". Der Fragenkomplex von Josef K.s Schuld; sein Leiden ohne Erlösung. Frauen unterstehen dem Gericht. In "Amerika" Anklage gegen Enthumanisierung der modernen Geschäftswelt u. geistige Leere. Auch der Heizer u. Karl stehen vor einem Gericht. S. 85–90: Überblick über Ansichten mehrerer Kafka-Forscher.]

Ruf, Urs: *Franz Kafka. Das Dilemma der Söhne. Das Ringen um die Versöhnung eines unlösbaren Widerspruchs in den drei Werken "Das Urteil", "Die Verwandlung" und "Amerika".* Berlin: Erich Schmidt, 1974. 103 S. (Philologische Studien u. Quellen 79).

[Der Vater-Sohn-Konflikt wird in diesen Werken als Problem anthropologischer Natur nach den Theorien von Helmut Plessner gedeutet: Das Dilemma wiederholt sich jedesmal, wenn ein Sohn herangewachsen ist u. sich entscheiden soll, entweder die Rolle des Vaters zu übernehmen (zu "leben"), oder seinen Vater zu verlassen u. wie Karl in "Amerika" unabhängig zu werden (zu "reflektieren"). Im Leben hat Kafka dieses Dilemma nicht lösen können; auf künstlerischer Ebene gibt es in "Urteil" u. "Verwandlung" ebenfalls Fehlschläge (ganze Familie wird im ersten, Sohn Gregor im zweiten Fall vernichtet). Nur in "Amerika" ist es Kafka durch einen Trick gelungen, das Übergangsstadium künstlich endlos zu erhalten, indem Karl vor Ausbruch des tödlichen Konflikts Europa verläßt u. im neuen Land Vater ist, ohne seine Sohnesstellung aufzugeben.]
Rez.: Hartmut Binder in: *Germanistik* 16 (1975) S. 545;
Lieda Bell in: *Seminar* 12 (1976) S. 61;
Klaus Peter Hinze in: *MAL* 10 (1977) Nr. 1. S. 87–88;
Richard Sheppard in: *GLL* 31 (1978) S. 382–83.

Sandbank, Shimon: [*Der Weg des Zögerns. Formen der Ungewißheit bei Kafka.*] Tel Aviv: Ha-kibbutz Ha-meukhad, 1974.

[Hebr.; aus "Bibliografia b'Ivrit." – Kafkas Unsicherheit über die Welt u. den Menschen steht im Mittelpunkt seiner Werke, daher sind alle allegorischen Interpretationen abzulehnen. Es besteht kein eindeutiger "Schlüssel" zum Werk, weder religiös, soziologisch noch psychoanalytisch. Seine metaphysische Welt weist über sich selbst hinaus. Die letzte Bedeutung der Metaphern steht nicht fest. Kafka benützte verschiedene Arten der Erz.-Technik, um diese Ungewißheit auszudrücken; dies wird im 18. Kap. des "Schloß"-Romans gezeigt (Schlafzimmer Bürgels): 1. Bürgels fehlende Logik (einander widersprechende Aussagen); 2. Selbstspiegelung (was Bürgel sagt, ist nichts Neues); 3. seine inoffiziellen Vorschläge (z. B. Weg zum Schloß); 4. Schlaf (K. schäft ein, da er die Botschaft nicht erfaßt). Die vier Formen der Ungewißheit geben Kafkas Werk eine Einheit.]

*Schaube, H., u. H. Hauptmann: *Franz Kafka. Werke und Deutungen.* 1958.

*Scholz, Ingeborg: *Franz Kafkas Brief an Max Brod. "Der Prozeß." "Das Schloß." Interpretation und didaktische Anregungen.* Hollfeld/Oberfranken: Beyer, 1980. 128 S.

Schubiger, Jürg: *Franz Kafka: "Die Verwandlung". Eine Interpretation.* Zürich u. Freiburg i. Br.: Atlantis, 1969. 110 S. (Zürcher Beiträge zur dt. Literatur- u. Geistesgeschichte 34).

[Positivistische u. ideengeschichtlich orientierte Methoden der Literaturwissenschaft trugen zur Verwirrung in der Kafka-Interpretation bei. Zeitlicher Horizont bei Kafka: Zukunft u. Vergangenheit sind von der Gegenwart abgeschnitten. Vielsagende Gebärden. "Einzelnenperspektive" u. Einengung der Perspektive auf das Bedrohliche; aber auch entgrenzende Bewegung (Zeit löst sich auf, Zimmertür ist offen). Motiv des Erwachens, Aufschrecken aus träumerischer Selbstvergessenheit. Gregor ist Junggeselle, der sich ängstlich gegen die Mitwelt abschirmt; Suchen nach einem Ausweg (Fluchtversuche); das Kriecherische, Niedrige bestimmt die Haltung der Familie, die Ekel emp-

findet, während Gregor sich schämt; Schwester verrät ihn am Ende, Mutter ist gütig, aber ohnmächtig, Vater ein kleiner Familientyrann; die drei Zimmerherren sind ohne Individualität, werden aber von der Familie unterwürfig bedient. Banalität von Gregors Tod unterstreicht Wertlosigkeit seines Lebens, Verwandlung war in gewissem Sinn ein Tod. Verlust der menschlichen Leiblichkeit bedeutet totale Vereinzelung, er liebt nicht u. wird nicht geliebt. In Kafkas Werk keine "Innerlichkeit"; auch das Intimste ist öffentlich. Im Stil oft Beziehung zwischen sprachlicher Bewegung u. Bedeutungsgehalt; Vielschichtigkeit u. physiognomische Einheit von Kafkas Sprache; der Stilfigur der Wiederholung entspricht die thematische u. atmosphärische Monotonie seiner Romane u. Erz.; mit Sorgfalt, oft zwischen Gedankenstrichen, holt er durch Einschiebungen Übersprungenes nach; Schwanken zwischen Nachholen u. Vorwegnehmen; das Hin u. Her von Kafkas Sprache; durch modale Adverbien, wie "vielleicht", "kaum", "möglicherweise", löst sich die Gegenständlichkeit auf; häufige negative Wendungen; für Kafka ist das Negative Voraussetzung u. Gegenstand der Dichtung.]
Rez.: Hartmut Binder in: *Germanistik* 11 (1970) S. 814;
Bianca Maria Bornmann in: *Studi Germanici* 9 (1971) S. 275–79;
Elizabeth Boa in: *MLR* 67 (1972) S. 226.
Zusammenf. in: Corngold, *The Commentators' Despair* (s. Sammelbde.) S. 199–206.

Sgorlon, Carlo: *Franz Kafka narratore.* Venezia: Neri Pozza, 1961. 133 S. (Nuova biblioteca di cultura 26).

[Kafkas Erzähltechnik u. Erzählwelt. "Amerika" u. "Beim Bau der chinesischen Mauer": Illusionsvermögen der Helden noch unversehrt. "Prozeß": zu allegorisch; "Schloß": Arten von Glauben u. Unglauben humoristisch dargestellt.]
Rez.: Rodolfo Paoli in: *Germanistik* 4 (1963) S. 366.

*Sharp, Daryl: *Secret Raven: Conflict and Transformation in the Life of Franz Kafka.* Inner City Books, 1980. 128 S.

Sheppard, Richard: *On Kafka's Castle. A Study.* London: Croom Helm, 1973. 234 S. – Auch: New York: Barnes & Noble (Harper & Row), 1973. 234 S.

[Die vielen ausführlichen Untersuchungen des Schloß-Romans ergeben kein einheitliches Bild. Erzählform ist einer der Schlüssel für den Roman. Erzähler klärt nicht auf, ist nicht allwissend; Leser ist auf Eindrücke u. Wahrnehmungen K.s angewiesen (Einsinnigkeit). Kafka bemüht sich, seine eigene Persönlichkeit auszuschalten. Nur hin u. wieder, z. B. am Anfang des Romans, sagt uns der Erzähler etwas, was K. nicht wissen kann. Marthe Robert vergleicht K. mit Odysseus, sieht ihn als Gerechten, der leidet. K. lernt im Laufe der Zeit, sich der Wirklichkeit anzupassen, z. T. durch den Einfluß der Welt, die ihn umgibt. Es lassen sich acht Arten von Verfremdungsmitteln unterscheiden: Parallelismen (Menschen in ähnlichen Situationen, z. B. Barnabas Familie); Diskrepanzen (übertriebene u. überraschend milde Reaktionen); Leitmotive (K. macht sich dauernd falsche Hoffnungen, wiederkehrende Motive, z. B. Tisch, Augen, Bett); Unterbrechung der Stilart (lyrische Momente, Metaphern); Überlegungen (Erinnerungen, Träume); indirekte Bemerkungen des Erzählers; Bemerkungen anderer Personen über K.; Brüche in der Erzählperspektive. In K.s Innerem geht ein doppelter Kampf vor sich: zwischen seinem Ich u. der Außenwelt, u. zwischen seinem faustischen Willen u. anderen, tieferen Kräften seiner Persönlichkeit. K. liebt das Übermenschliche, Außerordentliche, weil es über seine Kräfte geht; was er erreicht hat, schätzt er nicht sehr (Vergleich mit Schopenhauers Philosophie). K. ist ein Faust des 20. Jhs. mit Schuld- u. Angstgefühlen. Erst später beginnt K. zu ahnen, daß er sich ändern muß, was auch unter großen Leiden geschieht. K. ist ein tragischer Held. Die Welt des Schlosses ist reif für eine Revolution, aber K. ist nicht der rechte Mann dafür. – S. 223–27: Auswahlbibliogr.]

Rez.: in: *The Economist* 248 (Sep. 22, 1973) S. 144;
G. A. Masterton in: *Library Journal* 99 (1974) S. 489;
in: *Choice* 11 (May 1974) S. 442;
Roy Pascal: "Parables from no man's land." In: *TLS* (June 7, 1974) Nr. 3770. S. 611–12;
Eric W. Herd in: *Germanistik* 15 (1974) S. 710;
Hans Reiss in: *MLR* 70 (1975) S. 230–31;
James Rolleston in: *GQ* 49 (1976) S. 222–25.

*Shneiderman, Samuel Loeb: *Franz Kafka y su mundo judío. Traducción del idisch por Isidoro Niborski.* Buenos Aires: Congreso Judío Latinoamericano, 1973. 48 S.

In engl. Übers. u. d. T.: *Kafka and His Jewish World.* New York: Gordon Pr., 1980.

Siefken, Hinrich: *Kafka: Ungeduld und Lässigkeit. Zu den Romanen "Der Prozeß" und "Das Schloß".* München: Wilhelm Fink, 1977. 120 S.

[S. 9–41: Josef K.s Schuld und Sühne. Ein Vergleich: Erweiterte u. überarbeitete Fassung des engl. Aufsatzes (s. Artikel). Josef K. wird verglichen mit Rusanow ("Krebsstation" von Solschenizyn), Raskolnikoff ("Schuld und Sühne" von Dostojewski) u. Nechljudow ("Auferstehung" von Tolstoi). Josef K.s Pose der Überlegenheit, er ist gleichgültig, lieblos, egoistisch, ohne Rückgrat; Karriere als Ersatz für das Leben u. auch die Kunst; er ist sein eigener Gefangener; der Apparat, der ihn anklagt, muß bekämpft werden (aggressive Selbstverteidigung). "Der Prozeß": Weiterentwicklung der Literatur der Lebensschwäche. – S. 42–106: Das Schloß des angeblichen Landvermessers: dieser Roman "irritiert" den Leser; strenge Funktionalität; der Form des Märchens vergleichbar; Erzählperspektive weithin auf K. beschränkt, der im Dorf fremd ist u. unbewiesene Ansprüche macht; niemand braucht seine Dienste, er findet sich in einem Niemandsland, seine Beziehung zum Schloß u. zu den Menschen im Dorf versteht er als Kampf (mit Gegnern u. Verbündeten): trotz Scheinerfolgen kommt er dem Ziel nicht näher. "Weg" als Leitmotiv; K.s falsche Sicherheit führt ihn in die Irre, er betrügt sich in seinem Kampf u. auf seinem Weg selbst um sein Glück; er täuscht andere; sein Verhältnis zu Frieda fordert den Leser zu kritischer Distanzierung auf; seine Zwecke heiligen die Mittel; er ist auf Täuschungen gefaßt, Erwartungen sind unerfüllbar. Grundsituation in "Prozeß" und "Schloß" verändert sich nicht; Romane verlieren ihre scheinbare Allgemeinheit u. erscheinen als "Prozeß" des Josef K. u. "Das Schloß" K.s; in beiden Fällen geht es um Rechtfertigung (der Unschuld u. des Anspruchs); die K.s verhalten sich aggressiv; angebotene Hilfe wird mißverstanden. Parabelcharakter im "Schloß" ist stärker.]
Rez.: Todd C. Hanlin in: *GQ* 51 (1978) S. 383;
John Byrnes in: *MAL* 13 (1980) Nr. 2. S. 155–57;
George C. Avery in: *Germanistik* 21 (1980) S. 201.

Smith, David E.: *Gesture as a Stylistic Device in Kleist's "Michael Kohlhaas" and Kafka's "Der Prozeß".* Bern: Herbert Lang; Frankfurt/M.: Peter Lang, 1976. 168 S. (Stanford German Studies. Vol. 11).

[s. Diss.]
Rez.: Gerhard Kurz in: *Germanistik* 21 (1980) S. 148.

Sokel, H[erbert] Walter: *Franz Kafka – Tragik und Ironie. Zur Struktur seiner Kunst.* München – Wien: Albert Langen-Müller, 1964. 586 S. – Auch: Frankfurt/M.: Fischer Taschenbuch, 1976. 637 S.

[Ausgangspunkt dieser philosophisch-psychologischen Interpretation sind Kafkas eigene Aussagen über sein Schreiben; eigenes inneres Leben in traumhafter Verfremdung u. "gleichnishafter Verwandlung" dargestellt, kein direktes Bekenntnis. "Urteil" – Grundstruktur aller Werke festgelegt, "Projektion" – kein Kommentar, wie klassischer Expressionismus.

I. Teil: Sühnetragödien: Kap. 1–4: Spaltung u. Ambivalenz des "Ich" als Grundprinzip, keine Entscheidung zwischen Teilnahme oder Abstand, Lösung: Tod. "Ich" schon in Tagebüchern u. Briefen, in Werken erst reich entwickelt. Macht des Lebens als drohende Gestalt, Frau als ihr Werkzeug, richtet sich gegen Junggesellen.

II. Teil: Die Tragik der Ambivalenz: Kap. 5: Strafsystem; in "Urteil" u. "Verwandlung" ist die Vernichtung des Sohnes gerechtfertigt. Verbindung zwischen "Prozeß" u. "Strafkolonie": Fortsetzung u. Weiterentwicklung von "Urteil" u. "Verwandlung". "Prozeß" – Ambivalenz, wird zum tragischen Prinzip, leitet zur Ironie über. Vorher: Opfertragik ohne Rechtfertigung.

Entwicklung zwischen 1912 u. 1914: dreifache Schuld (Felice, Eltern, Schreiben), "Strafkolonie": Wendepunkt. Abstrahiert früheres Straferlebnis u. widerlegt System der tödlichen Heilslehre. Frühwerk: Macht des Vaters; nun: totalitäres System. Struktur u. Gestalten parallel zu "Urteil", aber Urteil widerlegt. Mittlere Periode: parabolisches Strukturprinzip tritt neben expressionistisches, auch im Spätwerk (1919–1924). Inneres Geschehen wird zu System u. Verfahren, Apparat allegorisch, nicht mehr traumhaft.

Kap. 6–7: Ironie u. Ambivalenz: In "Strafkolonie" – Rechtfertigung der Strafideologie vom Reisenden verlangt. Offizier verlangt Gerechtigkeit (reines Ich) – Maschine zerbricht. Kafka u. Georg ("Urteil") nahmen Strafe des Vaters an. Ich-Teilung bei Kafka: dem Vater unterworfen u. in die Literatur geflohen (Möglichkeit, Vater zu ironisieren, in Reisendem verkörpert). Ab "Strafkolonie" kein Opfertod mehr, Ironie nun als Strukturprinzip. Maschine vergeistigt Menschen, wie Religion. Mittlere Periode: Ambivalenz – tragischer Konflikt zwischen Oberflächenbewußtsein u. Verdrängtem, verfremdet in "Prozeß" wiedergegeben. Dreifache Schuld Josef K.s: Kampf gegen Macht u. reines Ich, dazu soziale Schuld.

Kap. 8: Josef K.s Machtkampf: Erotik u. Kampf – Gericht. K. kommt zum Gericht, um zu kämpfen; Rebellion aus Unsicherheit. Sexueller Erfolg als Zeichen der Macht gesehen. Niederlage erlitten, sich mit beruflichem Erfolg getröstet. Illusion umgekehrt, er nimmt den Prozeß aber an. Gericht wird Wirklichkeit.

Kap. 9: Familie u. Prozeß: Letzterer bringt Josef K. wieder in Verbindung mit der Familie. Onkel bringt ihn zu Huld (weitere Vatergestalt, die von Josef K. – wie auch das Gericht – herablassend behandelt wird). Vatergestalt im Kafka-Mythos: furchtbar u. lächerlich. Onkel: kündigt Tod an. Frau Grubach – Mutterersatz. Verführung Lenis – Josef K.s Emanzipation vom Onkel. 3.–6. Kap.: Gericht u. Sexualität eng verknüpft.

Kap. 10: Die Sirenen. Frauen sind mit Mächtigen im Bunde, um Menschenwild einzufangen. Leni macht Angeklagte zu Hunden, Kafkas Mutter u. Grete als Treiberinnen. Jägerinnen u. Amazonen in "Amerika" (Karls Charakter der beste, Perversität der Opfer hilft); Mutters Rolle in "Brief an den Vater". In Romanen – gespaltenes Ich, unterworfen u. rebellisch, obwohl Josef K. im 8. Kap. des Romans die "hündische Existenz" ablehnt.

Kap. 11: Sirenenhaftes Gesetz u. hündische Existenz: Gesetzesparabel – Schlüssel zum Roman. Gesetz als der Ort, den man nicht erreichen kann, ist ambivalent u. sadistisch, Ziel des Strebens u. der Ablenkung. Persönliches Schicksal, abgelenkt zu werden; Mann versteift sich auf Vergebliches – eine verfehlte Existenzform. Lebenssinn muß man haben, nicht suchen. Mann ist frei, läßt sich aber verlocken. Parallelen zwischen Parabel u. Roman. Das Ich identifiziert sich ganz mit dem existenziellen Anliegen. 1. Phase: reines Ich auf Flucht vor der Welt. 2. Phase: Reinheit durch Suche nach Sinn des Daseins. Spätwerk: "philosophischer Erkenntnisbeweis" wichtig, Offizier u. Forscherhund erfinden sich Schuld, um Lebenssinn zu haben. Hundegeschichte: reines Ich im Widerspruch mit sich selbst (Macht über Welt, oder Unterwerfung). Alle K.-Helden seit "Verwandlung" sind ambivalent.

Kap. 12: Odysseus u. das Gesetz der Macht u. Kap. 13: Ambivalenz Josef K.s: Odysseus ist entschlossen, selbstvertrauend u. unschuldig, siegt. Josef K. u. K. versuchen, sich mit Macht zu verbinden. Struktur des "Prozeß"-Romans durch Ambivalenz gegeben (Widerstand K.s gegen Gericht u. geheimnisvolle Anziehung). Macht wird immer stärker (Gott oder Teufel), von innen her angreifend.

Kap. 14: Dialog im Dom: Geistlicher zeigt Josef K. Erwachsensein u. bestärkt Sehnsucht der Hingabe. K. ist zwischen zwei Existenzmöglichkeiten hin- u. hergerissen. Geistlicher spiegelt K.s Zerrissenheit, das ist K.s Schuld. Auch körperliche Müdigkeit zeigt sie an.

Kap. 15: Frl. Bürstner und "Landarzt": Ambivalenz der Struktur – K.s Schuld im Mädchenzimmer, Auflauern; verliert sie, als er schreit, bisher unbeachteter Teil der Existenz; "Landarzt" – Läuten parallel zu Verhaftung Josef K.s zu sehen. Fehlleistung – Frau an vitale Gestalt verloren. Nicht-Wissen um das, was man hat. Eine Fassung von Kafkas Lebensmythos. Ich-Spaltung bis in die tiefsten Wurzeln. Roheit u. Askese kommen aus dem Schweinestall; Nachtarbeit (Schreiben) zwingt zur Aufgabe der Frau – diese Konstellation hier scharf verurteilt. Lebensschwäche konnte Prüfung der Ehe nicht bestehen. Existenzielle Erschütterung aber zeigt Helden der mittleren u. späteren Epoche die Möglichkeit der Gemeinschaft mit einer Frau, Sinnliches u. Geistiges vereinbar.

Kap. 16: Krankes Ich u. falscher Arzt: Knabe in "Landarzt" – Variante des reinen Ich, Todessehnsucht (romantisches Motiv, "Kunstwart"), psychoanalytische Sublimierung. Familie hält Arzt von Rückkehr zu Rosa ab. Wunde wird sichtbar, aber Familie liebt Sohn, Vater u. Sohn kommen sich durch Krankheit näher. Spätwerk – Vater u. Sohn versöhnt, Liebe der Mutter; "Schloß" – Gemeinschaft; mittlere Periode: Josef K. u. Landarzt weigern sich, zwischen innerem Ruf u. Leben zu entscheiden.

Kap. 17: Traum u. Scham: Josef K. begrüßt in "Traum"-Episode den Tod ekstatisch, Opfer für reines Ich (früher für Welt oder Familie). Kunst zeigt in diesem Fragment den Weg zum Tod – positive Beziehung zu ihr. Stummheit u. Verstocktheit Josef K.s spiegeln sich im Gericht, wichtige Begegnungen enden im Schweigen. Prozeß von Scham begleitet: obwohl ein innerer Prozeß, ist Meinung anderer wichtig, ebenso fremde Hilfe. Verantwortung auf andere abgeschoben. Josef K.s Fassade steht in Widerspruch zu seinem inneren Willen. Frühere Werke – Opfertragödien, "Prozeß" – Tragik der Ambivalenz, ebenso "Landarzt" u. "Kreuzung"; in letzteren auch Existenzproblematik abstrahiert. Dazu kommen in "Schloß" u. "Bau" auch Erforschung der Rettung, Versöhnung, Utopie, Ironie (schon in "Amerika" vorhanden).

III. Teil: Der Traum u. der Bau: Kap. 18: Zerstreutes u. konzentriertes Ich: Geistesabwesenheit führt K.-Helden zum Unheil, Ausdruck der Willensspaltung, Tor zur Tragik (Samsa – Persönlichkeitszerfall). Gegensatz – Harmonie des Traumes ("Prozeß"). Ruhe als Rettung vor tierhaftem Davonstürmen hinter das Leben; Tiermetapher – Bedrohung.

Kap. 19: Das Labyrinth u. Amerika: Labyrinth des Heizers (Vatergestalt) – redegehemmt, irrational, innerlich, subjektiv. Dieser Sphäre entgegen steht Amerika (Büro des Kapitäns), wo Karl erwachsen wird. Rettungsmöglichkeit durch Onkel, Land ohne Vater; Onkel rät zur Konzentration (auch Philosophie Franz Brentanos), gegen Heimat u. Eltern. Lichtes Element nur an der Oberfläche, dunkles bricht durch (wie im "Bau"). Amerikaprinzip: Karls Leben im Hotel (Vorwärtskommen); er bleibt utopische Gestalt unter Kafkas Helden; Erfüllung im Naturtheater?

Kap. 20: Realismus des Affen: Affe verdrängt tierisches Vorleben (reines Ich) ganz, ist Realist (Gregor u. Josef K. – tragisch), erfolgreiche Anpassung rettet ihn. Schon 13 Jahre vor Freuds "Unbehagen in der Kultur" – "resigniert" Affe, verzichtet im Leben in der Kultur. Affengeschichte Kafkas ist keine Satire, sondern Bericht einer Sublimierung, Austreibung des Ekstatischen; ist "entertainer", nicht Künstler; Heimatlosigkeit im Sexuellen gezeigt (Affenfrau). Ungenügende Bewältigung des Instinkthaften (Neurotisches bei Freud). Affe – grotesk, Achilles – tragisch. Affe u. Hungerkünstler: beider

Kunst entsteht aus Not; Unterschied wie zwischen klassischer u. romantischer Kunstauf-
fassung; Kunst als technisches Können u. Kunst als Selbsterfüllung u. Ichausdruck.
Kap. 21: Titorelli u. der Januskopf der Kunst: Titorelli erklärt das Funktionieren des
Gerichtes u. rät zur Aufgabe der wirklichen Freiheit, die Kontakt mit oberster Macht be-
deutet. Weist auf den Selbsterhaltungskampf hin im Gegensatz zur Verlockung durch das
Jenseitige, Unerforschliche. Scheinbarer Freispruch bedeutet Konzentration auf Über-
leben in materieller Welt, Anpassen an äußere Welt, in Gegensatz zur Tendenz des reinen
Ich. Künstler vertritt beide Extreme – das der Anstrengung u. das der völligen Hingabe
(wie Josef K.s Traum), also Polarität der Kunst bei Kafka.
Kap. 22: Das Schweigen des Baus: Existenzallegorie, dichterische Zusammenf. von Kafkas
Existenz. Prinzip der Selbsterhaltung u. Lebensrettung. Narzißtische Liebe zum Werk,
Ausdehnung des Ichs – "Heroismus", Wollust des Ichs statt Sicherheit des Ichs. Zischen
– Illusion des isolierten Ichs, Strafe für versäumtes Leben. Dem Zischen vorangegangen
waren Rückzug ins Ich, Vernachlässigung der Sicherheitsmaßnahmen wegen des Narziß-
mus. Praktisches u. Ethisches vergessen. Das Spätwerk zeigt Ich-Angriffe, weil Held auf
Lebenserhaltung vergißt, Kampfwille der Helden im Spätwerk.
IV. Teil: Tragische Ironien des Spätwerks: Kap. 23: Die Strafphantasien u. "Das Schloß":
Grundstruktur wird der Parabel "Vor dem Gesetz" nachgebildet, der nicht gewährte
Einlaß. Auch Beziehung zum "Hungerkünstler"-Bd.; Entwicklung seit der Parabel:
größere gesellschaftliche Konkretheit, Existenzgestaltung, Berufsansprüche. "Schloß" –
auch Analogien zu Strafphantasien, bes. "Das Urteil". Bis "Urteil" –Kampf um Mädchen gleichzeitig auch Herausforderung des Vaters (Machtgestalt). Schloß u. Beamte
parallel zur Vaterfigur zu betrachten, sind gleichzeitig vital, gebrechlich u. bedrohlich,
nun aber verinnerlicht. Soziologisches erweitert, dennoch hieroglyphisch traumhafte
Elemente (Winter, Exil, Kälte, Einsamkeit). Dorf: kindlich, machtverbunden. K. – rebellisch wie Georg (terrorisierte Kindheit). Dorf ist gehorsam – genießt Schutz des
Schlosses u. schließt K. von der Gemeinschaft aus (mit der Machtgestalt verbündete,
untergeordnete Gestalten). Verstoßung des Ichs – Verbannung in einsame Regionen.
Dreiecksmythos: erniedrigtes Ich vor hohem Paar. Vermessenheit K.s, hat ungleichen
Kampf provoziert. Mäusegeschichte ("Josefine") ironisiert Tragik des Schloßromans.
K. mißversteht auch Wohlwollen des Schlosses. Auch Milena u. Ernst Polak – Parallel-
situation zu Frieda – K. als der wurzellose Westjude Kafka in seiner Stellung zu Milena;
K. als Betrüger, Strategie kommt an Stelle der Wahrheit; aber seine Friedabeziehung hat
menschliche Tragik.
Kap. 24: Der Konflikt der Träume: Liebesgeschichte in "Schloß" parallel zu Strafphan-
tasien, Liebesnacht als Akt der Rebellion. Hier: um zu Klamm zu gelangen. Neu in Frie-
da ist ein eigener Wille, will eine Zukunft. Reife Liebesbeziehung aber nicht möglich, K.
hat ein höheres Lebensziel. Umkehrung von "Urteil".
Kap. 25: Der Kampf um die Wirklichkeit: Gespräch mit Pepi – K. erkennt den wahren
Charakter Friedas. Bis zur Gesetzesparabel wollte das "Ich" der Welt seine Meinung auf-
drängen. K. siegt gegen Pepi im Kampf um die Erkenntnis der Wirklichkeit. K. lernt aus
Tragik u. Niederlagen, findet aber keine Gnade.
Kap. 26: Die Reinheit der Familie Barnabas: Freund ("Urteil") ist das, was Ich u. Macht
gemein haben, ebenso Barnabas, der Schloßbote. In ihm reines "Ich" am poetischsten in
Kafkas Werk dargestellt. Amalia: parallel zu Junggesellen zu sehen, verweigert sich dem
Natürlichen u. der Macht (des reinen Ichs). Eher Abkehr u. Ironisierung von Kierkegaard
(1913 noch "Freund", ab 1918 – Absage) – am deutlichsten in "Hungerkünstler"-Bd.
Beleuchtung der Kafka-Kierkegaardbeziehung. Kafka konnte nicht über eigene Probleme
hinwegkommen (Schuldgefühle). Nach "Brief an den Vater" keine Versöhnung mehr
mit dem Vater möglich, Beginn des Spätwerkes. 2. Hälfte des "Schloß"-Romanes:
Kampf, der seit "Urteil" geführt wird, abgeleugnet. Einzige Schuld der Ich- u. Opferge-
stalt ist, daß sie sich schuldig fühlt. Amalia – Barnabas – Olga: drei Komponenten des
reinen Ichs.

604

Kap. 27: Der Bote u. die Botschaft: In Barnabas sei die Entwicklung von Kafkas Schrift-
stellertum zu sehen, Schreiben dient einer möglichen Aussöhnung mit Machtgestalt;
"Überbringer von Schriften" – parabolisch u. ironisch gemeint: Brief als Ersatz für Inti-
mität, Schreiben als Lüge, Barnabas spiegelt K., Rolle des Schreibens u. Rettens ironisiert.
Weitere Boten: Gehilfen (Kinderrolle, mit K. als möglicher Vatergestalt) verkörpern
Frohes u. Vitales (Bildungsroman). K. soll Wirklichkeitssinn, Humor, sowie gesellschaftliche Verantwortung erwerben. Affe Rotpeter – erfolgreiche Erziehung, im Gegensatz
zu fehlgeschlagener Erziehung K.s durch das Schloß. K. lehnt Auswanderung (Emanzipation) u. kindliches Hinnehmen der Macht ab u. bleibt so erschöpft zurück.
Kap. 28: Komödie u. Gesang: Komödie – häufig erwähnt, "bezeichnet Narrheit u. Absurdes reiner Lebendigkeit in Kafkas Werk", Trost für Vater u. Rettung für Sohn ("Urteil"). Gesang – ähnlich, Illusion des Glückes, beide also bedeuten Utopie in den Werken.
Komödiantentum u. Theaterspielen: eine Grundfunktion, "Punkt, wo Vater u. Sohn,
Macht u. Ich, Welt u. Traum" sich berühren. Positives oder negatives Resultat hängt von
Helden ab. Roßmann ist dankbar, Gregor spottet, Josef K. haßt, K. bleibt allein. Romantischer Begriff, führt zur Natur zurück; "Naturtheater": romantisches Wiederfinden des
verlorenen Paradieses; auch: Ostjudentum u. Zionismus. Komödie – Erinnerung an
glückliche Zeiten, Versöhnung aller Gegensätze. Kunst: für Kafka 1. Selbstrettung vor
Macht; 2. Ersatz für liebende Vereinigung mit Macht, nicht wahre Freiheit; 3. Befriedi-
gung der Eitelkeit ("Hungerkünstler"); 4. Utopische Funktion – "Josefine" – bringt
Kindheitsglück zurück, Musik als Sphäre des Utopischen. Seit "Verwandlung" hat Musik gleiche Funktion, nämlich Asketen zur Rückkehr zu bewegen. Beispiel: Josefine –
vereinigt Gegensätze (ichsüchtige Sängerin u. Kindlichkeit, Künstler als Erlöser der Welt
hier zum ersten Mal) – Kafkas Idylle. Welt ist durch den Gesang mit Josefine verbunden,
Mäuse retten sich durch Wachsamkeit aus dem Traum. Sicherung des Ichs durch Anstren-
gung. Auflösung u. Versöhnung des Ichs mit der Welt durch Komödie u. Gesang in bei-
den letzten Werken, "Josefine" u. "Bau".]
Rez.: Karl Reichert in: *Germanistik* 5 (1964) S. 696–97;
Hans Eichner in: *JEGP* 64 (1965) S. 783–85;
Karlheinz Schauder: "Neue Bücher über Kafka." In: *Wort in der Zeit* (1965) Nr. 8–9.
S. 88–89;
Jost Schillemeit: "Zur neueren Kafka-Forschung." In: *Göttingische Gelehrte Anzeigen*
217 (1965) Nr. 1–2. S. 163–71;
Robert Kauf in: *Books Abroad* 39 (1965) S. 429;
Dorrit Claire Cohn in: *GQ* 39 (1966) S. 115–17;
Heinz Ide in: *ZfdPh* 85 (1966) S. 310–14;
J. M. S. Pasley in: *GLL* 20 (1966) S. 81–83;
John J. White in: *Seminar* 2 (1966) Nr. 1. S. 70–72;
anon.: "The Castle Walls". In: *TLS* (Apr. 13, 1967) S. 297–99;
Ingeborg C. Henel in: *Monatshefte* 59 (1967) S. 61–64;
Elizabeth Trahan in: *GR* 42 (1967) S. 75–78;
Wolfgang Pasche in: *Acta Germanica* 2 (1967) S. 78;
Heinz Politzer in: *Comparative Literature* 19 (1967) S. 86–89.
Teilabdruck von S. 12 in engl. Übers. in: Domandi, *Modern German Literature* (s. Sam-
melbde.) S. 15–16;
Teilabdruck von S. 77–103 in engl. Übers. v. Stanley Corngold u. d. T.: "Education for
Tragedy." In: Corngold, *Franz Kafka: The Metamorphosis* (s. Sammelbde.) S. 169–86;
Teilabdruck von S. 78–83 u. 100–01 in frz. Übers. u. d. T.: "La Métamorphose." In:
Raboin, *Les critiques de notre temps et Kafka* (s. Sammelbde.) S. 64–70.

– *Franz Kafka.* Second printing. New York / London: Columbia Univ. Pr., 1971.
48 S. – (C 1966) (Columbia Essays on Modern Writers 19).

[Bedeutung biographischer Elemente für Kafkas Werk. Die mehrdeutige Metapher; Unsicherheit des Kafkahelden, erkennt Wahrheit aus seiner Perspektive nicht. Drei Entwicklungsphasen in Kafkas Dichterlaufbahn: 1. Strafphantasien bis 1914; 2. Diskrepanz zwischen Selbst u. Wahrheit von 1914–19; 3. Held versucht, die Welt seinen Wünschen anzupassen.]

Rez.: H. Politzer in: *Comparative Literature* 19 (1967) S. 86–89;
Klaus-Peter Philippi in: *Germanistik* 9 (1968) S. 648;
E. Speidel in: *Notes and Queries* 213. New Series 15 (1968) S. 308–09;
Joseph Strelka in: *GQ* 41 (1968) S. 263–64.
Abdruck von S. 3–8 u. d. T.: "On 'The Country Doctor'" in: Hamalian, *Franz Kafka* (s. Sammelbde.) S. 81–84.

Sommavilla, Guido: *Incognite religiose della letteratura contemporanea.* Milano: Editrice Vita e Pensiero, 1963.

[S. 173–273: Kap. 5: La vertiginosa incognita divino-demoniaca di Franz Kafka.
S. 175–238: Alla scoperta di Kafka: Kafkas Thematik wird durch das unbekannte göttlich-dämonische Element bestimmt. Lebenszeugnisse des Dichters bestätigen seine religiöse Suche (Sündenkomplex, Angst, Verlangen nach göttlicher Gemeinschaft). Erz.: dämonische Welt in vollkommener Form. M. Brods u. L. Mittners Kafkadeutungen. Werke: negative Prämisse zu Hoffnung am Lebensende (in "Betrachtungen" u. "Aphorismen"). Religiöses Bedürfnis geht über ästhetisches Streben hinaus. Groteske Verwandlung der Wirklichkeit u. Schuldkomplex in Werken. Embryonale Theologie in "Betrachtungen", persönliche Mystik (christlich-jüdisch). S. 239–73: Kafka genio religioso: Kafka ist als Künstler ein religiöses Genie; "Betrachtungen" sind geistig den rein künstlerischen Werken voraus; seine religiöse Suche wiederholt religiöse Entwicklung der Menschheit (von magischer Religion zu persönlich rettendem Gott). K. in "Schloß" zeigt Fortschritt gegenüber trägem Josef K.; Eintritt ins Schloß: Tod. Religiöse Hypothese auf drei Romane angewendet, die drei Stadien gegenüber Religion zeigen: Ablehnung, Mystik der Schlauheit u. Annahme der Gnade. S. 274–75: Il dramma religioso degli ebrei: Werke Kafkas: Suche nach Metaphysischem; geschichtliche Prophetie war Nebensache.]

Sørensen, Villy: *Kafkas Digtning.* København: Gyldendal, 1968. 216 S.

[Das Kafkaproblem u. das Paradoxe seines Werkes. Verwendet ein "Zitatmosaik" (Kafkas Äußerungen u. Gedanken aus Briefen u. Tagebüchern als künstlerisches "Mosaik"), um Kafkas kulturellen Hintergrund, seine seelische Verfassung u. das "phantastische Prag" seiner Zeit darzustellen. Dichotomie zwischen Individuum u. Macht, Welt, Leben, Religion, etc. Kafka zwischen Innen u. Außen, blieb unentschlossen. In den folgenden zehn Kap. werden u. a. behandelt: Der mögliche Einfluß von Hermann Bang, Ernst Mach u. Hugo von Hofmannsthal auf Kafkas literarische Entwicklung (Wirklichkeitsproblem); die innere Spaltung ("Urteil"); "Amerika" als Parodie eines kindlich ersehnten Paradieses; das Vater-Sohn-Problem; "Der Prozeß" u. das Metaphysische; – der Roman wird aber auch auf religiöse, metaphorische, soziologische, künstlerische u. sexuelle Elemente hin betrachtet. Verhaftung ohne Prozeß, ausweglose Lage; "In der Strafkolonie": Befreiung u. Entfremdung, entweder Rückkehr zu alter Gesellschaftsordnung ohne Zerrissenheit, oder Warten auf utopischen Staat, wo die Spaltung aufgehoben wird. Neuer Kommandant – neuer europäischer Humanismus; alter Kommandant – toter Gott; "Der Landarzt" aus der Sicht von Kierkegaards Philosophie; "Das Schloß": Züge des Märchenhaften u. eines absurden Machtapparates. Vergleich der drei Romanhelden Karl – Josef K. – K.; unbewußte Kräfte K.s werden schwächer, wenn er sich dem Schloß nähert; Kafka u. die Philosophie: keine eindeutige philosophische Richtung, wohl aber genaue Kenntnis Kierkegaards; Kafka, die Kunst u. die Gesell-

schaft: Wahrheit kann nicht in der Kunst ausgedrückt werden; "Der Hungerkünstler"; psychologisch Kafka als Romantiker gesehen, politisch als Anarchist.]
Rez.: Josef B. Michl in: *Edda* 69 (1969) S. 203–05.

*Søtemann, Guus: *Over het lezen van Kafka. Een inleiding.* Amsterdam: Boekvink, Arbeiderspers, 1957. 29 S.

Spann, Meno: *Franz Kafka.* Boston: G. K. Hall, London: Prior, 1976. 205 S. (Twayne's World Authors Series TWAS 381).

[Allg. Einführung zum Studium von Kafkas Leben, Werk u. Zeit, mit chronologischer Tafel u. Auswahlbibliogr. – Familiengeschichte, Erziehung u. bedeutendste Probleme, die Leben u. Werk bestimmen: Vater, Felice, Leben-Werkentscheidung. Entwicklung von Kafkas Stil, der von Briefen u. Tagebüchern an verfolgt wird (Kap. 3). Kap. 4–10 behandeln die Werke in chronologischer Reihenfolge in Zusammenhang mit Lebensereignissen u. bieten Inhaltsangaben.
Kap. 4: The Sons: "Urteil", "Verwandlung" u. "Heizer".
Kap. 5: Punishments: "Prozeß", Felice, Josef K.s verfehltes Leben: keine "Jedermannsfigur".
Kap. 6: "In the Penal Colony": Quellen, Anregungen, Ablehnung der religiösen Interpretation.
Kap. 7: Landarztzyklus, Symbol der Wunde.
Kap. 8: After the Catastrophe: Nach Entdeckung der Krankheit, Kierkegaarderlebnis; Hilfe bei Frauen gesucht.
Kap. 9: "The Castle": Vorstufen, Inhalt, Interpretation – Satire der Bürokratie.
Kap. 10: The Last Metamorphoses: "Hungerkünstler"-Bd., "Forschungen eines Hundes", Testament.
Kap. 11: Kafka's Apotheosis: Ablehnung der allegorisierenden Auslegungsmethode.]
Rez.: Patricia M. Hogan in: *Library Jounal* 101 (1976) S. 1289;
Henry Sussman in: *MLN* 92 (1977) Nr. 3. S. 633–35;
Edward Diller in: *GQ* 50 (1977) S. 337–39;
Petr Pavel in: *Germanistik* 19 (1978) S. 524–25.

Speidel, Walter: *A Complete Contextual Concordance to Franz Kafka: "Der Prozeß".* Leeds/England: W. S. Maney, 1978. XXIII + 1004 S. (Compendia 9. Computer-Generated Aids to Literary and Linguistic Research, Vol. 9.)

[Alphabetische Wortregister, Häufigkeitsregister, usw.]
Rez.: Franz Kuna in: *New German Studies* 8 (1980) S. 156–58;
Ralf R. Nicolai in: *MAL* 13 (1980) Nr. 3. S. 93–95;
A. P. Foulkes in: *JEGP* 80 (1981) S. 305–06.

Spilka, Mark: *Dickens and Kafka. A Mutual Interpretation.* Bloomington: Indiana Univ. Pr.; London: Dobson, 1963. 315 S. – Auch: Gloucester, Mass.: Peter Smith, 1969.

[Aus Diss. von 1956 entstanden; Gemeinsamkeiten u. Unterschiede in den Werken. Kafka findet Parallelen zu seiner Lage in Leben u. Werken von Dickens. Düsteres u. Schuld in Dickens, Unschuld in Kafka, beide zeigen Interesse für Groteske u. Konflikt, Familie (Heim) u. Gesellschaft. Verletzung des Friedens des Kindes, das später den Weg in der Erwachsenenwelt nicht weiterfindet. Es hat keine Möglichkeit, emotionell u. moralisch zu wachsen, bleibt innerlich gespalten. Daher Kafkas Affinität für Dickens verständlich.

Untersuchung für Ausmaß des Einflusses von Dickens, direkte Belege; Form der grotesken Komödie, die beide benutzen, u. Vergleich spezifischer Texte.
I. A Child's View of the Universe: tiefes Verständnis für Ausschluß aus der Familie, im Geschäftlichen wiederholt. Folgen für Beziehungen zu Frauen, auf Kindheitsstufe stehengeblieben, Parallelen in Biographie u. Romanwerk, psychische Verwandtschaft.
II: The Technique of the Grotesque: Entsprechend der infantilen Stufe des Bewußtseins auch die groteske Form der Komödie entwickelt, aus der "stehengebliebenen Sensibilität". Besonders empfänglich für körperliche Disharmonie, auch sexuelle Unfähigkeit. Komödie hilft ihnen, das bewußte Selbst zu bewahren; die Welt als Gefängnis, entmenschlichende Mächte, beide Künstler schaffen einsame Gestalten auf unterschiedliche Art. "Great Expectations" u. Parallelen aus Kafkas Werk u. Leben. Dickens ist hier menschlicher u. wärmer, Väter versöhnt. III. "Copperfield" – "Amerika": Gesellschaftlich-soziologische Studie, Biographie, Einfluß u. komische Technik vereint. Wichtige Quellen für "Amerika": B. Franklins Autobiographie, Dickens' "American Notes" u. "M. Chuzzlewit", sowie die fünf Punkte, die Kafka an "David Copperfield" selbst darlegt. Kindliche Perspektive, Sünde ohne Schuld für das verstoßene Kind, frei von Verantwortung (bes. das heranreifende Kind). "Amerika": Fehlen von Familienbanden. Roßmanns Wachstum u. Reifen nach Copperfields Beispiel. IV: Religiöse Romankunst: Vergleich von "Bleak House" u. "Prozeß". Gesetz hat pseudo-religiöse Bedeutung u. Macht. Kafkas Josef K. – undefinierbare Schuld durch übernatürlichen Gerichtshof festgelegt, Kampf gegen diese Ungerechtigkeit. Religiöser Humor höher als Dickens' Komik. Abschließend: Dickens' Einfluß auf Kafka; gegenseitig erhellende Interpretation. 19. Jh. zeigt eine Entwicklung der Groteske in der kindheitsbezogenen Welt. Kulturelle Not, die Dickens u. Kafka gemeinsam fühlten. Fehlen eines sinnvollen Erwachsenenlebens – Frage für den Schriftsteller.]
Rez.: Roy Arthur Swanson in: *The Minnesota Review* 4 (1963) S. 81–83;
B. W. Fuson in: *Library Journal* 88 (March 1, 1963) S. 1015;
J. P. Bauke in: *Saturday Review* 46 (July 13, 1963) S. 31;
anon. in: *TLS* 63 (Jan. 16, 1964) S. 48;
J. Hillis Miller in: *Nineteenth-Century Fiction* 18 (1964) S. 404–07;
Ruth Mateer in: *Essays in Criticism* 15 (1965) S. 224–29.

Steffan, Jürgen: *Darstellung und Wahrnehmung der Wirklichkeit in Franz Kafkas Romanen.* Nürnberg: Carl 1979. VIII + 200 S. (Erlanger Beiträge zur Sprach- u. Kunstwissenschaft Bd. 60).

[Kurzes Prosastück Kafkas, "Die Wahrheit über Sancho Pansa" (1917), sei nach Benjamin Kafkas vollendetste Niederschrift, enthält Kafkas Poetik. Zeigt paradoxes Verhältnis zwischen Komischem u. Tragischem; K.-Gestalten sind nicht eindeutig komisch, wie bei "Don Quijote", aber haben Affinität: auf eigene Meinungen angewiesen in nicht eindeutig bestimmbarer Welt. Gestalten sind tragi-komisch. Dies unterscheidet Kafka von Cervantes u. den modernen vom traditionellen Roman. 19. Jh. – Übereinstimmung zwischen Held u. Welt; Kafkas Romane – stellen Kluft zwischen Subjekt u. Wirklichkeit dar. Kafkas Held ist ein Narr, wie in der barocken Welt, gleichzeitig aber auch ein Vernünftiger (wie im bürgerlichen Roman). Kafkas völlig veränderte Darstellung der Wirklichkeit hat Konsequenzen für das Selbst der Helden u. die Wirklichkeitserfahrung des Subjektes. Die Form der Romane als ihr Inhalt: Besprechung von Ich-Erzähler u. "einsinnigem Erzählprinzip" (Autor u. Hauptgestalt vereint); "kongruierender" Erzähler, auktorialer Erzähler in Hinblick auf Kafkas Romane; Steffan nimmt Autor als Erzähler an, der Aufschluß über seine Erzählhaltung gibt, nicht der der Perspektivfiguren. – Kafkas Romane zeigen die Wirklichkeit als Gegenwart (unfixierbar, immerwährend).
Traditioneller Roman: fixierte Zeit in inhaltlicher Weise. Kafka macht die Zeit zum Subjekt des Erzählens (Lord Chandos-Brief: Verlust der objektiven Erzählposition), Roman

wird dramatisch, keine epische Gestaltung mehr möglich, die Wirklichkeit ist ständig ver-
änderlich. – Auseinandersetzung mit D. Krusches Auffassung, daß Kafka ohne Zeitgeschichte arbeite, u. mit der Realismustheorie von Lukács, im Gegensatz zu Emrichs Auffassung, daß Kafka die gesamte Wirklichkeit veranschauliche. Walsers Theorie von der
"Abbildlosigkeit" des Geschehens bei Kafka, u. Schillemeits Annahme, daß Kafkas Welt
u. Wirklichkeit den Wechsel von Wahrnehmungen u. Deutungen von Augenblick zu
Augenblick zeige.
Anschauung der Gegenwart: In der Darstellung von Kafkas Figuren sind Anschaulichkeit
u. Abbildung überwunden (Walser), Äußeres kein Indiz für sichere Funktion, hat keinen
Verweisungscharakter; Geste als Vorgang; Unentschiedenheit bei der Bewertung von
z. B. Schmutz, Bestechlichkeit, Sex, Bettlägerigkeit. Verhalten jenseits moralischer Wertung. – Dinge, Räumlichkeiten ungenügend beschrieben, ohne eigenständige Bedeutung.
– Beliebigkeit der Ausdeutung auch bei Nachrichten, Antwort auf Fragen, etc. zu bemerken.
Konsequenzen für Selbst- u. Wirklichkeitswahrnehmung: Einheit des Lebens verloren,
Personen sind ihrer selbst nicht sicher, ohne Vergangenheit u. Zukunft, leben im Augenblick, Wirklichkeit u. Leben bleiben fremd. Die Hauptfiguren stellen auch den Anspruch,
die Gegenstände sollten die subjektive Bedeutung als objektive widerspiegeln (von
"Beter" bis zu den K.-Figuren zu beobachten). Figuren wollen sich selbst erfahren, sich
mit dem Wirklichen identifizieren, Selbstgewißheit erreichen; bleibt aber nur ein Anspruch, nicht erreicht.
Auseinandersetzung zwischen Subjekt u. Zeit: "Verschollener" noch in der Nähe des
Illusionsromans, soll aber nicht so gelesen werden; hat keinen autonomen Helden noch
geschichtlich geprägte Gesellschaft. "Prozeß": keine zwei Fronten, K.s Kampf ist ohne
Gegner u. Angriffsfläche, außer eigener Deutung; K. kann sich kein festes Selbst erwer-
ben, bricht Bemühungen ab; Gericht tötet ihn nicht, er gibt auf. "Schloß": K. greift am
entschiedensten an u. kämpft um sein Leben, aber keine Auseinandersetzung folgt,
Schloß zeigt keine Aktivität. K. kämpft nur gegen eigene Deutungen u. Selbsttäuschun-
gen.
Kafkas Erfahrung der Zeit – Ausgeliefertsein an die Gegenwart, die ein unaufhörlicher
Wandel ist. Keine Selbstgewißheit des Subjektes möglich, moderne Wahrnehmung der
Zeit; keine Geborgenheit in der Wirklichkeit. Musilvergleich (sieht dies positiv).]
Rez.: Hartmut Binder in: *Germanistik* 22 (1981) S. 229–30;
Peter Küpper in: *Deutsche Bücher* 11 (1981) S. 155–57.

Steinmetz, Horst: *Suspensive Interpretation. Am Beispiel Franz Kafkas.* Göttingen: Vandenhoeck & Ruprecht, 1977. 153 S.

[Untersuchung von Methodik u. literaturwissenschaftlicher Theorie in bezug auf Kafkas
Werk.
Kap. 1: Textverarbeitung, Rezeption, Interpretation: darunter, in Hinblick auf die Kafka-
Kritik, Textverarbeitung als Rezeption. d. h. Einbezug der "literarischen Texte in die Le-
benswelt ihrer Rezipienten"; dadurch angestrebte "Normalisierung" eines Werkes sei absolut vertretbar. Wichtig sei aber zu untersuchen, unter welchen Bedingungen die "Polyrezeptibilität" der literarischen Texte entstehe. Daher Vorschlag einer "suspensiven Interpretation", d. h., die Kritiker müssen versuchen, die "Unbestimmtheit während ihres
Textverarbeitungsprozesses dem Text zu erhalten". Vorteil: "Literatur als das 'andere'
zu zeigen".
Kap. 2: Rekurrenzen im Werke Kafkas: Rezeption u. historischer Hintergrund; Textstruktur u. ihre Analogie zur Rezeptionsstruktur; Jörgen Kobs (s. Bücher) u. der paradoxe Zirkel als Rezeption; die rekurrente strukturelle Grundfigur (bei Kafka), u. "Das
'symptomatische' a b e r" in Kafkas Werken (zeigen geistige Haltung Kafkas, sind aber
vor allem Zeichen einer Erzählstruktur).

Kap. 3: Beispiel einer Einzelinterpretation: "Forschungen eines Hundes": Eigentlich Geschichte an niemanden gerichtet, hermetisch geschlossen, raffiniert konstruiert. Zu Beginn Konfrontation mit Fremdem u. Ungewohntem. Versuch des Hundes, dem Geheimnis näherzukommen. Musikhunde u. Skepsis an der gängigen Erkenntnis. Versuche, selbst zu forschen, schlagen fehl, führen Forscherhund aber in die Isolation; er bleibt beharrlich, wie die anderen Kafka-Helden. Widersprüchliche Haltung des Erzählers; seine Unfähigkeit daraus erklärbar, daß er über die Grenzen der Hundewelt nicht hinauskam. Erz. akzentuiert diese Begrenztheit noch mehr, als in anderen Werken.]
Rez.: Richard Thieberger in: *Germanistik* 18 (1977) S. 1042–43;
Todd C. Hanlin in: *GQ* 51 (1978) S. 384–85;
Peter Beicken in: *Colloquia Germanica* 12 (1979) S. 377–81.

Stolte, Gerhard: *Franz Kafka. Eine Geometrie der Wahrheit.* Frankfurt/M., Bern, Las Vegas: Peter Lang, 1979. 82 S. (Europäische Hochschulschriften: Reihe I, Dt. Sprache u. Literatur, Bd. 292).

[Kafkas Werk als Reise zur Wahrheit zu verstehen; Lebensfaktoren wichtig für dieses Werk (bürgerlich-sozialer u. körperlich-seelischer Bereich). Kafkas Versuch, die Beziehungen zwischen relativer u. absoluter Wahrheit zu klären.
I. Wahrheit als Movens: Profane Wirkfaktoren: bürgerliches Leben – Familie; körperlicher (Empfindlichkeit für Körper u. Not der Kindertage) u. seelischer Bereich (Labilität, Einsamkeit). – Welt, Gegenwelt u. Vorwelt: Leiden daran u. Kampf gegen sie, er sekundiert die Welt; Leben als Zögern vor der Geburt, permanente Flucht vor dem Vater u. der Welt; permanentes Unterbrechen u. Abbrechen auch im Werk. Eigene Welt als "Niemandsland". Ziel: konnte die Wahrheit nicht leben, daher schrieb er sie.
II. Wahrheit als Methode: Kafkas Auffassung über die Sprache, die "Geistiges" nicht ausdrücken kann. Wort – Bild (Reterritorialisierung); Deleuze/Guattari, Auseinandersetzung mit Wagenbachs Auffassung der nüchternen Konstruktionen. Erzählhaltung u. Erfahrungswert für Helden. Ironie, Handlung, Raum, Humor, Paradoxes, Mythos (derivativ) u. Labyrinth besprochen.
III. Wahrheit als Vorstellung: Nach Grundsätzen von H.-G. Gadamer; Interpretation von Textauswahl aus allen Schaffensperioden. Z. B. "Die Bäume" (Denkanstoß, den Grund zu suchen), "Wunsch, Indianer zu werden" (pueriler Wunsch, Suche nach Gemeinschaft), "Das Urteil" (Mangel an Stabilität des Sohnes, Lebensschuld zu tragen), "Verwandlung" (Parasitentum u. Zerstörung der Seele), "Strafkolonie" (Zeit des Umbruchs, Individuum u. Gesellschaft), "Ein Landarzt" (Text steht für etwas Lebensnötiges aber Unmögliches), "Jäger Gracchus" (spezielles Lebensdilemma – Alter), "Bericht für eine Akademie" (totales Lebensdilemma), "Odradek" (väterliche Sorge um zielloses Ding, Kinderzeit – Ironie), "Hungerkünstler" (negatives Suchen, ohne zu finden, Kunst aus Unvermögen); "Der Aufbruch", "Schloß". – Kafkas "zweierlei" Wahrheiten (4. Oktavheft).]
Rez.: Karlheinz Fingerhut in: *Germanistik* 22 (1981) S. 230.

Stölzl, Christoph: *Kafkas böses Böhmen. Zur Sozialgeschichte eines Prager Juden.* [München:] edition text + kritik, 1975. 147 S.

[I. Kafka biographisch-materialistisch: Eine Übersicht: Ergänzung der positivistischen Kafkastudien (Wagenbach, Binder, Bezzel, etc.) um die Geschichte der Juden im Böhmen des 19. u. 20. Jhs. Tschech. u. dt. Antisemitismus; dynamische österreichische Innenpolitik. Kafkas literarische Visionen fußen auf sozial-politischen Fakten dieser Zeit.
II. Die schwierige Welt des Jakob und Herrmann Kafka: Die Situation zur Zeit von Kafkas Großvater u. Vater seit der Emanzipation der Juden Böhmens (1849); die Bedeutung der Juden in der industriell-kapitalistischen Entwicklung Österreichs; sie waren

zweisprachig, oft gebildet; die Assimilation erwies sich als schwierig, da das Reich selbst zerfiel. Die Angst der Arbeiter u. Kleinbürger vor der Konkurrenz der Juden führt bald zu Protesten u. Vorwürfen, bes. nach dem Börsenkrach in Wien 1873.

III. Aus dem jüdischen Mittelstand der antisemitischen Epoche 1883–1924: Wirtschaftskrise von 1883 löst judenfeindliche Welle in ganz Europa aus. Antisemitismus als Katalysator für Nationalitätsbestrebungen, Rassenideen als Religionsersatz. Die "neutralen" Sozialdemokraten (Masaryk), die Ritualmorde, Dezembersturm in Prag 1887, Plünderungen. Vieles sicher in Kafkas Werk eingegangen; undurchsichtige politische Lage. Folge: Tschechisierung vieler Juden in Prag. drängen in Staatsberufe, die ihnen nach Jh.-wende verschlossen werden. Kafkas Stelle – ein Glücksfall.

S. 91–107: Der politische Kafka dieser Jahre: Er beobachtet u. prüft sorgfältig (Sozialdemokraten, Jungtschechen, Anarchisten, Zionisten). Bis zum Tod des Kaisers Franz Josef genossen die Juden einen gewissen Schutz, dann Verschlechterung der Lage (Denunzianten). Kafkas Aufenthalt bei Ottla auf dem Lande; 1920 schwere antisemitische Ausschreitungen in Prag, danach Verbesserung der Situation durch den wirtschaftlichen Wohlstand in den Zwanzigerjahren. 1923 Straßenjagd auf die Juden in Berlin, während Kafkas Aufenthalt.

IV. Jude, Antisemit, Zionist Kafka: Kafkas Leben stand unter dem Zeichen des Antisemitismus, zeigt Syndrom des "jüdischen Antisemitismus". Juden, ob assimiliert oder nicht, sahen sich oft mit den Augen der Umwelt; führte zum Selbsthaß, zum Haß auf Prag u. bei Kafka auch zum Haß gegen den Vater. Fehlen einer "eigenen" Sprache, "berufsmäßige" Literaturproduktion somit verschlossen. Flucht in die physische Arbeit ("ehrlich" – gegenüber dem "unehrlichen" Handel), auch von Slogans der kleinbürgerlichen Parteien beeinflußt (Ottlas Landwirtschaftsarbeit, die Kafka fördert, seine eigene physische Arbeit). Viele jüdische Vereine bildeten daher Handwerker aus; auch Kafkas Programm für "die besitzlose Arbeiterschaft" in Zusammenhang damit zu sehen, soll Juden von ihrem "Stereotyp" erlösen. Kafkas "Leiden" an seinem Körper – allg. Schmähung der jüdischen Körpereigenschaften war gang u. gäbe. Kafkas Befreiungsversuche waren erfolglos, außer durch die Literatur.]

Rez.: Hartmut Binder in: *Germanistik* 17 (1976) S. 328–29.

Sükösd, Mihály: *Franz Kafka.* Budapest: Gondolat, 1965. 159 S. (Irodalomtörténeti kiskönyvtár 31).

[Leser konnten sich zu Beginn des Jhs. mit Kafkas Gestalten nicht identifizieren. Verfremdung schon von Marx erforscht. Keine Brücke zwischen unbedeutend gewordenen Menschen u. rätselhaft gewordener Welt. Kafka war der größte Schriftsteller, der die Welt des Kapitalismus in vollständiger Verfremdung erlebte u. ausdrückte. Vorläufer: Swift u. Gogol. Kafka gehörte keiner Bevölkerungsgruppe ganz an (war im Niemandsland). Er war Philister; Milena u. Janouch vertraten kommunistische Ideen. Schreiben als Strafe u. Buße. Absolute Verfremdung – Hölle des Ich. Kafka konnte zur religiösen u. gesellschaftlichen Gemeinschaft nicht durchdringen; war als Philosoph unbedeutend; Suche nach dem "Unzerstörbaren"; betrachtete einen Großteil seiner Schriften als nicht endgültig; drückte mit seinen Bildern Situationen aus, nicht Begriffe; hatte selbst kein begriffliches Wissen, was seine Bilder symbolisieren. Man muß aus Kafkas Werk herauslesen, was darin ist; Erfahrung als Vision der Kafkaschen Welt, die einfach existiert u. ertragen werden muß. Kafka hat sich von der irrealen Prager Literatur (Meyrink) ferngehalten u. hat surrealistische Malerei abgelehnt; er war im Grunde Novellenschriftsteller, sein Werk kann als Märchen u. Mythos aufgefaßt werden; seine Welt ist wie mit Augen eines Kindes gesehen. Komisches erscheint in Maske des Schrecklichen. "Beschreibung eines Kampfes": erste große Traumvision Kafkas. Im "Urteil" (auch in Form einer Traumvision) springt Georg von der Brücke, weil er Kontakt mit Welt verloren hat. Helden erwachen in eine "Tiefenwirklichkeit". "Verwandlung": beste Erz. Kafkas, typischestes

611

Beispiel einer "Eisbergnovelle", stellt Degradierung des Menschen dar. Spätere Parabel-Novellen von jüdischer Theologie (Talmud) beeinflußt. "Amerika" – pikareskes Märchen: unschuldiges Kind erzählt Abenteuer eines andern unschuldigen Kindes; aber Kafka versucht auch realistisches Gesellschaftsbild zu zeichnen. Im "Prozeß" – epische Erweiterung von "Vor dem Gesetz": zwei Wirklichkeiten; Josef K.s Schuld; sein Leben wurde zur Formel; er ist keine Person aus Fleisch u. Blut. Drei Sphären im "Schloß": K., Dorf u. Schloß. K. gehört nirgends hin, aber er lehnt sich auf u. kämpft; schon 1. Kap. schließt gesamte Welt des Romans ein; Personen haben keinen eigentlichen Bewegungsraum. In Kafkas Welt, die er eigenmächtig eingeengt hat, gibt es keine positive Botschaft u. keinen Ausweg. Kafka hat auf jeden bedeutenden westlichen Schriftsteller eingewirkt; er kann seine Aktualität einbüßen, aber nicht seinen Wert.]
Rez.: Ede Szabó: "Kalauz Kafkához." In: *Új Írás* 5 (1965) Nr. 12. S. 125–26;
Leslie Bodi in: *Germanistik* 8 (1967) S. 199.

Sussman, Henry: *Franz Kafka: Geometrician of Metaphor*. Madison, Wisconsin: Coda Pr., 1979. 181 S.

[Erste umfassende post-strukturalistische Behandlung von Kafkas Werken. Ausgangspunkte: Walter Benjamins Kafka-Schriften u. Jacques Derridas Theorien. Genaue Lesung/Interpretation von "Amerika", "Prozeß", "Schloß" u. "Bau". Bei den Romanen werden verschiedene Aspekte von "fictive language and textuality" behandelt. Kafkas ständiges Interesse für die textlichen Qualitäten der literarischen Sprache wird als möglicherweise einziges Einheitsprinzip von Kafkas Prosa angesehen. Die Metapher scheint die wichtigste Trope in Kafkas Sprache zu sein. Kafka bietet dem Leser häufig eine allumfassende Metapher, deren rätselhafte Eigenschaften sich vermehren, während der Leser (oder "fiktive Leser" im Text) ihre Dimensionen untersucht.
Für Kap. 1, 3, u. 5, s. Artikel (*Diacritics*, 1977, *PMLA* 1977 u. *Glyph*, 1977).
Kap. 1: The Herald: An Introduction: Benjamins Kafka-Interpretation als erfolgreiches Modell für die neuzeitige Literaturkritik angeführt. Hingegen sei es die Tendenz der Fünfziger- u. Sechzigerjahre, die fiktive Sprache nur bis zu einem gewissen Punkt hin zu interpretieren. Ein Großteil der Literaturkritiker scheute vor einer Untersuchung von Kafkas Sprachspielen zurück, um, unter anderem, die Themen seiner Werke zu verfolgen. Benjamins Kafka-Schriften zeigen selbst in stilistischer, methodologischer u. hermeneutischer Hinsicht die merkwürdige Zusammenballung ("condensation") u. Fragmentierung von Kafkas eigenem Werk, die dann typisch für die moderne, von Benjamin analysierte Sensibilität u. Erfahrung sind.
Kap. 2: Cinderella Bound: The Image of America: In "Amerika" wird die Komposition des Romans beleuchtet, u. zwar das Anwachsen von Strukturen u. Szenen im "unheimlichen" Amerika. Als Voruntersuchung "Beschreibung eines Kampfes" analysiert: die ersten Beispiele für Verdrängungs-, Verfolgungs- u. Ablehnungsmechanismen werden an der "szenographischen" Struktur gezeigt. Diese frühe Arbeit hat das Wesen eines "juristischen Konzeptes". Die beiden Rivalen um die Gunst einer Frau werden von zwei Gruppen von Personen ersetzt, deren Eigenschaften später austauschbar werden. Die "Szenographie" der Erz. entrückt die Personen in eine zunehmend "exotische" Umgebung, – um sie dann wieder in die Alltagswelt u. -sprache zurückzuführen. In "Amerika" wird diese Methode weitergeführt. Das Kind (gleichzeitig aber auch Vater) Karl Roßmann wird von einer Szene zur anderen von drohenden Raubgestalten u. seinen eigenen Begierden verfolgt. Die literarischen Anspielungen, die Kafka in diesen Roman einflicht, sind bezeichnend: "Cinderella", "Robinson Crusoe", Wagner-Oper (vgl. Titel des Kap.). In "Amerika" befinden sich die meisten literarischen Anspielungen von allen Werken Kafkas. Dieser Roman wird als Bindeglied zwischen Kafkas Werk u. dem Hauptstrom der westlichen Literatur angesehen, die er durch die Elemente der Selbstentfremdung u. Abweisung ("revulsion") verändert.

Kap. 4: The Circle of Exclusion: A Reading of the "Castle": Der Schloß-Roman ist Kafkas umfassendste Erforschung der Natur, Reichweite u. Eigenschaften der Metapher. K. erforscht als Landvermesser nicht so sehr eine spezifische Landschaft oder einen Gebietsanspruch, als vielmehr den Reichtum u. die Attribute der fiktiven Sprache. Durch eine genaue Erfassung (Lesung) der Doppelperspektiven, denen K. u. der Leser sich zu Beginn des Romans gegenübersehen, erarbeitet sich S. die linguistischen, sexuellen, politischen u. metaphysischen Anomalien, denen K. u. die anderen Personen unterworfen sind. K. gelangt erst nach schweren Fehlern u. Fehldeutungen zu einem bestimmten Wissen u. zu einer gewissen Einsicht. In diesem Kap. wird versucht, die Eigenschaften der typischen Metapher Kafkas in ihren spezifischen räumlichen, zeitlichen u. logischen Koordinaten festzulegen.]
Rez.: Kurt J. Fickert in: *Modern Fiction Studies* 26 (1980) S. 359–61;
Roman Karst in: *MLN* 96 (1981) S. 712–13.

*Suter, Rudolf: *Kafkas "Prozeß" im Lichte des "Buches Hiob"*. Bern, Frankfurt/M., Las Vegas: Lang, 1977. 178 S. (Europäische Hochschulschriften. Reihe I: Dt. Literatur u. Germanistik, Bd. 169).
Rez.: Friedemann Spicker in: *Germanistik* 20 (1979) S. 555–56.

Szanto, George H[erbert]: *Narrative Consciousness. Structure and Perception in the Fiction of Kafka, Beckett and Robbe-Grillet*. Austin & London: Univ. of Texas Pr., 1972. 216 S.
[s. Diss.]
Rez..: David Hayman in: *Novel* 8 (1974) S. 87–90.

Széll, Zsusza: *Válság és regény. Kisérlet Rilke, Kafka, Musil és Broch epikájának értelmezéséhez*. Budapest: Akadémiai Kiadó, 1970. 104 S. (Modern filológiai füzetek 10).
[(Krise und Roman. Versuch einer Interpretation der Epik Rilkes, Kafkas, Musils und Brochs): Kafka u. Rilke als Seismographen der europäischen gesellschaftlichen Katastrophe; Schuldhaftigkeit; Kafkas Romane waren unvollendbar. Welt ist für Kafkas Personen fremd u. unverständlich geworden. Ähnlichkeit der Ausdrucksformen bei Kafka, Rilke, Musil u. Broch. Der einzelne ist sich selbst überlassen. Beziehungen zu andern, auch zur Familie, werden unterbrochen (Gefühl der Fremdheit u. Gleichgültigkeit). Unvereinbarkeit des gesellschaftlichen Lebens mit der Moral. K. sucht das Schloß, flüchtet aber davor. Degradierung der Liebe. Kafkas Helden – Symbole des vergeblichen Suchens; sie bemühen sich aber auch, sich den gegebenen Umständen anzupassen, was nicht gelingt; sie haben nicht vom Baum des Lebens gegessen u. gehen deshalb zugrunde. Traumhafte Visionen bei Kafka, der gegen den Irrationalismus der Gesellschaft protestiert. Verengung der Erzählperspektive. Darstellung der Irrwege des zeitgenössischen Menschen bei den genannten Dichtern auch für Zukunft der Epik wichtig.]
Rez.: Livia Z. Wittmann in: *Germanistik* 12 (1971) S. 600.

– *Ichverlust und Scheingemeinschaft. Gesellschaftsbild in den Romanen von Franz Kafka, Robert Musil, Hermann Broch, Elias Canetti und George Saiko*. Budapest: Akadémiai Kiadó, 1979. 140 S.
[Problematik der Übernationalität österreichischer Literatur. Gespaltenheit der Wirklichkeit, Zerfaserungsprozeß, Relativität von Zeit u. Leben auch im Roman. Niederschlag des

Verlustes des Wertzentrums u. Manifestation der Gewalt von Scheinwerten im Werk Kafkas. Verlorenheit Karl Roßmanns u. Josef K.s wird im "Schloß" zur Gemeinschaftstragödie. Wertzerfall stellt auch Wert der Wirklichkeit in Frage (labyrinthartige Gänge u. Korridore). Titel "Vor dem Gesetz" deutet auf Negation hin: nicht *im* Gesetz, sondern außerhalb des Gesetzes. Grundmotiv des ganzen Prozeß-Romans: Unbekanntheit u. Unbestimmbarkeit des Gesetzes. Streben des Mannes vom Lande ist Scheinstreben (Anerkennung der rätselhaften Macht besiegelt die Sinnlosigkeit menschlichen Seins). Mangel an Allgemeingültigkeit, verwirrende Fülle der Welt auch ein Hauptthema der anderen österreichischen Autoren. Angst u. Gleichgültigkeit in Kafkas Welt. Verlust persönlicher Prägung (z. B. Reduzierung der Namen bis zu "K"): Unfähigkeit der Selbstbehauptung des Ichs. Erforschung des Unterbewußtseins. Kafka beklagt den Ichverlust, behandelt ihn aber als notwendig. Fehlen eines verbindlichen Wertzentrums führt zu Beziehungslosigkeit des Menschen u, zu Verzicht auf Verständigung. Unmöglichkeit wahrer Liebeserfüllung ist gesellschaftlich bedingt. Unverfrorenheit von Delamarche u. Robinson ist Resultat ihrer Umwelt (Gesellschaftskritik Kafkas). Im Schloß-Roman: Mechanismus der Scheingemeinschaft. Tod als Ergebnis der Lüge, des Wahns u. der hohlen Moral. Musil, Broch, Canetti, Saiko u. Kafka erfassen die Welt als Prozeß u. bemühen sich auch die an diesem Prozeß beteiligten unterirdischen Strömungen zu erhellen; sie können das Weltgeschehen gerade anhand der "Irrealität" Österreichs vorzeitig erfassen; für sie ist auch das Fehlen eines Nationalgefühls kennzeichnend, was eine Situation der Schwebe erzeugt, aber auch hellhörig macht u. die Sensibilität entwickelt. Größere Werke konnten kaum mehr zu Ende geführt werden (Fragmente). Bloßlegung der unterirdischen Struktur der spätbürgerlichen Gesellschaft. Werke sind militant humane Reaktionen auf inhumane Zustände der Zeit.]
Rez.: August Obermayer in: *Germanistik* 22 (1981) S. 202;
Gábor Miszoglád in: *Acta Litteraria Academiae Scientiarum Hungaricae* 23 (1981) S. 167–69.

* **Taniguchi, Shigeru:** *Furantsu Kafuka no shogai.* Tôkyô: Ushio, 1973. 428 S.

[(Das Leben von Franz Kafka): Gegen die unwissenschaftlichen Interpretationen, die nur auf bloßen Eindrücken der Werke bestehen; die biographische Untersuchung von Kafkas Leben mit Hilfe von Tagebüchern, Briefen u. anderen Dokumenten solle die Grundlage u. Voraussetzung der Interpretation sein. Kafkas Leben, wo "Schreiben" u. "Leben" paradoxerweise verwickelt sind: Verhältnis zum Vater, Freundschaften (Max Brod, Oskar Pollak), u. seine Beziehungen zu Frauen (Fräulein H. W., Felice, eine Schweizerin, Grete, Julie, Milena, Dora, Minze). Grundthema: das Judenproblem bei Kafka.]

Tedeschi, Liberi Liliana: *Il caso Kafka.* Padova: Rebellato, 1957. 117 S.

[Kafkas Nähe zum Expressionismus; seine Religiosität u. Ästhetik; Besprechung einzelner Erz. u. der drei Romane. Beziehung Kafkas zum Theater. Sein Leben als Suche ohne Hoffnung.]
Rez.: Anna Maria dell'Agli: "Problemi kafkiani nella critica dell'ultimo decennio". In: *Annali. Istituto Universitario Orientale Napoli. Sezione Germanica* 1 (1958) S. 94.

Thorlby, Anthony: *Kafka: A Study.* London: Heinemann, 1972. X + 101 S. – *Auch u. d. T.: *A Student's Guide to Kafka.* London: Heinemann Educational Books, 1972 (Student Guides to European Literature). – Auch: Totowa, N. J.: Rowman and Littlefield, 1972.

[Ein in sich gekehrter Schriftsteller, der sich anscheinend gleichgültig gegenüber der Außenwelt verhielt, symbolisiert Geschehnisse, die sich außerhalb seines Erfahrungsbereiches u. vor allem nach seinem Tod ereigneten. Resonanz religiösen Ernstes, obwohl

Kafka ungläubig war; Angst als Symbol seines Werkes; Einfluß der jüdischen Religion; führte scheinbar normales u. gesichertes Leben; selbstquälerische Tendenz; Neurose; Schreiben als psychoanalytische Kur; Mythen nach innen, gegen sich selbst gerichtet; seine Symbole sind eine Art zweiter Mythos vom Sündenfall in von Menschen geschaffener Hölle; das Böse – eine Art Fehler im Entwicklungsprozeß des Geistes. Kafka will inneren Charakter seines Lebens als Schriftsteller verstehen. Im Werk immer Konflikte, Spannungen. "Beschreibung eines Kampfes": schon typisches Werk, "ich" u. "er" sind Aspekte Kafkas. "Hochzeitsvorbereitungen …": typischer Stil, Handlung fast irrelevant. "Urteil": alle Personen sind Beziehungen innerhalb Kafkas Psyche, nicht wirkliche Menschen. "Verwandlung": vollkommen hoffnungslose Lage unter der Oberfläche einer humoristisch-pathetischen Satire. "Strafkolonie": Gegensatz zwischen alter Militärordnung u. neuen liberalen Tendenzen; Einfluß des Ersten Weltkriegs; alter Kommandant – ein Übermensch? "Bau": letzter Feind – Tuberkulose; Kafka beschreibt dieselbe Situation in einer statischen, symbolischen Art; seine Erz. sind Verschleierungen u. Verzögerungen. "Prozeß": keine politische Satire, sondern eher sprachlicher Prozeß mit vielen Nebenbedeutungen; Wächter repräsentieren Josef K.s Körper; Roman symbolisiert Unmöglichkeit der Deutung. "Schloß": vielleicht unvollendbar; Projektion des Begriffs der Unzugänglichkeit; Versuch des Geistes, sein inneres Wesen zu verstehen; K. steht einer einzigen Wirklichkeit gegenüber, alles gehört zum Schloß; Dorf – Symbol von Kafkas Innenwelt? – Werke Kafkas: Versuche über die Schwierigkeit der Deutung; manche Erz. behandeln Verhältnis des Menschen zur Gemeinschaft; dt. Philosophie u. Metaphysik als Grundlage für "Forschungen eines Hundes". Held steht der Welt gegenüber u. stellt metaphysische Fragen, die die Gesellschaft nicht beantworten kann. Zusammenbruch der Konventionen ist psychologischer Zusammenbruch, dessen Schrecken uns im vorgetäuschten Bewußtsein der Welt gefangenhält. Kafkas Mythen zeigen uns, daß es unmöglich ist, zu unterscheiden zwischen dem, was in der Außenwelt geschieht u. unserem Bewußtsein davon.]
Rez.: Sanford Pinsker in: *Studies in Short Fiction* 11 (1974) S. 106–08.
Abdruck von S. 28–34 ("Das Urteil"…) in Hamalian, *Franz Kafka* (s. Sammelbde.) S. 45–49.

Tiefenbrunn, Ruth: *Moment of Torment. An Interpretation of Franz Kafka's Short Stories.* Preface by Harry T. Moore. Carbondale and Edwardsville: Southern Illinois Pr.; London and Amsterdam: Feffer & Simons, 1973. XVI + 160 S. (Crosscurrents/Modern Critiques).

[Psychoanalytische Interpretation, die von der Hypothese ausgeht, daß Kafka ein Homosexueller war, der seine Neigung vor der Welt verbarg, aber in allen seinen Werken u. in allen seinen Helden darstellte. Erst Verbindung mit Dora ließ ihn psychosexuelle Balance erreichen. Kafkas geheimer Kode (z. B. Worte wie: Musik, Nahrung, Wunde), der sich auf das Verborgene bezieht. "Forschungen eines Hundes", "Das Urteil" u. "Die Verwandlung" nach dieser Theorie ausgewertet.]
Rez.: Joe D. Thomas: "Kafka Agonistes" in: *C. E. A. Critic* 36 (1973) Nr. 1. S. 47; anon. in: *Choice* 10 (1975) S. 988;
Adrienne Gillespie in: *Library Journal* 98 (1973) S. 1171;
Maria Luise Caputo-Mayr in: *Books Abroad* 48 (1974) S. 776–77.

*Tugues, Albert: *Franz Kafka en els seus millors escrits.* Barcelona: M. Arimany, 1976. 118 S. (El Dies; els homes, 6).

*Tukhner, Meshulam: *Temol shilshom ve Kafka.* Tel Aviv: 1968.

[Gestern, Vorgestern und Kafka.]

Urzidil, Johannes: *Da geht Kafka.* Zürich u. Stuttgart: Artemis, 1965. 84 S.

[S. 5–13: Im Prag des Expressionismus (s. Artikel).
S. 14–24: Edison und Kafka (s. Artikel).
S. 25–48: Das Reich des Unerreichbaren (s. Artikel).
S. 49–59: Umgang mit Sirenen (s. Artikel).
S. 60–70: Brand (s. Artikel).
S. 71–82: 11. Juni 1924 (s. Artikel).]
Rez.: Richard Thieberger in: *Germanistik* 6 (1965) S. 692;
Walter Sokel: "Von der Unfaßbarkeit des Unfaßbaren. Franz Kafka und seine Interpreten – Sechs neue Beiträge." In: *Die Welt der Literatur* 3 (1966) Nr. 19. S. 12–13;
anon.: *"The Castle Walls".* In: *TLS* (April 13, 1967) S. 297;
Viktor Aschenbrenner in: *Sudetenland* 9 (1967) S. 159.

– *Da geht Kafka.* Erweiterte Ausgabe. München: Deutscher Taschenbuch Verl., 1966. 125 S. (dtv 390).

[Durch sechs Essays vermehrte Neuauflage von "Da geht Kafka" (1965).
S. 7–12: Im Prag des Expressionismus (s. Artikel).
S. 13–19: Edison und Kafka (s. Artikel).
S. 20–36: Das Reich des Unerreichbaren (s. Artikel).
S. 37–44: Umgang mit Sirenen (s. Artikel).
S. 45–52: Brand (s. Artikel).
S. 53–64: Der Hebräischlehrer: Über Friedrich Thieberger, der Kafka Unterricht erteilte. Kafkas Interesse für Hebr. nicht philologisch oder zionistisch, sondern Drang nach Gottesnähe.
S. 65–75: Golem-Mystik: Zuerst erschienen in gekürzter Fassung im "Rheinischen Merkur" (21. Mai 1965). Kafka kannte die mystische Vergangenheit Prags u. die Golem-Sage.
S. 76–90: Denkmale: Über Rudolf Fuchs, Ernst Feigl, u. a. interessante Personen aus Kafkas Bekanntenkreis.
S. 91–97: Vita brevis, ars longa: Zusammenhänge zwischen Kafkas literarischer Bildwelt u. der bildenden Kunst; Kubin, Chagall, Klee.
S. 98–105: 11. Juni 1924 (s. Artikel).
S. 106–07: Gedenkrede (s. Artikel).
S. 108–20: Über die Vernichtung des Geschaffenen durch seinen Schöpfer: Grisostomo im "Don Quixote" verfügt Verbrennung seiner Schriften. Ambivalenz eines Autors zu seinen Werken, die sich oft unabhängig von ihm entwickeln. Kafkas Schaffensprozeß u. seine Ironie. Erweiterte Fassung dieses Essays u. d. T.: Cervantes und Kafka (s. Artikel).]
In engl. Übers. v. Harold A. Basilius u. d. T.: *There Goes Kafka.* Detroit: Wayne State Univ. Pr., 1968. 232 S. Illustr.

[Übers. der erweiterten Ausgabe von 1966, mit Einführung des Übersetzers u. Namenregister. Für Inhalt s. Artikel.
S. 9–21: In the Prague of Expressionism.
S. 25–35: Edision and Kafka.
S. 36–66: The Realm of the Unattainable.
S. 67–81: Association with Sirens.
S. 82–96: Brand.
S. 97–118: The Teacher of Hebrew.
S. 119–40: Golem Mysticism.
S. 141–69: Memorials.
S. 170–82: Life is Short, Art is Long.
S. 183–98: 11 June 1924.
S. 199–202: Memorial Eulogy.

S. 203—26: Concerning the Destruction of Creative Works by Their Creator.]
Rez.: Edith G. H. Lenel in: *Library Journal* 94 (1969) S. 1636; auch in: *Library Journal Book Review* (1969) S. 376;
Matthew Hodgart: "K." in: *New York Review of Books* 12 (Apr. 10, 1969) S. 3;
Leo Hamalian: "The Great Wall of Kafka." In: *JML* 1 (1970—71) S. 254—56;
E. Speidel in: *Notes and Queries* 217 (1972) S. 66—68.
*In holländischer Übers. u. d. T.: *Daar gaat Kafka*. Amsterdam: Meulenhoff, 1968 (Meulenhoff pocket).

*Uyttersprot, Herman: *Kleine Kafkaiana.* Brussel: Levende Talen-Langues Vivantes, 1955. 22 S.

Auch in: H. U.: *Praags cachet* (s. Artikel). S. 245—69.

— *Eine neue Ordnung der Werke Kafkas. Zur Struktur von "Der Prozeß" und "Amerika".* Antwerpen: C. De Vries-Brouwers, 1957. 85 S.

[Aus zwei Aufsätzen (1953 u. 1954) hervorgegangen. Folge der Jahreszeiten verbürgt Neuordnung der Kap. in "Der Prozeß", ergibt bessere innere u. äußere Entwicklung. "Prozeß" — autobiographisch-psychologischer Roman. Theorie auch auf "Amerika" u. "Schloß" angewandt; alle Werke lückenhaft, enthalten aber wegweisenden Kristallisationspunkt.]
S. 5—65 in engl. Übers. v. Konrad Gries u. a. zusammengefaßt u. d. T.: "'The Trial': Its Structure." In: Flores, *Franz Kafka Today* (s. Sammelbde.) S. 127—44.
Rez.: anon.: "Haufen ungeordneter Papiere." In: *Der Spiegel* 11 (1957) Nr. 26. S. 42—45;
Květuše Hyršlová: "R. M. Rilke a F. Kafka v Belgii." In: *Časopis pro moderní filologii* 40 (1958) S. 186—88;
Gerhard Kaiser: "Franz Kafkas 'Prozeß'. Versuch einer Interpretation." In: *Euphorion* 52 (1958) S. 45—48 (s. Artikel);
Heinrich Meyer in: *Books Abroad* 32 (1958) S. 52;
Max Brod: *Verzweiflung und Erlösung im Werk Franz Kafkas* (s. Bücher) S. 72—85;
Ronald Gray in: *GLL* 12 (1959) S. 234—35;
Ronald Gray: "The Structure of Kafka's Works: A Reply to Professor Uyttersprot." In: *GLL* 13 (1959) S. 1—17 (s. Artikel);
Klaus Wagenbach: "Jahreszeiten bei Kafka?" In: *DVjs* 33 (1959) S. 645—47;
Maurice Marache in: *EG* 17 (1962) S. 492.
In schwedischer Zusammenf. von Carl-August v. Willebrand u. d. T.: "Kafkas romaner — icke autentiska?" In: *Nya Argus* 16 (1957) S. 238—39.

— *Praags cachet. Opstellen over Rainer Maria Rilke en Kafka* (s. Artikel).

*Veerbeeck, Ludo: *Franz Kafka of de andere ervaring.* Antwerpen: Meppel, 1976. 164 S.

Rez.: Edmond Ottevaere in: *Dietsche Warande en Belfort* 122 (1977) S. 531—33.

*Verhaar, Herman: *Franz Kafka: of schrijven uit onmacht.* Amsterdam: Wetenschappelijke Uitgeverij, 1975. 224 S.

Rez.: Horst Steinmetz: "Stap vooruit, stap terug." In: *Forum der Letteren* 17 (1976) S. 120—28.

Vialatte, Alexandre: *"L'Empereur a dépêché un de ses messagers"… L'histoire secrète du "Procès".* Liège: Editions Dynamo, 1968. 13 S.

[Persönliche Eindrücke beim Lesen von Kafkas Werken; biographische u. philosophische Elemente zum "Prozeß".]

Wagenbach, Klaus: *Franz Kafka. Eine Biographie seiner Jugend. 1883–1912.* Mit 13 Abb. im Text u. 24 Tafeln. Bern: Francke, 1958. 345 S.

[Aus Diss. 1957; durch Editionsarbeit an Fischer Kafka-Ausgabe (mit Politzer) angeregt, auf Sammlung von Dokumenten u. mündlichen Auskünften von Freunden u. Bekannten Kafkas aufgebaut; bisher Unbekanntes hervorgehoben; bringt Fakten; ausgedehnte Zitate, wenig Sekundärliteratur benützt. – Kafkas Abstammung, Kindheit, Schuljahre, Umgebung in Prag, Religion, Freunde, Studium, Interessen, Berufsjahre u. erste schriftstellerische Versuche. Umfangreicher Anhang, primäre Informationsquellen über Kafka u. Dokumente aus seinem Leben, Inhalt seiner Handbibliothek, bisher unbekannte Arbeiten aus dem Berufsgebiet. Erste auf Dokumentation beruhende kritische Biographie Kafkas, die auf neu gefundenem Material aufgebaut wurde.]
Rez.: Shmuel Hugo Bergman in: *Moznayim* 9 (1958) Nr. 1. S. 28–30;
anon.: "Kafka's Experiment." In: *TLS* (Aug. 14, 1959) S. 465–66;
Anna Maria Dell'Agli in: *Annali. Istituto Universitario Orientale Napoli. Sezione Germanica* 2 (1959) S. 371;
Gerhard F. Hering: "Kafka in drei Spiegeln." In: *Merkur* 13 (1959) S. 685–90;
Roman Karst: "Biografia Kafki." In: *Twórczość* 15 (Sept. 1959) Nr. 9. S. 174–76;
B. J. Kenworthy in: *MLR* 54 (1959) S. 622–23;
Helmut Richter: "Zu einigen neueren Publikationen über Franz Kafka." In: *WB* 5 (1959) S. 578;
Richard Thieberger: "Kafka trente-cinq ans après." In: *Critique* 15 (1959) S. 390–93;
Wolfgang Paulsen in: *JEGP* 59 (1960) S. 812–13;
H. M. Waidson: "Kafka. Biography and Interpretation." In: *GLL* 14 (1960) S. 26–28;
Hilde Cohn in: *Monatshefte* 52 (1960) S. 198–200;
H. S. Reiss in: *Erasmus* 14 (1961) S. 217–20;
Claude David: "Kafka aujourd'hui." In: *EG* 16 (1961) S. 34–35;
Ivan Dubský: "O kafkovské literatuře." In: *Světová Literatura* 6 (1961) S. 234–45.
*In frz. Übers. v. Elisabeth Gaspar u. d. T.: *Franz Kafka. Les années de jeunesse, 1883–1912.* Paris: Mercure de France, 1967, 275 S.
Rez.: anon. in: *Bulletin critique du livre français* 23 (1968) Nr. 268. S. 289–90.
Teilabdruck von S. 86–88 u. 94–96 in frz. Übers. u. d. T.: "Les écrivains allemands de Prague." In: Raboin, *Les critiques de notre temps et Kafka* (s. Sammelbde.) S. 122–25.
*In jap. Übers. Tôkyô: 1969. 218 S.
*In span. Übers. u. d. T.: *La juventud de Franz Kafka.* Carácas: Monte Avila, 1970. 368 S.
*In tschech. Übers. u. d. T.: *Franz Kafka.* 1967.

– *Franz Kafka in Selbstzeugnissen und Bilddokumenten.* 86.–95. Tausend. Reinbek/Hamburg: Rowohlt Taschenbuch, 1970. 154 S. – 1.–20. Tausend 1964 (Rowohlts Monographien Bd. 91). 126.–135. Tausend 1975.

[Aus erstem Buch (Bern, 1958) entwickelt u. zu einem Gesamtüberblick über Kafkas Leben ergänzt. Läßt Kafka selbst durch Zitate sprechen; unveröffentlichte Abb. sind Vorgriff auf geplanten 2. Bd. der Kafkabiographie. Zeittafel, Zeugnisse, Auswahlbibliogr.]
Rez.: Karlheinz Schauder: "Neue Bücher über Kafka." In: *Wort in der Zeit* (1965) Nr. 8–9. S. 88–89;

Karl Reichert in: *Germanistik* 6 (1965) S. 525–26;

"The Castle Walls." In: *TLS* (Apr. 13, 1967) S. 297;

anon. in: *Bulletin critique du livre français* 24 (1969) S. 22;

Zusammenf. von S. 87–88 ("Verwandlung") in: Stanley Corngold: *The Commentators' Despair* (s. Sammelbde.) S. 240.

In frz. Übers. v. Alain Huriot u. d. T.: *Kafka par lui même.* Paris: Editions du Seuil, 1968. 190 S. Illustr. (Collection "Ecrivains de toujours" 81).

Frz. Teilabdruck von S. 49–51 u. d. T.: "Prague au tournant du siècle." In: Raboin, *Les critiques de notre temps et Kafka* (s. Sammelbde.) S. 119–21.

*In griech. Übers. v. N. Matsoukas u. d. T.: *Frànts Káfka. 'E zōè kai tò ĕrgo toy.* Thessalonikē: Egnatia, 1968. 110 S.

*In holländischer Übers. u. d. T.: *Franz Kafka in dagboeken, brieven, documenten en afbeeldingen.* Amsterdam: Moussault, 1967.

In ital. Übers. v. Ervino Pocar u. d. T.: *Kafka.* Milano: Alberto Mondadori, 1968. 169 S. (Il Saggiatore di Alberto Mondadori Editore. Collezione "I Gabbiani", nuova serie 67). [Die ital. Übers. bringt kein Bildmaterial.]

*In jap. Übers. Tôkyô: 1967.

*In span. Übers. u. d. T.: *Franz Kafka en testimonios personales y documentos gráficos.* Madrid: Alianza, 1970. 180 S.

Rez.: D. Natal in: *Estudio Augustiniano* 6 (1971) Nr. 1. S. 195.

In tschech. Übers. v. Josef Ćermák u. Vladimír Kafka u. d. T.: *Franz Kafka.* Praha: Mladá fronta, 1967. 168 S. (Volná řada – Literatura faktu. Svazek 2).

Walser, Martin: *Beschreibung einer Form. Versuch über Franz Kafka. 3. Aufl.* München: Carl Hanser, 1968. 156 S. – (C 1961) (Reihe Literatur als Kunst). Auch: 2. Aufl. 1963. Auch: 1972. Ullstein Buch 2878.

[Aus Diss. unter Beißner entstanden. Die Form der drei Romane analysiert; sonst aber weder Themen noch Interpretation gesucht.
I. Der Dichter und die Dichtung: Kafka reduzierte bewußt seine bürgerliche Persönlichkeit, um seine dichterische aufzubauen. Will nicht abgelenkt werden, Literatur wird sein einziger wirklicher Beruf. Bildet autonomes Formvermögen aus, "Doppelbewegung", an Entwicklung von "Amerika" bis "Schloß" erkennbar.
II. Das Erzählen selbst: Kafka tritt als Erzähler nicht auf, außer durch den anwesenden Helden: Erzählperspektive in Helden verlegt, dadurch erreicht der Dichter, u. a. seine geometrisch physikalische Perspektive vom Helden aus gesehen (Ausdruck anstelle von Beschreibung, Erschließen anstelle von Sehen); Kongruenz von Autor u. Medium; Reduktion des Sehens führt zu Reflexion über Unsichtbares; perspektivische Haltung programmatisch durchgeführt, bes. im "Schloß"; Fehlen der zeitlichen Distanzierung u. des natürlichen Zeitbezuges, auch der Vergangenheit; Werk entfaltet sich von selbst, linear, kommentarlos; keine breite Welt dargestellt, sondern "intensives" Erzählen.
III. Funktion der Figuren als ihre Charakteristika: Sie sind nicht "wahr", "wirklich" u. "natürlich", haben aber Funktion in der von Kafka geschaffenen Welt, unterstehen ihrer Ordnung, gleiche Klassen der organisierten Welt in den drei Romanen. Held trifft auf Gegenfiguren, die als Parallelgestalten, in Kollektiven, als Begleiter u. Helfer (Frauen bes.) sowie als Feinde auftreten; die Gegenwelt selbst u. ihre Vertreter (Hierarchien) u. die Gruppenbildung u. deren Wirkung auf die Helden werden untersucht. Es findet auch Verdinglichung statt (Gestalten, Wahrnehmungen, Empfindungen, Äußerungen, etc.). Gruppen je nach Funktion u. Beziehung zu Helden.
IV. Die Ordnungen begegnen einander: Sie werden in dynamischem Aufeinandertreffen gezeigt, Auseinandersetzung u. Kampf – eigentliche Themen, Bemühungen der Helden – aufgehoben, im Widerstreit entsteht das Werk; Häufigkeit von Verhandlungen, Gesprächen, Urteilen, Streitgesprächen, Verhören. Auch die Unternehmungen der K.-Ge-

stalten gehören daher, sie scheitern an der Passivität der Gegenwelt; die Zuschauer
steigern die Intensität des Zusammentreffens; die Gesprächspartner der K.-Figuren wirken als aufhebende Kraft (z. B. Bürgel). Das Moment der Aufhebung ist immer latent
vorhanden.

V. Rhythmus und Unendlichkeit: Gleichförmigkeit der Phänomene ermöglicht Annullie-
rung der Aktivität. "Störung durch Helden oft vor Beginn der Handlung. Aufhebung
schließt Vorgang ab: "Leerform"; Behauptung u. deren Aufhebung bestimmen Rhythmus
der Romane, wie Sinuskurven.

VI. Roman oder Epos: Neudefinition des Eposbegriffes u. Versuch einer Einordnung von
Kafkas Romanen.]

Rez.: Henri Plard in: *EG* 17 (1962) S. 222–23;

Peter Spielberg in: *Books Abroad* 37 (1963) S. 176;

Ronald Gray in: *GLL* 17 (1964) S. 167–68.

Teilabdruck in engl. Übers. v. Allan Blunden u. d. T.: "On Kafka's Novels." In: Stern,
The World of Franz Kafka (s. Sammelbde.) S. 87–101.

Engl. Übers. v. S. 92–93, 98–104, 116–27 v. James Rolleston u. d. T.: "Description of
a Form". In: Rolleston, *Twentieth Century Interpretations of "The Trial"* (s. Sammelbde.) S. 21–35.

In ital. Teilübers. u. d. T.: "Lo scrittore e lo scritto." In: Pocar, *Introduzione a Kafka*
(s. Sammelbde.) S. 121–27.

*In jap. Übers. Tôkyô: 1973.

In span. Übers. u. d. T.: *Descripción de una forma. Ensayo sobre Franz Kafka.* Buenos
Aires: Sur, 1969.

Walter-Schneider, Margret: *Denken als Verdacht. Untersuchungen zum Problem
der Wahrnehmung im Werk Franz Kafkas.* Zürich u. München: Artemis, 1980.
163 S. (Zürcher Beiträge zur dt. Literatur- u. Geistesgeschichte 52).

[Bezugnahme auf Buch von Jörgen Kobs. Kafkas Werke als Thematisierung der Wahrneh-
mungsproblematik. Untersuchung des Verhältnisses zwischen der Darstellung der Wahrneh-
mungsprozesse u. der Darstellung der Wahrnehmungsbilder. Kafka war psychisch nicht
imstande, Bedingungen objektiver Wahrnehmung zu erfüllen. Subjektivität menschlichen Daseins u. Erkennens auch eine Grundlage, auf der man zur Objektwelt gelangen
kann. Bei Kafka Verstrickung von Altem u. Neuem; die Zeit nach allg. Zerfall verdient
keinen Respekt mehr; beängstigende Nachbarschaft zwischen Wahn u. Wirklichkeit (beide entstehen auf dieselbe Weise, gespeist durch Phantasie). Siebenseitiger Bericht Kafkas
über seine Begegnung mit dem Rezitator Reichmann. Voraussetzung objektiver Wahrnehmung (Verminderung der subjektiven Energie) ist beim Mäusevolk vorübergehend
erfüllt; vieles in Josefines Leben erinnert an das Kafkas. Kafkas Sprache: Sprache des
Vermutens. "Josefine ..." u. "Forschungen eines Hundes" zeigen, daß das Subjekt, wenn
es sich selbst behauptet, aller Objekte verlustig geht. Beziehung zwischen "Jäger
Gracchus" u. "Verwandlung". Monotonie von Kafkas Vokabular; es drängt den Dichter
zum Sprechen, aber er will sich auch vor der Sprache hüten, mißtraut ihr, bedient sich
ihrer sparsam (Variationenarmut). Bewegung in Kafkas Dichtung nur im Kreismittel-
punkt, Natur ist fast ausgeschlossen; Verhältnis zur eigenen Subjektivität von Mißtrauen
u. Furcht geprägt: seine Welt ist eine greisenhafte (Festhalten an der Vergangenheit).
Bezauberung als Voraussetzung objektiver Wahrnehmung. Kafkas Leben ist Kampf gegen das Leben, welches dargestelltes Leben ist. Kampf gegen die Phantasie kann Kampf
gegen die geschichtliche Wirklichkeit sein. Kafka hat Angst, geschichtlich ein Mensch
zu sein.]

Rez.: Karlheinz Fingerhut in: *Germanistik* 22 (1981) S. 230–31.

Walther, Hans: *Franz Kafka. Die Forderung der Transzendenz.* Bonn: Bouvier (Herbert Grundmann), 1977. 159 S. (Abhandlung zur Kunst-, Musik- u. Literaturwissenschaft. Bd. 212).

[Kafkas Weg zur Transzendenz. Nichtüberlegen zu können als Gnade Gottes (z. B. Inspiration beim Dichten). Sehnsucht, von einer väterlichen Figur angenommen zu werden. "Das Schloß" als künstlerischer Fortschritt gegenüber "Prozeß" ('reale' u. 'symbolische' Schichten decken sich), dichterische Erfassung innerseelischer Vorgänge, erst in zweiter Linie Darstellung sozialer Verhältnisse; zwei verschiedene Wertmaßstäbe kollidieren, ohne daß sich Autor eindeutig für einen von ihnen entschiede; Göttliches erscheint als hierarchisch strukturierter Machtkomplex (vgl. Kafkas Vater). Ich-Spaltung; Gleichsetzung K.s mit dem (bewußten) "Ich", des Dorfes mit dem "Es" u. des Schlosses mit dem "Über-Ich" löst nicht alle Probleme. K. als revolutionäres Element im Dorf. Kafkas Denken stimmt mit dem Schopenhauers am meisten überein; Verwandtschaft mit platonischen, gnostischen u. mystischen Gedankengängen. Kafka verurteilt allzustarke Gewissensinstanz in seinem Inneren, die den Menschen zum Strafobjekt erniedrigt. Willkürliche Gnadenbezeigungen des alttestamentarischen Gottes (Parallele zum Vater). Das Göttliche kann sich den K.s nur in depravierter Gestalt zeigen, weil die K.s sich vor dessen höheren, edleren Manifestationen verschließen. Kafka vermißte Geborgenheit im Dasein. Skepsis der Sprache gegenüber. Vergleich mit Platon, Plotin u. Albinos. Der Mensch trägt Verantwortung für das Böse, u. auch für die Wahl seines bestimmten Lebens. Kritik u. Anteilnahme für den Hungerkünstler; Askese oft versteckte Form des Willens zur Macht. Kafkas Zweiweltentheorie. Diesseits ist ganz auf ein Jenseits ausgerichtet. Wer Verbindung mit absolutem Wesenskern verloren hat, kann sein Leben innerlich nicht mehr rechtfertigen. Kafka steht in der Tradition jüdischer Mystik. Er haßte die Selbstbeobachtung, die das Ich in ein Subjekt u. Objekt spaltet. Gewissensthematik im "Prozeß" u. "Schloß" (Wissen um die Notwendigkeit, das eigene Wesen zu transzendieren). Oberste Gerichtsbehörde symbolisiert höchste Gewissensinstanz (ein Absolutum). Kafka ist gegen Selbstmord. Streng werkimmanente Interpretation muß alle Fragen offenlassen, da nicht genügend Anhaltspunkte für Deutung vorhanden sind.]

Rez.: Hartmut Binder in: *Germanistik* 19 (1978) S. 910;
Roman S. Struc in: *Seminar* 14 (1978) Nr. 4. S 296–98 u.
in: *Colloquia Germanica* 14 (1981) S. 278–80;
J. C. Fewster in: *Literature, Music, Fine Arts. German Studies* 13 (1980) S. 172–73.

Wäsche, Erwin: *Die verrätselte Welt. Ursprung der Parabel. Lessing – Dostojewskij – Kafka.* Meisenheim am Glan: Anton Hain, 1976. 85 S. (Deutsche Studien Bd. 28).

[I. Parabeln verstecken u. verhüllen. Zuerst als Gleichnisse Christi, versuchen zu erklären u. zu zeigen (wie Fabeln der Antike), leicht verständliche Lebensweisheit, unterhaltend u. belehrend.
Kafka wählte eine wenig zeitgemäße Form der Dichtung in seinen Parabeln: zeigen Ende des realistischen bürgerlichen Romans an. Parabeln provozieren u. schockieren, haben viele Ausgänge.
II. Naives Wirklichkeitsbewußtsein gestört, außerhalb der abendländischen Ästhetik. Bei Kafka grotesk verzerrte Phantasie, Realität wird unbeständig, notdürftige Information; die avantgardistische europäische Erzählkunst verwendet sie. Vergleich zwischen Ringerz. Lessings, Dostojewskis "Großinquisitor" u. Kafkas "Eine kaiserliche Botschaft".
VIII: Wesen von Kafkas Parabeln darzustellen versucht. Bei Lessing erscheint die Antwort eines Tages, Welt noch offen (man erfährt noch, wer den echten Ring besitzt). Bei Kafka ist die Welt zum Gefängnis geworden, die konkrete Antwort ist nicht mehr zu ah-

nen, noch zu vermuten, typisch für den "verschlossenen Sinn", der Schlüssel fehlt; je
mehr man sich dem Ende nähert, desto mehr ist der Sinn "verrätselt", Chiffre oder
Vexierspiel, ein Verstummen. Bild u. Sinn nicht "fester markiert", Kafka schränkt ein.
"Kaiserliche Botschaft" 1917 entstanden. Zeigt auf kleinstem Raum Struktur, Stück ist
nur mehr Struktur, zeigt nur mehr Aussichtslosigkeit. Personen: höchster Herr u. Bote;
Botschaft, die nicht überbracht wird u. von der "jemand" ("Du") träumt. Ankunft der
Botschaft auf immer verschoben, Welt ohne Instanz, tut so, als ob es sie gäbe. Grauen-
volle Welt ohne Kontakte.
Die dialogische Anlage der Parabel bei Lessing u. Dostojewski ist bei Kafka zu reiner Erz.
geworden, keine Begegnung mehr möglich, nur Raum herrscht, Meldung verlischt.
XI. Wesen der Parabel (aus frühester Vorzeit kommend) ist auf die Zukunft hin gespannt;
weiter Zeitbegriff. Kafkas Parabel ist eine Endentwicklung der Gattung, die Zustand der
Welt zeigt u. die Absurdität der Existenz. (Nathan — Optimist, Dostojewski — Pessimist).
XII. Bei Kafka gibt es keine kontinuierliche Zeit mehr, sondern nur Kreisbewegung u.
Wiederholung. "Chinesische Mauer" — ferner Osten, parallel zu Lessing (Ursprung);
Osten bei Kafka aber nur als "Verfremdung" von Ort u. Zeit, nicht Ursprung. Bei Kafka
kein Zusammenhang der Geschichte mehr, nur Fragmente u. Leerlauf. Dieser Stil wurde
im neuen Schrifttum häufiger, manchmal zur Zeitkritik verwendet. Verrätselte Menschen
u. Welt in der Parabel.]

Weinberg, Kurt: *Kafkas Dichtungen. Die Travestien des Mythos*. Bern, München:
Francke, 1963. 509 S.

[Religionsgeschichtliche Spekulationen mit stilkritischer Methode verbunden. Gesamtinterpretation.
1. Teil: Der Dichter und seine Vorstellungswelt: Versuch, Kafkas Symbole zu entschlüs-
seln; die Problematik von Kafkas Bild- u. Gedankenwelt; seine Archetypen; archaisches
Glaubensgut. Synthetisch gehalten.
2. Teil: Themen und Symbole. Literalsinn und Literatur: Eine Auswahl von Texten
genau untersucht, aus denen sich Kafkas wesentliche Themen u. Symbole ergeben.
Schreiben als Form des Gebetes u. des Exorzismus; Kampf, moderne Travestien des
Mythos.]
Rez.: Herbert Kraft in: *Erasmus* 16 (1964) S. 474—76;
Klaus-Dietrich Petersen in: *Germanistik* 5 (1964) S. 522—23;
Karl H. Ruhleder in: *Monatshefte* 56 (1964) S. 267;
Felix Weltsch in: *Forum* 11 (1964) S. 496—97;
anon.: "Kafka's Friend." In: *TLS* (Apr. 30, 1964) S. 376;
J. M. S. Pasley in: *GLL* 18 (1964) S. 62—63;
Ingeborg C. Henel in: *GR* 40 (1965) S. 311—14;
Maurice Marache in: *EG* 20 (1965) S. 406—07;
Erich A. Albrecht in: *Books Abroad* 39 (1965) S. 184—85;
Heinz Ide in: *ZfdPh* 84 (1965) Sonderheft. S. 117—24;
Frederick J. Beharriell in: *GQ* 39 (1966) S. 113—15;
Ulrich Weisstein in: *MLN* 81 (1966) S. 639—45;
J. Elema in: *Euphorion* 60 (1966) S. 304—09;
Wolfgang Pasche: "Die Frage nach dem Weltbild Franz Kafkas anhand einer kritischen
Auseinandersetzung mit der wichtigsten Kafka-Literatur." In: *Acta Germanica* 2 (1967)
S. 75—78.
Zusammenf. von S. 235—317 ("Verwandlung") in: Corngold, *The Commentators'
Despair* (s. Sammelbde.) S. 244—47.

Weitzmann, Siegfried: *Studie über Kafka*. Mit einem Vorwort von Robert
Weltsch. Tel Aviv: Olamenu, 1970. 130 S.

[Zwei unvereinbare Gegensätze u. Welten in Kafka u. seiner Dichtung. Einsamkeit u. Verlangen nach Gemeinschaft ("Bau" u. "Forschungen eines Hundes"); bindendes Gesetz für Menschen (in "Prozeß" als Gewissen erkennbar)? Erbarmungsloser u. gnädig richtender Gott; Schwerpunkt auf ersterem. Zweideutigkeit von K.s Schuld. Irdischer u. überirdischer Bereich.]
Rez.: Klaus-Peter Philippi in: *Germanistik* 11 (1970) S. 612.

Weltsch, Felix: *Religion und Humor im Leben und Werk Franz Kafkas*. Berlin-Grunewald: Herbig Verlagsbuchhandlung (Walter Kahnert), 1957. 96 S.

[In vier Abschnitten: Der Mensch, das Werk, die Deutung u. der Humor. Weltsch beschreibt u. deutet als Bekannter Kafkas aus der Schulzeit, bes. aus dem Universitätskreis (M. Brod, O. Baum) u. entwirft ein Porträt des Freundes aus der Kenntnis der Stadt u. der Lebensumstände. Behandelt Lebensdaten, Krankheit, Frauen, Kafkas Gabe für die Freundschaft. Seine Neurose u. sein echtes persönliches Unglücklichsein über Körper u. Person. Beziehung zum Vater,die Milena-Affaire (Reinheit-Schmutzproblem), Einheit des Menschen u. Weg zu Gott. Glück am Schreiben u. Probleme der Entfaltung seiner Kunst auf Kosten aller anderen Fähigkeiten. Judentum Kafkas u. Antisemitismus in Prag. Innere religiöse Beziehung der Familie. Interesse am Zionismus – neue Lebensmöglichkeit; Hugo Bergmann. Ostjüdische Schauspieler u. westjüdische Assimilation.
Werk: Beschreibung von Kafkas irrealer Welt trotz Logik des Geschehens, Metarealität, Kafkas eigene Zeit, Visionäres ("Prozeß") u. Bürokratie.
Deutung: Interpretationsvielfalt u. religiöse Thematik. Streben nach Vollkommenem u. Unterliegen, Abstand zwischen Mensch u. Absolutem, Unsicherheit; Rolle der Frau auf dem Weg zum Absoluten; Schuld. "Prozeß", "Schloß" u. Aphorismen im Hinblick auf die religiöse Thematik u. mögliche Deutungsarten. K. kennt den Weg der Gnade nicht. Kafka ist auf seiner Seite, zeigt auch Möglichkeit der Dorfbewohner. Aphorismen: in Hauptthemen religiöse Problematik (Weg, Gnade, eigene Festigkeit). Konfrontation wichtig, Meinungen, – nicht aber Richtung des Weges.
Humor: In Briefen u. einzelnen kürzeren Werken ("Hungerkünstler", "Josefine") untersucht. Humor als Form der "Weltbetrachtung", als existenzielles Phänomen; Aufdekken des scheinbaren Sinns als Unsinn – auch Funktion des Humors, Einblick u. Durchblick, u. schließlich "Überblick". Distanz durch paradoxes Geschehen geschaffen, auch als Leistung des Humors: Beamtenapparat, die Doppelwesen; stilistische Mittel (Antithese u. Übertreibung, etc.). Schließlich öffnet der Humor den Weg zum Sinn, zur Aufhebung von Haß; Kafkas pathetische Weltanschauung.]
Rez.: h. h. h. in: *Zukunft* (Jan. 1958) Nr. 1. S. 32;
Heinz Politzer in: *Books Abroad* 33 (1959) S. 186;
Robert Rie in: *Books Abroad* 33 (1959) S. 186–87;
Richard Thieberger: "Kafka trente-cinq ans après." In: *Critique* 15 (1959) S. 390, 393–94;
Claude David: "Kafka aujourd'hui." In: *EG* 16 (1961) S. 38–39.
In hebr. Übers. u. d. T.: *Frants Kafka. Datiyuth v'humor b'hayav uviytsirotav.* Yerushalaim: Mossad Bialik, 1959. 128 S.
Rez.: Shlomo Levi in: *Hapoel Hatsair* 52 (1959) Nr. 42. S. 20;
Shmuel Peles in: *Moznayim* 9 (1959) S. 373–74;
A. Z. in: *Keshet* 2 (1960) Nr. 4/8. S. 158–59.

Wirkner, Alfred: *Kafka und die Außenwelt. Quellenstudien zum "Amerika"-Fragment.* Mit einem Anhang: "Der Reisebericht des Dr. Soukup." Ausgewählt u. übers. v. Tomáš-Karel Černý. Stuttgart: Ernst Klett, 1976. 113 S. Illustr. (LGW [Literaturwissenschaft – Gesellschaftswissenschaft] 21).

[In "Amerika" legt sich Kafka auf einen konkreten gesellschaftlichen Hintergrund fest (es sollte ein sozialer Roman sein); er wollte "das allermodernste New York" beschreiben. Ziel dieses Buches ist es, "die gesellschaftlichen Mechanismen zu erhellen, die Karl zum Verschollenen werden lassen". Kafkas Sozialkritik wurde von einigen Interpreten erkannt. Gesellschaft basiert primär auf Dienstleistungen; Technisierung, Konkurrenz, Ausbeutung. Kafkas Quellen: Arthur Holitscher ("Amerika – heute und morgen"), nicht nur der Text, sondern auch die Photographien sind von Kafka für die Hintergrundgestaltung des Romans benützt worden; Gespräche mit Männern, die in Amerika waren; B. Franklin, Dickens, W. Whitman, Woodrow Wilsons Wahlkampagne 1912. Kafkas Interesse für Zeitgeschehen u. soziale Problematik; seine Tagebucheintragung über den Vortrag des Sozialisten Dr. František Soukup, der im April 1912 ein Taschenbuch über Amerika veröffentlichte u. dessen Bericht Kafkas Roman wesentlich beeinflußte, selbst in der Charakterisierung der Personen (Onkel, Roßmann). Kafkas negatives Amerikabild steht der tatsächlichen Situation viel näher als die positiven europäischen Vorurteile über Amerika der damaligen Zeit. Schlüsselstellung des "Theaters in Oklahoma". "The American Dream" u. der Mensch in der Massengesellschaft, wo die sozialen Mechanismen außer Kontrolle geraten sind. Kafka wollte im Roman eine politische Aussage machen; Zusammenhänge mit der politischen Situation in USA; Niedergang der Wilsonschen Politik, als Kafka das letzte Kap. schrieb. S. 84–91: Zeittafel zur Entstehung des Romans. S. 91–104: Tomáš-Karel Černý: Der Reisebericht des Dr. Soukup – ein wichtiges Dokument für die Kafka-Forschung.]
Rez.: Friedemann Spicker in: *Germanistik* 20 (1979) S. 556.

Wöllner, Günter: *E. T. A. Hoffmann und Franz Kafka. Von der "fortgeführten Metapher" zum "sinnlichen Paradox".* Bern u. Stuttgart: Paul Haupt, 1971. 187 S. (Sprache u. Dichtung, Bd. 20).

[Kafka als literarisches Phänomen betrachtet. Motivanklänge an Romantik regten Vergleich zwischen Hoffmanns "fortgeführter Metapher" u. Kafkas "sinnlichem Paradox" an (Dürrenmatt geht über das Groteske hinaus). Texte gewählt, die verschiedene Arten des romantischen Dualismus (Ideal – Wirklichkeit) u. auch Motivverwandtschaft aufzeigen. 2. u. 3. Kap. (B u. C) über die Wandlung des Kunstproblems; fortgeführte Metapher u. sinnliches Paradox werden zu Chiffren der romantischen, bzw. modernen Künstlerproblematik.
A. Die eschatologische Projektion des Ursprungs: "Das fremde Kind" von Hoffmann ist noch das eindeutig gute Prinzip, projiziert den Ursprung in die Gegenwart, Gegensatz zum Bösen. Kafkas "Unglücklichsein" – Erlösungsfunktion des Kindgespenstes relativ, vereinigt die Widersprüche in sich, die die Moderne nebeneinander stehenläßt; weist aber auf Erlösung aus eigenem Ursprung für den Helden hin (Kindheit – Gegensätze bilden noch ein Ganzes). S. 32–46: Franz Kafkas: "Unglücklichsein".
B. Die utopische Projektion des Ziels: Hoffmanns "Der goldene Topf": Alles drängt auf ein Ziel hin (Atlantis), der Student verläßt die Wirklichkeit für das Ideal im Jenseits. Allegorie der Künstlerexistenz.
S. 91–114: Franz Kafka: "Amerika" (Oklahoma): Existenzziel auch hier im Blickfeld: Onkel ermöglicht Karl die Wahl zwischen Künstlerexistenz u. Alltag. Künstlerleben erscheint aber degradiert (Mack, Brunelda). Oklahoma bietet nochmals Künstlerlaufbahn, transzendentes u. utopisches Theater, wird aber von Kafka nicht geschildert. Künstlerexistenz schon früh von Kafka in Frage gestellt (in "Amerika" schon Farce u. Ideal). Oklahoma mit relativiertem Erlösungswert, Perversion des mittelalterlichen Motivs (z. B. Tubaengel), Himmel u. Hölle nebeneinander. – "Goldener Topf" – Verschmelzung aller Künste als Ideal; "Amerika" deutet dies auch an, aber nicht mehr in organischem Ablauf, sondern nebeinander. Widerspruch zwischen Ideal u. Wirklichkeit bleibt bestehen.
C. Die satirische Einheit von Usprung und Ziel: Hoffmanns "Nachricht von einem gebil-

deten jungen Mann" (Thema der Gefangenschaft der Kunst in der Konvention). – S. 134–47: Franz Kafka: "Ein Bericht für eine Akademie". – Variante des Themas der Künstlerproblematik; Rotpeter erreicht Freiheit des Ursprungs u. besitzt Zivilisation ("sinnliches Paradox"), ist aber nur mehr Artist, unterschreitet das Menschliche. Desillusionierung des Künstlerstandes; Künstler in der Moderne wieder in ursprünglicher Funktion des Unterhalters. Künstlertum ist nicht nur für den Bürger, sondern für den Künstler selbst fragwürdig geworden, wird zum Thema des Werkes. Satire u. Karikatur: Da Ideal verblaßt u. Paradoxie anerkannt wird, hat sich das Irrationale in der Moderne verselbständigt, "sinnliches Paradox", ohne Hoffnung, daß es jenseits des Paradoxen noch etwas Einheitliches gibt. Moderne: Beschränkung auf reale u. widersprüchliche Gegenwart (fortgeführte Metapher der Romantik wies über sich hinaus). Vergleich mit Hoffmann erhellt die Stufenfolge von Kafkas Künstlerexistenzen ("Oklahoma" u. "Bericht...").]

Rez.: Hartmut Binder in: *Germanistik* 13 (1972) S. 140–41.

Zusammenf. in: *European Dissertation Abstracts 1967–1974.* Bern: Stiftung für Europäische Hochschul- u. Forschungsdokumentation, 1975. S. 198.

*Yamashita, Hajime: *Kafuka – Gendai no Shonin.* [Tôkyô:] Asahi [Verl.], 1971. 311 S.

[Jap. (Kafka, der Zeuge der Gegenwart.) Eine Sammlung von Essays u. Studien, die der Autor von 1948–1970 geschrieben hat. Zeigt die Rolle, die der Autor in der Kafkainterpretation in Japan spielte u. beleuchtet die Änderungen in der Rezeption Kafkas in diesem Land. Da auch die ausländische Kafkakritik im Auge behalten wird, gibt die Sammlung der jap. Kafkaforschung Information u. Anregung. Hauptthema: "Kafka als Jude" u. die jüdische Geistesgeschichte. Die Bibliogr. umfaßt ausländische Autoren u. zeigt die Verbreitung der Kafkaforschung über die Welt. Buch enthält Illustr. zu Werken.]

Zandbank s. Sandbank

Zatonskij, Dmitrij V.: *Franz Kafka i problemy modernizma.* Moskva: Izdatel'-stvo "Vysšaja škola", 1965. 113 S. – 2. verbesserte Aufl. 1972. 136 S.

[Marxistische Beurteilung. Buch ist Studienführer für Vorlesungen der modernen ausländischen Literatur, befaßt sich mit der Richtung des Modernismus. Kafka haßte die Welt der Bourgeoisie, der er angehörte; er war einer der größten Vertreter des Modernismus. Er fühlte für die Menschen, die in dieser seelenlosen, inhumanen Welt leben mußten ("In der Strafkolonie"). Obwohl der Leser ein Mitgefühl für Kafka empfindet, sollte er nicht die für die Mittelklasse des Westens typischen Widersprüche übersehen, die auch Kafka nicht überwinden konnte. Als Modernist glaubte er nicht an das Glück u. die Harmonie der Menschen. Schon in "Amerika", wie in den meisten seiner Werke, steht der Mensch einer ihm feindlichen Welt gegenüber, die unvollkommen, unbegreiflich, häßlich u. absurd ist. Kafkas politische u. soziale Einstellung ist wesentlich anders als das Bild, das uns seine Werke vermitteln; er sah, daß die alte Welt ihrem Untergang entgegenging, er wünschte ihren Untergang herbei, aber er war nicht nur Zeuge, sondern auch ein Opfer u. ein Teil dieser kranken, versinkenden Welt. Der Leser gewinnt Einblick in die Abgründe dieser Welt der Einsamkeit u. Verlorenheit, die düsteren Aspekte des modernen Westens u. die seelenlose Härte des Kapitalismus im 20. Jh. – Kafka zeichnete kein reales Bild der modernen kapitalistischen Verhältnisse u. analysierte sie nicht. In den letzten zwanzig Jahren wurde viel über seinen Einfluß auf andere Schriftsteller u. die Kunst des 20. Jhs. geschrieben. Heutzutage versuchen die Modernisten Kafka nachzuahmen u. er ist auch in gewisser Hinsicht ihr Ahnherr. Das merkwürdige u. traurige Schicksal Kafkas u. seines Werkes ist aber auch ein Beweisstück gegen die Welt u. Kultur der modernen

Bourgeoisie. Sowjetische Kritiker begannen 1958 Kafka zu analysieren u. bemühten sich, sein Werk objektiv zu beurteilen. Kafka ist nicht der "Vater der neuen westlichen Literatur", wie viele Modernisten behaupten, er war kein Prophet.]

Zima, Pierre V.: *L'ambivalence romanesque: Proust, Kafka, Musil.* Paris: Le Sycomore, 1980. 403 S. ("Arguments Critiques").

[Vergleich zwischen dem Romanwerk Prousts u. dem "Prozeß", vor allem in Bezug auf Fragmentierung u. traumhafte Szenen. Desintegrierung der erzählenden Syntax in Romanen von Proust, Kafka u. Musil. Substanzzerfall des Helden. Bisexualität. Josef K. hört nicht auf, das Wirkliche zu sehen. Phänomene des Übergangs u. der Krise. Am Anfang des 20. Jhs. beginnen Proust, Kafka, Musil u. Joyce die liberale Illusion abzubauen. Aszetischer Text Kafkas (arm an Farben u. Metaphern). Kausale Verwicklung wird im "Prozeß" immer verzögert. Ambivalenz spielt in Kafkas Syntax entscheidende Rolle. – S. 207–24: Première digression vers Kafka et Musil: Mehr als bei Proust macht es die Ambivalenz des Textes unmöglich, eine volle kausale Erklärung zu geben. Kafka lehnt psychologischen Dialog ab, zweifelt an der Möglichkeit, Wahrheit auszudrücken. "Der Prozeß" wird von zwiespältigen Personen bevölkert, auch Gericht ist zwiespältig. Ambivalenz erstreckt sich auf Charakter u. Handlung. Wenn A richtig ist, dann ist Gegenteil von A nicht weniger richtig. Romane von Musil, Kafka u. Proust können als Parodien der traditionellen Romanformen angesehen werden. Die Kafkasche u. Musilsche Frage, 'was ist Wirklichkeit', ist verknüpft mit der Diskussion über den Erzähler. S. 299–318: Seconde digression vers Kafka et Musil: Josef K. versucht zu erfassen, was ambivalent u. paradox ist, das, was ihm entgeht. Die letzte Antwort des Türhüters: eine paradoxe Wirklichkeit der radikalen Ambivalenz (Paradoxes als Produkt der Ambivalenz, der Vermittlung). Mehr noch als Proust u. Musil nimmt Kafka das negative Prinzip auf, überträgt es in die Vieldeutigkeit. "Der Prozeß" läßt Fragen offen bezüglich des Unterschieds zwischen Wahrem u. Falschem. Erzählende Syntax schrumpft zusammen. Struktur des Romans der Parabel ähnlich. Bei Kafka wird Ambivalenz zum Ausgangspunkt einer vieldeutigen Schreibkunst (antiideologisch u. antithetisch). Er sieht im Unbewußten eine zerstörende Kraft.]

Rez.: Martijn Rus in: *Rapports. Het Franse Boek* (Amsterdam) 51 (1981) S. 92–96; Gerhard R. Kaiser in: *Arcadia* 17 (1982) S. 220–24.

ADDENDA

I. BÜCHER, BIBLIOGRAPHIEN, SAMMELBÄNDE

Abraham, Ulf: *Der verhörte Held. Verhöre, Urteile und die Rede von Recht und Schuld im Werk Franz Kafkas.* München: Fink, 1985. 240 S.

Amann, Jürg: *Franz Kafka. Eine Studie über den Künstler. Mit 20 Bildern aus seinem Leben.* München, Zürich: Piper, 1983. 174 S. (Serie Piper 260).

Asher, Evelyn W.: *Urteil ohne Richter: Psychische Integration im Werk Kafkas.* New York: 1984.

Baioni, Giuliano: *Kafka: Letteratura ed ebraismo.* Torino: Einaudi, 1984. 302 S. (Einaudi paperbacks 155).

Barilli, Renato: *Comicità di Kafka. Un'interpretazione sulle tracce del pensiero freudiano.* Milano: Bompiani, 1982. 192 S.

Beicken, Peter (Hrsg.): *Erläuterungen und Dokumente. Franz Kafka: "Die Verwandlung".* Stuttgart: Philipp Reclam jun., 1983. 182 S. (Erläuterungen und Dokumente 8155).

Beißner, Friedrich: *Der Erzähler Franz Kafka und andere Vorträge.* Einführung von Werner Keller. Frankfurt/M.: Suhrkamp, 1983. 150 S. (Suhrkamp Taschenbuch 516).

Bernheimer, Charles: *Flaubert and Kafka: Studies in Psychopoetic Structure.* New Haven: Yale Univ. Pr., 1982. 261 S.
Rez.: James Rolleston in: *JEGP* 83 (1984) S. 292–95;
Dagmar Barnouw in: *GQ* 58 (1985) Nr. 2. S. 257–61.

zu: [**Binder, Hartmut:** *Kafka-Handbuch* in zwei Bdn. 1979.]
Rez.: Hans Reiss in: *Internationales Archiv für Sozialgeschichte der deutschen Literatur* 6 (1981) S. 244–51.
Abdruck aus dem 1. Bd. u. d. T.: *Franz Kafka. Leben und Persönlichkeit.* Sonderausgabe. Stuttgart: Kröner, 1983. 492 S.

Binder, Hartmut: *Kafka-Kommentar zu den Romanen, Rezensionen, Aphorismen und zum Brief an den Vater.* 2., bibliographisch ergänzte Aufl. München: Winkler, 1982. 495 S. [Einführung S. 11–53; Bibliogr. S. 454–71.]

– *Kafka. Ein Leben in Prag.* München: 1982.

– *Kafka. Der Schaffensprozeß.* Frankfurt/M.: Suhrkamp, 1983. 407 S. (suhrkamp taschenbuch materialien, st. 2026).

Blanchot, Maurice: *De Kafka à Kafka.* Paris: Gallimard, 1981. 254 S.

Rez.: Richard Millet in: *La Quinzaine Littéraire* 367 (1982) S. 20–21;
M. Luise Caputo-Mayr in: *World Literature Today* (Winter 1983) S. 103.

zu: [**Born, Jürgen (Hrsg.),** unter Mitwirkung von Herbert Mühlfeit u. Friedemann Spicker: *Franz Kafka. Kritik und Rezeption zu seinen Lebzeiten. 1912–1924.* 1979.]

Rez.: Adolf Fink in: *Germanistik* 23 (1982) S. 889–90.

Born, Jürgen (Hrsg.), unter Mitwirkung von Elke Koch [u. a.]: *Franz Kafka. Kritik und Rezeption 1924–1938.* Frankfurt/M.: S. Fischer, 1983. 508 S.

Rez.: Adolf Fink in: *Germanistik* 24 (1983) S. 452–53;
Maria Luise Caputo-Mayr in: *GQ* 59 (1986) S. 154–55.

zu: [**Brenner, Gerd:** *Der poetische Text als System. Ein Beitrag kritischer Systemtheorie zur Begründung des Poetischen. Anmerkungen zu Kafka.* 1978.]

Rez.: Karlheinz Fingerhut in: *Germanistik* 22 (1981) S. 229.

zu: [**Brod, Max:** *Franz Kafka. Eine Biographie.*]

In poln. Übers. v. Tadeusz Zabłudowski u. d. T.: *Franz Kafka. Opowieść biograficzna.* Warszawa: Czytelnik, 1982. 329 S.
In serbokroat. Übers. v. Zlatko Matetić u. d. T.: *Franz Kafka.* Zagreb: Znanje, 1976. 219 S. (Biblioteka "Itd").

zu: [**Canetti, Elias:** *Der andere Prozeß. Kafkas Briefe an Felice.*]

Auch: Leipzig: Reclam, 1983. 267 S. (Reclams Universal-Bibliothek 1005. Kunstwissenschaften).

Caputo-Mayr, Maria Luise, u. Julius M. Herz: *Franz Kafkas Werke. Eine Bibliographie der Primärliteratur (1908–1980).* Bern, München: Francke, 1982. 94 S.

Rez.: haj: "Franz Kafkas Werke. Eine Bibliographie der Primärliteratur." In: *Neue Zürcher Zeitung* (2. Sept. 1983) Nr. 221. S. 39;
Hartmut Binder: "Zur Abwechslung Fakten. Zwei Kafka-Neuerscheinungen." In: *Frankfurter Allgemeine Zeitung* (11. Nov. 1983) Nr. 236;
Jeffrey Berlin in: *Literatur und Kritik* (1984) Nr. 187/88. S. 436–37;
Alexander Waldenrath in: *MAL* 17 (1984) Nr. 2. S. 99–100;
Ralf Nicolai in: *Seminar* 21 (1985) S. 312–13;
Elizabeth Rajec in: *Monatshefte* 78 (1986) S. 253.

– "Checklist of Kafka-Dissertations 1955–1982." In: *Newsletter of the Kafka Society of America* 5 (1981) Nr. 2. S. 44–53.

– "Franz Kafka Bibliography-Update. 1980–1985." In: *Journal of the Kafka Society of America* 8 (1984) Nr. 1/2. S. 35–82.

628

zu: [**Caputo-Mayr, Maria Luise (Hrsg.)**: *Newsletter of the Kafka Society of America* [*Journal of the Kafka Society of America*] June 1977–. Philadelphia: Temple Univ., Department of Germanic and Slavic Languages.]
Rez. in: *Choice* (Feb. 1984).

Comprehensive Dissertation Index 1861–1972. Vol. 29. Language and Literature A–L. Ann Arbor, Michigan: Xerox Univ. Microfilms, 1973. S. 752.

Correas, Carlos: *Kafka y su padre.* Buenos Aires: Editorial Leviatán, 1983. 93 S.

Crespi, Guido: *Kafka umorista.* Con una nota di Giorgio Cusatelli. Milano: Shakespeare & Company, 1983. 130 S.

zu: [**David, Claude (Hrsg.)**: *Franz Kafka. Themen und Probleme.* (Kleine Vandenhoeck-Reihe 1451.)]
Rez.: Gerhard Kurz in: *Germanistik* 21 (1980) S. 199–200.

David, Claude: *Ordnung des Kunstwerks. Aufsätze zur deutschsprachigen Literatur zwischen Goethe und Kafka.* Hrsg. v. Theo Buck und Etienne Mazingue. Göttingen: Vandenhoeck & Ruprecht, 1983. 239 S.

Dietz, Ludwig: *Franz Kafka. Die Veröffentlichungen zu seinen Lebzeiten (1908–1924).* Eine textkritische u. kommentierte Bibliographie. Heidelberg: Stiehm, 1982. 151 S. (Repertoria Heidelbergensia 4).
Rez.: Maria Luise Caputo-Mayr in: *MAL* 19 (1986) Nr. 1. S. 115–16.

Dornemann, Axel: *Im 'Labyrinth' der Bürokratie. Tolstojs "Auferstehung" und Kafkas "Schloß".* Heidelberg: Winter, 1984. 224 S. (Beiträge zur neueren Literaturgeschichte).

Durusoy, Gertrude: *L'incidence de la littérature et de la langue tchèque sur les nouvelles de Franz Kafka.* Bern, Frankfurt/M., Las Vegas: Peter Lang, 1981. 133 S. (Publications universitaires européennes).
Rez.: Günter Heintz in: *Germanistik* 23 (1982) S. 337–38;
Victor Terras in: *GQ* 57 (1984) Nr. 1. S. 160–61.

Dyck, J. W.: *Der Instinkt der Verwandtschaft. H. v. Kleist und Friedrich Nietzsche, Franz Kafka, Thomas Mann, Bertolt Brecht.* Mit einem Beitrag von Julie Dyck. Bern, Frankfurt/M.: Peter Lang, 1982. 166 S.

Elling, Barbara: s. *Kafka-Studien*

Emrich, Wilhelm: *Freiheit und Nihilismus in der Literatur des 20. Jahrhunderts.* Mainz: Akademie der Wissenschaften und der Literatur; Wiesbaden: Steiner,

1981. 17 S. (Akademie der Wissenschaften u. der Literatur. Abhandlungen der Klasse der Literatur. 1981/82. Nr. 3).

Fehlmann, Ralph: *Geschichtlichkeit und Widerstand. Die Dialektik der Aufklärung im Erzählwerk Franz Kafkas.* Bern, Frankfurt/M.: Peter Lang, 1981. 429 S.

Fickert, Kurt J.: *Franz Kafka: Life, Work and Criticism.* Fredericton, New Brunswick (Canada): York Pr., 1984. 42 S.

Fiechter, Hans Paul: *Kafkas fiktionaler Raum.* Erlangen: Palm & Enke, 1980. II + 206 S. (Erlanger Studien, Bd. 27).
Rez.: Beatrice Sandberg in: *Germanistik* 23 (1982) S. 170;
Claudine Raboin in: *EG* 37 (1982) S. 89–90.

Fischer, Dagmar: *Der Rätselcharakter der Dichtung Kafkas.* Frankfurt: Lang, 1985.

Flores, Angel (Ed.): *Explain to Me Some Stories of Kafka: "The Judgment", "The Metamorphosis", "A Report to an Academy", "A Hunger-Artist".* New York: Gordian Pr., 1983. 159 S.
Auch in span. Übers. u. d. T.: *Expliquémonos a Kafka.* Mexico City: Siglo Veintiuno, 1983. 214 S.

Frey, Christoph: *Das Subjekt als Objekt der Darstellung. Untersuchungen zur Bewußtseinsgestaltung fiktionalen Erzählens.* Stuttgart: Heinze, 1983. 328 S.

Fronius, Hans: *Kunst zu Kafka.* Einführung: Wolfgang Hilger. Bildtexte: Helmut Strutzmann. Wien: Edition Hilger; Lübeck: Lucifer Verl. im Kunsthaus, 1983. 145 S. Illustr.

Fyhr, Lars: *Att rätt och missförstå … En studie i den svenska introduktionen av Kafka 1918–1945.* Göteborg: Anthropos, 1979. 261 S.
Rez.: Sverker Göransson in: *Samlaren* 101 (1980) S. 141–44.

Glatzer, Nahum N.: *The Loves of Franz Kafka.* New York: Schocken Books, 1986. 82 S.

Goebel, Rolf J.: *Kritik und Revision. Kafkas Rezeption mythologischer, biblischer und historischer Traditionen.* Frankfurt/M., Bern, New York: Peter Lang, 1986. 147 S. (Beiträge zur Literatur u. Literaturwissenschaft des 20. Jhs., Bd. 5).

G[off], P[enrith]: "Franz Kafka." In: *Deutsches Literatur-Lexikon. Biographisch-bibliographisches Handbuch.* 3. Aufl. Hrsg. v. Heinz Rupp u. Carl Ludwig Lang. 8. Bd. Bern u. München: Francke, 1981. Spalte 799–812.

Göhler, Hulda: *Franz Kafka: "Das Schloß." Ansturm gegen die Grenze. Entwurf einer Deutung.* Bonn: Bouvier, 1982. 262 S. (Bonner Arbeiten zur dt. Literatur, Bd. 38).

Rez.: Roman S. Struc in: *Germanistik* 24 (1983) S. 160.

Gruša, Jiří: *Franz Kafka aus Prag.* Frankfurt/M.: S. Fischer, 1983. 125 S. Illustr.

In engl. Übers. v. Eric Mosbacher u. d. T.: *Franz Kafka of Prague.* New York: Schocken Books, 1983. 130 S.

Hackermüller, Rotraut: *Das Leben, das mich stört. Eine Dokumentation zu Kafkas letzten Jahren 1917–1924.* Wien, Berlin: Medusa, 1984. 168 S.

Rez.: haj.: "Franz Kafkas letzte Jahre. Ein Dokumentationsband von Rotraut Hackermüller." In: *Neue Zürcher Zeitung* (20./21. Okt. 1984) Nr. 245. S. 67; Monika Podgorski: "Kafka-Forschung: Außenseiterin wird fündig." In: *Frau* (Wien) (1984) Nr. 49. S. 12–13.

zu: [**Hanlin, Todd C.:** *Franz Kafka. Kunstprobleme.* Bern, Frankfurt/M., Las Vegas: Peter Lang, 1977. 90 S.]

Rez.: George C. Avery in: *Germanistik* 21 (1980) S. 200.

Hayman, Ronald: *Kafka. A Biography of Kafka.* London: Weidenfeld & Nicolson, 1981. XVIII + 349 S. – Auch: New York: 1982.

Rez.: J. J. White in: *New German Studies* 10 (1982) S. 126–27; Peter W. Nutting in: *GQ* 56 (1983) S. 168–70. In dt. Übers. v. Karl A. Klewer, überarbeitet u. d. T.: *Kafka. Sein Leben, seine Welt, sein Werk.* Bern u. München: Scherz, 1983. 399 S.

Henscheid, Eckhard: *"Roßmann, Roßmann ..."* Drei Kafka-Geschichten. Zürich: Haffman, 1982. 275 S.

Herz, Julius M.: (s. Caputo-Mayr).

Hiebel, Hans Helmut: *Die Zeichen des Gesetzes: Recht und Macht bei Franz Kafka.* München: Fink, 1983. 287 S.

Rez.: Waltraud Wiethölter in: *Germanistik* 25 (1984) S. 609–10.

Hoffmann, Werner: *"Ansturm gegen die letzte irdische Grenze." Aphorismen und Spätwerk Kafkas.* Bern, München: Francke, 1984. 280 S.

Horák, Petr: *Kafkas Prag – heute.* Fotos: Hans Walter Glebocki u. Petr Horák. Kassel: Stauda, 1982. 104 S.

zu: [**Hughes, Kenneth (Ed.):** *Franz Kafka: An Anthology of Marxist Criticism.* 1982.]

Rez.: Stanley Corngold in: *GQ* 57 (1984) Nr. 4. S. 521–22.

*Internationale Bibliographie zur Geschichte der deutschen Literatur von den An-
fängen bis zur Gegenwart.* Erarbeitet von deutschen, sowjetischen, bulgari-
schen, jugoslawischen, polnischen, rumänischen, tschechoslowakischen u. ungarischen Wissenschaftlern unter Leitung von Günter Albrecht. Teil 4,2 Zehn-
jahres-Ergänzungsbd., Berichtszeitraum: 1965–1974. Nachträge zum Grund-
werk [s. Bibliogr. S. 14]. München, New York, London, Paris: K. G. Saur,
1984 (C Volk u. Wissen, Berlin). S. 766–74.

Izquierdo, Luis: *Kafka.* Barcelona: Barcanova, 1981. 143 S. Illustr. (El Autor
y obra 14).

Janouch, Gustav: *Gespräche mit Kafka. Aufzeichnungen und Erinnerungen.* Erweiterte Neuausgabe. Frankfurt/M.: Fischer Taschenbuch Verl., 1981. 221 S.

[Kafka-Sammelbde.]:

Türen zur Transzendenz. Internationales Kafka-Symposion vom 11. Dez. in der
Evangelischen Akademie Hofgeismar. Hofgeismar: Evangelische Akademie
von Kurhessen-Waldeck, 1978. 119 S. (Protokoll 139, 1978).

Symposium Kafka: Universitat Haifa. Hrsg. v. Avraham B. Yehoshua. Tel Aviv:
Sifri'at Hapo'alim, 1982.

Franz Kafka: homenaje en su centenario, 1883–1924. Buenos Aires: Universidad de Buenos Aires, Facultad de Filosofía y Letras, Centro de Estudios
Germánicos, 1983. 232 S.

Catalogue of the Kafka Centenary Exhibition 1983. Oxford: Bodleian Library,
1983. 55 S. Illustr.

Franz Kafka. Perspectivas e leituras do universo kafkiano. Comunicações ao
Colóquio do Porto (24.–26. Okt. 1983). Hrsg. von Gonçalo Vilas-Boas u.
Zaida Rocha Ferreira.

*Centenario della nascita di Franz Kafka (1883–1924). Guida alla lettura delle
opere di e su Franz Kafka.* Una selezione di libri reperibili in libreria. Bolza-
no: Assessorato alla istruzione e cultura in lingua italiana, 1984. 14 Blatt.

Franz Kafka e il suo mondo. Saggio critico biografico di Michael Müller. Hrsg.
v. Giuseppe Farese. Pordenone: Studio Tesi, 1984. 210 S.

Le Siècle de Kafka. Kafka: initiateur du XXIe siècle. Paris: Centre Georges
Pompidou (7. Juni – 1. Okt. 1984). 8 S.

Le Siècle de Kafka. Němcová, Avenarius, Masaryk, Kubin, ... Hrsg. v. Yasha David u. Jean-Pierre Morel. Paris: Centre Georges Pompidou, 1984. 294 S.
Illustr.

Kafka-Studien. Roman Karst zu seinem 70. Geburtstag gewidmet. Hrsg. v. Barbara Elling. New York, Bern, Frankfurt/M.: Peter Lang, 1985. 201 S. (New Yorker Studien zur Neueren Deutschen Literaturgeschichte Bd. 5).

Franz Kafka. Vier Referate eines Osloer Symposions. Hrsg. v. John Ole Askedal u. a. Oslo: Germanistisches Institut der Universität Oslo, 1985. (Osloer Beiträge zur Germanistik 10).

Franz Kafka Symposium (14. Dez. 1984). Tôkyô: Österreichische Botschaft in Tôkyô; Institut für die Kultur der deutschsprachigen Länder der Sophia Univ. (Sektion Österreich), 1985? 26 S.

Kessler, Susanne: *Kafka – Poetik der sinnlichen Welt. Strukturen sprachkritischen Erzählens.* Stuttgart: Metzler, 1983. IX + 214 S.

Kienlechner, Sabina: *Negativität der Erkenntnis im Werk Franz Kafkas. Eine Untersuchung zu seinem Denken anhand einiger später Texte.* Tübingen: Niemeyer, 1981. IX + 165 S. (Studien zur dt. Literatur, Bd. 66).
Rez.: Rolf J. Goebel in: *Seminar* 18 (1982) S. 301–02;
Karlheinz Fingerhut in: *Germanistik* 23 (1982) S. 170–71.

Kim, Jeong-Suk: *Franz Kafka. Darstellung und Funktion des Raumes in "Der Prozeß" und "Das Schloß".* Bonn: Bouvier, 1983. 173 S. (Bonner Arbeiten zur dt. Literatur, Bd. 39).
Rez.: Steve Dowden in: *Germanistik* 24 (1983) S. 453–54.

Kittler, Wolf, u. Gerhard Neumann: *Kafkas "Drucke zu Lebzeiten" – Editorische Technik und hermeneutische Entscheidung.* Freiburg i. Br.: Rombach, Dez. 1982. (Sonderdruck aus *Freiburger Universitätsblätter* Nr. 78.)

Kittler, Wolf: *"Der Turmbau zu Babel" und "Das Schweigen der Sirenen": Über den Reden, dem Schweigen, der Stimme und der Schrift in vier Texten von Franz Kafka.* Erlangen: Palm und Enke, 1985. 303 S.

Kraft, Herbert: *Kafka: Wirklichkeit und Perspektive.* Bern: H. Lang, 1983. VIII + 82 S.

–: *Mondheimat – Kafka.* Pfullingen: Neske, 1983. 279 S.

Krolop, Bernd: *Versuch einer Theorie des phantastischen Realismus. E. T. A. Hoffmann und Franz Kafka.* Frankfurt/M., Bern: Lang, 1981. 165 S. (Europäische Hochschulschriften. Reihe 1. Bd. 404).
Rez.: Karlheinz Fingerhut in: *Germanistik* 22 (1981) S. 338–39.

Lemos Morgan, Rodolfo: *El tema del hombre en Franz Kafka.* Ediciones Depal-

ma, 1976. 85 S. (Serie Conducata y Comunicación 7) [Facultad de Psicopeda-
gogía, Universidad del Salvador.]

Levy, Ghyslain, u. Serge Sabinus: *Kafka. Le corps dans la tète.* Paris: Scarabee,
1983. 282 S.

Lunzer, Heinz (Hrsg.): *Franz Kafka. 1883–1924. Katalog zu einer Ausstellung
des Bundesministeriums für Auswärtige Angelegenheiten.* 2. Aufl. Wien: Dokumentationsstelle für neuere österreichische Literatur, 1983. 44 S.

Mecke, Günter: *Franz Kafkas offenbares Geheimnis. Eine Psychopathographie.*
München: Fink, 1982. 201 S.
Rez.: Karlheinz Fingerhut in: *Germanistik* 24 (1983) S. 160–61.

Mueller, Hartmut: *Franz Kafka. Leben – Werk – Wirkung.* Düsseldorf: Econ
Taschenbuch Verl., 1985. 175 S. (Hermes Handlexikon. ETB).

Nagel, Bert: *Kafka und Goethe. Stufen der Wandlung von der Klassik zur Moderne.* Berlin: E. Schmidt, 1977. 306 S.
Rez.: Eric W. Herd in: *Germanistik* 24 (1983) S. 161–62.

– *Kafka und die Weltliteratur: Zusammenhänge und Wechselwirkungen.* München: Winkler 1983. 448 S.

Nemec, Friedrich: *Kafka-Kritik. Die Kunst der Ausweglosigkeit.* München: Fink,
1981. 97 S.

Neumann, Erich: *Franz Kafka: Das Gericht, eine tiefenpsychologische Deutung.*
Basel: S. Karter, 1974.
In ital. Übers. v. Bianca Spagnuolo Vigorita u. d. T.: *Il tribunale: un'interpretazione psi-
cologica del "Processo" di Kafka.* Venezia: Marsilio, 1976. 86 S. (Biblioteca Marsilio.
Le scienze della nuova società: Psicologia analitica 8.)

Neumann, Gerhard: *Franz Kafka: "Das Urteil": Text, Materialien, Kommentar.*
München: Hanser, 1981. 239 S.

Nicolai, Ralf R.: *Kafkas Amerika-Roman "Der Verschollene". Motive und Ge-
stalten.* Würzburg: Königshausen & Neumann, 1981. 272 S.
Rez.: Günter Heintz in: *Germanistik* 23 (1982) S. 172
u. in: *Literatur in Wissenschaft und Unterricht* 15 (1982) S. 323–24;
Patricia Haas Stanley in: *German Studies Review* 6 (1983) Nr. 3. S. 611;
M. Luise Caputo-Mayr in: *GQ* 57 (1984) Nr. 4. S. 677.

Pascal, Roy: *Kafka's Narrators. A Study of His Stories and Sketches.* Cambridge
Univ. Pr., 1982. 251 S.
Rez.: Peter West Nutting in: *GQ* 58 (1985) Nr. 1. S. 140–41.

Pawel, Ernst: *The Nightmare of Reason: A Life of Franz Kafka.* New York: Farrar, Straus & Giroux, 1984. 466 S. – Auch: Viking Paperback, 1986.

Rez. Peter Beicken in: *The Washington Times Magazine* (June 26, 1984) S. 3D u. 10D, u. in: *Aufbau* 40 (Oct. 5, 1984) S. 10.
In dt. Übers. u. d. T.: *Das Leben Franz Kafkas.* München: Hanser, 1986.
Auch in finnischer, holländischer u. schwedischer Übers. 1986.
Auch in frz. Übers. 1987.

Pelletier, Nicole: *Franz Kafka und Robert Walser.* Stuttgart: Heinz, 1985.

Pók, Lajos: *Kafka világa.* Budapest: Európa, 1981. 364 S.

Pütz, Jürgen: *Kafkas "Verschollener" – ein Bildungsroman? Die Sonderstellung von Kafkas Romanfragment "Der Verschollene" in der Tradition des Bildungsromans.* Frankfurt/M., Bern, New York: Peter Lang, 1983.

Rez.: Jürgen Jacobs in: *ZfdPh* 103 (1984) Nr. 2. S. 300–02.

zu: [**Robert, Marthe:** *Seul, comme F. Kafka.* Paris: Calmann-Lévy, 1979.]

Rez.: Juliette Simont in: *Revue d'esthétique* (1980) Nr. 3/4. S. 402–18.
In dt. Übers. v. Eva Michel-Moldenhauer u. d. T.: *Einsam wie Franz Kafka.* Frankfurt/M.: Fischer, 1985. 232 S.

zu: [**Rothe, Wolfgang:** *Kafka in der Kunst.* Stuttgart, Zürich: Belser, 1979. 128 S.]

Rez.: Beatrice Sandberg in: *Germanistik* 24 (1983) S. 865–66.

Schreiber, M.: *"Ihr sollt euch kein Bild ..." Untersuchung zur Denkform der negativen Theologie im Werk Franz Kafkas.* [Bern]: P. Lang, 1985. 236 S. (Studies in German Language and Literature 13).

Sellinger, Beatrice: *Die Unterdrückten als Anti-Helden. Zum Widerstreit kultureller Traditionen in den Erzählwelten Kafkas.* Frankfurt/M., Bern: Lang, 1982. IV + 203 S.

Soldo, Ivan: *Franz Kafka: Offene Lebensform – offene Kunstform.* Frankfurt/M., Bern: Peter Lang, 1984. 225 S. (Europäische Hochschulschriften. Reihe I, Bd. 749).

Stamer, Uwe: *Stundenblätter "Die Verwandlung"/"Das Urteil". Eine Einführung in das erzählerische Werk Kafkas für die Sekundarstufe II.* Stuttgart: Klett, 1981. 74 + 25 S. (Beilage).

Stern, J. P., and J. J. White (Ed.): *Paths and Labyrinths.* Univ. of London, 1986. XII + 159 S. (Publications of the Institute of Germanic Studies, 35).

Tonfoni, Graziella: *Teoria del testo e processi cognitivi: Ipotesi tipologica e* *ipotesi del 'frame' a confronto*. Parma: Zara, 1983. 54 S. (Quaderni di Ricerca Linguistica 2).

Triffitt, Gregory B.: *Kafka's 'Landarzt' Collection. Rhetoric and Interpretation*. Berne, Frankfurt/M.: Peter Lang, 1985. 236 S. (Australian and New Zealand Studies in German Language and Literature 13).

Unseld, Joachim: *Franz Kafka, ein Schriftstellerleben: die Geschichte seiner Veröffentlichungen*. Mit einer Bibliographie sämtlicher Drucke und Ausgaben der Dichtungen Franz Kafkas 1908–24. München, Wien: Hanser, 1982. 316 S.

zu: [**Wagenbach, Klaus**: *Franz Kafka in Selbstzeugnissen und Bilddokumenten.*]

In dän. Übers. v. Torben Bruun. København: Rosenkilde & Bagger, 1978. 208 S. (Portraetserien 2).

Wagenbach, Klaus: *Franz Kafka. Bilder aus seinem Leben*. Berlin: Wagenbach, 1983. 191 S.

In engl. Übers. v. A. S. Wensinger, erweiterte Fassung u. d. T.: *Franz Kafka: Pictures of a Life*. New York: Pantheon (Random House), 1984. 221 S.

Wilt, P.: *Franz Kafka és "A Per"*. Budapest: 1970.

Wydmuch, Marek: *Franz Kafka*. Warszawa: Czytelnik, 1982. 115 S.

Yehoshua, Avraham (Hrsg.): *Symposium Kafka: Universitat Haifa*. Tel Aviv: Sifri'at Ha-po'alim, 1982.

Zimmermann, Hans Dieter: *Der babylonische Dolmetscher. Zu Franz Kafka und Robert Walser*. Frankfurt/M.: Suhrkamp, 1985. 330 S. (edition suhrkamp 1316. Neue Folge Bd. 316).

II. DISSERTATIONEN

Beling, Klaus: Fernsehspiel und epische Vorlage. Probleme der Adaption, dargestellt am Beispiel der Bearbeitung und Realisation von Kafkas "Amerika". Diss. Univ. Mainz, 1976. 175 S.

Bizám, Lenke: Dickens és Kafka egynemüsítése a modern kritikában. Diss. Budapest, 1968.

Bonner-Hummel, Marie-Luise: The Problem of the Artist in Franz Kafka's Short Stories. Diss. Univ. of California, Berkeley, 1979. 267 S.

Dornemann, Axel: Das bürokratische Labyrinth in Tolstojs "Auferstehung" und Kafkas "Schloß". Diss. Univ. Heidelberg, 1981.

Fehlmann, Ralph: Geschichtlichkeit und Widerstand. Die Dialektik der Aufklärung im Erzählwerk Franz Kafkas. Diss. Univ. Zürich, 1981. 429 S.

Fiechter, Hans Paul: Raum im Werk Franz Kafkas. Diss. Univ. Kassel, 1980. II + 206 S.

Fleischmann-Sellinger, Beatrix: Die Unterdrückten als Anti-Helden. Zum Widerstreit kultureller Traditionen in den Erzählwelten Kafkas. Diss. Univ. Salzburg, 1981. 199 S.

Gray, Richard Terrence: Aphorism and Met-aphorism: The Aphoristic Tradition and the Aphorisms of Franz Kafka. Diss. Univ. Virginia, 1981. 401 S.

Hamm, Christian: Textinterpretation und ästhetische Erfahrung. Zu den Möglichkeiten und Grenzen eines "realistischen" Umgangs mit Franz Kafka. Diss. Univ. Hamburg, 1980. IV + 265 S.

Hebell, Claus: Rechtstheoretische und geistesgeschichtliche Voraussetzungen für das Werk Franz Kafkas, analysiert an dem Roman "Der Prozeß". Diss. Univ. München, 1981. III + 315 S.

Johae, A.: In Two Minds: A Study of Dream and Symbolism in Dostoevsky and Kafka. Diss. Univ. Essex, 1980.

Kessler, Susanne: Sprachkritik und Erzählstruktur. Studien zu Kafkas Poetik. Diss. Univ. München, 1982.

Kienlechner, Sabina: Negativität der Erkenntnis im Werk Franz Kafkas. Eine Untersuchung zu seinem Denken anhand einiger später Texte. Diss. Univ. Freiburg i. Br., 1978.

Krolop, Bernd: Versuch einer Theorie des phantastischen Realismus. E. T. A. Hoffmann und Franz Kafka. Diss. Univ. Düsseldorf, 1981?

Lagreid, Sissel: Ambivalenz als Gestaltungsprinzip. Eine Untersuchung der Querverbindungen zwischen Kafkas "Prozeß" und Dostojewskis "Schuld und Sühne". Bergen: Deutsches Institut der Univ. Bergen, 1980.

Lasine, Stuart: Sight, Body and Motion in Plato and Kafka. A Study of Projective and Topological Experience. Diss. Univ. of Wisconsin, 1977. 724 S.

Sampson, M.: The Discovery of Kafka: A Sociological Interpretation of the Response to the Work of Franz Kafka in France Following the Second World War. Diss. Univ. Sussex, 1978.

Schaerer, Peter: Zur psychischen Strategie des schwachen Helden. Italo Svevo im Vergleich mit Kafka, Broch und Musil. Diss. Univ. Zürich, 1978. 260 S.

Schusser, Hannes: Studien zu Kafkas Darstellungskunst unter besonderer Berücksichtigung der Sprache und Thematik. Diplomarbeit Univ. Klagenfurt, 1982. 101 S.

Steffan, Jürgen: Darstellung und Wahrnehmung der Wirklichkeit in Franz Kafkas Romanen. Diss. Univ. Erlangen-Nürnberg, 1976.

Stroud, Roland Ray: A Gestalt Approach to Three Novels of Alienation: Kafka's "Das Schloß", Beckett's "Watt", and Camus's "L'Etranger". Diss. Univ. of Southern Mississippi, 1980. 164 S.

Suk, Zong Han: Die Erzähler Franz Kafka und Rhi Sang. Ein Vergleich. Diss. Univ. Salzburg, 1977. 260 S.

Unseld, Joachim: Franz Kafka, die Geschichte seiner Publikationen. Diss. Freie Univ. Berlin (West) 1981.

Weeks, Charles Andrew: Bartleby's Descendants: The Theme of the White-Collar Worker in Modern Life. Diss. Univ. of Illinois at Urbana/Champaign, 1979.

Westermann Asher, Evelyn: Urteil ohne Richter. Die psychische Integration oder die Entfaltung des Charakters im Werke Franz Kafkas. Diss. Univ. of California, Berkeley, 1980. 202 S.

III. ARTIKEL, BUCHKAPITEL UND ÄHNLICHES

Abraham, Ulf: "Mose 'Vor dem Gesetz': Eine unbekannte Vorlage zu Kafkas 'Türhüterlegende'." In: *DVjs* 57 (1983) S. 636–50.

Abraham, Werner: "Zur literarischen Analysediskussion. Kritisches und Konstruktives anhand dreier Kafka-Erzählungen." In: *Grundfragen der Textwissenschaft* (1979) S. 131–72.

Aichinger, Ilse: "Die Zumutung des Atmens." In: *Literatur und Kritik* 18 (1983) S. 419–22.
Auch u. d. T.: "Die Zumutung des Atmens. Zu Franz Kafka." In: *Neue Rundschau* 94 (1983) Nr. 2. S. 59–63.
Auch in: *"Franz Kafka. 1883–1924,"* *Katalog zu einer Ausstellung des Bundesministeriums für Auswärtige Angelegenheiten.* Hrsg. v. Heinz Lunzer. 2.

Aufl. Wien: Dokumentationsstelle für neuere österreichische Literatur, 1983.
S. 6–9.

Aizenberg, Edna: "Kafka, Borges and Contemporary Latin-American Fiction."
In: *Newsletter of the Kafka Society of America* 6 (1982) S. 4–13.

— In: The Aleph Weaver: *Biblical, Kabbalistic and Judaic Elements in Borges.*
Potomac (Maryland): Scripta Humanistica, 1985.

Albright, Daniel: "Kafka." In: D. A.: *Representation and the Imagination.*
Beckett, Kafka, Nabokov, and Schoenberg. Chicago, London: Univ. of Chicago Pr., 1981. S. 95–149 u. 211–13.

Allemann, Beda: "Franz Kafka – Hermann Hesse – Thomas Mann. Zur Geschichte der Kafka-Rezeption." In: *Zur Geschichtlichkeit der Moderne. Der Begriff der literarischen Moderne in Theorie und Deutung.* Ulrich Fülleborn zum 60. Geburtstag. Hrsg. v. Theo Elm u. Gerd Hemmerich. München: Fink, 1982. S. 259–69.

Allerhand, Jacob: "Identità ebraica in Kafka." In: *Annali. Istituto Universitario Orientale, Napoli. Studi Tedeschi* 24 (1981) S. 387–404.

Anderson, Mark: "Kafka and Sacher-Masoch." In: *Journal of the Kafka Society of America* 7 (1983) Nr. 2. S. 4–19.

— "Kafka's Unsigned Letters: A Reinterpretation of the Correspondence with Milena". In: *MLN* 98 (1983) S. 384–98.

anon.: "Franz Kafka." In: *Monatshefte* 73 (1981) Nr. 1.

anon.: "Franz Kafka 1883–1983." In: *Neue Rundschau* 94 (1983) Nr. 2.

anon.: "An Affinity of Frustration." In: *TLS* (March 6, 1981).

anon.: "Erste Resonanz. Eine Dokumentation." In: *Neudrucke deutscher Literaturwerke* 31 (1983) Nr. 6. S. 123–38.

Anz, Heinrich: "Umwege zum Tode: Zur Stellung der Psychoanalyse im Werk Franz Kafkas." In: *Text und Kontext* 10 (1981) S. 211–30.
Auch in: *Literatur und Psychoanalyse. Vorträge des Kolloquiums am 6. und 7. Oktober 1980.* Hrsg. v. Klaus Bohnen u. a. Kopenhagen, München: Fink, 1981. S. 211–30. (Kopenhagener Kolloquien zur dt. Literatur, Bd. 3).

Aoyama, Takao: ["Abweisung im 'Prozeß' von Franz Kafka."] In: *Doitsu Bungaku* (?) (1973) Nr. 17. S. 38–54.

Arbuckle, Donald, and James B. Misenheimer, Jr.: "Personal Failure in 'The Egg' and 'A Hunger Artist'." In: *The Winesburg Eagle* 8 (1983) Nr. 2. S. 1–3.

Arie-Gaifman, Hana: "The Judgment: A New Perspective on the Milena-Kafka Relationship." In: *Crosscurrents* (1983) S. 159–67.

Asher, Evelyn Westermann: "Urteil ohne Richter: Die psychische Integration oder die Entfaltung des Charakters im Werke Franz Kafkas." In: *DAI* 42 (1981) S. 232A.

Avneri, Sheraga: "Al ha-Te'una she-Shma l-Vada'ut." In: *Moznayim* 52 (1981) Nr. 3. S. 205–10.

Bachmann, Ingeborg: "Franz Kafka: 'Amerika' ['Der Verschollene'] (1953)." In: I. B.: *Die Wahrheit ist dem Menschen zumutbar.* 1981. S. 116–22.

Bak, Huan-dok: ["Über Kafkas Erzählung 'Die Verwandlung'. Dt. Zusammenf."] In: *Koreanische Zeitschrift für Germanistik* (1980) Nr. 25. S. 51–71.

— ["Die Bedeutung der Verhaftung bzw. der Gerichtsszene in Kafkas Werk 'Der Prozeß'."] In: *Koreanische Zeitschrift für Germanistik* (1981) Nr. 26. S. 46–69.

Band, Arnold J.: "Kafka and the Beiliss Affair." In: *Comparative Literature* 32 (1980) S. 168–83.

Bänziger, Hans: *Schloß – Haus – Bau. Studien zu einem literarischen Motivkomplex von der deutschen Klassik bis zur Moderne.* Bern, München: Francke, 1983.

Bartels, Martin: "Der Kampf um den Freund. Die psychoanalytische Sinneinheit in Kafkas Erzählung 'Das Urteil'." In: *DVjs* 56 (1982) S. 225–58.

Bartmann, Susanna: "Die/A/Log: Fragmentary Discourses on Subjects of Death and Writing." In: *Cream City Review* (Univ. of Wisconsin-Milwaukee) 7 (1981) Nr. 1. S. 8–34.

Bassoff, Bruce: "Kafka's *The Trial.*" In: *Explicator* 41 (1983) Nr. 4. S. 38–40.

Bastian, Katherina: *Joyce Carol Oates's Short Stories between Tradition and Innovation.* Bern: Peter Lang, 1983. (Neue Studien zur Anglistik u. Amerikanistik, Nr.26.)

Baumann, Gerhart: "Schreiben, – der endlose Prozeß im Tagebuch von Franz Kafka." In: *EG* 39 (1984) S. 163–74.

Beck, Evelyn Torton: "Kafka's Traffic in Women: Gender, Power and Sexuality." In: *Newsletter of the Kafka Society of America* 5 (1981) Nr. 1. S. 3—14. Auch in: *Literary Review* 26 (1983) Nr. 4. S. 565—76.

Beicken, Peter: "Kafka und die literarischen Folgen." In: *Newsletter of the Kafka Society of America* 4 (1980) Nr. 2. S. 3—8.

— "Starker Knochenbau. Zur Figur der Proletarierin bei Kafka." In: *Preis der Vernunft: Literatur und Kunst zwischen Aufklärung, Widerstand und Anpassung.* Festschrift für Walter Huder. Hrsg. v. Klaus Siebenhaar u. Hermann Haarmann. Berlin: Medusa, 1982. S. 51—65.

— "Kafkas 'Prozeß' und seine Richter. Zur Debatte Brecht-Benjamin und Benjamin-Scholem." In: *Probleme der Moderne. Studien zur deutschen Literatur von Nietzsche bis Brecht.* Hrsg. v. Benjamin Bennett, Anton Kaes u. William Lillyman. Tübingen: Niemeyer, 1983. S. 343—68.

— (Ed.): "Jorge Luis Borges: Kafka: The Writer's Writer. Conversation with a Writer. Introduction by Alastair Reid." In: *Journal of the Kafka Society of America* 7 (1983) Nr. 2. S. 20—27.

— "Der Geist von Hamlets Vater: Kafka und Shakespeare." In: *Kafka-Studien.* Hrsg. v. Barbara Elling. New York: P. Lang, 1985. S. 17—40.

— "Franz Kafka and Anglo-American Literature: A Personal View." In: *GR* 60 (1985) Nr. 2. S. 48—58.

Berman, Russell A.: "Producing the Reader: Kafka and the Modernist Organization of Reception." In: *Newsletter of the Kafka Society of America* 6 (1982) S. 14—18.

Bernheimer, Charles: "Grammacentricity and Modernism." In: *Mosaic* 11 (1977/78) Nr. 1. S. 103—16.

— "Crossing Over: Kafka's Metatextual Parable." In: *MLN* 95 (1980) S. 1254—68.

— "Briefe an einen Freund in der Ferne: Kafkas 'Urteil', eine strukturale Deutung." In: *Psychoanalyse und das Unheimliche. Essays aus der amerikanischen Literaturkritik.* Hrsg. v. Claire Kahane. Übers. aus dem Engl. v. Ronald Hauser. Bonn: Bouvier, 1981. S. 173—99. (Modern German Studies, Vol. 4).

— "Watt's in 'The Castle': The Aporetic Quest in Kafka and Beckett." In: *Newsletter of the Kafka Society of America* 6 (1982) S. 19—24.

641

Bernstein, J. M.: In: *The Philosophy of the Novel: Lukács, Marxism, and the Dialectics of Form.* Univ. of Minnesota Pr., 1984.

Bernstein, Richard: "A Voyage through Kafka's Ambiguities." In: *New York Times* (May 2, 1983).

Bertacchini, Renato: "Buzzati e Kafka." In: *Idea* 9 (1957) Nr. 47.

Bertelsmann, Richard: "Das verschleiernde Deuten: Kommunikation in Kafkas Erzählung 'Das Schweigen der Sirenen'." In: *Acta Germanica* 15 (1982) S. 63–75.

Bieńkowski, Zbigniew: "Kafka, pikło metafizyki." In: *Twórczość* (1958) Nr. 1. S. 79–96.

Billig, Witold: "Kafka Franc: 'Proces'." In: *Antena* (1957) Nr. 5. S. 23–24.

Binder, Hartmut: "Nicht nur Fortschritte. Neue Kafka Literatur." In: *Neue Zürcher Zeitung* Nr. 37 (14./15. Febr. 1981) S. 67–68.

– "Die Rückverwandlung des Gregor Samsa. Karl Brand und Franz Kafka." In: *Neue Zürcher Zeitung* 138 (19. Juni 1981) S. 41–42.
In ital. Übers. v. Walter Chiarini u. d. T.: "'La contrometamorfosi di Gregor Samsa'. Karl Brand e Franz Kafka." In: *Annali. Istituto Universitario Orientale, Napoli. Studi Tedeschi* 24 (1981) S. 405–21.

– "Unvergebene Schlamperei. Ein unbekannter Brief Franz Kafkas." In: *JDSG* 25 (1981) S. 133–38.

– "Metamorphosen: Kafkas 'Verwandlung' im Werk anderer Schriftsteller." In: *Probleme der Moderne: Studien zur deutschen Literatur von Nietzsche bis Brecht.* Hrsg. v. Benjamin Bennett u. a. Tübingen: Niemeyer, 1983. S. 247–305.

– "Schüler in Prag. Franz Kafka im Spiegel seiner Zeugnisse." In: *Neue Zürcher Zeitung* (20./21. Okt. 1984) Nr. 245. S. 67–68.

– "Anschauung ersehnten Lebens. Kafkas Verständnis bildender Künstler und ihrer Werke." In: *Was bleibt von Franz Kafka? Positionsbestimmung/Kafka-Symposion, Wien 1983.* Hrsg. v. Wendelin Schmidt-Dengler. Wien: Braumüller, 1985. S. 17–42.

– "Szenengefüge. Eine Formbetrachtung zu Kafkas 'Verwandlung'." In: *Franz Kafka: Vier Referate eines Osloer Symposions.* Hrsg. v. John Ole Askedal u. a. Oslo: Germanistisches Institut der Universität Oslo, 1985. (Osloer Beiträge zur Germanistik 10). S. 2–64.

- "Prag, Hotel Europa. Eine bisher unbeachtet gebliebene Kafka-Stätte." In: *Stuttgarter Zeitung* (8. Jan. 1986) S. 23.

- "Vergeßt Wossek! Zum letztenmal: Wo liegt Kafkas Schloß?" In: *Neue Zürcher Zeitung* (17. Jan. 1986) Nr. 13. S. 40.

Blanchot, Maurice: In: *The Sirens' Song: Selected Essays.* Ed.: Gabriel Josipovici. Indiana Univ. Pr., 1982.

Blos, Peter: In: *Fun and Father. Before and Beyond the Oedipus-Complex.* New York: Free Pr. (Macmillan), 1985.

Bock, Sigrid: "Anna Seghers liest Kafka." In: *WB* 30 (1984) S. 900–15.

Boies, Jack J.: In: *The Lost Domain: Avatars of the Earthly Paradise in Western Literature.* Univ. Pr. of America, 1983.

Borcherding, Gerhart, u. a.: "Leistungskurs Literatur: Kafkas 'Prozeß' – Werk, Wirkung, Wertung." In: *Diskussion Deutsch* 10 (1979) S. 617–47.

Borges, Jorge Luis: "On the occasion of the Kafka Centennial celebration." In: *Journal of the Kafka Society of America* 7 (1983) Nr. 2. S. 3.

Born, Jürgen: "Kafkas Roman 'Der Prozeß': Das Janusgesicht einer Dichtung." In: *Was bleibt von Franz Kafka? Positionsbestimmung / Kafka-Symposion, Wien 1983.* Hrsg. v. Wendelin Schmidt-Dengler. Wien: Braumüller, 1985. S. 63–78.

- "Leben und Werk im Blickfeld der Deutung: Überlegungen zur Kafka-Interpretation." In: *Kafka-Studien.* Hrsg. v. Barbara Elling. New York: P. Lang, 1985. S. 41–62.

- u. **Michael Müller**: "Kafkas Briefe an Milena. Ihre Datierung." In: *JDSG* 25 (1981) S. 509–24.

Bornmann, Bianca Maria: "Il motivo dell'orientamento in Kafka." In: *Annali. Istituto Universitario Orientale, Napoli. Studi Tedeschi* 24 (1981) S. 343–56.

Boulby, Mark: "Kafka's End: A Reassessment of 'The Burrow'." In: *GQ* 55 (1982) S. 175–85.

Brancato, John J.: "Kafka's 'A Country Doctor': A Tale for Our Time." In: *Studies in Short Fiction* 15 (1978) Nr. 2. S. 173–76.

Bridgwater, Patrick: "Rotpeters Ahnherren, oder: Der gelehrte Affe in der deutschen Dichtung." In: *DVjs* 56 (1982) S. 447–62.

Brod, Leo: "Erinnerungen an Franz Kafka." In: *Deutsche Studien* 18 (1980) S. 83–88.

– "Erinnerungen an Gustav Janouch (1903–1968)." In: *Neue Deutsche Hefte* 27 (1980) S. 523–25.

Brod, Max: "Die Zwanziger Jahre in Prag." In: *Magnum* (1961) Nr. 25. S. 54.

Brodzki, Bella P.: "Deceptive Revelation: The Parable in Agnon, Kafka, Borges." In: *DAI* 41 (1980/81) S. 5089A.

Brown, Calvin S.: "Similar Opposites: Kafka and [Thomas] Mann." In: *Sewanee Review* 90 (1982) S. 583–89.

Bruffee, Kenneth A.: "Über Kafka". In: *Elegiac Romance: Cultural Change and Loss of the Hero in Modern Fiction.* Ithaca: Cornell Univ. Pr., 1983.

Brun, Jacques: "La figure du père dans deux nouvelles de Kafka: 'Le Verdict' et 'La Métamorphose'." In: *Les Langues Modernes* 75 (1981) S. 415–29.

Canetti, Elias: *Hebel und Kafka.* [Rede bei der Verleihung des Johann-Peter-Hebel-Preises am 10.5.] München: Hanser, 1980. 16 S.

– "Dank." In: *Literatur und Kritik* 16 (1981) S. 579.
Auch in: *Franz Kafka. 1883–1924. Katalog zu einer Ausstellung des Bundesministeriums für Auswärtige Angelegenheiten.* Hrsg. v. Heinz Lunzer. 2. Aufl. Wien: Dokumentationsstelle für neuere österreichische Literatur, 1983. S. 5.

Canning, Peter M.: "Kafka's Hierogram: The Trauma of the 'Landarzt'." In: *GQ* 57 (1984) S. 197–212.

Caughie, Pamela L.: "The Death of Kafka: The Birth of Writing." In: *Newsletter of the Kafka Society of America* 5 (1981) Nr. 2. S. 3–22.

Černé, Jana: "Kafka's Milena as Remembered by Her Daughter Jana." In: *Cross Currents: A Yearbook of Central European Culture* (1982) S. 267–88.

Cersowsky, Peter: "Phantastische Literatur im ersten Viertel des 20. Jahrhunderts: Kafka, Kubin, Meyrink." In: *Schlesien* 28 (1983) S. 239–42.

Chargaff, Erwin: "Kafka: Raum ohne Tür." In: E. C.: *Warnungstafeln. Die Vergangenheit spricht zur Gegenwart.* Stuttgart: Klett-Cotta, 1982. S. 211–33.

Chatman, Seymour: "On the Notion of Theme in Narrative." In: *Essays on*

Aesthetics: Perspectives on the Work of Monroe C. Beardsley. Ed.: John Fisher. Philadelphia: Temple Univ. Pr., 1983. S. 161–79.

Church, Margaret: In: *Structure and Theme: Don Quixote to James Joyce.* Ohio State Univ. Pr., 1983.

Coates, Paul: In: *The Realist Fantasy: Fiction and Reality Since Clarissa.* New York: St. Martin's Pr., 1984.

Cobbs, Alfred L.: "Teaching Kafka's 'Verwandlung' on the Intermediate Level." In: *Unterrichtspraxis* 13 (1980) S. 166–69.

Coetzee, J. M.: "Time, Tense and Aspect in Kafka's 'The Burrow'." In: *MLN* 96 (1981) S. 556–79.

Cohen, Arthur A.: "Kafka's Prague." In: *Partisan Review* 48 (1980) S. 552–63.

Corngold, Stanley: "Metaphor and Chiasmus in Kafka." In: *Newsletter of the Kafka Society of America* 5 (1981) Nr. 2. S. 23–31.

– "Kafka's Double Helix." In: *Literary Review* 26 (1983) Nr. 4. S. 521–36.

– "Kafka's 'The Judgment' and Modern Rhetorical Theory." In: *Newsletter of the Kafka Society of America* 7 (1983) Nr. 1. S. 15–21.

Corona, Laurel Ann Weeks: "Man into Beast: The Theme of Transformation in American and European Fiction from the 1860s to the 1920s." In: *DAI* 44 (1983) S. 161A.

Csicsery-Ronay, Istvan, Jr.: "Kafka and Science Fiction." In: *Newsletter of the Kafka Society of America* 7 (1983) Nr. 1. S. 5–14.

Cushman, Keith: "Looking at Philip Roth Looking at Kafka." In: *Yiddish* 4 (1982) Nr. 4. S. 12–31.

Danès, Jean-Pierre: "Situation de la littérature allemande à Prague à l'époque de Kafka." In: *EG* 39 (1984) S. 119–39.

Dangelmayr, Siegfried: "Thema 'Menschsein' im Spätwerk Franz Kafkas." In: *Im Gespräch: der Mensch. Ein interdisziplinärer Dialog.* Joseph Möller zum 65. Geburtstag. Hrsg. v. Heribert Gauly u. a. Düsseldorf: Patmos, 1981. S. 102–16.

Davey, E. R.: "The Journey's End – A Study of Franz Kafka's Prose Poem 'Nachts'." In: *GR* 59 (1984) S. 32–38.

David, Claude: "Die Geschichte Abrahams: Zu Kafkas Auseinandersetzung mit Kierkegaard." In: *Bild und Gedanke:* Festschrift für Gerhart Baumann zum 60. Geburtstag. Hrsg. v. Günter Schnitzler, Gerhard Neumann u. Jürgen Schröder. München: Fink, 1980. S. 79–90.

De Angelis, Enrico: "La liberazione e la legge. Kafka e l' 'antiedipo'." In: *Annali. Istituto Universitario Orientale, Napoli. Studi Tedeschi* 24 (1981) S. 375–85.

Deleuze, Gilles, and Felix Guattari: "What is a Minor Literature?" In: *Mississippi Review* 11 (1983) Nr. 3. S. 13–33.

Demetz, Peter: "Kafka-Lesern ist Ruhe nicht gegönnt: Die Forschung über sein Werk kennt keine Krise. Überlegungen zu Handbüchern, Dokumentationen und Monographien." In: *Frankfurter Allgemeine Zeitung* (30. Apr. 1982) Nr. 100. Bilder und Zeiten.

Detsch, Richard: "From Delusion to Beyond in Kafka's Parables." In: *Platte Valley Review* 9 (1981) Nr. 1. S. 48–65.

– "Delusion in Kafka's Parables 'Vor dem Gesetz', 'Das Schweigen der Sirenen' and 'Von den Gleichnissen': A Hermeneutical Approach." In: *MAL* 14 (1981) Nr. 1–2. S. 12–23.

Dettmering, Peter: "Ambivalenz und Ambitendenz in der Dichtung Franz Kafkas." In: P. D.: *Psychoanalyse als Instrument der Literaturwissenschaft.* Frankfurt/M.: Fachbuchhandlung für Psychologie, 1981. S. 59–67.

– "Aspekte der Spaltung in der Dichtung Kafkas." In: *Literaturpsychologische Studien und Analysen.* Hrsg. v. Walter Schönau. Amsterdam: Rodopi, 1983. S. 205–20.

Diersch, Manfred: "Franz Kafka zum hundertsten Geburtstag." In: *German Studies in India* 7 (1983) S. 77–82.

Dischner, Gisela: "Josef K. kontra Kafka. Zu den Figuren in den Romanen." In: G. D.: *Über die Unverständlichkeit. Aufsätze zur neuen Dichtung.* Hildesheim: Gerstenberg, 1982. S. 123–46.

Dittkrist, J.: "Vergleichende Untersuchungen zu Heinrich von Kleist und Franz Kafka." In: *DAI* 42 (1981) Nr. 3. S. 3072C.

Docherty, Thomas: In: *Reading (Absent) Character: Towards a Theory of Characterization in Fiction.* Clarendon Pr. / Oxford Univ. Pr., 1983.

Dodd, W. J.: "Dostoyevskian Elements in Kafka's 'Penal Colony'." In: *GLL* 37 (1983) Nr. 1. S. 11–23.

646

Doležel, Lubomír: "Intensional Function, Invisible Worlds, and Franz Kafka." In: *Style* 17 (1983) S. 120–41.

Doty, William G.: "Parables of Jesus, Kafka, Borges, and Others, With Structural Observations." In: *Semeia* 2 (1974) S. 152–93.

Drescher, Klaus-Jürgen, Günter Fell, u. Franz Funnekötter: "Kafka für Maurer?" In: *Diskussion Deutsch* 10 (1979) S. 647–59.

Dresler, Jaroslav: "Kafkas Milena – Legende und Wirklichkeit." In: *Arena* (Jan. 1962).

Dürsson, Werner: "Franz Kafka und das Gedicht von der Säge." In: *Kerner Mitteilungen* 14 (1977) S. 9–21.

Dyck, J. W.: "Kleist – Kafka: Instinkt der Verwandtschaft." In: *Literatur als Dialog* (1979) S. 435–52.

Eckert, Willehad Paul: "Kafka im Kloster." In: *Emuna* (1978) Nr. 2. S. 14–15.

Ehrlich-Haefeli, Verena: "Funktionsweisen der Negation bei Kafka." In: *Akten des 6. Internationalen Germanisten-Kongresses.* 1980. Nr. 2. S. 282–90.

Engel, Peter: "Ernst Weiß und Franz Kafka. Neue Aspekte zu ihrer Beziehung." In: *Text und Kritik* 76 (1982) S. 67–78.

— "'Erholen werde ich mich hier gar nicht.' Kafkas Reise ins dänische Ostseebad Marielyst." In: *Freibeuter* (1983) Nr. 16. S. 60–66.

Fenn, Bernard: "Einige Frauengestalten bei Kafka." In: *German Studies in India* 7 (1983) S. 97–104.

Fiedler, Leonhard M.: "Zwischen 'Wahrheit' und 'Methode': Kafka-Rede in Mainz." In: *Neue Rundschau* 94 (1983) Nr. 4. S. 184–204.

Fingerhut, Karlheinz: "Drei erwachsene Söhne Kafkas. Zur produktiven Kafka-Rezeption bei Martin Walser, Peter Weiß und Peter Handke." In: *Wirkendes Wort* 30 (1980) S. 384–403.

— "Text – Kontext – Rezeption. Historisches Verstehen im Literaturunterricht. Erörtert am Beispiel eines Arbeitsprojekts zu Franz Kafkas Erzählungen der Jahre 1912–1914." In: *Jahrbuch der Deutschdidaktik 1978–1980* (1981) S. 114–35.

— "Die Verwandlungen Kafkas: Zum Stellenwert der politischen Rezeption Kafkas bei Autoren der Gegenwart." In: *Rezeptionspragmatik: Beiträge zur Praxis des Lesens.* Hrsg. v. Gerhard Köpf. München: Fink, 1981. S. 167–200.

— "Franz Kafka: 'Der Prozeß'." In: *Deutsche Romane von Grimmelshausen bis Walser. Interpretationen für den Literaturunterricht.* Hrsg. v. Jakob Lehmann. Königstein/Ts.: Scriptor, 1982. S. 143–76.

— "Zwischen 'Beobachtern' und 'Mitspielern'. Neuere fachdidaktische Konzepte zum Schulklassiker Kafka." In: *Diskussion Deutsch* 14 (1983) S. 356–70.

— "Hommages à Kafka. Schriftsteller der Gegenwart (er)finden ihren Kafka." In: *Diskussion Deutsch* 14 (1983) S. 445–58.

Fischer, Wolfgang Georg: "Kafka ohne Welt." In: *Literatur und Kritik* 16 (1981) Nr. 159. S. 545–49.

Fitzbauer, Erich: "Franz Kafkas letzte Tage." In: *Kulturberichte aus Niederösterreich* (1959) S. 44.

Fliedl, Konstanze: "Das Ende der Ausweglosigkeit? Kafka für die Schule." In: *Informationen zur Deutschdidaktik* 7 (1982) S. 46–47.

Flores, Angel: "Biography." In: *Explain to Me Some Stories of Kafka.* Ed. Angel Flores. New York: Gordian Pr., 1983. S. 9–22.

Flores, Kate: "'The Judgment'. Explanation." In: *Explain to Me Some Stories of Kafka.* Ed. Angel Flores. New York: Gordian Pr., 1983. S. 34–53.

Franzoi Deldot, Maria Rosa: "Kafka: Nel labirinto del processo seguendo il mormorio della somiglianza." In: *Cristallo* 23 (1981) Nr. 2. S. 59–66.

Freedman, Ralph: "Franz Kafka: The Revival of Biography of Modern Literature." In: *Newsletter of the Kafka Society of America* 7 (1983) Nr. 1. S. 22–29.

Frey, Christoph: "Franz Kafkas 'Das Urteil'." In: C. F.: *Das Subjekt als Objekt der Darstellung. Untersuchungen zur Bewußtseinsgestaltung fiktionalen Erzählens.* Stuttgart: Heinz, 1983. S. 250–309.

Frey, Eberhard: "Franz Kafka's Style: Impressionistic and Statistical Methods of Analysis." In: *Language and Style* 14 (Winter 1981) Nr. 1. S. 53–63.

Frey, Eleonore: "Erzählen als Lebensform. Zu Kafkas Erzählung 'Der Aufbruch'." In: *Sprachkunst* 13 (1982) S. 83–96.

Fricke, Harald: "Wie soll man über Kafka reden? 7 Thesen zum Umgang mit

Literatur, erläutert an Franz Kafkas Erzählung 'Ein Hungerkünstler'." In: *Anstöße* 26 (1979) S. 17–23.

Frye, Lawrence O.: "Word Play: Irony's Way to Freedom in Kafka's 'Ein Bericht für eine Akademie'." In: *DVjs* 55 (1981) S. 457–75.

G., Al.: "Biblioteka Franca Kafki." In: *Novoje Russkoje Slovo* (New York, 20. Jan. 1983) S. 5.

Galle, Roland: "Angstbildung im historischen Wandel von literarischer Erfahrung." In: *Neohelicon* 8 (1981) Nr. 2. S. 43–61.
Auch in: *Psychoanalytische Literaturwissenschaft und Literatursoziologie. Akten der Sektion 17 des Romanistentages 1979 in Saarbrücken.* Hrsg. v. Henning Krauß u. Reinhold Wolff. Frankfurt/M., Bern: Lang, 1982. S. 105–16.
Auch in: *Actes du IXe Congrès de l'Association Internationale de Littérature Comparée Innsbruck 1979.* Bd. 2. Hrsg. v. Zoran Konstantinović u. a. Innsbruck: Verl. des Instituts für Sprachwissenschaft der Univ. Innsbruck, 1980/81. S. 83–93.

Gandelman, Claude: "L'écrivain du XXième siècle comme dessinateur." In: *Proceedings of the 8th Congress of the International Comparative Literature Association. Budapest 1976.* Bd. 1. Ed. Béla Köpeczi et al. Stuttgart: Kunst und Wissen, 1980. S. 881–86.

zu: [**Garaudy, Roger**: *D'un réalisme sans rivages. Picasso. Saint-John Perse. Kafka.* 1963.]
In dt. Übers. v. Eva Alexandrowicz u. d. T.: *Für einen Realismus ohne Scheuklappen. Picasso. Saint-John Perse. Kafka.* Wien, München, Zürich: Europaverl., 1981. 207 S.

Gardner, Martin: In: *Order and Surprise.* Prometheus Books, 1983.

Garrison, Joseph M.: "Getting into the Cage: A Note on Kafka's 'A Hunger Artist'." In: *International Fiction Review* 8 (1981) Nr. 1. S. 61–63.

Gebhard, Walter: "Franz Kafka: 'Das Urteil'." In: *Deutsche Novellen von Goethe bis Walser.* Bd. 2. Hrsg. v. Jakob Lehmann. Königstein/Ts.: Scriptor, 1980. S. 125–60.

Gelus, Marjorie: "Notes on Kafka's 'Der Bau': Problems with Reality." In: *Colloquia Germanica* 15 (1982) Nr. 1–2. S. 98–110.

Gibian, George (Ed.): "Refugees from Hitler in Czechoslovakia, 1937–1939." In: *Crosscurrents* (1983) S. 182–94.

Glaser, H. Albert: "L'animale e la sua tana. Considerazioni sul racconto incompiuto di Kafka." In: *Annali. Istituto Universitario Orientale, Napoli. Studi Tedeschi* 24 (1981) S. 445–63.

Glatzer, Nahum N.: "A Few Recollections of the Schocken Verlag and Schocken Books in Connection with Franz Kafka." In: *Journal of the Kafka Society of America* 7 (1983) Nr. 2. S. 28–30.

Goebel, Rolf J.: "Kafkas Mythenrezeption: Kritik und Revision." In: *DAI* 43 (Feb. 1983) Nr. 8. S. 2687A.

– "Kobo Abe: Japan's Kafka." In: *Newsletter of the Kafka Society of America* 7 (1983) Nr. 1. S. 30–40.

– "Selbstauflösung der Mythologie in Kafkas Kurzprosa." In: *Kafka Studien*. Hrsg. v. Barbara Elling. New York: P. Lang, 1985. S. 63–80.

Goeppert, Herma C.: "Sinn, Bedeutung, Bezeichnung: Zur Interpretation von Kafkas 'Verwandlung'." In: *Logos semantikos. Studia linguistica in honorem Eugenio Coseriu 1921–1981*. Hrsg. v. Horst Geckeler u. a. Bd. 3. Berlin, New York: De Gruyter; Madrid: Gredos, 1981. S. 71–79.

Goeppert, Sebastian, u. Herma C. Goeppert: "Der Interpret als Käfer. Zum psychoanalytischen Verständnis von Kafkas 'Verwandlung'." In: S. G. u. H. C. G.: *Psychoanalyse interdisziplinär: Sprach- und Literaturwissenschaft*. München: Fink, 1981. S. 117–25.

Göhler, Hulda: "Franz Kafkas zweite Verlobung mit Felice Bauer." In: *ZfdPh* 100 (1981) Nr. 2. S. 198–204.

Goldstein, Bluma: "You'll Laugh When I Tell You: Fifteen Books on Kafka." In: *Monatshefte* 73 (1981) Nr. 1. S. 76–96.

Goldstücker, Eduard: "Kafkas Kritik an Schnitzler." In: *Deutsche Akademie für Sprache und Dichtung, Darmstadt. Jahrbuch*. 1981. S. 43–51.

– "Kafkas Werk in unserer Erfahrung. Einige Gegenüberstellungen." In: *Was bleibt von Franz Kafka? Positionsbestimmung/Kafka-Symposion, Wien 1983*. Hrsg. v. Wendelin Schmidt-Dengler. Wien: Braumüller, 1985. S. 165–72.

– "On Prague as Background." In: *Kafka-Studien*. Hrsg. v. Barbara Elling. New York: P. Lang, 1985. S. 81–86.

Gooze, Marjanne E.: "Texts, Textuality, and Silence in Franz Kafka's 'Das Schloß'." In: *MLN* 98 (1983) Nr. 3. S. 337–50.

Goytein-Galperin, Denise: "Hanosseh: Zehut Yehudit." In: *Symposium Kafka: Universitat Haifa*. Hrsg. v. Avraham B. Yehoshua. Tel Aviv: Sifri'at Hapo'alim, 1982. S. 27–36.

Gray, Richard T.: "Aphorism and Metaphorism: The Aphoristic Tradition and the Aphorisms of Franz Kafka." In: *DAI* 43 (1982/83) S. 1560A.

— "The Literary Source of Kafka's Aphoristic Impulse." In: *Literary Review* 26 (1983) Nr. 4. S. 537–50.

Grebeníčková, Ružena: "Kafka und das Thema des Schreibens." In: *Neue Rundschau* 94 (1983) Nr. 4. S. 171–83.

Gregor-Dellin, Martin: "Das Zeitalter K's." In: M. G.-D.: *Im Zeitalter Kafkas*. München, Zürich: Piper, 1979. S. 9–26.

Greiner, Ulrich: "Kafka ist klar." In: *Die Zeit* 37 (10.9.1982) S. 33–34.

Grimm, Reinhold: "Kafka's Novel: Ambiguity in Its Text — Ambiguity in Its Genre." In: *Newsletter of the Kafka Society of America* 7 (1983) Nr. 1. S. 41–49.

Gross, Ruth V.: "Fallen Bridge, Fallen Woman, Fallen Text." In: *Newsletter of the Kafka Society of America* 5 (1981) Nr. 1. S. 15–24. Auch in: *Literary Review* 26 (1983) Nr. 4. S. 577–87.

— "Questioning the Laws: Reading Kafka in the Light of Literary Theory." In: *Journal of the Kafka Society of America* 7 (1983) Nr. 2. S. 31–37.

— "Of Mice and Women: Reflectons on a Discourse in Kafka's 'Josefine', die Sängerin oder das Volk der Mäuse'." In: *GR* 60 (1985) Nr. 2. S. 59–68.

Grundlehner, Philip: "Manual Gesture in Kafka's 'Prozeß'." In: *GQ* 55 (1982) Nr. 2. S. 186–99.

Grunfeld, Frederic V.: *Prophets Without Honour. A Background to Freud, Kafka, Einstein and Their World*. New York: Holt, Rinehart & Winston, 1979 (?).

Hada, Isao: "Über Kafkas Gesichtspunkt in 'Betrachtung'." In: *Doitsu Bungaku* 64 (1980) S. 53–63.

zu: [**Hadomi, Leah**: "The Utopian Dimension of Kafka's 'In the Penal Colony'."]

Hebr. u. d. T.: "Kavim shel ha-Utopi be-Moshevet ha-Onashim shel Kafka."
In: *Symposium Kafka: Universitat Haifa.* Hrsg. v. Avraham B. Yehoshua. Tel
Aviv: Sifri'at Hapo'alim, 1982. S. 65–82.

Haiduk, Manfred: "Identifikation und Distanz. Aspekte der Kafka-Rezeption bei
Peter Weiß." In: *WB* 30 (1984) S. 916–25.

Handke, Peter: "Rede zur Verleihung des Franz-Kafka-Preises." In: *Franz
Kafka. 1883–1924. Katalog zu einer Ausstellung des Bundesministeriums
für Auswärtige Angelegenheiten.* 2. Aufl. Hrsg. v. Heinz Lunzer. Wien: Dokumentationsstelle für neuere österreichische Literatur, 1983. S. 3–4.

Hanlin, Todd C.: "Kafka as the Hieronymus Bosch of Our Age." In: *Newsletter
of the Kafka Society of America* 4 (1980) Nr. 2. S. 9–14.

Harman, Mark: "An Echo of Kafka in Kleist." In: *Heinrich von Kleist-Studien.*
Hrsg. v. Alexej Ugrinsky. Berlin: E. Schmidt, 1980. S. 169–75.

— "Irony, Ambivalence and Belief in Kleist and Kafka." In: *Journal of the
Kafka Society of America* 8 (1984) Nr. 1/2. S. 3–13.

Harroff, Stephen: "The Structure of 'Ein Landarzt': Rethinking Mythopoesis
in Kafka." In: *Symposium* 34 (1980) S. 42–55.

Hattori, Seiji: ["Das 'Labyrinth' im 'Bau'. Kafkas 'Beschreibung eines Kampfes'."] [Jap. mit dt. Zusammenf.] In: *Doitsu Bungaku* (1984) Nr. 72. S. 64–
73.

Hauschild, Jan-Christoph: "Franz Kafkas Kommentar zu einer Szene im 'Un-
tertan'." In: *Heinrich Mann Mitteilungsblatt* (1979) Nr. 13. S. 6–9.

Hayman, Ronald: "Kafka and the Mice." In: *Partisan Review* 48 (1981) Nr. 2.
S. 355–65.

— "In Search of Kafka: Berlin, Prague, Vienna, London, Tel Aviv." In: *Encounter* 56 (1981) Nr. 5. S. 52–59.

Hedges, Inez: "Oedipus in the Labyrinth: Urban Myths in Kafka, Donoso and
Robbe-Grillet." In: *Proceedings of the IXth Congress of the International
Comparative Literature Association. Innsbruck, 1979.* Bd. 4. Innsbruck:
Verl. des Instituts für Sprachwissenschaft der Univ. Innsbruck, 1982. S. 425–
30.

Heidsieck, Arnold: "Franz Kafka: Outsider in His Own World." In: *The Anxious
Subject: Nightmares and Daymares in Literature and Film.* Ed. Moshe Lazar.
Malibu: Undena, 1983. S. 169–81.

Heintel, Brigitte, u. Helmut Heintel: "Franz Kafka: 1901 allein auf Norderney und Helgoland?" In: *Freibeuter* (1983) Nr. 17. S. 20–25.

Heissenbüttel, Helmut: "Sancho Pansas Teufel. Die Umkehrung als Denkfigur im Werk Franz Kafkas." In: *Sprache im technischen Zeitalter* (1983) Nr. 85. S. 340–49.
Auch in: *Paths and Labyrinths.* Ed. Stern and White (s. Addenda - Bücher).

Heller, Erich: "Die Welt Franz Kafkas." In: E. H.: *Enterbter Geist. Essays über modernes Dichten und Denken.* Frankfurt/M.: Suhrkamp, 1981. S. 281–329.

Henel, Ingeborg C.: "Die Grenzen der Deutbarkeit von Kafkas Werken: 'Die Verwandlung'." In: *JEGP* 83 (1984) S. 67–85.

Henkel, Arthur: "Kafka und die Vaterwelt." In: *Das Vaterbild im Abendland.* 2. Bd. Hrsg. v. Hubertus Tellenbach. Stuttgart: Kohlhammer, 1978 (?) S. 173–91 u. 217–18.

— In: *Kleine Schriften.* Bd. 2. Stuttgart: Metzler, 1983.

Hermsdorf, Klaus: "Kafka's 'America'." In: Hughes, *Franz Kafka. An Anthology of Marxist Criticism* (s. Sammelbde.) S. 22–37.

— "Franz Kafkas 'Der Prozeß': Traum und Wachen." In: *WB* 29 (1983) Nr. 7. S. 1157–75.

— "Kafkas Beruf als Erfahrung und Gestaltung." In: *Der Gingkobaum. Germanistisches Jahrbuch für Nordeuropa* 3 (1984) S. 37–45.

Hess-Lüttich, Ernest W. B.: "Kafkaeske Konversation. Ein Versuch, K.s Mißverstehen zu verstehen." In: *Akten des 13. linguistischen Kolloquiums, Gent 1978.* Tübingen: Niemeyer, 1979. S. 361–70.

Hibberd, J. L.: "'Cet auteur réaliste': Robbe-Grillet's Reading of Kafka." In: *Paths and Labyrinths.* Ed. Stern and White (s. Addenda - Bücher).

Hilbig, Wolfgang: "Vorblick auf Kafka." In: *Neue Rundschau* 94 (1983) Nr. 2. S. 8–17.

Hillmann, Heinz: "Fabel und Parabel im 20. Jahrhundert – Kafka und Brecht." In: *Die Fabel. Theorie, Geschichte und Rezeption einer Gattung.* Hrsg. v. Peter Hasubek. Berlin (West): Schmidt, 1982. S. 215–35.

– "Versuch, Kafka als Komödie zu lesen." In: *Diskussion Deutsch* 14 (1983) S. 370–79.

Hoffman, Anne Golomb: "Plotting the Landscape: Stories and Storytellers in 'The Castle'." In: *TCL* 27 (1981) Nr. 3. S. 289–307.

Hoffmann, Werner: "Kafkas Aphorismen und der Roman 'Das Schloß'." In: *Was bleibt von Franz Kafka? Positionsbestimmung/Kafka-Symposion, Wien 1983.* Hrsg. v. Wendelin Schmidt-Dengler. Wien: Braumüller, 1985. S. 93–114.

Höllerer, Walter: "Odradek unter der Stiege. Eröffnungsreferat für das Franz-Kafka-Symposion London, 20.10.1983." In: *Sprache im technischen Zeitalter* (1983) Nr. 85. S. 350–62.

Hotz, Karl: "'Wunsch, Indianer zu werden'. Bericht über ein Kafka-Projekt." In: *Diskussion Deutsch* 14 (1983) S. 418–33.

Hughes, Kenneth: "Kafka Research 1974–1979: A Report." In: *New German Critique* (1981) Nr. 22. S. 163–83.

– "Kafka and the Text: Limits of a Marxian Analysis." In: *Newsletter of the Kafka Society of America* 7 (1983) Nr. 1. S. 50–55.

Inoue, Tsutomu: ["Über die zwei Fassungen der 'Beschreibung eines Kampfes'. Ursprung und Entwicklung der Dichtung Kafkas."] In: *Doitsu Bungaku-ronkô* 19 (1977) S. 71–90.

– ["Kreislaufstruktur der zweiten Fassung von Kafkas 'Beschreibung eines Kampfes'."] In: *Doitsu Bungaku* 23 (1979) S. 176–94.

– ["'Die vollständige Öffnung des Leibes und der Seele'. Der Weg zum Dichter bei Kafka."] In: *Doitsu Bungaku* (Jap.) (1980) Nr. 24. S. 46–68.

Ishimitsu, Teruko: "Über den Tod bei Kafka." In: *Doitsu Bungaku-ronkô* 24 (1982) S. 89–104.

Jackson, Rosemary: *Fantasy. The Literature of Subversion.* New York: Methuen, 1981.

Jäkel, Siegfried: In: *Identität und Sprache. Eine Untersuchung zu den Dichtern des Österreichischen Kulturkreises im 20. Jahrhundert.* Turku: Turun Yliopisto (Helsinki: Akateeminen Kirjakauppa), 1979.

Jones, Robert A.: In: *Art and Entertainment: German Literature and the Circus 1890–1933.* Heidelberg: Carl Winter, 1985.

Karst, Roman: "Kafka or the Impossibility of Writing." In: *Literary Review* 26 (1983) Nr. 4. S. 496–520.

– "Kafka und die Metapher." In: *Literatur und Kritik* 18 (1983) Nr. 179/ 80. S. 472–80.

– "Kafkas Prometheussage oder das Ende des Mythos." In: *GR* 60 (1985) Nr. 2. S. 42–47.

– "Sterben und Tod in Kafkas Werk." In: *Was bleibt von Franz Kafka? Positionsbestimmung / Kafka-Symposion, Wien 1983.* Hrsg. v. Wendelin Schmidt-Dengler. Wien: Braumüller, 1985. S. 129–46.

Kassel, Norbert: "Vorliterarische Aspekte des Grotesken bei Kafka (1969)." In: *Das Groteske in der Dichtung.* Hrsg. v. Otto F. Best. Darmstadt: Wissenschaftliche Buchgesellschaft, 1980. S. 278–91.

Kauf, Robert: "A Lilith Figure in Kafka's 'Prozeß'?" In: *Monatshefte* 73 (1981) S. 63–66.

– "Kafka und jüdisch-religiöses Denken." In: *Literaturwissenschaftliches Jahrbuch im Auftrage der Görres-Gesellschaft* 22 (1981) S. 273–80.

Kavanagh, R. J.: "The Optimum Velocity of Approach: Some Reflections on Kafka's 'Trial'." In: *Structure and Gestalt: Philosophy and Literature in Austria-Hungary and Her Successor States.* Ed. Barry Smith. Amsterdam: Benjamins, 1981. S. 195–210.

Kellman, Steven G.: "Reading Himself and Kafka: The Apprenticeship of Philip Roth." In: *Newsletter of the Kafka Society of America* 6 (1982) S. 25–33.

Kempf, Franz R.: "Das Bild des Bettes und seine Funktion in Franz Kafkas Romanen 'Amerika', 'Der Prozeß' und 'Das Schloß'." In: *Sprache und Literatur. Festschrift für A. L. Streadbeck zum 65. Geburtstag.* Hrsg. v. Kurt Abels u. Peter L. Kern. Freiburg/Breisgau: Hochschulverlag, 1982. S. 89–98.

Klinger, Kurt: "Kafka auf der Bühne." In: *Newsletter of the Kafka Society of America* 7 (1983) Nr. 1. S. 56–70.

Knapp, Mona: "Metamorphosis and Malheur: Parabolic Elements in Texts by Gabriele Wohmann and Franz Kafka." In: *Sprache und Literatur* (1981) S. 113–20.

Knevels, Wilhelm: In: *Vom Expressionismus zum Existentialismus. Die menschliche Existenz in modernen Bühnenstücken.* Hamburg: Agentur des Rauhen Hauses, 1982.

Kobligk, Helmut: "'… ohne daß er etwas Böses getan hätte …': Zum Verständnis der Schuld in Kafkas Erzählungen 'Die Verwandlung' und 'Das Urteil'." In: *Wirkendes Wort* 32 (1982) S. 391–405.

Koch, Hans-Gerd: "Ein Brief Franz Kafkas an Grete Bloch." In: *Kafka-Studien.* Hrsg. v. Barbara Elling. New York: P. Lang, 1985. S. 87–93.

Koch, Stephen: "The Secret Kafka." In: *New Criterion* 2 (1984) S. 19–25.

Köhnke, Klaus: "Eichendorff und Kafka." In: *Aurora* 41 (1981) S. 195–208.

Koelb, Clayton: "'In der Strafkolonie': Kafka and the Scene of Reading." In: *GQ* 55 (1982) S. 511–25.

– "Kafka's Rhetorical Moment." In: *PMLA* 98 (1983) S. 37–46.

– "The Goethean Model of the Self in Kafka's 'Brief an den Vater'." In: *Journal of the Kafka Society of America* 8 (1984) Nr. 1/2. S. 14–19.

Koeppen, Wolfgang: "Kafka oder 'Auf der Galerie'." In: W. K.: *Die elenden Skribenten. Aufsätze.* Hrsg. v. Marcel Reich-Ranicki. Frankfurt/M.: Suhrkamp, 1981. S. 153–56.

Kopelew, Lew: "Franz Kafkas schwierige Rußlandreise." In: *Was bleibt von Franz Kafka? Positionsbestimmung / Kafka-Symposion, Wien 1983.* Hrsg. v. Wendelin Schmidt-Dengler. Wien: Braumüller, 1985. S. 173–84.

Kopper, John M.: "Building Walls and Jumping Over Them: Constructions in Franz Kafka's 'Beim Bau der chinesischen Mauer'." In: *MLN* 98 (1983) S. 351–65.

Kott, Jan: "'Klatka szuka ptaka'." In: *Twórczość* 37 (1981) S. 81–88. In engl. Übers. v. Michael Kott u. d. T.: "A Cage in Search of a Bird." In: *Partisan Review* 49 (1982) Nr. 3. S. 341–50.

– "Reflections on Friendship." In: *Kafka-Studien.* Hrsg. v. Barbara Elling. New York: P. Lang, 1985. S. 13–16.

Kraft, Herbert: "'Neue' Prosa von Kafka: Mit einer Theorie der Textsorte 'Tagebuch'." In: *Seminar* 19 (1983) Nr. 4. S. 235–45.

Kreis, Rudolf: "Kindheit – ein Schlüssel zu Kafka. Skizze unterrichtlicher Vorüberlegungen." In: *Diskussion Deutsch* 14 (1983) S. 380–92.

Krusche, Dietrich: "Kafka: Absprung als Antwort. Beschreibung einer Leser-Reaktion." In: *Diskussion Deutsch* 14 (1983) S. 434–44.

zu: [**Kudszus, Winfried**: "Reflections on Kafka's Critique of Knowledge."]
Auch in: *Axia. Davis Symposium on Literary Evaluation.* Ed. Karl Menges u.
Daniel Rancour-Laferriere. Stuttgart: Heinz, 1981. S. 46–50. (Stuttgarter
Arbeiten zur Germanistik Nr. 94.)

Kudszus, Winfried: "Versprechen, Verschreiben, Verstehen: Ansätze zu einer
Erkenntniskritik mit Kafka." In: *Literaturwissenschaft und Geistesgeschich-
te.* Festschrift für Richard Brinkmann. Hrsg. v. Jürgen Brummack u. a. Tübin-
Tübingen: Niemeyer, 1981. S. 837–46.

— "Musik und Erkenntnis in Kafkas 'Forschungen eines Hundes'." In: *Erken-
nen und Deuten: Essays zur Literatur und Literaturtheorie:* Edgar Lohner in
Memoriam. Hrsg. v. Martha Woodmansee u. Walter F. W. Lohnes. Berlin:
Schmidt, 1983. S. 300–09.

— "Verschüttungen in Kafkas 'Der Bau'." In: *Probleme der Moderne, Studien
zur deutschen Literatur von Nietzsche bis Brecht.* Hrsg. v. Benjamin Bennett
u. a. Tübingen: Niemeyer, 1983. S. 307–17.

— "Metaperspektiven im Spätwerk Kafkas." In: *Was bleibt von Franz Kafka?
Positionsbestimmung / Kafka-Symposion, Wien 1983.* Hrsg. v. Wendelin
Schmidt-Dengler. Wien: Braumüller, 1985. S. 147–54.

Kuhn, Reinhard: "The Enigmatic Child in Literature." In: *The Philosophical
Reflection of Man in Literature.* Ed. Anna-Teresa Tymieniecka. Dordrecht
Boston, London: Reidel, 1982. S. 245–64.

Kundera, Milan: "Irgendwo hinter." In: *Neue Rundschau* 94 (1983) Nr. 2. S.
44–58. [Übers. v. Anneliese Botond aus dem Frz.]

Kurz, Gerhard: "Der neue Advokat. Kulturkritik und literarischer Anspruch bei
Kafka." In: *Was bleibt von Franz Kafka? Positionsbestimmung / Kafka-Symposion, Wien 1983.* Hrsg. v. Wendelin Schmidt-Dengler. Wien: Braumüller,
1985. S. 115–28.

Kurz, Wilhelm: "Kafka und der Surrealismus: Über phantastische und surrealistische Kunst." In: *Wirkendes Wort* 31 (1981) S. 158–67.

Lasine, Stuart: "Kafka's 'Sacred Texts' and the Hebrew Bible." In: *Papers in
Comparative Studies* 3 (1984) S. 121–35.

Lehmann, Winfred P.: "Textlinguistics and Three Literary Texts." In: *Monatshefte* 75 (1983) S. 163–71.

Lehnert, Herbert: "Franz Kafka." In: H. L.: *Geschichte der deutschen Literatur
vom Jugendstil zum Expressionismus.* Stuttgart: Philipp Reclam, 1978.
S. 839–75. (Geschichte der dt. Literatur von den Anfängen bis zur Gegenwart, Bd. 5).

Le Rider, Jacques: "Claude David, interprète de Franz Kafka. Une interview." In: *Sprachkunst* 12 (1981) Nr. 1. S. 258–66.

Lettau, Reinhard: "Verlangsamung des Wahrnehmens" u. "Erzählmodelle Kafkas." In: R. L.: *Zerstreutes Hinausschaun. Vom Schreiben über Vorgänge in direkter Nähe oder in der Entfernung von Schreibtischen.* Frankfurt/M.: Fischer, 1982. S. 167–71 u. S. 171–90.

Levitt, Morton P.: "Roth and Kafka: Two Jews." In: *Critical Essays on Philip Roth.* Ed. Sanford Pinsker. Boston: Hall, 1982. S. 245–54.

Levy, Elaine Barbara: "The Unconscious and Existentialism: A Dialectic in Modern Fiction." In: *DAI* 43 (1982) S. 2659A.

Listopad, Jorge: "Kafkiana." In: *Colóquio* 76 (1983) S. 5–9.

Lortholary, Bernard: "A quoi sert l'édition critique du *Château*?" In: *EG* 39 (1984) S. 220–26.

Lowy, Michael: "Kafka et l'anarchisme." In: *Essais sur les formes et leur signification.* Hrsg. v. Annie Goldmann u. Sami Nair. Paris: Denoël/Gouthier, 1981. S. 81–98.

Luke, F. D.: "'The Metamorphosis'. Explanation." In: *Explain to Me Some Stories of Kafka.* Ed. Angel Flores. New York: Gordian Pr., 1983. S. 103–22.

Lütter, Georg: "Totalität der Hölle: Kafkas Geschichtsbild." In: *Merkur* 37 (1983) S. 565–72.

Maché, Britta: "The Noise in the Burrow: Kafka's Final Dilemma." In: *GQ* 55 (1982) S. 526–40.

Magris, Claudio: "L'edificio che distrugge il mondo. Franz Kafka." In: *Annali. Istituto Universitario Orientale, Napoli. Studi Tedeschi* 24 (1981) S. 329–41. Dt. u. d. T.: "Franz Kafka oder Die aufbauende Zerstörung der Welt." In: *Monatshefte* 73 (1981) Nr. 1. S. 23–34. [Engl. Zusammenf.]

Mahieu, José A.: "Kafka y el cine." In: *Cuadernos Hispanoamericanos* 401 (1983) S. 76–84.

Mann, G. Thomas: "Kafka's 'Die Verwandlung' and Its Natural Model: An Alternative Reading." In: *University of Dayton Review* 15 (1982) Nr. 3. S. 65–74.

Manner, Eeva-Liisa: "Forschungen eines Hundes." In: *Jahrbuch für finnisch-deutsche Literaturbeziehungen* 17 (1983) S. 12–14.

Manrique Solana, Rafael: "Communication, Language and Family: A Communicational Analysis of Kafka's 'Letter to His Father'." In: *Psychiatry* 46 (1983) S. 387–92.

Martens, Lorna: "Irreversible Processes, Proliferating Middles, and Invisible Barriers: Spatial Metaphors in Freud, Schnitzler, Musil, and Kafka." In: *Focus on Vienna 1900. Change and Continuity in Literature, Music, Art, and Intellectual History.* Ed. Erika Nielsen. München: Fink, 1982. S. 46–57. (Houston German Studies. Vol. 4).

— "Mirrors and Mirroring: 'Fort/da' Devices in Texts by Rilke, Hofmannsthal, and Kafka." In: *DVjs* 58 (1984) S. 139–55.

Marx, Jacques: "Franz Kafka (1883–1924)." In: J. M.: *Etude des grands mouvements de principales littératures européennes contemporaines. Notes prises du cours.* Nr. 1–2. Bruxelles: Presses Universitaires de Bruxelles, 1981/82. S. 41–114.

März, Eveline Elisabeth: "The English Interpretation of Kafka's 'Prozeß'." In: *Proceedings of the IXth Congress of the International Comparative Literature Association. Innsbruck, 1979.* Vol. 9.2. Ed. Zoran Konstantinović et al. Innsbruck: Verlag des Instituts für Sprachwissenschaft der Univ. Innsbruck, 1980–81. S. 321–27.

Matamoro, Blas: "El heroe sin padre." In: *Cuadernos Hispanoamericanos* 401 (1983) S. 61–75.

— "El laberinto kafkiano." In: *Nueva Estafeta* 55 (1983) S.77–80.

Mayer, Hans: "Franz Kafka, Erzählungen." In: *Zeit-Bibliothek der 100 Bücher.* Hrsg. v. Fritz Raddatz. Frankfurt/M.: Suhrkamp, 1980. S. 384–89.

zu: ["Walter Benjamin u. Franz Kafka. Bericht über eine Konstellation."]
Auch in: *Kunst und Prophetie.* Franz Kafka Symposium Juni 1979. Klosterneuburg: Franz Kafka Gesellschaft, 1980.
Auch in: *Kafka-Studien.* Hrsg. v. Barbara Elling. New York: P. Lang, 1985. S. 95–120.

McDowell, Edwin: "The Vision of Both Orwell and Kafka Is As Sharp As Ever, Conferees Find." In: *New York Times* (Dec. 30, 1983).

McGlathery, James M.: "Desire's Persecutions in Kafka's 'The Judgment,' 'Metamorphosis,' and 'A Country Doctor'." In: *Perspectives on Contemporary Literature* 7 (1981) S. 54–63.

Mecke, Günter: "'Der Jäger Gracchus': Kafkas Geheimnis." In: *Psyche 35* (1981) S. 209–36.

Meletinskii, Eleazar Moiseevich: "Il 'mitologismo' di Kafka." In: *Strumenti Critici* 42/43 (Okt. 1980) S. 489–511.

Meyer, Sabine S.: "Die Rolle der Geschlechter in Kafkas Roman *Das Schloß*." In: *Newsletter of the Kafka Society of America* 5 (1981) Nr. 1. S. 25–36.

Meyer, Theo: "Franz Kafka, Labyrinth und Existenz." In: *Neue deutsche Hefte* 30 (1983) S. 471–504.

Michaels, Jennifer E.: In: *Anarchy and Eros: Otto Gross' Impact on German Expressionist Writers.* Bern: Peter Lang, 1983. (Utah Studies in Literature and Linguistics, Vol. 24).

Michels, Gerd: "Scheiternde Mimesis. Zu Franz Kafka: 'Die Sorge des Hausvaters'." In: *Festschrift für Friedrich Kienecker zum 60. Geburtstag.* Heidelberg: Groos, 1980. S. 179–98.
Auch in: G. M.: *Textanalyse und Textverstehen.* Heidelberg: Quelle & Meyer, 1981. S. 62–79.

Middell, Eike: "Kafkas Romanfragment 'Das Schloß'. Probleme der Interpretation und der Forschung." In: *WB* 30 (1984) S. 885–99.

— "Franz Kafka — Werk und Wirkung. Konferenz in Berlin am 28. Juni 1983." In: *Zeitschrift für Germanistik* (Leipzig) 5 (1984) S. 319–21.

Miles, David H.: "'Pleats, Pockets, Buckles, and Buttons': Kafka's New Literalism and the Poetics of the Fragment." In: *Probleme der Moderne: Studien zur deutschen Literatur von Nietzsche bis Brecht.* Hrsg. v. Benjamin Bennett u. a. Tübingen: Niemeyer, 1983. S. 331–42.

Milfull, Helen: "The Theological Position of Franz Kafka's Aphorisms." In: *Seminar* 18 (1982) Nr. 3. S. 168–83.

Milfull, John: "The Messiah and the Direction of History: Walter Benjamin, Isaac Bashevis Singer and Franz Kafka." In: *Festschrift für E. S. Herd.* Ed. August Obermayer. Dunedin: Dept. of German, Univ. of Otago.

Minden, M[ichael] R[obert]: "The Place of Inheritance in the 'Bildungsroman'." In: *DVjs* 57 (1983) S. 33–63.

Mitchell, Breon: "Ghosts from the Dungeons of the World Within: Kafka's 'Ein Brudermord'." In: *Monatshefte* 73 (1981) Nr. 1. S. 51–62.

Moníková, Libuše: "Das Schloß als Diskurs. Die Entstehung der Macht aus Pro-jektionen." In: *Sprache im technischen Zeitalter* (1983) Nr. 85. S. 98–106.

Moses, Stéphane: "La Polysémie dans la 'Métamorphose': Vision du dedans et vision du dehors." In: *EG* 37 (1982) Nr. 1. S. 11–24.
Hebr. u. d. T.: "Ha-rav ha-mash ma'ut 'ba-Gilgul'. Likrat Degem Parshani Kolel." In: *Symposium Kafka: Universitat Haifa.* Ed. Avraham B. Yehoshua. Tel Aviv: Sifri'at Hapo'alim, 1982. S. 49–63.

Müller, Gernot: "Möglichkeiten und Grenzen der Biographie. Zur Sonderaus-gabe von Hartmut Binders 'Franz Kafka. Leben und Persönlichkeit,' Stutt-gart 1983." In: *Studia Neophilologica* 56 (1984) S. 99–106.

Müller, Michael: "Kafka und Casanova." In: *Freibeuter* (1983) Nr. 16. S. 67–76.

Mulligan, Kevin: "Philosophy, Animality and Justice: Kleist, Kafka, Weinin-ger and Wittgenstein.'" In: *Structure and Gestalt: Philosophy and Literature in Austria-Hungary and Her Successor States.* Ed. Barry Smith. Amster-dam: Benjamins, 1981. S. 293–311.

Nabokov, Vladimir: "Kafkas Erzählung 'Die Verwandlung'." In: *Neue Rund-schau* 93 (1982) Nr. 1. S. 110–39.
Auch in: V. N.: *Die Kunst des Lesens. Meisterwerke europäischer Literatur.* Hrsg. v. Fredson Bowers. Frankfurt/M.: S. Fischer, 1982. S. 313–52 u. 476–77.

Nagai, Kunihiko: ["Von der 'Beschreibung eines Kampfes' zur 'Betrachtung'. Eine Studie zu den Werken des jungen Kafka."] In: *Doitsu Bungaku Ronkô* 25 (1983) S. 45–58. Jap. mit dt. Zusammenf.

Nagel, Bert: "Kafka and E. T. A. Hoffmann." In: *MAL* 14 (1981) Nr. 1–2. S. 1–11.

Nehamas, Alexander: "The Postulated Author: Critical Monism as a Regulative Ideal." In: *Critical Inquiry* 8 (1981) Nr. 1. S. 133–49.

Neumann, Gerhard: "Schreibschrein und Strafapparat. Erwägungen zur Topogra-phie des Schreibens." In: *Bild und Gedanke.* Festschrift für Gerhart Baumann zum 60. Geburtstag. Hrsg. v. Günter Schnitzler u. a. München: Fink, 1980. S. 385–401.

— "Franz Kafka." In: *Handbuch der deutschen Erzählung.* Hrsg. v. Karl Kon-rad Polheim. Düsseldorf: Bagel, 1981. S. 448–60.

– "Werk oder Schrift? Vorüberlegungen zur Edition von Kafkas 'Bericht für eine Akademie'." In: *Acta Germanica* 14 (1981) S. 1–21.

– "Schrift und Druck: Erwägungen zur Edition von Kafkas 'Landarzt' Band." In: *ZfdPh* 101 (1982) Sonderheft. S. 115–39.

– "Der verschleppte Prozeß: Literarisches Schaffen zwischen Schreibstrom und Werkidol." In: *Poetica* 14 (1982) S. 92–111.

– "Der Wanderer und der Verschollene: Zum Problem der Identität in Goethe's 'Wilhelm Meister' und in Kafkas' 'Amerika'-Roman." In: *Paths and Labyrinths.* Ed. Stern and White (s. Addenda - Bücher).

Nicolai, Ralf R.: "Kafkas dicke Frauen." In: *Newsletter of the Kafka Society of America* 5 (1981) Nr. 1. S. 37–42.

– "Wahrheit und Lüge bei Kafka und Nietzsche." In: *Literaturwissenschaftliches Jahrbuch im Auftrage der Görres-Gesellschaft* 22 (1981) S. 255–71.

– "Zur 'Natur' der Verhaftung in Kafkas 'Prozeß': das erste Kapitel." In: *Annali. Istituto Universitario Orientale, Napoli. Studi Tedeschi* 26 (1983) S. 323–65.

– "Nietzschean Thought in Kafka's 'A Report to an Academy'." In: *Literary Review* 26 (1983) S. 551–64.

– "'Titorelli': Modell für eine Kafka-Deutung?" In: *Was bleibt von Franz Kafka? Positionsbestimmung / Kafka-Symposion, Wien 1983.* Hrsg. v. Wendelin Schmidt-Dengler. Wien: Braumüller, 1985. S. 79–92.

Nicolin, Günther: "Ernst Weiß – Franz Kafka. Aspekte einer Dichterfreundschaft. Ausstellung im Collegium Josephinum (Bonn) vom 16. bis 30. Mai 1983." In: *Weißblätter* 1 (1983) S. 20–29.

Noble, C. A. M.: "Franz Kafka and the Mind of Modern Man." In: C. A. M. N.: *Spielbewußtsein. Essays zur deutschen Literatur und Sprache.* Bern, Frankfurt/M., Las Vegas: Lang, 1981. S. 25–48.

Norris, Margot: "Kafka's Josefine: The Animal as the Negative Site of Narration." In: *MLN* 98 (1983) S. 366–83.

Northey, Anthony: "Robert Kafka: Some Corrections and Additions." In: *Newsletter of the Kafka Society of America* 4 (1980) Nr. 1. S. 15–17.

– "Dr. P. und Tante Klara." In: *Newsletter of the Kafka Society of America* 5 (1981) Nr. 2. S. 41–43.

662

— "Eine unbekannte Rezension von Kafkas 'Heizer'." In: *Germanic Notes* 13 (1982) Nr. 2. S. 24–26.

— "Kafka-Familienlexikon. Ein kleiner Überblick über erfolgreiche und weniger erfolgreiche Verwandte des Dichters." In: *Freibeuter* (1983) Nr. 16. S. 48–59.

Nutting, Peter West: "Kafka's 'Strahlende Heiterkeit': Discursive Humor and Comic Narration in 'Das Schloß'." In: *DVjs* 57 (1983) S. 651–78.

Oates, Joyce Carol: "Wonderlands." In: *Georgia Review* 38 (1984) S. 487–506.

Oblau, Gotthard: "Sie sprechen dieselbe Sprache und reden aneinander vorbei. Ein Traktat zu den Dialogen in Kafkas Roman 'Das Schloß'." In: *Diskussion Deutsch* 14 (1983) S. 393–405.

Oellers, Norbert: "Goethes 'Die Wahlverwandtschaften' und Kafkas 'Der Prozeß'. Vorüberlegungen zu einem Vergleich." In: *Trierer Beiträge* (1982) Sonderheft 6. S. 17–22. (Öffentliche Vortragsreihe zum Goethe-Jahr, Univ. Trier).

Orr, Leonard: "The 'Kafkaesque' Fantastic in the Fiction of Kafka and Bruno Schulz." In: *Newsletter of the Kafka Society of America* 6 (1982) S. 34–40.

Palumbo, Donald: "The Concept of God in Kafka's Fiction." In: *Liberal and Fine Arts Review* (July 1981) Nr. 1. S. 65–74.

Papa, Manfred: "'Durch mein Schreiben halte ich mich ja am Leben'. Zum Verständnis von Kafkas Literatur- und Lebensanschauung." In: *Neue Zürcher Zeitung* (20./21. Okt. 1984) Nr. 245. S. 68.

Parry, Idris: "The Talk of Guilty Men." In: I. P.: *Hand to Mouth and Other Essays.* Manchester: Carcanet New Pr., 1981. S. 79–91.

Pasley, Malcolm: "Zu Kafkas Interpunktion." In: *Euphorion* 75 (1981) S. 474–90.

— "Kafka als Reisender." In: *Was bleibt von Franz Kafka? Positionsbestimmung / Kafka-Symposion, Wien 1983.* Hrsg. v. Wendelin Schmidt-Dengler. Wien: Braumüller, 1985. S. 1–16.

Pawel, Ernst: "Kafka's Hebrew Teacher." In: *The American Zionist* 74 (Oct./ Nov. 1985) Nr. 1. S. 21–22.

Petersen, Jürgen H.: "Möglichkeit bei Kafka. Zu seinem Roman 'Der Prozeß'."

In: *Sub tua platano. Festgabe für Alexander Beinlich.* Hrsg. v. Dorothea Ader
u. a. Emsdetten: Lechte, 1981. S. 477–84.

Petr, Pavel: "Franz Kafkas Böhmen: Tschechen, Deutsche, Juden." In: *Germano-Slavica* 3 (1981) S. 377–99.

Plessen, Elisabeth: "Franz Kafka: 'Die Aeroplane in Brescia' oder: Fiktion als
die Funktion der Raffung und Verstellung." In: E. P.: *Fakten und Erfindungen.* Frankfurt/M., Berlin, Wien: Ullstein, 1981. S. 35–41.

Pók, Lajos: "Das Unvermögen zur Synthese." In: *Német Filológiai Tanulmányok* 15 (1981) S. 89–97.

Pritchett, V. S.: "Franz Kafka: Estranged." In: V. S. P.: *The Myth Makers.
European & Latin American Writers. Literary Essays.* New York: Vintage
Books, 1981. S. 95–101 u. 188.

Puppo, Mario, u. Giorgio Cavallini: ["Verwandlung"]. In: M. P. u. G. C.: *Il
romanzo da Svevo a Tozzi.* Brescia: La Scuola, 1979.

Rába, György: "Attila József et Franz Kafka." In: *Acta Litteraria Academiae
Scientiarum Hungaricae* 22 (1980) Nr. 3–4. S. 269–86.

Ramon, Nurit: "Liyot Sofer." In: *Iton* 77 (1983) Nr. 47/48. S. 27–29.

Ramras-Rauch, Gila: "Gregor Samsa in 'The Metamorphosis'." In: G. R.-R.:
The Protagonist in Transition: Studies in Modern Fiction. Berne: Peter
Lang, 1982. S. 156–210.

Reich-Ranicki, Marcel: "Franz Kafka, der Liebende." In: *Literarische Profile:
Deutsche Dichter von Grimmelshausen bis Brecht.* Hrsg. v. Walter Hinderer.
Königstein: Athenäum, 1983. S. 315–25.

Rein, Dorothea (Hrsg.): *Milena Jesenská: Alles ist Leben.* Mit einer biographischen Skizze. Frankfurt/M.: Neue Kritik, 1984.

Rendi, Aloisio: "Walser und Kafka." In: *Über Robert Walser.* Hrsg. v. Katharina Kerr. Frankfurt/M.: Suhrkamp, 1979. S. 82–94.

Ribner, Tuvia: "Lama Lo Letsayer et ha-Sherets: Lehar'ot la Metaphorika Etsel
Kafka." In: *Symposium Kafka: Universitat Haifa.* Ed. Avraham B. Yehoshua.
Tel Aviv: Sifri'at Hapo'alim, 1982. S. 7–26.

Richter, Fritz K.: "'Verwandlungen' bei Kafka und Stehr." In: *Wangener Beiträge zur Stehr-Forschung. Jahresschrift des Hermann-Stehr-Archivs Wangen
im Allgäu* 1981/82 (1982) S. 28–35.

Richter, Helmut: "Kafka's Early 'Conversations'. In: Hughes, *Franz Kafka. An Anthology of Marxist Criticism* (s. Sammelbde.) S. 38–50.

Rickels, Laurence A.: "Writing as Travel and Travail: 'Der Prozeß' and 'In der Strafkolonie'." In: *Newsletter of the Kafka Society of America* 5 (1981) Nr. 2. S. 32–40.

Rignall, J. M.: "History and Consciousness in 'Beim Bau der chinesischen Mauer'." In: *Paths and Labyrinths.* Ed. Stern and White (s. Addenda - Bücher).

Ritter, Naomi: "Art as Spectacle: Kafka and the Circus." In: *Österreich in amerikanischer Sicht. Das Österreichbild im amerikanischen Schulunterricht* 2 (1981) S. 65–70.

– "Up in the Gallery: Kafka and Prévert." In: *MLN* 96 (1981) S. 632–37.

Robert, Marthe: "Kafka und die Technik der Desillusionierung." In: *Neue Rundschau* 94 (1983) Nr. 2. S. 18–43.

– "Kafka de tout temps." In: *EG* 39 (1984) S. 152–62.
Auch in: *Kafka-Studien.* Hrsg. v. Barbara Elling. New York: P. Lang, 1985. S. 121–35.

Robertson, Ritchie: "Kafka's Zürau Aphorisms." In: *Oxford German Studies* 14 (1983) S. 73–91.

– "Edwin Muir as Critic of Kafka." In: *MLR* 79 (1984) S. 638–52.

– "'Antizionism, Zionism': Kafka's Responses to Jewish Nationalism". In: *Paths and Labyrinths.* Ed. Stern and White (s. Addenda - Bücher).

Rodlauer-Wenko, Hannelore: "Kafkas Paris." In: *EG* 39 (1984) S. 140–51.

Rodriguez Valdes, Gladys: "Kafka: La intricada zona del miedo." In: *Plural* 11 (1982) S. 34–35.

Roth, Philip: "'Immerfort wollte ich, daß ihr mein Hungern bewundert' oder Ein Blick nach Kafka." In: *Tintenfaß* 5 (1981) S. 183–208.

Rubinstein, William C.: "'A Report to an Academy'. Explanation." In: *Explain to Me Some Stories of Kafka.* Ed. Angel Flores. New York: Gordian Pr., 1983. S. 132–37.

Ryan, Judith: "The Maze of Misreadings: Thoughts on Metaphor in Kafka." In: *Journal of the Kafka Society of America* 7 (1983) Nr. 2. S. 38–43.

Ryder, Frank G.: "Kafka's Language: Poetic?" In: *Probleme der Moderne: Studien zur deutschen Literatur von Nietzsche bis Brecht.* Hrsg. v. Benjamin Bennett u. a. Tübingen: Niemeyer, 1983. S. 319–30.

Sallager, Edgar: "Poétique narrative et traduction: Une version de la 'Verwandlung' à l'origine du kafkaisme français." In: *EG* 36 (1981) S. 435–55.

Sandbank, Shimon: "Uncertainty as Style: Kafka's 'Betrachtung'." In: *GLL* 34 (1981) S. 385–97.

Sartiliot, Claudette Eva: "Exile in the Fiction of James Joyce and Franz Kafka." In: *DAI* 45 (1984?) S. 180 A.

Satué, Francisco J.: "Franz Kafka o la eterna noche del topo." In: *Cuadernos Hispanoamericanos* (1983) Nr. 401. S. 85–114.

Sauerland, Karol: "Adornos Ansichten zu Kafka und Beckett." In: *Theatrum Europaeum.* Hrsg. v. Paul Raabe u. a. München: Fink, 1982. S. 625–38. In ital. Übers. v. Giovanni Chiarini u. d. T.: "Kafka e Beckett visti da Adorno." In: *Annali. Istituto Universitario Orientale, Napoli. Studi Tedeschi* 24 (1981) S. 357–74.

Schepers, Gerhard: "Images of Amae in Kafka: With Special Reference to 'Metamorphosis'." In: *Humanities: Christianity & Culture* 15 (1980) S. 66–83.

– "Masculine and Feminine Aspects of Creativity: With an Analysis of Kafka's 'Up in the Gallery'." In: *Humanities: Christianity & Culture* 16 (1982) S. 105–24.

– "Kafkas 'Auf der Galerie': Bild der Ausweglosigkeit auch der Kafka-Forschung?" In: *Doitsu Bungaku* (1983) Nr. 71. S. 118–27.

Schikora, Markus: "Index. Newsletter of the Kafka Society of America, 1981–1983." In: *Journal of the Kafka Society of America* 7 (1983) Nr. 2. S. 44–46.

Schillemeit, Jost: "Das ununterbrochene Schreiben. Zur Entstehung von Kafkas Roman 'Der Verschollene'." In: *Kafka-Studien.* Hrsg. v. Barbara Elling. New York: P. Lang, 1985. S. 137–52.

Schiller, Dieter: "Kunst als Lebensäußerung. Zum Problem Künstler und Öffentlichkeit in Franz Kafkas letzten Lebensjahren." In: *Zeitschrift für Germanistik* (Leipzig) 5 (1984) S. 284–96.

Schlant, Ernestine: "Franz Kafka's Historical Consciousness." In: *Newsletter of the Kafka Society of America* 4 (1980) Nr. 2. S. 15–20.

Schmeling, Manfred: "Semantische Isotopien als Konstituenten des Themati-sierungsprozesses in nicht-linearen Erzähltexten. Am Beispiel von Kafkas 'Der Bau' (1928)." In: *Erzählforschung. Theorien, Modelle und Methoden der Narrativik.* Hrsg. v. Wolfgang Haubrichs. Göttingen: Vandenhoeck & Rup-recht, 1978. S. 157–72.

Schmidt-Dengler, Wendelin: "Laudatio anläßlich der Verleihung des Kafka-Prei-ses 1983." In: *Literatur und Kritik* 18 (1983) S. 422–23.

— "Ein Modell der Kafka-Rezeption: Günther Anders." In: *Was bleibt von Franz Kafka? Positionsbestimmung / Kafka-Symposion, Wien 1983.* Hrsg. v. W. S.-D. Wien: Braumüller, 1985. S. 184–98.

Scholz, Ingeborg: "Die Thematik von Schuld und Strafe in Kafkas Erzählung 'Der Schlag ans Hoftor'." In: *Literatur für Leser* (1981) S. 150–55.

— "Franz Kafka: Eine dichterische Existenz in der Moderne." In: *Universitas* 38 (1983) S. 1039–44.

Schönwiese, Ernst: "Kafka – Musil – Broch: Die Schöpfer des großen zeitge-nössischen Romans." In: E. S.: *Literatur in Wien zwischen 1930 und 1980.* München: Amalthea, 1980. S. 29–43.

Schütze, Fritz: "Interaktionspostulate – am Beispiel literarischer Texte: Dostojewski, Kafka, Handke u. a." In: *Literatur und Konversation. Sprach-soziologie und Pragmatik in der Literaturwissenschaft.* Hrsg. v. W. B. Hess-Lüttich. Wiesbaden: Akademische Verlagsgesellschaft Athenaion, 1980. S. 72–94.

Searles, George J.: "Philip Roth's 'Kafka': A 'Jewish American' Fiction of the First Order." In: *Yiddish* 4 (1982) Nr. 4. S. 5–11.

Shaw, Valerie: In: *The Short Story: A Critical Introduction.* Longman. 1984.

Silver, Mitchell: "The Roots of Anti-Semitism: A Kafka Tale and a Sartrean Commentary." In: *Judaism* 30 (1981) S. 263–68.

Skulsky, Harold: In: H. S.: *Metamorphosis: The Mind in Exile.* Cambridge, Mass.: Harvard Univ. Pr., 1981.

Škvorecký, Josef: "Franz Kafka, Jazz, the Anti-Semitic Reader, and Other Mar-ginal Matters." In: *Crosscurrents* (1983) S. 169–82.

Sladojević, Ranko: "Kafka, umijece odstupanja." In: *Izraz. Časopis za knji-ževnu i umjetnicku kritiku* 49 (1981) S. 462–68.

Smith, Barry: "Kafka and Brentano: A Study in Descriptive Psychology." In: *Structure and Gestalt: Philosophy and Literature in Austria-Hungary and Her Successor States.* Ed. Barry Smith. Amsterdam: Benjamins, 1981. S. 113–59.

Snyder, Verne P.: "Kafka's 'Burrow': A Speculative Analysis." In: *TCL* 27 (1981) Nr. 2. S. 113–26.

zu: [**Sokel, Walter H.**: "From Marx to Myth: The Structure and Function of Self-Alienation in Kafka's 'Metamorphosis'."]
Auch in: *Literary Review* 26 (1983) 485–95.
Dt. u. d. T.: "Von Marx zum Mythos: Das Problem der Selbstentfremdung in Kafkas 'Verwandlung'." In: *Monatshefte* 73 (1981) Nr. 1. S. 6–22.
Auch in: *Kafka-Studien.* Hrsg. v. Barbara Elling. New York: P. Lang, 1985. S. 153–67.

Sokel, Walter H.: "Von der Sprachkrise zu Franz Kafkas Poetik." In: *Österreichische Gegenwart: Die moderne Literatur und ihr Verständnis zur Tradition.* Hrsg. v. Wolfgang Paulsen. Bern: Francke, 1980. S. 39–58.

— "Kafka's Poetics of the Inner Self." In: *From Kafka and Dada to Brecht and Beyond.* Ed. Reinhold Grimm u. a. Madison: Univ. of Wisconsin Pr., 1982. S. 7–21.

— "Franz Kafka: 'Der Prozeß'." In: *Deutsche Romane des 20. Jahrhunderts: Neue Interpretationen.* Hrsg. v. Paul Michael Lützeler. Königstein/Ts.: Athenäum, 1983. S. 110–27.

— "Frozen Sea and River of Narration: The Poetics Behind Kafka's 'Breakthrough'." In: *Newsletter of the Kafka Society of America* 7 (1983) Nr. 1. S. 71–79.

— "Kafkas 'Der Prozeß': Ironie, Deutungszwang, Scham und Spiel." In: *EG* 39 (1984) S. 175–93.
Auch in: *Was bleibt von Franz Kafka? Positionsbestimmung / Kafka-Symposion, Wien 1983.* Hrsg. v. Wendelin Schmidt-Dengler. Wien: Braumüller, 1985. S. 43–62.

— "Between Gnosticism and Jehovah: The Dilemma in Kafka's Religious Attitude." In: *GR* 60 (1985) Nr. 2. S. 69–77.

Solana, Rafael Manrique: "Communication, Language and Family: A Communicational Analysis of Kafka's 'Letter to His Father'." In: *Psychiatry* 46 (Nov. 1983) S. 387–92.

Sorescu, Marin: "Kafka und der moderne Roman." In: *Sprache im technischen Zeitalter* (1983) S. 338–39. [Übers. v. Oslear Pastior aus dem Rumän.]

Speirs, Ronald: "Where There's a Will There's No Way: A Reading of Kafka's 'Der Jäger Gracchus'." In: *Oxford German Studies* 14 (1983) S. 92–110.

Srinivasan, D.: "Kafka im Unterricht." In: *German Studies in India* 7 (1983) S. 83–96.

Stach, Reiner: "Eine höhere Art der Beobachtung. Zum Verhältnis individueller und kollektiver Erfahrung im Werk Kafkas." In: *Neue Rundschau* 95 (1984) Nr. 1/2. S. 211–28.

Stallman, R. W.: "'A Hunger-Artist'. Explanation." In: *Explain to Me Some Stories of Kafka*. Ed. Angel Flores. New York: Gordian Pr., 1983. S. 148–57.

Steinhauer, Harry: "Franz Kafka: A World Built on a Lie." In: *Antioch Review* 41 (1983) Nr. 4. S. 390–408.

Steinmetz, Horst: "Negation als Spiegel und Appell. Zur Wirkungsbedingung Kafkascher Texte." In: *Was bleibt von Franz Kafka? Positionsbestimmung / Kafka-Symposion, Wien 1983*. Hrsg. v. Wendelin Schmidt-Dengler. Wien: Braumüller, 1985. S. 155–64.

Stephens, Anthony: "'Er ist aber zweigeteilt': Gericht und Ich-Struktur bei Kafka." In: *Text & Kontext* 6 (1978) Nr. 1–2. S. 215–38.

Stern, J. P.: "Franz Kafka on Mice and Men." In: *Paths and Labyrinths*. Ed. Stern and White (s. Addenda - Bücher).

Stieg, Gerald: "Wer ist Kafkas Bote Barnabas?" In: *Austriaca* 9 (1983) Nr. 17. S. 151–56.

Stiller, Klaus: "Zwei Parabeln nach Kafka. 'Vor dem Gesetz' – 'Auf der Galerie' (oder: Von der Unmöglichkeit, als Unbeteiligter ohne Verdächtigung einem Verfahren beizuwohnen)." In: *Tintenfisch* (1975) Nr. 8. S. 69–71. – Auch in: *Tintenfisch. Zehn Jahrbücher zur deutschen Literatur*. Bd. 2: 1972–1976. Berlin: Klaus Wagenbach.

Stine, Peter: "Franz Kafka and Animals." In: *Contemporary Literature* 22 (1981) Nr. 1. S. 58–80.

Storr, Anthony: "Kafka's Sense of Identity." In: *Paths and Labyrinths*. Ed. Stern and White (s. Addenda - Bücher).

Strelka, Joseph P.: "Kafkaesque Elements in Kafka's Novels and in Contemporary Narrative Prose." In: *Kafka-Studien.* Hrsg. v. Barbara Elling. New York, P. Lang, 1985. S. 169–82.

Strelka, P.: "Les éléments du moi littéraire dans 'Un médecin de campagne' de Kafka." In: *EG* 39 (1984) S. 205–14.

Strolz, Walter: "Kafkas Vertrauen zum Unzerstörbaren im Menschen." In: *Frankfurter Hefte* 38 (1983) Nr. 11. S. 53–63.

Stroud, Roland Ray, Jr.: "A Gestalt Approach to Three Novels of Alienation: Kafka's 'Das Schloß', Beckett's 'Watt', and Camus' 'L'Etranger'." In: *DAI* 41 (1981) Nr. 12. S. 5099 A.

Struc, Roman S.: "Kafka and Dostoevsky as 'Blood Relatives'." In: *Dostoevsky Studies* 2 (1981) S. 111–17.

— "Existence as Construct: Kafka's 'The Great Wall of China' and 'The Burrow'." In: *Research Studies* 50 (1982) S. 79–89.

Sugitani, Nasako: ["Franz Kafka: 'Das Schloß'. Einige Bemerkungen zu erzähl-technischen Eigenschaften."] In: *Doitsu Bungaku* (1982) Nr. 26. S. 65–89. [Jap. mit dt. Zusammenf.]

Sussman, Henry: "Double Medicine: The Text That Was Never a Story." In: *Kafka-Studien.* Hrsg. v. Barbara Elling. New York: P. Lang, 1985. S. 183–96.

Suter, R.: "Kafkas 'Prozeß' im Lichte des 'Buches Job'." In: *DAI* 43 (1982) Nr. 3. S. 2979 C.

Swales, Martin: "Why Read Kafka?" In: *MLR* 76 (1981) Nr. 2. S. 357–66.

Tagliabue, John: "Kafka's Library Found in Germany." In: *The New York Times* (Jan. 11, 1983) S. C 12.

Tang, Yong-Kuang: "Kafuka: yi ge yenshi de tiancai." In: *Wenyi Yanjiu* (Beijing) (1982) Nr. 6. S. 107–10.

Tarot, Rolf: "Franz Kafka und die 'soziale Angst': Ein Versuch über das Verhält-nis von Form und Inhalt." In: *Newsletter of the Kafka Society of America* 4 (1980) Nr. 2. S. 32–40.

Taubeneck, Stephen: "Kafka and Kant." In: *Journal of the Kafka Society of America* 8 (1984) Nr. 1/2. S. 20–27.

Tiefenbacher, Herbert: In: *Textstrukturen des Entwicklungs- und Bildungsro-mans. Zur Handlungs- und Erzählstruktur ausgewählter Romane zwischen*

Naturalismus und Erstem Weltkrieg. Königstein: Forum Academicum, 1982. (Hochschulschriften. Literaturwissenschaft. Bd. 54).

Thieberger, Richard: *Gedanken über Dichter und Dichtungen. Essays aus fünf Jahrzehnten. — Les textes et les auteurs. Cinquante années de réflexions sur la littérature.* Hrsg. v. Alain Faure u. a. Bern, Frankfurt/M.: Lang, 1982. [S. 175—89: "Cinquante ans après la mort de Kafka (1973)."
S. 191—97: "Gedanken bei der Lektüre Kafkas: 'Ein Käfig ging einen Vogel suchen'."
S. 198—201: "Gedanken bei der Lektüre Kafkas: 'Brücke dreht sich um!'"
S. 202—04: "Gedanken bei der Lektüre Kafkas: 'Die Vorüberlaufenden'."
S. 205—17: "'Notre' Cantatrice 'Josephine'."
S. 459—69: "Kafka, Camus, et la semantique historique: Réflexions méthodologiques sur la recherche littéraire (1966)."]

— "Franz Kafka et Albert Camus." In: *Carleton Germanic Papers* 11 (1983) S. 23—34.

— "3 x Kafka." In: *Austriaca* 10 (1984) Nr. 18. S. 157—59.

— "Johannes Urzidil interprète de Franz Kafka." In: *EG* 39 (1984) S. 215—19.

Thomas, J. D.: "On the Penal Apparatus of Kafka." In: *College Literature* 9 (1982) Nr. 1. S. 64—67.

Thomas, Linda: "Erwin Racholl — a GDR Joseph K.?" In: *Studies in GDR* 2 (1982) S. 165—75.

Tieder, Irène: "Peter Weiss: Une judéité kafkaienne après Auschwitz." In: *EG* 39 (1984) S. 44—50.

Tijeras, Eduardo: "De Marx y Kafka, Las cartas al padre." In: *Cuadernos Hispanoamericanos* (1983) Nr. 401. S. 115—18.

Timms, Edward: "Kafka's Expanded Metaphors. A Freudian Approach to 'Ein Landarzt'." In: *Paths and Labyrinths.* Ed. Stern and White (s. Addenda - Bücher).

Trost, Pavel: "Die Mythen vom Prager Deutsch." In: *ZfdPh* 100 (1981) S. 381—90.

— "'Das Urteil' Kafkas." In: *Literatur für Leser* (1981) S. 217—19.

— "'Die Verwandlung' Kafkas." In: *Literatur für Leser* (1982) S. 195—96.

— "Der Name Kafka." In: *Beiträge zur Namenforschung* 18 (1983) S. 52—53.

Ulfers, Fredrich: "Kafka's 'Das Urteil': A Lesson in Reading." In: *Teaching Language through Literature* 22 (1982) Nr. 1. S. 30–38.

Unseld, Joachim: "Franz Kafka – Die Privatisierung der Schriftstellerexistenz (1922–1924)." In: *Sprache im technischen Zeitalter* (1981) S. 291–310.

Updike, John: In: *Hugging the Shore: Essays and Criticism.* New York: Knopf, 1983.

– "Reflections: Kafka's Short Stories." In: *The New Yorker* (May 9, 1983) S. 121–33.

Urbach, Reinhard: "Aspekte literarischer Kafka-Rezeption in Österreich." In: *Was bleibt von Franz Kafka? Positionsbestimmung / Kafka-Symposion, Wien 1983.* Hrsg. v. Wendelin Schmidt-Dengler. Wien: Braumüller, 1985. S. 199–210.

Verbeeck, Ludo: "Der Begriff Modalität als Interpretationskategorie, am Beispiel von Franz Kafkas 'Vor dem Gesetz'." In: *Erzählung und Erzählforschung im 20. Jahrhundert.* Tagungsbeiträge eines Symposiums der Alexander von Humboldt-Stiftung Bonn-Bad Godesberg. Hrsg. v. Rolf Kloepfer u. a. Stuttgart: Kohlhammer, 1981. S. 63–74.

Vietta, Silvio: "Franz Kafka, Expressionism, and Reification." In: *Passion and Rebellion: The Expressionist Heritage.* Ed. Stephen Eric Bronner u. a. South Hadley, MA: Bergin, 1983. S. 201–16.

Wachler, Dietrich: "Mensch und Apparat bei Kafka. Versuch einer soziologischen Interpretation." In: *Sprache im technischen Zeitalter* (1981) Nr. 78. S. 142–57.

Wagenbach, Klaus: "Kneipenszene mit Frieda. Über die 'Kritische Ausgabe' der Werke Franz Kafkas." In: *Der Spiegel* 36 (1982) Nr. 35. S. 160–62.

– "Drei Sanatorien Kafkas. Ihre Bauten und Gebräuche." In: *Freibeuter* 16 (1983) S. 77–90.

Weeks, Charles Andrew: "Bartleby's Descendants: The Theme of the White-Collar Worker in Modern Life." In: *DAI* 40 (1979/80) S. 5484A–85A.

– In: A. W.: *The Paradox of the Employee. Variants of a Social Theme in Modern Literature.* Frankfurt/M., Bern: Lang, 1980.

– "Class Conflict in 'Das Schloß': The Struggle for a 'Dienstpragmatik'." In: *Monatshefte* 73 (1981) Nr. 1. S. 35–50.

— "Kafka und die Zeugnisse vom versunkenen Kakanien." In: *Sprache im technischen Zeitalter* (1983) S. 320–37.

Wehrli, Beatrice: "Monologische Kunst als Ausdruck moderner Welterfahrung: Zu Kafkas Erzählung 'Der Bau'." In: *JDSG* 25 (1981) S. 435–45.

Weigand, Hermann J.: "Franz Kafka's 'The Burrow': An Analytical Essay." In: H. J. W.: *Critical Probings: Essays in European Literature from Wolfram von Eschenbach to Thomas Mann.* Ed. Ulrich K. Goldsmith. Bern: Peter Lang, 1982. S. 233–64. (Utah Studies in Literature and Linguistics, Bd. 22).

Weinstein, Arnold: "Kafka's Writing Machine: Metamorphosis in 'The Penal Colony'." In: *Studies in Twentieth Century Literature* 7 (1982) Nr. 1. S. 21–33.

Weiss, Ernst: In: E. W.: *Die Kunst des Erzählens. Essays, Aufsätze, Schriften zur Literatur.* Frankfurt/M.: Suhrkamp, 1982. (Gesammelte Werke, Bd. 16.) [S. 261–65: "Bemerkungen zu den Tagebüchern und Briefen Franz Kafkas." S. 414–21: "Franz Kafkas 'Der Prozeß' (1925)."]

Weiss, Walter: "Franz Kafka – Thomas Bernhard. Due scrittori a confronto." In: *Annali. Istituto Universitario Orientale, Napoli. Studi Tedeschi* 24 (1981) S. 423–44. Ital. v. F. Maione.
Dt. u. d. T.: "Franz Kafka – Thomas Bernhard. Ein Teil-Vergleich." In: *London German Studies* 2 (1983) S. 184–98.

— "Von den Gleichnissen." In: *EG* 39 (1984) S. 194–204. [Übers. v. Elisabeth Schneider-Landes.]

Wexelblatt, Robert: "The Higher Parody: Ivan Ilych's Metamorphosis and the Death of Gregor Samsa." In: *Massachusetts Review* 21 (1980) S. 601–28.

— "Kleist, Kierkegaard, Kafka and Marriage." In: *San Jose Studies* (1983) Nr. 1. S. 6–15.

White, J. J.: "The Cyclical Aspect of Kafka's Short Story Collections". In: *Paths and Labyrinths.* Ed. Stern and White (s. Addenda - Bücher).

Whitfield, Stephen J.: "Comic Echoes of Kafka." In: *American Humor* 9 (1982) Nr 1. S. 1–5.

Whitlark, James: "Kafka and the Taoist Sages." In: *Journal of the Kafka Society of America* 8 (1984) Nr. 1/2. S. 28–34.

Willenberg, Heiner: "Sprachliebhaber und Bilderseher. Illustrationen zu Kafkas 'Ein Landarzt'." In: *Diskussion Deutsch* 14 (1983) S. 406–18.

Witte, Bernd: "Portrait Kafkas." In: *Deutsche Literatur* 8 (1982) S. 287–96.

Wittrock, Ulf: "Brecht, Kafka och expressionismen. Nya litteraturvetenskapliga översiktsverk i BRD." In: *Samlaren* 101 (1980) S. 79–102.

Yarrow, Ralph: "Falling Awaking: Thoughts on Reading Kafka." In: *Modern Fiction Studies* 28 (1982/83) S. 531–44.

Yei, Ting-Fang: "Xifan xienai yishu de tanxienzhe: Lun Kafuka de yishu tezheng. In: *Wenyi Yanjiu* (Bejing) (1982) Nr. 6. S. 111–24.

Zagari, Luciano: "'Con oscillazioni maggiori e minori.' Paradossi narrativi nel 'Processo' di Kafka." In: *Annali. Istituto Universitario Orientale, Napoli. Studi Tedeschi* 24 (1981) S. 465–508.

– "'Die Splitter des Staunens'. Canetti über Kafka und Broch." In: *Annali. Istituto Universitario Orientale, Napoli. Studi Tedeschi* 25 (1982) S. 189–212.

Zandbank, Shimon [s. auch Sandbank].

Zandbank, Shimon: "Kafka Bein Mythos le-Anti Mythos." In: *Symposium Kafka: Universitat Haifa.* Ed. Avraham B. Yehoshua. Tel Aviv: Sifri'at Hapo'alim, 1982. S. 37–47.

Zatonsky, Dmitri [Zatonskij, Dmitrij V.]: "The Death and Birth of Franz Kafka." In: Hughes, *Franz Kafka: An Anthology of Marxist Criticism.* (s. Sammelbde.) S. 15–21.

– "Kafka and Problems of Modernism." In: Hughes, *Franz Kafka: An Anthology of Marxist Criticism* (s. Sammelbde.) S. 257–67.

Zimmermann, Werner: *Deutsche Prosadichtungen unseres Jahrhunderts. Interpretationen für Lehrende und Lernende.* 1. Neufassung, 6. Aufl. Düsseldorf: Schwann, 1981.
[S. 179–98: Franz Kafka: "Das Urteil."
S. 199–205: Franz Kafka: "Auf der Galerie."
S. 206–08: Franz Kafka: "Eine kaiserliche Botschaft."
S. 209–17: Franz Kafka: "Vor dem Gesetz."
S. 241–46: Franz Kafka: "Das Stadtwappen."]

Ziolkowski, Theodore: In: *Varieties of Literary Thematics.* Princeton: Princeton Univ. Pr., 1983.

– "The Existential Anxieties of Engineering." In: *American Scholar* 53 (1984) S. 197–218.

Zischler, Hanns: "Maßlose Unterhaltung. Franz Kafka geht ins Kino." In: *Freibeuter* (1983) Nr. 16. S. 22–47.